KB266711

# 선주민이 쓴 미국사

# 선주민이 쓴 미국사

만남과 충돌, 교류와 공존의 500년사

네드 블랙호크 **지음** | 최재인 **옮김**

책과함께

**일러두기**

• [ ]는 지은이가 붙인 것이며, 각주와 〔 〕는 옮긴이가 붙인 것이다.
• 책에 언급되는 선주민 지명과 인명 등은 선주민식 발음과 외래어표기법을 최대한 참고했으나,
  근거를 찾을 수 없는 경우 추정하여 표기했다.

매기에게 사랑을,
그리고
선주민문화센터 공동체에
감사의 마음을 바칩니다.

# 차례

## 지도 목록

푸에블로 네이션

Ohkay Owingeh
Kha'p'oo Owinge - Santa Clara
Tuah tah - Taos
Pinwee - Pic
Ko-tyit Tameh
Nambé Ow
Pohwege
Po-who-ge-ow
Walatowa
San Ildefon
Tsi'ya
Kiwa - Santa Domingo
Ka'waika - Laguna
Katishtya - San Felipe
Tusugeh - Tese
Haaku
Tamaya - Santa Ana
Paakú'u
Ashiwi Shuwena
Tuf Shurn tia - Sandia
A-tzi-ema - Piro
Tue-i

spuyaləpábš
Puyallup
swədəbš
Swinomish
qʷidiččaʔa·tx
Makah
Lhaq'temish
Lummi
Syilx
Okanagan  Sinixt
sduhubš
Snohomish
sńpʕawilx
Sanpoil
Kʷòʔlíyot'
Quileute
sdukʷalbixʷ
Snoqualmie
sxʷýʔłpx
Colville
stuləgʷábš
Stillaguamish
dxʷlilap
Tulalip
sntuʔtʔulixʷ
Upper Spokane
suqʷabš
Suquamish
dxʷdəwʔabš
Duwamish
snxʷmeńe
Middle Spokane
kʷínayɫ
Quinált
Aqokúlo/Cəməqəm
Chimakum
scqesciłni
Lower Spokane
sqʷaliʔabš
Nisqually
táytnapam
Upper Cowlitz
Waluulapam
sqájət
Skagit
sy'púlmx
Lower Cowlitz
Clatsop
Wishram
Walla Walla
Tillamook
Clackamas
Nahaum

왼쪽 상단 확대된
지도 참조

Ktunaxa
Kootenai
Yaqan Nukiy
Lower Kootenay Band
Q'lispe
Kalispel/
Pend d'Oreilles
ʔaq'am
Niitsitapi
Blackfoot Nation
Aamsskaapipikani
Southern Piegan
Nakoda
Assiniboine
Pikuni
Piegan
Blackfeet
A'aninin
Gros Ventre
Gooji
Rainy
and River
Húŋkpapha
Schitsu'umsh
Coeur
D'Alène
séliš
Salish
Hiraacá
Hidatsa
Sisíthuŋwaŋ
Sisseton
Shayuushti'a
Mulala
La'tiwe
Tenino
Galasq'o
Palouse
Nimipu
Nez Perce
Nuʔetaa
Mandan
Iháŋkthuŋwaŋna
Yanktonai
Makandw
Pillager C
Gichiziibiwin
Mississippi C
Siuslaw
Yaquina
Atfalati
Tualatin
Wasco
Weyíiletpuu
Cayuse
Húŋkpapha
Hunkpapa
Sahnish
Arikara
Bdewákhathuŋwaŋ
Mdewakanton
Yakona
Chepenafa
Chelamela
Doyahinee
Shoshone
Banakwut/Nimi'
Bannock
Apsáalooke
Crow
Itázipčho
Sans-Arc
Očhéthi
Šakówiŋ
Dakhota
St. Croix
Ma
ke
Tch'ayanke'id
Yoncalla
Etnemitane
Nimi
Northern
Shoshone
Tukaduka
Shoshone
Sihásapa
Lakóta
Sioux
Mnikhówoʑu
Minneconjou
Great Sioux Nation
Sioux
Wahpékhute
Santee-Dako
Hush
Upper Umpqua
Maklaks
Klamath
Agaiduka
Shoshone
Boho'inee
Shoshone
Tsétsêhéstâhese
Cheyenne
Oóhenupa
Two Kettles
Iháŋkthuŋwaŋ
Yankton
Wahpetunw
Wahpetor
Oohl-
Yurok
Tolowa
Yurok  Káruk
Móatokni Maklaks
Pohogue
Shoshone
Kohogue
Green River
Shoshone
Sičháŋgu
Brulé
Wiyot
Na:tinixwe
Modoc
Ajumawi
Lemhi Shoshone
Tipatikka
Shoshone
Kamu-deka
Shoshone
Guchundeka
Shoshone
Oglála Lakhóta
Oglála Sioux
Póⁿca
Ponca
Lassik
Hoopa Valley
Pit River
Atsugewi
Yahandeka
Shoshone
Pengwideka
Shoshone
Lassik  Nongatl
Mattole
Pit River
Kuyatikka
Shoshone
Umoⁿhoⁿ
Omaha
Sinkyone
Bear River Indians
Numa/Nǔmu
Northern
Paiute
Kutsipiuti
Goshute
Cumumba
Sinkyone
Tiokváhan
Maidu
Mahaguaduka
Yoowetuh
Chahiksichahiks
Pawnee
Cáhto
Yuki
Namlaki
Mishewal
Wappo
Pomo
Maidu
Wašiw
Washoe
Newe
Western Shoshone
Toompahnahwach
Yapudttka
Jiwere
Oto
Patwin
Nishinam
Nisenan
Tsaiduka
Sáhpeech
Hinonoeino
Arapaho
Kaáⁿze
Kanza/Kaw
Chochenyo
Muwekma
Tamien
Gashowu
Yokuts
Pahvant
Shebedteech
Nunt'zi
Ute
Pahdteeahnooch
Awaswas
Amah-Mutsun
Casson
Rumslen
Chalon
Chukchansi
Nim
Waitikka
Mono
Nümü Tümpisattsi
Nuwuvi
Southern Paiute
Taovaya
Ex'celen
Esselen
Choinumni
Timbisha Shoshone
Pahka'anil
Káhpota
Mobach
T'epot'aha'l
Salinan
Tachi
Tubatulabal
Nuwuxi
Diné
Navajo
Tinde
Jicarilla Apache
Ka'igwu
Kiowa
Niukonska
Osage
Chumash
Nuwu
Kawaiia
Kitanemuk
Nuwuwu
Hualapai
Havasupai
Hopi
푸에블로 네이션
(오른쪽 상단 확대된
지도 참조)
Tataviam
Cheinchuevi
Aha Macav
Mohave
Wiipukepaya
Kitikiti'sh
Wichita
Caddo Confederac
Fenandeño
Yuhaaviatam
Serrano
Payomkowishum
Halchidhoma
Kohuana
Wípuйk'a'bah
Yavapai
Kwevkepaya
Ndeh
Western Apache
Shish-Indie
Mescalero-Apache
Iscani
Nanatsoho
Nashit'ish
Natchitoches
Acjachemen
Luiseno
Juaneño
Cahuilla
Kwatsáan
Quechan
Kwapa
Cocopah
Xalychidom
Maricopa
Piipaash
Numʉnʉu
Comanche
Nada'ko
Naso
Kadawda
Cac
Kuupangaxwichem
Cupeño
Ipai
Northern Diegueño
Akimel-O'Odham
Pima
Caddo
Confederacy
Nada'ko
Kumeyaay
Diegueño
Tipai
Southern Diegueño
Quahatika
Tohono O'Odham
Sobaipuri
Bedonkohe
Naishan Déne
Plains Apache
Waco
K'itsash
Xacat
Tawakoni Nac
Wawadishe
Ná-izhán
Lipan Apache
Nde
Chiricahua
Tampachoa
Manso
Tickanwa'tic
Tonkawa
Quasmigdo
Tlacopsel
Nacoq
Patiri
Suma
Suma
Suma
Xumani
Jumano
La Junta
Tapaxcolmeh
Concho
Auia
Karankawa
Akokisa
Chiso
Yacdosa
Deadose
Cuahuiltecos
Aranama
태평양
Catujanes
Gualeguas
Cuanáales
Carrizo
Gualaguises
Cotoname
Tap Pilam
Comecrudo
Amapoalas

출처
Aaron Carapella, Native American Nations: Traditional Names and
Locations (2014)
부족 네이션들의 공식 웹사이트와 선주민 언어 재생 프로그램 웹사이트들

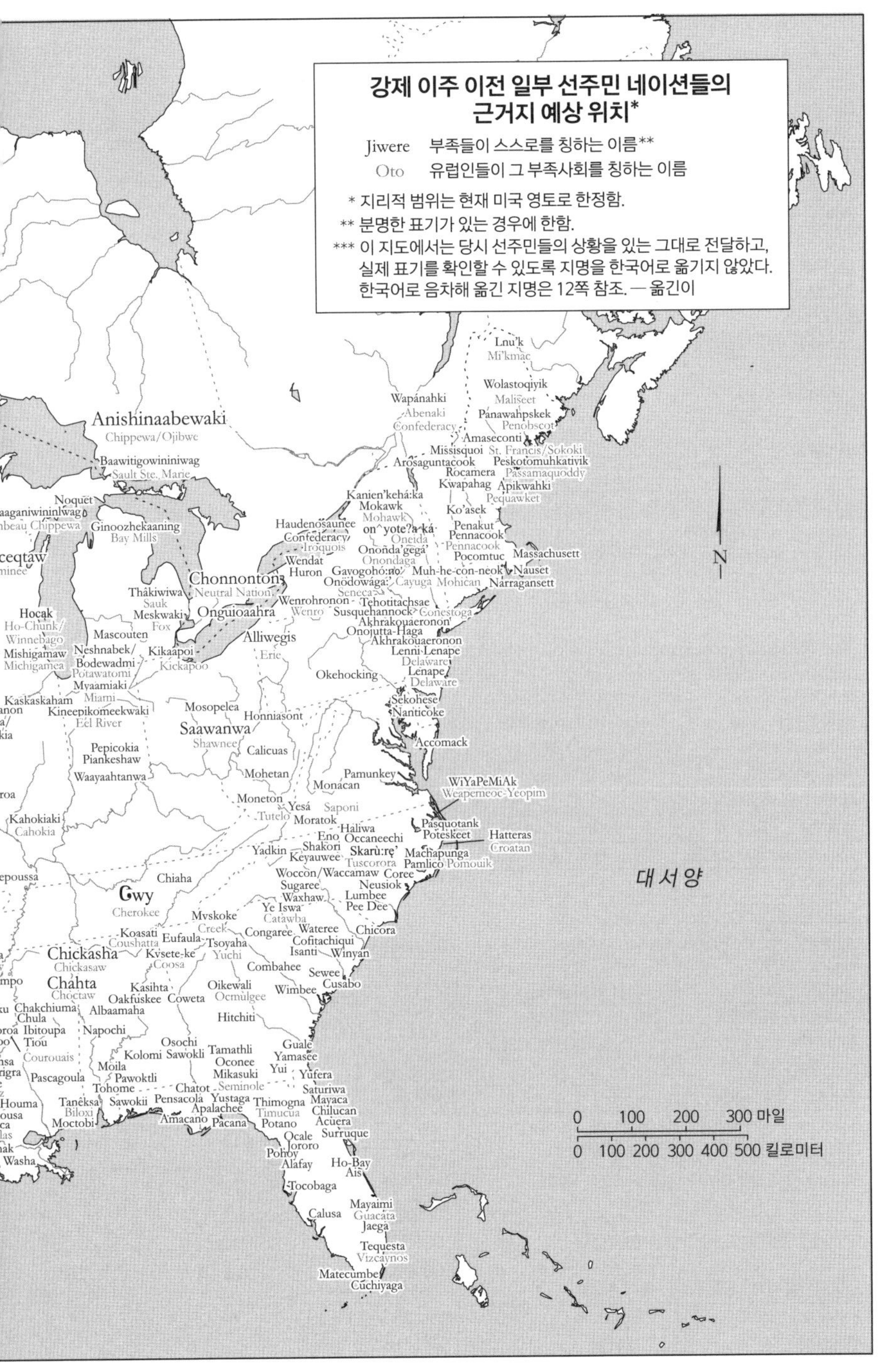
강제 이주 이전 일부 선주민 네이션들의
근거지 예상 위치*
Jiwere    부족들이 스스로를 칭하는 이름**
Oto    유럽인들이 그 부족사회를 칭하는 이름
* 지리적 범위는 현재 미국 영토로 한정함.
** 분명한 표기가 있는 경우에 한함.
*** 이 지도에서는 당시 선주민들의 상황을 있는 그대로 전달하고,
실제 표기를 확인할 수 있도록 지명을 한국어로 옮기지 않았다.
한국어로 음차해 옮긴 지명은 12쪽 참조. ─ 옮긴이
Anishinaabewaki
Chippewa/Ojibwe
Baawitigowininiwag
Sault Ste. Marie
Noquet
aaganiwininlwag
abeau Chippewa
Ginoozhekaaning
Bay Mills
ceqtaw
inee
Hocak
Ho-Chunk/
Winnebago
Mishigamaw
Michigamea
Neshnabek/
Bodewadmi
Potawatomi
Mascouten
Kikaapoi
Kickapoo
Chonnonton
Thákiwiwa
Sauk
Meskwaki
Fox
Onguioaahra
Alliwegis
Erie
Myaamiaki
Miami
Kaskaskaham
anon
Kineepikomeekwaki
Eel River
Mosopelea
Honniasont
Saawanwa
Shawnee
Pepicokia
Piankeshaw
Waayaahtanwa
Calicuas
Mohetan
Monacan
Pamunkey
Moneton
Yesá   Saponi
Tutelo   Moratok
Kahokiaki
Cahokia
epoussa
Chiaha
Gwy
Cherokee
Mvskoke
Creek
Koasati
Coushatta
Eufaula
Kvsete-ke
Coosa
Tsoyaha
Yuchi
Chickasha
Chickasaw
Kasihta
Oakfuskee
Coweta
Oikewali
Ocmulgee
Congaree
Wateree
Cofitachiqui
Isanti
Winyan
Combahee
Sewee
Chahta
Choctaw
ku Chakchiuma
Chula
Albaamaha
Hitchiti
Napochi
oroa Ibitoupa
Tiou
Osochi
Kolomi Sawokli
Moila
Tamathli
Oconee
Mikasuki
Guale
Yamasee
Yui   Yufera
Courouais
Pascagoula
Pawoktli
Tohome
Chatot   Seminole
Saturiwa
Houma
Taneksa
Sawokii  Pensacola
Yustaga
Apalachee
Thimogna
Timucua
Mayaca
Chilucan
ensa
rigra
ez
Biloxi
Moctobi
Amacano Pacana
Potano
Acuera
Surruque
ulas
Ocale
Jororo
Pohoy
Alafay
Surruque
hak
Washa
Tocobaga
Ho-Bay
Aís
Mayaimi
Guacata
Jaega
Calusa
Tequesta
Vizcaynos
Matecumbe
Cuchiyaga
Lnu'k
Mi'kmac
Wolastoqiyik
Maliseet
Wapánahki
Abenaki
Confederacy
Panawahpskek
Penobscot
Amaseconti
Missisquoi St. Francis/Sokoki
Arosaguntacook
Peskotomuhkativik
Rocamera   Passamaquoddy
Kwapahag Apikwahki
Pequawket
Kanien'kehá:ka
Mokawk
Mohawk
Ko'asek
Haudenosaunee
on^yote?a·ka·
Penakut
Pennacook
Confederacy
Oneida
Pennacook
Iroquois
Onoñda'gegá'
Pocomtuc   Massachusett
Wendat
Onondaga
Huron   Gavogohó:no·  Muh-he-con-neok  Nauset
Onödowága:  Cayuga Mohican  Narragansett
Seneca
Wenrohronon  Tehotitachsae
Wenro   Susquehannock  Conestoga
Akhrakouaeronon'
Onojutta-Haga
Akhrakouaeronon
Lenni-Lenape
Delaware/
Lenape/
Delaware
Okehocking
Sekohese
Nanticoke
Accomack
WiYaPeMiAk
Weapemeoc-Yeopim
Pasquotank
Poteskeet
Hatteras
Croatan
Haliwa
Eno   Occaneechi
Shakori
Yadkin
Keyauwee
Skarù:rę'
Machapunga
Tuscorora  Pamlico Pomouik
Woccon/Waccamaw  Coree
Sugaree
Waxhaw.
Neusiok
Lumbee
Ye Iswa'
Catawba
Pee Dee
Chicora
Oconee
Kvsete-ke
Wimbee
Cusabo
대 서 양
0    100    200    300 마일
0   100 200 300 400 500 킬로미터
N

| 선주민어 | 유럽어 |
|---|---|
| A'aninin 아아니닌 | Gros Ventre 그로반트 |
| Aamsskaapipikani 암스카비가니 | Southern Piegan 남부 피건 |
| Accomack 애크어맥 | |
| Acjachemen 아하셔먼 | Juaneño 후아네뇨 |
| Acuera 아쿠에라 | |
| Adai 아데이 | |
| Agaiduka 아가이디커 | Lemhi Shoshone 렘하이 쇼쇼니 |
| Aha Mocav 아하모카브 | Mohave 모하비 |
| Ais 아이스 | |
| Ajumawi 아주마위 | Pit river 피트리버 |
| Akhrakouaeronon 아크라쿠아에로논 | |
| Akimel O'Odham 아키멜 오텀 | Pima 피마 |
| | Akokisa 아코키사 |
| Alafay 앨러페이 | |
| Albaamaha 알바아마하 | |
| Alliwegis 앨러게이위 | Erie 이리 |
| Amacano 아마카노 | |
| Amah-Mutsun 아마-무트선 | |
| Amapoalas 아마포알라스 | |
| Amaseconti 아마세콘티 | St. Francis 세인트프랜시스 / Sokoki 소코키 |
| Anishinaabewaki 어니시나베와키 | Chippewa 치페와 / Ojibwe 오지브웨 |
| Apalachee 애팔래치 | |
| Apikwahki 아피콰키 | Pequawket 피쿼킷 |
| Apsáalooke 업사알로게 | Crow 크로 |
| aqam 아캄 | |
| Aranama 아라나마 | |
| Arosaguntacook 아로사건터쿡 | |
| Atfalati 앗팔라티 | Tualatin 투알러틴 |
| Atsuguewi 아추게위 | Pit river 피트리버 |
| Auia 아위아 | Karankawa 커랭커와 |
| Avoyel 어보이얼 | |
| Awaswas 어위스와스 | |
| Baawitigowininiwag 바위티고위니니왑 | Sault Ste. Marie 수세인트마리 |
| Banakwut 바나쿠트 / Nimi 니미 | Bannock 배넉 |
| Baxoje 바호제 | Iowa 아이오와 |
| Bdewákhaŋthuŋwaŋ 브데와칸툰완 | Mdewakanton 음데와칸톤 |
| Bedonkohe Nde 베돈코헤 은데 | Chiricahua 치리카와 |

| 선주민어 | 유럽어 |
|---|---|
| Boho'inee 보호이니 | Shoshone 쇼쇼니 |
| Caddo Confederacy 캐도 연맹 | |
| Caddo Confederacy 캐도 연맹 | Caddo Confederacy 캐도 연맹 |
| Caddo 캐도 | |
| Cahuilla 커위어 | |
| Calicuas 캘리쿠아 | |
| Calusa 카루사 | |
| Carrizo 캐리조 | |
| Catujanes 카투하네스 | |
| Chahiksichahiks 차히크시차히크스 | Pawnee 포니 |
| Chahta 차흐타 | Choctaw 촉토 |
| Chakchiuma 착치우마 | |
| Chalon 샬론 | |
| Chatot 샤토트 | |
| Chelamela 첼라멜라 | |
| Chepenafa 체페너파 | |
| Chepoussa 체푸사 | |
| Chiaha 치아하 | |
| Chickasha 치커샤 | Chickasaw 치커소 |
| Chicora 치코라 | |
| Chilucan 칠루컨 | |
| Chiso 치소 | |
| Chochenyo 초체뇨 | |
| Choinumni 초이넘니 | |
| Chonnonton 처농턴 | Neutral Nation 뉴트럴 네이션 |
| Chukchansi 추크챈시 | |
| Chula 추라 | |
| Chumash 추머시 | |
| Cofitachiqui 코피타체키 | |
| Coiracoentanon 코이라코엔타농 | |
| Combahee 컴비 | |
| Comecrudo 코메크루도 | |
| Congaree 콩가리 | |
| Coquille 코퀼 | |
| Coree 코리 | |
| Cotoname 코토나메 | |
| | Courouais 코로와 |
| Coweta 카우이타 | |
| Cuahuiltecos 쿠아윌테코스 | |
| Cuanaales 쿠아날라 | |
| Cuchiyaga 쿠치야가 | |
| Cumumba 쿠뭄바 | |
| Cusabo 쿠사보 | |
| Dakhota 다코타 | Sioux 수 |

| 선주민어 | 유럽어 | 선주민어 | 유럽어 |
|---|---|---|---|
| Diné 디네 | Navajo 나바호 | Ipai 아이파이 | Northern Diegueño 북부 디에게뇨 |
| Doyahinee 도야히니 | Shoshone 쇼쇼니 | Isanti 아이샌티 | |
| Eno 이노 | | Iscani 이스카니 | |
| Etnemitane 에터너미타네 | UpperUmpqua 어퍼엄프콰 | Ischenoca 이셰노카 | Bayogoulas 바요굴라스 |
| Eufaula 유폴러 | | Itázipčho 이다지브코 | Sans Arc 산아르크 |
| Ex'celen 엑설렌 | Esselen 에셀렌 | Jaega 헤이가 | |
| Eyeish 아이이쉬 | | Jiwere 지웨레 | Oto 오토 |
| Galasq'o 갈러스코 | Wasco 와스코 | Jororo 호로로 | |
| Gashowu Yokuts 가쇼우 요쿠츠 | Casson 캐손 | K'itsash 킷새시 | |
| Gayogohó:no' 가요고호노 | | Ka'igwu 커이구 | Kiowa 키오와 |
| Gichiziibiwininiwag 기치지비위니니왁 | Mississippi Ojibwe 미시시피 오지브웨 | Kaánze 카안제 | Kanza 캔자 / Kaw 커 |
| Ginoozhekaaning 기누제카닝 | Bay Mills 베이밀스 | Kadawdaachuch 카도하다초 | |
| Goojijiwininiwag 구지지위니니웍 | Rainy Lake and River Saulteaux 레이니레이크앤드리버솔토 | Kahokiaki 카호키아키 | Cahokia 카호키아 |
| | | Kahpota 카포타 | |
| Grigra 그리그라 | | Kalispel 캘리스펠 | Pend d'Oreilles 펜더레이 |
| Gualaguises 괄라기세스 | | Kamu-deka 카무데카 | Shoshone 쇼쇼니 |
| Guale 구알레 | | Kanien'kehá:ka Mokawk 가니엔게하가 모호크 | Mokawk 모호크 |
| Gualeguas 괄레과스 | | Káruk 카룩 | |
| Guasco 과스코 | | Kasihta 카시타 | |
| Guchundeka 구춘데카 | Shoshone 쇼쇼니 | Kaskaskaham 카스카스캄 | |
| Halchidhoma 홀치도우마 | | Kaskinampo 카스킨암포 | |
| Haliwa 핼리화 | | Keyauwee 키아위 | |
| Hatteras 해터러스 | Croatan 크로어탠 | Kikaapoi 키카포이 | Kickapoo 키카푸 |
| Haudenosaunee Confederacy 호데노쇼니 연맹 | Iroquois 이로쿼이 | Kineepikomeekwaki 키니피코미쿼키 | Eel River 일 리버 |
| Havasupai 하바수파이 | | Kitanemuk 키타너머크 | |
| Hinonoeino 히노노에이노 | Arapaho 아라파호 | Kitikiti'sh 키티키티시 | Wichita 위치타 |
| Hiraacá 히라아차 | Hidatsa 히다차 | Ko'asek 코아섹 | |
| Hitchiti 히치티 | | Koasati 코어사티 | Coushatta 쿠샤타 |
| Ho-Bay 호베이 | | Kohogue 코호그 | Green River Shoshone 그린리버 쇼쇼니 |
| Hocąk 호청크 | Ho-Chunk 호청크 / Winnebago 위네바고 | Kohuana 코후아나 | |
| | | Kolomi 콜로미 | |
| Honniasont 호니아손트 | | Korwa 코르와 / Koroa 코로아 | |
| Hopi 호피 | | Ktunaxa 크투나하 | Kootenai 쿠테나이 |
| Houma 호마 | | Kumeyaay 쿠메야이 | Diegueño 디에게뇨 |
| Hualapai 왈라파이 | | Kutsipiuti 쿠치피우티 | Goshute 고슈트 |
| Húŋkpapha 훙크파파 | | Kuupangaxwichem 쿠팡어쿠이켐 | Cupeño 쿠페뇨 |
| Húŋkpapha 훙크파파 | Hunkpapa 훈크파파 | Kuyatikka 쿠야티카 | |
| Hush 허시 | Tolowa 톨러워 | Kvsete-ke 거세데기 | Coosa 쿠사 |
| Ibitoupa 이비투파 | | Kwapa 쿠어퍼 | Cocopah 코코파 |
| IhaktuwaN 이학투완 | Yankton 양크턴 | Kwapahag 콰파헉 | |
| Iháŋkthuŋwaŋna 이한크툰완나 | Yanktonai 양크터나이 | Kwatsáan 크와츠안 | Quechan 퀘찬 |
| | | Kwe vkepaya 퀘브크파야 | |

| 선주민어 | 유럽어 | 선주민어 | 유럽어 |
| --- | --- | --- | --- |
| La Junta 라훈타 | | Naːtinixwe 나티니크휘 | Hoopa Valley 후파밸리 |
| La'tiwe 라티웨이 | Molala 몰랄라 | Nacaniche 나코니치 | |
| Lakóta 라코타 | Sioux 수 | Nacogdoches 나코도체스 | |
| Lassik 레이식 | Lassik 레이식 | Nada'ko 나다코 | |
| Lenape 레나페 | Delaware 델라웨어 | Naishan Dene | Plains Apache |
| Lenni Lenape | Delaware | 나이샨 데네 | 대평원 아파치 |
| 레니 레나페 | 델라웨어 | Ná-izhán 나이잔 | Lipan Apache 리판 아파치 |
| Lnu'k 엘눅 | Mi'kmac 미크맥 | Nakoda 나코다 | Assiniboine 아시니보인 |
| Lumbee 룸비 | | Namlaki 놈라키 | |
| Machapunga 마차펑가 | | Nanatsoho 내나초호 | |
| Mahaguaduk 마하과두카 | | Nanticoke 난티코크 | |
| Maidu 마이두 | | Napochi 나포치 | |
| Makandwewininiwag | Pillager Ojibwe | Narragansett 내러갠싯 | |
| 마칸두웨위니니와그 | 필라저 오지브웨 | Nashit'ush 내시트우시 | |
| Maklaks 머클럭스 | Klamath 클래머스 | Nasoni 나소니 | |
| Mamaceqtaw | Menominee | Natchitoches 내커터시 | |
| 마마체이타우 | 머노미니 | Nauset 노셋 | |
| Manoomini-keshiinyag | St. Croix Chippewa | Ndeh | Western Apache |
| 마누미니-케시냑 | 세인트크로이 치페와 | 은데 | 서부 아파치 |
| Mascouten 머스쿠튼 | | Neshnabek 네쉬나벡 / | Potawatomi |
| Massachusett 매사추셋 | | Bodewadmi 보데와드미 | 포타와토미 |
| Matecumbe 마테쿰베 | | Neusiok 뉴시악 | |
| Mattole | Bear River Indians | Newe | Western Shoshone |
| 매톨 | 베어리버 인디언 | 네웨 | 서부 쇼쇼니 |
| Mayaca 머야카 | | Niitsitapi | Blackfoot Nation |
| Mayaimi 마이아미 | Guacata 과카타 | 니이치타피 | 블랙풋 네이션 |
| Meskwaki 메스크와키 | Fox 폭스 | Nim 님 | Mono 모노 |
| Mikasuki 미커수키 | | Nimi | Northern Shoshone |
| Mishewal 미쉬어월 | Wappo 와포 | 니미 | 북부 쇼쇼니 |
| Mishigamaw 미시가마 | Michigamea 미시가메아 | Nimipu 니미푸 | Nez Perce 네즈퍼스 |
| Missisquoi 미시스코이 | | Nishinam 니쉬남 | Nisenan 니세난 |
| Mnikȟowoju 므니코워쥬 | Minneconjou 미너칸주 | Niukonska 니우콘스카 | Osage 오세이지 |
| Móatokni Maklaks | Modoc | Nongatl 논개틀 | |
| 모토크니 머클럭스 | 모독 | Noquet 누케 | |
| Mobach 모바크 | | Notchie 노체이 | Natchez 내치즈 |
| Moctobi 목토비 | | Numa 누마 / | Northern Paiute |
| Mohetan 모히턴 | | Numu 누무 | 북부 파이유트 |
| Moila 모일라 | | Nümü Tümpisattsi | Timbisha shoshone |
| Moingwena 모잉웨나 / | | 누무 튐피사치 | 팀비샤 쇼쇼니 |
| Mengakonkia 멘가콩키아 | | N̶u̶m̶u̶n̶u̶u̶ 누무누 | Comanche 코만치 |
| Monacan 모나칸 | | Nunt'zi 넌치 | Ute 유트 |
| Moneton 모네톤 | | Nutachi 누타치 | Missouria 미주리아 |
| Moratok 모라토크 | | Nuwu 뉴우 | Kawaiia 카와이아 |
| Mosopelea 모소펠레아 | | Nuwuvi | Southern Paiute |
| Muh-he-con-neok | Cayuga Mohican | 누우비 | 남부 파이유트 |
| 무-히-컨-니오크 | 카유가 모히칸 | Nuwuvi 뉴우비 | |
| Muwekma 무와크마 | | Nuwuwu 뉴우우 | Chemehuevi 체메웨이비 |
| Mvskoke 머스코기 | Creek 크리크 | Núʔetaa 누에타아 | Mandan 맨댄 |
| Myaamiaki 먀미아키 | Miami 마이애미 | Oakfuskee 오크퍼스키 | |

| 선주민어 | 유럽어 | 선주민어 | 유럽어 |
| --- | --- | --- | --- |
| Ocale 오칼라 | | Póⁿca 퐁카 | Ponca 폰카 |
| Occaneechi 오카니치 | | Pocomtuc 포컴턱 | |
| Očhéthi Šakówiŋ 오체티 샤코윙 | Great Sioux Nation 그레이트수 네이션 | Pohogue 포호그 | Shoshone 쇼쇼니 |
| Oconee 오코니 | | Pohoy 포호이 | |
| Oglála Lakhóta 오글랄라 라코타 | Oglála Sioux 오글랄라 수 | Pomo 포모 | |
| Oikewali 오이케왈리 | Ocmulgee 오크멀지 | Potano 포타노 | |
| Okáxpa 오카파 | Quapaw 콰포 | Poteskeet 포테스키트 | |
| Okehocking 오크어호킨 | | Q'lispe 칼리스페 | |
| Okelousa 오키루사 | | Quahatika 콰하티카 | |
| Onguioaahra 온기아라 | | Quasmigdo 콰스믹도 | |
| Onojutta-Haga 오뉴타-하가 | | Rocamera 로카메라 | |
| Onoñda'gegá' 오논다게가 | Onondaga 오논다가 | Rumslen 럼슬렌 | |
| Onöndowa'ga:' 오논도와가 | Seneca 세네카 | Saawanwa 샤와느와 | Shawnee 쇼니 |
| | | Sahnish 사니시 | Arikara 어리커러 |
| Onʌyoteʔa:ká 온요테아카 | Oneida 오네이다 | Sahpeech 사피치 | |
| Oóhenuŋpa 오오헤눈파 | Two Kettles 투케틀스 | Saponi 서포니 | |
| | Oohl 울 | Saturiwa 서투리와 | |
| Osochi 오소치 | | Sawokii 사워클리 | |
| Ouachita 와시타 | | Sawokli 사워클리 | |
| Pacana 파카나 | | Schitsu'umsh 스치츠움쉬 | Coeur D'Alene 코어 더레인 |
| Pahdteeahnooch 파디아누치 | | Sekohese 세코히즈 | |
| Pahka'anil 파카우닐 | Tübatulabal 튜바툴라벌 | Séliš 셀리시 | Salish 세일리시 |
| Pahvant 파번트 | | | Seminole 세미놀 |
| Palouse 펄루스 | | Sewee 시위 | |
| Pamlico 팸리코 | Pomouik 포미오크 | Shakori 샤코리 | |
| Pamunkey 파문키 | | Shayuushti'a 샤유쉬티아 | Siuslaw 사이유슬로 |
| Panawahpskek 퍼나웹스컥 | Penobscot 페놉스콧 | Shebedteech 쉬버티치 | |
| Pascagoula 패스커굴라 | | Shish-Indie 시시인디 | Mescalero Apache 메스칼레로 아파치 |
| Pasquotank 파스코탱크 | | Sičháŋǧu 시창구 | Brulé 브릴레 |
| Patiri 파티리 | | Sihásapa 시하사파 | |
| Patwin 팻윈 | | Sinkyone 싱콘 | Sinkyone 싱콘 |
| Pawoktli 파워크틀리 | | Sisíthuŋwaŋ 시시통왕 | Sisseton 시세턴 |
| Payomkowishum 파이욤코위슘 | Luiseño 루이세뇨 | Skarù:re' 스카루렝 | Tuscarora 투스카로라 |
| Pee Dee 피디 | | Sobaipuri 소바이푸리 | |
| Penakut 페나콧 | | Sugaree 슈거리 | |
| Pengwideka 펭위데카 | Shoshone 쇼쇼니 | Suma 수마 | |
| Pennacook 페너쿡 | Pennacook 페너쿡 | Suma 수마 | Suma 수마 |
| Pensacola 펜서콜라 | | Surruque 수루크 | |
| Pepicokia 페피코키아 | | Susquehannock 서스쿼해넉 | Conestoga 코네스토가 |
| Peskotomuhkatiyik 페스코토무카티익 | Passamaquoddy 파사마쿼디 | T'epot'aha'l 테폿타할 | Salinan 설리넌 |
| Piankeshaw 피앵커쇼 | | Tachi 타치 | |
| | | Taensa 타엔사 | |
| | | Tamaroa 타마로아 | |
| | | Tamathli 타마틀리 | |
| PiKuni 피쿠니 | Piegan Blackfeet 피건 블랙피트 | Tamien 타미엔 | |
| | | Tampachoa 탐파초아 | Manso 만소 |
| | | Tanêksa 타넥사 | Biloxi 빌럭시 |

| 선주민어 | 유럽어 | 선주민어 | 유럽어 |
| --- | --- | --- | --- |
| | Taovaya 타오바야 | Wapánahki 와바나키 | Abenaki Confederacy 아베나키 연맹 |
| Tap Pilam 텁 피램 | | Washa 와셔 | |
| Tapaxcolmeh 타파쉬콜메 | Concho 콘초 | wašiw 와시우 | Washoe 와슈 |
| Tapouaro 태푸아로 | | Wateree 와터리 | |
| Tataviam 타타비암 | | Wawadishe 와와디쉬 | |
| Fernandeño 페르난데뇨 | | Waxhaw 왁소 | |
| Tawakoni 타와코니 | | Wendat Huron 웬다트 휴런 | |
| Tch'ayanke'id 차윤케잇 | Yoncalla 욘칼라 | Wenrohronon 웬로흐로논 | Wenro 웬로 |
| Tehotitachsae 테호티타새 | | Weyíiletpuu 웨이리렛푸 | Cayuse 카이유스 |
| | Tenino 테니노 | Wiipukepaya 위푸케파야 | |
| Tequesta 터케스터 | Vizcaynos 비스카이노스 | Wimbee 윔비 | |
| Thâkiwiwa 다기위와 | Sauk 사우크 | Winyan 윈얀 | |
| Thimogna 티머콰 | Timucua 티무쿠아 | WiYaPeMiAk 위야페미악 | Weapemeoc-Yeopim 웨프미옥-요핌 |
| Tickanwa'tic 티칸와틱 | Tonkawa 톤카와 | Wiyot 위엇 | |
| Tinde 틴데 | Jicarilla Apache 지카릴라 아파치 | Woccon 와칸 / Waccamaw 와카모 | |
| Tiokyáhan 티오카한 | Cahto 카토 | Wolastoqiyik 워라스터그위크 | Maliseet 맬러시트 |
| Tiou 티유 | | Xacatin 하카틴 | |
| Tipai 타이파이 | Southern Diegueño 남부 디에게뇨 | Xalychidom piipaash 할치돔 피파쉬 | Maricopa 매리코파 |
| Tipatikka 티파티카 | Shoshone 쇼쇼니 | Xumani 후마니 | Jumano 후마노 |
| Tlacopsel 틀라콥셀 | | Yacdosa 야크도사 | Deadose 데도스 |
| Tocobaga 토코바가 | | Yadkin 야드킨 | |
| Tohome 토홈 | | Yahandeka 야한데카 | Shoshone 쇼쇼니 |
| Tohono O'Odham 터호노 오텀 | | Yamasee 야마시 | |
| TolkepayaWipuhk'a'bah 톨케파야 위푸크어바 | Yavapai 야바파이 | Yapudttka 야풋트카 | |
| Toompahnahwach 툼파나와츠 | | Yaqan Nukiy 야칸 누키 | Lower Kootenay Band 로어쿠트네이 집단 |
| Tsaiduka 차이두카 | | Yaquina 야쿼나 | Yakona 야코나 |
| Tsétsêhéstâhese 체체헤스타헤세 | Cheyenne 샤이엔 | Yazoo 야주 | |
| Tsoyaha 초야하 | Tuchi 투치 | Ye Iswa 예 이스와 | Catawba 카토바 |
| Tukaduka 투카두카 | Shoshone 쇼쇼니 | Yesá 예사 | Tutelo 투텔로 |
| Tula 툴라 | | Yoowetuh 유웨터 | |
| Umoⁿhoⁿ 우마운한 | Omaha 오마하 | Yoroniku 요로니쿠 | |
| Waaswaaganiwininlwag 와스와가니위니니왁 | Lac du Flambeau Chippewa 랙두플램보 치페와 | Yufera 유페라 | |
| Waayaahtanwa 와야흐탄와 | | Yuhaaviatam 유하비아탐 Serrano 세라노 | |
| Waco 와코 | | Yui 유이 | |
| Wahpékhute 와페쿠테 | Santee-Dakota 샌티-다코타 | Yuk'hiti Ishak 유키티 이샥 | Atakapa 아타카파 |
| Wahpetunwan 와흐페툰완 | Wahpeton 와프턴 | Yuki 유키 | |
| Waitikka 와이틱카 | | Yurok 유록 | Yurok 유록 |
| | | Yustaga 유스타가 | |
| | | ᏣᎳᎩ 잘라기 | Cherokee 체로키 |

**왼쪽 상단 확대된 지도**

| 선주민어 | 유럽어 |
| --- | --- |
| Aqokúlo 아코쿨로 / Čəməqəm 체머컴 | Chimakum 치마쿰 |
|  | Clackamas 클래커머스 |
|  | Clatsop 클랫섭 |
| dxʷdəwʔabš 디커유더와시 | Duwamish 두와미시 |
| dxʷlilap 더레이럽 | Tulalip 투레이립 |
| kʷínayɬ 퀴나이쏠 | Quinalt 퀴널트 |
| kʷoʔlíyot' 퀄리요트 | Quileute 퀼리유트 |
| Lhaq'temish 락테미시 | Lummi 루미 |
| Nahaum 나하움 |  |
|  | Queets 퀴츠 |
| qʷidiččaʔa·tx̌ 쿠디치차아흐 | Makah 마카 |
| sʼqʷaliʔabš 스큐어워시 | Nisqually 니스퀄리 |
| Scqesciłni 스케스시니 | Lower Spokane 로어스포캔 |
| sduhubš 스도홉시 | Snohomish 스노호미시 |
| sdukʷalbixʷ 스토퀄빅스 | Snoqualmie 스노퀄미 |
| Sinixt 시나익스트 |  |
| sn̓pʕwílx 슨프윌흐 | Sanpoil 산포일 |
| Snt̓t̓úlixʷ 신투트울리유흐 | Upper Spokane 어퍼스포캔 |
| snxʷmene 신호메네 | Middle Spokane 미들스포캔 |
| spuyaləpabš 스푸알럽시 | Puyallup 퓨앨럽 |
| sqaǰət 스캐짓 | Skagit 스캐짓 |
| stuləgʷabš 스툴럭어브스 | Stillaguamish 스틸라과미시 |
| suq̓ʷabš 스콰브시 | Suquamish 수콰미시 |
| swədəbš 스워더브시 | Swinomish 스위노미시 |
| sx̌ʷýʔɬpx 스흐이어픅스 | Colville 콜빌 |
| sy̓púlmx 스이플멕스 | Lower Cowlitz 로어카울리츠 |
| Syilx 시일흐 | Okanagan 오커내건 |
| táytnapam 타이트나팜 | Upper Cowlitz 어퍼카울리츠 |
|  | Tillamook 틸라무크 |
|  | Walla Walla 왈라왈라 |
| Waluulapam 월룰라펌 |  |
|  | Wishram 위시램 |

**오른쪽 상단 확대된 지도 (푸에블로 네이션)**

| 선주민어 | 유럽어 |
| --- | --- |
| Ohkay Owingeh 오케 오윙게 |  |
| Tuah tah 투아타 | Taos 타오스 |
| Ko-tyit Tameh 코-팃 타메 |  |
| Pohwege 포웨게 |  |
| Pinwee 핀위 | Picuris 피큐리스 |
| Nambé Oweengé 남베 오윙게 |  |
| Po-who-ge-oweenge 포-워-게-오윙게 | San Ildefonso 산일데폰소 |
| Tusugeh 투수게 | Teseque 테수케 |
| Paaku'u 파쿠 |  |
| Tuf Shurn tia 터프 션 티아 | Sandia 샌디아 |
| Tue-i 투-이 |  |
| A-tzi-ema 아-치-이마 | Piro 피로 |
| Ashiwi Shuwena 아쉬위 슈웨나 |  |
| Haaku 하쿠 |  |
| Ka'waika 카와이카 | Laguna 라구나 |
| Tsi'ya 치야 |  |
| Walatowa 왈라토와 |  |
| Kha'p'oo Owinge 카푸 오윙게 | Santa Clara 샌타클라라 |
| Kiwa 키와 | Santa Domingo 산타도밍고 |
| Katishtya 카티쉬샤 | San Felipe 산펠리페 |
| Tamaya 타마야 | Santa Ana 산타아나 |

# 새로운 미국사를 위해

토착민*을 쫓아내고 토착민의 고향 땅에 세운 나라가 어떻게 세계에서 가장 모범적인 민주주의 국가가 될 수 있었을까? 유럽계 백인이 정착한 가운데 수립된 다른 나라들과 마찬가지로, 이는 미국을 계속 괴롭히는 질문이다.[1] 역사학자들은 그동안 이 문제와 겨루려 하기보다 대체로 침묵을 택했다. 미국의 다양성을, 미국의 팽창으로 가장 크게 타격받은 사람들의 시각에서는 보려 하지 않는 경향도 지속되었다.[2]

이는 그리 놀라운 일이 아니다. 대부분의 나라가 그렇듯이 미국

* 저자는 이 문장의 미주에서, "토착민(Indigenous), 아메리카 선주민(Native American), 아메리칸인디언(American Indian)은 모두 아메리카 대륙에서 처음 거주했던 인민을 지칭하며, 본문에서는 별 구분 없이 혼용한다"고 밝히고 있다. 책에서 가장 빈번하게 사용하는 용어는 선주민(native)이지만, 문맥에 따라 토착민이나 인디언이라는 용어도 사용하고 있다.

도 과거를 기념해왔다. 미국의 혁명 지도자들은 미국을 하나의 국민 국가인 동시에 하나의 사상으로 이해했다. 1783년 6월, 조지 워싱턴 George Washington은 이렇게 썼다.

미국 시민은 가장 부러움을 살 만한 자리에 있다. 온갖 종류의 토양과 기후를 볼 수 있고 생활의 필요와 편의를 여유롭게 해결할 수 있게 해주는 광활한 대륙의 유일한 군주이자 주인인 미국 시민은 늦게나마 만족스럽게 평온을 누리며 절대적 자유와 독립을 얻게 되었다. 그리고 이제는 이를 인정받고 있다. 지금부터 미국 시민은 가장 잘 보이는 무대, 신께서 인간의 위대함과 선함을 보여주기 위해 특별히 지정한 것처럼 보이는 무대에 서 있는 배우로 여겨질 것이다.[3]

역사가들은 대체로 유럽인과 그 후손을 중심에 둔 역사 서술을 답습해왔다. 황무지에 정부를 세운 청교도, 서부 변경 지대에 정착한 개척자, 대서양 연안을 통해 몰려든 유럽인 이민자가 역사의 주인공이었다.[4] 오랫동안 학자들은 미국사를 유럽사와 연관 지으면서 미국이 영국인 정착지들에서 진화해 나왔다고 주장해왔다.[5]

보다 복잡하게 서술된 역사서들에서, 다문화 국가인 미국은 국가적 공약을 시민 모두에게 확장하기 위해, 그리고 모든 사람은 평등하게 창조되었다는 건국 선언에 따라 살기 위해 노력하는 나라로 그려진다. 이견이 있지만, 어쨌든 미국의 민주주의는 아메리칸인디언 American Indian•을 쫓아내면서 피어올랐다. 역사를 국가가 성장하는 공동의 토양이자 미래를 내다볼 수 있는 창이라고 한다면, 지금은 배제와 오해를 키워온 '발견'이라는 진부한 표현에서 벗어나 미국사를 다시 생각할 시점이다. 인종 분쟁, 기후 위기, 미국 내부 혹은 세계적 차원의 불평등과 같은 우리 시대의 과제에 대한 답을 찾으려면 새로운 개념과 접근 방식과 결기가 필요하다. 이제 지난 세기의 해석 도구를 내려놓고 새로운 도구를 들어야 할 때다.[6]

✦

아메리카라는 단어도 유럽인과 '발견'에 경도되어 있다. 1507년, 독일의 지도 제작자 마티아스 링만Matthias Ringmann과 마르틴 발트제뮐러Martin Waldseemüller는 얼마 전 조우한 세계의 "네 번째 지역"의 명칭을, 그 지역이 몰랐던 세계임을 발견한 것으로 추정되는 아메리쿠스 베스푸티우스Americus Vesputius(베스푸치Vespucci)의 이름에서 가져와 변경했다.[7] 1490년대의 콜럼버스와 달리 1503년의 베스푸치는, 아시아로 가는 경유지가 아니라 "하나의 신세계"를 발견했다고 주장했다.[8]

수백 년 동안 미국과 신세계는 호기심과 가능성에 대한 희망을 불어넣는 상상력의 보고였다. 이는 발견을 통해 분명하게 드러났고, 발견이라는 역사극에서 주인공은 탐험가다. 탐험가는 이 연극의 배우이자 주체다. 그들은 생각하고 이름을 짓고, 정복하고 정착하고, 통

---

• American Indian은 미국뿐 아니라 캐나다, 멕시코 등 아메리카에 거주했던 인디언을 의미하기도 한다. 하여 고유명사로 쓴 경우를 제외하고 넓은 의미로 쓸 때는 '아메리칸인디언', 미국 내의 인디언이 분명할 때는 '미국 인디언'으로 옮겼다.

치하고 소유한다. 탐험가는 수도 워싱턴에서 "가장 잘 보이는 무대"의 중심에 있다. 그러나 거기에 선주민은 아예 없거나, 발견과 지배를 기다리는 수동적인 객체 혹은 적의를 품은 객체로 등장한다.[9]

선주민을 제외하는 것은 미국 역사 분석의 오랜 전통이다. 이 책은 토착민 역사에 대한 최근 한 세대의 학술 연구를 바탕으로, 과거에 대해 다른 관점을 만들고자 하는, 즉 미국사 서술의 방향을 재조정하고자 하는 여러 학자와 함께한다.[10] 미국사를 온전하게 말하려면 선주민 과거사의 골조인 투쟁, 생존, 재기의 역동적 과정을 꼭 설명해야 한다. 선주민 역사에 중점을 두는 것이 미국사 탐구에서 필수 불가결한 일이 되어야 한다. 미국사의 기존 패러다임으로 역사 현장을 제대로 전달할 수 없다면, 그 패러다임이 문제다. 우리는 좀더 포괄적인 서사를 구축할 필요가 있다. 이는 과거의 드라마에 출연진을 새로 추가하는 것만으로는 달성할 수 없다. 미국 건국 당시 모든 사람에게 양도할 수 없는 권리로 선언된 평등, 생명, 자유, 행복 추구라는 자명한 진리를 선주민, 아프리카계 미국인, 그리고 수백만 비백인 시민은 누리지 못했다. 미국 역사는 그 사실을 명심해야 한다. 이 국가에서 많은 인민이 역사적으로 계속 배제되었으며, 미국 시민에게 착취당했다. 선주민은 1924년이 되어서야 미국 시민권을 부여받았다. 그때까지 연방정부는 300개가 넘는 조약을 통해 수억 에이커의 영토를 선주민 네이션Native nation*들에게서 강탈했다.[11] 내전 기간

---

* nation은 따로 번역하지 않고, 그대로 음차했다. 적절한 한국말을 찾지 못해 취한 고

에 수만 명의 선주민이 유럽계 백인 정착민 민병대와 미국군에게 살해되었고, 거류구역• 선주민 사회들reservation communities에서 어린이를 강제로 데려가는 작전이 정부의 후원 아래 시행되었다. 그 결과 1928년까지 인디언 어린이의 40퍼센트가 가족과 억지로 헤어져 기숙학교로 끌려갔다.[12]

만연했던 폭력과 강탈을 미국사에서 곁가지로 치부하거나, 괄호 속에 두는 것은 적절하지 않다. 이런 역사는 미국사의 중심 논지에 의문을 제기한다. 미국 선주민에 대한 배제는 헌법에서 명문화된 이래 내전기를 거쳐 20세기까지 당연시되었지만, 이는 결코 부수적인 일이 아니었다. 미국은 선주민에 대한 폭력과 강탈을 통해 발전할 수 있었다. 하지만 오늘날 우리가 알고 있는 미국사에서는 선주민의 중심적 역할을 언급하지 않는다.

최근 학자들은 아프리카계 미국인이 겪은 노예제 역사가 미국의 형성 과정에서 핵심이었다고 보지만, 미국 선주민을 비슷한 시각에서 보는 학자는 거의 없다. 다인종 개념보다는 (인종을 흑인과 백인으로 나누는) 이분법적인 구시대적 개념이 과거사 연구를 지배하고 있다.

육지책이다. 미국 공식 문서들에서 선주민 집단들을 네이션으로 불러왔고, 때로는 부족(tribe)이라고 부르기도 했다. 같은 집단도 때에 따라서 네이션이나 부족으로 지칭한다는 말이다. 네이션은 선주민 집단을 하나의 정치체로 인정해온 역사에 기초한 명칭이라고 할 수 있다.

• reservation은 기존에 보호구역이라고 했고, 실제로 백인 정착민의 침탈에서 선주민 사회들을 보호해주는 역할을 하기도 했다. 그러나 이 단어에는 '보호'라는 의미가 담겨 있지 않고, 또 이것이 선주민을 보호하는 역할로만 설정된 구역으로 여겨질 수도 있어, 이 책에서는 거류구역으로 옮긴다.

이런 연구에서 노예제는 미국 사상과 정반대되는 것들을 대표한다. 유수의 학자들은 노예제를 미국의 원죄이자 미국의 기초가 된 제도로 본다.[13] 최근 가장 잘 팔리는 어느 미국 역사서에서는 이렇게 말한다. "미국의 창세기에 자유와 노예제는 미국의 아벨과 카인이 되었다."[14] 하지만 원래부터 살던 관리자가 가꾸지 않은 미국의 에덴동산을 과연 상상할 수 있을까? 미국의 기원에 관한 이야기에서 추방된 선주민은 자신들이 포함된 역사가 서술되기를 기다리고 있다. 결국 미국을 낳은 것은 선주민의 고향 동산이었기 때문이다.

미국사에 대해 새로운 이론을 세우는 것이 소소한 일은 아니다. 여러 세대에 걸친 노고가 쌓이고 몇 년이 걸려야 하는 일이다. 미국의 역사 과정을 더 잘 설명할 수 있는 새 주제, 새 지리학, 새 연대기, 새 발상이 필요하다. 이는 어려운 과제이면서 동시에 기회이기도 하다. 특히 선주민의 경험, 역사, 정책을 선주민이 아닌 이들에게 설명해야 하는 부담을 진 선주민 부족 구성원에게는 막중한 과제다.

미국의 기원을 다룰 때는 발견보다 만남을 중심으로 이야기를 풀어야 한다. 500년이 넘는 시간 동안 사람들이 북아메리카 외부에서 선주민의 근거지들로 이주했다. 그후 선주민들의 변화와 생존은 미국의 이야기를 관통하는 하나의 지침을 잠재적으로 제공해왔다. 선주민 사이에는 수백 가지 언어가 존재했고, 소규모 가족 집단에서부터 황제와 신하를 거느린 대규모 제국에 이르기까지 다양한 사회가 존재했다. 선주민은 1490년대에 에스파냐 탐험가들을 시작으로 새로 온 이들과 맞닥뜨리기 시작했는데, 이는 자료를 통해 잘 알려져 있다.

초창기 아메리카에 세워진 유럽계 식민지들을 이해하려면 선주민 사회들의 정지된 모습이 아니라 움직이는 모습을 보아야 한다. 아메리카에 새로 들어온 이들이 여행하며 겪었던 바다와 마찬가지로, 북아메리카에 세워진 초창기 식민지들 역시 기존 선주민이 자리한 지형 속에서 사나운 파도를 경험했다. 유럽에서 온 식민자colonist들은 식량을 비롯해 그들을 지탱해주는 경제활동 전반을 선주민에게 의존했다. 식민자의 구성, 생존, 성장을 이와 다른 방식으로 바라보는 것은 잘못된 생각이다. 유럽인이 아메리카에 세운 식민지들 사이의 차이는 선주민과 유럽 제국들 사이의 관계를 통해 설명된다. 뉴멕시코(여기서는 에스파냐의 식민지로 세워진 뉴멕시코로, 현재 미국 뉴멕시코주의 시초가 된 곳)를 비롯해 식민지였던 몇몇 지역은 미국 영토였던 기간보다 어느 유럽 제국(에스파냐)의 영토였던 기간이 더 길었다.

이어지는 본문에서 보겠지만, 유럽과의 접촉은 선주민의 근거지 전역에 충격파를 던져 다양한 형태의 반향을 일으켰다. 그중 일부는 기록조차 되지 못했다. 지난 50여 년 동안 학자들은 이런 유럽의 침입이 어떤 결과를 낳았는지 가늠해보고자 했다. 학자들은 유럽에서 온 질병들로 인한 선주민의 사망이 아메리카 역사에서 가장 충격적인 사건이며, 그 결과 선주민의 여러 세계가 돌이킬 수 없을 정도로 무너졌다고 말한다. 전염병은 수많은 지역사회를 해체했고 대규모 이주와 변화를 불러왔다. 1492년에서 1776년 사이에 북아메리카의 총인구가 약 700만, 800만 명에서 400만 명으로, 거의 절반 가까이 감소했다.[15]

이렇듯 상상하기 힘든 규모의 사망과 인구 감소를 보노라면 미국 건국을 찬미하는 이야기들에 의문이 생긴다. 한편 이런 규모의 인구 감소는 아메리칸인디언의 무역, 외교, 전쟁의 동기를 설명하는 데도 도움이 되는데, 이 모두가 유럽인 정착지들의 진화에 영향을 미쳤다. 1609년 뉴프랑스의 부상에서 1769년 캘리포니아의 식민지화에 이르기까지 제국들이 정책을 결정할 때 고려했던 핵심 요소는 아메리칸인디언의 경제적·외교적·군사적 영향력이었다. 연방정부가 첫 100년 동안 가장 많이 맺은 외교 협정은 선주민 네이션들과 맺은 조약이었다. 이는 모두 연방 상원의 비준을 받았다. 이런 사실은 토착민의 역사를 이해하지 않고는 미국도 이해할 수 없음을 보여준다.

◆

과거에 대한 해석을 수정하는 것은 역사 연구에서 당연한 현상이며, 각 세대는 역사가 새로운 상황과 사상, 조건에 부응하도록 역사를 재해석한다. 21세기 초, "정착민 식민주의_settler colonialism_"라는 새로운 패러다임이 널리 회자되었다. 이를 주도한 영연방 학자들은 영미권이 세계로 확장되는 과정을 마치 자연의 법칙인 양 말하는 역사 설명의 틀에 이의를 제기했다.[16] 식민주의를 현재 진행 중인 과정으로 보아야 한다고 생각한 이 학자들은 선주민을 중심으로 한 새로운 방법, 개념, 역사적 접근 방식을 개발했다. 이들은 청교도가 "신의 섭리에 따라 광야로 향했다"거나 "변경"의 정착지들이 민주적이었다는 신화가 선주민을 지울 뿐만 아니라 역사 전개를 자연적인 흐름이었던 양 만들고, 식민주의의 폭력을 역사 서술에서 잘라냈다는 점을 밝히며 국민국가들의 건국 서사를 문제 삼았다.[17] 게다가 호주나 캐나다 같은 영연방 국가가 국가적 차원에서 선주민에게 사죄하고, '진실과화해위원회'를 설립해 선주민을 강제로 수용했던 역사를 저마다 검토하자, 많은 이들이 선주민 학살이라는 보다 광범한 문제를 탐구해달라고 역사학계에 요청하고 있다.[18] 역사학자들은 '집단 학살 범죄의 예방과 처벌에 관한 유엔 협약UN Convention on the Prevention and Punishment of the Crime of Genocide'(1948)에서 정의한 개념들에 따르면, 선주민 역사 전반에서 집단 학살이 있었다고 주장한다.[19]

미국사가 집단 학살로 얼룩져 있음을 확실히 하는 것은 미국사의 기본 전제를 뒤집는 일이다. 사실 선주민 미국인의 역사는 미국의 이상과 매우 극명한 대조를 이룬다. 미국의 선주민을 연구하는 여러 연구자에 따르면, 유럽계 백인의 아메리카 대륙 정복은 다양한 선주민 네이션이 공통으로 당한 집단 폭력으로 점철된 채 지금까지 이어지고 있다.[20]

이 책은 이처럼 논쟁적인 의미들, 미국의 중요한 의미들을 정리하는 방향으로 나아가고자 한다. 최근의 풍부한 학문적 논의를 바탕으로 구축한 새로운 통찰을 한 권으로 엮고 종합해 새로운 미국사를 구축하기 위한 휴리스틱heuristic(나름의 발견과 판단)을 제공하는 것이 이 책의 목표다.

정착민 식민지에 관한 여러 연구를 통해 지금까지 온존한 지구적 차원의 식민주의 유산과 이에 맞선 선주민의 실천이 밝혀지긴 했지만, 한계가 있다.[21] 이런 연구들은 선주민의 "제거"가 미국 선주민 역사에서 결정적이었다고 주장하면서 선주민의 힘과 선택의 범위를 축소해서 보는 경향이 있다.[22] 또한 시간의 흐름에 따라 변화한 권력의 역동성을 제대로 표현하는 데 난항을 겪고 있으며, 광활한 영토에서 오랜 기간에 걸쳐 행사된 선주민 주권을 인정할 여지를 충분히 남겨두지 못했다.[23] 미국사에 관한 새 이론을 구축하려면 선주민이 유럽인 식민지의 경제와 정착지와 정치를 결정하기도 했고, 또 동시에 거기에 적응하기도 했다는 사실을 인식할 필요가 있다.

분과 학문들이 선주민을 다루지 않는 상황에서, 선주민과 선주민을 연구하는 학자들은 선주민이 제거된 것이 아니라 생존해왔음을 강조하는 방식으로 대응했다.[24] 2008년 선주민 미국인과 토착민 연구협회Native American and Indigenous Studies Association, NAISA가 설립되면서 전 세계 선주민 학자들에게 전문적 기량을 발휘할 기회가 확대되었다.[25] 한때 기성 학문 분야에서 존재감을 확보하기 위해 싸웠던 선주민 학자들은 이제 그런 학문들에 의문을 제기하면서 부족 공동체와 협력해, 1993년 오지브웨Ojibwe인 문학비평가 제럴드 비제너Gerald Vizenor가 처음 분명하게 제시한 "살아남기survivance"라는 개념을 발전시키고 있다.[26]

이 책은 이 같은 학문적 발전들에 기대어 미국 선주민의 비범한 다양성뿐만 아니라 그들의 비범한 주도성에 주목하고자 한다. 이는 미국사를 재발견하는 데 필수적이다. 미국사의 기존 패러다임들이 선주민을 배제한 채 유지되었기에, 선주민이 했던 주도적 역할을 역사 서술로 보여주는 것이 기존 패러다임들을 수정할 수 있는 중요한 방법이 된다. 다른 모든 인민과 마찬가지로 미국 선주민도 수백 년에 걸친 경쟁, 연속성, 전통을 통해 다양한 모습을 보여왔다. 이런 다양성과 주도성을 이해하려면 역사 서술에서 이를 보여주어야 한다.[27]

이 책은 특별한 형태의 토착민 주도성, 다시 말해 인디언과 아메리카에 새로 도착한 이들이 몇백 년에 걸쳐 상호작용하면서 서로 계속 얽히는 방식으로 함께 새로운 지역사회들을 형성해온 변증법적 관계들을 추적한다. 다음 열두 개 장에서는 에스파냐의 아메리카 식민지 변경 지대에서 냉전 시대에 이르기까지 미국사의 특정 패러다임을 살펴보고 그 안에서 선주민의 중심적 역할을 보여준다. 각 장의 내용은 상호작용을 통한 변혁으로 설명된다. 어떤 장도 만남 이전의 시점에서 시작하지 않는다. 모든 장이 선주민과 새로 도착한 이들 사이의 상호 관련성에 초점을 맞춘다. 요컨대 이 책은 유럽인의 아메리카 발견과 유럽인의 "위대함"이라는 틀에 갇히지 않으면서 대안적인 미국 이야기를 구축할 여지가 있는지를 묻고자 한다.

미국은 역사적 패러다임들이 나타내는 것만으로는 포괄할 수 없는 다양성을 품은 나라다. 따라서 수백 년에 걸쳐 미국에서 진행된 상호작용을 직시하는 것은 어렵더라도 매우 중요한 과제다. 미국사의 서술이 과거에 실재했던 다양성을 동질화한다는 사실을 고려하면, 역사 분야의 토대를 다시 생각할 필요가 더 절박해진다. 특히 최근에 나온 여러 종합적 결론에서 "식민지 시대"를 경시하고 미국헌법의 제정을 가장 중요한 부분으로 은근히 내세우는 것을 보면 이 같은 재고의 필요성을 더 실감하게 된다.[28]

미국 건국 신화가 선주민에게 내주는 공간은 제한적이다. 미국 독립선언문에서는 선주민을 "무자비한 인디언 야만인"이라고 했다. 선주민이 내륙의 식민지 백인 정착촌들에 여전히 영향력을 미치던 상황이었는데도 그렇게 표현했다.[29] 토머스 제퍼슨Thomas Jefferson보다 경험이 많은 조지 워싱턴 같은 지도자들은 폭력보다 외교를 선호했고, 식민지 시대부터 인디언과 맺어온 조약들을 바탕으로 연방정부의 권한을 확대했다. 이 책 전반부의 여섯 개 장에서 시사하듯, 미국 혁명 시기의 선주민 역사의 복잡성을 제대로 살펴보면 사회적 권력, 궁극적으로는 국가 권력을 더 깊이 이해할 수 있다.

✦

미국의 이야기는 언제, 어디서 시작되었으며, 누가 그 주인공일까? 이 국가적 드라마의 중심 주제 혹은 중심 무대는 무엇인가? 영국 식민지들이 미국의 기원이 된 장소인가? 스스로를 "우리 인민We, the People"이라고 선언했던 이들은 독점적 지배력을 포기할 생각이었을까? 19세기 미국이 선주민의 근거지들을 휩쓸어버리고 확장하면서 남긴 유산은 무엇이었나? 선주민 네이션들은 자신들의 일상 속에서 압도적 존재감을 발휘한 연방정부의 권력에 어떻게 대응해왔는가?

학자들은 이런 질문에 답하기 위해 지난 수십 년 동안 노력해왔는데, 이전에 경시되던 풍부한 역사적 세계가 20세기 말부터 부족 프로젝트tribal project와 학술 연구를 통해 진면목을 드러내기 시작했다. 예를 들어 워싱턴주 니아베이Neah Bay의 마카 문화와 연구센터Makah Cultural and Research Center부터 코네티컷주 매션터킷Mashantucket의 매션터킷 피쿼트 박물관과 연구센터Mashantucket Pequot Museum and Research Center에 이르기까지, 현재 약 200개의 부족 박물관과 문화센터에서 선주민 사회의 역사를 각기 조명하고 있다.[30] 구전 전통, 문화기술지ethnography, 선주민 언어, 여러 제국의 기록물 등 새로운 사료도 새로운 역사 및 문학 연구가 나오는 데 도움이 되었다.[31]

선주민은 이제 역사적 경시라는 그늘에서 벗어나 풍부한 복잡성을 드러내고 있다. 그들은 다양한 사회에서 수백 년 된 인디언 언어를 사용하면서, 때로는 꽤 넓은 영토를 통치하며 살고 있다. 북아메리카에서 가장 오래된 지역사회를 지금도 유지하고 있는 애리조나주와 뉴멕시코주의 21개 푸에블로Pueblo 인디언 네이션에서 그러하듯이, 많은 선주민이 유럽인이 아메리카로 건너오기 전부터 조상들이 살았던 집에서 계속 텃밭을 일구며 살아간다.

미국사에 대한 이러한 재발견은 계속 확대되고 있다. 매년 새로운 강좌와 출판물이 나오고, 부족 공동체들과 부족과 무관한 기구들 사이의 협업도 계속 진행되고 있다. 이를 통해 좀더 정확한 역사, 여러 인종을 포괄하는 역사를 갈망하는 다양한 연령대의 연구자, 교사, 부족 구성원, 학생의 학습이 이루어지고 있다. 부족정부들은 그 규모와 역량을 꾸준히 키웠고, 미국 정치에서 부족사회가 지닌 고유한 주권을 가장 명료하게 보여주는 사례가 되고 있다. 나바호Navajo 네이션을 비롯한 일부 네이션은 수백만 에이커에 이르는 땅에서 수십만 명의 시민을 통치하기도 한다. 산업과 경제에 수천 명의 선주민과 비非선주민 노동자를 고용한 네이션도 있다.[32] 미국 국경 내에 자리한 이런 네이션들은 연방정부와 협력하며 자치권과 주권, 권력을 유지하고 있다.[33]

우리의 학교와 대학 강의실이 앞으로도 중요한 시민 교육 기구로 남으려면 미국 공화국의 기원과 확장 그리고 현재의 모습을 더 사실적으로, 더 풍부하게 설명할 수 있어야 한다. 미국이 지닌 다양한 의미를 새롭게 드러내려면 미국 선주민에 관한 진실을 연구하고 가르치는 활동이 필요하다.

✦

이 책은 미국사에서 삭제된 미국 인디언의 모습을 바로잡아 역사 서술의 방향을 바꾸고자 한다. 500년의 역사를 다루는 이 책이 여러 학자의 연구 업적 위에 세워진 것이기는 하지만, 그렇다고 모든 인민, 모든 주제, 모든 장소를 담을 수 없다는 것도 잘 안다. 미국사는 인디언과 유럽 제국들의 장대한 만남에서, 그리고 선주민과 미국 사이의 주권 쟁탈전에서 비롯되었다. 미국 인디언은 미국사의 매 세기마다 중심적인 역할을 했다.

이 책은 미국과 선주민 미국인 역사의 여러 흐름을 통합해보고자 한다. 미국사와 선주민 역사가 분리되어 제각기 흘러온 것이 아니라 서로 연관된 것으로 보려고 한다. 이 책은 양자의 상호 구성적 특성을 강조한다. 이 둘은 이후에도 지금처럼 계속 얽힐 것이다.

그동안 미국 선주민 역사를 다룬 개론서나 한 권으로 나온 해설서는 거의 없었다. 이 주제의 시간적·공간적·민족지학적 다양성 때문에 단일한 해설이 나오기가 어려웠다. 하지만 학자, 교사, 교육자 들이 새로운 해석 패러다임을 개발하고, 새로운 지역 역사를 발굴하고, 새로운 시대·장소·주제를 재발견하는 방대한 성과를 냈다. 이전에는 무시되었던 미국 선주민 역사는 이제 융성하는 분야가 되었다. 본문에서 확인하겠지만, 미국 선주민 역사 연구에서 이루어진 통찰의 영향으로 미국사의 여러 전제가 흔들리고 있다.

이런 성장에도 불구하고 미국 선주민의 역사는 지금도 많은 난제에 둘러싸여 있다. 이전 세대의 관습이 여전히 단단한 석회처럼 남아 있다. 대학 교정, 교과서, 공공기념물은 여전히 선주민을 배제한다. 포니Pawnee인 학자 월터 에코호크Walter Echo-Hawk에 따르면, "오늘날 미국 선주민이 직면한 가장 힘든 문제는 선주민 문제에 대한 신뢰할 만한 정보가 전반적으로 부족한 것"[34]이다.

미국 선주민을 역사화하고, 선주민이 주도성과 권력을 행사해 부족사회나 비非부족사회를 어떻게 형성해왔는지를 평가하기 위해서는 더 많은 연구가 필요하다. 이 책의 본문 열두 개 장은 익숙한 주제들에 색다른 접근을 시도하면서, 미국 사회가 형성되는 과정에서 다양한 선택지가 열려 있던, 즉 당시에는 아직 결정되지 않았던 국면들을 드러내고자 한다. 이를 통해 미국사에서 다른 길로 갈 수 있었던 시점들을 짚어보고, 선주민을 더 큰 세계적 맥락에서 볼 수 있게 하며, 선주민 지역사회˙들이 지켜온 주권이 미국 정치의 일관된 핵심 요소였음을 이해하게 한다.

1부 '인디언들과 제국들'에서는 초기 미국의 형성 과정에서 폭력이 중심적 역할을 했음을 강조한다. 앞쪽 장들에서는 16~17세기 북아메리카에서 에스파냐, 영국, 네덜란드, 프랑스가 세운 제국의 기반을 살펴본다. 이어지는 장들에서는 프랑스 제국과 영국 제국의 충돌, 미국혁명의 기원에서 미국 인디언이 한 역할을 살핀다. 특히 결정적 계기라고 할 수 있는 7년전쟁 이후 펜실베이니아Pennsylvania 백인 정착민과 영국 제국 당국 사이의 충돌 속에서 미국 인디언의 입지를 살펴본다. 블랙보이스Black Boys로 알려진 정착민 민병대가 연루된 이 충돌은 1764년과 1765년에 벌어진 폰티액 전쟁Pontiac's War과 영국 관리들이 오대호 연안 지역 인디언의 근거지 전역에서 권위를 세우려는 시도가 실패로 돌아간 후에 발생했다. 이 장들에 달린 주석에서 볼 수 있듯이, 오하이오강 계곡Ohio River Valley에서 벌어진 인디언과 정착민 사이의 분쟁은 미국 인디언 역사에서 아주 많이 연구된 분야로, 매년 뛰어난 연구물들이 출간되고 있다. 이 장들을 통해 암묵적으로나마 제기하는 문제는 미국헌법사와 초기 공화국의 역사를 연구하는 학자들이 이 풍성한 학술 연구들을 어떻게 간과해왔는가 하는 것이다.

---

˙ 이 책에서는 community를 '지역사회'로 번역했다. 공동체라고 할 수도 있지만, 그럴 경우 지역의 선주민 사회가 가졌던 각종 사회 제도, 혈연을 넘어선 구조 등이 잘 드러나지 않을 수 있다.

1부는 〈식민주의와 헌법〉으로 마무리하는데, 이 장은 선주민 역사의 맥락을 이해하지 못하면 미국헌법의 제정 과정도 제대로 알 수 없음을 보여준다. 이는 2부 '주권 확보 투쟁'의 내용으로 이어진다. 2부 첫 장에서는 연합헌장Articles of Confederation과 이후 미국헌법을 통해 등장한 국가 통치 구조를 분석한다. 미국의 중앙 통치 구조는 내륙의 토지를 통합하기 위해 노력하고, 토지 양도 협상을 위해 연합헌장에 명시된 "조약 체결" 권한을 사용하고, 인디언 문제에 대한 연방정부의 우위권을 확립하는 과정에서 나타났음을 강조한다. 당시 여러 건국자가 생각했던 선주민의 헌법적 지위는 외국인의 지위와 비슷했다. 이는 "연방의회는 … 외국과의 상거래, 여러 주 사이의 상거래, 그리고 인디언 부족들과의 상거래를 규제할 권한을 가진다"라고 한 헌법의 상업 조항에서 알 수 있다. 건국 시기에 나온 이 같은 생각들에서 선주민의 철학도 엿볼 수 있다. 선주민은 수백 년 동안 연방정부와 관할권을 공유하는 동시에 자율적인 관할권도 인정받아야 한다고 주장했다. 또한 미 공화국과 부족 네이션들의 역사는 이렇게 헌법에 분명하게 각인되어, 지워지지 않고 보존되어왔다.[35]

2부의 다음 장들에서는 미국과 선주민 네이션들이 주권을 놓고 벌인 투쟁에 집중한다. 비교해보고 연관시켜봄으로써 미국의 민주주의, 인종 형성, 인디언을 쫓아내는 과정을 검토하고, 인디언 문제가 초기 미국 국정에서 어떻게 계속 중심에 남았는지를 조명한다. 미국이 건국 이후 초기에 내린 외교적 결단에는 '제이의 조약Jay's Treaty'과 루이지애나Louisiana 매입이 있는데, 이는 인디언과 체결한 여러 조약 관행에서 비롯되었다. 이런 연구 결과들은 19세기 미국사의 초점을 북아메리카 동부〔해안 지대〕에 두는 일반적인 시각에서 벗어나, 미국의 팽창과 함께했던 대륙의 변모 과정으로 옮길 필요가 있음을 시사한다. 미국은 건국 이전부터 존재하던 에스파냐·멕시코·러시아·영국·프랑스 제국주의 세력 속에서 서서히 팽창했는데, 그 이야기를 여러 장에 걸쳐 다룬다. 캘리포니아와 콜로라도의 역사에서는 급속한 정착과 금광 개발이 일어나던 시기에 인디언 지역사회를 휩쓴 변화에 주목한다.

2부 후반부에서는 내전 이후 미국 국력의 성장에 선주민이 어떻게 대응했는지를 조명한다. 재건 기간에 군대, 조약 체결자, 기타 인디언 문제 담당 기관 등 새로운 연방 권력 기구는 북아메리카 서부 전역에서 방대한 구조를 구축했다. 군사 기지, 거류구역 담당 기관, 기숙학교 등이 '거류구역 시대'(1870년대~1920년대)에 시작되었다. 칼라일 인디언 직업학교의 설립자이자 군대식 교육법을 설계한 미육군 대위 리처드 헨리 프랫과 같은 연방 지도자들은 선주민 어린이를 가족에게서 분리하고 부족정부를 약화해 선주민을 변화시키려 했다.

본문에서 보겠지만, 반세기 동안 어린이를 강제로 데려가고 거류구역을 소외시키는 것이 미국 선주민 정책의 골자였다. 7만 5000여 명의 선주민 어린이를 연방정부에서 재정 지원을 받는 기숙학교로 데려갔고, 약 1억 에이커에 달하는 거류구역 토지를 추가로 몰수했다. 1912년까지 연방의회는 '공법Public Law 219'에 따라 인디언 지역

사회를 "절대적 관할권과 통제권" 아래에 두었다.[36]

　2부의 이 후반부 장들에서는 인디언 문제에 대해 연방의회가 권한을 갖는다는 원칙, 이른바 "전권全權, plenary power"을 갖는 것이 핵심 쟁점이다. 19세기 말과 20세기 초, 새 세대 아메리카 선주민 활동가들이 이 같은 연방 권력의 선주민 사회에 대한 침범에 대응했다. 책의 마지막 장에서는 그런 활동이 연방 정책의 기조, 특히 뉴딜 시대와 냉전 시대의 인디언 정책에 어떠한 영향을 미쳤는지를 살핀다. 나의 분석은 거류구역의 능동적 활동, 미국인디언협회(이하 인디언협회), 그리고 로라 코닐리어스 켈로그(오네이다인), 지트칼라-샤(다코타인), 헨리 로 클라우드(호청크인), 엘리자베스 벤더 클라우드(오지브웨인) 등 지도자들이 내놓은 서적에 관한 연구에 기초했다.

　한 세대의 활동가들이 정부의 침범과 거짓 약속에 맞서면서 미국의 결백함에 대한 신화에 도전했고, 새로운 역사 해석을 모색했다. 활동가 켈로그는 선주민 통치의 역사적 관행을 복원하는 데 전력을 기울였다. 특히 성별에 따라 다르게 행사되던 형식에 관심을 기울였는데, 그중에서도 이로쿼이(호데노쇼니)의 지역사회들이 대표적이다. 로 클라우드, 벤더 클라우드 등 다른 인디언협회 회원들은 기구들을 개발하여 여러 부족이 함께하게 만들었고, 다른 기구들과 협력을 구축하도록 했다. 이런 기구들은 냉전 시대에 그 중요성을 입증했다. 벤더 클라우드는 1911년 설립된 인디언협회와 1944년 설립된 미국인디언총회(이하 인디언총회)의 창립 모두에 공동 창립자로서 관여한 유일한 인물이다. 이 두 기구는 현대에 등장한 전국 차원의 인디언 권리 단체 중 가장 중요한 곳이다.

이 책은 20세기 선주민 부흥의 놀라운 역설을 평가하며 마무리한다. 서사에서 선주민의 주도적 활동을 강조한 이 연구를 통해, 다른 학자들도 선주민을 복잡하고 모순된 구조에 놓인 행위자로 볼 수 있기를 기대한다. 선주민 네이션들은 연방정부와 인디언이 맺은 여러 형태의 관계를 통해 어려운 법과 정책의 교리에 얽히게 되었다. 특히 최근 '종결의 시대'(1953년~1970년대)와 '자결의 시대'(1975년~현재)를 거치면서 그렇게 되었다.

이 역사는 부족의 주권 행사에 내재한 난제들을 분명하게 보여준다. 이는 연방 상원이나 인디언사무국 국장이었던 딜런 마이어와 같은 연방 지도자들이 뉴딜 시대의 개혁으로 선주민 네이션들을 어떻게 곤란하게 만들었는지를 보여주는 것으로 시작한다. 이 관료들은 선주민이 부족 주권을 "종결"하도록 기획된 정책들을 수용해야, 토지 문제를 해결할 전망을 갖도록 했다. 이러한 종결 정책이 선주민 네이션을 허약하게 만들었고, 에이다 디어(머노미니인)와 같은 거류구역 지도자와 미국인디언운동(이하 인디언운동)을 비롯한 도시 및 비非거류구역의 회원으로 구성된 한 세대의 인디언 활동가들을 분노하게 했다. 1960년대 말, 선주민 활동가들은 샌프란시스코만의 앨커트래즈섬Alcatraz Island을 점유했을 뿐만 아니라, 선주민의 무장 투쟁과 행동주의를 전면에 내세워 미국의 주목을 끌었다. 이를 통해 국가 정책을 변화시키려면 이런 활동이 꼭 필요하다는 점이 입증되기도 했다. 그 과정에서 디어와 같은 선주민 지도자들이 전개한 입법 지원 활동도 도움이 되었다.

20세기의 마지막 수십 년은 개혁 운동이 지닌 급진적 잠재력을 보여주었다. 미국의 지배 구조를 잘 헤쳐나가기 위해서는 미국의 입법 기구, 특히 연방의회나 연방법원들과 관계를 맺어야 했다. 선주민은 오랫동안 공식적·비공식적 절차를 모두 이용해 상황을 타개해보고자 노력했다. 선주민 정치에서 옹호 활동과 행동주의는 종종 동전의 양면과 같은 양상을 보였다. 유럽인과 접촉한 지 500년이 지난 시점인 20세기 말, 냉전 시대라는 혹독한 난관을 견뎌낸 새 세대 선주민 지도자들은 새로운 세기의 여명에 들어섰다. 그들은 이제 자신들의 공동체들이 근본적으로 존재 자체를 위협받는 처지에 다시는 놓이지 않을 것임을 확약할 만한 위치에 서게 되었다.

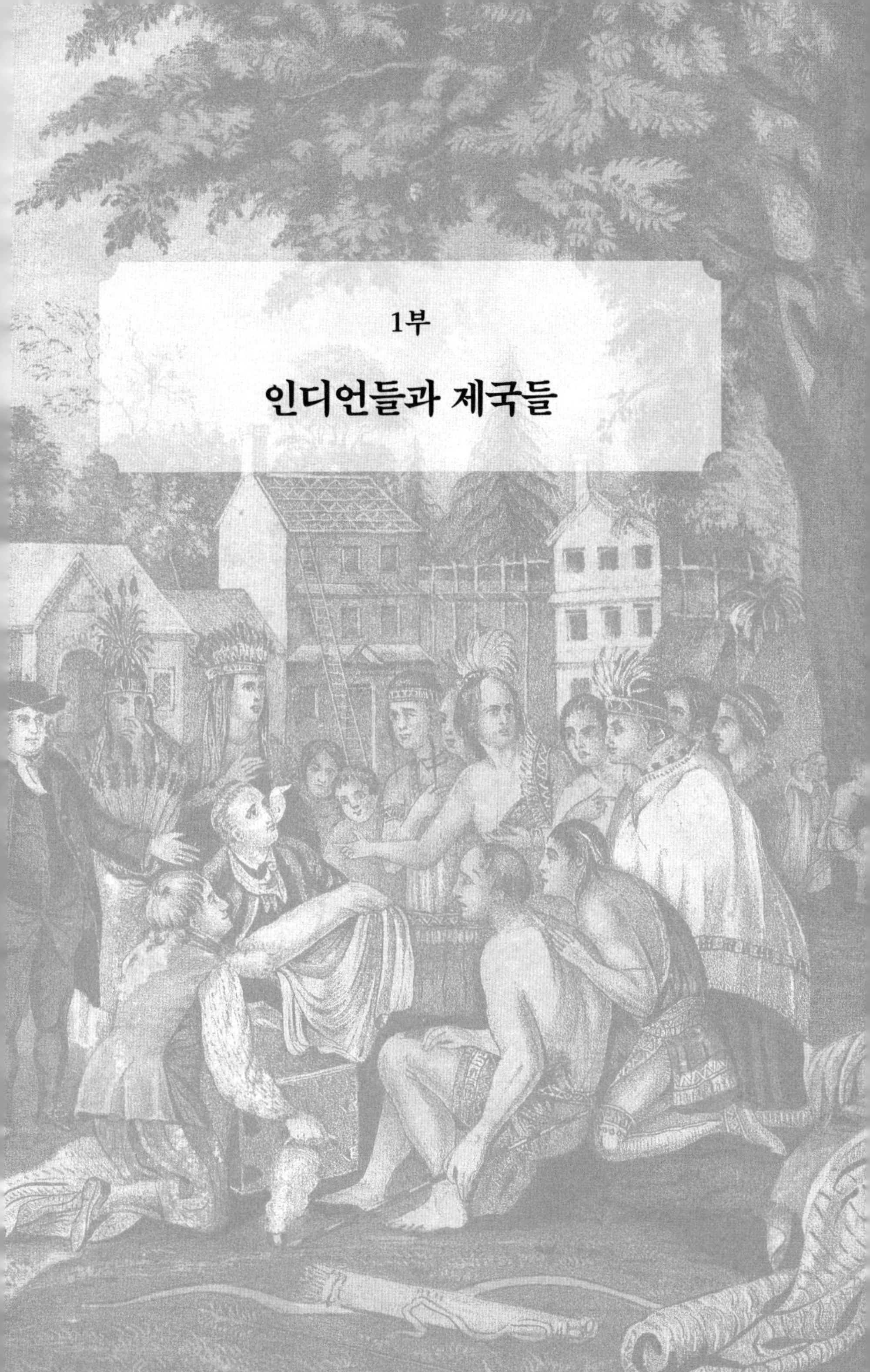
1부
인디언들과 제국들

1609년 7월에 사뮈엘 드 샹플랭과 그의 사병들, 그들과 연대한 선주민 연합군과 모호크 부대 사이에서 벌어진 전투를 묘사한 1613년의 판화. (예일대학교, 바이네케Beinecke 고문서 도서관 소장)

E
A
C
C
C
C

# 미국의 기원
## 인디언과 에스파냐 제국의 국경 지대

그곳에서 보았던 수많은 일을 하나하나
자세히 말하려면 이야기가 끝나지 않을 것이다.
— 후안 데 오냐테(1599)

기병 열두 명이 그 식민지를 떠난 지 두 달이 넘었다. 1776년 가을이었고, 일행은 북아메리카에서 가장 위험한 지형 수백 킬로미터를 횡단한 터였다. 추운 밤과 긴 낮이 이어졌고, 종일 물 없이 지낸 날도 있었다. 갑자기 눈이 내렸다. 처음에는 서쪽 지평선 위로 도열한 산봉우리들에 점점이 흩뿌리더니 그들이 머물던 곳까지 눈이 내렸다. "종일 쉬지 않고" 내리는 날도 있었다.[1] 장작이 부족해서 매서운 북풍이 몰고 온 "추위로 큰 고통을 겪었다."[2]

프란시스코 아타나시오 도밍게스Francisco Atanasio Domínguez와 실베스트레 벨레스 데 에스칼란테Silvestre Vélez de Escalante라는 두 에스파냐 가톨릭 성직자가 이끄는 일행은 뉴멕시코에서 출발한 7월 이후 다른 유럽인을 본 적이 없었다. 그들은 늦여름 몇 달 동안 콜로라도Colorado와 유타Utah에 자리한 선주민 부족 유트Ute와 파이유트Paiute의 근거지들을 여행하면서, 때로는 선주민 안내자들과 친구가 되어 그들을 따라다니기도 했다. 그들이 만난 인디언 중 에스파냐어를 구사하는 사람은 소수였다. 대다수 인디언은 유럽인을 본 적이 없었지만, 말을 타고 다니는 떠돌이들이 폭력을 저지르고 인디언을 괴롭힌다는 소문을 듣고 그 존재를 알고 있었다. 많은 인디언이 그런 무리와 마주치는 것을 피했다.[3]

이 원정은 에스파냐 왕실이 1598년에 세운, 에스파냐의 가장 오래된 북아메리카 식민지 뉴멕시코와 1769년에 새로이 식민지가 된 캘리포니아를 연결하려는 첫 시도였다. 일행은 몬터레이Monterey에 있는 주둔지로 가는 여정에서 항해가 가능한 강과 닦인 길을 찾고, 다른 사람들을 볼 수 있기를, 그래서 도움을 받을 수 있기를 기대했다. 그러나 이 일행은 태평양 근처에조차 가지 못했다. 추위와 배고픔에 시달린 끝에 두 성직자는 서부 유타에서 원정을 포기하고 한 달이 걸리는 뉴멕시코로의 귀환 길에 올랐다. 그들에게 뉴멕시코는 익숙한 구운 고추 향과 소나무 연기 내음이 기다리는 곳이었다.

만약 그들이 원정을 계속했더라면 네바다Nevada 이곳저곳에 있던 서부 쇼쇼니Shoshone인의 근거지들을 무사히 통과하기 힘들었을 것이고 겨울에 시에라네바다Sierra Nevada산맥을 넘어야 했을 텐데, 이 역시 사실상 불가능했을 것이다. 따라서 남쪽 뉴멕시코의 수백 년 된 선교소와 정착지로 돌아가는 것이 가장 합리적인 선택이었다. 이 결정으로 그들은 목숨을 구했고, 그들의 지도와 일기도 남아 제국 기록의 일부가 되었다. 그뒤 이 문서는 미국인 메리웨더 루이스Meriwether Lewis와 윌리엄 클라크William Clark를 비롯한 탐험가들에게 도움을 주었다. 또다른 탐험가들은 이 일행이 남긴 콜로라도강Colorado River 횡단을 다룬 최초의 기록을 연구했는데, 이 지역은 훗날 그랜드캐니언Grand Canyon으로 알려진다.[4]

11월 14일, 탐험대는 애리조나의 미숑노비Mishongnovi에 있는 호피Hopi인 마을 외곽에 자리한, 익숙한 장소에 도착했다. 세컨드메사Second Mesa에 속하며 이 지역의 중심인 이곳은 에스파냐 왕실과 오랫동안 관계를 맺어왔다. 이 지역사회는 옥수수, 호박, 멜론, 콩 같은 녹황색 채소와 과일을 풍성하게 생산하는 곳으로 알려져 있었다.[5]

식민지 세계로 돌아와 특별 하사금을 받고 한동안 휴식을 취했으나, 일행에게는 아직 돌아가야 할 길이 멀었다. 산타페(샌타페이)Santa Fe와 리오그란데Rio Grande 강변의 다른 정착지들까지 가려면 아직 일주일을 더 가야 했고, 혹독한 겨울 날씨와 줄어드는 식량 보급에 대한 부담도 여전했다. 이틀을 더 달린 후, 그들은 가던 길을 멈추고 저녁을 준비했다.[6] 절망적으로 배가 고팠던 수사들은 말 한 마리를 더 죽이라고 명령하면서도, "도망한 공공 재산"으로 보이는 호피인의 소에는 "절대로 가까이 가지 말라고" 일행에게 신신당부했다.[7]

부하들은 불만이었다. 말은 병사들의 개인 재산인데 지휘관에게 말을 잡으라는 요청을 여정 중에 여러 차례 받았기 때문이다. 열흘 전, 강 북쪽으로 내려갈 때쯤 이미 말고기마저 바닥이 났다. 수사들이 남긴 어느 날의 기록에 따르면, 아침에 "가시가 적은 백년초 선인장을 구워" 먹은 뒤로 "종일 아무것도 못 먹었다."[8] 이제 확실히 제국 안으로 돌아왔으니 이 광대한 푸에블로 지역사회에서 송아지 한 마리는 잡을 수 있을 터였다. 푸에블로 지역사회는 에스파냐 정부에 맞선 일로 악명 높기는 했다.[9] 그렇다고 누가 뭐라 하겠는가?

언뜻 보면 수천만 선주민에게 죽음과 질병, 황폐함을 몰고 왔을 뿐만 아니라 나중에는 그들을 쫓아내기까지 한 에스파냐 식민주의의 연대기에서 이 장면은 사소해 보일 수 있다. 그러나 식민주의는 살아 있는 현실이기도 했다. 1492년 이래 식민주의의 일상적 발현과 상호작용이 근대 세계를 형성했다. 미국혁명을 촉발한 다른 사건들처럼, 1776년의 이 만남은 영국 정착민보다 먼저 건너왔고 규모도 훨씬 컸던 광활한 에스파냐 제국에서의 일상을 잘 보여준다.

에스파냐의 아메리카 제국은 아르헨티나에서 뉴멕시코까지, 지구의 남반구에서 북반구까지 뻗어 있었고, 1500년대에는 거의 100개의 푸에블로 지역사회가 에스파냐와 대립하는 상황이었다.[10] 동쪽 타오스 푸에블로Taos Pueblo에서 서쪽 호피 푸에블로에 이르기까지, 뉴멕시코는 뉴에스파냐의 최북단 국경을 이루고 있었다. 도밍게스와 에스칼란테가 대륙으로 진출했을 때, 그들은 제국의 대리인 자격으로 갔다. 그들은 매일 협상을 통해 세계 최대의 식민지 영토를 개발하고 있었다. 300여 년 동안 에스파냐가 아메리카에서 점점 확대해간 영지는 마치 다도해의 섬들과 같았다. 다시 말하면 에스파냐령 식민지들은 여전히 광대한 선주민 영토로 둘러싸여 있었다.[11]

이 에스파냐 제국 내에서 에스파냐와 인디언의 관계는 공식 혹은 비공식의 무수한 합의와 행동 규칙의 지배를 받았다. 그리고 교회와 국가가 함께 힘을 행사하는 기구들을 통해 강화되었다.[12] 1492년에 선주민 약 7500만 명이 살던 아메리카는 에스파냐 식민주의자들이 발견한 것이 아니라, 그후 여러 세대에 걸쳐 에스파냐와 인디언의 관계가 형성되면서 만들어진 것이다.[13] 에스파냐는 아메리카 전역에 폭력과 질병과 학살을 불러왔지만, 몇백 년이 지나자 선주민과 이주민을 하나로 묶은, 협상을 통해 구축된 권력 관계에 기대게 되었다.

에스파냐령 아메리카의 선주민은 강요된 식민지 체제에서 생존을 위해 계속 투쟁해야 하는 부담을 안고 살았다.[14] 처음에는 서로 죽이고 난장판을 만들면서 복잡하게 뒤얽히던 선주민과 에스파냐 식민자의 만남은 결국 토착민과 에스파냐 정착민이 같은 사회 체제 안에서 공존하면서 변화했다.[15] 제국 내에서 선주민은 에스파냐의 관리, 정착민, 성직자, 군인의 지배를 받는 동시에 법의 지배도 받았다. 선주민은 식민자의 법 문화 안에서 예속민의 지위를 누렸고, 이에 따른 권리와 책임을 부여받았다.[16] 널리 뻗어나간 에스파냐 제국 전역에서 인디언은 법적 권리를 갖고 있었고 그것을 행사했다. 그들은 능동적이었을 뿐만 아니라 권력도 누렸다.

에스파냐 제국의 최북단 국경 지대 전역에서 선주민 네이션들이 지녔던 힘은 유럽인의 힘에 필적하곤 했다. 1700년대와 1800년대에는 콜로라도의 유트와 남부 평원 지대의 코만치Comanche가 에스파냐령 뉴멕시코와 텍사스를 지배했다.[17] 텍사스 내 기지의 한 사령관은 코만치가 "수적으로도 그렇고 화기도 매우 우월해서 우리가 전멸될 것 같다"라고 보고했다.[18] 식민지 시대부터 19세기에 이르기까지 각 식민지에서 푸에블로의 마을 수십 곳, 아파치Apache 부족들, 코아후일테코Coahuilteco어를 사용하는 주민들이 문화, 종교, 경제 측면에서 자치권을 누리며 살았다.[19] 이 선주민 네이션들은 유럽인이 질병과 전쟁 등을 통해 야기한 초기의 폐허 같은 상황을 견뎌내고 여러 식민지 사회 내에서, 그리고 확장되던 여러 배후지에서 자율적으로 살아갈 수 있는 공간을 개척했다.

선주민의 권력은 식민지 권력이 집중된 제국의 도심에서 멀리 떨어진 국경 지대에서 흘러나왔다. 에스파냐의 제국주의적 통제력이 광대한 영토 전체에서 고르게 행사되기는 힘들었고, 에스파냐의 주권은 제한된 구역에서만 행사되었다.[20] 에스파냐의 국경 지대 전역은 주권이 서로 중첩되거나 때로는 경합하는 다극적 세계였고, 선주민 네이션들은 그 세계의 구성원이었다. 에스파냐가 오랫동안 지배하기는 했지만, 리오그란데강 너머에서는 누구도 쉽게 혹은 독점적으로 지배하지 못했다. 에스파냐인과 선주민 양측 모두 여러 인민이 패권을 놓고 경쟁했다. 1500년대부터 이후 200년 동안은 선주민과 에스파냐 정착민이 서로 교역을 하고, 습격하고, 전쟁을 벌이고, 평화롭게 지내기도 했다. 그들은 마을에서 열리거나 특정한 계절에 열리는 시장에서 물물 교환을 하고 공통의 적(때로는 제국군이었고 때로는 선주민이었다)에게 맞서 동맹을 맺어 싸우기도 하면서 여러 세대와 여러 세기에 걸쳐 공존했다. 그러면서 결국 선주민과 새로 들어온 이들 사이의 경계가 흐릿해지고 다양한 민족 집단과 지역사회로 구성된 하나의 집합체가 형성되었다.

에스파냐 국경 지대는 캘리포니아의 선교소들에서 애리조나와 멕시코를 지나, 텍사스 중부를 거쳐 미시시피만 연안과 플로리다 해안까지 약 4800킬로미터를 아울렀다. 대서양 연안인 플로리다의 세인트오거스틴St. Augustine에는 북아메리카에서 가장 오래된 요새인 엘카스티요 데 산마르코스El Castillo de San Marcos가 에스파냐 최초의 북아메리카 정착지를 지켰다. 1565년에 세워진 세인트오거스틴은 쿠바에서 북상하는 에스파냐 선박을 보호하기 위한 전초 기지 역할을 했다. 바다를 향해 배치된 이 요새의 포탑들은 다른 제국 세력이 카리브해로 이동하는 것을 경계했다. 이처럼 에스파냐령 아메리카 제국에서 초기 중심지였던 곳은 카리브해다.

에스파냐 국경 지대에서 중심이었던 곳은 뉴멕시코다. 이곳은 17세기 내내, 아메리카 식민지 가운데 선주민이 가장 많이 살았던 곳이다. 유럽인과 접촉하던 시기에 푸에블로 지역사회 구성원은 약 8만 명에 달했다.[21] 수십 개 마을 공동체를 이루어 살았던 푸에블로인은 여러 상이한 언어를 구사하고, 지금도 수백 년 된 종교를 따른다. 이들의 종교는 명목상 가톨릭을 받아들인 뒤에도 유지되었다.[22]

1540년 에스파냐 정복자 프란시스코 데 코로나도Francisco de Coronado

를 맞이한 푸에블로의 마을은 75곳에서 100곳에 달했다.[23] 아코마Acoma, 타오스Taos, 페코스Pecos 등 여러 푸에블로 마을에 2000~3000명이 거주했다. 그곳 주민들에 따르면, 이 마을들의 기원은 기원전 1000년 너머까지 거슬러 올라간다. 다른 마을들은 주민 수가 수백 명 정도 되는 소규모였다. 이곳 주민들에게는 종교 지도자와 정치 지도자가 있었다. 이들은 옥수수, 콩, 호박을 재배했는데, 이 작물들은 북아메리카 선주민 경제에서 핵심적인 식량이었다.[24]

도밍게스와 에스칼란테는 이 세계를 잘 알았다. 이들 모두 이전에 멕시코에서 선교 활동을 하기 위해 푸에블로 지역으로 여행한 경험이 있었기 때문이다.[25] 1776년 11월에 이들이 부하들의 밀렵을 허용하지 않았던 것은 협의된 형태의 선주민 권력을 존중했기 때문이다. 그 같은 협의된 권력이 그들 에스파냐 제국 사회의 중심에 있었다. 그들은 호피인의 재산이 지닌 가치를 이해했고 그것을 보호할 필요성도 인식했다. 그들은 호피인의 법을 존중했는데, 이는 호피인의 법이 법과 전통 관습의 유지를 기반으로 삼은 제국의 일부였기 때문이기도 했다. 비록 왕실의 권위가 중앙에서 멀어질수록 점점 약해지고 폭력적인 강압이 지속되기는 했지만, 호피인의 소를 빼앗는 것은 이들이 따르던 정치적·종교적 도리를 저버리는 짓이었다. 한마디로 그런 행위는 범죄였다.[26]

일반적으로 사회를 지배하는 법은 자연스러운 것처럼 보인다. 법은 보편적 이해에서 흘러나왔고, 반복과 관행을 통해 규범화되기 때문이다.[27] 그러나 그 두 성직자와 수하들이 생각한 정의는 같지 않았다. 부하들은 몇 차례 대열을 이탈해 내륙의 유트인과 불법 거래를 했다. 성직자들과 에스파냐 총독은 이런 행위를 금했지만 부하들은 무시하고 감행했다.[28] 이 종교 지도자들은 모든 사람이 한 사회 체제의 구성원이라고 이해했다. 그들이 볼 때 도덕적·정치적 책임이란 규범을 따르는 것이었다. 십자가와 왕관의 대행자를 자처했던 성직자들은 법의 지배를 관철하기 위해 단호한 태도를 취했다.[29]

에스파냐 제국 전역의 선주민들은 점차 더 다양하고 위계적이며 광대한 식민지 사회에서 살게 되었다. 그들은 시장, 군사 작전, 교회 예배에서 군인, 사제, 다양한 세대의 정착민을 만났다. 에스파냐의 아메리카 제국은 선주민 중심으로 전개되었고, 에스파냐와 토착민의 관계는 유럽의 다른 제국들과의 관계와 근본적으로 달랐다.

영국과 프랑스의 북아메리카 식민지에서와 달리 에스파냐 식민지에서 선주민은 대규모 노동자 집단의 구성원이 되었다. 1500년대 초에는 선주민 수백만 명이 개종했고 에스파냐어를 배웠다. 또한 인디오는 유럽 법을 통해 인종적으로 분류된 인민의 일부가 되었다. 1542년에 에스파냐의 '신법New Laws'이 제정되면서 에스파냐 영토의 선주민은 노예가 될 수 없다는 조항을 비롯해 여러 조항이 적용되었다.[30] 1549년, 20세의 "인디언" 하녀 카탈리나 데 벨라스코Catalina de Velasco는 카스티야의 산파블로San Pablo 수도원의 선교사 바르톨로메 데 라스 카사스Bartolomé de Las Casas를 찾아갔다. 그녀는 "어렸을 때 납치되어 이 왕국에 잡혀 왔다"고 주장하면서 자신이 부당하게 억류되어 있으니 에스파냐 고용인이 정의를 행할 수 있게 중재해달라고 라스 카사스에게 간청했다.[31] 카탈리나 데 벨라스코처럼 에스파냐 제국 전역에서 선주민은 1492년 이래 자행된 무도한 식민지 폭력으로부터 자신을 건사하기 위해 법을 활용했다.

미국과 미국의 역사를 알려면 이처럼 수백 년에 걸쳐 에스파냐가 어떤 불의를 행했고 선주민은 어떤 협상을 시도했는지를 알아야 한다. 이를 다룬 최근의 연구들을 통해 초기 미국사의 시공간적 경계가 바뀌고 있다. 이런 연구에서 반복적으로 등장하는 주제는 선주민이 에스파냐 제국에 적응했다는 것, 그리고 유럽 수입품이 차츰 선주민 세계의 일부가 되었다는 사실이다. 에스파냐에서 도입된 기술, 종교적 관행, 의복, 화폐가 아메리카 대륙 전역에서 일상을 바꾸어 놓았고, 선주민의 노동력, 식량, 지식, 광물이 에스파냐의 정치경제를 형성했다. 성직자와 그 부하들 사이에서 불화를 일으킨 말과 소는 아메리카에 존재하지 않던 동물이다. 호피인의 복숭아 과수원이나 에스파냐 혼성 국제어Spanish lingua franca 역시 아메리카 토종은 아니다. 이런 것들이 아메리카에 처음 도입된 시기는 1520년대다.


## 에스파냐의 초기 아메리카 정복


에스파냐가 1519년에 멕시코를 정복하기 전까지 에스파냐인 정착지는 카리브해의 섬들로 제한되어 있었다. 푸에르토리코Puerto Rico, 자메이카Jamaica, 쿠바Cuba, 히스파니올라Hispaniola는 콜럼버스의 마지막 항해 이후 점령되었다. 이 섬들은 1513년 후안 폰세 데 레온 Juan Ponce de León의 플로리다 탐험과 같은 후속 탐험을 위한 출발점이 되었다.[32] 에스파냐 왕실이 소유권을 주장한 땅은 공식적으로 식민 지가 아닌 에스파냐 왕국의 영토가 되었다.[33]

에스파냐 제국주의의 첫 반세기는 선주민에게 가해진 잔혹 행위 와 폭력으로 얼룩졌다. 콜럼버스는 두 번째 항해에서 "550명을 노예 로 삼았는데, … 그중 약 200명이 에스파냐에 도착하기 전에 사망했 다." 그는 죽은 사람들을 "바다로" 던졌다.[34] 선주민은 노예 제도, 과 로, 기근, 유럽의 병균 탓에 카리브해 전역에서 사망했다. 이 시기가 아메리카 선주민 역사에서 가장 끔찍한 때였다.[35] 카리브해 전역에 서 선주민 지역사회들이 침략자를 몰아내기 위해 노력했지만, 허사 였다. 타이노Taino, 아라왁Arawak, 카리브Carib를 비롯해 수많은 인민 이 학살당했다.[36]

1542년에 선포된 신법은 정복으로 생겨난 잔혹한 사태들에 대처 하려는 시도이기도 했다. 바르톨로메 데 라스 카사스는 히스파니올 라섬에 1502년에 처음 왔는데, 당시 그는 타이노 선주민을 습격하 는 데 참여한 토지 소유주였다. 부와 권력을 찾아 아메리카 대륙에 온 이달고hidalgo〔중세 에스파냐의 하급 귀족〕 세대의 일원이었던 라스 카사스는 자신이 정복의 "공포와 불안"이라고 묘사한 상황을 직접 목격했다.[37] 에스파냐인들은 아들들에게 명성과 부를 향한 열망, 그 에 수반되는 폭력까지 물려주었다.[38]

1510년, 히스파니올라에서 사제 서품을 받은 라스 카사스는 1530

년대에 아메리카를 떠났는데, 그사이에 수많은 고통과 죽음의 현장을 목격했다. 에스파냐에 돌아온 이후 수도원에서 조용히 지내는 동안 그는 에스파냐 제국이 선주민을 대하는 방식을 바꾸기 위한 작업에 착수했다. 그는 아메리카 전역에서 무슨 일이 일어나고 있는지 잘 알았다. 카탈리나 데 벨라스코가 그랬던 것처럼, 선주민 어린이가 에스파냐의 군인, 선장, 선원, 토지 소유주에게 팔리고, 무고하게 구타당하고, 몸에 낙인이 찍히고, 묶이고, 강간당하는 것을 목격했던 것이다. 라스 카사스도 한때는 성공을 추구하는 행위를 당연하게 여겼지만, 식민주의의 잔혹함을 직면하고서 마음을 바꿨다. 에스파냐가 초래한 인구 감소를 목도한 그는 이렇게 묻는다. "미래 세대 중에 과연 누가 이런 일들이 사실이라고 믿겠는가?"[39]

반면 후안 폰세 데 레온은 부끄러움 없이 성공을 추구했다. 에스파냐의 가난한 귀족이었던 그는 1493년 콜럼버스와 함께 카리브해로 갔고, 그뒤 정복 활동에 여러 번 참여했다. 그는 1490년대 내내 히스파니올라 전역에서 싸웠고, 1495년 타이노를 물리치는 데 일조했다. 이때의 전투는 타이노가 에스파냐와 처음으로 벌인 조직적 군사 대결이었다.[40] 1509년, 데 레온은 히스파니올라섬의 초대 총독을 맡으면서 인근에 자리한 푸에르토리코의 정복을 이끌었다. 그리고 푸에르토리코에서 처음으로 에스파냐 정착촌을 세웠고, 인디언 노예들을 부하들에게 나누어주었으며, 남아 있던 타이노 마을들에 대한 공격을 연이어 주도했다.

데 레온은 공포를 통해 통치했다. 그는 전투견을 이용해 무자비하게 공격했다. "인디언들은 개가 없는 에스파냐인 백 명보다, 개를 데려온 에스파냐인 열 명을 더 무서워했다"라고 할 정도였다.[41] 그는 히스파니올라에서 그레이하운드 떼거리로 인디언을 사냥해 공포를 극대화했다. 여기서 희생자를 개들에게 던지는 행위를 지칭하는 "아페레아르aperrear"라는 신조어가 생겨났다.[42]

에스파냐 식민주의의 거친 탐욕은 수 세기에 걸쳐 이베리아반도에서 왕권을 다져온 레콩키스타Reconquista* 시대부터 시작되었다.[43] 이런 독특한 남성적 폭력 문화로 인해, 데 레온과 같은 세대의 이베리아 남성들은 폭력 기술의 전문가가 되라는 가르침을 받은 셈이었다. 1492년 이후 이런 남성들은 점점 더 해외에서 성공을 추구하게 되었다.

부와 명예를 찾아 해외로 떠난 이들은 대부분 가난한 집안 출신이었다.[44] 에스파냐 왕실의 직업 군인과 해군 장교는 유럽에서 끝없이 벌어지는 전쟁을 이끌어야 해서 유럽에 남아 있었다. 처음 아메리카로 온 남성들은 정식으로 훈련받거나 단련된 군인들이 아니었다. 군 복무에 대한 보수도 받지 않았고, 강제로 징집된 것도 아니었다.[45] 그들은 성공을 거머쥐기 위해 폭력을 쓰는 데 주저함이 없는, 성공을 좇는 사람들이었다.

카리브해에서 풍부한 광물을 발견하지 못한 정복자들은 계속해

---

* '재정복'이라는 뜻의 에스파냐어. 8세기에서 15세기까지 기독교 국가들이 이베리아반도에서 이슬람 정권을 몰아내고 영토를 회복한 일련의 과정을 뜻한다.

서 서쪽 바다와 그 주변의 더 넓은 분지들을 탐험했다. 많은 정복자가 왕실로부터 점점 더 확대되는 식민지 군도 전역에서 토지 소유권을 하사받았다. 식민지 개척에 참여한 대가였다.[46] 열렬한 종교적 열정을 지녔던 콜럼버스를 비롯한 이들 정복자는 기독교를 전파하는 것도 자신들의 임무라고 믿었다. 따라서 목숨을 걸고 몸을 다쳐가면서 선주민을 상대했던 정복자들에게 이런 기회는 물질적 의미뿐만 아니라 영적 의미도 있었다.

그러나 에스파냐 정복자들은 이전에는 상상할 수 없던 규모로 끔찍한 만행을 저질렀다. 군사 작전, 무차별적 폭력, 동물을 이용한 공격, 노예 제도와 강제 노동, 그리고 무엇보다도 유럽의 병균 때문에 많은 사람이 사망했다. 1493년 콜럼버스가 히스파니올라섬에 도착했을 당시 주민 규모는 300만 명에 달했는데, 50년 후에 살아남은 주민은 500명뿐이었다.[47] 에스파냐의 정복은 곧 홀로코스트였다.

## 만남: 에스파냐 제국과 나우아 제국

카리브해에서의 정복 활동 이후 에스파냐는 멕시코로 확장해갔는데, 이 지역은 곧 에스파냐령 아메리카 제국의 중심이 되었다. 수천만 선주민이 살아가던 멕시코는 나우아Nahua 제국(아즈텍 제국)의 지배를 받았다.[48] 몬테수마Montezuma 황제가 이끌던 나우아 제국은 이전 수 세기 동안 무역, 전쟁, 조공을 통해 수백만에 이르는 주변 인민을 제국의 주권에 편입시키며 권력을 다져왔다.[49] 무엇보다 나우아어가 제국을 하나로 묶어주었다.[50] 나우아 제국은 수도 테노치티틀란Tenochtitlan을 중심으로 정치적 지배력을 행사했다. 테노치티틀란은 에스파냐 함선들이 대서양 항해를 나서던, 고국의 수도 세비야보다 열 배 더 큰 도시였다.[51]

나우아 제국은 당시 전 세계에서 거대 도시 중 하나였던 테노치티틀란을 중심으로 수백만 명을 통치했으며, 그 영향력은 멕시코 중부와 남부, 심지어 북부까지 확장되었다. 리오그란데강 유역의 푸에블로 마을들에서 남쪽으로 1500여 킬로미터 떨어진 이 거대한 제국 사이에서는 한정적으로나마 교역이 이루어졌다. 그리고 그 제국의 북부 도시들에 대한 정보가 곧 에스파냐 정복자들에게 전해져 그들을 유혹했다.

나우아 세계 전역에서는 리오그란데강을 따라 원예 농업을 하는 마을들이 번성했다. 반半자치적인 선주민 마을들은 정치적으로 분명히 구분되는 부족국가들, 즉 나우아틀Nahuatl어로는 알테페틀altepetl(소국가)로 알려진 국가들을 구성했고, 이 국가들은 상호 연결되어 광대한 네트워크를 형성했다.[52] 명목상으로는 멀리 떨어진 테노치티틀란의 지배 아래 있기는 했지만, 실제로는 자치를 구가하던 지역사회들은 틀라토아니tlatoani(신탁자 혹은 왕)라고 알려진 왕조 통치자가 통치했다. 이들의 정치 구조는 오래된 지역사회들의 통합이나 멕시코 중부로 이주한 지 얼마 안 된 이들을 통해 형성되었다. 여기에는 몇 세대 전에 멕시코 중부로 이주한 치치메카Chichimeca인도 포함되었다.[53] 멀리 떨어진 도시의 왕이 자신의 권역이라고 주장했던 변방의 유럽 마을이 그랬듯이, 알테페틀도 각기 고유의 종교 제도와 시장을 보유했다.[54] 타이노, 아라왁 같은 카리브해 사회들과 달리 정착 생활을 한 이 원예농업인들은 다양한 제도를 가진, 여러 소수 인종 집단으로 구성된 세계에서 살았다. 이 세계는 멀리 떨어진 나우아 권력자들과 장기간에 걸쳐 교류하는 양식을 발전시키기도 했다.

에스파냐는 나우아 제국이 지닌 이질성 덕분에 나우아 제국을 정복할 수 있었다. 1519년 11월 8일, 각각 수백만 명을 거느린 두 거대한 제국이 몬테수마 황제와 에르난 코르테스Hernán Cortés의 만남을 통해 처음으로 대면했다.[55] 이렇게 유럽의 제국과 아메리카의 제국이 대면하면서 문명들이, 대륙들이, 그리고 실제로 두 반구가 접속했다. 서로 연결된 하나의 글로벌 사회가 사실상 이때부터 형성되기 시작했다.

나우아어를 사용하는 알테페틀의 세계에서는 저변에 팽팽한 긴장 관계가 존재했다. 틀락스칼란Tlaxcalan처럼 일부 알테페틀은 자치권을 유지했으나, 몬테수마의 지배 아래 있다 보니 충돌이 생겨났다. 이들은 에스파냐-아즈텍 전쟁(1519~1521) 당시 코르테스와 동맹을 맺었으며, 그뒤 에스파냐의 군사 원정에 참여했다.[56] 틀락스칼란 지도자들은 코르테스와 함께 활동한 것을 매우 자랑스럽게 여겨, 에스파냐까지 건너가 왕실에 선물을 증정했다. 그리고 에스파냐에 우호적인 인디언은 존중받아야 한다고 주장했다.[57] 에스파냐-메소아메리카 전쟁(1517~1550)에서 에스파냐가 확보한 선주민 동맹군은 에스파냐에 중요한 원군이었으며, 이 전쟁에서 핵심은 에스파냐-아즈텍 전쟁이었다.[58]

16세기 멕시코의 에스파냐 부왕령지로 알려진 뉴에스파냐에서는 선주민과 에스파냐인 사이의 동맹이 점차 일반화되었다. 카스타casta 또는 카스테caste로 알려진 에스파냐의 인종적·법적 구분이 초기 뉴에스파냐에서는 아직 존재하지 않았고, 정복 이후 몇 세대가 지나서야 완전한 신분제가 자리잡았다.[59] 에스파냐 지도자들과 점점 늘어나던 선주민 동맹은 기존의 경쟁자들과 협력하거나 그들을 이용했다. 1524년, 페드로 데 알바라도Pedro de Alvarado가 이끄는 한 에스파냐 부대는 멕시코 남부의 키체Quiché와 칵치켈 마야Cakchiquel Maya 사이의 오랜 적대감을 활용했다. 데 알바라도는 에스파냐인 신병과 멕시코시티에서 징집한 수백 명의 소치밀코 나우아Xochimilco Nahua의 지원병, 그리고 그 무렵에 수입된 아프리카인을 함께 데려갔다. 아프리카인들은 1490년대에 카리브해 지역에서 노예가 되어, 타이노를 비롯한 여러 선주민과 함께 일했다.[60]

데 알바라도는 이 라이벌 마야 집단들을 교묘하게 서로 대립시켰다. 틀락스칼란 군인들이 테노치티틀란을 향한 마지막 공격에서 코르테스와 합류했던 것처럼, 데 알바라도는 이 침공 작전 내내 나우아 군대를 이용했다. 그러고선 두 달 만에 에스파냐의 영향력을 남쪽으로 마야 고원까지 확장하고 과테말라를 점령해 그곳을 에스파냐 왕실의 영토라고 선언했다.[61] 그러나 몇 년간 계속해서 분쟁이 재발했으니, 전투는 이후로도 지속되었던 셈이다.

북아메리카의 관점에서 보자면, 나우아 제국과 에스파냐 제국 사이의 만남과 그후 이어진 에스파냐 정복 전쟁은 아메리카 대륙에서 인구 밀도가 가장 높은 지역을 유럽 제국이 일으킨 사나운 파도에 휩쓸리게 했다. 유럽 제국이 미치는 영향력의 거대한 촉수는 대서양을 가로질러 뻗어나갔는데, 이는 계절마다 더 확고해지고 깊이 뿌리내려 갔다. 카리브해에 이어 곧 안데스 세계에서 그랬던 것처럼, 유럽인은 선주민의 자원, 생명, 노동력을 착취했다. 토리비오 데 베나벤테Toribio de Benavente 신부는 이런 기록을 남겼다. 정복 당시 선주민 포로들이 "양 떼처럼 크게 무리 지어 멕시코시티로 끌려왔기에 그들 몸에 쉽게 낙인을 찍을 수 있었다."[62] 이런 혼란은 북쪽으로 번져나갔다. 1530년대와 1540년대에 온 에스파냐인 정복자들이 여기에 합류하면서 에스파냐 국경 지대가 형성되었고, 다른 아메리카 식민지들이 세워지는 토대가 형성되었다.


## 데 소토와 코로나도, 에스파냐 국경 지대를
## 가로지르다(1539~1542)


1539년과 1540년에 서로 무관한 두 에스파냐 탐험대가 북아메리카를 횡단했다.[63] 모두 선주민 지역사회를 약탈하고 정복할 다른 세계를 찾으러 떠난 이들이었다. 한 집단은 카리브해를 거쳐 플로리다로 상륙해 남동부로 이동했고, 다른 집단은 멕시코에서 출발해 리오그란데강을 따라 북쪽으로 이동한 후 대평원Plains으로 들어갔다. 에르난도 데 소토Hernando de Soto와 프란시스코 바스케스 데 코로나도Francisco Vázquez de Coronado가 각각 탐험대를 이끌었다.

이 두 지도자는 원정을 통해 부자가 되지는 못했으나 플로리다와 리오그란데를 점령하는 데는 성공했다. 이 두 지역은 북아메리카 최초로 유럽인의 영토가 되었고, 북아메리카의 남동부와 남서부에서 에스파냐 식민주의의 거점이 되었다. 두 원정대 모두 수많은 인디언 마을을 폐허로 만들고 지나가면서 아메리카 대륙의 지도를 그려나갔다. 그리고 사실은 누구도 정복하지 못한 채 떠났다. 데 소토는 1542년 미시시피강Mississippi River 인근에서 질병으로 사망했고, 코로나도는 귀환한 뒤 12년 만에 멕시코시티에서 사망했다. 코로나도의 수석 부관 가르시아 로페스 데 카르데나스García López de Cárdenas는 에스파냐 감옥에서 사망했는데, 도발하지 않는 인디언 마을은 공격하지 말라는 왕실의 명령을 거역해 유죄 판결을 받고 수감된 상태였다.[64]

이 최초의 두 북아메리카 원정에는 여러 공통점이 있다. 두 지도자는 번성한 선주민 왕국이 북쪽에는 거의 없다는 증거를 외면했다. 코로나도는 푸에블로의 여러 마을에 들어갔지만 광물 자원을 발견하지는 못했다. 데 소토가 훔친 것 중 가장 값나가는 것은 한 줄로 꿴 바다진주coastal pearl였다. 부하들은 토착 인디언과 장기전에 돌입하는 것을 피하려면 에스파냐 선박이나 정착지로 돌아가야 한다고 충언했지만, 두 사람 다 이를 무시했다.

1539년, 데 소토는 플로리다 해안에 상륙해 인근에서 겨울을 보낸 뒤 약 700명의 일행과 함께 조지아와 캐롤라이나 지역을 천천히 통과했다. 몇 달이 지나고 계절도 바뀌었다. 이들은 캐롤라이나의 해안과 피드몬트Piedmont 고원 지대에 있던 선주민 지역사회를 수색했지만, 손에 쥘 만한 것이 없었다. 데 소토는 부하들에게 애팔래치아산맥Appalachian Mountains을 가로질러 서쪽으로 행군하라고 명령했다. 이 산맥은 훗날 영국 상인들이 북아메리카의 대서양 연안에서 100여 년간 살면서도 넘지 못한 산맥이다.[65] 안데스산맥과 멕시코 중부 고원에 선주민 왕국들이 있다는 사실을 알고 있던 데 소토는 애팔래치아산맥에서도 다른 선주민 왕국을 찾을 수 있으리라고 확신했다.

그는 결국 미시시피강까지 갔는데, 이곳에서 강을 따라 [남동쪽으로 내려가] 카리브해로 나아가 에스파냐 제국으로 돌아가는 것을 선택하지 않았다. 하지만 이 강을 통해 제국으로 돌아갈 수 있음을 알고 있었다. 에스파냐 탐험가들은 폰세 데 레온Ponce de León(1474~1521) 시대부터 이 해상 진입로를 통해 [미시시피강을 따라] 북쪽 내륙으로 갈 수 있음을 알고 있었다.[66] 데 소토는 내륙 방향으로 계속 나아갔다. 그의 일행은 강의 느린 물살을 타고 거슬러 올라가, 서부 미지의 지점을 향해 나아갔다.

1541년 내내 데 소토는 정처 없이 되는대로 탐험대를 이끌었다. 이 여정은 반복되는 좌절, 내부에서 터진 불만, 선주민 지역사회들과의 전투로 점철되었다. 그는 여러 차례 현지 선주민 지도자들에게 근처에 금광이 있는지, 태평양으로 가는 길을 아는지 물었다. 그는 서쪽 어딘가에 태평양이 있다고 알고 있었다. 선주민은 며칠만 더 걸어가면 귀한 광물이 있을 것이라고 했고, 그런 말이 데 소토를 화나게 했다. 그는 공격적으로 변해 외교 수단으로서 테러를 일삼았다. 1542년 3월, 데 소토는 닐코Nilco라고 알려진 한 마을을 초토화하라고 부하들에게 명령했다. 이 마을 사람들의 말 때문에 아칸소Arkansas의 오지로 병력을 보내게 되었다는 이유에서였다.[67] 에스파냐 기병과 보병이 마을에 들이닥쳤는데, 그들을 의심하지 않던 마을 사람들은 아연실색했다.

여자와 아이들의 울음소리가 너무 커서 그들을 쫓는 사람들의 귀가 먹먹해질 정도였다. 100여 명의 인디언이 죽었고, 많은 사람이 창에 맞아 중상을 입었다. 에스파냐인들은 그 자리에 없던 마을 사람들을 공포에 질리게 하려고 중상을 입은 이들을 그대로 방치했다. 너무도 잔인한 이 살인자들은 노인과 젊은이를 가리지 않고 보이는 대로 죽였다. 크건 작건 간에 어떤 저항도 거의 할 수가 없었다. … 창에 찔려 신음하는 이들은 그냥 내버려두었다. 하지만 어린이나 여자를 보면 붙잡아 [노예로] 넘겼다. … 닐코의 인디언 중 여성과 어린이 80명이 포획되었다.[68]

부상당한 생존자들이 도망쳤다가 다시 모이면서 학살 소식이 퍼져나갔다. 사망자와 생존자에게 생긴 상처를 통해, 그리고 닐코에서 포로로 잡힌 여성들과 아이들이 노예가 되었다는 소식을 통해 유럽인과 부닥쳤을 때 생길 일에 대한 경고가 다른 주민들에게 전달되었다.

1542년 5월, 정복자가 될 뻔했던 데 소토는 병에 걸려 낙담한 채 사망했다. 일행도 절반이 사망했다. 대원들이 탔던 말 대부분이 너무 쇠약해져서 더는 주인을 태울 수 없었다. 이 말들은 몇 달 동안 말굽을 제대로 장착하지 못한 상태였다. 1543년 9월 탐험대가 귀환하면서, 실패로 잊힐 만한 탐험의 시간이 마무리되었다. 1513년에서 1560년대까지 최소한 여섯 번 플로리다에서 탐험이 시행되었는데, 이 탐험도 그중 하나였다.[69]

북아메리카의 역사는 이런 혼란과 실패 속에서 시작되었다. 북아메리카 대륙 전역에서 에스파냐(그리고 이후 프랑스, 네덜란드, 영국)의 탐험은 실패로 점철된 경우가 많았다. 역사가들은 이런 사건을 유럽 자국사의 관점에서 바라보는 경향이 있어서 탐험가들의 도착과 출발, 그들의 운명을 분석의 주요 윤곽선으로 삼아 서술하는 경향이 있다.[70] 실패의 역사는 확실히 반反국가주의적이다. 많은 사람에게 데 소토와 코로나도는 인디언을 학살한 것이 아니라, 미국 자동차 제조업체가 그 이름을 가져다 사용한 인물로 더 잘 알려졌다. 국경 지대의 역사를 통해 우리는 과거의 실패를 더 깊이 들여다볼 수 있다. 그리고 실패는 국사國史, national history를 허물어뜨리는 이야기를 들려준다.

실패는 만남과 생존의 이야기를 들려주기도 한다.[71] 초기 에스파냐 탐험의 가장 충격적인 결과는 에스파냐의 귀금속이나 사람, 선교사가 아니라 다른 곳에서 비롯되었다. 데 소토가 휘두른 석궁, 창, 칼에도 수백 명이 목숨을 잃었지만, 그의 말과 돼지가 가져온, 눈에 보이지 않는 미생물 때문에 탐험대를 본 적도 없는 사람들까지 죽어나갔다.[72] 데 소토가 방문했던 북아메리카 남동부의 수장 중심 사회chiefdom 전역에서 수천 명의 선주민이 그가 그 지역에 들어간 이후에 사망했다. 천연두, 홍역, 황열병, 발진티푸스, 백일해, 인플루엔자, 페스트와 같은 급성 전염병이 이 지역을 강타한 것이다.[73] 나중에 유럽인이 이 지역을 다시 침입했을 때, 데 소토가 마주쳤던 집중된 권력을 가진 왕국들은 거의 남아 있지 않았다. 후안 파르도Juan Pardo가 데 소토의 캐롤라이나 피드몬트 원정길을 다시 되짚어간 1567년, 이 지역은 전환기에 있었고 데 소토가 보았던 수장 중심 사회의 중앙집권적 권력은 약해진 상태였다.[74]

이 같은 상황 변화로 17세기를 경과하는 동안 선주민 사회는 스스로를 재조직해나갔다. 데 소토의 원정 이후 여러 선주민 사회가 여러 세대에 걸쳐 이주와 인구 붕괴를 경험했는데, 이는 대부분 기록되지 않았다. 선주민 사회는 이렇게 무너져 가면서도, 인디언 포로를 잡아 매매하려는 외부의 점점 커지는 압력에 저항했다.[75] 오래된 사회들이 새로운 사회들로 빠르게 재편되었다. 학자들은 이를 '민족 형성ethnogenesis'이라고 부르는데, 이전 사회의 잔해에서 출발해 새로운 민족 공동체와 사회적 정체성이 창출되는 것을 의미한다.[76] 이런 사건들과 관련된 역사를 통해 우리는 1492년 이후 북아메리카의 선주민을 이해하고 유럽 중심의 서술을 보완하는 대안을 모색하는 데 도움을 받을 수 있다. 그리고 이런 역사는 미국의 기원에 대해 좀더 정확한 이야기를 제공한다.

리오그란데강을 따라 이동했던 코로나도와 그뒤에 온 에스파냐 정복자들은 거의 100군데에 달하는 푸에블로의 마을을 보았다. 이 마을들은 북아메리카 남서부 전역에 분포한, 선주민 지역사회로 이루어진 하나의 세계에 속했다. 도밍게스와 에스칼란테가 알게 된 것처럼, 이 세계 내에서 호피와 같은 오래된 지역사회와 코만치 같은 신흥 선주민 세력이 식민주의의 재앙 속에서 살아남았고, 심지어 식민주의를 자기 것으로 만들기도 했다. 식민주의의 영향 아래 탄생한 이들 권력은 에스파냐 제국의 토대를 허물었으며, 에스파냐 제국보다 더 오래 지속되었다.


## 은광 변경 지대의 식민화: 1540~1541년 믹스톤 전쟁과 그 이후

코르테스가 나우아 지도자들과 협상한 이래 에스파냐인들은 16세기 내내 멕시코 중북부 전역으로 진입했고, 식민화 폭력을 통해 뉴에스파냐라는 신흥 세계가 조직되었다. 카리브해에서와 마찬가지로 에스파냐의 통치에는 폭력, 그것도 독점적인 폭력이 필요했다.[77]

코르테스는 정복 이후 테노치티틀란 외곽의 코요아칸Coyoacán이라는 마을에 본부를 세웠다. 1521년의 전투 이후 테노치티틀란의 중심

테노치티틀란을 정복한 후 에르난 코르테스는 선주민 귀족들을 코요아칸으로 소집해 에스파냐의 지배에 복종하고 황제 카를로스 5세에게 공물을 바치라고 요구했다. 여러 귀족이 이를 거부하자 코르테스는 그들에게 마스티프를 풀었다. 1490년대 카리브해의 섬들에서 에스파냐인들이 자행했던 것과 같은 방식으로 폭력을 휘둘렀던 것이다. 이 고문서의 나우아틀어 주해에 따르면, 이 공격으로 선주민 귀족 일곱 명이 사망했다. 신원 미상의 나우아인 예술가에 의해 1560년에 제작되었다. (프랑스 국립도서관 소장)

부가 폐허가 되었기 때문에 코르테스는 코요아칸에서 선주민 지도자 대표단을 맞이했다. 나우아 지도자들은 나우아 제국이 무너졌고 이제 에스파냐가 지배자가 되었다는 사실을 알아야 했다. 이런 새로운 권력의 동태를 이해하지 못하고 복종을 거부한 이들은 코르테스의 분노를 샀다.[78] 어느 대표단이 뻣뻣하게 굴자 코르테스는 방문한 귀족들 앞으로 마스티프〔개의 한 품종으로, 경비견으로 많이 이용됨〕 한 떼를 풀어, 굶주린 짐승들이 귀족 일부를 죽이게 했다.[79] 나우아틀어로 작성된 고문서 주해에는 살육 장면과 코르테스의 개들에게 쫓겨 넋이 나간 생존자들의 모습이 묘사되어 있다.[80]

에스파냐는 인디언을 물리적으로 통제할 뿐만 아니라 공포를 심어 주기 위해서도 폭력을 휘둘렀다. 살인과 학살은 파괴를 낳는 데 그치지 않았다. 전쟁의 생존자에게 이 지역의 새로운 현실을 알리는 힘을 보여주는 행위이기도 했다. 에스파냐의 무기, 말, 개, 금속, 총은 쓰이지 않을 때에도 선주민 사회에 정복이 끝나지 않았음을 환기하는 역할을 했다.[81]

16세기 내내 리오그란데강과 테노치티틀란 사이의 광대한 지역에서 에스파냐의 침략과 선주민의 저항이 주기적으로 발생했다. 그 중에서도 믹스톤 전쟁Mixtón War은 멕시코 북부에서 발생한 가장 중요한 군사 격돌 중 하나로, 1810년 멕시코에서 독립 항쟁이 일어나기 전까지 식민지 멕시코에서 발생한 가장 위협적인 반란이다.[82] 1540년에 발발한 이 전쟁은 북쪽으로 향하던 코르테스 원정대에 수많은 에스파냐인 정착민 군인이 합류하면서 벌어졌다. 그렇다 보니 뒤에 남은 정착촌들의 방어력이 약해졌다.

멕시코 북부의 지역사회들을 복속시킨 것으로 알려진 치치메카 전쟁의 일환이었던 믹스톤 전쟁에는 수만 명의 에스파냐인 군인, 선주민 동맹군, 말이 동원되었다. 에스파냐군은 칵스카네스Caxcanes 선주민을 표적으로 겨냥했는데, 칵스카네스는 그란 치치메카Gran Chichimeca로 알려진 선주민 연맹의 일원이었다. 이 연맹은 10년간 콤포스텔라Compostela와 과달라하라Guadalajara에서 시작된 에스파냐군의 진격을 저지하는 데 힘을 쏟았다.[83] 처음에는 1만 5000명으로 구성된 치치메카 부대가 400명으로 구성된 에스파냐군과 그 동맹군 선주민 부대를 쉽게 물리쳤다. 에스파냐 측이 어리석게도 지원군이 도착하기 전에 전투를 벌였기 때문이다. 승리에 고무된 치치메카는 과달라하라를 공격해 철벽같은 성벽 뒤에 있던 수십 명의 에스파냐 기병을 포위했다.[84]

칵스카네스인은 잘 알아채지 못했던 듯한데, 당시 20년 동안 멕시코를 통치한 에스파냐는 헤아릴 수 없는 규모의 부와 수백만 피지배인민까지 확보한 상태였다. 정복자들은 카리브해 정복 때부터 아메리카의 부를 착취하려면 선주민을 복속해야 한다는 것을 배웠다. 선주민의 도움, 노동력, 충성심이 에스파냐 제국의 목적에 활용되었다. 에스파냐 측에 서서 함께 싸운 선주민은 나중에 '인디오 아미고indio amigo〔인디오 친구〕'로 알려지는데, 이 인디오 아미고가 칵스카네스와 맞서기 위해 에스파냐 군대의 지원군이 되어 북쪽으로 진군했다.[85]

멕시코의 초대 총독인 안토니오 데 멘도사Antonio de Mendoza의 부대에는 3만 명의 틀락스칼란인과 나우아인 병사가 포함되어 있었다.[86] 이들은 믹스톤 전쟁에서 칵스카네스를 굴복시키는 데 결정적 역할을 했다. 이 전쟁은 2년을 끌었다. 선주민의 복무는 뉴에스파냐 전역에서 에스파냐의 권위를 강화했으며, 왕실의 권위가 부분적으로는 선주민들의 충성심에도 기초한다는 것을 에스파냐 왕에게 보여주는 역할을 했다.[87]

선주민 사이의 경쟁 관계들을 이용한 믹스톤 전쟁에는 서로 앙숙이었던 마을들에서 온 군사들이 양측 모두에 포진해 있었다. 멕시코 중부에 존재하던 수많은 선주민 사회들, 예컨대 나우아, 오토미스Otomís, 타라스칸스Tarascans 등은 북부의 인민들을 복속하고자 했다. 북부의 인민들은 멕시코 북부의 두 중심 산맥인 시에라 마드레 오리엔탈Sierra Madre Oriental과 시에라 마드레 옥시덴탈Sierra Madre Occidental 사이에 근거지를 두고 있었는데, 이 지역은 무역과 여행을 위해 북부로 가는 이가 거쳐야 하는 간선 도로였다.[88]

치치메카인이 패배하자 에스파냐는 안정된 뉴갈리시아New Galicia〔지금의 멕시코시티 주변에 세운 뉴에스파냐의 부왕령지〕에서 이익을 창출하는 데 집중할 수 있었다. 이를 주도한 사람은 크리스토발 데 오냐테Cristóbal de Oñate인데, 그는 뉴갈리시아에서 가장 성공한 정착민이었다. 악명 높은 정복자 누뇨 벨트란 데 구스만Nuño Beltrán de Guzmán 휘하의 지휘관이었던 오냐테는 1531년 과달라하라를 앞장서서 건설했다.[89] 그는 1545년까지 부지사직을 역임하다가 1567년 사망할 때까지 사카테카스Zacatecas에서 이 지역의 광산 산업 성장을 위해 재정 지원을 했는데, 이 광산은 곧 세계적으로 수익성이 매우 높은 곳으로 성장한다.[90]

멕시코의 은 산업은 안데스산맥의 포토시Potosí 광산과 함께 유럽 통화 시스템에 혁명을 추동한 요인 중 하나로 작용한다. 1492년 이후 수백 년 동안 멕시코에서만 은 4만 8000톤이 에스파냐로 쏟아져 들어갔다.[91] 1585년까지 수입된 금괴는 에스파냐 왕실 총수입의 25퍼센트에 달했다. 이를 통해 에스파냐는 아시아와의 무역 불균형을 상

쇄할 수 있었다.[92]

에스파냐 정복자들은 금을 찾는 데 집착했지만, 사실 은의 영향력이 훨씬 컸다. 아메리카에서 선주민 노동자는 금보다 은을 거의 백 배나 더 많이 채굴했다. 페루에서와 마찬가지로 멕시코에서도 거의 모든 채굴이 수작업으로 이루어졌다.[93] 광석은 동굴 터널을 통해 운반되었는데, 노동자는 광석을 바구니에 담은 뒤 사다리를 타고 가파른 광산 갱도를 올라야 했다.[94] 광석을 지하에서 꺼내자마자 수은을 사용해 은을 분리했는데, 에스파냐 왕실이 이 산업을 독점하고 있었다.[95] 1700년까지 아메리카에서 가장 큰 은광이었던 페루의 포토시는 해발 약 4000미터 높이에 있었는데, 선주민과 에스파냐인을 망라해 10만여 명이 거주해, 당시 세계에서 손꼽히는 큰 도시였다.[96]

카리브해를 건너 세비야로 향하는 대형 범선에 실려 운송되곤 했던 아메리카의 은은 에스파냐 주화 페소, 프랑스 주화 드니에, 영국 주화 페니로 재탄생했다.[97] 아메리카의 은은 유럽에서 널리 사용되는 보편 통화가 되어 경제가 물물 교환에서 무역으로 나아가도록 추동했다. 이는 중상주의로, 나중에는 상업 혁명으로 이어졌다. 이렇듯 아메리카 선주민이 채굴한 은을 통해 유럽 상업은 전 세계로 확장되었다.[98]

은광은 뉴에스파냐 북부에서 권력의 중심이 되었다. 뒤이어 여행, 무역, 통신을 위한 전초 기지들이 세워졌고, 한 세기 내내 선주민과의 분쟁도 계속되었다. 에스파냐 왕실은 시간이 지날수록 이 지역의 선주민 사회들에서 선교와 안정이 이루어지도록 노력했다. 에스파냐 지도자들은 타라스칸스, 오토미스, 틀락스칼란 등 자신들과 동맹 관계를 맺은 멕시코 중부의 선주민들이 북부 지역에서 재정착할 수 있도록 장려했다. 이 선주민 정착민들에게 농업을 통해 자치를 구현하고 목축업을 할 기회는 꽤 좋은 조건이었다. 그러면서 일종의 선주민 정착민 식민주의가 형성되었다. 에스파냐와 동맹 관계를 맺은 선주민들은 다른 선주민 네이션을 몰아내는 데 협력했고, 이에 대한 대가로 영토의 권리를 얻는 혜택을 보았다.[99] '토착민의 정착민 식민주의Indigenous settler colonialism'라는 개념은 우리가 세계사를 이해하는 데 난제가 될 수도 있지만, 어쨌든 16세기 뉴에스파냐에서의 식민화는 매번 똑같은 양상은 아니었고, 다양한 방향으로 흘러갔다. 그리고 이런 흐름을 기반으로 에스파냐는 북아메리카에서 국경 지대를 넘어 북쪽에서 더 많은 영토를 획득할 수 있었다.

## 후안 데 오냐테와 뉴멕시코 정복

다른 에스파냐의 하급 귀족과 마찬가지로 크리스토발 데 오냐테도 재산과 야망을 자식들에게 물려주었다. 그의 아들 후안 데 오냐테Juan de Oñate가 아버지의 유산을 이어받았다. 후안의 기록에 따르면, "무기를 들 수 있는 나이가 되자마자 치치메코나 과[치]칠레Gua[chi]chile 등" 북부 멕시코의 인디언들과 싸우기 시작했다.[100] 후안은 아버지처럼 북부에서 새로운 부를 확보하고 에스파냐의 영토를 확장하려 했다. 폭력이 만연했던 16세기 멕시코의 은광 변경 지대에서 태어난 후안은 에스파냐 제국의 영토를 리오그란데강 유역까지 넓혔고, 제국의 최북단 정착지인 뉴멕시코의 초대 총독이 되었다.[101]

뉴멕시코에서, 푸에블로 인디언은 후안 데 오냐테의 주요 표적이 되었다. 그는 이 북부 선주민 지역사회들이 십자가와 에스파냐 왕실 모두를 따르게 하겠다는 계획을 세웠다. 1540년 코로나도의 입성 이후 에스파냐의 식민지 정책은 변하기 시작했다. 1542년 신법이 통과된 후, 에스파냐 왕실은 선주민을 에스파냐의 정치적·종교적 권위를 따르는 가신과 백성으로 편입시키려는 개혁에 착수했다. 1540년대를 거치면서 뉴에스파냐에서는 강제 노동 요구(개인 봉사)가 점차 중단되었고, 물질적 헌납이 강제 조공의 주요 형태가 되었다.[102] 또한 멕시코의 초대 주교였던 후안 데 수마라가Juan de Zumárraga처럼 권한과 용기를 가진 일부 가톨릭 사제들은 선주민에게 가해지는 노골적인 학대를 제한하고자 시도했다. 수마라가는 식민지 사업의 일환으로 기독교적이고 계몽주의적인 제도를 구축하기 위해 교육적·문화적·영적 개혁을 감독했다.[103]

선교사들은 이따금 맨발로 걷거나 비무장 상태로 여행하는 등 식민지 관리들과 매우 대조적인 모습을 보였다. 1570년대부터 예수회 선교사들은 군인을 동반하지 않고 뉴에스파냐 전역으로 활동을 확대했다. 프란체스코회 선교사들은 믹스톤 전쟁을 거치면서 설립된, 많은 은광을 보유한 식민화된 정착지 근처에서 활동했다.[104] 에스파냐령 식민지 세계에서는 교회와 국가 사이의 행정적 이중 구조가 갈

수록 분명해졌다. 이 두 기구의 분열은 리오그란데강을 따라 더 두드러졌다.[105]

이전 에스파냐 원정대 참가자들과 달리 오냐테는 정주를 위해 북쪽으로 향했는데, 3년에 걸쳐 사람들을 설득한 결과 정착민 300명을 데리고 갈 수 있었다. 그는 소 1000마리와 마차 80대, 기마병 100명, 소수의 인디언 조력자, 그리고 아프리카인 노동자 루이스와 마누엘을 대동했는데, 두 아프리카인은 에스파냐인의 속박에서 벗어나기 위해 도주했다가 결국 목숨을 잃었다.[106] 오냐테의 목표는 이 지역을 정착촌으로 만들고, 이 지역의 선주민 지역사회들을 복속시키고, 시굴할 수 있는 새 광산 지대를 찾아내는 것이었다. 알론소 마르티네스Alonso Martinez 신부가 소수 프란체스코회 선교사들의 수장 자격으로 그와 동행했다.[107]

처음에는 오냐테의 시도가 순조롭게 진행되었다. 1598년 4월 30일, 오냐테는 엘파소El Paso에서 이 지역의 영유권을 주장하고 리오그란데강을 따라 천천히 북진하다가 푸에블로 지역사회들과 조우했다. 푸에블로인들은 조직적으로 무력 저항을 하지는 않았다. 그러나 에스파냐인들은 많은 푸에블로 마을이 버려진 채 인기척이 없는 것을 보고 인근 마을들에 정찰대를 보내 협력을 독려했다

결국 그해 7월, 산토도밍고 푸에블로Santo Domingo Pueblo, 지금의 앨버커키Albuquerque 북쪽의 한 장소에서 푸에블로 지도자들인 파모Pamo, 포키아Poquia, 페스타카Pestaca, 아테키타Atequita, 파키아Paquia, 폴로코Poloco가 한자리에 모여 큰 회합을 열었다. 이 자리에서 지도자

들은 오냐테와 성직자들, 동행한 병사들을 환영했다. 이들은 자신들의 마을에서 에스파냐의 권위에 복종하기로 합의했다. 오냐테의 비서가 남긴 기록에 따르면, "그들은 우리의 왕인 돈 필리프Don Philip을 왕으로 받아들였고, 누구의 강요도 없이 자유로운 조건에서 복종과 충성을 약속했다."[108] 그들의 복종이 진정으로 자발적이었는지는 알 수 없지만, 푸에블로 지도자들은 무릎을 꿇고 오냐테와 마르티네스 신부의 손에 입을 맞추었다.[109] 오냐테는 이 지역에서 6만 명의 선주민이 살고 있다고 추정했는데, 이는 1583년에 18만 3000명이 살고 있다고 주장했던 안토니오 데 에스페호Antonio de Espejo의 추정치보다 훨씬 낮게 잡은 수치다.[110]

산토도밍고에서의 이 회합은 어도비adobe(점토와 지푸라기로 빚어 햇볕에 말린 벽돌) 가옥들로 둘러싸인 중앙 광장에서 열렸는데, 이를 통해 에스파냐의 뉴멕시코에 대한 영유권이 확고해졌다. 이보다 앞서 네 차례 들어온 에스파냐 원정대는 푸에블로 지역사회에 폭력을 행사해 혼란을 불러왔고, 이때의 기억은 수십 년 동안 지속되었다. 그런 가운데 에스파냐인을 맞은 선주민 지도자들은 에스파냐의 권력이 자신들에게 들이닥쳤음을 분명하게 이해했다. 유럽산 말을 탄 100명의 병사가 유럽인이 중차대한 목적을 품고 왔음을 보여주었다. 오냐테는 리오그란데강을 따라 북쪽으로 이동하는 수백 명의 정착민과 함께 도착해 통치했다. 그리고 더 북쪽으로 이동해 늦여름에 윤케Yunque(유게윙게Yugewinge)의 푸에블로 사회에 수월하게 정착했다. 코요아칸의 코르테스가 그랬듯이, 오냐테와 그의 부하들은 푸에블로인들의 가옥을 몰수해 자신들의 소유로 만들었다. 그리고 마을 이름을 산가브리엘San Gabriel로 바꿨는데, 이곳이 뉴멕시코의 첫 번째 에스파냐 수도가 되었다. 여름이 끝나갈 무렵 원정대의 본대가 도착했고, 9월 8일에는 새로 지은 교회에서 첫 설교가 있었다.[111] 이 여정은 새로운 에스파냐 영토를 확보하는 것으로 마무리되었다.

푸에블로의 여러 지역사회는 자신들의 근거지가 식민지화되는 것에 분노했다. 이전에도 에스파냐의 침략을 겪었지만, 에스파냐의 정치 및 종교 지도자들에게 정식으로 항복한 적은 없었다. 에스파냐 지도자들은 "신과 왕" 모두에게 복종할 것을 요구했고, 이들은 사제와 군인이라는 두 부류로 나뉘어 들어왔다.[112] 자신들의 정치적·의례적·영적 권위에 익숙했던 에스파냐인들은 세속 권력과 종교적 권력을 분명하게 구분했다. 그러나 이들을 맞이한 푸에블로인들은 달랐다. 푸에블로 지역사회에서 일상은 종교와 정치가 결합된 제도를 통해 조직되어 있었다.[113] 이런 극명한 차이가 푸에블로의 여러 지역사회가 에스파냐의 통치를 받으며 매일같이 벌이는 협상에 영향을 미쳤다. 선교사들은 푸에블로인 노동력을 동원해 교회와 종교 지도자들의 주거지를 짓고자 했다. 선교사들은 푸에블로의 제전과 종교 생활을 억압했다. 또한 푸에블로인이 제전에 이용하는 건축물인 키바kiva, 푸에블로인의 기도 막대, 춤, 옥수수 가루를 제물로 바치는 것을 비난했다.[114]

모든 푸에블로인이 에스파냐의 지배를 순순히 받아들인 것은 아니다. 그러나 에스파냐인이 멕시코 중부에서 그랬던 것처럼, 오냐테는 7월 산토도밍고에서 푸에블로 지도자들과 만난 자리에서 폭력 사태가 일어날 수 있다고 위협해서 지배권을 확보했다. "총독은 그들에게 우리 주군이신 왕에게 복종하고 충성하며 왕의 뜻과 명령과 법률을 따라야 하는데, 만약 이를 지키지 않으면 가혹한 처벌이 따를 것임을 알아야 한다고 설명했다."[115]

에스파냐와 푸에블로 사이에 잠재하던 갈등들이 1598년 12월부터 나타나기 시작했다. 에스파냐군은 푸에블로인이 다니던 길을 따라 이동해 아코마 푸에블로에 도착했다. 리오그란데강 서쪽으로 80킬로미터 지점이었다. 그곳에서 오냐테의 부사령관 후안 데 살디바르Juan de Zaldívar와 병사 30명으로 구성된 일행이 멈춰 섰다. 한 병사의 회고에 따르면, 이 푸에블로 마을은 우뚝 솟은 바위 위에 자리 잡고 있었고, 정상으로 올라가는 길은 몇 갈래뿐이었으며, 방어벽이 튼튼했다.[116]

살디바르는 일행의 절반을 말과 함께 남겨두고 나머지와 함께 탁상대지mesa(꼭대기가 평평하고 주변은 벼랑인 지역)로 올라갔다. 마을에 도착해서 그들은 밀가루와 물, 음식을 요구했다. 그런데 갑자기 마을 전체에 고성이 울려 퍼졌다. 이를 신호로 무장한 채 은신했던 아코마 병사들에 마을의 노인과 여성까지 가세해 에스파냐 군사들을 공격해 대부분을 사살했다. 살디바르도 여기서 사망했다. "화살이나 돌 같은 각종 투척물"이 우박처럼 에스파냐 군대 위로 떨어졌다. 소수의 병사만이 절벽에서 아래 바위로 뛰어내려 겨우 목숨을 건졌다.[117]

몇 주 뒤, 살디바르의 형제 비센테Vicente가 아코마에 도착해 며칠 동안 전투를 벌인 끝에 푸에블로 마을에 불을 지르고 폐허로 만들어버렸다.[118] 이때 아코마 남성 80명, 여성과 어린이 500명이 체포되었는데, 그중에 수백 명이 죽거나 도망쳤다. 카스티야의 후안 블라스케스 데 카바니야스Juan Blázquez de Cabanillas는 푸에블로를 영원히 사라지게 해야 한다고 믿었다. 그는 오냐테에게 아코마에서 "다시는 사람이 살지 않게 해야 한다"라고 말했다.[119]

살디바르의 공격은 복수심에 찬 권력 행사라기보다는 에스파냐 정권이 가진 힘을 보여주기 위해 오냐테가 조종한, 신중한 대응의 일환이었다. 총독은 에스파냐 관련자들에게 증언하라고 명령했고, 프란체스코회 선교사들에게 보고서를 요청했으며, 비서에게 사건을 자세히 기록해 모아두라고 했다. 폭력이 쓰이긴 했지만, 무작위로 행사되지는 않았다. 오냐테는 폭력을 무차별하게 휘두르면 안정적인 통치나 평등한 정의 구현이라는 결과를 가져오지 못한다는 것을 알았다. 새로운 형태의 처벌이 필요했다.

또한 이 전투는 에스파냐인 정착민 사이에서 생겨나던 정체성에 활기를 더해주었고, 그들에게 신성한 소명이 있다는 신념을 더욱 강화해주었으며, 정착민에게 필수적인 경험과 생존 서사를 제공했다. 애도, 장례식, 미사를 통해 에스파냐인의 희생을 추모하고 영웅적인 행동을 기렸다. 그러나 에스파냐 군인들 역시 추후에 처벌을 받기도 하고 보상을 받기도 했다.

수백 명에 달한 아코마인 포로의 생활은 결코 예전과 같지 않았을 것이다. 그들은 에스파냐의 정복으로 자신들의 마을이 파괴되고 가족 구성원을 잃는 경험을 했다. 푸에블로인 목격자 여섯 명의 증언에 따르면, 푸에블로인들은 에스파냐 공격을 놓고 의견이 분분했다. 푸에블로 지역사회 내에도 에스파냐인에 대한 공격에 가담하지 않거나, 공격을 지지하지 않는 이도 있었다고 한다. 그러나 공동체가 단결되어 있었다고 한 증언도 있다. 노인들, 그리고 또다른 지도자의 자리에 있던 인디언들은 평화를 바라지 않았으며, 아코마 여성들은 "시위와 전투에 참여했다. … 여성도 남성과 함께 있었기 때문이다."[120]

몇 주 동안 증언을 수집한 오냐테는 1599년 2월 12일에 "공개 회의"에서 심판을 내렸다. 그와 그의 부관들은 포로들을 데리고 산토도밍고에 다시 모였다. 그는 "해당 푸에블로 부족의 모든 인디언 남성과 여성을 체포해야 한다"라는 말로 시작하더니 다음과 같이 판결했다.

25세가 넘은 남성은 한쪽 발을 잘라내고, 20년간의 징역형[노예]을 선고한다. 12세에서 25세 사이의 남성에게도 마찬가지로 20년의 징역형을 선고한다.

12세가 넘은 여자에게도 마찬가지로 20년의 징역형을 선고한다.

아코마 푸에블로에 머물다가 전투에 참여하고 체포된 모키Moqui[호피] 지방의 인디언 두 명은 오른손을 자른 뒤 풀어주라고 선고한다. 그들이 이런 형벌의 소식을 그들의 영토에까지 전할 수 있도록 하기 위해서다.

열두 살 미만의 모든 어린이는 자유이고 무죄라고 선언한다. … 소녀들은 우리 교구 신부인 알론소 마르티네스 수사의 보호 아래 둔다. … 그가 왕국을 비롯해 여러 곳으로 이 소녀들을 나누어 보낼 것이다. …

열두 살 미만의 소년은 비센테 데 살디바르에게 맡긴다. …

전쟁에서 장애를 입은 노인들과 여자들은 해방시켜, 케레초 지역의 인디언들에게 맡겨 부양하도록 명령한다. 그들이 푸에블로를 떠나지 못하게 하라.

징역형을 선고받은 모든 인디언 남녀를 내가 규정하는 방식으로 나의 지휘관들과 병사들에게 분배할 것을 명령한다. 지휘관과 병사는 20년 동안 그들을 노예로 붙잡아둘 수 있지만, 그 이상은 안 된다.[121]


오냐테의 판결은 여러 곳에서 집행되었다. 첫 번째 형벌은 그날 산토도밍고에서 집행되었다. 다음 형벌은 인근 마을에서 집행되었는데, 푸에블로 포로들의 손과 발이 잘렸다.[122] 고통스럽고 굴욕적이며 끔찍한 이 형벌을 모든 지역사회가 목격했다. 1599년 2월 15일, 산후안 바우티스타San Juan Bautista의 푸에블로 마을에서 형벌이 마무리되었다. 그곳, "폐하의 군대가 주둔하고 있는 곳에서 … 노예가 되라는 판결을 받은 나머지 인디언 남녀"가 오냐테의 부하들에게 분배되었다.[123] 그 500명은 병사들의 개인 소유가 되었다. 에스파냐는 정복 첫해에 광물 자원을 발견하지 못했지만, 노예가 된 수백 명의 푸에블로 주민이 어느 정도는 이익과 쾌락을 제공해줄 수 있었다. 이런 방식은 이어지는 100여 년 동안 에스파냐 식민주의의 특징이 된다.[124]

# 푸에블로의 투쟁과 생존: 1600년대

뉴멕시코의 초창기 내내, 식민지 경제를 구축한 것은 푸에블로인 노예, 푸에블로인 노동력, 푸에블로 지역의 자원이었다. 멕시코 중부와 은광 변경 지대 전역에서와 마찬가지로, 선주민들은 뉴멕시코 전역에서 노동하면서 무역, 상업, 종교, 통치 기구를 발전시켰다. 푸에블로 지역사회들은 교회를 세웠다. 그리고 수확물의 일부를 에스파냐 엔코멘데로encomendero〔에스파냐가 위임장을 주어 식민지에 보낸 감독관〕에게 넘겼다. 푸에블로인은 양, 말, 소 치는 법을 배웠고, 에스파냐인 성직자 가정이든 세속인 가정이든 어느 곳에서나 수십 명씩 요리와 청소를 하곤 했다.[125]

각 푸에블로인 가정은 매년 옥수수 1파네가fanega(약 2.5부셸bushel)의 공물을 바쳐야 했고, 다량의 직조한 옷감과 버펄로 또는 사슴 가죽을 십일조로 바쳐야 했다.[126] 아코마 학살 이후에는 푸에블로인에게서 식량도 강탈하기 시작했다. 학살의 여파로 푸에블로인은 여러 세대에 걸쳐 노동력과 자원을 징발당했다. 에스파냐인은 푸에블로 지역사회들에 세금을 부과하고 영토를 공격했다.

원래 푸에블로 지역사회들은 계절의 주기를 따르는 자급형 경제 생활을 영위했다. 수 세대에 걸쳐 발전된 이 주기는 하루 종일 이루어지는 묵상, 기도 시간, 춤 등 무엇보다 종교 활동과 관련된 제전들과 연결되어 있었다. 이런 제전 없이는 수확도 할 수 없었다.[127]

에스파냐인이 마을 생활에 폭력적으로 침입해 들어오고 푸에블로의 자원을 탈취하면서 푸에블로인의 생계는 위협받았고, 관례와 제전이 있던 일상이 뒤흔들렸다. 푸에블로인은 그런 침입과 몰수를 자연재해만큼이나 두려워했다.

오냐테가 찾아왔을 당시, 푸에블로 지역사회들은 안정적이고 풍족했으며 다양했다. 이 지역 선주민들은 인구가 가장 밀집한 중부 멕시코의 북쪽에서 살아가며 네다섯 가지 언어를 사용했는데, 그 언어에서 파생한 방언이 10여 가지에 달했다. 그들은 서로 교역하고 결혼했다. 그들은 다시 찾아오는 봄과 곡물을 무르익게 하는 비를 맞이하는 풍습도 공유했다.

푸에블로인은 에스파냐의 정복 이후에도 살아남아 명맥을 이어왔지만, 1600년대 중반부터 인구가 급격히 감소했다. 이 시기의 인구 감소는 에스파냐의 통치가 가져온 폭력과 그에 따른 공포 때문에 수백 명이 이 지역을 떠나 서쪽으로 더 멀리 떨어진 호피인과 주니Zuni 인의 마을들로 이주했기 때문이기도 했다. 남은 이들 사이에서는 근거지를 떠나가고 다시 통합되는 양상이 오랫동안 되풀이되었다. 그러면서 마을 수가 줄어들어, 1598년에 남은 마을은 다 해서 81개였다.[128] 푸에블로 지역사회들은 죽음, 질병, 추방의 고통을 치렀는데, 이는 뉴에스파냐 전역에서 많은 선주민이 겪은 일이기도 했다. 1610년, 에스파냐가 수도로 세운 산타페의 남쪽에 있던 마을은 모조리 비워졌다. 1630년대 말에는 피로톰피오로Piro-Tompioro 지역사회 14개 중 11개가 비워졌다. 리오그란데강 중부 지역에서는 티와Tiwa 푸에블로 18개 중 5개만 남았다.[129] 알론소 파체코 데 에레디아Alonso Pacheco de Herédia 총독의 1643년 보고서에 따르면, 그의 관할 구역에 남은 푸에블로 지역사회는 38개에 불과했다.

푸에블로인들이 흩어진 데에는 여러 가지 이유가 있었다. 에스파냐 당국의 노동력과 자원, 그리고 종교적 개종에 대한 요구는 마을 규모가 작을수록 더 강했다. 에스파냐 정착민, 군인, 성직자가 더 많이 들어오면서 개별 지역사회들에 더 큰 집단 노동력을 요구했다. 게다가 에스파냐인 정착지, 도로, 통행로와 선주민 마을이 가까워지면서 곤란한 문제가 계속 발생했다. 에스파냐인이 푸에블로 여성을 납치하는 일이 발생해 푸에블로인은 공동 방어를 강화해야 했고, 공격적인 에스파냐인 정착지에서 멀리 떨어진 곳으로 이주해야 했다. 가뭄이 들었을 때는 에스파냐 가축 떼가 농작물에 필요한 물을 다 소비해버려서 문제가 되었다. 또한 식민지 지도자들은 푸에블로 농부에게 알팔파와 곡물을 심으라고 강요했는데, 이 곡물도 가축 사료로 소비되는 경우가 많았다.

한편 선주민 인구의 분산은 유럽의 병균이 선주민의 사회 생활 구조를 파괴해 발생한 현상이기도 했다. 카리브해의 섬들이나 멕시코 동남부와 중부에서와 마찬가지로, 질병이 식민주의의 확장에 도움이 되었다. 1630년대와 1640년대에 나온 보고서들에 따르면, "천연두, 그리고 멕시코인들이 코콜리츨리cocolitzli라고 부르는 질병이 크게 기승을 부렸다."[130] 인간과 동물을 숙주로 삼는 이 새로운 질병들은 멕시코에서 유입되었다. 이런 전염병의 침입으로, 1640년에만 푸에블로 지역 전체 인구의 10퍼센트가 사망했다.[131]

식민지 폭력의 폐해는 다른 인디언들에게도 영향을 미쳤다. 에스파냐인들은 이들을 에스파냐 말로 '인디오 바르바로indio barbaro(야만적인 인디언)'라고 불렀다. 이 인디언들은 식민지 밖으로 이주한 인민들로, 에스파냐 군인의 보호에서 비껴난 지역 곳곳에 흩어져 있던 푸에블로인을 공격했다.

이 인디언 네이션들은 식민지 뉴멕시코의 발전에도 영향을 미쳤고, 식민지 뉴멕시코의 영향을 받기도 했다. 이들은 에스파냐인 정착촌과 푸에블로 지역사회들로부터 금속 도구, 유럽식 옷감, 가축, 새로운 식량, 말 같은 새로운 문물을 얻었다. 처음에는 여름에 열리곤 했던 장터를 주로 오간 이 인디언 네이션들이 일 년 내내 오기 시작했다. 이들이 동맹 네이션들을 데려와 거래 규모가 더 커졌고, 이에 따라 (에스파냐 당국이 자행했던) 약탈 경제의 규모도 더 커졌다. 그 이후 수 세기 동안 이런 무역, 이동, 습격이 빈번하게 발생했고, 이는 시대적 특징이 되었다. 이제 주변 선주민 세력과 에스파냐 식민자가 지배하는 새로운 환경에 놓인 푸에블로는 내외의 수많은 새로운 적들에게 맞서며 힘을 합쳤다.


# 1680년 푸에블로 반란


17세기 북아메리카의 남서부 세계는 이질적이고 독특한 세 집단이 움직이고 있었는데, 각각의 집단은 여러 사회 공동체로 구성되어 있었다. 첫 번째 집단은 에스파냐인 정착민, 군인, 성직자로 구성되었다. 두 번째 집단은 푸에블로 마을들이다. 세 번째 집단은 외곽의 선주민 네이션들로, 예컨대 아파치, 나바호, 유트로 알려진 이들이다. 1680년 정복 이후 네 세대가 지난 후, 정복만큼이나 혁명적인 일련의 사건으로 인해 이 세계에서는 역사적으로 주목할 만한 체제 재편이 있었다. 북부 푸에블로인들은 단결력, 조직력, 그리고 군사 전략을 훌륭하게 선보이며 뉴에스파냐에 맞서 반란을 일으켰다. 이들은 여러 세대에 걸친 에스파냐의 지배와 수많은 침략, 위협에 맞섰다.

1680년 8월부터 푸에블로 마을 주민들은 조상들이 지은 대다수 교회를 불태우고 교회를 운영하던 사제들을 살해했으며, 에스파냐 정착민을 산타페로 몰아냈다. 8월 13일, 총독 안토니오 데 오테르민Antonio de Otermín은 남은 사제와 북쪽에서 온 정착민, 가용한 병사들 모두에게 수도로 집결하라고 명령했다. 모든 네이션이 수도를 공략하기 위해 힘을 합치는 사태가 벌어지자 총독이 통치권을 발휘한 것이다. 에스파냐인은 청사인 카사스 레알레스casas reales에 모여 "적의 공격에 대비"했다.[132]

푸에블로 반란은 최초의 아메리카 혁명이자 에스파냐와 푸에블로의 관계를 재구성한 사건으로, 대륙 전역에 광범위한 영향을 미쳤다. 이 반란은 에스파냐가 푸에블로 지도자들, 그리고 푸에블로인의 제전과 종교 의례를 고수하려는 사람들을 수십 년간 탄압한 과정에서 발생했다. 교수형, 구타, 노예화, 투옥 등 처벌이 끝이 없었지만, 에스파냐 식민 당국은 푸에블로인의 문화적 관행을 파괴하지 못했다.[133] 이러한 처벌들은 푸에블로인들에게 분노와 절망을 안겼는데, 특히 가혹한 부역으로 더 가중되었다.[134] 호피의 지도자 에드먼드 네콰테와Edmund Nequatewa의 이야기에 따르면, 그의 조상들은 에스파냐인들의 교회들을 짓기 위해 인근 샌프란시스코 픽스San Francisco Peaks에서 소나무와 가문비나무를 베어 와서 들보 세우는 부역을 했다. "이 들보들을 대충 잘라 모양을 만든 다음 1년간 그대로 두어 바싹 말렸다. 그만한 크기의 들보를 옮기는 것은 고역이었다. 처음에는 등에 지고 운반했다. … 그러다 누구 한 사람이 뻗으면 그냥 죽게 내버려두었다. 엄청난 고통이었다. 일부 사람들은 식량과 물이 부족해서 사망했고, 남은 사람들 등에는 상처와 딱지가 생겼다."[135] 여러 세대에 걸친 공존에도 불구하고 마침내 푸에블로와 에스파냐 두 사회는 산타페에서 일주일에 걸쳐 전투를 벌이며 대결했다.

에스파냐인은 처음엔 놀라서 물러나고 위축되었지만, 그래도 군사적·전술적 우위를 점하고 있었다. 마을 외곽에 모인 500여 명의 푸에블로인에 비해 수적으로 열세였던 에스파냐 군사 100명은 소형 대포 두 대와 총과 칼, 주변 방어벽을 갖추고 있었다. 그들은 에스파냐인 정착민이 추가로 도착하기를 기다렸다. 당시는 정착민이 산타페로 계속 들어오는 상황이기도 했다. 그러나 그들은 더 멀리 떨어진 마을들에서 푸에블로인 병사들도 오고 있다는 사실을 정확히 파악한 후 두려움에 떨었다. 이어진 몇 차례의 시가전, 그리고 약 300명의 푸에블로 병사가 사망했다고 에스파냐 측에서 주장한 기습 공격 이후, 총독은 산타페를 완전히 포기하기로 결정하고 전투 개시 일주일 만에 남쪽으로 후퇴했다. 산타페의 건물들에 불이 나면서 연기가 하늘을 가득 채웠다. 또한 한때 뉴에스파냐 북부에서 가장 높은 건물이었던 약 12미터 높이의 기념비적 교회가 자리한, 인근의 페코스 푸에블로에서도 연기가 피어올랐다.[136]

며칠, 몇 주, 몇 년이 지나면서 놀랍고 지속적인 결과들이 나왔다. 반란 당시 약 50세였던 오케 오윙게Ohkay Owingeh 푸에블로의 종교 지도자 포페Popé의 지휘 아래, 푸에블로 병사들은 에스파냐인에게 맞서 단결했고, 에스파냐와 사실상 절연할 것을 결의했다. 그들은 교회와 가톨릭의 상징인 십자가, 목제 성인 조각상, 제단 등을 불태웠다. 그들은 정부 청사들과 그 안에 보관된 기록물을 표적으로 삼았고, 에스파냐의 영향에서 벗어나기 위한 방향으로 행동했다. 가톨릭 성사를 통해 봉헌된, 원치 않던 결혼은 취소되었다. 말안장과 같은 에스파냐의 문물도 불태워졌다.

푸에블로 지도자들은 에스파냐의 관행, 신념, 제도를 거부하면서 자신들의 전통을 재확인하고 부활시켰다. 그들은 춤을 추며 승전을 축하하고 죽은 이들을 추모했다.[137] 그들은 오랫동안 갈망했던 종교적·문화적·정치적 자율성을 마침내 획득했다. 그러나 대부분의 지역사회가 중앙집권적 지도력을 거부하는 상황에서 선주민 지도자들 역시 통치하기가 쉽지 않았다.[138] 반란을 통해 모였던 선주민의 결속력은 점차 약해졌다. 에스파냐 통치의 위협이 쇠퇴하자, 지역 지도자들은 푸에블로 마을들로 돌아가 포페가 세웠던 혁명적 지휘 구조를 견제했다.[139]

푸에블로 지역사회 모두가 반란에 참여한 것은 아니었고, 참여한 지역사회 내에서도 모두가 똑같이 전투적이지는 않았다. 아코마에 있던 선교 교회는 버텨냈다. 이 교회는 오냐테 때문에 고통스러운 경험을 한 이후에 학살로 가족을 잃은 사람들이 완공한 것이었다. 그 학살로 아코마 사회는 너무 큰 타격을 받았다. 수백 명의 푸에블로 시민이 남쪽으로 이동하는 오테르민의 일행에 합류했다. 많은 사람이 그 일행과 함께 리오그란데강 남부의 파세오 델 파소Paseo del Paso에 정착했다. 이 난민들은 그곳에서 직접 마을을 새로 세웠는데, 처음에는 좀더 작은 선교소 단위로 나뉘어 있다가 1684년 아파치의 공격을 받으면서 다시 큰 단위로 결속했다.[140]

푸에블로 반란의 결과로 이 지역에서 에스파냐의 주권은 소멸되었고, 선주민 마을의 독립성이 재확립되었다. 푸에블로인은 에스파냐인의 감독을 받지 않았고, 에스파냐가 부과한 세금과 부역 없이 스스로 통치할 자유를 되찾았다. 그러나 에스파냐의 통치가 침략적이고, 생명을 앗아가고, 폭력적이기도 했지만, 이를 통해 보호받는 측면도 있었다. 에스파냐의 군인, 말, 기술이 없는 푸에블로인은 외부의 공격에 더 취약해졌고, 공격당하는 빈도도 더 잦아졌다. 에스파냐가 부재한 몇 년 동안 다른 인디언 침입자들이 푸에블로인들의 목초지, 특히 푸에블로들인이 확보한 에스파냐산 말과 마구간이 있는 목장을 표적으로 삼았다.

1681년, 재정복을 시도한 오테르민은 이전의 교회들이 마구간으로 사용되는 모습을 보고 충격을 받았다. 대다수 성당은 불에 타 지

2005년, 클리프 프라과Cliff Fragua(헤메스Jemez 푸에블로인)가 대리석으로 조각한 이 포페 입상은 미국 국회의사당에 세워져 뉴멕시코를 상징하고 있다. 포페가 손에 들고 있는 매듭진 끈은 1680년 푸에블로 반란이 발생하기 바로 며칠 전 포페가 각 푸에블로에 보낸 것과 같은 모양이다. 각각의 매듭은 하루를 나타낸다. 푸에블로 지도자들은 이 매듭진 끈으로 날짜를 세면서 에스파냐에 맞서는 군사 작전을 함께 펼칠 수 있었다. 포페의 등에 있는 흉터는 문화 제전에 참여했다는 이유로 에스파냐 당국에 채찍질을 당해 생긴 것이다. (클리프 프라과와 파멜라 아고요Pamela Agoyo 제공)

붕이 무너져 내린 상태였다. 남은 것은 두꺼운 어도비 벽으로 둘러싸인, 큰 규모의 개방형 내부 구조뿐이었다. 게다가 오테르민과 그의 후임 에스파냐 지도자들은 푸에블로인들이 이웃 선주민 네이션들의 공격을 우려하는 것을 듣기는 했지만, 당시 북아메리카 대륙에 불어닥친 변화가 어느 정도인지는 아무도 알지 못했다. 이전에는 걸어 다녔던 주변 네이션의 선주민들이 이제는 도망쳐 나온 말, 혹은 훔치거나 구매한 말들을 갖게 되었고, 이로 인해 선주민 사회들은 바뀌었다. 1680년 이전에는 이런 변화가 느리고 점진적이었지만, 그 이후에는 승마 혁명이 이 지역을 휩쓸었다.[141] 말을 탄 선주민의 습격이 가져올 광범위한 결과는 누구도 예상하지 못했다. 선주민의 세력 권역은 대륙 전체에서 점차 확장되고 있었다.


## 1700년대 뉴멕시코에서 확대된 이질성과 다양성


도밍게스와 에스칼란테가 묘사한 세계는 푸에블로 반란의 여파로 태어났다. 이제 주변 선주민 세력들에 의해 뉴멕시코가 형성되었다. 유트 인디언 집단들은 뉴에스파냐의 핵심 동맹이 되어 성직자를 환영했고 인디언 집단들의 근거지로 안내했다. 에스파냐 총독들에게 탐험대를 파견해달라고 청하기도 했다. 이제 유트인은 광대한 산의 계곡 전역에서 말 떼를 키웠고, 무역, 외교, 휴양을 위해 계절에 따라 대평원과 뉴멕시코로 이동했다. 18세기 내내, 비슷한 수십 개 기마

세력의 규모가 커지고 위상이 높아졌다.[142]

도밍게스와 에스칼란테가 알던 대로, 1776년 푸에블로의 세계는 복종이 아니라 자치의 세계였다. 에스파냐 지도자와 정착민도 푸에블로의 권위를 인정하고 후원했다. 에스파냐의 소 떼를 경제생활에 들여온 호피의 지역사회들은 확실히 인정받을 수 있는 재산권을 보유하기는 했지만, 호피인들을 상대로 선교 활동을 다시 조직하려는 에스파냐 성직자들과는 오랫동안 거리를 두었다. 호피는 18세기 내내 자신들의 전통을 유지하며 에스파냐 국가에 저항했다.[143]

선교를 받아들인 푸에블로 지역사회들의 경우 마을 사람들은 성인聖人을 포함한 가톨릭 신상들을 겉으로는 숭배했지만, 고유의 종교 의례와 영적인 것에 대한 신념도 함께 유지했다. 푸에블로 전역에서 성인의 축일들이 기념되었을 뿐만 아니라 푸에블로의 주기적인 종교 행사와 춤도 나란히 진행되었다. 종교적 공존과 다원주의는 뉴멕시코의 레콩키스타(재정복) 이후에도 지속되었다. 1692년에 에스파냐군이 다시 북쪽으로 진군해 오면서 리오그란데강 북부로 에스파냐의 주권이 다시 확장되었지만, 진행 양상이 오냐테 시대와는 완전히 달랐다. 10년간 인디언 기마부대의 공격을 받았던 터라 많은 푸에블로 마을이 에스파냐의 보호를 기꺼이 수용했지만, 문화적 자율성과 종교적 자유를 더 많이 누리는 조건에서만 받아들였다.

이런 적응 과정을 거치면서 18세기의 뉴멕시코는 17세기 때와 크게 달라졌다. 이제 푸에블로 병사들은 에스파냐 총독과 함께 다른 선주민, 라이벌 프랑스를 상대하기 위해 대평원으로 향했다. 푸에블로인과 에스파냐인은 패배도 승리도 함께 겪었다. "비야수르 학살 Villasur Massacre"로 알려진 1720년 대평원에서의 참혹한 패배도 그중 하나였다. 당시 뉴프랑스에서 온 프랑스인과 포니인의 연합군이 뉴멕시코 부총독 페드로 데 비야수르Pedro de Villasur의 지휘 아래 있던 뉴멕시코의 선봉군을 격파했다.[144]

새로운 충성심이 다른 새로운 사회 구성체들과 함께 생겨났다. 1754년부터 헤니사로genízaro 집단들, 즉 부족에 속하지 않은 인디언 집단들이 에스파냐 총독에게 토지를 달라고 청원해 불하받기 시작했다. 식민지 경제 구조에서 주로 하인이나 가정부로 일했던 이들은 푸에블로 사회들의 공식적인 구성원도 아니었고, 여름철마다 수천 명씩 이 지역으로 들어온 기마 집단 사회의 구성원도 아니었다. 식민주의로 인해 태어난 이들은 국경 지대에서 온 독특한 카스테(혹은 카스타)였다.[145]

1776년에는 네 군데 마을 정착지에 149가구 650여 명의 헤니사로가 살았으며, 그후 이들 인구는 계속 증가했다.[146] 이들이 누린 자율성은 이 지역에서 혼혈이 증가하는 것을 보여주는 지표였다. 본질적으로 그들은 디아스포라 선주민이었다. 공유하는 배경, 공통된 경험, 사회적 연결을 통해 헤니사로들은 하나의 공동체 정체성을 갖게 되었다. 당시 세계는 민족적으로, 경험적으로 더 다양해지고 있었다.

200년 뒤, 뉴멕시코는 에스파냐 국경 지대에서 가장 큰 지역이 되었고, 에스파냐인이 가장 많이 정착했으며, 에스파냐가 가장 오래 지속적으로 통치한 곳이 되었다. 리오그란데강 주변의 에스파냐인 정착촌들은 푸에블로인의 오래된 통치 제도, 종교, 문화와 공존했다. 이는 에스파냐가 지배했던 시대에서부터 현대에 이르기까지 이 지역을 특징짓는 양상이기도 하다. 푸에블로의 언어적·문화적·경제적·정치적 자율성이 오늘날까지 지속되고 있다는 점에서 이 지역은 북아메리카의 다른 모든 지역과 구별된다.

북아메리카 남서부 전역에서 식민주의는 본질적으로 폭력적이고 억압적이었지만, 결코 완전하지도 전면적이지도 않았다. 당시 식민주의는 파괴적이기도 했지만, 그만큼 생산적이기도 했다. 푸에블로 반란 이후 100년 동안 남서부 지역에서는 어느 한 집단도 최고가 되지 못했다. 권력을 가지려면 여러 사회 사이에서, 그리고 각 사회 내에서 계속해서 협상해야 했다.

에스파냐인 정착촌들에서는 에스파냐의 남성성, 여성성, 계급 규범에 따라 권력을 협상했다. 헤니사로처럼 인종 차별을 통해 구분된 집단들을 배제하면서, 대체로 신화에 가까운 인종적 순수성에 대한 주장에 심취해 있었다.[147] 공식·비공식 형태의 에스파냐 권력이 식민지 내에서 수많은 가능성의 길을 닦았다. 한편 식민지 밖에서는 기마 세력들이 재창조된 북아메리카의 상황을 지배했다.

텍사스, 루이지애나, 플로리다의 에스파냐 선교소들은 규모가 큰 선주민 세력이 지배하는 지역에 위치하다 보니, 뉴멕시코에서만큼 발전하지 못했다. 플로리다의 세인트오거스틴과 같은 해안 정착지들은 주로 카리브해에서 에스파냐로 가는 선박들을 위한 전략적 전

초 기지 역할을 했다. 인구가 덜 밀집된 이 정착지들과 선교소들은 다른 열강, 특히 영국, 프랑스, 나중에는 미국이 탐을 냈는데, 결국 미국이 조약, 정복, 매입을 통해 획득했다.

이 지역의 선주민에게 제국주의 권력의 한계는 자율성과 난제를 동시에 가져다주었다. 북아메리카 남동부 전역에서 병균이 수많은 선주민 세계를 사라지게 만들자 여러 선주민 사회가 결집해 연합 세력을 형성했지만, 인근의 다른 선주민과 제국 양쪽으로부터 새로운 압력을 받았다. 북아메리카 남동부는 100년간 에스파냐 식민주의의 지배를 받으며 산산이 부서진 세계가 되었고, 이 지역 선주민은 파도처럼 계속 밀려오는 혼란, 대개는 기록으로 남지도 못한 혼란에 대처하며 살아야 했다.[148]

에스파냐 제국은 북부 국경에 계속 힘을 집중했는데, 이는 무엇보다 멕시코가 광산 경제로 번영을 누렸기 때문이다. 도밍게스와 에스칼란테는 북쪽 산타페로 갔는데, 이는 뉴멕시코와 캘리포니아를 연결하려는, 더 큰 제국주의적 노력의 일환이었다. 당시 산타페와 캘리포니아에서는 에스파냐인의 정착이 막 시작되고 있었다. 멀리 서쪽으로는 필리핀을 중심에 둔 태평양 제국과 이어진 뉴에스파냐는 거대한 세계 체제의 일부를 형성하고 있었다. 그러나 1700년대 중반에 이르러 행정적으로나 재정적으로 쇠퇴하기 시작했다. 이리저리 뻗어나간 이 제국을 개혁하려는 수많은 시도가 이어졌다. 기존의 통치 제도를 안정시키고 영국, 프랑스, 심지어 러시아의 침입을 막기 위함이었다. 앞으로 살펴보겠지만, 1700년대 마지막 몇십 년 동안 새로운 선교사, 해군 원정대, 탐험가 들이 뉴에스파냐 북부 전역으로 들어왔다. 그러면서 애리조나에서 캘리포니아까지, 그리고 더 멀리 북쪽의 태평양 연안 북서부까지 이어진 지역의 선주민 세계로 더 큰 혼란이 들이닥쳤다.[149]

1787년 이전 유럽 열강들이
세운 요새(일부 선별)
◇ 프랑스
□ 에스파냐
■ 영국
■ 미국
▲ 네덜란드
● 도시
샌프란시스코
몬터레이
샌타바버라
샌디에이고
태평양
샌타페이
앨버커키
투손
투박
테레나테
알타
하노스
엘파소
산사밤
프론테라스
카리살
오르카시타
프린시페
산안토니오
데베하르
내커티
산프란시
데로스돌로
포트스
부에나비스타
산후안 바우티스타
누에스트
콘초스
샌타로자
라데라바
에스피리
몽클로바

출처


Francis Paul Prucha, ed., *Atlas of American Indian Affairs* (Lincoln: University of Nebraska Press, 1990).

Helen Hornbeck Tanner, ed., *Atlas of Great Lakes Indian History* (Norman: Unversity of Oklahoma Press, 1987).

R. Cole Harris and Geoffrey J. Matthews, *Historical Atlas of Canada, Volume 1* (Toronto, University of Toronto Press, 1987).

William H. Goetzmann and Glyndwr Williams, *Atlas of North American Exploration: From the Norse Voyages to the Race to the Pole* (Norman: University of Oklahoma Press).

Jack P. Greene and J.R. Pole, eds., *The Blackwell Encyclopedia of the American Revolution* (Cambridge: Basil Blackwell, 1991).

David J. Weber, *The Spanish Frontier in North America* (New Haven: Yale University Press).

---

# 2장

# 북동부 선주민과
# 영국령 북아메리카의 부상

우리는 닻을 올리고, 동쪽으로 항해했다. ⋯ 80리그(약 400킬로미터) ⋯

[그리고] 본토에서 10리그(약 50킬로미터) 떨어진 곳에서

삼각형 모양의 섬을 하나 발견했다. ⋯ 섬에는 언덕이 많았고,

나무도 빼곡했다. 해안을 지나며 모닥불이 계속 타오르는 모습을

여러 곳에서 보았기에, [우리 생각에는] 인구도 많아 보였다.

— 조반니 다 베라차노, 《블록아일랜드》(1524)에서

멀리서 보았을 때 모닥불이 저녁 하늘을 밝히고 있었다. 불빛이 물 위에서 만들어낸 윤슬이 다가오는 배에까지 닿았다. 가정에서는 아이들을 눕혀 재우고, 하루의 소식을 나누며 다가올 아침을 준비했다. 그물은 걷어서 말리는 중이었고, 해안과 인근 갯벌에는 다채로운 대합 껍데기 더미가 늘어서 있었다. 모닥불 향이 훈제 해산물과

검게 그을린 가죽 냄새와 섞여 있었다. 얼마 안 있어 수백 명의 주민은 편안하게 잠자리에 들었다. 그들은 목재와 바다에서 수확한 식량, 롱아일랜드 해협Long Island Sound의 난류를 이용할 수 있는 축복받은 섬에서 편안하게 살고 있다는 사실에 안도하며 잠이 들었다. 규모가 큰 이 섬은 본토의 이웃 마을들에도 피난처가 되어줄 수 있었다.

적당한 항구를 찾지 못한 조반니 다 베라차노Giovanni da Verrazzano는 들쭉날쭉한 해안선을 따라 계속 북쪽으로 나아갔다. 이 지역은 훗날 뉴잉글랜드New England라고 불리게 된다. 그 무렵 블록아일랜드Block Island의 선주민 내러갠싯Narragansett 주민은 유럽인에 대해 이미 알고 있었다. 그들은 위험하기도 하지만 놀랍기도 한 유럽산 금속과 도자기를 거래하면서 그것들을 자신들의 어업과 농업 경제에 접목했다. 그들은 유럽에서 건너온 질병으로 폐허가 된 상황을 겪었고, 군사적 침략을 당해 크나큰 고통도 겪었다. 그들이 1524년 베라차노의 방문을 알았는지, 어두운 바다 건너편에 있던 도핀Dauphine호의 돛대를 보았는지 여부는 여전히 밝혀지지 않았다.[1]

메인Maine 남부에서 롱아일랜드 해협에 이르기까지, 그리고 코드곶Cape Cod에서 허드슨강Hudson River에 이르는 지역에서는 주민 약 15만 명이 살고 있었는데, 이들은 '북동부 선주민 세계Native Northeast' 라는 세계를 공유했다. 이 지역의 특징은 황무지였거나 비어 있는 땅이 아니라, 선주민의 존재였다.[2]

북동부 선주민 구역 전역에서, 수십 개의 선주민 네이션이 경제생활, 종교적 전통, 건축 기법, 알곤킨어Algonquian를 공유하며 살고 있었다.[3] 베라차노의 기록에 따르면, 인구가 적었던 메인주 해안은 와바나키 연맹Wabanaki Confederacy이 지배하고 있었는데, "이곳 선주민민은 다른 선주민들과 사뭇 달랐다."[4] 이 북부 지역의 여러 지역사회는 낚시와 사냥을 원예농업과 결합하는, 북동부 선주민 구역 전역에서 매우 흔히 볼 수 있는 방식으로 살지 않았다. 베라차노에 따르면, 남쪽의 선주민은 "내가 표현할 수 있는 한 가장 아름다운 체격과 신장을 갖추고 있다고 생각한다. … 그들은 우리보다 키가 크다. … 그들은 사냥을 하며 살고, 점잖다. 마치 고전기 고대인과 같은 기품이 느껴진다."[5] 주의 깊게 관찰한 끝에 내놓은 베라차노의 생각에 따르면, 남쪽의 선주민이 "우리가 보유한 숙련된 기술 노동력"을 지녔다면 그들은 다른 분야에서 고대인에 필적할 수 있었을 것이다. "선주민은 위대한 건축물을 세웠을 것이다. 지금도 해안 전체에 다양한 모양의 푸른 바위, 수정, 설화석고雪花石膏, alabaster가 그득하다. 게다가 선박들이 이용할 만한 항구와 피난처가 풍부하므로 건축물을 세웠을 법하다."[6]

베라차노는 놀랍고 신화적인 알곤킨어를 쓰는 선주민의 세계를 묘사했다. 그가 이곳에서 선주민을 만나고 상상력을 발휘한 지 100년이 지나서야 유럽계 정착민이 도착했다. 교리를 중시했던 청교도들은 베라차노가 했던 평가 같은 것은 무시했다. 청교도 정착민이 가져온 질병과 그들이 빈번하게 행사한 폭력이 이 세계를 뒤흔들었다.[7]

청교도들의 설명에 따르면, 이 지역의 선주민 역사는 볼 만한 것이 없었고, 고전기 유럽과 견줄 만한 것도 전혀 없었다. 미국의 역사 서술들 역시 이런 태도를 보였다. 북동부 선주민의 세계는 단순해서 그들의 과거 역시 이해하기 쉽고 친숙하리라 생각했다. 1620년대에 청교도가 정착한 이래 지금까지 유럽의 우월성이 선포되어왔고, 이로 인해 다른 종류의 서구식 구조가 수립되었다. 이 지역의 설화석고로 주조된 것이 아닌, 유럽인과 북동부 선주민 사이에 불변의 차이가 있다는 생각으로 주조된 이데올로기적 회반죽(모르타르)이 북동부 선주민 세계 연구의 근간을 이루고 있다. 이 같은 사고가 그동안 매우 광범하게 스며든 탓에 이 해안에 처음 발을 디뎠던 유럽인 베라차노의 통찰, "경탄을 자아내는 다양한 소리들"에 대한 통찰은 완전히 가려지고 말았다.[8]

최근 들어 학계와 부족 구성원들이 청교도의 시각과 반대되는 방향으로 노력을 기울이고는 있지만, 미국의 역사적 상상에서 뉴잉글랜드의 역사는 여전히 식민지 시대 미국과 동일시된다. 초기 미국의 역사적 배경에는 지금도 여전히 영국령 북아메리카와 북아메리카의 대서양 연안에 자리했던 영국의 13개 식민지 역사가 자리잡고 있다. 특히 초기는 매사추세츠Massachusetts의 경제와 인구 성장이 주도적 역할을 했던 시대로 이해된다.[9] 지금도 여전히 초기 미국을 아는 것은 곧 영국령 아메리카를 아는 것이고, 영국령 아메리카를 아는 것은 곧 뉴잉글랜드를 아는 것으로 통한다.

# 영국령 북아메리카의 폭력적 기원

베라차노와 같은 선원은 대서양 건너편 땅을 탐험할 수 있다는 기대에 이끌려서 왔지만, 그 밖의 다른 유럽인은 재정적·종교적 기회를 노리고 찾아왔다. 영국인 중 금융가들은 버지니아 회사Virginia Company 같은 부동산 회사들을 조직했고, 이 회사들은 어떤 방법으로든 수익을 내야 했다. 영국인 중 일부는 오랜 시간에 걸쳐 아메리카를 놓고 새로운 인생을 상상했다. 특히 개신교 종교개혁의 여파가 그런 상상을 북돋웠다. 이런 개혁가들은 특정한 신학적 양식에 맞추어 살기를 열망했다. 그들은 자신들의 손으로 직접 세운 새로운 사회를 상상했으며, 선주민들이 사라지거나 백인 사회로 동화되어 하느님의 자녀가 되기를 기대했다.[10]

아메리카의 다른 식민지와 달리 북아메리카의 북동부 선주민 세계로 온 이들에게는 종교적 동기가 크게 작용했고, 그렇다 보니 이들은 약간 다른 특징을 지녔다. 영국 사회에서 좀더 부유한 층에 속했던 뉴잉글랜드 정착민은 남부에 세워진 식민지들과는 다른 식민지 사회를 형성했다. 뉴잉글랜드는 아메리카에서 상대적으로 성비가 균형을 이루는 유일한 지역이었다. 또한 북아메리카 최초로 학문을 가르치는 대학이 세워졌고, 최초로 인쇄소가 들어섰고, 최초로 자치 입법부가 세워졌고, 가장 다각화된 경제의 본거지가 되었다. 북동부 지역은 체서피크Chesapeake 지역이나 카리브 제도보다 추웠지만, 더 건강한 환경에 정착하고 싶어했던 영국인 식민자들에게는 매력

적인 곳이었다.[11]

다른 식민지에서와 마찬가지로, 새로 들어온 이들은 선주민에게 폭력을 행사하면서 북아메리카 대륙에 적응해갔다. 이는 군사적 정복인 동시에 영적 정복이기도 했다. 1620년대에 매사추세츠만Massachusetts Bay으로 들어온 일군의 식민자들은 성경과 양초, "각기 총알 주머니가 달린 90개의 탄띠를 가져왔는데, 머스킷에 쓰기 위한 것이었다. 화약을 넣는 뿔 모양의 통 열 개도 가져왔는데, 그것들은 장총에 썼다. 이 외에도 날을 세운 100개의 '검劍'을 배에 싣고 왔다.[12] 이 검들은 쟁기 날이 되지 못했다.* 청교도 정착민 첫 세대는 알곤킨의 영토들을 점령했다. 특히 피쿼트 전쟁Pequot War(1636~1637)으로 알려진 롱아일랜드해협 전투에서 피쿼트 마을들을 공격했다.[13]

이 군사 행동은 블록아일랜드에서 시작되었다. 역사학자들은 영국 제국이 이 전쟁을 통해 아메리카에서 부상한 과정을 망각하곤 한다.[14] 북아메리카 땅에 발을 들인 지 채 20년이 지나지 않았을 때, 청교도는 롱아일랜드 해협을 따라 세를 확장해가면서, 로드아일랜드Rhode Island와 코네티컷Connecticut이라는 "결집된" 식민지를 조직했다. 이를 통해 청교도는 체서피크, 카리브 제도 사람들과 안정적으로 무역을 할 수 있었고, 피쿼트를 정복했다. 피쿼트는 이 아늑한 해안 지대를 지배했던 선주민인데, 청교도들에게 패배해 거의 쫓겨나다시

---

* 성경 〈이사야서〉에 나오는, "검으로 쟁기 날을 만든다"라는 말에서 유래한 표현으로, 싸움을 그만두고 하던 일로 돌아감을 의미한다.

피 했다. 이를 토대로 청교도 사회는 더 빠르게 성장했다.[15] 롱아일랜드 해협을 놓고 벌어진 전투들을 통해 다른 영국 식민지에도 기회가 확대되었다. 이 전투는 다른 영국인 정착촌들의 부상에도 영향을 미쳤는데, 그중에는 아프리카계 아메리카인 노예제를 중심으로 조직된 정착촌도 있었다. 노예제는 1600년대 후반 내내 확산되었다. 영국이 대서양을 횡단하며 구축한 노예제의 기원은 이보다 앞선 시기에 영국인 선원과 에스파냐인 노예상이 했던 선주민 인신매매다. 역사서에서는 사라진 내용인데, 수천 명의 선주민이 포로가 되어 대서양을 건넜다. 실제로 17세기 전 세계에서 "알곤킨어를 쓰는 선주민의 디아스포라"가 분출했다. 오대호에서 런던에 이르기까지, 퀘벡에서 북아프리카에 이르기까지 선주민 포로는 노예를 만들어냈던 지구적 차원의 연결고리를 따라 이동했다.[16]

1600년에는 북아메리카 북동부 선주민 구역에서 선주민 15만 명이 살았지만, 100년이 지나자 남은 인구가 10퍼센트에도 미치지 못했다. 인구의 90퍼센트가 유럽인이 가져온 질병, 유럽인 정착이 가져온 압박, 전쟁, 노예화로 소멸했다. 살아남은 사람들은 쫓겨나는 경험을 했고, 곧이어 식민지 사회에서 자유롭지 못한 노동자 신분이 되었다. 에스파냐 제국에서 그랬듯이, 인디언은 북아메리카에서 처음으로 인종적 차별을 받는 노동력이 되었다.[17]

북동부 선주민 구역의 점령은 영국령 아메리카 식민지들 중 가장 오래된 식민지인 버지니아에도 변화를 가져왔다. 버지니아는 1608년에 설립되었는데, 초반 20년은 매사추세츠와 매우 달랐다. 뉴잉글랜드에서는 마을이 번성했지만, 체서피크의 1세대는 쇠락해갔다. 버지니아로 이주한 6000명의 식민자 중 1620년까지 살아남은 사람은 1200명에 불과했다. 영국인 계약노동자에게 질병은 마치 "절임seasoning"*처럼 시작되었다. 그들은 플랜테이션 노동에 적응하는 과정에서 썰물처럼 죽어나갔다. 매사추세츠의 총독 존 윈스럽John Winthrop은 매사추세츠를 "낙원"에 비유했지만, 버지니아 정착민은 고향에 보낸 편지에서 버지니아를 죽음으로 가득한 세계로 묘사했다.[18]

1600년대에 일어난 두 가지 경제적 변화가 버지니아와 매사추세츠의 운명을 결정지었다. 첫째는 체서피크에서 더 이상 계약노동자를 이용하지 않게 된 변화이고, 둘째는 알곤킨어를 쓰는 선주민의 영토가 청교도의 목초지로 바뀐 변화다. 곧 플랜테이션과 가족농이라는 두 가지 형태가 영국령 북아메리카의 경제를 지배하게 되었다.[19] 이 두 지역은 공생하고 순환하는 방식으로 각기 다른 지역을 지원하기도 했다. 뉴잉글랜드의 청교도는 체서피크와 카리브 제도에서 플랜테이션을 경영하는 데 필요한 은제품, 가정용 아마포, 식량을 생산했으며, 플랜테이션에서 생산된 수출품을 시장까지 운반할 수 있는 선박을 건조했다. 이런 지역 간 교역을 통해 대서양을 가로지르는 이주와 통행량도 증가했다.

이런 차이가 있기는 했으나 각각의 식민지가 형성되는 과정에서

---

• 양념에 절인다는 의미의 'seasoning'이라는 말은 노예로 들어온 신참자를 길들이는 과정, 즉 고역에 익숙해지도록 고된 일을 시키는 관행을 가리키는 말이기도 했다. 이 과정에서 많은 사람이 사망했다.

선주민 영토의 강탈은 비슷하게 필요했고, 이는 1670년대에 절정에 달했다. 버지니아에서 식민지가 "단련되는" 과정은 대체 노동력 체제를 개발하는 데 집중되어 있었는데, 이는 영국인 노동자가 불러온 정치적 불안정을 막기 위함이었다. '베이컨Bacon의 반란'(1676~1677) 당시 영국인 노동자의 봉기로 이 지역 대농장주 계급이 한때 굴복하는 경험을 하면서, 대농장주의 인종 계산법이 달라졌다.[20] 마찬가지로 '필립 왕의 전쟁'(1675~1676)으로 알려진 "제2차 청교도 정복"으로 북동부 지역에서 인구가 재편되었고, 청교도 정착민이 마침내 이 지역의 지배적인 사회 공동체가 되었다. 1670년 이 지역 인구의 약 30퍼센트를 점했던 선주민은 얼마 가지 않아 10퍼센트로 비중이 감소했으며, 이러한 인구 재앙은 계속되었다. 1660년에 블록아일랜드의 선주민은 총 1500명이었는데, 한 세기가 지난 시점에는 불과 51명밖에 남지 않았다.[21]

그 두 지역의 선주민에게 닥친 이 같은 격변은 영국의 주도권이 날로 강해질 것임을 예고했다. 1620년에 청교도와 알곤킨이 충돌하기 시작하면서 계속 이어지게 될 인구적·경제적·인종적 변화가 생겨났다. 17세기 미국사의 많은 부분은 그렇게 형성된 인구 집단에 의해 규정되었다. 유럽인이 들여온 질병, 노예제, 군사 작전, 이데올로기적 정당화를 통해 식민지화에 속도가 붙었다. 에스파냐의 뉴멕시코 정복과 마찬가지로, 이런 정복은 필연적이거나 예정된 것이 아니라 개별적으로 내린 결단과 우연에 따른 결과였다. 따라서 그 양태를 온전히 예측하거나 예상할 수 없었다.

게다가 이 같은 강탈은 추후에 다양한 형태로 등장하는 식민주의의 전조가 되었다. 노예노동 체제와 인종적으로 배타적인 정치 체제가 확립되고 시간이 지나면서 영국령 북아메리카에서는 특정 유형의 노동을 특정 유형의 사람만이 하게 되었다. 특히 아프리카계 아메리카인의 집단 노동은 식민자들이 마침내 영국으로부터 독립을 확보하는 데 큰 도움이 되었다.[22] 이 같은 악마적 거래에서 인디언이 빼앗긴 토지들이 윤활유 역할을 했다. 선주민에게서 강탈한 재산이 영국령 북아메리카의 발전뿐만 아니라 그 기반이 된 동산 노예 제도의 부상을 촉진했다. 그러나 영국이 선주민의 영토를 정복하면서 미국 노예 제도의 토대가 마련되었다는 이 중요한 진실을 역사학자들은 지금도 잘 인지하지 못한다. 이 제도의 전조는 인디언 포로를 대상으로 한 인신매매였다. 영국령 식민지들이 등장하기 몇 년 전부터 시작된 인디언 노예제는 청교도가 정착하던 초기에 큰 도움이 되었다. 청교도는 특히 티스콴텀Tisquantum 혹은 스콴토Squanto로 알려진 이들과 같은 인디언 포로이자 통역인을 이용할 수 있었다.

16세기와 17세기에 아메리카 전역에서 거의 100만 명에 가까운 선주민이 노예가 되었다.[23] 선주민 노예는 식민자들이 세운 가옥들에 수용되어 있다가 보스턴에서, 훗날에는 찰스턴에서 매매 과정을 거쳐 대서양 건너편으로 팔렸다. 이 과정에서 해양을 끼고 형성된 선주민 디아스포라가 영국령 초기 식민지들에서 발원했다. 선주민의 노예화는 알곤킨어를 쓰는 선주민들이 아메리카 대륙 전역으로 쫓겨났을 때의 상황과 비슷하게 전개되었다.[24] 17세기 말에는 인디언 노예무역, 특히 북아메리카 동남부 지역에서 자행된 인디언 노예무역이 아프리카인 노예무역을 넘어설 정도였다. 1715년 이전까지는 찰스턴에서 수출한 인디언 노예가 서아프리카에서 수입한 아프리카인 노예보다 많았다.[25]

선주민 노예는 다양한 형태로 포로 생활을 경험했다. 앞서 콜럼버스가 그랬던 것처럼, 영국인 선원도 포로를 싣고 대서양을 건넜다. 선원들에게 이 포로들은 상상하지 못했던 재산이 생긴다는 신호이기도 했고, 식민화에 기여한다는 의미이기도 했다.[26] 초기 아메리카 세계에서 처음으로 인신매매를 당한 집단인 이 선주민 포로들은 노예제의 지구적 네트워크에 적응하는 방법을 배웠고, 그 과정에서 영국인 탐험가와 식민자를 거드는 요령도 익혔다. 이 포로들은 언어 능력, 기후와 지리에 대한 이해, 기타 여러 형태의 문화적 지식을 통해 영국에서, 선박에서, 심지어 북아메리카로 돌아와서도 식민화에 영향을 미쳤다. 아메리카 토착민을 강탈했던 이런 초기의 관행들이 결국 이후 한 세기 동안 노예를 보유한 공화국 미국이 부상하는 데 힘을 보태주었다. 그러나 이 점을 간파한 사람은 거의 없었다.


## 차이의 이데올로기, 청교도주의


청교도는 성경이 다가올 개혁을 예언했다고 믿었고, 오랫동안 학자들은 영국이 식민지화에 나선 동기의 중심에는 종교가 있다고 강조했다. "새로운 영국인"을 이해하려면 기독교 텍스트에 대한 청교도의 견해를 살펴볼 필요가 있다.[27] 사도 바울이 마케도니아의 도시 빌립보(필리피)에서 그랬던 것처럼, 청교도들은 개종하지 않은 인민들 사이에서 새로운 사회를 건설하고자 했다. 그들은 사도 바울처럼 교회와 국가가 서로 얽힌, 종교적으로 조직된 식민지를 건설하고 싶어 했다.[28]

신약성경에 따르면 빌립보는 "마케도니아에 있는 그 지역의 중심 도시"로, "특정한 날들"을 엄수하는 신자들의 "식민지"가 되었다.[29] 북아메리카의 청교도들 역시 자신들의 정착촌이 빌립보와 비슷하다고 생각했다. 그들은 자신들이 군주보다는 신의 섭리를 따르며 산다고 믿었다. 그리고 정치권력이 개인에게 집중된 탓에 영국 문화의 폭력성이 형성되었다고 믿었다. 17세기에 개혁가들이 영국의 권력에 맞서 싸우거나, 이주하도록 만든 동인은 정치나 경제보다는 종교였다.[30]

반복되는 갈등에 직면한 청교도 집단들은 기독교적 순수함을 무엇보다 중시하는 새로운 사회를 세우기를 갈망했다. 1630년 아메리카의 북동부로 향했던 열한 척의 청교도 선박 중 하나인 아벨라Arbella호에서 윈스럽 총독이 설교했던 대로, 그들은 "언덕 위의 도시"에서 살기를 희망했다.[31]

윈스럽은 그런 장소에 대한 설교를 들은 적이 있었다. 존 코튼John Cotton은 《하나님의 플랜테이션에 대한 하나님의 약속God's Promise to His Plantation》에서 "그런 식민지에 대해 우리는 〈사도행전〉 16장 12절에서 읽었다"라고 말한 바 있다. 이 소책자는 "온 땅과 그 안에서 살아가는 주민들에 대한 하나님의 주권"에 근거해 특정 인민이 특정 장소에서 살게 된 이유를 설명하는 예화로 시작한다.[32] 코튼은 유럽에서 복음이 전파된 첫 번째 장소로 빌립보의 출현을 강조했다.[33] 현재 코튼은 "언덕 위의 도시"라는 상징적 은유를 만든 사람으로 인정받는다. 이는 한 정착지에 대한 표현이 아니라, 대서양을 건너가 식민화에 관여한, 날로 확대되던 교구를 지칭하던 표현이다.[34]

청교도들은 유럽에서 "모든 것을 가져오는 것을 … 정당화"할 근거에 대해 논쟁을 벌였고, 그 결과로 새로운 해석들이 도출되었다.[35] 이렇게 신앙이 부풀어 오르는 분위기에서 청교도는 선주민에게 주목했는데, 그럴 만한 이유가 있었다. 빌립보에서와 마찬가지로 인디언도 새로운 체제 내에서 개종자가 되어야 했다. 선주민을 구원한다는 과업은 청교도에게는 기다려지는 일이기도 했고, 끌리는 일이기도 했다.

1629년 회사 설립을 허가받은 매사추세츠베이 컴퍼니는 회사의 인장을 제작했는데, 여기에는 매사추세츠 인디언의 이미지와 함께 다음과 같은 문구가 새겨졌다. "이리 와서 우리를 도와라"(〈사도행전〉 16장 9절). 이는 "마케도니아 사람"이 바울을 부르며, "이리 와서 … 우리를 도와라"라고 했다는 이야기에서 나온 말이다.[36] 이런 그림과 글은 코튼의 설교를 듣는 청중에게 큰 반향을 불러일으켰다. 그가 운율을 넣어 이야기한 바에 따르면, "하나님이 다른 사람에게 우리를 부를 마음을 주실 때, 하나님은 우리를 위한 공간도 만든다. … 토지는 주님의 것이기 때문이다."[37] 매사추세츠, 그리고 뉴잉글랜드는 결국 계획했던 개혁과 개종이 펼쳐지는 지역이 되었다. 개혁과 개종이라는 두 논리가 식민지 초기 몇 년을 이끌었다. 언덕 위에 세워진, 이 기대에 찬 도시에서 그보다 더 중요한 것은 없었다.[38]

초기 미국을 이해하기 위한 이 은유에는 긴 시간 지속된, 영적 식민화의 신성함에 대한 신념이 깔려 있다. 그것은 본질적으로 식민화 이데올로기였다. 이렇게 강조된 예정론에서는 누구도 예외가 될 수 없었다. 실제로 청교도에게 아메리카는 거대한 종교 드라마, 이제 마지막 단계에 접어들었다고 믿은 드라마의 중심 무대였다. 고대 로마인이 영국에 기독교를 전파했듯이, 청교도는 아메리카 전역의 주민들을 개종시키려 했고, 아메리카는 서구 문명의 다음 무대가 될 터였다.[39]

완고하게 고수되고 폭력적으로 강요된 청교도 세계관은 북동부 선주민 세계와 충돌했다. 알곤킨어를 쓰는 선주민들은 개종에 저항했다. 다른 식민주의적 침입은 물론이거니와 종교적 침입에도 맞서 싸웠다. 이 지역의 선주민은 몰아치는 혼란의 세기를 견디며 살아남았고, 마침내 청교도 식민자들에게 맞서 기독교 원리를 활용하는 법을 배웠다. 그러나 그들이 맞서야 하는 상대는 영국인 정착민만이 아니었다.[40] 정착민과 함께 들어온 가축, 미생물, 물질적 생산물 역시 선주민의 세계를 바꾸어놓았다.[41] 게다가 이 지역을 재편한 사람들은 이들만이 아니었다. 1620년 메이플라워Mayflower호가 플리머스Plymouth에 상륙했을 때, 이 지역은 이미 식민화 과정을 겪고 있었다.

# 식민화 직전의 북동부 선주민 세계

17세기 첫 10년 동안 유럽 제국들은 북동부 선주민을 혼란에 빠뜨렸다. 상거래망을 통해 질병이 유입되면서 병균이 해안 지대를 휩쓸었다. 이런 거래망들은 1524년 이전에 이미 발전한 상태였다. 당시 베라차노는 선주민 사회가 유럽 선박들과 처음 만났을 때 작성해 지켜온 다양한 의전을 문서화했다. 그중에는 유럽인과 만날 때는 육로 대신 작은 배를 타고 나가 바다에서 만나도록 한다는 등의 내용이 있었는데, 이는 유럽인의 탐험을 제한하기 위한 조치였다. 이런 방식의 거래는 16세기 내내 어획, 무역, 탐험을 위해 선박들이 매년 다시 오면서 점점 더 확고히 제도화되었다.[42] 다음 장에서 보겠지만, 프랑스인은 사냥을 통해 북동부 지역을 아메리카 대륙에서 시작되고 있던 모피 무역에 편입시켰다. 사뮈엘 드 샹플랭Samuel de Champlain은 1605년과 1606년에 모피를 찾아 매사추세츠만을 방문했는데, 그가 더 큰 성공을 거둔 것은 메인의 강변들에서 모피 사냥을 하던 아베나키Abenaki 상인들과 함께하면서부터였다. 그로부터 10년 만에 연간 2만 5000장의 모피가 프랑스 선박으로 유입되었다. 뉴프랑스에서와 마찬가지로, 이 무역은 성별 분업 방식으로 진행된, 다시 말해 선주민 여성이 동물 사체를 가공하고 무두질하고 포장했던 선주민 마을의 경제활동을 중심으로 전개되었다.[43]

모피 무역을 통해 상품뿐만 아니라 세균도 들어왔다. 이미 1610년에 선주민 지도자들은 유럽 지도자들에게 질병에 대해 고지했다. 미크맥Mi'kmaq 네이션의 망베르투Membertou는 프랑스 관리들에게 자기네 인민이 한때는 "내 머리카락처럼 빽빽했지만," 유럽인과의 접촉 이후 인구가 줄었다고 말했다. 17세기에는 질병이 유럽의 확장에서 필수 요소가 되었다. 질병은 인구와 생태 측면에 변화를 일으켰는데, 학자들이 이를 이해하기까지는 수백 년이 걸렸다.[44]

모피 무역으로 아베나키 여성들의 노동에 새로운 수요가 생겨나면서 북동부 선주민의 경제생활은 뉴잉글랜드 남부 지역의 농업에 크게 의존하게 되었다. 북아메리카 동부 전역에서는 옥수수, 콩, 단호박, 호박이 선주민 경제를 지탱해주는 영양소의 중요한 원천이었는데, 이런 작물들을 수확하는 일 역시 선주민 여성의 손에 달려 있었다. 언제, 어디서, 어떻게 심고 거둘지 여성들이 결정했다. 로저 윌리엄스Roger Williams에 따르면, 선주민 여성들이 "밭을 갈아 곡물을 심고, 잡초를 뽑고, 농작물의 뿌리를 흙으로 덮어주고, 옥수수를 비롯해 밭에서 나온 모든 수확물을 모아 창고에 보관했다."[45] 모피 무역으로 인해 아베나키인이 모피 가공에 주력하고 농사일을 할 여유가 사라지자 북쪽의 인디언 상인은 뉴잉글랜드 선주민의 농작물을 더 많이 찾게 되었다.[46]

롱아일랜드 해협의 안전한 해안과 코드곶의 잔잔한 수면 덕분에 바다에서도 풍성한 수확이 가능했다. 마을에서 이루어지는 원예 농업, 계절에 따른 사냥, 해양에서 건져 올린 수확물이 어우러져 뉴잉글랜드는 북대서양의 경제적 중심이 되었다. 식생활의 다양성과 통합된 경제 덕분에 이 지역은 세계에서 손꼽힐 만큼 생산적이었다.[47]

그러나 선주민과 유럽인의 접촉 이후 이 지역의 교역로가 유럽의 질병을 옮기는 통로가 되었다. 청교도들이 정착하기 불과 몇 년 전인 1616~1619년에 큰 역병Great Pandemic이 돌아 이 지역은 큰 타격을 받았다. 이 재앙은 북쪽의 프랑스인 접촉 지역과 남쪽의 네덜란드인 정착촌에서 시작되었다. 이 전염병으로 매사추세츠 해안 지역 선주민 인구의 3분의 2 이상이 사망했다. 영국의 식민화는 이들의 사망으로 가능했다. 1620년 메이플라워호가 플리머스에 정박했을 때, 코드곶의 주민 2만 명 중 살아남은 사람은 2000명도 안 된 상태였다.[48] 당시 청교도 이민자들은 묻히지도 못한 시체들에 대해 언급했는데, 그중 한 사람은 "뼈와 두개골"을 보며 "새로 발견된 골고다 언덕" 같다고 표현했다.[49]

이런 충격적인 일이 있었던 덕분에 영국인 정착촌이 오래갈 수 있었다. 플리머스(1620), 세일럼Salem(1626), 보스턴(1630)의 영국인 마을들은 북동부 선주민들이 그전에 잘 가꾸어놓은 지형 위에 자리잡았다. 살아남은 선주민은 유럽인들에게 생활환경 전반에서 강탈당했음을 인지했다. 프로비던스Providence 마을이 세워진 뒤, 로드아일랜드의 내러갠싯 지도자인 미안토노모Miantonomo는 다음과 같이 설명했다. "이 영국인들이 우리 땅을 차지하더니 낫으로 풀을 베고 도끼로 나무를 쓰러뜨렸다. 그들의 소와 말이 풀을 뜯어 먹었고, 조개가 그득했던 해안의 둑을 돼지가 망쳐놓고 있다. … [한때] 우리 아버지는 사슴과 가죽을 충분히 갖고 있었고, 우리의 평원에는 사슴이 넘쳐날 정도로 많았다. 우리의 숲도 마찬가지였다."[50]

역사학자 프랜시스 제닝스Francis Jennings의 유명한 표현에 따르자면, 유럽인의 정착이 가해오는 압력, 그것과 결합된 질병이, "짝 잃은 땅a widowed land"을 생성했다. 그리고 그 잿더미 덕분에 제국은 비옥한 토양을 얻었다. 제닝스에 따르면, "유럽인에게는 실제 황무지를 정복할 능력이 없었다. 그들이 유능했던 지점은 다른 인민을 정복하는 기술이었다. … 그들은 미지의 땅에 정착한 것이 아니었다. 그들은 거주민을 공격해 그들을 쫓아냈다."[51]

## 영국의 선주민 노예화: 티스콴텀의 여행

질병이 불안정을 가져온 주된 요인이긴 했지만, 유일한 요인은 아니었다. 포로 포획 역시 북동부 선주민 사회를 바꾸어놓았다. 이로 인해 선주민 사이에서는 유럽에서 새로 온 이주민에 대한 우려와 경계가 더 깊어졌다. 17세기 유럽 선원들은 상습적으로 선주민을 포획해 갔다. 유럽인이 선주민 지도자들에게 선박으로 오라고 초대하면 그들은 거절하거나 서둘러 떠났다. 일찍이 1602년 마서스비니어드Martha's Vineyard에서 온 일군의 왐파노악Wampanoag인은 유럽인이 선박에 오르라고 하는 몸짓을 보이자마자 즉시 "거절하고 … 떠났다."[52]

영국이 탐험에 나섰던 초창기부터 인디언 노예무역이 시작되었고, 이를 통해 이후 영국인 정착지가 형성되었는데, 그 과정에서 특

히 선주민 포로들을 통해 영국인 금융가, 지도 제작자, 관료가 북아
메리카를 알아가는 데 도움을 받았다.[53] 초기에는 우연히 시작된 이
런 인신매매는 이 지역을 더 자세히 알고자 하거나 재산 증식에 관
심이 있던 선장들이나 하는 일이었다. 그러나 17세기를 경과하면
서 인신매매는 급속도로 성장했다. 예를 들어 에드워드 할로Edward
Harlow 선장과 존 헌트John Hunt 선장은 인디언 포로를 노예로 삼아 부
리면서 그들에게 배우기도 하고 도움도 받았다. 이들은 각각 1611년
과 1614년에 인디언 노예들을 싣고 유럽으로 돌아왔다.[54] 존 스미
스John Smith에 따르면, 헌트 선장은 파턱싯Pawtuxet 네이션과 나우싯
Nauset 네이션에서 데려온 "불쌍하고 무고한 스물 닐곱[일곱] 명의 사
람들을 학대하고 … 속였으며", 에스파냐에서 그들을 "팔았다."[55] 헌
트 선장이 저지른 배신에 대한 기억이 부족 구성원들 사이에서 여러
세대에 걸쳐 전승된 것이다. 한편 에스파냐의 도시 말라가Málaga에
서 포로들은 각각 8레알real을 받았다.[56] 그중에는 티스콴텀(파턱싯인)
도 있었는데, 훗날 그는 매사추세츠만에서 온 스콴토로 알려진다.

1614년에 잡힌 티스콴텀은 뉴잉글랜드에서 가장 유명한 선주민
포로가 되었다. 그의 삶은 이 지역에 유럽인이 정착하기 이전에 이
미 발생한 노예화와 유럽 질병의 파괴적 영향을 보여줄 뿐만 아니
라, 선주민 사회가 매우 황폐해졌음에도 불구하고 선주민 생존자가
선주민 사회와 재결합하려는 의지가 믿을 수 없을 정도로 강했음을
보여준다.

메이플라워호가 오기 전에 이미 북동부 선주민 구역에서는 수백

명이 포로로 잡히거나 살해되었지만, 영문 기록에 이름을 올린 사람은 소수에 불과했다. 그리고 그중에서도 티스콴텀을 비롯해 손으로 꼽을 수 있을 정도의 소수만이 살아서 돌아왔다. 인디언이 집단으로 계속 포획되었기에 이들은 런던뿐만 아니라 영국 제국 전역에서 눈에 띌 정도의 공동체를 형성할 수 있었다.[57] 예를 들어 버뮤다Bermuda 제도로 인디언이 꾸준히 이송되자 그곳에 디아스포라 선주민 공동체가 형성되기 시작했는데, 이들의 유산은 지금도 이어지고 있다.[58] 17세기 초에는 아베나키인 노예 일곱 명이 인신매매를 통해 런던으로 들어왔다.[59] 그중 다섯 명의 이름은 타하네도Tahanedo, 아모레트Amoret, 만데도Mandeddo, 사사코모이트Sassacomoit, 스키코와레스Skicowares다. 이들은 제임스 로지어James Rosier가 데려와 포트플리머스의 사령관 페르디난도 고지스Ferdinando Gorges에게 선물한 노예들이다. 선도적 금융가였던 고지스는 북아메리카에 정착하기 위한 수많은 시도를 후원했다. 이 다섯 아베나키인은 아메리카 북동부 지역의 지도를 제작하는 고지스의 사업 계획을 돕고, 런던에서 알곤킨어를 사용하는 작은 공동체를 세우는 데 일조하기도 했다.[60]

노예를 포획하던 다른 경계지들과 마찬가지로, 선박의 선장들은 포로들을 배에 태우는 과정에서 어려움을 겪었다. 로지어에 따르면, 승무원 대여섯 명이 동원되어야 희생자 한 명을 제압할 수 있었다. 그는 이렇게 회고했다. "우리가 가장 잘 잡을 수 있는 것은 그들의 긴 머리카락이었다."[61] 영국에서 고지스는 다른 노예 포획 작전들을 주문했고, 포로들을 다양한 탐사 활동에 참여시켰다.[62] 1606년, 그는 만데도와 사사코모이트에게 헨리 챌런스Henry Challons 선장을 도와 북아메리카 북동부 지역의 해안선 지도를 제작하라고 명령했다. 그 지역을 가장 잘 아는 사람들이니 도움이 될 수 있다는 점을 인정한 것이다. 그러나 챌런스의 꿈은 오래가지 못했다. 에스파냐 선박의 공격으로 그와 그의 선원들뿐만 아니라 인디언 안내자들까지 사망하거나 포로로 붙잡혔기 때문이다.

영국인의 경쟁자 에스파냐인에게 부상을 입은 사사코모이트는 다시 노예가 되었다. 티스콴텀처럼 그도 에스파냐로 끌려갔다. 그가 겪은 포로 생활과 영국으로의 여정, 그리고 1614년 니컬러스 홉슨Nicholas Hobson과 함께 북아메리카로 돌아온 이야기는 초기 미국사의 흐름 속에서 지워지거나 사라진 수많은 선주민의 일대기 중 하나다.[63] 유럽인의 탐험, 노예제, 제국주의적 경쟁, 대서양 건너편으로의 이주로 많은 선주민의 삶이 갑자기 꺾여버렸다는 사실은 역사가들에게 제대로 관심을 받지 못했다.[64] 사사코모이트의 오디세이는 티스콴텀의 오디세이의 예고편이었다.[65] 수천 명의 낯선 이들과 함께 그들은 런던, 북아메리카의 북동부, 유럽의 이베리아반도를 잇는 삼각무역 과정에서 매매되었다.[66] 포로를 비롯한 선주민들이 영국 관리들의 지리적·상상적 세계를 자극하면서 노예무역이 뉴잉글랜드의 형성에 중요한 요소로 작용했다.[67]

1614년 이후의 삶은 기록으로 남기지 못한 사사코모이트와 달리, 티스콴텀은 좀더 잘 알려져 있다. 1621년 3월 22일, 총독 윌리엄 브래드퍼드William Bradford가 묘사한 바에 따르면, "스콴텀으로도 불리는” 티스콴텀은 “지금 우리가 거주하는 지역에서 살던 파턱싯 네이션의 유일한 [생존] 선주민이다.” 브래드퍼드는 티스콴텀이 영국으로 끌려가서 지냈다는 사실을 알고 있었고, 이를 다음과 같이 사무적으로 기록했다. “티스콴텀은 헌트에 의해 영국으로 잡혀간 스무 명의 포로 중 한 명으로, 영국에서 살았던 사람이다.”[68]

티스콴텀을 주목할 만한 인물로 만든 요인은 플리머스 식민지와의 관계다. 훗날 브래드퍼드가 그를 “하나님이 보내신 틱별한[특별한] 도구”라고 묘사한 것처럼, 1621년 청교도들이 북아메리카에서 첫 겨울을 지내는 동안 티스콴텀은 그들을 도왔다. 티스콴텀과 브래드퍼드의 관계는 매우 가까웠다. 그들은 서로 상의했고, 함께 식사했고, 심지어 생활 공간을 공유했을 수도 있다. 브래드퍼드에 따르면, 스콴토는 특히 “옥수수 씨앗 뿌리는 방법, 낚시하기 좋은 곳, 여타 물품 조달하는 방법을 알려주었다.”[69] 브래드퍼드가 정리한 바에 따르면, “(청교도가) 처음 정착하던 시기에 제공받았던 유용한 서비스”를 생각하면, 티스콴텀은 “감사의 기억을 받을 자격이 있다.”[70] 청교도의 기억에 남은 것은 티스콴텀의 서비스였지, 그가 한때 영국에서 살았다는 사실이 아니다.

노예로 잡혀갔을 당시 20대 중반이었던 티스콴텀은 포로로 억류된 기간에 영어를 익혔다. 그가 떠나 있는 동안 그가 속했던 사회는 무자비하게 들이닥친 ‘큰 역병 Great Pandemic’을 견디지 못하고 흩어졌고, 그의 가족들도 사망했다. 브래드퍼드는 티스콴텀이 버림받았다고 묘사했다. 그가 가족과 사회를 모두 잃었기 때문이다. 그러나 이런 비극으로 티스콴텀의 인생이 끝난 것은 아니었다. 그는 생애 마지막까지 영국인과 계속 가까이 지냈다. 브래드퍼드에 따르면, 그는 "하늘에 계신 영국인의 신에게 갈 수 있기를 … 소원했고, 자기 물건 몇 가지를 … 그의 애정을 기억하게 할 기념품으로서 영국인 친구들에게 증여했다."[71] 그는 자신이 성장했던 마을에서 사망했는데, 당시 그의 임종을 지킨 이들은 북아메리카에 새로 들어온 이들이었다.

티스콴텀은 디아스포라 방랑자로 묘사되곤 하지만, 결국 그는 고향으로 돌아왔다. 그의 삶은 북아메리카 북동부 지역 전역에서 일어난 중요한 투쟁을 뚜렷하게 보여준다. 이런 투쟁 속에서 선주민과 새로 들어온 유럽인은 어쩌다 서로 의존하기도 했다.[72]

런던에서 금융가들과 생활했던 티스콴텀은 1619년 초에 북아메리카 북동부로 돌아왔다. 5년여 동안 아메리카를 떠나 있었던 것이다. 1618년 일군의 다른 영국 탐험가들과 함께 뉴펀들랜드Newfoundland까지 갔을 때 거의 북아메리카로 돌아올 뻔했다. 그곳에서 그는 토머스 더머Thomas Dermer를 만났는데, 더머는 존 스미스 선장과 함께 다닌 경험이 있었고 당시는 고지스 아래에서 일하고 있었다. 브래드퍼드에 따르면, 더머는 고지스와 협력하기 위해 "티스콴텀을 영국으로" 데려갔다. 당시 고지스는 추가 탐험 활동을 조직하던 중이었다.[73]

미국사는 유럽인이 일방적으로 이주한 이야기로 전개되곤 하지만, 당시 티스콴텀은 대서양을 서너 번 횡단했다.[74] 유럽에서 5년 정도 머무르는 동안 그는 자신을 포획한 이들의 세계에서 사회생활을 익혔고, 포획자들의 언어 중 한 가지 이상을 배웠으며, 에스파냐에서 영국에 이르는 유럽의 무역망을 탐색했다. 당시 이베리아반도의 노예 시장에서는 아프리카어뿐만 아니라 여러 선주민 언어가 뒤섞여 있었으니, 아마 지중해의 바벨탑 같은 분위기였을 것이다. 티스콴텀은 그곳에서 새 언어를 익혔다. 새로운 형태의 의복, 음식, 냄새, 얼굴에 새겨진 낙인도 접했을 것이다.[75]

더머에게 티스콴텀은 그저 한 명의 "이교도"가 아니라 부자가 될 수 있는 통로였다. 두 사람의 대화가 기록으로 남아 있지는 않지만, 더머는 티스콴텀이 들려준 고향 이야기에 매료되어 그의 고향 주변으로 갈 탐험대를 조직했다. 그러나 더머가 티스콴텀의 고향에서 발견한 것은 폐허뿐이었다. 10년간 이어진 질병과 유럽인의 포로 사냥으로 티스콴텀이 살던 마을은 버려진 채 방치되어 있었다. 들판에는 잡초가 웃자랐고 병충해가 창궐했다. 이는 그의 고향을 드나들던 길목으로 사람들이 더는 다니지 않게 되었음을 보여주는 징표였다.

티스콴텀은 큰 충격을 받았지만, 1619년 여름 내내 더머 일행과 함께 머물며 탐험과 외교적 활동을 계속 지원했다. 심지어 더머가 이웃 선주민 마을 주민들에게 잡혀가자 그를 위해 중재에 나서기도 했다. 그러나 티스콴텀은 가족을 잃은 슬픔을 떨칠 수 없었고, 흩어진 친척들을 어떻게 찾을지 고민했다. 격변의 시대에 그의 오디세이는 계속되었다.[76]

티스콴텀은 더머와 1년을 함께 보냈다. 1620년 여름, 그들은 마서스비니어드섬으로 여행을 떠났고, 그곳에서 왐파노악의 지도자 에페노Epenow를 비롯해 영국에 억류되었던 다른 선주민들을 만났다.

1611년, 고지스는 할로 선장에게서 에페노를 "취득"해 사사코모이트를 비롯한 다른 포로들과 함께 포트플리머스에 가두기도 했다.[77]

그러나 티스콴텀과 달리 에페노는 자신이 그 안전을 책임지던 사회로, 온전하게 유지되던 사회로 돌아갈 수 있었다. 에페노는 또다른 영국 함선의 뱃머리를 보면 더 철저히 경계했다. 영국에서 에페노는 공개적으로 전시되며 굴욕을 당했는데, 영국의 관습을 관찰하다가 자신의 고향 이야기에 대한 영국인들의 관심이 높다는 것을 알아보았다. 영국 지도자들은 특히 금에 대해 많이 물었다. 그는 이를 북아메리카 북동부 선주민 사회에서 오대호 일대의 구리를 탐낸 것과 비슷하다고 이해했다. 에페노는 이런 관심을 이용해, 그리고 티스콴텀과 마찬가지로 이야기를 이용해 귀환을 도모했을 가능성이 높다.

할로 선장의 배가 육지에 가까워지자 에페노는 말 그대로 배에서 뛰어내려 자기 부족 사람들이 비바람처럼 날려 보낸 화살의 엄호를 받으며 탈출했다. 왐파노악인들이 그가 돌아오는 것을 어떻게 인지했는지는 확실히 밝혀지지 않았다. 아마도 그들은 에페노와 마찬가지로 그의 귀환을 염원해왔을 것이다. 그래서 수평선을 주시하며 그를 태우고 있을지도 모르는 영국 선박의 돛대가 보이는지 살폈을 것이다.

에페노는 영국에 반감을 품었지만, 티스콴텀은 그렇지 않았다. 영국에서 티스콴텀은 금융가들과 식사를 함께하며 시간을 보냈고, 구경꾼 앞으로 끌려다니지는 않았다. 북아메리카 북동부의 복잡한 세계에서, '큰 역병'을 겪으며 살아남은 개인들은 생존을 위해 서로에

게 의지하거나, 새로 이주해 온 강력한 사람들에게 의지했다. 이전에
도 그랬듯이 티스콴텀은 더머와 그의 일행을 도왔다. 하지만 그 일
행이 공격을 당하자 그는 살아남지 못했다. 더머는 열네 군데에 부
상을 입고 영국 의사를 찾아 버지니아로 도망쳤지만, 그곳에서 사망
했다. 티스콴텀은 다시 포로가 되었다. 그래도 이번에는 그를 포획한
자들의 언어를 알고 있었다.[78]


## '짝 잃은 땅'에 세워진 청교도 정착촌


티스콴텀이 1621년 3월에 플리머스에 어떻게 도착했는지는 불분명
하다. 왐파노악 연맹에 속하는 마을들 사이에서 교환되었거나, 연맹
지도자들이 영국인 정착민에게 사절로 보냈을 수도 있다.[79] 왐파노
악 지도자들은 새로 도착한 청교도들과 협상할 때 그가 유용하다는
것을 알았다.

한때 영국인 사이에서 티스콴텀은 정착촌이 유지될 수 있도록 도
운 것으로 유명했다. 그의 도움에 대한 찬사가 기록으로 많이 남아
있다.[80] 북아메리카 북동부의 선주민 세계에서는 이제 언어에 능통
한 것이 바다 항해에 능통한 것만큼이나 중요해졌고, 포로 거래를
통해 두 가지 언어를 구사하는 사람이 배출된 것이다. 티스콴텀은
파턱싯 공동체의 생존자들을 모아 고향을 재건하려 했을지도 모른
다. 그러나 고향이 폐허가 된 조건에서 우선 통역, 개종, 우정까지도

생존 전략으로 삼았다.[81]

　날로 규모가 커지던 청교도 정착지 내에서 자유롭게 다닐 수 있었던 티스콴텀의 능력은 그가 성공하는 데 도움이 되었다. 그는 브래드퍼드를 비롯한 청교도 지도자들의 신임을 얻었고, 그들에게 농업, 어업, 외교에 대해 조언했다. 티스콴텀은 플리머스 정착촌과 포카노켓Pokanoket 지도자 마사소이트Massasoit가 이끄는 인근 왐파노악 연맹이 처음으로 합의에 이를 수 있도록 중재하기도 했다. 이것이 우리가 아는 추수감사절Thanksgiving의 기원이다.

　정착 첫해는 어려웠다. 정착민의 거의 절반이 질병이나 환경 탓에 사망했다. 이런 압박 속에서 청교도들에게 생존의 열쇠가 된 것은 신의 섭리에 대한 확고한 믿음만이 아니라 중개와 무역이었다.[82] 영국 정착민이 선주민과 파트너십을 맺을 수 있었던 것은 이 지역이 붕괴된 상황이었기 때문인데, 이렇게 된 원인은 특히 질병뿐만 아니라 주기적으로 행해진 선주민 포획이었다. 선주민 가정에서와 마찬가지로 플리머스에서도 죽음이 따라다녔다. 이 같은 상황이 추수감사절과 같은 예기치 못한 타협을 낳기도 했다. 청교도가 북아메리카에서 보낸 첫해를 신화화하는, 흥미로운 상상력이 만들어낸 이 명절은 이보다 앞서 수십 년에 걸쳐 진행되었던 유럽인의 탐험과 바로 그 직전의 죽음들, 그리고 무엇보다도 오랫동안 삶에 자양분을 제공했던 해양 경제활동을 망각하게 한다. 이 명절은 마치 가금류가 그 지역의 주산물인 양 생각하게 한다. 이름만 보면 왐파노악은 그 지역에서 존재한 유일한 인디언으로, 청교도가 유일한 유럽인으로 보인다. "스콴토"는 그가 조직한 행사에서도, 네이션들 사이에서도 변함 없이 꼼짝 못 하고 끼어 있는 중간자, 중개자로 남았다.[83]

그곳에 모인 사람들 모두가 잘 알았던 것처럼, 플리머스는 유럽인이 대서양 건너편에 세운 여러 전초 기지 중 하나에 불과했다. 12개월 전 메이플라워호는 도착 예정지였던 버지니아에 가지 못하고 허드슨강 유역에 있던 네덜란드 기지, 그리고 더 북쪽에 있던 프랑스 기지 인근에 도착했다.[84] 플리머스 말고도 다른 영국 식민지도 건설되고 있었다. 서인도 제도에서는 1624년에서 1632년 사이에 카리브제도의 섬인 세인트크리스토퍼St. Christopher, 바베이도스Barbados, 네비스Nevis, 몬트세라트Montserrat, 안티과Antigua에 식민자들이 정착했다.[85] 바베이도스 그리고 추후에 정착한 곳인 자메이카는 영국 제국에서 수익성이 가장 높은 식민지가 되었고, 뉴잉글랜드 경제와 연결하는 핵심 고리가 되었다.

매사추세츠만, 코드곶, 내러갠싯만 사이에 있던 영토에서 선주민 세력은 왐파노악 연맹의 관할 아래에 있었다. 선주민은 이 조상들의 땅을 워파나앵크Wôpanâank라고 불렀다. 다른 선주민 지역들에서 그랬듯이, 그곳에는 지명, 익숙한 길, 유적지, 종교적 장소가 표시되어 있었다.[86] 그 지역은 이전에는 풍요로웠으나 당시에는 질병의 여파로 몸살을 앓았다.

청교도는 남쪽에 자리한 로드아일랜드와 코네티컷에서 내러갠싯과 피쿼트 지역사회와 맞섰는데, 이 선주민들은 청교도와 왐파노악 연맹의 권위를 위협하는 라이벌 연맹이었다.[87] 이 연맹들도 '큰 역병'

을 겪었지만, 매사추세츠의 왐파노악 연맹의 구성원들보다 더 많이 살아남았다. 1625년 네덜란드 상인 요하네스 더라트Johannes de Laet가 보고한 바에 따르면, "[코네티컷]강 하구 부근에는 거주민이 거의 없지만," 그 위로 올라가면 "거주민이 많았다."[88]

워파나앵크는 죽음과 질병으로 힘을 잃어 지역을 떠받치던 정치적·사회적 관계망들이 허물어진 상태였다. 난민이 된 마을 주민은 새로운 동맹을 맺거나 다른 연맹에 가입하는 경우가 많았다. 그 과정에서 전염병이 더 퍼지고 불안과 갈등이 불거졌다. 유럽인과의 접촉 이후 선주민 지역사회들은 좀더 외지고, 방비가 강화된 마을들로 집중되었다. 접촉 이전에는 거의 강가나 해안을 중심으로 마을이 발전했는데, 이제 주거의 양상이 바뀐 것이다.[89]

규모가 줄어든 왐파노악 연맹은 계속 취약한 상태이다 보니, 새로 들어온 청교도와 동맹을 맺을 준비가 되어 있었다.[90] 갈등이 고조되던 이 시기에 왐파노악 지도자들은 권위를 지키기 위해 노력했다. 생존을 위해 유럽인과의 무역, 외교, 심지어 동맹까지도 고려했다.[91]

물론 북동부 선주민 세계는 폭력과 전쟁에 익숙했다. 의례에 따라 진행된 전투의 경우 갈등을 해결하고, 명예를 얻고, 물질적 이득을 챙기는 과정이 되기도 했다. 공동체 내에서 발생하는 폭력은 대개 엘리트 권력의 용인하에 일어났다. "사켐sachem(지도자)"이라고 불린 남성과 여성 지도자가 세습을 통해 지도자 역할을 부여받았다.[92] 이런 구조는 유럽인이 아메리카에 온 이후에도 지속되었지만, 식민지화가 진행되면서 선주민 사회에 다른 형태의 권력 구조가 들어섰다. 3장에서 살펴볼 이로쿼이Iroquois 연맹의 경우처럼 식민화에 직면하면서 전쟁에 새로운 동기를 부여했고 새로운 폭력 기술이 도입되었다. 17세기에 전쟁은 이전 세대의 전쟁보다 더 폭력적이었고, 지역사회들 간의 갈등이 격화했다.[93]

문화적·종교적·인종적 차이에 대해 확고한 신념을 지닌 채 북아메리카로 온 청교도 지도자들은 인디언 이웃들을 미심쩍어하는 눈으로 바라보았다. 그들은 선주민 종교는 신이 저주한 종교이고 청교도와 반대되는 종교이므로 이를 바로잡아야 한다고 믿었다.[94] 1630~1642년 '대이주Great Migration'를 이끈 윈스럽 총독이 정착지로 매사추세츠만을 선택한 데에는 "신이 기적적인 전염병으로" 인디언들을 "없애버렸다"는 믿음도 어느 정도 작용했다.[95] 윈스럽이 영국에 있는 아내에게 쓴 편지에 따르면, 프로비던스에서 그의 정착지를 보호하고 식량을 공급해주었다. "사랑하는 아내에게, 우리가 있는 이곳은 천국이오. 비록 소고기와 양고기는 없지만, … [하나님께 영광을 돌립니다] 우리는 그런 걸 원하지도 않소. 우리의 인디언 옥수수가 모든 것을 채워주고 있소."[96]

정착한 지 10년이 지나도 청교도는 여전히 이 지역 인구에서 소수에 불과했다. 한 세기 동안 유럽에서 이 지역으로 이주한 이들이 1만 4000명이었던 데 비해 체서피크와 카리브 제도로는 10만 명의 영국인이 이주했다. 1650년에 식민자 분포를 보면 버지니아(1만 2000명)와 뉴잉글랜드(2만 3000명)를 합친 것보다 더 많은 식민자가 서인도 제도(4만 4000명)에서 살았다.[97]

인구수 면에서 청교도 식민지들은 온타리오Ontario의 웬다트Wendat, 이로쿼이아Iroquoia('이로쿼이의 나라'라는 의미)의 이로쿼이, 버지니아의 포우하탄Powhatan과 같은 17세기 선주민 연맹체들과 비슷했다. 이 연맹체들은 산하에 인구 수만 명을 거느리고 있었고 광활한 영토를 지배했다. 이들 모두가 북아메리카 동부에서 새로 등장하던 경제 구조와 외교 관계에 크게 영향을 미쳤다.[98] 1634년까지 뉴잉글랜드의 청교도는 그 힘은 강했으나 해안 지대에 한정되었다.

1630년대 중반 일련의 사건을 거치면서 청교도의 식민화는 선주민을 내쫓는 궁극적인 동력으로 변모했다. 청교도가 정착한 지 10여 년이 지나자 내부 분열로 종교적 위기가 발생했는데, 이런 위기는 식민지 변경 지대에서 터져 나왔다. 로지어 윌리엄스가 이끄는 분리주의 집단들은 매사추세츠에서 나와 1636년에 남쪽으로 이동해 다른 "통합 식민지들"을 세웠다.[99] 동시에 영국과 네덜란드 상인 간의 대립이 롱아일랜드 해협을 따라 끓어올랐다. 이런 분열과 갈등이 선주민 지역사회를 겨냥한 국지전을 일으켰고, 곧 좀더 영구적인 형태의 식민화를 촉발했다.

프랑스의 모피 무역에서 에스파냐의 은 제국에 이르기까지 기존의 식민지 체제는 자원에 기반을 두거나 채굴에 기초했다. 그러나 이와 반대 방향에 있던 청교도의 식민화는 북아메리카의 지형을 변화시키려 했다. 토지 울타리, 해외에서 들여온 가축, 외부에서 들여와 급속히 확산된 작물들로 인해 북동부의 생태계가 재구성되었다.[100] 게다가 다른 식민지와 달리 청교도 정착촌은 하인이나 회사

직원, 노예가 아닌 가족 노동력을 중심으로 운영되었기에 계약이나 수입 또는 노예화 과정이 필요하지 않았다. 각각의 마을 경제는 제국과 연계되어 있기는 했으나, 청교도의 정신과 육체에 영양을 공급한 것은 가족이 운영하는 농장이었다.[101]

선택받은 백성으로서 청교도는 자신이 하는 "선한 일들good works"을 예정된 구원의 징조로 해석했다. 성공적인 수확, 새로운 교회, 정착지의 성장은 모두 청교도의 가치관이 옳고 하나님이 축복을 내렸다는 증거로 통했다. 윌리엄스 같은 청교도 분리주의자들은 구원을 얻는 데 필요한 영적 수행의 형식을 놓고 논쟁을 벌이기도 했지만, 자신들의 왕국을 건설하는 데 필요한 노동의 형식에 대해서는 아무런 문제 제기도 하지 않았다. 종교적 이데올로기가 경제 성장을 촉진했고, 선주민 토지의 몰수를 정당화했다.

천혜의 요새인 롱아일랜드의 안전한 해안이 이 지역의 미래를 위한 투쟁에서 유력한 장소가 되었다. 윌리엄스가 로드아일랜드에 정착했던 점에서도 알 수 있듯이, 청교도는 확장을 위해 남쪽으로 눈을 돌려 롱아일랜드 해협과 인근 섬들, 내륙 수로, 특히 코네티컷강에 주목했다. 코네티컷강은 북동부 선주민 다수가 이용해온 수자원이었다. 청교도는 남쪽으로 이동하면서 해안을 따라 확장해갔고, 그 이후에 내륙으로 진출했다. 다른 식민지에서와 마찬가지로 그렇게 확장해나간 것은 경제적 이유에서였으며, 그 과정에서 폭력이 등장했다.

# 왐펌을 둘러싸고 롱아일랜드 해협에서 벌어진 영국과 네덜란드의 경쟁

1630년대 롱아일랜드 해협은 선주민의 경제적·정치적·문화적 권력의 중심지였다. 이 해협은 피쿼트 마을들을 북대서양으로부터 보호해주었고, 아드리안 블록Adrian Block과 같은 17세기 초 네덜란드 탐험가를 비롯한 유럽 상인들을 끌어들였다. 블록은 무역을 위해 뉴 홀랜드New Holland에 왔다가, 1613년 뉴욕에서 모피를 실은 배에 불이 나는 광경을 목격했다. 그러자 그는 더 작은 배인 언레스트Unrest호를 건조해 네덜란드로 돌아가기 전에 이 해협을 횡단했다. 그는 1614년에 블록아일랜드에 상륙했다. 같은 해 에페노를 포획했던 존 헌트와 마찬가지로 블록도 인디언들을 노예로 삼아 네덜란드로 끌고 가서 아메리카의 식민화 작업을 돕도록 했다.[102]

이런 침입에도 불구하고 롱아일랜드 해협 일대는 식민지 시대의 혼란, 특히 질병과는 비교적 떨어져 있었다. 피쿼트인과 내러갠싯인 모두 최악이었던 '큰 역병' 사태를 피할 수 있었다. 네덜란드 상인은 모피를 거래하기 위해 계절마다 피쿼트 마을들을 찾았다. 그들은 또한 초기 아메리카에서 매우 수익성 높은 자원 중 하나였던 왐펌wampum〔북아메리카 선주민이 화폐나 장신구로 사용한, 조가비로 만든 구슬〕또는 왐펌피그wampumpeag〔실에 꿴 왐펌〕를 10여 년 동안 독점하면서 북아메리카 북동부 선주민 세계에 경제 혁명을 가져왔다. 이 무역으로 얻은 네덜란드와 피쿼트의 경제적 힘은 곧 청교도들의 보복 행위

를 불러왔다.[103]

왐펌 "가닥" 또는 "벨트"는 자주색 구슬과 흰색 구슬을 대칭으로 엮어서 만들었는데, 그 아름다움으로 유명했을 뿐 아니라 그것을 통해 발휘되던 사회적·정치적 권력으로도 유명하다. 왐펌은 백합과 소라의 껍데기로 만들었는데, 롱아일랜드 해안에는 백합과 소라가 풍성했다.[104] 이로쿼이 연맹의 서사시와 외교 협정 서류들에는 왐펌에 대한 기록이 남아 있는데, 북동부 선주민 세계 전역에서 왐펌의 재료를 수집했다는 사실은 지금까지 덜 알려져 있다.[105]

왐펌을 생산하는 과정은 복잡해서 믿을 수 없을 만큼 장시간의 장인 노동이 필요했고, 성별과 연령에 따른 엄격한 분업 속에서 진행되었다. 1600년대 내내 선주민 여성과 어린이는 해저, 조개껍데기 무더기, 깊은 바닷속에서 조개껍데기를 수집했고, 선주민 남성이 이것들에 구멍을 뚫어 조립했다. 왐펌을 생산하기 위해서는 숙련된 기술로 고된 노동을 해야 했기에 유럽인과 접촉하기 이전에는 대량으로 생산되지 않았다. 그러나 모피 무역 시장이 열리면서 왐펌 생산에 속도가 붙었다. 게다가 유럽에서 금속 도구가 들어오고 선주민이 이 도구들을 사용하면서 구슬 세공이 갈수록 더 섬세해졌다.[106]

일단 엮고 나면, 왐펌 가닥은 사회적·정치적 권력의 상징이 되었다. 지도자들은 이 가닥들을 모아 전시했고, 권위의 상징으로 벨트를 나눠주었다. 또한 벨트로 영적 힘을 전달했으며 북아메리카 동부 전역에서는 부족의 의례용으로 사용되었다. 이로쿼이 연맹 같은 일부 집단은 벨트의 사용에 특히 정성을 들였다. 이로쿼이의 서사시는 연

례행사나 각종 의례에서 낭송하게 되어 있었는데, 왐펌 벨트가 이런 발표와 기록에 이용되었다.[107]

1620년대 내내 왐펌 무역은 폭발적으로 증가했다. 한 네덜란드 관리의 기록에 따르면, 인디언 상인들이 "다른 이유 없이 오직 조가비 구슬을 얻기 위해" 여러 교역소로 모여들었다.[108] 네덜란드 상인들은 왐펌의 생산과 유통량을 늘려 모피 무역과 연결했다. 당시 이 무역은 네덜란드, 그리고 이로쿼이 연맹의 구성 집단 중 네덜란드와 동맹을 맺은 집단이 지배했다. 네덜란드인은 왐펌을 기민하게 사용해 더 많은 모피를 확보할 수 있었다.[109]

이 무역은 처음에는 생산자인 피쿼트인과 그 동업자인 네덜란드인 모두에게 이익이 되었다. 네덜란드 상인은 아메리카에서 가장 인기 있는 상품이었던 금속 제품, 옷감, 도기, 고급 총기 등을 들고 북쪽의 피쿼트 지역사회들을 찾아갔다. 그 수가 많지 않았던 네덜란드 상인들은 포트오렌지Fort Orange(올버니Albany), 뉴욕, 롱아일랜드 해협 지대를 꾸준히 다니면서 유럽으로 가져갈 모피 더미를 거두어서 싣고 돌아왔다.

왐펌 무역을 통해 네덜란드가 이 지역 선주민과의 무역을 독점할 수 있게 되었고, 더 복잡한 교류도 가능해졌다.[110] 처음에는 네덜란드 상인이 피쿼트와 모호크Mohawk 마을 주민에게 유럽산 제품을 선보이면서 금속 제품, 도자기, 옷감이 마을 경제의 일부가 되었다. 피쿼트 마을은 네덜란드인의 상품을 받고 주로 왐펌을 제공했고, 모호크 마을은 모피를 제공했다. 유럽 상인이 여러 선주민 파트너를 상대하면서 조개껍데기의 유용성을 알게 되자 운송 비용이 급감했다. 네덜란드인은 모호크인에게 유럽산 제품을 가져가는 대신 왐펌을 화물목록에 추가했다. 곧 왐펌은 네덜란드의 무역품 가운데 총과 함께 선주민이 가장 선호하는 물품이 되었다. 왐펌은 다른 상품보다 무게도 훨씬 덜 나갔고, 대서양을 횡단하는 운송도 필요 없었다. 기본적으로 네덜란드는 육로 무역에 좀더 유리한 경로를 제공했기에 왐펌의 생산과 유통을 확대할 수 있었다. 이로써 유럽에서 중개 무역으로 유명했던 네덜란드는 북아메리카 북동부에서도 비슷한 위치를 차지할 수 있었다. 즉 네덜란드인은 선주민의 자원인 왐펌과 모피를 피쿼트와 이로쿼이 사이에서 운송하는 일을 했다.[111]

땅에서 캐낸 광물과 마찬가지로 조개껍데기는 그것에 부여된 가치만을 지녔다. 조개껍데기가 발휘하는 경제적·상징적 힘은 화폐와 비슷하게 문화적·사회적으로 결정된다.[112] 왐펌 가닥들은 수백 년에 걸쳐 사회적·문화적 가치를 인정받아왔고, 그 길이가 몇 미터, 때로는 몇십 미터에 이르기도 했다. 왐펌 벨트는 대체로 수백만 개의 백합과 소라의 껍데기로 구성되었다. 왐펌의 유통은 매우 흔한 일이어서, 1637년 청교도 지도자들은 블록아일랜드의 선주민들로부터 "매년 100패덤fathom(약 180미터)의 구슬"을 공물로 징수하기도 했다.[113] 수십 년 동안 비슷한 공물 제공이 있었고, 1657년에는 700파운드(약 320킬로그램)에 해당하는 100만 개의 조가비가 공물에 포함되기도 했다.[114] 왐펌은 식민지 시대 아메리카 전역에서 처음으로 가치 척도, 즉 통화의 역할을 했다. 그리고 조공에서 무역에 이르기까

지, 부채 탕감에서 전쟁 보상금에 이르기까지 모든 형태의 거래에 사용되었다.[115]

그러나 왐펌의 가치가 상승하자 식민자와 그들의 선주민 동맹 집단 사이에서 갈등이 불거졌다. 1626년 플리머스에 대해 작성된 최초의 네덜란드 보고서 중 하나에 따르면, 영국인이 "왐펌을 얻기 위해 우리 지역 부근으로 왔다."[116] 네덜란드인과 달리 청교도 정착민은 처음에는 지역 선주민 세력과의 교역을 꺼려서 주로 옥수수만 거래했다. 그러나 옥수수는 운송하기가 어려웠을 뿐만 아니라 연간 수확량에 따라 그 가치가 요동쳤다.[117] 영국이 네덜란드 상인과 경쟁하려면 다른 무역품이 필요했다.

왐펌이 그 대안이 되었다. 왐펌의 가치를 알아본 영국 지도자들은 왐펌 사용을 장려했다. 이를 통해 선주민이 영국과의 거래에서 빚을 지게 해 선주민이 영국과의 거래에 의존하도록 하기 쉬웠기 때문이다. 청교도들이 교역에서 선주민에게 왐펌으로 지불해달라고 요구할수록 소규모 선주민 부족은 더 많은 빚을 졌다. 그렇게 되면 청교도가 선주민에게서 토지를 양도받기가 용이했다. 유럽인과의 접촉 이전에도 왐펌은 선주민 사이에서 소량 유통되었는데, 이때부터 왐펌은 북아메리카 북동부 선주민 세계 전역으로 흘러 들어갔다. 청교도 지도자들은 이런 교환 시스템을 간파해 이용하기 시작했다.[118]

1630년대 대이주 시기의 초기 몇 년 동안 청교도 정착촌들은 상대적으로 고립된 상황이었다. 세일럼에서 플리머스에 이르는 열두 개의 교회 공동체는 뉴홀랜드나 피쿼트 연맹에 전혀 위협이 되지 않

있다. 그러나 1633~1636년 인구에 변화가 생기면서 세력 균형이 깨졌다. 천연두가 창궐해 청교도가 로드아일랜드의 내러갠싯 영토로 확장하기가 쉬워진 것이다. 이전에 '큰 역병'이 휩쓸었던 시기와 마찬가지로 질병이 영국의 확장에 길을 닦은 셈이 되었고, 다시 한 번 영국령 북아메리카의 부상에 일조했다.[119]

선주민 마을들은 위기에 처한 반면 영국의 야망은 더욱 커졌다. 네덜란드는 막강한 무역 강국이었음에도 청교도 식민자와 그들의 선주민 동맹에게는 위협이 되지 못했다. 내러갠싯, 모히건Mohegan 등 매사추세츠에 있던 많은 선주민 집단이 결국 청교도의 동맹이 되었다. 이들 선주민 지역사회 중 다수가 피쿼트가 지배하는 롱아일랜드 해협 해안의 조개 밭에 접근하기 위해 경쟁했고, 코네티컷강을 따라 세워진 네덜란드 교역소들을 통해 모피 무역을 하고 싶어했다. 모피와 왐펌은 계속해서 이 지역의 주요한 무역품이었다. 내륙의 청교도 정착촌들은 피쿼트 대신 헤게모니를 장악할 잠재력이 있었고, 모피 무역에 대한 영국의 영향력을 확대할 능력도 확보하게 되었다.

앞서 있었던 '큰 역병'과 달리, 1634년의 전염병은 선주민 마을들에 큰 타격을 입혔다. 당시 선주민은 이미 정착민과 갈등을 겪고 있었다. 이 전염병으로 인해 롱아일랜드 해협을 둘러싼 지역에서 약 3000~4000명의 선주민 병사가 사망했다. 이런 손실을 겪는 가운데 수천 명의 정착민이 유럽에서 새로 들어오면서 피쿼트의 영향력은 계속 약해졌다. 이 지역 전역에서 선주민의 정치력이 약해졌는데, 특히 대이주 시기에 영국인 정착민의 유입이 증가하면서 그런

사슴 가죽, 그리고 어두운 보라색 비늘백합조개 껍데기로 만든 왐펌 벨트. 대략 1775~1800년에 어느 호데노쇼니Haudenosaunee인 예술가가 제작했으며, 마이애미 수장 셰포코나Shepoconah(데프맨Deaf Man〔못 듣는 남자〕라는 이름으로도 알려짐)의 소장품이었다. 유럽인과의 접촉 전후 수백 년 동안 비늘백합조개 껍데기는 북아메리카 동부 전역에서 널리 유통되면서 사회적·정치적 권력을 부여하는 데 이용되었고, 선주민과 비선주민을 포함한 북아메리카 동부의 여러 나라 사이에서 다자간에 이루어진 협약을 다지는 기능도 했다. (크랜브룩 과학원Cranbrook Institute of Science, 사진: 마이클 낼록Michael Narlock)

경향이 더 분명해졌다.[120]

그럼에도 1620년 이후 거의 한 세대가 지나는 동안 청교도와 선주민 간의 갈등은 폭력보다는 협상을 통해 해결을 도모하는 경우가 더 많았다. 일상적으로 일어난 갈등은 토지 소유권, 가축에 의한 농작물 파손, 절도, 교환 조건 등을 둘러싸고 벌어진 논쟁이었다. 이런 언쟁의 이면에는 폭력의 위협이 도사리고 있었지만, 조정할 수 있는 메커니즘, 특히 보상을 위한 메커니즘이 등장했다.[121] 그러나 살인과 같은 극단적 침해가 발생하고 보상의 메커니즘이 더 이상 작동하지 않으면서 집단적 폭력이 터져 나올 가능성이 커졌다.

네덜란드인, 청교도, 선주민의 지도자들은 노예화도 살인 사건처럼 분쟁을 초래할 것임을 알았다. 중재, 보상, 조정이 갈등을 해결하는 방식이었다. 그러나 왐펌 무역으로 기존의 선주민들 사이의 경쟁과 제국주의 세력들 사이의 경쟁이 격해지는 와중에 해상에서 영국인이 살해되는 사건이 연이어 발생했고, 이는 대륙에서의 갈등으로 확대되었다.

1634년 버지니아에 기반을 두고 활동하던 상인 존 스톤John Stone은 유부녀 폭행으로 매사추세츠에서 추방된 뒤 롱아일랜드 해협 일대로 왔다. 이 범죄 행위로 유죄 판결을 받은 스톤은 150파운드의 벌금과 함께 "이곳에 〔다시〕 오면 죽음을 각오해야 한다"라는 평생 금지령을 받았다.[122] 다른 버지니아 주민과 마찬가지로 그는 하나님의 섭리보다는 이익에 더 관심을 두었고, 모피와 왐펌으로 큰돈을 벌 수 있다는 소문을 들었다. 코네티컷에 도착한 스톤은 피쿼트인 남성

두 명을 포획했고, 그들을 통해 코네티컷강을 거슬러 올라가는 수로를 알아냈다.[123] 그날 저녁 그의 배가 정박하자, 피쿼트인, 그리고 피쿼트인과 동맹을 맺은 나이언틱Niantic인들이 배에 올랐다. 이어진 난투에서 스톤은 전사했고, 스톤의 배는 파괴되었다.

스톤이 추방당한 자였는데도 매사추세츠 관리들은 이 사건을 문제 삼았다. 관리들은 갈수록 더 많은 보상을 요구했다. 피쿼트인은 그들의 관습에 따라 스톤의 살해에 대해 왐펌으로 보상하려 했다.[124] 그러나 영국인은 스톤의 죽음을 기회로 삼아, 천연두로 이미 약해진 선주민들에게 더 큰 것을 요구했다. 윈스럽 총독은 선주민이 제안한 보상을 거부하고 더 징벌적인 형태로 배상을 받아내려 했다.

1636년 7월, 또다른 영국인 상인 존 올덤John Oldham이 블록아일랜드로 항해하던 중 살해되자 윈스럽은 100명으로 구성된 민병대를 동원해 응징에 나섰다. 그런데 올덤이 사망했을 때 이미 보복 공격을 단행해 선주민 병사 열 명을 죽이고, 올덤 휘하에 있던 선원들을 구출한 바 있었다. 하지만 윈스럽이 다음과 같이 "위임장"을 부여한 존 엔디컷John Endicott의 지휘 아래 민병대가 보스턴에서 또다시 출항한 것이다.


블록아일랜드에서 남자는 죽이고 여자와 아이는 살려서 데려와라. 그리고 그 섬의 소유권을 주장하라. 그런 다음 피쿼트인들에게 가서 스톤 선장을 비롯한 영국인들을 살해한 자를 내놓으라고 하고, 손해 배상으로 왐펌 1000패덤(약 1800미터)을 요구하라. 그리고 피쿼트 아이들 몇 명을 데려다가 인질로 삼아라. 피쿼트인들이 거부해도, 결국 우리의 요구는 힘을 통해 확보하게 될 것이다.[125]

미국사에서 이처럼 노골적인 지령은 찾아보기 힘들다. 윈스럽은 엔디컷에게 블록아일랜드에서 남성은 죽이고, 여성과 어린이는 노예로 삼고, 이어 피쿼트의 재산을 압수하라고 명령했다. 윈스럽에 따르면, "이 일에 감동하는 사람은 아무도 없었지만 모두 자발적으로 참여했다."[126] 왐펌의 역사, 노예 만들기의 역사, 영국의 야망의 역사가 이제 한 지점에서 만나게 되었다. 롱아일랜드 해협을 놓고 전투가 시작된 것이다.

## 롱아일랜드 해협을 둘러싼 전투: 피쿼트 전쟁(1636~1637)

엔디컷은 블록아일랜드의 내러갠싯인 여성과 아이를 노예로 삼거나 남성을 죽이는 데 실패했다. 그는 8월에 이틀 동안 "섬을 수색했지만 인디언을 발견하지 못했다."[127] 그는 내러갠싯인들이 어디로 갔든 따라가라는 명령을 받았고, 다가올 전투를 위해 서둘러 민병대를 재정비했다. 떠나기 전, 그는 섬의 지리에 대해 보고하면서 "모든 곳에 수풀이 무성하다"라고 강조했다.[128] 질병, 커지는 갈등, 청교도와 함께 들어온 온갖 생물종 때문에 섬의 생태계는 이미 변해 있었다. 엔디컷은 섬 주민들에게 큰 징벌을 내리기 위해 "그들의 천막 오두막 60채와 바닥 깔개 전량, 옥수수 일부와 카누 일곱 척"에 불을 질렀다.[129] 엔디컷 휘하의 장교 존 언더힐John Underhill의 보고에 따르면, "우리는 집과 옥수수를 무지막지하게 태워서 못쓰게 만들어버렸다."[130]

침공 후 몇 주 만에 롱아일랜드 해협 전역의 내러갠싯 지도자들은 협상하기 위해 보스턴으로 갔다. 10월, "내러갠싯인의 사켐" 미안토노모가 윈스럽을 만나 청교도의 군사 작전을 전폭적으로 지원하겠다고 약속했다.[131] 두 지도자는 내러갠싯인이 "우리〔청교도〕의 적을 우리에게 인도하거나 죽일 것"임을 확인하는 한편, 아홉 개 조항으로 구성된 조약 초안을 작성했다.[132] 처음 세 조항은 전쟁에 대비하는 내용이었다. 그들은 "우리와 그들 동맹국들 사이에서 평화"를 확립하고, "어느 쪽도 상대방의 동의 없이 피쿼트인(Pequods)과 화해할 수 없음"을 확인하고, "피쿼트인을 숨겨주지 말아야 한다"라고 명기했다.[133] 이 세 번째 조항이 심상치 않았다. 외교와 보상 방식이 이전과 다르게 변화하고 있음을 시사했다. 한마디로 전멸을 목표로 한 전쟁이 시작되었다. 이 전쟁을 통해 선주민의 정치 세계가 재편되었고, 영국의 권력이 향후에 확장될 수 있는 토대가 놓였다.[134]

엔디컷과 언더힐이 코네티컷강변에 자리한 피쿼트 마을들에 도착했을 때, 그들은 환대를 받았다. 스톤은 말할 것도 없고 올덤이 살해된 사건조차 이미 몇 계절 전에 먼 곳에서 일어난 일이었던 것이다. 윈스럽이 훗날 시사했듯이, 유죄 판결을 받은 스톤, "그 사람을 놓고 이 전쟁이 시작되었지만, … 사실 스톤은 우리와는 상관 없는 사람이었다."[135] 물론 무역과 외교는 계속되었지만, 스톤의 죽음은 영국인이 분쟁을 정당화하는 명분이 되었다. 피쿼트 지도자들이 중재를 시도하자 영국이 최후통첩을 내렸는데, 그 내용이 너무 가혹해 피쿼트인은 허를 찔린 셈이 되었다. 언더힐에 따르면, "그들〔피쿼트〕은 우리가 전쟁을 벌일 것이라고는 생각하지 못했다."[136] 당시 엔디컷은 청교도들의 분노를 잠재울 유일한 방책으로 스톤을 살해한 이들의 목을 잘라 보내자고 제안했다.

신체 절단은 영국과 뉴잉글랜드 양측 모두에게 권력의 상징이었다. 이 형벌은 빈민, 선주민, 피식민자, 노예가 된 인민에게 권위를 행사하는 데 널리 이용되었으며, 제국주의 권력에 도전하는 것에 대한 공식적인 경고였다.[137] 또한 해골은 청교도에게 복수의 능력을 지닌 전능한 신의 권위를 연상시켰는데, 그런 신의 모습은 그들의 교리에 깊이 각인되어 있었다.[138] "무엇을 위해 왔느냐?"라고 피쿼트 지도자들이 묻자, 영국인은 인간의 해골이 필요하다고 대답했다. 거부할 경우에 대해 힐은 이렇게 경고했다. "우리는 싸울 것이다."[139]

영국인은 싸웠지만, 참수형을 당한 피쿼트인의 머리를 받아내지는 못했다. 피쿼트가 항복하지 않자 영국이 공격을 개시했다. 그들은 마을을 약탈하고, 밭을 파괴하고, 집을 샅샅이 뒤진 후 불을 질렀다.[140] "내러갠싯인들은 우리에게 그 일로 피쿼트인 13명이 죽고 40명이 다쳤다고 말했다."[141] 1636년 8월의 이 공격과 포트세이브룩Fort Saybrook에서 벌어진 피쿼트의 반격을 통해 피쿼트 전쟁의 서막이 열렸다.

피쿼트 연맹은 1년 만에 무너졌다. 연맹에 속했던 남성 대다수가 죽거나 노예가 되었고, 많은 여성과 아이가 포로로 잡혔다. 수백 명이 내륙 더 깊숙이 후퇴해, 롱아일랜드 해협에 덜 의존하던 선주민 지역사회에서 피난처를 찾았다.[142] 윈스럽에 따르면, 1637년 5월 25일 "미스틱Mistick강변에서 피쿼트가 대패한 사건"이 이 지역 역사에서 단일 전투로는 가장 치열한 분쟁이었다.[143] 언더힐과 청교도 민병대원 100명, 내러갠싯 동맹군 수백 명이 미스틱강변의 두 번째로 큰 피쿼트인 요새를 포위하고서 400명이 살던 마을을 초토화했다. 그후 동쪽으로 돌아온 그들은 "피란처를 찾아 늪으로 도망친, 나얀틱〔나이언틱〕인이라고 불리던 사람들을 만났다. 나얀틱은 피쿼트에 속한 선주민 집단이었다."[144] 많은 사람이 죽었다. 윈스럽에 따르면, '미스틱 대학살'은 하나님의 영광을 보여주는 또다른 징표였다. 이 학살은 "우리 모두가 금식한 다음 날 일어났고," 이렇게 "피쿼트를 상대로 얻은 승리를 기념해 모든 교회에서 감사를 바치는thanksgiving 날로 기리기" 시작했다.[145] 이 학살은 북아메리카에 청교도가 정착하는 과정에서 가장 기념비적인 순간이었다.

전쟁이 끝났을 때, 피쿼트 연맹의 중심 요새들은 폐허가 되었다. 피쿼트인들은 롱아일랜드 해협을 따라 남쪽으로 도망치다가 내륙으로 진입하면서 북쪽으로 향했다. 아무도 그들을 숨겨주지 않았기에 학살은 계속되었다. 영국군은 계속해서 해골을 요구했고, 피란처를 제공하는 부족에게는 비슷한 운명을 겪게 하겠다고 협박했다. 미스틱 대학살이 일어나고 며칠 후, 롱아일랜드에서 온 몬토크Montauk

지도자 와이언던치Wyandanch는 카누를 타고 포트세이브룩으로 가서 청교도에게 모든 인디언과 전쟁을 벌일 생각인지 물었다. 요새의 사령관은 그렇지 않다고 대답하면서도 이렇게 경고했다. "당신들이 만약 피쿼트인과 함께 다닌다면, … 우리는 아마 당신들 모두를 죽일 것이오. … 만약 피쿼트인이 당신들에게 갔을 때 당신들이 그들을 모두 죽이고 피쿼트인의 머리를 내게 보내면 … 당신들과는 거래할 수 있소."[146] 청교도의 보복은 당시 롱아일랜드 해협 전역을 두려움에 떨게 만들었다. 피쿼트인의 "머리와 손"이 전쟁의 전리품이자 청교도에 대한 충성의 표시가 되었다.[147] 한 영국 관리가 자랑한 바에 따르면, "이제 피쿼트인은 모든 인디언의 사냥감이 되었다."[148]

8월에 윈스럽은 피쿼트인이 남긴 저항의 마지막 흔적을 묘사하면서 계속 피쿼트인을 쫓는 이들의 노력에 대해 다음과 같이 상세히 설명했다.

그들 중 가장 건장한 남자 80명, 여자와 아이 등 200명이 네덜란드인들과 약 30~50킬로미터 떨어진 곳에 있었다. 우리 병사들이 행군하다가 하나님의 도움으로 그곳에 도착했을 때, 거기에는 천막 오두막wigwam 스무 채가 있었고 … 매우 끔찍한 늪이 있었다. … 사람들이 거의 통과할 수 없는 깊은 늪이었다. 그 늪에 빠지면 아무도 살아나오지 못했다. … 그런 상황에서 우리 병사는 그 늪을 둘러싸고 … 인디언을 향해 총을 쏘았다. 오후 3시부터 시작해 인디언들이 협상을 청하고 항복할 때까지 총을 쏘았다. … 그러자 인디언이 하나둘씩 나오기 시작했다. 약

200명의 여자들과 아이들이 나왔다. … 남자들은 우리에게 끝까지 싸우겠다고 말했고, 밤새도록 싸웠다. … 우리는 한 사람도 다치지 않았다. … 〔인디언 중〕 살아남은 자들은 모두 도망쳤다.[149]

영국군은 포로로 잡힌 피쿼트 여성들을 통해 생존했던 피쿼트인의 절반을 영국군이 죽였다는 사실을 알게 되었다. 생존자 중 소년 열다섯 명과 여성 두 명이 노예가 되어 버뮤다로 끌려갔고, 또다른 이들은 청교도 가정에 노예로 분배되었다. 윈스럽의 결산에 따르면, 전쟁이 시작된 이래 "우리〔청교도〕는 이제 모두 〔인디언〕 약 700명을 죽이거나 취득했고," 피쿼트인들이 남긴 "주전자, 쟁반, [그리고] 왐펌"을 대부분 압수했다.[150]

전쟁 직후에도 청교도 부대는 블록아일랜드로 이동해 공격을 이어갔다. 보이는 사람을 모두 다 죽이고, 인디언의 재산을 불태웠다. 평화를 위한 대화가 시작되었을 때, 선주민 지도자들은 이 지역의 권력 관계가 바뀌었음을 인정해야만 했다. 2년 전 여름에 있었던 올덤 분쟁 이후 많은 변화가 있었기 때문이다. 이제 그들은 "그들 자신을 조공으로 바쳤고, 100패덤의 왐펌을 지불"하기로 했다.[151] 몇 주 후, 미안토노모는 보스턴에서 청교도 정착지의 총독, 부총독, 재무관을 만났다. 미안토노모 역시 전쟁을 통해 수립된 현실을 이해하면서, "모든 피쿼트 영토와 블록아일랜드가 우리〔청교도의〕 것임을 인정하고, 우리가 떠나지 않는 한 간섭하지 않겠다고 약속했다."[152] 청교도들은 이제 블록아일랜드와 롱아일랜드 해협의 북쪽, 그리고 그

중심 수로인 코네티컷강 유역에 대한 접근을 통제했다. 제국의 압제가 해협 인근의 선주민들을 압박하면서 유럽인 정착지의 각 구역은 강화되었다.

◆

청교도 헤게모니가 확장되면서 영국인의 정착과 무역 및 선교의 기회가 늘어났다. 많은 사람이 영국의 승리를 신이 개입한 결과로 해석했다. 특히 청교도 인구가 증가하면서 그런 믿음도 깊어갔다. 1640년까지 뉴잉글랜드로 이주한 1만 4000명 중 질병으로 사망한 사람은 5퍼센트 미만이었고, 영국 선박 200여 척 중 단 한 척만이 바다에서 유실되었다.[153] 영국에서 올리버 크롬웰Oliver Cromwell은 북아메리카의 북동부 지역을 "가난하고 춥고 쓸모없는" 곳이라고 폄하했지만, 그곳으로 이주한 영국인은 스스로를 뉴잉글랜드 사람이라고 부르며 날로 커져가던 공동체를 기반으로 힘을 키웠다.[154] 1700년 보스턴은 열다섯 군데의 조선소를 자랑했는데, 이는 다른 영국 식민지들에 세워진 조선소를 모두 합친 것보다 더 많은 수였다. 선박 분야에서 보스턴은 런던에 이어 세계 2위의 도시였다.[155] 또한 청교도들의 다각화된 농업, 어업, 무역 활동이 아메리카의 해안선을 따라 진행되던 영국의 지역 간 무역 활동을 주도했고, 이를 통해 1600년 대 내내 영국령 북아메리카는 안정을 유지할 수 있었다.

# 3장

# 폭력의 예측 불가능성
## 이로쿼이아와 뉴프랑스(1701년까지)

> 그들은 … 나에게 깊은 우정과 기쁨의 표시로
> 소총과 화승총을 쏴달라고 부탁했다. … 그렇게 했더니
> 그들은 놀라서 크게 소리를 질렀다.
> 사실 그들은 총 쏘는 것을 보지도 듣지도 못한 사람들이었다.
> — 사뮈엘 드 샹플랭(1609년 6월 18일)

사뮈엘 드 샹플랭이 퀘벡Quebec 근처에서 알곤킨의 지도자들을 모아놓고 마법에 가까운 군사적 기량을 뽐낸 지 한 세대가 지난 1630년대에 이르면, 총 쏘기 시연 뒤에 이어진 대학살에서 살아남은 선주민 지도자들은 총소리를 듣기 전의 따뜻한 여름날을 거의 기억하지 못했다. 허드슨강에서 미시간 호수 주변까지, 체서피크에서 세인트로렌스만까지 선주민들은 금속 도구와 새로 얻은 총을 사용해 서로 싸

웠다. 이 같은 폭력으로 인디언 지역사회들이 산산조각났으며, 유럽인들은 충격을 받았다. 폭력은 유럽의 질병이 가져온 재앙과 결합해 엄청난 파괴를 낳았다. 질병과 전쟁의 치명적 결합이 북아메리카의 인문지리를 재편했고, 그 이후 100년 동안 미국사 전체의 윤곽을 결정했다. 1776년 북아메리카 대륙 전체의 인구수는 1492년의 인구수보다 더 적었다.[1]

영국령 북아메리카와 마찬가지로 프랑스 식민화 1세대는 좌절과 성공 모두를 목격했다. 샹플랭이 사망할 무렵인 1635년 크리스마스에 프랑스인은 세인트로렌스강변에 일련의 정착촌을 세우면서 뉴프랑스를 확장해나갔다. 퀘벡과 트루아리비에르Trois-Rivières에는 교회, 밭, 돌담이 해안선을 따라 산재해 있었다. 몬트리올Montreal은 1642년에 설립되어 프랑스 식민지의 경제적 중심지가 되었다. 뉴홀랜드의 네덜란드 정착촌들과 마찬가지로, 이 프랑스 정착촌들은 내륙에서 모피를 수집해 북아메리카 대륙의 대서양 해안 지대로 보냈다.[2]

북아메리카 대륙 내륙 곳곳에서 선주민은 많은 난관을 헤쳐나갔다. 세인트로렌스 수로St. Lawrence Seaway와 오대호에서는 새로운 세계가 등장했다. 이전과 다른 세계, 말하자면 폭력과 질병, 혼란 속에서 세워진 세계였다.[3] 많은 선주민 네이션은 그들의 근거지 전역을 뒤흔든 질병과 전쟁의 치명적 결합으로 인해 살아남지 못했다. 특히 질병은 오랫동안 지속된 마을 생활의 리듬을 불안정하게 만들었고, 폭력 속에서도 위안을 주던 종교 체제에 부담을 주었다. 전쟁과 노예화라는 또다른 위협으로 인해 인디언 지역사회들은 더욱더 초토화되었다. 이러한 충격파는 유럽인 정착 지대에서 발산되어 나왔다.

선주민의 역사를 살펴보노라면 미국사의 새로운 해석을 내놓게 된다. 체서피크에서 발생한 영국 노동자의 인구 손실은 인디언의 사망률이나 중간항해[아프리카와 아메리카 사이의 노예무역선 항해]에서 나타난 아프리카인의 사망률과 비교하면 왜소한 규모다. 대서양을 건너는 여행을 견디고 추운 겨울에 살아남기 위해 애썼던 프랑스인 또는 청교도 사회의 투쟁은 아메리카에서 가장 큰 압박을 당한 가족들이 경험했던 온갖 시련, 특히 1600년대 인디언 네이션들의 투쟁과 비교하면 하잘것없어 보인다.

이렇게 죽음과 질병의 파도가 계속 선주민에게 들이닥쳤음에도 수천 명이 살아남았다. 살아남은 이들은 특히 계속 확장되던 이로쿼이 연맹에 속한 이들이었다. 이 점은 이 선주민 지역사회들이 어떻게 변화했고, 초기 미국의 역사가 어떻게 전개되었는지를 이해하는 데 매우 중요하다. 아메리카 전역의 다른 선주민과 마찬가지로 이로쿼이인은 식민주의의 긴 흐름에 대응하면서 북아메리카 대륙의 역사 전개에 한몫했다. 이들은 17세기와 18세기 거의 내내 북아메리카 동부에서 경제, 사회, 정치의 여러 사안에 지배력을 행사했다.[4]

웬다트(휴런Huron) 연맹과 같은 다른 경쟁자들과 달리, 이로쿼이 연맹은 비록 변형을 겪었으나 본거지에 불어닥친 전쟁과 질병의 파도 속에서 살아남았다. 17세기 뉴프랑스와 이로쿼이 연맹 사이의 갈등에는 북아메리카 전역에서 선주민이 전개했던 더 큰 투쟁의 양상이 반영되어 있다. 선주민이 그들 주변에 정착했던 네덜란드, 프랑스, 그리고 나중에 온 영국의 식민자들보다 더 강한 힘을 보유한 경우도 빈번했다. 게다가 그들은 18세기 혁명 투쟁에서 중요한 역할을 했다.

# 첫 만남: 샹플랭과 이로쿼이 연맹

뉴욕 중부와 캐나다 동부의 이로쿼이인은 초기 미국사에서 백인들에게 가장 큰 두려움을 불러일으킨 전투원이었으며, 뛰어난 웅변술과 정치 조직으로 유명하다. 고고학, 기록물, 구전으로 전해진 역사 이야기에 따르면 이로쿼이 연맹은 선주민이 유럽인과 접촉하기 이전에 이미 각기 다른 다섯 개 네이션, 즉 모호크, 오네이다Oneida, 오논다가Onondaga, 카유가Cayuga, 세네카Seneca가 결성한 '평화를 위한 대연맹Great League of Peace'으로, 그 중심에는 일련의 가르침, 의례, 관습의 공유가 자리했다.[5] 당시에는 이 같은 통합을 통해 마을 사이의 분쟁을 잠재울 수 있었다. 그리고 이를 바탕으로 이로쿼이 연맹은 유럽인과의 접촉에서 벌어진 폭력적인 상황에 다른 인디언 네이션보다 좀더 잘 대응할 수 있는 기반을 다졌다. 이들은 씨족 및 수장 체제, 대표자들로 구성된 평의회, 그리고 이로쿼이인의 서사와 철학을 기록한 구슬 장식인 왐펌 벨트를 매년 낭송하는 등의 통치 관습을 공유했다. 1600년까지 이로쿼이인들은 평화를 지향하는 가치와 의례를 공유하는 가운데 유럽인과의 접촉에서 야기된 격변을 견뎌낼

수 있는 연맹을 발전시켰다.[6]

1534년에서 1609년까지 프랑스인들은 북아메리카의 대서양 연안에서 세인트로렌스강을 따라 오대호로 이어지는 장대하고 빠른 해로를 개척했다.[7] 프랑스인은 곧 그 지역과 그곳 인민들에 대한 소유권을 주장했지만, 현실에서는 프랑스인과 알곤킨어권 인민들 사이의 관계가 뉴프랑스의 기초를 형성했다. 다른 무엇보다 인디언 문제가 신세계에서 프랑스 제국의 확장과 조직, 운명을 좌우했다.[8]

프랑스인은 세인트로렌스강을 따라 내륙으로 진입하면서 이로쿼이 연맹, 그중에서도 특히 모호크 네이션과 충돌했다. 모호크는 이로쿼이 연맹의 동쪽 문을 상징하는 대표적인 네이션이었다. 자크 카르티에Jacques Cartier의 첫 원정(1534)과 사뮈엘 드 샹플랭의 원정(1608) 사이에 모호크 지역사회들은 알곤킨 언어를 사용하는 경쟁 네이션들이 프랑스 상품, 프랑스와의 동맹, 프랑스의 무기에 접근하는 것을 막기 위해 고군분투했다.

이 같은 초기의 만남이 역사 서술에서 누락된 관계로 우리는 이 시기를 잘 알지 못하는데, 이는 초기 미국사에서 흔한 일이다. 카르티에는 대서양 연안에서 정체불명의 선주민들을 만났다. 이미 유럽인들과 교역한 경험이 있었던 그 선주민들은 모피를 들고서 거래하자는 의사를 표시했다. 해안에서 이런 만남을 경험한 이후, 카르티에의 선박은 세인트로렌스강을 거슬러 올라가 몽타녜Montagnais 마을 주민들을 만났다. 몽타녜인은 프랑스와 우호적 관계를 맺는 데 성공했고, 프랑스인을 모호크에 맞서는 동맹으로 끌어들이는 데 성공했

다. 몽타녜인은 모호크인이 프랑스의 금속과 무기에 접근하지 못하게 하고 싶어했다.[9]

부족 간 경쟁은 프랑스가 오기 전부터 존재했고, 그러한 경쟁이 이후 1세기에 걸친 프랑스 제국주의의 전개 과정에 광범위한 영향을 미쳤다. 프랑스인이 탐험하러 들어온 초기에는 전염병과 생태적 혼란이 발생했다. 1534년 카르티에는 세인트로렌스강변에 늘어선 농작물과 과수원에 대해 기록했지만, 샹플랭이 도착했을 무렵에는 마을에서 사람을 찾아볼 수 없었고 마당에는 잡초가 무성했다.[10]

아메리카 대륙 전역이 그러했듯이, 1500년대의 혼란은 유럽의 질병, 교역 물자, 폭력이 들어오면서 생겨난 재앙의 전초전에 불과했다. 이 전초전의 구체적인 내용은 거의 알려지지 않았다. 인디언 가족들은 병원균의 침입을 떨쳐내기 위해 이주했다. 농사를 짓고 사냥하던 터전을 축소하거나 아예 포기했다. 그러면서 이로쿼이를 비롯한 여러 인디언들 사이에서 습격과 포로 납치가 빈번해졌는데, 경제적 자원을 보완하고 잃어버린 가족을 대체하기 위해서였다.[11]

프랑스인 정착지에서도 폭력이 발생했다. 1608년 샹플랭의 퀘벡 건설과 샹플랭 정부의 인디언 정책을 통해 17세기 미국사에서 다양한 역동성이 발휘되었다. 모피 무역 확대에서 오대호 연안 지역의 지도 제작에 이르기까지, 샹플랭은 제국의 기초를 세우고 빠르게 확장되는 영토를 통치했다. 그후 30년 동안 선교사, 상인, 관리 들이 북아메리카 대륙을 누볐다.

샹플랭의 선박에는 성직자가 탑승하지 않았지만, 샹플랭이 왔던 길을 따라 예수회 사제들이 들어왔다. 이들은 프랑스 제국에서 정보를 가장 많이 확보했을 뿐만 아니라 활동적이고 눈에 띄는 요원이었다. 17세기 말까지, 오대호 전역에 걸쳐 거의 30개에 이르는 선교소가 설립되었다.[12] 1700년에 이르면 프랑스는 캐나다 동부에서 미시시피와 뉴올리언스New Orleans에 이르기까지, 북아메리카의 3분의 2가 자국 영토라고 주장할 수 있게 된다.[13]

뉴프랑스가 초기 미국사에서 가장 큰 유럽 식민지가 되면서, 프랑스인 상인, 탐험가, 선교사가 미주리강Missouri River, 미시시피강, 오하이오강을 비롯한 대륙의 주요 강을 넘나들었다. 이들은 영국인보다 몇 세대 앞서 진출해, 1673년에는 미시시피강 상류 지역을, 1682년에는 루이지애나를 프랑스 영토라고 주장했다.[14] 기록에서는 흔히 누락되었지만, 프랑스인이 이렇게 다닐 수 있었던 것은 선주민 안내자, 통역사, 노동자의 도움 덕분이었음은 물론이고, 새로 온 프랑스인에게 숙박을 제공한 수백 명의 인디언 마을 주민 덕분이기도 했다. 4장에서 살펴보겠지만, 이런 선주민 마을 주민이 프랑스 제국의 중심을 형성했다.[15]

그러나 프랑스의 통치는 이 지역에서 "뉴프랑스"라는 낙관적인 이름으로만, 명목상으로만 이루어졌다. 프랑스 관리들은 이 지역과 이곳 인민들을 제대로 알지 못했고, 식민지 전역을 횡단한 사람도 거의 없었다. 이 식민지의 북쪽과 서쪽 경계가 공식적으로 확정된 적은 한 번도 없었다.

샹플랭을 비롯한 많은 프랑스인 이주자에게 뉴프랑스는 제국적으로 더 큰 영광을 이루기 위한 디딤돌이었다. 1624년, "16년 동안 … 뉴프랑스를 발견하기 위해 … 고된 열정을 쏟은" 샹플랭은 오대호를 통해 "중국 왕국에 쉽게 도달할 수 있다"라고 확신했다. 이는 여러 세대에 걸쳐 프랑스 탐험가를 유인했던 지리적 키메라chimera (사자의 머리에 염소 몸통에 뱀 꼬리를 한 그리스 신화 속 괴물)였다.[16] 그 길을 발견한다면 샹플랭 자신과 왕실에 놀라운 업적이 될 것이며, 왕실 금고로 들어갈 막대한 세원을 확보할 터였다. 오대호를 일주하면서 10년을 보낸 샹플랭은 "큰 어려움 없이" 중국으로 가는 여정을 완수할 수 있으리라 믿었다.[17]

발견이라는 환상은 역사에서 더 중요한 통찰을 놓치게 만들곤 했다. 유럽인의 사고방식은 역사 서술을 지배하는 경우가 다반사였는데, 그런 서술은 선주민뿐만 아니라 유럽인 식민 정착지에서 유래한 변동까지 가려버렸다. 사실 유럽인 정착지에서 유래한 변동들 탓에 치명적 변화가 퍼져나갔다. 1609년 7월, 샹플랭이 총독으로 취임한 첫해에 그와 그의 부하들, 그리고 수백 명의 몽타녜인과 알곤킨 동맹군이 모호크와 싸우기 위해 모였다(42쪽 그림 참조). 모호크인은 갈대로 짠 갑옷을 입고, 호수(현재는 샹플랭의 이름을 딴 곳) 근처로 모여들었다. 이 공격은 초기 미국사의 다른 어떤 순간 못지않게 17세기를 경과하는 동안 전쟁이 어떤 양상으로 변화할지 예견케 한다. 이 전투는 전쟁의 성격을 바꾸어놓았다. 그리고 이 전쟁의 여파는 대륙 전역으로 퍼져나갔다.[18]

샹플랭은 아군보다 두 배 이상 많은 병력이 주둔한 모호크의 야영지를 보고 이렇게 보고했다.

그들은 해가 뜨자마자 우리를 공격하겠다고 했고, 우리 인디언[동맹군]도 이에 동의했다. … 한동안 노래를 부르고 춤을 추며 서로에게 말을 던지는 사이에 날이 밝았다. 당시 나와 동료들은 적에게 들키지 않기 위해 매복한 상태였고, 최선을 다해 화기를 준비했다. … 경화기로 무장한 후, 우리는 각자 화승총을 들고 호숫가로 갔다.[19]

앞서 언급한 그림은 이 전투에서 영감을 얻었는데, 미국의 식민지 시대 역사에서 이 사건이 지닌 중요성을 잘 보여준다. 1613년 판화로 제작된 이 전투 그림에는 샹플랭의 초상도 포함되어 있다. 그는 30년간 탐험을 벌이며 대서양을 여러 차례 횡단하고 왕실을 자주 방문했는데도 오직 여기에서만 초상을 남겼다.[20]

모호크인을 비롯한 이로쿼이 연맹 구성원들은 이 전투를 통해 유럽 식민주의의 폭력을 경험했다. 샹플랭의 보고는 이러했다.

우리와 [동맹한] 인디언들이, "수장들은 큰 깃털을 세 개씩 가지고 있다"라고 말했고, … 나는 수장들을 죽이기 위해 할 수 있는 모든 것을 해야 했다. … 나는 적과 30야드[약 27미터] 간격이 될 때까지 진군했다. 적들은 나를 보자마자 걸음을 멈추고 나를 쳐다봤고, 나도 그들을 봤다. … 나는 화승총으로 조준해 세 수장 중 한 명을 향해 직격탄을 날렸고, 이 한 발로 두 명이 땅에 쓰러졌다. … 나는 화승총에 네 발을 장전했다.

… 이로쿼이인들은 그 두 사람이 면실로 엮은 방패를 들고 있었는데도 그렇게 빨리 사망하자 매우 놀랐다.

샹플랭의 부하들이 발포하고 그들의 적군인 모호크인이 후퇴하자, 샹플랭과 그의 부하들은 "그들을 추격해 훨씬 더 많은 사람을 쓰러뜨렸다."[21]

이 사건들을 보면 더 큰 의문이 생긴다. 이로쿼이 군사들은 어쩌다 그렇게 겁먹은 전사가 되었는가? 정보를 확보한 유럽인의 전쟁에 제대로 대비하지 못했던 것으로 보이는 선주민 지역사회들이 어떻게 그토록 두려워할 만한 적대자가 되었을까? 기록을 보면 모호크인이 유럽인과 치른 첫 번째 전투에서 모호크인은 패배했다. 수장들이 표적이 되었고 후퇴하던 전사들은 추격당해 살해되었다. 샹플랭의 관점에서 보자면 손쉬운 승리였다.

사실 17세기 말로 가면, 이로쿼이 전사가 자기 마을을 떠날 때는 전투보다는 대화하기 위해서인 경우가 더 흔했다. 그들은 곧 전 세계를 상대로 한 선주민 외교를 펼치기 시작했다. 그들은 유럽인의 아메리카 식민지나 유럽의 수도에서 귀빈 대우를 받았다. 아메리칸인디언의 초상화가 처음 제작된 것은 한 세기가 지난 후로, 런던에서 네 명의 "모호크 왕" 초상화 주문이 있었다. 이들은 1701년에 몬트리올에서 "대평화" 회의가 개최된 이후에 영국을 방문한 이로쿼이 지도자들이었다. 유럽 지도자들은 이로쿼이 문제에 관심이 많았다. 그래서 뉴프랑스의 설립자가 아닌 이로쿼이 지도자들이 초상화의 주

인공으로 초대된 것이다.[22]

17세기 내내 이로쿼이 마을의 일상생활은 외교, 무역, 전쟁의 흐름에 따라 변화했다. 마을들은 해체되어 재편되었다. 새로운 인민과 섞였고 새로운 정치 조직체가 등장했다. 여러 지역사회가 이동하거나 확장되면서 이로쿼이의 주식인 "세 자매", 즉 옥수수, 콩, 호박을 경작하기 위해 추가로 농지를 개간했다. 그리고 모든 곳에서 동물, 그중에서도 거래할 수 있는 귀중한 모피가 있는 동물을 사냥했다. 이로써 이로쿼이 영토의 공간성이 변화했다.[23] 이로쿼이 연맹의 영향력은 곧 새로운 지역으로 확장되어 새로이 종속된 인민들을 포괄했다. 이로쿼이 남성은 계절에 따라 이동하면서 살아야 했다. 이들은 확장되어가던 식민지 세계 전역에서 전투를 벌이고 습격하고 거래했고, 네덜란드와 프랑스를 비롯한 여러 유럽계 아메리카인 정착촌과 대화했으며, 그들과의 관계를 고민했고, 그들을 찾아가서 만났다.

이와 비슷하게 이로쿼이 여성의 삶도 달라졌다. 그들은 이전 지난 수백 년 동안 자신의 마을에서, 그리고 연방 전역에서 권력을 쥐고 있었다. 이로쿼이 부족들은 모계를 따랐으며, 자녀는 일반적으로 모계 부족의 일원이었다. 이로쿼이 역사 전반에 걸쳐 경작권, 정치 지도자를 임명하고 해임하는 권한, 인명 손실에 대한 보복을 요구할 권한, 여타 공공 차원의 권한은 여성에게 있었다.

대연맹 창립 당시 규정에 따르면 씨족의 어머니로 알려진 고위 여성들이 공동체에서 최고의 권한을 지녔다. 이 여성들이 수장을 선발했다. 수장은 연맹, 혹은 연방의 최고 수장 지위를 승계받았다. 여성

존 베렐스트John Verelst가 그린 테조니호카라와Tejonihokarawa(세례명은 헨드릭Hendrick)의 초상화. 훗날 '식스 네이션'(이로쿼이 연맹은 원래 다섯 개 네이션으로 구성되었다가 여섯 개로 늘어난다. 207쪽 참조)의 황제인 티 이 닌 호 가 로Tee Yee Neen Ho Ga Row가 된 인물로, 1710년에 외교 사절로 런던을 방문했던 것으로 알려진 모호크인 지도자 네 명 가운데 한 명이다. 그림에서 그가 손에 든 왐펌 벨트는 외교를 상징하고, 그가 걸친 망토 뒤에서 웅크리고 있는 늑대는 그가 속한 부족을 상징한다. (캐나다 도서관 및 기록 보관소/존 피터John Petre 컬렉션/ e011179910_s1)

들은 사망한 지도자의 뒤를 이을 인물을 지명했다. 모호크 여성들은 샹플랭의 공격을 받은 이후 이 절차를 진행했다.[24] 이로쿼이아가 전쟁과 질병이 함께 닥쳐온 심각한 상황을 견뎌내는 동안 이로쿼이 여성은 마을 정치와 경제의 일상생활을 더 폭넓게 지배하게 되었다. 1634년 겨울에 모호크 마을들을 여행한 네덜란드 상인 하르먼 메인데르츠 판덴보하르트Harmen Meyndertsz van den Bogaert는 이렇게 기록했다. "그곳에는 여성 말고는 아무도 없었다."[25] 마을 부지 확인, 공동체 농장 조직, 자녀 양육과 교육은 모두 여성이 관할했다. 유럽인이 온 이후 이로쿼이 남성이 더 많이 이동하게 되면서 이로쿼이 여성이 지닌 권한은 더 커졌다.

새로운 형태의 전쟁, 새로운 생존 전략, 새로운 마을 생활의 구조가 1600년대 이로쿼이아의 특징이 되었다. 샹플랭이 쏘아 올린 첫 번째 불꽃에서부터 변화의 지옥불이 시작되었다. 당시에는 아무도 몰랐지만, 다른 유럽인이 샹플랭 호수 남쪽으로 들어오면서 폭력으로 불안해진 초기 아메리카의 상황에 인화성 물질이 더해진 셈이다.


## 대서양 세계에서 폭력의 핵심적 역할


이로쿼이 연맹의 구성원들은 프랑스의 침략에 어떻게 대응할지 고심했다. 프랑스 군사들은 무서운 무기를 지닌 데다 경쟁자인 몽타녜와 동맹을 맺었다. 몽타녜는 유럽인에게 이로쿼이를 죽이는 가장 좋은 방법을 알려준 사람들이다. 새로 온 프랑스인들은 자신들이 바다를 건너서 왔으며, 자신들 같은 이들이 더 많이 있다고 주장했다.

샹플랭 통치 첫해에 이어 그다음 해에도 프랑스는 모호크를 공격했다. 1610년 6월, 샹플랭은 몽타녜인 500명을 비롯한 다른 선주민 동맹군과 함께 리슐리외강Richelieu River을 따라 내려갔다. 이 강은 흔히 이로쿼이강으로도 불렸다. 그곳에서 모호크 방어자들은 임시 성벽을 쌓고 끝에 돌을 매단 화살을 쏘면서 공격자들을 모욕하는 언동을 했다. 한 궁수가 샹플랭의 귓불 근처를 명중시켰다. 이에 맞서 총독과 화승총 병사들이 모호크의 방어선을 무너뜨리며 공격했으며, 그 결과 모호크인 중 거의 100명이 전사하고 12명이 포로로 잡혔다. 당시 모호크 인구가 5000명에서 8000명 사이였으므로 이는 모호크 군사력에서 상당한 손실이었다.[26]

모호크의 시각에서는 개방된 벌판에서든 방어벽을 쌓은 상태에서든 새로 온 유럽인을 상대로 교전을 벌이기가 어렵다는 점이 분명했다. 유럽인은 우월한 무기뿐만 아니라 다수의 동맹군을 거느리고 있었다. 이 같은 프랑스의 우위를 극복하기는 매우 어려웠기에, 모호크는 샹플랭이 통치한 30여 년 동안 세인트로렌스강과 오타와강Ottawa River 인근을 비롯해 프랑스 정착지에 대한 공격을 자제했다. 그러면서 내륙 선주민과 프랑스 상인 사이의 교류가 증대되었다. 이처럼 프랑스의 군사적 우위로 뉴프랑스 식민지 초기 몇십 년 동안 이로쿼이 세력은 하향 곡선을 그렸고, 그 덕분에 뉴프랑스가 대륙으로 확장해갈 수 있었다.

다른 식민지 지도자들처럼 샹플랭도 선주민을 정복할 뿐만 아니라 자신의 권위를 강화하기 위해 폭력을 사용했다. 대서양 세계 전역의 모든 사람이 폭력, 그리고 선박, 총, 말, 칼, 대포와 같은 군사 기술을 사용함으로써 식민지화가 가능하다는 사실을 알았다. 마치 포도밭에 내리는 비처럼, 폭력은 프랑스의 확장에 필수적이었다.

샹플랭이 이끄는 프랑스 선박들은 북아메리카 대륙에 상륙하기 전에 무장한 바스크 포경선들과 맞닥뜨렸는데, 그런 장애를 돌파할 방법은 "오직 힘"뿐이었다. 샹플랭은 자신의 정착 계획을 위태롭게 할 수도 있는 즉각적인 폭력 대신 위협으로 대응했다. 그는 포경선 선원들에게 자신의 함대가 프랑스 국왕 앙리 4세의 지원을 받고 있다고 알렸다. 자기가 하는 일의 배후에 프랑스의 권위가 있다고 주장할 것이다. 에스파냐의 리케리멘토Requerimento*에서 에스파냐가 존재 자체를 알지도 못했던 땅에 대한 소유권을 주장할 수 있게 했던 것처럼, 샹플랭은 당시 확보한 땅에 프랑스의 왕권을 투사해 프랑스의 영토임을 주장했다. 샹플랭은 관할권이 결정되지 않았는데도 당시 확대되던 영토 내에서 공인된 주권자에게 복종하라고 강요했다.[27]

그러나 왕권을 들먹인다고 바로 왕권을 인정받을 수 있는 것은 아니었다. 군주의 권위를 강조하고 힘을 보여줄 필요가 있었다. 폭력

---

* 1510년 에스파냐 정복자들이 패배한 인디언들 앞에서 읽었던 선언문으로, 해당 지역에서 정복자들의 종교적·정치적 권위를 주장했다.

의 중요성을 익히 알고 있던 샹플랭은 폭력의 기술을 살상뿐만 아니라 프랑스의 힘을 과시하는 데에도 사용했다. 동맹 인디언 지도자들을 환영하는 자리에서 총을 발포하거나 대포 발사로 휴일을 시작하는 등 무기에서 나는 소리가 17세기의 일상에서 갈수록 두드러진 특징으로 자리잡았다. 인디언의 의사소통에서도 새로운 소리들이 끼어들었다. 선주민 거래 장터와 외교 회담도, 해안에 도착하는 것도 이제 발포와 함께 시작되었다. 발포는 이로쿼이 주거지에서 새로운 아비투스habitus〔사회문화적 환경에 의해 형성된 무의식적 성향〕가 되었다.[28] 실제로 샹플랭이 숨을 거둘 때 마지막으로 들은 소리 중 하나는 1635년 크리스마스 아침에 퀘벡에서 울려 퍼진 대포 소리였다.[29]

폭력이 식민주의의 필수적 관례이긴 했으나, 폭력만으로 제국의 영구적인 목표를 달성할 수는 없었다. 정치 이론가들이 오랫동안 주장해온 대로 폭력은 안정을 가져오지 못한다. 폭력은 개인, 사회, 나라 사이의 관계를 파괴한다. 그것도 예측할 수 없는 방식으로.[30] 일단 폭력이 시작되면 누구도 궁극적인 결과를 예측할 수 없다. 사람들을 위협해서 순응을 얻어낼 수도 있지만, 좀더 지속적인 안정을 위해서는 권력의 속성과 폭력의 정당한 사용에 대한 이해를 공유할 필요가 있다. 바스크 포경업자들은 멀리 떨어진 곳에 있는 군주와 그의 지휘를 받는 함선에 귀를 기울이는 것이 자신들의 이익에 가장 부합한다는 사실 정도는 제대로 이해했다.[31]

폭력은 또한 완전히 독점될 수 있는 것이 아니었다. 뉴에스파냐에서와 마찬가지로 북아메리카 전역에서 선주민은 유럽인이 가져온 편의를 빠르게 받아들였다. 선주민 침입자는 전리품으로 무기를 가져갔고, 유럽인과 동맹을 맺거나 유럽인과 교역한 인디언을 약탈했다. 선주민 침입자는 금속과 옷감뿐만 아니라 가능하면 총까지 훔쳤다. 나중에는 포로를 데려와, 식민지 노예 시장에서 거래하기까지 했다.

유럽의 북아메리카 식민지 지도자들은 폭력이 필연적으로 혼란을 부른다는 점을 알았기에 총기 거래를 규제하려고 했다. 그러나 북아메리카 식민지 전역에서 농부, 장인, 심지어 하인까지 총기를 거래했다.[32] 역설적이게도 총기 거래의 수익성이 높았기 때문에 총기 거래에 참여한 식민지 정착촌들의 안정성이 약해졌다. 장기적으로 보면 인디언과 유럽인 모두에게 보호를 제공했던 것은 보호를 위한 동맹, 유익한 거래 관계, 나아가 개종과 결혼이었다. 인디언과 유럽인 정착민 사이의 끊임없는 폭력은 너무도 예측할 수 없는 상황을 불러왔기 때문에 지속되기가 힘들었다.

그러나 프랑스인은 처음에는 이로쿼이를 굴복시킬 수 있다고 믿었다. 모호크는 뉴프랑스 식민지 첫해 여름과 이듬해 여름에 벌어진 각각의 전투에서 패배했고, 이로쿼이는 샹플랭의 동맹인 몽타녜, 웬다트(휴런), 알곤킨 네이션과 대대로 적대적 관계였기 때문이다. 카르티에 시대 때부터 이로쿼이는 이 네이션들과 사이가 좋지 않았다. 그리고 이 같은 선주민 집단 사이의 불화 덕분에 프랑스인이 정착과 확장, 그리고 곧이어 시작된 선교를 좀더 쉽게 진행할 수 있었다. 선주민 일부가 프랑스와 동맹을 맺은 것은 이로쿼이 연맹 세력을 몰아

내기 위해서였다.[33]

샹플랭은 프랑스와 동맹을 맺은 네이션들을 돕고 싶어했다. 1615년 초가을, 그는 이로쿼이를 상대로 세 번째 군사 행동에 나섰다. 그는 오논다가를 공격했는데, 이는 곧 이로쿼이아에 대한 침공을 뜻했다.

이로쿼이 연맹 중앙평의회의 근거지였던 오논다가의 롱하우스 longhouse[이로쿼이 선주민의 전통 가옥]는 이로쿼이아의 심장부였다. 그곳으로 "파이브 네이션[이로쿼이를 구성하고 있던 다섯 개 네이션]"의 대표단이 왔다. 오논다가는 수백 년 동안 그런 역할을 해왔다. 오논다가의 지도자들은 이로쿼이 연맹의 "모닥불 관리자"였다. 그들은 회의를 소집했고, 기록을 보관했고, 협의 내용을 발표하는 책임을 맡았다. 오논다가가 이로쿼이 연맹에서 중추적 역할을 한다는 사실은 꽤 널리 알려져서, 1770년대에 미국 연합헌장을 만든 대표들은 자신들이 새로 구성한 조직체가 "평의회의 불"을 지키는 조직이라고 말할 정도였다. 1609년에 샹플랭은 모호크 지도자들을 과녁으로 삼았던 것처럼, 이제는 이로쿼이 연맹의 입법 지도자들을 공격했다.[34]

샹플랭은 병사들을 공개적 대결로 끌어들일 수 없게 되자 카닌다 Kaneenda 마을을 포위했다. 샹플랭의 보고에 따르면, 그가 "적의 요새"에 도착하자마자 오논다가인이 유럽인을 보고 후퇴했다. "우리를 보고 화승총 소리를 듣자마자 … 그들은 재빨리 요새 안으로 철수했다." 롱하우스가 20채 넘게 있던 큰 마을인 카닌다는 처음에는 샹플랭의 공격을 견뎌냈다. 두꺼운 성벽 안에서 궁수들이 화살을 퍼부으며 프랑스군과 그들의 선주민 동맹군을 밀어냈다. 며칠 만에 오논다

가는 샹플랭의 공격을 격퇴할 수 있었다.[35]

선주민 동맹군은 프랑스군과 함께 싸우는 데 익숙했지만 샹플랭의 지휘 체계를 따르지는 않았다. 그들은 그의 명령을 곧이곧대로 받아들이는 대신 신중한 태도를 취했다.[36] 500명의 동맹군이 추가로 도착하기를 바랐던 샹플랭은 동맹군의 고심을 받아들일 수밖에 없었지만, 공격이 좌절된 후 그들이 한 비정한 말에 분노를 느꼈다. 샹플랭의 선주민 동맹들은 오논다가의 성벽이 위압적으로 견고하게 버티고 있어서 승리할 가능성이 거의 없다고 보았다. 이 정도 규모의 포위 공격을 하려면 여러 날을 싸워야 하는데, 그걸 원하는 프랑스 측 선주민 동맹은 거의 없었다. 이 전투는 뉴프랑스의 짧은 역사에서 가장 길고 어려운 전투가 되었다. 당시 프랑스군은 패배로 기울고 있었다.[37] 모호크와 치른 전투와 달리 이 전투에서는 여성, 아이, 노인도 참전했다.[38]

샹플랭은 패배를 피하기 위해 특이한 방법을 제안했다. 그는 부하들에게 높이 솟은 "전쟁 기계"를 만들라고 명령했다. 이는 나무로 만든 받침대로, 중세 유럽에서 흔히 볼 수 있는 단상platform이었다. 이 단상이 완성되자 병사들은 마을 성벽에서 "창 한 자루 길이 이내"로 떨어진 거리까지 가서 "나무 축대 위를 올라가 적들을 향해 계속 사격"할 수 있었다. 샹플랭은 더 나아가 이렇게 지시했다. "우리는 … 이 단상 위에 화승총 병사를 네다섯 명 배치해 적들의 방어벽 꼭대기로 여러 차례 일제사격을 해야 한다."[39]

이 단상("전쟁 기계")이 치명적이긴 했으나 마을 방어선을 무너뜨리지는 못했다. 카닌다는 수천 개의 화살과 돌, 적의 포화를 막기 위한 물로 무장한 채 버텨냈다. 모호크 형제들처럼, 오논다가 궁수들은 다시 샹플랭을 조준해 다리에 부상을 입혔다. 17세기 역사가 크리스티앙 르 클레르크Christian Le Clercq의 기록에 따르면, "이렇게 심하게 당황한 적이 없었다."[40] 샹플랭은 선주민 동맹들의 철수 결정에 반대했지만, 소용없었다. 선주민 동맹은 유럽인 동반자에게 분노와 모욕과 실망을 표출했고, 샹플랭은 이를 감수해야만 했다.

이 실패한 공격은 총독 재임 기간 내내 그를 괴롭혔다. 6년 만에 그는 세 번째이자 가장 큰 규모로 군사 행동을 감행했다. 샹플랭은 유럽인으로는 처음으로 이로쿼이를 정복하려고 군사 행동을 벌인 인물이다. 그러나 이는 미국혁명기 이전에는 실현되지 못할 야망이었다. 이로쿼이 연맹의 중심부를 포위하는 작전은 거의 일주일 동안 지속되었다. 수확기인 '녹색 옥수수 달 주기Green Corn moon cycle'가 끝날 무렵에 벌어진 포위 공격은 비전투원을 표적으로 삼았는데,[41] 북아메리카 역사에서 처음으로 총을 가진 사람들에게 유리하도록 설계된 군사 구조물이 활용되었다.

샹플랭 생존 시에 프랑스군은 다시 이로쿼이를 전장으로 끌어내지 못했다. 이로쿼이는 전투를 피하는 법을 배웠다. 프랑스와 그 동맹들과 교전하기가 너무 어렵다는 것을 알았기 때문이다. 이로쿼이, 프랑스인, 프랑스인의 선주민 동맹인 "북부 동맹Northern Alliance" 사이에서 데탕트détente가 형성되었다. 선주민 동맹이 계절의 리듬에 따라 진행되는 식민지의 경제, 정치, 종교 생활로 끌려 들어오게 된 것이다. 뉴프랑스의 첫 몇십 년(1608~1638년)은 이후 남은 17세기의 상황과 대조될 정도로 사뭇 달랐다. 그 이후 17세기가 지나는 동안 이로쿼이 전쟁으로 프랑스 식민지가 곧 무릎을 꿇었고, 북부동맹이 크게 훼손되었으며, 오대호 전역의 선주민이 디아스포라로 내몰렸다.[42] 샹플랭은 자신이 이로쿼이 연맹의 위협을 물리쳤다고 믿으며 죽었지만, 그후 이로쿼이가 보인 행동과 바뀐 모습은 그렇지 않았음을 분명하게 보여준다.

## 네덜란드-이로쿼이 동맹의 부상

수십 년 동안 이로쿼이는 어려운 상황에 놓였다. 그들은 프랑스 지도자들로부터 공격을 받았고, 세인트로렌스강을 따라 진행되던 교역에서 배제되었으며, 프랑스와 동맹 관계를 맺은 다른 선주민 집단들과 갈등을 겪었다. 또한 체서피크 주변의 영국인 정착민과 허드슨강 주변의 네덜란드 상인들이 식민지를 세우면서, 이 지역들도 오대호 연안과 마찬가지로 파괴적인 회오리에 휩쓸렸다. 1607~1609년 세 유럽 제국(프랑스, 영국, 네덜란드)이 이로쿼이아의 북쪽, 동쪽, 남쪽 경계에서 거의 동시에 침범해 들어오면서 이로쿼이 연맹에 큰 충격을 안겼다.[43]

이로쿼이 연맹 구성 집단 중 처음으로 유럽인들과 싸웠던 모호크는 연맹의 단점을 보완할 해결책을 개발했다. 그들은 곧 연맹의 전반적인 외교 정책을 특징짓는 전략들을 찾아냈고, 주변 유럽인과 마찬가지로 폭력을 사용했다.

모호크 마을들은 뉴프랑스의 수립으로 압박을 받았으며, 군사력도 약해졌다. 게다가 질병의 확산으로 더 불리해졌다.[44] 모호크는 퀘벡을 넘어 확장되던 프랑스 제국을 직면했고, 허드슨강을 따라 발전해온 네덜란드인 네트워크와는 거리가 있는 상황이었다. 모호크와 적대적 관계였던 모호크 북쪽의 선주민 집단들은 유럽산 금속 무기와 프랑스군을 이용하고 있었다. 한편 모호크는 남쪽으로는 모히칸Mahican, 델라웨어Delaware(레나페Lenape), 먼시Munsee와 같은 선주민 경쟁자들과도 맞서야 하는 상황이었다. 경쟁자들은 모호크와 마찬가지로 네덜란드와 교역을 했다. 모호크 지도자들은 네덜란드와의 교역 관계가 위험한 동시에 변혁의 가능성을 가져다줄 수 있다고 생각했다. 모호크의 입장에서는 네덜란드인을 반드시 통제할 수 있어야 했다.[45]

에스파냐가 식민화를 통해 점차 큰 부를 얻는 모습을 지켜보며 자극을 받은 네덜란드는 가이아나Guyana에서 인도네시아에 이르는 제국을 세워 통치했다. 1600년대 내내, 네덜란드 사업가들은 새로운 교역 기회를 찾고 대서양의 상인 네트워크에서 우위를 점하면서 노동집약적 농업에 기초한 식민지는 되도록 피하고자 했다. 유럽 최고의 상인이었던 네덜란드 상인은 대서양 무역의 요충지들을 곧 장악했다.[46]

프랑스와 에스파냐에 비하면 네덜란드는 작은 나라였다. 인구수는 약 150만 명으로, 프랑스의 10분의 1도 안 되었다. 이민으로 생기는 이점도 거의 없었기 때문에 이민자가 될 만한 인구군도 작았다. 네덜란드는 다른 유럽 경쟁국들과는 다른 제국주의 국가가 되었다. 그들의 목표는 교역이었다.[47]

북아메리카에서 네덜란드의 활동은 유럽산 제품을 팔고 아메리카의 자원을 가져가는 거래를 중심으로 이루어졌다. 선주민은 네덜란드의 번영에 필수적인 존재였다. 1609년부터 네덜란드 상인들은 무역을 위해 금속류, 옷감 등 각종 제품을 제공하기 시작했다. 그 대가로 선주민은 모피를 제공했고, 음식을 제공하며 접대했으며, 나아가 함께 군사 작전을 펼치기도 했다. 이 관계는 1620년대 중반에 완전히 정착하러 온 사람들과 네덜란드인 가족들이 이주해 뉴암스테르담New Amsterdam을 건설하기 전까지 한 세대 동안 지속되었다.[48]

모호크인들은 모피를 가득 싣고 네덜란드인들이 여는 거래 장터로 갔다. 모호크는 프랑스에 패배했는데도 여전히 상당한 힘을 행사했는데, 특히 남부에서 영향력이 컸다. 모호크에 위협이 될 만한 세력은 뉴프랑스와 북부 동맹 말고는 이로쿼이뿐이었다. 샹플랭이 1615년에 실전을 통해 알게 되었듯이 모호크는 계속해서 군사적·정치적 권력을 행사했으며, 네덜란드인과 교역한 처음 몇십 년 동안 세력을 확장하기 시작했다.[49]

모호크와 함께 이로쿼이도 세력을 확장했는데, 이들의 확장은 그 뒤로 반세기 동안 지속되었다. 이런 일이 가능했던 것은 이들이 언어와 종교로 단합된 정치적 연합체였기 때문이기도 했고, 식민주의의 지속적 압력에 함께 맞서야 했기 때문이기도 했다. 오하이오강 상류로 세력을 확장한 세력은 프랑스도 네덜란드도 영국도 아닌 이로쿼이였다. 미시시피강과도 연결되는 이 지역을 통해 이로쿼이는 애팔래치아산맥 너머 서부 전역에서 전략적 고지들을 확보할 수 있었다.[50]

초창기 네덜란드 상인은 서로 경쟁하던 모히칸과 모호크 사이의 긴장 관계를 중재하고자 시도했다. 네덜란드 상인이 그들 사이의 평화를 추구한 이유는 안정된 교역을 위해서였다. 1613년 4월, 네덜란드 지도자들은 삼자 협정을 시도했는데 이로써 북아메리카에서 선주민과 유럽인이 최초로 조약을 맺게 된다. 여기서 모히칸은 모호크가 교역을 하러 올 경우 조공을 바치라고 요구했다.[51] 네덜란드가 이렇게 중재에 힘을 쏟았는데도 분쟁이 계속되어 결국 1617년에 포트 나소Fort Nassau를 비롯한 일부 교역지가 문을 닫아야 했다. 그러나 모히칸과 네덜란드의 교역은 줄어들지 않고 지속되었다. 1621년, 서인도회사West India Company가 설립된 뒤로는 네덜란드인의 정착과 교역 규모가 더 커졌다. 1624년에는 현재의 올버니 근처에 포트오렌지가 세워졌다. 북아메리카산 모피는 대서양 경제의 새로운 동맥을 형성하는 데 일조했다.[52]

모호크는 모히칸의 우세를 뒤집고 모히칸이 누리던 혜택을 없애고 싶어했다. 1624년 모히칸 지도자들은 자신들을 방문한 이로쿼이 상인들에게 조공을 요구했고, 퀘벡의 '뉴홀랜드 북부 동맹' 상인들을 허드슨강변으로 초대했다. 뉴홀랜드 북부 동맹 상인들은 이로쿼이 마을을 습격할 가능성이 가장 높은 사람들이었지만, 이들을 환영했던 것이다. 캐나다에서 겨울에 제조한 모피는 북아메리카 북동부의 모피보다 두툼하고 수익성이 높았기 때문에, 이들 북부 동맹 사람들은 네덜란드인과의 거래에서 더 높은 값을 받을 수 있으리라 기대했다.[53]

이러한 협력 관계가 생겨날 조짐에 맞서 모호크는 모히칸뿐만 아니라 모히칸과 함께 싸운 소수의 네덜란드 지도자까지 공격했다. 모호크는 포트오렌지 부근에서 네덜란드 사령관 다니엘 판크리켄벡 Daniel van Kriekenbeeck을 비롯한 모히칸 일당을 섬멸했다. 모호크는 네덜란드 사령관의 죽음에 유감을 표하며 자신들의 행동을 변명하기를 "원했다."[54] 그들의 진술에 따르면, 그들은 네덜란드인을 죽이고 싶지 않았으며 그들이 공격하려던 대상은 유럽인이 아니라 선주민 경쟁자였다.

포트오렌지의 네덜란드 지도자들은 선주민 부족 사이의 갈등을 진정시키기 위해 노력했는데, 이는 서인도회사가 중시했던 〔안정 지향적인〕 철학에 기초한 것이다. 분쟁이 발생한 후에도 그들은 모호크 지도자들을 찾아가 긴장된 상황을 안정시키기 위해 노력했다. 심지어 크리켄벡이 모히칸과 동맹을 맺은 것은 "무모한 모험"이었다고 비판하기까지 했다. 네덜란드 지도자들은 자신들과 교역하는 모든 네이션 사이에서 "불만이 발생하는 것을 막을" 수 있기를 희망한다고 피력했다.[55] 그들은 여러 파트너에게 중립적인 태도를 취하고자 했고, 적대하던 역사를 가진 선주민들 사이의 경쟁 관계에 휘말리지 않으려 애썼다.

모호크-모히칸 전쟁은 1628년에 막을 내렸다. 모호크 군인들이 모히칸을 허드슨강 동쪽과 포트오렌지에서 몰아낸 뒤, 그들은 모히칸이 다시 오는 것을 막기 위해 싸웠다. 모호크인들은 이로쿼이의 구성원을 제외한 모든 선주민 상인을 포트오렌지에서 몰아내고 네덜란드와의 교역을 독점했다. 짧은 기간에 그들은 네덜란드 상품에 먼저 접근할 수 있었고, 나중에는 네덜란드에서 제조한 총을 손에 넣었다. 1634년이 되면 모호크 마을들에서 다양한 종류의 금속 제품, 가령 "쇠사슬, 나사못, … 철제 둥근 고리, 대못"을 볼 수 있었다. 이는 경쟁자인 다른 선주민에게서 훔쳤거나, 유럽인과의 교류를 통해 얻은 것들이었다.[56] 그들은 또한 네덜란드 지도자들을 마을로 불러 환대했는데, 이런 과정을 통해 그들 사이에서 상호주의의 정서가 더 깊어졌다. 반면 실향민이 된 모히칸은 스스로를 추슬러 재건해야 했다. 전쟁과 질병의 영향으로, 처음에는 유망해 보였던 모히칸과 네덜란드의 관계는 이렇듯 약해졌다.[57] 모히칸은 이로쿼이의 영향을 받은 보다 큰 디아스포라 공동체 내에서 처음으로 알곤킨어를 사용하는 네이션이 되었다.


## 질병 시대의 이로쿼이 연맹과 웬다트 연맹


이런 식의 발전은 모호크와 잘 맞았다. 네덜란드인은 옷감, 금속 제품, 각종 도구를 거래했다. 에스파냐, 영국, 프랑스와 달리 그들은 공개적이고 지속적으로 총기를 거래했다. 1630년대부터 그들은 총과 탄약을 포트오렌지로 가져왔다. 네덜란드 총기 제작자들은 인디언 상인을 환영했고, 장전·조준·발사·수리 방법에 대한 지식을 공유했다. 물론 탄약은 지속적으로 재보급하고 습기가 차지 않게 보관해야 했기 때문에 선주민이 설계한 다양한 보관 장치가 등장하기도 했다.

결국은 네덜란드와 모호크의 총기 거래가 17세기 정치의 판도를 바꿨다. 그냥 총이 아니라 품질이 월등한 총이었기 때문이다. 네덜란드는 무기 생산에서 다른 유럽 국가들이 따라오지 못할 경쟁력을 갖추고 있었다.[58] 모호크와 이로쿼이 병사가 샹플랭과의 투쟁에서는 꿈도 꾸지 못했던 폭력 기술을 마침내 갖추게 되었다. 이렇게 해서 이로쿼이의 남부 전략이라고 이름 붙일 수 있는 전략이 비로소 성과를 거두었다.

샹플랭과 그의 부하들은 흔히 화승총이라고 불리는 프랑스식의 바퀴식 방아쇠 총French wheel lock〔작은 쇠바퀴와 부싯돌의 마찰로 발화되는 회전 격발 장치가 부착된 총〕을 사용했다. 이 총은 여러 가지 장점이 있었음에도 내구성이 떨어지고 막히기 쉬워 수리비가 많이 들었다.[59] 뉴에스파냐에서와 마찬가지로 이 무기는 선주민 동맹군이 아닌 총독용 무기였다. 프랑스군은 이로쿼이를 상대로 벌인 전투에서 초기에는 성공을 거두었지만, 1600년대 내내 17세기 세계에서 16세기의 기술을 사용하는 경우가 점점 더 늘었다. 그 결과 에스파냐와 달리 뉴프랑스의 폭력 독점은 단명했다.

네덜란드인은 수발총flintlock〔부싯돌 격발 장치 총〕, 즉 스냅펀스

snaphance를 거래했는데, 화승총보다 가볍고 작은 데다 숲속에서 사용하기에 적합했다. 1630년대부터 이로쿼이 사냥꾼들은 수발총을 얻기 위해 모피 거래를 갈구했다. 이로쿼이의 경제가 여기에 맞추어 조정되었고, 그렇다 보니 이들의 근거지에서 부드러운 털을 가진 동물이 거의 사라질 지경이었다. 1634~1635년 겨울, 하르먼 메인데르츠 판덴보하르트는 유럽인 최초로 이로쿼이아를 두루 평화롭게 여행하고 이를 기록으로 남겼다. 그는 네덜란드인과 네덜란드인이 가진 총기에 흥분하는 이로쿼이인의 모습을 "여러 번" 목격했다.[60] 어딜 가든 선주민들은 판덴보하르트가 총을 쏘기를 바랐다. 중요하게는 이로쿼이아에 고성능 총이 널리 퍼져 있다는 새로운 현실을 확인하고 싶어했다. 판덴보하르트의 설명에 따르면, 네덜란드인의 존재에 대해 "젊은이든 노인이든 할 것 없이 모두가 너무도 큰 호기심을 품고 있어서 [이로쿼이인들이 나를] 그냥 지나치지 못했다."[61]

게다가 모피 거래가 어디서나 있었다는 점에 대해 추가 증거가 필요하다면, 그의 배 속을 떠올리면 된다. 그는 어떤 마을에서는 "매일 비버 고기를 먹었다." 결국 네덜란드인들은 새해 전날을 오네이다인 사이에서 지내게 되었고, 이제 총을 발사하기로 합의했다. 그리고 온네유테하게Onneyuttehage에 있는 한 마을 지도자에게 밤에 축하 행사가 있다고 알렸다. "내가 그에게 오늘 저녁에 총을 세 발 쏘겠다고 했더니, 그가 좋다고 하며 매우 기뻐했다. … 그날 밤 우리는 주님이자 구원자인 예수 그리스도의 해를 기념하여 세 발을 쏘았다."[62]

상플랭이 이로쿼이아에서 했던 첫 발포와 달리 판덴보하르트의 발포는 동맹을 상징했다. 1642년까지 모호크는 약 300정에 달하는 충분한 총기를 확보했다. 그들은 보급받은 지 얼마 안 된 이 제품에 금세 능숙해졌다.[63] 그들은 곧 더 많은 총기를 확보했다. 수백 개의 총기와 수천 점의 모피가 거래되었다.[64]

이로쿼이 지도자들은 이렇게 최고의 총으로 무장했지만, 다른 애로 사항들이 기다리고 있었다. 이 지역 전역에서 거듭 질병이 창궐하여 주민들이 큰 상처를 입었다. 질병은 유럽인이 인디언의 근거지들로 들어올 때 함께 들어왔다. 1634년, 이로쿼이아 전역에서 천연두가 발생했다는 보고가 있었는데, 이는 6년도 안 되어 세 번 발생한 천연두 유행 중 첫 번째였다. 전염병 발병은 뉴프랑스의 인디언 동맹 집단에도 큰 타격을 입혔다.[65] 다른 요인들과 마찬가지로, 전염병은 인디언에게 생존 전략을 강구하게 했고, 외교의 기조를 결정했다.

총기와 달리 면역력은 구매하거나 훔치거나 조달할 수 없었고, 당연히 독점할 수도 없었다. 질병은 모두를 타격했다. 쉽게 감염되는 구세계의 여러 전염병에 면역력이 없던 선주민 사회는 홍역, 천연두, 감기와 맞서 싸워야 했다. 아메리카 대륙 전역에도 결핵, 폐렴, 장티푸스 등 이미 수많은 질병이 존재했지만, 이 같은 유럽산 질병들은 아메리카에는 없던 것들이었다.[66]

아프리카와 아시아의 교역망이 교차하던 곳들에서 유럽, 특히 북유럽과 동유럽은 수백 년 동안 질병에 시달렸다. 이렇게 질병에 노출되었던 경험과 가축 사육을 통해 유럽인들은 전반적으로 면역력을 높일 수 있었다. 질병의 유령이 그들의 기억과 전설 속에 아프게 남아 있기는 했지만, 암흑기에서 벗어난 유럽인은 세계와 만날 준비가 되어 있었다. 눈에 보이지는 않지만 유럽인이 갖고 있던 분명한 이점은 생태적 조건보다는 유럽인이 면역력을 갖추게 해준 역사였다.

아메리카 선주민은 그 반대였다. 전염병의 파도가 북아메리카 동부를 휩쓸었다. 이는 기록으로 남길 수도 없을 만큼 격렬했다. 유럽인 식민지가 성장함에 따라 전염병은 더 빈번해졌다. 침입해 들어온 생물 종들, 식민지의 농업 관행, 낚싯감과 사냥감의 고갈이 선주민에게 사회적 충격을 가중했다. 이런 충격 탓에 전염병의 심각성을 키우는 사회적 조건이 생성되었다.[67] 판덴보하르트는 1634년에 모호크인들 사이에서 발생한 천연두가 가져온 영향에 주목했다.[68]

이런 전염병에 대해 가장 명확한 증거를 남긴 이들은 선교사들이다. 이로쿼이는 17세기 전반기에는 줄곧 선교를 받아들이지 않았기에 이로쿼이의 일상생활에 대한 설명이 거의 남아 있지 않다. 이를 주로 기록한 이들은 선교사였기 때문이다. 반면 뉴프랑스 지역의 인디언 마을들은 선교사를 그들의 동맹인 프랑스를 대표하는 이들로서 받아들였다. 예수회 성직자들은 적어도 1637년까지 퀘벡 외곽의 실르리Sillery에 선주민 개종자들을 위한 거류구역(레뒤시옹réduction)을 세웠다.[69] 수용이 개종과 동의어는 아니었지만, 예수회는 인디언 동맹들과 마주하면서 이들을 관찰하고 기록하면서 난제들을 해결하기 위해 노력했다. 특히 오대호 연안의 뉴프랑스 서부 전역에서 그런 노력이 진행되었다. 가장 상세한 예수회 기록은 웬다트 연맹을 비롯한 뉴프랑스 북부 동맹의 서부 마을들에서 나왔다. 웬다트 연맹 구성원들은 휴러니아Huronia('휴런인의 나라'라는 뜻) 혹은 웬다케Wendake('웬다트의 나라'라는 뜻)에 자리한 휴런 호수의 동쪽 조지아만Georgian Bay 인근에서 살았다.[70]

휴런이라고도 불리는 웬다트 연맹은 이로쿼이 연맹와 유사한 정치, 경제, 씨족 구조를 유지해왔다. 웬다트는 네 개의 주요 네이션으로 구성되어 있었고, 여덟 개 씨족이 있었다. 웬다트는 이로쿼이어의 방언인 나도웨키언Nadowekian어를 사용했다. 이 연맹은 약 20~30개의 마을로 구성되었는데, 마을에는 방벽이 있었다. 연맹의 인구는 약 3만 명으로 추산된다.[71] 이로쿼이 연맹과 웬다트 연맹은 비슷한 경험을 했고, 세대를 이어가며 그 운명이 계속 얽혔다. 1630년대 초반에는 질병과 고통이 두 연맹을 가장 강하게 연결했다.

천연두가 유행하자 많은 웬다트인이 사망했는데, 예수회 신부들이 그들의 죽음을 기록했다. 폴 르죈Paul LeJeune 신부에 따르면, "열한 살 또는 열두 살"의 웬다트 소년 아라키Arakhie는 전도유망한 아이였다. 그의 이름을 번역하면 "마지막 날closing day"이라고 할 수 있는데, "눈앞에 떠오르는 작은 태양과 같은" 소년이었다. 강인하고 총명한데다 예수회 성직자들에게 잘 응해주었던 아라키는 "책임감이 강하고, 대화가 잘 통했다." 그 소년이 천연두로 사망했을 때, 이 예수회 신부는 차마 그 죽음을 기록할 수가 없었다. 그는 "글을 쓸 준비가 될 때까지," 소년의 사망을 눈물 없이 서술할 수 있을 때까지 기다려야 했다.[72]

많은 웬다트 지도자가 아라키처럼 천연두가 유행할 때 사망했는데, 그중에는 수장 타르탕드Taretande와 에논Aenon도 있었다. 이들은 각각 반프랑스 입장과 친프랑스 입장을 대표하는 인물이었는데, 둘 다 1637년에 사망했다. 에논은 왕복 외교shuttle diplomacy(제삼자를 이용해 대립하는 나라들 사이를 오가며 중재하도록 하는 외교)가 실행되던 어느 여름 이후 트루아리비에르에 있는 프랑스 공동묘지에 묻혔다. 에논은 인구 규모가 줄어든 상황에 대처하기 위해 웬다트 마을을 큰 중심지인 "상트르리외Centre Lieu"로 결집시키고 싶어했다. 그렇게 한다면 프랑스와의 동맹과 교류도 강화될 수 있다고 생각했다. 그는 또한 예수회에서 예배를 올리는 동안 비난을 퍼부은 타르탕드를 달래는 역할도 했다. 에논은 실용주의에 입각해 행동했다. 에논이 그의 인민들에게 설명한 바에 따르면, "웬다트에게는 무기가 필요하고, … 프랑스인에게는 건장한 남성들이 필요"하기 때문에 서로 보완할 수 있는 관계였다. 그는 자신과 같은 웬다트 지도자들이 계속 영향력을 발휘한다면 프랑스와 동맹을 유지하는 방향으로 움직일 수 있다고 보았다.[73] 다른 많은 이들이 그랬듯이 그의 희망도 이 질병의 시기를 거치면서 꺾였다. "전염병이 만연하자 … 그는 통역관들을 불러 '총독 나리Monsieur the Governor'에게 바칠 선물을 전달하면서, 휴런에게 호의를 베풀어달라고 간청했다."[74]

1636년 전염병이 유행하는 동안, 오소사네Ossossane 마을 주민의 20퍼센트를 포함해 웬다트인 약 500명이 사망했다. 전염병이 돌기 시작한 지 8일 만에 열 명이 사망하면서 사망자가 속출하기 시작했다. 한 지도자의 말에 따르면, 웬다트 "나라"가 "망할 것이다. … 상황이 매일 악화되고 있다. 이 잔인한 질병이 이제 우리 마을의 모든 오두막까지 덮쳐왔다."[75] 이렇게 웬다케는 혼돈으로 빠져들었다.

1630년대 내내 질병이 남긴 폐해가 짙게 드리워져 있었다. 피부가 벗겨지고, 열이 나고, 설사가 계속되고, 실명하는 사람을 쉽게 볼 수 있었다.[76] 질병이 마을로 퍼지자 식민주의의 부담이 가중되었다. 사람들은 왜 이런 참사가 일어났는지를 놓고 고심했다. 르죈은 다음과 같은 기록을 남겼다. 많은 "부족이 우리가 그들을 독살했거나 그들에게 마법을 걸었다고 믿는다. … 그들은 우리가 물을 감염시켰다고 말한다."[77]

웬다트 사회의 원로 앤Anne은 전염병으로 두 딸과 조카 하나를 잃었고, 고아가 된 손자를 홀로 키우게 되었다. 일흔이 다 된 앤은 전염병이 돌던 시기를 거쳐 살아남았지만 눈이 멀고 쇠약해졌다. 다른 많은 이들과 마찬가지로 그녀도 새로운 신앙인 기독교를 받아들였다. 그녀도 세례를 받으면 전염병을 막을 수 있다고 믿었다. 그러나 딸들은 세례로도 목숨을 구하지 못했다. 앤을 도와주러 오는 사람은 거의 없었다. 예수회는 그녀가 신앙 때문에 기피 대상이 되었다고 믿었다. (이렇게 선주민 사이에서 기독교인을 분리하려는 감정이 너무 강한 나머지 기독교도 병사와 비기독교도 병사가 함께 싸우기를 거부하는 일이 자주 발생했다.)[78] 앤은 앞이 보이지 않아서 주변을 잘 챙길 수 없었고, 곧 그녀가 돌보던 아이들 중 두 명이 아사했다. 이 두 아이는 전염병이 돌 때는 살아남았지만, 그 여파까지 피하지는 못했다.[79]

이로쿼이아와 오대호 연안 전체에 퍼져나간 17세기의 충격파에 대해 우리는 관심을 갖고 그 맥락을 따져볼 필요가 있다. 우리는 세균이 이런 죽음을 초래했다는 사실에는 주목하면서도 질병에 수반된 여러 사회적 스트레스는 외면한다. 유럽의 확장으로 매우 광범한 난제들에 직면하게 된 선주민 세계에서 식민주의의 역학은 질병을 하나의 치명적 매개체로 만들었다.

이 점이 중요한데, 이런 파국에 직면한 웬다트 연맹이 정치적·군사적으로 대응하기 시작했고, 그러면서 그들은 더 큰 파멸의 소용돌이 속으로 발을 들여놓게 되었기 때문이다. 폭력적인 기술의 사용과 마찬가지로 질병 역시 예상치 못한 방식으로 공동체가 무력 사용을 가속화하는 결정을 내리도록 몰고 갔다. 웬다트와 이로쿼이 마을들은 1630년대에 병원균의 파고를 견뎌냈으며, 그 여파 속에서 병든 세계를 쇄신하고자 노력했다.

## 이로쿼이 확장의 원천

1637년 8월, 에논은 트루아리비에르로 여행을 떠났다. 조지언만에서 출발한 에논 일행은 오타와강을 따라 세인트로렌스강까지 갔다. 그들은 병사들이 노를 저은 카누를 타고 무사히 도착했다. 8월 6일, "도중에 병에 걸려" 쓰러진 에논은 프랑스인 정착지 건설에 기여한 프랑스인들을 묻은 곳에 매장되었다.[80]

에논이 묻힌 다음 날 또다른 재앙이 발생했다. 카누를 탔던 대표단 중 한 사람이 돌아와서 보고한 바에 따르면 그들이 웬다케로 출발한 뒤에 "이로쿼이와 조우했다." 그는 다른 대표단 구성원들이 "이로쿼이에게 포로로 잡혔다"라고 전했다.[81]

처음에 프랑스 지도자들은 동맹들의 우려를 "믿지 않았다." 르죈은 이렇게 말하곤 했다. "이 야만인들은 이유 없이 겁을 먹곤 한다." 그러나 이튿날 그는 "큰 강 한가운데"에 이로쿼이 카누가 있는 것을 보고 "이로쿼이인이 많이 왔다는 것을 알았다." 프랑스 측의 작은 배 한 척이 출동했다가 돌아와, "제대로 무장한 약 500명의 선주민이 있다"라고 보고했다. 프랑스의 배가 "황동 대포"를 발사해, "갈대밭으로 기어서 들어오는 이로쿼이인들을 … 능숙하게" 살해했다.[82]

예수회로서는 다행히도 총독 샤를자크 위오 드 몽마니Charles-Jacques Huault de Montmagny가 이미 프랑스인 정착지에 도착한 뒤였다. 그는 "모든 상황을 매우 잘 정리"하고 동포들과 동맹들을 진정시켰다. 그는 선임자 샹플랭처럼 부하를 수백 명 거느리고 있었다. 몽마니는 카누 한 척을 보내 지원군을 확보했고, 이 정착지는 안전하게 유지되었다. 그러나 이로쿼이가 계속 공격해오던 강에서는 누구도 지배적 우위를 누릴 수 없었다. 무장한 프랑스 함선이 있었는데도 이로쿼이인들은 웬다트 카누 열 척으로 구성된 소대를 격파했다. 몽마니는 이 추가 공격으로 "마음에 큰 타격을 입었다." 그는 "우리 병력이 너무 작아서 이 해적들을 쫓아낼 수 없다"라고 하면서 절망했다.[83]

다른 날과 마찬가지로 같은 해 8월 6일도 질병과 전쟁이 얼마나 치명적 위협인지를 여실히 보여주었다. 몇 시간 만에 존경받던 어느 웬다트 지도자가 질병에 걸렸고 그가 통솔하던 병사들이 전투로 목숨을 잃었다. 웬다트의 동맹들은 세인트로렌스강까지는 무사히 거슬러 올라갔다. 그러나 아무도 살아서 돌아오지 못했다. 그후 며칠 동안 더 많은 웬다트인이 목숨을 잃거나 포로가 되었고, 프랑스는 처음으로 모호크의 총소리를 들었다.[84]

　"전쟁에 대비해 장비를 갖춘 작은 배 두 척"이 도착하자 몽마니는 반격에 나섰다. "우리는 가능한 한 빨리 항해를 떠났다. 밤에 우리에게 유리한 바람이 불었다. … 우리는 강을 따라 올라갔다. 그곳에서 야만인을 찾아낼 수 있으리라 예상했기 때문이다. … 우리가 다가갔을 때는 이미 날이 밝은 뒤였다. 연기 향이 짙게 났다. … 그러나 연기가 피어오르는 곳에 도착했을 때는, … [이로쿼이가] 그곳을 이미 떠난 뒤였다. 하루만 더 빨리 도착했다면 우리는 전투를 벌였을 것이다." 추격에 실패한 프랑스군은 "전년도에 세워진 … 십자가"의 "가로막대"가 더럽혀져 있고 … 그 위에 이로쿼이의 메시지가 있는 것을 보고 당황했다. 총독과 예수회는 "이를 주의 깊게 연구했다." 이로쿼이는 "이 판자 위에 서른 명의 휴런인 머리를 그렸다. 이로쿼이가 포로로 잡은 이들이었다. … 모양이 저마다 다른 선들은 포로의 신분과 나이를 나타냈다. … 머리 두 개는 다른 것보다 컸는데, 이는 그들이 대장 두 명을 손에 넣었음을 의미했다."[85]

　포로들은 곧 이로쿼이아와 웬다케를 재구성했다. 전체 웬다트인의 약 15퍼센트에 해당하는 3000여 명의 웬다트인이 이로쿼이의 포로가 되었다.[86] 많은 논쟁을 불러온 이 역사적 과정에서 이로쿼이아와 이웃 선주민들을 연결해준 것은 새로운 폭력 관행이었다. 매우 비관적이기 십상인 이 세계에서 포로 생활은 다른 변화를 도모할 수 있는 빛이 되기도 했다. 포로가 되는 것은 죽음을 의미할 수도 있었고, 재생의 기회가 되기도 했다.

1620년대부터는 모히칸에 대한 이로쿼이의 습격이 확대되었다. 이로쿼이는 자신들의 근거지 북쪽에 자리잡은 프랑스인 정착촌들과 프랑스인의 선주민 동맹, 프랑스인과 함께 살고 있던 선주민들을 공격했다.[87] 남쪽과 동쪽으로는 허드슨강 건너편뿐만 아니라 코네티컷강 계곡까지도 습격을 확대했다. 그 지역에서는 처지가 역전되어, 이제 모히칸이 모호크 지도자들에게 조공을 바쳤다. 이로쿼이의 공격은 영국령 메인 식민지까지 이어졌고, 1647년의 몇 달에 걸친 공격 끝에 돌격대가 아베나키인 포로 20명을 데리고 귀환했다. 아베나키 지역사회는 모히칸과 동맹을 맺은 상태였다.[88] 이로쿼이의 공격은 결국 이 동부 지역의 선주민 지역사회들이 저마다 총을 구비하자 잠잠해졌다. 이 지역사회들에 무기를 주로 공급한 이들은 무기 거래를 전문으로 하던 영국 상인이었다.

가장 치명적인 사건은 이로쿼이의 웬다케 침입이었다. 웬다트 연맹와 이로쿼이 연맹은 1630년대 후반부터 15년 동안 충돌했다. 대략 1637년부터 1652년까지 이어진 이 충돌은 웬다트의 해산으로 마무리되었다. 이런 변화는 주변 지역사회들, 특히 이리호Lake Erie 주변 지역사회에도 비슷한 영향을 미쳤다.[89] 1650년까지 남부 온타리오는 이로쿼이 병사들에게 점령되었다. 이들은 이 지역을 이용해 모피를 직접 조달하고, 멀리 서쪽에 있는 오대호 연안까지 공격할 수 있는 근거지로 삼았다. 《캐나다 역사 지도The Historical Atlas of Canada》에 따르면, 웬다케는 이제 특정한 "계절에만 사람들이 거주하는" 지역이 되었다.[90]

대서양 지역의 많은 관찰자에게 이 충돌은 논리에 어긋나는 것처럼 보였다. 제도화된 형태의 고문과 전쟁에 익숙한 유럽인 기록자들은 이 충돌에서 야기된 폭력과 고통, 잔인함을 거의 이해하지 못했다. 프랑스 지도자들은 부족 사이의 분쟁을 "광기"로 치부하면서 외면하려 했다.[91] 포로를 잡는 관행으로 악명이 높아진 이로쿼이는 노련한 적군이었을 뿐 아니라 무서운 존재로 두려움의 대상이 되었다. 100년간의 전쟁이 마무리된 1722년, 박크빌 드 라 포테리Bacqueville de la Potherie는 여러 권으로 구성된《아메리카 대륙의 역사Histoire de l'Amérique septentrionale》를 출간했다. 이 책 3권을 그는 다음과 같이 시작한다. "프랑스에서 이로쿼이에 대해 하는 말을 들으면 … 이로쿼이가 벌이는 전쟁만큼 세상에 잔인한 것도 없다고들 한다."[92]

다른 역사가와 마찬가지로 박크빌 드 라 포테리 역시 사건이 마무리된 이후에 글을 썼다. 대다수 경우와 달리 그는 이전 세기에 이로쿼이 전쟁이 어떻게 해서 그토록 잔인하게 진행되었는지를 전달하려고 애썼다.[93] 프랑스 식민화가 시작된 지 20년이 지난 후 모호크는 네덜란드 무역 중심지들에 접근하기 위해 모히칸을 몰아냈다. 1630년대에는 전염병이 창궐했다. 그후 반세기 동안 모호크를 비롯해 이로쿼이 연맹의 여러 네이션이 광범위한 습격을 감행했다. 그들은 다른 선주민 경쟁자들이 획득한 총기보다 더 우수한 총기로 무장했다.

경제적으로 보면 이로쿼이 사냥꾼들은 갈수록 이전에 비해 사냥감이 훨씬 줄었다. 그렇다 보니 모피 원료를 조달하려면 사냥보다 절도가 더 쉬운 일이 되었다. 1656년에는 이로쿼이 상인이 포트오렌지로 가져온 가죽의 양이 연간 5만 장에 육박했는데, 이는 1630년대보다 아홉 배나 늘어난 것이었다. 오대호 연안 전역에서 채취한 가죽은 선주민 부족들이 사냥, 가공, 운송을 담당했다. 이들의 노동력을 훔친 이로쿼이와 네덜란드는 당시에 큰 부를 일구었다.[94]

포로도 비슷한 비율로 폭발적으로 증가했다. 해적 행위와 마찬가지로 포로를 얻기 위한 습격도 질병의 여파로 늘어났다. 판덴보하르트가 1634년 모호크인들 사이에서 질병이 발생했다고 언급했지만, 어느 정도인지는 기록하지 않았는데 그가 묘사한 여덟 개 마을 중 모호크는 거의 절반에 가까운 수를 포기해야 했다. 1620년대에 약 8000명으로 추산되던 모호크 인구는 1634년에는 3000명 미만으로 감소했다. 다른 파이브 네이션의 상황을 추정하기는 어렵지만, 웬다케와 마찬가지로 이로쿼이아 역시 전염병으로 큰 타격을 입었다.[95]

질병 때문에 이로쿼이 사회에서는 포로가 필수적인 제도로 자리 잡았다. 1637년에 웬다트인 30명이 포로로 잡혀 끌려갔는데, 잠정적으로는 입양을 위해서였다. 이는 잃어버린 가족 구성원이 했던 중요한 역할을 대신 메우도록 하려는 조치이기도 했다. 가족 구성원들 사이의 정서적 유대와 씨족 내 의무가 이로쿼이아 전역에 자리한 마을들에서 생활의 구조를 이루고 있었는데, 포로를 데려옴으로써 이런 유대를 이어갈 수 있었다. 심각한 인구 감소 이후 파이브 네이션은 연맹을 "재건"하고 웬다트인을 받아들이기 위해 노력했다.[96] 예를 들어 이로쿼이가 몽마니 총독에게 남긴 그림에는 형체뿐만 아니라 색채도 있었는데, "모든 머리가 붉은색으로 그려져 있었고, 단 하나만이 검게 칠해져 있었다."[97] 붉은색은 입양 혹은 재건을 위한 사람이라는 표시였다. 모호크인은 1651년 트루아리비에르 외곽에서 체포된 10대의 피에르에스프리 라디송Pierre-Esprit Radisson의 얼굴도 비슷한 방식으로 그렸다. 당시에는 라디송이 몰랐을 수 있지만, 한 전기 작가에 따르면 "붉은색은 그가 이미 입양 후보로 선택되었음을 의미했다."[98]

17세기 다른 북아메리카 노예와 달리 인디언이 포로를 잡은 것은 교환이 아니라 사회로 편입시키기 위한 조치였다. 선주민 노예제는 대서양 노예제와 동일한 방식으로 운영되지 않았다. 인신 거래가 경제적 이유 때문만은 아니었다는 뜻이다. 뉴프랑스의 선주민의 노예 제도는 노예에 대한 수요보다는 인구적·문화적 필요에 따른 것이었다.[99]

이로쿼이인 침입자들이 적을 포로로 잡은 것은 자신들의 마을 구조 속으로 포로들을 들여오기 위함이었다. 말하자면 인구 감소에 대한 대응 방안이었다. 그런 포로들은 친족이 되었다. 그러나 이는 수난의 길이었다. 이로쿼이 포획자는 폭력으로 포로를 결박한 채 끌고 와 사회의 일원으로 받아들였다. 이로쿼이는 포로의 정체성을 무너뜨리기 위해 의례를 통해 포로에게 고통을 주었다.[100] 이로쿼이 연맹으로 귀화하려면 이전 네이션을 부정하고 폭력을 당하며 새 정체성을 수용해야 했다.

이런 폭력은 예측 가능한 과정이었는데, 이 같은 탈부족화 과정에서 가족과 씨족 지도자들이 포로 중 누가 이로쿼이 사회에서 어떤 지위로 들어갈지를 결정했다. 그리고 나서 포로들은 사망한 사람의 이름과 씨족, 가족의 지위를 전해 들었다. 다시 말해 포로는 사망한 이의 지위와 이름을 자신의 것으로 수용해야 하는 상황에 처했다. 여러 번 곤욕을 치른 라디송은 "떠들썩한 가운데 어머니와 아버지를 식별할 수 있었는데, 두 분이 그분들의 딸들과 함께 있었다. 어머니가 … 직접 나에게로 오셔서, … 자꾸 내 이름을 불렀다"라고 회고했다. 모호크는 모계 문화권이었기 때문에 라디송의 새 모호크 어머니가 잃어버린 아이의 이름으로 그를 불렀던 것이다. 그런 뒤 새 모호크 어머니는 "나를 자리에서 끌어내 … 남편의 손을 잡을 수 있는 자리에 세웠다. 그는 나에게 용기를 가지라고 말했다."[101] 라디송의 새 어머니는 이런 식으로 가족 내에서 새 아들의 지위를 승인했다.

포로들은 고통이 예상되는 변화를 달성하기 위한 기제임을 인식했다. 고통을 견디지 못하거나 저항하면서 완강하게 거부하는 포로는 살아남지 못했다. 포로는 며칠간 결박되어 있거나, 태형을 당하거나, 불로 낙인이 찍히거나, 손톱이 제거되는 등의 방법으로 고문을 당했다. 이런 방식으로 이전의 자신을 파괴하는 고초를 겪었다. 놀랍게도 이런 "부활 의례"는 효과가 있었다. 전염병이 창궐했던 1630년

대 이후 반세기 동안 1만여 명이 이로쿼이의 일원으로 귀화했다.[102]

포로가 이로쿼이 사회에서 새출발을 했다고는 해도 그들은 이전에 소속된 사회의 요소들을 함께 가져오기 마련이었다. 사냥 경로, 마을 위치, 전략적 정보가 들어오면서 이로쿼이는 좀더 용이하게 세력을 확장해나갔다. 또한 멀리서 잡혀 온 유럽인과 선주민을 통해 새로운 문화와 언어가 이로쿼이 연맹에 유입되었다. 포로 입양 과정에서 새로운 군인도 생겨났다. 니콜라 페로Nicolas Perrot의 관찰에 따르면, 이로쿼이인은 "아이들을 살려두었기에 그 아이들이 그곳에서 성장하면 복무할 병사도 늘어났다."[103] 모피 무역의 경제성, 질병이 가져온 인구 변화, 포로를 잡아와야 하는 문화적 필요가 이로쿼이의 전쟁 동력이었다.


## 이로쿼이가 웬다케에 가한 공격의 효과: 1648~1653


흔히 "비버 전쟁"이나 "이로쿼이 전쟁" 또는 "애도 전쟁"으로 불리는 이로쿼이의 전쟁 양상은 오대호 연안을 재편하고 대서양 양안〔북아메리카 동부와 유럽〕에서 보복을 촉발했다. 학자들은 숲속에서 전개되었던 이 전투들의 원인과 결과를 놓고 장기간 논쟁을 벌였다. 전투는 거의 매년 이로쿼이아에서 격렬하고 포악하게 폭포수처럼 쏟아져 나왔다.[104]

이 잔인한 역사가 이 전쟁의 기원을 가린다. 이 충돌을 시간과 공간의 관점에서 살펴보면 많은 것을 얻을 수 있다. 1615년 샹플랭이 이로쿼이아를 침공했을 때 그는 돌촉이 달린 화살을 쓰는 궁수들과 마주했다. 한편 1648년 7월 3일 일요일 아침, 이로쿼이 병사 1000명이 울타리가 둘러진 웬다트 마을 테아나오스타이아에Teanaostaiaé를 전멸시켰다. 그들은 북아메리카 최상급의 무기를 들고 마을 주민을 공격했다. 마을 주민 중에는 선교사들도 있었고, 주민들은 교회에서 예배를 올리는 중이었다.[105] 이 두 전투 사이에는 닮은 점이 전혀 없다. 또한 이 시기 폭력이 고조되고 있었다는 증거로 700여 명이 사망하거나 포로로 붙잡혔다는 점을 말할 수 있다. 그중에는 예수회 신부도 한 명 있었는데, 그날 그는 미사를 집전하면서 하루를 시작하고 부상자에게 세례를 주려다 사망했다. 이렇게 마을이 파괴되자 웬다트인 1000여 명이 그곳을 떠나 달아났다.[106]

이런 전멸은 시작에 불과했다. 이로쿼이 침략자들은 선주민 프랑스 동맹에 제한을 가하는 데 그치지 않고, 완전히 몰아내서 그들과 그들의 땅을 획득하는 것을 목표로 삼았다.[107] 거의 2만 명에 달하는 웬다케 인구 중 10퍼센트가 이날 아침에 살해되거나, 잡히거나, 내쫓겼다. 이 공격은 당시 이로쿼이가 벌인 73건의 습격 중 하나에 불과했다.[108] 수백 가구가 애통함과 굶주림의 고통을 겪으면서 이주민이 되었고, 이런 현상은 오대호 연안 전역으로 퍼져나갔다.[109]

흩어진 사람들이 달아나면서 그들에게 닥친 위기가 다른 이들에게로 전해졌다. 그들은 자신들의 세계에서 겪은 혼란을 안고 주변으로 움직여 나갔다. 처음에는 이리호 주변의 인디언 지역사회들, 즉 뉴트럴Neutral(아타완다론Attawandaron)과 이리Erie라고 알려진 인디언 사회에서 웬다트 난민을 받아들였다. 그러나 난민이 이주한 곳으로 이로쿼이 군사들이 따라왔다. 1651년에 한 신부가 남긴 기록을 보자.

> 포로 수가 과하게 많았다. … 이 손실은 매우 컸다. 뉴트럴 네이션을 완전히 황량한 폐허로 만들어버렸다. 적에게서 더 멀리 떨어진 다른 마을의 주민들은 도망갔다. 집과 재산, 나라를 포기했다. 자책하며 자발적으로 망명했다. … 이 가난한 방랑자들은 어디를 가든 기근을 겪은 탓에 숲으로, 혹은 더 멀리 떨어진 호수와 강으로 흩어져야 했다.[110]

이 새로운 사회 안에서 웬다트의 상황은 심각했다. 식량을 구하기 어려웠다. 일부는 이끼, 나무껍질, 버섯을 먹었지만, 많은 가족을 부양하기에는 턱없이 부족했다.[111] 기근이 지난 10년간의 전염병 사태에 비견할 정도로 웬다트의 삶에 그늘을 드리웠다. 특히 가을 수확을 앞두고 흩어졌던 선주민 공동체에 겨울은 더 큰 절망의 시간이 되었다.[112]

1650년까지 북아메리카 대륙에서는 선주민의 재배치가 진행되었으며 점점 탄력을 받고 있었다. 이로쿼이가 웬다트, 페툰Petun, 니피싱Nipissing, 뉴트럴, 이리, 그리고 인근의 알곤킨어를 사용하는 인민들을 쫓아내면서, 이로쿼이의 공격은 인접 지역으로 퍼져나갔다.[113] 이 공격으로 난민들은 더 서쪽으로 이동했고, 그곳에서 수어

Siouan를 사용하는 호청크Ho-Chunk, 다코타Dakota, 라코타Lakota 같은 다른 거주 세력과 조우했다. 앞서 도망쳐 나온 이들은 이런 네이션들과 충돌하지 않도록 반도나 호숫가처럼 방어에 유리한 곳으로 이주했다. 이들은 동쪽에서 이로쿼이가 습격해 올까 두려워했고, 서쪽에서는 새로운 경쟁자와 맞닥뜨렸다.[114]

그후 몇 년 동안 이어진 이주를 통해 프랑스 제국주의가 재구성되었다. 쫓겨난 웬다트와 뉴프랑스의 다른 동맹들은 위스콘신Wisconsin에 살던 호청크나 머노미니Menominee 같은 오대호 연안 네이션과 맞서면서 프랑스에 지원을 요청했다. 식민주의가 전도된 것처럼 보이는 이런 상황에서 재구축된 사회들은 프랑스 관리들과 협력해 안보를 강화하기 위해 노력했다. 상호 원조와 보호가 꼭 필요한 상황임을 인식했던 것이다. 프랑스인은 광활한 지역에서 분쟁을 중재하고, 산산이 부서진 세계를 하나로 묶어줄 수 있도록 선물을 제공하고 통치했다. 오대호 연안 전역에 걸쳐 알곤킨어를 사용하는 인민들, 특히 북쪽 너머에 거주하던 아니시나베Anishinaabe 마을 주민까지 협력체를 구성해 안정을 찾기 위해 서로 협력했다. 뉴프랑스의 운명, 그리고 곧 북아메리카 대륙의 운명은 이런 관계들에 달려 있었다. 이 관계들은 선주민 협의회의 모닥불 옆에서 구축되었고, 프랑스 지도자들과 유대를 다지는 가운데 내륙 세계를 관통하며 발전해갔다.[115]

프랑스인들은 이 내륙 세계를 "높이 있는 나라pays d'en haut"라고 불렀다. 이 지역이 수많은 물길의 상류 수원을 품어서 붙여진 명칭이었다.[116] 이렇게 분산된 형태의 지형은 슈와메건Chequamegon 반도에 자리한 슈피리어호Lake Superior에서 일리노이를 가로질러 뻗어 있었다. 그 중심 가까이에는 그린베이Green Bay가 있었는데, 일찍이 예수회 선교사들이 그곳에서 자리를 잡았다. 개종자들이 선교사를 그곳으로 인도했고, 그곳에서 더 많은 사람을 끌어모았다.[117] 재건된 이 지역 전역에서 오하이오강 계곡과 온타리오 남부를 건너온 인디언들이 그곳에서 원래 거주하던 선주민 틈에서 삶을 재구축했다. 그곳 미시간호 주변에는 아니시나베, 포타와토미Potawatomi, 와이언도트Wyandot 마을들이 있었다. 웬다트의 동부 근거지는 이로쿼이의 습격으로 빈 땅이 되었다. 프랑스인이 내륙으로 더 깊숙이 들어가자 새로운 정착촌들을 통해 유럽인의 영향력이 더 확장되었다. 다시 말해 선주민의 군사적 문제와 마을 재편 때문에 프랑스 제국은 대륙의 중심부로 점점 더 깊숙이 들어갔다. 이는 미시시피강 상류에서 영어가 사용되기 100여 년 전의 일이다.

이런 역사는 식민지 폭력이 미친 광범한 범위를 잘 보여주고, 식민화한 지역들에서 쫓겨난 사람들에게 미친 영향을 드러내준다. 또한 인디언이 유럽의 영향력에서 벗어나 있었다는 오래된 가설을 폐기하도록 하며, 대륙의 역사적 전개와 유럽 식민지들의 성장에서 인디언이 중심적 역할을 했음을 보여준다.

이로쿼이 전쟁을 거치면서 오대호 너머에서는 제국주의까지 재편성되기 시작했다.[118] 5년도 채 되지 않은 기간에 이로쿼이 군인들은 메인에서 미시간에 이르는 지역에 자리했던 지역사회들을 공격했다. 1647~1651년, 이들의 공격으로 프랑스의 가장 가까운 선주민 동맹들이 몰살당했고, 뉴프랑스 식민지가 서부〔선주민 사회들〕와 해오던 무역이 제한되었다. 이로쿼이의 공격은 약 1600킬로미터에 걸쳐 소용돌이처럼 펼쳐졌다. 수천 년 전 옥수수가 도입된 이래 이처럼 큰 변화가 전 지역으로 퍼져나간 것은 처음이었다.[119]

서부에서 계속해서 성공을 거둔 이로쿼이 연맹 구성원들은 웬다트 연맹의 해산 이후 그 지역에서의 사회적 안정을 위해 고군분투해야 했다. 세네카의 지도자들은 이로쿼이 연맹의 계속된 서부 진격이 우선이라고 보았고, 오하이오강 계곡 너머까지 더 진출해 유리한 지점을 확보할 계획을 세웠다. 그들은 서부의 여러 네이션과 아주 오래전부터 적대적 관계이기도 했는데, 그중 몇몇 네이션은 이로쿼이를 향해 비슷한 공격을 감행하기도 했다.[120] 세네카와는 대조적으로 모호크는 허드슨강에 기반을 둔 무역 관계를 우선시했다. 때로는 네덜란드의 무장 요청에 귀를 기울이기도 했다. 모호크는 네덜란드에 닥친 위협을 익히 알고 있었다. 당시 네덜란드는 뉴잉글랜드로부터, 1638년 이후에는 뉴스웨덴으로부터 도전을 받았다. 뉴홀란드 남쪽에서 성장한 뉴스웨덴 때문에 네덜란드와 스웨덴 사이에서 갈등이 불거졌다.[121]

이로쿼이는 웬다케의 힘을 자신들에게 유용하게 쓰고자 하면서 역사적으로 적이었던 웬다트인을 몰아내고 그들의 자원을 많이 도입했다. 예를 들면 웬다트는 온타리오의 비옥한 남부 토양에서 풍요로운 경작지를 가꾸었다. 더 추운 지역이고 모피의 원료를 얻을 수 있는, 조지아만을 가로지르는 강변 역시 웬다트의 영토였는데, 이곳은 생산력에서 이로쿼이아를 능가했다. 웬다트는 옥수수를 다량 생산해 경작에 적합하지 않은 땅에서 사는 북부 이웃들의 경제를 보완해주기도 했다.[122] 이 이웃들은 [유럽인에게 모피를 공급했기 때문에] 뛰어난 사냥꾼이 되어, 나중에는 영국의 북아메리카 식민지 중 가장 북쪽에 있던, 허드슨만에 자리한 정착촌의 성장에 큰 동력이 되었다. (허드슨베이 회사The Hudson's Bay Company는 웬다트 연맹의 해산 이후인 1670년에 설립 인가를 받았다.)

이로쿼이가 벌인 전쟁의 결과로 대륙 전역에서 여러 무역 관계가 크게 바뀌었다. 이로쿼이는 정복한 영토를 자신들의 영토로 사용했을 뿐만 아니라, 그곳 주민과 뉴프랑스의 관계도 단절시켰다. 웬다트 인들은 1647년 이후로는 프랑스의 거래 중심지로 찾아가지 않았다. 1650년대에는 난민 공동체들 사이에서 빈곤이 만연했고, 뉴프랑스 전역에서 물자가 부족했다.[123]

프랑스 관리들은 거래가 단절되고 동맹들이 도주한 상황에서 안정을 되찾기 위해 노력했다. 이로쿼이는 프랑스의 외곽 정착지, 무역 호송대, 선교소를 습격했고, 프랑스 식민지는 이를 견뎌내야 했다. 프랑스인들은 이로쿼이 지도자들과 평화를 구축하기 위한 다양한 시도를 했는데, 그중에는 1653년에서 1657년 사이에 단기간 지속된 조약도 있다. 이 조약에서 프랑스 지도자들은 웬다트 동맹에 대한 보호를 포기했다.[124] 샹플랭 이후 처음으로 프랑스 총독들은 이 지역의 폭력 사태에 중립적인 태도를 보였다. 그들은 자신들이 촉발한 내부 폭력에서 벗어나고자 했으며, 그 과정에서 오랜 인디언 동맹들을 고립시켰다. 1656년 5월, 모호크가 퀘벡 외곽 오를레앙섬île d'Orléans의 동쪽 끝에 있는 웬다트 정착지를 습격했을 때 프랑스의 대포와 총, 장교는 침묵을 지켰다.

강 하구 어귀에 위치한 이 섬은 도시 성벽에서 불과 100여 미터 떨어져 있었다. 모호크 지도자들은 70명의 웬다트인을 죽이거나 포로로 잡은 채 프랑스 정착촌을 지나 강 하류로 복귀했다. 프랑스 지도자들은 이런 폭력에 개입하지 못했다. 분노한 종교 지도자들이 불만을 토로했지만, 소용없었다. 우르술라회〔성 우르술라 수녀회〕의 지도자 마리 드 랭카르나시옹Marie de l'Incarnation은 아들에게 "예수 그리스도를 모르는 이교도 네이션"의 행위를 두고 비통함을 토로하는 편지를 썼다.[125]

이로쿼이에게는 전쟁으로 얻는 이득이 평화를 통해 얻을 수 있는 이득보다 더 컸다. 이로쿼이 연맹 구성원들에게는 갈등을 해결하는 오래된 관행들이 있었지만, 전쟁과 평화를 둘러싼 견해 차이가 너무 뚜렷해서 해결이 쉽지 않았다. 그러면서 친프랑스 분파와 반프랑스 분파가 생겨났다.[126] 1656년 예수회 선교사들은 〔이로쿼이 연맹을 구성했던 식스 네이션 중 하나인〕 오논다가인들 사이에서 선교소를 설립하는 데 마침내 성공했다. 선교사들은 완고한 이로쿼이인들 틈바구니에서 복음을 전했고, 이전에 웬다트 연맹 추종자였던 이들에게도 복음을 전했다. 또한 이전에 웬다트 연맹을 추종했으나 이제는 이로쿼이 연맹으로 귀화한 사람들에게도 복음을 전했다.[127]

이로쿼이 연맹 구성원들이 파벌주의 탓에 분열되기는 했지만, 이

17세기
이로쿼이의 공습
이로쿼이의 습격 시기를 보여주는 마을 유적지
17세기 중반 이래 진행된 이로쿼이의 주요 습격 사건
니피건호
N
슈피리어호
세인트 이그너스
오타와강
퀘벡
오를레앙섬
1656
트루아리비에르
몬트리올
샹플랭 호수
휴런호
1649-51
1649
오논다가호
미시간호
그랜드강
아래 상세 지도 참조
1648-50
온타리오호
조지호
코네티컷강
1649-50
오세르네농
1653-4
1651
포트오렌지/올버니
이리호
세네카
카유가
오논다가
오네이다
모호크
허드슨강
롱아일랜드
뉴암스테르담/뉴욕
델라웨어강
오하이오강(계곡)
대 서 양
0    100    200 마일
0  100  200  300 킬로미터
조지아 만
세인트루이스
오소사네
테아나오스타이아에
웬다케
심코호

피터 제미슨G. Peter Jemison, 〈이로쿼이의 창조 설화 II〉, 2015. 1899년에 수장 존 아서 깁슨John Arthur Gibson(세네카인)이 이야기해준 이로쿼이 창조 설화에 근거해 그린 그림이다. 그림 왼편에는 '하늘여인Sky Woman'이 '하늘세계Sky World'에서 거북의 등 위로 떨어지는 장면이 있는데, 이 거북의 등이 지구가 되었다. 오른편은 하늘여인의 후손이 거북섬에서 창조한 세계, 즉 식물과 동물이 포함된 세계를 보여준다. 작가는 "물은 생명이다WATER IS LIFE"라는 글귀를 넣어, 이로쿼이의 창조 설화를 선주민의 토지와 주권을 수호하려는 현대의 선주민 운동과 연결한다. 다코타 액세스 파이프라인Dakota Access Pipeline 프로젝트를 중단시키기 위한 스탠딩록 거류구역Standing Rock Reservation에서 열린 시위도 이런 운동의 일환이다. (화가 제공)

로쿼이는 유럽이 북아메리카를 식민화한 첫 반세기를 견뎌냈고, 1600년대 내내 네덜란드, 프랑스, 스웨덴, 영국 세력 사이를 잘 헤쳐 나갔다. 이로쿼이는 프랑스 정착촌들을 불안하게 만들기도 했는데, 네덜란드와 거래할 모피를 얻기 위해 서부의 무역 호송대를 약탈할 정도였다. 프랑스 식민지가 약해지면서 그곳의 취약한 상인들을 노리는 이로쿼이의 습격이 자주 발생하곤 했다.

결국 북아메리카의 프랑스 제국을 안정시키기 위해 프랑스 왕정이 개입했다. 루이 14세는 캐나다에 병력 증파를 명령했는데, 그중에는 프랑스의 정예군인 카리냥-살리에르 연대Carignan-Salières Regiment도 있었다. 당시에는 뉴프랑스의 유럽인 민간인 인구가 약 3000명 정도에 불과하다 보니 군대가 곧 식민지 유럽인 인구의 3분의 1을 차지했다.[128] 따라서 당시 북아메리카에서 유럽인 남성을 봤다면 제복을 입고 있었을 가능성이 높았다. '태양왕'은 그의 부관 트라시Tracy 후작을 이 부대의 지휘관으로 임명했다. 그의 임무는 "[이로쿼이를] 섬멸하는 것"이었다.[129]

## 이로쿼이와 뉴프랑스의 재건

대서양 양안의 프랑스 지도자들은 선주민 사이에서 벌어진 전쟁들로 빚어진 혼란을 잘 알았다. 1661년 트루아리비에르에서 피에르 부셰Pierre Boucher가 시도했던 것처럼, 뉴프랑스의 지도자들은 정기적으로 대서양을 건너 본국으로 들어가 지원군을 요청했다.[130] 그러나 왕실 관리들은 일백조합인회사Compagnie des cent-associés를 경영하던 민간인에게 식민지 관리를 맡겼다.[131] 체서피크에서와 마찬가지로, "백 명의 동업자"를 위해 활동하던 큰 회사가 노동자와 계약을 맺고 식민지 경제를 운영한 것이다. 그러나 이로쿼이의 전쟁으로 이 회사는 파산했다.

루이 14세와 왕의 고문들은 새로운 개혁에 착수했다. 프랑스 상업망과 통합된 번창하는 식민지를 건설하려면 그들에게 더 큰 권력이 필요했다. 전쟁은 번영과 정반대 편에 있었다. 그래서 관리들은 분쟁

을 제한하기 위해 전략을 마련했다.[132]

새로운 기지들이 세워졌고 식량이 보급되었다. 군인 수백 명이 동원되어 이로쿼이아를 향해 군사 행동을 벌이고 침공을 감행했다. 회사의 계약노동자와 달리 군인은 임무를 완수한 이후에도 정착자로 계속 남는 경우가 많았다.[133] 1701년에 뉴프랑스, 프랑스의 인디언 동맹들, 이로쿼이 사이에서 지속적인 평화를 위한 협약이 맺어졌는데, 이는 루이 14세의 통치기에 프랑스와 이로쿼이가 맺은 관계의 특징이 되었다.[134] 베르사유 궁전 건설, 유럽에서 벌인 다양한 군사 행동, 패권적 절대주의의 성장 못지않게 뉴프랑스의 재편도 루이 14세의 통치에서 중요한 부분이었다.[135]

1663년, 루이 14세는 일백조합인회사에 허락했던 특허장을 취소하고 프랑스 해외 식민지들을 관할하는 부책임자로 트라시 후작을 임명했다. 트라시 후작은 1665년 8월 약 400톤급 선박 두 척에 8개 중대의 병사를 태우고 퀘벡에 도착했다. 그는 리슐리외강 입구에 요새를 건설하는 것을 시작으로 식민지 방어 체계를 재편하기 시작했다.[136] 프랑스군과 모호크 사이에 군사적 충돌이 벌어지자 100명의 이로쿼이인이 퀘벡으로 찾아와 "평화 조약traitté de paix"을 체결했다."[137]

연대 규모의 군부대가 프랑스에서 온 것은 정착민들이 한 세대에 걸쳐 본국에 호소한 결과였다.[138] 마리 드 랭카르나시옹은 다음과 같은 기록을 남겼다.


캐나다에서 이런 장엄한 광경을 볼 수 있으리라고는 감히 꿈도 꾸지 못했다. … 캐나다에 처음 왔을 때는 볼 만한 것이 아무것도 없었다. … 군대의 행군 경로를 보면, 첫 번째 [모호크] 마을에서 전투가 벌어졌어야 했다. … 이 야만인들에게는 좋은 요새가 있고 대포가 있다. 그리고 그들은 용감하다. 그들을 정복하기는 분명 쉽지 않을 것이다. 그러나 우리 프랑스 군인은 열정적이어서 아무것도 두려워하지 않는다. … 그들은 대포를 등에 짊어지고 험난하기 짝이 없는 급류를 건넜다. 그들은 심지어 셀롭shallop[배]도 가져갔는데, 이는 전례 없는 일이다.[139]

프랑스인들은 이로쿼이가 벌인 전쟁과 이를 해결하기 위해 프랑스 군사 지도자들이 기울인 노력을 주의 깊게 지켜보았다.

지속적인 평화를 위한 협약이 실현되기까지는 한 세대가 걸렸다. 프랑스가 뉴프랑스에 투자를 배가했는데도 이로쿼이 연맹은 서부와 남부로 계속 확장해갔고, 1664년 뉴홀랜드를 인수한 영국과 동맹을 맺기도 했다. 프랑스는 영국의 주요한 적대국이었기에 일련의 전쟁이 북아메리카 식민지를 휩쓸었고, 1660년대부터 뉴프랑스와 영국령 북아메리카에서 한 세대 동안 개혁의 바람이 불었다.

특히 주목할 대목은 이로쿼이가 오대호 연안에서 습격을 통해 지속적으로 획득한 포로와 모피가 더 큰 보복을 불러일으켰다는 점이다. 1665년에 이르면 이로쿼이는 방어적인 상황에 놓이게 된다. 프랑스 지도자들이 서부의 프랑스 선주민 동맹들에게 물자 보급을 시작했기 때문이다.[140] 영국 상인의 영향력이 커지는 것을 지켜보던 프랑스인은 내륙으로 자원을 보급하는 노력에 박차를 가했다. 17세기에 치러진 전쟁에서 지배력을 행사한 것은 이로쿼이 침략자들이었지만, 그 지배력이 이제 끝을 향해 갔다.

폭력은 그 자체로 광대한 지형을 형성했다. 오대호에서 오하이오강 계곡 상류를 거쳐 퀘벡에 이르는 광활한 지대가 하나의 지역이 되었고, 거의 그 중심에 이로쿼이아가 있었다. 프랑스군 1200명이 동쪽에서 이로쿼이의 세력을 제한하는 데는 성공했지만, 이로쿼이 연맹을 제압하지는 못했으며, 오대호에서 계속되는 이로쿼이의 공세도 막지 못했다.[141] 1684년에는 세네카와 카유가의 공격이 세인트루이스St. Louis까지 뻗어나갔다. 그러나 이제 이로쿼이는 상응하는 반격에 직면해야 했다. 총독들은 1687년과 1693년에 이로쿼이아를 침공해 이로쿼이 마을들을 표적으로 삼아 불을 질렀다. 이전의 침략이 그랬듯이 이런 군사 행동은 프랑스 왕실의 승인을 받아서 진행되었고, 오대호 전역에서 프랑스와 동맹을 맺은 인디언 마을 주민들을 끌어들였다.[142]

1696년 여름, 프랑스는 이로쿼이아를 상대로 마지막 공격을 펼쳤다. 2000여 명의 프랑스군과 선주민 동맹군이 벌인 이 공격은 이로쿼이아의 중심부까지 폭격할 수 있을 정도로 뉴프랑스의 역량이 성장했음을 보여주었다. 하지만 이전의 군사 행동들과 마찬가지로 이 공격으로 프랑스가 승리를 지속적으로 지켜내지는 못했다. 특히 오논다가 마을의 주민들은 프랑스군이 진격해 오기 전에 미리 후퇴하면서 자신들이 살던 롱하우스들을 불태웠다. 게다가 모호크 습격자들이 대열에서 이탈했다가, 프랑스군이 떠난 뒤에 남아 있던 프랑스 정착촌을 공격해 프랑스가 약체임을 제대로 드러냈다. 이로 써 프랑스의 이로쿼이아 공격은 그림자에 가려질 수밖에 없었다. 베르사유에서 어떤 지시가 내려와도 이로쿼이아를 정복할 수는 없었다.[143]

프랑스와 그 동맹들이 이로쿼이의 헤게모니를 무너뜨리기는 했지만, 어느 쪽도 패권을 주장하지는 못했다. 이로쿼이 연맹은 여전히 멀리까지 다수의 인민에게 영향력을 행사했으나 이를 위해 막대한 대가를 치러야 했다. 프랑스군은 이제 내륙에 있는 요새들에 병력을 배치할 수 있게 되었고, 처음으로 선주민 동맹들을 무장시켰다. 더 나은 장비를 갖춘 동맹들이 이제 프랑스 제국주의를 성공으로 이끌었고, 이로쿼이인의 공격을 물리쳤다.[144] 샹플랭 이후 선임된 프랑스 총독들은 의식적으로 선주민을 총으로 무장시킨 적이 한 번도 없었는데, 1665년 이후에는 이것이 뉴프랑스의 식민지 정책이 되었다.[145]

잔혹한 폭력으로 점철된 한 세기가 지나고 긴 평화가 왔다. 주도권을 확보하지 못하고 한 세대가 지난 1701년 7월, 북아메리카 전역에서 인디언 대표 2000여 명이 몬트리올에 모일 준비를 마쳤다. 이로쿼이 연맹의 롱하우스들 안에서, 오대호 연안의 마을들에서, 평의회의 모닥불들 앞에서, 그리고 미시시피의 초원 위에서, 선주민 수장들, 씨족의 가모장들, 지역사회의 구성원들이 과거의 손실에 대해 논의했고, 지도자들에게 정의 구현을 간청했으며, 유혈사태 없는 미래를 희구했다.

# 1701년의 위대한 평화

1701년 7월 초, 1년간의 잠정 협정 끝에 오대호 인디언들로 구성된 대규모 호위대가 몬트리올로 떠났다. 아니시나베와 알곤킨어를 쓰는 여타 선주민 마을을 대표한 이 호위대에는 〔웬다케에서 추방된〕 이로쿼이어를 쓰는 웬다트인들, 수어를 쓰는 다코타, 호청크, 라코타인 들과 내륙에서 온 여타 다른 인민들이 있었다. 여기에 아베나키인과 뉴프랑스의 동부 인디언 동맹들, 그리고 〔이로쿼이 동맹을 구성하던〕 '파이브 네이션'에 속한 네이션들이 저마다 파견한 지도자들이 합류했다.[146]

마침내 40여 개 선주민 네이션의 대표들이 한자리에 모였다.[147] 기쁨을 나누는 날이 며칠 이어졌다. 모든 곳에 평화가 돌아왔고, 포로가 귀환했으며, 자율적 영역이 존중되었다. 프랑스 총독 드 칼리에르 기사chevalier de Callières는 이제 자신을 비롯한 프랑스 관리들이 여러 네이션 사이의 불만을 중재하고 분쟁을 해결하기 위해 노력할 것이라고 응답했다. 칼리에르는 이런 외교에서 전형적으로 쓰이는 다음과 같은 은유적 표현을 쓰면서 각 대표에게 왐펌 벨트를 나눠주었다. "모든 아이가 하나가 된 것에 나는 몹시 만족스럽다."[148] 서명자들은 조약에 서명하거나 표시를 남겨 자신과 마을 친인척들 모두가 평화를 유지하는 데 동의한다는 의지를 밝혔다.[149]

이 운명적인 날들을 묘사하는 프랑스의 서사를 보면, 가부장적 어조로 유럽인이 지닌 권한의 범위를 과장하고 모인 사람들의 문화적 다양성과 상호 의존성을 무시한다. 사실 모두가 이 새로운 세계의 아이들이었다. 이 세계는 유럽인과 선주민이 전쟁으로 맞부딪치기 시작하면서 생겨났다. 샹플랭의 시대나 이로쿼이가 웬다케를 공격했을 때와 달리 어느 누구도 일방적으로 권력을 장악하지 못했다. 집단적 생존을 위해서는 공존, 서로에 대한 인정, 외교가 긴요했다. 대평화가 시사하듯, 유럽인과 선주민 사이에서 결정적인 것은 차이보다는 공통점이었다. 전쟁과 평화의 문제, 즉 삶과 죽음의 문제를 다루기 위해서는 대륙 전역의 인민들이 와서 참여해야 했다.

◆

1701년 이후 새로운 형태의 교역과 외교와 동맹이 이 세계를 건설했고 하나로 묶어주었다. 샹플랭이 낙관적으로 "뉴프랑스"라고 불렀던 낯선, 얼어붙은 땅들이 1만 명에 이르는 프랑스 정착민의 터전이 되었다. 선교소, 요새, 전초 기지가 세워진 이 영토는 미시시피강을 따라 올라가, 오대호의 호수들을 가로질러 대서양으로 뻗어 있었다. "인디언" 가족들은 상인, 사제, 지도자 들이 자신들의 마을에 들어오는 것을 환대했다. 그러면서 이전에 있던 범주의 경계가 흐릿해졌고, 메티스Métis 혹은 "혼혈인"과 같은 새 범주가 생겨났다.

　이로쿼이의 영향력과 오대호 연안 인디언의 대응은 프랑스 제국의 전개에 영향을 미쳤다. 전쟁, 교역, 평화의 삼각관계가 모든 것에 작용했다. 이 다양한 역사가 이로쿼이의 왐펌 벨트부터 그림문자, 아니시나베의 "두뎀doodem〔가족이나 씨족의 상징으로 여기는 동물 등을 가리키는 알곤킨어. 영어 totem이 여기서 유래했다)” 표지에 이르기까지 여러 형태의 선주민 전통 속에 기록되었다. 이는 더 큰 일련의 정치적·문화적 공동체, 우화를 공유하는 공동체들로 구성된 “아니시나베 독자들에게 시각적 은유”를 제공했다.[150]

18세기 초, 루이 14세는 북아메리카의 땅 대부분에 대해 권리를 주장했다. 미지의 루이지애나 영토와 정착촌 세인트루이스에 그의 이름을 붙여 지명으로 삼았다. 1701년의 ‘대합의Grand Settlement’를 통해 프랑스의 그런 주장이 상상 속의 허구만은 아니게 되었다. 이로쿼이가 오하이오강 건너편 선주민 마을들에 대한 관할권을 갖는 대신 오대호 연안 습격은 자제하기로 합의하면서 이로쿼이는 한 세기에 걸친 전쟁에서 벗어나 온전한 주권체로 부상했다. 이로쿼이는 질병과 전쟁으로 수만 명을 잃었지만, 생존을 위해 수많은 타인을 통합했다. 이로쿼이는 곧 남동부에서 온 투스카로라Tuscarora를 여섯 번째 네이션으로 환대했다. 이로써 뉴프랑스와 영국령 북아메리카를 다루는 전술, 즉 두 세력이 대치하도록 만드는 전술을 구사하기가 용이해졌다.

마찬가지로 뉴프랑스 전역과 “높이 있는 나라”에 이르기까지 1701년부터 새로운 관계들이 형성되었다. 17세기에는 유럽인과 알곤킨어를 쓰는 선주민이 공유하는 세계가 지속되었지만, 여기에는 변화도 있었다.[151] 대평화 이후 디트로이트Detroit와 같은 새로운 정착촌이 세워지면서 정착민, 군사 지도자, 상인이 내륙으로 더 깊숙이 들어왔다. 그중에는 캐딜락 영주sieur de Cadillac인 앙투안 로메 드

라모트Antoine Laumet de Lamothe와 같은 야심 찬 인물도 있었는데, 그는 이 지역의 인디언에게 큰 공약(영국과 이로쿼이 세력으로부터 지켜주겠다면서 디트로이트 인근에 정착하라고 한 약속)을 하기도 했다.[152]

당시의 제국 관리와 마찬가지로 역사가도 이 지역의 지형적 특성을 찾고자 노력해왔다. 이를 통해 유럽인이 자기들 영토라고 주장한 땅에 대해서 알고 있으며, 유럽인이 그 땅의 인민을 지배했다는 인상을 주려고 했다. 프랑스어, 영어, 네덜란드어, 이로쿼이어, 알곤킨어, 수어를 사용하는 지역사회들의 배열을 통해 뉴프랑스가 구성되었음을 이해하려면, 과거에 대한 접근 방식들의 골조가 된 시대착오적인 민족지학적·공간적 범주들을 넘어설 필요가 있다. 앞으로 살펴보겠지만, 다음 세기 최대의 제국주의 투쟁은 이 북아메리카 내륙 세계에서 시작되어 거기서 끝났다. 따라서 그 역사에 관심을 두지 않으면 초기 미국을 제대로 설명할 수 없다.

# 4장

# 선주민의 오대호 세계

## 대륙의 심장부를 차지하기 위한 투쟁(1701~1755)

이 나라 역사에서 정말 주시할 지점은
대서양 연안이 아니라 미시시피강 유역이다.
— 프레더릭 잭슨 터너(1892)

다른 도시들과 마찬가지로 만단Mandan인의 마을들은 보이기도 전에 감지되었다. 미주리강의 잔잔한 물길 너머로 온갖 소리가 퍼져나갔기 때문이다. 매년 봄, 산에 쌓인 눈이 녹기 시작하면 굽이굽이 흐르는 물길이 한데 어우러진다. 몬태나Montana에서 시작해 다코타를 관통해, 네브래스카Nebraska와 아이오와Iowa 사이를 흐르고 미주리를 가로지르는 이 물길은 대륙의 거의 전역으로 흩어져 흘러나간다. 북아메리카에서 가장 긴 강인 미주리강은 동쪽으로 흐르는 수십 개의 강에서 물을 받아 미시시피강까지, 궁극적으로는 멕시코만까지 흐른다. 수천 년 동안 이 강은 미국의 심장부를 가로지르며 생명을 키워왔다.

구운 옥수수에서 나오는 연기, 말린 고기, 아침 식사를 통해 이 지역이 인구가 밀집된 지역임을 알아볼 수 있었다. 방문객들은 봄과 여름의 바쁜 일상, 특히 마을의 성벽 밖에서 이루어지는 농사일을 구경할 수 있었다. 만단 여성들은 인근 텃밭에서 최소한 아홉 가지 품종의 옥수수를 재배했다. 북아메리카 동부 대다수 지역에서 그랬듯이 여기서도 젠더에 따라 역할이 나뉜 정치경제가 이 세계를 지탱했다. 만단인의 식단은 옥수수가 주식이었고, 계절에 따라 들소, 낚시나 사냥으로 잡은 것들을 곁들였는데, 주로 교역 혹은 남성의 노동을 통해 얻은 수확물로 만든 음식이었다.[1]

그러나 만단의 마을들이 자리한 곳은 온대 기후대에 비해 환경이 그리 좋지 않았다. 작물의 생육 기간이 짧아서 농사를 일찌감치 마무리하고 긴 겨울을 보내야 했다. 일부 학자들의 추산에 따르면, 만단 지역에서 생육 기간은 연중 120여 일에 불과했다. 만단 여성들은 부지런히 땅을 갈아 이른 서리가 내리기 전에 마지막 남은 풋옥수수까지 모두 수확할 수 있기를 기대하며 7월까지 씨를 뿌렸다. 서리가 내릴 즈음이면 한 해의 주요 작업인 씨뿌리기와 심기와 거두기가 모두 마무리되었다.[2]

겨울 추위가 누그러지면 상인들이 통상 수천 명씩 이 마을들로 몰려왔다. 1739년 봄, 피에르 고티에 드 바렌 드 라 베랑드리Pierre Gaultier de Varennes de La Vérendrye가 보고한 바에 따르면, "그 마을들에서 오두막 200여 채가, 때로는 더 많은 오두막이 외지인의 숙박에 이용되었다."[3] 뉴멕시코의 거래 장터들과 마찬가지로 이 손님들은 만단의 "요새들"로 가서 "그들이 많이 가지고 있는 곡물이나 콩"을 가죽, 육류 등 긴 겨울 동안 만단인들이 가공한 많은 상품과 교환했다.[4]

몇 달씩 머무르곤 했던 이 방문자들은 마을 주변에 임시 부족 거주지를 형성했다. 라 베랑드리에 따르면, 이들이 "모두 같은 부족은 아니며," 서부 곳곳에서 온 사람들이었다. 일부는 뉴멕시코에서 교역하던 사람들이었는데, "그들처럼 백인이고, … 수염을 기르고, 책들에 나오는 위대한 '생명의 주인Master of Life'에게 기도하는" 사람들과 시간을 보내기도 했다고 한다.[5] 라 베랑드리와 같은 여행자들은 멀리 구석구석에서, 지리상으로 보면 대륙의 중심에 자리잡은 이 선주민 마을들로 모여들었다.

학자들의 추정에 따르면, 이런 손님용 오두막은 여덟에서 열두 명의 확대가족이 살던 곳이다. 강변에 자리한 만단인 사회에서는 200~300채의 오두막에서 수천 명, 많게는 1만 5000명에서 2만 명까지 살았다. 중심에 자리한 만단 마을 여섯 군데는 계절성 교역 덕분에 북아메리카에서 인구 밀도가 매우 높은 지역 중 하나가 되었다.[6] 이에 비해 1690년에 보스턴, 뉴욕, 필라델피아의 인구는 총 1만 3000명이었다.[7] 미시시피 시대의 도시 중심지들, 예를 들면 카호키아Cahokia와 인구 규모가 비슷했던 만단은 미국혁명기까지 북아메리카 최대의 도시 네트워크를 유지했다. 뉴욕이 이 초기 선주민 도시들을 마침내 능가한 시기는 미국혁명 이후다.[8]

훗날 메리웨더 루이스와 윌리엄 클라크 같은 유럽계 미국인 여행자도 이곳을 방문했다. 미국 탐험가들은 1804년에 당시 대통령 토머스 제퍼슨이 갓 매입한 루이지애나 영토로 들어갔다. 라 베랑드리와 마찬가지로 이들은 미주리강을 따라 상류 급수지까지 가기를 희망했고, 태평양으로 가는 길을 찾고 싶어했다. 그러나 그들이 도착했을 당시 만단 마을은 천연두 발생을 비롯해 여타 식민화가 가져온 혼란을 겪는 중이었다. 당시 그들은 주변의 기마 세력, 특히 라코타(수Sioux)와 대적해야 했다. 클라크의 기록에 따르면, 만단의 지도자들이 "우리에게 수 세력이 [지금] 미주리강 상류에 정착했으며, 수 세력은 이번 겨울에 만단을 공격하겠다고 위협했고, … 그동안 [만단 사절단을] 아주 거칠게 대했다"라고 알려주었다.[9]

학자들은 정주 생활을 하던 만단인 세계가 쇠퇴하면서 나타난 부족 간 갈등을 연구해왔으며, 미국 서부의 역사를 만단과 만단의 이웃 라코타 사이의 긴장 관계에서부터 서술하곤 했다.[10] 그러나 이 강변 세계에서는 갈등도 컸지만, 연줄도 그만큼 중요했다.[11] 루이스와 클라크보다 거의 한 세기 앞선 시기에 라 베랑드리는 서로 연결된 세계, 즉 '선주민의 내륙해Native Inland Sea' 세계〔오대호 인근을 이르는 말〕의 동쪽 끝에서 왔다.

1685년 트루아리비에르에서 태어난 라 베랑드리는 트루아리비에르 총독의 아들이었다. 당시 트루아리비에르 총독은 몬트리올 총독 다음으로 중요한 직책이었다.[12] 그는 뉴프랑스를 구축하는 데 일조한 선주민들 사이에 충돌이 벌어지던 시기에 성장했고, 이로쿼이의 마지막 군사 행동과 1701년의 대합의의 시기를 살았다.[13] 유럽에서 군사 교육을 받았고 전투에서 포로로 잡히기도 했던 그는 북아메리카로 돌아와 북동부 지역에서 군사 작전을 지휘했다. 그러면서 "높이 있는 나라"를 가로질러 대평원까지 진출해 이 지역의 지도를 작성했다. 그의 삶은 만단의 경제적 격변과 교차했다. 그는 만단의 지도자들에게 신뢰를 얻기 위해 노력했고, 그들의 역사를 기록했다. 그가 살던 세계는 선주민과 비非선주민이 규정하고 만들던 세계였다.[14]

18세기와 19세기 내내 오대호 연안의 거주자들은 트루아리비에르와 만단에서 가장 큰 마을인 더블디치Double Ditch를 잇는 3000여 킬로미터를 주기적으로 여행했다. 이들이 이 대륙의 심장부에서 형성한 사회적 관계, 외교 협정, 경제 거점들은 향후에 이 대륙의 미래를 결정한다.

서쪽으로는 미주리강을 따라 뻗어 있고, 동쪽으로는 세인트로렌스강을 가로지르는 경로들로 연결된 이 내륙 세계를 지배한 것은 오대호의 강과 길이었다. 여기에는 수많은 오솔길과 도로, 숲과 개방된 사냥터, 초원, 호수와 모래언덕, 선주민 마을도 포함되었다. 선주민 마을은 상품, 사람, 정보가 유통되는 통신과 교통망으로 연결되어 있었으며, 북아메리카에서 이루어진 가장 큰 변화는 여기에서 촉발되었다. 북아메리카에서 모피 무역이 성행하던 시기부터 프랑스와 영국 사이에서 마침내 터진 분쟁인 이른바 7년전쟁에 이르기까지 이 내륙 세계는 대륙의 고동치는 심장부였다. 1753년, 이곳에 있는 프랑스의 포트듀케인Fort Duquesne에서 7년전쟁의 첫 전투가 시작되었다. 여기서부터 이 전쟁은 대륙을 가로질러 유럽까지, 그리고 거기서 또 공해公海를 건너 확대되었다. 1763년에는 디트로이트의 옛 프랑스 요새에서 7년전쟁의 마지막 전투가 벌어졌다. 그러면서 결국 영국령 북아메리카까지 무너뜨리고 만 변경 지대의 분쟁이 시작되었다.[15]

이 내륙 세계의 심장부에는 선주민 네이션들이 있었는데, 특히 아니시나베그Anishinaabeg(오지브웨)가 있었다. 아니시나베그와 다른 알곤킨어권 인민들은 수백 년 동안 이곳에서 생선, 야생벼, 모피 등을 생산하면서 담수 자원을 중심으로 계절에 따라 이동하는 반半이동식 경제를 유지하며 살아왔다. 미국과 캐나다에는 100여 개의 오지브웨 지역사회가 서쪽 우즈호Lake of the Woods와 동쪽 온타리오호 사이에 자리잡고 있었다. 그중 24개 지역사회는 현재 연방정부나 주정부에서 인정받는 부족으로, 미시간, 위스콘신, 미네소타에서 살고 있다.[16] 이들의 언어는 아니시나베모윈어Anishinaabe mowin와 연관된 방언인 오지브웨 방언Ojibwe lingua franca이었다.

오지브웨 지역사회들은 16세기에 오대호 북부 지역에 정착하면서 알곤킨어를 사용하는 포타와토미인이나 오타와Ottawa인들과 분리되었다. 그들의 근거지는 아니시나베와키Anishinaabewaki〔아니시나베인을 일컫는 말〕, 혹은 "오지브웨 영토"로 알려졌는데, 미국혁명 이후에는 미국과 캐나다의 국경이 이 영토를 가로지르게 된다.[17] 식민지 시대 내내 오지브웨는 오대호 세계의 선주민 지역사회 중 규모가 가장 큰 집단이었는데, 19세기 초반부터 쇄도하던 정착민 식민주의와 충돌하기 시작했다.

알곤킨어를 사용하는 다른 지역사회들과 마찬가지로 오지브웨는 낚시, 사냥, 채집을 병행했다. 그들의 경제는 수많은 먹거리와 약제를 중심으로 돌아갔는데, 만단과 마찬가지로 계절과 성별에 따라 노동 일과가 진행되었다. 그들은 가족 단위로 계절에 따라 마을과 천변 옆 야영지를 오가며 생활했는데 야영지가 있던 천변은 내륙의 호수, 연못, 수로와 연결되어 있었다. 야생벼 농사, 열매 수확, 봄철 단풍나무 수액 채집을 통해 여성이 운영하는 가정경제가 활기를 띠었고, 남성은 주로 사냥, 낚시, 덫 놓기를 하면서 마을 내에서 하는 작업과는 거리를 두었다. 모피 무역이 성장하면서 성별에 따른 노동 분업은 더 뚜렷해졌고, 결국 새로운 노동 분업과 새로운 부의 분배가 생겨났다.[18]

18세기 내륙에서 알곤킨어를 사용하는 사회들과 프랑스 제국을 연결해준 것은 상업적·외교적·군사적 유대 관계였다. 가족·종교·사회의 연줄을 통해서도 마을 사회들과 프랑스 제국의 권력은 결합되어 있었다. 선주민들은 미주리강 인근에 자리한 그레이트벤드Great Bend에서 세인트로렌스강 하구까지, 미시시피강 하구에서 오대호 북부에 이르기까지 대륙으로 통하는 주요 경로들을 장악했다. 말하자면 선주민이 대륙으로 접근하는 세력에게 통제력을 행사한 것이었다. 18세기에 벌어진 전쟁의 도가니 속에서 그 윤곽을 그린 이들은 선주민 마을의 주민들이다. 그들은 강력한 동맹이기도 했고,

무역 파트너이기도 했으며, 적군이기도 했다.[19] 이처럼 전 지구적 차
원에서 발생한 불길의 영향을 받지 않은 곳은 거의 없었다.

## 1701년 이후: 18세기 이로쿼이 세력의 재구성

라 베랑드리는 네 살 때 트루아리비에르의 총독이었던 부친을 잃고
열두 살 때부터 유럽에서 군인 생활을 시작했다. 그는 청년이 되어
퀘벡으로 돌아왔다.[20] 만약 부친이 생존했다면, 라 베랑드리는 청소
년기를 세인트로렌스강변에서 보냈을지도 모른다. 봄철 해빙기가
오면 이곳에서 뉴프랑스의 연례 상업 활동이 시작되었으므로, 부친
이 계속 있었다면 그는 1701년 대합의에 참관했을 수도 있다. 그랬
다면 아버지와 아들은 루이 엑토르 드 칼리에르Louis Hector de Callières
총독과 함께 밤에 열린 연회들에 참석해 프랑스와 40개 선주민 네이
션 사이에 맺어진 "대평화"를 축하했을 것이다. 그리고 이로쿼이가
벌인 전쟁들이 끝나고 수십 년 동안 이어진 군사 활동이 종식되었음
을 기념했을 것이다.

　희망과 낙관주의가 충만했던 그 시절, 그의 부친이 살아 있었다면
총독이 오다와Odawa의 지도자 오우토우타간Outoutagan을 환영할 때
그의 편에 섰을 것이다. 오우토우타간은 선주민 지도자로는 처음으
로 총독의 영접을 받았다.[21] 야영지가 형성된 섬에서 나오는 환호의
소리를 들었을 것이다. 연회가 시작되기 불과 사흘 전, 서부 지역 지

도자 700명이 카누를 끌고 오타와강과 세인트로렌스강이 만나는 지점 인근의 강변에 도착했다.[22] 곧이어 수백 명의 이로쿼이 대표단과 아베나키, 미크맥, 모히간, 그리고 북동부 지역에서 온 다른 지도자들도 합류했다.[23]

많은 이들에게 1701년의 회합은 그들 인생에서 가장 큰 행사였다. 1701년 7월에 몬트리올의 인구는 선주민 손님 2000명이 도착하면서 거의 두 배로 늘었다.[24] 여기에는 라 베랑드리가 훗날인 1739년 여행 중에 방문했던 지역사회에서 온 다코타와 오지브웨 지도자들도 있었다. 1739년 무렵 라 베랑드리는 자녀를 둔 아버지가 되어 있었고 태평양으로 가는 육로를 찾기 위한 과업에 자기 아들들을 참여시켰다.[25]

몬트리올에서의 대합의는 올버니에서 열린 영국-이로쿼이 회담과 같은 시기에 진행되었다. 영국이 뉴홀랜드를 정복한 이후 올버니는 영국이 보유한 13개 식민지의 수도 중 가장 북쪽에 위치한 수도가 되었다. 1701년, 이로쿼이 지도자들은 영국 관료들에게 뉴프랑스와 영국령 북아메리카 사이에 자리한 이로쿼이가 자치권을 지녔다는 것을 인정하고, 오하이오강 건너편에 늘어선 이로쿼이 산하 마을들에 대한 이로쿼이의 종주권을 인정하라고 설득했다.[26] 이렇게 영국, 프랑스, 이로쿼이 사이에서 외교가 진행되었다. 그후 반세기 동안 프랑스와 영국 사이에서 안정을 유지하는 것이 이로쿼이 정치에서는 가장 중요했다. 뉴욕의 인디언사무 책임관 피터 랙설Peter Wraxall은 다음과 같이 회상했다. "우리와 프랑스 사이에서 균형을 유지하는 것이 … 그들(이로쿼이)의 주된 통치 원칙이다."[27]

이로쿼이 연맹과 내륙에 자리한 지역사회들 사이의 관계는 1740년 대까지 대부분 유럽의 통제 밖에 있었다. 1701년의 협정을 통해 애팔래치아산맥 너머 서부 지역의 대부분, 특히 오하이오강 계곡에 대한 이로쿼이의 자치권이 인정되었으며, 이 지역에서 이로쿼이 연맹은 권력과 자치권을 유지했다. 랙설이 시사한 바에 따르면, 이로쿼이는 프랑스와 영국 사이의 세력 균형에 영향을 미쳤을 뿐만 아니라 다른 선주민도 이로쿼이 연맹으로 통합할 만한 힘을 보유했다. 나아가 영국과 전쟁 중이던 선주민까지 유인할 힘도 있었다. 1715년 영국이 사우스캐롤라이나South Carolina 식민지를 세우면서, 선주민 투스카로라와 캐롤라이나 영국인 정착민 사이에서 전쟁이 벌어지자 이로쿼이 지도자들은 투스카로라 구성원들을 기꺼이 연맹에 받아들였다. 그렇게 해서 영국에 맞섰던 남쪽의 투스카로라는 이로쿼이 연맹의 여섯 번째 네이션이 되었고, 연맹의 가르침과 규약을 익혔다. 이들의 귀화를 통해 이로쿼이 연맹의 규모는 더 커졌다.[28]

이로쿼이는 프랑스와 영국 간의 분쟁에서 중립을 지켰고, 프랑스가 내륙의 선주민 네이션들과 맺은 동맹을 인정했다. 이로쿼이는 서부로 진출하는 것을 자제했고, 프랑스가 북아메리카 대륙 전역으로 확장하는 것을 제재했다. 1701년 말 디트로이트가 세워지면서 대평화의 광범한 영향력이 빛을 발했고, 이로쿼이 연맹의 변화하는 외교도 부각되었다. 이로쿼이 연맹의 서쪽 영향력은 디토로이트에서 끝이 났다. 곧이어 디트로이트강변의 포트퐁샤르트랭Fort Pontchartrain

이 프랑스-알곤킨 세계의 시작을 보여주는 신호 역할을 했다. 얼마 뒤 프랑스어를 쓰는 사람, 알곤킨어를 쓰는 선주민, 심지어 집권 세력에 불만을 품은 이로쿼이 주민까지 다양한 이들이 이 요새로 들어왔다.[29]

이로쿼이의 권력이 그 이후 오하이오강 유역의 발전에 큰 영향을 미쳤다. 18세기 영국과 프랑스 사이에서 분쟁이 이어지자 두 나라의 지도자들은 상대방이 이로쿼이 연맹과 동맹을 맺지 않을까 두려워했다. 이로쿼이가 중립을 지키는 것은 유럽 각 제국의 안정에 필수적 요소였다. 그리고 유럽인 사이의 분쟁에서 벗어나 있어야 이로쿼이와 이로쿼이 산하 마을들도 전쟁으로부터 보호받을 수 있었다.[30] 이 삼각 세력의 세계에서는 이렇듯 이로쿼이 연맹과 그 동맹들이 중요한 한 기둥이었다.

그러나 이 다양한 사회를 잇는 유일한 외교적 행위가 중립과 전쟁만은 아니었다. 교역이 모든 것을 하나로 묶었다. 교역은 생계를 잇게 해주는 생명줄이었다. 이로쿼이 지도자들은 올버니에서 상품을 지속적으로 판매할 수 있으리라는 확신을 얻었다. 이로쿼이 연맹은 모피 거래처를 확보해 모피를 판매한 대가로 여타 물품과 무기를 챙기면서 1660년대 영국의 뉴홀랜드 정복 이후 이어진 오랜 긴장을 녹일 수 있었다. 1701년 이후 이로쿼이는 영국 정착민과 더 쉽게 교역했다. 이로쿼이인들은 식민지 항구와 요새를 이용해 필요한 것들을 공급받았다. 1600년대의 상당한 기간을 이로쿼이는 유럽 시장과 단절되어 있었지만, 영국과 교역하면서 유럽 시장과 단절되는 일이

다시는 없으리라는 확신을 얻었다.

이로쿼이는 프랑스와 알곤킨어를 사용하는 프랑스의 여러 동맹, 이로쿼이와 그 산하 마을들, 그리고 각각 다르면서도 서로 연결된 13개의 영국 식민지, 이렇게 세 세력 사이에서 힘의 균형이 유지되기를 원했다. 이 정치적 삼각 구도는 18세기 전반 내내 지속되었다. 이런 구도가 유지된 덕분에 1701년의 합의가 외교적으로 매우 영향력 있는 사건이 될 수 있었다. 이 삼각 구도는 1763년에 '파리 조약' 체결로 7년전쟁이 공식적으로 종결될 때까지 이어졌다. 앞으로 살펴보겠지만, 7년전쟁은 삼각 외교 관계를 무너뜨려 결국 프랑스령 북아메리카 제국이 사라지는 결과를 낳았다.[31] 북아메리카의 운명은 점점 더 이 내륙 세계를 중심으로 돌아갔으며, 이 세계에서 결정적 역할을 한 것은 프랑스-인디언 관계로 판명되었다.


## 무역, 중재, 사법, 종교: 내륙을 가로지른 프랑스의 연줄

라 베랑드리는 생도 시절에 이로쿼이와 치른 마지막 전투에서 싸웠던 이들과 함께 훈련을 받았다. 그는 그들이 이로쿼이 연맹의 마을들에서 사람들을 내쫓을 수 없었다고 불평하는 것을 들었다. 당시 총독 루이 드 뷔아드 드 프롱테나크Louis de Buade de Frontenac가 전략을 변경한 것에 대한 문제 제기에도 귀를 기울였다. 그러나 그는 당시에 어렸기 때문에 그 시대의 또다른 큰 발전 중 하나, 즉 서부에서 선주민 동맹들이 왔다는 점에는 주목하지 못했다. 샹플랭 시대와 마찬가지로 선주민 대표단은 해마다 왔는데, 이번에는 더 멀리 떨어진 곳에서 왔다. 1695년에는 미시시피강변에 자리한 22개 마을을 대표해 다코타 사절 한 명이 왔는데 그의 이름은 전해지지 않는다. 그는 프랑스와 오지브웨 사회들과의 동맹이 강화되는 것을 우려하며 프롱테나크와의 만남을 요청했다. 이 사절은 총독의 오지브웨 동맹들에게 제공된 것과 동일한 형태의 "철과 무기"를 요청했다.[32] 이 다코타 지도자는 자기 휘하의 지역사회들이 프랑스와 동맹 맺기를 주저하고 있지만, 프랑스 무기를 제공받는다면 마음이 바뀔 수 있다고 전했다.

프랑스 관리들이 서부로 향했을 때, 그들은 복잡한 선주민 세계와 마주하게 되었다.[33] 몬트리올의 총독들, 트루아리비에르에서 온 정착민들, 베르사유의 왕실 등 모든 세력이 내륙의 중요성을 인식했으나, 내륙의 구성원들과는 다른 방식으로 이해했다. 그들은 파리의 철학자 모임에서 회자되던 "고귀한 야만인"에 대해 지어낸 이야기를 읽거나 들으면서, 제국의 실제 작동 방식과 맞지 않는 제국의 신화를 만들어갔다. 프랑스 지도자들은 1600년대에 내륙이 이로쿼이의 공격들로 상처를 입었고 "대합의" 이후에는 새로운 기회와 도전의 땅이 되었음을 알고 있었지만, 뉴프랑스의 운명이 선주민의 오대호 연안을 둘러싸고 돌아간다는 점은 제대로 인식하지 못했다.[34]

수많은 형태로 존재했던 일상적 관계가 프랑스인과 선주민을 하나로 묶어주면서 18세기 내륙의 풍경이 형성되었다. 여기에는 무역과 장사, 정치적 중재와 분쟁 해결, 종교적 개종과 종교적 통합주의, 혼인이나 친족 관계 형성을 통한 결합, 군사적 갈등과 동맹이 포함되었다. 이 모든 것이 서로 연관되어 있었다. 선주민과 비非선주민 모두가 의존, 의무, 충성의 그물망으로 얽혀 있었다. 뉴올리언스에서 세인트로렌스강에 이르기까지 이런 경제, 정치, 사회, 종교, 군사 관계가 뉴프랑스의 토대가 되었다. 선주민과 프랑스의 상인·사제·정착민·관리가 서로 대면하면서 제국과 내륙 마을들을 하나로 묶어주는 유대를 구축했다.

프롱테나크가 말한 대로, 교역품은 내륙 인민에게 필수적인 기술을 제공했다. 선주민은 특히 유럽의 총기, 옷감, "철 제품"을 탐냈다. 이런 물품들은 제각각 선주민의 군사적·일상적·산업적 관계로 스며들었다. 예를 들어 유럽산 금속 스크래퍼 덕분에 모피와 동물 가죽 가공이 쉬워졌고, 주전자를 이용해 물을 끓이게 되었으며, 총, 손도끼, 칼을 생계를 꾸리기 위한 사냥과 공동체 방어에 이용했다.

뉴에스파냐를 통해 말이 보급되었듯이, 프랑스 제품도 대륙 전역으로 퍼져나갔다. 하지만 프랑스 제품은 파도가 아닌 하천을 따라 들어왔다. 예를 들어 1680년대 말 오대호 연안 마을들에 도착한 프랑스산 화물이 실린 카누는 70척에 불과했다. 거기에 500여 자루의 총과 2000자루의 쇠도끼가 실려 있었는데, 이 제품들은 적어도 10만 명이 거주하던 선주민의 세계로 흘러 들어갔다.[35]

사실 내륙의 많은 지역사회가 미주리강변에 자리잡은 대규모 만단 마을들과 비슷한 규모였다. 1670년에는 오지브웨인 약 2만 명이 그린베이 주변의 정착촌들에서 거주했다. 더 남쪽으로 가면 또다른 2만 명의 일리노이인, 마이애미Miami인, 쇼니Shawnee인이 연맹을 형성해 일리노이 전역의 여러 마을에서 모여 살았다. 미시간의 어퍼 반도Upper Peninsula에 있는 포트미실리매키낙Fort Michilimackinac에서는 1695년에 7000명이 거주했다. 1701년 '대합의'가 있던 당시에는 내륙 지역이 이웃의 어느 지역보다 인구가 많았다. 이로쿼이아, 퀘벡, 뉴잉글랜드의 인구를 모두 합친 것과 비슷했다. 프랑스 상품이 선주민의 기술을 대체할 만큼 충분히 공급된 적은 없었기에, 일상의 여러 다른 측면에서 그랬듯이 유럽의 문물이 선주민의 문물과 나란히 공존했다.[36]

인구수를 정확히 파악할 수는 없지만, 내륙 선주민이 프랑스의 식민자, 선교사, 군인보다 훨씬 많았다. 게다가 이로쿼이의 폭력 위협이 계속되면서 선주민의 이주, 재정착, 선교지 포기가 일상화되어 프랑스 관리들을 더욱 곤란하게 했다. 1696년, 샤를 알바넬Charles Albanel 신부가 사망한 후, 수세인트마리Sault Ste. Marie〔미국 미시간 북동부와 캐나다 온타리오 사이에 있는 세인트마리강변에 자리한 도시〕에 있던 선교 정착촌이 무너졌다. 이듬해인 1670년에는 미실리매키낙과 세인트이그너스St. Ignace에 있던 군 주둔지도 폐쇄되었다.[37] 지난 수 세기 동안 그랬듯이 그곳 선주민들은 계절에 따라 정착지를 변경했고 선주민의 이런 이동성 때문에 내륙을 분류하려던 제국의 노력은 제대로 실현되지 못했다.[38]

한 가지 확실한 것은, 무역품이 인민들 사이의 관계를 공고하게 만들었다는 점이다. 프랑스인은 동맹을 맺은 지역사회들에 "선물"로 무역품을 제공했다. 이렇게 한 데에는 보호를 비롯한 여러 가지 이유가 있었다. 1680년에 일리노이의 수장 오우마호하Oumahouha가 어느 예수회 신부를 "아들로 입양했는데, … 드라살de la Salle 씨는 오우마호하가 나를 잘 돌봐주도록 오우마호하에게 선물을 주었다"라는 기록은 보호를 이유로 선물이 전달된 경우가 있었음을 알려준다.[39] 이런 선물은 선주민 사회의 필요를 충족시켜주었을 뿐만 아니라 프랑스 제국의 목표와도 연결되었다. 본질적으로, 무역은 단순히 경제 영역에 머물지 않고 사회, 문화, 상인이 저변에서부터 사회적·정치적·군사적으로 얽히게 했다. 이전 세기의 이로쿼이 전쟁 때와 마찬가지로 거래가 일상생활의 필수 요소가 되었다. 거래를 해야만 살아갈 수 있었다.[40]

그러나 거래는 갈등을 불러일으키기도 했다. 총, 손도끼, 칼의 공평한 교환 조건과 경쟁을 두고 긴장이 서린 상황이 끝없이 이어졌다.[41] 게다가 모피 무역과 함께 술도 등장했다. 금속이나 총기 제품처럼 모피와 술의 도입도 폭력적인 상호작용을 야기했다. "대평화" 협상이 진행되는 동안, 오우토우타간은 칼리에르에게 "당신의 동맹 중 **누구에게도** 술을 팔지 못하게 해달라"라고 간청하면서, 술이 자신의 지역사회를 넘어서는 더 큰 차원의 문제임을 토로했다.[42] 마을 내에서, 이웃한 네이션 사이에서, 인디언과 프랑스인 사이에서 갈등이 터져나왔고, 이는 선주민과 프랑스인 지도자들을 난감하게 만들었다.

언제나 그렇듯이 폭력이 사회 질서를 어지럽혔다.

이런 갈등이 해결되려면 일정한 메커니즘이 필요했다. 선주민과 제국의 주권이 충돌하면서 새로운 사법 관행이 등장했다. 뉴프랑스 전역에서 중재는 선주민과 제국 정치의 두 번째 핵심적 수단이 되었다. 지도자들은 중재자를 구하기 위해 며칠씩 여행을 떠나곤 했다. 북아메리카의 다른 지역이나 "총기가 난무하는 변경들"과 달리 이 지역 선주민과 프랑스 제국 지도자들은 긴장을 완화하기 위해 노력했다.[43] 선주민 지도자들은 프랑스 총독과의 접견을 요구했고, 총독들은 이를 받아들였다. 한편 총독들은 상업, 군사 및 기타 보호에 대한 대가로 선주민의 충성을 기대했다. 시간이 흐르면서 청원, 중재, 협의가 일상 정치에서 필수 과정이 되었다.

프롱테나크를 비롯한 프랑스 총독들은 인디언 손님을 맞이하고 그들의 우려를 경청하면서, 물품 지급에서 포로 석방에 이르기까지 다양한 구제책을 제시했다. 또한 총독들은 요새, 정착지, 선교소에 관리들을 배치했다. 박크빌 드 라 포테리에 따르면, 관리들의 존재가 선주민 마을 주민들을 안심시켰다. 선주민 중 다수가 "프랑스인이 있으면 [자신들의] 이웃들이 함부로 하지 못하니 보호받는 셈이라고 스스로 믿었다"라고 한다. 포테리의 기록에 따르면, 이런 관리들이 "모든 분쟁에서 중재자가 되었다."[44]

그러나 이것만으로 모든 문제가 해결된 것은 아니다. 특히 절도나 살인과 같은 형사 문제는 더 힘들었다. 문화적 간극이 있는 관계에서 살인 사건이 벌어지면 프랑스-선주민 관계에 금이 갔다. 1716년,

내치즈Natchez 군인 세 명이 프랑스인 항해사 네 명을 살해한 사건이 발생했을 때, 미시시피강 하류의 프랑스 지도자들은 프랑스인 살해자의 사형을 우선적으로 요구했다. 내치즈 측이 범인 중 두 명, 그리고 다른 한 명의 범인 대신 마을 주민 한 사람을 처형하는 것으로 무마하려고 하자 총독은 내치즈 지도자들을 죽였고, 그 결과 폭력이 확대되었다. 그뒤 격렬한 전쟁이 몇 년간 이어졌다. 1731년, 내치즈 군인들은 식민자 200명이 살던 정착촌을 파괴하고 여성, 어린이, 아프리카인 노예로 구성된 100여 명을 포로로 잡았다.[45]

새로운 중재 관행은 일반적인 유럽 사법 절차를 대체했다. 예를 들어 1723년 4월 25일 미주리강과 미시시피강이 합류하는 지점 인근의 샤르트르 요새Fort de Chartres에서 한 프랑스 상인이 말다툼을 하다가 요새에 주둔한 한 프랑스 군인을 살해한 사건을 들 수 있다. 새로 설립된 지방 법원에 구제를 요청한 군인의 동료들은 상인에게 사형이 선고되리라 기대했다. 그런데 이 상인은 인근 일리노이 연맹에 속한 카스카스키아Kaskaskia 마을들과 밀접한 관계를 맺고 있었고, 그들 경제에 꼭 필요한 존재였다. 살인 이후 나흘 만에 카스카스키아의 수장 세 명이 사건 처리에 개입하기 위해, 다시 말해 그의 석방을 요청하기 위해 찾아왔다.[46] 그의 목숨을 구하러 온 것이다.

법원 관리들은 이들의 호소를 처음에는 환영하지 않았으며, 이렇게 주장했다. "한 사람의 목숨을 살려주는 것은 심각한 문제요. 그는 살인을 저질렀소. 오늘 … 프랑스의 최고 수장, 왕, 당신의 아버지, 그리고 우리의 아버지는 살인자라면 모두가 사형에 처하기를 원하며,

이를 그는 알고 있소. 우리가 함께 있는 한 그런 범죄가 처벌받지 않을 수는 없소."[47]

카스카스키아 수장들은 자신들의 요청이 매우 중요하다는 것을 잘 안다고 대답했다. 그들은 프랑스 측의 명령에 인내심을 갖고 귀를 기울였다. 한 수장은 다음과 같이 말했다. "보시오, 내가 귀하께 호소하는 것은 이번이 처음이오. … 나의 네이션을 대표하여 귀하께 간청하오. 당신의 자녀 중 한 명의 목숨을 살려주시오." 그들은 카스카스키아 사람들도 프랑스 공동체를 지키다 목숨을 잃은 적이 있다는 사실을 프랑스인들에게 상기시켰다. 당시 바로 얼마 전에 사제가 그 선주민의 경쟁자들에 의해 살해된 사건이 있었다. 그 일을 두고 한 지도자는 이렇게 말했다. "한동안 우리는 〔사제들이 입는 셔츠의〕 흰색 옷깃만 보면 흐느끼곤 했소." 그리고 이렇게 덧붙였다. 프랑스가 보복을 요청했을 때 "전쟁에 나갔소. … [그리고] 동료 전사들이 피 흘리는 것을 보았소."[48] 그들은 프랑스인이 자신들 중 한 명을 죽인다면, 자신들과 적대적 관계인 치커소Chickasaw인과 폭스Fox인이 이를 동맹이 취약해졌다는 신호로 해석할 것이고, 결국 더 큰 폭력을 불러올 것이라고 우려를 표했다.

카스카스키아 수장들은 동맹에 자비를 베풀어달라고 공개적으로 요청해 스스로를 취약하게 만들었고, 자신들의 권위를 프랑스의 권위와 연계시켰다. 권위를 공유하고 있음을 내세우는 것이 늘 성공하지는 않았지만, 그들은 이렇게 공유된 권위가 "국왕"의 권위를 뛰어넘는다고 믿었다. 국왕의 주권이 인정되기는 했지만, 그렇다고 그 권력이 늘 통하는 것은 아니었다. 그들의 요청은 상징적인 행위에 그치지 않았다. 내륙 선주민 사회에 속한 사람들은 동맹을 계속 유지해야 하고, 동맹의 권력 행사는 협의와 합의에 따라야 하며, 위계적이지 않아야 한다고 생각했다. 이렇듯 프랑스와 선주민 동맹들은 권력에 대해 다르게 인식했지만, 그들 사이에서 안정을 유지하고자 노력했다. 그들 세계의 운명은 협상에 달려 있었다. 카스카스키아 지도자들은 공식적으로 요청했고, 그동안 자신들이 치른 희생을 그런 요청과 연결했다. 그들은 인정과 구제를 기대했다. 한 수장은 다음과 같이 말했다. "나를 난처하게 만들지 마시오. … 간청하오."[49]

상대에게 인정받으면서 상대의 요구를 모른 체하는 것은 이 세계를 지탱하면서 나아가던 정치에 위배되는 일이었다. 일방적인 권력은 위험했다. 내치즈인들 사이에서 그랬던 것처럼 이런 일은 안정을 위협했다. 5월 말까지 프랑스 지도자들은 협의를 마쳤다. 그들은 카스카스키아 측에 다음과 같이 알렸다. "당신들 외의 다른 어떤 네이션도 우리가 허용한 것을 얻어내지 못했을 것이오."[50] 이 상인은 풀려났다. 그를 위해 선주민이 호소한 덕분에 그는 다시 살아났다. 일리노이에서 프랑스 측에 의해 진행된 최초의 공식 형사 재판은 이렇게 마무리되었다.

프랑스 지도자들보다 내륙 선주민의 힘을 더 잘 이해했던 것은 예수회의 "흰색 옷깃"들이었다. 17세기에 예수회 사제들은 "우리가 남은 생애를 함께할 사람들"은 선주민이라고 하면서 열심히 선교 활동을 했다.[51] "검은 옷"으로도 알려진 사제들은 권력에 대해 통치자나 상인과는 다르게 생각했다. 그들은 더 높은 권위에 호소했다. 종교는 무역, 중재, 사법처럼 선주민과 제국의 세계를 연결하는 네 번째 영역이었다.

뉴프랑스에 대한 영어 기록을 보면 예수회 선교가 큰 비중을 차지한다. 유럽의 영향력이 발휘되기 시작했을 무렵 최초의 중심지 중 하나가 선교소다. 교회는 많은 지역에서 가장 오래된 유럽식 건축물이 되었다. 요새, 정착지, 마을의 설립보다 선교소가 먼저 세워진 경우도 많았다.[52]

이런 역사가 선교소에 항상 도움이 되었던 것은 아니다. 19세기 역사가 프랜시스 파크먼Francis Parkman의 주장에 따르면, 가톨릭 신앙이 그다지 큰 역할을 하지 못했던 것은 예수회가 시대에 뒤떨어진, "미신"으로 점철된 "중세적 유형의 기독교"를 설파했기 때문이다.[53] 파크먼의 주장에 따르면, 그런 가르침은 아메리카 대륙에 예정된 개인주의 정신에 어긋나는 것이었다.

청교도의 후손인 파크먼은《17세기 북아메리카의 예수회The Jesuits in North America in the Seventeenth Century》(1867)를 비롯해 북아메리카에서 프랑스와 영국의 역사를 다룬 연작 일곱 권을 수십 년에 걸쳐 집필했다.[54] 그가 인디언에게 품은 반감은 가톨릭에 품은 반감보다 훨씬 깊었다. "인디언은 구제 불능이어서 변하지 않는다. … 그러면서도 바람처럼 잘 변한다."[55] 선주민을 변하지 않기도 하고 변하기도 하는 존재로 묘사한 파크먼은 절대주의를 비판하기 위해 선주민을 이용했다.

예수회가 선주민을 개종하려고 벌인 활동은 그리 성공적이지 못했다. 파크먼을 위시한 많은 사람이 강조했던 것에 훨씬 못 미치는 수준이었다. 예수회의 방대한 보고서가 그들의 끈질긴 활동을 잘 보여주기는 하지만, 예수회는 아니시나베인을 개종하는 데 별 진전을 이루지 못했다. 오지브웨의 문화적 관습, 친족 조직, 우주론은 예수회의 가르침보다 더 오래 지속되었다. 예를 들어, 포트미실리매키낙에서 예수회 신부들은 정착촌에서 살던 선주민 수천 명을 선교하려 수십 년 동안 노력했지만 정규 교인은 거의 확보하지 못했다.[56]

예수회 선교소는 선주민 세계 속 소수 집단의 거주지가 되었다. 봄과 여름은 만물의 재생을 불러왔고, 오지브웨의 부모와 아이는 초여름 하늘을 볼 때 사제들이 묘사하는 변하지 않는 천국이 아닌 희망과 기회가 충만한 계절을 보았다. 그것은 오데이미니-기지Ode'imini-giizi, 즉 "딸기 달"[6월쯤 뜨는, 딸기처럼 붉은 보름달]의 시간이었다.[57] 야생벼, 단풍나무 수액, 약초 등의 수확, 각종 제전과 축하 행사는 기독교 달력이 아니라 땅과 하늘의 변화에 따라 이루어졌다. 라코타 마을들 또한 자신들의 신학을 엄숙하게 따랐기에, 예수회 사제들은 개인 소장 망원경을 보내달라고 국왕에게 요청해야 했다. 사제들은 의심하는 라코타인들에게 하늘이 서양의 시간성과 리듬을 따른다는 것을 확인시켜주고 싶어했다. 그래서 그들은 "수학 도구 일습, 천문학 다이얼 플레이트, 약 2미터 길이의 망원경"을 본국에 요구했다.[58]

사제들의 도구와 책은 선주민 문화를 변화시키는 데 별다른 영향을 미치지 못했다. 선주민은 자신들의 지식을 통해 우주의 구조를 설명했고, 그 안에서 생존하는 방법에 대한 교훈을 얻었다. 이런 지식이 노래, 친족 관계, 이야기를 통해 일상생활에 의미를 부여했으며, 영적인 영역과 세속적인 영역을 연결했다.[59]

선교소의 성공과 실패에 주목하다 보면 사제들이 매일 제공했던 통역, 상담, 소통 등 수많은 활동을 놓치기 쉽다. 예수회 사제들은 세례에서 장례에 이르기까지, 내륙에 다른 유럽인이 거의 거주하지 않던 시절에 가장 눈에 띄는 제국의 대표자였다. 1723년 샤르트르 요새에서 열린 재판에서 카스카스키아 수장들은 재판부에, 수감된 상인에게 자신들이 법정에서 요청했던 사실을 사제가 상인에게 알릴 수 있도록 허용해달라고 부탁했다. "우리의 통역자인 '흰색 옷깃'이 수감자에게 당신이 우리에게 약속한 내용을 알려주는 것이 문제가 되겠소?" 예수회는 제국에서 가장 많은 기록자를 배출한 집단이기도 하다.[60]

## 서로 다른 집단 사이의 결혼, 친족 관계, 섹슈얼리티

프랑스 사제, 군인, 관리 들은 내륙 곳곳을 여행하면서 편지를 썼고, 이 편지들이 대서양을 건너 퍼져나갔다. 1630년대 초반에 예수회 사제들이 북아메리카 내륙에 대해 남긴 기록에 프랑스 사회는 큰 관심을 보였다. 예를 들어 1725년 미주리 부족들과 맞섰던 전

초 기지의 사령관 에티엔 드 베니아르드 드 부르몽Étienne de Véniard de Bourgmont이 일리노이, 미주리, 오세이지Osage 지도자 대표단과 함께 루이지애나를 떠나 파리에 도착했을 때, 그들은 루이 15세와 그의 가족을 비롯한 왕실과 시민 지도자들의 영접을 받았다.[61]

그러나 대부분의 프랑스 상인은 샤르트르 요새에 수감된 상인처럼 문서에 잠깐 등장할 뿐이다. 상인들은 여행을 하고, 덫을 놓고, 선주민의 언어를 습득하고, 선주민 사회에서 환영받는 능력을 통해 제국을 공고히 했지만, 그들의 업적이 문서 자료에서는 제대로 나타나지 않는다.

그러나 많은 상인이 인디언 가족과 친족 관계를 맺고 마을에서 사회적 지위를 얻으면서 제국의 안정을 도왔다. 프랑스인 여행자들과 〔모피를 얻을 목적으로 덫을 놓는〕 사냥꾼들이 인디언 여성의 남편이자 혼혈인(메티스) 자녀의 부친이 되어, 정교한 선주민 친족 체제의 일부가 되었다.[62] 이들의 사회적·개인적 연줄을 따라 경제적·정치적 관계가 형성되었고, 동맹을 만들어냈으며, 무역 동반자 관계가 공고해졌다.[63]

라 베랑드리와 마찬가지로, 남성들은 세인트로렌스강을 따라 자리잡은 본거지를 떠나 내륙으로 이주했다. 많은 이가 선주민 파트너와 함께 살며 결혼하고 가정을 꾸렸다.[64] 이런 사회적·혈연적·친족 관계를 통해 선주민 오대호 연안 세계가 만들어졌으며, 이는 북아메리카 프랑스 식민주의에서 가장 눈에 띄는 유산 중 하나가 되었다.[65]

프랑스와 선주민의 주권이 충돌했을 때 그들의 젠더 체제도 충돌했다. 대합의 이전에는 내륙으로 진출한 프랑스 여성이 거의 없었고, 1730년대에 와서야 내륙에서 프랑스 여성을 목격하는 일이 흔해졌다. 그 이전에는 너무 드문 일이어서, 1690년대에 르쉬외르 부인Madame Le Sueur이 포트세인트루이스에 도착한 일이 센세이션을 불러일으키기도 했다. 이 부인은 선주민들이 그녀를 볼 수 있도록 공개적인 장소로 나오라는 요청을 받아들여야 했다.[66]

모든 프랑스 남성이 선주민 여성, 혹은 다른 어떤 여성과 관계를 가지려고 했던 것은 아니다. 특히 사제들은 평생 육체적 순결을 지키겠다고 서약했는데, 18세기에 이런 다짐을 하거나 그것을 따르는 선주민은 거의 없었다. 인디언 사회에서는 투스피릿two spirit의 "베르다슈berdache"•가 존재했을 뿐 아니라 동성애와 동성 관계를 인정하기도 했는데, 이 점이 프랑스인의 관심을 끌기도 했고 경멸을 불러일으키기도 했다.[67]

1680년 일리노이강변에서 가장 큰 마을에는 "7000~8000명"이 살았는데, 제노비우스 망브레Zenobius Membré 신부의 전언에 따르면 그중에 "남녀양성자hermaphrodite가 많았다"고 한다. 망브레 신부에 따르면, 이 공동체에는 "키가 크고 강인하고 튼튼한" 남성과 여성이 있었고, "여장한 소년"이 많았다. "이 소년들은 추격전이나 전쟁에 참여하지 않고 여성의 업무에만 배당되었다."[68] 프랑스인은 사냥과

---

• 성역할을 비롯해 성과 관련한 규범을 따르지 않는 인디언을 유럽인이 지칭했던 말. 여기에 비하하는 의미가 내포되어 있음을 고려해 최근에는 이 단어 대신 '투스피릿'이라고 쓰기도 한다.

전쟁을 남성의 경제 및 군사 영역으로 인식했기에 이런 젠더 관계에
참여하지 않는 젊은 남성들은 다른 노동, 말하자면 "여성의 업무"를
했다고 본 것이다.

오지브웨 단어인 '헤마네hemaneh'는 "반은 남자, 반은 여자"인 사람
을 가리키는 말이다. 내륙의 선주민 지역사회들에서는 이처럼 '투스
피릿'을 지닌 사람들이 사회적 권위를 인정받았다. 그들은 마을 경
제에 일조하면서 종교적·문화적 관습을 유지하는 역할도 했다. 그
동안 이들에 대한 현대 학자들의 연구는 선주민의 "대안적 성 관행
[들]"을 인정해서라기보다, "원시 동성애의 사례를 찾기 위한 탐구"
로 이용하는 경향이 짙었다.[69] 많은 유럽 평론가가 일리노이 사회를
구성한 이 같은 젠더 관행이 북아메리카의 지형에 긍정적 영향을 미
쳤다고 믿었다. 망브레 신부에 따르면, 북아메리카 땅은 "풍요와 다
산"으로 가득 차게 되었고 "모든 곳에 전답"이 펼쳐졌다.[70]

식민지 시대 내내 내륙에는 수백 개의 다양한 사회가 존재했다.
그중 다수는 건강하고 활기찬 아이들로 가득한 풍요로운 경제를 유
지했다. 오지브웨를 비롯한 여러 알곤킨어권 지역사회는 프랑스 상
인, 관리, 성직자, 심지어 가족 구성원과 동맹을 맺었다. 이런 동맹은
17세기의 비참한 상황에서 시작되어 1700년대까지 지속되었다. 이
런 유대를 통해 유럽의 자원, 지도자, 정착민이 북아메리카 대륙의
심장부로 더 깊숙이 들어갈 수 있었으며, 마침내 프랑스 제국은 이
세계에 뿌리내릴 수 있었다.

선주민은 처음에는 프랑스의 영향력을 선뜻 받아들이려 하지 않

았지만, 시간이 지나면서 새로운 상품, 인민, 사상을 그들 사회로 편입했다. 1750년 무렵에는 이런 연줄들이 꽤 단단해져서 이를 끊을 수단은 오로지 전쟁밖에 없는 상황이 되었다. 그후 혁명적 분쟁들이 터지면서 북아메리카 내륙은 대서양 세계에서 벌어진 투쟁의 핵심 지대로 변모했다. 동맹인 프랑스인들과 함께 선주민은 밀려드는 침략자들에게 맞서 근거지를 지켜냈다. 대륙의 운명은 그 중심지에서 벌어진 투쟁에 의해 결정되었다.

## 선주민의 전쟁과 포로 생활: 제국의 폭력적인 경계 구역에서

선주민의 오대호 연안 세계에서 전쟁은 흔한 일이었다. 17세기에 여러 차례 전쟁을 겪으면서 프랑스 제국의 형태가 확립되었고, 18세기의 분쟁들이 제국의 팽창을 도왔다. 뉴올리언스에서 오대호 동부에 이르기까지, 인디언과 프랑스인 동맹들은 마치 끝이 없을 듯이 반복되는 분쟁 속에서 서로를 지원했다. 일부는 위스콘신의 선주민인 폭스처럼 대규모 연맹에 맞서 싸웠다. 폭스는 프랑스 동맹에 편입되기를 거부한 이들이다.[71] 프랑스 영역을 침범하는 에스파냐 제국과 영국군을 겨냥했던 군사 행동도 있었다. 1720년 포니인과 프랑스인의 합동 원정대가 네브래스카의 루프Loop 강변에서 매복했다가, 페드로 데 비야수르Pedro de Villasur 중장이 이끌던 뉴멕시코 군대를 공격해 그와 뉴멕시코 주둔군의 3분의 1을 몰살시켰다.[72] 여타 갈등은 프랑스 관리들에게서 더 많은 "선물"을 확보하려는 시도, 다시 말해 부족들이 자원 확보를 위해 벌인 시도였다. 예를 들어 미시시피의 촉토Choctaw 군인들은 프랑스 왕실을 위해 복무했기에 보상을 기대했지만, 프랑스 재원이 고갈되어 받지 못하자 보복하기도 했다.[73]

폭력을 완화하려고 선주민과 제국 지도자들이 지속적으로 노력했음에도 폭력은 일상생활에 스며들었고, 시간이 지나면서 만성화되었다.

뉴에스파냐와 마찬가지로 군국주의가 성장하면서 새로운 형태의 포로 습격도 등장했다. 인신매매를 통해 노예가 정착촌으로, 프랑스 플랜테이션 식민지로, 마침내 프랑스 본국으로 흘러 들어갔다.[74] 포로는 전쟁을 통해 조달되었다. 뉴에스파냐와 마찬가지로 포로의 압도적 다수는 여성과 어린이였다.[75] 1742년, 프랑스의 무기 거래를 통제하기 위해 수십 년에 걸쳐 기울인 노력을 이어가고자 몬트리올로 돌아온 다코타 지도자들은 인근 가정에서 "우리 아이들 두 명"을 발견하고 깜짝 놀랐다. 두 아이는 "우리를 보자마자 울기 시작했다."[76] 이 아이들은 미시시피강 상류 부근에서 붙잡혀서 1500여 킬로미터 떨어진 몬트리올까지 끌려와 강제 노동에 동원된 것이었다. 당시 몬트리올 전체 가구의 약 15퍼센트가 인디언 노예를 소유했을 정도다.[77] 분노한 다코타 지도자들은 협상을 중단하고 서부로 돌아가, 부족의 어린이들이 인신매매되었다는 소식을 전했다.

인디언 노예는 다코타, 라코타, 아니시나베, 호청크의 근거지인 오대호 서부 지역에서 가장 많이 공급되었다. 1741년, 다코타의 어린이들이 다른 사람 200명과 함께, 그 부족과 적대 관계였던 크리Cree인과 어시니보인Assiniboine인에게 납치되었다. 이 습격은 기존의 경쟁 관계에서 비롯된 일이긴 했지만, 유럽과의 접촉 이후 이런 습격이 더 잦아졌다. 이는 이전 분쟁의 연장이기도 했다. 이 경우는 폭스와의 전쟁이 절정에 달한 지역에서 발생한 대재앙이었다.

폭스 지도자들이 서명했던 대합의 이후, 위스콘신 전역에서 폭스, 호청크, 머노미니 연맹이 결성되었다. 폭스강과 위스콘신강의 주류 연안에 살던 이들은 중요한 접근로와 교역로를 통제했다. 그러나 이들은 프랑스와 완전한 동맹을 맺지는 않았다. 이 연맹에는 오지브웨를 비롯한 여타 프랑스 동맹과 오랫동안 적대적 관계였던 지역사회가 포함되었기 때문에 통제할 수 없는 폭력으로 폭발할 위험이 있었다.

1733년, 추가 침략을 막기 위해 폭스의 전쟁 수장 키알라Kiala가 평화를 조건으로 내걸고 스스로 프랑스 당국의 포로가 되었다. 4월, 키알라와 다른 세 지도자가 자기 지역사회를 지키기 위해 스스로 인질이 된 것이다. 그 이전 몇 년 동안 분쟁이 차츰 격화되었고, 전년도에는 폭스 마을들에서 학살이 벌어져 분쟁이 절정에 달한 상황이었다. 폭스와 인근 사우크Sauk가 동맹을 맺을 가능성이 있다는 보고가 프랑스에 전해지자, 루이 15세의 고문관들은 "삭인들Sacs〔사우크인을 지칭하는 것으로 보임〕과 폭스 잔당의 결합"으로 키알라의 노력이 무위로 돌아갔다고 의견을 모았다.[78] 프랑스 지도자들에 따르면, 폭스인은 신뢰할 수 없는 이들이었다.

총독은 퀘벡에서 수감되어 있던 키알라에게 마르티니크Martinique로 가는 생프랑수아St. François호에 승선하라고 명했고, 그는 마르티니크에서 플랜테이션 노예로 팔렸다. 북아메리카 뉴프랑스의 서쪽 지역에서 성장한 이 지도자의 인생 역정이 이제 동쪽 종착지에서 끝나게 되었다. 키알라의 삶은 카리브 제도의 노예제에서 디아스포라로 마무리되었다.[79]

이전 세기의 혼란스러운 폭력과 달리 이제 전쟁을 통해 동맹이 한층 강화되었고, 미래의 분쟁에 대비할 수 있는 조건이 마련되었다. 프랑스와 알곤킨어권 지도자들이 폭력의 표적을 결정했다. 이제는 전투에서 공조가 더 잘되었고, 첨단 무기를 사용했으며, 다양한 전투원이 포진했다. 전투가 벌어지기 전에 현장을 가면 여러 부족에서 차출된 병사, 떠돌이와 그들의 혼혈 아들들, 프랑스 관리들이 한자리에 모이고, 사제는 라틴어로 축복의 기도를 올리는 모습을 볼 수 있었을 것이다. 전투 중에는 프랑스군의 명령과 알곤킨어권 수장들의 명령이 뒤섞였고, 새로운 혼합어pidgin와 비속어가 날아다녔다. 또한 대다수 전투원이 현대식 총과 화약, 금속 무기를 사용했다.

이런 제휴 관계가 프랑스인에게 역설을 가져다주었다. 프랑스인으로부터 청동 또는 주철 메달을 받은 마을 수장들은 자신의 공동체와 왕실 모두를 대표했다. 이 "메달 수장들"이 정책, 특히 군사 문제를 놓고 프랑스 관리들과 협력했다.[80]

프랑스 지도자들은 이런 힘의 균형을 뒤집고 인디언 동맹들을 피

지배자로 만들고 싶어했으나 그러기엔 역량이 부족했다. 요새에서 멀어질수록 제국의 권위는 약해졌으며, 때로는 아예 사라지다시피 했다. 라 베랑드리와 같은 이들이 벌인 탐험에도 불구하고 뉴프랑스의 서쪽 지역은 여전히 미지의 땅으로 남아 있었다.[81] 디트로이트, 미실리매키낙, 빈센스Vincennes에 자리잡은 정착지에서도 인디언이 다수였다. 프랑스 관리가 부족들 사이의 전쟁에 끼여드는 경우도 흔했는데, 선주민이 그래야 한다고 설득했기 때문이다. 프랑스와 동맹을 맺은 마을이 얻는 이익이 곧 프랑스 제국의 이익이 되었기 때문이다.

## 동맹 관계와 긴장 관계: 7년전쟁의 기원

프랑스와 알곤킨의 동맹은 적대감을 공유하면서 형성되었다. 그러나 프랑스가 영국 식민자에 대해 가진 적대감이 내륙의 인디언 동맹들과 공유되지 못했기 때문에 걸림돌이 존재했다. 18세기 전반 내내 프랑스와 영국의 갈등이 유럽 정치를 좌우했지만, 프랑스의 인디언 동맹들은 북아메리카 밖에서의 프랑스 운명에 대해서는 거의 관심을 보이지 않았다.

프랑스 지도자들은 이런 무관심을 충성심으로 바꾸려고 노력했다. 1725년 일리노이, 미주리, 오세이지의 지도자 대표단을 이끌고 파리를 방문했을 때, 부르몽은 이들이 영향력 있는 지도자들을 만나고 명소들을 방문하도록 했다.[82] 부르몽의 의도는 선주민을 동맹으로 끌어들여 프랑스에 대한 충성심을 다지고, 한발 더 나아가 외교적 관계를 수립하는 것이었다.

그러나 루이지애나로 돌아왔을 때 대표단이 설명하는 놀라운 경험을 믿는 사람은 거의 없었다. 그들은 궁전들이 있는 땅, 가로수가 줄지어 세워진 땅에서 온 프랑스인들이 어떻게 북아메리카에서는 끼니를 제대로 잇지 못하고 목욕도 자주 하지 않아서 냄새를 풍기는지 의아해했다. 이야기를 듣던 한 주민은 이렇게 말했다. "그들이 당신들에게 뇌물을 주어 … 이야기를 아름답게 꾸며내고서는 그걸 우리에게 믿게 하려는 것이오."[83]

북아메리카 내륙의 선주민 사회에서는 유럽 국가들의 분쟁에 관심이 없었다. 그런 분쟁들이 그들에게 충성을 자아내기는커녕 오히려 공허감만 더했다. 언어 측면에서도, 자원 측면에서도. 오스트리아 왕위계승전쟁 혹은 조지 왕의 전쟁(1740~1748) 중에 프랑스와 영국 사이의 적대감이 대서양 너머까지 확산되자 영국은 북아메리카에서 봉쇄를 통해 물류를 통제하고 항구를 폐쇄해 공산품의 수입과 모피 수출을 제한했다. 특히 1745년 영국군은 세인트로렌스강 하구의 거대한 루이스버그 요새Fortress of Louisbourg를 점령해, 프랑스 선박이 퀘벡, 몬트리올 등 여러 내륙 정착지로 들어가는 것을 완전히 중단시켰다.[84]

루이스버그 요새를 장악하면 세인트로렌스강으로 들어가는 길을 완전히 통제할 수 있었다. 이 요새는 세계에서 가장 깊은 어장 중 하나인 그랜드뱅크스Grand Banks의 어선들을 보호하는 역할도 했다. 이 요새가 뉴프랑스에 중요하다는 점은 모든 유럽 지도자가 알고 있었다. 프랑스는 오스트리아 왕위계승전쟁을 종식시킨 '엑스라샤펠Aix-la-Chapelle 조약'을 통해 이 지역을 반환받았다. 그러나 그 무렵에는 이미 전쟁으로 인해 내륙에 대한 프랑스의 지배력이 약해지기 시작했다.

전쟁이 진행되는 동안 오지의 영국 상인은 내륙의 수요를 채우기 위해 움직였다. 당시 매우 중요한 경제 발전 지역 중 하나였던 곳에서 영국 상인은 오하이오강 계곡을 가로지르며 무역을 하기 시작했다. 이 지역은 1600년대 후반 이로쿼이 전쟁 이후 부분적으로 재정착이 이루어진 곳이었다. 선주민들이 영국 상인의 존재를 알게 되면서 프랑스의 야심은 위협받는 처지에 놓였다. "오지 상인"으로 알려진 영국 상인이 프랑스인보다 훨씬 더 많은 양의 공산품을 가져왔기 때문이다. 게다가 그들은 더 낮은 가격으로 거래했다. 필라델피아와 버지니아에서 출발해 육로로 들어온 영국 상인은 1740년대에 내륙에 교역소를 설립하기 시작했다. 선주민의 수요를 충족시키고, 영국이 프랑스 선박을 봉쇄하면서 열린 비교 우위의 기회를 확보하기 위해서였다.[85]

영국 식민지에서 생산된 금속 제품, 술, 옷감을 공급했던 이 교역소는 오하이오강 계곡 건너편에서 찾아오는 마이애미, 쇼니, 알곤킨 상인들을 끌어들였지만, 이 선주민들은 명목상으로는 프랑스 사령관에게 소속되어 있었다. 그러나 사실 오하이오강 상류 지역에 대해서는 어떤 유럽 제국도 통제권을 행사하지 못했다. 그곳은 세네카를 비롯한 이로쿼이 동맹의 구성원들과 이로쿼이 산하에 있던 동맹들의 주요 사냥터였다. 실제로 상류 주변에는 "밍고Mingo"라고 불리던, 따로 떨어져 나간 "오하이오 이로쿼이"의 지역사회가 포진해 있었다.[86]

세네카의 "반쪽 수장"이었던 태너그리슨Tanaghrisson이 이런 정착지 중 여러 곳을 주재했다. 조지 왕 전쟁 기간에 태너그리슨은 영국 상인을 끌어들여 그들과의 거래에서 이익을 얻었다. 그는 상인과 그곳에서 거주하는 선주민에게 토지 양도는 모두 오논다가에 있는 이로쿼이 연맹 '대평의회'의 소관이라는 점을 열심히 알렸다. 그러나 실제로는 중앙권력의 힘이 이 정착지들까지 미치지 못하는 경계 지역이었다. 이는 이로쿼이의 약점을 드러내는 것이었다. 이로쿼이가 산하의 동맹들을 늘 통제할 수는 없었고, 그 동맹들이 영국 상인을 들이는 것을 매번 막을 수도 없었다.[87] 얼마 지나지 않아 동부에서 살던 인디언들이 이 정착지로 이주했다. 이들은 영국 상인과 친숙했기에 영국과의 교류도 활발해졌다. 그런 상인 중 한 명인 조지 크로건George Croghan은 영국 정부를 피해 도주한 사람이었는데, 곧 이 지역에서 가장 성공적인 기업가가 되었다.[88]

1701년의 대화합은 오하이오강과 그 상류 지역에 대한 이로쿼이의 주권을 인정했다. 그러나 프랑스와 동맹을 맺은 인디언들이 크로건을 비롯한 다른 상인들과 교역하기 위해 오하이오강변으로 오고 태너그리슨과 같은 새로운 마을 지도자들이 자기 재산을 챙기려고 시도하자 이로쿼이의 권위는 더 약해졌다.[89]

이렇게 뉴프랑스에서 상품과 인디언 동맹이 사라져가는 추세가 이어지면서 프랑스 제국은 위기에 처하게 되었다. 1700년대 내내 뉴프랑스의 정착촌들에서도 인구가 증가했지만, 영국 식민지들에 비하면 약한 수준이었다. 영국 식민지 중 하나인 버지니아의 인구는 1701년 이래 두 배 이상 증가했다. 여기에는 아프리카인 노예도 포함되었다. 노예 인구는 1650년 300명에서 한 세기 만에 15만 명으로 증가했다.[90]

뉴프랑스가 생존하기 위해서는 내륙의 인디언 동맹들이 프랑스 상인, 요새, 관리와 계속 교류하도록 해야 했다. 여러 형태의 동맹이 선물과 거래를 통해 용이하게 이루어졌고, 이를 통해 내륙이 하나로 연결될 수 있었다. 만약 교환할 상품이 없는 경우, 프랑스인 여행자들은 기본적으로 무보수로 일했다. 그들은 공허한 약속 외에는 상대 인디언에게 줄 수 있는 것이 거의 없었다. 조지 왕 전쟁 중에 이런 상황은 더 심각해졌다. 프랑스 제품을 비축해두던 창고는 계속 비어 있고 수출되기를 기다리는 모피만 쌓여갔다. 1745년, 루이스버그가 함락되자 총독이 이 문제를 개선하고자 시도했다. 그는 "시대가 바뀔 때까지 야만인들이 교역소에 계속 오게 만들기 위해" 내륙의 거래소들을 인가받지 않고도 이용할 수 있도록 허용했다.[91] 18세기 거의 내내 모피는 프랑스가 주로 거래하던 품목이었는데, 1740년대에 들어서 영국 상인이 이런 독점을 잠식해 들어갔다.[92]

영국 상인은 상품을 제대로 계속 공급하기 위해 대륙을 연결하고 있던 거래소들을 다녔다. 프랑스인에게 간단한 해결책은 영국 상인을 추방하고 다시는 오지 못하게 막는 것이었다. 총독 롤랑미셸 바랭Roland-Michel Barrin, 드 라 갈리소니에르de la Galissonnière 후작이 떠나면서 후임자에게 당부한 바에 따르면, 앨러게니Alleghenies산맥 서쪽에 "정착하려는 영국인의 시도"를 전부 무산시켜야 했다.[93]

프랑스는 1749년 봄에 원정을 계획하기 시작했다. 이제 조지 왕의 전쟁이 끝나면서 루이스버그를 되찾은 상태였다. 퀘벡의 지도자들은 오하이오강에 대한 소유권을 재주장하기 위해 일련의 원정대를 조직할 때라고 생각했다. 그들은 일련의 새 요새를 구축할 계획이었다. 이는 영국인이 프랑스의 기존 요새들로 침범해 들어와 인디언 상인과 거래하는 것을 막기 위해서였고, 오대호 모피 무역이 계속해서 몬트리올을 거쳐 진행되도록 하기 위해서였다.

라 베랑드리의 탐험과 달리 이는 대규모 군사 작전이었다. 소집단의 여행이 아니었다. 디트로이트의 사령관 피에르조제프 셀로롱 드 블랭빌Pierre-Joseph Céloron de Blainville은 200여 명의 군인과 30~40명의 인디언 동맹군을 이끌고 1749년 6월에 몬트리올을 출발해, 약 5000킬로미터의 여정을 시작했다. 그의 여행은 무력 과시가 되었다. 그는 인디언 동맹들에게 엄선된 선물을 제공하면서 다른 종류의 금속품, 즉 납으로 만든 명판도 함께 가져갔는데, 이것들을 거쳐가는 지역 곳곳에 세우기 위해서였다. 7월 29일에 처음 세워진 명판에는 다음과 같은 문장이 적혀 있었다.


루이 15세가 다스리는 1749년, … 우리는 … 오하이오강과 차다코인 Tchadakoin[코네웬고Conewengo]강의 합류 지점에 이 명판을 세운다. …

이는 오하이오강과 그 강물이 가는 모든 곳, 양 강변의 모든 땅, 앞서 말한 강들의 원천지까지 우리가 확보하면서 그 소유권을 갱신했음을 기념하는 것이다.[94]

이 명판이 땅에 세워져 있었던 기간은 짧았다. 영국 상인들이 이것을 파내어 뉴욕으로 보냈기 때문이다.

그해 11월, 셀로롱은 실망스러운 소식을 가지고 귀환했다. 6월에 몬트리올을 떠난 이후 그는 영국 식민지들로 향하는 가죽 수송 행렬을 수십 차례 목격했다. 그는 운반자들에게 그들의 불법 행위를 추궁하고 그들의 거래가 "엑스라샤펠에서 체결된 평화 조약의 정신에 위배된다"라며 영국에 문제를 제기하는 기록을 작성하게 했다.[95] 그는 영국 상인이 내륙 인디언과 거래하는 것을 막으려면 금속 명판을 전시할 것이 아니라 영구적인 요새를 세워야 한다고 이 여행을 통해 확신하게 되었다.[96] 또한 그는 이 분쟁 지역에서 영국을 공격할 권한이 없었지만, 더 큰 규모의 원정대가 필요하다는 사실을 깨달았다. 그런 원정대가 요새에 머물면 그 지역 방어를 강화할 수 있었기 때문이다.

셀로롱 원정대의 두 배가 넘는 규모의 새 원정대가 여러 전초 기지를 건설하기 시작했다. 가장 큰 요새에 총독 뒤켄(듀케인) 후작을 기리고자 그의 이름을 붙였다. 오하이오강, 앨러게니강, 머논가힐라 Monongahela강이 합류하는 지점에 위치한 이 요새는 디트로이트와 나이아가라 다음으로 가장 큰 규모의 내륙 요새가 된다.

# 첫 번째 세계적 차원의 전쟁이 시작되다

오랜 세월 긴축 생활을 해온 여러 선주민 사회는 셀로롱의 방문에 별 반응이 없었을 뿐만 아니라 심지어 적대적이기까지 했다. 일부는 그를 피했고, 일부는 그를 비난했다. 영국인과 교역을 중단하라는 셀로롱의 명령에 모두가 애매한 반응을 보였다. 선주민 지도자들은 그와 함께 외교 절차를 세우는 절차에 참여했다. 셀로롱은 영국인의 입국을 허용한 선주민의 죄를 "용서"하고, 쇼니 지도자들과 "평화의 담뱃대"를 나누었지만, 서로에 대한 믿음은 흐릿해지고 있었다.[97]

셀로롱은 북아메리카 내륙에서 유럽인으로서는 매우 큰 규모의 군사 행동을 전개했다. 이보다 큰 규모는 이전 세기에 있었던 프랑스와 알곤킨의 동맹이 이로쿼이아를 침공했을 때뿐이었다. 특히 북아메리카에 주둔한 유럽 군인이 소수였던 상황에서 250명 규모의 병력은 효과적인 억제력이 될 수 있었다. 유럽 군인이 주둔한 곳은 대부분 항구로, 오하이오강에서 수백 킬로미터 떨어진 곳이었다. 내륙을 본 영국군은 거의 없었다.[98] 조지 왕 전쟁에서 프랑스군을 격파한 것은 영국 해군이었다. 내륙을 그린 지도가 필요하다는 영국 식민지 주민들의 호소를 경청하는 관리는 거의 없었다.[99] 영국군 간부들이 뉴프랑스와 내륙 동맹들에 대해 아는 정보라고는 외교 모임, 프랑스 간행물, 소문에서 나온 것들이었다.

7년전쟁을 '프랑스-인디언 전쟁'이라고도 부르는데, 그 전쟁의 첫 총성이 터져 나온 것은 1754년 5월 28일 일출 무렵, 이 분쟁 지역에서였다. 메릴랜드Maryland와 펜실베이니아 국경의 그레이트메도스 Great Meadows에서 약 10킬로미터 떨어진 공터에서 버지니아 출신의 스물한 살 청년 조지 워싱턴 대령은 포트너세시티Fort Necessity라는 적절한 명칭이 붙은 임시 요새를 건설하고 있었다. 버지니아 총독 로버트 딘위디Robert Dinwiddie가 그에게 오하이오강 상류의 분쟁 지역으로 보낼 원정대를 소집하라고 명령했던 것이다. 그곳에서는 수백 명의 프랑스 군인이 셀로롱의 요새를 건설하고 있었다.

워싱턴의 연대는 약 160명에 달했다. 그들은 어디로 가는지, 얼마나 많은 적과 맞닥뜨릴지 거의 알지 못했다. 훈련도 보급품도 정보도 부족했다.[100] 사기도 저하되어 있었다. 병사와 장교는 임금에 대해 공개적으로 불만을 토로했다. 모두가 복무의 대가로 내륙의 토지를 약속받았거나, 내륙 토지를 획득해 혜택을 볼 수 있는 입지를 갖고 있었다. 오지 상인들이 이익을 보더라도 그들은 확장되던 더 큰 경제의 한 축일 뿐임을 모두가 잘 알았다. 영국 식민자들은 내륙에 농장을 세우기 위해 인디언 땅을 최대한 많이 차지하고 싶어했다.[101] 조지 워싱턴이 프랑스의 요새 건설을 막으려 했던 배경에는 의무와 탐욕 모두가 작용했다. 그는 내륙 토지 투기를 통해 이익을 볼 수 있으리라는 기대를 품고 있었다.[102]

그레이트메도스는 휴식하고 정찰하기에 좋은 장소이자 지원군을 기다리기에도 좋은 장소 같았다. 이 지역은 전망이 좋고, 시냇물이 흐르며, 몇 마리 안 되는 그들의 말을 위한 풍성한 풀밭이 있었다. 워싱턴은 전날 병력을 나누었는데, 이는 계속 이어질 여러 작은 오류의 시작이었다. 전투가 임박하자 그의 계산 착오는 치명적임이 드러났다. 그 이후 6주 동안 그의 지휘를 따른 많은 버지니아 주민이 목숨을 잃었고, 결국 영국은 오하이오강 일대에서 쫓겨나고 말았다. 여름이 끝나갈 무렵, 이 분쟁 지역들에서 처음으로 프랑스의 권위가 확립되었다. 그리고 전쟁이 시작되었다.

워싱턴의 오판은 지역 선주민 정세를 잘못 읽은 데서 비롯되었다. 특히 5월 28일에 그는 태너그리슨의 조언을 제대로 받아들이지 못했고, 그의 동기를 잘못 판단했다는 사실을 알게 되었다. 두 사람 모두 운 좋게 살아남았다.

영국 상인들과 오랜 동맹이었던 태너그리슨은 조제프 쿨롱 드 빌리에르, 시외르 드 쥐몽빌Joseph Coulon de Villiers, Sieur de Jumonville 소위가 지휘하는 프랑스군 일당 35명이 침공에 착수했다는 정보를 입수했다. 이들의 임무는 프랑스가 자국 영토로 주장하는 곳에 영국군이 실제로 도착했는지 확인하고, 만약 그랬다면 포트듀케인으로 돌아가 영국 지도자들과 협의를 시작하라는 외교 활동이었다. 드 쥐몽빌은 버지니아 주민들에게 철수하라고 말하라는 지시를 받았다. 이 정찰대는 버지니아 사람들과 싸울 생각이 없었다. 버지니아 거주민의 규모가 정찰대보다 다섯 배 이상 컸기 때문이다. 더욱이 영국과 프랑스가 교전 중인 것도 아니었다. 1745년 이래 평화가 유지되고 있었다.

전력이 나뉜 상황에 처한 조지 워싱턴은 초조해졌다. 프랑스의 침공에 어떻게 대처해야 할지 몰랐던 그는 밤새도록 태너그리슨과 열

두 병사를 무작정 따라갔다. 아침이 오기 전, 그들은 함께 드 쥐몽빌 일행의 진영을 포위했다.[103]

매복으로 시작해 학살로 변질된 이 전투에 대해서는 워싱턴의 보고서와 이 전투의 생존자인 한 프랑스 병사의 증언을 포함해 네 가지 기록이 남아 있다. 각각의 기록에 따르면, 태너그리슨과 그의 병사들은 주변의 높은 지역에서 일제 사격을 가한 뒤 프랑스군을 향해 돌격해 손도끼로 드 쥐몽빌을 죽였다. 태너그리슨은 조지 워싱턴을 위해서가 아니라 자기 지역사회의 이익을 증진하는 데 가장 적합한 전략을 구사했다.

워싱턴도 모르는 사이에, 프랑스의 요새 구축은 태너그리슨과 여타 "오하이오 이로쿼이" 마을의 자치권을 위협했다. 이 선주민 지역사회들은 영국 상인들과 10년 동안 제휴했으며, 셀로롱과 그가 전하는 제국주의적 권력의 확대 소식에 냉담하게 대응했다. 1752년, 태너그리슨은 프랑스 지도자들에게 "우리는 그 사이에 속한 나라에서 살고 있다"라고 말했다. 이로쿼이에서 떨어져 나온 이 지도자는 프랑스의 권력이 확대되면 자신에게 이익이 되었던 무역이 위축될 것임을 인지했던 것이다.[104] 오하이오 전역에서 선주민들이 어디에 충성할지는 점점 불확실해지고 있었다. 태너그리슨은 자기 인민이 이로쿼이 연맹 지도자들에게 보복당할 수 있다고 걱정했다. 이로쿼이 지도자들은 이미 태너그리슨의 자치에 불만을 표한 적이 있었다. 프랑스 최고위급 장교를 공개적으로 참수하는 등 폭력을 확대한 그의 결정으로 외교의 가능성이 차단되었기 때문이다.[105]

전장에서의 경험이 없는 젊은 장교였던 워싱턴은 아침에 벌어진 폭력 사태로 얼어붙었다. 식민지 세계의 많은 장교와 마찬가지로 전장에서의 영광을 꿈꾼 그였지만 첫 전투를 경험하면서 충격을 받았다.[106] 그의 보고서는 동맹군의 불복종과 뒤이은 부상 병사들에 대한 학살을 은폐했고, 병사들의 무기, 군복, 보급품은 결국 태너그리슨에게 넘어갔다. 워싱턴은 이런 행동을 인정하면서 다음과 같이 보고했다. "우리는 저쪽 사령관인 드 쥐몽빌 씨와 다른 병사 아홉 명을 죽였다."[107] 마지못해 그는 자신에게 책임이 있다고 결론지었다.

그날 아침부터 오판이 이어졌고, 이 모든 것이 결합되어 계속해서 재앙이 발생했다. 특히 인디언 문제에 대한 계속된 오해가 버지니아 사람들에게 점점 더 치명적인 문제가 되었다. 지원군이 합류해 병력이 두 배 이상 늘어난 워싱턴은 포트뒤케인을 향해 계속해서 진군했다. 그러나 그는 자신 앞에 얼마나 까다로운 지형이 놓여 있는지, 혹은 그곳에 주둔하는 프랑스군이 총 몇 명이나 되는지도 몰랐다. 일행 중 대다수는 강을 통해 내륙으로 이동했고, 그는 육로를 선택했다.

그는 그 지역 선주민의 충성심도 과소평가했다. 선주민 지역사회들이 영국과의 무역을 통해 이익을 본 것은 맞지만 전쟁으로 프랑스와 무역을 할 수 없어서 그렇게 했던 것이다. 셀로롱의 원정은 내부의 충성을 다지고 이 지역의 오랜 동맹 체제를 공고히 하기 위해 새로 기울인 여러 가지 노력 중 첫 번째였다.[108] 프랑스 지도자들은 인디언 거주민과의 유대를 거듭 강조하는 것이 중요하다는 점을 인지했고, 거래할 보급품과 탄약을 실은 병사 1000여 명을 파견했다. 이들 모두가 내륙의 사정에 밝았다. 최근 드 쥐몽빌이 겪은 죽음과 불명예에 대해서도 익히 들은 터였다. 사실 많은 사람이 그의 형 루이 쿨롱 드 빌리에르Louis Coulon de Villiers 대위의 지휘 아래 포트듀케인에 속속 도착했다. 그리고 드 빌리에 대위는 보복에 나섰다.[109]

조지 워싱턴은 이런 상황을 알지 못한 채 서쪽으로 향했다. 그는 프랑스와 인디언 외교의 양상에 대해서도, 자신들을 기다리고 있던 병력의 구성에 대해서도 거의 아는 바가 없었다. 그는 태너그리슨이 선주민을 동원해 새 프랑스 요새지에서 봉기하게 할 것이라고 생각했는데, 그것은 오해였다.

1754년 6월 말, 기스트Gist의 정착지로 알려진 내륙의 어느 지역에 도착한 워싱턴과 태너그리슨은 조지 크로건과 현지의 밍고, 쇼니, 델라웨어 지도자들과 만났다. 그는 사흘에 걸쳐 이 선주민 지도자들에게 포트듀케인을 함께 공격해달라고 간청했다. 그러나 그들은 어떤 지원도 하지 않았다.[110] 영국 상인들과 동반자 같은 관계이기는 했지만 이들 선주민은 자신들을 기다리던 프랑스의 병력 현황을 파악하고 있었다. 그들은 요새의 규모가 점점 커지는 것을 알아보았고, 지휘관들의 결기를 들었다. 공격한다고 될 일이 아니었다.

비록 성공하지는 못했지만 이 회의 덕분에 조지 워싱턴과 그 부하들은 목숨을 구했다고 볼 수 있다. 그들은 수적으로 열세였을 뿐만 아니라 머칠간의 이동으로 지쳤던 터라 포트듀케인을 정면으로 공격했다면 실패했을 것이다. 그러나 이렇게 지연되면서 태너그리슨은 위협을 받는 처지가 되었다. 영국이 그레이트메도스로 후퇴하면서 듀케인에 대한 공격 계획을 포기했을 뿐만 아니라, 태너그리슨과 그의 동맹도 고립되었기 때문이다. 워싱턴은 포트너세시티가 "500명의 공격"을 견딜 수 있다고 믿었지만, 태너그리슨은 그렇게 생각하지 않았다.[111]

태너그리슨이 이해하기로는 오하이오강 쪽 동료들이 굳은 의지를 보인 것이 영국군에 합류하지 않겠다는 의미만은 아니었다. 이곳 지역사회들은 프랑스와의 관계를 재정비하고 있었던 것이다. 프랑스인들은 워싱턴이 동맹이라고 기대했던 선주민들을 프랑스 편 전투원으로 포섭해갔다. 프랑스인에게 오하이오강 계곡은 내륙 제국을 지키는 열쇠였기에 안보가 그들의 최우선 과제였다.[112] 무역품들은 듀케인에 유입되었다.

게다가 그곳에 거주하던 선주민들은 조지 워싱턴과 그의 미숙한 병력에 별다른 매력을 느끼지 못했다.[113] 태너그리슨은 포트너세시티로 돌아갔지만, 곧바로 크로건의 기지 중 한 곳으로 떠났다.[114] 그가 아침에 시도했던, 프랑스군에 대한 공격을 확대하려는 도박은 실패로 돌아갔다. 그는 버지니아 주민들을 동원해 프랑스 요새를 공격하도록 할 수도 없었고, 오하이오 거주 선주민에게 프랑스군을 멀리하라고 강요할 수도 없었다. 그에게 큰 도움이 되었던 제한적 권력의 공간은 1740년대 이후 차츰 사라져갔다. 게다가 그는 프랑스의 보복이 다가오고 있음을 인지했다.[115] 그해 10월 초, 프랑스의 영향력 확대가 거의 확실해지던 시기에 그는 병으로 사망했다.

조지 워싱턴은 더위에 지친 병사들을 이끌고 1754년 7월 1일 포트너세시티로 돌아왔다. 그들의 후퇴는 완패로 이어지고 있었다. 가축이 많이 죽는 바람에 보급품과 대포가 실린 마차를 병사들이 끌고 다녀야 했다.[116] 한편 쿨롱 드 빌리에르는 병력 600명과 선주민 동맹군 100명을 이끌고 듀케인을 떠났다. 그들은 버지니아 사람들을 바로 뒤에서 쫓았다.

7월 3일 아침, 프랑스인과 그 동맹은 공격을 감행했다. 전날 밤새 비가 내렸다. 포트듀케인을 비롯한 다른 요새와 달리 포트너세시티에는 성벽도 없고 피신할 공간도 마땅치 않았다. 조지 워싱턴이 포트듀케인을 점령할 것으로 예상하고 병사들을 위한 막사조차 마련하지 않은 채 포트너세시티를 떠났기 때문이다. 영국군은 밤새 빗속에서 잠도 제대로 못 잔 데다 행군으로 지친 상태였다.

아침 내내 프랑스군의 공격으로 버지니아 주민들은 요새의 임시 성벽 뒤와 몇 안 되는 진흙투성이 참호 안에 갇혔다. 해질녘에는 그들 사이에서 규율이 무너졌다. 조지 워싱턴 휘하에 있던 한 지휘관의 기록에 따르면, "날이 어두워지기도 전에 우리 병사의 절반이 술에 취했다." 최근 수송되어 온 럼주 통들이 동났다.[117] 게다가 비가 내리는 바람에 화약이 쓸모없어졌고, 수적으로도 열세였다. 인디언 동맹군 100명을 포함해 무장 군인 700명이 이들을 포위했다. 알곤킨어를 쓰는 선주민과 프랑스인이 명령을 내리는 고성이 총소리와 뒤섞였다.

역사가는 프랑스군이 공격을 중단한 이유를 놓고 논쟁을 벌인다.

알려진 바에 따르면, 쿨롱 드 빌리에르는 원하던 보복을 했고, 다음 날인 7월 4일 아침에 평화를 제안하는 사절단을 보냈다. 조지 워싱턴의 병력이 절뚝거리며 요새를 빠져나가자 프랑스 지도자들은 관대한 항복 조건을 제시했다. 이 전쟁에서 반복되는 양상이 될 이 전투에서 프랑스군과 인디언 동맹군 중에는 전투원 세 명이 사망했지만, 영국군은 100명의 사상자를 냈다. 다른 관계들도 그레이트메도스에서 수명을 다했다. 한 영국인 생존자의 기록에 따르면, "우리가 가장 심각하게 본 것은" 프랑스와 동맹을 맺고 싸운 병사들이 "모두 우리의 인디언들, 즉 쇼니인, 델라웨어인, 밍고인이라는 점이었다."[118]

조지 워싱턴이 며칠 전에 로비를 벌인 바로 그 선주민 지역사회가 그에게 맞서 싸운 것이다. 그는 인디언들이 그렇게 움직인 동기를 이해하지 못했고, 이를 배신으로 여겼다. 식민자들 사이에서는 적대감이 퍼져나갔다. 영국 식민자들이 프랑스에 보인 반감은 인디언에게 보인 감정에 필적할 정도였다. 이런 혐오는 다음 세대로 이어지면서 더 단단해졌다.[119]

프랑스인들에게 1754년 여름은 승리의 계절이었다. 며칠 만에 프랑스군과 인디언군은 포트너세시티와 인근 교역소들을 불태웠다. 그 뒤로 5년에 걸쳐 그들은 셀로롱이 약속한 대로, 영국인 식민지 상인들을 격퇴하고 선주민 지역사회들과의 관계를 회복하는 성과를 거두었다. 그들은 또한 이 지역에 처음 들어온 영국 원정대를 물리치고 사기를 떨어뜨렸다. 그들은 예상외로 쉽게 원정대를 철수시켰고, 항복 조건으로 조지 워싱턴이 상관을 설득해서 다시는 찾아오지 않겠다고 약속하도록 만들었다.

그러나 조지 워싱턴은 이듬해인 1755년 여름에 이전보다 열 배나 많은 병력을 이끌고 돌아왔다. 1754년 여름에는 프랑스에 운이 따랐지만, 그후 6년 동안은 설명할 수 없을 정도로 믿기 어려운 방식으로 전세가 역전되었다. 프랑스군은 곧 오하이오강의 요새들뿐만 아니라 세인트로렌스강변과 미시시피강변에서도 패배했다. 1760년 말에는 루이스버그, 퀘벡, 몬트리올이 모두 영국의 침략에 함락되었고, 1만 8000명의 군인이 마지막 항복을 목격했다.[120] 수천 명의 아카디아인Acadian〔북아메리카 프랑스 식민지였던 아카디아에 정착했던 프랑스인의 후손〕 정착민도 추방되었으며, 1763년에 맺은 파리 조약에서 루이 15세는 북아메리카에 대한 프랑스의 모든 영유권을 영국에 양도했다. 1763년 북아메리카에 남은 상당한 영토에서 관할 주체가 바뀌었는데, 이는 미국사에서 가장 큰 규모의 영유권 변동이었다.[121]

1763년 이후로 뉴프랑스는 더는 존재하지 않게 되었다. 프랑스인들은 처음에는 포트듀케인에서 버텼지만 마침내 영국군에게 함락되었고, 영국은 이곳에 여덟 배나 더 큰 요새를 새로 지었다. 영국은 전쟁 초기에 패배를 겪었지만 해군, 외교, 군사 전략을 재정비했다. 영국은 북아메리카를 비롯해 전 세계에서 전면전을 개시했다. 영국 해군은 북아메리카, 유럽, 카리브해, 인도, 서아프리카, 필리핀에서 프랑스군을 봉쇄했다.

영국 수상 윌리엄 피트William Pitt가 이런 확장을 주도했다. 영국 관리들은 그의 이름을 따서 듀케인에 새로 건설한 요새의 이름을 부여했다. 그 주변 마을도 그를 기념해 피츠버그Pittsburgh라고 명명했다. 피트는 북아메리카에 진출한 프랑스 제국의 가장 약한 지점을 공격해, 이전에는 상상할 수 없던 방식으로 패권을 장악했다. 그전에는 프랑스 선원들이 200여 년 동안 세인트로렌스강을 항해했으나, 이제는 영국이 프랑스인을 북아메리카에서 완전히 몰아냈다.[122]

## 여전히 전쟁 중인 내륙

전쟁이 끝나갈 무렵, 영국의 국력은 그 어느 시기보다 강해 보였다. 1760년부터 영국 장교들은 내륙 요새들에 도착해 그곳을 영국의 영토라고 주장하며 새로운 통치자를 자처했다. 오대호 연안의 미래는 불확실했지만, 영국은 당시까지 세계사에서 가장 큰 전쟁이었던 7년전쟁에서 승리한 터였다. 이로써 반세기 동안 다자간 관계를 유지하며 오하이오강변에서 지역 자치권을 지켜준 1701년 대합의의 구도가 근본적으로 달라졌다. 영국은 프랑스를 내쫓고 그들의 영토를 차지해 북아메리카 동부에서 세력 균형을 잡았다. 이제 영국은 내륙의 옛 프랑스 요새들과 북아메리카 대서양 연안의 영국 식민지들을 연결하고자 했다.

영국의 우세에 주목하게 하는 수많은 징후가 있었다. 전쟁이 진행되는 동안 정착민들이 요새 부근에 무수히 많은 농장을 세웠는데, 그곳이 안전했기 때문이다. 새로운 요새가 건설되거나 점령됨에 따라 이런 힘의 거점들로 더 많은 정착민이 모여들었다. 이들은 땅을 개간했고, 사냥감들을 쫓아냈다. 포트오거스타Fort Augusta의 영국군은 서스쿼해나Susquehanna강변 인근 정착촌과 농장을 보호했다. 전쟁이 끝난 후 어느 장교는 이렇게 보고했다. "이곳에서는 온갖 것이 잘 자란다."[123] 그는 이전 몇 년 동안의 수확량 변화를 감지했는지도 모른다. 1757년에 농부들은 순무와 수박을 재배했다. 1758년에는 양배추, 감자, 금잔화, 과실수가 등장했다. 1760년에는 귀리와 건초를 거두어 요새에서 늘어나는 가축의 사료로 삼았다. 1756년에는 소 마흔한 마리가 군대와 함께 도착했고, 곧 양, 닭, 돼지와 같은 가축도 기르게 되었다.

분노한 이로쿼이 지도자들은 영국 식민지 관리들에게 중립을 지키겠다는 오랜 약속과 이로쿼이 영토들에 대한 인정을 상기시키며 호소했다. 1762년, 세네카의 한 지도자는 식민지 관리들에게 이렇게 말했다. "당신은 프랑스에 맞서 요새를 건설하겠다고 하면서 우리 영토를 원하지 않는다고 말했다."[124] 이런 농장들 때문에 이 지역에 형성된 오랜 인디언 무역망이 위협을 받았고, 사냥감이 고갈되었고, 사냥터의 삼림이 망가졌고, 담수가 오염되었다. 오네이다의 지도자 사구구수니운트Sagugusuniunt는 정착이 아닌 거래가 "우리가 함께 평화롭게 살 수 있는 [유일한] 방법"이라고 말했다.[125]

북아메리카 동부 전역에서 전쟁과 그 여파가 경제적 관계들을 뒤흔들었다. 요새가 백인들의 농장, 이주민, 가축을 보호했다. 정착민들은 인디언 상인을 적으로 여겨 가까이 접근하는 인디언들을 경계

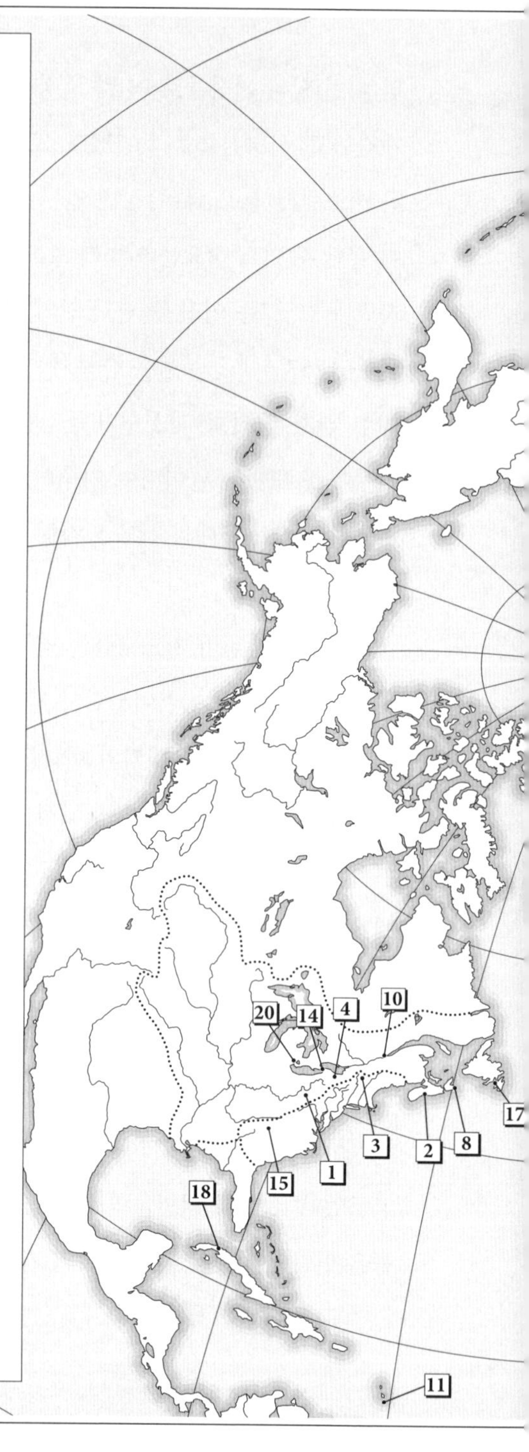


북아메리카 내륙에서 벌어진 7년전쟁의 진행과 관련 전투 (1754~1765)

1 버지니아-펜실베이니아-오하이오 오지
2 노바스코샤(아카디아)
3 허드슨강-챔플레인 호수-리슐리외강 지류
4 모호크 계곡-온타리오 호수-세인트로렌스강 계곡 상류
5 미노르카 전투(1756)
6 중부 유럽에서의 군사 작전 (1756~1762)
7 벵갈에서의 군사 작전과 플라시 Plassey 전투(1757)
8 루이스버그 요새 공격(1758)
9 서아프리카 원정(1758)
10 퀘벡과 세인트로렌스강 계곡 상류
11 카리브 제도 동부 지역
12 지브롤터에서 시작된 영국 해군의 군사 작전
13 프랑스 해안에서 벌어진 영국군의 군사 작전
14 오대호 상류 지대
15 체로키 전쟁(1759~1761)
16 코로만델 해안에서 벌어진 영국군의 군사 작전(1758~1760)
17 뉴펀들랜드 원정(1762)
18 아바나 공격(1762)
19 마닐라 정복(1762)
20 폰티액 전쟁(1762~1765)

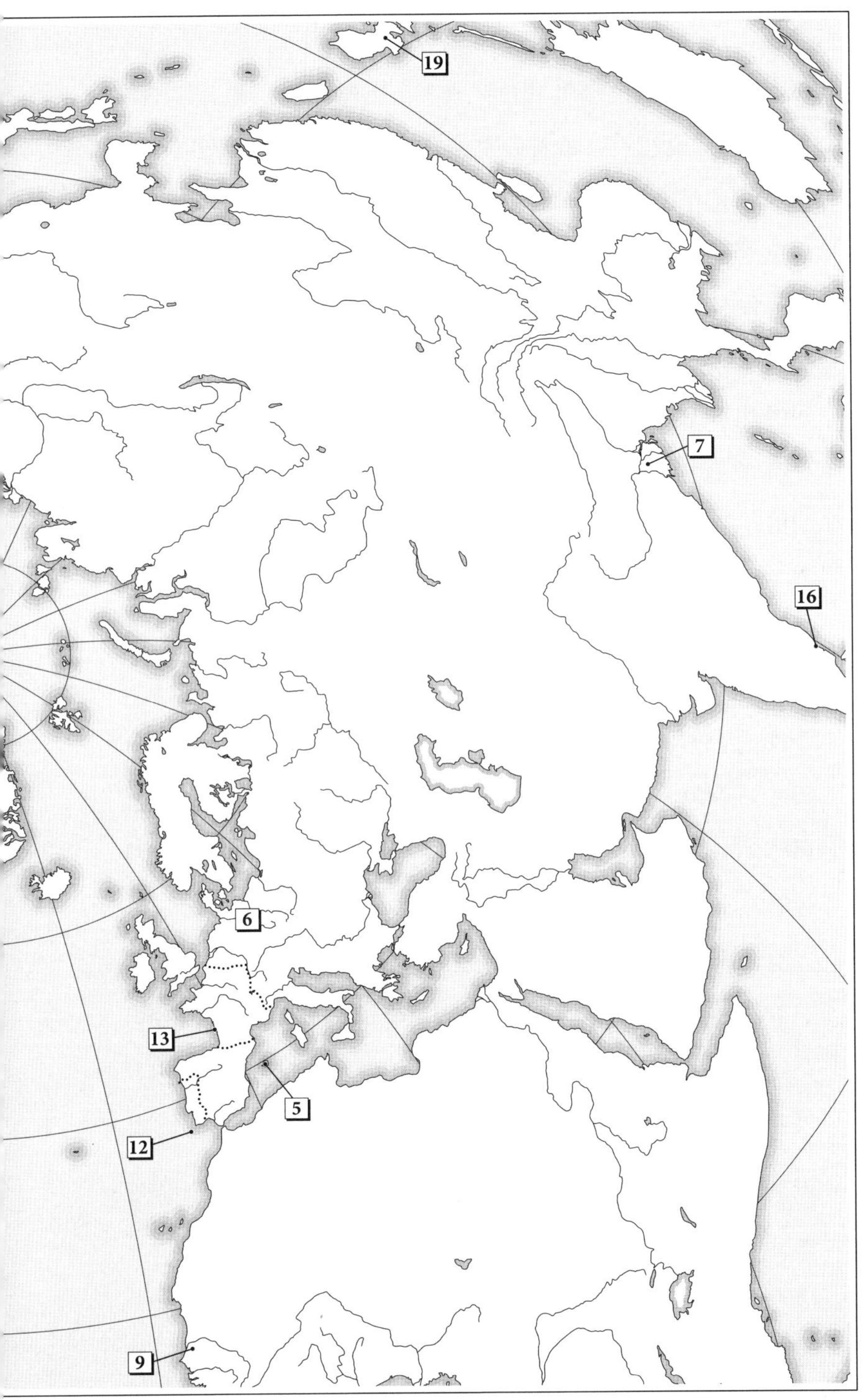

19
7
16
6
13
5
12
9

했기 때문에, 정착촌들이 내륙의 관계를 변화시켰다. 태너그리슨의 오네이다인 동맹자인 스캐로우야디Scarouyady는 "현재 당신네 인민은 적과 친구를 구분하지 못하고, 모든 인디언이 자기들을 적대시한다고 생각한다"라고 문제를 제기했다.[126] 또한 정착민들은 영국 지도자들을 설득해 인디언이 백인 정착지와 요새로 들어오는 것을 금지하도록 했다. 정착지와 요새는 영국의 권력과 탄약의 우위가 확보된 곳이었다. 포트오거스타의 윌리엄 클래펌William Clapham 대령은 "아무리 우호적인 인디언이라도 … 들여서는 안 된다"라고 지시했다.[127] 인디언은 외교적 필요가 있는 드문 경우에만 들어올 수 있으며, 그 경우 [들어오는 인디언 옆에] "호위병을 세워야" 한다고 했다.[128]

이런 금기 조치는 전쟁 전이었다면 상상도 할 수 없었다. 영국과 동맹했던 극소수 인디언은 유럽계 아메리카인과 거래하고 함께 거주하고 조언을 구했다. 그들은 영국군 야영지에서 함께 싸우고 야영하며 거주했다. 조지 워싱턴은 태너그리슨과 그의 병사들에게 포트 너세시티에 머물러달라고 간청하기도 했다. 그들은 조지 워싱턴의 유일한 내륙 선주민 동맹의 일원이었다.

영국인 정착민과 군인은 이런 공유된 역사를 거의 알지 못했다. 선주민에 관한 한 그들은 두려움과 차이에 더 익숙했다. 사구구수니운트는 "군인들을 계속 그곳에 두는 것은 평화롭게 사는 길이 아니"라고 지적하며, "군사들을 불러내시오. … 이들은 떠나야 합니다"라고 간청했다.[129] 영국 지도자들은 한때 이런 호소를 진지하게 받아들였지만, 이로쿼이와 선주민의 요구를 들어주던 시기는 이제 지나갔다. 이로쿼이는 양끝에서 중간 지대를 공략하는 전략으로 중립의 정치를 보여줬지만, 이제 더는 이 전략이 통하지 않았다.

한때 영국 지도자들은 이로쿼이와 뉴프랑스의 동맹이 영국의 내륙 영토를 약화할 것이라고 우려했지만, 이제 뉴프랑스는 존재하지 않았다. 이전에는 영국 지도자들이 '식스 네이션'과 호의적으로 교역했고, 그 지도자들과 협의회를 꾸리기도 했다. 이로쿼이도 전쟁 중에 영국의 군사 작전에 참여했다. 예를 들어, 1760년에는 이로쿼이인 700명이 영국군과 함께 몬트리올에서 프랑스군의 항복을 지켜보았다. 그러나 영국이 프랑스와의 전쟁에서 완승하자 인디언은 영국에게 갈수록 위협적인 존재가 아니게 되었다. 특히 영국 식민지들이 성장하면서 그런 경향이 더 굳어졌다.

게다가 전쟁을 통해 영국 식민자의 가장 오래된 적, 즉 프랑스가 제거되었을 뿐만 아니라 영국인도 새로운 방식으로 단결하게 되었다. 조지 워싱턴의 병력은 그레이트메도스에서 무너졌지만, 식민지 지도자 회의가 올버니에서 열렸다. 이 회의에는 펜실베이니아의 벤저민 프랭클린Benjamin Franklin, 뉴욕의 윌리엄 존슨William Johnson, 매사추세츠의 토머스 허친슨Thomas Hutchinson이 참석했다. 각 식민지의 대표가 모여서 '연합 계획' 초안을 작성했다. '올버니 계획'으로 알려진 이 계획은 프랭클린이 제안한 〈북부 식민지들의 통합 계획에 대한 간단한 지침Short Hints toward a Scheme for Uniting the Northern Colonies〉에서 시작되었다.[130] 프랭클린과 워싱턴 두 사람 모두 전쟁이 시작되기도 전에 내부 정치의 난제에 직면했는데, 이를 외교로 풀어가야 하는 상황과 전쟁 위기가 식민지들을 하나로 뭉치게 했다.

그러나 식민지 의회들은 식민지 사이의 협력 계획을 거부했다. 특히 비용 분담 문제가 분열의 원인이었다. 그럼에도 '올버니 회의 Albany Congress'는 인디언사무 감독관 두 명을 임명해 각각 북부와 남부 지역을 관할하도록 했다.[131] 존슨이 감독관으로 임명되었는데, 그는 이 직책을 통해 이후 한 세대 동안 이로쿼이와의 외교를 이끌었다. 그는 결혼을 통해 모호크 네이션 속으로 들어가기도 했다. 그의 아내 몰리는 모호크의 지도자 조지프 브랜트Joseph Brant의 누나였다.

그뒤 수십 년이 지나면서 분명해지긴 했지만, 인디언 문제를 다루기 위해서는 중앙 혹은 연방정부의 권한이 필요했다. 식민지들은 인디언 문제를 개별적으로 관리할 수 없었다. 오로지 집단적으로만 가능한 일이었다. 인디언 문제를 식민지 대 식민지 차원에서 관리하는 것은 비효율적이었다. 이를 위해서는 식민지들 사이의 조정과 식민지 지도자들 사이의 합의가 필요했다. 인디언과의 분쟁은 조지 워싱턴, 프랭클린과 같은 식민자들을 새로운 정치 포럼에 모이게 했고, 결국 새로운 정치 형태를 만들어냈다. 이런 정치 형태는 미국혁명 기간에 성문화되었고, 이후 미국헌법 제정을 통해 제도화되었다. 마찬가지로 인디언영토들을 둘러싼 분쟁을 거치면서 식민자들은 하나가 되었고, 그 땅을 보유했던 인디언뿐만 아니라 그 땅의 영유권을 주장했던 영국 군주정에도도 맞설 수 있었다.

1760년, 내륙을 차지하기 위한 투쟁은 끝나지 않고 점차 더 격렬해졌다. 곧 영국 지도자들은 프랑스 총독들을 괴롭히던 뼈아픈 교훈을 배웠다. 오대호 연안의 선주민 세계에서 무력, 권위, 심지어 폭력이 확대되는 데에는 한계가 있었다. 무역, 외교, 선물, 중재는 사회적 갈등을 완화할 뿐만 아니라 여전히 정치에 꼭 필요한 방식이었다. 이는 영국이 배우기 어려운 교훈이었다. 그것은 계속되는 전쟁과 이어진 혁명이라는 어려운 경험을 통해서만 배울 수 있었다.

◆

만단과 오대호 서부 지역의 선주민 네이션들은 1750년대의 분쟁에서 벗어나 있었다. 그러나 이후 몇 년 동안 이 지역에서 전쟁이 다시 시작되었다. 실제로 대륙의 심장부를 차지하기 위한 투쟁의 범위와 형태가 더 넓어지면서 여러 세대에 걸쳐 분쟁이 이어졌다. 반세기가 넘는 기간 동안 선주민은 전장과 다양한 외교 포럼에서 제국주의 국가 지도자들, 그리고 마침내 미국의 국가 지도자들과 마주하게 된다.

바메와와게지카퀘이Bamewawagezhikaquay는 이 반세기의 전쟁 이후 운명적인 수십 년을 살았다. 그녀는 1800년 솔트셍트마리에서 출생했고, 오지브웨어와 영어를 모두 사용하는 가정에서 성장했다. 그곳에는 모피 무역을 하던 프랑스인 가정이 많았다. 이 도시의 모든 가족은 프랑스령에서 영국령으로, 마침내 미국의 통치를 받는 변화를 겪었다.

그녀의 오지브웨 이름인 바메와와게지카퀘이는 "별들이 하늘을 날아다니며 내는 소리의 여인"이라는 뜻을 지녔는데, 그보다는 헨리

로 스쿨크래프트Henry Rowe Schoolcraft와 결혼한 후에 취한 이름인 제인 존스턴 스쿨크래프트Jane Johnston Schoolcraft로 널리 알려졌다.[132] 헨리 로 스쿨크래프트는 1822년 연방정부에서 파견한 인디언 요원으로 왔고, 두 사람은 이듬해에 결혼했다.

최초의 아메리칸인디언 시인으로 널리 알려진 바메와와게지카퀘이는 1838년에 쓴 미발표 시 〈수피리어호, 캐슬아일랜드에서 쓴 구절들Lines Written at Castle Island, Lake Superior〉에서 "선주민의 내륙해"라는 용어를 고안했다.[133] 이 시는 원래 오지브웨어로 썼고 나중에 번역되었다. 그녀의 다른 작품과 마찬가지로, 이 시는 아니시나베와키의 "달콤한 기쁨," 특히 호수, 강, 섬이 있는 해상 세계의 풍경을 기린다. 그녀는 "여기서 군림하는 것은 자연뿐"이라고 썼다. 그녀의 시는 아니시나베의 자치권을 짓밟은 식민주의 세력을 비판한다. 그녀의 시는 다음과 같이 이어진다. "인간들의 출몰로부터 멀리 떨어진 이곳, 주눅 들게 하는 공포, 범죄, 비참, 눈물, 부의 과시가 없는 곳, 말하자면 내 사람들을 아프게 하는 법이 없는 곳, 이곳에서 오롯이 차오르는 마음."[134]

2년 후 이 지역의 동쪽 변두리에서 온 또다른 작가가 "내륙해"에 대한 다른 비전을 전파했다. 19세기 미국에서 가장 유명한 시리즈의 마지막 소설이 된 제임스 페니모어 쿠퍼James Fenimore Cooper의 《길잡이Pathfinder》(1840)의 부제가 "내륙해"이다. 바메와와게지카퀘이의 시와 달리, 이 책은 외부에서, 거의 공중에서 보는 시점으로 시작한다. "광대함과 연결된 장엄함이 모두의 눈에 친숙하다. … 서쪽을 향해 … 나뭇잎의 바다가 펼쳐져 있다. 풍성한 초목의 다양하고 생생한 초록이 찬란하고 윤택하게 펼쳐져 있다."[135] 형용할 수 없어 보이는 광활하고 아름다운 이 내륙이《모히칸의 최후The Last of the Mohicans》(1826)를 비롯한 쿠퍼의 5부작 소설《가죽 스토킹Leather-stocking》 줄거리의 틀과 내용을 제공했다. 쿠퍼의 세계는 18세기 대서양에서 멀리 떨어진 곳을 배경으로 삼은 상상의 세계다. 그의 "내륙해"는 도시, 지도자, 미국 공화국을 탄생시킨 과정과 동떨어져 있다. 이는 가까우면서도 먼 세계의 고향이다. 이 세계의 인민들과 풍경은 대단히 아름답지만 위험천만하다. 이 지역의 운명을 성취하기 위해서는 구성원들 모두가 복종하는 과정이 필요하다.

미국 내륙에 대한 이런 대조적인 비전은 18세기 말과 19세기 초의 혁명적 갈등 이후에 등장했다. 바메와와게지카퀘이와 쿠퍼 모두 미국의 확장 과정을 통해 각인된 세계의 산물이다. 이 지역의 역사와 인민에 대한 그들의 상이한 인식은 여전히 접점을 찾지 못하고 있다.

# 5장

# 정착민의 봉기

## 미국혁명의 토착적 기원

너희가 거주하는 이 땅은 내가 너희를 위해 만든 것이지,

다른 사람을 위해 만든 것이 아니다.

너희가 너희 땅에 백인을 허락했는데, 그 허락은 어디서 왔느냐?

그들 없이는 살 수 없겠느냐?

— 네올린의 가르침, 〈델라웨어 예언자〉(1763)

매사추세츠 데덤Dedham의 너새니얼 에임스Nathaniel Ames는 자신의 1763년 농사 달력에서 이렇게 선언한다. "그러나 이제 갖는다! 농부는 조건 없이 땅을 갖게 될 수도 있다."[1] 영국 역사에서 가장 위대한 군사적 승리를 통해 프랑스가 북아메리카 대륙에서 완전히 추방되었고 영국 제국은 전 세계로 뻗어나갔다. 이제 플로리다에서 허드슨만까지 영국령 북아메리카를 종단할 수 있게 되었다. 훗날 오퍼드

Orford 백작이 된 호러스 월폴Horace Walpole은 다음과 같이 과장된 질문을 던졌다. "대단하지 않은가? 원로원 하나가 동양과 서양 세계를 한꺼번에 통치한다? 로마인 정도는 우리에겐 장난이다." 월폴의 결론에 따르면, 영국은 이제 "명백히 유럽의 주인이 되었다."[2] 영국 귀족에서 매사추세츠의 농부에 이르기까지 다양한 개인에게 전쟁은 지각 변동과 같은 결과를 가져올 수 있었다. 에임스에게 가장 중요한 것은 토지를 취득할 가능성이었다. 그가 이어간 말에 따르면, 농부는 이제 "그와 그의 아들들 모두에게 충분한 땅을 갖게 되었다. 그토록 많은 땅이 생겼으니 말이다."[3]

1760년 이후 영국 식민지들에서는 낙관주의가 만연했다. 지난 10년간 전쟁으로 어려움을 겪은 식민지들이 이제는 유럽인 경쟁자가 사라진 내륙을 주시했다. 영토가 승리의 제국을 향해 손짓하는 것처럼 보였다. 1760년 영국 왕 조지 3세의 대관식이 몬트리올의 함락과 맞물리면서 식민지의 모든 수도에서 열광의 분위기가 솟구쳤다. 어디에 살든 모든 식민자가 기뻐했다. 보스턴에서는 다음과 같은 고백이 나왔다. "내가 이곳에 온 지 16년 정도 되었지만 왕을 위해 자신의 생명과 재산을 위험에 빠뜨리는 사람은 한 명도 못 봤다."[4] 또다른 보스턴 주민도 마을 회의에서 비슷한 말을 했다. "영국과 그 [식민지]의 진정한 이익은 상호적이다. 하나님의 섭리 안에서 하나님이 합치신 것을 어떤 사람도 감히 갈라놓지 못할 것이다." 그의 행복감은 이렇게 계속된다. "우리는 모국을 사랑하고 존경하며 경외하고, 국왕을 숭배한다."[5]

여러 식민지가 전쟁을 통해 경험을 공유할 수 있었다. 대서양 양쪽의 영국 개신교 신민은 부분적으로는 프랑스 가톨릭교도에 대한 적대감을 바탕으로 정체성을 공유했고, 북아메리카에서 프랑스인의 추방은 이제 지속적인 영광의 신호탄이 되었다.[6] 영국령 대서양 연안 모든 곳에서 전쟁이 세상을 바꿔놓았다는 사실을 모두가 알고 있는 듯했다.[7]

그러나 북아메리카 내륙에서의 전쟁은 끝나지 않았다. 프랑스가 철수한 후에도 독립적인 인디언 마을들은 정복되지 않은 상황이었다. 많은 마을이 연합 혹은 연맹을 결성했다.[8] 내륙 남부와 이로쿼이아, 오하이오강 계곡 전역에 걸쳐 인디언은 여전히 강력한 적으로 남아 있었다. 전쟁 때 한 캐롤라이나 주민이 쓴 글에 따르면, 인디언의 힘에 대해서는 "다들 알고 있었다." "그들이 우리의 친구일 때는 우리의 정착지를 보호하는 가장 저렴하고 강력한 장벽이고, 적일 때 … 그들은 우리가 가진 것을 거의 쓰지 못하게 만들 수 있다."[9] 내륙의 인디언은 주권을 유지했다. 인디언은 영국이 비위를 맞춰야 할 동맹이자 두려운 경쟁 상대였다.

대다수 인디언은 7년전쟁을 치를 때 영토를 잃지 않았다. 심지어 프랑스와 동맹을 맺은 인디언도 패배했을지언정 정복되지는 않았다. 아니시나베그의 한 지도자는 영국 지도자들에게 이렇게 콕 집어서 사실을 말했다. "당신들은 프랑스를 정복했지, 우리를 정복한 것은 … 아니다."[10] 1760년에 몬트리올 함락을 목격했고 훗날 식민지의 동맹으로서 요크타운Yorktown에서 영국의 항복을 지켜본 프랑스의 부갱빌Bougainville 대령은 인디언이 지닌 힘의 본질을 이해했다. 그의 언급에 따르면, 프랑스가 내륙 정착지들을 공격할 수는 있지만 그곳을 계속 방어하기는 불가능하다는 점이 분명해졌고, 인디언의 지배 탓에 북아메리카에서 프랑스는 영원히 그들에게 의존하는 상태에 머물렀다. "이 나라에서 프랑스인은 인디언의 노예다. 인디언은 필요악이다."[11] 7년전쟁에서 패한 쪽은 프랑스이지, 프랑스의 인디언 동맹이 패한 것은 아니다. 뉴프랑스는 결전의 의지를 다진 영국 의회가 전쟁에 엄청난 재원을 쏟아부은 결과, 제압당했다. 영국 해군의 우위 덕분에 영국령 북아메리카의 주요 항구에서 경제적 급성장이 가능했다.[12] 또한 강력한 식민지 민병대가 해군력과 인구 측면에서 우위를 보장해주었다. 북아메리카의 전투 현장에는 4만여 명의 민병대원이 복무했다.[13]

선주민은 그전에도 유럽인과 전투를 벌인 적이 있었다. 이전 시대와 마찬가지로 전쟁 이후도 전쟁 때만큼이나 중요했다. 1760년 12월, 디트로이트에서 프랑스 국기가 마지막으로 내려졌을 때 인디언 1000명이 모였다.[14] 그들은 프랑스가 떠난다고 슬퍼하는 대신 새로온 영국 관리들을 맞으며 이렇게 말했다. "이 땅은 우리 것이다. 너희들 것이 아니다."[15] 비록 미래는 불확실했으나 그들은 자치권을 유지했고, 프랑스와 그러했듯이 무역 관계를 맺어 탄약과 보급품을 얻기를 희망했다. 전쟁 이후의 상황이 자신들의 말처럼 자리잡기를 원했다.

프랑스인이 추방당한 뒤로 폭력 사태가 발생했다. 영국 관리가 패배하지 않은 선주민 동맹의 마을 주민을 통치하려 했을 때 무역, 탄약, 외교를 둘러싼 갈등이 터져 나왔고, 이 지역은 전쟁 같은 상황이 되었다. 오다와의 지도자 오브완디야그Obwandiyag 또는 폰티액Pontiac 의 이름을 딴 "반란"이 2년간 이어지는 동안 영국 관리들은 내륙의 평화가 전쟁만큼이나 비용이 많이 드는 일이라는 것을 비로소 알게 되었다. 그들은 프랑스가 철수한 후 선주민의 정치적·경제적 현실 이 바뀔 것이라는 점을 고려하지 않았다. 폰티액과 그 추종자들은 내륙 요새들을 파괴하고 정착민을 포로로 잡는 등 점점 더 격렬하게 영국군과 싸웠다.

흔히 오대호 지역 인디언 세력의 비극적 결말로 여겨지는 폰티액 의 봉기는 사실 역사가들이 "중간 지대Middle Ground"라고 불러온 지 역 전반에 걸쳐 다른 형태의 질서 복원을 불러일으켰다.[16] 이런 복원 으로 영국이 제국적 법들을 만들어 규제하는 세계가 창출되었다. 인 디언 마을들을 보호하려는 이런 법들은 1760년 당시에는 (영국계 정 착민에게는) 이해할 수 없는 것으로 보였던 듯하다. '1763년 경계선 Proclamation Line of 1763'의 시행을 비롯한 여러 가지 타협이 이루어졌 는데, 이런 일련의 조치는 영국의 세계적 승리 이후 식민지 전역에 퍼져 있던 공감대를 흩어트리면서, 곧 혁명적 사건의 도화선이 되었 다. 이전 시대에도 그랬듯이 내륙에서는 예상치 못한 정치적·경제 적·군사적 갈등 요소가 제국주의의 사안들에 더해졌고, 이는 더 큰 갈등으로, 그리고 얼마 가지 않아 혁명으로 바뀌어 전개되었다. 요컨 대 내륙은 식민자를 왕실로부터 단절시키는 데 기여했다. 영국령 북 아메리카 식민자의 반反군주제 신념은 대체로 내륙에 정착할 때 선

주민과 싸운 경험에서 비롯되었다.[17]

파리 조약으로 국경선이 다시 그려졌고, 늘어나던 영국 식민지 목록에 새 영토가 추가되었다. 그러나 영국계 정착민의 정착지에서 선주민을 몰아내주리라 기대했던 영국인 정복자들은 이전 뉴프랑스 영토 전역에서 예상치 못하게 중재자가 되었다. 인디언과 영국 지도자들은 서로에 대한 신뢰가 깊어졌는데, 이런 점은 식민자들이 군주정을 비판하는 유용한 근거가 되었다. 식민자들은 급속도로 확장된 통신망을 통해 영국 왕정을 맹렬하게 비난했는데, 그 바탕에는 선주민에 대한 공포가 있었다.[18] 토머스 제퍼슨이 '독립선언문Declaration of Independence'에 쓴 대로, 영국 왕실은 "무자비한 인디언 야만인"이 "우리 변경의 주민"을 공격하도록 부추겼다.[19] 제퍼슨이 시사한 바에 따르면, 그런 선주민은 오직 하나의 법칙, 요컨대 전쟁을 통한 지배만을 알았다. 그들은 또한 18세기 초 분쟁의 역사를 거치면서 "우리 북부와 남서부 변경의 모든 정착민을 절멸시키기로 결의했다."[20]

이렇게 해서 멀리 있는 폭군의 대행인 또는 대리인이라는 딱지가 붙은 선주민은 비난의 대상이 되었으며, 이와 함께 식민자와 본국의 영국인 동포 사이를 갈라놓는 더 큰 이데올로기적 변화가 생겼다.[21] 내륙에서 인디언들과 무역, 외교, 정치적 관계를 지속시켜야 한다는 영국의 정책으로 인해 식민자들의 혁명 투쟁이 더 공고해졌다. 한마디로 인디언을 향한 식민자들의 분노가 영국으로부터 독립해야 한다는 야심을 더 불타오르게 했다.

이렇게 선주민은 여러 전쟁터와 수많은 정치적 담론에 두루 출몰하면서 미국혁명의 기원이 되었다. 펜실베이니아 오지 전역에서 식민자들은 선주민을 비난하고 선주민에 대한 잠재적 두려움을 공유했으며, 결국에는 공동의 대의를 중심으로 결집했다.[22] 실제로 1765년 3월 5일, 식민자들이 영국 장교들을 향해 처음으로 총을 쏘는 사건이 발생했다. 이 사건을 주도한 제임스 스미스James Smith와 "블랙보이스" 등의 반란자들은 봉기를 요구했다. 그 운명적인 봄 내내 그들은 보급품이 실린 마차 행렬을 공격하고 영국 요새들을 포위했는데도 기소되지 않았다. 그들은 전단지를 배포하고 도로를 따라 게시했다. 그들이 우려한 일은 영국 정부가 내륙 선주민 네이션들과 무역과 외교를 재개하는 것이었다.

스미스의 봉기는 폰티액 전쟁이 끝날 무렵에 일어났다. 스미스와 그의 부하들, 펜실베이니아의 관리들은 1763년 12월, 그 전쟁의 첫 겨울에 시작된 또다른 정착민 반란을 이미 잘 알고 있었다.[23] "팩스턴보이스Paxton Boys"가 주도한 그 반란은 인디언 마을인 코네스토가Conestoga의 주민들을 표적으로 삼았다. 이 주민들은 "랭커스터 카운티Lancaster County 인근에서 거의 한 세기 동안 평화롭게 살아왔고," 기독교를 받아들인 사람들이었다.[24] 1701년부터 그곳에서 살았으며 다양한 선주민 네이션으로 구성된 이 지역사회는 펜실베이니아의 지도자들과 동맹을 맺고 있었다. 그러나 폰티액 전쟁이 터지면서 식민자들은 이 지역사회가 폰티액 군대와 거래했던 일로 두려워했다. 자경단은 무장하지 않은 선주민 남성, 여성, 아이 수십 명을 죽였다. 그들은 또한 "병영을 공격하고 인디언을 살해하기 위해" 필라델피

아로 행진했다.[25]

　1763년, 1764년, 그리고 마침내 1765년에 벌어진 펜실베이니아의 정착민 반란은 선주민과 선주민을 감싼 영국 권력 기구를 표적으로 삼았다. 같은 시기에 영국 지도자들은 내륙에서 정책을 시행하고, 이를 위반한 사람들을 기소하기 위해 고군분투했다. 1760년대 내내 존 펜John Penn 총독은 이 두 가지를 수행할 수 있는 권한을 차츰 상실했다. 1768년, 그는 버지니아 총독으로부터 공감의 편지를 받았다. 버지니아 총독도 서부 정착민에 대해 비슷한 우려를 표명했다. "저는 경험을 통해 인디언을 살인한 자를 재판에 회부하기가 불가능하다는 것을 알게 됐습니다. 살인자들은 변경의 백인 주민들 틈으로 숨어버리지요. 인디언 살해가 변경 주민에게는 박수 받는 행동이랍니다."[26] 1765년 '인지법Stamp Act'이 통과되기 몇 계절 전, 내륙 정착민과 선주민 지역사회 사이에서 벌어진 폭력이 제국 권력의 힘을 약화했고, 내륙 정착민들 사이의 연대를 강화했다.

　역사가들은 오랫동안 다른 혁명적 단계에 집중했다. 그 과정에서 선주민이 혁명에서, 그리고 궁극적으로는 미국사의 흐름에서 중심에 있었다는 점을 역사 서술에서 지웠다. 그러나 인디언을 배제하고 혁명을, 혁명의 기원과 과정 및 그 유산을 이해하는 것은 한 손으로 박수를 치는 것과 같다. 설혹 재미있다고 하더라도 이는 유럽계 아메리카인들 사이의 경쟁과 최종적인 우위만을 산정하는, 오랜 전통이 반복되는 공허한 의례일 뿐이다. 식민지의 "평범한 인민"에게 초점을 맞추다 보면 선주민의 힘, 새로운 정치적 정체성을 키우는 데

허드슨만
세인트로렌스강
몽타녜 구역
프랑스령 경계선
밀리시트 구역
퀘벡
오자브웨(치페와) 구역
슈피리어호
쿼벡
(1763)
이스턴아베나키 구역
아니시나베와키 구역
수세인트마리
몬트리올
이스턴아베나키 구역
매키낙 해협
미실리매키낙 구역
매인
(매사추세츠)
휴런호
포트라베이
(포트에드워드어거스터스)
위네바고 구역
오타와
온타리오호
뉴햄프셔
사우크 구역
마스코우텐 구역
와이언도트
나이아가라
뉴욕
포츠머스
보스턴
키카푸 구역
이리호
세네카 구역
매사추세츠
폭스 구역
디트로이트
망고 구역
뉴욕
하트퍼드
로드아일랜드
포타와토미 구역
포트세인트조지프
서부 델라웨어 구역
동부 델라웨어 구역
코네티컷
뉴포트
마이애미 구역
포트샌더스키
뉴헤이븐
위아 구역
포트마이애미
뉴저지
위앗넌
머스킹엄강
펜실베이니아
뉴욕
퍼스앰보이
쇼니 구역
아래 상세 지도 참조
필라델피아
벌링턴
그레이트마이애미강
피카윌라니
뉴캐슬
미주리강
세인트루이스
오하이오강
볼티모어
빈센스
켄터키강
메릴랜드
델라웨어
사르트르 요새
(카스카스키아)
생트즈느비에브
키노강
체서피크만
버지니아
윌리엄스버그
대 서 양
앨러게니 산맥
노스캐롤라이나
치커소 구역
뉴베른
테네시강
체로키 구역
커토바
어퍼크리크 구역
쿠사강
사우스캐롤라이나
포트툴루즈
조지아
찰스턴
인디언 집단,
지역 그리고
북아메리카 내륙 지형
웨스트플로리다
(1763)
로어크리크 구역
사바나
모빌
애팔래치 구역
1763년 포고령에서 백인 정착민의
진출을 금지한 경계선
뉴올리언스
펜서콜라
애팔래치콜라강
1763년 영국이 선언한 영국령 경계선
멕시코만
0          마일          200
0        칼로미터        200
포트듀케인
(피츠버그)
포트리고니어
서스쿼해나강
요요커게이니강
포브스 로드
칼라일
오하이오강
포트너세시티
포트베드퍼드
포트라우던
포트컴벌랜드
포트프레더릭
볼티모어
머논가힐라강
브래독스 로드
윈체스터
세넌도어강
알렉산드리아

선주민이 미친 영향을 놓치게 된다.[27] 많은 사람이 지적했듯이, 미국 혁명은 새로운 정치 질서, 즉 독립을 위한 전쟁이자 북아메리카 동부의 미래를 위한 투쟁이었다.[28]

그 여파는 그 이후 수십 년 동안 이어졌다. 1780년대에 이르러 에임스가 예견했던 정착민 "아들들"은 새로운 국가 공동체, 즉 미국의 아이들이 되었다. 이 공화국에서도 새로운 정치 체제의 초석은 변함없이 토지였다. 이 체제는 여전히 "생명과 재산"을 중심으로 뿌리 내렸지만, 오직 유럽 혈통의 남성에게만 적용되었다. 인종, 성별, 재산이 새로운 연방의 정치적 주체를 결정하고 구성하는 요소로 수렴되었다. 인디언과 유럽인 사이의 외교 관행 등 이전에 확립되었던 규범들은 무너졌다. 미국 정부는 선주민 지도자들과 맺은 오랜 관습적 조약을 협상하는 관행을 이어갔지만, 선주민으로부터 토지를 양도받고 궁극적으로는 선주민에게 권력을 행사할 수 있는 방식으로 협상을 진행했다.[29]

## 7년전쟁의 예상치 못한 비용

1760년 말, 퀘벡과 몬트리올에 이어 디트로이트까지 영국에 항복했다. 7년전쟁에서 거둔 승리로 영국령 식민지 세계 전역에 열광적인 분위기가 있었음에도 새로운 영토를 지키고, 프랑스인 포로를 송환하고, 병사를 유럽으로 귀환시키고, 부상자를 챙기고, 79개의 새로운 요새를 관리하고, 내부 갈등을 조정하려면 큰 비용이 들었다. 이는 정책 입안자들에게 부담이 되었다.[30] 프랑스의 철수로 영국 제국의 규모는 커졌지만 그 전쟁으로 영국은 빚더미를 떠안았다. 식민지역시 마찬가지였다. 보스턴에서는 일곱 명 중 한 명이 빈곤 구제를 받았고, 매사추세츠주 의회가 부과한 세금 인상으로 도시에서 가장 부유한 상인 열여섯 명이 사업장을 옮기겠다고 위협하기도 했다.[31]

경제적·정치적 전환기에 영국의 전쟁 장관secretary at war[1661~1854년 영국에서 있었던 직책으로, 군 행정과 조직 업무를 담당했음] 웰보어 엘리스Welbore Ellis는 제프리 애머스트Jeffrey Amherst 장군에게 "북아메리카의 미래 방어" 계획을 제출해달라고 요청했다. 애머스트는 엘리스가 희망하는 답변을 주겠다고 했는데, 그 계획은 가능한 "비용이 적게 드는" 방향으로 작성되었을 것이다.[32] 1760년 내내, 그는 비용이 많이 드는 영국 군대를 재배치하고 동원 해제를 하기 위해 노력했다. 예를 들어 10월 25일에는 "비용을 줄이기 위해 가능한 한 신속하게 … [캐나다까지 가 있는] 모든 정찰대에" 급료를 정산하고 해산하라고 명령했다.[33] 정복자가 된 장군은 뉴프랑스의 옛 거점들을 순회하면서 군사 문제에서 긴축 재정으로 방향을 전환했다. 그러나 재정적 어려움이 어느 정도나 되는지 제대로 파악한 사람은 아무도 없었다.

영국은 전 세계에서 16만 7000명의 선원과 병사를 고용했는데, 이는 뉴프랑스 전체 프랑스 정착민 인구의 두 배가 넘는 규모였다. 이들 중 상당수는 영국인이 아니라 인도, 독일, 스위스, 남유럽에서 왔다.[34] 이 전투원들은 자원한 것도 아니었고 징집된 것도 아니었다.

그들은 제국을 위해 싸우기는 했지만 그에 대한 보상을 요구했다.[35]

군인 봉급은 연간 총액이 1800만 파운드가 넘었는데, 이는 단일 분쟁에 투입된 것으로는 천문학적인 액수다. 북아메리카에서는 식민지 민병대원에게도 보상해야 했다. 매사추세츠 식민지에서는 자격이 되는 남성 인구의 거의 25퍼센트에 달했던 1만여 명이 징집되었고, 이 식민지의 부채는 곧 35만 파운드를 넘어섰으며, 여기에 이자도 붙고 있었다.[36] 1758년, 벤저민 프랭클린는 이런 의문을 제기했다. "이렇게 막대한 비용을 감수하면서 영국이 전쟁을 계속 할 수 있을까?"[37] 매사추세츠에서는 25만 명의 식민자가 거주했는데, 이 영국 최대의 북아메리카 식민지는 파산 위기에 처해 있었다. 승리는 쉽게 오지 않았고, 대가도 치러야 했다. 영국의 국가 부채는 1억 3000만여 파운드로 증가했다.[38]

영국 해군과 육군이 카리브 제도와 다른 지역에서 전쟁을 벌였지만, 북아메리카에서의 동원 해제에 따라 비용이 어느 정도 절감되었다. 그러나 1760년 말까지 1만 명의 군인이 애머스트의 지휘 아래 북아메리카에 남았고, 군인 한 명당 여전히 연간 36파운드가 지급되어야 했다. 영국은 프랑스령 캐나다를 확보한 것 외에도 아메리카 전역에서 다른 식민지를 얻었다. 에스파냐로부터 동부 플로리다와 서부 플로리다를 받았고, 프랑스가 양도한 섬들인 도미니카Dominica, 그레나다Grenada, 세인트빈센트St. Vincent, 토바고Tobago를 얻었으며, 남대서양의 포클랜드 제도Falkland Islands까지 얻었다. 전 세계적으로 영국 제국은 규모가 커져 지출해야 할 비용도 증가했다.[39]

새로운 영토를 인수하려면 정착민이 필요했다. 더불어 군대와 행정관도 필요했고, 선주민과 노예였던 아프리카인에 대한 적개심을 억제할 필요도 있었다. 이 모든 일에 자금이 필요했다. 예를 들어 영국은 세인트빈센트섬에서 자유인 "검은 카리브인"과 분쟁이 벌어져 1773년이 되어서야 평화 협정을 맺고 이 섬의 4분의 1을 독점적으로 사용할 수 있게 되었다. 플로리다의 정착촌 조직자들은 체서피크와 조지아 해안 지역에서 계약 하인과 폭력을 이용해 플랜테이션 실험을 했던 이전의 힘든 경험을 잊은 듯이 보였다. 동부 플로리다는 습한 날씨와 우거진 숲과 모기 탓에 정착하기에 매우 위험했다. 게다가 프랜시스 오길비Francis Ogilvie 같은 식민지 총독은 철권 통치를 했다. 그는 도망친 하인 세 명을 붙잡은 후 사형을 명하면서 만약 한 명이 다른 둘을 죽인다면 사면해주겠다고 제안하기도 했다.[40]

식민자와 정책 입안자는 노예 반란을 우려했다. 노예제를 통해 이룬 부는 폭력적 억압을 통해서만 유지될 수 있음을 모두가 알았다. 예상치 못한 전시의 물자 부족으로 플랜테이션 경제 전반의 삶이 더 열악해졌다. 이는 그저 위협에 그치지 않고 노골적인 반란을 불러왔다. 자메이카에서는 당시 중간 항해Middle Passage〔아프리카에서 포획한 포로를 싣고 아메리카까지 가는 노예선의 대서양 항해〕에서 살아남은 사람들이 중심이 되어 아프리카인이 지도력을 발휘할 수 있는 구조와 군사 전술이 유지되었다.[41] 1760년 4월, 노예 5000명이 자메이카에서 당시 역사상 가장 큰 반란을 일으켜 플랜테이션, 정착지, 방앗간을 파괴한 뒤 산 중턱으로 후퇴해 머룬maroon〔도망노예 공동체〕을 건설했다. 이에 영국은 신속하게 보복했는데, 이때 캐나다에서 온 군인까지 투입되었다. 그들은 프랑스의 북아메리카령 해안선을 봉쇄했던 영국 해군의 함정에 올랐다. 잔인한 충돌이 이어졌고, 영국 지도자들은 퀘벡이나 몬트리올에서보다 가차 없이 행동했다. 영국 지도자들은 거리낌 없이 고문하고 처형했다. 자메이카 교차로에는 참수된 수급이 창에 꽂혀 늘어섰다. 그뒤 영국인 대농장주들은 더 많은 군인을 자신들의 식민지에 주둔시켜달라고 간청했다. 공포 분위기를 유지하기 위해서였다.[42]

여러 면에서 전쟁의 여파는 전쟁 자체보다 더 큰 위기를 불러왔다. 자원 부족, 치솟는 비용, 반란, 멀리 떨어진 식민지의 인수 등이 영국 지도자들을 힘들게 했다. 북아메리카 내륙에서 발발한 전쟁, 즉 7년전쟁으로 거대 제국이 탄생했다. 세계사에서 유례 없는 규모의 제국이었다. 이를 유지하기 위해서는 그 이전 어느 때보다 더 큰 규모의 해군과 군사 행정이 필요했다.[43] 승리가 도리어 제국을 침몰의 위기로 몰아넣었다.

## 1760년 이후의 문화적 혼종성과 토착 세력

이렇게 전개되던 위기의 중심에는 북아메리카 내륙이 있었다. 프랑스는 이 지역을 떠났지만 선주민들이 여전히 그곳을 지배하고 있었다. 선주민이 지배하던 오대호 연안은 1753년 전쟁 발발의 배경이 되었으며, 그 이후에도 계속되는 변화를 일으켰다. 디트로이트 주변에 거주하던 오다와, 포타와토미, 웬다트 인디언은 1760년부터 영국 정책들에 맞서는 반란을 조직했다.[44] 그들은 전쟁 중에도 영토를 전혀 잃지 않았으며 이제 주권을 지키고자 했다.[45]

다른 알곤킨어권 부족들과 마찬가지로 이들은 뉴프랑스와 가까이 지낸 동맹으로, 프랑스 주민과 함께 생활하고 교역하고 싸웠던 이들이다. 1701년에 요새가 세워진 이래 그들은 프랑스와의 동맹을 통해 제공받은 자치권을 누려왔다.[46] 이들은 현상을 유지하기로 결심하고 이 지역의 경제적·외교적 관행을 위협하는 영국의 정책에 맞섰다.

그러나 내륙의 모든 선주민이 프랑스의 동맹이었던 것은 아니다. 앞서 살펴본 것처럼 오하이오강 유역의 많은 인디언이 프랑스, 영국, 이로쿼이의 지배를 벗어날 수 있는 피난처를 모색했다. 그들은 자치권도 원했는데, 여기에는 원하는 이들과 계속 거래할 권리도 포함되었다. 프랑스가 항복한 직후, 이들은 오대호 연안에서 등장한 선주민들의 연맹에 합류했다. 이 연맹은 프랑스의 옛 동맹들과 동부, 특히 펜실베이니아에서 최근 이주한 선주민으로 구성되었다.

1760년 이후에도 프랑스인이 도입한 수많은 관습이 이어졌다. 일상적인 옷차림부터 음식과 음료, 프랑스인과 인디언 부모 사이에서 태어난 아이들이 즐기는 놀이에 이르기까지, 뉴프랑스가 선주민 사회에 남긴 흔적은 사라지지 않았다. 평범한 예를 하나 들자면, 프랑스인과 선주민은 모카신moccasin〔북아메리카 선주민이 신던, 가죽으로 만든 납작한 신발〕이라는 신발을 개발했다. 이 신발의 형태는 '술리에 아피에스soulier à pièces'로 알려진 스타일로, 한 조각이나 두 조각의 가죽으로 만들었으며 가운데에 솔기가 있었다. 내구성이 좋고 리본, 금속, 구슬, 고슴도치 가시, 동물 털로 장식된 이 신발은 내륙 전역에서 널리 애용되었다.

1760년 이후 이 모카신은 동쪽으로, 오지의 영국인 정착민에게로 수출되었다. 이들은 유럽에서 가져온 신발이 실용적이지 않고 불편하다는 사실을 곧 알게 되었다. 사슴 가죽으로 만든 이 신발이 내륙에서의 사냥, 카누 타기, 무역, 사교 활동 등 북아메리카에서의 일상 생활에 훨씬 잘 맞았다.[47] 영국 정착민은 알게 모르게 잘 다져진 문화 생태계를 걷고 있었던 셈이다.

언어, 특히 외교 언어는 프랑스 정착기를 통해 남겨진 가장 선명한 유산이다. 구어체와 알곤킨어의 영향을 받은 방언이 "높이 있는 나라"라고 불린 내륙 세계 깊숙이 퍼졌다. 또한 무역, 문화 간 교류, 정치에 사용되던 전문 용어가 여러 세대에 걸쳐 지속적으로 사용되었다.[48] 이처럼 언어 혁명이 이 지역의 정치적 진화와 나란히 진행되었는데, 특히 폰두랙(퐁뒤라크)Fond du Lac과 랙더플램보(라크뒤플랑보)Lac du Flambeau처럼 프랑스 지명을 따거나 프랑스 지명과 연관성이 있는 지역사회에서 두드러졌다.[49] 시간이 지나면서 프랑스어 이름들은 알곤킨어를 사용하는 이 세계에서 정치적 의미를 띠게 되었고, 나중에는 공식 협의, 조약을 위한 평의회, 연방정부와의 관계의 틀을 짜는 혼성 국제어가 되었다.[50]

영국군 사령관들은 프랑스어를 하거나 통역이 가능한 통역관을 두었다. 수천 명의 프랑스 정착민(아비탕habitan) 또는 주민이 내륙 세계 전역에 남아 있었고, 그들은 새로운 영국 왕에게 맹세하고 그의 신민이 될 것으로 기대되었다. 1761년 1월에 애머스트가 전한 바에 따르면, 디트로이트에서 "모든 주민이 무기를 버리고 충성을 맹세했다."[51] 그래도 여전히 불안의 불씨가 남아 있었다.

전쟁은 프랑스 가족들에게 재앙을 가져왔다. 영국군은 캐나다 동부에서 수천 명의 아카디아인을 내쫓았으며, 세인트로렌스강을 봉쇄해 기근을 유발했고, 수출을 억제했다. 에머스트의 기록에 따르면, "디트로이트에 약 1000명이 있었다. 그들은 가죽 뭉치 약 3000개를 가지고 있었다. [그러나] 나이아가라[요새]가 점령되면서, 그 가죽을 판매할 기회가 사라졌다."[52] 1760년 봄, 프랑스 농부들은 불안 속에서도 작물을 심었다. 그 수확물로 자기 자식을 먹일 수 있을지, 영국 군인을 먹이게 될지 알 수 없었다.[53]

내륙 지역사회 중에는 수십 명의 프랑스 대가족으로 구성된 곳이 많았다. 디트로이트에서는 약 100채의 주택이 정착지의 주요 건물인 포트퐁샤르트랭을 둘러싸고 들어앉아 있었는데, 이 요새가 도시의 강변 지대를 지배했다. 요새의 성채 네 개 중 세 개는 예상 공격지인 강을 마주보는 자리에 있었다. 이 요새에서는 전쟁 중에 군사적 충돌이 없었고, 전쟁 이후에도 무역, 통신, 외교의 중심 노릇을 했다.[54] 그러나 보급품과 탄약이 너무 많이 줄어들어 프랑스 지휘관은 인디언 동맹 측에 영국 요새로 가서 무역을 시도해보라고 지시했다. 이런 무역이 금지되기 시작한 원인이 전쟁이라는 점을 생각해보면 역설적인 지시였다. 그러나 포트피트Fort Pitt에서도 전쟁으로 식량 공급이 원활하지 않았다. 필라델피아에서 육류, 곡류, 심지어 화약까지 조달했지만, 요새에 도착할 무렵이면 상하거나 젖어 있었다.[55] 프랑스의 인디언 동맹들은 직접 듣지는 못했어도 프랑스가 전쟁에서 졌음을 알았다.

1760년의 디트로이트는 북아메리카 내륙의 다양성과 문제점들이 응축된 축소판이었다.[56] 영국 군인 디트리히 브렘Dietrich Brehm의 보고에 따르면, 이 도시의 들판은 "겨울 밀, 인디언 옥수수, 좋은 잔디, 사과, 배, 복숭아 같은 온갖 채소와 과일이 생산되는 매우 좋은 곳"이었다. 게다가 이 도시의 다양한 주민은 "프랑스에서 온 포도주를 마셨는데, 매우 잘 숙성된 것들이었다."[57] 선주민 마을은 강변을 따라 자리잡고 지역사회를 이루었다. 여기에는 알곤킨어를 사용하는 오지브웨, 오다와, 포타와토미와 이로쿼이 언어를 사용하는 웬다트도 포함되었다. 이 지역사회들은 차이보다는 공통점이 두드러졌다. 이들은 무역, 외교, 친족의 관계망과 마찬가지로 결혼을 통해서도 연결되었다.[58] 그러나 이런 지역사회들은 여전히 뚜렷하게 구분되기도 했다. 내륙 상인이자 인디언 측 대리인이었던 조지 크로건의 표현에 따르면, 이들은 계속 "서로에게 동맹"이었다.[59]

1760년 12월, 아일랜드, 독일, 영국, 그리고 아메리카 태생의 군인들이 디트로이트를 점령하기 위해 왔다. 이들 중 다수는 포트피트 출신으로, 전쟁 중 오지의 정착촌들을 괴롭힌 습격을 목격한 경험이 있었다. 영국인 포로를 석방시키려면 몸값으로 영국 당국이 상당한 국고를 지불해야 했기 때문에, 약 2000명에 달하는 포로의 운명은 외교적 난제로 계속 남아 있었다. 또한 영국인 포로를 포획하는 행위 역시 왕권을 약화했는데, 백성을 보호하지 못하는 무능력을 드러냈기 때문이다. 애팔래치아산맥 너머 모든 변경 지역에서는 인디언에 대한 공포와 통치에 대한 불신이 결합되었다. 정착민들은 자신들을 보호한다는 당국의 능력을 갈수록 의심하게 되었다.[60]

오지 전역에서 전쟁의 경험은 잊히지 않았다. 보복에 대한 열망이 인디언 지역사회와 비非인디언 지역사회 모두에 퍼졌다. 선주민은 식민자가 들어오는 모습을 의심의 눈초리로 바라보며 영국 지도자들이 기존 정책을 유지할는지 걱정했다. 반면 정착민들은 영국 관리들이 선주민이 원하는 무역과 외교 관행을 계속 유지하자 우려가 깊어졌다. 1763년 이후에는 이 같은 상반된 욕구가 양립할 수 없는 지경이 되었다. 내륙에서는 인디언과 정부에 대한 식민자의 태도가 차츰 바뀌었다. 펜실베이니아는 역사적으로 평화를 추구한 것으로 알려졌으나, 이제 변경 분쟁이라는 걷잡을 수 없는 난제에 직면했다.[61]


## 내륙의 종교적 다양성


디트로이트에 주둔한 영국군이 여러 언어를 사용하는 다양한 집단으로 구성되었던 점은 주변 인디언의 다양성과 유사했지만, 제국군 장교들은 긴장을 완화하기보다 심화했다. 어느 쇼니 지도자의 말에 따르면, 영국 지도자들은 "우리를 개로 여기면서 자기들이 이 땅의 주인이며 그들이 우리 프랑스 아버지를 전복했다고 우리에게 말했다."[62] 프랑스 시대와 달리, 영국 지도자들은 동맹의 기초인 상호주의에 대한 요구를 일축했다. 더 나아가, 인디언 지도자들이 거만하거나 자격이 없거나, 혹은 둘 다라고 여기며 폄하했다.[63] 프랑스의 중재, 외교, 통치 의례가 이 지역 정치문화의 특징으로 자리잡았는데, 영국 지휘관들은 그런 관습과 오랜 역사를 거의 알지 못한 채 그곳에 들어온 것이다.[64]

조롱은 곧 적대 행위로 이어졌다. 인디언와 제국이 맺은 관계의 특징이었던 관습적인 중재 언어는 점차 힘을 잃었다. 1760년, 애머스트는 "인디언들이 늘 … 문제를 일으킨다"라고 단정적으로 말했다.[65] 이런 생각은 1763년에 가면 더 강경해진다. 그는 "인디언에게 이를 알릴 필요는 없지만, 인디언은 **어느 정도는 적군**이며, [그렇게 적군이라고] 봐야 한다"라고 하면서 계속 경계해야 한다고 강조했다.[66] 이처럼 여러 측면에서 외교의 언어가 바뀌어 있었다.

언어와 달리 종교에서는 프랑스의 영향이 잘 각인되지 않았다. 일찍이 1630년대부터 선교사가 들어왔지만, 오대호 연안 인디언 지역 사회들은 예수회 신부들이 가르친 기독교 전통과 상충하는 듯이 보이는 오래된 영적 관습을 대대로 이어갔다. 그러나 예수회는 아니시나베의 관습에서 유사점을 많이 발견했다.[67] 선주민과 프랑스 지도자들 모두 탐욕이 아닌 검약을 강조했고, 초자연적인 것에 대한 믿음을 공개적으로 선언할 것을 요구했으며, 일반적으로 진실성을 중시했다. 그러나 예수회는 이혼이나 혼전 성관계와 같은 선주민 사회의 여러 관습을 비난했는데, 선주민은 이를 이해할 수 없었다. 선교후 한 세기가 지나면서 선주민 종교와 프랑스인 종교 사이의 공통점과 차이점이 분명해졌다.[68]

그러나 순응은 계속되었다. 많은 선주민이 프랑스인의 북아메리카 귀환을 희망했다. 프랑스 군인과 성직자는 떠났지만, 그들이 전해준 융합주의는 지속되었다. 많은 인디언이 성경 공부를 하며 학문적차원에서 기독교의 가르침을 일부 받아들였다. 어떤 이들은 새로운의복을 입거나 종교적으로 조직된 마을에 정착하기도 했다. 펜실베이니아 랭커스터 카운티의 코네스토가 인디언은 평화적이고 종교적인 심성을 가진, 준準농경 공동체를 형성했으며, 퀘이커교도, 모라비아교도, 메노파교도와 사회적·종교적으로 긴밀한 협력 관계를 맺고 살았다.

1750년대 내내 북아메리카 전역에서 문화 부흥 운동이 일어났다.[69] 펜실베이니아 동부와 서부에서는 레나페(델라웨어) 지도자들의가르침과 예언을 신봉하는 지지자가 증가했다. 와이오밍Wyoming 근처와 서스퀘해나강을 따라 동쪽으로 더 멀리 떨어진 곳에서는 남녀선지자들이 선주민과 유럽 종교에서 얻은 가르침을 결합한 예언을전파했다.[70] 이 선지자들은 주변 영국인 정착촌의 압력을 견디며 살아갔다. 그들은 식민지 세계 안에서 안정을 찾고자 노력했지만 그들과 그들의 공동체에 돌아온 것은 대체로 거부와 박탈, 배신이었다.[71]

토지, 권리, 보호를 놓고 인디언과 처음으로 동맹을 맺은 이들은 기독교 선교사였다. 한 인디언 지도자가 시사한 바에 따르면, 식민자나 다른 제국 관리보다 선교사가 선주민을 더 잘 대우했다. 그들은 "매매나 이득을 얻으러 온 것이 아니라 사랑과 존경의 마음으로 왔으며 … 현세에도 그리고 사후에도 평안을 갈구했다."[72] 선주민 사회에서는 독일어를 사용하는 평화주의자를 비롯한 종교적 심성을 지닌 정착민들을 환영하기도 했다. 이들은 "진실했고 … 그 지역의 인디언들에게 존경받았다."[73]

펜실베이니아에서는 퀘이커교도, 모라비아교도 등 개신교 신앙을 지키는 사람들이 그곳에서 거주하던 레나페 선주민의 동맹으로 등장했다. 1740년대에 모라비아교도는 7년전쟁이 발발하기 전에 체결된 외교 협정에서 중요한 중재자 역할을 했다.[74] 그들은 샤모킨Shamokin의 서스퀘해나강변과 그나덴휘텐Gnadenhütten의 앨러게니산맥 건너편에 인디언 개종자를 위한 종교적인 마을과 가옥을 세웠다.[75] 모라비아교도는 식민지 관리와 레나페인 사이에서 통역자 역할도 했다.

그러나 이런 종교적 관계들도 유럽인 정착지가 선주민의 본거지로 침범해 들어가는 압력을 막을 수는 없었다. 많은 레나페인이 서쪽으로 도망가 대서양 중부와 북동부에서 온 수천 명의 알곤킨어를 사용하는 인민의 일부가 되었다. 이들은 영국령 북아메리카를 떠나 대륙 전체로 광범하게 이주하며 형성된 "알곤킨어권 부족의 디아스포라"의 일부가 되었다. 레나페인이 이주한 것은 생존을 위해서였다.

많은 선주민 이주 공동체가 영국 식민지 또는 그 근처에서 사는 것보다 오하이오강 지역에서 자치권을 누리며 사는 것을 더 선호했다. 앞서 살펴본 것처럼, 실제로 오하이오강 상류 지역은 이주한 선주민에게 기회의 땅이었다.[76] 이곳은 사냥터와 풍요로운 들판이 있었고 근처에 수로도 있었다. 무엇보다도 이 지역은 뉴프랑스, 그리고 이 지역의 주요 식민 권력으로 인정받는 영국령 북아메리카와 이로쿼이아의 관할권 밖에 있었다.[77] 앨러게니산맥이 이 지역의 내부 골짜기들을 갈라놓아 이로쿼이아와 뉴프랑스 사이에도 경계 지대가 생겨서 자치가 용이해진 점도 작용했다.[78] 18세기 전반기에 이 지역에서는 비교적 전쟁이 적은 편이었고, 산 동쪽의 식민지 중심지들에서 벗어난 사냥터와 교역로로서 최적의 선택지였다. 이 지역은 곧 이주하려는 선주민과 오지 상인들을 끌어들였다.[79]

레나페인은 추억과 이야기를 가져왔다. 다른 이주자들과 마찬가지로 이 난민들도 영국인의 근본적인 이중성, 즉 기독교 원리를 내세우면서도 인디언의 땅을 빼앗는 행위를 벌이는 위선을 알아보았다.[80] 이처럼 영적 식민주의와 정착민 식민주의를 동시에 경험한 선주민은 이들 말고는 거의 없었다. 그러나 레나페인은 자치권을 누리면서도 본거지를 상실한 경험을 기억하고 있었다. 그들은 식민자들에 의해 세상을 떠났거나 살해당한 가족을 이야기했고, 영국령 식민지 확장 탓에 거의 관리할 수 없게 된 조상들의 묘지를 이야기했고, 새로 온 이주자들이 레나페인의 본거지를 여러 방법으로 욕보였음을 이야기했다. 그들은 식민지 지도자들이 어김없이 이로쿼이의 편을 드는 방식에도 주목했다. 예를 들어, 1737년 이로쿼이 지도자들이 펜실베이니아를 교묘하게 끌어들여 "걸음을 통한 취득Walking Purchase" 사건을 통해, 펜실베이니아가 레나페인에게서 빼앗은 영토에 대해 이로쿼이에게 권한이 있다고 인정하도록 한 일을 들 수 있다.●81 이렇듯 영국령 식민지 사회에 대해 레나페인이 갖게 된 인식의 기조에는 비통함이 있었다.

예상할 수 있듯이, 선주민이 이주하고 정착하는 과정 전반을 이끈 것은 영적 힘이었다. 디아스포라라는 단어는 조상의 본거지로부터 분리되었음을 뜻하지만, 문화, 언어, 역사, 종교에서 지속적으로 연결되고 있음을 의미하기도 한다. 레나페인과 다른 내륙 선주민들은 서로 교류하고 공유해온 종교적 전통을 확장하면서 내륙 부족들과의 영적 유대를 강화했다. 이처럼 선주민이 내륙 세계를 점점 더 공

● "걸음을 통한 취득"은 펜실베이니아 식민지를 세운 윌리엄 펜 가문의 후손들이 1737년에 레나페인에게 압박을 가해 토지를 취득한 사건이다. 1736년, 윌리엄 펜의 두 아들 존과 토머스는 레나페인이 델라웨어강 상류와 리하이강 지류가 만나는 지점에서부터 서쪽으로의 땅, 즉 남성이 하루 하고 반나절을 걸어서 도착할 수 있는 서쪽까지의 땅을 팔았다는 내용이 적힌 문서가 있다고 주장했다. 전해지는 이야기에 따르면, 레나페 지도자들은 그 땅이 그렇게 크지 않다고 생각했다. 하루 반을 걸을 수 있는 거리가 길어야 40마일(약 60킬로미터) 정도라고 생각했다. 그런데 펜 집안에서는 가장 빨리 걷는 이들을 고용해서 걷게 했고, 이들은 하루 반 동안 70마일(100여 킬로미터)을 갔다. 이 때문에 레나페인들은 거주하던 땅에서 쫓겨났다. 이들은 이로쿼이 연맹에 도움을 요청했지만, 거절당했다. 이 사건으로 펜 집안은 토지 120만여 에이커를 얻었다. 거의 300년 동안 이 토지를 놓고 말이 있었고, 마침내 2004년에 소송이 제기되었다. '델라웨어 네이션 대 펜실베이니아' 재판에서, 레나페 부족 중 하나인 델라웨어 부족과 21세기의 그 후손들이 1737년의 구매에 포함된 땅에서 314에이커의 토지에 대한 권리를 주장했다. 그러나 미국 지방 법원은 펜실베이니아 정부의 기각 신청을 받아들였다. 델라웨어 네이션이 제기한 사기 혐의가 정확한 실제라고 해도, 이 사건을 사법적으로 처리할 수 없다고 판결했다. 이 판결은 여러 항소를 거쳐, 결국 미국 대법원이 사건을 기각해 하급 법원의 결정이 유지되었다.

유하게 되었던 근저에는 영국에 대한 공통의 적대감이 있었다.

내륙으로 이주한 이후 레나페 지도자들은 대륙의 인디언들에게 공통의 운명에 대한 비전을 전하기 시작했다. 7년전쟁으로 오하이오강 유역의 자치 구역들이 침범당하고 있었다. 이는 프랑스 정착지 내에 있던 인디언 자치권의 종말을 알리는 신호탄이었다. 많은 사람이 볼 때 이런 결과는 서로 무관해 보이지 않았다. 전쟁의 여파와 영국의 승리로 모든 선주민이 위협을 느끼지 않았던가? 전쟁 시기에 인디언 지도자들은 일리노이에 머물던 프랑스 지도자들에게 이렇게 말했다. "델라웨어와 쇼와네Shawannays[쇼니Shawnees]가 우리에게 말한 모든 것이 이제 현실이 되었다. … 영국인들은 저마다 모두가 주인이 되려고 했다. 그들은 이제 우리를 죽음으로 몰아넣을 것이다."[82] 이 전언에는 이런 제안도 포함되어 있었다. "그들(인디언 지도자들)은 우리(프랑스 지도자들)에게, '형제들이여, 우리 함께 죽자'라고 했다."[83]

아니시나베인들 사이에서 오랫동안 신성한 동쪽 방향, 혹은 '와반Waban'에서 온 먼 친족으로 여겨진 레나페는 내륙 인디언들 사이에서 우위를 점했다. 폰티액을 비롯한 지역 지도자들은 문화를 정화淨化해야 한다는 요구를 진지하게 받아들였고, 영국에 맞서 단결하려는 자신들의 정치적·군사적 야망과 결합시켰다.[84] 특히 "델라웨어 예언자"로 불리곤 했던 네올린Neolin은 선주민 집단들이 통합을 통해 힘을 키우고 부활할 것이라는 비전을 제시했다. 그의 가르침에서 풍요로운 미래에 대한 천년왕국주의의 비전이 나왔다. 이 미래에서는 모든 부족의 선주민이 오래된 관습을 되살리고, 유럽 기술에 대한 의존도를 낮추며, 파괴적인 유럽인의 영역에서 밖으로 나와 새로운 관계를 서로 형성하게 될 것이었다. 이런 가르침들이 광범위한 추종자를 끌어모았고, 새로 온 영국 통치자들에 대한 군사적 대응에 곧 영향을 미쳤다.

## 네올린과 전쟁의 고통스러운 여파

폰티액 전쟁이 발발한 계기가 정확히 무엇인지에 대해서는 여전히 논쟁 중이다. 폰티액과 네올린이 제시한 비전은 주로 다른 사람들의 회고를 통해 전해졌다. 많은 사람이 이 두 인디언 지도자를 역사에서 지워버렸지만, 1763년 이후의 세계는 그들이 결합해서 촉발한 운동을 통해 형성되었다.

폰티액은 1720년 무렵 오타와강 인근에서 태어났고, 어렸을 때 가족과 함께 미실리매키낙으로 이주했다.[85] 남쪽에 있는 디트로이트로 정확히 언제 이주했는지는 확실하지 않다. 1746년에 그곳에서 프랑스군과 함께 싸웠다고 한다. 1755년, 조지 워싱턴과 브래독 Braddock 장군이 포트듀케인을 점령하려다 실패했을 당시에도 폰티액이 그들에게 맞서 싸웠던 것으로 추정된다. 그는 오대호 연안을 여러 번 횡단했으며, 수백 개 마을에 흩어져 살던 수십 개 인디언 부족을 잘 알았다.[86]

폰티액은 또한 오대호 유역이 일리노이 영토에서 살아가던 수천 명의 프랑스 상인과 관리의 고향이라는 사실도 알았다. 프랑스인과 달리 영어를 사용하는 관리, 선교사, 정착민은 합의의 정치에 익숙한 인디언 지도자들을 존중하지 않고 무례하게 말하곤 했다. 그들은 모순된 말을 하기도 했고, 그들의 말이 행동과 상충하는 경우가 많았다. 예를 들어 1762년 존 포브스John Forbes 장군은 레나페 지도자들에게, "영국은 앨러게니산맥의 봉우리들 너머에 있는 당신들의 사냥터에 정착지를 만들 의사가 없다"라고 말했다. 그러면서 레나페의 주권이 그대로 유지될 것이라고 했다. 그는 이어서 정착민들이 "거래 관계를 확립해 지속시키려면 상점 건물들을 세우는 것이 당신들의 편의를 위해 바람직할 것"이라고 말했다.[87] 이보다 몇 해 전, 헨리 부케Henry Bouquet 대령도 비슷하게 확언한 바 있다. "우리가 … 사냥하며 살고 있는 당신네의 영토를 적대적 방식으로 빼앗으려고 여기에 온 것이 아니다."[88] 영국 지도자들이 계속 공언한 목표는 무역, 평화, 질서였다.

그러나 네올린을 비롯한 레나페인들이 한 경험은 이와 달랐다. 투스카라와스Tuscarawas의 오하이오강 유역에 살던 네올린은 이 운명적인 전환기에 이루어진 영국과 레나페의 협상을 면밀하게 지켜보았다. 그곳에서 거주하던 저명한 레나페의 수장 타마콰Tamaqua가 1758년부터 대표단을 이끌고 포트피트, 랭커스터, 필라델피아로 가서 이 지역의 미래를 논의했다. 그는 부케와 협력해 영국 지도자들이 그들 자신의 선언, 특히 내륙 정착에 관한 선언을 지키도록 했다. 타마콰는 상당한 주목을 받은 인물로, 1759년 포트피트에 그가 도착했을 때 예포를 쏘는 환영 의례가 행해지기도 했다. 전쟁의 마지막 몇 년 동안 타마콰는 레나페인의 평화에 대한 의지를 말로만이 아니라 행동으로 확인해주었다. 그는 전투에서 포획한 영국인 포로 100명을 돌려보냈다.[89]

포트피트의 사령관 부케는 영국의 전후 정책이 되어야 한다고 믿었던 바를 구현하기 위해 노력했다. 그는 인디언과 정착민을 분리했고, 포로들의 귀환을 모색했으며, 전쟁 때 부족했던 선주민 지역사회들과의 교역품을 확보하려고 노력했다. 그중 뒤의 두 가지는 성공했지만, 첫 번째 시도는 실패했다. 1761년 가을, 그는 백인 무단 거주자들에게 애팔래치아산맥 동쪽으로 돌아가라고 명령했다. 다른 영국 사령관들과 마찬가지로 그는 명령을 집행하기 위해 폭력을 사용했고, 이듬해 봄에는 군인을 보내 계속 남아 있던 이들의 오두막을 불태웠다.[90] 타마콰와 마찬가지로 부케도 자신의 말을 행동으로 보여주었다. 레나페 지도자들은 그들 주변에 정착촌이 늘어나는 것에 불안해했지만, 공언한 약속을 부케가 강행하자 만족했다. 1762년 8월, 타마콰의 지휘 아래 레나페 지도자들이 협상을 위해 "기병대"를 이끌고 랭커스터로 왔다.[91]

그러나 다른 곳에서는 영국 지도자와 정착민이 이와 다르게 행동했다. 정착민들은 인디언과 영국 지도자 사이의 협정을 의심의 눈초리로 바라보았고, 그런 협정이 인디언에게 호의적이라고 여겨 갈수록 더 분노했다. 영국 지도자들이 정착민을 몰아내기 위해 왕의 군대를 이용하자, 정착민들과 먼 곳으로 진출한 토지 투기꾼들이 분노했다. 이들은 영국의 군사권 행사가 도덕적·경제적 불안을 야기한다고 생각했다.

조지 워싱턴도 이런 사람들 중 한 명이었다. 그는 1759년과 1760년의 대부분의 기간을 버지니아의 식민지 총독을 붙잡고 자신에게 내륙의 토지로 보상해달라는 요구를 하며 보냈다. 1754년, 버지니아 총독 딘위디는 워싱턴이 이끄는 연대에 입대한 사람들에게 20만 에이커의 오하이오 땅을 약속한 바 있었기에 이제 워싱턴은 자신의 몫을 챙기고자 한 것이다. 다른 플랜테이션 주인과 마찬가지로 워싱턴이 내륙의 토지에 주목한 것은 투기 목적에서였다. 워싱턴 세대는 보유 자산을 다각화하려면 자산을 증대할 필요가 있음을 알았다. 특히 생산량 예측이 힘들었던 담배 농사에 의존하던 이들에게 이는 더 절박했다.[92] 전쟁 전과 마찬가지로, 워싱턴과 오하이오 회사 사람들은 내륙의 토지를 차지하기 위해 계속 경쟁했다. 그들은 버지니아와 런던의 지도자들에게 로비를 벌였다. 그들은 국왕 조지 3세가 그들의 우려에 귀를 기울이고 청원에 응답하기를 희망했다.

네올린, 그리고 나중에는 폰티액이 영국이 약속을 지킬 것이라는 믿음을 언제 포기했는지는 확실하지 않다. 중재안을 찾으려 했던 타마콰 같은 내륙의 인디언 지도자들이 별로 없었다는 점으로 미루어 외교가 무익했음을 가늠할 수 있다. 사냥감 감소부터 인디언과의 무역품에 대한 규제 강화에 이르기까지, 레나페를 비롯한 여러 선주민은 갈수록 더 큰 어려움에 직면했다. 영국이 선물 제공을 제한하면서 특히 더 힘들어졌다. 이로 인해 선주민 사냥꾼들은 화약을 구하지

못하게 되었고, 가족과 마을을 부양하는 남성의 권위가 약해졌다.[93]

1760년 이후 인디언 지도자들은 영국 요새들과 식민지 수도들 사이를 끊임없이 오가며, 많은 사람이 불가능하다고 여겼던 장애물을 극복하기 위해 노력했다. 10년간의 전쟁 이후, 평화와 외교는 거의 해결책이 되지 못했고, 이들의 실패는 점점 더 분명해 보였다. 1762년, 포트듀케인이 몰락한 후 중재를 선호하거나 영국의 권위를 수용했던 사람들은 정치적 영향력을 잃기 시작했다.[94] 이제 많은 선주민에게 새로운 운명이 필요했다.

네올린이 보기에 유럽인들이 일으킨 문제는 만성적인 문제, 체제 차원의 문제였다. 네올린은 식민자 모두에게 책임이 있다고 믿었다. 식민주의 자체가 근본적인 문제라는 것이었다. 그는 인디언의 본거지에 해방과 쇄신을 가져오려면 식민주의를 완전히 무너뜨려야 한다고 생각했다. 술, 경제적 의존, 사냥감 감소, 질병, 그리고 무엇보다도 쫓겨나는 것과 같은 파괴적 상황을 막아내야 했다. 근원적인 개혁만이 유일한 해결책으로 보였다. 네올린과 그 추종자들 앞에 놓인 길은 단 하나였고 그 길은 내부에서 시작되었다.

전쟁 마지막 해에 네올린은 예언을 공유하기 위해 여행을 떠났다. 그는 "생명의 주님"이 자신에게 계시한 강력한 가르침을 이야기했다. 그는 꿈에서 강하고 친절하고 신성하며 전능하신 하나님을 어떻게 만났는지 이야기했다. "온통 하얀 옷을 입은" 이 신은 확신에 찬 울림으로 말했다. 네올린은 환영 속에서 자신의 소유물을 버리고 산을 올라 신을 만났다. 자리에 앉자 "주님께서 그에게 말씀하셨다."

나는 생명의 주인이니, 네가 알고자 하는 것과 네가 누구에게 말하고자 하는 것을 알고 있다. 내가 이들과 그리고 모든 인디언에게 하려는 말을 잘 들어라. "나는 하늘과 땅과 나무와 호수와 강과 모든 사람과 네가 본 것, 땅에서 본 모든 것을 창조한 자다."

내가 너희를 사랑하기 때문에, 너희는 내가 말한 것과 사랑하는 것을 행해야 한다. … 나는 너희가 술을 마시고 … 서로 싸우거나 … 다른 사람의 아내를 따라다니는 것을 좋아하지 않는다. … 전쟁에 나가고자 할 때 너희는 주술적인 춤에 의지하면서 내가 너에게 말한다고 믿는데, 이는 너의 착각이다. …

너희가 거주하는 이 땅은 내가 너희를 위하여 만든 것이지, 다른 사람을 위해 만든 것이 아니다. 너희가 너희 땅에 백인을 허락했는데, 그 허락은 어디서 왔느냐? 그들 없이는 살 수 없겠느냐? 너희는 백인을 알기 전에 살았던 것처럼 살 수 있다. … 너희에게는 총이나 권력이나 다른 어떤 것도 필요하지 않았다. …

여기 너희에게 주는 기도문이 있으니, 마음에 새겨 인디언과 그 자녀들에게 가르치거라.[95]


단결과 개혁에 관한 네올린의 메시지는 식민자 못지않게 선주민에게도 훈계가 되었고, 지침을 제공했다. 어려움을 극복할 수 있는 열쇠는 절제, 문화적 쇄신, 자급자족, 신앙이었다. 이 가르침에 따르면, 세상 문제들에 대한 해결책을 갖고 있는 사람은 선주민뿐이었다. 선주민은 힘을 갖고 있었고, 그 힘을 부릴 수 있도록 신성한 존재의 격려를 받았다.

네올린의 가르침은 선주민의 오대호 연안 세계에 널리 퍼졌다. 이로쿼이 연맹의 "서쪽 문"에 살던 세네카에서 일리노이 컨트리까지, 많은 선주민이 선지자와 그의 제자들의 말을 들으려 모여들었다. 위의 인용문은 1763년에 디트로이트의 프랑스 정착민 로베르 나바르Robert Navarre가 기록한 것이다. 여러 프랑스인 거주민과 마찬가지로 나바르도 이 지역의 인디언을 잘 알았다. 그는 인디언이 추위와 식량 부족으로 고생하는 것을 지켜보았다. 그는 폰티액이 전한 네올린의 예언을 오다와인, 포타와토미인, 와이언도트인이 모인 어느 평의회 앞에서 기록했다. 폰티액은 이 예언을 듣고 다른 이들에게 이 새로운 원리를 따르라고 독려했다. 그는 힘을 통해 이 원칙이 실현되기를 바랐다. 폰티액과 네올린의 비전은 1763년 5월에 수렴되었다.[96] 그들은 1763년을 아메리카 역사상 유례 없는 한 해로 만들었다.


## 폰티액의 봉기와 평화의 혁명적 대가


1763년은 영국에 순조롭게 시작되었다. 1월 21일, 〔7년전쟁에서 영국의〕 승리의 "휴전 선언문"이 피트패킷Pitt Packet호를 타고 도착했다.[97] 애머스트는 그날 저녁 식민지 총독들에게 각각 제국의 집단적 승리를 알리는 편지의 초안을 작성했다. 사흘 후, 이 포고문이 식민지 신문들에 실렸고, 2월에 파리 조약이 공식적으로 체결되었다. 이 조약에 대한 공식적인 소식이 내륙까지는 한동안 전해지지 않았지만, 동부 전역에서는 축제가 벌어졌다. 항구와 가족 농장, 플랜테이션의 가정마다 환희의 분위기가 흘러넘쳤다.

이렇게 큰 기대로 시작된 1763년은 재앙 속에서 저물었다. 내륙의 혼란이 동부의 대서양 연안 쪽으로 확산되면서 새로운 전쟁, 식민지 학살, 군사적 규제 강화, 폭도들의 폭력이 발생했다. 폰티액과 네올린은 오대호 연안의 선주민이 영국 통치에 대해 품은 불만의 한쪽 끝을 이용했다. 결정적으로 이들이 겨냥한 쪽은 영국 지도자들과 펜실베이니아 서부의 달갑지 않은 정착민이었다. 그들은 위스콘신에 있는 포트에드워드오거스터스Fort Edward Augustus에 있던 부대원들을 비롯해 군인과 정착민을 포로로 잡았다. 그들은 6월에 이들을 몬트리올로 데려가 몸값을 요구했다. 부케는 이 분쟁이 "별일 없이 끝날 것"이라고 했지만, 이는 상황을 잘못 읽은 것이었다. 내륙은 다시 전쟁에 돌입했다.[98]

10년간의 분쟁으로 지친 펜실베이니아의 정착민은 끓어오르는 가마솥 같은 불안정한 상황에 직접 장작을 던져 넣었다. 영국이 7년 전쟁을 통해 전 세계적으로 승리하면서 아메리카 역사의 주요 갈등 요소였던 변경 지대 지배권을 둘러싼 "인디언"과 "백인" 간의 근본적인 투쟁이 촉발되었다.[99] 그 이후 반세기 동안 백인 정착민이 내륙 인디언영토들로 쏟아져 들어오면서 장기적 갈등이 오하이오강 일대를 휩쓸었다. 이 지역은 그 이전 100여 년 동안 상인, 선교사, 프랑스 관리들이 벽지를 다니며 개척했던 곳이다.

수십 년간의 군사 경험을 바탕으로 폰티액은 선주민 동맹이 영국군에 비해 수적으로 열세이며, 영국군 장교가 급증하는 정착민을 활용할 수 있음을 잘 알았다. 폰티액은 시간이 지나면 자신의 군대가 영국의 기술과 끝없는 보급선에 압도당하리라는 점도 알았다. 인디언들이 일찍이 그 붕괴를 지켜보았던 프랑스 제국의 운명도 마찬가지였다. 시장에 공급되지 못한 모피 더미는 썩어갔고, 총은 탄약이 없어서 무용지물이 되었으며, 프랑스인과 인디언 가족은 굶주림에 시달렸다.

반란을 실행하려면 조정과 통합, 무엇보다도 기습이 필요했다. 선지자가 도움이 되었다. 그의 비전을 통해 동기가 부여되고 망을 구축할 수 있었다.[100] 시간이 가장 중요했다. 겨우내 선주민 지도자만 읽을 수 있는, 구슬이 박힌 "전쟁 벨트"가 선주민 사회에서 돌면서 선주민들은 의기투합해 봄에 행동을 개시했다. 미시간 북부에서 애팔래치아 오지에 이르는 지역에서 공격이 이어지면서, 인디언 동맹군이 영국 요새 열네 곳 중 아홉 곳을 파괴했다. 인디언 병사들은 도로를 폐쇄하고 가축을 잡아가고 정착지에서 약탈 행위를 했다. 그들의 목표는 영국군과 식민자 모두를 추방하는 것이었다.[101]

이는 이 지역에서 새로운 제국 질서를 재정립하겠다는 대담하고 야심 찬 시도였고 한동안은 성공적이었다. 그러나 포트피트는 너무 넓어서 함락할 수 없었고, 놀랍게도 디트로이트는 7개월간 이어진 포위 공격을 견뎌냈다. 폰티액은 도시 주변에서 군대를 지휘하며 프랑스 정착민들을 자기편으로 끌어들이려고 했다. 나바르를 비롯한 많은 이가 포트퐁샤르트랭을 둘러싼 인디언 마을 인근에 살면서 점점 확대되던 분쟁의 핵심 내용을 기록했다.[102]

동맹 지도자들도 일리노이에 남아 있던 프랑스 동맹군과 합류하기 위해 서쪽으로 향했다. 샤르트르 요새의 사령관 피에르조제프 네용 드 빌리에르Pierre-Joseph Neyon de Villiers는 1763년 대부분의 기간 동안 프랑스는 이제 영국과 전쟁을 하지 않는다는 사실을 선주민에게 설명하려 애쓰며 보냈다. 그는 반란이 아닌 외교를 해야 한다고 촉구했다. 그러나 선주민은 그의 말을 완전히 믿지 않았다. 그들은 다른 프랑스 동맹들이 프랑스-알곤킨 동맹이 다시 시작된다는 희망을 품고 있기를 바랐다. 물론 선주민은 프랑스 왕이 지난 10년간의 손실에 대한 보복을 원할 것이라고 생각했다.

폰티액은 1764년 초 샤르트르 요새에도 갔다. 그는 네용 드 빌리에르와 함께 그들의 오랜 관계에 대해, 그리고 새로운 영적 소명에 대해 이야기했다. 폰티액은 이렇게 말했다고 한다. "당신은 생명의 주인을 거스르고 있소. 나는 당신이 더는 영국인과 평화를 이야기하지 않기를 기도합니다." 폰티액은 자신이 속한 오타와와 미시간 지역사회 외에도 동부의 쇼니, 레나페, 이로쿼이, 오지브웨 동맹들, "한마디로 대륙의 모든 네이션"을 대변하겠다고 제안했다.[103] 이전 세대와 달리 폰티액은 프랑스 측에 전투를 승인해달라고 요청하지 않았다. 대신 북아메리카 대륙 전체가 함께하는 노력에 동참할 것을 권유했다.

폰티액은 초반에는 성공했지만, 내륙의 주요 요새 네 곳 중 세 곳(피트, 디트로이트, 나이아가라)에서 저항의 움직임이 나타났다. 미실리매키낙은 디트로이트보다 규모는 훨씬 작았지만 중요한 수로 사이에 위치했기에 비슷한 전략적 가치가 있었다. 이곳은 6월 2일 선주민 동맹군에게 마침내 함락되었다. 동맹군은 공격하기 전 성벽 밖에서 라크로스lacrosse 게임〔고무공과 손잡이가 긴 그물 모양의 라켓으로 하는, 북동부 지역 선주민들의 단체 스포츠 경기〕을 하는 척하는 속임수를 써서 마치 잃어버린 공을 찾는 양 위장해 요새를 기습했다. 오지브웨 여성들은 병사들을 무장시키기 위해 상품 보따리에 무기를 숨겼다.[104] 이곳에서 선주민 동맹군은 가장 큰 승리를 거두었다.

살아남은 세 요새는 자체적으로 보급 체계를 갖추고 있어서 동맹 구성원들이 표적으로 삼았으나 무너뜨리지 못했다. 선주민 병력은 영국군의 육로 이동을 방해할 수는 있었지만, 영국 선박들은 선주민이 지배하던 오대호 연안 수로를 거침없이 이동했다. 그들은 여름 내내 그리고 가을까지 디트로이트에 계속 보급품을 전달했다. 영국군은 휴런호 같은 함선에 4파운드 대포와 회전포를 여러 대 싣고 와 이리호와 세인트클레어호 연안의 마을들을 폭격했다.[105]

폰티액은 이따금 자신의 군대를 포위하려는 영국군의 의표를 찌르는 작전으로 승리를 거두기도 했다. 디트로이트에서 그의 병력은 거의 두 배에 이르는 1000명까지 늘어났고, 양쪽 모두 상대방을 압도할 만한 힘을 가졌다고 믿었다. 7월 말, 요새의 병사 250명 중 60명이 아침 공격에 실패하면서 사망하거나 부상을 입었다.[106] 또 포위된 야영지에 보급품을 전달하기 위해 가던 영국군 병사들과 선박을 인디언 병사들이 생포했다. 6월 16일 애머스트의 기록에 따르면, 병사

96명과 "139개의 보급통"을 실은 "강배batteau" 열 척으로 이루어진 파견대가 디트로이트로 향하던 중 공격을 받았다. 이 병력과 선박, 보급품 대부분은 해협에 도착하지 못했다. 단 두 척의 배와 40명의 병사만이 나이아가라로 복귀했다.[107] 이 지역의 결정적인 군사적 특징이 될 이 전투에서 어느 쪽도 상대방을 제압하거나 몰아낼 수 없었다.

이런 분쟁은 7년전쟁의 기념비적 전투들에 비하면 미미한 수준이었지만, 그에 버금가는 경각심을 불러일으켰다. 그 시기까지 북아메리카에 주둔한 군인은 거의 없었기 때문에, 영국이 내륙 장악을 완전히 포기한 것은 아니라 해도 그 장악력은 미미해 보였다. (이제 장군이 된) 부케의 추산에 따르면, 그해 10월까지 정착민 600명이 사망했고, 수천 명이 자신의 농장에서 쫓겨났다.[108]

게다가 인디언이 여러 분쟁에서 성공을 거두자 식민자들 사이에서 경각심이 생겨났고, 이전의 전쟁 경험이 상기되기도 했다. 그들의 1763년의 경험을 통해 모든 정착민이 직접 겪었거나 겪은 사람을 알고 있던, 이전에 몇 년 동안 벌어진 전쟁에 다시 불이 붙었다. 내륙 정착민 인구의 40퍼센트 이상이 "전쟁 지대"에서 살았다. 펜실베이니아에서는 공포가 만연해 영국이 프랑스를 상대로 승리를 거두었는데도 통치할 수 없을 정도였다. 실제로 이 당시 펜실베이니아 식민지에서 사망자 비율은 19세기 미국내전에서 사망한 펜실베이니아 주민의 비율과 비슷했다.[109]

폰티액의 동맹은 불만을 품은 선주민들이 단합할 수 있는 우산이 되었지만, 마찬가지로 단호했던 정착민 세력에 의해 반격을 당하기도 했다. 이 세력들은 부케를 비롯한 영국 지도자들과 벤저민 프랭클린을 비롯한 식민지 입법부 지도자들의 선언에 반대하는 활동을 펼쳤다.[110] 오대호 연안으로 들어가는 동쪽 관문에서는 패권을 놓고 새로 구성된 강력한 선주민과 정착민 지역사회가 경쟁을 벌이면서 거의 원초적인 전투가 벌어졌다.

폰티액과 네올린을 비롯한 선주민 지도자들은 제국의 정책과 식민지 정치에 익숙했는데도 식민지 사회 내에서 커지던 식민지 지도자와 정착민 주민 사이의 분열에 대해 아무런 대비도 할 수 없었다. 이런 분열은 폰티액이 잘못 명명한 "반란" 이후 더욱 굳어졌다. 실제로 1763년 말에 오지의 정착민들이 식민지의 수도들을 향해 진군하면서 다른 종류의 반란이 일어났다.


## 서부 펜실베이니아와 영국 제국주의의 위기


7년전쟁은 세계를 뒤집어놓았고, 1763년의 폰티액 전쟁은 정세를 더욱 불안정하게 만들었다. 그러나 1755년에 오지의 정착민들이 "밤에 나는 조그마한 소리에도 놀랐던 것"을 걱정했던 것과 달리, 이 시기 펜실베이니아 주민이 무방비 상태는 아니었을 것이다.[111] 폰티액, 네올린, 그리고 그 추종자들과 마찬가지로 식민자도 폭력을 이용해 재산을 축적했다. 이 과정에서 그들은 영국의 통치 바깥에서 행동하기도 했고, 통치에 반하는 행동을 하기도 했다.

영국 제국의 지도자들은 성가신 난제들에 직면했다. 존 펜 총독은 정착민들에게 인디언과 맞설 때 지원해달라는 청원을 매일 받았다. 그러나 왕실은 인디언에게 유화 정책을 펴고 있었다. 이전 10년과 마찬가지로 펜 휘하의 정부는 서부 방어에 필요한 자금을 조달하는 최선의 방법을 놓고 의견이 분분했다. 그러면서 정치적 난국으로 빠져들어 갔는데, 펜은 이를 그저 "오래된 분쟁"이라고 불렀다.[112]

그러나 1763년의 상황은 달랐다. 폰티액의 연이은 승리 이후 식민자들은 빠르고 쉽게 자발적으로 민병대를 조직했다. 이는 전쟁 중에 자라난 군사 문화를 보여주는 현상이기도 했다.[113] 정착민이 요새로 몰려들었던 1754년과 달리 내륙 정착민은 조직을 결성했고, 그러면서 민족적ethnic 분열마저 뛰어넘었다. 이들은 언어적·종교적 차이를 극복했고, 그 과정에서 백인성whiteness이라는 새로운 연대와 인종적 정체성을 발전시켰다.[114]

영국 관리들은 초기에 이런 자원봉사를 긍정적으로 보았다. 연대와 충성심은 장려될 만한 일이었다. 토머스 게이지Thomas Gage 장군은 과거에 이 지역에서 일어났던 분쟁들을 회고하면서, "스스로의 의지로 상호 방어를 위해 연합한" 사람들 사이에서 형성된 공동의 유대감에 주목했다.[115] 7년전쟁 때와 달리 영국 장교들이 자원 병력 소집에서 어려움을 겪지는 않았다.[116] 그러나 이런 조직화된 민병대의 집단 행동은 곧 우려를 불러왔다.

여러 면에서, 폰티액 전쟁은 영어권 주민에게 일련의 야망, 갈라지고 겹치는 야망을 불러일으켰다. 인디언과 직접 맞설 경우, 폭력은 정착민 간의 사회적 유대를 공고히 해주었다. 인종, 계급, 종교의 차이를 넘어서는 경험을 창출했으며, 식민자를 제국의 정책 목표와 연결했다. 이런 유대감은 7년전쟁을 거치면서 싹트기 시작했다. 이제는 폰티액 전쟁이 공통의 적대감에 불을 붙였고, 훨씬 큰 규모로 보복하자는 요구도 커졌다. 예를 들어 부케와 애머스트는 자신들이 직접 만나 비위를 맞추었던 인디언 지도자들이 배신한 듯이 보이자 충격을 받았다. 부케의 말을 빌리자면, 두 사람은 각각 "해충 박멸"을 목표로 하는 정책을 운명적으로 펼치기 시작했으며, 이를 통해 식민지 전역에서 인디언 혐오가 공유되는 것을 정당화했다.[117]

뉴프랑스를 힘들게 정복하면서 영국을 이끌었던 애머스트는 그런 요구을 받았을 때 거의 주저하지 않았다. 그가 행한 일 중에 가장 악명 높은 것은 천연두에 감염된 담요를 내륙 인디언 부족들에게 전달하라고 명령한 것으로, 역사 기록에서 처음 등장한 조치다. 그는 이렇게 기록했다. "우리는 인디언 수를 줄이기 위해 할 수 있는 모든 수단을 동원해야 한다."[118] 모든 포로를 "죽여야 한다. 그들을 박멸해야만 미래의 안전을 보장받을 수 있다."[119]

10년 동안 내륙을 관리한 애머스트는 인디언 지도자가 영국의 정책을 따르도록 설득하기 위해 들여야 하는 시간, 외교 활동, 선물 제공, 정치 활동에 지쳐 있었다. 1763년 10월, 애머스트는 자신의 부관 윌리엄 존슨 경이 대동한 이로쿼이 대표단을 영접하지 않기로 결정한다. "그들은 할 말도 없으면서 나를 이틀 동안이나 붙잡아둘 테니 만나지 않는 것이 최선이라고 생각했다." 인디언들은 이런 태도를 이해하기가 어려웠다. 애머스트가 보기에 인디언들은 시간이 오래 걸리더라도 함께 심도 있게 논의하는 경향이 있었고, 예컨대 꿈처럼 부자연스러운 힘에 사로잡혀 있었다. 그는 존슨에게 폭력이 옳은 방법이라고 말했다. "나는 그에게 적대 행위를 저지른 인디언을 응징하기 위해 병력 3000명을 모아 나이아가라로 가자고 제안했다. … 그는 세네카, 델라웨어, 숀[이]Shawn[ee]이 가장 가혹한 처벌을 받아야 한다고 생각했고, 고문을 가해야 한다고 말했다."[120] 그의 명령은 그의 지휘 계통 내에서만 알려졌지만, 오지 정착민들을 기쁘게 해줄 만한 것이었다. 오지 정착민 중 다수는 인디언 혐오를 널리 공유하고 있었다. 그들은 내륙에서의 관계들을 안정시키려는 자국 관리의 무능함에 분노해 자체적으로 빠르게 폭력적 대응 세력을 조직했다.

그런 폭력은 강함의 표시이기도 했지만, 그만큼 약함의 표시이기도 했다. 영국군이 내륙의 인디언을 상대로 승리를 확신하며 진군한다는 환상은 영국인 특유의 오만에서 나온 행위였다. 그레이트메도스에서 조지 워싱턴이 그랬던 것처럼, 부케와 애머스트는 자신들을 둘러싸고 점점 커지는 갈등을 이해하지 못했다. 그들은 영국이 거둔 승리의 규모를 볼 때 자신들이 내륙 정책을 결정할 권력이 있다고 믿었다. 전례 없는 군사적 성과를 거두었는데 왜 전쟁 이후의 상황을 관리하지 못한단 말인가? 그들은 자신들의 왕에게 북아메리카 대륙이 포함된 세계 제국을 선물했다. 그들은 탄약도 거의 바닥나고 패배한 인디언은 그다지 위협적인 존재가 아니라고 믿었음이 분명하다.[121]

이 같은 격동의 해에 펜실베이니아는 내륙 세계가 미친 광범한 영향과 궁극적인 유산을 가장 명확하게 보여주었다. 총독 존 펜은 할아버지 윌리엄 펜의 직위를 이어받은 사람으로, 펜실베이니아라는 식민지 명칭은 윌리엄 펜의 이름에서 유래했다.[122] 윌리엄 펜의 평화주의와 관용 정책은 펜실베이니아 식민지가 지닌 남다른 특성이었다. 그는 레나페 언어를 배워 "어떤 경우에도 통역사가 필요 없을 정도였고," 여러 부족 지도자와 수많은 협정을 체결했다.[123] 그는 식민지 확장의 유지·관리를 감독하고, 부족 간이나 여러 제국 간의 복잡한 지형을 탐색했다. 자주 이상화되기는 했지만, 이런 관행들이 인디언과 백인의 공존이라는 양상을 낳은 것은 사실이다.

체서피크나 뉴잉글랜드와 달리 1750년 이전에 펜실베이니아에서는 식민지 당국이 주도적으로 선주민을 추방하는 관행은 없었다. 펜실베이니아 식민자들은 인디언과 전쟁을 거의 벌이지 않았다. 식민지의 인디언 문제에서 가장 큰 난제는 경쟁자 인디언, 특히 이로쿼이 연맹과의 관계였다. 1760년대 내내 이로쿼이 연맹은 앨러게니 산맥 서쪽에서 오랫동안 영향력을 인정받았다.[124] 불과 몇 년 전인 1758년 10월에 영국의 포트듀케인 공격 직전에 '이스턴 조약Treaty of Easton'을 맺으면서 이로쿼이, 레나페, 식민지 지도자 들은 앨러게니 산맥 서쪽 땅에 대해 이로쿼이의 주권을 계속 인정하는 협상을 진행한 바 있었다.[125] 또한 1750년대에는 이스리얼 펨버턴Israel Pemberton을 비롯한 "저명한 퀘이커교도" 집단이 문화적 차이에서 유래한 문제들을 협상하기 위해 '평화적 수단을 통한 인디언과의 평화 회복

및 유지 친선 협회Friendly Association for Regaining and Preserving Peace with the Indians by Pacific Measures'를 결성했다.[126] 이렇듯 인디언 정책에서 펜실베이니아는 남다른 양상을 보였다.

그러나 이 식민지와 인디언의 관계를 변화시키는 사건이 일어났다. 많은 사람이 이런 변화에 "혁명적"이라는 딱지를 붙여서 그후 수십 년 동안 왕실과 식민자 사이에서 벌어진 충돌에 이 변화가 미친 영향을 평가했다. 1760년대에 이루어진 여러 변화는 나중에 이어진 미국혁명전쟁을 이해하는 데 필수적이었는데, 이런 변화들은 무엇보다 인디언 문제에 집중되어 있었다. 폰티액 전쟁 기간에 그들은 폭력적인 표현을 썼다. 그럼으로써 펜실베이니아 식민지의 모든 일이 다시는 예전 같지 않게 되었다.


## 1763년의 코네스토가 학살과 인종 폭력의 확대

영국 지도자들은 새로운 정책을 수립하고 개혁을 시도했다. 1763년 2월에 파리 조약이 체결되었고, 5월에 폰티액 전쟁이 발발했으며, 10월 7일에는 내륙을 규제하기 위한 첫 번째 시도인 '1763년 왕실 포고령Royal Proclamation of 1763'이 공포되었다. 이 포고령은 어떤 면에서는 폰티액 전쟁에 대한 대응책이었지만, 돌이켜보면 의도한 바를 달성하지 못했다.

아이러니하게도, 런던의 시각에서 보면 폰티액 전쟁은 폰티액의 주장처럼 영국을 북아메리카에서 내쫓을 필요를 일깨운 것이 아니라, 토지 개혁의 필요를 일깨웠다. 이제는 내륙의 토지를 관리하는 것이 "왕실"의 중요 관심사가 되었다. 이 포고령에는 내륙 토지에 대한 이 같은 새로운 의미 부여가 반영되었다. 많은 사람이 포고령의 세부 조항에 대해, 그리고 그것이 결국 어떻게 실패했는지에 대해 글을 썼다.[127] 영국 지도자들에 따르면, 북아메리카를 안정시키려면 프랑스에서 획득한 영토에 새로운 식민지들을 세울 필요가 있었고, 기존 영국 식민지들에 서쪽으로 진출할 수 있는 범위를 정해주는 경계선도 필요했다.

전례 없던 세계적 차원의 전쟁[7년전쟁]이 북아메리카 내륙에서 시작되었고, 이제 더 멀리 서쪽에서는 선주민들과의 또다른 전쟁이 발발했다. 전쟁은 비용이 많이 들고 불안정을 초래했다. 식민자와 인디언을 분리하고 상업을 규제하는 것이 이제 "왕실"의 정책이 되었다. 조지 워싱턴을 비롯해 "지난 전쟁[7년전쟁] 때 북아메리카에서 복무했던" 사람에게 토지 소유권을 부여하는 것도 마찬가지였다.[128] 오대호에서 플로리다, 미시시피강에서 애팔래치아산맥에 이르는 "그 밖의 모든 것"은 이제 인디언이 사용할 수 있도록 남겨두었다.[129] 상업 활동에 대한 과세, 토지 개혁 관리, 안정 유지가 영국의 전후 정책이 되었다.

과세, 토지 개혁, 법치가 당대의 정책으로 자리잡자 식민자의 불만은 더 치솟아 억누를 수 없는 지경이 되었다. 1762년, 부케가 정착민들을 변경 지대에서 추방하자 많은 이가 분개했다. 한편 식민지 대농장 소유주 엘리트들은 약속받은 땅을 얻기 위해 노력했지만 계속 땅을 받지 못했다. 게다가 식민자는 자신들의 목소리가 런던에 제대로 전달되지 못하고 있다고 믿었다.

학자들은 1764년 영국의 '아메리카 관세법American Duties Act'이 제정된 이후 북아메리카 식민지 의회들 사이에서 퍼지기 시작한 세금 논쟁에 식민지 주민들이 분노했다는 점에 오랫동안 관심을 집중해왔다. 그러나 세금 정책 못지않게 정착민을 화나게 한 것은 내륙의 토지 문제, 그리고 왕실과 인디언 사이의 유화적 관계였다. 세금은 주로 항구에 부과되었는데, 이곳 주민은 영국령 북아메리카 전체 인구의 극히 일부에 불과했다. 전쟁 기간에 뉴욕과 필라델피아의 생활비는 두 배로 올랐지만, 농부들은 자신들이 생산한 농산물 가격이 오르는 것을 환영했다.[130] 파리 조약 이후 내륙 농장들이 지닌 안정성이 가장 깊은 곳에 자리한 열정을 불러일으켰고, 1763년에 정착민의 두려움은 동부가 아닌 서부에서 비롯된 우려에 집중되었다.[131]

이런 두려움이 1763년 후반에 폭발해 펜실베이니아를 내전 직전까지 몰고 갔다. 가장 큰 피해를 입은 이들은 식민지 당국과 동맹을 맺은 인디언이었다. 당시 랭커스터에서 거주하던 에드워드 시펀Edward Shippen이 6월에 아들에게 보낸 편지에 따르면, 식민자들은 서쪽에서 들어온 폰티액의 공격이 "우리 모두를 몰살시키려는 강력한 계획"임을 보여준다고 두려워했다.[132]

정착민들은 인디언을 신뢰할 수도 없고 외교적 해결을 모색하는 영국 지도자도 믿을 수 없었다. 그들은 백인을 보호하는 조치는 거의 하지 않으면서 이른바 우호적인 인디언을 지원하기 위해 공금을 사용한다고 당국을 비난했다.[133] 많은 사람이 애머스트가 경계 지대의 분쟁이 심해진 데에 책임이 있다고 믿었다. 그런 분쟁으로 1763년 7월까지 정착민 1384명이 펜실베이니아 농장에서 강제로 쫓겨났기 때문이다.[134] 시펀의 기록에 따르면, 애머스트가 "즉시 군대를 파견했어야 했다." 시펀은 다음과 같은 제안을 덧붙였다. "인디언의 머릿가죽Scalps에 대해 보상을 잘 해주는 것이 인디언을 진압하는 가장 효과적인 방법이 될 것이다." 시펀의 이어진 기록에 따르면, 랭커스터에서는 민병대 활동도 지속되었다. "엘더 목사님께서 나에게 편지를 보내 … 많은 사람을 고용해서 팩스턴의 변경 지대를 지키라고, 우리 쪽 사람들을 그런 방법으로 움직이면 좋겠다고 하셨다. … [그곳] 그 아래 섬에는 매우 건방지게 구는 인디언이 많다."[135] 폰티액 전쟁의 폭력성에 분노한 데다 포고령 이후에 펼쳐진 인디언 정책들이 인디언에게 우호적이라고 판단하고 분개한 일군의 변경 지대 정착민은 이제 직접 조직을 결성했다. 이들은 영국 지도자들이 파트너이자 동맹으로 확보하고자 했던 인디언 지역사회에 맞섰다. 식민자들은 이제 영국 관리의 동의 없이 폭력을 휘둘렀고, 이에 반대하는 사람들을 위협했다.

12월 14일, 서스쿼해나강을 따라 자리한 앨러게니산맥 동쪽의 코네스토가 크릭Conestoga Creek에서 기독교를 받아들이고 살아가던 인디언의 마을을 수십 명이 공격했다.[136] 이 "기독교인 인디언" 중 네올린과 연관된 사람은 거의 없었다. 영국 요새들을 약탈한 서쪽 폰티액의 병사들과도 마찬가지였다.[137] 이 공격으로 여섯 명이 사망했다. 시펀이 펜 총독에게 보낸 편지에 따르면, "빗자루를 팔러 대장장이의 대장간에 갔던 빌 소크Bill Sawk를 비롯한 몇몇 인디언"은 도망쳤다. "그들이 지금 어디에 있는지 우리는 알 수가 없다."[138]

민병대는 집을 부수고, 비무장 방어자들을 살해했다. 이 마을은 3세대 전에 레나페, 이로쿼이, 그리고 지역 선주민 가족들의 보호구역protectorate으로 세워진 곳으로, 많은 인디언이 이 마을에서 수십 년 동안 살아왔다. 식민지 총독이 새로 임명되어 올 때마다 그들은 "당신들의 편의와 안전을 약속"했다.[139]

코네스토가인들은 빗자루와 바구니 제작자, 가내 하인, 농장 일꾼 등으로 일했고, 영어를 읽고 쓰는 법을 배웠으며, 주일 예배에 참석했다. 그들은 자신들과 함께 일한 식민지 입법부로부터 보호받고 있다고 믿었다. 그것은 오해였다. 인근에 있던 스코틀랜드계와 아일랜드계의 정착지 이름을 따서 팩스턴보이스라고 자칭한 자경단원들은 자신들의 공격이 자기방어였다고 정당화했다. 다시 말해 코네스토가 지역사회가 내륙에서 전쟁을 벌이는 이들을 지원해 자신들의 정착지와 가족을 위험에 빠뜨렸다고 주장했다.[140] 선주민 부족들 사이의 거래에 대한 두려움 때문에 이처럼 식민자들은 학살을 저지르기에 이르른 것이다.

그해 12월 말, 자경단원들은 다시 인종 폭력을 자행했다. 그들은 랭커스터 감옥을 습격해 보안관이 보호하던 코네스토가인 14명을 학살했다. 펜실베이니아의 모든 인디언을 죽이려 한다는 소문이 퍼지자 팩스턴보이스의 인기는 더 높아졌다. 그들은 이제 식민지 수도를 장악할 수 있다고 믿었다.

이듬해 2월, 팩스턴보이스 500명이 필라델피아로 진격했다. 그들은 그곳에 숨어 있던 나머지 인디언 140명과 이스리얼 펨버턴을 죽이겠다고 선언했다. 그들은 팸버턴이 펜실베이니아 식민지에서 인디언에게 적극 동조한 인물로 생각했다. 벤저민 프랭클린을 비롯한 식민지 지도자들이 폭도들을 가로막고 불만 사항을 들은 뒤 그들에게 집으로 돌아가면 사면해주겠다고 제안했다. 도시 지도자들도 자체적으로 시민군을 조직하기 시작했다.[141] 모두 같은 식민지에서 살던 영국 백성이었지만, 이들은 오지와 항구라는 서로 다른 세계에서 온 사람들이었다.[142]

오지의 정착민과 동부의 지도자들 사이에는 수년 동안 긴장감이 흘렀다. 12월 학살 사건 이후 오지 지도자들이 '부상당한 변경 주민 선언문Declaration of the Injured Frontier Inhabitants'을 발표하면서 몇 주 동안 이 갈등이 끓어올랐다. 선언문은 최근 있었던 인디언의 공격들과 입법부 지도자들에 대한 불만을 연관 지었다.[143]

식민지에서 선거가 치러진 1764년 가을, 이런 차이가 드러났다. 벤저민 프랭클린은 재선에 실패했는데, 내륙 부족들과의 외교를 주장하고 팩스턴보이스를 비난한 것도 그렇게 된 한 가지 요인이었다. 내륙 지역에서 이주한 많은 독일계 주민이 필라델피아 사람들이 펜실베이니아 식민지의 정치를 장악한 데에 분개했다. 루터교 목사 하인리히 멜히오어 뮐렌베르크Heinrich Melchior Mühlenberg에 따르면, "펜실베이니아 역사상 선거를 위해 이렇게 많은 사람이 모인 적은 없었다."[144] 1764년부터 내륙 정착민은 더 많은 대표를 보낼 수 있도록 해주고, 재정에 관여할 수 있게 해주고, 정치적 영향력을 발휘할 수 있게 해달라고 요구했다. 이들의 정치 문화가 식민지 통치를 점차 변화시켰고, 식민지에 새로운 정치 언어를 가져왔다.[145]

내륙 반란자들은 식민지의 권위를 침해했지만, 이에 대한 책임을 추궁당하지 않았다. 사실 펜 총독을 비롯한 입법부 지도자들은 1년 내내 그들의 요구를 조금씩 계속 들어주었다. 펜은 내륙 분쟁에 개입하기 위해 1000명 규모의 연대를 동원하기로 약속했다. 그리고 7월 7일에는 "적대자 인디언을 포로로 잡거나 머릿가죽을 가져오는 … 모든 이에게 … 상금과 현상금 … 지급을 약속하는" 선언문도 발표했다.[146] 내륙의 군사화된 정치 문화가 이제 식민지 입법부에까지 확산되어 그 인종 정치가 외교에서 멀어지고 폭력으로 바뀌었다.

랭커스터에 있던 희생자 열네 명의 소지품 중에는 "펜실베이니아의 통치권자 윌리엄 펜과 서스쿼해나강 주변에 거주하는 인디언과 다른 인디언들의 왕 사이에서 합의된 조항을 기록한 양피지"의 사본이 있었다.[147] 이 조약은 1701년 4월에 체결된 것으로, 식민지 지도자들과 선주민들 사이에 이루어진 협정들을 통해 보장 및 보호가 이루어지던 시기였다. 그런 시대는 아주 빠르게 지나갔다. 북아메리카에서 영국 왕실의 통치권 자체가 그렇게 지나가버린 것처럼.

# 식민지의 분열과 인디언에게
# 가해진 고질적인 폭력

인디언 혐오는 선주민이 백인보다 열등하며, 따라서 당연히 무분별한 폭력의 대상이 될 수 있다는 이데올로기다. 1763년 12월과 1764년에 일어난 사건들은 이 이데올로기의 광범한 역사에서 중요한 한 장이 되었다. 중요한 것은, 이 사건이 식민지 사회 내부의 분열을 가속화했다는 점이다. 폰티액 전쟁 이후 영국이 선주민에 대한 외교적 노력을 강화하면서, 팩스턴보이스가 촉발했던 폭력 사태는 14개월 만에 더 광범한 반란을 일으켰다.

서부 정착민과 식민지 지도자 사이의 격차가 새로운 현상은 아니었지만, 이제 그 골이 더 깊어졌다.[148] 그러나 도시 폭력 사태로 이어질 가능성은 전례가 없는 일이었다. 사실 1764년 겨울의 필라델피아만큼 정착민으로부터 심하게 위협받는 식민지 정부는 거의 없었다. 펜은 거의 매일 포고문을 발표했고, 영국 관리들에게 서한을 보냈으며, 확산되는 분쟁의 핵심 요인에 대해 일련의 조사를 실시했다.

펜은 1월 2일에 발표한 포고문에서 학살의 주동자들을 체포하고 기소하는 데 200파운드를 내놓겠다고 제안했다. 그러나 별 성과를 거두지 못했다. 펜의 정부는 너무 약했기 때문에, 그는 남은 코네스토가인 난민을 뉴욕으로 보내 보호하기로 결정했다. 그러나 뉴욕 식민지 총독 캐드월러더 콜든Cadwallader Colden은 올버니에서 이 난민들을 막아서며 들어오는 것을 거부했다. 이들 때문에 민병대 폭력이 일어날까 우려했기 때문이다.[149] 1월 20일, 난민들은 트렌턴Trenton에 도착했고 그곳에서 영국군의 보호를 받았다. 그들은 춥고 궁핍한 노숙자가 되었다. 실제로 팩스턴보이스에 의해 살해된 사람보다 굶주림과 질병으로 사망한 사람이 더 많았다. 이들은 곧 필라델피아로 돌아와 막사에 머물렀다. 그 존재만으로도 자경단의 관심을 끈 막사는 다른 식민지 지도자들조차 거부한 이들을 위한 일시적 거처였다. 콜든에 따르면, "그들은 다른 네이션에서 도망친 부랑자와 도둑이었으며, 그런 이유로 신뢰받을 수 없다. … [그들은] 이 지방이나 다른 어느 곳 인민에게도 가장 불쾌한 존재다."[150]

코네스토가 난민들이 돌아온다는 소식이 전해지자 팩스턴보이스는 협박을 이어갔다. 1000여 명의 지지자가 필라델피아로 내려와 모라비아교도 인디언을 죽일 것이며, 필요하다면 훨씬 더 많은 인원을 동원하겠다고 협박했다. 평화주의 퀘이커교도들은 끼어들지 않는 한 살려주겠지만, 인디언을 숨긴 집에는 불을 지르겠다고 엄포를 놓았다.[151] 주민들끼리 충돌해 더 큰 폭력이 발생할 것만 같은 상황이었다.

인기 있는 언론인이자 선출직 지도자였던 벤저민 프랭클린은 식민지 지도자들과 그 배후에 있는 왕정의 편에 섰다. 영국에서 명예학위를 받고 돌아온 뒤 내세웠던 "프랭클린 박사"라는 직함은 그의 귀족적 성향과 엘리트적 감성을 드러내는 상징이기도 했다.[152] 펜이 자경단에 반대하는 선언문을 발표하자, 프랭클린은 "영국과 그곳의 친구들에 대한 나의 사랑"에 대해 썼다. 그는 한 편지에서, "폐하의 통치가 앞으로 행복하고 진정으로 영광될 것으로 예상한다"라는 (영국 당국에 대한) 신뢰의 표현으로 마무리했다.[153] 펜 총독과 마찬가지로, 프랭클린은 폭도의 폭력을 혐오하고 법치를 믿었다. 그는 자경단을 막기 위해 자신이 신뢰하는 신문에 지원을 요청했다.

코네스토가 인디언들이 겨울 풍경을 가로질러 걷는 동안, 프랭클린은 열정적인 소책자를 썼다. 그의 책이 유일한 것은 아니었다. 코네스토가 인디언 학살과 팩스턴보이스의 필라델피아 행진을 다룬 출판물이 63종 나왔고, 프랭클린의 책은 그중 하나였다.[154] 《랭커스터 카운티에서 일어난 최근의 학살, 즉 이 지역의 친구인 수많은 인디언을 알 수 없는 사람들이 학살한 이야기A Narrative of the Late Massacres, in Lancaster County, of a Number of Indians, Friends of this Province, by Persons Unknown》라는 제목의 이 책은 식민지 시대 미국에서 저질러진 식민자들의 인디언 혐오를 고발하는 몇 안 되는 자료 중 하나다.[155] 이 책이 겨냥한 것은 저자 프랭클린의 동료인 펜실베이니아 주민들의 도덕적 죄악이었지만, "왕의 군대가 [했던] … 정의롭고 관대한 행동"에 대해서도 찬사를 아끼지 않았다. 왕의 군대는 "지금 목숨의 위협 앞에 떨고 있는" 140명의 남은 코네스토가인을 보호하라는 부름을 받았다. 프랭클린은 군대의 보호 활동을 통해 "군대가 시민 권력의 사랑을 받게 되었다"라고 결론지었다.[156]

프랭클린이 서술한 바에 따르면, 코네스토가인의 "유일한 잘못은 적갈색 피부와 검은 머리카락을 가졌다는 것으로 보인다." 분노한 프랭클린은 코네스토가인이 폰티액 전쟁에 가담했다는 증거를 내놓으라고 따진다. "따라서 나는 이런 비난을 만들고 유포한 이들에게 증거를 제시할 것을 공식적으로 촉구한다. … 어린 소년과 소녀가 무엇을 했는가? 한 살짜리 아기들, 젖먹이들이 무엇을 할 수 있다고 그들까지 총에 맞고 손도끼에 찍혀야 했는가?" 프랭클린은 이런 행동은 "어떤 문명 국가에서도 하지 않으며, [특히] 자기 친구들을 상대로는 하지 않는다"라고 결론지었다.[157] 1764년 초에 인쇄된 이 소책자는 널리 배포되었고, 프랭클린 전집에 포함되었다. 이 소책자는 내륙의 "기독교 백인 야만인들" 사이에서 공통된 인종적 적개심이 형성되어 있었으며, 폭력 행위가 그들 사이의 종교적 차이를 극복하게 해주었고, 이런 폭력 행위를 통해 그들이 하나의 지배적인 정치세력이 되었음을 확인했다.[158]

## 폰티액 전쟁과 내륙 정착촌의 정치 문화

팩스턴보이스는 필라델피아에 도착하기 전에 해산했다. 그들은 저먼타운Germantown에서 벤저민 프랭클린을 비롯한 식민지 지도자들과 만난 후 해산했다. 그러나 사라진 것은 아니었다. 인디언과 인디언을 지원하는 동부 관리들을 경멸하는 내륙의 정치 문화가 형성되어갔다. 펜 총독은 동요를 잠재우기 위해 게이지 장군에게 병력 증원을 요청하는 편지를 썼다. 그러나 11월에 애머스트를 대신해 부임한 게이지는 폭도의 폭력에 그다지 관심이 없었다. 그는 이제 영국령 북아메리카 전역을 감독하는 임무를 맡았고, 1764년 그의 주된 관심사는 민간 업무가 아니라 폰티액에게 맞서는 군사 행동을 준비하는 것이었다.

북아메리카에 온 지 10년이 지난 게이지는 군대를 지휘하면서 10년간 전쟁과 평화의 시기를 거쳤는데 이제 재동원에 착수했다. 애머스트는 소환되기 전 게이지에게 내륙 인디언이 "충분한 처벌"을 받고 지도자가 체포되거나 처형될 때까지 그들과 화해하지 말라고 권고했다.[159] 대부분의 내륙 요새가 파괴된 상황에서 1764년 게이지의 군사 행동에는 큰 비용과 긴 시간이 걸릴 것임이 예상되었다. 따라서 펜실베이니아 당국은 정착민을 달래야 했다.

내륙과의 외교를 우선시한 게이지의 끈질긴 노력은 영국 지도자들의 공약을 반영한 것이었다. 민간 업무에 관한 권한은 총독에게 있었다. 제국의 문제를 풀어가기 위해서는 내륙의 안정이 필요했다. 역설적이게도 영국군 사령관은 몇 년 전부터 나타나기 시작한 식민지의 분열로 골머리를 앓게 되었다. 인디언 문제가 더 폭력적인 양태를 보이면서 사회 전반에 걸쳐 갈등의 골이 깊어졌다. 제국과 토착민 사이의 패러독스가 곧 드러났다. 다시 말해 인디언 연맹들과 영국 지휘관들은, 대륙에서 가장 위협적인 영국 정착민 사회를 향해서가 아니라 서로를 향해 무력을 행사한 것이다.

폰티액 전쟁은 펜실베이니아 정착민의 집단 행동과 정체성 확립에 불을 붙였다. 1760년 이후 변경의 거주자들은 스스로가 동부의 정착민과 다르다고 생각했다. 두 부류가 보유한 경험과 환경이 달랐기 때문이다. 그들은 동부 주민들을 "위험에서 벗어나 편안하게 앉아서, 우리가 느끼는 것을 알지 못하는 우리의 동료 백성들"이라고 조롱했다.[160] 그들은 집중된 권력을 다르게 바라보았으며 그 권력을 싫어했다. 조지 크로건의 기록에 따르면, "그 무도한 정착민들이 경의를 표할 … 권력이 있을 것이라고는 상상도 할 수 없었다."[161]

1764년부터 게이지는 자경단의 힘을 무시했으며 나중에는 조직적인 반란의 힘도 경시했다. 애머스트는 폰티액에게 패배한 일로 소환되었고, 게이지도 10년 후 렉싱턴Lexington과 벙커힐Bunker Hill에서 치른 전투 이후 경질되었다. 이렇게 해서 10년이 조금 넘는 기간 동안 내륙 정치와 정착민 반란으로 영국을 대표하는 두 장군은 물러났다.

폰티액 전쟁이 불러온 위기로 영국의 군 지휘관뿐만 아니라 많은 사람이 무너졌다. 내륙 외교의 구조, '1763년 왕실 포고령', 그리고 한때 인정받던 내륙 부족들의 권위가 폰티액 전쟁 이후 무너져 내렸다. 게이지와 뉴욕의 윌리엄 존슨 경, 그리고 내륙의 상인이자 외교관 크로건은 무역과 외교를 우선시했지만, 팩스턴보이스를 비롯한 반란자들은 다른 방안을 제시했기 때문이다.[162] 존슨, 게이지, 크로건이 외교적 해결책을 마련하는 동안 정착민은 폭력을 조직했다. 정착민은 인기 없는 입법부 지도자를 해임했고, 제국의 물자 공급을 차단했으며, 민병대를 조직하기 시작했다.

1763년 12월, 코네스토가에서 시작된 정착민의 반란은 1764년 필라델피아에서의 행진으로 이어졌다. 게이지가 영국이 마침내 오대호 연안에서 평화를 이루었다고 믿었던 1764년과 1765년에도 정착민의 반란은 계속되었다. 디트로이트 포위 공격은 1763년 말에 끝났고, 폰티액은 휴전 협상에 착수했다. 1765년 초, 크로건은 포트피트에 식량을 하역하라는 명령을 받았다. 이 식량은 폰티액과 가질 다섯 번의 회담을 위한 것이었고, 회담은 전쟁의 종식을 상징하게 될 터였다.[163]

그러나 평화에 대한 전망이 정착민들에게 두려움을 불러일으켰다. 인디언과의 평화는 축하할 일이 아니라 걱정해야 할 일이었다. 어떤 형태든, 외교는 인디언의 자치권을 지속적으로 보장해주는 것을 의미했다. 크로건이 2월 포트피트에 도착해 이 지역의 선주민 지도자들을 소집할 준비를 할 때만 해도 그는 낙관적이었다. 그는 잃어버린 무역 파트너십을 복원하고 내륙 모피에 대한 영국의 수익성 높은 새 독점권을 공고히 하기를 열망했다. 크로건을 비롯한 관리들은 평화, 무역, 신용이 보장되는 세상이 되면 안정과 지속적인 수익이 따를 것이라고 믿었다. 그것은 오판이었다. 정착민 혁명이 일어나고 있었고, 정착민의 주요 관심사는 영국이 선주민들에게 식량 공급을 새로 약속했다는 점이었다.

이 새로운 반란자들은 이제 팩스턴보이스라고 불리지 않고 블랙보이스로 알려진다. 이들의 지도자인 제임스 스미스가 훗날 회상한 바에 따르면, 그 이유는 이들이 "[자기] 얼굴을 붉고 검게 칠했기 때문이다. 인디언 전사들을 따라 한 것이었다." 이는 "인디언 규율[복수를 의미하는 것으로 보임)을 드러내기 위한 행동이었다. 당시 나는 다른 것은 알지 못했다. 목적이라고 할 만한 것이 뭐가 있었겠는가."[164] 이들이 지닌 신념의 핵심은 이 지역에 선주민의 자리는 없다는 것이었다. 이 신념을 위해 그들은 기꺼이 목숨을 바쳤다. 팩스턴보이스가 분노를 참지 못하고 살인을 저질렀듯이, 블랙보이스도 폭력으로 왕실의 권위에 도전했다.[165] 그들은 인디언과 인디언에게 식량을 공급한 영국 관리들을 공격했다. 무엇보다도 이 정착민들은 또다른 장기전에 휘말릴까봐 두려워했다. 스미스가 요약한 바에 따르면, "변경 지대 거주민은 국가로부터 아무런 지원을 받지 못했기 때문이다."[166] 새로운 분쟁에 대한 두려움 탓에 이들은 조직하고 저항하고 폭력을 휘둘렀다. 2년 전 네올린과 폰티액이 그랬듯이, 이들은 합의를 통한 개혁이 아닌 근원적 개혁이 필요하다고 믿었다.

모든 혁명가가 그렇듯이 블랙보이스도 새로운 형태의 정치를 구축하기 위해 폭력을 이용했다. 그러나 그들의 폭력 행위는 이례적이었다. 그들은 인디언과 비슷한 복장을 했을 뿐 아니라 게릴라 전술을 이용했는데, 바로 이전 10년간 전쟁에서 많이 경험한 전술이었다. 그들에게 7년전쟁은 끝나지 않은 전쟁이었다. 폰티액 전쟁 이후, 그들은 자신들이 "제3차 인디언 전쟁"이라고 명명한, 새로운 전쟁이 터질까봐 전전긍긍했다.[167] 인디언에 대한 두려움이 증오로 굳어졌고, 곧 혁명의 물결로 퍼져나갔다.

# "인류의 적을 섬기기 위해": 혁명의 토착적 기원

변방 지대 전역에서 반란을 조장하는 데 인쇄 문화가 도움이 되었다. 필라델피아에서 포트피트에 이르는 포브스 로드Forbes Road를 따라 통지문이 등장했다. 빌릿Billets은 정착민들에게 함께 뭉쳐서 "인디언에게 탄약 등이 운반되는 것을 막아야 한다"라고 촉구했다.[168] 약 500킬로미터에 달하는 이 도로를 따라 스코틀랜드계와 아일랜드계의 정착촌이 성장했고, 수만 명의 이주민이 서부로 갔다.[169] 선술집이 여행자를 맞이했고, 길 사이사이에 요새가 건설되었다. 굽이진 이 길은 포트피트까지 이어졌는데, 1765년 3월 그곳에서 조지 크로건이 기다리고 있었다.

크로건은 20년 동안 내륙에서 살았다. 그는 생존을 위해 민족, 인종, 언어, 정치적 차이를 가리지 않고 일했다. 4장에서 설명한 첫 번째 거주지와 마찬가지로 포트피트 외곽에 있던 그의 새집도 펜실베이니아 식민지 지도들에 표기되었다. 전쟁 이후 그의 입지는 더 단단해졌다. 그는 1764년 대부분의 시간을 영국에서 정부 관리와 만나 토지 투자 전망을 논의하고, 폰티액 전쟁에 대한 견해를 들었는데, 군의 대응에 실망이 크다는 말도 들었다. 크로건의 기록에 따르면, "애머스트 장군의 행동은 모든 사람의 비난을 받았으며, 신문에서도 얻어맞았다."[170]

애머스트와 폰티액은 내륙의 불균형에 대한 이해에서 정반대의 입장을 대표했다. 이제 크로건은 균형을 회복할 책임을 짊어진 유일한 개인이 되었다. 해외에서 돌아온 후, 그는 폰티액 전쟁을 종식시킬 수 있을 것으로 기대되는 회의를 소집하기 위해 움직였다. 갈등으로 점철된 내륙 세계에 다시 안정이 찾아오기를 그는 희망했다. 이를 위해 교역품을 실은 80여 마리의 짐말로 구성된 공급 행렬을 필라델피아에 집결시켰다. 이런 조치는 식민지 시대 미국사에서 매우 장대한 외교적 노력 중 한 가지였다.[171]

옷, 왐펌, 구슬, 칼, 술, 탄약 등을 가득 실은 이 공급 행렬이 실어 나른 물품은 그동안 영국 제국이 해온 확언을 보장해주기 위한 물건들이었다. 지난 백 년간 그랬듯이, 교역품은 내륙 인민에게 여전히 생명선이었고, 7년전쟁과 폰티액 전쟁 모두 부분적으로는 무역 분쟁에서 발발했다. 제국의 동의를 얻어낸 크로건은 모두가 알고 있는, 평화를 위해 필요한 상품을 전달하기 위해 내륙으로 돌아갔다. 무역이 없으면 말은 공허했다. 교역 없는 평화는 망상이었다.

1765년 3월 6일부터 무장한 반란자 집단이 이 보급 행렬을 가로막았다. 그들은 마차를 불태우고, 상인들의 귀환을 강요했으며, 심지어 이 지역의 영국 요새들을 포위했다. 스미스의 기록에 따르면, 이들은 도둑이나 "그들이 우리를 부르는 것처럼 강도"가 아니라 반란자들이었다.[172] 이들의 목적은 약탈이 아니었다. 인디언과의 교역, 특히 탄약에 대한 접근을 억제하려는 것이었다. 이들은 "인디언이 이 보급품을 갖게 되면 변경 지대 주민은 큰 위험에 처할 것"이라고 생각했다.[173] 팩스턴보이스와 마찬가지로 블랙보이스도, 한 지도자가 "우리 사이에 자리한 독립된 나라들commonwealths"이라고 표현했던 것〔인디언 지역사회들〕을 파괴하려고 했다. 무엇보다도, 인디언이 "우리에게 가장 위험한 적이었다."[174]

3월 내내 펜실베이니아 서부 전역에서 습격과 교전, 혼란이 발생했다. 관리들 가운데 정착민 반란자의 노여움을 이해하거나, 그 배후에 도사린 힘을 진지하게 받아들이는 이는 거의 없었다. 예를 들어, 반란자 중 여섯 명이 체포되자 스미스의 통솔을 받은 수백 명의 블랙보이스가 3월 9일 포트라우던Fort Loudon를 포위했다.[175] 이 요새의 지휘관 찰스 그랜트Charles Grant 중위는 북아메리카의 전쟁이 어떠한지 익히 알았다. 그는 퀘벡과 몬트리올을 포위 공격했던 경험이 있었다. 포위 공격이 어떤 결과를 가져오는지 알았던 그랜트는 스미스에게 "왕의 요새 앞에 이런 폭도와 함께 나타난 것이 무슨 뜻인지"를 물으며 자연스럽게 협상을 제안했다. 그들이 수감자들을 데리러 왔다고 하자 그랜트는 깜짝 놀라며, 수감자들이 "칼라일Carlisle〔펜실베이니아주 컴벌랜드군의 소도시〕로 보내져 왕실 군대의 호위를 받고 있다면" 어떻게 할 생각이냐고 스미스에게 물었다. 그러자 스미스는 "수감자들을 보내주지 않는다면 … 우리는 최후의 한 명까지 군대와 싸워 죽을 결심을 했다"라고 대답했다.[176]

형사 사건에 대해 관할권이 있다고 자신하지 못했던 그랜트는 구금된 정착민 반란자 여섯 명을 석방했다. 그는 또한 체포된 블랙보이스 단원들을 스미스가 붙잡고 있던, 그랜트 휘하 정찰병 몇 명과 교환했다. 이 사건과 그 이후에도 면책 조치가 이어지자 블랙보이스는 더 대담해졌다. 이는 그들이 공개적으로 권위를 조롱해도 제국이

용인해준다는 것을 암시하는 듯했다. 3월 내내 스미스는 장교만이 아니라 영국 병사들까지 계속 공격했다. 〔스미스의 기록에 따르면〕 그랜트가 "라이플총을 여러 자루 주려고 하지 않자 … 우리는 그를 포로로 잡아 무기를 넘길 때까지 구금했다. 우리는 상인들이 〔요새 안에〕 비축한 대량의 화약을 파기하기도 했다. 인디언에게 개인적으로 전달되지 못하도록 하기 위해서였다. … 왕의 군대와 우리 파당은 이제 내전의 통로에서 완전히 벗어났다. 양측 모두 정당화될 수 없는 일을 많이 저질렀다."[177]

펜 총독은 행정부의 법치를 회복하고자 4월에 칼라일에 도착해 대배심을 소집해 무역품을 가로챈 사람들을 기소하려 했지만, 그 시도는 좌절되었다. 배심원단은 "한 사람에게 유죄를 선고할 만한 충분한 증거가 없다"라고 선고했고, 심지어 법원 쪽에 선주민에 대한 적대감을 상기시키기까지 했다.[178] 총독은 기대했던 정의 대신 내륙 정착민의 독립성을 확인했다. 그 이후 몇 달 동안 블랙보이스 민병대는 서부로 향하는 모든 운송 수단을 불러 세워 탄약이나 "전쟁 관련 용품"이 있는지 검사했다. 심지어 자체적으로 통행증을 발부하기까지 했다.[179]

이제 내륙에서 영국 권위의 기반이 무너지기 시작했다. 정착민 주권이 새로 등장하고 있었다.[180] 정착민은 목표를 달성하고 정당성을 위해 자신들만의 외교, 법적 논리, 집단적 폭력을 사용했다. 폰티액 전쟁의 첫해에 촉발된 이런 주권 행위가 새로운 정치 운동으로 굳어졌다. 이 독특한 운동은 성장해갔고, 이제 영국 군인을 겨냥했다. 펜 총독의 한 측근은 펜의 공식 권위에 대해 다음과 같은 무심한 서술을 남겼다. "법을 집행하고 정부를 지원할 상비군이 없다."[181]

내륙 선주민과의 무역을 막고, 항구 도시에 자리잡은 엘리트의 권력을 제한하고, 선주민을 이 지역에서 몰아내면서, 새로운 정치 문화의 토대가 형성되었다. 어느 학자는 이를 "인민적 입헌주의popular constitutionalism"라고 불렀다.[182] 이는 무장한 당사자들 사이에서는 협상이 매우 잘 진행되는, 폭력적인 정치 문화였다.

북아메리카에서 영국 제국의 몰락은 펜실베이니아 변경에서 시작되었으며, 1765년 3월 5일 스미스의 첫 습격에서 비롯되었다.[183] 윌리엄 펜의 "태평왕국"은 끝났고, 분열되고 다투는 광경이 등장했다. 내륙 전역에서 정착민은 블랙보이스를 시와 노래로 찬양했다. 예컨대 아일랜드인 조지 캠벨George Campbell이 지었다는 노래가 이를 잘 보여준다.

아무렇게나 세워진 기획[영국 무역 정책]에 놀란 변경 지대 주민들은 하던 일을 멈추고 용감한 사람들과 함께 힘을 합했다. …
65[1765]년 3월 5일, 그들(영국)이 인디언에게 보내는 선물이 왔다. 길고 화려한 행렬로 왔다. …
일부 애국자가 그 행렬을 기습했고, 번개처럼 빠르게 짐을 무너뜨렸다. 숲에서 그것들을 태워 모닥불을 피웠다. 여단 전체를 거의 대부분 태워버렸다.
라우던[요새]에서 소식을 들은 그들은 어느 길을 선택해야 할지 잘 알 수 없었다. …

결국 일부 병사는 내보냈고 … 몇몇 병사를 잡았다. …[그리고] 그들을 재빨리 제압했다.

그러나 결단력 있는 사람들이 생각했다. 이웃이 잡히는 것을 볼 수는 없다고. 범죄가 아니라 오해이므로.

그들은 호전적인 무리에 합류해 즉석에서 라우던으로 행진했다. 간수를 가두었다. 우리 친구들이 커질 때까지. 조작도 변장도 없었다.

인류는 비난도 하고 칭찬도 하겠지. 결국 이 성급한 행동에 대해, 양쪽 모두 자신의 책임을 감당할 것이다. 어떤 법으로도 이웃의 재산을 불태우는 것을 정당화할 수는 없지만, 이 재산은 인류의 적에게 유용하도록 설계된 것이 사실이다. 액수로 따지면 이는 대역죄다.[184]


# 1765년 이후


미국혁명의 기원은 마치 가을 잎사귀처럼 계절이나 색채를 타는 다양한 방식으로 논의되고 있다. 보스턴은 그런 평가에서 여전히 두드러진다. 여러 세대에 걸쳐, 보스턴은 조직적인 도시 "반란"이 처음 일어난 장소로 여겨졌기 때문이다. 1765년 8월, 식민자들은 설탕세와 인지세에 항의하기 위해 조직을 결성해 행동에 나섰다.[185] 미국혁명의 도가니로 오랫동안 인식되어온, 1770년 3월의 '보스턴 대학살'은 혁명의 대표적인 시작점이자 혁명에 꼭 필요한 사건, 아니, 혁명

자체로 남아 있다.[186]

　인디언과 내륙에서의 반란이 이런 역사 서술에 가끔 나올 때도 있지만, 미국혁명의 기원에 대한 이 친숙한 평가의 독점적 지위는 그 무엇도 빼앗지 못했다. 거의 모든 미국혁명에 관한 서사에 따르면, 혁명은 항구에서 시작되었으며, 자유, 시민적 미덕, 자기주장이라는 계몽주의 사상이 영국으로부터의 독립으로 이끈 주요 동력으로 여겨진다. 실제로 버나드 베일린Bernard Bailyn이 말했듯이, "이념이 혁명 발발의 중심에 있었고 혁명의 결과와 영향을 형성했다고 이해할 수 있다. … 혁명이 사회적 불만이나 식민지들의 경제적 혼란, 혹은 늘어나던 불운의 귀결로 발발했던 것은 아니다."[187]

　수많은 아이러니가 이런 미국혁명의 계보를 둘러싸고 있으며, 그 유산들이 미국 내 인디언의 위치를 계속 오해하게 만든다. 예를 들어, 독립선언서가 발표된 지 11일이 지난 1776년 7월 15일, 펜실베이니아 주민들은 내륙의 자경단이 시작한 혁명적 과정을 이어갔다. 그들은 주정부로는 처음으로 헌법을 제정했다. 벤저민 프랭클린은 지난 10년 동안 식민지 전역의 항구와 정착촌 사이에서 불거진 사회적 분열을 타개하려 노력한 끝에 펜실베이니아 주지사로 선출되었다.

　그해 9월 말 필라델피아에서 완성된 펜실베이니아 헌법에는 10년간 전개된 내륙에서의 전쟁과 중앙에 집중된, 멀리 떨어진 곳에 있는 권력에 대한 불신이 반영되어 있다.[188] 이 헌법은 거리에서 찬사를 받았고, 일요일 예배에서 칭송되었으며, 도시 필라델피아가 미덕이 모이는 곳으로 알려져 그 국제적 위상을 높이는 데 기여했다. 프

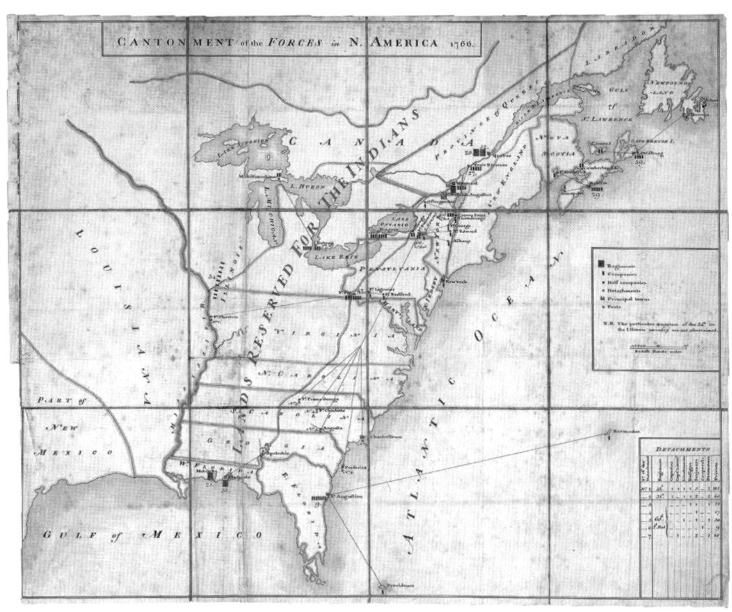



1767년 토머스 게이지 장군이 발행한 이 지도는 1766년 북아메리카에 영국군이 어떻게 배치되었는지를 보여준다. 이 지도를 보면 애팔래치아산맥 서쪽의 땅이 "인디언을 위해 남겨둔 땅"으로 지정되어 있다. 이는 '1763년 왕실 포고령'에서 정한 정치적 경계와 일치한다. (미시간대학교, 윌리엄 L. 클레멘츠 도서관William L. Clements Library)

랑스 작가 조제프 세루티Joseph Cérutti가 훗날 시사했듯이, 많은 유럽인이 필라델피아가 "세계의 수도가 될" 자격이 있다고 믿었다.[189]

서부의 백인 주민은 펜실베이니아주 제헌회의에 보낼 대표로 블랙보이스의 지도자 제임스 스미스를 선출했다. 그는 동료 존 무어John Moore와 함께 갔는데, 무어는 펜실베이니아주의 "권리 선언문"을 작성하는 위원회에 배정되었다. 새 정부에서 권력은 "국민, 국가 또는 공동체의 이익, 보호 및 안전을 위해 제도화된 것이지, 특정 개인이나 가문 혹은 특정 집단의 이득이나 혜택을 위한 것이 아니다."[190]

가문정치, 귀족정, 군주제에서 나타나는 권력 집중에 대해 여러 세대에 걸쳐 우려가 제기되었고, 이런 우려에 뿌리를 둔 이 헌법은 이전 정부의 정당성을 뒤엎었다. 왕은 이제 더는 주권자가 아니었다. 인민 주권 원리에 따라 국가의 인민이 권력을 가졌다. 그 "국민"이 그들의 대표, 치안판사, 국가 지도자를 선출할 것이었다.[191]

벤저민 프랭클린이 1764년 1월에 쓴 대로 "미친 무장 폭도"가 이 지역 정치의 상당 부분을 형성했으며, 그들의 주요 표적은 "의회와 그 친구들"이었다.[192] 10년이 지나자, 100년의 역사를 지녔던 (영국) 의회가 사라지고 없었다.[193] 그리고 새로운 정부가 구성되었다. 이 정부는 민족적·언어적·종교적 차이와 관계없이 모든 백인 남성에게 호소하기 위해 고안된 일련의 세련된 주장과 정치적 전술을 보여주었다.[194] 서로가 지닌 차이점을 넘어서 이들은 이제 "국민"이었다. 펜실베이니아의 정치적 권력 구조는 뒤집혔다. 실제로 혁명적 변화가 일어났다.[195]

스미스, 무어, 프랭클린, 그리고 1776년 7월 독립을 선언하기 위해 필라델피아에 머물던 토머스 제퍼슨과 같은 사람에게는 새로운 주들을 구성하고, 전쟁 중에 주들의 단합을 유지하고, "보다 완벽한 연방"을 만드는 것이 난제로 남았다. 많은 이가 11년 후 연방헌법 제정을 위한 제헌회의를 위해 다시 돌아왔고, 새로운 연방 내에서 선주민의 위치는 오래된 방식에 따라 논의되고 결정되었다.

# 6장

## 식민주의와 헌법
### 연방 인디언 정책의 기원

백인 미국인은 … 전체 인디언 인종에 대해
가장 '악의에 찬' 반감을 갖고 있다.
인디언이라면 남녀노소를 불문하고
지구상에서 완전히 멸종시키자는
이야기를 듣는 것은 매우 흔한 일이다.
— J. F. D. 스미스(1784)

1783년 2월, 또 다른 '파리 조약'으로 미국의 독립이 인정되었고, 연말에 대륙군을 이끌었던 마지막 아메리카 장군이 복무를 마쳤다. 1783년 12월 23일, 8년간의 전쟁을 끝낸 조지 워싱턴은 대륙군 지휘권을 내려놓고 사직서를 제출하기 위해 의회로 향했다.[1] 12월 초, 그는 뉴욕에서 영국군의 마지막 철수, 자기 군대의 동원 해제와 부대원의 농장 복귀를 감독했다. 그가 자신의 농장 마운트버넌Mount Vernon을 찾은 것은 6년 만이었다.[2]

많은 축하 행사가 있었지만 1783년은 조지 워싱턴 장군에게 힘든 한 해였다. 그의 부하들은 더 힘들었다. 신발과 화약, 담요를 구하기 어려웠기 때문이다.[3] 그는 7년전쟁 이후 내륙의 토지를 보상금으로 받기 위해 고군분투했던 자신의 경험을 떠올리며 병사들에게 돌아갈 보상을 확보하기 위해 애쓰면서 날로 지쳐갔다. 많은 병사가 2년이 넘도록 보상을 받지 못한 처지였다. "1783년의 위기"는 날이 갈수록 깊어졌다.[4] 5월에 그가 설명한 바에 따르면, 병사들은 "부당함에 반발하고 분노하며" 함께 남아 있기보다는 임금을 못 받더라도 집으로 돌아가는 편이 나았다.[5] 다른 권력 집중이 그런 것처럼, 분노한 퇴역 군인들이 한데 모이면 공화국 미국의 자유에 위협이 될 수 있었다. 크리스마스가 다가오자 워싱턴은 장군으로서 마지막 임무인 군대의 동원 해제를 마무리했다.

그레이트메도스에서 처음 전투를 치른 이래 워싱턴을 당혹스럽게 하는 여러 변화가 일어났다. 거의 30년 동안 그는 수천 명의 프랑스군, 영국군, 식민지 민병대원, 선주민 병사가 사망한 수많은 전투에 참가했다. 혁명 기간에 그의 휘하에 있던 식민지 병사 중 4000여 명이 전사했다.[6] 1781년 10월, 7000명의 영국군이 요크타운에서 항복했다. 워싱턴은 그의 경력에서 처음으로 적에게 공식 항복을 받았다. 그전까지 그는 패배의 그림자 아래서 지내며 군인과 비전투원이 굶어 죽고, 얼어 죽고, 고통스러워하는 광경을 지켜보았다. 두 차례의 무서운 전쟁과 두 제국의 몰락 이후 적어도 식민자들에게는 마침내 평화가 찾아왔다.

영국과의 전투는 끝났지만 다른 종류의 분쟁이 다시 발생했다. 특히 의회가 비난을 받았다. 조약 체결 이전에도 새 정부는 인기가 없었다. 군인들이 급료를 받지 못했기 때문이기도 했다. 의원으로 선출된 많은 사람이 의회의 비효율성에 충격을 받았다.[7] 의회의 회의는 별다른 성과를 거두지 못한 채 논쟁만 이어졌다. 재정에 대한 우려가 모든 결정을 좌우하는 듯했다. 이전 식민지들은 이제 영국으로부터 독립했지만, 여전히 분열된 상황이었다.

폭력과 저항도 신생 공화국을 괴롭혔다. 조지 워싱턴이 은퇴할 무렵에는 연방의회가 애너폴리스Annapolis로 이전했는데, 필라델피아에서 벌어진 시위 규모가 커져서였다.[8] 대표단을 파견한 주는 일곱 군데에 불과했고, 심지어 메릴랜드의 대표들조차 조국의 정복 영웅〔조지 워싱턴〕을 맞이하기 위한 자리에 참석하지 않았다. 토머스 제퍼슨은 1784년 1월 1일에 제임스 매디슨에게 보낸 편지에서, "메릴랜드 쪽은 거의 참석하지 않았고, 지금 우리는 메릴랜드가 2월까지 참석할 수 있으리라고 기대하지 않습니다"라고 썼다.[9] 이렇듯 워싱턴의 수십 년간의 복무, 그가 요크타운에서 거둔 승리, '퇴각의 날Evacuation Day' 기념행사로도 공화국 입법부의 정족수를 채우기가 어려웠다.

많은 사람에게 새 연방은 비효율적일 뿐만 아니라 운명이 다한 것처럼 보였다. 연방의회에 참석한 주가 아홉 군데도 채 되지 않아서,

제퍼슨에 따르자면 "우리는 아무것도 할 수 없었다."[10] 세습 지도자나 군주가 등장할 가능성도 있어 보였다. 보스턴의 상인 벤저민 태펀Benjamin Tappen이 훗날 국무 장관이 된 헨리 녹스Henry Knox에게 쓴 글에 따르면, 어떤 형태의 절대주의는 "주들이 가장 낮은 불행의 심연으로 가라앉는 것을 막기 위해 절대적으로 필요했다."[11] 이처럼 연방의회가 비난의 대상이 되었을 뿐만 아니라 "국가 지도부에 대한 반감"이 전반적으로 팽배해지면서 정부에 대한 국민의 신뢰가 더 떨어졌다.[12]

이러한 불확실성 속에서도 조지 워싱턴은 자신의 눈 앞에 펼쳐진 불가피한 드라마를 이해했다. 애너폴리스에 들어갈 때 그는 뜨겁게 환영하는 시민 인파를 맞았다. 시민들이, 그러니까 시민의 대표자들이 아니라 바로 시민들이 그의 마지막 남은 공직 복무 몇 시간 동안 그를 둘러쌌다. 훗날 그가 쓴 바에 따르면, 혁명의 "강력한 장면"을 공식적으로 마무리하는 것은 필요한 과정이었다. 혁명은 폐막 의식이 꼭 필요했다. 워싱턴이 "군대라는 무대Military Theatre"라고 불렀던 것을 끝내고 그 중심 주인공이 떠나는 의식이 필요했다.[13] 정식으로 차려입고 정확하게 의식을 치른 그는 사직서를 제출하고 마운트버넌으로 은퇴했다. 영국으로부터의 독립은 확보된 상태였다. 이제 통치가 국민의 심의를 기다리고 있었다.

토머스 페인Thomas Paine은 《상식Common Sense》에서 1776년의 정신을 "새로운 세계의 탄생"에 비유했다.[14] 그것이 얼마나 치명적인 탄생이었는지, 많은 이들이 잊고 있었다. 영국이 미국의 독립을 인정한 후 영국은 예상치 못한 패배로 인한 힘든 작업에 착수했다. 요크타운에서 영국군이 항복한 이후에도 전투는 계속되었다. 1783년 내내 그 어느 때보다 많은 사람이 이동했다. 동부 해안가에 주둔한 영국군뿐만 아니라 캐나다 동부의 영국 요새들에 주둔한 이로쿼이 병사 등 수천 명의 인디언 동맹까지 움직였다. 영국군과 함께 싸웠던 이들은 이제 어디로 피신할 수 있을까? 또 "왕당파"는 안전을 위해 어디로 향해야 할까?

이동했던 이들 중에는 약 6만 명의 식민자뿐만 아니라 자유를 찾아 영국군 편에 섰던 수천 명의 노예도 있었다.[15] 그런 노예 중에는 마운트버넌의 노예 거주지에서 "도주한" 해리 워싱턴Harry Washington도 있었다. 워싱턴 장군에게는 매우 실망스럽게도, 해리는 5월에 미국을 떠나 캐나다의 노바스코샤Nova Scotia로 향했다. 그런 다음 8년 동안 핼리팩스Halifax 외곽의 눅눅한 숙소에서 살다가 시에라리온 Sierra Leone으로 이주하는 수천 명의 아프리카계 미국인 난민 대열에 합류했다.[16] 이 일행 중에는 자신이 태어난 아프리카 대륙에 "뼈를 묻고 싶다"라고 한, 100세의 중간 항해 여성 생존자를 포함해 아프리카에서 어린 시절을 보낸 노예 출신들도 있었다.[17] 많은 사람에게, 정말로 세상은 전쟁으로 뒤집힌 곳이었다.

버지니아, 노바스코샤, 시에라리온은 혁명으로 서로 연결된 수많은 장소 중 하나가 되었다. 1780년대 내내 이런 상호 연결이 더 확대되었다. 이전에는 영국 제국의 일부였던 광활한 공간이 자유와 기회를 찾는 사람들로 터질 듯했다. 특히 헤아릴 수 없이 많은 사람이 북아메리카 내륙으로 향했다.

전쟁이 끝나기도 전에 수천 명의 정착민이 켄터키Kentucky로 몰려들었다. 애팔래치아 서부를 가로질러 간 정착민들은 체로키, 쇼니 등 선주민의 사냥터를 자기들 땅이라고 주장했다.[18] 이전 반세기 동안 그랬던 것처럼 선주민이 거주하던 오대호 연안이 새로운 공화국 역사의 상당 부분을 결정했다. 인디언의 저항부터 새로운 국가의 법과 정책의 시행에 이르기까지, 내륙을 둘러싼 투쟁들을 통해 새로운 미국 정부의 윤곽과 최종 구조가 형성되었다.[19]

내륙의 식민지화는 선주민의 일상을 황폐하게 만들었고, 동시에 미국의 정치권력을 집중시키는 데 기여했다. 이렇게 선주민의 추방과 미국의 국가 형성이 얽혀서 진행되는 과정은 미국혁명 이후부터 시작되었는데, 이후 여러 세대에 걸쳐 이어지면서 초기 공화국의 토대를 놓았다.

1783년에는 불분명했지만, 선주민(그리고 북아메리카 대륙)에 대한 연방정부의 궁극적인 권한과 권위, 주권이 미국헌법에 새겨지게 된다. 미국 '건국의 아버지들'은 부분적으로는 내륙 영토 및 선주민 네이션과 연관된, 해결될 수 없는 갈등들로 인해 연합헌장에 기초한 미국 최초의 정부를 폐기하고 새로운 입헌정부를 채택한다. 이는 내륙에 대한 권력을 중앙집권화하려는 투쟁에서 비롯되었으며, 그뒤로 식민주의 정책이 확대되었다.

혁명으로 모든 사람의 삶의 지평이 바뀌었지만, 버지니아 출신 제대군인을 비롯한 일부에게는 운신할 공간이 축소되었다. 많은 사람이 수년간의 군 복무를 마치고 이 지역의 소규모 가족 농장이나 플랜테이션으로 돌아갔다. 조지 워싱턴처럼 그들도 자신의 노예 또는 다른 사람의 노예와 함께 익숙한 농경 생활의 리듬에 정착했다. 미국혁명은 이 노예들에게 해방의 속삭임만 남기는 데 그쳤다.[20] 플랜테이션 카운티와 가족 농장이 밀집한 버지니아는 이제 새 공화국에서 가장 큰 주가 된다. 조지 워싱턴, 제임스 매디슨, 토머스 제퍼슨, 제임스 먼로James Monroe와 같은 대지주 지도자가 이끌었던 버지니아주는 이제 길게 뻗은 주 경계선을 넘어서까지 주권을 행사할 수 있게 되었다. 그 이후 몇 년 동안 그 주권이 무엇을 가져올지가 결정된다.

## 인디언과 혁명 공화국

선주민에게 혁명은 그 자체로 시작이 아니었고, 끝도 아니었다. 혁명 이후 평화 비슷한 것도 오지 않았기 때문이다. 미국 동부 전역에서 혁명은 전쟁을 한 세대 더 연장시켜 파괴, 죽음, 질병, 난민을 초래했다. 수많은 마을 주민이 혁명으로 여러 위기를 겪었는데, 특히 식량 조달, 교역품 확보, 주거지 유지가 더 힘들어졌다. 수만 명의 선주민이 전쟁 중에 사망했다. 이들 대다수는 영국군의 동맹으로서 싸웠다. 식민지 지도자들이 실제로 표적으로 삼은 것은 영국과 동맹을 맺은 선주민 지역사회였다.[21]

이로쿼이아와 남부 내륙 전역에서, 미국의 독립은 미국군의 선주민 세계에 대한 혁명적 침략이 가져온 선주민의 패배를 명확하게 해 주었다. 수천 명의 체로키, 크리크, 이로쿼이 군인이 고향을 지키다 전사했다. 살아남은 이들은 인근 지역으로 몸을 피하거나, 사냥터를 아예 포기했다.[22] 영국과의 동맹이 성공을 거두지 못하고 그들의 권위가 급격히 사그라드는 것을 직시한 선주민 지역사회들은 토지에 대한 권리를 포기했으며, 남은 선주민은 정착민에게 둘러싸여 살아가게 된다. 미국혁명이 진행된 10년 동안 내륙 선주민 지역사회만큼 큰 고통을 겪은 곳은 없었다.

1779~1780년, 조지 워싱턴이 사령관으로 있던 대륙군의 이로쿼이아 침공이 결정적 계기가 되었다. 사뮈엘 드 샹플랭이 처음 침략을 시도한 지 거의 여덟 세대 만에 백인 군대가 이로쿼이 연맹의 핵심적인 마을들을 점령했다. 1615년 샹플랭이 마지막으로 이로쿼이아를 침공했을 때 그는 부상과 낙담에 빠졌지만, 1780년 미국 장군 존 설리번John Sullivan은 수십 개의 이로쿼이아 소도시와 수백 채의 롱하우스, 수천 부셸bushel〔1부셸은 약 36리터〕의 식량, 즉 "세 자매"라고 불린 옥수수, 콩, 호박을 파괴했다. 미국군은 이로쿼이아 들판에서 며칠씩 수확물을 불태웠다.[23]

이런 초토화 전술 탓에 수백 명의 이로쿼이 가족이 영국 요새로 피란을 갔다. 열악한 주거지, 제한된 보급품, 추위로 또다시 사망자가 늘었다. 한 오논다가 수장은 미국 군인이 살인과 강간을 저질렀다고 보고했다. "그들이 여성과 아이를 전부 죽였다. 일부 젊은 여성만 예외였는데, 그들은 젊은 여성들을 데려가 자기 병사들이 이용하도록 했다.”[24]

체로키도 비슷한 고통을 겪었다. 체로키 지도자들의 말에 따르면, 혁명군의 “손이 체로키 여성과 아이의 피로 물들었다. 그들은 열일곱 군데 마을을 불태웠으며, 우리 식량을 모두 못쓰게 만들어버렸다. 그 결과 우리와 우리 친족은 기근으로 거의 멸족할 뻔했다.”[25] 결국 기아가 이 지역을 뒤덮었다. 1785년 조인된 ‘호프웰 조약Treaty of Hopewell’에서 체로키 지도자들은 자신들이 “미합중국의 보호 아래 있으며 다른 어떤 주권자의 휘하에도 있지 않다”라고 진술해야만 했다.[26]

이웃의 크리크 인디언도 큰 손실을 입었다. 영국과 동맹을 맺었기에 비슷한 불운에 처했다. 미국혁명전쟁이 끝날 무렵 조지아 총독은 당시 크리크의 패배에 대해 이렇게 언급했다. “[그들의] 뼈가 이제 땅 위에 하얗게 누워 있다. … 그들의 여인은 이제 홀로 남겨졌고 아이들은 아버지를 잃었다.”[27] 이로쿼이와 체로키에게 그랬듯이, 미국의 독립은 북아메리카 영토들과 지역사회들에 대한 공화국의 힘이 성장하고 있음을 선명하게 보여주었다. 이어서 체결된 여러 조약을 통해 정착민의 권한은 더 확고해졌다.

그러나 이 패배로 선주민이 곧장 쫓겨났던 것은 아니다. 선주민 지역사회들과 중앙정부 사이의 조약은 꾸준히 이어졌다. 1783년, 연합회의가 제정한 초창기 법 가운데 하나에서 “정당하고 필요한 … (토지) 재산의 경계선이 미국과 그들 사이에 확인되고 설정되어야 한다”라는 결의안이 채택되었다.[28] 1787년, 이 조약들은 헌법을 통해

"이 영토의 최고법"이 되었다. 한편 이전부터 13개 영국령 식민지 외부에서 살아가던 선주민들은 유혈 사태를 겪은 뒤에도 북아메리카 대부분의 지역에서 여전히 지배력을 행사했다. 그리고 이 선주민이 지배하던 영토는 1783년에 '인디언구역Indian Country'으로 지정되었다.[29] 오대호에서 미주리강까지, 그리고 조지아의 오지에 이르기까지 이런 "독립 인디언"이 계속 북아메리카 대륙을 지배했다.[30]

1776년에는 오하이오강을 건너가는 미국인 정착민은 거의 없었다. 훗날 "올드 노스웨스트Old Northwest"〔오대호와 미시시피강, 오하이오강 사이의 지역으로, 1783년에 미국 영토가 되고 1787년에 노스웨스트 준주가 된다〕로 알려지게 될 정착촌의 정착민도 마찬가지였다. 사실 많은 사람이 오하이오강이 오대호 연안 선주민 세계와 미국인 정착민 사이에 있어야 하는 자연적이고 꼭 필요한 경계선이라고 믿었다. 또한 이 지역이 파리 조약에서 제대로 규정되지 않았던 것은 오대호 세계 곳곳에 영국군 장교들이 계속 주둔했기 때문이라고 생각했다.[31] 1786년, 연맹을 맺은 "인디언네이션연합United Indian Nations"의 지도자들은 디트로이트에서 연합회의가 보낸 대리인들에게 이렇게 말했다. "다시 당신들에게 요청합니다. … 측량사 같은 이들이 땅에 무슨 표시를 한다고 하는데, 그들에게 오하이오강을 건너오지 말라고 명하시오."[32] 이 혁명적인 10년 동안 오하이오강은 어느 지역에서보다 지속적으로 분쟁에 휩쓸렸는데, 상황은 도무지 안정될 기미가 보이지 않았다. 1782년 3월, 오지의 민병대가 기독교로 개종한 인디언을 학살했던 '그나덴휘텐 학살'은 이 지역의 무지막지한 폭력 성향

을 잘 보여준다.[33]

그뒤 10년 동안 많은 사람이 오하이오강을 물리적·정치적 경계로 내세웠다. 1792년, 미국 군인에게 붙잡힌 인디언 여성들은 오하이오강이 계속 경계로 남아야 한다고 주장했다. 그 북쪽은 자기들 땅이고 그 남쪽이 미국 땅이라는 주장이었다.[34] 비슷한 예로, 설리번이 이로쿼이아 전역에서 군사 행동을 펼치며 북부 영토를 상당수 정복했지만, 그 지역 인디언들은 미국에 통합되지 않았다. 건국한 지 150여 년이 지났을 때도 올버니는 계속 식민 통치의 최북단이었고, 이로쿼이와 오랜 유대를 쌓은 관리들이 여전히 거주했다. 따라서 식민화의 유령이 인디언 지역사회들을 괴롭혔을지언정 선주민의 땅을 미국 영토로 확고히 이전하는 식의 정복은 거의 없었다. 미국혁명으로 내륙 선주민의 본거지들 중 상당수가 불안정과 황폐화, 인구 격감을 겪은 것은 사실이다. 그러나 정복된 것은 아니었다.[35]

게다가 혁명 이후에도 확실한 것은 거의 없는 듯이 보였다. 연합회의의 장소가 바뀌었던 것처럼 미국 정부의 형태와 미래도 결정되지 않은 것 같았다. 연합헌장에 따른 정부 구조는 비효율적이었다. 상비군을 유지할 수 있는 세입이나, 이런 일을 할 수 있는 과세 권한이 없었기 때문이다. 인디언 문제에서 연합헌장은 주정부의 관할권 밖에 거주하는 인디언에 대한 권한을 연방정부에 부여했지만, 그 외의 다른 사항에 대해서는 분명한 점이 별로 없었다.[36] 연합헌장은 통합보다는 제한에 더 비중을 두었다. 알렉산더 해밀턴Alexander Hamilton이 1782년에 쓴 대로 더 강력한 중앙정부만이 "특정 주의 편향”을 극복할 수 있었지만, 연합회의는 여전히 부채와 논쟁, 낙담에 빠져 있었다.[37] 연합회의는 정족수를 채우는 데 어려움을 겪었다. 1786년 뉴욕으로 이전한 후에는 정족수를 채운 회의의 비율이 15퍼센트에 불과했다.[38]

프랑스 제국과 영국 제국이 북아메리카 대륙 동부에서 무너진 것은 내륙을 통치할 수 없어서였다. 두 제국 모두 해군, 군대, 식민지, 도시, 재정, 다각화한 경제를 보유했고,[39] 우수한 조세·교통·통신 시스템을 유지했다.[40] 미국 공화국에는 이런 시스템이 부족했을 뿐만 아니라 상상하는 것조차 힘들었다. 필라델피아와 뉴욕이 콜럼버스 이전의 북아메리카 도시국가인 카호키아보다 큰 규모로 성장한 것은 1770년대에 가서였다. 미국 항구 도시 중 규모나 영향력에서 파리나 런던에 필적할 만한 곳은 없었다. 영국 제국이나 프랑스 제국에서 정부는 경제를 규제하고 농업 인구를 관리했으며, 형무소와 사법부, 경찰과 순찰대, 재산 관리 관청과 세관 등을 갖춘 수백 년 된 관료제를 운영했다.[41]

바다에서는 이런 격차가 훨씬 더 뚜렷했다. 미국 해군은 100여 년이 지나서야, 전 세계에 식민지와 항구, 항해 사무소를 두고 지배하던 영국 및 프랑스의 해군과 비슷한 수준이 되었다. 게다가 미국혁명 이후 상비군이 625명으로 축소되었는데, 이들은 저임금인 데다 보급도 제대로 받지 못했다.[42] 신생 독립국이자 농업 국가였던 미국이 어떻게 이들 제국보다 더 큰 권력을 행사할 수 있겠는가? 국력에 대한 회의가 신생 공화국을 흔들었다.

# 내륙 인디언의 영토와 미국 연방주의의 기원

인디언의 영토들이 미국의 경제적 난국을 헤쳐나가는 방편이 되었으며, 미국이 비교 열세를 극복하는 데 도움이 되었다. 1783년, 내륙은 유럽인을 대륙 깊숙이 끌어들인 상품, 바로 모피 자원을 거의 무한대로 제공했다. 모피 무역이 18세기와 19세기에 걸쳐 번성했고, 이를 통해 프랑스계, 영국계, 나중에는 존 제이컵 애스터John Jacob Astor와 같은 미국 상인이 엄청난 부를 축적했다. 애스터는 미국에서 당대 최고의 부자가 되었다. 나중에 그는 재산을 부동산으로 옮겼으니, 인디언이 생산한 모피가 결국 뉴욕시의 스카이라인을 올리는 동력이 된 셈이다.[43] 1784년 토머스 제퍼슨이 시사한 대로 버지니아 주민은 내륙에 접근할 권리뿐만 아니라 "서부와의 무역, 인디언과의 무역을 독점할 권리"도 확보해야 했다.[44]

그러나 내륙은 사슴과 들소 등 모피와 동물 가죽보다 훨씬 더 많은 것들을 제공했다. 무엇보다도 내륙은 토지 재산을 보유할 희망을 주었다. 토지 소유가 미국 민주주의와 거의 같은 의미가 되면서 내륙이 지닌 중요성은 더 커졌다.[45] 미국사에서 이만큼 중요한 자원은 없었다. 내륙의 토지가 미국의 "보물 상자"가 되었다.[46]

1781년의 요크타운 전투 이후 측량, 구매, 정착의 기회를 통해 서부의 확장이 촉진되었다. 전쟁이 끝나자 정착민은 웨스트 버지니아와 켄터키로 몰려들었고, 그곳에서 대니얼 분Daniel Boone 같은 측량사이자 모피 상인이 수만 에이커의 토지 소유권을 획득했다. 처음에는 사냥과 무역을 하러 왔던 정착민이 토지 투기로 눈을 돌렸으며, 이것이 이 지역의 지배적인 경제가 되었다.

1782~1786년 페이엣 카운티Fayette County에서 측량사 보조로 일한 대니얼 분은 150건의 토지 측량을 마무리했다. 그중 일부만 해도 총 1만 5000에이커에 달했다. 그는 거의 매일 일하면서 전국을 돌아다니며 수십만 에이커의 토지를 조사하고 초안을 작성했다. 그리고 그중 2만 에이커를 자신의 명의로 등록했다.[47] 일요일을 제외하고 깨어 있는 매 시간마다 1에이커〔약 4000제곱미터〕의 내륙 땅을 차지한 셈이다.

차츰 토지 쟁탈전이 공화국을 휩쓸자 리처드 헨더슨Richard Henderson, 존 메이John May 등 수십만 에이커의 토지를 소유한 여러 지주가 대니얼 분을 앞질렀다. 조지 워싱턴과 마찬가지로 이 버지니아인들도 내륙의 부에 집착했다. 그들은 자본을 축적할 기회를 알아보고 다른 이들과 함께 내륙의 토지 소유와 정치를 장악하는 데 뛰어들었다. 버지니아인들은 곧 이어 내륙의 준주準州 정부territorial government〔아직 주州로 조직되지 않은, 북아메리카 지역에서 조직된 임시 정부〕들을 장악했다.[48] 그리고 그들은 혼자가 아니었다. 장로교 목사 데이비드 라이스David Rice가 처음 켄터키를 여행하고 남긴 기록에 따르면, 토지 투기가 "거대한 급류처럼 닥쳐와 그 앞을 가로막는 시시한 걸림돌은 죄다 무너졌다."[49]

토지 취득은 공화국의 보물 상자를 확장했다. 정부가 토지를 제공하면서 자본을 받았고, 투기의 기회가 제공되었다. 이런 조치가 선주민의 자율성을 떨어뜨렸다. 정착민 식민주의는 당연히 선주민보다 정착민에게 유리했다. 정착민이 쏟아져 들어오면서 수백만 에이커의 토지가 체로키와 같은 부족들에게서 급속하게 떨어져 나갔다. 체로키는 당시 군사적 패배로 세력이 약해졌음이 확인된 상황이었다. 법률, 정치, 경제가 복잡하게 작용하는 가운데 선주민 부족들은 영토의 상당 부분을 조약을 통해 공화국에 양도했다. 이에 따라 토지가 개방되어 측량되고 매매되었으며, 최종적으로는 정착에 이용되었다.

1768년의 '포트스탠윅스 조약Treaty of Fort Stanwix'처럼 선주민과의 협의를 통해 영국령 식민지 시대 말기에 맺어진 조약들 덕분에 미국의 영토 획득이 용이해졌다. 이 과정은 처음에는 모호했으나 1787년 헌법에 따라 법이 되었고, 결국 미국 대법원이 1823년 '존슨 대 매킨토시Johnson v. McIntosh' 판결에서 연방정부가 내륙 토지 취득을 감독하는 우월적 권한을 가진다는 점을 확인해주었다. 그러나 아직 이런 변화가 생기기 전인 1783년에는 미국헌법도 없고 대법원도 없었다.

조약은 인정된 주권자 간의 양자 협정이다. 협상을 통해 선주민 지도자가 양도했던 것은 그들의 거주지가 아니라 정주하지 않던 공간인 사냥터다. 선주민 지도자는 자신들의 마을, 묘지, 성지를 지키기 위해 싸웠다.[50] 켄터키 남쪽에서는 체로키가, 북쪽에서는 알곤킨어를 사용하는 델라웨어·쇼니·마이애미 인디언이 광활한 산비탈에 자리한 숲과 왕포아풀 평원을 여러 세대에 걸쳐 사냥터로 삼고 있었다.[51] 1780년대 내내 정착민이 켄터키로 밀물처럼 몰려왔다. 1818년 무렵에 나온 한 안내서가 자랑한 바에 따르면, "미국 어디에서도 변화가 이렇게 즉각적으로 일어난 곳은 없다. 미개한 황무지에서 우아한 문명 지대로 변화하는 모습이 매우 놀랍다."[52]

켄터키가 하나의 주가 되면서 이 지역의 수렵 경제가 망가졌고, 선주민은 오하이오강 이북으로 쫓겨나 영국군과 더 가까워졌다. 오대호 연안의 인디언은 영국군이 북아메리카 여기저기에서 여전히 주둔하고 있다는 사실을 알았다. 디트로이트, 미실리매키낙, 세인트조지프St. Joseph(포트휴런), 나이아가라, 몬트리올, 그리고 더 멀리 동쪽에 있는 루이스버그가 여전히 영국의 지배 아래 있었다. 1794년 '제이의 조약'을 통해 그동안 지속된 국경 논란이 어느 정도 명확해졌다.[53] 또한 프랑스와 에스파냐의 지도자들은 세인트루이스와 뉴올리언스가 자신들의 영토라고 주장하면서 그 지역 인디언 세력들과 협력했다. 게다가 영국 요새에 주둔한 영국군 지휘관들은 분쟁이 재개되기를 기다렸다. 그들은 전투가 곧 시작되리라 확신했다. 그렇게 분쟁이 발생하면 인디언은 다시 주요 동맹자가 되어 자원, 충성심, 영토에 대한 권한을 장악할 수 있으리라 기대했다. 따라서 내륙 선주민 지역사회의 관점에서 볼 때 공화국이 안정적으로 유지될 것이라는 생각은 거의 들지 않았다.

그러나 한 가지 확실한 점은 내륙의 백인 정착촌이 선주민 네이션과 끝없이 긴장을 불러일으켰다는 점이다. 특히 토지 소유권과 각 부족 공동체의 관할권을 놓고 긴장이 발생했다. 세네카의 지도자 레드재킷Red Jacket은 뉴욕의 지도자들에게 다음과 같이 설명했다. "당신들은 우리에게 우리나라가 미국의 국경 안에 있다고 말한다. …
그 말에 우리는 경악한다. 우리는 우리의 영토가 우리 것이라고 생
각하기 때문이다."[54] 이렇게 생각한 사람이 레드재킷만은 아니었다.
1783년에는 모든 곳에서 논쟁이 끓어올랐다. 이제 북아메리카 내륙
의 땅을 관할하는 주체는 누구인가? 주정부들인가, 더 큰 중앙정부
인가, 아니면 각 개인인가?[55] 특히 버지니아, 뉴욕, 펜실베이니아 같
은 경계가 명확하지 않은 서쪽 주에서는 새로 획득한 토지에 대한
소유권을 누가 가졌는가? 내륙 영토의 취득과 판매에 과세할 권한
이 주정부에 있는가, 연방정부에 있는가? 연방 내에서 경계가 정해
진 작은 주들은 더 거대해진 주들에 의해 성장이 저지될 수밖에 없
는가?

　미국혁명 이후에도 이런 질문은 해결되지 않았을뿐더러 아예 답
이 없는 듯이 보였다. 이 질문들은 다양한 의견을 촉발하고 갈등을
키웠으며, 힘을 통해서만 명확한 답이 나오는 경우가 많았다. 백인
정착민이 자신들만의 나라를 세울 듯이 보일 정도로 많은 사람이 모
여들었던 켄터키가 그런 경우다. 다른 보물과 마찬가지로, 내륙의 풍
요로운 땅도 유혹과 분열을 동시에 조장했다. 소유가 부는 물론이고
권력을 가져다준다는 것을 모든 사람이 알았다.

　이제 내륙의 소유권을 관리하고 그 권한을 연방으로 이전하는 것
이 새 공화국의 대표적 활동이 되었다.[56] 성가신 세금 문제는 재산을
둘러싼 분쟁과도 관련이 있었다. 1783년, 제대군인들은 군 복무에
상응하는 보상금과 세금 감면을 받기 위해 중앙정부를 찾아갔다. 전

쟁 중에 주의회들은 시민군-병사를 빚 독촉으로부터 보호하기 위한 법안을 통과시켰지만 가혹한 경기 침체가 공화국을 강타하면서 세금 면제에 제동이 걸렸다.[57] 혁명 기간에 군인들은 말을 비롯한 개인 재산을 이용해 채무를 이행할 수 있는 권한을 부여받았다. 전쟁이 끝나자 군인들은 차츰 그런 권리를 잃고 금이나 은을 사용해야 했는데, 금과 은의 공급은 늘 제한적이었다.

중앙정부가 전시 대출금을 갚기 위해 고군분투하자 각 주정부는 새로운 화폐 발행으로 시민들의 급증하는 부채에 대응했다. 당연히 이런 방식은 국가 세수를 거의 창출하지 못했을 뿐만 아니라 인플레이션을 부추기고 연합회의의 국가 부채 상환 능력을 제한하는 문제를 낳았다.[58] 실제로 많은 사람이 주정부의 화폐 발행이 국가 경제에 가장 큰 위협이라고 생각했다. 이 시기는 시민의 충성심이 주로 지역에 머물렀다. 무엇보다 자신이 태어난 가족, 마을, 주에 충성했던 농민들이 중앙정부를 향해 품은 불신은 점점 깊어졌다. 연합회의는 군인들에게 급여를 지급하지 못했고, 이제는 주의회가 군인들에게 급여 지급을 금지했다. 많은 사람이 새로운 국가를 바라보면서 현관문 위에 걸어놓은 총기를 다시금 바라보곤 했다. 총은 혁명기에 그들이 능숙하게 다루었던 무기다.

1783년 조지 워싱턴이 대륙군 총사령관직에서 사임하고 1789년에 대통령으로 선출될 때까지 미국은 수많은 문제를 극복해야 했다. 그 시대의 핵심 과제였던 국가 형성을 통해 새 정부와 통치에 관한 헌법이 제정되었다. 이 헌법은 인류 역사에서 가장 자주 분석되는,

영향력 있는 텍스트다.

인디언과 그들의 영토가 이 헌법에 참고가 되었고, '건국의 아버지들'의 논의에 영향을 미쳤다. 내륙의 번영에 대한 기대가 헌법의 밑그림을 그릴 캔버스를 제공했다. 이 5~6년 동안 인디언영토가 지닌 매력이 제임스 매디슨 같은 투기꾼, 라파예트Lafayette 후작 같은 방문객, 대니얼 분 같은 정착민을 내륙 더 깊숙이 끌어들였다. 이곳에서는 인디언 네이션(그리고 인디언 연맹들)의 힘이 미국 정책 입안자들을 압박했다. 미국 지도자들은 내륙의 토지를 규제·감독하고 최종적으로는 매입을 통해 연방의 불안정성을 안정시키는 정책을 채택했다. 인디언영토가 미국의 확장을 촉진하는 데 도움이 된 셈이다.

1783년 이후 토지 투기가 내륙을 괴롭히자 백인 정착민과 불법 거주자들은 공화국 제도 밖에서 내륙 선주민 네이션과 대립했다. 미국 지도자에게 내륙 백인 정착촌과 선주민 네이션을 관리하는 것은 서로 연관된 사안이었다. 내륙의 인디언 본거지를 안정적인 농장, 플랜테이션, 궁극적으로는 미국의 영토로 바꾸기란 쉬운 일이 아니었다. 평화롭게 진행될 수도 없는 일이었다. 많은 정착민이 볼 때 인디언은 그저 걸림돌이었다. 매사추세츠 의회의 하원의원 네이선 데인Nathan Dane은 주의회에서 이렇게 한탄했다. "인디언이 사납게 막지만 않았다면 지금쯤 미국 소유가 된 700만 에이커가 측량되고 판매될 준비가 되었을 텐데…."[59] 새로운 국가의 부는 내륙에 있었다. 그러나 그 중심에는 적대 세력도 있었다. 분명 새로운 전투가 벌어지고 양측 모두 폭력을 사용하게 될 터였다. 내륙을 놓고 조약을 협의하기 위해 나온 미국 조약 위원들은 인디언 대표들에게 이렇게 말했다. "미국의 무기가 다시 당신들을 겨누고 있다. … 미국은 당신들에게 평화를 주고 싶다. … 그러나 당신들이 어리석게도 전쟁을 원한다면, [우리의] 전사들은 전투에서 당신들을 상대할 준비가 되어 있다."[60]

미국헌법에는 이런 다극성multi-polarity이 반영되어 있었다. 특히 헌법은 연방정부에 선주민들과의 무역 및 상거래를 규제할 수 있는 독점적 권한을 부여했다. 헌법 제1조에 명시된 대로 연방정부는 세금을 부과하고, 분쟁에 판결을 내리고, "외국 국가들과의 통상, 여러 주사이의 통상, 인디언 부족들과의 통상"을 관리할 권한을 가졌다. 헌법의 이 문장에서 인디언 부족은 "주" 혹은 "외국 국가"와 대등한 존재로 명시된다.[61] 오랜 시간 해석된 바에 따르면, 이 통상 조항은 선주민 네이션들의 고유한 주권과 그들과의 관계 유지에서 연방정부가 차지한 우월성을 인정한다. 미국 헌정 체제에서 선주민 부족들은 자신들의 영토와 구성원, 그리고 그곳을 거쳐가는 사람들에 대해 권한을 지닌다. 부족들은 고유의 통치 구조를 통해 이런 권한을 행사하며, 주정부가 아닌 연방정부의 관할하에 권한을 행사한다.

이런 인식은 미국 건국 당시의 다자간 세계multilateral world에서 유래한 것이다. 헌법 초안 작성자들은 선주민 네이션들이 강력하다는 사실을 알고 있었지만, 네이션들의 권력을 미국의 권력과 비교할 때 어떤 위상인지를 정하는 데 어려움을 겪었다. 제헌 회의를 거치는 동안 초안 작성자들은 개인의 권리와 국가의 권리 사이에서 균형을 맞춰야 하는 시급한 과제에 직면했다. 그들은 정부의 권력을 제한하는 방식으로 균형을 달성하고자 했다. 주정부가 연방정부에 양도한 모든 권력은 이 중요한 균형의 원칙을 따른 것이다. 미국헌법은 하나의 "연방주의" 정부에 다른 중앙집권적 권한들과 함께 조약 체결 권한과 인디언과의 외교권을 배당하면서 새로운 법과 통치 원리를 확립했다. 그러나 이런 원리들이 아직은 검증되지 않은 상황이었다.

## 혼돈의 내륙과 공화국의 질서 모색

혁명 이후 정착민들은 내륙의 인디언영토로 몰려들었는데, 그 수가 두 배, 세 배, 심지어 네 배로 늘어났다. 1784년 여름, 루이지애나의 에스파냐인 지도자들은 정착민이 "메뚜기 떼처럼 오하이오강 지역으로 몰려온다"라고 한 선주민 지도자들의 비난을 듣고서야 그러한 침범 상황을 인지했다.[62] 18세기 말, 펜실베이니아 서부에서는 전쟁 전에 3만 3000명의 정착민이 살았는데, 전후에는 9만 5000명으로 증가했다. 켄터키의 정착민은 1783년 1만 2000명에서 1790년 7만 3000명으로 훨씬 빠르게 증가했다.[63] 그런 정착촌들은 그야말로 집단적인 출몰 현상을 만들어냈다. 조지 워싱턴이 문제라며 지적했듯이, 정착민은 투기, 무단 거주, 약탈을 일삼으며 "인디언들 사이에서 큰 불만"을 불러일으켰다.[64]

이 같은 정착민의 집단적 출몰은 인디언의 자치권뿐 아니라 국가 권력의 집행력까지 약화했다. 이런 확장은 법과 통치 기구라는 공식적인 통로를 거쳐서 이루어져야 했다. 조지 워싱턴은 인디언의 본거지들을 미국 영토로 전환할 수 있다면 시민에게 집을 제공하고, 고갈된 국고를 채우고, 나라의 안정과 성장을 보장할 수 있다고 믿었다.[65]

팽창과 함께 온 것은 질서가 아닌 혼돈이었다. 어느 곳에서나 정착민은 현금이 부족했다. 지도자들도 매한가지였다. 1784년, 제퍼슨은 빚을 받아내러 온 사람들 때문에 모욕과 "굴욕"을 겪었다. "돈이 없어서 마구간에서 말을 내보내야 하는 굴욕"이었다.[66] 내륙 정착민은 경제적으로 더 어려웠다. 그들은 플랜테이션이나 말 무리, 혹은 개인 재산을 (아직) 소유하지 못했기에 미국 독립 이후 이어진 경제 위기를 버텨내기에 역부족이었다. 그들은 자원을 확보하기 위해 폭력을 자주 사용했다. 켄터키에서는 남성 정착민이 지역 방위를 위해 민병대원이 되곤 했다. 독립 후 매년 수백 명이 오하이오강을 건너 인디언 마을을 습격했는데, 오하이오강 남부와 인디애나의 알곤킨어 사용자의 마을이 표적이 되었다.

침략자들은 인디언이 무역에 사용하던 은을 비롯해 많은 물자를 노렸다. 은은 1600년대부터 이 지역에서 두루 유통되었기에 은의 강탈은 식민지화를 가속화했다. 이를 통해 정착민은 희소했던 경화硬貨를 얻어 씨앗과 농기구, 필요한 생활용품을 구매했다. 이렇듯 정착민은 침탈을 통해 현금 부족을 극복했고, 동시에 인디언의 주권을 불안정하게 만들었다.

뉴프랑스 초기부터 선주민 동맹들은 프랑스의 은제품, 장신구, 장식품을 선물로 받았다. 사실 은은 어디에나 있었다. 17세기부터 선주민 장인은 은화, 종교 의례용 구슬, 은제품을 다른 물건으로 재탄생시켰다. 그것들을 주조하고 모양을 바꾸거나, 심지어 장식물의 형태로 개주改鑄했다. 프랑스 상인들은 이런 품목에 대한 수요가 커진다는 사실을 인지했다. 시간이 지나면서 프랑스어권 은 세공인들은 팔찌, 작은 십자가, 여성 드레스용 단추와 종, 남성 재킷용 장식품 등 무수히 많은 무역품을 제조했다. 일부 선주민의 옷에는 수십 개, 많게는 수백 개의 '브로치'가 달려 있었다고 한다.[67] 19세기 선주민 남성과 여성이 거래용 은을 장식으로 자주 사용했기 때문에 수많은 선주민 초상화에서 이런 은제품을 볼 수 있다.[68]

선주민에게 거래용 은은 장식 이상의 의미가 있었다. 은은 부를 확보하는 수단이었다.[69] 은이 부족했던 시절, 은으로 치장한 인디언 여성은 브로치를 화폐로 사용하기도 했다.[70] 재킷이나 드레스에 쉽게 탈부착할 수 있는 이 귀한 물품은 여러 세대에 걸쳐 유통되었으며, 인디언 마을 사이에서나 마을 내부에서 보편적으로 유통되었다.

게다가 독립 이후 인디언의 은은 점점 더 선주민 마을 주민에게 예상치 못한 금융 자산이 되었다. 18세기 내내 식민지 세계에서 은이 희소해지면서 오대호 세계 인디언 마을들은 정치적 독립을 뒷받침하는 경제적 자립을 유지할 수 있었다. 일부는 인근 프랑스어권 및 초기 정착민 이웃만큼 번영을 누렸다. 북아메리카 대륙에서 은이 부족했던 시절에도 오대호 인디언은 상당한 양의 은을 소유한 덕분이었다.

이런 번영은 이 지역의 은 교역으로 가늠할 수 있다. 1767년, 포트 피트의 상인 조지 모건George Morgan은 내륙 선주민과의 거래로 은 브로치 201개를 받았다. 그는 또 수백 개의 작은 "돌로 만든 반지," "작은 하트 방울," "은으로 만든 모리스 종Morris bell" 등을 받기도 했다.[71] 옷감, 탄약, 술과 달리 은은 소모품이 아니었다. 은은 재사용되거나 축적되었다. 모피 무역이 서쪽으로 더 확장되면서, 특히 디트로이트에서 몬트리올에 이르는 지역에서 은 세공인들의 은제품 생산이 증가했다. 예컨대 몬트리올의 은세공인 로버트 크루이크섕크Robert Cruikshank는 1801년에 4만 9000여 개 은제품을 생산했다.[72]

이런 은 무역망을 감지한 미국 정착민들이 "오하이오의 인디언 거주지들"을 습격했고, 그렇게 해서 이 지역이 알려지게 된다. 정착민은 엄청난 양을 강탈해서 돌아왔다. 그들은 이를 신속하게 동전과 화폐로 전환했다. 이렇게 훔친 은 수천 조각이 켄터키 정착민의 호주머니로 들어갔다. 침략자들이 돌아와서 전리품을 팔고 수익을 나누면서 켄터키 변경 지대를 따라 번개 세일 경매장들이 열렸다.[73]

이런 절도 행각이 켄터키 성장의 거름이 되었다. 이는 살인의 서막이 되기도 했다. 인디언 머리 가죽에 대한 현상금 제도가 살인 행위의 확산과 나란히 진행되었다. 주정부 지도자들은 오지 전역에서 인디언 신체 일부에 대해 포상금을 제공했다. 펜실베이니아의 주지사 조지프 리드Joseph Reed는 인디언의 머리 가죽에 현상금 100달러를 걸었다. 사우스캐롤라이나의 지도자들도 마찬가지였다. 켄터키에서는 정착민이 열성적으로 그런 부정 거래에 보상금을 지급했는

앨프리드 호피Alfred M. Hoffy가 1837년에 그린 추식Tshusick의 초상화. 추식은 오지브웨 여성으로, 프랑스어와 영어를 구사하며 선주민이 영향력을 미치던 오대호 연안의 여러 마을과 요새 지역 사회에서 살았다. 1826년에 워싱턴에 온 그녀는 곧 도시의 사교계를 누비며 다니는 데 성공했고, 이때 이 그림에서 그녀의 가슴에 장식품으로 달린 귀한 은 브로치를 받았다. 18세기 다른 오대호 인디언의 초상화에서와 마찬가지로, 그녀의 의상에도 유럽 스타일과 오지브웨 스타일이 융합되어 있다. (연방의회도서관, 인쇄 및 사진 분과 제공, LC-DIG-pga-07591)

데, 여기에는 그곳에서 거주하던 쇼니인의 무덤에서 발굴해온 신체도 일부 포함되었다.[74] 정착민이 오하이오강 건너 인근 인디언 마을들을 공략하자 켄터키의 늘어나던 정착촌에서 폭력과 불안, 갈등이 확산되었다. 이런 침탈로 지역 갈등이 고조되었고, 곧이어 1812년 전쟁〔1812~1815년에 벌어진 제2차 미영전쟁〕으로 세계적 차원의 전쟁이 또다시 시작되었다.

미국 독립 이후 첫 몇 년 동안 오하이오강을 따라 폭력적인 미래의 전조가 나타났다. 당시에 진행 중이거나 예상되던 이런 폭력 때문에 미국의 정부 구조를 둘러싼 논쟁이 더 가열되었다. 내륙의 토지 정책에서 상비군의 규모 및 조직하는 목적을 결정하는 것에 이르기까지, 내륙은 공화국의 형성에 영향을 미쳤다.[75] 많은 유럽인이 내륙을 공화국의 미래로 여겼다. 1783년, 에스파냐의 다란다d'Aranda 백작은 미시시피강 하류에 대해 미국이 영유권을 주장하자 에스파냐 측의 주장을 되풀이한 뒤, 불안한 마음으로 에스파냐 왕실에 편지를 썼다.

이것[미국]이 거인이 되고, 심지어 거상巨像, colossus이 될 날이 올 것입니다. … 광활한 땅에 새로운 인구를 정착시킬 수 있는 편리함과 신생 정부라는 이점을 가지고 모든 나라에서 농부와 장인을 끌어들일 것입니다. 몇 년 안에 우리는 이 폭압적인 거상의 존재를 눈물 속에서 지켜보게 될 것입니다.[76]

주정부의 인디언영토 불법 점령:
1780년대 뉴욕과 이로쿼이아

뉴욕에서도 정착민들이 내륙의 강 계곡으로 비슷하게 몰려들었다. 그들은 특히 모호크강 계곡의 땅을 탐냈다. 펜실베이니아나 버지니아와 마찬가지로 뉴욕도 서부 쪽 경계가 정해지지 않은 시기였기 때문에, 연합헌장 시대에는 내륙 영토들을 둘러싼 주정부 사이의 경쟁이 중요한 문제로 대두했다. 1777년 10월 초까지 연합회의는 서부 토지 매각을 통제·관리·감독할 수 있는 독점적 권한을 중앙정부에 부여하는 것을 목표로 하는 제안들을 논의했다.[77] 하지만 연합회의가 심각하게 분열되어서 국가 정책을 수립하기가 힘들었다.[78] 로드아일랜드와 델라웨어 등 여러 작은 주는 공화국의 확장과 함께 국가 통치 문제가 커지는 상황 속에서 큰 주의 덩치가 더 커지는 것을 막고 싶어했다. 미국 시민이 내륙의 영토에 눈을 돌리자 각 주정부도 그 지역을 차지하기 위해 경쟁을 거듭했다.

서부의 땅을 획득할 권한은 정확히 누구에게 있었을까? 연합회의에서는 많은 이가 중앙 통치 기관, 즉 연방정부만이 내륙의 토지 양도를 보증하고 관리할 권한이 있다고 믿었다. 그들은 연방 권력의 강화를 요구했다. 그러나 주정부들과 내륙 정착민들은 각 주가 원래의 영국 왕실 헌장이 부여했던 발견의 권한을 독립적으로 갖고 있다고 믿었다. 더 우려스러운 일은, 시민들 각자가 자신의 청원이 다른 청원자들보다 우위에 있다고 믿는 사례가 많았다는 점이다.[79] 1785년,

연합회의가 조사이아 하마르Josiah Hamar 장군을 파견해 정착민들에게 분쟁 지역을 강제로 떠나게 하자, 정착민들은 "의회는 내륙 정착을 금지할 권한이 없다"라고 주장하며 스스로 정부를 세울 수 있음을 시사했다.[80]

앞서 영국이 그랬듯이 신생 공화국은 비용이 많이 드는 전쟁을 하기보다 조약을 통해 토지를 취득하고 싶어했다. 조지 워싱턴이 언급한 바에 따르면, 공화국은 토지 취득과 정착을 규제하기 위해 질서정연한 체계가 필요했다. 공화국에는 법이 필요했다. 토지 열기가 전국을 휩쓸면서 개인, 주정부, 중앙정부가 명확한 소유권을 확보할 권리를 놓고 상충하는 요구가 쏟아져 나왔다. 특히 이로쿼이아에서 그랬다.

켄터키 정착민과 마찬가지로 뉴욕 관리들도 토지를 최대한 많이 확보하기를 바랐다. 그들이 목표로 삼은 것은 이로쿼이 연맹이 지배하는 광활한 영토였다. 18세기 거의 내내 이로쿼이는 버지니아 서부와 오대호 사이의 광활한 오하이오강 영토에 대한 제국들의 요구를 무산시키곤 했다. 이 영토 대부분의 지역에서는 이로쿼이의 노력으로 이로쿼이에 충성을 약속한 다른 인디언 부족들이 거주하고 있었다. 1768년까지 이로쿼이 연맹의 지도자들은 내륙을 차지하려는 제국의 시도를 막아냈다. 1768년, 이로쿼이가 오하이오강 영토를 포기하자 영국 관리들이 마침내 그 땅을 획득했다.[81]

독립 직후인 1784년 10월, 중앙정부 관리들이 포트스탠윅스에 모여 인디언의 토지를 강탈하는 작업에 박차를 가했다. 이번에는 다른 인디언이 아니라 이로쿼이의 땅을 차지하기 위해 모였다. 그들만 온 것은 아니었다. 처음부터 뉴욕주의 지도자들도 이들과 결합했는데, 이들이 함께 노력했기 때문에 연합회의 대표와 뉴욕주 대표 중 어느 쪽이 협상을 진행할 권한이 있는지가 불분명해졌다. 조지 클린턴George Clinton 뉴욕 주지사는 다음과 같이 선언했다. "나는 … 미국의 이익을 … 증진하는 데 반대하지 않는다. 그러나 우리 주의 관할권 내에 거주하는 인디언들과는 미국이 장기 협정을 체결하지 않으리라 기대하며, 그렇게 되리라고 생각한다. **오직 나만이 그들을 상대할 것이다.**"[82] 클린턴의 주장에 따르면, 뉴욕 경계선 내의 선주민과 협상할 권한을 가진 쪽은 오로지 뉴욕뿐이었다.

세네카의 지도자 콘플랜터Cornplanter와 모호크의 지도자 조지프 브랜트Joseph Brant를 비롯한 이로쿼이 연맹 지도자들은 연맹의 영토에 대한 권한을 지키기 위해 노력했다. 그러나 경쟁 관계였던 주와 연방의 관리들에게 둘러싸여 점점 더 힘을 잃어갔다. 조약 위원 아서 리Arthur Lee는 이로쿼이 지도자들에게 "당신들은 정복당한 인민"이라고 말했다. 이는 미국 장군 필립 스카일러Philip Schuyler가 선언했던 다음과 같은 말을 되풀이한 것이었다. "이제 우리가 이 섬의 주인이다. 우리는 우리에게 적절한 방식 혹은 가장 편리한 방식으로 땅을 처분할 수 있다."[83]

스카일러와 아서 리, 그리고 "전권을 위임받은 위원" 두 명이 연방 정부를 대표했다.[84] 그들은 포트스탠윅스에서 "여섯 개 (인디언) 네이션이 미국에 줄 예정"인 이로쿼이 땅을 양도받았다.[85] 그러나 모두가 알다시피, 인디언 군인이 독립을 수호하기 위해 싸우려는 의지가 있는 한, 그런 조약들은 의미가 없었다. 브랜트를 비롯한 수많은 이로쿼이 지도자들이 이 조약에 서명하기를 거부했다. 전쟁이 터질 가능성은 여전히 남아 있었다.

게다가 뉴욕 관리들은 계속해서 이로쿼이 마을들을 습격했다. 초기 미국 인디언 정책의 뚜렷한 특징이 된 이 과정에서, 클린턴과 다른 주 관리들은 연방 위원들과 경쟁했다. 주 관리들 역시 이로쿼이와 별도로 조약을 맺으면서 국가 정책을 약화했다.[86] 뉴욕은 인디언을 쫓아내기 위해 기본적으로 별도의 수단을 가동했다. 이로쿼이 주거지 영토들에 대해 이로쿼이인과 그 동맹에 보상을 제공하는 방식이었다. 연방 지도자들은 이런 노력을 환영하지 않았을 뿐만 아니라, 이런 행위는 불법이었다. 연합헌장이 오직 "연합회의에 … 인디언과의 거래를 규제할 수 있는 … 유일하며 배타적인 권리와 권한을 부여"했기 때문이다.[87] 아서 리는 10월 조약 협상에서 무장 경비원을 배치해 주정부 요원을 배제했다. 이는 주 지도자들과 연방 지도자들 사이의 긴장을 보여주는 신호였다.[88] 그러나 뉴욕 관리들은 뇌물과 선물, 그리고 이로쿼이 지도자들로부터 토지를 확보하겠다는 공허한 약속을 남발하면서 일련의 토지 점령에서 나름의 책략을 구사했다.[89]

주정부가 인디언의 토지를 직접 강탈하면서부터 국가의 권위는 무너졌다. 이런 긴장이 독립 이후 내내 인디언 정책의 특징이 되었다. 주정부는 연방이 맺은 협약을 갈수록 더 자주 위반하면서 연방을 약화하고 선주민 마을들을 위협했다.

# 인디언영토에 눈독 들인 버지니아 주민들: 1784년 워싱턴의 제안

뉴욕주와 연방 당국이 이로쿼이의 영토를 차지하기 위해 서로 경쟁하자 다른 주에서도 지도자들이 합류하기 시작했다. 많은 이가 모호크 영토의 가치를 가늠해보러 왔다. 그 영토의 검은 토양이 해안 지대 지주들의 눈길을 끌었다. 매디슨과 먼로 같은 지도자들은 버지니아에서 포트스탠윅스로 따로 여행을 가기도 했다.[90] 노예주slave state〔노예제가 중요한 제도로 자리잡았던 주〕였던 버지니아는 뉴욕과 다른 정치경제 체제였지만, 버지니아에서도 서부 지역의 인구가 계속 증가했기 때문에 선주민과의 외교, 토지 개발, 내륙 정착민에 대한 통치와 같은 비슷한 관심사를 공유했다. 비슷한 문제를 안고 있던 인근 주의 지도자들이 포트스탠윅스에서 열리는 회의로 모여들었다.

매디슨은 제퍼슨에게 자신의 여행을 알리는 편지를 썼다. 그해 여름 제퍼슨이 파리로 떠나 있었기 때문이다. 매디슨은 미국에서 두 번째로 유명한 군사 지도자인 프랑스의 라파예트 후작과 함께 뉴욕에 와서 신이 났다. 매디슨이 제퍼슨에게 쓴 바에 따르면, "라파예트는 가는 곳마다 진심 어린 애정에서 나오는, 가장 기분 좋은 인사를 받았다." 라파예트는 마운트버넌에 머물려고 했지만, "워싱턴 장군이 오하이오로 여행을 떠날 예정"이었다고 한다. 라파예트는 새로운 계획을 세우고 이렇게 썼다. "즉시 뉴욕으로 가서 … 올버니를 거쳐 인디언과의 조약 체결이 이루어질 포트스탠윅스로 갑시다."[91]

9월 30일, 버지니아에서 출발한 일행은 이로쿼이아에 도착해 "오네이다 네이션을 방문했다." 이전 전시 동맹들 사이에서 "후작은 미국의 다른 곳에서 그랬듯이 인디언에게서도 똑같이 애정 어린 인사를 받았다."[92] 이로쿼이 연맹의 구성원인 오네이다 네이션은 미국혁명 당시 영국이 아닌 식민자들과 동맹을 맺은 유일한 네이션이었는데, 그 프랑스 지도자를 융숭하게 대접했다.[93]

미국혁명 당시 연합회의에 파견된 대표였던 매디슨은 전쟁이 끝난 후 버지니아로 돌아왔는데, 자기 소유의 토지가 없었다. 미혼이었던 그는 부친의 집에서 살았다.[94] 토지 소유와 남성적 권위는 혁명이 이상으로 삼았던 미덕과 당연히 동의어였지만, 다른 버지니아 지도자와 달리 매디슨은 그런 자질을 갖추지 못했던 것이다. 버지니아의 나이 든 지도자들은 그의 활기찬 지도력을 인정하면서 경력을 쌓을 수 있도록 이끌어주기도 했다. 조지 워싱턴은 뉴욕으로 가서 자신이 익히 알고 있던 토지를 감정해보라고 매디슨에게 권유했다. 워싱턴은 모호크강이 "미국 땅 전역에서 그가 상상으로 짚은 바로 그 자리"를 생성했다면서 그에게 투자를 권했다.[95]

그보다 14년 전, 조지 워싱턴은 7년전쟁에서 영국 왕실을 위해 복무한 대가로 내륙의 토지를 매입할 수 있었는데, 그 일이 시작이었다. 그는 토지 보유를 내륙으로 확장해간 체서피크의 첫 세대 지도자 중 한 명으로, 내륙 토지 개발을 통해 플랜테이션에 기반한 경제를 보완할 필요가 있음을 잘 알았다.[96] 제퍼슨은 유럽에서 장기간 머물며 "서부의 토지 취득"에 관심 없다고 선언했지만, 워싱턴은 그런 생각을 가진 버지니아인과는 약간 달랐다. 매디슨이나 워싱턴과 달리 제퍼슨은 (곧 어려움에 직면하게 되지만) 자신이 충분한 부를 물려받았다고 믿었다. "나는 아버지가 유산을 남긴 여덟 자녀 중 한 명이다. … 나는 제임스강에서 떨어진 곳에는 단 한 발짝도 관심이 없었고, 지금도 없다."[97]

마운트버넌으로 돌아온 워싱턴은 전후 경제의 심각성을 직접 마주하게 되었다. 그의 플랜테이션은 엉망이었다. 플랜테이션 재정이 나락으로 떨어져 있었는데, 워싱턴은 이를 두고 "정신 나간 상태"라고 표현했다.[98] 그의 비서 토비아스 리어Tobias Lear는, 전쟁으로 1만 파운드의 재산 손실이 발생했는데 이는 결코 회복할 수 없는 손실이라고 평가했다. 매디슨은 워싱턴의 조언을 소중히 여겼으며, 마운트버넌의 면적이 광대하지만(100제곱킬로미터였다) 지력이 고갈된 상태라는 것도 알았다.[99]

워싱턴은 버지니아로 돌아온 첫 한 달을 거의 농업 연구를 하며 보냈다. 그는 필라델피아에서 농업협회Agriculture Society가 시작된 것에 박수를 보냈고, 영국의 동식물 연구가인 아서 영Arthur Young과 교류했으며, 포토맥Potomac강 바닥에서 흙을 퍼 올려 토양 비옥도를 실험했다.[100] 그는 자기 사유지 내 주요 밭 다섯 군데에서 작물 순환을 감독했고, 노예들에게 강바닥에서 흙을 퍼 올리게 했으며, 밭에 작물을 심어 수확하고 비료도 뿌렸다.

모호크강변이나 오하이오강 건너편과 달리, 포토맥 플랜테이션들에서는 수십 년 동안 환금 작물을 재배했다. 노예 소유주들은 강

근처의 내륙 지역이 가장 가치 있다는 사실을 잘 알았다. 그러나 내륙의 강들이 주들 사이의 경계 지대나, 정치적 단위 사이의 경계 지대를 넘나들었기 때문에 강 인근의 토지는 큰 분쟁을 불러일으켰다. 수많은 지도자가 내륙의 잠재력을 가장 잘 활용하는 방법을 놓고, 그리고 운하와 도로 또는 내륙의 요새가 대륙을 이용하는 데 가장 좋은 방법인지 여부를 놓고 논쟁을 벌였다.

조지 워싱턴은 이런 기회를 다른 이들보다 더 확실히 감지했다. 전국의 투기꾼이 인디언영토들의 "개방"을 통해 얻을 수 있는 이익을 알아보았지만, 워싱턴은 내륙 토지를 취득해 관리하고 인디언 문제를 접한 경험을 통해, 버지니아인들이 국가 정치를 지배한 시기에 서부에 대한 확고한 견해를 정립할 수 있었다.

켄터키의 리처드 헨더슨과 존 메이처럼 워싱턴도 수만 에이커의 내륙 토지를 취득했다. 이 분야에서 선구자 격이었던 워싱턴은 매디슨과 먼로 등 다른 이들에게도 자기처럼 하라고 독려했다. 버지니아인은 내륙 토지가 국가 성장뿐만 아니라 개인의 재정적 안정을 위해서도 중요하다는 것을 알았다. 워싱턴이 7년전쟁을 통해 배운 대로, 인디언영토가 있으면 담배 경제를 괴롭히던 경기 변동을 버텨낼 완벽한 기회를 얻을 수 있었다.[101] 번영은 내륙에, 특히 빈약하지 않고 고갈되지 않은 토양에 있었다.

다른 미국인과 마찬가지로 워싱턴도 전쟁이 끝날 때까지 금이나 은을 거의 얻지 못했다. 그는 부유했지만 돈이 부족했다. 그는 마운트버넌에서 노예와 플랜테이션 토지, 그리고 그야말로 가구家口,

household 자체를 소유했다. 하지만 플랜테이션을 유지하는 비용이 그 소득을 넘어섰다.[102] 그는 많은 이에게 돈을 빌려주지 않겠다고 거절했고 자기 가족의 재산이 어떻게 될지 갈수록 걱정이 깊어졌다. 한 전기 작가가 전한 바에 따르면, 사실 워싱턴이 "편안한 노후를 위해 계획을 세우면서 염두에 두었던 것은 장차 서부 토지에서 벌어들일 소득이었다."[103]

워싱턴은 영국 왕정을 위해 복무했던 시절부터 내륙에 방대한 토지를 보유했다. 여기에는 버지니아 식민지 시대 총독이었던 던모어가 서명한 공유지 양도 증서들을 통해 얻은 토지도 포함되었는데, 이 땅이 총 3만 에이커에 달했다. 그중 1만 에이커는 한때 이로쿼이 연맹이 지배했던 오하이오강변 땅이었다. 그는 이 땅을 돌보기 시작했고, 1784년 봄 내내 이 땅을 임대할 사람을 찾았다. 그러나 멀리 떨어진 땅을 임대하기는 어려운 일이어서 그는 실망이 컸다. 그는 라파예트에게 이런 상황에 대해 이야기한 뒤 자신이 직접 방문해야겠다고 결심했다. 그는 직접 가서 자신의 소유권을 명확히 하고 유능한 감독자를 찾아 세를 놓아서 임대료를 받을 수 있기를 바랐다.[104]

그해 9월, 조지 워싱턴은 소규모 일행과 함께 길을 떠났다. 하지만 새로운 땅을 조사할 생각은 없었다. 단지 "내가 가진 것을 확인"하고 싶었을 뿐이다.[105] 일행은 포토맥강을 따라 이동하다가 펜실베이니아로 들어갔고, 그는 1755년에 브래독과 함께 걸었던 길의 일부를 다시 여행했다. 이 길은 이후 "죽음의 그늘"로 알려진다.[106] 워싱턴은 장군 시절의 탐험에 대해서는 거의 언급하지 않았다. 1754년에 그레이트메도스에서 치른 첫 전투에 대한 언급도 기록으로 남기지 않았다. 그런 그가 9월 12일 일기에 이렇게 기록했다. "그레이트메도스에서 잠시 멈춰 서서 그곳에 있는 내 소유의 집을 보았다. 나아진 것은 별로 없고 예전 그대로인 것 같았다."[107]

워싱턴은 자신이 처음 전투를 치렀던 곳으로 돌아왔지만, 역사적 아이러니나 감회, 기념할 만한 기억에 대한 이야기는 거의 없다. 장군의 관심은 다른 곳에 있었다. 그는 자기 토지 소유권의 "현재 상황"에 관심이 있었고, 애팔래치아산맥을 가로질러 "내륙으로 들어가는 사람과 짐말의 수"에 집중했다.[108] 가장 큰 관심사는 서부로 향한 이주자들로, 그가 "투기 열병rage for speculating"이라고 부른 현상을 보여주는 부류였다. 워싱턴은 그 문제가 기존 토지의 "개선"을 막고 있다고 생각했다.[109]

투기는 실제로 국가적 문제가 되었을뿐더러 점점 커지고 있었다. 워싱턴의 기록에 따르면, "요즘 남자들은 시설을〔시설에 필요한 토지를〕 50에이커, 100에이커, 심지어 5000에이커 단위로 이야기한다. 이전 신사들은 1000에이커로 했을 만한 이야기였다. … 요즘 남자들은 전국을 돌아다니며, … 땅을 표시하고, 측량하고, 심지어 그 땅에 정착해버린다." 그런데 그들은 현재의 소유권자, 인디언, 기존 법률을 모두 무시하고 그런 일을 벌였다.[110] 특히 워싱턴은 무단 거주자의 행실에 분개했다. 그들은 법을 어기고 땅을 일구지도 않았을 뿐만 아니라 다른 사람의 땅을 자기 땅이라고 우겼다. 그가 헨리 녹스에게 쓴 편지에는 이런 내용이 있다. "포트피트 부근의 사람들이 감히 내게 맞선다는 것을 알게 되었네. 그들은 선점권claim of pre-occupancy이라는 것을 주장한다네."[111]

조지 워싱턴은 오하이오강변에 위치한 자기 땅을 돌아보면서 내륙 전역에서 더 강력한 국가적 권위가 필요하다는 확신을 얻었다. 국가 권력이 강하게 작동하지 못하면 규제되지 않은 투기로 선주민 부족들과 갈등이 생기고 국가를 세우는 광범한 활동이 어려움에 직면하게 될 것이라고 보았다. 워싱턴에 따르면, "서부 정착과 인디언과의 평화는 매우 비슷한 문제여서 한쪽에 대한 고려 없이 다른 한쪽을 이해할 수는 없다."[112]

워싱턴은 이런 분쟁과 무법 상태를 막기 위해 근원적이고 광범한 제안을 내놓았다. 워싱턴의 제안은 부족들의 주권을 인정했고, 부족에게 권위가 있어야 정착민의 불법 행위를 좀더 잘 제어할 수 있다고 보았다. 그는 연방 하원의원 제이컵 리드Jacob Read에게 다음과 같은 내용의 편지를 보냈다.

지금까지 오하이오강 [북서쪽]에 있는 땅을 확보하기 위해 취했던 모든 조치는 연합회의의 금지를 어긴 행위이며, 따라서 무효라고 선언하시오. 그리고 이후 새 주州들의 경계를 넘어가서 그곳의 토지에 표시를 하거나, 측량하거나, 정착한 것으로 보이는 사람, 그리고 토지를 구입한 사람은 법의 보호를 받지 못하는 사람으로 간주될 뿐만 아니라 **인디언에게 보복의 대상이 되기 딱 좋을 것이오.**[113]

조지 워싱턴의 제안은 1784년 11월에 그의 "서부 순방"을 통해 알려졌다. 그는 한 달 동안 1000여 킬로미터를 여행했다. 그의 일행은 그의 초기 전적지들은 물론이고 피츠버그 인근에 있는 워싱턴 보텀Washington's Bottom, 워싱턴 랜드Washington's Lands, 워싱턴이라는 이름의 소도시 등 그의 이름을 딴 지역들도 지나갔다. 펜실베이니아는 그 주변 카운티의 이름을 워싱턴의 이름을 따서 짓기도 했다. 그러나 막상 그 이름의 주인공인 워싱턴은 2813에이커에 달하는 자기 소유의 땅에 왔는데, 그곳에서 환영받지 못했다. 그곳에는 가난한 무단 거주자들이 살고 있었다. 그들이 퇴거를 거부하자 분개한 그는 지역 당국에 연락해 연체된 임대료를 이유로 그들을 법정에 세웠다. 워싱턴은 그들의 퇴거도 요구했다. 그의 요구는 후자만 받아들여졌다. 무단 거주자들은 재빨리 다른 곳으로 이주해 무단 거주를 계속 이어갔다. 임대료는 내지 않았다. 한 전기 작가에 따르면, 이 소송은 2년 동안 지속되었으며, "미국에서 가장 힘 있는 인물과 빈곤한 농민의 위임을 받은 거침없는 변호인단이 맞붙은" 사건이었다.[114]

워싱턴이 소유했던 또다른 땅에서 그가 본 것은 망가진 방앗간, 잡초로 지나치게 우거진 밭, 무엇보다도 임대되지 않은 채 방치된 땅이었다.[115] 이런 토지는 "개선"과 규제가 필요했다. 방치된 땅은 가치를 잃기 마련이었다. 워싱턴에 따르면, "서부 사람들은 산업에 흥미가 없었다." 그들은 "거의 노동을 하지 않는다."[116] 무단 거주자들은 땅을 개발하기 위해서가 아니라 소유권을 주장해 이익을 얻고자 버텼다. 워싱턴의 경험에서 알 수 있듯이, 쫓겨난 이들은 더 멀리 서쪽으로 이동해 저개발의 악순환을 일으켰다. 워싱턴은 분노했고, 패배를 실감했다. 무단 거주와 무법 상태가 워싱턴의 성공과 미국의 성공, 양쪽 모두에 걸림돌이 되었다.

당시 내륙의 토지는 제대로 활용되지 않았을 뿐만 아니라 평가 절하된 상태였다. 더 많은 서부 영토가 정착지로 개방되면서 기존 소유지는 가치를 잃었다. 이렇게 가치가 떨어지자 타인의 토지를 임대하려는 시민은 거의 없었다. 게다가 무단 점유자들은 그 이름이 말해주듯이, 권위를 존중하지 않았다. 워싱턴이 대통령에 취임하면서 알게 되겠지만, 특히 켄터키 정착민은 명령을 거의 따르지 않았다. 그들은 평화로운 인디언과 적대적인 인디언도 구분할 생각이 별로 없었다. 헨리 녹스에 따르면, 그들은 양쪽 인디언 모두에게 "같은 혐오감"을 갖고 있었다.[117] 훗날 워싱턴의 대통령 임기 말이 되면 인디언 혐오는 만연한 이데올로기가 된다. 1784년 무렵의 워싱턴은 소유지를 감독하려고 했다. 그는 퇴역 군인을 고용해 자신의 재산을 관리하도록 했다. 그는 "보유한 토지의 상태가 괜찮고 장점도 있는 것"에 대체로 만족하며 펜실베이니아를 떠났다.[118] 그는 10월에 버지니아로 돌아왔는데, 마침 포트스탠윅스에서 심의가 진행되고 있었다. 여기에 그는 참석하지 않았다. 제이컵 리드에게 보낸 편지에서 그는 그 심의의 결과에 대해, "나는 언급하지 않은 척했다"라고 썼다.[119]

# 미국의 연방주의, 미국의 인디언

조지 워싱턴이 오하이오강을 다시 보게 되지는 않았지만, 그곳에서 분쟁이 발생할 것이라고 했던 그의 예견은 현실이 되었다. 워싱턴의 첫 임기 내내 그 지역에서 분쟁이 일어났다. 연방주의자가 장악한 행정부는 다른 어떤 문제보다 내륙의 선주민을 상대하는 데 몰두했다.[120]

동시대인 대다수와 달리 워싱턴은 내륙의 토지를 규제하고 선주민 네이션들과 외교 관계를 수립하기 위해서는 중앙집중적 권력이 필요함을 알았다. 결국 다른 국가 지도자들도 이런 "이중적" 인식을 공유하게 되었고, 이들 중 다수가 워싱턴 장군을 모범으로 삼아 정치와 재정에 대한 견해를 확립해나갔다.[121]

워싱턴이 명료하게 제시한 바에 따르면, 중앙정부만이 인디언과 외교적 평화를 수립하고 토지 취득을 규제할 수 있었다. 워싱턴의 기록에 따르면, 이 두 문제는 늘 "비슷"했다. 영토 확장을 위해서는 내륙 토지에 대한 연방정부의 권한이 필요했고, 그곳에서 살아가는 부족들의 권한도 인정해야 했다. 실제로 미국의 관할권은 부족의 주권이 시작되는 곳에서 끝났다. 워싱턴이 쓴 대로 미국의 경계 밖에 정착한 것으로 "추정되는" 백인은 모두 "법의 보호를 받지 못하는 사람"이 되었다. 그런 백인들은 선주민 네이션들의 관할권에 들어가기 "알맞은 대상"이기도 했다. 서부로 이동한 정착민들은 하나의 정치 영역을 떠나 다른 정치 영역의 관할권으로 들어가는 셈이었다. 내륙은 단일 주권자가 통치하지 않는 다자간 세계로 남았다. 버지니아주 의회도 관할권에 대해 비슷한 견해를 가져서, "우리 서부 주민의 안녕"을 우려했다. 1784년 11월에는 "해당 구역에서 에스파냐 신민이나 인디언에게 상해를 입히는 모든 사람에게 신속하고 모범적인 처벌을 가해야 한다"라고 결의했다.[122] 요컨대 정착민의 확장은 매우 불안정해서 어떤 형태로든 정부의 감독이 필요했다.

이런 관할권의 분할은 조약을 통해 확립되었다. 조약은 선주민과 비非선주민의 운명에 영향을 미쳤다. 예를 들어, 1785년 호프웰 Hopewell에서 체결된 '체로키 조약'은 남부의 거의 모든 지역에서 체로키의 사냥터를 박탈했지만, 남은 거주지들에서는 체로키의 권한을 인정했고, 체로키의 관할 구역을 명시했다. 이 조약 제5조는 다음과 같았다.

> 미합중국의 시민 또는 비非인디언이 … 인디언에게 할당된 토지에 정착하려고 시도하는 경우 … 또는 정착했거나, 그곳에서 철수하지 않을 경우, … **그런 사람은 미국의 보호를 받지 못하며, 인디언이 원하는 바에 따라 인디언이 그를 처벌하거나 처벌하지 않을 것이다.**[123]

체로키의 영토는 축소되었어도 그들의 주권은 존속했다. 이는 필연적인 일이었다. 선주민의 주권은 대체로 인정받았기에 부족사회뿐만 아니라 미국인의 통치에 대한 인식에도 영향을 미쳤다. 인디언과 맺은 조약들은 미국 시민의 "보호"에 관심을 두었기에 미국 관할권의 성격과 형식을 수립하는 데 도움이 되었다. 워싱턴이 지적했듯이, 인디언 주권은 미국 법률이 언제, 어디서, 어떻게, 누구에게 적용되는지를 명확히 하는 데 도움이 되었다. 요컨대 인디언 네이션들의 주권들과 미국의 주권은 서로 연관되어 있었다.[124]

또 부족의 주권은 미국 경제에도 도움이 되었다. 워싱턴이 쓴 것처럼, 선주민 네이션들과 백인 정착촌들 사이에 경계를 설정하면서, 외교를 통해 기존의 토지 재산 가격이 "더 높아지는 결과"를 낳는 데 도움이 되었다. 워싱턴은 토지도 "다른 상품과 마찬가지로 시장에서 수량에 따라 상승하거나 하락한다"라고 썼다.[125] 워싱턴이 펜실베이니아에서 보았듯이, "토지를 차지하기 위한 쟁탈전 외에는 아무것도 생각하지 않는 정착촌"에서 안정이 찾아오기는 불가능했다.[126] 무단 점유와 투기는 "혼란과 유혈 사태"를 부채질했을 뿐 아니라 기존 부동산의 가치를 떨어뜨렸다.[127] 인디언과 평화 관계를 수립해야 질서가 찾아왔다. 평화와 번영에 필수적인 국경은 조약을 통해서 수립되었다. 워싱턴의 생각에 영토 확장은 외교와 통치라는 공유된 과정을 통해 이루어지는 것이 최선이었다.

미국민의 의지가 내륙으로 확장되자 필요한 국가 기관들도 확장되었다. 프랑스나 영국의 제국주의적 주장과 달리, 미국 형성의 시민적 이데올로기인 "정착민 공화주의"가 조지 워싱턴의 사고 기저에 있었다. 즉 미국이 내륙 영토를 통합하려면 개인들이 기성 국가 기구 내에서 활동해야 했다.[128] 이런 확장은 외교와 인정의 형식을 따랐다. 이는 여러 세대에 걸쳐 내려온 관행과 주권에 대한 이해에서 나온 결정이었다. 선주민의 주권은 내륙 전역에 존재했으며, 부족과 새 공화국의 관계는 조약을 통해 형성되었다.

그러나 연합헌장은 질서를 가져오는 데 실패했다. 1780년 초, 미국은 "미국의 공익을 위해" 토지를 규제하는 것을 목표로 하는 일련의 공유지 결의안을 시도했다.[129] 이 법들에는 "공공선"에 대한 일반적인 주장들이 반영되었다. 그 한 예로, 1780년에 나온 토머스 페인의 저서 《공공선Public Good》은 "비어 있는 서부 영토"에 대한 "권리"에 대해 서술했다. 그는 그 영토들에 대해 모두가 "권리를 공유한다"라고 썼다.[130] 혁명 지도자들은 내륙의 인디언영토에 대한 권리가 본질적으로 미국 시민에게 있다고 간주했지만, 새로 수립된 정부는 내륙의 인디언영토들을 효과적으로 규제할 수 없었다.

1776년에 영국에서 이민 온 페인과 달리, 워싱턴은 수십 년간 쌓인 경험이 있었다. 더 큰 중앙정부의 권위가 필요하다고 한 그의 주장은 수년간 여행, 전쟁, 외교, 그리고 나중엔 재산 관리의 경험에서 나온 것이었다. 그가 제이컵 리드에게 보낸 편지에 따르면, 새 국가가 권위를 갖기 위해서는 더 강력한 정부 아래에서 중앙집권화할 필요가 있었다. 연방정부만이 내륙 전역에서 권력을 통제할 수 있다는 말이었다.

워싱턴은 세상 돌아가는 사정을 잘 알았다. 반면 애덤스와 제퍼슨은 내륙 전투에서 싸워본 경험이 없었다. 그 두 사람은 1783년 이후로 대부분의 시간을 유럽에서 보냈다. 워싱턴은 선주민이나 그 동맹들과의 전투에서 병사 수천 명을 잃은 경험이 있었다. 그는 세계적 차원의 두 차례 대전에서 초기 전투를 지휘했다. 그는 명령을 내려 인디언 마을을 불태우고, 그들의 땅을 점령하고, 여성들과 아이들을 투옥했다. 실제로 그는 이로쿼이인들로부터 엄청난 비난을 들었다. 워싱턴과 그의 뒤를 이어 미국 대통령을 지낸 모든 사람에게 이로쿼이인들은 "마을 파괴자" 또는 "마을을 집어삼키는 자"라는 뜻의 "코노토카러스Conotocarious"라는 별명을 붙였다.[131] 페인은 말할 것도 없고, 워싱턴에 이어 미국 대통령직에 오른 애덤스, 제퍼슨, 매디슨, 먼로도 이 내륙 세계를 경험한 적은 없었다.

워싱턴은 선주민 사회들을 파괴하라고 부추겼던 사람이지만, 부족의 자치권을 결코 소멸시킬 수 없다는 사실도 알았다. 오로지 연방정부만이 부족과의 관계를 효과적으로 규제할 수 있다고 보았다. 또한 인디언 정책을 시행하는 것이 미국 시민이 무법 상태로 들어가는 것을 제어하고 미국 시민이 보유한 토지 가치를 높이는 방법임을 알았다. 조약은 선주민과 백인 정착촌 사이의 경계선을 그어줌으로써 인디언 주권이 미국이라는 국가 형성에 제공한 힘을 잘 보여주었다. 인디언 주권은 미국 법률이 집행될 수 있는 체계를 제공했다. 정착민들은 "신생 주州들의 한계", 그리고 법을 위반했을 경우 벌어질 상황을 인식할 필요가 있었다. 그렇지 않으면 그들은 "법의 보호를 받지 못하는 자"이자 "인디언의 보복 대상"으로 간주될 터였다. 존중과 미덕의 가치를 당연시했던 것처럼, 워싱턴은 부족의 주권이 공화주의에 계속 결정적 영향력을 미치는 것도 당연하다고 생각했다. 그의 생각에 인디언들은 각기 다른 방식으로 통치했는데, 그런 차이들이 중요했다. 1784년 11월에 워싱턴이 제안서에서 정리한 것처럼, 이 같은 인디언 사이의 차이 덕분에 미국이 역량을 강화할 수 있었다.

## 연합헌장의 실패

1784년 말, 연합헌장은 실패의 길로 가고 있었다. 그해 11월, 헨리 녹스는 워싱턴에게 이런 내용의 편지를 보냈다. "우리에게는 정치가 없습니다. … 내가 아는 한 정치가 정말 작동하고 있지 않습니다. 우리를 행동하게 해야 하는 것과 정반대의 원리로 비열하게 작동하는, 자신을 위한 정치 혹은 지역만 생각하는 정치를 제외하면, 정치는 없습니다."[132] 워싱턴은 자신이 신뢰하는 보좌관을 안심시키려고 애썼다. 그는 "서부 영토와 동부 항구를 연결하기" 위해 자신이 했던 최근의 노력에 대해 이야기했다. 워싱턴은 내륙에서 돌아온 이후 "포토맥강과 제임스강을 통해 내륙까지 항해할 수 있도록 하기 위한" 일련의 기간 시설 프로젝트에도 몰두했다.[133] 운하, 확장된 도로, 주州 사이의 재정적 책임 공유에 대해서도 많은 글을 썼다. 버지니아의 항구들을 개혁하는 데 매디슨도 비슷한 역할을 했다.[134]

조지 워싱턴의 앞선 주장을 살펴보면, 그는 당면한 난제들을 언급하면서 국가 차원의 지도력 공백을 강조한다. 어떤 개인이나 단일 직책도 미국을 통할하지 못했다. 주의회들은 자율권을 거의 무제한적으로 누렸지만, 도로나 운하 같은 프로젝트나 주들 사이의 상거래처럼 서로 협조가 필요한 사안에 대해서는 별로 협력하지 않았다.

워싱턴이 총사령관직을 사임한 지 1년이 지났을 때였다. 그는 불안한 정치 상황을 주시하고 있었다. 그는 매디슨에게 편지를 보내, "[메릴랜드]로부터 공적 자금을 확보할 수 없을 것"이라며, 버지니아 사람들에게 "두 주(버지니아와 메릴랜드)의 의회가 지혜"를 모아 그의 운하 건설에 자금을 지원하라고 독려했다.[135] 그러나 13개 주 중 2개 주의 입법부가 각각 지원하는 기금을 합친 것보다는, 전국 차원에서 지원하는 훨씬 큰 기금이 필요했다.

워싱턴은 연방의 운명이 균형에 달렸다고 믿었다. 어떤 주정부나 중앙정부도 서부 정착지를 규제하지 않았기에, 상업을 통해 제한적이나마 그런 정책들이 서로 단단히 결합되기를 바랐다. 게다가 상업적 또는 정치적 유대 관계가 없는 서부의 내륙 정착촌들이 "그 어느 때보다 빠르게 정착될 것"인데, 그렇게 되면 "그들은 우리와 별개의 인민이 될 것"이라고 우려했다. 내륙의 새 정착민은 "다른 이해관계를 갖게 될 텐데 그렇게 되면 연방에 힘을 더하게 되지 않을 것이고", 시간이 지나면 "만만치 않은 위험한 이웃"이 될 수 있었다.[136] 내륙 내셔널리즘은 갈수록 큰 위협이 되었다. 워싱턴은 내륙 정착민이 금방 외세가 될 수도 있다고 믿었다.

그해 11월에 워싱턴이 제이컵 리드에게 했던 제안에서 그러했듯이 여기에도 여러 문제가 서로 연결되어 있었다. 내륙 인디언의 외교나 서부 정착촌 모두 기존의 규범을 따르지 않았다. 둘 다 안정성과 확실성이 없었고, 함께 문제를 일으켰다. 인디언영토에 들어선 백인 정착촌들이 갈등을 일으키면 폭력이나 조약을 통해 해결되곤 했다. 그런데 정착민들은 인디언과의 조약을 통한 해결을 거부하는 경우가 많았다. 절차보다 혼돈이 지배적이었는데, 특히 정착민 지도자들이 조약 체결자들의 권위를 무시할 때 그렇게 되곤 했다. 이런 정착민 지도자들은 인디언 네이션과의 협상을 통한 합의가 정착민들의 평화를 침해한다고 주장했다. 한 민병대의 지도자였던 제임스 맥펄레인James McFarlane이 인디언 문제를 담당하던 정부 관리인 리처드 버틀러Richard Butler에게 알린 바에 따르면, 서부 펜실베이니아 정착민은 "인디언과의 전쟁도 불사한다는 단호한 결의"에 차 있었다.[137]

인디언과 맺은 조약들은 내륙 정착민과 연방정부 사이에 존재했던 여러 쟁점 중 하나에 불과했다. '위스키 반란Whiskey Rebellion'* 이후 펜실베이니아를 대표하는 연방 하원의원 윌리엄 핀들리William Findley는 다음과 같은 말을 하기도 했다. "무질서의 정신이 만연하면 사회 내의 어떤 인격체나 이익도 무질서의 영향으로부터 보호받을 수 없다."[138] 상황이 악화되는 가운데, 정부 기관의 부재로 인해 정부 기관을 세우려는 시도조차 하기 힘들었다. 연방정부의 권력이 제한되어 있었기 때문에 권위를 세워보려는 어떤 시도도 제대로 작동하지 않았다. 인디언 문제나 위스키 과세도 마찬가지였다. 두 사례 모

---

* 연방정부가 위스키의 생산과 판매에 새로 세금을 부과하자, 펜실베이니아 남서부 지역에서 남는 곡식으로 술을 빚어 팔던 농민을 비롯한 변방 지역 백인들이 과세에 반대하며 일으킨 반란. 1791년에 일어나 1794년에 진압되었다.

두 정부가 제대로 개입하지 못해 정착민 폭동이 일어났으며, 이로 인해 연방정부가 확보한 좀더 보편적인 정당성이 위협받는 지경에 이르렀다.

조지 워싱턴은 내륙의 무단 거주자들을 경멸했고, 국가 권위를 약화시키는 주(州) 지도자들에게도 몹시 분노했다. 그는 공무원이라면 주법보다 연방법을 우선적으로 따라야 한다고 믿었다. 그들이 무법 상태에 일조해서는 안 되었다. 예를 들어 포트스탠윅스에서 주 지도자와 연방 지도자 사이에 긴장이 팽배했다는 소식을 접한 워싱턴은 다음과 같이 답했다.

미국에 큰 이득이라고들 하지만, 뉴욕에는 큰 불안을 안겨주었다. 그렇지 않아도 인디언 측의 대리인들이 적절한 대우를 받지 못했다고 주장하지만, 그래봤자 소용없는 일이다. 이것이 얼마나 사실에 근거한 것인지, 내가 판단할 수 있는 척하지 않겠다. 그러나 내 생각에 우리의 모든 공식 회의에 참석하는 것(연기하는 것은 생각할 수도 없다), 특히 제시된 미국의 계획에 반대하는 주들이 회의에 참석하는 것은 거의 생사가 걸린 문제라고 할 만큼 중요하다. … 사실 우리 연방정부는 실체가 없는, 하나의 이름일 뿐이다. 어떤 주도 칙령에 구애받지 않으며, 그보다는 눈앞의 목표만 보는 길을 가고 있다.

궁극적으로 워싱턴은 미국 정치 상황이 선주민을 "우리가 가진 어리석음의 희생자"로 만들 수밖에 없다고 확신했다.[139] 실제로 연방정부는 국익보다 지역의 이익을 우선시하는 사람들과 계속 갈등을 빚었다.

식민자들은 영국으로부터 독립을 쟁취하기 위해 10년 동안 싸웠지만, 파리 조약이 체결된 이후 24개월 만에 그들이 세운 공화국은 흔들렸다. 주정부 관리와 서부 정착민은 기존 법률을 제대로 준수하지 않았으며, 비동맹 인디언이나 평화적인 인디언에게도 폭력을 사용했다. 가장 기민한 통치 기관이었던 주의회가 이런 폭력 행위를 막는 데 협조하지 않았다. 그들은 각 주의 발전을 위한 노력에만 주력했다. 메릴랜드나 로드아일랜드 같은 몇몇 주에서는 연합회의에 대표단조차 제대로 파견하지 않았으며, 중앙정부는 여전히 부채에 시달렸다. 조지 워싱턴은 한 사람의 시민으로서 이런 몇 가지 문제를 관심 있게 주시했다.[140] 연합헌장에 내재된 문제는 분명했고 점점 더 커지고 있었는데, 많은 문제가 미국이 내륙에 대한 관할권을 행사할 수 없는 데서 비롯되었다. 워싱턴의 경험이 시사하듯, 미국의 서부에 자리한 보물 상자는 연방을 확장할 수도 있고 붕괴시킬 수도 있는 잠재력이 있었다.[141]

1770년에서 1790년 사이에 10만 명이 넘는 정착민이 내륙으로 이주했고, 마침내 연합헌장을 통해 이들을 관리하기 위한 법률이 제정되기 시작했다. 제헌의회가 열리기 전인 1787년, 연합회의는 '북서부 조례Northwest Ordinance'를 통과시켰다. 이 조례를 통해 새 영토를 인정하는 절차가 수립되었고, 새 영토에서는 노예제를 금지해 노예제 확대를 막고자 했다. 중앙정부에 내륙 토지를 규제하고 과세 권한을 부여하려던 야심에 따라 제정된 북서부 조례를 통해 선주민 네이션을 쫓아낼 독점적 권한이 연방정부에 부여되었다.[142]

그러나 심각한 균열 탓에 토지 이전이 질서정연하게 진행되지 못했다. 북부 주들과 남부 주들은 미국의 새로운 국경을 놓고 연일 논쟁에 휘말렸다. 북서부 조례가 이 새로운 땅들을 연방에 편입하기 위한 지침을 제공했지만, 남부 주들은 내륙 정착촌이 남부와 연합된 상태로 유지되어야 한다고 결사적으로 주장했다. 조지아와 사우스캐롤라이나는 곧 '딥 사우스Deep South'로 알려진 지역의 대부분이 자기네 영토라고 주장했다.[143] 점점 더 이런 농업 경제는 보스턴, 뉴욕, 필라델피아를 중심으로 한 북부의 상업 기반 경제와 대조를 이루었다. 상인 벤저민 러시Benjamin Rush는 "미국을 멸망으로 이끌 수 있는 길은 단 하나, 바로 그들(남부 주들)의 영토 확장뿐"이라는 예언을 내놓기도 했다.[144] 내륙은 미국의 위대함과 미국의 쇠퇴를 동시에 예고했다.

지역적 분열 외에도 정착민과 선주민 지역사회들 사이에서 폭력을 수반한 갈등이 내륙 전역에서 반복되었다. 매년 수백 명의 정착민이 사망했고, 선주민 지역사회 역시 사랑하는 이들을 잃고 슬퍼했다. (선주민 네이션들과 연방정부 사이의) 조약 협상은 계속되었는데, 이는 부분적으로는 선주민 지역사회들이 더 큰 연맹으로 뭉치는 것을 막기 위해서였다. 그러나 분열되고 파산한 연방정부는 선주민 부족들에게 잃어버린 토지를 보상해줄 능력이 없었다. 연합헌장에 기초한 연방정부는 부족을 정복할 능력도 부족했다. 헨리 녹스가 1787년 연합회의에서 솔직하게 말했듯이, 미국은 "인디언과 전쟁을 계속할 능력이 전혀 없었다."[145] 낙관주의가 공유되기는 했지만 현실은 냉혹하다는 점이 분명해졌다. 내륙으로는 미국 법이 미치지 않았다. 기술적으로는 미국의 국경 안이었지만, 그곳에서는 정착민들, 인디언 네이션들, 거기에 에스파냐와 영국 경쟁 세력들까지 종횡하고 있었다. 당시 신생국 미국의 상황으로는 새로 획득한 내륙 영토를 보유할 수도 없었고, 그 안에 들어간 시민들을 통제할 수도 없었다. 마찬가지로 분명했던 점은, 미국이 그곳에 살던 선주민과 다툴 힘도 부족했다는 것이다.


## 인디언과 미국헌법


1787년 미국헌법의 초안은 연합헌장이 실패했던 경험의 많은 부분을 바꾸려고 시도하면서 만들어졌다. '제헌회의'에서 나온 헌법은 근원적인 변화를 가져왔다. 이 헌법은 내륙의 토지, 정착촌, 인민을 더 잘 규제할 수 있는 강력한 중앙정부를 탄생시켰다. 헌법은 중앙정부에 집중된 권력을 부여해 무엇보다 토지 관리, 과세, 인디언 문제를 다룰 수 있도록 했고, 연방의회에 상비군 창설 권한을 부여했다. 주정부와 연방정부의 관할권을 명확히 규정했고, 사법 제도를 확립했으며, 정치 권한을 삼분된 통치 체제로 배치했다.

이제 새 정부는 권한을 성문화한 체제를 통해 승인하면서, 그리고 그렇게 승인된 권한을 명시적으로 부여하거나 거부하면서 공화국을 통치하게 되었다. 제헌회의를 통해, 나중에는 비준 과정에서의 논쟁을 통해 이런 권한들에 관한 논의가 이어졌다. 이 권한들은 일련의 헌법추가조항을 통해 더 각별하게 기록되었는데, 헌법추가조항 제1조부터 제10조까지가 이른바 '권리 장전Bill of Rights'이 되었다. 요컨대 권력과 권력에 대한 제한이 새 헌법에서 권한의 형태와 의미를 결정지었다.

그러나 이런 주권은 궁극적으로 정부나 그 대표자에게 있지 않았다. 그것은 국가의 시민에게 있었다.[146] 예를 들어, 주는 국경과 내부에서 이루어지는 경제활동에 대해 광범한 주권을 보유했지만, 주들 사이의 상호작용을 지배한 것은 북서부 조례와 같은 연방법이었다. 그러나 어떤 권력 구조도 이 통치 체제에 의해 확립된 대의정부 형태를 무력화할 수는 없었다. "국민"이 공화국을 통치했고, 가장 넓은 의미의 공화주의를 내포한 헌법은 개인의 자유가 집중된 권력체로부터 위협받지 않도록 보장했다.

그러나 선주민에 대해서는 태도가 달랐다. 헌법은 선주민을 배제했고, 선주민에 대한 강탈을 방조했다. 당시 진행 중이던 식민지화 과정에서 헌법은 선주민에게 보호 조치를 거의 제공하지 않았다. 게다가 앞으로 더 큰 토지 탈취가 있을 것임을 예견케 했다. 미국은 반란을 통해 태어나 세워진 나라다. 30년간 내륙에서 전쟁을 겪으며 수립된 새 정부는 군사적·외교적 수단을 통해 확장해나갈 입지를 확보했는데, 이제 헌법이 혁명으로 촉발된 미국 식민주의의 과정에 정당성까지 부여했다. 이 헌법은 한 세대의 영국계 미국인이 정치적·경제적·사회적 자율권을 얻고자 하는 투쟁에서 시작되었고, 헌법 작성자들은 내륙의 토지에 대해, 그리고 선주민과 아프리카계 미국인 노예에 대해 영국계 미국인이 우위를 갖도록 헌법으로 보장해 주고자 했다. 한마디로 식민주의를 위한 헌법이 되었다.

인디언은 미국헌법의 제1조에서 공식적으로 두 번 언급된다.[147] 연방의회에 보내는 대표 수를 할당할 때 "과세되지 않는 인디언"을 고려하지 말도록 하는 부분과 연방의회가 "인디언 부족들과의 … 거래를 규제할" 권력이 있다는 부분에서 언급되는데, 이는 인디언 문제를 연방의 권한으로 중앙집권화하는 문항이다. 이만큼 명시적이진 않지만, 조약, 재산, 공동 방위 보장, 군사 문제에 관한 규정들도 인디언과의 관계에 적용되었다.

이렇게 위임된 권력은 중앙정부의 권위를 넓혀서 그 권력이 내륙까지 미치도록 했다. 실제로 연방의회에서 "공동 방위"를 위해 과세할 권한이 행사된 경우는 이후 10년간은 인디언 문제뿐이었다. 결국 헌법은 일련의 주 민병대가 아닌 조직화된 군대를 통해 폭력을 행사할 수 있는, 약하면서도 강력한 연방주의 체제를 만들었다. 이런 정부 구조는 상대적으로 큰 주들과 내륙 정착민이 원했던 바였다.[148] 제헌회의에서 인디언 문제를 다룬 토론은 별로 없었는데, 이는 대표들 사이에 드물게 의견 일치를 본 사안이었음을 말해준다.[149]

수년간의 비효율적인 정책들을 시행한 끝에 등장한 새 정부는 내륙의 난제들을 헤쳐 나가기에 좀더 나은 위치에 있었다. 제헌회의에 참석한 대표들은 미국이 앞으로 영토 확장의 속도를 높일 것임을 감지했다. 펜실베이니아 대표 거버너 모리스Gouverneur Morris는 "북아메리카 지역 전체가 우리에게 합병되어야 한다"라고 말했다.[150] 사우스캐롤라이나 대표 찰스 핑크니Charles Pinckney는 확장의 핵심에 공화주의가 있음을 비슷하게 표현했다. 핑크니의 말에 따르면, "서부의 미점유 토지가 여전히 정착되지 않은 채로 남아 있는 한 … 미국은 다른 어느 나라보다 지위와 재산에서 더 평등할 것이다."[151]

◆

제퍼슨이 훗날 시사했듯이, "자유의 제국" 미국이 형성되었다. 학자들은 제국 대 자유, 자유 대 노예제라는 명백한 모순을 융합해보려고 오랫동안 노력했다. 내륙의 투쟁이 보여주는 것처럼 겉으로 보기에 상반되는 개념들은 사실 상호 구성적인 관계였다. 제국은 당연히 제국주의적이고 불평등하다. 제국과 마찬가지로 국가도 자신의 존재와 확장을 미화하기 위해 역사를 창조한다.

북서부 조례는 미국이 확장 정책, 즉 선주민 네이션으로 향하는 확장 정책을 추구한다는 선언이었다. 헌법을 통해 더 강력해진 연방 정부는 인디언 네이션에 "문명"을 가져다주려는 시도를 갈수록 강화한다. 이런 언어의 가리개로 엄폐한 식민주의는 계속해서 내륙 인디언 네이션들의 주권을 훼손했는데, 이번에는 새로이 확립된 구조와 판례를 통해서였다.

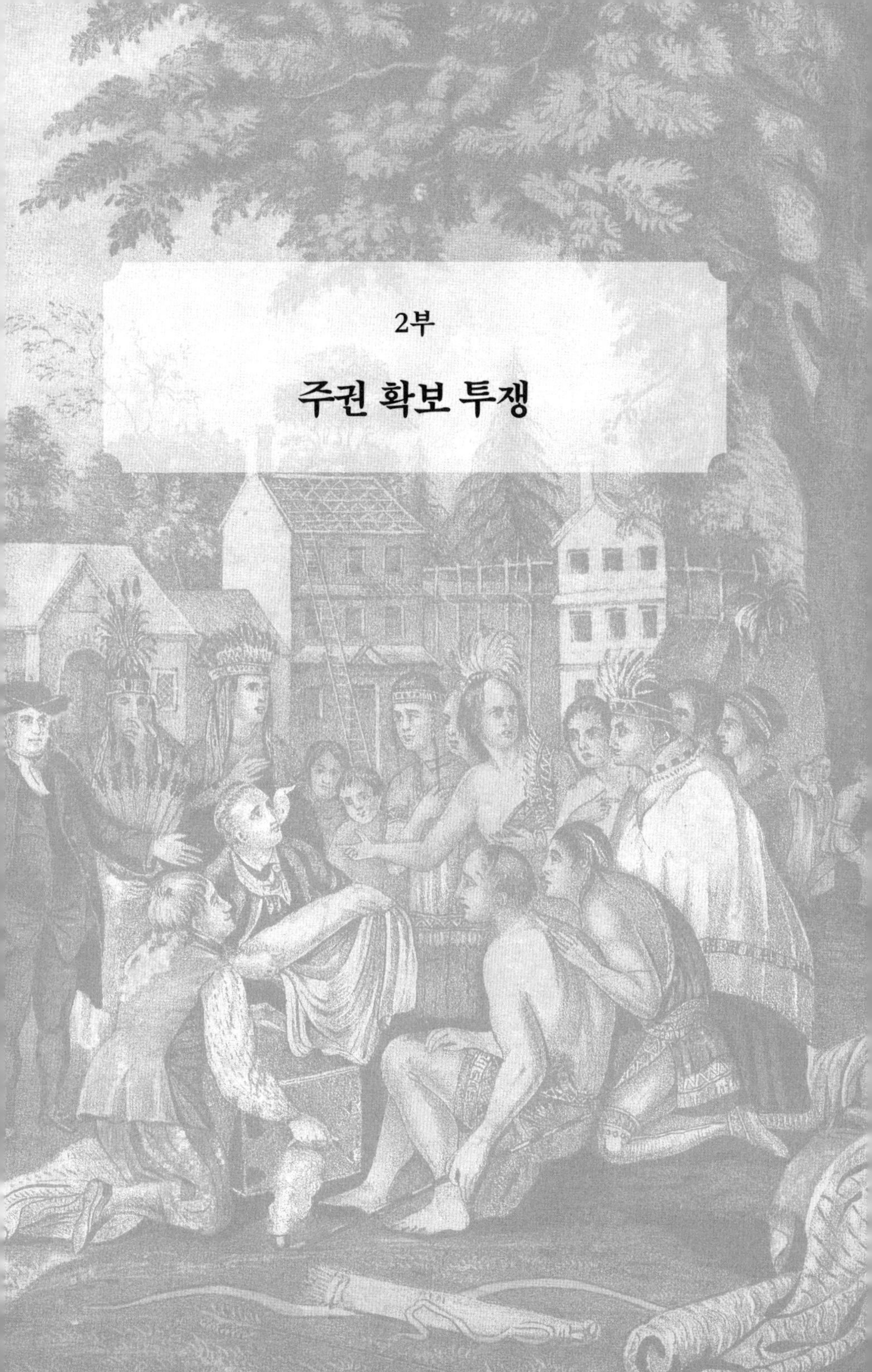

2부

주권 확보 투쟁

로스앤젤레스 보일하이츠Boyle Heights의 대규모 공공주택 단지인 라모나가든스Ramona Gardens의 본관 벽을 장식한 토이푸리나의 벽화. 이 벽화는 로스앤젤레스의 선주민 통바Tongva의 지도자에게 헌정된 석 점의 대형 벽화 중 하나로, 이 여성 지도자가 계속 기억되고 있음을 보여준다. (《미술 치료Art Heals》, 2008, 믹틀란Mictlan 벽화. 화가들 제공. 수석 화가: 라울 곤살레스Raul González. 보조 화가: 조세프 몬탈보Joséph Montalvo, 리카르도 에스트라다Ricardo Estrada. 사진: 페테 갈린도Pete Galindo)

Art Heroes
Realizados
Joseph Montoya
Ricardo Estrada
Oct 20th 2008

# 쇄도하는 정착민 식민주의
## 공화국 초기의 민주주의와 선주민에 대한 강탈

그들의 자리에서 새로운 세대가 자라날 것이다.

— 앤드루 잭슨(1814)

레오폴드 포케이건Leopold Pokagon(1775?~1841. 포타와토미의 수장)과 그의 포타와토미 가족은 운이 좋았다. 그들은 "추방의 시대"의 마지막 전투에서 살아남아, 미시간 남부에 있는 자신들의 근거지에서 살았다. 그들은 아득한 옛날부터 자신들의 공동체를 풍요롭게 해준, 계절의 주기에 따른 사냥, 교역, 덫, 낚시, 추수 활동을 계속 하고 있었다. 단풍이 마을을 감싸던 1838년 가을, 사방이 조용했고 눈이 내리면서 주변이 흐릿해졌다.

하지만 이런 평안은 예외라고 할 정도로 드물었다. 그해 1838년 초, 미국 군인들은 이 지역의 다른 포타와토미 마을들에서 포타와토미인 1200명을 내쫓아 서쪽으로 몰아냈고, 남부에서는 윈프리드 스콧Winfried Scott 장군이 체로키인을 추방하기 위해 병사 7000명으로 조직된 군대를 지휘하고 있었다. 스콧 장군은 체로키 지도자들에게 "너희를 사냥하려고" 군인들이 대기하고 있다고 경고했다.[1] 체로키인 약 1만 6000명이 쫓겨나는 일을 당하지 않으려고 연방의회에 제출할 탄원서에 서명했다. 그러나 아무 소용 없었다.

미국군은 울며, 추위에 떨며, 어찌할 바 모르는 포타와토미인들을 끌고 미시간과 인디애나에서 일리노이를 거쳐 미시시피강 건너편으로 데려갔다. 포타와토미인들은 캔자스에서 밀집된 정착촌들로 강제 수용되었다. 이동하는 동안 길에서 아이와 노인 약 100명이 사망했다. 그 이전 한 세대 동안 이어진 추방의 시대에 이미 수천 명의 포타와토미인이 목숨을 잃었다. 반면 포케이건이 이끈 집단은 강 낚시터, 맑은 물가에 자리한 벼농사 터, 사냥감이 풍성한 사냥터 등 익숙한 곳에서 계속 일출을 볼 수 있었다.[2]

수장wkema(정치적 지도자)이었던 포케이건은 1826년부터 미시간의 도와지액Dowagiac 지역사회를 이끌었다.[3] 이 지역은 17세기 이래 인구나 사회적 측면에서 그렇게 큰 변화를 겪은 적이 없었다. 새로 이주해 온 미국인들은 포타와토미나 다른 선주민 지도자들과 외교 회동을 했다. 그때마다 이주민들의 자신감이 커졌고, 동시에 그들의 위협도 커졌다. 1833년 '시카고 조약'에서 백인 관리들은 특히 절박하게 말했다. 조약 위원들은 다음과 같이 명기했다. "더 나아가, 상기한 인디언들이 나갈 준비가 되는 즉시 그들을 추방하기로 합의했다."

암담하게도, 조약은 다음과 같이 토지 양도를 확정했다. "상기 치페와Chippewa, 오토와Ottowa〔오타와Ottawa의 오기로 보임〕, 포타와타미 Potawatamie〔포타와토미Potawatomi의 오기로 보임〕로 구성된 네이션 연합은 그들의 모든 영토, … 약 500만 에이커의 땅을 … 미국에 양도한다."[4]

연방 상원에서도 비슷한 조약이 쇄도했다.[5] 1830년 9월, '댄싱 래빗 크리크 조약Treaty of Dancing Rabbit Creek'에서 연방 관리들은 촉토 지도자들에게 1000만 에이커가 넘는 땅을 강제로 양도하게 했다. 두 달 후, 이들은 "1만 8000명 또는 1만 9000명으로 구성된 네이션의 균형"을 무너뜨릴 계획을 세웠다. 연방 관리들은 그들을 쫓아낼 경로를 확인해놓고 지역 농부들에게도 연락을 취했다. 수석 대표 Commissary General 조지 깁슨George Gibson은 지역 농부들에게 다음과 같이 지시했다. "가장 가까운 곳의 정착민들에게 그들의 옥수수와 소를 처분할 수 있을 만한 시장을 곧 갖게 될 것이라고 알려주시오. 정착민들이 예상 수요를 충족시킬 수 있을 만큼 충분한 양의 옥수수를 생산하고 소를 키울 수 있도록 무슨 방책이든지 강구하시오."[6]

포타와토미에게 시카고 조약은 당시 연방 상원이 비준한 아홉 개 조약 중 하나다. 아홉 개 조약 모두가 포케이건이 집단의 지도자가 되고 나서 체결되었다.[7] 다른 수장들과 마찬가지로 포케이건은 그런 협상에 쉽게 동의할 수 없었다. 그는 모인 사람들, 특히 그렇게 영토를 양도하는 데 동의한 선주민 지도자들의 의도를 가늠하고자 했다.[8] 그는 시카고 조약에 서명하지 않았고, 지금부터 자신의 공동체가 근거지에서 계속 살아갈 수 있는 최선의 방법이 무엇인지 고심했다.

마을 사람들과 마찬가지로 그 역시 강제 이주의 시대가 마침내 끝났기를 기도했다.

포케이건은 새로 이주한 백인 정착민들의 힘이 훨씬 약했던 초창기 시절을 기억했다. 그는 알곤킨어권의 여러 마을에서 성장했다. 이는 오대호 인디언 지역사회들이 지닌 특성이기도 했다. 그런 마을에서의 삶은 안락했고, 상대적으로 풍족했다.[9] 백인 정착촌들은 오하이오강 건너편에 있었다. 정착민은 선주민의 내륙해인 오대호 연안에서 겨울을 나기 위해 고군분투했다.

포케이건이 성장한 지역사회는 여러 세대에 걸쳐 프랑스인, 영국인, 선주민 상인 등 새로 들어오는 다양한 이들과 교역을 해왔다. 이들이 가져온 품목 중에는 은제품, 가죽, 비단도 있었다.[10] 인디언 마을들은 자연이 베풀어주는 혜택을 언제, 어디서, 어떻게 찾을 수 있는지도 잘 알았고, 그 덕분에 무역이 지속되었다. 1600년대부터 포타와토미 마을들은 수렵과 재배 활동을 교역과 결합했는데 이로써 지역경제가 형성되었다.

그러나 1812년 전쟁으로 이 지역은 전반적으로 변화했다.[11] 영국과의 대대적인 동맹을 통해 새로운 정착민들과 맞설 때 도움을 받을 수 있으리라는 믿음은, 쇼니의 지도자 테쿰세Tecumseh가 이끈 마지막 군사 연맹이 패배하면서 완전히 사라졌다. 많은 사람이 볼 때 정착민의 파도가 이 지역을 덮친 것처럼 보였고, 이 파도가 변화의 행적을 모조리 휩쓸어가는 것처럼 보였다.

모든 곳에서 선주민은 살아남기 위해 고군분투했다. 17세기 식민주의의 도전과 달리 19세기 "정착민 식민주의"의 위협은 일상의 토대를 무너뜨릴 정도였다.[12] 오대호 전역에서 인디언은 이제 집을 포기하고 떠나라는 압력을 받았다. 인디언은 "추방"당한 다른 이들의 행렬에 합류하라고 떠밀렸다. 새로 온 이주자들은 인디언이 경제적·정치적·사회적으로 생존할 길을 거의 열어주지 않았다. 남아 있던 이들은 점점 더 큰 위협에 직면했다.

엄밀히 말하면, 선주민 지역사회들은 본거지를 내놓은 "대가"로 조약에 따라 다른 곳에서 토지를 제공받아야 했다. 그리고 선주민에게 제공된 토지는 파도처럼 몰려오는 이주자로부터 정부에 의해 보호를 받아야 했다. 그러나 포케이건이 이해한 대로, 그런 계약 조항은 실효성이 없었다. 1830년, 연방정부는 '인디언추방법Indian Removal Act'을 통과시켰다. 이 법은 이전의 합의들을 신뢰하지 않는다는 태도를 보이면서 앤드루 잭슨Andrew Jackson 대통령에게 더 큰 권한을 부여해, 동부에 있는 주들에서 "토지에 대한 인디언의 권리를 소멸"하게 했다. 대통령에게 부여된 이런 권한은 곧 위헌 판결을 받았다.[13] 그해 국정 연설에서 잭슨 대통령은 법안 통과에 박수를 보내며 관리들이 "이제 (북아메리카의) 남부와 서부에서 붉은 사람들red men에게 점령된 지역들을 획득하고 … 그들(붉은 사람들)이 장기적으로 또는 영구히 지닐 수도 있는 어느 한 땅으로 그들을 보낼 것을 제안한다"라고 말했다.[14]

3년도 채 되지 않아 연방정부의 협상가들은 포타와토미에게 네 가지 조약을 강요했다. 각 조약은 점점 더 강도가 높아져, 시카고 조

약과 포타와토미에게 500만 에이커의 토지를 양도하라고 할 때 절
정에 달했다. "추방의 시대"에 북아메리카 동부 전역에서 죽음과 인
디언의 소유권 박탈, 주정부의 인정 아래 진행되는 폭력이 고삐 풀
린 듯이 일어났고, 다른 인디언 네이션들도 비슷한 탄압을 겪었다.
미국은 자신들의 헌법에서 조약을 두고 "지상 최고의 법"이라는 위
상을 부여했지만, 그런 조약들은 지켜지지 않았다. 위약에 따른 처벌
도 없었다. 포케이건이 목격한 바에 따르면, 조약들은 재협상에 들어
갔는데, 때로는 매년, 그리고 언제나 강압적인 상황에서 이루어졌다.
그 조약들이 보장하는 내용은 물론이고, 명목상의 보호조차 별 의미
가 없었다.


## 시장혁명과 인종 구분


1820년대는 포케이건이 정치적 지도력을 발휘하기 힘든 시기였다.
포케이건이 지도자가 된 첫해인 1826년은 "조약 철폐"가 시작되고
363마일〔약 600킬로미터〕에 이르는 이리 운하가 개통된 해다.[15] 이렇
게 해서 오대호 지역이 대서양 연안과 연결되자 오대호 연안의 정치
경제는 결코 예전으로 돌아갈 수 없게 되었다.

　혁명적 기반 시설인 이 구불구불한 운하가 뉴욕주 곳곳으로 뻗어
갔다. 물자의 흐름이 이리호에서 허드슨강으로 이어지면서 이 수로
가 세인트로렌스강과 미시시피강을 대체해 오대호로 통하는 주요

동맥이 되었다. 이는 북서 항로North-west Passage〔대서양에서 북아메리카의 북쪽 해안을 따라 태평양에 이르는 항로〕의 발견에 버금가는 발전이었다. 이 운하 덕분에 뉴올리언스나 몬트리올이 아닌 뉴욕이 오대호에서 출발한 무역의 종착지로 자리잡았다. 오대호로 들고 나는 자원은 이제 인간이 구축한 무역 수로를 통해 유통되었다.

그후 즉각적인 변화가 일어났는데, 그 규모가 헤아릴 수 없을 정도였다. 백인의 농장들은 유례없는 수확량을 기록했고, 정착민은 수백만 에이커에 달하는 토지를 확보했다. 그들은 사냥감을 쫓아냈고, 농경지를 만들기 위해 숲을 벌목하고 불태웠다. 그들의 농장에서 생산된 곡물, 돼지, 과일이 배에 실려 유통되었다. 그들의 지도자들은 인디언을 떠나도록 압박했다.

정착민은 인디언 마을들의 이름을 바꾸고 이 지역에 '북서부North-west'라는 새로운 이름을 붙였다. 새로운 주들이 생겨났고, 미국혁명 이후 속도가 붙은 인구 변동이 이어졌다. 켄터키의 가장 유명한 아들인 에이브러햄 링컨Abraham Lincoln이 어렸을 때 켄터키의 정착민은 40만 명이었는데, "자유 유색인"은 전체 인구의 1퍼센트 미만이었다.[16]

이 결정적 시기에 미국의 경제적·인종적 기초가 확립되었다. 조약은 선주민에게서 땅을 빼앗았을 뿐만 아니라 토지에 새로운 의미를 부여했다. 토지가 새 이름을 얻으면서 새로운 가치도 얹어졌다. 이제 땅은 거래되거나 양도될 수 있게 되었다. 1787년 '북서부 조례'에 따라 북서부에서는 뉴욕, 펜실베이니아, 켄터키보다 훨씬 쉽게 "사유 재산"을 취득할 수 있게 되었다.[17] 조지 워싱턴이 목격했듯이 미국혁명 직후 내륙의 무단 점유자들은 법을 어겼으나 땅을 일구지는 않았다. 그러나 1800년대에는 매년 수천 명의 새 정착민이 부동산을 취득하기 위해 오하이오강을 건너 이주했다. 이런 사람들 속에는 링컨 가족도 포함되었는데, 그들은 인디애나 식민지 개척에 일조했다. 곧 링컨 가족은 일리노이주로 이주해, 켄터키에서 온 수천 명의 다른 사람들과 합류했다. 실제로 일리노이주의 초대 주지사 일곱명 중 여섯 명이 켄터키 출신이다.[18]

미시간의 포타와토미 지역사회들은 남쪽에서 큰 파도가 몰려오는 것을 목격했다. 그들은 이리 운하를 통해 무역, 정착, 상업 등 모든 것의 속도가 빨라지는 과정을 보았다. 새로운 통화, 대출, 부채가 토지 소유권을 유지하기 위해 고군분투하던 선주민에게 더 큰 손실을 안겨주었고, 이 모든 것이 소유권 박탈을 조장했다. 새로운 국가와 경제를 대표하는 이들[관리와 경제활동 인구]이 들어왔고, 그들은 가능한 모든 수단을 동원해 인디언의 권력을 약화했다. 포케이건이 목격한 대로, 미국 군인들은 폭력을 동원해 선주민 지도자들에게 퇴거를 압박하고 정착민에게 유리한 방향으로 분쟁을 풀어갔다.

미국의 빠른 경제 성장, 급성장하는 도시, 영토 확장은 정착민 식민주의의 쇄도에 일조했다. 모태였던 영국과 마찬가지로, 미국 역시 혁명 이후 "시련"을 겪었다.[19] 영국과 달리 미국에서는 시장혁명이 시작되면서 "증기 동력"보다는 토지와 면직 공장의 결합이 "미국의 전환"을 촉진했다.[20]

이렇듯 정착민 식민주의가 쇄도함으로써, 공화국 초기에 상호 연관된 세 가지 인종적 변환, 즉 국가가 승인한 선주민의 퇴출, 백인 남성 입헌 민주주의의 확대, 아프리카계 미국인 노예 제도의 확대가 동력을 얻었다.[21] 이 세 가지 현상은 독립적으로 이해되는 경우가 많은데 사실 서로 연관된 상태로 등장했다. 연방정부가 내륙 토지를 취득할 권한이 커지자 연방정부의 권력이 이런 식의 새로운 인종적 구분을 뒷받침했다.

선주민들은 미국 정부와 여러 조약을 맺게 되자 다른 제국 동맹국들과 더는 관계를 맺지 못하게 되었고, 선주민 집단도 서로 분열되었다. 이 조약들은 선주민이 유럽 제국들과 동맹을 맺을 역량을 말살했다. 그리고 부족 내에서 미국인들과 교역하기를 원하는 사람들의 권위를 정당화했다.[22] 크리크 지도자 호보이틀 미코Hoboithle Mico가 불평한 대로, 전통적인 사냥꾼이 상대적으로 "이제 가진 것이 없게" 만들 정도로 교역이 인디언 지역사회를 뒤덮었다.[23] 여러 선주민 지역사회에서 주민들에게 백인 상인과의 결혼을 장려했고, 심지어 교역을 위해 백인 정착촌 근처로 이주하기도 했다. 그 시대의 특징이 된 선주민 사회의 이 같은 내부 분열은 선주민이 더 일찍 쫓겨나게 하는 요인이 되었다.

역사학자들은 영토 확장으로 초래된 정치적·헌법적 난제는 중시하면서도, 선주민을 내쫓으면서 정착민 식민지 국가의 출현이 어떻게 촉진되었는지는 제대로 주목하지 않는다. 실은 연방의 토지가 행정적으로 관리되면서 이를 판독하는 관료주의 문제가 대륙 전역에 걸쳐 야기되는 동안 연방 측량사, 군 간부, 준주의 지도자 들이 선주민의 영토를 횡단했다.[24] 이런 식으로 선주민은 영토를 상실했으며, 그뒤로 그 지역에서 미국의 정치적 주권이 영구히 확정되었다. 백인의 정착과 선주민의 박탈은 동전의 양면이었다.[25] 영토를 잃은 선주민에게는 자신들의 땅이 미국에 "노예"주로 편입되었는지, 아니면 "자유"주로 편입되었는지는 여러 측면에서 별 의미가 없었다.

그러나 이런 식의 인종적 구분은 서로 연관성이 있었다. 미국혁명 이후 선주민이 쫓겨나면서 백인 남성 민주주의와 아프리카계 미국인 노예제의 성장이 쉬워졌다. 이 세 가지 현상은 각각 확장이라는 같은 줄기에서 성장했지만, 동시에 미국 분열의 씨앗도 뿌려졌다. 실제로 미국에서 가장 오래 지속된 인종 불평등은 대체로 이 반세기 동안 진행된 인종 형성에 그 뿌리를 두고 있다. 미국의 입법자들은 "홍인", "백인", "흑인"이 식별되게 하려고 고군분투했다. 이런 투쟁은 곧 이념 투쟁으로 번졌다. 이는 사회적 문제, 정치적 문제가 되었으며, 결국 법적 문제가 되었다.

미래에 대한 논쟁이 미국을 뒤흔들었다. 또한 내륙 정착촌, 마침내는 주정부의 권위가 높아지자 새로운 사회 질서가 미국을 지배했다. 1830년에 이르면 미국의 인종적 서열이 마치 계절처럼 자연스러워 보이는 지경에 이른다. 시장혁명이 사회를 완전히 장악하자 미국 경제가 곧 신의 섭리라고 많은 이들이 믿게 되었다.[26] 인디애나주 어느 하원의원의 말처럼, 제조업과 상업이 "자유의 전도사"가 되었다.[27] 이렇듯 인디언의 영토가 "상업의 법칙과 … 결과적으로 하나님의 법칙"을 유지하는 데 필요한 토대를 제공했다.[28]

# 기회의 홍수

1812년 미영전쟁 전까지 영국 선박이 선주민의 오대호 연안 세계를 누볐고, 선주민 네이션들이 내륙을 통치했다. 멕시코만 연안의 주들〔플로리다, 앨라배마, 미시시피, 루이지애나, 텍사스〕에서는 치커소인, 크리크인, 촉토인이 계속 자신들의 근거지에서 살았고, 세미놀Seminole인 무리가 플로리다를 지배했다. 미영전쟁이 끝난 이후로 미국의 힘이 커졌고, 인종 구분 과정도 확대되었다. 곧 연방의 모든 백인이 투표권을 얻었고, 북아메리카 동부의 인디언은 1억 에이커가 넘는 땅을 잃었다. 1820년대부터 아프리카계 노예가 텍사스로 도입되면서 광활한 숲이 목화밭으로 바뀌었다.[29]

인디언의 근거지들이 농장과 플랜테이션으로 바뀌면서 시장혁명이 확대되었고, 이 혁명으로 국가 경제가 확장되었다. "옛 북서부Old Northwest" 전역에서 농장을 통해 막대한 수출품이 생산되었고, 이와 동시에 수입품도 계속 들어왔다. 첫 10년 동안에만 1억 달러 이상의 상품이 이리 운하를 통해 유통되었다.[30] 1860년까지 매년 3100만 배럴의 곡물이 버펄로Buffalo에서 흘러나왔다.[31] 수출품은 뉴욕시로 보내졌다. 이리 운하가 완공된 뒤로 뉴욕시의 인구는 급증했다. 요컨대 내륙 농업의 확대로 인디언 사냥터가 변화를 겪었고, 그와 동시에 국가 경제가 확장되었다.

뉴욕시의 역사는 정착민 식민주의와 미국 자본주의가 교차하면서 성장하는 모습을 잘 보여준다. 1812년 이후 뉴욕은 미국 상업의

이리 운하가 개통된 지 불과 4년 후인 1829년에 J. W. 힐J. W. Hill이 그린 수채화로, 운하가 "옛 북서부"를 가로질러 흐르면서 생겨난 변화를 보여준다. 운하를 통해 정착민의 이주와 선주민 네이션들의 이주가 더 급속하게 진행되었다. 운하로 인해 한때 숲이 우거졌던 곳에 들판과 목초지가 펼쳐지게 되었다. 그림 왼쪽에는 말들이 승객과 화물을 실은 화물선을 끌고 가는 모습이 보인다. (뉴욕 공공도서관, https://digitalcollections.nypl.org/items/510d47d9-7ba7-a3d9-e040-e00a18064a99)

금융 중심지이자 유럽 이민자들의 주요 집산지가 되었다. 1817년, 뉴욕에서 미국 최초로 주식 시장이 열렸다. 1818년에는 뉴욕의 항구들에서 영국으로 향하는 첫 정기 항해가 시작되었다. 이로써 서반구 역사상 처음으로 승객이 대서양을 횡단하는 정기 항로를 이용할 수 있게 되었다. 뉴욕과 이리 운하는 이렇듯 초기 미국 경제에서 핵심적인 기관이었다.[32]

신시내티Cincinnati, 피츠버그와 같은 도시와 마찬가지로 뉴욕의 인

구는 1812년 이후 두 배로 증가했고, 나중에 두 배 더 늘었다. 1850
년에는 50만 명을 돌파해, 1790년 이후 증가세는 1300퍼센트를 기
록했다.[33] 이 같은 성장으로 뉴욕은 지구상에서 가장 영향력 있는 경
제 중심지가 되었다. 예를 들어 전 세계 면직물 시장이 성장함에 따
라 뉴욕에 기반을 둔 기술자들이 라틴아메리카, 아시아, 중동에서
면직 산업의 발전을 주도하는 경우가 늘었다. 루이 알렉시 쥐멜Louis
Alexis Jumel과 존 매스터슨 버크John Masterson Burke는 각각 이집트와 멕
시코에서 면직 산업을 육성하는 데 도움을 주고자 뉴욕을 떠났다.
두 사람 모두 젊은 시절 뉴욕에 와서 면직물 생산과 자금 조달을 익
혔다. 그들은 뉴욕시의 해외 자본주의 발전 네트워크를 빠르게 따라
간 인물로, 뉴욕의 일부를 작게나마 함께 들고 나간 셈이었다.[34]

물론 뉴욕의 경제는 미국 건국 이전부터 존재했다. 네덜란드 모
피 무역의 본거지였던 이 도시는 오랫동안 북동부 선주민과 대륙
전역의 경제에 통합되어 있었다. 선주민이 조달한 모피가 이 도시
의 성장을 이끌었다. 이 도시에서 가장 유명한 기업가인 존 제이컵
애스터는 모피로 막대한 부를 쌓았다. 1808년, 그는 미국모피회사
American Fur Company를 설립해 컬럼비아Columbia강 하구의 애스토리아
Astoria에 주요 상단을 세웠다.[35]

애스터가 기울인 노력은 태평양에서 미국의 입지를 확고히 하고
아시아와의 교역을 확대하는 데 도움이 되었다. 그는 전 세계를 포
괄하는 모피 무역망을 구축했다.[36] 매년 선박들이 서쪽 종착지인 애
스토리아로 도착했다. 이 배들은 수천 점의 모피와 전 세계에서 몰

려든 사람들을 실어 날랐다. 1813년에는 선주민 하와이인 24명이 애스토리아에서 일하면서, 경제적 생산성뿐만 아니라 사회적 구성에도 기여했다.[37]

스위스 알프스 출신의 이민자인 애스터는 1784년 스무 살의 나이에 이 도시로 왔다. 그의 비약적인 경력에는 이 도시의 발전과 미국의 변화하는 정치경제가 체현되어 있다.

백인 남성 민주주의의 확장이 추상적으로 보일 수 있지만, 애스터와 같은 남성들과 관련된 전환이 백인 미국을 재구성해낸 사회적 지진을 보여준다. 공화국 초기에는 경제적 기회가 유럽 이민자와 미국 시민을 연결하고 있었기 때문에 둘 사이의 구분을 모호하게 만들었다. 미국의 인종과 성별 관계가 새로이 형성되고 있었다. 이는 선주민이 쫓겨나면서 촉발된 사회적 변혁을 잘 드러냈다.

## 백인성, 성별, 귀화

제임스타운Jamestown이 세워진 이래 정착민들 사이에서는 공통점만큼이나 차이점도 중시되곤 했다. 체서피크의 계약 하인, 뉴잉글랜드의 견습생, 캐롤라이나의 소작인 모두 상층의 백인 남성이 지배하는 세계에서 살았다. 통치하는 이들은 재산을 보유했다. 재산 소유가 공화주의 원리의 기초가 되었다. 공화주의에는 스스로를 부양할 수 없는 사람은 정치에 참여할 독립성이 부족하다는 원리가 내포되었다.[38]

이와 다르게 생각하는 것은 이상주의적일 뿐 아니라 잘못된 것이라고, 제임스 켄트James Kent 판사는 설명했다. "다수의 인민이 미덕과 능력을 갖추고 있고 기꺼이 올곧게 행동할 것이라고 전제하는 정부론은 명백히 유토피아적이며, 이는 앞으로도 마찬가지일 것이다."[39]

프랑스 혁명이 이 같은 구분을 바꾸었지만, 아주 보편적으로 바꾸지는 못했다.[40] 지주들은 주변의 땅 없는 사람들을 계속 두려워했고, 공화국 초기 내내 긴장이 고조되었다. 남부에서는 지주가 하인을 업신여겼고, 가난한 사람들에 대한 경멸과 흑인에 대한 경멸의 양상이 비슷해지기도 했다.[41]

혁명과 헌법이 새로운 통치 구조를 확립했음에도 인민 주권은 여전히 제한적이었다. 여러 계급 사이에서 투쟁이 벌어졌다. 두 세대 동안, 각 주州의 헌법은 정치 참여와 공직 보유에 "재산 자격"을 두어 참정권을 제한했다.[42] 대법관 존 마셜John Marshall은 "재산권에 대해 깊은 존경심을 갖고 있다"라고 하면서 1829년 말까지 이 제한을 지지했다.[43] 피부색은 같더라도 재산이 있는 백인 남성과 재산이 없는 백인 남성의 법적·정치적 권리 역시 달랐다.

이런 제한은 백인 여성에게도 적용되었는데, 이들에게는 재산조차 고려 사항이 되지 않았다. 식민지 시대와 마찬가지로, 성별에 따른 위계가 초기 공화국 구조의 기초가 되었다. 그러나 공화국의 성립으로 성별이 의미하는 바를 새롭게 이해하는 시각이 등장했다.[44] 공화국의 젠더적 특성이 독특한 형태의 도덕성을 만들어낸 것이다. 즉 어머니, 아내, 돌보는 사람으로서의 여성의 지위가 국가의 미덕을 지키는 사회적 제약의 지침을 제공했다. 혁명 이후, 이렇게 덕성의 담지자라는 여성의 지위가 가정 내에서 여성 지위의 상승을 정당화해주었다. 이 같은 새로운 성별 체제가 공공 담론을 지배했으며 궁극적으로 신흥 중산층의 삶의 양식을 규정했다.[45] 가정의 영역에서는 여성의 도덕적 권위가 최고였으며, 미국의 공화주의 실험이 더 견고해질 수 있는 도덕적 토대를 제공했다.[46]

미국인의 영토가 확장되고 선주민이 쫓겨나면서 공화주의와 그 인종적·젠더적 함의도 복잡해졌다. 1800년대 초 내내 서부 이주자들, 구체적으로 백인 독신 남성, 특히 백인 가족이 미국 민주주의의 토대를 구축했다. 미국 내륙에서는 성 역할이 동부와 달랐다. 백인 남성이 토지 재산을 더 쉽게 획득함에 따라 권력은 "중간 계급" 가정이 아닌 농장에 집중되었다. 정착촌을 건설하는 데에도 남성과 여성 모두의 노동력이 필요했다. 확장을 위한 많은 노력이 매일의 농장 작업에 집중되었고, 정착민 가족이 미국 정치를 변화시켰다. 예를 들어 'husband'라는 단어는 한때 'farmer(농부)'라는 의미로 통용되었으나 나중에는 "기혼 남성"을 뜻하는 말이 되었다.[47]

정착민 식민주의와 정착의 정치경제가 백인 가족을 동시대 동부의 백인 가족과 구별되게 만들었다. 이는 또한 공화국 전역에서 결혼과 이성애의 법제화된 양식을 강화했고, 그러면서 가부장제를 가족의 초석으로 공고히 했다.[48] 내륙 전역에서 토지 소유, 농경, 정착의 형태가 확대되자 미국 동부에서는 공화주의 정신 아래 재산에 따른 자격 제한을 둔 것에 본격적으로 문제 제기가 시작되었다. 그뒤 새로운 참여 민주주의 관행이 나왔다.

토머스 제퍼슨이 제안한 바에 따라, 그리고 '북서부 조례'가 정한 바에 따라, 내륙의 영토는 "원래의 주들과 동등한 발판에서" 인정받으며 미합중국으로 들어와야 했다.[49] 남성의 경우 이런 "동등한" 권리에는 이동권, 소유권, 선거권이 포함되었다. 1796년에 테네시Tennessee를 시작으로 내륙의 주들이 연방에서 동등한 대표성을 갖게 되었다. 미국 시민들은 점차 같은 백인종이라는 의식을 공유하게 되었고, 이 백인성이 당시 점차 벌어지던 지역적·파벌적·정치적 격차를 메우는 역할을 했다.

프레더릭 잭슨 터너Frederick Jackson Turner는 미국이 팽창하던 세기를 분석하면서 개척지에 존재하던 "통제에 대한 반감"을 미국 정체성에서 공유되는 특징으로 파악했다. 그는 이런 반감이 "정부의 관리를 견딜 수 없게 만들기도 했지만, 더 평등주의적이고 개인주의적이며 자치를 추구하는 정신을 낳았다"라고 보았다.[50] 여러 면에서 변경 지역의 사회가 미국식 개인주의의 맹아를 키웠는데, 이는 인디언의 근거지를 빼앗으면서 그렇게 된 것이다.

토지 소유권과 정치권력이 여전히 (소수에게) 집중되어 있던 동부 도시와 항구에서는 권리와 자유가 다수에게는 여전히 요원했다. 정부는 특정한 자유를 확대하고 보호하기 위해 여러 법률을 발표했다. '북서부 조례'는 내륙 영토의 식민지화를 통해 새로운 준주들이 기존 주들과 "동등한 조건"으로 연방에 들어오도록 보장했고, 연방의회는 1790년에 '귀화법Naturalization Act'을 통과시켰다.[51] 이민자와 새로 시민이 된 이들은 미국에서 일정 기간을 보내야 했다. 그들은 "적절하고 품위 있는 행동"을 보여주고 범죄 행위를 삼가야 했다. 이민자는 "모든 외국의 왕, 왕자, … 외국 국가에 대한 일체의 충성과 복종을 포기하고 취소해야 했다. 이는 세속적 차원에서만이 아니라 교회와 관련한 모든 문제에서도 마찬가지였다."[52]

연방의회가 헌법적 권한을 이용해 이민자를 비롯한 다양한 사람들이 시민권을 취득할 수 있는 길을 마련하면서 의회는 핵심 단어 하나를 추가했다. 미국헌법과 달리 귀화법은 시민권을 결정할 때 인종이라는 명시적 언어를 사용했다. 귀화는 "백인" 인민에게만 적용되었다. 이 용어가 국내법에 등장한 것은 이때가 처음이었는데, 당시 연방의회에서 시민권에 이런 제한을 두는 데 반대하는 사람은 없었다.[53] 1792년 '민병대법Militia Act'에서도 의회는 비슷하게 군 복무를 "백인"에게만 한정했다. 그러면서 인종적 언어가 법제화되고 성문화되었다.[54]

'인디언성Indianness'과 마찬가지로 '백인성'도 사회적 구성물이다. 즉 서로 다른 사회적 공동체들 사이의 유사성을 상상하는 이데올로기적 습관이다. 이 같은 인종 분류가 융합되기까지 수십 년, 나아가 여러 세대가 걸렸다. 미국에서 새로 제정된 법들은 인디언 추방을 동력으로 삼아 당시 등장하던 사회적 계층들을 고정적인 정치적 정체성으로 바꾸어놓았다. 공화국 초기 내내 미국은 백인 남성만이 권리를 가진 국가가 되어갔다. "백인" 시민권을 성문화하면서 노예든 자유인이든 간에 흑인을 배제하는 것을 명시적으로 규정해, 그들을

법의 보호 밖에 놓이게 했다.[55]

　이런 법들은 다른 부류의 사람들도 차별했다. 선주민은 헌법이나 귀화법에 따라 시민권을 취득할 자격이 없었다. "자유 유색인"도 공화국 내에서 운신의 폭이 제한적임을 알게 되었다. 인종주의가 만연했다. 북서부 전역의 정착촌에서 거주하던 정착민들은 그 지역에 흑인이 한 명도 없기를 원했다.[56] 흑인 자유인은 미국혁명 이전과 마찬가지로 많은 차별을 경험했다.[57] 가장 눈에 띄는 점은 노예 제도를 통해 미국 전역에서 인격personhood에 대한 사고가 형성되었다는 점이다. 시민이 되려면 "백인" 인종의 일원으로 분류되어야만 했다.[58]

　1812년의 미영전쟁 이후 이런 인종화racialization가 더 심해졌다. 실제로 1815년 이후 세대에서는 백인이 아닌 모든 사람을 미국 정치에서 배제하려는 시도가 더 뚜렷해졌다.[59] 남부 주들에서는 이미 이런 제한이 시작되어, 주의 헌법에 오직 "자유인만이 평등하게 창조되었다"라는 원리가 명시되었다.[60] 아프리카계 미국인, 인디언을 비롯한 유색인이 모든 인간이 평등하게 창조되었다는 주장을 펼치면 즉각 반격을 받았다.[61]

## 미국인의 상상 속에서 빚어진 신화

미국 역사가들은 오랫동안 미국의 역사를 유럽인과 백인 미국인의 역사로 간주해왔다. 이에 따라 초기 미국의 종교적·경제적·정치적 이데올로기의 역사는 각각 별도의 연구 분야로 전락했고, 백인 정착민의 경험만을 조사하는 경우가 흔했다. 20세기 후반에 이르러서야 역사가들은 이런 질문에 새로운 방식으로 접근하기 시작했다. 그들은 "백인" 미국의 부상이 실제로 언제 시작되었으며, 왜 공화국 초기에 "백인 의식"이 그렇게 빨리 등장했는지를 물었다.[62] 예컨대 애스터와 같은 유럽 이민자가 어떻게 그렇게 빨리 이전 식민자들과 동일한 국민 정체성을 공유하게 되었을까?

알렉시 드 토크빌Alexis de Tocqueville은 《미국의 민주주의Democracy in America》(1832)에서 이 신생국 미국의 의미를 물었다. 그는 "미국인의 사회적 상태는 탁월한 민주주의 국가"라고 말문을 열었다. "처음부터" 미국 정착촌은 "자유의 발전을 제공할 운명인 것처럼 보였다."[63] 헥터 세인트 존 드 크레브쾨르J. Hector St. John de Crèvecoeur가 《어느 미국 농부의 편지Letters from an American Farmer》(1782)에서 그랬듯이, 토크빌은 고결한 본성을 지닌 미국 농부가 새로운 국가의 정치적 주체의 체현이라고 칭송했다. 또한 인민 주권과 대의제 정부에 참여할 자유가 부상한 것은 이용할 수 있는 토지가 있고, 또 토지가 소규모 단위로 농부들에 의해 경작되었기 때문이라고 설명했다. 토크빌에 따르면, 토지 자체가 여러 면에서 공화주의적 미덕을 지녔다. 그는 "미국의 토양"이 "영토 귀족을 완전히 격퇴했다"라고 썼다.[64]

토크빌은 자신이 품은 낙관주의 탓에 미국 내부의 엄청난 차이와 백인성이 어떻게 백인 사이의 유대를 공고히 했는지는 인지하지 못했다. 북동부 주들은 대서양 연안의 추운 계절에 직면해야 했고, 내류의 정착촌은 숲이 우거진 땅에서 겨울을 보내야 했다. 캐롤라이나의 노예 소유주들은 아프리카계 미국인의 쌀농사를 감독했고, 오지 상인들은 에스파냐령 식민지와 인디언 마을로 술과 공산품을 날랐다. 이렇게 다양한 정치 공동체가 어떻게 많은 유럽인이 느꼈던 "위대한 단합"을 형성할 수 있었을까?[65] 날로 성장하는 국가의 자의식을 키우는 동력이 된 것은 인종적 단합과 신화 만들기였다.

토크빌은 미국에 대한 글을 자신만만하게 썼지만, 19세기에 미국의 실제 역사에 대한 자료는 한정적이었다. 도서관도 거의 없었고, 그나마 있던 도서관도 일반에 공개되지 않았다. 고등 교육은 상인, 목사, 지주의 아들에게만 제한적으로 제공되었다.[66] 애팔래치아 서쪽에는 신문사가 몇 개 없었을 뿐만 아니라 그나마 있던 신문도 반인디언, 반영국 정서의 불길을 끊임없이 부채질했다. 1808년 7월 4일, 켄터키주의 한 신문은 독립선언문 전체를 게재하면서 "무자비한 야만인"에 대한 결정적 불만을 이탤릭체로 강조했다.[67]

게다가 미국의 거의 모든 고등 교육 기관은 대서양 연안에 설립되었다. 지방에 대학을 세우려는 시도는 여러 차례 실패로 돌아갔고, 졸업생도 거의 배출하지 못했다. 다트머스대학교의 설립자 엘리저 휠록Eleazar Wheelock은 뉴햄프셔New Hampshire의 숲속에서 인디언 학생들을 교육할 계획을 구상한 적이 있었으나 다른 이들의 관심을 끌지 못해 포기했다. 모히건의 지도자 샘슨 오컴Samson Occom은 이렇게 썼다. "불쌍한 인디언들, 그들은 고등 교육의 혜택을 결코 누리지 못할 것이다."[68]

책 또한 실제 선주민들의 이야기가 수록되지 않았기에 미국을 묘사한 이들은 미국의 역사를 신화화했다. 그들 대다수는 편지를 통해 그런 신화를 써나갔다.[69] 당시에 서신 교환은 여전히 중요한 소통 기술이었다. 수천 통의 편지가 연쇄적으로 대서양을 횡단했다.[70] 이 소통 수단을 통해 작가들은 단순하고 선악이 분명한, 허구의 옛날 이야기를 했다.

이런 활동을 한 작가들은 실제로 정치적 논평보다 더 큰 무언가에 참여한 셈이었다. 바로 국가에 대한 상상력을 구축하는 데 기여했다.[71] 이들의 관점에서는 미국의 확장을 체계적으로 만들어가던 폭력과 수탈이 무시되거나 지워졌다. 크레브쾨르가 보기에 "행복한" 청교도 정착지 낸터킷Nantucket은 폭력을 딛고 올라선 곳이 아니었다. "모든 것이 현대적이고 평화롭고 온화"한 곳이었다. 반면 선주민을 두고 그는 "완전한 멸종을 향해 질주할" 뿐이라면서 결국 자멸할 것이라고 예견했다.[72]

이 같은 상상은 불의에 대한 변명 이상의 역할을 했다. 그들은 고전적 철학의 역설을 무시해버렸다. 장자크 루소Jean-Jacques Rousseau와 같은 계몽주의 사상가들은 참여 민주주의의 전개 과정에서 폭력이 사용되는 것에 대해 오랫동안 문제를 제기했다.[73] 그런데 미국의 역사를 폭력이 아닌 자연스러운 과정으로 바라본 미국 초기의 이 저자들은 정치 질서의 토대가 되는 여러 가지 갈등을 지워버렸다.[74]

많은 이가 보기에 북아메리카가 정착되는 과정에서 유혈 사태는 없었다. 땅을 둘러싼 투쟁도 없었고, 제국들 사이에서 벌어진 숲속의 전쟁도 유럽에 비하면 중요하지 않았다. 게다가 인디언은 외국 국가도 아니었다. 인디언은 자신들의 영토를 통치하지도 않았다. 그들은 온전한 인간이 아니었거나, 발전이 필요한 단계인 원시적 형태로 살고 있었다. 루소가 "고귀한 야만인noble savages"이라고 부른 존재였다. 유럽인 정착민이 자연스럽게 토지의 청지기가 되었고, 토지의 끝없는 풍요로움을 누릴 자격이 있었다. 제퍼슨이《버지니아주에 관한 단상들Notes on the State of Virginia》(1791)에서 그렇게 썼듯이, 크레브쾨르도 미국 농부들 속에서 신의 섭리를 보았다. 크레브쾨르에 따르면, 백인 미국인은 "경작자의 인종"이었다.[75] 제퍼슨도 중·소농민에 대해 비슷하게 언급했다. "땅에서 노동하는 이들이 하나님의 선택을 받은 백성이다."[76]

## 추방 혹은 편입: 인디언 정책의 모호함

모순적인 욕망은 저자들뿐만 아니라 미국을 통치했던 이들의 특징이기도 했다. 이런 모순에 직면했을 때 미국 지도자들은 공화주의적 미덕에 대한 약속을 지키기 위해 고군분투했다. 특히 프랑스와 아이티에서 혁명이 일어나 미국과는 자유에 대해 다른 개념을 지닌, 근본적으로 다른 정부가 수립되었을 때 미국 지도자들은 공화주의적 미덕을 수호하기 위해 힘을 쏟았다.[77]

혁명이 대서양을 건너 확산되자 해마다 정치적 변화가 더 커졌다.

제퍼슨과 같은 미국 사상가들은 새로운 공화국을 통치하는 방법과 변화하는 세계를 이해하는 방법을 두고 논쟁적인 이데올로기들을 발전시켰다. 이들은 인간 본성의 기원에 대한 폭넓은 대화에 참여한 셈이었다.[78]

그들은 역사에 호소하기도 했다. 그들은 미국의 역사를 신화적 형태로 상상했고, 특히 신생 공화국을 하나의 예외적 존재로 여겼다. 자신들의 정부가 수립될 수 있었던 것은 유럽 정치, 나아가 기독교를 개혁하려는 지난 수백 년간의 노력이 정점에 달했기 때문이라고 믿었다. 제퍼슨의 고향에서 한 목사가 선포했듯이, "자유의 대의는 하나님의 대의"였다.[79]

유럽 지도자들과 달리 미국 지도자들은 인종적 차이를 더 확실히 인식했다. 인종에 대한 그들의 신념이 시민권, 자유, 결혼과 같은 질문에 대한 그들 스스로의 답변에 영향을 미쳤다. 그들은 인종에 대한 어두운 전망 속에서 인종적 순수성을 보장하기 위해 여러 법을 제정했다. 제퍼슨은 두 번째 대통령직 취임 연설에서 인디언은 "이성"이 부족하고 "주변 환경의 변화에 따라 추구하는 바를 바꾸는 데" 실패했다고 말했다.[80] 또한 《버지니아주에 관한 단상들》에서는 "적이 우리 안에 있을 때 우리가 가장 먼저 해야 할 일은 적을 추방하는 것"이라고 언급했다.[81]

1776년에는 이런 추방이 확실히 불가능했다. 당시는 인민 다섯 명 중 한 명이 노예였고, 선주민 네이션들이 남부 및 북서부 내륙을 지배했다. 제퍼슨은 많은 사람이 미국의 결정적 모순이라고 여기던 것을 정당화하기 위해 평생 노력했다. 그 결정적 모순은 미국의 자유가 노예 제도와 함께 등장했으며, 가장 혁명적인 텍스트들의 저자들이 노예 소유주라는 점이었다.[82]

제퍼슨은 다른 어떤 저자보다 인디언과 아프리카계 미국인의 차이를 논할 수 있는 최고의 권위자가 되었다.[83] 그는 과학과 폭넓은 독서에 기대어 미국의 인종적 모순을 해결하고자 노력했다. 그러나 실패했다. 70대가 되었을 때 그는 남부에서 아프리카계 미국인 아이들을 완전히 추방하려는 음모를 꾸몄고, 인디언 추방 주장을 지지했다.[84] 이렇듯 미국에서 계속 확장되던 패러독스를 그는 해결하지 못했다.

모순된 인식은 모순된 정책을 부추겼다. 6장에서 살펴본 대로, 헌법에 명시된 "과세 대상에서 제외된 인디언"이라는 모호한 범주가 대표 선출을 위한 인구와 과세 대상에서 선주민을 제외시켰다. 헌법은 인디언 문제에 대한 독점적 권한을 연방정부에 양도하면서도 "인디언은 어떤 주의 구성원도 아니다"라는 연합헌장의 모호한 조항을 그대로 유지했다.[85] 이런 모호함이 불만을 불러일으켰고, 제임스 매디슨은 《연방주의자 42권Federalist NO. 42》에서 이런 연합헌장의 불명확성을 조롱했다. 매디슨의 주장에 따르면, 인디언에 대한 이러한 규정은 "아직 정립되지 않았으며, 혼란과 논쟁을 일으키곤 한다."[86]

모순되고 상충하는 생각들은 곧 상반된 정책으로 굳어졌다. 궁극적으로, 제퍼슨이 말한 "우리 내부의 … 적"인 선주민은 동화되거나 제거될 터였다. 동화와 제거라는 두 가지 정책 모두 인디언이 "문명"

을 받아들일 수 있는지에 대한 논쟁에 뿌리를 두기는 했지만, 이런 정책들은 선주민에게 자치의 가능성을 거의 열어주지 못했다. 오히려 이런 정책은 사실상 폭력에 대한 처방전이 되었다. 공화국이 예상치 못한 땅을 확보하자 제거와 동화 주장은 대조적인 이데올로기로 굳어졌다. 노예제 폐지론자들의 논쟁과 유사하게, 이런 이데올로기들이 제퍼슨이나 앤드루 잭슨과 같은 국가적 차원의 대변인을 양산했다.

"인디언 문제"는 곧 초기 미국을 규정하게 된다. 1829년 앤드루 잭슨이 대통령에 취임하기 전까지 연방정부는 내륙에서의 외교와 조약 체결에 관한 광범한 관행을 유지했다. 그는 이런 관행들이 지나치게 유화적이라고 생각했다. 기존 관행과 그의 신념은 충돌했다. 어떤 이들은 인디언과의 조약 체결이 위헌이라고 믿었다. 많은 이들이 보기에 연방 내에서 허용되는 유일한 자치 형식은 백인 시민에게만 해당하는 것이었다.

## 초기 연방정부와 인디언 사이의 외교

1790년 제퍼슨이 〔워싱턴 대통령 휘하에서〕 국무 장관이 되었을 때 그와 함께 일한 지도자들은 수십 년 동안 선주민 네이션을 상대한 경험이 있는 사람들이었다. 조지 워싱턴은 7년전쟁으로 명성을 얻었다. 1789년에는 헨리 녹스가 전쟁 장관으로 임명되었는데, 그도 연합헌장에 따라 그 직책을 맡았다. 다른 군 장교들과 마찬가지로 이 "연방주의자" 지도자들은 내륙 외교의 본질을 익히 알고 있었다. 그들은 인디언 지도자들과 오랜 시간 관계를 맺은 터였다.[87]

이 1세대 정책 입안자 세대는 외교, 무역, 국가 건설이라는 일상적 업무를 통해 형성되었다. 관행의 다양성, 다양한 관련 인물들, 그리고 그들을 이끄는 모순적인 동기들을 고려할 때 연방 인디언 정책 중 어느 한 가지만으로 초기 공화국의 관행을 제대로 표현하기는 어렵다.[88] 워싱턴 대통령 휘하의 첫 연방정부는 국가 권위에 대한 문제들을 놓고 갈피를 잡지 못했기에, 인디언 문제를 이끈 원칙은 합의된 것이기보다 모순적인 경우가 더 빈번했다.

녹스는 선주민 지도자들에게 무역품을 꾸준히 보내고 워싱턴 대통령과의 회담에도 초대하는 등 그들의 마음을 사려고 애썼다. 재정적 부담이 큰 상황에서 그는 외교적·경제적 방편을 선호했다. 그는 내륙 선주민 네이션들이 고유의 영토와 군대를 보유했을 뿐 아니라 영국과의 동맹도 유지하고 있는 강력한 적수임을 알았다. 그는 때로 선주민 네이션에 백인 문화로의 동화를 장려하고 농경의 확산을 권장했다. 군인이 아니라 선교사가 선주민의 동화를 촉진하기를 원했던 그는 이렇게 독려했다. "그들(선교사들)은 그들(선주민)의 친구이자 아버지가 되어야 한다."[89] 기독교인의 우정과 부성애라는 이원론적 가부장제를 채택한 국가 지도자들은 내륙에서 선주민 네이션들과 공존하자는 전망을 제시했다. "위대한 아버지"가 그들에게 필요한 변화를 이끌 것이라고 보았다. "인종들"의 완전한 분리가 국가 정

책은 아니었다.[90]

이런 노력과 함께 기반 시설이 들어섰는데, 이 점은 중요하지만 자주 망각되곤 한다. 그 시설은 조지 워싱턴의 부추김에 힘입어 건설된 무역소로, 요새를 대신해 연방 권력의 중심이 되었다.[91] 워싱턴은 제5차 연두교서에서 연방의회가 내륙의 부족들과 "이익을 공유하는 관계"를 맺어야 한다면서 이렇게 주장했다.

> 평화를 깨뜨린 자들에게 법을 엄격하게 집행하고, 인디언 네이션들과 거래 관계를 수립하는 것이 … 그들의 호감을 얻는 가장 좋은 방법이다. 그러나 이는 사기나 강탈 없이 수행되어야 한다. 인디언들에게 상품을 지속적이고 풍부하게 공급하는 안정된 시장을 조성해 그들이 명시된 가격대로 지불하고 대가를 받도록 해야 한다. … 이 권고안이 연방의회의 의견과 일치한다면, **아직** 행정부에는 이를 달성할 수단이 없다는 점을 의회가 상기해야 할 것이다.[92]

내륙의 선주민 지도자들에게 연방정부의 "평화 메달"이 수여되었는데, 선주민 네이션들과 연방정부 사이의 관계를 기리기 위해 제작되었다. 선주민 사회 가운데 상대적으로 협정을 잘 지킨 선주민 지도자에게 수여된 이 메달은 위원회에서 이루어진 발언과 조약에 쓰인 글을 물질로 표현한 것이었다. 인디언 지도자들은 이 메달을 자신이 속한 지역사회의 주권을 인정하는 증거로서 전시했다. 녹스가 주장한 것처럼 선교사들도 내륙 지역사회들을 순회하면서 복음을

전파했다. 무엇보다 선교사도 공화주의 이념의 특징인 절제와 온건함의 미덕을 실천하는 모범을 보였다.[93]

이런 관행이 미국의 "문명화" 프로그램으로 발전했다.[94] 아이작 매코이Isaac McCoy를 비롯한 선교사들도 인디언에게 교육 기회를 제공해야 한다고 주장했으며, 유럽계 미국인의 공식적인 교육과 문해력 없이는 "인디언이 우리 정부와 경쟁할 수 없다"라고 주장했다.[95] 공화국 초기에는 뉴햄프셔에 있는 무어 자선학교Moor's Charity School와 코네티컷에 있는 콘월 선교학교Cornwall Mission School 등 뉴잉글랜드 신학교에 선주민 학생들이 다녔다. 이들은 소수이지만 영향력이 있었다.[96] 이 학교들에 등록한 선주민 학생들은 중요한 교육을 받았고, 그중 상당수는 나중에 자행된 지속적인 침략으로부터 자신의 지역 사회를 지켜내는 일을 했다. 또 이런 교육을 받은 이들 중 다수가 수십 년 동안 (인디언) 추방 정책을 비판했다.

그러나 식민지 시대에도 그랬듯이, 내륙 정착민이 취한 행동은 미국 지도자들의 야망에 부합하지 않았다. 내륙의 미국 시민들은 연방 정책에 불복종하고 선주민의 땅이나 목숨, 혹은 둘 다를 빼앗는 경우가 흔했다. 특히 켄터키인들이 선주민을 주기적으로 살해했다. 녹스에 따르면, 켄터키인들은 "미국에 대한 애정을 자랑스럽게 말하는 사람들"을 표적으로 삼았다고 한다. 연방정부는 내륙 네이션을 파괴하거나 추방하는 것보다 이런 침략 행위를 제어하는 것을 우선적인 국가 정책으로 삼았다. 게다가 녹스는 "피와 불의가 … 국가의 품격을 더럽힐 것이며, [그리고] 그 해악은 온갖 금전적 계산을 넘어서는

수준"이라고 결론지었다.[97]

녹스가 미국의 독립 이후 복잡한 내륙 외교를 풀어가는 동안 제퍼슨은 파리에 있었다. 프랑스와 이탈리아 국경 지대에 점점 더 애정을 품게 된 그는 이런 내용의 편지를 썼다. "만약 내가 죽으면 … 나를 이 곳으로 보내달라고 간청하겠다."[98] 주불 미국 대사였던 제퍼슨은 미국의 부채를 탕감하기 위해 노력했다. 그는 15년 만에 그로서는 두 번째 독립 선언인 프랑스의 "인간의 권리에 관한 선언Declarations on the Rights of Man"의 초안 작성에도 참여했다. 제퍼슨은 프랑스 혁명과 그 불확실한 여파를 분석했다. 파리에서 그는 《버지니아주에 관한 단상들》의 미공개 사본을 들고 다녔다. 이 책은 1785년에 파리에서 처음 출판되었고, 1787년에 런던에서 출판되었다.[99] 1782년 아내 마사Martha가 사망한 뒤 파리로 건너간 중년의 대농장주 제퍼슨은 여행도 하고, 부도 쌓고, 연애 사건도 만들었는데, 여기에는 열네 살의 노예 샐리 헤밍스Sally Hemmings와의 일도 포함되었다.[100]

수년간 내륙 외교와 토지 정책, 계속되는 입헌 정치의 신랄함과 거리를 두었던 제퍼슨은 1790년에 귀국해 이미 구성된 정부에 다시 들어갔다. 요컨대 그는 독립선언서 초안을 작성하고 나중에는 미국의 가장 중요한 동맹국과 함께 일했지만 해외에서 체류했다. 워싱턴 내각에서 제퍼슨은 미국의 첫 정치 분파인 연방주의자들에게 불편한 감정을 느꼈다. 농업주의와 인민 주권에 대한 그의 깊은 신념이 중앙 권력에 대한 연방주의자들의 관점과 확연히 달랐기 때문이다. 내륙의 사정을 잘 알지 못했던 것이 그의 견해에 영향을 미쳤을지 의

심해보지 않을 수 없다. 조지 워싱턴이나 헨리 녹스와 달리 1780년대에 해외에 체류했던 제퍼슨의 저술들에는 낭만주의적 전망이 짙게 배어 있다. 대통령직에 있는 동안 그는 프랑스, 아이티, 그리고 곧이어 루이지애나에 지속적으로 관심을 가졌는데, 이는 선주민에게 끔찍한 결과를 불러왔다.[101]

## 노예 봉기와 내륙 인디언의 군사 작전(1791~1800)

제퍼슨이 가장 두려워했던 유령은 1791년 9월에 현실로 다가왔다. 이는 북아메리카에서 온 것도 아니었고 파리의 단두대에서 온 것도 아니었다. 프랑스 식민지였던 생도맹그Saint-Domingue, 즉 아이티에서 "끔찍한 공화국"이 탄생했다고, 제퍼슨은 탄식했다.《버지니아주에 관한 단상들》에서 표현된, 노예 봉기에 대한 제퍼슨의 끝없는 두려움이 이 사건을 통해 확인되었다. 그는 버지니아주에서 봉기가 일어날 가능성을 언급하면서, "나는 내 조국을 위해 떨고 있다"라고 썼다.[102] 아이티 혁명은 제퍼슨의 두려움을 확인해주었고, 유럽 지도자들에게도 충격을 안겼다. 그들은 노예가 백인의 통치를 전복하고 스스로 정부를 세울 수 있다는 것은 상상도 하지 못했다.[103] 제퍼슨은 "인간의 감정이 이렇게 깊은 비극을 만난 적은 없었다"라고 썼다.[104]

1812년 미영전쟁 이전의 어떤 사건 못지않게 미국의 인종 관계를 재편한 것은 아이티 혁명이다. 프랑스는 옛 식민지 아이티를 탈환하려고 노력했으나 실패하면서, 아메리카 대륙에서 프랑스 제국을 재건하려던 나폴레옹 보나파르트의 희망이 꺾였다. 1790년대로 접어들면서 아이티 혁명은 미국의 외교 문제를 집어삼켰고, 의도치 않게 선주민에 대한 연방 정책이 동화에서 강제 추방으로 바뀌는 데 일조했다.[105]

미국 노예 제도 역시 1791년 이후 빠르게 변화했다. 1793년에 '도망노예법Fugitive Slave Act'이 통과되었다. 1794년 엘리 휘트니Eli Whitney는 조면기繰綿機 특허를 받았고, 1800년에는 '가브리엘의 봉기Gabriel's Rebellion'〔주도자들 중 아이티 혁명에 참여했던 이들도 있었고, 시기적으로 볼 때 아이티 혁명의 영향을 받았다고 볼 수 있는 노예 봉기〕가 발생해 버지니아의 노예 제도를 위협했다. 제퍼슨은 이 사건들 각각의 전개에 관여했으며, 이 사건들 각각은 제국에 대한 제퍼슨의 생각에 영향을 미쳤다. 다양한 인종으로 구성된 커플이나 가족 등 아이티 난민 수백 명이 필라델피아에 상륙했는데, 이때 노예 봉기에 관한 소식도 함께 가져왔다.[106] 아이티에서는 다른 인종 사이의 결혼이 사회적 관행이었는데, 이런 점은 미국과 대조되었다. 미국에서는 다른 인종 사이의 결혼이 불법인 주도 있었고, 그렇지 않은 지역에서도 최소한 비난받는 일이었다.[107] 아이티에서 온 난민들에 의해 황열병도 전파되었는데, 이 때문에 제퍼슨은 필라델피아를 떠나 있기도 했다. 이때 제퍼슨은 다른 봉기가 이어질 것을 우려한다는 말을 남겼다.[108]

국무 장관으로서 제퍼슨은 휘트니가 자신의 발명품으로 신청한 특허도 곧 받아들였다. 제퍼슨은 조면기가 과학과 상업 양쪽에서 신

기술이 되리라는 사실을 알아보았다. 노예 150명을 소유했던 제퍼슨은 미국산 면화에 대한 수요 증가를 직접 목격했다. 또한 목화 솜에서 씨앗을 손으로 제거하는 작업이 기본적으로 어렵다는 것도 잘 알았다. 그는 휘트니에게 특허장이 "즉시" 발급될 것이라고 말했다.[109] 마침내 1800년, '가브리엘의 봉기' 이후 대통령에 당선된 제퍼슨은 버지니아 주지사 제임스 먼로가 보낸 비밀 전갈을 읽었다. 먼로는 자유인이 된 흑인들을 버지니아에서 추방해야 한다고 주장했다. 먼로는 그런 "사람"들 때문에 "사회의 평화가 너무 위험"해졌으니 "추방해야 한다"고 생각했다.[110] 제퍼슨도 비슷하게 다음과 같이 경고했다. "우리가 무언가를 하지 않으면 … 지금 전 세계를 휩쓸고 있는 혁명적 폭풍이 우리에게 불어닥칠 것이오. 그러면 우리는 우리 아이들을 죽이는 살인자가 되는 셈이오."[111]

제퍼슨은 노예 제도에서 파생한 문제를 매일 직면했다. 먼로에게 보낸 답변에서 제퍼슨은 아프리카계 미국인을 아프리카의 시에라리온으로 보내는 건에 대해 문의했다. 그러나 거기에 들어가는 필수적인 비용과 그런 "식민화"에 대한 자유인 흑인들의 저항 때문에 이 제안은 무산되었다. 제퍼슨은 아이티에 아프리카계 미국인을 보내는 방안에 대해서도 문의했다.[112] 더 넓은 관점에서 보면, 노예제와 노예 소유주들의 노예 봉기에 대한 두려움이 공화국을 위협한다는 점이 점차 분명해졌다.[113]

공화국에 대한 위협은 내부 노예들과 외부 인디언 "적들"에게서 왔다. 아이티 혁명 이후 이런 위협은 서로 얽히면서 성장했다. 내륙의 선주민 네이션들이 북서부에서 미국의 확장에 맞서 계속 싸우자 정책 입안자들은 "문명화" 프로그램을 제쳐두고 새로운 해결책을 모색했다. 선주민 세력이 공화국에 치명적인 타격을 가하고 그와 동시에 노예 반란의 위협이 커지자, 정책 입안자들의 해결책 모색은 더 절실해졌다.

녹스는 1791년 오하이오강을 따라 펼쳐진 선주민의 군사 행동으로 미국군이 무력해진 뒤로 "문명화" 프로그램을 한층 더 지지하는 입장을 보였다. 한 학자가 "인디언네이션연합United Indian Nations"이라고 부른, 알곤킨어를 사용하는 선주민 연합과 벌인 전투에서 미국군 1000여 명이 목숨을 잃었다.[114] 하마르(1790), 세인트클레어St. Clair(1791), 웨인(1794) 장군이 이끈 값비싼 원정을 통해 연방 권력의 한계와 선주민 네이션들의 자치 관행이 계속되고 있음이 확인되었다. 미국 독립 이후 첫 10년 동안, 치명적이지만 결정적이지는 않은 내륙에서의 전쟁이 이어졌다.

1791년, 세인트클레어가 겪은 패배가 이런 현실을 특히 잘 보여주었다. 병사 900명을 잃은 녹스의 패배는 옛 북서부 지역 선주민 네이션들이 지닌 주권을 분명히 보여주는 사건이었다.[115] 선주민 권력에서 오랫동안 필수 요소는 공동체를 지키고 침입자에게 폭력을 행사할 능력이었다. 정착민 인구에 비하면 수적으로 열세였지만, 선주민 지도자들은 전장 안팎에서 미국의 정책에 맞섰다. 선주민 지도자들은 미국 지도자들에게 이렇게 주장했다. "돈은 우리에게 아무런 가치가 없다. 우리에게 땅을 팔라고 유혹해도 어림없다. 그 땅에서 우리는 우리 여자들과 아이들을 위해 생계를 이어간다."[116] 1793년, 디트로이트강 유역에 모인 인디언네이션연합의 지도자들은 평화로운 공존을 위해 최선을 다하겠다고 약속했다. 그러나 이런 약속은 연방 정부가 "오하이오[강]를 우리 사이의 경계선으로 유지하는 데 동의"할 때만 지켜질 수 있었다.[117]

1793년 12월, 제퍼슨이 노예 반란을 우려하자 선주민들은 오하이오오강을 미국과의 영구적 경계선으로 인정받기 위해 로비를 벌였다. 그들은 이전에 제안받은 경계선에 대한 의견과 근거지를 빼앗으려는 시도들을 물리친 적이 있었다.[118] 미국과 다른 외국 지도자들은 영국군이 이 지역의 인디언과 동맹을 유지했기 때문에 선주민의 힘이 지속되었다는 점을 부분적으로 인정했다. '파리 조약'(1783)에서 규정된 조항에도 불구하고 선주민 네이션들은 디트로이트, 나이아가라, 마이애미 등지의 영국 요새에서 지원을 받았다. 이런 요새들은 버려진 것이 아니었다.[119]

1800년에 대통령이 된 제퍼슨은 이 같은 난제들을 이어받았다. 그는 의회의 토론을 면밀하게 살펴 내륙 인디언 문제에 대한 새로운 해결책을 고심했다. 그는 특히 공화국의 첫 두 국제 조약인 '제이의 조약'(1794)과 '산로렌조 조약Treaty of San Lorenzo'(1795)에서 확립된 법적 선례를 검토했다. 이 두 조약은 내륙 영토의 경계에 관한 규정으로, 부분적으로는 인디언 조약을 비준하던 관행에서 비롯된 것이다.

늘 노예 봉기를 두려워했던 제퍼슨은 이런 논쟁을 통해 새로운 헌법 권력에 대한 논점을 배울 수 있었다. 그는 곧 미국이 쉼 없이 확장될 수 있도록 외국 열강으로부터 영토를 얻고자 했다. 특히 뉴올리언스와 미시시피강 하구에 집중했는데, 이곳에서 미국 농산물 수출의 8분의 3이 선적되었다. 제퍼슨의 기록에 따르면, "지구상의 단 한 곳, 그 장소의 소유자가 우리의 천적이자 상습적으로 적대적인 곳이 있다. 바로 뉴올리언스다." 제퍼슨은 국무 장관 매디슨에게 무력을 포함한 모든 방법을 동원해 이 두 지역을 확보하라고 지시한다. 매디슨은 파리에 머물던 미국 대표단에게 다음과 같이 지침을 내렸다. "여러분은 … 전쟁이 불가피하다는 전제 아래 논의를 진행하시기 바랍니다."[120]


## 인디언 조약 체결과 연방 권력의 관행


1800년 제퍼슨이 대통령이 되었을 때, 행정부와 입법부는 내륙에서 부족들과 맺은 관계 및 외국 제국과의 관계에서 10여 년간 경험이 쌓인 상태였다. 특히 조약 체결과 같은 새로운 관행으로 연방정부의 권한이 확대되었지만, 여전히 많은 의문점이 남아 있었다. 헌법에 따르자면 영토를 합법적으로 취득하는 방식은 전쟁을 통한 정복과 조약을 통한 양도였다. 헌법은 공화국이 다른 방법으로 영토를 취득할 수 있도록 승인했는가? 연방정부가 영토를 "구매"할 수 있다면, 이렇게 구매한 영토는 어떻게 연방에 추가되어야 하는가? 그리고 연방정부가 구매한 영토에서 거주하던 선주민과 비非미국인은 어떻게 해야 하는가?

이런 질문을 통해 정치적 파벌들 사이의 깊은 간극이 드러났다. "전쟁을 피할 수는 없다"라고 한 매디슨의 제안은 위협이자 정당화였다. 헌법에 따라, 전쟁은 영토를 정복하는 합법적 수단이 되었다. 그러나 외교는 훨씬 쉬웠다. 인디언과 맺은 조약을 통해 수백만 에이커의 영토가 미국에 양도되었다. 실제로 내륙 인디언과 조약을 맺는 관행을 통해, 당파적 분열이 깊어가는 동안 연방정부, 특히 조약을 체결하고 구속력 있는 조약을 비준할 수 있는 상원의 역량이 강화되었다.

조약 비준에서 각 조항에 대한 토론, 내륙 요새를 위한 연간 예산 조달, 선주민 부족에게 지급될 연간 지원금에 이르기까지 다양한 방식으로 조약은 미국 국정 수행의 첫걸음이 되었다. 연방정부가 군대를 파견하고 부채를 갚는 데 어려움을 겪던 시기에 조약은 가장 일관된 분쟁 해결 방식 중 하나가 되었다. "문명화" 프로그램의 제도들, 즉 요새나 "교역소factory houses", 심지어 선교사보다도 조약이 인디언 정책에서 더 중요한 주요 수단이 되었다. 미국 내 선주민 네이션의 운명은 조약에 의해 결정되었다. 미국 독립부터 1871년에 인디언 조약 체결이 공식적으로 종료될 때까지 상원이 비준한 조약은 거의 400개에 달했다.

인디언 외교는 연방파와 공화파 행정부를 형성했다. 제퍼슨 행정부 시절인 1800~1808년 상원은 "치커소, 촉토, 크리크, 세네카, 델라웨어, 체로키, 삭과 폭스Sac and Fox, 와이언도트, 오타와, 오세이지, 치페와"와의 협정을 포함해 33개의 인디언 조약을 비준했다. 1808년에 오세이지와 맺은 조약처럼 서명자가 100명이 넘는 조약도 있었고, 여러 선주민 네이션이 함께 관여한 조약도 있었다.[121] 1807년에 비준된 오타와와의 조약에는 "한편에는 오타와강 북서쪽의 여러 인디언 네이션들, 다른 한편에는 오타와, 치프웨이, 와이언도트, 포타와타미 인디언 네이션의 장로sachem, 수장, 군인"이 포함되었다.[122]

미국헌법에 명시된 대로 이 조약들에는 "이 땅의 최고 법"이 반영되었고, 조약을 통해 신생 공화국은 국가의 평화, 무역, 관할권을 확립할 수 있는 체계를 제공받았다. 이러한 조약들을 통해 전쟁이 종식되었고, 영토가 양도되었으며, 시간이 지남에 따라 외교에 대한 헌법상의 권한이 명확해졌다. 이처럼 조약법을 무시하고는 미국의 역사를 상상하기 어렵다.[123]

미국헌법에서는 조약을 체결하고 인디언 문제를 관할하는 것이 연방정부의 배타적 권한이라고 분명하게 규정한다. 앞서 살펴보았듯이 주정부들은 제헌회의에서 그런 권한을 연방정부에 양도했으며, 내륙에서의 토지 분쟁을 해결하기 위해 연방정부의 권한이 필요하다는 것을 인정했다.[124] 공화국 초기에 조약들은 연방정부의 이러한 헌법적 권한을 분명하게 보여주었다. 선주민 네이션의 시각에서 보면 그들 역시 조약들을 통해 영토를 내어주는 대가로 자원, 무역품, 귀중한 화폐까지 제공받았다.[125]

그런데 미국헌법에서는 연방정부가 영토, 특히 외국 열강이 보유한 영토를 추가로 취득하는 방법에 대해서는 그리 명확하게 규정하지 않는다. 헌법의 영토 조항(제4조 제3항)은 연방에 새로운 영토를 추가하는 절차를 다음과 같이 규정한다. "연방의회는 미국에 속하는 영토 또는 기타 재산에 관한 모든 필요한 규칙과 규정을 폐기하고 제정할 권한을 가진다."

이 권한은 연합헌장에 따라 통과된 1787년의 '북서부 조례'에서 가져온 것이다. 그러나 이 공화국은 어떤 헌법적 권한에 근거해 외국 영토와 그 영토의 신민을 국가에 추가할 수 있는가? 이런 질문이 공화국을 괴롭혔고, 인디언 네이션과의 외교가 끝날 때까지 몇 년이 지나도록 답을 얻지 못했다.

선주민 부족들이 연방정부의 발전에 미친 영향력은 흔히 간과된다. 1792년, 한 하원의원은 "영국이 힘들더라도 인디언과의 동맹을 유지하는 한, 우리는 인디언을 상대로 성공을 꿈꿀 수 없다"라고 탄식했다.[126] 정치적 담론은 혼란으로 가득했다.[127] 헌법이 비준된 이후에야 새로운 형태의 통치체가 등장했는데 그나마도 단편적이었다. 연방 관리들은 일련의 정책과 관행을 토론하고 시험하면서, 지속적으로 제기된 인디언 문제에 대응했다. 식민지 시대부터 이어진 조약들이 이런 심의에서 필수적인 요소가 되었다. 중앙정부가 행정 국가로서 최종적인 형태를 갖추기 전에, 인디언 문제는 중앙정부가 반드시 풀어야 할 난제였다.

내륙 인디언 부족들의 힘이 미국 정부의 여러 부처를 압박하자 새로운 형태의 중앙 권력이 등장했다.[128] 선주민 네이션에는 역설적이게도, 이런 관행을 통해 선주민뿐만 아니라 외국 땅에서도 영토를 확보할 수 있도록 연방정부의 헌법적 권한이 확대되었다. 다시 말해 인디언 조약은 연방정부의 권력을 확대함으로써 다른 형태의 헌법적 권력에 필요한 "개념적 숙달conceptual mastery〔특정 과정을 통해 수립된 개념이나 원칙을 다른 영역에서도 적용하는 능력〕"의 상당 부분을 확립하는 결과를 낳았다.[129] 따라서 연방정부가 인디언의 영토를 추가할 권한을 얻으면서 국가 관할권에 대한 다른 필수적인 문제들도 명료해졌고, 미국이 초기에 외교 정책을 펼치는 데 도움이 되었다. 미국의 유명한 외교 에피소드들에 앞서 인디언과의 외교가 먼저 이루어졌던 셈이다.

예를 하나 들어보겠다. 대통령 취임 첫날인 1789년 5월 25일, 존 애덤스 부통령은 부피가 큰 소포를 받았다. 상원 의장이기도 했던 애덤스는 상원에서의 절차를 관리할 책임이 있었다. 녹스가 보낸 이 소포에는 포트하마르에서 협약된 두 건의 조약문이 들어 있었다. 연합헌장에 따라 초안이 작성되어 헌법에 따른 비준을 기다리고 있던 이 두 조약은 연방 상원에 상정된 최초의 조약이었다.[130]

이 공화국 앞에는 여러 난제가 놓여 있었다. 로드아일랜드와 노스캐롤라이나에서는 헌법이 비준을 받지 못했다. 헌법을 통해 중앙집권적 권력이 형성되면 그 권력이 주정부의 권리와 개인의 자유를 침해할 수 있다고 우려했기 때문이다. 그해 1789년 초, 미국 최초의 하원의원 선거에서는 투표율이 저조했다. 펜실베이니아의 한 카운티에서는 18명의 남성만 투표에 참여했을 정도다.[131] 조지 워싱턴이 걱정했던 것처럼, 미국은 곧 "항구를 눈앞에 둔 난파선"이 될지도 몰랐다.[132] 그해 8월에는 프랑스에서 혁명이 발발했다는 소식이 전해졌다.

국제 관계에서 극적 변화가 있으리라고 예상한 사람은 거의 없었다. 이 공화국의 초대 상원의원들은 조약 체결 권한이 조만간 필요해질 것임을 알았다. "행정부가 상원의 동의를 얻어, 출석한 상원의원의 3분의 2가 찬성할 때 조약을 체결할 권한을 가진다"라고 한 헌법 조항은 명확히 해야 할 지점이 많았다.

존 애덤스는 헌법의 이 조항을 확실하게 하기 위해 위원회가 행정부와 협의해 그 두 조약의 심의를 제안했다. 8월, 위원회는 이런 의무를 이행하기 위한 상원의 권한을 어떻게 해석할지를 두고 권고안을 발표했다. 9월 8일, 상원은 그해 1월 9일에 체결된 첫 번째 조약인 '와이언도트와 조약'을 조지 워싱턴이 "이행하고 준수하기를 권고"하기로 결의했다.[133] 이렇게 해서 상원은 이 공화국의 첫 번째 조약을 심의했다.

이 권고안은 조약 체결 권한에 대한 워싱턴의 전반적인 견해를 지지했다. 그러나 더 구체적인 설명이 필요했다. 워싱턴은 상원의 대응이 조약 비준에 대한 적절한 절차를 확립하지 못했다고 판단했다. 절차가 명료하게 기술되지 않으면 실무를 예측할 수가 없었다. 워싱턴은 "이 점이 잘 고려되고 해결되어야 하며, 그래야 우리의 국무 절차가 통일성을 갖출 수 있다고 생각했다"라고 썼다.[134] 그런데 상원의 권고안과 심의 과정은 너무나 모호했다. 그래서 워싱턴은 녹스를 보내, 조약 체결 장소에 대해 다음과 같은 중재안을 전달했다.

장관들과 위원들의 실수와 경솔함을 견제하려면 관리들의 권한이 유래한 주권자나 정부가 비준할 때까지 그들이 협상하고 서명한 조약을 최종적이고 확정적인 것으로 간주하지 않는 것이 국가의 일반적 인식과 관행이라고 한다. 미국은 이 관행을 채택해왔다. … 인디언과의 조약을 체결할 때 이런 관행을 준수하는 것이 바람직하다. 그들의 입장에서는 그런 조약은 자신들의 수장이나 통치자가 만든 것이고, … [그리고] 우리 쪽에서는 대표자나 하급 관리가 만든 것이다. 그러므로 그들이 만든 법이 우리 정부에 의해 승인과 비준을 받을 때까지 구속력을 가져서는 안 된다고 보는 것이 신중하고 합리적이라고 할 수 있다.

워싱턴은 상원이 이런 조약을 다룰 때 고려해야 할 두 가지 질문에 대해 다음과 같이 서술했다.

지난 5월 25일 나의 메시지와 함께 여러분 앞에 놓인, 특정 인디언 네이션과 관계된 두 조약은 두 가지 질문을 제기한다. … 첫째, 그 조약들이 비준되지 않고도 완성된 것으로, 따라서 의무적인 것으로 간주되어야 하는가? 만약 그렇지 않다면 둘째, 둘 다 혹은 둘 중 어느 하나를 비준해야 하는가?[135]

조지 워싱턴은 두 조약을 각각 따로 처리하고, 상원이 두 조약 각각에 대해 투표할 것을 요청했다. 그는 이런 관행에 대한 연방정부의 권한을 강화해야 한다고 강조했다. 그는 그런 "구속력"을 갖추지 못한 내륙 협정은 실행될 수 없다고 보았다. 그런 관행이 자리잡지 못한다면, "장관들이나 위원들의 실수와 경솔함"이 커질 수 있다고 경고했다.

워싱턴은 조약 체결이 개인이 무분별하게 행동할 가능성, 특히 토지 취득을 위해 무분별한 태도를 보일 가능성을 억제한다는 사실을 잘 알았다. 그는 "일관된" 통치 관행을 도입하고자 노력했다. 그러나 개인적이고 집중된 이해관계들이, 국가적 우선순위까지는 아니더라도 법적 가치의 전개와 실천을 위협했다. 상원은 이 책임의 막중함을 이해하고 그에 따라 처리해야 했다. 상원이 워싱턴에게 "규정을 준수해 실행하라고 조언하는" 권고만으로는 충분하지 않았다. 여기에는 명확성과 통찰력이 부족했다. 상원의 권고에는 내륙과 국가 통치의 난제들을 돌파하는 데 필수적인 개념적 숙달이 거의 보이지 않았다.

9월 말, 상원은 '와이언도트 조약'을 비준했고, 곧이어 '식스 네이션', 크리크, 체로키와 추가 조약을 체결했다. 이처럼 공화국의 조약 체결 권한은 오로지 인디언 문제에만 집중되었다. 첫 여섯 회기가 진행되는 동안 총 여덟 건의 조약이 상원에 상정되었다.[136] "일관성"을 갖추려면 상원이 그 권한들을 해석하고 이를 각 조약에 적용해야 했다. 이 같은 절차적 권한이 논쟁을 거치면서 성장하고 그 기반이 다져졌으며, 그 토대 위에서 미국이 체결할 국제 조약이 협의되었다. 이런 국제 협상은 인디언 문제와 연관된 경우가 많았다.

# '제이의 조약', '그린빌 조약',
# 그리고 외교와 국내 문제

1794년부터 연방 상원은 에스파냐, 영국, 프랑스 등 인디언이 아닌 서명 주체들과 관련된 조약을 논의하기 시작했다. 이런 토론은 갈수록 논쟁적인 양상을 띠었고 정부의 어느 부처가 외교 업무를 수행해야 하는지를 두고 답이 없는 질문들이 제기되었다. 이런 토론을 통해 당대의 큰 정치적 문제 가운데 하나, 즉 미국의 정책이 어느 유럽 강대국으로 기울어야 하느냐는 문제가 조명되었다.[137] 1794년 11월에서 1795년 8월까지 10개월간 이어진 이 논의를 통해 "국내" 인디언 조약 체결에서 "대외" 관계가 어떻게 전개되었는지를 살펴볼 수 있다.

1795년 8월, 아홉 개 네이션에서 온 89명의 선주민 서명자가 오하이오주 포트그린빌에서 '1795년 와이언도트 등과의 조약Treaty With the Wyandot, etc., 1795'에 서명했다. 협상에는 두 달이 걸렸는데, 전년 여름 앤서니 웨인Anthony Wayne 장군이 폴른팀버스Fallen Timbers 전투에서 승리를 거둔 이후 진행된 조약이었다. 이 조약에서 인디언네이션연합은 오하이오의 3분의 2를 미국에 양도했고, 미국은 옛 북서부 지역 대부분에 대해 인디언네이션연합의 주권을 인정했다. 제3조는 인디언 조약에서도 매우 긴 조항으로, "미국 영토와 상기 인디언 부족들의 영토" 사이의 경계를 설정하는 내용이 90행에 걸쳐 담겼다.[138] 이 조약은 또한 옛 북서부 지역 곳곳에 미국의 요새를 배치하도록 허용했다.

헌법에서 보장하는 개별 시민에 대한 권리와 달리, 조약은 각각의 주권자 사이에서 "교환"이 이루어질 수 있게 했다. 그린빌에서 인디언네이션연합 지도자들은 남은 근거지들에서 주권을 인정받는 조건으로 오하이오 영토의 대부분을 양도했다. 이 조약은 또한 옛 북서부 지역 전체에 무허가 무역을 금지했다. 근본적으로 이 조약은 서로 합의하에 통치되는 하나의 세계를 구축해, 그곳에서 각 주권 단위의 구성원들이 서로에게 "사적인 복수나 보복"을 하지 못하게 했다. "대신 피해를 입은 당사자가 상대방에게 불만을 제기해야 한다"라고 이 조약은 규정했다. 이 조약은 또한 미국 시민에 대한 형사 관할권을 확대했고, 부족 공동체가 "그들의 마을", "사냥 야영지", "영토의 경계"와 관련해 권한이 있음을 인정했다.[139] 또한 이 조약에는 지속적인 외교를 위한 약정도 포함되었다. 여름 내내 심혈을 기울여 이 조약을 세세하게 협상한 것은 이 지역의 미래를 결정하기 위해서였다.

그린빌에서 미국은 또한 이전 조약들을 "따라서 … 무효화"할 것을 요청했다. 이 과정에서 미국은 이 지역에 대한 자국의 영유권을 정당화하고 내륙 토지를 취득할 수 있는 연방정부의 독점적 권한을 확립했다.[140] 특히 제5항은 연방정부가 선주민 네이션으로부터 영토를 취득할 수 있는 권리를 다음과 같이 확립했다.

해당 부족들 또는 그 부족의 일부가 그들의 영토 또는 그 일부를 매각할 경우, 이는 오직 미국에 매각되어야 한다. 그런 매각이 이루어질 때

까지 미국은 상기한 인디언 부족들 모두가 조용히 토지를 향유할 수 있
도록, 이를 침범하는 모든 미국 시민과 여타 모든 백인으로부터 보호할
것이다.[141]

이 조약은 단기적으로는 미국의 영토 확장을 제한했지만, 장기적
으로는 장래에 그런 영토를 취득할 권한을 지켜냈다. 30년 후, 연방
대법원은 '존슨 대 매킨토시' 재판(1823)에서 헌법상 인정된 연방 선
점권을 확인했다.[142] 이런 심의에 대한 선례는 이 조약들의 협상 과
정에서 나왔다.

연방의 우선권이라는 배타적 권리는 오랜 내륙 외교의 역사에서
비롯되었다. 이런 권리는 제국주의적 맥락에서 등장했는데, 당시 그
린빌 전투에서 웨인이 여러 가지로 유리한 위치에 있었기 때문이다.
그중 일부는 전장에서 거둔 성과였다. 이는 그의 군대와 그들이 가
진 번쩍이는 무기의 힘이 커지고 있었음을 반영하는 것이었다. 마찬
가지로 중요했던 것은 웨인이 영국발 강력한 뉴스를 가져왔다는 점
이다. 1794년 11월, 영국에서 새로운 조약인 '제이의 조약'이 막 체
결되었다. 대서양 건너편에서 체결된 이 조약은 선주민 네이션들이
미국의 요구를 받아들이게 만든 또다른 압력이 되었다. 미국은 '제
이의 조약'과 '그린빌 조약'을 동시에 추진하면서 인디언의 힘을 약
화하기 위해 노력했다.

1794~1795년 내내 인디언네이션연합은 가혹한 압박을 당했다.
영국이 조약에서 내륙 요새를 포기하기로 합의하는 바람에 선주민

지도자들은 중요한 동맹과 자원 및 지원을 잃었다. 선주민은 광활한 땅을 양도했을 뿐만 아니라, 오하이오강을 미국과의 공식 국경으로 인정받기 위해 쏟은 오랜 노력을 포기했고, 그 결과 더 많은 것을 잃었다. 심지어 이 지역에 미국의 요새를 허용함으로써 미래를, 선택의 여지까지 점점 더 상실했다. 이런 조항들은 미국의 힘이 커지고 있었음을 반영한다. 미국은 여러 선주민 네이션을 그들의 유럽 동맹국들로부터 분리하는 데 성공한 것이다.[143]

1783년에 체결된 파리 조약에서와 마찬가지로 1794년 영국은 오대호 연안 인디언들과의 약속을 대부분 포기했다. 그렇지만 미국은 '제이의 조약'에서 선주민의 권한 중 선별된 일부 형식은 인정했다. 이 조약의 여러 조항 중에는 다음과 같이 보호를 명시한 내용이 포함되었다. "상기 경계선의 양쪽에 거주하는 인디언은 육로로 혹은 내륙 항해를 통해 양 당사자의 영토와 지역을 오갈 수 있는 권리가 있으며, 서로 계속해서 무역과 통상을 할 권리가 있다." 이렇듯 이 조약은 선주민의 주권을 강조했으며, 이 권리는 훗날 국제법에서 아메리카 선주민의 권리를 보장받는 근거가 되었다. 이 권리는 오늘날까지도 유지되고 있으며, 미국과 캐나다의 선주민들은 이런 선례를 바탕으로 두 나라를 "자유롭게" 여행한다. 1867년 캐나다가 영연방의 일원이 되기 훨씬 전부터 영국은 선주민이 자국 내에서 여행할 권리를 보장했다. 요컨대 인디언 문제는 미국 최초의 "국제" 조약에 적지 않은 영향을 미쳤다.

# 조약 체결과 루이지애나 매입의 기원

'제이의 조약'은 미국 전역에서 격렬한 논쟁을 불러일으켰다. 일부 학자는 "제1당 체제first-party system"•가 진화한 것은 이 조약이 20 대 10이라는 근소한 차이로 통과된 후 등장한 파벌들 때문이라고 거슬러 올라가 설명하기도 한다.[144] 조지 워싱턴은 이 조약을 확실히 통과시키기 위해 하원이 예산 재정에 대한 추가 정보를 요청하는 것조차 수용하지 않았다.[145] 1789년의 '와이언도트 조약'에서 그랬던 것처럼 워싱턴은 조약 체결 권한을 상원에 부여했다.

많은 남부인과 마찬가지로 제퍼슨은 워싱턴과 연방주의자들의 결정을 혐오했다. 제퍼슨과 그 추종자들은 조약 체결 과정에 더 많은 숙고가 필요했다고 믿었다.[146] 조약 체결은 매우 중요한 일이므로 행정부와 상원에만 맡길 수는 없다고 믿었다. 제퍼슨은 이렇게 썼다. "우리 헌법의 진정한 이론에 따르면, 조약이 체결될 때 … 대표자들은 대통령과 상원만큼이나 자유롭게 국익에 따라 법의 형식과 효력을 부여할지 금할지를 판단할 수 있다."[147] 당시의 여러 분열과 마찬가지로, '제이의 조약'으로 인한 분열도 대의정부에 대한 비전과 민주주의 자체의 의미를 둘러싸고 벌어졌다.[148]

그런데 제퍼슨이 우려한 것은 그 외에도 여러 가지가 있었다. 조

• 1792~1824년의 미국 정치 정당 체제를 이르는 말. 당시는 알렉산더 해밀턴이 주도한 연방주의자 당파와 제퍼슨과 매디슨이 주도한 공화당파가 있었는데, 1800년까지는 연방주의자 당파가 지배적이었고, 1800년 이후로는 공화당파가 지배적이었다.

약 체결 권한을 하원에서 빼내 소수에게 집중하려는 것과 같은 조치처럼, 그렇게 집중된 권력이 공화국의 시민으로부터 통치권을 빼앗아 갈 수 있다고 우려했다. 그는 이런 우려를 분명히 드러냈다. "입법 권한"은 하원에서 행사해야 한다는 것이 그의 주장이었다.

> 지금 수립될 선례에 따라 우리 헌정 체제가 미래에 어떻게 구성될지가 결정될 것이다. 그리고 이 선례에 따라 입법 권한이 대통령·상원·하원에서 대통령, 상원, **'피아링고**Piarningo**'** 혹은 어떤 **'인디언'**, **'알제리인'**이나 또다른 어떤 **'수장'**에게 이양될지가 결정될 것이다.[149]

제퍼슨이 보기에는 조약 체결 권한이 행정부와 상원의 손에 지나치게 집중되어 있었다. 이런 집중된 권력이 다인종 외교라는 유령과 흑인 반란의 잠재력에 대해 그가 가진 두려움을 부채질했다.

선주민의 권리는 미국이 유럽 강대국과 맺은 첫 조약인 '제이의 조약'에 포함되었다. 제퍼슨은 이런 전개 양상을 불쾌하게 여겼다. 조약 체결이 아이티에 적용되어서는 안 되며, 선주민의 권리를 확대해서도 안 된다고 생각했다.[150] 제퍼슨은 대통령으로서 이 같은 권한의 집중을 뒤집었다. 이는 행정 조치가 헌법적으로 정당한지를 두고 자신이 표명했던 문제 제기와 어긋나는 조치였다.

1801년, 제퍼슨은 프랑스가 루이지애나 영유권을 다시 주장할 수 있다고 우려했다. 그는 외국 영토를 획득하는 데 필요한 헌법적 권한을 자신이 발전시킬 수 있다고 믿었다. 그는 또한 미시시피강을 따라 자리잡은 여러 세력의 경쟁이 갈수록 깊어지던 상황을 정리하고 그곳에서 미국의 주권을 확립하고자 했다. 법적 다원주의 세계에서, 미국이 미시시피강 유역의 영유권을 주장하는 것은 여러 주장 중 하나에 불과했다. 프랑스 주재 미국 외교관들은 뉴올리언스나 멕시코만 연안의 다른 항구들을 확보하기 위해 애쓰면서 미시시피강 하구에도 접근해, 프랑스가 미국의 상품 수출에 가한 제한을 최소화하고자 했다.

나폴레옹 정부가 미국에 루이지애나 전체를 줄 것이라고 예상한 사람은 아무도 없었다. 그러나 나폴레옹은 생도맹그를 되찾지 못했다. 프랑스 군대는 질병과 아이티 혁명군에 의해 붕괴했다.[151] 정복 전쟁으로 군인, 돈, 선박을 잃은 나폴레옹은 북아메리카에 남아 있던 프랑스 영토를 모두 미국에 넘겼다.[152] 카리브해에서 프랑스 제국을 재건할 희망이 시들자 프랑스 제국주의자들은 루이지애나를 아이티 플랜테이션들에 곡물을 공급할 지역으로 확보해둘 필요가 더는 없었다. 선주민이 오랫동안 권위를 유지해온 세계인 루이지애나는 가축, 목재, 원예 작물을 생산하는 배후지가 될 수 없게 되었다.

제퍼슨은 서부 영토가 추가되면 생길 수 있는 많은 장점 중에서도 동부 선주민 네이션들에 새 터전을 제공할 수 있다는 점에 주목했다. 루이지애나 매입으로 미시시피강 동쪽의 인디언들에게 토지를 제공할 수 있을 것이며, 조약이 그런 영토 교류를 촉진할 것이라는 데는 의심의 여지가 없었다. 그러나 제퍼슨은 중요한 문제에 직면했다. 남부 지도자들은 오랫동안 조약 체결을 드러내놓고 경멸하곤 했다. 조지아주의 한 대표는 호프웰에서 '체로키 조약'을 두고 이 조약이 "주의 주권과 입법권을 침해한다"라고 하면서, 더구나 그런 "가장된" 조약은 "연방의 원칙과 화합에 반한다"라고 문제를 제기했다.[153] 제퍼슨은 프랑스와 체결할 '루이지애나 매입 조약Louisiana Purchase Treaty'은 달라야 한다고 생각했다. 그는 '제이의 조약'과 달리 '루이지애나 매입 조약'은 유럽인 서명자만 참여하고 아메리카 선주민 문제에는 관심을 두지 말라고 확실하게 지침을 내렸다. 또한 제이와 같은 연방주의자 대신 버지니아 사람들이 이 조약을 주도하도록 했다. 이 양도 조약에 대한 투표는 1801년 10월 17일로 예정되어 있었다.

그러나 심각한 난제들이 여전히 남아 있었다. 특히 제퍼슨은 미국이 새로운 영토와 함께 수천 명의 새로운 신민을 얻을 것이라는 점을 우려했다. 여름 내내 그는 우려를 잠재우기 위해 서한을 작성했고, 조약을 통해 새로운 신민을 귀화시킬 권한이 중앙정부에 있다고 주장했다. 그러나 그런 권한이 헌법 어디에 규정되어 있는지가 여전히 불분명했다. 심지어 제퍼슨은 연방의회가 헌법을 완전히 개정할 필요가 있다고도 생각했다. 그는 조약을 체결하려면 "당연히 헌법을 개정해야 할 것"이라고 썼다.[154] 8월 9일에도 그는 "헌법은 [정부에게] 외국 영토를 가질 권한을 부여하지 않았고, 외국 영토를 연방에 편입할 권한은 더더욱 부여하지 않았다. 이를 위해서는 … 개정이 필요해 보인다"라고 썼다.[155] 제퍼슨은 조약 체결을 통해 그 땅에 살던 신민이 미국에 새로 귀화하게 되는 문제에 대해 매디슨에게 다음과 같이 언급했다.

프랑스가 양도한 루이지애나는 … 미국의 일부가 됩니다. 백인 신민은 시민이 될 것이며, 그들은 유사한 상황에 놓인 다른 미국 시민과 동등한 지위에서 권리와 의무를 갖게 될 것입니다. … 인디언이 점유한 토지와 동등한 토지를 그들과 교환하는 경우를 제외하고는 그 땅〔인디언의 땅〕에 새로운 주를 설립할 수도 없고, 그곳의 토지를 인디언이 아닌 이들에게 부여할 수도 없습니다.[156]

통합의 선례는 나중에 새로운 헌법적 권한을 통해 생겨났다. 제퍼슨은 이를 "유사한" 상황이라 불렀는데, 에스파냐령 플로리다가 그런 사례다. 그는 에스파냐령 플로리다 역시 "미국의 일부가 될 것이며, 그곳의 백인 신민은 미국의 다른 시민과 동등한 지위의 시민이 될 것"이라고 했다.[157]

몇 년 사이에 제퍼슨은 조약 체결 과정에서 하원이 놓인 상대적 위치에 대한 생각을 바꿨다. 이제 대통령이 된 그는 새 영토뿐만 아니라 그곳에서 살아가는 신민을 새로 통합하는 데 필요한 헌법적 권력을 더 커진 행정적 권한이 제공해야 한다는 점을 깨달았다. 이 귀화는 이 공화국이 출범하기 이전인 1790년에 처음 제정된 법에서 규정한 바와는 달랐다. 그러나 제퍼슨의 새로운 비전은 미국에서 인종적 제약이 강화되는 상황과도 일치했다. 그는 하원의 참여를 희망하면서 귀화 및 영토 확장을 위한 조약 체결을 수용했다. 법률 제정은 행정부와 상원에 더욱 집중되어, 첫째, 매입을 통해 외국 영토를 확보하고, 둘째, "백인 주민"을 선별적으로 귀화시킬 수 있는 헌법적

권한을 부여했다. 노예를 재산으로서 보호하는 내용도 조약에 명시되었다.[158]

제퍼슨의 영토 확장에 대한 구상에는 인종 논리가 영향을 미쳤다. 당시 미국과 국경을 접한 영토였던 루이지애나, 플로리다, 그리고 장차 캐나다가 될 땅에는 새 백인 시민이 있었다. 이 땅들은 선주민을 대대적으로 추방하는 공간이 되기도 했고, 노예제가 계속해서 팽창하는 공간이 되기도 했다. 제퍼슨은 미국에 백인 신민을 추가하고 노예 소유주들의 재산을 보호하는 것을 당연하게 여겼다. 한마디로 인종이 그의 확장 정책에 동력을 제공했다. 대통령으로서 제퍼슨은 외국인 "백인" 신민을 귀화시킴으로써 미국의 민주적 가능성을 넓힐 수 있다고 믿었고, 그 과정에서 선주민을 제거하기 위한 새로운 전략도 마련할 수 있다고 생각했다. 백인 신민의 귀화, 노예 소유주의 보호, 인디언 추방이라는 인종적 삼위일체 정책이 제퍼슨 철학의 지침이 되었다.

이 세 가지 과정 모두 1803년의 논쟁 이후 한층 더 속도가 붙었다. 실제로 새 "왕국" 건국이 가능한 상황이었다. 조면기의 발명과 함께 루이지애나 매입으로 노예가 경작할 새로운 땅을 개척하게 되었고, 인디언을 추방할 수 있는 인접한 영토도 얻게 되었다. 미시시피강변의 토지는 노예들로 채워진 면화 왕국이 되었다. 이 노예들은 동남부에 자리한 주들에서 인신매매로 데려온 사람들이었다.[159] 인디언 추방은 그 사이에 거주하는 모든 인디언 네이션을 대상으로 했다.

# 미국 남부 인디언의 권리와 주의 권리

"모든 인간은 평등하게 창조되었다"라는 문구에서 짐작할 수 있듯이, 미국은 보편적 평등이라는 이상을 바탕으로 건국된 나라다. 헌법 제정, 아이티 혁명, 루이지애나 매입을 거치면서 이 개념에는 변형과 제한이 생겼으며, 사회적·법적 배제의 구조가 형성되었다. 미국의 귀화법, 대의정부 구조, 성별에 따라 상이한 재산소유제도를 통해 선주민, 아프리카계 미국인, 기타 "유색인" 남성과 여성이 배제되었다. 1825년 《조지아 저널》에 따르면, "인디언"과 "자유 흑인"은 "열등한 지위"에 속한 사람들이었다. 제퍼슨을 비롯한 건국자들이 볼 때 모든 사람이 평등하게 창조된 것은 아니었다.[160]

루이지애나 매입으로 새 토지를 획득하자 미국에서는 노예제와 인종 우월주의 이데올로기가 폭발적으로 성장했다. 1820년까지 100만여 명의 노예가 미국 내에서 거래되었고, 노예제가 "남부에서도 최남단" 전역으로 확대되었다.[161] 천문학적 수익을 창출한 목화 재배가 압도적으로 늘어났고, 인디언의 근거지였던 곳에서도 목화 농사가 지배적인 산업이 되었다. 제퍼슨에서 잭슨에 이르기까지 남부 대통령들은 하나같이 선주민 네이션을 몰아내는 정책을 시행하는 데 적극적이었다. 그들은 인디언을 몰아내야 노예제 확장에 힘이 실릴 수 있다는 것을 잘 알았다.

북서부 지역에서와 마찬가지로 선주민을 쫓아내는 것은 자연스러운 일이 아니었다. 이는 정치인과 유권자의 선택에 따른 결과였다. 선주민들은 그런 선택에 저항했다. 그들은 전쟁터로 나섰다. 선주민은 영어로, 그리고 선주민 언어를 문자로 새기는 새로운 문화 활동의 일환으로 《체로키 피닉스Cherokee Phoenix》를 비롯한 신문을 발행했다.[162] 다른 선주민은 애팔래치아 숲속으로 피신하거나, 인디언을 몰아내기 위해 출동한 군인들이 도착하기 전에 도망쳤다. 수천 명이 추방지에서 사망했다. 그곳에서 그들은 추위와 굶주림, 콜레라에 노출되었다.[163] 남부에서의 확장은 북서부와는 다른 경로를 따랐다. 군사 문제를 연방정부가 관할하기는 했지만, 남부 내륙에서는 제한적으로 활동했다. 예를 들어, 1796년까지 연방정부는 미시간의 포트매키낙Fort Mackinac에서 켄터키의 포트피니Fort Finney, 뉴욕의 포트온타리오에 이르기까지 북서부에 군사 주둔지를 스무 군데나 설치했다. 반면 남부에서는 테네시강을 따라 약 80킬로미터에 이르는 지역에 연방군 주둔지를 네 군데 세웠을 뿐이다. 조지아에는 포트피디어스Fort Fidius 하나뿐이었다.[164] 20년이 흐른 뒤에도 조지아주, 켄터키주, 테네시주에 주둔한 정규군 병력은 모두 합쳐도 채 200명이 안되었다.[165] 1776년 이후 40년 동안 연방정부는 남부에 기반 시설을 거의 세우지 않았다.

이 땅을 통치한 이들은 선주민 네이션, 특히 크리크, 체로키, 촉토인으로 구성된 지역사회들이었다. 이들은 남부 내륙에서 무역과 이동, 정치를 결정했다. 네이션마다 역사는 달라도 모두 유럽식 경제·교육·종교·통치 제도를 도입했고, 저마다 기존의 가치와 융합해 지역사회의 시민을 돌보았다.

이런 변화는 선주민 지도자들이 서양식 의복을 입고, 영어를 배우고, 기독교 교회를 설립하고, 결국 법정에 소송을 제기하면서 매우 뚜렷이 가시화되었다. 이 네이션들은 백인 상인이 자신들의 사회로 들어오는 것을 환영했다. 인종 간 결혼을 통해 새로운 계급 구분이 형성되었는데, 이는 농본주의와 사유 재산을 강조하는 연방정부의 기조와 맞물렸다. 선주민 사회에 성별에 따른 노동 분업과 미국식 가부장제 개념이 도입되면서 선주민 여성의 권위는 약화되었다.[166] 네이션의 지도자들은 경제적·사회적 측면에서 백인 정착민 자산가를 닮아갔다. 어떤 지도자는 노예를 둔 중소 규모의 플랜테이션을 세우기도 했다. 그러나 정치 체제와 피부색이 다른 선주민은 남부 백인 지도자들에게 위협적인 존재였다.

모든 부족 구성원이 이 새로운 관행을 수용하지는 않았다. 많은 네이션 내에서 불만이 팽배했고, 타협도 이루어졌다. 체로키 네이션에서는 새로운 "혼합 사회복지 시스템"이 등장했다. 이는 체로키 모계 제도의 핵심 요소들과 여성의 권위가 지배적이었던 학교, 병원, 교회와 같은 유럽계 미국인 제도들을 혼합한 것이었다.[167] 이 같은 적응과 혼종성이 이 시기의 특징으로, 선주민 지역사회들이 자신들의 근거지에 대한 위협에 대응하면서 나타난 현상이다.

북부와 달리 남부의 선주민 네이션들은 연방군이 아닌 지역 군대와 싸웠다. 테네시주의 앤드루 잭슨의 경우, 지역 민병대를 이끌며 명성을 얻었다. 1813~1814년에 크리크 전쟁에서 잭슨이 이끈 군대는 1000여 명의 크리크인 군인, 여성, 어린이를 죽였다.[168]

선주민 네이션들은 자신들과 교류하는 남부 미국인들의 사고방식이 북부 미국인들과 다르다는 사실을 감지했다. 잭슨을 비롯한 정착민은 자기 가정 내에서뿐만 아니라 자기 주에서도 권위적 양태를 보이는 남부 문화를 발전시켰다. 특히 선주민 네이션들은 "주州의 권리"를 옹호하는 이들의 거센 반발에 직면했는데, 이들은 연방의 조약 체결을 경멸했다. 조지아주의 대표들은 조약이 자신들의 주권을 침해한다고 불평하곤 했다. 이들은 연방과 선주민의 권력에 대해 비슷한 비판을 제기하는 남부 지도자 세대에 합류했다.

1812년 전쟁은 이런 분열을 더 부채질했다. 선주민의 존재를 놓고 노골적인 비난이 이어졌다. 헌정 차원의 위기가 발생한 것은 많은 남부 지도자가 선주민 네이션들이 미국 내에 포함될 가치가 있다고 믿지 않았기 때문이다. 크리크 전쟁 이후 조지아의 지도자들은 관할권을 "인디언에게 할당된" 모든 토지에까지 확대하는 법안을 통과시켰다.[169] 조지아주는 주의 형법도 선주민 영토에까지 확대했는데, 이는 기존 조약을 위반하는 행위였다. 1819년에는 더 나아가 다음과 같이 주장했다. "[조지아] 경계 내의 토지는 조지아의 통제하에 있어야 한다. … 조지아의 경찰, 조직, 정부는 고정적이고 영구적이어야 한다."[170] 남부의 많은 주가 연방정부가 인정하고 조약에 의해 설정된 인디언영토를 자신들의 영토로 간주했다. 남부 지도자들은 연방정부에 대한 다른 불만과 마찬가지로 연방이 각 주의 주권을 침범했다고 믿으며 이를 혐오했다.

대통령이 되기 전의 제퍼슨처럼 잭슨도 조약 체결에 마찬가지로 혐오감을 보였다. 그는 "주권자가 피지배자와 조약으로 협상하는 것은 터무니없는 일"이라고 선언했다.[171] 그는 연방정부가 미국의 국경을 정할 권한을 독점적으로 갖고 있다고 믿었다. 1828년 선거 당시 잭슨은 조지아주에서 96퍼센트 이상을 득표하며 대통령에 당선되었고, 곧 헌법적 권위를 둘러싼 비전들이 충돌하며 결정적인 헌법적 위기가 도래했다.[172] 이런 위기는 곧 미국 최고 법원에까지 영향을 미쳤고, 미국헌법과 연방 인디언법의 기본 원칙이 정립되는 계기가 되었다.

## 인디언 추방과 마셜의 판결

조지아 지도자들의 행동은 노예제 확대를 관리할 수 있는 미국의 제한된 역량과 평행선을 달렸다. 사실 두 가지 난제는 서로 교차했다. 매년 미국 지도자들은 노예제 확대를 관리하려 시도했다. 그러나 실패했다. 주의 권리를 옹호했던 이들은 연방정부가 맺은 조약에 이의를 제기했고, 인디언 문제에 주정부가 권리를 가졌다고 주장하며 계속 맞섰다. 1826년 신문 《서배너 조지언Savannah Georgian》은 다음과 같이 선언했다. "미국이 인디언 네이션에 보호를 보장하는 것은 … 위헌이다. 주의 주권을 침범하는 행위다."[173] 이처럼 인디언 문제과 연관된 갈등으로 헌법에 내재한 균열이 드러났다.

조지아의 지도자들은 연방의 권위에 대해 두 가지 비판을 제기했다. 첫째, 그들은 조약들이 주 관할권을 침해하는 위헌이라고 주장했다. 둘째, 그들은 연방정부가 주정부의 주권을 해당 지역으로 확장하여, 인디언의 토지 소유권을 완전히 소멸시키는 것이 연방정부의 의무라고 주장했다. 연방정부의 힘이 커지자 주정부의 권리를 옹호하는 사람들은 조약에 대한 권한이 국가가 아닌 주정부에 귀속되어야 한다고 믿게 되었다. 조약들을 통해 신생 공화국 미국이 북아메리카 대륙의 대부분을 획득하는 데 도움을 받았지만, 이제 주들이 그 기능을 떠맡겠다고 나선 것이다.

조지아의 지도자들은 조약을 부정하는 주장을 펼치는 데에서 그치지 않았다. 그들은 이를 달성하기 위해 폭력을 사용했다. 일련의 억압 조치 때문에 체로키 시민들은 재판 없이 투옥되거나 구금되거나 살해되었다. 조지아는 체로키 영토로 여행하는 사람에게 주에서 발행한 통행증, 조지아 법에 대한 충성 맹세를 요구했다. 체로키의 재산은 압수되었는데, 민병대인 조지아 방위군이 이런 학대를 수행했다. 1824년에 존 캘훈John Calhoun 전쟁부 장관이 체로키 지도자들에게 경고한 대로, 체로키와 조지아는 "양립할 수 없었다." "조지아의 경계 내에서 별개의 사회나 네이션으로 남는 것"은 이제 불가능했다.[174]

인디언 지도자들을 위협한 이 전쟁부 장관은 인디언사무청Office of Indian Affairs의 설립을 감독하기도 했다. 1830년에 인디언추방법이 통과된 뒤로 이 사무청이 인디언 추방을 관장했다. 많은 체로키인이 배신감을 느꼈다. 체로키인들은 미국혁명 이후 수백만 에이커의 토지 소유권을 포기했을 뿐만 아니라 1812년 미영전쟁에서는 미국과 동맹을 맺고 앨라배마에서 살던 이웃 크리크에 맞서 싸웠기 때문이다.

체로키인은 유럽계 미국인과 유사한 교육, 거버넌스, 사회복지 프로그램을 크리크인보다 더 많이 구축했다. 이들의 신문인 《체로키 피닉스》는 기숙학교 출신인 일라이어스 부디놋Elias Boudinot과 같은 편집자들이 발행했다. 남부 지역의 다른 신문과 달리 《체로키 피닉스》는 세쿼이아Sequoyah가 개발한 체로키 문자를 사용했다.[175]

조지아와 체로키의 갈등은 1820년대 내내 깊어갔다. 그리고 1830년에 폭발했다. 대통령에 앤드루 잭슨이 당선되자 체로키는 연방의회에 청원을 하고, 연방 관리에게 로비를 벌이고, 전국적인 관심을 불러일으키기 위해 더 노력했으나 구심력을 상실하고 말았다. 잭슨은 대통령직을 수행하는 동안 그 중심에 인디언 추방 정책을 두었다. 훗날 부통령 마틴 밴 뷰런Martin Van Buren의 회고에 따르면, "잭슨 행정부가 운영되는 내내 잭슨이 인디언추방법보다 더 전적으로 주도한 다른 법안은 없었다."[176] 1830년 인디언추방법이 단 다섯 표 차이로 통과되자 연방의회는 분열로 치달았다.

인디언추방법은 한 세대 동안 남부가 선주민 네이션들을 추방하기 위해 벌인 노력을 성문화한 결과물이었다. 하지만 이 법은 합헌이었는가? 연방정부가 한 약속을 폐기할 입법 권한이 연방의회에 있었는가? 의회가 비준된 조약을 무시하는 법을 통과시킬 수 있는가? 헌법에 따르면, 비준된 조약들이 "이 땅 최고의 법"을 반영하는 것인데도 조약을 무시하는 법을 통과시킬 수 있는가? 체로키가 펼친 법정 활동을 통해 이제 이런 질문들이 제기되었다.

선주민 네이션들의 시각에서 미국헌법이 제기한 본질적 질문은 선주민 사회가 자신들의 땅에 대해 권한이 있느냐였다. 여러 세대에 걸친 관행과 국제법적 이론은 선주민 공동체에 권한이 있음을 시사했다. 조지 워싱턴은 이런 정서를 확인하고 조약 체결을 통해 백인 정착민과 인디언을 별도의 관할 구역에 두었다.

또한 헌법은 인디언 문제가 연방정부의 관할이라고 명시했다. 연방정부의 관할권은 개별 주의 권한을 넘어서는 것이었다. 그러나 건국자들은 "세금을 내지 않는 인디언"을 따로 분류하고, 부족tribe을 "외국 국가nation"와 동일시함으로써 미국 내 선주민의 지위 문제를 열어두었다. 투표권도 없고 귀화도 할 수 없다면, 선주민은 미국에 정확히 어떻게 편입될 수 있을까?

50년간 조약 체결을 통해 부족의 권위를 인정하는 관례적 관행이 확립되었다. 부족의 토지는 줄어들었지만, 그럼에도 체로키는 자신들의 지역사회와 그 구성원, 나아가 이 지역사회로 들어온 미국 시민에 대한 관할권을 갖고 있었다. 조지아는 체로키인뿐 아니라 미국 시민권자까지 표적으로 삼았으니, 여러 네이션의 법률을 위반한 셈이었다.

체로키는 이제 조지아의 조치가 위헌이라고 주장했다. 조지아주가 입법을 통해 인디언 지역사회들을 법적으로 존재하지 않는 것처럼 만들려고 시도하면서, 이제 조지아주는 그런 관할권에 대한 법적 문제에 직면했다. 대법원에서는 두 건의 소송이 진행되었는데, 이런 문제에 대해 판결을 내려 나중에 선례가 될 유산을 확립했다. 이 소송들은 대법관 존 마셜이 감독했는데, 각각 '체로키 네이션 대 조지아Cherokee Nation v. Georgia' 사건(1831), '우스터 대 조지아Worcester v. Georgia' 사건(1832)으로 불린다.

정착민에 대한 법적 보호 조치가 조약을 통해 마련되기는 했으나 연방정부가 제공한 보호는 변변치 않았다. 체로키의 땅에서 금이 발견되자 조지아주는 체로키를 없애기 위한 법률을 제정하는 데 박차를 가해, 900만 에이커에 달하는 체로키의 땅을 조지아주의 군county으로 다시 나누려 했다. 게다가 또다른 법률을 이용해 1830년 6월 이후 확정된 체로키의 토지 소유권을 전부 무효화한다고 선언했다. 사실 인디언추방법을 제정한 동력의 상당 부분은 조지아를 대표한 연방 하원의원들에게서 나왔다. 인디언추방법이 통과된 날은 그해 6월 1일인데, 같은 날 조지아는 주 차원에서 같은 취지의 법들을 통과시켰다.

체로키는 공식 및 비공식 네트워크를 통해 자신들의 우려를 표명해왔다. 1829년에 그들은 미국의 입헌정부와 유사한 입헌정부를 구성했다. 또한 자체적으로 언론, 문자, 학교, 외교단을 창설했고, 연방 의회에서 로비를 펼쳤다. 1829년, 수장 존 로스John Ross의 인솔로 지도자들이 수도 워싱턴을 방문했던 일화는 널리 알려진 일이다. 그들은 잭슨의 첫 임기 몇 달 동안 수도에 머물면서 전임 존 애덤스 행정부 시절의 관리들에게서 지원을 받았다.

체로키인을 지원했던 이들 중에는 전 법무 장관 윌리엄 워트William Wirt도 있었는데, 그가 소송에 관여했다. 그러나 소송이 제기되기 전부터 조지아주는 이들의 노력을 경멸하는 태도를 보였다. 조지아주 경찰은 체로키의 지도자 콘 태슬Corn Tassel을 수감한 뒤 교수형에 처했다. 주정부의 권력을 의도적으로 과시하기 위해 혐의를 날조해 저지른 일이었다. 한편 조지아주 의회의 의원들은 대법원장 마셜과 연방정부를 위협하며 중재를 강요했다.

1831년 3월, 체로키는 가처분 신청을 했다. 체로키 네이션은 미국과 조약을 맺어온 역사와 독립정부의 지위를 내세웠다. 체로키는 조약 체결의 오랜 역사를 고려할 때 조지아주 정부의 반복적인 영토 침범은 체로키가 인정받은 주권을 침해하는 행위이자 체로키를 외국 정부와 동일시하는 행위라고 주장했다. 또한 체로키인의 경제가 체로키인의 주권에 얼마나 중요한지, 체로키인이 기독교를 받아들이면서 어떻게 미국 사회로 통합되어왔는지 자세히 설명했다. 체로키의 지도층에게서는 문화적 세련미도 돋보였는데, 이런 감수성은 미국 지도자들과의 교류한 결과이기도 했다.

체로키·촉토·크리크·치커소·세미놀 네이션은 유럽계 미국인의 제도를 받아들여 "문명화된 다섯 부족Five Civilized Tribes"으로 알려졌다. 체로키의 지도자들은 미국 학교에서 교육을 받았다. 부디놋처럼 뉴잉글랜드에 있던 학교를 다닌 이가 많았다. 유럽계 미국인의 제도를 이렇게 새로이 받아들이면서 이들은 미국 전역으로 뻗어나갔고 동맹들을 규합했다.

체로키에게는 안타깝게도 대법원은 그들의 소송 심리를 거부했다. 마셜에 따르면, 체로키는 그들의 주장처럼 "외국 정부"에 해당하지 않는다. 마셜은 체로키의 고유성을 인정하면서도 인디언 문제는 미국과 다른 나라들의 관계와 비교할 수 없으므로 대법원이 사건을 맡을 권한이 없다고 판단했다. 따라서 체로키는 조지아를 상대로 직접 소송을 제기할 수 없었다. 마셜은 장황한 설명을 통해 인디언 문제에 대한 입장을 밝히고, 중앙정부와 인디언 부족들 간의 관계에 내재한 주요한 특징을 설명했다. 이런 해명은 마셜의 이전 판결인 '존슨 대 매킨토시' 판결에서 법원이 인정한 토지 및 점유에 대한 권리와 유사했다.

마셜은 체로키 네이션을 별도의 주권체로 인정하지 않음으로써 인디언 주권에 대한 새로운 규정을 내놓았다. 인디언 부족이 별도의 정부가 아니라면, 그들은 무엇인가? "그들은 아마도 더 정확히 말하자면 국내의 종속 네이션이라고 부를 수 있다. … 인디언 네이션과 미국의 관계는 피보호자와 보호자의 관계와 비슷하다. 인디언 네이션들은 우리 정부에 보호를 기대하고, 정부의 친절과 힘에 의존하며, 곤궁에서 벗어나기 위해 정부에 호소한다."[177] 마셜은 이 선언에서 부족의 지위를 구성하는 요소에 대한 규정을 확립했다. 그는 "국내의 종속 네이션domestic dependent nation"이라는 용어를 발명해, 인디언 네이션이 연방 보호자에게 의존하는 정부임을 시사했다.

1831년의 사건은 조지아주의 법률에 이의를 제기할 만한 적절한 법적 수단이 아니었다. 그럴 수 있는 사건은 그다음 해에 발생했다.

부디놋과 함께 일하던 미국 시민권자인 새뮤얼 우스터Samuel Worcester
의 입장에서 소송이 다시 제기되었다. 우스터는 주정부의 허락을 받
지 않고 체로키 영토를 여행한 혐의로 주정부에 의해 투옥되었다.
우스터에 따르면, 조지아의 법률은 체로키의 조약권과 우스터의 헌
법적 권리를 침해했다. 이 사건은 시민의 권리에 대해 연방정부가 어
떤 권한을 갖는지를 놓고 나올 수 있는 갈등을 명확히 보여주었다.

1832년 3월 3일에 가서야 선고된 '우스터 대 조지아' 판결은 선주
민의 정치권력에 대한 새로운 전망을 제시했다. 이 판결은 체로키와
체로키 영토에 들어온 사람들을 통치할 권한이 체로키 정부에 있음
을 확인해주었다. 더 나아가, 마셜은 체로키 네이션이 다음과 같이
구성된다고 선언했다.

체로키 네이션은 고유의 영토를 가진 별개의 공동체로, 그 경계가 명확
히 정해져 있다. 체로키 영토 내에서 조지아의 법률은 효력이 없으며,
조지아 시민에겐 그 영토에 들어갈 권리가 없다. 체로키의 동의를 받거
나, 조약과 의회의 법에 따라 정해진 경우에만 들어갈 수 있다. 미국과
이 네이션 사이의 모든 교류는 미국헌법과 법률에 따라 미국 정부에 귀
속된다. 조지아주의 법은 … 따라서 무효다.

주변의 백인 이웃들과 마찬가지로 체로키도 "미국 정부"의 관할
하에 있었다. 그러나 체로키인은 "자신들의 영토"에 대한 주권을 유
지했다. 따라서 조지아주의 법률은 체로키 영토에서 적용되지 않았

다. 마셜은 조지아의 관련 법률들이 "따라서 무효"이며, "미국의 헌법, 법률, 조약에 반하는 것"이라고 판결했다.[178]

마셜의 판결에 따라 결국 우스터는 석방되었고, 체로키 지역사회는 이 결정에 환호했다. 당시 보스턴에 있던 부디놋은 기뻐하며 이렇게 선언했다. "누가 옳고 누가 그른지에 대한 의문이 영원히 해결되었다."[179] 이는 요크타운 전투 이후 영국 의회가 항복한 지 거의 50년 만에, 그리고 미국이 확장 정책을 펼친 지 반세기 만에 내려진 판결이었다. 이제 인디언법의 명확한 원칙이 확립되었다. 부족들은 연방 정부의 "보호" 아래에서 조약을 통해 제한적이지만 그래도 주권을 일정하게 인정받으며 유지했다. 이런 권한은 부족의 구성원, 인정받은 영토, 그 영토로 들어온 미국 시민에게까지 확대되었다. 이 새로운 원리는 연방 대법원으로부터 인정받았으며, 수십 년에 걸친 조약 체결, 관습, 전쟁에 근거한 것이었다. 결국 이 원리는 선주민 부족들을 미국 법제의 별도 단위로 승격시켰다. 부족은 주정부, 지방정부, 당시 하원의 관할권 밖에 있는 단위가 되었다. 이 원리를 하나로 묶는 끈은 조약이었다. 조약이 미국을 구성해온 것처럼, 조약은 이제 선주민 부족을 미국에 결속시켰다.

◆

오거스틴 클레이턴Augustine Clayton은 당시 연방 하원에서 조지아를 대표했다. 1830년, 그는 조지아주 판사로서 콘 태슬의 사형 집행을 명령했는데 이 판결로 지지를 얻어 하원의원에 당선될 수 있었다.

1830년에 클레이턴을 비롯한 조지아의 지도자들은 마셜의 권위를 무시한 적이 있었는데, 이번에도 그렇게 했다. 이번에는 대통령 잭슨까지 가세했다. 잭슨은 마셜을 무시하고 국가가 잠재적인 헌법적 위기로 치닫는 것을 지켜보기만 했다. 클레이턴은 연방 하원 회의장에서 조지아가 "연방을 수많은 파편으로 날려버릴 도화선을 준비하고 있다"라고 경고했다. 연방의회가 지옥불을 일으키고 "연방을 산산조각 낼 수 있을까?"[180]

클레이턴이 예언한 지옥불은 에이브러햄 링컨이 대통령으로 있을 때 불같은 시련으로 왔다. 그 기원은 연방정부가 오랫동안 헌법적 권한에 대한 문제들을 해결하지 못한 데서 비롯되었다. 우스터는 조지아주에서 석방되었고, 조지아는 수개월에 걸쳐 국가적 압력을 받은 끝에 그를 사면했다. 우스터는 석방되고 사면되었지만, 그의 체로키 동포들은 여전히 고통을 겪었다. 1860년에 연방 자체가 분열되었듯이, 체로키 네이션은 조지아에서 휩쓸려 나가 흩어졌다. 한 세대 전 미국이 프랑스에서 매입한 영토 때문에 다른 여러 인디언 네이션이 겪은 운명을 체로키도 겪게 된다.

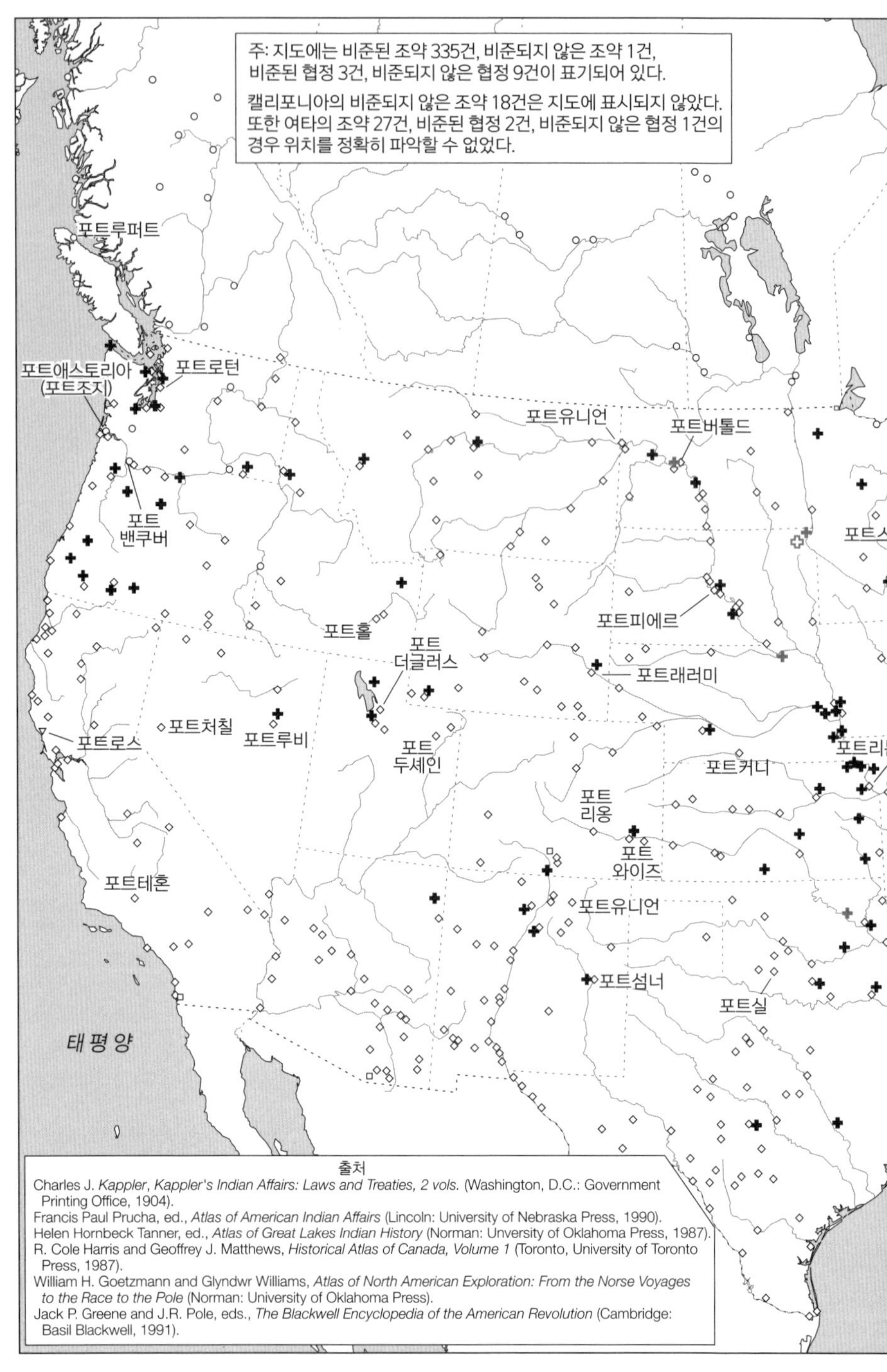



출처

Charles J. *Kappler, Kappler's Indian Affairs: Laws and Treaties, 2 vols.* (Washington, D.C.: Government Printing Office, 1904).

Francis Paul Prucha, ed., *Atlas of American Indian Affairs* (Lincoln: University of Nebraska Press, 1990).

Helen Hornbeck Tanner, ed., *Atlas of Great Lakes Indian History* (Norman: Unversity of Oklahoma Press, 1987).

R. Cole Harris and Geoffrey J. Matthews, *Historical Atlas of Canada, Volume 1* (Toronto, University of Toronto Press, 1987).

William H. Goetzmann and Glyndwr Williams, *Atlas of North American Exploration: From the Norse Voyages to the Race to the Pole* (Norman: University of Oklahoma Press).

Jack P. Greene and J.R. Pole, eds., *The Blackwell Encyclopedia of the American Revolution* (Cambridge: Basil Blackwell, 1991).

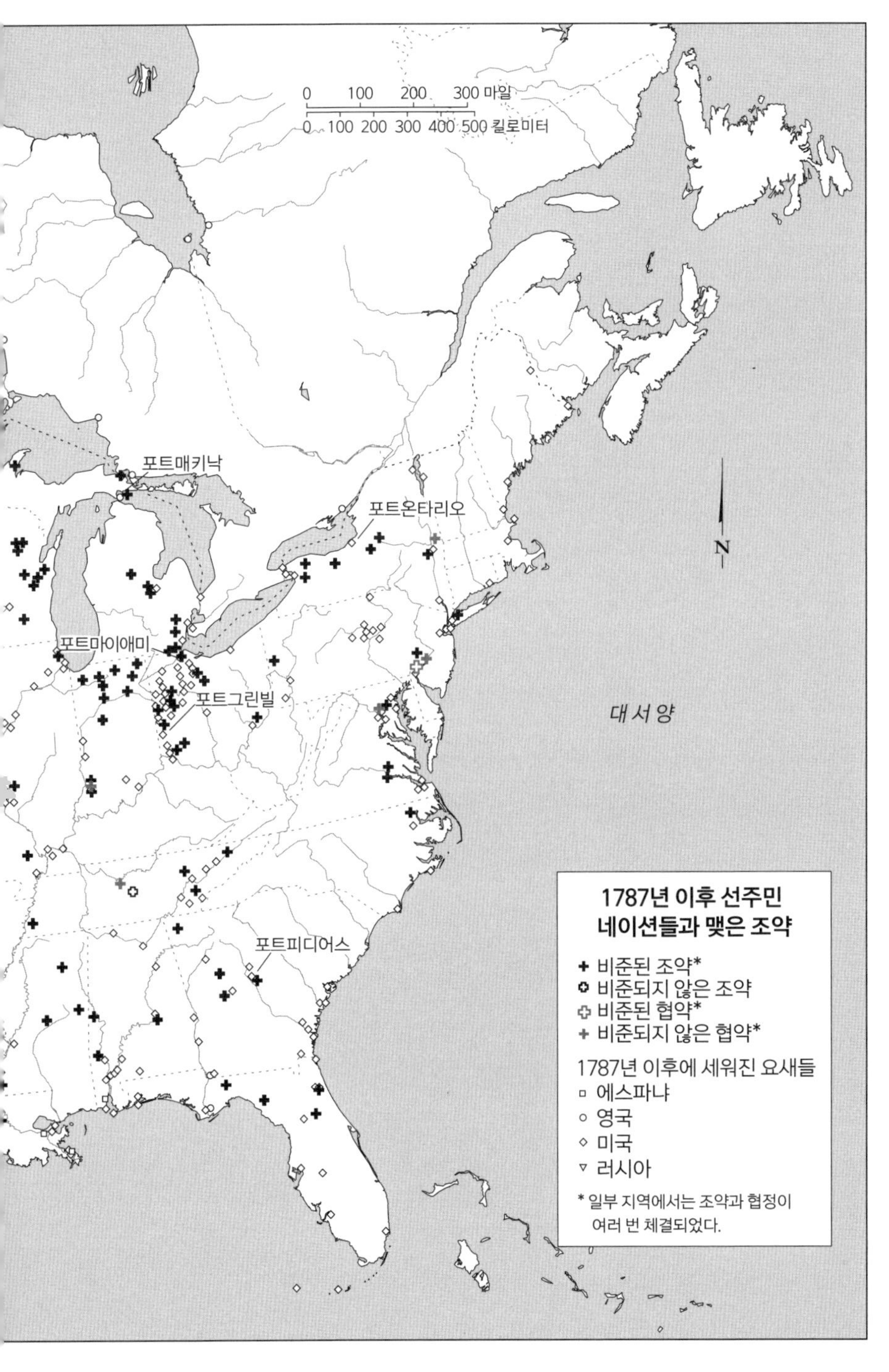

0 100 200 300 마일
0 100 200 300 400 500 킬로미터
포트매키낙
포트온타리오
포트마이애미
포트그린빌
포트피디어스
대 서 양
N
1787년 이후 선주민
네이션들과 맺은 조약
비준된 조약*
비준되지 않은 조약
비준된 협약*
비준되지 않은 협약*
1787년 이후에 세워진 요새들
에스파냐
영국
미국
러시아
* 일부 지역에서는 조약과 협정이
여러 번 체결되었다.

8장

# 대외 정책의 형성

## 캘리포니아, 태평양 연안, 그리고 국경 지대와 '먼로 선언'의 기원

그녀가 말했다. … 사제들에게, 그리고 선교소에 있는

다른 모든 사람에게 화가 난다고.

우리가 자신들의 땅에 살고 있기 때문이었다.

—《토이푸리나의 답변Response of Toypurina》(1785)

1775년, 불과 4년 만에 정착촌의 임시 숙소들이 폐기되고 선주민 공동체는 골짜기의 저지대를 따라 북쪽으로 이동했다. 곧 더 영구적인 구조물들이 등장했다. 계속 늘고 있던 개종자들이 두꺼운 어도비 점토 벽을 세워, 이 지역에서 처음으로 유럽식 사각형 건물이 금방 세워졌다. 이 건물에는 창고, 부엌, 객실 세 개, 그리고 가장 중요한 교회와 성당이 있었다.[1] 에스파냐의 종교 지도자와 국가 지도자 들은 산가브리엘에서 장기적으로 유지될 정착지를 건설하고 싶어했다.

산가브리엘은 캘리포니아 선교 기구에서 네 번째로 세운 선교지로, 내륙 가장 깊숙한 곳에 있었다. 1783년, 안토니오 크루사도Antonio Cruzado 신부와 미겔 산체스Miguel Sánchez 신부는 이렇게 보고했다. "위치가 매우 좋다. 목재와 땔감을 구하기에 매우 좋은 참나무 숲이 아주 가까이에 있고 드넓은 평야가 시야에 들어온다."[2] 1776년 1월, 페드로 폰트Pedro Font 신부가 남긴 기록에 따르면, "이곳은 약속의 땅 같은 지역"이었다.[3]

1780년대 내내 에스파냐에서 세운 여러 계획이 열매를 맺었다. 프란치스코회의 지도자들은 산가브리엘에서 세운 건축과 사회 공동체를 확장하기를 희망했다. 세속 지도자들과 마찬가지로 프란치스코회의 지도자들도 태평양 연안을 따라 십자가와 왕관의 권위를 확장하기 위해 노력했다. 광대한 에스파냐 제국의 다른 지역들에서 그러했듯이, 알타 캘리포니아Alta California•도 두 주군을 섬기도록 설계되었다.

세월이 흐르면서 선교소가 확장되어 소년과 소녀를 위한 별도의 기숙사, 두 공간으로 구획된 병원을 갖추게 되었고, 1791년에는 석조 교회가 세워졌다. 군인들이 선교소 막사에 주둔해 공동체 내 규율을 유지했다. 군인들은 토방가르Tovaangar에 위치한 더 큰 분지를 순찰하기도 했다. 토방가르의 주민은 통바인이었는데, 이들은 가브

<hr>

• 뉴에스파냐에 속한 지역이었다가 훗날 멕시코의 영토가 되었던 지역으로, 지금의 미국 캘리포니아, 네바다, 유타, 애리조나를 아우르는 광범한 지대를 가리키는 옛 지명이다.

리엘리노Gabrielino라는 이름으로도 알려졌다. 통바인은 토방가르에서 새로 온 이주민과 만났다.[4] 1780년까지 선교소에는 452명의 개종자가 있었다. 1785년에는 843명의 온전한 개종자가 있었고, 그 시기까지 세례를 받은 사람은 1200명이 넘었다.[5] 가축 떼는 더 빠르게 증가해, 같은 기간에 1000마리 미만에서 3000마리로 세 배나 늘어났다.[6]

이 지역사회에서 인구가 증가한 것은 출산율이 올라가서가 아니었다.[7] 통바인이 선교를 받아들인 것은 공포 때문이었고, 선교소가 성장한 것은 협박을 통해서였다. 성직자는 자신들의 지도 아래서만 영적 영광을 누릴 수 있다고 선포했지만, 좀더 즉각적인 교훈을 전한 이들은 군인들이었다. 많은 사람이 에스파냐에서 가장 "두려운 내륙 주둔지"라고 생각했던 이 선교소에 주둔한 군인들은 이 식민지 내에서 거의 아무런 제약을 받지 않았다.[8] 그들의 행위는 무관심에서 공포에 이르기까지 다양했다. 캘리포니아 선교소들의 총책임자인 후니페로 세라Junípero Serra 신부는 산가브리엘의 동포들에 대해 이렇게 썼다. "올가미 밧줄을 던질 줄 알 정도의 머리를 가진 병사들이 올가미 밧줄로 인디언 여성들을 잡아들여 자신들의 제어되지 않은 욕망의 먹잇감으로 삼곤 했다." 이어서 인디언 여성의 남편, 아버지, 아들이 "가족을 지키려다 총에 맞아 쓰러지곤 했다"라고 그는 썼다.[9]

캘리포니아에서 자행된 폭력의 양상은 다양했다. 강간, 살인, 고문이 식민지 시대의 일상적인 행위가 되었다. 안토니오 마리아 데

부카렐리Antonio María de Bucareli 총독의 표현에 따르면, 폭력에 저항했던 사람들은 "너무 겁에 질리고 무서워서 그저 평화만 바랄 뿐"이었다.[10] 선교소의 사제들은 인디언에게 "선교소 안에서 살라고 요구했고, 만약 그들이 떠나면 … 그들을 찾아내 처벌할 것"이라고 말했다.[11]

폭력은 이 지역을 휩쓸고 있던 이중 혁명을 구성하는 한 가지 요소였다. 에스파냐 식민자들은 해안가에서 살던 약 6만 명의 선주민 캘리포니아인의 사회적 세계들을 표적으로 삼았다. 한편 에스파냐 식민자의 경제활동은 광범위한 생태 파괴를 일으켰다.[12] 에스파냐 군인의 행동에 비하면 눈에 덜 띄었지만, 이런 변화가 이 지역 전체를 변화시켰다.[13] 산가브리엘의 양, 소, 돼지, 말 떼가 계곡 분지와 인근 산기슭에서 강물을 먹고 계곡의 식물과 열매를 먹었다. 이런 가축 무리가 통바 지역사회들을 지탱해온 제철 식량을 먹어치운 것이다. 또 강바닥과 물웅덩이에 엄청난 양의 배설물이 쌓여 깨끗한 물을 얻기가 힘들어졌다.

가축이 폭발적으로 증가하는 동시에 선교소의 포도밭과 여타 밭도 확대되었다. 1780~1785년 농업 생산량은 1892파네가fanega(부셸)에서 2725파네가로 증대했으며, 대마 같은 작물도 곧 새로 추가되었다.[14] 이 외래 종들의 씨앗이 새와 바람을 통해 퍼지는 현상도 에스파냐의 생물학적 제국주의의 일부였다.

당연히 통바인은 새로운 동물과 낯선 사람들이 자신들의 땅을 침범하는 것을 막으려 했다.[15] 식민화 초기 몇 년 동안 통바인은 양과 소를 죽였다.[16] 그러나 알게 모르게 들어오는 수많은 세력의 압박에 시달리던 통바인은 에스파냐 성직자들이 자기들이 키운 풍성한 작물을 식량으로 자주 나눠주자 마지못해 선교소 사회 안에서 피난처를 찾았다. 니콜라스 호세Nicolás José와 토이푸리나Toypurina를 비롯한 통바 지도자들은 1785년 선교소를 완전히 파괴하기로 결정하기 전까지 이 같은 초기의 변화를 참아냈다.[17]

선교 시스템의 작동으로 선주민들의 삶은 황폐해졌지만, 미국 공화국의 확장에는 도움이 되었다. 에스파냐 수사들이 북쪽으로 이동하면서 거대하지만 쇠퇴해가던 제국이 확장되었고, 전략적 가치가 있는 항구와 풍요로운 농장, 광대한 목장이 추가로 세워졌다. 선주민은 여전히 에스파냐령 캘리포니아의 중심부에 남아 있었는데, 그곳이 번영하자 18세기 태평양 전역에서 상인과 이민자, 다른 제국의 요원 들이 몰려왔다.[18] 마침내 스물한 군데 선교소로 구성된 에스파냐령 식민지 캘리포니아가 에스파냐, 러시아, 칠레, 북아메리카 동부 등 여러 지역을 복잡한 "장소들 간의 상호 의존interdependence of places" 속에서 연결했다.[19]

캘리포니아는 미국 지도자들에게 루이지애나 매입에 버금가는 기회를 제공했다. 1818년 해군 장교 존 프레보스트John B. Prevost는 샌프란시스코를 두고 자신이 본 항구 가운데 "가장 편리하고 넓고 안전한" 항구라고 감탄했다. 그는 상사에게 이렇게 말했다. "샌프란시스코를 소유하고 … 궁극적으로는 캘리포니아 전체의 주권을 가질 방안을 세울 수는 없을까요?"[20] 1810~1821년 라틴아메리카에 등장한 독립운동, 1846~1848년 멕시코와의 전쟁 이후 미국은 실제로 캘리포니아는 물론 멕시코 북부까지 획득했다. 미국 대통령 제임스 폴크James Polk는 1848년 '과달루페 이달고 조약Treaty of Guadalupe Hidalgo'을 의회에 상정하면서 다음과 같이 말했다. "뉴멕시코와 캘리포니아 북부는 … 그 자체로 대제국이 될 수 있을 만큼 큰 나라다. 이 지역을 획득한 것은 1803년 루이지애나 매입에 이어 두 번째로 중요한 확장이다."[21] 미국의 영토는 폴크의 대통령 재임 기간에 그 어느 때보다 넓게 확장되었다.[22]

미국이 새로 획득한 태평양 연안에서 선주민들은 다양한 형태의 자치권을 유지해왔다. 1769년부터 해안 지역의 캘리포니아 인디언들은 선교소에 소속되었고, 내륙에서 말을 타고 다니던 인디언 사회들은 연맹을 결성해 에스파냐나 멕시코의 통치와 겨루며 오래 버텨왔다.[23] 또한 이 사회들은 식민지에서 발생한 혼란, 그에 따른 질병이 가져온 고통스러운 트라우마를 견디는 동시에 에스파냐의 지배를 피해 도망친, 수천 명의 개종 인디언을 통합하기 위해 노력했다.

캘리포니아 내륙과 시에라네바다 산기슭의 선주민 지역사회들은 이후에 이어진 전환 과정에서 더 큰 손실을 겪었다. 폭력을 통해 폴크 대통령이 내세운 "위대한 제국"으로 편입되는 속도가 빨라졌기 때문이다. 실제로 1850년대 내내 캘리포니아에서는 미국사상 가장 빠른 경제 및 인구 변화가 있었다. 1846년부터 시작된 골드러시 시대에 캘리포니아는 근원적인 인구 역전을 겪었고, 이것이 식민지 시대의 이중 혁명을 가속화했다.

다른 어느 지역보다 캘리포니아에서 정착민은 비공식적인 폭력

뿐만 아니라 국가가 승인한 폭력을 이용해 선주민의 세계를 무너뜨리고 자신들의 세계를 정당화했다. 예를 들어 1852년 2월, 주의회는 골드러시 시대에 시작된 폭력이 잦아들지 않자 반反인디언 민병대를 지원하는 데 50만 달러를 책정했다. 이 같은 지원과 군사 작전이 행해진 결과 캘리포니아 선주민 수천 명(9492명에서 1만 6094명으로 추산됨)이 희생되었고, 결국 1846년에 15만 명이던 캘리포니아 선주민 인구가 1873년에 3만 명으로 감소하는 인구 붕괴를 초래했다.[24] 이런 감소는 에스파냐 시대에 발생했던 이 지역의 황폐화 이후에 나타난 현상이다. 선교 활동이 이루어지기 전에는 이 지역에서 캘리포니아 선주민이 약 31만 명 살았지만, 한 세기가 지난 뒤 생존한 인구는 그때의 10퍼센트에 불과했다.[25]

그동안 역사학자들은 미국 공화국이 확장되는 과정에서 이런 폭력과 식민지화로 선주민 사회가 어떻게 파괴되었는지를 거의 염두에 두지 않았다. 미국이 태평양 연안의 영토들을 발견하고 획득하자 미국 지도자들은 이 멀리 떨어진 땅과 이곳에서 살아가던 사람들을 대상으로 국가의 주권을 확장하기 위해 고군분투했다. 공화국의 많은 지도자가 대륙 제국을 열망했지만, 대륙 제국을 건설하기는 훨씬 어려운 일이었다. 라틴아메리카 독립 시대 내내 정책 입안자들은 새로이 종속된 인구 집단을 귀화시키고 노예주와 비노예주 사이의 균형을 미묘하게 맞추기 위해 주의를 기울였는데, 그렇다 보니 연방에 새로운 주를 추가하는 것을 어렵게 생각했다. 7장에서 논한 바와 같이 토머스 제퍼슨은 처음에는 조약을 통해 서부 영토를 획득하는 데 관심이 있었지만, 결국은 두려움 때문에 이를 포기했다.

에스파냐의 캘리포니아 식민지화에서 알 수 있듯이, 태평양 연안에는 풍요로운 세상이 펼쳐져 있었다. 미국 상인들이 태평양 연안의 자원, 특히 해달의 모피를 확보하기 위해 몰려들었고, 이들의 상거래를 통해 캘리포니아와 태평양 북서부 연안이 지구적 관계망에 편입되어갔다.

미국은 연방정부의 공인을 받은 탐험대를 파견해 이 같은 상업과 제국주의 경쟁에 대응했다. 1804년에 출범한 '루이스와 클라크 탐험대'도 그중 하나였다. 이 탐험대는 1803년에 획득한 루이지애나 영토의 북부 지역을 탐색했다. 대륙 횡단 과정이 끝나자 미국은 태평양에 대한 접근을 확보하기 위해 외교적 조치도 모색하기 시작했다. 당시는 미국이 영국과 지속적으로 갈등을 겪고 있었고, 여기에 라틴 아메리카 혁명이 가져온 불안정이 겹치는 시점이었다. 이런 복잡한 상황에서 에스파냐령 플로리다에서 인디언 봉기까지 여러 차례 발생하자, 결국 미국 지도자들은 1823년에 서반구 문제에 대한 유럽의 간섭을 금지하는 새로운 정책인 '먼로 선언'을 채택할 수밖에 없었다.

1803년 '루이지애나 매입 조약'이 체결되었을 때 그랬듯이, 미국 외교 정책이 형성되던 이 시대를 만들어나간 주체는 선주민이다. 에스파냐 선교소들은 선주민의 노동력을 통해 확장되었다. 그리고 조지아 오지 전역에서 선주민이 지닌 자치권과 권력이 미국 남부에서 반격을 불러일으켰으며, 결국 플로리다를 미국에 편입시키는 결과를 낳았다. 식민지 시대 내내 그랬듯이, 선주민의 노동력과 힘, 저항이 식민지 권력과 국가 권력의 형성에 지울 수 없는 영향을 미쳤다.

에스파냐 국경 지대에서 선주민이 펼친 저항은 기존의 미국 정치사에서는 잘 감지되지 않던 영역이다. 많은 선주민 네이션이 "국가의 손이 닿지 않는 … 피난 지대"를 확보하려고 노력하자 국가 통합이라는 난제는 미궁으로 더 깊이 빠져들었다.[26] 내전이 발발하기 이전인 1819년, 미국은 '애덤스-오니스 조약Adams-Onís Treaty'을 통해 영토를 추가하고 마침내 남쪽 경계를 명확히 했지만, 선주민을 통합하는 데는 난항을 겪었다. 이런 무능력이 다른 국가적 과제, 특히 날로 확장되던 공화국 내에서 노예 제도를 조정하지 못한, 구조적 차원의 실패를 더 치명적으로 만들었다.

연방정부는 플로리다의 세미놀과 같은 일부 선주민 네이션을 대상으로 군사 작전을 펼쳤지만, 새로 얻은 영토 전역에서 권력을 행사할 수 있을 만큼 기반과 인력이 충분하지는 않았다. 1861년에 미국이 남부와 북부로 분열되었을 때, 경쟁 관계의 두 국민국가 모두가 서부를 자신들의 영토라고 주장했다. 미시시피강 서쪽의 수많은 격전지가 보여주듯이, 양측이 벌인 내전의 목적은 부분적으로는 서부의 개발 통제권을 확보하는 것이었다. 선주민을 국가 권위에 복종시키는 것이 이 시대를 규정하는 특징이었기 때문에, 나중에 연방을 재건하는 데에는 자원과 기술, 군대가 필요했다.

# 선교소에서 벌어진 선주민의 봉기: 박해와 식민주의

토이푸리나와 니콜라스 호세는 산가브리엘 선교소에서의 생활에 적응해갔다. 각각 잽치빗Japchivit 마을과 시바페트Sibapet 마을 출신인 두 사람은 1785년까지 거의 10년 동안 에스파냐 지도자들을 위해 복무했다. 1778년, 니콜라스 호세는 이 선교소의 첫 알칼데alcalde(치안판사)가 되었다.[27] 제국의 다른 지역에서와 마찬가지로 이 지역의 기관도 선주민 지도자에게 어느 정도 자치권을 부여했다. 예를 들어 알칼데는 말을 탈 수 있는 권한이 있었는데, 이 권한은 극소수 선주민에게만 부여되었다.[28] 그는 스물여섯 살이 된 1774년에 세례를 받았다. 그는 가까이 다가온 새로운 종교의 권위를 받아들인 셈인데, 그의 마을에서 성인이 세례를 받은 것은 처음이었다.

그의 마을에서 온 다른 사람들이 선교소 생활을 어떻게 경험했는지는 확실하지 않다. 군인이 선주민 가족을 파괴하는 상황에서 선교소는 어느 정도 안식처를 제공했다. 성직자들은 가톨릭의 가르침을 통해 다른 삶의 방식을 따르겠다고 공언했다. 호세는 아구스티나 마리아Agustina María와 결혼했는데, 이 선교소에서 성사된 초기 결혼의 사례였다. 마리아가 통바의 어떤 마을 출신인지는 밝혀지지 않았다. 두 사람은 함께 세례를 받았고, 부부가 기록상 마지막으로 성사를 받았을 때 선교소의 성벽은 아직 공사 중이었다. 곧 두 사람은 첫아이를 맞았다. 코스메 마리아Cosmé María라는 이름의 이 아이는 1775년 7월

13일에 세례를 받았다.[29]

에스파냐 쪽의 기록은 선교소 내에서 니콜라스 호세의 지위가 상향되는 과정을 잘 보여준다. 그는 많은 결혼식에 증인으로 섰고, 어린이 열세 명의 파드리노padrino(대부)가 되었다. 그중에는 캘리포니아가 아닌 다른 지역에서 이주한 선주민 부모를 둔 어린이도 있었다.[30] 콤파드라스고compadrazgo〔대부·대모의 관계〕로 알려진 이런 사회적 유대를 통해 어린이와 대부모 모두가 사회 활동에서 도움을 받았다. 대부분 바하 캘리포니아Baja California〔태평양과 캘리포니아만 사이의 반도를 일컫던 옛 명칭〕 출신인 수십 명의 선주민 어린이가 알타 캘리포니아에서 선교사의 세례를 받았다.[31]

출생과 사망, 결혼에 대한 기록을 살펴보다 보면 선교소 생활을 엿볼 수 있는 서류들이 나오곤 한다. 선교 공동체의 일상에서 상대적으로 덜 알려진 부분은, 정착민이 이 지역으로 이주하면서 어떤 변화가 생겼는가 하는 점이다. 푸에블로 데 로스앙헬레스Pueblo de Los Ángeles(1781)에서는 목장들과 소도시들이 세워졌는데, 이들이 성장하는 데에는 선주민의 노동력 동원이 한몫했다. 그리고 이는 가톨릭의 권위를 약화시키는 경향이 있었다.[32] 선교소와 달리 정착촌은 "세례를 받지 않은 인디언"이 독립적으로 생계를 유지할 수 있는 수단을 더 많이 제공했다. 이곳에서는 예컨대 통바인 남성과 여성이 목장 일꾼, 요리사, 가사도우미 등 다양한 직업을 얻을 수 있었다.[33] 1796년, 호세 세난José Senán 신부는 총독에게 이렇게 불평했다. "인디언이 쟁기질을 하고, 인디언이 씨를 뿌리고, 인디언이 거둡니다. 한

마디로 거의 모든 일을 인디언이 합니다.”[34]

기록을 살펴보면 에스파냐의 영향, 그중에서도 질병이 가져온 황폐화도 잘 확인할 수 있다. 1775년 10월 28일, 세례를 받은 지 석 달도 채 안 된 코스메 마리아는 땅에 묻혔다. 아구스티나 마리아는 아들 코스메 마리아보다 오래 살았지만, 역시 젊은 나이에 세상을 떠나 1783년 6월 5일에 묻혔다. 니콜라스 호세는 재혼했지만, 두 번째 부인도 1784년에 사망했다. 전염병으로 가족 세 명을 잃은 니콜라스 호세는 이런 비극을 수많은 생존자와 함께 나누었다. 1784년까지 세례를 받은 통바 어린이 중 절반이 질병으로 사망했는데, 이는 선교소 사회의 전반적인 사망률과 비례하는 인구 감소세다. 1770년, 약 6만 명으로 추산되던 캘리포니아 해안의 선주민 인구는 1800년 1만 5000명으로 감소했다.[35]

토이푸리나에 대해서는 알려진 사실이 많지 않다. 1785년, 그녀는 세례를 받지 않았고, 잽치빗에 설립된 선교소와도 거리를 두었다. 에스파냐 당국은 토이푸리나가 그녀가 사는 마을의 “현명한” 지도자이며 그 권력과 권위를 인정받는다고 보고했다.[36] 토이푸리나가 니콜라스 호세에게서 범상치 않은 모임이 조직되었다는 전갈을 받았을 때 그녀의 나이는 스물다섯이었다. 그 모임의 목적은 당시에 지속되던 에스파냐의 권위를 용인할지 말지를 결정하는 것이었다.

프란체스코회는 이전에도 봉기를 겪은 적이 있었다. 1775년 11월, 연맹을 결성한 65~70개 마을에서 온 수백 명의 쿠메야이Kumeyaay 군인이 산디에고〔샌디에이고〕San Diego 선교소를 파괴해 신부와 대장장이가 죽고 군인들이 부상을 입었다.[37] 그곳의 교회도 쿠메야이 군대가 일으킨 화재로 소실되었는데, 처음에 산가브리엘 선교소를 지을 때 사용했던 것과 비슷한 현지의 튤리갈대tule reeds로 세운 건물이었다.

이 같은 봉기는 학대에서 비롯되었다. 선교소들이 공유했던 금기 사항은 선교사 밖에서의 종교적 관행을 폭력적으로 박해하는 것이었다. 1775년 10월, 세례받은 인디언 여러 명이 산디에고 인근 다른 마을에서 열린 춤 의례에 참석했다는 이유로 체포되어 채찍질을 당했다. 또 1782년 10월과 1785년 10월, 에스파냐 당국은 통바인이 매해 치르던 애도 행사를 금지하고, "세례받은 인디언이 자신들의 마을에서 춤추는 것을 절대 허용하지 말라"라는 강압적인 명령을 내렸다.[38]

1785년 11월에 니콜라스 호세가 증언한 대로, 그런 행사에서는 세례받지 않은 "이방인"이든 세례를 받은 새 신도든 간에 모든 공동체 구성원이 함께 춤추며 "고인의 영혼이 지상에서 해방되어 죽은 자의 땅으로 들어가기"를 축원했다.[39] 정착민 호세 반디니José Bandini의 회고에 따르면, "인디언 마을 사람들은 죽은 자의 기억을 계속 이어가기 위해 매년 단합 행사를 하는 데 익숙했다."[40]

에스파냐 당국이 아무리 불법이라고 규정해도 인디언 사회의 중심부에서는 전통 의식이 버젓이 진행되었다. 19세기 루이세뇨Luiseño〔캘리포니아 남부에 살던 인디언을 이르는 말〕 역사가 파블로 타크Pablo Tac에 따르면, "캘리포니아 인디언의 춤은 축제를 위해서만이 아니라 돌아가신 조부모, 삼촌, 숙모, 부모를 추모하기 위해 존재했다."[41] 이런 행사의 참석자를 처벌한 행위는 신성 모독을 당했다는 분노를 더 부채질했다. 사실 에스파냐의 기록자들은 수백 년 동안 이 지역의 성스러운 춤들에 대해 기록해왔고, 프란치스코 수도자들은 그 중요성을 잘 알았다. 1542년, 탐험가 후안 로드리케스 카브리요Juan Rodriquez Cabrillo는 다음과 같은 기록을 남겼다.

그들의 마을마다 넓은 광장과 원형 울타리가 있고 그 주위에 많은 돌기둥이 땅에 박혀 있다. … 이 울타리의 한가운데에는 돛대처럼 매우 두꺼운 목재 여러 개가 땅속 깊이 박혀 있다. 이 목재들은 여러 가지 그림으로 덮여 있다. 그들은 춤을 출 때 울타리 안쪽을 돌면서 추었기 때문에 우리는 그들이 그 목재를 숭배하는 것이 틀림없다고 생각했다.[42]

카브리요는 1542년 9월 28일에 산디에고만에 입항해 캘리포니아 일부 지역의 지도를 제작한, 이 지역 최초의 유럽인이다.[43] 세바스티안 비스카이노Sebastián Vizcaíno를 비롯한 후속 탐험가도 그와 비슷한 방식으로 해안선의 지도를 그릴 때 그런 행사에서 춤을 추는 장소가 지닌 중요성에 주목했다. 1602년 11월 24일, 카탈리나섬Catalina Island에 도착한 비스카이노는 선주민 지역사회에서 목격되는 "커다란 동그라미"에 주목했다. 선주민들은 "[그 속에 있는 인물들을] 다양한 색상으로 칠했다."[44]

1785년, 토이푸리나는 아마 자신이 속한 지역사회에서 춤과 행사를 주도했을 것이다. 그녀는 식민 권력이 잽치빗 마을에 제한을 가하고 침범해 온다는 점을 익히 알았다. 또한 에스파냐인들의 가혹 행위가 폭력을 당한 사람들에게 어떤 영향을 미쳤는지도 잘 알았다. 그들의 행사는 그들에게 가해진 상처를 치유하는 것보다는 정화와 쇄신을 위한 과정이었다. 거의 10년에 걸친 식민 지배를 겪은 많은 통바인이 "광범위한 정화purification를 시도했는데, 이 행사에는 땀을 내고 약초 다린 물을 마시는 등 여러 형태의 오랜 재계齋戒 과정이 포함되었다."[45]

식민지 시대의 폭력은 여성의 몸과 여성의 권위를 표적으로 삼았다. 일부일처제 결혼 관행의 강요, 어린이의 성별 공간 분리, 섹슈얼리티의 엄격한 금지는 에스파냐 식민주의의 중심에 있던 가부장적 가치를 가시화한 요구 사항이었다.[46] 캘리포니아 전역에서 가부장제는 선주민 여성의 권위와 그들이 공유했던 제도를 무너뜨리려 했다. 예를 들어, 선주민들이 어린이 돌봄 기관을 세우거나, 성년식을 위해 월경 오두막을 건설하는 일 따위를 막으려 했다.[47] 에스파냐는 동화주의 관행을 통해 "선주민 문화를 지우고 … . [그리고] 문화적 상상력에서 선주민 여성주의를 지우려" 했다.[48] 또한 식민지 지도자들은 "남녀 모두"에게 형벌을 가했다. "채찍으로 때리고, 때로는 족쇄를, 아주 드물게는 차꼬를 채웠고, 감금까지 했다."[49] 선교소들은 수백 년간 고문과 투옥을 이용해 에스파냐 식민 통치를 이어갔다.

에스파냐가 10년간 자행한 학정에 진저리가 난 토이푸리나는 니콜라스 호세와 동료 통바인 지도자인 테메자사퀴치Temejasaquichí와 알리이빗Aliyivit과 함께 산가브리엘을 공격하기 위해 합류했다.[50] 그들은 부족원 열일곱 명을 모집해 새벽에 임무를 완수한다는 계획을 세웠다. 그 열일곱 명 중 여섯 명은 세례를 받아 이 선교소가 친숙한 이들이었다.[51]

1775년 산디에고 선교소에서의 봉기와는 달리, 1785년 10월 25일 봉기에서는 죽음과 고문이 이어지지 않았다. 아무도 죽지 않았고 정권이 전복되지도 않았다. 반란자 스물한 명이 접근한다는 정보를 미리 입수한 선교소 경비대가 반란자들을 체포했다. 네 지도자는 투옥되어 심문을 받고 뉴에스파냐 당국이 그들의 운명을 결정할 때까지 구금되었다. 동참자 열일곱 명에게는 군인들이 즉각 태형을 가했다. 선교소 공동체 구성원을 집결시켜 지켜보게 한 가운데 이들은 각각 15~25대의 태형을 받았다. 페드로 파헤스Pedro Fages 총독의 설명에 따르면, 형벌은 "그들의 배은망덕함을 드러내고, 그들의 비뚤어진 모습을 추하게 만들고, 앞서 언급한 여성에게 지배당하게 만든 속임수를 그들에게 보여주고, 가톨릭 신자인 우리에게 맞서려는 시도는 헛된 짓임을 보여주기 위한 조치였다."[52]

니콜라스 호세와 토이푸리나에게는 북쪽으로 추방한다는 판결이 내려졌다. 니콜라스 호세는 샌프란시스코에 있는 요새에서 6년 동안 "쇠고랑을 찬 상태에서 고된 노동"을 하도록 선고받았고, 토이푸리나는 몬터레이 근처의 산카를로스 델 카르멜로San Carlos del Carmelo 선교소로 유배되었다.[53] 두 사람 모두 토방가르로 다시는 돌아오지 못했을 가능성이 높다. 지금까지 알려진 것 중에 니콜라스 호세

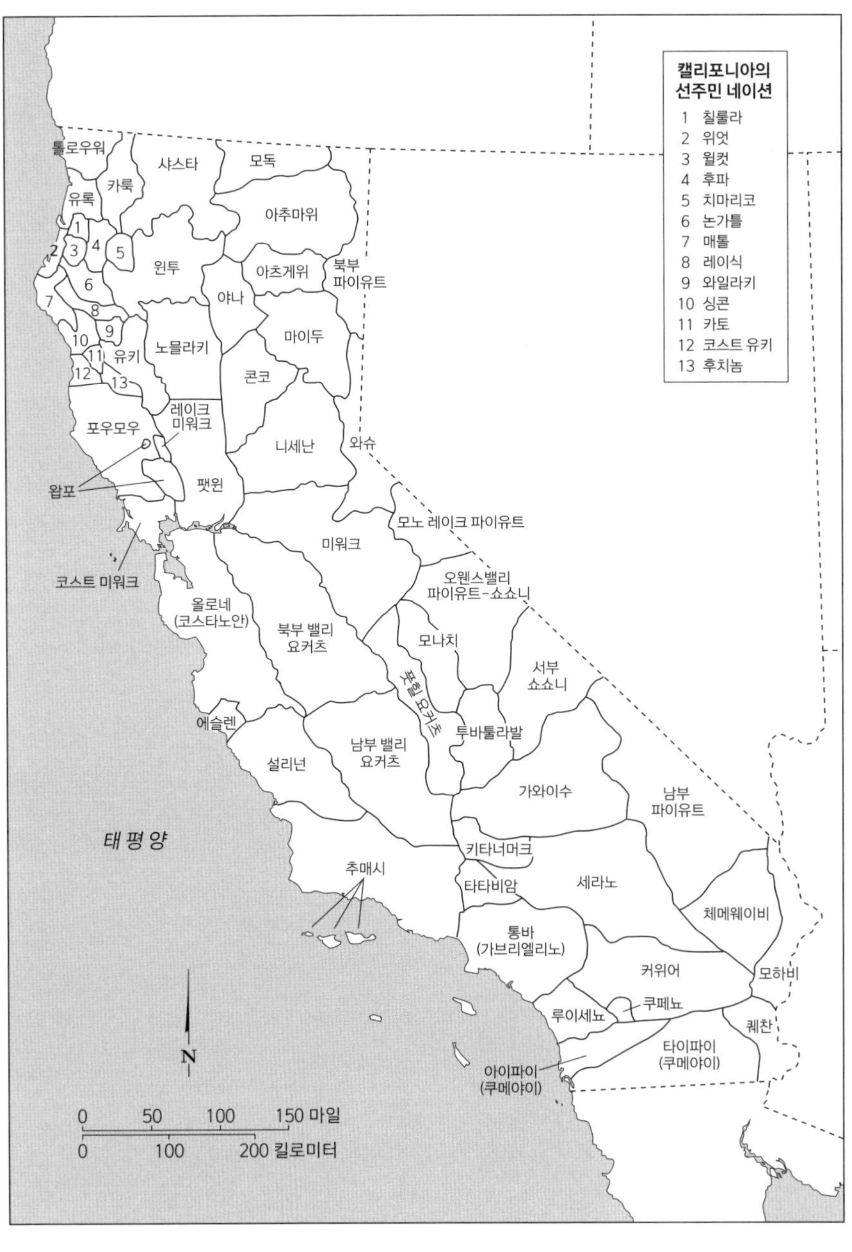

캘리포니아의
선주민 네이션

1 칠룰라
2 위엇
3 윌컷
4 후파
5 치마리코
6 논가틀
7 매톨
8 레이식
9 와일라키
10 싱콘
11 카토
12 코스트 유키
13 후치놈

톨로우워
유록
카룩
샤스타
모독
아추마위
윈투
아츠게위
북부
파이유트
야나
마이두
노믈라키
콩코
유키
레이크
미워크
와슈
포우모우
니세난
왑포
팻윈
코스트 미워크
모노 레이크 파이유트
올로네
(코스타노안)
북부 밸리
요커츠
오웬스밸리
파이유트-쇼쇼니
모나치
서부
쇼쇼니
풋힐 요커츠
에슬렌
남부 밸리
요커츠
투바툴라발
설리넌
가와이수
남부
파이유트
태 평 양
키타너머크
추매시
타타비암
세라노
체메웨이비
통바
(가브리엘리노)
커위어
모하비
쿠페뇨
루이세뇨
퀘찬
아이파이
(쿠메야이)
타이파이
(쿠메야이)

N

0      50      100      150 마일
0      100      200 킬로미터

를 언급한 마지막 문서는 1790년의 것인데, 당시 그는 여전히 쇠사슬에 묶여 있었다. 토이푸리나는 1789년 3월에 레히나 호세파Regina Josepha라는 이름으로 세례를 받았다. 나중에 그녀는 마누엘 몬테로Manuel Montero와 결혼했다. 몬테로는 몬터레이에 주둔한 멕시코 푸에블라 출신 군인이었다. 토이푸리나가 서른네 살이 된 1794년에 그녀에게는 적어도 세 자녀가 있었는데 마지막 자녀가 그해에 세례를 받았다. 5년 후인 1799년 5월 22일, 토이푸리나는 산후안 바우티스타San Juan Bautista 선교소에서 사망했는데, 사망 원인은 알려지지 않았다. 사망한 다음 날 그녀는 잽치빗에서 수백 킬로미터 떨어진 곳에 묻혔다.[54] 토이푸리나와 니콜라스 호세는 수십 년에 걸친 식민지 침략을 견뎌냈고, 거대한 새로운 사회의 출현을 목격했다. 침략으로 겪은 고난을 이기기 위한 전략을 개발했고, 밀려오는 식민주의의 파도에 맞서며 공동체의 자율성을 지키기 위해 노력했던 두 사람 모두 그런 시도를 했던 것에 아마도 만족하며 죽음을 맞았을 것이다.


## 캘리포니아 해양 경제에 생긴 변화


1800년까지 한 세대에 걸쳐 유지된 선교소 제도는 생태적·인구적 변화를 가져왔다. 선교소는 파괴적인 순환 속에서 이 지역의 선주민 인구를 감소시키고 정착민과 이민자 등 변화의 여타 주체를 끌어들였다. 예를 들어 니콜라스 호세와 토이푸리나는 호위를 받으며 토방

가르에서 나와 캘리포니아에서 인구가 가장 많은 해안가로 향했다. 이곳에서 그들은 샌타바버라〔산타바르바라〕Santa Barbara에 있는 추머시 Chumash 지역사회들의 선교소를 거쳐갔다.

이 해안가에서는 여러 세대에 걸쳐 해양 경제활동이 이루어졌는데, 멀리서도 눈에 띄었다. 추머시에서는 바다를 항해하는 튼튼한 나무판 자 카누인 토몰tomol이 인근 섬과 해안 정착지를 누볐다.[55] 1769년, 후안 크레스피Juan Crespí 신부가 보고한 바에 따르면, "그들(추미슈인 들)은 카누를 능숙하게 제작하고 능숙하게 조종한다. … 그 카누에는 열 명까지 탈 수 있다. 그들은 날이 두 개 달린 긴 노를 이용하는데, 형언할 수 없는 능력과 속도로 노를 젓는다."[56] 해변에서는 에너지가 넘쳐흘렀다. 선주민들은 낚시, 다시마와 조개 채취, 수달 사냥을 통 해 어느 해안보다 풍요로운 해양 세계를 창출했다.

선교소에서는 수많은 업무가 일 년을 주기로 조직되었다. 샌타바 버라 선교소에서는 농사, 목장일, 해양 경제활동이 포함되었다. 추마 슈 사람들은 생계를 위한 채집, 지역 간 무역에 쓰이는 조개껍데기 와 구슬 목걸이의 생산과 관리, 선교를 위한 현장 조사 등을 하면서 수천 명이 정착해 살아가는 여러 지역사회를 유지했다.[57]

그러나 에스파냐의 식민화 정책이 시행된 뒤로 선교소의 원예 농 장, 에스파냐식 목초지, 선교소 자체의 일거리 때문에 더 많은 노동 력이 필요했다. 예컨대 선교소가 소유한 소에 낙인을 찍거나 양모 를 깎는 데는 몇 주가 걸렸다. 그러다 가축 떼의 규모가 커지자 곧 이 런 작업에 몇 달이 걸렸다. 1803년, 추머시 노동자들은 선교소의 양

8000마리의 털을 깎는 데 여름에 6주를 보내야 했다.[58] 그들은 해양 및 지역 경제생활을 유지하기 위해 노동하면서 추가로 양모 깎기 작업을 수행했다. 그들은 봄에도 선교소의 밭에 나가 씨를 뿌리고 양 떼를 돌보았다. 이처럼 아메리카 전역에서 식민지 사회가 성장하고 유지된 원동력은 선주민 노동력이었다. 무임금으로 제공된 이런 노동 덕분에 식민지 경제가 확장되었으며, 동시에 선주민 생태계의 기반은 차츰 무너졌다.

이 지역 바닷가는 활기가 넘치고 인구수가 많았으나, 해안 지대 대부분이 해상 무역에는 그다지 도움이 안 되었다. 토몰은 수십 척씩 무리를 지어 이동할 수 있었지만, 토몰로는 에스파냐의 말과 양, 소를 운반할 수 없었다. 에스파냐 선박은 인근 섬의 만에 정박한 다음 보급품과 병사, 잡화를 작은 배에 실어서 해안으로 보내곤 했다. 대다수 해안 지대 선교지처럼 샌타바버라에도 수심이 깊은 항구가 없었는데, 이 점은 카브리요 이래 에스파냐 선원들이 내내 직면했던 문제다.

그들은 선교 활동 과정에서 마침내 좀더 만족스러운 항구들을 찾아냈다. 1769년 몬터레이에 선교소를 설립한 에스파냐 지도자들은 그후 이 지역을 더 면밀하게 조사했고, 10월 31일 데 포르톨라de Portolá는 오랫동안 소문으로 떠돌던, "의심할 여지 없는" 그 항구, 즉 훗날 샌프란시스코San Francisco가 될 항구를 발견했다. 그의 보고에 따르면, "이 지역은 풀이 무성했고, 매우 높은 언덕으로 빙 둘러싸여 있었다. … 그리고 만을 향해서만 열려 있었다."[59]

'황금 문'이라고 알려진 짧은 진입로 사이에 있는 이 항구는 캘리포니아주의 주요 물줄기인 새크라멘토Sacramento강과 샌와킨San Joaquin강이 흘러 나가는 해만海灣으로 열려 있었다. 내륙을 가로질러서 흐르는 이 두 강은 꽤 광대해서 에스파냐인은 그 상류까지 가보지도 못했다. 아마 이 두 강의 시원지인 시에라네바다산맥도 횡단하지 못했을 것이다. 하지만 에스파냐인은 이 해만을 바꾸어놓았다. 그들은 그곳에 요새와 선교소를 건설했다. 니콜라스 호세와 같은 추방된 죄수들을 요새에 수용했고, 몬터레이만을 둘러싸고 자리한 선교소에서는 주지사를 비롯한 에스파냐 민간 지도자들이 거주했다. 에스파냐 권력의 중심지들은 이런 식으로 북부와 해안 지역을 중심으로 발전했다.

선주민 노동자들이 식민지 캘리포니아의 토대를 구축했다면, 그 구조는 태평양 무역이 제공했다. 멕시코 북부의 선교소들은 선박을 건조하는 문제로 골머리를 앓았다. 예를 들어 1719년에 바하 캘리포니아에서 엘 트리운포 데 라 크루스El Triunfo de la Cruz호가 최초로 건조되어 공식적으로 명명식을 가졌다. 그런데 그 비용 탓에 선교소의 금고에 있던 "자금이 완전히 고갈"되었다.[60]

프랑스인들은 캘리포니아로 향하는 국제 무역을 주도하는 동안 다양한 동식물도 도입했다. 샌프란시스코는 무역의 중심지가 되었다. 프랑스·영국·러시아·미국 지도자들 모두가 탐냈던 이곳은 한 영국 외교관의 표현에 따르자면, "아메리카 북서부 해안의 열쇠"였다.[61] 프랑스 탐험가 외젠 뒤플로 드 모프라스Eugène Duflot de Mofras는 지도자들에게 이 섬을 점령하라고 독려했다. 그는 "적은 비용으로

장엄한 시설"을 세울 수 있을 만한 장소를 지도자들이 확보하지 못했다고 한탄했다.[62]

프랑스인은 캘리포니아로 향하는 국제 교통을 주도하며 다양한 동식물을 들여왔다. 1786년, 장프랑수아 드 갈로프 드 라 페루즈Jean-François de Galaup de La Pérouse는 케이프혼Cape Horn〔남아메리카 남단을 가리키는 명칭〕 주변을 여행한 다음에 칠레의 탈카우아노Talcahuano 항구에 들렀다. 대다수의 선박이 그랬듯이, 라 페루즈의 선박 역시 칠레에 들러 과일과 담수, 보급품을 실었고, 선원들이 오락과 휴식을 즐기도록 했다. 그는 프랑스 왕 루이 16세로부터 영국 선원들, 특히 제임스 쿡James Cook 선장의 "경계에서 벗어난 모든 땅"을 파악하라는 명령을 받고 "50여 종의 살아 있는 나무와 덩굴식물"을 실은 "진정한 수목원"을 배 두 척에 나눠 싣고 여행했다.[63] 이 배에는 "몽모랑시벚나무, 블랙하트벚나무, 화이트하트벚나무, 올리브나무, 모과나무, 포도나무, 무화과나무, 밤나무, 라일락나무"와 장미를 비롯한 여러 종류의 꽃이 실려 있었다.[64] 거의 "떠다니는 정원"이라고 할 만한 라 페루즈의 두 선박은 1786년 9월에 몬터레이 앞바다에 도착했다.[65]

라 페루즈는 프랑스와 에스파냐가 공유하는 신앙과 외교적 협정에 따라 칠레에서 환대를 받은 다음, 항해를 이어가 몬트레이에 도착했다. 그의 도착은 주목할 만한 일이었다. 그는 캘리포니아 당국이 영접한 최초의 외국 지도자였다. 페드로 파헤스 주지사는 여러 환영 행사를 조직했는데, 예를 들어 라 페루즈의 함선을 향해 대포로 일곱 발의 축포를 쏘아 올렸다. 이에 라 페루즈는 답례로 현물을 보냈다.[66]

생애의 대부분을 바다에서 보낸 라 페루즈는 육지로 돌아오는 것을 기뻐했다. 그는 프랑스 국왕의 지시에 따라 에스파냐 영토의 최북단 경계를 확보하느라 북쪽에서 고난을 겪었다. 그는 그 지역을 "프랑스의 항구Port des Français"라고 명명했다.[67] 그러나 이 성과는 며칠 후 대형 보트(범선에 싣는 배를 말함) 두 척과 병사 21명을 잃으면서 빛을 잃었다. 그러자 그는 몬터레이에서 가져온 생물 물자와 캘리포니아산 물자를 교환했다. 캘리포니아에서 받은 물자에는 "소 40마리, 양 51마리, 닭 200마리, 밀, 보리, 완두콩, 그리고 … 매일 공급되는 우유 한 통"이 포함되었다.[68] 그가 데려온 식물학자들은 "매 순간 식물 수집을 확대하는 데 전념"해 식물 12종을 새로이 발견했다.[69] 라 페루즈의 보고에 따르면, 캘리포니아에서 제공한 물자에 대한 대가로 "우리는 총독과 선교소들의 마당을 다양한 종자로 풍성하게 만들었다. … 우리가 완벽하게 담아서 가져온 이 종자들이 나중에 그들에게 추가로 혜택을 제공할 것이다."[70] 이때 벚나무, 라일락, 장미가 해변으로 옮겨 심어졌는데, 이 식물들이 그의 마지막 선물 같았다. "우리 정원사가 선교사들에게 칠레산 감자를 선물했는데, 완벽한 상태의 감자였다. 나는 감자가 우리의 선물 가운데 그다지 중요하지 않다고는 생각하지 않는다. 이 덩이줄기가 몬터레이 지역의 햇빛과 기름진 토양에서 완벽하게 자라리라 생각한다."[71] 한 선원은 선교소에 제분기를 선물했다. 이 제분기는 옥수수를 갈 때 흔히 사용되던 메타테matate(맷돌의 일종)를 대체했다.[72]

라 페루즈는 전 세계에서 가져온 새로운 표본, 기술, 제품을 소개했다. 그는 남아메리카 고지대의 주요 식량 종자를 캘리포니아로 가져왔고, 미시시피강 서쪽을 횡단하면서 그곳에서 처음 발견한 식물들을 분류하기 시작했다.[73] 그리고 이런 작업을 그 혼자만 한 것은 아니었다. 선원들이 여러 세대에 걸쳐 폴리네시아산 백단향, 알래스카Alaska에서 생산한 모피, 호주산 나무, 미국 및 영국에서 생산된 제품 등 다양한 상품과 식물종을 운반했다. 이런 무역으로 선주민 사회가 대폭 재편되었으며, 동시에 제국주의 경쟁도 더 치열해졌다.

## 북쪽에서 온 제국주의자들: 러시아-아메리카 회사

샌프란시스코에는 새로운 해양 경제를 위한 거래 시장과 창고 보관소가 있었다. 샌프란시스코는 외교와 상업의 중심지가 된 후에도 선교소 체제를 유지했다. 에스파냐령 태평양 연안의 최북단 항구인 이곳은 남아메리카에서 온 유럽 상인뿐만 아니라 북부 지역에서 온 아시아 상인도 끌어들였다. 그런 이들 중에는 알래스카에서 캘리포니아 북부에 이르는 러시아 해안 제국에서 수확한 모피를 가지고 온 러시아-아메리카 회사Russian-American Company의 프로미실렌니키promyshlenniki〔러시아 모피 산업 종사자〕, 즉 모피 사냥꾼도 있었다.[74]

러시아 상인은 18세기 내내 태평양 연안의 모피 무역을 지배했다. 그들은 알래스카를 식민화하고 최초로 정착촌을 세웠으며, 해달을 잡아 수백만 루블의 가치를 창출했다. 해달 모피는 처음에는 중국과 러시아 국경에 있는 캬흐타Kyakhta〔러시아 바이칼호 남부에 있는 도시〕의 중국 시장에서 거래되었다. 허드슨베이 회사와 영국동인도회사British East India Company를 모델로 한 러시아-아메리카 회사는 차르 정권이 러시아령 아메리카를 관리하고 좀더 효율적으로 착취하기 위해 1799년에 설립한 회사다.[75]

모피 무역은 러시아의 통제를 받는 동안 강제로 모피를 사냥하고 가공해야 했던 알류트Aleut인과 알루티크Alutiiq인 사냥꾼을 중심으로 진행되었다. 러시아가 알래스카에 진출한 초기에는 폭력을 통해 이익을 뽑아내는 방식의 식민지화가 특징이었다. 선주민 마을 주민들은 매년 모피를 바쳐야 하는 노동력 착취 제도로 편입되었다.[76] 1786년 에스테반 호세 마르티네스Estéban José Martinez가 보고한 바에 따르면, 요구한 공물을 "내놓지 않은 사람들은 목숨을 빼앗겼다."[77]

북태평양 모피보다는 그 가치가 떨어졌지만, 캘리포니아 연안 해역에는 수달이 많았다. 바다표범과 마찬가지로 수달은 이곳 해양 생태계에서 풍부하게 서식했는데, 어느 정도는 캘리포니아 선주민이 알래스카 선주민에 비해 수달에 대한 의존도가 훨씬 낮기 때문이기도 했다. 이런 해양 자원을 노린 러시아 사냥꾼들이 점차 남쪽으로 몰려들었다. 이곳에 수달이 얼마나 많았던지, 러시아 제국에서는 많은 사람이 태평양을 일러 "수달의 바다"라고 불렀다.[78]

몬터레이와 샌프란시스코가 성장하자 러시아 상인들도 이곳 항구로 와서 정박하고 식량을 구했다. 그러자 두 제국 사이에서 자주 긴장이 감돌았지만, 상인들은 이 상충하는 세력의 틈바구니 속에서 서로 갈라지기보다는 연결되는 비공식 네트워크를 구축했다. 예를 들면 1807년 알래스카의 러시아 식민지에서 주민들이 영양실조와 틀링기트Tlingits와의 전쟁으로 고통스러운 상황에 놓이자, 총사령관 니콜라이 페트로비치 레자노프Nikolai Petrovich Rezanov가 샌프란시스코를 방문해 이 에스파냐령 식민지와 외교 관계를 열었다. 레자노프는 라 페루즈가 받았던 것만큼 뜨거운 환영을 받지는 못했으나, 노보아르한겔스크Novo Arkhangelsk("새로운 대천사"라는 뜻. 현재 미국 알래스카의 도시인 싯카Sitka의 옛 지명)의 정착촌을 위해 수천 파운드의 "밀, 밀가루, 보리, 완두콩, 콩, 라드, 소금, 소량의 말린 고기" 등의 식량을 지원받았다.[79] 그는 샌프란시스코에서 한 달여 동안 머물며 향후에 이 지역을 식민화할 계획을 세웠다. 결국 1811년에 그는 보데가베이Bodega Bay 정착촌 건설을 주도했고, 보데가베이는 샌프란시스코 바로 북쪽에 위치한 러시아 식민지가 된다.[80] 러시아가 북아메리카에 세운 이 두 번째 식민지는 좀더 북쪽에 설립된 포트로스Fort Ross의 러시아 주둔지를 보완하는 역할을 했다.[81]

캘리포니아에서 정착촌과 전 세계적 차원의 무역이 번창하자 미국 상인들도 태평양 연안의 풍요에 주목했다. 그들도 성장하는 상업에 참여하고 싶어했다. 존 레디어드John Ledyard도 그중 한 명이었다. 그는 다트머스대학교 출신으로, 쿡 선장의 마지막 태평양 항해(1776~1779)를 함께했던 인물이다.[82] 레디어드는 코네티컷 해안에서 성장했는데, 코네티컷에서는 뉴런던New London이나 뉴베드퍼드New Bedford와 같은 항구가 북아메리카 동부 포경 산업에서 주요 거점이었다. 오랜 세월 해양 상인이나 조선업자와 친숙했던 레디어드는 뉴햄프셔에서 학업을 마치고 쿡의 탐험대와 함께 태평양을 여행했다.

레디어드는 태평양에서 이루어지는 모피 무역의 엄청난 수익에 대해 알게 되었다. 1만 5000장의 수달 가죽을 거래할 때 "구매자는 [한 장에] 영국 돈 6펜스도 안 되는 가격에 구매해 중국에서 100달러에 팔았다"라는 내용이었다.[83] 그런데 러시아인은 중국과의 모피 무역을 위해 우선 해양을 거친 뒤에 육로를 통해 캬흐타로 갔지만, 영국과 미국 상인들은 초기부터 광저우를 비롯한 항구 도시로 직접 모피를 운송했다. 에스파냐의 경우, 초기 무역에서 유리한 위치를 점했었지만(캘리포니아의 항구들 중 일부는 부분적으로는 마닐라Manila에서 돌아오는 선박에 식량을 공급하기 위해 설립되었다), 에스파냐 식민지는 러시아가 태평양 연안 북서부 해안의 모피 무역에서 얻은 수익성 수준에 도달하지는 못했다.[84]

영국 상인과 뉴잉글랜드 상인은 에스파냐가 완전히 공략하지 못한 자원을 착복했다. 그들은 태평양에서 수집해 가공한 모피를 아메리카 북서부 해안으로 향하는 선박에 공급해 상당한 수익을 올렸다. 1801년에는 미국 선박 열다섯 척이 수달 모피를 비롯한 그들의 상품을 싣고 "수달의 바다"를 건너 중국 시장으로 가서 거래했다. 1805년과 1806년 사이에 그들은 100만 달러에 달하는 상품을 중국에서 팔고 약 450만 킬로그램의 중국 차를 싣고 미국 항구들로 돌아왔다.[85] 캘리포니아는 이런 무역을 하는 선박에 안전한 항구와 식량, 창고를 제공했다. 선교소들에서는 선주민의 노동력이 선주민 사냥꾼의 노동력과 비슷한 방식으로 제공되었다. 다른 국경 지대 사회에서와 마찬가지로 이곳의 무역 역시 인디언에게 의존했다.

캘리포니아의 식민화가 전 세계의 상인들을 끌어들이면서 태평양 북서부의 탐험도 가능해졌다. 라 페루즈 같은 외국인들은 에스파냐 선원들이 북서부 해안의 자원 이용에 그다지 관심을 보이지 않는 것을 의아하게 여겼다. 라 페루즈는 "마닐라에서 중국과 매우 가까이, 매우 자주 교류해온 에스파냐가 지금까지 모피 무역의 가치를 몰랐다는 것은 정말 이해할 수 없는 일"이라고 말했다.[86] 나중에 비슷한 견해를 가진 미국 지도자들은 이 풍요로운 땅과 바다에 대한 미국의 지배를 구상하며 행동으로 옮기기 시작했다. 태평양에 대한 미국의 권리 주장은 1819년에 '애덤스-오니스 조약'이 체결됨으로써 더 확고해졌다. 이 조약으로 에스파냐는 플로리다를 미국에 양도했고, 뉴에스파냐와 팽창하던 미국 공화국 사이에 국제 국경선이 수립되었다. 이런 양도 및 인정은 에스파냐 제국이 이미 무너지기 시작했던 시기와 때를 같이했다.

## '혁명의 시대'의 태평양 연안

글로벌 무역 네트워크를 통해 캘리포니아의 경제가 확장되는 동안에도 이 식민지는 에스파냐와 불가분의 관계를 유지했다. 바하 캘리포니아의 산블라스San Blas에서 칠레의 발라파리소Valaparíso, 탈카우아

노에 이르기까지 에스파냐 제국 전역에 주요 무역항이 포진해 있었다. 이 지역의 항구들은 태평양을 항해하는 에스파냐 상인들에게 정박지를 제공했는데, 특히 마닐라에서 멕시코로 향하는 에스파냐 선박의 귀국 항로에서 중요했다.[87]

이 지역의 통신과 무역은 주로 바다에 의존했지만, 육로 탐험도 지역의 기틀을 다지는 데 한몫을 했다. 캘리포니아로 소와 말이 처음 들어온 것은 바다를 통해서가 아니라, 멕시코 북부에 자리한 지역사회들의 목장에서 출발하는 육로를 통해서였다. 에스파냐어를 사용하는 수많은 가정도 마찬가지였다.[88] 뉴멕시코에서 그랬듯이 이 지역에도 수백 년 된 카스트 제도(시스테마 데 카스타스sistema de castas)가 도입되어, 권력과 명성에 상응하는 성별 이데올로기와 인종 이데올로기가 유지되었다.[89]

이처럼 서열과 세계적 영향력이 미치는 가운데서도 캘리포니아 인디언의 일상 세계는 강렬하고 지속적인 지역주의의 특징을 보였다. 1819년까지 추머시와 올론Ohlone(코스타노안Costanoan)과 같은 해안의 공동체가 선교소 안에서 살았는데, 여기에는 2만여 명의 새 개종자도 포함되었다.[90] 인근 소도시와 목장의 일원이 되어 살아가는 사람들도 있었다. 캘리포니아 해안 주민들은 수천 명 단위로 세례를 받고 식민지 노동 체제에 동원되었지만, 정치적·종교적으로 동일한 정체성을 공유했던 것은 아니다.

지역적 차이와 부족 간의 차이가 여전히 유지되었다. 실제로 스물한 군데 에스파냐 선교소에는 수백 개 마을 공동체에서 온 선주민이 있었는데, 이들은 수십 가지 어족語族에 속했다. 1769년 이전의 캘리포니아는 사실 지구상에서 언어적으로 가장 다양한 집단이 모인 지역 중 하나였다. 민족지학자들의 오랜 평가에 따르면, 이 지역 언어는 상당히 복잡했다.[91]

다양성은 여러 형태로 나타났다. 에스파냐가 식민 통치를 통해 뉴에스파냐의 다른 지역에서 선주민들을 이주시키면서 다양한 선주민 네이션이 한 지역에서 모여 살게 되었고, 선주민 사이의 경쟁과 분열이 한층 더 깊어졌다. 식민지 뉴멕시코에서와 마찬가지로 다른 곳의 인디언 수천 명이 이 지역으로 이주했다.[92] 1785년, 토이푸리나는 왜 니콜라스 호세와 함께 "이곳에 무장하고 와서 사제와 군인을 죽이려고 했는가"라는 질문을 받자, 그녀는 "사제들에게, 그리고 선교소에 있는 다른 모든 사람에게 화가 난다. 우리가〔에스파냐인들이〕자신들의 땅에 살고 있기 때문이었다"고 대답했다.[93] 역사가들은 토이푸리나의 비난이 선교소에서 함께 살아가던 에스파냐인과 "다른 모든 사람"을 향했다고 오독하는 경우가 많다.[94] 그러나 이 "다른 모든 사람" 속에는 이웃 마을 사람들과 뉴에스파냐 전역에서 온 선주민도 포함되었다. 예컨대 "파도"를 타고 온, 바하 캘리포니아 출신의 코치미Cochimí어를 사용하는 개종자들이 그런 경우였다.[95]

1776년, 후안 바우티스타 데 안사Juan Bautista de Anza가 산가브리엘에 도착했을 때 그는 소, 양, 말, 여성, 성직자, 어린이, 기타 인디언 노동자의 행렬을 이끌고 있었다. 폰트는 "우리의 도착은 모두가 크게 기뻐할 만한 일이었다"라고 기록했다.[96] 그러나 세라가 이 같은 선주민 사이의 만남에 대해 보고한 바에 따르면, "많은 이들이 정복과 함께 딸려온 이 [다른 선주민] 가족들을 어떻게 대해야 할지 몰라서 상당한 소란이 벌어졌다."[97] 새로 이주한 선주민들도 선교소 인디언이 되면서 이 지역의 다양성은 더 또렷해졌다.

토이푸리나와 그녀의 동포들은 식민지화의 어려움을 잘 알았다. 이들이 반식민주의 반란을 일으킨 배경에는 새로운 사람들과 동물들이 가져온 무수한 변화가 있었다. 1800년에 이르자 이 지역의 인구 구조가 달라졌다. 이 지역 인구는 선교소 인디언 약 2만 명, 캘리포니아 내륙과 북부 지역에 거주하는 선주민 약 20만 명, 에스파냐 정착민 2000명, 성직자와 군인 등으로 구성되었다. 이처럼 캘리포니아에서는 북아메리카의 다른 어느 지역 못지않게 다양한 인종이 모여 살았다.[98] 1810년 이후 세계적 혁명들이 태평양 연안으로까지 확장되자 인구 구성은 더 다양해졌다.

에스파냐는 혁명의 시대에 큰 변화를 경험했다. 세계적인 제국 에스파냐를 개혁하기 위한 새로운 헌정적·정치적 변화가 시도되었다. 처음에는 1760년대에 새로운 "부르봉 개혁"〔에스파냐의 부르봉 왕실이 주도했던 개혁〕을 통해 에스파냐령 아메리카 제국을 확장하고 이를 공고히 하려는 시도가 있었다.[99] 텍사스에서 몬터레이에 이르기까지, 에스파냐는 군 주둔지를 늘리고, 수십 개의 새로운 선교소를 설립하고, 탐험 활동을 조직했다.

캘리포니아는 이런 개혁을 향한 시도가 가장 크게 성공한 지역이었다. 그러자 제국 전역에서 캘리포니아로 상인, 지도자, 뱃사람

들이 몰려왔다. 예를 들어 지도 제작자들과 박물학자들은 왕립 과
학 탐험대를 결성해 캘리포니아와 북서부 지역의 지도를 작성했다.
1791년 5월, 알레한드로 말라스피나Alejandro Malaspina의 지휘 아래 아
카풀코Acapulco를 떠나온 이 탐험대의 식물학자, 예술가, 탐험가 들은
제국 전역에서 모여든 사람들이었다. 이들은 북아메리카의 태평양
연안에 대한 최초의 "과학적인" 조사 결과를 두루 제공했다.[100] 그리
고 이 조사는 미국 탐험대의 조사보다 앞서 있었다.

라 페루즈의 탐험과 마찬가지로 말라스피나의 여정도 귀중한 지
도 제작, 민족지학, 식물학 연구 결과를 가져왔다.[101] 이 항해는 영국
과 에스파냐의 선원들이 북서부 전역에서 각기 주권을 주장하며 다
투던 제국주의적 경쟁의 시기에 진행되었다. 한편 영국과 에스파냐
는 각각 러시아와 프랑스를 견제하고자 했다. 1789년에 프랑스에서
혁명이 일어나자 에스파냐는 영국 무역선들의 세일리시해Salish Sea
〔북아메리카의 북서부, 시애틀 부근의 연안 바다〕 횡단을 차단했다. 그러자
영국이 에스파냐가 이 지역 어디에도 정착하지 않았다는 이유로 에
스파냐의 권리 주장에 이의를 제기한 '누트카 해협Nootka Sound 논쟁'
이 촉발되었다.[102] 에스파냐의 위협은 1792년에 해소되었지만, 이 지
역의 미래는 여전히 다툼의 여지가 있었다. 에스파냐 측은 자국의 태
평양 영토를 명확히 하기 위해 일곱 척의 배로 구성된 "경계 지역 탐
험대Expedición de Límites"를 파견했다.[103] 그후 에스파냐는 북아메리카
북서부에 대한 권리 주장을 철회하고 레자노프 같은 캘리포니아의
외국인 상인에게 적용했던 규제를 완화했다. 특히 에스파냐 관리들

이 나폴레옹의 이베리아반도 침략에 맞선 1808년 이후에는 외국인 상인이 샌프란시스코 북쪽에서 자유롭게 활동할 수 있게 되었다.[104]

영국과 미국에서 온 선박들이 에스파냐의 자유화로 창출된 공백을 메웠다. 1792년 이후 거의 20년 동안 북아메리카 북서부 연안을 찾은 선박은 미국과 영국의 선박뿐이었다. 두 나라의 선박들은 밴쿠버섬Vancouver Island의 서쪽 해안을 따라 자리한 프렌들리코브Friendly Cove와 누트카 해협을 통해 무역을 했고, 담수와 식량도 제공받았다. 쿡이 그 지역에서 선박을 수리하고 선원에게 식량을 보급한 1778년 이후로는 미국의 무역 선박이 영국보다 거의 8 대 1(96척 대 13척) 비율로 더 많았다. 그러나 태평양을 순찰한 쪽은 당시 세계에서 가장 강력한 군사 기술을 보유했던 영국 군함이다.[105] 군함들은 소형 상업용 선박과 달리 그 무게가 수백 톤에 달했다.

영국과 미국 관리들은 이처럼 외딴 곳의 땅과 바다를 놓고 갈등을 빚었다. 각국은 이 태평양 연안으로 함선뿐만 아니라 육로 탐험대도 파견했다. 이 탐험대는 강을 찾기 위해 조직된 것이었다. 특히 내륙에서 제작된 모피의 수출로가 될 만한 수로를 모색했다. 예를 들어 몬트리올에서 노스웨스트 회사North West Company와 함께한 스코틀랜드 태생의 알렉산더 매킨지Alexander Mackenzie는 다른 회사 상인들이 태평양으로 흐른다는 전설의 강을 찾기 위해 1789년부터 쏟았던 노력을 이어갔다. 이 전설의 강에 대해 쿡은 상인들이 내륙의 호수라고 믿는, "넓고 좋은 강"이라고 말했다. 그러나 쿡이 언급한 강, 즉 "쿡의 흘러 나가는 강Cook's Outlet"으로 알려진 수로는 포구로 밝혀졌

는데, 내륙으로 곧장 이어지는 수로는 아니었다.[106]

1793년, 매킨지는 북극해와 태평양에 도달했다. 그의 탐험은 대륙 모피 무역의 독점적 지배를 공고히 하려는 영국의 관심에 불을 지폈다. 이와 비슷하게 메리웨더 루이스와 윌리엄 클라크 역시 "원정대"를 이끌었다. 그들 역시 많은 이들이 태평양으로 흐른다는 서부 강들의 상류를 찾고 싶어했다. 이들은 미주리강을 횡단해 그 상류까지 도달한 최초의 유럽계 미국인이 되었다.[107]

1804년, 세인트루이스를 출발한 루이스와 클라크는 겨울이면 그곳을 거점으로 삼아 살아가던 만단인의 신세를 졌고, 여름에는 쇼쇼니인 안내자들에게 의지했다. 그들은 네즈퍼스Nez Percé 상인들에게서 구한 연어를 먹었고, 메티스 안내자들과 함께 여행하면서 선주민이 거주하던 대륙을 횡단했다. 연방정부의 승인을 받고 꾸려진 이 탐험대가 선주민의 지식과 힘과 환대에 이토록 깊이 의존한 사례는 거의 없다.

1805년 8월, 대륙 분수령Continental Divide ˙을 넘은 이 탐험대는 빠르게 흐르는 컬럼비아강을 따라 애스토리아 하구까지 항해해 그곳에서 겨울을 보내며 이 지역에 대한 미국의 권리를 주장했다. 그뿐만이 아니라 서부의 지형, 민족지학, 기후에 대한 중요한 정보를 수집하기도 했다. 1540년대에 카브리요가 처음으로 지도를 작성했던

---

● 북아메리카 대륙 서쪽에서 남북으로 뻗은 로키산맥 능선으로, 이를 기점으로 서쪽의 수로는 태평양으로, 동쪽의 수로는 대서양이나 북극해로 흐른다.

에스파냐 제국의 북쪽 지역에 대해 이제는 영국과 미국이 영유권을 주장했다. 에스파냐 제국의 중심지들에서 멀리 떨어진 곳이었지만 에스파냐 제국의 요원들과 상인들은 이 지역을 세계 경제에 편입시키는 데 크게 기여했다.

영국과 미국 역시 이 지역에서 자신들의 주권을 주장하면서 전쟁을 불사하겠다는 위협까지 했다. 그러나 1812년의 전쟁과 그후에 체결된 '겐트Ghent 조약'(1814)이 제대로 매듭 지어지지 못한 상태였기에 전쟁 전 상황으로 돌아가는 것 말고는 별다른 해결책이 없었다.[108] 예를 들어 존 제이컵 애스터가 1811년에 세운, 태평양의 유일한 미국인 정착촌 애스토리아는 1812년 전쟁 중에 영국에 항복했다가 전쟁이 끝난 뒤 다시 미국 영토로 반환되었다.[109]

북아메리카 북서부 지역을 둘러싼 분쟁이 이 제국들 간의 분쟁에 영향을 미치면서 선주민과 외국 상인 사이의 긴장이 이 경쟁의 향방을 결정지었다.[110] 곧 외교적 해결, 즉 '겐트 조약'을 통해 미국과 영국령 캐나다 사이의 국경이 결정되는 등 재편 과정을 거치면서 초기 미국 공화국의 국력이 증강되었다. 실제로 '겐트 조약' 이후 10년이 채 지나지 않은 1823년, 미국은 가장 팽창주의적인 외교 정책 선언을 발표했다. 아메리카 전역에 대한 외국의 개입을 전면적으로 제한하는 동시에 북아메리카 전역에서 미국의 영유권 주장을 공고히 하는 선언이었다. 간단히 말해, 해안 지대에서 벌어진 선주민과의 갈등이 미국의 5대 대통령인 제임스 먼로의 이름을 딴 새로운 "선언"의 형성에 영향을 미쳤다.

# 북서부 지역을 통합하려는 시도

세일리시해는 올림픽반도Olympic Peninsula의 플래터리곶Cape Flattery을 지나 애스토리아 북쪽에서 시작된다. 밴쿠버섬의 포트루퍼트Fort Rupert까지 이어지는 이 바다에는 조지아 해협과 후안 데 푸카Juan de Fuca 해협, 그리고 퓨젯 해협Puget Sound과 조지아만에 딸린 수많은 섬이 있다. 해류를 통해 영양분이 풍부한 바닷물이 공급되는 세일리시해는 세계에서 가장 다양한 해양 생물권의 서식지다. 이 해류는 생명을 유지하는 데 필요한 무한한 에너지를 흡수하고 방출한다.[111] 특히 다시마 밭이 "울창한 해양 숲"을 이룬 해저 세계의 풍성함은 이 지역에 빽빽하게 들어선 삼나무, 전나무, 헴록나무의 밀도와 견줄 만하다. 이 바다는 물고기, 해양 포유류, 수많은 바닷새를 부양한다.[112] 학자들의 추정에 따르면, 18세기에 북아메리카 북서부 지역에서 20만 명에서 최대 40만 명에 이르는 선주민이 살았다. 당시 북서부의 선주민은 캘리포니아에서처럼 유럽인과의 관계를 지속적으로 발전시켰다.[113]

이 지역에서 이루어진 관계의 형태와 형식은 캘리포니아에서와 달랐다. 가령 북서부 지역은 습하고 추워서, 18세기에 세워진 요새나 유럽인의 정착지 가운데 몇 달을 버티고 살아남은 곳은 거의 없었다.[114] 이 지역은 해양과 자연자원은 풍부해도 식민지로 만들기에는 너무 고립되어 있었으며, 농업과 목축에도 그리 적합하지 않았다. 게다가 이 지역은 강력한 선주민 네이션의 본거지이기도 했다. 선주민 지도자들은 수백 명의 병사를 한꺼번에 수용할 수 있는 해양 카누 함대를 지휘했다. 예를 들면 1787년 영국 상인 존 미어스John Mears가 프렌들리코브에 도착했을 때 누차눌스Nuu-chah-nulth의 두 수장 마퀴나Maquinna와 캘리컴Callicum이 카누 열두 척을 몰고 접근했는데, 카누마다 누차눌스 병사가 열여덟 명씩 타고 있었다.[115] 그런데 이 카누들은 중형 선박에 불과했다. 존 주잇John Jewitt에 따르면, 가장 큰 카누에는 "40명이 탈 수 있었는데, 이 선박들은 매우 가벼웠다."[116]

내륙이 아닌 해안에서 일어난 이런 만남을 통해 복잡한 프로토콜이 나왔다. 이 강력한 이방인들을 달가워하지 않던 선주민 지도자들은 선교나 식민지화가 아닌 무역, 외교, 항해에 중점을 둔 경계 지역의 세계가 형성되도록 애썼다. 선주민 지도자들에게는 눈 덮인 산과 바위로 뒤덮인 강변 때문에 내륙으로의 항해가 어렵다는 점도 도움이 되었다. 그리고 캘리포니아에서와 마찬가지로 수심이 깊은 항구가 없어서 식민지 개발이 가로막히기도 했다. 이 지역에서 가장 방문자 수가 많은 항구인 프렌들리코브는 섬에 있었기 때문에 유럽인 무리, 보급품, 정착민의 이동이 제한적일 수밖에 없었다.[117] 게다가 이 지역은 올림픽반도 끝에 자리한 플래터리곶을 비롯해 위험한 해역으로 둘러싸여 있다.

이렇게 발전한 해안에서의 관계는 수백 년 동안 이어져온 영토를 기반으로 한 식민주의와는 매우 달랐다. 예를 들어 제국의 소유권을 공식적으로 보여주는 행사가 수없이 많았는데도 북아메리카의 북서부 지역은 해상 모피 무역 시대(1778~1840년대) 내내 어느 제국에도 편입되지 않았다.[118] 그곳에는 제국의 권위를 행사하는 기관이 거의 들어서지 못했으며, 초기 유럽인 상인들의 불평에 따르자면 선주민이 "아무런 통제력 없이" 함께 모이는 것이 허용되는 "매우 위험한" 곳이었다.[119] 여러 측면에서 그곳은 19세기 내내 "국가가 부재"했고, 제국-선주민 관계 전반에 폭력이 침투했다.[120] 플로리다의 사례를 통해서도 보겠지만, 이런 국가 부재 상황이 향후 미국 외교 정책의 형성에 영향을 미쳤다. 이 지역에서 경쟁을 벌인 주체는 정치가가 아니라 다양한 곳에서 찾아온 상인들이었다. 애스터 같은 상인 개개인과 캐나다의 노스웨스트 회사North West Company와 같은 기업이 내륙에서 생산되는 모피를 놓고 경쟁을 벌였다. 그들의 목적은 식민화가 아니라 자원을 추출하거나 수익을 창출하는 것이었다. 프란체스코회의 성직자와 달리 이 상인들은 자신들의 영토를 주장하거나 이데올로기적인 요구를 거의 하지 않았다. 그렇다고 우호적인 태도와도 거리가 멀었다. 중세적 형태의 규율을 통해 애스토리아(1811)와 포트밴쿠버(1818)와 같은 이 지역의 몇 개 안 되는 요새를 유럽의 성, 혹은 성벽으로 둘러싸인 마을과 비견할 만한 구조로 만들었다. 권위의 중심은 "법의 지배"가 아니라 "힘의 행사"에 있었다.[121] 이 지역에서는 개별 상인 지도자들이 절대적 권력을 휘두르면서 이에 저항하는 사람들을 처벌했다.

요컨대 농장이 요새를 대체한 셈이었다. 1840년대부터는 선주민 지역사회들이 점점 더 늘어나던 백인 정착민과 다투게 되었다. 정착민은 이 지역의 안전한 강 골짜기와 내륙의 농지가 자기들 소유라고 주장했다. 외교와 소통을 위한 공식적인 메커니즘이 없었기에 관계는 다양한 형태의 폭력으로 변해갔다. 오리건Oregon 중부와 남부에서는 정착민 식민주의와 "대학살 전쟁"이 정착민 공화주의와 함께 등장했다.[122]

조약 기간(1855~1871) 이전에 선주민 네이션들이 이 지역에 대한 주권을 유지할 수 있었던 것은 경쟁적인 무역 이해관계를 이용해 잘 헤쳐나간 덕분이기도 했다. 선주민 네이션은 유럽과 미국의 상인들에게서 총기, 금속, 옷감 등의 자원을 끌어모았고, 자신들의 지역 사회에 대한 사회적 권위를 유지했다. 또한 지역의 해양 자원에 대한 권한도 갖고 있었는데, 그 규모가 상당했다. 탐험가들도 금방 감지한 대로, 세일리시해에서의 어획량은 엄청났고, 이를 통해 선주민 네이션은 북서부의 문화뿐만 아니라 경제까지 주도했다. 예를 들어 단백질이 풍부한 생선인 연어와 넙치가 매년 이 지역의 바다를 지나갔다.[123] 연어는 바다에서 살을 찌운 뒤 이 지역의 강으로 돌아와 산란했는데, 이런 회귀 시기는 어종에 따라 달랐다. 수천 명의 선주민 어부들은 계절에 따라 고기잡이를 하기 위해 컬럼비아강의 댈러스Dalles와 같은 지역으로 모여들었다. 수확을 유지하기 위한 제전도 계속 열렸다. 대구 떼와 바닷가재 잡이가 유럽인을 북아메리카의 북동부로 끌어들였듯이, 이 지역의 해양 자원은 태곳적부터 생명이 유지되게 해주었다. 실제로 이곳에서는 북아메리카 대륙의 다른 어느 곳보다 비농업 식량이 풍족했다.[124]

유럽인은 이런 풍성한 어족 자원과 선주민의 어업 기술에 놀라움을 금치 못했다. 주잇의 언급에 따르면, "선주민만 한 낚시 전문가는 거의 없다."[125] 어로 활동은 생계 수단을 제공했을 뿐만 아니라 다양한 기술을 습득하게 해주었다. 선주민들은 생선 뼈로 바느질에 사용할 바늘을 만들었고, 생선 껍질을 삶아 기름을 냈으며, 생선 살을 말려서 포로 만들어 자급 경제의 대부분을 충당했다. 이런 노동은 주로 여성이 담당했는데, 이들은 무역을 위한 잉여 물자도 생산했다.

선주민 사냥꾼도 이 지역의 풍성하기 그지없는 자연자원 덕을 봤다. 그들은 떼 지어 이동하는 혹등고래, 회색고래, 범고래를 포획했다. 여러 해안 지역 경제가 북서부 지역의 포경업을 통해 다각화되었으며, 때로는 놀라운 수준으로 발전했다. 예를 들어 플래터리곶의 마카Makha인 마을 오제트Ozette에서 발굴된 유적에 따르면, "이곳에서 소비된 모든 고기와 기름의 75퍼센트"가 고래였다.[126] 이 한 곳에서 발견된 고래기름과 고래고기만 해도 약 1000톤으로 추정된다.

바다가 이 지역 경제와 문화의 중심이었기에 연어와 마찬가지로 고래도 사회적 중요성을 지닌 생물이었다. 예를 들어 세습되는 가족의 권리를 통해 익숙한 장소에서 사냥과 채집 활동의 권한이 결정되었고, 이를 통해 사회 내에서 관습법이 형성되었다. 주잇은 모와차트Mowachaht인들 사이에 머물던 시간을 이렇게 회고했다. "고래는 왕의 물고기로 여겨져, 왕의 작살로 고래의 피를 뽑기 전에는 다른 사람이 고래를 만질 수 없었다."[127] 또한 수확한 고기의 재분배를 통해 가문과 씨족의 위신이 유지되었다. 예를 들어 마카와 누차눌스 지역 사회에서 사냥, 낚시, 채집의 권리는 깊은 문화적 의미가 있었다. 그들의 전설에는 수많은 해양동물과 신화 속 인물이 등장한다. 천둥새

Thunderbird/T'iick'in와 같은 초자연적 존재에 대한 구전 전통은 고래를 이 지역사회로 데려온 천둥새가 얼마나 숭배되는 지위에 있었는지를 잘 보여준다.[128]

유럽인이 왔을 때 선주민이 보인 반응에는 이런 문화적 가치가 반영되어 있었다. 주권에는 권력을 통한 명령만이 아니라 관습을 통한 통치권도 포함된다고 본다면, 공동체의 행동을 만들어내는 것은 문화적 관행이다. 따라서 북서부 지역에서 선주민의 주권에는 바다에서 채취한 부를 재분배할 권한이 오랫동안 포함되어 있었다. 상인들은 이 지역으로 들어와 총, 칼, 낚싯바늘, 구리 제품 같은 공산품을 제공했는데, 이는 이 지역의 경제와 관습에서 중요한 기술이 되었다. 1802년에 한 여행자가 말했듯이, "이제 이 지역에서 최고의 영국 무기를 구입할 수 있게" 되었는데, "영국에서보다 더 저렴했다."[129] 영국 상품의 가격이 상대적으로 낮았던 것은 선주민이 총기를 대개 50개씩 묶음으로 구매했기 때문이기도 하고, 화약, 탄환, 부싯돌 등 관련 무역 품목에 대한 선주민의 의존도를 높이기 위해 영국 측에서 가격을 낮추어 거래했기 때문이기도 하다.

총과 무역품은 선주민에게 부를 가져다주었다. 총과 무역품을 소유한 사람들이 입지를 다졌으며, 이것들을 분배한 사람들이 해안 지역사회에서 높은 지위를 누렸다. 무역에 수반되는 사회적 가치를 알아보았기에 많은 미국 상인이 북서부 지역에 필요한 물품을 얻기 위해 영국으로 향했다. 예를 들어 주잇은 1802년 매사추세츠에서 영국으로 건너온 선박인 보스턴호에 승선했다. 많은 미국 선박과 마찬가지로 이 선박이 대서양을 횡단한 것은 태평양으로 가기 위해서였다. 이 배는 "북아메리카 북서부 해안의 인디언과 무역을 하는 데 필요한 상품을 싣기 위해 영국에 왔다."[130]

주잇은 19세기 초 세계에서 매우 방대한 기록을 남긴 인물이다. 그는 1803년에 마퀴나가 보스턴호를 환영하는 모습을 목격했고, 그 후 예상치 못한 공격을 받았지만 살아남았다. 모와차트의 지도자 마퀴나는 주잇과 선박의 봉범수縫帆手였던 존 톰슨을 제외한 선원들을 처형하는 등 여러 측면에서 미국 상인들을 놀라게 했다. 여기에는 유럽 시장에 공급되는 수달 가죽의 불공정한 거래, 고장 난 총을 판 이 배의 선장 존 솔터John Salter의 무례한 행동, 지도자로서 입지를 유지하려는 마퀴나의 필요 등 여러 이유가 있었다. 이들의 생존과 이후에 이루어진 저술을 통해 북서부 지역 문화에서 지속된 특징이 알려졌다.

마퀴나의 군사들이 배를 해체하고 화물을 내리는 동안, 그곳 지역사회의 지도자들은 축하 행사를 준비했다. 그들은 주변 마을에 이 승리의 순간을 함께하자는 소식을 전했다. 수장 마퀴나는 롱하우스에서 새로 획득한 물자를 살폈다. 마퀴나의 가족들이 모이자, 이제 마을은 "스무 척이 넘는" 카누를 타고 오는 이웃들을 맞이했다.

마퀴나가 그들을 초대했고, … 만찬이 준비되었다. 고래기름, 익히지 않은 청어 알, 냉수 등이 준비되었다. 풍성한 잔치를 위해 마련한 것 같았다. 만찬이 끝나자 그들은 집에서 나가라는 명령을 받았다. 곧이어 열리는 춤을 준비하기 위해서였던 듯하다. … 우리의 수장은 얼굴에 가면을 쓴 아이를 보여주었다. … 춤이 끝난 후 우리의 수장은 이방인들에게 선물을 나누어주기 시작했다. 나는 그가 머스킷 100정, 옷감 400야드〔약 360미터〕, 거울 100개, 화약 20배럴〔약 3178리터〕을 주는 것을 보았다.[131]

마퀴나는 재분배 관행을 통해 자신의 권위를 높이고 자기 가족과 씨족의 위신을 드높일 수 있었다. 특히 그는 자기 아들 삿삿속시스 Sat-sat-sok-sis를 기리는 의미에서 새로 획득한 재산을 재분배했다.[132]

재분배는 북서부 지역사회에서 널리 공유된 관행이었다. 이를 통해 포틀래치potlatch〔막대한 선물로 부와 권력을 과시하는 북아메리카 북서부 해안 인디언들의 의례〕라고 알려진 정교한 공동체 모임이 유지되었다. 이 모임은 사회적 권위를 유지하고, 서사적 이야기들을 전승하고, 신입자를 자신들의 사회에서 환영하기 위한 모임이었다. 언뜻 보면 "이방인에게 선물을 주는 것"이 사유 재산과 상반되는 것처럼 보일 수 있지만, 이 지역에서 선물하기는 여전히 최고의 영예이며, 마퀴나 를 비롯한 북서부 해안 지역의 지도자들은 축적된 부를 선물로 나눠 주면서 입지를 쌓았다.

역사적으로 보면 이런 부는 대부분 바다에서 얻어졌는데, 이제는 외국 선박이 이 지역에 부를 가져다주었다. 해안 지역 지도자들이 신성시되는 동물 이미지의 조각, 문장, "가면"으로 상징되는 이 무역 자원들을 확보하려 했던 것은 이런 것들을 재분배하기 위해서이기 도 했다. 어느 날 있었던 저녁 행사가 포틀래치였음을 머스킷 100정,

옷감 400야드, 거울 100개, 화약 20배럴이 분명하게 보여준다. 전 세계에서 들어온 이 풍요로운 물자들을 통해 마퀴나는 자신의 높아진 위상을 널리 드러낼 수 있었다.[133]

## 의존을 낳은 경제적 요인과 전염병

북서부 지역에서 선주민과 제국 사이의 관계는 영토에 대한 욕망이 두드러졌던 정착민 식민주의와는 달랐지만, 미국 국경 지대에서 일어난 다른 경쟁들과 닮았다. 알래스카에서 컬럼비아강 고원을 거쳐 대평원에 이르기까지, 선주민 네이션들은 총기 무역의 폭력에서 옷감과 금속 제품에 대한 의존도 심화에 이르기까지 반복적이고 치명적인 난제들에 맞서며 무역에 필요한 자원을 획득하기 위해 노력했다.

유럽과의 무역에는 항상 폭력이 뒤따랐다. 외국인 상인은 선주민을 그들의 경제로 끌어들이기 위해 다양한 유인책을 사용했는데, 이런 방법이 실패하면 폭력을 쓰곤 했다. 특히 1700년대 중반부터 무허가 러시아 상인(프로미실렌니키)가 이 지역의 물개와 수달의 모피 무역을 시작한 후 수십 년 동안 러시아인과 선주민의 관계는 폭력, 강제 결혼, 강제 공물로 얼룩졌다. 코디액섬Kodiak Island에서 프로미실렌니키는 알류트 여성을 포로로 잡곤 했는데, 이 여성들의 남편, 부친, 아들 들에게 더 많은 양의 모피 생산을 강요하기 위해서였다.

러시아 상인들은 선주민 여성들을 상대로 강간을 일삼고 성병을 퍼뜨리면서 학대와 정신적 피해를 입혔다. 1794년 러시아 정교회 선교사들이 처음 들어왔을 때, 그들은 이 같은 일상적인 폭력과 무질서에 "충격을 받았다."[134] 섬의 선주민 인구 역시 급감해, 1792년 약 6000명이었다가 1806년에는 4000명 이하가 되었다.[135]

코디액섬 남쪽의 틀링기트인 군인들은 러시아의 징병 시도에 저항했다. 틀링기트인들은 널리 보급된 영국제 총을 이용해 러시아의 지배를 무력화하는 보복을 단행했다. 특히 1804년 10월, 싯카에 자리한 거대한 요새 밖에서 틀링기트인이 러시아-알류트 연합군 150명을 죽이고 다치게 한 사건은 유명하다. 당시 러시아-알류트 연합군은 대포를 탑재한 선박 여섯 척과 알류트 카약 수백 척, 총을 지닌 병사 약 1000명을 갖춘 상태였다.[136] 그 이후 10년 동안 소소한 전투들이 이어졌다. 1818년에는 틀링기트 군인들이 매복했다가 상인들을 공격해 상인 23명이 사망하고 18명이 부상을 입었다. 한 러시아 지도자는 "그들은 우리보다 총기를 더 많이 가졌을" 뿐이라고 불만을 내비치며 말했다.[137]

선주민 네이션들은 식민지 폭력을 견뎌냈기도 하고, 이를 영속시키기도 했다. 식민주의는 종속된 지역사회가 시장에 내놓기 위해 상품을 강탈하게 만들 정도로 파괴적인 결과를 낳았다. 미국 동부에서와 마찬가지로 모피와 총기가 함께 거래되면서 선주민 사냥꾼은 자연자원을 고갈시켰고, 자원 확보를 위해 이웃 지역을 침략했으며, 무역망 독점을 일삼게 되었다. 사실 서부 모피 무역의 역사는 선주민,

제국, 무허가 상인 모두가 줄어드는 자원을 놓고 경쟁하면서 펼쳐진 비극이기도 했다. 예를 들어 틀링기트 지역사회는 수십 년 동안 러시아와도 싸웠을 뿐만 아니라 러시아와 동맹을 맺은 선주민과도 싸웠다. 그러나 총기 무역이 확대된 후에야 총과 화약, 금속 제품을 충분히 확보해 군사 작전을 성공적으로 전개할 수 있었다. 이런 승리에 앞서 몇 년에 걸친 슬픔이 있었다. 세계 경제로의 편입이 선주민의 자치권을 보존할 수 있는 기회를 선별적으로 제공했기 때문이다. 게다가 편입으로 시장에 대한 선주민의 의존도는 더 높아졌다.[138]

선주민 네이션들이 이런 혼란을 극복하기 위해 고군분투하는 동안 그들은 또다른 충격에 직면했다. 식민주의는 언제나 질병을 가져왔다. 선주민이 살던 서부의 재편에서 가장 큰 변수는 폭력과 질병이었는데, 이 두 가지가 결합해 부족 공동체의 주권적 권위를 무너뜨렸다. 1769년 캘리포니아 지역에서 이루어진 선교를 시작으로 1837년 천연두 대유행에 이르기까지, 서부의 모든 지역이 대참사를 견뎌야 했다. 질병이 이 세대를 죽음으로 이끌었고, 폭력이 그 고통을 배가했다.

학자들은 특정 시기와 특정 장소를 상정해 아메리카 선주민의 질병 전파를 연구하곤 한다. 냉정하고 종종 비인격적인 틀을 가지고 선주민 사망자 수를 어림하거나, 가능하면 집계를 내곤 한다. 하지만 이런 방식은 마치 계단을 내려가는 그림자처럼 점점 희미해져서 참상에 대해 일반적이고 부정확한 인상만 남길 뿐이다.

캘리포니아와 북서부 지역에 대해서는 보다 명확한 기록이 남아 있다. 비록 확실히 연관되진 않았지만, 이들 지역의 인구 감소의 역사는 갈수록 더 자주 연구된다. 캘리포니아에서 발발한 질병의 역사는 북아메리카의 어느 곳보다 "훨씬 더 자세히" 기록되어 있는데, 이는 프란치스코회의 문서 덕분이기도 하다.[139] 이 기록은 식민주의의 재앙적 특성을 분명하게 보여준다.

러시아의 다른 식민지와 마찬가지로 캘리포니아에서도 선교소 내에서 성폭력이 만연했으며, 그 결과 출산율이 감소했다. 선교소는 공동체의 터전이 되기보다는 임질과 매독 전염과 불임의 지역이 되었다.[140] 라몬 올베스Ramón Olbés 신부가 샌타바버라 선교소에서 언급한 대로, 매독은 어디에나 존재하는 치명적 질병이었다. 그는 "모든 사람이 매독에 감염되었다"라고 보고했다. "그 결과 출생은 드물고 사망은 너무 많아서 사망자 수가 신생아 수의 세 배에 이른다."[141] 다른 선교소에서도 비슷한 사망률을 확인할 수 있다. 산카를로스San Carlos 선교소의 경우, 전체 역사를 보면 신생아 수보다 사망자 수가 두 배 많았다. 1799년 토이푸리나의 경우도 여기에 해당한다. 영유아 사망률도 전염병이 돌던 기간에 증가해, 1000명당 366명이 사망했다.[142]

에스파냐 쪽 연대기에는 이외에도 많은 기록이 있다. 산미겔 선교소에서 프란치스코회 지도자들이 언급한 바에 따르면, 선교소의 여러 질병 중 "가장 흔한 질병은 … 성병인데, … [여기에 대해서는] 효과적인 치료법이 없다."[143]

외국인 방문객과 마찬가지로 총독과 민간 지도자 역시 이런 사회적 질병의 비용을 자세히 설명했다. 러시아 탐험가들과 함께 일했던 독일인 식물학자 게오르크 하인리히 폰 랑스도르프Georg Heinrich von Langsdorff는 다음과 같은 설명을 남겼다.

> 뉴캘리포니아에서는 보건 분야에서 충분한 조치가 이루어지지 않고 있다. 오로지 군대에만 의사와 외과의가 있다. ⋯ 선교소의 인디언은 ⋯ 사망하는 경우가 많다. ⋯
>
> 모든 질병 중 가장 끔찍한 것 ⋯ [매독]은 이곳에서 모두 변종으로 발견된다. 매독은 에스파냐인과 인디언 사이에서 흔하며, 예방을 위한 의학적 조치가 전혀 취해지지 않아서 더 큰 피해를 양산하고 있다. 일반적인 결과는 피부의 반점, 끔찍한 발진, 계속 생기는 염증, 고통스러운 뼈의 통증, 인후염, 무너져 내리는 코, 신체의 기형과 사망이다. 내가 목격한 다른 신체적 이상에는 눈의 염증, 류머티즘, 입가의 악성 농양 등 다양한 유형의 만성 질환이 있는데, 이 역시 아마도 비너스Venus(성병Venereal diseases을 에둘러 표현한 말) 덕분일 것이다.[144]

성병은 눈에 보이는 궤양, 피가 섞인 가래, 통제할 수 없는 장의 분비물 등 합병증을 일으켰다. 이런 질병은 눈에 보이지 않는 천연두 같은 전염성 병균이 아니라 성폭력으로 발생했다. 이는 엄밀히 말해서 생물학적 형태의 식민주의가 아니라 식민주의가 초래한 사회적 상황이었는데, 선주민에게 치명적인 피해를 입혔다.

# 천연두와 서부 인디언 사회의 재편

북서부 지역에서는 질병이 선주민 사회를 또다른 방식으로 황폐화했다. 처녀지 전염병Virgin soil epidemic〔면역 경험이 없는 인구 집단에서 발생하는 전염병〕의 발생이 선주민 사회의 근간을 뒤흔들었는데, 이런 전염병은 유럽인의 손길이 닿지 않는 곳에서도 종종 발생했다. 선주민과 유럽인의 접촉 이후 첫 반세기 동안 선주민 사망률이 드러난 문서는 거의 없지만, 수많은 연구와 구술사, 그리고 고고학적·역사적 분석을 통해 그 파괴력을 가늠할 수 있다.[145] 전파자들은 바다에서 들어왔다. 전파자들이 대륙을 횡단할 때 질병 매개체들도 같이 들어와 선주민 지역사회들에 큰 타격을 주었고, 이 때문에 북서부 지역이 취약해져 다른 주권체 아래로 쉽게 편입되었다. 질병은 제국의 확장도 촉진했다. 특히 1780년대에는 대평원의 북부 전역에서 천연두가 기승을 부렸다. 멕시코 중부에서 시작된 천연두는 에스파냐 제국의 대부분을 휩쓴 대대적인 유행병 중 하나였다. 중앙아메리카와 북아메리카 전역으로 퍼진 이 전염병은 아메리카 전 대륙에서 가장 널리 퍼진 전염병으로 기록되었다.[146]

1782년, 이 질병은 북쪽으로 매니토바Manitoba까지 퍼져 크리Cree와 치퍼와이언Chipewyan이 초토화되었다. 서부의 호수, 강, 육상 수송로를 정기적으로 드나든 허드슨베이 회사의 상인들이 이 전염병이 빠르게 휩쓸고 지나간 과정을 자세히 기록했다. 데이비드 톰슨David Thompson은 회사 직원들과 나눈 대화를 통해 이 지역 인구의 60퍼센트가 사망한 것으로 추정했다. 그는 썩은 시신이 들어차 늑대를 유인하는 선주민 오두막에 대한 증거를 상인들이 어떻게 전달했는지 들려주었다. 톰슨에 따르면, "생존자들은 대화조차 할 수 없을 정도로 절망하고 낙심한 상태였다."[147]

미주리강변의 만단인 마을에서는 천연두 감염이 네 차례 보고되었다. 천연두는 1781년에 시작되었으며, 1801년, 1831년, 1837년에 다시 발생했다.[148] 4장에서 언급한 대로 만단인 마을은 18세기 북아메리카에서 인구가 가장 밀집한 도시 거주자들의 근거지였다. 1804~1805년, 그곳에서 겨울을 보낸 루이스와 클라크는 황폐해진 마을들과 지붕이 무너진 대형 흙집들을 눈여겨보았다. 전염병의 결과로, 이전 세대 만단 지역사회의 특징이었던 푸르른 농토와 도시적인 코스모폴리턴 기질도 쇠퇴한 상태였다.

천연두는 멕시코에서 시작해 북쪽으로 이동하다가 로키산맥을 향해 서쪽으로 이동했다. 블랙풋 연맹Blackfoot Confederacy의 영맨Young Man과 같은 지도자들은 "우리에게 돌아오지 못할 사람들을 기리는 절망의 눈물, 비명, 울부짖음"을 기억했다. 그리고 '겨울 집계winter count'라는 명칭으로 알려진, 어느 공동체의 연례 기록의 묘사에 따르면, 1781~1782년의 겨울을 나는 동안 "죽음을 피한 사람은 거의 없었다."[149] 상인들의 보고에 따르면, 그후 블랙풋 연맹의 가옥 수가 50퍼센트 이상 감소했다.

1782년, 로키산맥을 넘어가 발생한 전염병은 결국 컬럼비아강을 타고 내려오며 마을을 휩쓸었다. 전염병은 스네이크강Snake River 유역의 쇼쇼니, 배넉Bannock, 네즈퍼스의 지역사회를 황폐화한 다음 세일리시해를 향해 북쪽으로 이동했다. 그곳에서 전염병은 밴쿠버섬과 프레이저강 계곡Fraser River Valley으로 건너가, 북쪽 내륙 세일리시 지역사회인 코이아움Koia'um과 칼룰라Kalulaa'까지 갔다. 1782년에는 칠리왁강Chilliwack River을 따라 확인된 세일리시 지역사회가 대략 25개였는데, 1830년에는 모두 버려진 상태였다. 그리고 인근 프레이저강 주변의 여러 정착촌은 식민 지배로 인한 파괴를 피해 강 상류 쪽으로 멀리 이주했다.[150] 캘리포니아에서와 마찬가지로 질병은 극적인 인구 감소뿐만 아니라 이주 현상을 낳았다. 모든 선주민은 변화한 본거지에서 자치권과 건강을 지키기 위해 고군분투했다.

이런 죽음과 질병의 역사는 미국사 서술에서 누락된 경우가 많다. 그러나 이런 역사는 미국의 발전에 중요한 역할을 했기에 이에 대한 고려가 없는 미국 공화국의 역사는 불완전할 뿐만 아니라 부당하다. 황폐화는 선주민 네이션을 재편했을 뿐만 아니라 외부에서 온 사람들이 선주민의 영토를 착취할 수 있는 계기도 되었다.

질병이 발생하자 선주민 지도자는 자신의 권위를 행사하고 외부인의 위협에 대응할 능력을 발휘하기가 힘들어졌다. 예를 들어 컬럼비아강을 따라 오리건에 살던 선주민 네이션들은 영국 상인들이나 미국 상인들과 수십 년에 걸쳐 경제적·사회적 관계를 맺었는데, 그 결과 질병에 감염되었다. 1812년에 발발한 전쟁이 동부에서 격화되는 가운데, 1814년 1월 초에 포트조지Fort George(애스토리아)의 선주민 지도자이자 클랫섭Clatsop의 우두머리이면서 루이스와 클라크 원정대 시절부터 "메달 수장〔이 책의 4장에서 설명한 바에 따르면, 프랑스인에게서 청동 또는 주철 메달을 받은 마을 수장을 지칭하는 말〕"이었던 카올프Caolp는 사망자를 매장하느라 시간을 보냈다. 그중에는 "성병의 마지막 단계로 변색되고 부어오른 끔찍한 상태로 사망한 불쌍한 소녀"도 있었다.[151]

질병은 온갖 다양한 방식으로 부족의 역량을 떨어뜨렸으며 살아남은 사람들을 더 취약하게 만들었다. 예컨대 클래머스 분지Klamath Basin 곳곳에서 터를 잡은 클래머스 지역사회들은 말을 타고 다니는 경쟁 선주민들에게서 받은 여러 차례 습격을 견뎌내며 애도의 노래를 발전시켰다. 이 노래에 "코-아이 아크 아 나프카 갓팜노카Ko-I ak a näʾpka gatpamʾnóka"라는 가사가 들어 있는데, 이는 "북부 인디언들이 왔을 때 우리가 겪은 비참한 시간"으로 옮길 수 있다.[152]

폭력과 질병으로 인한 죽음은 서부에 머물던 기존 제국들의 느슨한 주권도 약화시켰다. 에스파냐, 영국, 러시아, 미국은 서로 경쟁하는 상황이었는데, 그들의 영유권 주장은 내부적 위협에도 직면했다. 요컨대 미국 정착민이 선주민의 영토를 공략한 것은 우발적으로 일어난 일이 아니었다. 그들은 이미 폭력과 질병으로 황폐해진 선주민의 영토를 공략하고서는 그곳들이 "텅 비어 있다"라고 생각하거나, 개발되지 않았지만 잠재력 있는 "사막"이라고 간주했다.[153] 이렇게 인구가 감소하고 선주민 지역사회가 불안정해지자 식민지화가 훨씬 더 용이해진 것이다.

# '미주리 타협'과 멕시코 독립의 위기

미국은 루이스와 클라크가 세인트루이스로 귀환했을 때 환호했어도 태평양 연안에 대한 영유권을 주장하지는 않았다. 루이스와 클라크 탐험대가 미주리강 상류의 지도를 작성하고 대륙 분수령을 넘어 컬럼비아강을 따라 태평양까지 갔지만, 뒤이어서 그 육로로 여행하는 것은 너무 위험하다고 판명되었기 때문이다. 게다가 미국은 어떤 영유권 주장도 통합할 수 있는 상황이 아니었다. 탐험대의 보고서가 지도와 함께 인기 있는 정기간행물에 몇 번에 걸쳐 실렸지만, 1843년 존 프레몽John C. Frémont이 여행하기 전까지 거의 40년 동안 연방정부의 승인을 받은 육로 탐험대가 태평양까지 다시 가지는 않았다.[154]

미국 지도자들은 더 즉각적인 영토 문제, 특히 에스파냐 경계 지대 곳곳에서 국경 문제에 직면했다. 이 경계 지역에서는 캘리포니아, 뉴멕시코, 텍사스가 규모가 큰 지방들이었다. 멕시코 독립운동 시기(1810~1821)에, 이 세 지방에서 각각 새로운 정부가 들어섰고, 같은 시기에 에스파냐는 아메리카에서 제국을 상실했다.[155] 플로리다에서 캘리포니아에 이르기까지 에스파냐 식민지들은 흔들리다가 곧 붕괴했고, 그런 뒤 10년 동안 선주민의 운명 역시 바뀌었다.

동시에 미 연방정부는 미시시피강 서쪽의 영토들을 공화국에 편입하기 위한 첫 번째 계획에 착수했다. 1819년 1월, 인디애나주 상원의원 월러 테일러Waller Taylor는 이렇게 기록했다. "미주리 준주의 인민이 연방 가입을 청원하고 있다. 그들의 소원이 받아들여질 것임은 의심의 여지가 없다."[156] 테일러의 말이 맞았다. 미주리는 주로 가입하는 것을 승인받았다. 그러나 북부 하원의원들이 노예제 확대를 강하게 비난하며 몇 달 동안 논쟁을 벌인 끝에야 가입을 승인받았다. 제임스 탤머지James Tallmadge 하원의원은 다음과 같이 선언했다.

연방 해산이 불가피하다면, 그렇게 합시다! 만약 내전을 … 꼭 해야 한다면, 이렇게 말할 수 있을 뿐이오. 그렇게 합시다! … 나는 자유민의 대표자로 이 자리에 서 있을 수준의 자산과 명예를 갖고 있습니다. 자유민은 자기 권리를 아는 지성을 지니고 있습니다. … 자유민의 대표자인 나는 자유민이 노예제를 얼마나 혐오하는지 모든 방법으로 알릴 것입니다.[157]

미주리가 연방에 하나의 주로 편입되면서 노예제 확대라는 유령을 불러왔으며 공화국을 위기에 빠뜨렸다. '미주리 타협Missouri Compromise'을 통해 자유주와 노예주 사이의 지리적 경계가 설정되자 노예제가 옛 에스파냐 영토로 확대되었다. 또한 남부 지도자들은 영국, 프랑스, 그리고 곧 멕시코가 폐지한(1824) 제도인 노예제를 〔대외적으로 강하게〕 옹호해야 하는 상황에 처했다. 미주리주는 자유 흑인을 제한하는 헌법 조항을 제정했고, 준주 시기에 총독이었던 윌리엄 클라크를 비롯한 연방 지도자를 배척했다. 그러면서 다른 인종 간의 결혼과 유색인을 처벌하는 매우 악랄한 형태의 백인 우월주의를 확립했다. 듀보이스W. E. B. Du Bois가 훗날 언급한 바에 따르면, "흑인에 대한 서부의 태도는 동부에서보다 더 가혹했다."[158]

노예 제도는 미국의 경제, 문화, 정치에 필수적인 부분으로 간주되곤 했다. 그러나 노예제 확대에 대한 동의는 수많은 행정 기구를 혼란에 빠트렸다. 어느 하원의원이 《뉴햄프셔 패트리어트New Hampshire Patriot》에 기고한 글에 따르면, "그런 문제에는 의견 차이가 없을 것이라고 일반적으로 생각할 수도 있다. 그러나 노예 제도가 정당하다며 이를 옹호하는 말을 듣는 것은 새로운 경험이었다."[159] 1821년, 서부 준주들의 연방 가입을 결정하는 경계선이 등장했다.

루이지애나 매입이 미국의 확장을 위한 틀과 캔버스를 제공했다면, 미주리 타협은 확장을 실현하는 데 필요한 붓과 물감을 제공했다. 멕시코 독립 이후의 시기는 다른 어느 시대 못지않게 미국의 확장이 연방정부의 역량을 어떻게 약화했는지를 잘 보여준다. 이 시기에 연방정부는 서부에 대한 영유권 주장을 다지는 역량이 떨어졌다. 미주리주의 연방 가입, 1836년 텍사스의 독립, 심지어 미국과 멕시코 사이의 전쟁(1846~1848)도 노예제 확대라는 난제를 해결하지 못했다. 내전 이전 시대 내내, 경쟁하는 여러 정치경제 체제가 기존의 선주민 세력들과 충돌했기 때문이다.

미주리주의 연방 가입을 둘러싼 논쟁은 결국 잊혔다. 경계선은 지역 정치의 자연스러운 전개로 여겨졌다. 그러나 연방의 확장 과정에서 깊은 분열이 생겨났다. 공화국의 생존을 위해서는 끊임없는 협상이 필요했다. 에스파냐 국경 지대에서 발생한 사건들로 새로이 국가 차원의 영유권 주장이 제기되면서 이 문제는 더 분명해졌다. 곧 뉴에스파냐와 미국 사이의 경계에 대한 우려가 '먼로 선언'의 전개를

촉진했고, 그 이후 북아메리카 대부분의 지역에 대한 미국의 영토 주장이 공고해졌다.[160]

# 교착 상태에 놓인 국경지대:
# 플로리다와 무너지는 에스파냐 제국

텍사스 동부와 플로리다 서부는 에스파냐 제국 땅 중에 미국의 팽창 압력에 가장 먼저 무너진 지역이 되었다. 그 이전에 이 두 지역에서는 에스파냐와 인디언의 관계를 통해 독특한 사회들이 생성되었다. 플로리다에서는 크리크나 세미놀 네이션과 같은 선주민 세력이 강력한 동맹, 상인, 그리고 적대 진영으로 성장했다. 오랫동안 자치권을 지키는 싸움에 익숙했던 이 선주민 네이션들이 공화국 미국의 변화하는 국경선 형성에 영향을 미쳤고, 역으로 이 네이션들은 그 국경선 때문에 초토화되었다.[161]

1803년의 루이지애나 매입은 미국 남부를 영구적으로 바꾸어놓았다. 처음에는 에스파냐의 영토였다가 나중에 프랑스의 영토가 되었던 미시시피강 하류 지역은 이제 기하급수적 성장을 경험했다. 토지의 가치가 상승하고 정착민 인구가 급증했다. 우체국장 기디언 그레인저Gideon Granger는 이 지역을 관통하는 새로운 우편 도로를 반기면서 이렇게 말했다. "뉴올리언스는 의심할 여지 없이 서부 세계의 생산품을 보관하는 장소가 될 것이다. … 세계 최대의 상품용 화물

집산지가 될 것이다.”[162] 곧 상품, 사람, 가축이 이 지역을 넘나들었는데, 이 경로가 크리크를 비롯한 여러 남부 인디언의 근거지를 가로질렀다. 1810년에 9000명에 불과했던 앨라배마의 인구는 1820년에 14만 4000명으로 급증했다.[163]

에스파냐는 동부 플로리다에서 수백 년 동안 선주민 네이션들과 동맹을 맺어왔고, 세인트오거스틴에 자리한 카스티요 데 산 마르코스Castillo de San Marcos와 같은 요새를 구축했다. 미국에 외교 사절로 파견된 에스파냐의 루이스 데 오니스Luis de Onís 장관이 서한과 출판물에서 반복적으로 언급했듯이, 에스파냐는 1500년대 초부터 이 지역에 대해 300년 동안 영유권을 주장해왔다.[164]

1800년대 초에, 그리고 1812년 전쟁 때 선주민 네이션들은 에스파냐인 정착촌으로부터 지원을 받았다. 펜서콜라Pensacola 같은 소도시에서는 에스파냐 지도자들이 인디언이 조지아 정착촌을 습격하도록 조장하기도 했다. 에스파냐인 정착민과 친분이 두터웠던 크리크의 지도자 알렉산더 맥길리브레이Alexander McGillivray는 ‘파리 조약’이 체결된 이후 에스파냐 왕에게 보내는 분노의 서한을 그와 함께 작성할 정도였다. 그 편지에는 크리크, 치커소, 체로키의 지역사회는 “우리의 독립과 자연권을 포기하지 않겠다”라고 영국에 호소하는 내용이 포함되었다.[165]

에스파냐는 오랫동안 맥길리브레이를 비롯한 크리크 지도자에게 공을 들였고, “상호 독립과 번영”을 지키기 위해 크리크인과 함께 싸웠다.[166] 그러나 라틴아메리카의 독립이라는 위기(1810~1821)를 거치면서 플로리다에서 에스파냐, 크리크, 치커소, 세미놀의 권위가 떨어졌다. 급증한 미국 정착민이 인디언과 에스파냐의 영토로 몰려와서는 그곳이 자기네 땅이라고 주장했다.

아이러니하게도, 에스파냐 지도자들은 한때 이런 미국 시민을 에스파냐인으로 귀화시킬 구상을 하기도 했다. 당시 이 지역의 미국 시민들은 자신들의 중앙정부가 힘이 약하다고 우려했기에 에스파냐인들은 그들을 에스파냐 정착민으로 바꿀 수 있으리라 기대했던 것이다. 1787년, 에스파냐 제국이 파견한 루이지애나 총독 베르나르도 데 갈베스Bernardo de Gálvez는 "불안정한 정부 아래에서 살아온" 이 미국인들이 "그들을 보호하고, 그들이 생산한 물품의 출구를 마련해주고, 그들 사이의 분쟁을 정의롭게 판결해줄 수 있는" 에스파냐 주권을 따르도록 유도할 수 있다고 생각했다.[167] 또다른 이들은 노예 문제와 같은 분열로 인해 생겨난 "상반되고 화해할 수 없는 이해관계"를 피하기 위해, 혹은 "독립을 유지하기 위해" 미국 정착민들이 결국 미 연방에서 멀어질 것이라고 믿었다.[168] 오니스는 불만을 품은 뉴잉글랜드 주민들과 동맹을 맺어 남부 확장주의자들의 탐욕을 제한할 수 있도록 에스파냐와 영국이 미 연방을 "두 개 또는 세 개의 공화국"으로 나누자는 제안을 내놓기도 했다.[169]

'루이지애나 매입 조약' 제3조에 따르면 루이지애나 주민은 "가능한 한 빨리 미 연방에 편입되고, 시민으로 인정받아야" 했다.[170] 그러나 새로 편입된 땅의 정확한 경계는 여전히 불분명했다. 미국 지도자들은 국민의 인종적·종교적 구성도 잘 알지 못했다. 여러 세대에 걸친 혼혈과 상호 의존이 국경 지대 전역에서 분명하게 드러났다. 정착이 거듭된 이후에 이 지역을 여행한 사람들은 이곳에서 다양한 정체성을 보았다. 미국 탐험가 토머스 프리먼Thomas Freeman과 피터 커티스Peter Curtis에 따르면, 1806년 텍사스의 내커터시 인근 정착지의 특징은 "프랑스·에스파냐·인디언·흑인의 피가 섞여 있다는" 점이었다.[171] 존 애덤스가 1815년에 밝힌 것처럼, 반反가톨릭주의가 초기 미국 전역에서 지속되었다. 그는 "기독교 세계의 로마가톨릭 신자 중에 가장 무식하고, 가장 편협하며, 미신에 가장 깊이 빠진 이들은 남아메리카 인민"이라고 주장했다.[172] 특히 우려스러운 점은 플로리다 서부와 동부에서 도망친 노예, 흑인 자유인, 선주민 들이 함께 살고 있다는 점이었다. 이런 상황 자체가 미국의 주권과 미국의 인종적 서열에 대한 도전이었다.[173]

에스파냐는 자유인이 된 흑인을 민병대에 입대시켜 이들이 자신들의 지역사회를 세울 수 있도록 허용했다. 세인트오거스틴 외곽에 자리한 포트모세Fort Mose가 그러한 사례였다. 포트모세는 미국인 플랜테이션을 노린 인디언 침입자들을 지원하기도 했다.[174] 미국의 지도자들은 라틴아메리카의 독립이라는 위기를 겪으면서 에스파냐령 플로리다를 점령할 것을 적극 권고했고, 앤드류 잭슨이 이를 위해 1817년 제1차 세미놀 전쟁을 이끌었다.

라틴아메리카 전역의 독립운동 지도자들은 미국의 그런 점령을 반겼다. 미국과 동맹을 맺으면 에스파냐 군대가 더 약해질 수 있다고 기대했기 때문이다. 그래서 라틴아메리카의 많은 혁명 지도자가 미국의 플로리다와 텍사스 침공에 힘을 실어주었다. 오니스의 주장에 따르면, 여러 혁명가가 갤버스턴Galveston에서 세인트오거스틴 북쪽 아멜리아섬Amelia Island까지 이어지는 지역에서 약탈 부대를 조직하는 데 도움을 주었다.[175] 이처럼 에스파냐 식민지 정치의 혼란이 처음으로 미국 정치에 영향을 미쳤다.

에스파냐 식민지에서 반란을 일으킨 세력은 미국 선박과 에스파냐 선박을 비롯해 다른 여행자들을 공격했다. 당연히 먼로 대통령은 이런 반란군의 외교를 문제 삼았다. 1817년 12월, 먼로는 아멜리아섬 점령을 명령했다. 좀더 광범위한 외교적 해결책도 모색하던 그는 국무 장관 존 애덤스에게 "플로리다 문제"를 해결하라고 요구하기도 했다.[176]

학자들은 먼로의 외교 정책과 미국의 인디언 문제를 연결 짓기 위해 고군분투해 왔다. 최근에야 역사가들은 플로리다에서의 에스파냐-인디언 문제를 1812년 미영전쟁의 일부로 바라보기 시작했다. 1812년 전쟁은 1815년 뉴올리언스 전투로 마무리되었다고 보통 알려져 있다.[177] 또한 미국은 세미놀 전쟁을 거치면서 에스파냐나 영국만이 아니라 선주민 네이션, 자유인이 된 아프리카계 미국인과도 대립했다. 한편 미국 지도자들이 흑인과 인디언 반란을 지원한 외세의 힘을 어디까지 제한할 수 있는지도 드러냈다. 에스파냐 외무 장관 호세 가르시아 데 레온 이 피사로José García de León y Pizarro가 요약한 바에 따르면, 미국 대통령 앤드루 잭슨의 침략과 포로 처형은 "평화적 획득"보다 "강제 점령"을 위해 시작된 것으로, 이는 "국가들의 법에 반할 뿐만 아니라 문명화된 강국들의 행동을 규제하는 도의에도 반한다.”[178] 기본적으로 잭슨은 국가적 목표를 달성하기 위해 국외에서 군대를 활용할 권리가 미국의 주권에 포함되어 있다고 믿었다.[179]

인디언 추방을 수월하게 만들고 아프리카계 미국인 노예제를 유지하려는 노력이 미국 외교의 기조가 되기는 했지만, 미국 외교에서 확실한 것은 거의 없었다.[180] 대체로 예측 불가능했다. 플로리다에서는 자유인이 된 아프리카계 미국인이 세미놀 사회에 통합되어 그 사회에서 살아갔다. 심지어 세미놀이 조지아 플랜테이션을 습격할 때 함께했을 정도다. 이런 혼종성이 미국 지도자들을 당황하게 했다. 미국 지도자들은 자신들의 침략이 혼종성에서 비롯되었다면서 정당화했다. 연방 하원의원 헨리 볼드윈Henry Baldwin이 언급한 바에 따르면, “무법자 인디언과 도망간 흑인들의 군집을 네이션이라고 부르는 것”은 반사실적counterfactual인 일이었다.[181]

남부 지도자들은 인종적 서열을 공고하게 하고, 인디언을 내쫓고, 미국의 주권을 강화하기 위한 새로운 정책을 옹호할 때는 북부 의원들과 뜻을 같이했다. 여기에는 미국 대통령을 역임한 먼로, 애덤스, 잭슨뿐만 아니라, 상원의원 마틴 밴 뷰런과 전쟁부 장관 존 캘훈도 포함되었다. 캘훈은 아멜리아섬 점령을 명령했다. 각각 버지니아, 매사추세츠, 테네시, 뉴욕, 사우스캐롤라이나를 대표한 이 지도자들 모두가 선주민 네이션, 유럽 제국들, 베네수엘라 같은 독립 국가들이 얽히고설켜서 중첩된 지정학적 경쟁에 직면한 상황이었다.

라틴아메리카의 혁명 지도자들은 미국이 혼혈과 노예 반란을 얼마나 두려워하는지 제대로 파악하지 못한 경우가 다반사였다. 1824년, 시몬 볼리바르Simón Bolívar는 미국 대표들을 범아메리카 회의Pan-American Congress에 초청했는데, 이 초청이 긴장을 완화하기는커녕 오히려 정반대였다. 신생 공화국들이 공유하는 공통의 대의가 거의 없었기 때문이다.

아메리카 전역을 통합하자는 혁명적 전망은 미국의 인종 정치와 노예제를 뒷받침하던 "미국식 체제" 앞에서 무너졌다.[182] 사우스캐롤라이나의 상원의원 로버트 헤인Robert Hayne은 이런 말을 했다. "이 신생 정부들은 자유와 평등의 원칙을 선포했고, 보편적 해방의 기치 아래 승리를 향해 진군했다. 이 나라들에서는 군대의 수장, 입법부, 행정부에 유색인들이 자리잡은 모습을 볼 수 있다." 이어 헤인은 이 지역에서 미국 외교 정책의 목표는 단 한 가지, 바로 "아이티의 독립에 항의하는 것"이라고 주장했다.[183]

남아메리카와 카리브 제도 신생 독립국들에 대한 헤인의 비난 섞인 발언에서 알 수 있듯이, 라틴아메리카의 독립에 대한 미국의 반응에 영향을 미친 것은 인종적 공포였다. 7장에서 살펴본 대로 제퍼슨 대통령의 정책에 동력을 제공한 것은 아이티 혁명의 영향력이었다. 미국 지도자들은 아이티인들이 서반구 전역에서 독립운동을 부추긴다고 계속 믿었다. 예를 들어, 아이티는 시몬 볼리바르에게 피난처를 제공했다는 것이다. 1817년 볼리바르는 아이티의 카예Cayes 항구를 이용해 "베네수엘라의 적들에 맞선" 선박에 장비를 제공했다.[184]

또한 《르텔레그라프Le telegraph》와 같은 아이티 신문이 카리브 제도 전역에 배포되었으며, 노예에서 자유인이 된 사람들을 아이티로 이주시키려는 정책에 대한 소식도 퍼져나갔다.[185] 헤인과 캘훈도 익히 알았듯이, 사우스캐롤라이나의 노예들은 아이티가 주권 국가가 되는 것을 보며 특히 고무되었다. 1822년에 사우스캐롤라이나에서 노예 반란을 조직했고, 찰스턴Charleston에서 생도맹그로 오가는 배를 타며 젊은 시절을 보낸 덴마크 베시Denmark Vesey는 아이티 혁명에서 나온 수사적 표현을 가져와서 이용했다. 1800년 버지니아에서 일어난 '가브리엘의 봉기'를 보면서, 베시는 아이티가 미국 노예 봉기를 지원할 것이라고 예상하며 다른 해방운동에도 기운을 불어넣고 싶어했다. 베시의 재판에서 한 동료는 그가 "신문에서 아이티와 관련된 나온 구절을 모두 읽어주는 습관이 있었다"라고 증언했다.[186]

아이티 혁명은 미국의 루이지애나 매입에도 영향을 미쳤고, 라틴 아메리카에 대한 아이티의 지원 역시 먼로 대통령의 외교 정책에 영향을 미쳤다. "보편적 해방"은 위협적인 개념이자 실천이었다. 이 개념은 미국 남부 민병대와 세미놀 군인 사이에서 벌어진 지속적인 갈등 속에서도 주창되었다.


## 세미놀 전쟁과 1819년 '애덤스-오니스 조약'


1817년까지 선주민을 향한 미국인의 인종적 적개심은 더 강해졌고, 이는 플로리다 침략의 원동력이 되었다. 주간지 《내슈빌 휘그 앤드

테네시 애드버타이저Nashville Whig and Tennessee Advertiser》의 설명에 따르면, 인디언은 "법이나 이성에 대해 아무것도 모른다. … 전쟁에서 야만인의 항복을 받아내려면 무섭게 대하는 수밖에 없다."[187]《올버니 레지스터Albany Register》는 "인디언은 한 푼도 내놓지 않는다. 그러니 당연히 그들은 아무것도 받을 자격이 없다"라고 말했다.[188]

인종은 라틴아메리카의 신생 국가들에 대한 미국의 정책에도 영향을 미쳤다. 라틴아메리카에서 유색인 인민은 이제 자유롭고 평등해졌다. 그러나 미국의 정책 지도자들은 자유와 평등이 단일 인종이 아닌 인민에게는 적용되지 않는다고 믿었다. 따라서 인민 주권이라는 계몽주의 원리가 단일 인종이 아닌 인민에게는 확대되지 않는다고 믿었다. 1826년, 국무 장관 헨리 클레이Henry Clay는 "대통령〔존 퀸시 애덤스John Quincy Adams〕은 아이티를 독립 주권국으로 인정해야 한다고 말할 준비가 되어 있지 않다"라고 썼다.[189] 라틴아메리카의 신생 국가들에서는 어두운 피부색을 가진 인종들이 "군대, 입법부, 행정부"를 통치했지만, 미국의 정치 관행에서는 여전히 정치의 외부에 머물러 있었다. 이 인종들은 미국의 인디언 네이션들, 그리고 변경 지대의 인디언 지역사회들과 닮은꼴이었다.

남부에서 인구가 급증하자 민병대의 규모도 커졌다. 그래서 앤드루 잭슨은 조지아 오지에 대한 인디언의 공격을 억제하기 위해 군대를 쉽게 소집할 수 있었다. 3000여 명 규모의 병력을 지휘한 〔당시 군인이었던〕 잭슨은 〔존 퀸시 애덤스 대통령 임기 중 부통령이었던〕 캘훈에게서 다음과 같은 포괄적인 명령을 받았다. "분쟁을 종식시키기 위해 필요한 조치를 취하시오. 이것은 대통령의 오랜 소망이었소. … 분쟁을 피하기 위해 필요한 조치를 취하시오."[190]

잭슨은 서부 플로리다 전역에 자리한 에스파냐 정착촌들을 점령한 미국군에 세인트오거스틴을 점령하라는 명령을 내리면서 그 두 지역을 점령하기 시작했다. 이런 행동으로 많은 문제가 발생했다. 대통령에게 외국 영토 점령을 명령할 권한이 있는가? 백인인 에스파냐 정착민들은 한때 미국 시민이었을 수도 있는데, 그들을 어떻게 할 것인가? 이 지역의 다른 외국 국적자들, 특히 영국 관리들이 그곳에 주둔한 채 세미놀 인디언이나 다른 동맹 인디언을 돕고 있는데, 그들은 어떻게 할 것인가? 마지막 질문은 미국이 영국과 다시 전쟁을 벌여야 할 가능성을 초래할 만한 문제였다. 특히 잭슨이 두 영국인(그중 한 명은 군 장교)을 군사 재판에 회부하고 그들을 처형하라고 명령한 뒤로 이 문제는 더 심각해졌다.[191]

전쟁법은 포로가 된 군인의 처형을 허용하지 않았다. 그러나 이 전쟁은 국제전인가, 아니면 인디언과의 전쟁인가? 1813~1814년 크리크 전쟁 당시 크리크 연맹을 상대로 군사 행동을 벌이는 동안 잭슨은 "야만인과의 분쟁에는 전쟁법이 적용되지 않는다"라고 주장했다.[192] 그는 크리크를 상대로 한 군사 행동을 국제 외교의 일부로 간주하거나 그 규약이 적용되면 안 된다고 단호히 물리쳤다.[193] 그는 세미놀 전쟁도 비슷한 방식으로 지휘했으며, 이를 외국과의 전투가 아닌 인디언이나 도망노예와 싸우는 것으로 여겼다.

잭슨은 선주민 네이션들과 대치하는 미국군에게는 전쟁법이 적용되지 않는다고 믿었지만, 플로리다 침공은 달랐다. 여기에는 에스파냐 영토 지도자와 영국 관리가 연루되어 있었다. 그러나 잭슨은 에스파냐가 인디언이 미국을 습격하도록 승인했다고 믿었기 때문에 에스파냐를 군사적으로 응징하고 그 영토를 몰수해야 한다고 생각했다. 잭슨은 다음과 같이 설명했다. "에스파냐 정부는 인디언이 우리와 평화롭게 지내게 만들어야 한다. … (그러나) 에스파냐인은 그렇게 할 능력이 없음을 인정했다. 따라서 국제법에 따라 우리에게 모든 시설을 양보하고 되돌려놓아야 한다."[194] "필요한 모든 조치를 취하라"는 캘훈의 명령과 마찬가지로, 잭슨은 세미놀과 맞서기 위해 모든 "시설"을 이용할 수 있다고 생각했다.

미국군이 세인트오거스틴과 걸프 연안Gulf Coast에서 뉴올리언스까지 점령한 상황에서, 에스파냐는 미국의 침략에 대응할 힘이 거의 없었다. 게다가 볼리바르를 위시한 독립운동 지도자들이 에스파냐군과 맞서며 성과를 올리고 있었다. 에스파냐 외교관들은 미국의 야망에 텍사스, 특히 갤버스턴도 포함된다는 사실을 잘 알았다. 갤버스턴 항구를 통해 서부에서 생산된 면화를 수출할 수 있었기 때문이다. 에스파냐의 외무 장관 피사로는 에스파냐가 더 이상 플로리다에서 권력을 갖고 있지 않으며, 크리크·치커소·세미놀 네이션과 맺은 역사적 관계가 있음에도 이제 수백 년 된 영유권 주장을 포기해야 한다는 점을 인식했다. 그는 미국의 전쟁부 장관에게 "플로리다의 양보를 전제로 한 협상은 소용없을 것"이라면서, "우리가 그들[선주민들]이 플로리다를 [곧] 양도하도록 만들 수는 없기 때문"이

라고 설명했다.[195]

국무 장관 애덤스는 미국에 에스파냐 특사로 와있던 루이스 데 오니스 장관의 의견에 동의했다. 애덤스는 신속한 협상을 주장했다. 그는 잭슨의 점령 이후, "에스파냐가 플로리다를 오래 붙잡고 있지는 못할 것"이라고 썼다.[196]

그 결과 체결된 1819년 '애덤스-오니스 조약'을 통해 플로리다는 미국으로 이전되었다. 이로써 북아메리카 남동부 지역에서의 미국 국경이 명확해졌다. 또한 미시시피강 서부 전역에서 에스파냐(그리고 곧 멕시코)와의 국경선을 정립했는데, 이는 미국에서는 처음으로 국제적 인정을 받은 국경선이다. 이어 미국은 태평양까지 이어지는 북아메리카의 북위 40도선 북부 지역에 대한 영유권을 주장했다. 흔히 '대륙 횡단 조약'으로도 불리는 이 조약을 통해 에스파냐 제국과 미국 공화국 사이의 경계가 처음으로 정해졌다.

특히 이 조약은 미주리가 하나의 주로서 연방에 가입하는 것을 둘러싼 논쟁에 앞서 체결된 것으로, 이후 노예주와 자유주를 구분하는 '미주리 타협'의 경계선이 형성되는 데 영향을 미쳤다.[197] 에스파냐의 인디언 동맹들에 대한 지원에서 비롯된 '애덤스-오니스 조약'은 이제 미국의 국제적 국경선들과 태평양 연안에 대한 영유권을 확립했을 뿐만 아니라 미국 내 노예제 확대의 경계선까지 설정했다. 따라서 인디언 문제가 미국의 외교 정책 협의, 노예제 확대와 관련한 국내 정책에도 영향을 미쳤다고 하겠다. 말하자면 세미놀 네이션이 조지아를 산발적으로 습격한 데에서 시작된 일이 두 군데에서 미국 국경을 확장하는 것으로 이어졌다.

미국은 이제 조약을 통해 강한 대륙 국가로서 영유권 주장을 확립했다. '미주리 타협'을 통해 연방정부는 루이지애나 매입으로 얻은 토지를 자유주 또는 노예주로 연방에 편입시키는 공식적인 메커니즘도 확립했다. 그러나 이 과정에서 큰 대가를 치렀다. 수백 명의 사상자와 수백만 달러의 피해를 봤으며, 세미놀 네이션을 비롯한 수만 명의 남부 지역 인디언을 계속 강제로 이주시켰다. '미주리 타협'은 미국-멕시코 전쟁 이후 수십 년 동안 지속되었으나, 결국 자유주와 노예주 사이의 균형을 유지하기는 불가능한 것으로 판명된다.

지금 캘리포니아에 대한 미국의 영유권 주장은 1819년의 조약으로 시작되었다. 미국은 오리건에 대한 영유권도 주장했고, 미국 상인들은 캘리포니아를 비롯한 태평양 연안에서 더 많은 영토를 확보해야 한다고 계속해서 주장했다. 애덤스는 오랫동안 염원하던 태평양 연안에 대한 영유권을 획득한 이 조약이 "우리 역사에서 위대한 시대를 만들었다"라고 의기양양하게 말했다.[198]

## 먼로와 마셜, 그리고 '먼로 선언'(1823)

북아메리카 동부에서 팽창의 엔진이 가동되자 인디언영토를 미국에 추가하려는 움직임이 이제는 외국 영토까지 추가할 수 있는 역량으로 확대되었다. 많은 사람이 플로리다는 시작에 불과하다고 믿었다. 확장주의자들은 서쪽의 텍사스와 캘리포니아뿐만 아니라 남쪽의 카리브 제도까지 바라보았다. 영국과 프랑스 모두 에스파냐의 옛 식민지들에 관심이 있었기에 확장주의자들은 흥분과 함께 우려의 시선을 보내기도 했다. 1823년, 존 애덤스는 이렇게 썼다. "아메리카 대륙에 대한 에스파냐의 지배력은 돌이킬 수 없이 사라졌다고 할 만하다. … 그러나 쿠바섬과 포르토리코Porto Rico섬〔푸에르토리코Puerto Rico의 옛 이름〕에 대해서는 … 아직 에스파냐가 지배권을 다른 세력에게 이전할 만한 힘을 갖고 있다."[199] 캘훈을 비롯해 많은 이가 쿠바를 신속히 합병하자고 촉구했다. 뉴욕과 필라델피아의 단체들은 푸에르토리코에 "보리콰 공화국Republic of Boriqua"을 설립하자고 나섰다.[200] 에스파냐 제국의 몰락으로 영토 획득에 대한 희망을 불러일으키는, 반짝 세일 같은 것이 등장한 셈이었다.

먼로도 에스파냐가 "지배권을 다른 세력에게 이전할" 가능성에 대한 애덤스의 우려에 동감했다. 플로리다에서 발생한 사건들로 잭슨의 인기가 솟구치긴 했지만, 국경 지대의 위기는 미국을 갈등으로 끌고 갈 가능성을 드러냈다. 특히 영국과의 분쟁이 우려되었다. 미국 지도자들은 에스파냐의 식민지 영토가 영국의 지배하에 놓이거나, 에스파냐의 재식민지화 시도가 다른 유럽 강대국들을 아메리카 대륙으로 끌어들일 수 있다는 "심각한 불안감"을 표명했다.[201] 애덤스는 "근대 식민화의 전체 시스템 전체가 정부 권력을 악용하는 것이다. 이제 이를 끝내야 할 때"라고 썼다.[202] 아메리카에 남은 에스파냐 영토를 다른 나라들이 획득하지 못하게 하고, 에스파냐가 미국의 다른 국경 지대를 식민화할 가능성을 제한하는 것이 미국의 국가 정책이 되었다.

1823년 연방의회 연설에서 먼로는 유럽 식민지들의 이전을 막겠다는 미국 행정부의 의도를 담은 51개 문항의 선언문을 발표했다. 여기에서 먼로는 중립을 선언하고 향후 식민화 시도를 금지하는 원칙과 함께 외교 정책의 독립성을 선언한 것으로 알려졌다.[203]

'먼로 선언' 역시 독립선언서와 마찬가지로 미국 선주민 네이션들을 향한 선전포고가 되었다. 선주민 네이션들은 오랫동안 유럽 열강과 동맹을 맺어왔으나 이제 더는 그런 활동을 할 수 없었다. 먼로는 "아메리카 대륙은 자유롭고 독립적인 상태를 지향하고 유지해왔기 때문에 더 이상 어떤 새로운 유럽 식민지 건설의 대상이 될 수 없다"라고 선언했다.[204] 그는 또 미국은 유럽 열강이 "그들의 체제를 서반구의 어느 지역으로든 확장하려고 한다면, 그것은 우리의 평화와 안전을 위협하는 것으로" 간주할 것이라고 말했다.[205]

1823년까지 미국은 다수의 혁명, 전쟁, 독립운동을 거쳤다. 그러면서 헌법이나 '먼로 선언' 같은 새로운 통치 구조와 권력의 원칙이 형성되었다. 이런 극적인 발전과 함께 새로운 형태의 법과 법제jurisprudence가 등장했다. 예컨대 1823년 초 대법원은 '존슨 대 매킨토시' 사건에 대한 판결을 통해 국가 권력과 사법 독립에 대해 비슷한 공식화를 제공했다. 이는 존 마셜이 판결한 대표적 사건 중 하나로, 인디언 문제를 다룬 "마셜 3부작Marshall Trilogy"의 첫 번째 사건이다.

1819년의 '애덤스-오니스 조약'과 마찬가지로, '존슨 대 매킨토시' 사건도 시급한 사안을 해결했다. 체로키와 관련된 마셜의 이후 판결들과 달리 이 분쟁에서는 선주민이 원고나 피고로 개입되지 않았다. 새뮤얼 우스터처럼 투옥되거나, 콘 태슬처럼 사형에 직면한 사람도 없었다. 이 사건은 일리노이에서 같은 땅을 사들인 두 당사자, 즉 민간 기업에서 구매한 존슨과 연방정부에서 구매한 매킨토시 사이의 토지 분쟁이었다. 두 사람 모두 일리노이와 피앵커쇼Piankeshaw 부족 지도자들로부터 소유권을 취득했다고 주장했다. 이 분쟁은 인디언이 내륙의 토지를 개인에게 팔 수 있는가, 아니면 연방정부에만 팔 수 있는가에 대한 문제를 제기했다.[206]

단순해 보였던 이 문제는 재산, 국가의 권력, 궁극적으로는 역사 문제로 나아갔다. 독립 이후 미국은 1783년의 '파리 조약'을 통해 주권을 인정받았다. 그 이후에는 인디언과 맺은 조약들, 1803년 '루이지애나 매입 조약', 1819년 '애덤스-오니스 조약'을 통해 내륙의 영토 획득과 토지 양도를 공식화하기 시작했다. 미국헌법이 승인한 영토 취득 방식은 오로지 조약·매입·정복뿐이었다.

내전 이전의 모든 행정부가 경험했듯이, 새로 영토를 얻으면 긴장이 발생했다. 영토 확장은 정치적 분열을 드러냈고, 궁극적으로는 노예제 문제와 같은 헌법적 실패를 드러냈다. 켄터키에서 온 연방 하원의원 존 타일러John Tyler가 '미주리 논쟁' 중에 썼던 대로 연방 해체에 대한 이야기가 일상적으로 끊임없이 이어졌다. "사람들은 완전히 무시하고 무관심하게 연방 해체를 이야기한다. … 내 입장을 말하자면, 나는 한 치의 땅도 양보할 수 없고, 양보하지 않을 것이다."[207]

당대의 타협을 통해 영향을 받은 존 마셜은 영토 획득 과정을 안정시키고 서부 영토에 대한 중앙정부의 권력을 강화하고자 했다. 마셜은 매킨토시의 편에 서서, 연방정부만이 인디언 토지를 취득할 권한이 있다고 판결했다. 연방정부가 내륙 토지를 취득할 배타적 권한, 즉 최고 권력을 갖고 있기 때문이라는 주장이었다.

이 사건에서는 인디언이 자신들의 땅에 대한 소유권이 있는지가 쟁점이 되었다. 마셜은 선주민이 토지를 연방정부에만 양도할 수 있다고 판결함으로써 선주민이 인정받을 수 있는 형태의 토지 소유권을 보유하고 있지만, 그런 소유권은 질적으로 다르다는 선례를 확립했다. 그는 이런 소유권을 "인디언 소유권Indian title"이라고 불렀는데, 이는 미국 법에 고유한 재산권의 한 형태다.[208] 그 이전 수십 년 동안 그래왔듯이 선주민 네이션들은 조약을 통해 연방정부에 영토를 양도할 수 있었다. 역으로, 해당 영토에 대한 선주민의 관할권을 연방정부로부터 인정받을 수도 있었다.

이 사건을 계기로 마셜은 헌법에 명시된 인디언 주권의 형태에 대한 해석을 내놓았고, 이를 바탕으로 훗날 '우스터 대 조지아' 사건(1832)에서 이를 확장했다. '먼로 선언'이 선언한 대로, 마셜 법원은 미국이 다른 권력들, 즉 인디언이나 주, 외국보다 우월한 권위를 가진다고 판결했다. 연방정부만이 인디언의 토지 소유권을 획득하거나 소멸시킬 수 있는 배타적 권리를 보유하며, 연방정부만이 그런 토지를 양도받을 수 있는 헌법상의 권한을 지닌다고 했다. 이런 권한은 마셜이 "발견의 원리Doctrine of Discovery"라고 불렀던 것에서 비롯되었다. 이는 가상의 법적 선언으로, 수사학적으로 볼 때 먼로의 서반구 전역에 대한 미국의 패권 주장에 필적하는 것이었다. 마셜은 특정 영토의 발견이 "다른 나라들을 배제하고 발견자에게 인디언의 토지를 매입할 권리를 부여했다"라고 썼다.[209]

◆

1823년, 미국에서는 두 가지 국가 "원리"가 명시되었다. 하나는 외국 국가들에, 다른 하나는 미국의 "국내 종속 네이션들"에 적용되었다. 두 원리 모두 라틴아메리카가 독립하던 시기에 있었던 주권 쟁취를 위한 투쟁에서 비롯되었다. 각 원리는 국경 내에서 영토를 주장하고 다른 나라의 영유권 주장을 제한할 수 있는 배타적 연방 권력을 확립했다. 두 원리 모두 국내법과 국제법의 흐름을 만들었고, 연방정부의 행정 역량을 강화하는 정통성을 확립했다.

선주민 네이션들은 무수한 활동을 통해 미국이라는 국민국가의 구조 변화를 만들어갔다. 그러나 1823년 이후 선주민 네이션들은 다른 외국의 보호 없이 미국의 권력에 맞서야 했다. 많은 선주민이 영국인 동맹자들과 계속해서 무역을 했고, 멕시코 지도자들에게 에스파냐 정책을 이끌었던 무역 관행을 복원하라고 부추겼지만, 유럽인들끼리 각축을 벌이던 수백 년간 이어진 체제는 이제 거의 종결되었다. 그후 10년 동안 미국의 힘은 계속 더 확장되었다.

# 9장

## 붕괴와 전면전
### 선주민의 서부와 미국내전

정부가 그 기저에서부터 갈라지고 있다. …
단순한 정책이나 정강으로는 이 폭풍우를 견뎌낼 수 없다.
— 연방 상원의원 티머시 하우Timothy O. Howe(1861)

겨울에는 들어갈 수 없는 산봉우리들이 이 지역에 새로 온 이주민에게 깊고 밝은 강설을 보여주었다. 로키산맥과 대평원이 만나는 곳에 자리잡은 정착촌에 낙관적인 기운이 두루 퍼져나갔다. 1859년 봄에는 매주 노상목장路上牧場, road ranch으로 알려진, 새로운 역이 등장했다. 서둘러 건설된 이 역들을 통해 더 많은 투기꾼, 상인, 정착민이 지나갈 수 있게 되었다. 낡은 줄에 엮인 매듭처럼, 콜로라도까지 이어진 약 1000킬로미터의 길을 따라 들어선 노상목장이 길손과 그들이 데려온 지친 가축을 맞이했다.

그해 봄에는 거역할 수 없는 분위기가 대평원을 가로질렀다. 짐마차 행렬 속에서, 가끔은 말이 끄는 대형 사륜마차를 타고 온 이주자들은 임시방편의 이 시설들이 제공하는 "수상한 달걀"과 "어설프고 원시적인 거처"에 대해 다채로운 비난을 남겼지만, 그래도 이들은 그 덕을 보았다.[1] 육로 여행의 경험은 즐길 만한 것은 아니었다. 견뎌야 하는 것이었고, 여행 시간은 짧을수록 좋았다. 여행 시간이 짧아지고 더 효율적이게 되자 거리 문제가 어느 정도 해결되었고, 이에 따라 즐거움도 커졌다.[2] 1859년 5월 7일, 레번워스Leavenworth를 출발한 두 대의 콩코드 마차가 덴버Denver에 도착하자 지역 언론인들은 기뻐했다. 그들은 "깃발을 들고 나와라. 축포를 쏘아 올리자"라고 외치며 며칠 동안 행진, 만찬, 축배가 어우러진 축제 속에서 정착촌에 새로 온 주민을 맞이했다.[3]

인근 산맥으로 골드러시가 시작되자 이 지역에도 뜨거운 열기가 감돌았다. 새로 오는 이주자들은 어디에서 왔든 프론트레인지Front Range를 통과했다. 새로 온 이들은 광산에서 흘러나오는 뉴스를 추적하며 대륙의 절반 이상 떨어진 동쪽에서 지내는 가족의 소식을 기다리기도 했다. 대평원의 장소들에 대한 기억은 바다 위의 등대와 같았다. 무엇보다도 레번워스는 덴버가 가장 선호하는 자매 도시가 되었다. 현지인의 주장에 따르면, "레번워스는 로키산맥 동쪽에서 가장 위대한 도시"였다. 상인과 대규모 화물 마차 행렬을 통해 이 지역으로 물자가 계속 공급되었다. 콜로라도 준주의 "광물 산맥Mineral Mountains"〔19세기 초반에는 콜로라도 준주였다가 지금은 유타주와 애리조나

주가 된 지역에 자리한 산악 지대)에서 울려 퍼지는 요란한 "황금 메아리"에 모두가 반응했다.[4]

　계절이 몇 번 지나자 하나의 새로운 사회가 형성되었다. 이 사회는 끊임없이 미래를 재구성하면서 성장했다. 초기에 환영받던, 육로에 자리잡았던 역들은 사라졌다. 이 지역의 미래는 소와 노새와 말이 다니는, 흙먼지 자욱한 길이 아니었다. "철마가 태평양으로 가면서 콧김을 내뿜는 길, … 내륙의 물자들이 오가는 철제 동맥"으로 구성될 터였다.[5] 대륙 곳곳에서 영광스러운 미래가 기다리고 있었다. 미래는 생명 대신 상거래로 숨 쉬는 피조물, 신비로운 기계 같은 피조물로 가득 찬 세계였다.

　1850년대에는 통합을 유지하려는 연방의 시도가 계속 실패하면서 국가적 위기가 이어졌다. '미주리 타협'의 종결과 이어진 1854년 타협의 실패, '도망노예법Fugitive Slave Law'의 통과와 이어진 '드레드 스콧Dred Scott' 사건의 판결, 노예제 확대를 제한하려는 데 온 힘을 쏟는 공화당Republican Party의 부상, 그리고 결국 남부연합Confederate 민족주의의 강화로 이어지는 국가적 위기의 연속이었다.

　1860년 가을, 에이브러햄 링컨의 당선으로 지역들 사이의 긴장이 폭발적으로 고조되었다. 서부의 덴버주가 더 많은 이주자의 도착에 대비하는 동안, 남부의 일곱 개 주가 아메리카연합국Confederate States of America을 결성했다. 여기에 남부의 가장 큰 주였던 버지니아를 포함한 네 개 주가 추가로 합류했다. 이들은 자체적으로 대통령을 선출했다. 남부연합은 미국 연방정부의 요새들과 무기고, 미국 조폐국

U.S. Mint을 점령했다. 이전의 미국은 더 이상 존재하지 않았다. 연방은 무너졌다.

내전을 통해 미국은 새롭게 정의되었다. 미국을 괴롭힌 헌정 차원의 실패가 깊어지자 프레더릭 더글러스Frederick Douglass(도망노예 출신의 대표적인 노예제 폐지 운동가)가 "타협이라는 낡은 약"이라고 말했던 쉬운 치료 방식은 더 이상 통하지 않았다.[6] 더글러스는 "노예 소유주에게 무언가를 새로 양보해야만 연방을 유지할 수 있다면, 연방을 해체하자"라고 주장했다.[7] 링컨의 법률 파트너였던 윌리엄 헌던William Herndon의 회고에 따르면, 링컨은 전쟁 전에는 "'반노예제Anti-slavery'라는 말 자체도 싫어했는데," 이제는 "보편적 자유"의 투사로 성장했다.[8] 전쟁 과정에서 미국의 자유가 지닌 더 큰 잠재력이 드러났다. 과거의 실패에 더는 얽매이지 않았고, 어떤 새로운 자유가 마침내 시작되고 있었다. 더글러스는 "오랫동안 고난을 겪어온 우리로서는 이 놀랄 만한 사건, 너무도 광범위하고 영광스러운 사건이 지금 문 앞에 와 있다는 사실이 쉬이 믿어지지 않는다"라고 했다.[9]

전쟁으로 노예제가 폐지되었고, 헌법추가조항들이 제정되었다. 1863년 1월 1일, '노예해방선언Emancipation Proclamation'을 통해 전쟁은 여러 사회들 사이의 갈등 속으로 더 본격적으로 들어가게 되었다. 전쟁에서 연방이 승리한다면, 남부의 정치경제와 사회 관계가 영구히 재편될 것임이 이 선언으로 확실해졌다.[10] 서반구에서 벌어진 전쟁 가운데 최대 규모였던 이 전쟁에서 타협은 불가능했다.[11]

국가와 경제의 모든 영역이 "총력전"에 동원되었다. 연방은 승리를 거두었지만 이 전쟁이 사회혁명을 가져오지는 못했다. 일부의 주장에 따르면, 재건의 약속은 오늘날까지도 지켜지지 않고 있다. 더글러스는 이렇게 경고했다. "아직 끝이 아니다. 우리는 기껏해야 끝의 시작에 와 있을 뿐이다."[12]

이 서사시에서, 링컨은 영원히 우뚝 선 존재다. 1862년 12월 1일, 의회에 보낸 링컨의 편지에는 미국사에서 가장 많이 인용되는 몇 가지 문장이 담겨 있다. "우리는 역사를 피할 수 없다"라며 그는 다음과 같이 마무리했다. "우리는 지상에 남은 마지막 최고의 희망을 고귀하게 구하게 되거나, 비참하게 잃게 될 것이다."[13] 역사학자들은 이 말이 대통령 재임 기간에 링컨이 했던 다른 연설과 마찬가지로 "미국 대통령이 작성한 연설 중 가장 설득력 있는" 말이라고 평가한다.[14] 이 연설은 당시 미국의 모습이라고 할 수는 없어도 시대의 본질을 함축하고는 있다.

그러나 이런 시각은 한계가 있다. 내전 연구에서는 캘리포니아와 콜로라도에서의 골드러시를 비롯한 1850년대의 정착민 혁명이 누락되는 경우가 다반사다. 1850년대는 과도기와는 거리가 멀다. 선주민 지역사회는 이 시기의 사회혁명을 거치면서 황폐해졌고, 당면한 국가적 위기를 촉발했다. 게다가 연방의 승리가 이런 변화를 공고히 하는 역할을 했다. 정착민들은 선주민의 세계를 재조정했고, 새로운 연방 기구들의 힘을 더 많이 끌어올 수 있었다. 요컨대 이 시기에 서부가 미국의 새로운 정치경제에 통합되었다.[15] 오리건주의 월래밋 계곡Willamette Valley에서 캘리포니아의 시에라 광산촌을 거쳐 중부 대평원과 미시시피강 상류에 이르는 지역에서 인구와 경제의 대홍수가 일어났다. 이는 19세기 세계를 휩쓴 "정착민 혁명"이 가져온 여러 급격한 변화 중 하나다.[16]

## 몰려드는 정착민과 국가의 부재

정착민이 몰려오자 선주민 지역사회는 불안정해졌을 뿐만 아니라 선주민이 추방되곤 했다. 게다가 정착이 매우 급속하게 진행되면서 제어되지 않은 폭력 행위가 촉발되었는데, 그러다 대량 학살로 이어지기도 했다. 특히 연방으로 통합된 지 얼마 안 된 주들과 준주들에서는 국가 권력이 제대로 형태를 갖추지 못해서 사태가 더 심각했다.

예를 들어 1850년 이전 미네소타에는 정착민 수가 5000명 미만이었다. 유럽계 미국인은 이 지역에 얼어붙은 호수와 끝없이 펼쳐진 숲, 극심한 추위만 있다는 것을 알았다. 그래서 어떤 이들은 이곳을 "미국의 시베리아"라고 불렀다. 19세기 초에 인구수 약 2만 명으로 추정되는 다코타 부족이 미네소타 남부의 초원 지대에서 살았다. 아니시나베그(오지브웨)와 메티스 부족들은 아니시나베그의 근거지인 아니시나베웨이크Anishinaabewake 북부의 숲과 서부에 있는 호수를 지배했다.[17] 이 선주민 네이션들은 오래전부터 유럽 상인, 선교사, 기술이 들어오는 것에 적응해왔다. 그러나 몰려온 이주민들은 이 지역의 비옥한 대초원에서 농사를 짓기 시작했고, 이는 다시 정착민의 쇄도를 불러왔다.

이 같은 붐이 정치와 외교를 통해 더 촉진되었다. 오대호 연안의 다른 곳과 마찬가지로, 조약에 따라 인디언의 주거가 거류구역으로 제한되었고, 나머지 영토는 백인들의 정착지로 개방되었다. 1851년, '트라베르스 드 수 조약Treaty of Traverse des Sioux'에 따라 미네소타강변의 다코타 부족의 공간이 축소되었다. 그후 10년 만에 정착민 인구는 30배 증가한 15만 명이 되었다. 서부로의 이주를 선동하는 언론이나 광고는 이제 추위를 강조하지 않고 이 지역을 "완벽한 에덴동산"이라고 홍보했다.[18]

인종적·경제적·정치적 긴장이 계절마다 고조되었다. 농장이 늘어나자 사냥감이 부족해졌다. 백인 농장에 농산물과 곡물, 가축이 넘쳐나는 동안, 인디언 가정은 갈수록 더 굶주렸다. 이 지역의 인구 증가로 농장에서 잉여 생산물이 생겨나자 수출도 할 수 있게 되었다. 1852년에 시카고에서 도축장으로 보내진 돼지는 2만 2000마리였는데, 10년 만에 50만 마리로 증가했다. 또다른 농장에서는 철도를 통해 돼지 수천 마리를 이송했다. 내전이 발발할 무렵 시카고의 돼지우리들로 돼지 100만 마리가 들어왔다. 1877년이 되면 총 400만 마리에 달한다.[19]

이런 급속한 성장은 전쟁이 촉발한 것이 아니라 전쟁으로 인해 확대된 결과였다. 그전에는 덴버, 세인트폴St. Paul 등 여러 정착민 도시가 연방과 단절되어 있었다. 주정부는 대체로 시민의 일상생활에서 별로 존재감이 없었다. 사실 제한적인 권력을 지닌 중앙정부가 새로운 영토에서 팽창하는 인구를 관할하자 국가의 "직무에 대한 개념"
은 건국 이후 거의 변하지 않았다.[20] 실제로 정부의 규모가 크지 않았
고, 경제에 대한 정부의 개입도 제한적이어서 미국이 개인주의와 자
수성가형 남성의 나라라는 확신이 많은 이들 사이에서 더 깊어졌다.[21]

1860년, 연방정부는 시민에게 세금조차 부과하지 않았다. 군대의
인원은 총 1만 6000명으로, 전쟁 시기 최종 총병력의 2퍼센트도 안
되었다. 그리고 대다수 군인이 샌프란시스코에서 세인트오거스틴
사이에 자리한 요새에 주둔했다.

이주자들은 대륙을 횡단하는 경로에 자리한 콜로라도의 포트라
이언Fort Lyon와 같은 곳에서 미국군을 보았고, 콜로라도 준주의 총독
존 에번스John Evans를 비롯한 지도자들이 그들 가운데 살고 있다는
것을 알았다. 그러나 대다수의 시민은 정부 관료를 접할 일 없이 살았
다.[22] 내전 이전 시기에 미국 정착민 식민주의가 보인 분명한 특징은
국가의 존재가 제한적이었다는 점이다. 사실 국가는 부재했다.

전쟁이 끝날 무렵 상황이 바뀌었다. 아프리카계 미국인 18만 명을
비롯해 군인 100만 명이 연방군으로 복무했다. 중앙정부에서는 직
원 5만 명이 일했다. 연방의회가 처음으로 전국 차원의 세금을 부과
했다.[23] 연방정부의 규모, 권력, 역량이 마침내 인구에 걸맞게 성장하
기 시작했고, 지속적인 성장을 위해 곧 서부 영토로 관심을 돌렸다.

전시 동원을 통해 현대 미국이라는 국가의 탄생이 가능해졌고, 동
시에 인디언 문제에 대한 연방정부의 권한도 증대되었다. 내전 이후
남부 사회의 '재건Reconstruction'•을 둘러싼 스캔들, 부정부패, 실패에

도 불구하고 전쟁과 함께 미국의 정치 체제는 재규정되었다.[24] 새로운 국가 권력이 등장한 것이다. 그 사례로 무엇보다 징병, 관세와 과세의 확대, 향상된 기간 시설, 새로운 입법 권력을 꼽을 수 있다. 이런 새로운 권력의 신호가 대륙 전역에 퍼졌다. 녹색 잉크를 사용해 그린백green back으로 알려진 미국 최초의 국가 화폐를 연방의회가 발행하자, 시민들은 그린백을 주머니에 넣고 다니기도 했다.[25]

이처럼 미국 연방정부는 전쟁 과정에서 권한을 행사하기 시작했다. 1862년에는 '홈스테드 법Homestead Act', '모릴 법Morrill Act', 유니언 퍼시픽 철도Union Pacific Railroad에 대한 설립 허가서 부여 등 대대적인 입법 활동이 있었다. 각각의 법을 통해 서부의 영토, 교육, 기간 시설에 대한 연방정부의 권한이 확대되었다. 그러나 이런 공식적인 국가 정책보다 한동안 지속된 정착민의 쇄도가 선주민 세계의 파괴에 더 치명적이었다. 사실 국가의 존재가 제한적이었던 탓에 서부 곳곳에서 대량 학살을 수반한 폭력이 발생했다.

## 다코타 전쟁과 선주민 학살

새로운 법률은 집행 없이는 의미가 없었고, 국가 권력을 강화하려면

• 내전에서 패배한 남부 사회에서 공화당이 주도하는 연방정부가 군정을 실시하는 가운데, 남부 각 주의 정치·사회 등을 재건해 다시 미 연방에 가입하도록 했던 시도와 시대를 의미한다.

국가의 폭력 독점력이 강화되어야 했다. 1861년부터 군 간부들은 선주민 네이션들과의 갈등을 경감시키고 외교를 통해 선주민 네이션을 상대로 미국의 주권을 확장하고자 시도했다. 그러나 남부연합이 연방에서 탈퇴한 이후 폭력이 한층 더 만연했다. 연방정부가 소수의 군인까지 동부로 이동시키면서 이런 현상은 더 심해졌다. 사실 전쟁 초기 몇 년간 연방군은 성장하기보다 축소되는 것처럼 보였다.

1862년 12월, 링컨이 노예해방선언을 준비할 무렵에는 6개월에 걸친 미국-다코타 전쟁이 끝나가고 있었다. 이해 12월 한 달 내내 약 2000명의 다코타 군인과 그 가족이 미네소타에 억류되었는데, 대다수가 포트스넬링Fort Snelling에 수감되었다. 다코타인 수백 명은 처형을 기다리고 있었다. 그 전달인 11월, 붙잡힌 다코타인은 미네소타 준주를 가로질러 걸어야 했다. 뉴울름New Ulm 같은 미네소타 도시의 거리에서는 다코타인 수감자와 어린이가 폭도들의 공격을 받아 살해당하기도 했다.

다코타인 수감자들이 사형 집행을 기다리던 12월 6일, 링컨은 수감된 다코타 군인 대다수를 감형한다는 행정명령에 서명했다. 그러나 38명은 여전히 사형 집행이 예정되어 있었다. 12월 26일, 미국 역사상 최대 규모의 사형이 집행되었다. 사형된 이들은 그해 여름에 참전했다는 죄목으로 맨케이토Mankato에서 교수형을 당했다. 이 전쟁으로 정착민과 다코타 지역사회 구성원, 미국군 병사 등 약 1000명이 목숨을 잃었다.[26]

다코타 전쟁과 그 여파로 이 지역의 인적 지형이 재편되었다. 전쟁으로 다코타 거류구역이 폐지되자 다코타인은 대다수가 흩어졌다. 시세턴Sisseton〔미시시피 계곡 북쪽에 거주하던 다코타인을 이르는 말〕과 와페턴 다코타Wahpeton Dakota는 1851년에 조약을 맺을 때 미네소타 강변에 거류구역 한 곳을 확보하는 대가로 수백만 에이커의 토지를 양도했다. 미국 정부는 이 부족에게 "100만 6000달러"를 할당했으며, 또다른 약정들을 통해서 "현금 총 4만 달러의 연금"을 약속했다.[27]

다른 여러 조약과 마찬가지로 이 조약도 비준 이후에 지켜지지 않았다. 봄이 올 때마다 점점 더 많은 백인 농부가 다코타의 땅에서 무단 거주했다. 그들은 가축을 강가에 방목했고, 더 많은 토지를 확보하도록 주정부를 압박했다. 1860년 이후부터는 조약에 따라 다코타인에게 가야 할 연금 지급이 완전히 중단되었다. 다코타 가족에게 식량을 공급할 책임이 있던 몇몇 관리가 기관의 공급 물자를 백인에게 팔아넘긴 것이다. 어떤 이는 이를 두고 "인디언이 상인에게 크게 사기를 당한 … 대규모 강탈 체제"라고 비난했다.[28] 내전이 벌어지는 동안 이런 불법 거래가 거류구역 전역에서 성행했다. 굶주린 다코타인 가족들이 거류구역의 보급 센터에서 기관원들과 대치했을 때 기관원들은 다코타인들에게 풀을 먹으라고 했다.

맨케이토에서의 사형 집행 이후 다코타인은 다코타 준주로 강제 이주되었다. 그리고 그곳에서 수어를 사용하는 라코타인 인척들과 합류했다. 이 같은 종족 청소ethnic cleansing는 미국 군사 수뇌부의 명시적 목표였다. 서부 전 지역에서 군 장교들은 지역 민병대의 지휘권을 물려받는 경우가 흔했으며, 반反인디언 이데올로기를 공유했다. 1862년 9월, 미네소타에서는 존 포프John Pope 장군이 헨리 시블리Henry Sibley 대령에게 이렇게 명령했다.

나의 유일한 목적은 수 부족을 박멸하는 것이다. 내년까지 군사 작전을 계속 실행해야 한다고 해도, 내게 힘이 있는 한 내 목표는 변함이 없다. 그들이 가진 것을 완전히 파괴하고 대평원으로 쫓아내라. … 그들을 미친 사람이나 야수처럼 취급해야 한다. 조약을 맺거나 타협할 수 있는 사람으로 대해서는 절대 안 된다. 필사적으로 군사 행동에 임할 것을 촉구한다. 그리고 여러분은 적극적인 지원과 보급을 받아야 한다.[29]

내전과 재건 시기에 선주민을 상대로 벌어진 100여 건의 군사 행동 중 하나였던 다코타 전쟁은 기실 선주민 제거를 위한 군사 작전이었다.

선주민을 몰살하라는 요구는 그 시대 내내 흔히 등장했다. 미국군 병사와 자원봉사자에게 살육을 수행하라는 명령이 내려졌다. 1861년, 캘리포니아 북부에서 온 제임스 마틴James Martin 중위는 이런 글을 남겼다. "우리가 마주칠 사람이 유죄인지 무죄인지 알아낼 방법이 없지만, … 나의 지시는 도망가는 모든 사람을 … 적으로 간주하고 발포하라는 것이다."[30] 맨케이토에서 처형이 실행되고 몇 주 후인 1863년 1월, 패트릭 에드워드 코너Patrick Edward Connor 대령은 아이다호Idaho와 유타의 경계 지역의 베어강Bear River 인근에 자리한 북부 쇼쇼니 야영지를 기습했다. 캘리포니아 자원병을 이끌고 있던 코너 대령의 부대는 "70여 개 거처를 파괴"했다. 일반적으로 역사학자들은 이 사건을 미국 선주민을 상대로 벌인 최대 규모의 군사적 학살로 인정한다.[31]

이듬해인 1864년 11월, 존 치빙턴John Chivington 대령은 제1 자원 기병대와 제3 자원 기병대 수백 명을 이끌고 콜로라도의 포트라이언에서 블랙케틀Black Kettle의 샤이엔Cheyenne과 샌드크리크Sand Creek의 아라파호Arapaho 마을로 향하면서 이렇게 외쳤다. "인디언에게 동조하는 자는 누구든 지옥에 보낼 것이다!"[32] 치빙턴 대령이 이끄는 군대도 새벽에 공격을 감행했다. 그는 코너 대령처럼 여성, 어린이, 노인을 표적으로 삼았다. 그들은 겨울에 또다시 왔는데, 에번스 총독이 샤이엔 지도자들에게 다음과 같이 미리 경고했기 때문이다. "너희 샤이엔이 전쟁을 가장 잘할 수 있는 시기는 여름이다. … 이제 나의 시간이 오고 있다."[33] 치빙턴의 군대가 덴버로 돌아왔을 때 기세등등한 무리가 다시 거리에 늘어섰다. 샤이엔 희생자들의 신체 일부는 전리품처럼 유통되었다.

내전을 북부와 남부 사이의 분쟁으로만 보면 이 정착민 혁명과 그 혁명에 수반된 폭력을 놓치게 된다. 이런 폭력이 변화를 불러왔다. 이 시대를 "노예제" 대 "자유"의 분쟁으로 규정하는 시각도 인디언의 소유권 박탈, 추방, 심지어 대량 학살을 일으킨 수많은 미국의 군사 행동을 삭제해버린다. 이런 관점은 노예제 폐지가 미국의 자유를 성취한 것처럼 보이게 하는 이야기를 만들어내며, 찬양할 수만은 없는 좀더 복잡한 과거를 은폐한다.[34]

# 내전 초기의 캘리포니아 민병대

군 간부, 신문 기자, 국가 지도자 들은 인디언에 대한 폭력을 전쟁의 핵심으로 이해했지만, 어떤 이들은 폭력을 부당하게 사용하는 데 반대했다. 1861년, 인디언사무 담당 국장 윌리엄 돌William Dole은 캘리포니아에서 실행된 군사 행동에 대해 다음과 같이 말했다. "이른바 '인디언 전쟁'에는 백인만 참여한 것 같다. 인디언은 위험한 야수처럼 사냥당하고 있다."[35] 《샌프란시스코 헤럴드》도 비슷한 논조로 썼다. "군대는 인디언과 '싸우는' 것이 아니라 인디언을 살육하고 있다."[36]

캘리포니아는 전쟁 기간에 가장 무차별적인 폭력이 자행된 곳으로, 이곳에서 수만 명의 인디언이 사망했다. 처음에는 군인이 아니라 정착민 민병대가 이런 폭력을 반복해서 저질렀다.

전쟁 전에는 연합군 "정규군"과 "자원병"이 쉽게 식별될 정도로 그 차이가 뚜렷했다. 정규군은 제복을 입었고, 봉급 받는 직위가 있었으며, 군 간부가 통솔했다. 군 간부 중 다수는 훈련된 장교였다. 이들 중 극서부, 즉 뉴멕시코, 캘리포니아, 오리건 출신은 단 한 명도 없었는데, 이 지역들은 '과달루페 이달고 조약'(1848) 이후에야 미국의 주나 준주가 되었기 때문이다. 남부연합이 연방에서의 분리를 선언한 이후 정규군과 자원병의 차이가 점차 희미해지기 시작했다. 많은 정규군이 동부로 귀환했다. 남부 출신 장교들은 남부연합에 합류하기 위해 이동했고, 연방군도 비슷하게 소환되었다. 1861년 말에는 서부에서 주둔하던 연방군의 거의 3분의 2가 소환되었다.[37]

서부의 군 거점들을 강화하기 위해 주와 연방군의 지도자들은 자원병을 모집했다. 첫 번째 소환은 1861년 7월 24일 캘리포니아 주지사 존 다우니John Downey가 보병 연대와 기병 대대를 편성하라는 명령을 내리면서 시작되었다.[38] 이 병력은 시에라산맥 너머 포트래러미Fort Laramie까지 이어지는 대륙횡단로Overland Trail를 지키는 임무를 맡았다. 이 길은 1000마일〔약 1600킬로미터〕에 이르는 험난한 길이었다. 8월 말에는 더 광범위한 계획이 펼쳐졌다. 연방군 지도자들은 남부연합 병사들을 미주리에서 나오게 하려고 멕시코 북부를 거쳐 캘리포니아에서 텍사스로 침공하기를 희망했다. 그래서 자원병을 추가로 모집했다.[39]

백인 정착민 사이에서는 이런 복무 요청과 함께 민족주의가 급속히 자리잡았다. 오리건에서는 남부연합에 동조하는 분위기가 있어서 동원에 한계가 있었던 반면, 캘리포니아인은 대체로 연방의 동원 노력을 수용했다.[40] 광산 지대, 내륙의 목장들, 샌프란시스코 전역에서 자원병 부대의 결성을 축하하는 행사가 열렸다. 그중 산골에서 온 이들은 은 장식을 매단 깃대를 가져왔는데, 그 장식은 연방 지지자들이 선물한 것이었다.[41]

많은 사람에게 군 복무란 민병대원 시절에 경험한 폭력 행사를 재현하는 것을 의미했다. 1850년대 내내 주정부가 승인한 23개 민병대가 선주민과 싸웠다. 모하비 사막Mojave Desert에서 훔볼트만Humboldt Bay에 이르기까지 인디언을 사냥하는 군사 작전이 전개되었다.[42] 이 부대는 지역 정착민들로 구성되었지만, 주정부로부터, 나중에는 마침내 연방정부로부터 자금을 받았다.[43] 예를 들어 1860년 12월 21일, 사우스캐롤라이나가 연방에서 탈퇴한 다음 날, 캘리포니아 상원의원 밀턴 래섬Milton Latham은 "인디언 적대 행위 진압에 발생한 비용" 처리를 위한 법안을 연방의회에 제출했다.[44] 링컨이 취임한 1861년 3월까지 연방의회는 지난 6년 동안 실행된 민병대 군사 행동 아홉 건에 최대 40만 달러의 예산을 배정했다.[45] 연방정부는 남부연합과 전장에서 대결하기 전 캘리포니아의 선주민을 상대로 한 군사 행동에도 자금을 지원했다. 여러 면에서 캘리포니아 인디언은 내전의 첫 번째 희생자가 되었다.

서부의 대다수 지역에서 다코타 전쟁과 같은 선주민을 상대로 한 군사 행동이 남부연합을 상대로 한 전쟁보다 더 큰 열정을 불러일으켰다. 캘리포니아 북부의 새스타산Mount Shasta에서 훔볼트만에 이르기까지, 목장주들은 선주민들이 소를 탈취하는 것을 막으려고 오랫동안 애써왔는데, 이와 관련해 샌프란시스코의 《불러틴Bulletin》은 1860년 1월 21일에 다음과 같이 보도했다.

인디언은 멘도치노Mendocino 지방의 정착민에게 다시 큰 골칫거리가 되었다. … 정착민들은 인디언이 너무 사악해져서 직접 상비군을 조직해야 할 지경이다. 재산을 지키기 위해 불침번을 서야 했다는 말이다. … 인디언은 열 마리에서 열다섯 마리의 가축을 죽였다. … 12월 19일, 정착민이 현장에 나타나 적을 공격했고 32명을 죽이는 데 성공했다. … 주정부에 원조를 … 요청했고, 우리는 지원받을 것이라 믿는다.[46]

전쟁을 통해 이런 노력이 좀더 쉬워졌다. 다시 말해 자금과 지원이 늘어나 인디언을 죽이고 밤에 재산을 지키는 일이 더 쉬워졌다. 찰스 로웰Charles Lowell 대위는 1861년 4월부터 훔볼트만 동쪽 해안을 따라 형성된 숲을 세 갈래에서 침공하기 시작했다. 보도에 따르면, 이 군사 작전으로 인디언 200여 명이 사살되었다.[47]

미국군이 군사 요새에 주둔했던 다른 서부 지역과 비교할 때, 캘리포니아의 정착민 민병대는 연방 관리의 감독을 받지 않고 활동하는 경우가 더 흔했다. 캘리포니아 민병대는 이전에 유럽인과 제한적인 동맹을 맺은 선주민 네이션과도 싸웠다. 에스파냐, 영국, 러시아 같은 해안의 제국주의 열강은 삼나무 숲이나 시에라네바다산맥처럼 숲이 우거진 산악 지형으로 확장해 들어간 적은 없었다. 실제로 제임스 마틴 중위에 따르면, 훔볼트 카운티에는 "길이 끊어진 곳이 많았다." 그래서 "인디언이 볼일을 보는 곳으로 선호했던 곳"이다.[48] 북부 캘리포니아 선주민 네이션에는 군사용으로 총이나 말을 들여온 경우가 거의 없었다.

캘리포니아에서의 군사 행동은 거의 일방적 폭력이었던 것으로 알려졌다. 이 부대들은 "산속에서 인디언을 죽이고 … 인디언의 아이들을 납치"하는 전략을 펼쳤다.[49] 파괴를 통해 제거의 조건을 조성한 것이다. 1861년 10월, 호스캐니언Horse Canyon에서 와일라키Wailaki 마을 주민 200명을 학살한 사건이 발생한 뒤《레드 블러프 비컨Red Bluff Beacon》이 보도한 바에 따르면, "정착민은 인디언을 몰살시키기로 결심했다."[50] 인근 라운드밸리Round Valley 거류구역에서 온 선주민

콘코Konkow인 보조원 토메야넴Tome-ya-nem은 이렇게 회상했다. "개울물이 붉게 변했다. 노인과 젊은이 모두 … 가을 낙엽처럼 땅에 흩어져 있었다. 시체에 몰려든 까마귀로 며칠 동안 하늘이 캄캄했다."[51]

토메야넴의 증언에서 알 수 있듯이, 민병대는 간혹 인디언 보조원에게 의존할 때도 있었다. 토메야넴은 캘리포니아에서 몇 안 되는 거류구역 중 하나인 라운드밸리에서 살았는데, 이 거류구역은 민병대의 폭력을 피해 도망친 여러 부족민이 모여 사는 지역사회가 되었다.[52]

연방정부는 언제든 사용할 수 있는 방식으로 대량 학살이 아닌 다른 시나리오를 시도한 적도 있다. 1851년과 1852년에 관리들은 캘리포니아주 전역에서 열여덟 건의 조약을 협상했다. 그러나 상원은 캘리포니아 백인 대표들의 요구에 굴복해 이 조약들을 거부했다. 기본적으로는 정착민이 계속 폭력을 쓰도록 승인하고 식민화를 지원했다. 라운드밸리 거류구역이 이 살육의 시기에 제공한 것은 제한적인 피난처에 불과했다. 이러한 폭력 체제는 '방랑금지법Vagrancy law'에 의해 지속되었다. 골드러시 시기에는 인신매매가 성행했다. 백인 정착민이 거류구역 내 인디언 어린이를 잡아다 인신매매를 했다.[53] 선주민 가족에게 안전한 곳은 없었다. 게다가 캘리포니아 인디언사무청 감독관 조지 핸슨George Hanson의 보고에 따르면, 인디언이 거류구역을 벗어날 때마다 그들은 "짐승처럼 사냥감이 되어 죽을" 위험을 감수해야 했다.[54]

이런 무차별적 폭력에 선주민 생존자는 필사적으로 맞서며 게릴

라전과 보복전을 벌이기 시작했다. 그러나 이들의 보복은 정착민의 결의를 더 견고하게 하고 정착민의 추가 보복을 정당화하고 말았다. 샌프란시스코의 《데일리 이브닝 불러틴Daily Evening Bulletin》의 주장에 따르면, "인디언을 몰살하는 방식이 더할 나위 없이 끔찍하다고 생각하지만, 바로 우리 국민을 위해서라면 우리는 할 수 있는 모든 것을 허용할 준비가 되어 있다."[55]

이 보도가 나온 이후 하이즈빌Hydesville 근처에서 한 정착민이 살해된 사건이 발생했다. 그러자 훔볼트 민병대원은 75명으로 확대되었다. 훔볼트 민병대는 워크G. W. Werk 대위의 통솔 아래 1861년 한 해 동안 열다섯 차례의 교전을 벌여, 선주민 남성 75명과 "몇 명의 여성"을 사살하고, "대부분"이라고 할 만한 많은 인원에게 부상을 입혔다.[56] 워크 대위는 포로로 잡혀간 사람은 없으며, 두 명이 사망했다고 보고했다. 이 주제에 관한 소수의 정부 보고서 중 하나에 따르면, 그의 탐험은 "살육만이 목적이었던 일련의 인디언 사냥이었을 뿐"이다.[57] 이런 군사 작전이 실행되는 과정에서 워크 대위가 속한 지역 사회에서는 정착민 한 명이 사망하고 민병대원 두 명이 목숨을 잃었다. 같은 시기 인디언은 200명 정도가 사망하거나 부상당하거나 포로로 잡혔다고 한다. 1850년대 거의 내내 이 같은 일방적인 폭력이 지속되었다. 1861년 7월, 동부에서 내전의 전투가 벌어지기 시작하자 캘리포니아의 민병대는 연방정부로부터 추가 자금을 지원받았다. 하지만 캘리포니아 민병대는 여전히 지역 단위로 남았으며 제도화되지 않았다. 그러다 1861년 말 여러 사람이 자원병으로 구성된 연방군에 흡수되어 총 1만 5725명이 입대했다.[58] 캘리포니아주의 민병대 중 일부를 모집한 이 자원병 부대는 곧 유타, 뉴멕시코, 콜로라도 등 서부에서 복무한 군인이 상당수를 차지했다. 이 "캘리포니아 자원병"은 미국의 주권을 서부 전체로 확장하는 데 한몫했다.

## 내전과 비효율적인 연방정부의 인디언사무청

민병대는 냉혹한 현실을 분명하게 보여주었다. 연방정부는 일관된 인디언 정책이 없었고, 국가 차원의 목적도 불분명했다.[59] 연방의 관심은 다른 데에 있었다. 인디언사무 담당 국장 윌리엄 돌과 소수의 요원을 제외하고는 인디언 사무에 관여한 공무원은 거의 없었다. 소수의 관료가 연방에 새로 가입한 주들과 광활한 준주들의 인디언 정책을 감독하는 임무를 맡았다. 이들이 임무를 제대로 수행하지 못해 수많은 선주민이 목숨을 잃었다.

연방정부의 인디언 담당 관리자는 극소수였다. 담당자 수는 늘 부족했고, 백인 정착민과 갈등을 빚는 경우가 다반사였다. 그들은 정책을 실행할 자원이 늘 부족했고, 많은 경우 이름뿐인 사무실을 운영했다. 1862년 유타에 대한 윌리엄 돌의 보고서에 따르면, "의회가 관대한 예산 편성을 통해 우리 요원이 규모에 맞는 작전을 수행할 수 있도록 해주지 않으면, 공무원이 관할하는 인디언들에게 꼭 필요한 물품을 공급해주지 못하면, … 인디언사무청 업무는 … 정부에 대한 불신을 낳을 수밖에 없다."[60] 그러나 필요한 물품은 제공되지 않았고, 조약도 지켜지지 않았다. 어디를 가도 혼란스러웠다. 연방정부가 체결한 조약에 명시된 의무는 흐지부지되었다.[61]

명망 높은 링컨조차 이런 난제에 대해서는 답이 없었다. 1863년, 백악관을 방문한 대평원 인디언 지도자 대표단에게 링컨은 이렇게 말했다. "당신네 인종이 백인처럼 번영할 방법은 백인처럼 땅을 경작하며 사는 것 말고는 없습니다. 내가 할 수 있는 말은 이것뿐입니다."[62]

링컨이 일관되게 제안한 것은 동화, 토지 양도, 궁극적 소멸이었다. 그는 연방의회에 보낸 글에서 "넓고 유용한 토지에 대한 인디언의 소유권"을 소멸시켜야 하고, 그런 조치가 "인디언의 복지"에 이득을 안겨줄 것이라는 추상적이고 상투적인 말만 덧붙였다.[63] 링컨은 대통령 재임 기간에 대체로 인디언 정책에 거의 관심을 기울이지 않았으며, 서부에서 벌어진 군사 작전의 지휘는 육군 사령관에게 위임했다.[64]

노예제 폐지론자들과 또다른 사회개혁가들도 대체로 인디언 문제와는 거리를 두었다. 더욱이 내전으로 인디언 문제에 국가적 차원에서 관심을 두기가 힘들었다. 캘리포니아에서와 마찬가지로 일부 신문사나 편집국은 계속되는 잔학 행위에 대해 논평을 내보냈지만, 큰 관심은 다른 지역의 사건이나 국가적 관심사에 집중되었다. 단순화한다는 문제가 있긴 하지만, 많은 연방 지지자가 선주민 이용해 다른 사회적 난제를 가늠해보기도 했다. 프레더릭 더글러스는 이렇게 썼다. "인디언은 너무 뻣뻣해서 굽히질 못한다. … [그리고] 그들은 당신들 도시에서, … 당신들 증기선에서, 당신들 운하와 철도에서 내려버린다. 인디언은 그런 것들을 혐오스러워하는 눈초리로 바라본다."[65] 미국의 인디언 문제는 손댈 방도가 없어 보였다.

## 내전 시기의 정착민 식민주의와 사회 기반 시설

내전은 그전까지 아메리카 선주민을 집어삼킨 지옥불에 기름을 부은 격이었다. 콜로라도, 미네소타, 캘리포니아에서와 마찬가지로, 정착민 쇄도와 함께 돌이킬 수 없는 변화가 일어났다. 북아메리카에서 정착민의 쇄도는 전 세계적 차원에서 일어난 인구·가축·기술의 폭발적 성장과 맥을 같이하는 일이기도 했다. 이는 국민국가 제도를 앞지르는 현상이었다. 느닷없이 불어닥친 폭풍처럼 정착촌, 그리고 사람과 동물 무리가 선주민 네이션의 경제생활을 잠식했다. 선주민이 벌인 습격은 무너진 세계에서 생존하기 위한 얼마 안 되는 자구책 중 하나였다. 선주민의 습격과 반격, 전쟁은 계속 이어졌다.

전면전을 위한 동원은 이 같은 정착민 쇄도를 더 부추겼다. 내전 시기에 군대를 통해 새로운 요새와 구금 시설, 철도를 비롯한 교통 시스템이 발전했다. 이런 통합이 '영국계 세계Anglo world'의 역사에서 중요한 한 장이 되었다. 영국계 세계의 총인구는 1780년에 1200만 명이었는데 1930년에는 2억 명으로 계속 증가했다.[66] 호주, 뉴질랜드, 캐나다, 남아프리카공화국에서 대체로 그러했듯이, 이런 성장은 선주민의 근거지에서 선주민의 희생을 대가로 이루어졌다. 미국에서는 내전을 통해 연방정부가 나중에 서부를 복속시킬 수 있는 행정적·군사적 기반 시설이 마련되었다.

1859년, 덴버는 처음으로 대형 마차와 짐차 행렬을 공식적으로 맞이했는데, 이는 그 시대의 중요한 진실을 잘 보여주는 장면이었다. 인간이 이 지역의 미래를 구상하는 동안 이 지역의 이동에 동력을 제공한 것은 동물, 특히 소와 말과 노새였다. 역마차와 마차는 그런 동물 없이는 움직일 수 없었다. 1859년, 백인 남성과 여성 5434명이 처음으로 캔자스의 카운슬그로브Council Grove를 거쳐 콜로라도로 향했는데, 이들보다 이들이 데려간 황소가 더 많았다. 이 외에도 노새 1000마리가 추가로 지원되었고, 말과 소 떼가 거의 1만 마리에 달했다.[67] 보통 두 명에서 네 명이 한 팀을 이루어, 수십만 이민자가 소 떼와 함께 콜로라도로 왔다. 1840년대에 육로를 통해 오리건과 캘리포니아로 갔던 것과 비슷한 양상이었다.

많은 이주자가 동부에서 철도를 본 경험이 있었고, 대평원 가장자리까지 기차를 타고 가기도 했지만, 가족과 일상용품을 운반하는 데는 동물에게 의존했다. 대다수 성인은 걸어갔고, 동물에겐 짐을 실었다. 가장 빠르지만 비용이 많이 드는 여행 수단인 역마차stagecoach에는 말과 노새가 이용되었다. 역마차는 시끄러운 바퀴와 딱딱한 의자로 악명이 높았지만, 이것을 타면 걸을 필요가 없었다.

내전 이전에 대륙 여행에서는 두 발 혹은 네 발로 가는 이동 수단이 필수적이었다. 증기선이 미시시피강을 운항하면서 이주자들을 미주리강변의 출발 지점들까지 실어 날랐지만, 그런 다음에는 발과 발굽이 그들을 실어 날랐다. 실제로 서부에서는 축력이 매우 중요했기 때문에 낙타까지 캘리포니아로 수입되었으나 거의 효과를 거두지 못했다.[68]

게다가 철도가 놓인 지역에서도 선로의 궤간이 다양하고 표준화되어 있지 않아서 지연이 발생했고, 열차를 여러 번 갈아타야 했다. 1860년 2월, 링컨이 시카고를 떠나 뉴욕의 쿠퍼 연구소Cooper Institute로 연설을 위해 갈 때 그는 기차를 네 번, 여객선을 한 번 갈아타고서 나흘 동안 이동했다.[69] 궤간은 전국 차원에서 보면 스무 가지에 달할 정도로 다양했다. 철도는 아직 대륙을 횡단하지 못했다. 당시 미국은 지역별로 나뉘어 있었고, 철도는 지역 내에서의 이동 수단이었다.

콜로라도에서도 여러 세대에 걸쳐 그랬왔듯이 말이 여전히 그 지역의 동력이자 그 지역의 미래를 위한 열쇠를 쥐고 있었다. 인디언의 무역과 생존을 위한 관계망 역시 말을 타고 다니는 경제활동을 통해 연결되어 있었다. 이런 기마 경제활동의 중심에는 계절별 들소 사냥이 있었다. 수십 군데의 다양한 인디언 네이션이 콜로라도 전역을 누비며 살아가던 시절, 이 지역의 산악 지대는 유트와 나바호(디네Diné)의 근거지였고, 남부와 동부와 북부 평원 지대는 아파치, 샤이엔, 아라파호의 근거지였다. 카이오와Kiowa, 라코타, 포니, 코만치도 평원에 집중되어 있었다. 말을 타고 다니던 푸에블로인과 코만체로comanchero라고 알려진 에스파냐계 상인도 이 지역을 여행했다. 백인 상인과 "산악인"이 타오스 같은 산악 지대와 역전을 오가며 거

래를 했는데, 모두 말을 타고 이동했다.[70]

수백 킬로미터에 걸쳐 펼쳐진 북아메리카 중앙의 대평원은 오랫동안 이주자의 이동을 막는 장벽 역할을 했다. 콜로라도에서는 1820년 이후 선주민 인구가 두 배로 증가했다. 다른 지역에서 내몰려서 들어온 이들도 있었고, 이 지역에 끌려온 이들도 있었다. 유럽계 미국인들은 선주민들이 지닌 힘 때문에 대륙 횡단 여행을 더 두려워했다. 그러나 유럽계 미국인 이주민에게 가장 큰 걸림돌은 바다처럼 끝없이 펼쳐진, 너무도 넓은 대평원의 지리 그 자체였다. 1849년, 한 부대가 며칠 동안 쉬지 않고 말을 달려서 리퍼블리컨강Republican River〔콜로라도 동부에서 발원해 동쪽으로 흘러 네브래스카, 캔자스를 통과한 뒤, 캔자스강으로 흘러드는 강〕 인근 나무들이 보이는 곳에 도착했을 때 한 병사는 이렇게 환호했다. "예수님, 우리가 땅을 다시 보게 되었습니다!"[71]

이처럼 먼 거리를 이동하려면 말이 필요했다. 이 지역에서 생활하려면 말 떼가 필요했다. 말을 타고 다니며 권력을 행사하는 집단에서는 대개 한 사람당 8~12마리의 말을 소유했다. 그렇다 보니 수천 명의 인구로 구성된 지역사회에서 수만 마리 가축이 함께 살았다. 여름철의 거래 장터나 대규모 외교 회담을 위해 여러 사람이 모일 때면 말들이 몇 킬로미터에 걸쳐 길게 늘어서기도 했다. 중부 대평원에서는 말이 총 10만 마리가 넘었다. 코만체리아Comanchería〔1860년대 이전 코만치가 장악했던 지역으로, 지금의 뉴멕시코와 텍사스 서쪽이다. 코만치 제국으로도 불림〕의 남부 대평원에서도 말이 비슷한 규모로 널리 분포했다. 외부인들이 오랫동안 관찰한 바에 따르면, 코만치는 "다른

어떤 인디언보다 말과 말 사육에 대해 더 잘 알고 있었으며, 말이 그들의 재산이 되어” 있었다.[72]

들소와 마찬가지로 말도 물과 풀이 가까이에 있어야 했다. 말을 키우며 살던 대평원 인디언의 경제생활에서 계절성 이주는 불가피했다. 콜로라도의 산악 지대 공원들과 여타 고산 지대 목초지가 유트, 샤이엔, 아라파호는 물론이고 더 멀리 떨어진 라코타, 코만치 집단에게도 여름 목초를 넉넉히 제공했다. 마찬가지로 멕시코 공화국의 지배를 견디며 울분에 차 있던 여러 뉴멕시코 가족이 대평원 지역의 골짜기에서 안식처를 찾았고, 샌루이스 계곡San Luis Valley을 따라 말과 양을 방목하면서 유트 지도자들과 협력했다.[73]

미국-멕시코 전쟁 이후 이주자의 행렬로 목초지와 수자원이 잠식되자 대평원을 이용하던 여러 지역사회 사이에서 갈등이 깊어졌다. 캘리포니아 골드러시가 시작되기 전에는 2만 명의 여행자가 플래트 리버 로드Platte River Road〔오늘날 네바다와 와이오밍을 흐르는 플래트강을 따라 나 있는 길로, 19세기 서부로 이주한 이들이 많이 사용했던 길〕를 지나갔다. 1849년 이후에는 그 수가 거의 20만 명에 달했고, 동행한 동물의 수는 그 두 배였다. 나중에 이주자 수는 감소했지만 동행한 가축의 수는 여전히 많았다. 1853년 네브래스카의 포트커니Fort Kearney에서는 가축 수가 16만 2000마리로 집계되었는데, 그해 이주자의 열 배에 이르는 수였다. 이를 지켜본 어떤 사람은 이렇게 회고했다. “미주리의 소를 모두 데려온 것 같았다.”[74]

선주민 네이션들은 이런 난제에 대응하기 위해 여러 동맹을 맺었다. 로키산맥 중앙의 산악 공원들을 둘러싼 경쟁이 격화되자 유트 집단들은 콜로라도의 뉴멕시코 정착민, 샌터페이와 타오스의 미국 지도자들과 유대를 돈독히 다졌다. 샌터페이와 타오스에는 크리스토퍼 카슨Christopher Carson과 같은 인디언사무 담당 공무원이 근무했다.[75] 유트인들은 1850년대 내내 샤이엔과 아라파호 동맹군의 침략에 맞서 싸웠다. 이 경쟁자들 때문에 유트인들은 대평원으로 이주하기가 쉽지 않았다. 여름에는 샤이엔, 아라파호, 카이오와, 코만치 그리고 대평원 아파치 동맹이 대평원의 강 계곡에서 대규모 모임을 열기도 했다. 1854년, 한 야영지에는 1200개가 넘는 천막이 세워졌는데, 참여자는 약 8000명에서 1만 명이고 말은 약 4만 마리였다.[76]

이 동맹 세력은 서쪽으로 로키산맥까지 진출했다. 또한 동쪽으로 캔자스와 미주리를 가로질러 포니, 삭Sac, 폭스, 오세이지, 포타와토미 등 다른 경쟁자들의 영토로 이동했다. 그 과정에서 충돌이 발생했는데, 특히 대평원 동부 선주민들이 총기를 쉽게 얻게 되면서 상황이 심각해졌다. 예를 들어 1854년 캔자스강변에서 열린 여름 모임에서 충돌이 발생해 아파치 지도자 봅테일호스Bobtail Horse 등 100여 명이 죽거나 부상을 입었다.[77]

이 동부 지역 부족들은 총을 사용했는데도 자주 습격의 표적이 되곤 했다. 백인 이주자가 지나가는 길이나 정착촌, 농장과 가까운 곳에 위치한 포니 마을들은 이중의 압박에 시달렸다. 하나는 백인의 침입이었고, 다른 하나는 선주민 적들이었다. 포니 마을들도 만단과 마찬가지로 원예 농업을 하던 시기에는 상거래와 풍요가 넘쳐났던 곳이다. 하지만 1806년 약 4000여 명으로 추산되던 포니 인구는 미국의 확장으로 전쟁, 질병, 기아가 함께 발생하면서 1859년에는 1000명 미만으로 감소했다.[78]

콜로라도 골드러시가 시작되기 전까지, 매해 여름마다 선주민 부족들 사이의 갈등이 깊어졌다. 목초와 목재, 물이 부족해지면서 벌어진 일이었다. 중부 대평원의 한 장소에 이렇게 많은 사람과 동물이 모인 적은 없었다.[79] 1857년, 캔자스 서부의 사우스플래트강을 따라 길을 가던 한 여행자는 오리건으로 향하는 양 떼 9000마리가 한데 모인 광경을 보고 놀랐다. 서부로의 이런 확장이 연방을 무너뜨렸듯이, 이 같은 생태적·경제적 변화가 대평원을 뿌리째 뒤흔들었다.

## 남서부의 혼종성

대평원 전역으로 정착민이 몰려오자 대평원은 대륙의 중심을 재편한 두 가지 변화의 흐름 중 하나가 되었다. 동쪽에서는 이주자, 가축 떼, 미국군이 몰려왔다. 군인들은 레번워스(1827), 커니(1848), 래러미(1849) 등 서부의 요새에서 근무하기 위해 왔다. 캔자스, 네브래스카, 와이오밍 전역에 세워진 노상 목장은 이주자, 가축, 군인 들로 문전성시를 이루었다.[80] 캘리포니아 골드러시 이후 폭발적으로 증가하던 이민이 1850년대 초에 소강 상태에 접어들자 이주자들은 콜로라도 골드러시와 함께 이 지역으로 다시 쏟아져 들어왔다. 1860년까

지 총 30만여 명의 이주자와 최소 그 다섯 배가 넘는 가축이 대평원을 건너왔다.[81]

이렇게 동쪽으로 이주하는 동향은 남북 축을 따라 이동하던 오랜 이주 동향과 교차했다. 뉴멕시코 정착촌들에서 시작해 텍사스를 거쳐 멕시코 북부로 뻗어 나가면서 말, 모피, 술, 양을 거래하는 대륙 무역이 남서부에서 외부로 퍼져나갔다. 애스토리아와 컬럼비아강 유역의 태평양 모피 무역이 남서부에서 시작된 대륙 무역의 북부 종착지가 되었다. 이런 무역을 위해 1820년대부터 수백 명의 "산악인", 허드슨베이 회사 여단 같은 상인들이 '서부 산간Intermountain West' 〔동쪽으로는 로키산맥, 서쪽으로는 캐나다의 캐스케이드산맥Cascade Range과 시에라네바다산맥 사이에 있는 지역〕 지역을 누볐다.[82] 이렇게 이주민들이 북쪽과 남쪽에서 밀려 들어온 이 시기는 미국 선주민 역사에서 가장 힘든 시기였다.

처음에는 밀렵꾼이 환대받았지만, 이들은 결국 파괴적 결과를 불러왔다. 특히 그들은 북아메리카 서부의 주요 술 공급지인 타오스에서 증류한 위스키를 거래했다.[83] 이들은 봄에 덫을 놓고 여름에는 '랑데부rendezvous'로 알려진 모임에서 거래를 했다. 이주자들과 달리 이들은 이 지역에서 거주하며 선주민과 결혼하기도 했다. 가축은 이 무역에서 화폐 역할도 하고 때로는 운송 수단이 되기도 했다.

모피와 마찬가지로 말과 양이 무역의 동맥이 되자 멕시코에서 수십만 마리가 유입되었다. 인디언 네이션은 가축을 매매할 때도 있었지만, 도둑질하는 경우가 더 흔했다. 말 무역은 '푸에블로 반란' 이후 확대되었지만, 목축은 그보다 최근의 일이었다. 18세기 후반에 에스파냐와 멕시코에서 토지를 불하받은 정착민이 늘어나면서 가축 수도 늘어났다. 곧 뉴멕시코 전역을 100만 마리가 넘는 양 떼가 무리 지어 다녔는데, 이런 무리는 침입자의 표적이 되곤 했다. 1850년 12월, 뉴멕시코의 인디언사무청 감독관 제임스 캘훈은 이런 문제를 다음과 같이 비판했다. "이번 한 달 동안 인디언이 많은 양을 데리고 갔다. … 디네인 침입자들이 이 지역에서 거의 1만 마리를 가져간 것 같다."[84]

기마 선주민 네이션들은 목축업, 이동식 사냥과 무역, 계절별 원예 농업과 습격이 결합된, 복잡한 정치경제를 유지했다. 미국-멕시코 전쟁으로 서부의 정치 지형이 재편되었다고 하지만 이런 기마 세력들이 사라지거나 이들의 정치경제가 재편되지는 않았다. 이주자는 파도처럼 몰려왔고 요새도 많이 세워졌지만, 미국의 주권이 이에 상응할 만큼 아직 확장된 것은 아니었다. 1860년대에도 기마 세력의 영향력이 연방정부의 권력을 꺾으면서 습격이 계속되었고, 그에 따라 긴장도 고조되었다. 외교적 해결은 거의 불가능해 보였다.

전쟁 전, 뉴멕시코에서 북쪽을 바라보던 제임스 캘훈은 이런 광란의 상황에서 무엇이 본질인지를 다룬 냉정한 보고서를 작성했다. 인근 유타와 곧 콜로라도가 될 지역의 감독관들과 마찬가지로 그의 사무실에는 수많은 네이션에서 불거진 인디언 문제를 관리할 자원이 거의 없었다. 서쪽으로는 디네와 지카릴라 아파치Jicarilla Apache, 동쪽과 남쪽으로는 메스칼레로 아파치Mescalero Apache, 코만치, 카이오와, 위치타Wichita, 북쪽으로는 유트, 샤이엔, 아라파호, 그리고 뉴멕시코 내에 거주하는 수십 개의 푸에블로 지역사회가 있었다. 캘훈은 푸에블로 지역사회와 정부가 정확히 어떻게 구성되었는지를 확인하고자 했지만, 단지 파악하기 어렵다는 점만 확인했을 뿐이다.[85] 캘훈의 보고에 따르면, "산일데폰소San Ildefonso, 포호아케Pojoaque, 테수케Tesuque, 남베Nambé의 푸에블로인들은 ⋯ 인구 조사 담당자들을 속였다." 캘훈은 또한 다음과 같이 우려했다. "많은 사람이 가톨릭교를 포기하고 유목민에게 합류하고 있다. ⋯ 유목민 부족들이 이 준주를 둘러싸고 있다."[86]

내전 이전 시기 서부 전역에서 미국의 국가 권력은 존재감이 희미했다. 역사가들은 미국의 영토 소유를 통해 이미 미국 주권이 실현될 조건이 마련되었다고 보는 경향이 있지만, 그렇지 않았다. 내전 이전에는 기마 선주민들이 뉴멕시코의 비非인디언 주민을 둘러싸고 있었다. 게다가 선주민을 비롯한 국경 지대 지역사회들은 미국 관리를 의심스러운 눈초리로 바라보거나, 저항의 대상으로 보거나, 그것도 아니면 그들에게 별다른 관심이 없었다. 캘훈이 언급한 네 곳의 푸에블로인은 미국 인구 조사원을 속이기도 했지만, 성별에 따른 가부장적·가족적 권위를 기반으로 삼은 주 관리들과 사유 재산 제도를 "거부"하는 다른 형태의 행동을 하기도 했다.[87]

뉴멕시코의 이종성異種性, heterogeneity은 특히 미국 관리들에게 힘든 문제였다. 누에보멕시카노Nuevomexicano〔뉴멕시코와 그 부근이 에스파냐의 식민지였던 시절부터 이 지역에서 살아온 사람들〕는 이 지역의 선주민 세력과 경쟁 관계이기도 했지만, 미국의 통치에도 불만을 품고 있었다. 이 지역은 여전히 군정 치하에 있었다. 1850년 '기본법Organic Act'이 통과되면서 "모든 자유 백인 남성 주민"이 투표권을 갖게 되었지만, 인종주의가 이런 투표 자격에 그늘을 드리웠다.[88] 멕시코 시민이었던 사람도 미국 시민권을 취득할 자격이 있는가? 그렇다면 마을에 정주하며 농사를 짓던 푸에블로 인디언도 미국 시민권의 자격이 있는가? 명확한 답변은 없었다. 미국이 빼앗은 멕시코 영토 중 인구 밀도가 가장 높았던 뉴멕시코는 1912년이 되어서야 하나의 주로서 미 연방에 가입했다. 일부 연방 지도자가 뉴멕시코의 분리 독립을 막기 위해 노예주로 가입하게 하자고 주장했지만, 이는 실현되지 못했다.[89]

모든 곳에 폭력의 잠재력이 도사리고 있었다. 인디언 전담 직원 존 그라이너John Greiner가 보고한 바에 따르면, "미국인과 멕시코인 사이에는 **크고 깊은** 골이 있다. … 이곳의 대다수 미국인은 완전무장을 하고 산다."[90] 미국 지도자들은 이 지역 주민들이 기마 선주민 네이션과도 동맹을 맺었다는 사실을 알았다. 이렇듯 당시에는 인디언 네이션들이 "준주를 둘러싸고 있었다." 1851년, 찰스 보비언Charles Beaubien이 타오스에서 보내온 보고에 따르면, "멕시코인들이 유트인들을 움직여 우리를 없애려고 하는 중이다. … 봉기를 조직하려는 목적으로 다양한 구실 아래 비밀 회합이 열리고 있다. 봉기의 목적은 미국인을 몰살시키고 미국인의 재산을 강탈하는 것이다."[91] 준주 지도자들이 아윤타미엔토ayuntamiento 시정市政 당국 시스템과 같은 멕시코의 리더십 구조를 마을 외부와 대평원 너머 미국의 군(카운티)으로 통합하기 위해 노력했지만, 미국의 주권은 제한적이거나 분산되어 있었으며, 때로는 아예 존재하지도 않았다.[92]

## 대평원 북부에서 이루어진 조약 체결

1851년, 와이오밍 평원 지대에서 미국 관리들은 다른 형태의 통합을 시도했다. 연방정부의 오랜 인디언 정책은 선주민 네이션들과 평화롭게 지내면서 무역 관계를 확립하는 것이었다. 그러나 1851년에 포트래러미에서 조약이 체결되었을 때부터는 선주민 네이션들을 주정부 권력의 영역 안으로 통합하려는 시도가 나타났다. 이는 서부에서 가장 중대한 시도였다.

미국 관리들은 서부의 광대한 지역을 자신들의 관할권 아래에 두고자 했다. 그들은 외교를 통해 육로, 요새, 이주자를 위한 보호 시설을 건설하는 데 도움을 받고, 동시에 선주민 네이션에는 경계가 명확한 영토를 확보해줄 수 있기를 희망했다. 조약 협상은 인디언과 백인 지도자에게 외교적 기회가 되었다. 선주민 참석자 1만 2000여 명이 포트래러미로 왔다. 그들이 데려온 말은 약 5만 마리에 달했다.[93]

인디언 대표단은 멀리는 미주리강변의 만단–히다차Mandan-Hidatsa 마을들과 솔트레이크Salt Lake 북쪽의 쇼쇼니 진영에서 왔고, 대다수는 라코타, 샤이엔, 그로반트Gros Ventre, 아라파호, 크로Crow, 아리카

라Arikara, 어시니보인Assini-boine의 지도자였다.[94]

이 지도자들은 그해 1851년에 육로를 통해 캘리포니아나 오리건으로 이주한 사람들에 대한 이야기를 여기저기서 접했지만, 그중 다수는 그런 이주가 가져온 효과를 아직 온전히 보지 못한 상황이었다. 동쪽에 자리한 만단-히다차 마을들에서 온 포베어스Four Bears 수장, 레이번Raven 수장, 그레이프레리이글Gray Prairie Eagle 수장은 오랜 시간 대평원 무역과 전쟁을 경험한 이들이었다. 그러나 그해 이주자들이 불러온 변화로 인해 이 수장들은 "눈으로 보면서도 믿을 수 없는" 경험을 했다.[95] 이주자가 지나간 길마다 동물의 사체, 부서진 바퀴, 버려진 주전자 등 온갖 쓰레기가 어질러져 있었다. 게다가 이런 길의 폭이 수백 미터에 달하는 곳도 있었다. 수장들은 관리들에게 이렇게 물었다. 그토록 많은 사람이 이리로 왔으니, 그들이 떠난 땅은 이제 버려지고 비워졌는가?

그런 혼란에 질서를 가져오려는 목적의식이 선주민과 정부 관료들의 모임에서 공유되었다. 정부가 식량과 무기를 제공하겠다는 약속을 내걸자 멀리 떨어진 곳의 선주민 지역사회들까지 모여들었다. 그러나 관료들의 확신에 찬 말과 원대한 약속에도 불구하고 조약은 거의 모든 면에서 실패했다. 주민 5만 명이 거주하는 뉴멕시코와 대평원은 사정이 달랐고, 미국 지도자들은 완전히 다른 난제에 직면했다. 대평원은 여러 선주민 네이션의 관할 구역이었는데, 이 네이션들은 서로 경쟁 관계였다. 이곳 선주민들 모두가 미국의 영토 확장에 따른 생태적 변화에 힘겨워하는 상황이었다.

계절에 따라 이주자의 육로 이동 행렬이 이어졌지만, 회의의 주요 안건은 선주민 네이션들 사이의 관심사였다. 예를 들어 와샤키Washakie 수장이 이끄는 쇼쇼니 대표단이 도착하자 야영지는 거의 전쟁터가 될 뻔했다. 이전에 동부 쇼쇼니인과 분쟁을 겪은 이후 끓어오르던 라코타의 적대감이 이제 폭발할 위기에 달했던 것이다.[96]

미국 관리들은 전쟁이 안정과 상반된다는 사실을 익히 알았기에, 경쟁 세력들 사이에 명확한 경계를 설정해주고자 했다. 그들은 연금 지급에 대해 관대한 약속을 하기도 했는데, 연금은 선주민의 미국 정부에 대한 의존을 더 키울 수 있는 정책이었다. 그들은 또한 미국 시민이 대평원의 선주민 지역사회들을 상대로 저지르는 "약탈"이 증가함에 따라 이에 대한 구제책을 제시하기도 했다.[97] 모두가 알았듯이, 인디언에 대한 공격에는 폭력적인 공격만이 아니라 목초지 파괴, 목재 제거, 비옥한 토양의 소비, 대평원 지역 들소 무리의 남획도 포함되었다.

1851년의 조약은 대평원 북부 지역의 강력한 부족들을 하나의 협정으로 끌어들이려는 대담한 시도였다. 여러 면에서 이 조약은 향후 몇 년 안에 사라지는 미국 정책 수립의 한 단계를 대표한다. 뉴멕시코에서와 마찬가지로, 1848년 이후에 수립된 인디언 정책들은 폐기되기 일쑤였고 그것들이 거둔 성과는 미미했다. 연방정부가 설정한 부족들 간의 경계를 실제로 인정하기는 불가능했다. 많은 부족민이 이런 실패한 외교를 무시했으나 이를 망각하지는 않았다. 토지를 양도하고 거류구역을 만드는 절차를 확립하기 위해서는 한 세대에 걸쳐 여러 조약을 맺어야 했다.

초기에 서부에서 체결된 조약들은 부분적으로 실패했는데, 서부에 요새가 몇 개 되지 않은 데다 서로 멀리 떨어져 있었기 때문이다. 조약에서 언급한 연금 분배를 둘러싸고도 문제가 발생했다. 연방 관료가 특정 부족을 편애한다는 인식 때문에 많은 부족이 연방의 약속에 제대로 응하지 않았다. 이제 선주민은 생계를 위해 경쟁 집단과 충돌하는 인접 지역으로 이주할 수밖에 없었다. 들소 무리는 관할권을 몰랐고, 부족한 제철 목초를 찾는 굶주린 말 떼도 마찬가지였다. 게다가 5만 달러에 상당한 연금 분배를 약속했던 조약 조항이 연방 상원에서 거의 70퍼센트 삭감되었다. 1855년이 되면 몬태나의 여러 네이션에서 이 조약은 완전히 폐기되었다.

예를 들어 (초기에 연금을 지급했던 장소인) 옐로스톤Yellowstone의 모피 무역 기지들이 폐쇄된 후 크로의 지도자들은 이제 동쪽으로 멀리 떨어진 포트유니언Fort Union으로 이동하라는 권유를 받았다. 크로인들은 약속된 연금을 받으려면 적대적인 네이션인 샤이엔, 아라파호, 라코타 등이 거주하는 수백 킬로미터의 땅을 통과해야 했다.[98] 게다가 1840년대에 서부 산악 지대에서 모피 원료가 되는 동물이 거의 멸종하는 바람에 약탈을 제외하고는 미국 정부가 선주민에게 지급하는 연금이 무기, 탄약, 금속 제품을 지속적으로 충원할 수 있는 귀한 공급원이었다. 1851년이 되면 이런 무역품을 운반하는 산악인의 발길이 뜸해진다. 한마디로 1850년대는 유례없이 끔찍한 시기였다. 연방정부는 미국 백인 시민과 가축 무리가 선주민에게 야기한 어려움을 해결할 권한과 기구 모두 부족했다. 1859년에 가면 연방정부는 1851년의 조약에서 약속한 사항들을 이행하겠다는 시늉마저도 포기하기에 이른다.[99]

연방정부가 조약을 이행하지 않자 선주민 네이션들 내에서 불화가 터져나오고 파벌주의가 자라났다. 조약을 지키려고 노력한 부족 지도자들은 입지를 잃었다. 1856년 상인 에드윈 톰슨 데니그Edwin Thompson Denig의 보고에 따르면, 크로의 수장 빅로버Big Robber가 크로의 "다른 집단들에게 멸시당하고 있었다."[100]

훈크파파Húnkpapha 집단의 라코타 지도자 베어립스Bear Ribs(마토 투추후Mathó Thuchúhu)도 장인인 오오헤눈파Oóhenunpa 집단의 완블리오타Wanblíota 수장과 마찬가지로 조약을 따르려고 노력했다. 베어립스는 피에르장 드 스메Pierre-Jean de Smet 신부와 친분을 쌓았는데, 이 신부는 조약 회의에도 참석하고 1855년에 설립된 포트피에르Fort Pierre에서 선교 활동을 한 인물이었다. 베어립스는 결국 그 요새에 재정착해 농사를 짓기 시작했다. 그와 추종자들은 자신들의 지역사회 내에서 새로운 협회도 결성했다. 이렇게 결성된 스트롱하트 협회Society of Strong Hearts는 순응하는 생활을 장려했다. 라코타의 역사가이자 작가인 조세핀 왜거너Josephine Waggoner의 기록에 따르면, 베어립스와 그의 "우군들"은 다음과 같은 별명을 갖게 되었다.

"바보 병사들Fool Soldiers." … 우군들이 정부로부터 뭔가를 받으면, 그들은 그들 네이션의 적으로 간주되었고, 또 그렇게 취급받았다. 연금을 받는 우군들에 대한 적대감이 너무 커서, 물자를 싣고 [미주리]강을 거슬러 올라오는 배들이 기습을 받고 총에 맞아 침몰하곤 했다. 그래서 우군들은 정부로부터 물자를 받을 수 없었다.[101]

1850년대 정착민이 쇄도하던 시기 내내 이런 파벌주의가 선주민 사회에 만연하자 주변의 생태 위기는 더 커졌다. 많은 선주민 지역사회가 백인 이주자의 이동과 자원을 둘러싼 경쟁이 가져온 파괴에 직면하면서 분열되었다. 이처럼 내전으로 분열된 미국의 비효율적인 정책과 실패한 공약 탓에 평화와 외교는 더 어려워졌다.

## 오클라호마 인디언과 연방 탈퇴 위기

1861년 1월, 링컨은 "우리가 항복한다면 그것은 우리와 정부의 종말이다"라고 썼다. 1861년에는 다달이, 특히 7월에 전쟁이 시작된 후로 국가적 위기가 더 깊어갔다. 링컨의 "우리와 정부"에 대한 비전에는 선주민이나 아프리카계 미국인, 에스파냐어를 사용하는 국경 지대 마을들의 주민은 물론 포함되지 않았다. 연방은 여전히 백인공화국이었으며, 거의 200만 명이 링컨을 대통령으로 선출했다.[102]

링컨이 취임할 무렵 연방의회는 지역 대립의 위기를 해결하기 위한 수백 건의 제안을 접수했다. 켄터키주 상원의원 존 크리텐던John Crittenden이 제안한 여섯 개 헌법추가조항 중 하나는 북부와 남부를 영구히 나누는 경계를 서부에 설정하자는 것이었다. 이 타협안에서는 뉴멕시코를 포함한 당시의 모든 미국 영토뿐만 아니라 "추후에 획득될" 모든 영토에서도 노예제를 시행하도록 했다. 링컨이 우려했던 대로, 여기에는 쿠바와 여타 카리브 제도 섬들에 대한 구상도 포함되었다.[103]

연방을 유지하기 위해 나온 다양한 광적인 제안은 미국의 다양한 광적인 인디언 정책과 상통했다. 이러한 두 방향의 노력 모두 분산적이고 모순적이며 집중력 없는 연방 권력의 실상을 드러내고 감당하기 힘든 문제들을 노정했다. 중앙정부는 권한을 집행할 힘이 충분하지 않았다. 남부를 달래기 위해 연방 하원의 일부 의원들은 대통령직을 의원들로 구성된 행정위원회로 완전히 대체하자는 제안까지 내놓았다.[104] 연방을 유지하기 위한 온갖 가능성이 타진되는 듯했다. 결국 전쟁을 통해 연방을 보존했고, 연방정부의 권력을 확장했다. 대통령직은 폐지되기는커녕 어느 때보다 많은 권한을 갖게 되었다. 여기에는 행정명령을 통해 노예제가 위헌임을 선언할 수 있는 권력도 포함되었다.[105]

선주민 네이션들은 전쟁 전에도 고통을 겪었지만 이제 연방의 붕괴를 목전에 두게 되었다. 뉴멕시코의 포트유니언에 있던 인디언 상인들은 군 간부들이 남부연합에 합류하기 위해 떠나는 모습을 목격했다. 선주민들은 때로 열띤 토론을 우연히 듣기도 했다. 한 병사의 보고에 따르면, "여기서는 연방에서 탈퇴하는 것 말고는 아무 얘기도 나오지 않았다." "모든 장교가 연방 탈퇴에 찬성하는 것 같았다."[106] (서부에 주둔하고 있던) 연방군의 골격이 되는 군대는 주로 남부 출신의 장교로 채워져 있었다. 그중 한 명인 뉴멕시코의 헨리 홉킨스 시블리는 남부연합 대통령 제퍼슨 데이비스Jefferson Davis와의 친분을 자랑했다.

남부연합이 미 연방에서 탈퇴하자 시블리는 리치먼드Richmond로 달려가 데이비스에게 뉴멕시코를 침공해야 한다고 조언했다. 데이비스는 그를 준장이자 "뉴멕시코 육군 사령관"으로 임명했다. 결국 1862년에 3500명의 군사를 소집한 시블리는 곧 텍사스에서 북쪽으로 진군해 샌타페이와 콜로라도의 금광을 점령했고, 뉴멕시코 글로리에타 고개Glorieta Pass에서 연방군을 맞닥뜨렸다. 이 지역이 남부연합군의 침공을 받게 된 것이다.[107] 링컨의 취임식을 기다리던 시기, 데이비스는 전쟁이 불가피하다는 점을 분명히 했다. 그는 몽고메리Montgomery의 청중에게 북부인이 곧 "남부연합 군대의 화약 냄새를 맡고 무기의 맛을 보게 될 것"이라고 말했다.[108] 데이비스에게 서부는 남부연합의 금고를 채울 잠재적 금이 있는 곳이었고, (남부에서 생산된) 면화를 운반할 철도가 놓일 공간이었다.

1853년에 전쟁부 장관으로 복무한 경험이 있던 데이비스는 어느 남부연합 지도자 못지않게 서부를 잘 알았다. 그는 미국 지형 기술자들이 수행한 태평양철도Pacific Railroad의 측량을 감독했고, 같은 해에 '개즈던Gadsden 매입 조약'이 체결된 뒤 애리조나의 길라밸리Gila Valley를 인수하는 후속 조치를 추진한 경험이 있었다.[109] 그는 남부의 식민주의를 통해 (북부가 지향했던) "자유로운 노동력"의 확대가 아닌,

〔남부의 주력 산업인〕 면화 산업의 수출을 촉진한다는 구상을 했다. 남부연합이 연방에서 탈퇴하자 그는 그 전망을 실현하기 위한 작업을 했다. 그는 남부연합이 획득한 서부 지역을 영토로 확보한다면 향후에 그 지역에 철도를 놓을 수 있고, 이를 통해 연방정부의 봉쇄를 우회할 수 있다고 전망했다. 그는 오리건과 캘리포니아 전역에서 지역정부, 지역의회 의원직, 연방 관공서의 여러 관직을 남부 민주당 지지자들이 장악했다는 사실도 잘 알았다. 1860년 대선 때 오리건과 캘리포니아에서 링컨을 지지한 사람은 소수였다. 캘리포니아의 53개 신문사 중 링컨을 지지한 신문사는 7개에 불과했다.[110] 태평양 연안은 거의 25만 명에 달하는 남부인의 근거지이기도 했다. 데이비스는 이 지역이 남부연합 제국에 합류하기를 희망했다.[111]

남부연합의 야망은 여러 선주민 부족을 곤경에 빠뜨렸다. 이런 난제는 남부 또는 남부 접경 지역, 특히 "인디언영토Indian Territory"에서 가장 두드러지게 나타났다. 연방정부는 북아메리카 동부에서 쫓겨난 부족들을 위해 영토를 구상한 바 있다. 주로 "문명화된 다섯 부족"의 구성원을 위한 영토였다. 이 선주민들은 남동부에서 소유했던 땅을 오클라호마Oklahoma의 땅과 교환하는 이주 조약에 서명했던 이들이다. 연방의회는 1819년에 아칸소 준주의 서쪽 경계를 설정했고, 1824년에는 남부 선주민 부족들의 재정착을 위한 영토를 확보했다. 이 선주민 부족 중 다수는 오랫동안 아프리카계 미국인 노예제를 이용해왔다.[112] 위기, 즉 북부와 남부 사이의 대립이 심화되자 많은 부족이 연방으로부터의 탈퇴를 주장하는 정치에 연루되었다. 그들은

남부연합이 선주민의 주권을 더 잘 보장할 수 있다고 믿었다.[113]

서쪽으로는 텍사스, 동쪽으로는 아칸소 사이에 위치한 촉토와 치커소는 남부연합 주들 사이에 자리한 셈이었다. 이곳의 선주민 부족들은 앤드루 잭슨 대통령의 추방 정책에 맞서 싸우고 남부에 계속 남아 있기 위해 자신들의 통치 구조를 조정했지만, 이러한 노력은 성공하지 못했다. 〔본거지인 동부에서 쫓겨나 연방정부가 설정한 영토에 재정착한〕 선주민 부족들은 인디언영토에서 차츰 안정적으로 경제를 발전시켰다. 곡물과 면화를 생산해 레드강Red River을 거쳐 루이지애나까지 보냈고, 그 지역의 연방군 요새에 물자를 공급하기도 했다. 한 세대가 넘는 기간 동안 선주민은 농업, 목장, 플랜테이션에서 일하며 살았다. 노예 제도와 면화 생산은 매우 보편적이었다. 치커소인들은 자신들의 군County 중에 면화 플랜테이션이 가장 많은 곳의 이름을 '파놀라Panola'라고 했는데, 이는 '실'을 뜻하는 치커소어와 '면화'를 뜻하는 촉토어의 합성어다.[114]

남부연합이 연방에서 탈퇴한 이후, 부족 지도자들은 중립이 불가능하다는 사실을 알게 되었다. 북아메리카 전역에서 온 약 10만 명의 선주민이 살고 있던 인디언영토는 이제 남부연합에 속했고, 남부연합 민족주의가 인디언영토로 밀려들었다. 인디언에게는 자신들을 본거지에서 쫓아낸 연방정부에 반기를 들 만한 동기가 충분했다.

1861년 1월 5일, 치커소 입법 지도자들은 "일정한 협약을 맺을 목적"으로 촉토, 크리크, 체로키, 세미놀 지도자를 초청했다. 그 협약은 "미국의 법률과 조약에 어긋나지 않는 것이고, 미국에 변화가 생길 경우에도 미래의 안보를 보장받고, 해당 네이션들의 권리와 그 시민들을 보호하기 위한 것이었다."[115] 2월 말 즈음엔 중립을 유지하려던 노력이 사그라들었다. 촉토 총회Choctaw's General Council는 "우리 이웃과 남부 지역 주들의 형제와 운명"을 함께하겠다는 결의안을 통과시키고 남부연합 주지사들에게 자신들의 행동을 알리는 사본을 보냈다.[116]

미 연방을 떠나는 문제를 놓고 각 부족은 저마다 다른 결정을 내렸다. 경제적으로 성공한 노예 소유주와 소규모 농사를 짓는 농부 사이에서 분열이 생겼고, 많은 부족이 이 문제로 고통을 겪었다. 게다가 많은 지역사회가 북부에서 온 선교 단체들과 관계를 맺고 있었기 때문에 종교적 긴장이 불거지기도 했다.[117]

남부연합은 선주민들의 충성심을 확보하고 분열을 줄이기 위해 움직였다. 즉 자체적으로 인디언사무국Bureau of Indian Affairs을 설립하고, 인디언사무위원회Commission of Indian Affairs를 구성했으며, 서부의 선주민 부족들을 담당하는 특임 직원으로 앨버트 파이크Albert Pike를 임명했다. 1861년 말까지 열두 건 이상의 조약이 체결되었다. "문명화된 다섯 부족" 모두와 인디언영토에서 거주하던 오세이지, 쇼니, 세네카, 콰포Quapaw 모두가 남부연합 국가의 지배하에 남기로 합의했다. 게다가 치명적이게도, "스스로 현 전쟁〔미국내전〕의 당사자가 되겠다"라는 합의를 했다.[118]

그러나 남부연합이 필요로 했던 것은 충성심만이 아니었다. 남부연합은 신병이 필요했고, 인디언영토는 독립 군사 단위가 되었다. 뉴멕시코의 시블리처럼 파이크도 준장이 되었고, 수천 명의 인디언 자원병이 남부연합군에 입대했다. 체로키 기마 소총 연대와 연방 탈퇴를 주장했던 체로키인 스탠드 워티Stand Watie 휘하의 군대도 여기에 포함되었다. 1864년 워티 역시 준장이 되었다. 전쟁이 끝날 무렵 워티는 마지막으로 항복한 남부연합군 장군이 된다.[119]

파이크가 데이비스에게 보낸 편지에 썼듯이, 인디언영토에서의 전쟁은 인디언을 위해 싸운 전쟁이 절대 아니었다. 노예 제도의 유지와 남부연합의 확장을 위해 싸운 전쟁이었다. 파이크는 이렇게 썼다. "내 생각에 북아메리카 대륙에서 가장 좋은 지역인 이 지역은 백인의 정착에 개방되어 있습니다. 하나의 주를 이룬 이 지역을 확보하는 데 가장 관심 있는 이들은 그들이 아닌 우리입니다. 우리가 그 땅에 몇천 배 더 관심이 많습니다."[120] 파이크와 데이비스에게 인디언영토의 역사는 남부연합이 서부로 확장해가기 위한 준비 과정이었다. 선주민들이 본거지에서 쫓겨난 이후 오랜 세월 고생하며 이 지역을 남부 경제로 편입시킨 과정이 노예 제국 확장의 시작이었다고 본 것이다. 그러나 백인 남성이 지배하는 이 노예 제국이 인디언의 주권을 허용할지는 불분명했다. 게다가 이 노예 제국 자체도 불안정했다.

또다른 많은 선주민 부족 지도자는 연방 탈퇴가 어려운 문제라는 것을 인식했고, 연방군에 지원을 호소했다. 1862년 1월, 링컨은 인디언영토의 침공을 명령했다. 이곳에서 전쟁은 내전 속 또 하나의 내전이 되어갔다. 변경 지대에 있던 여러 주와 마찬가지로 이 지역에서도 불화가 만연했다. 수천 명의 부족 구성원이 부족 지도자의 연방 탈퇴 결정에 동의하지 않았다. 가령 1861년 말에 크리크 네이션 내에서 긴장이 고조되다가 전쟁으로 번지자, 파이크는 질서를 회복하기 위해 촉토인과 치커소인으로 구성된 기마 소총 제1연대를 파견했다.[121]

남부연합의 침공 이후에도 연방 충성파는 사라지지 않았고, 선주민들의 정치에 계속 정보를 제공했다. '눈물의 트레일Trail of Tears'에서 수천 명이 목숨을 잃었는데도 체로키 수장 존 로스John Ross는 미국과 체로키 사이의 조약을 유지하기 위해 최선을 다할 것이며, 체로키의 주권을 지키겠다고 선언했다. 그러나 오클라호마에서 살던 부족들이 남부연합에 가입한 뒤로 이런 조약들은 더는 유지되지 않았다. 선주민 부족들의 연방 탈퇴로 한 세기 동안 이어온 미국과의 외교와 양자주의는 위태로워졌다.

존 로스는 수십 년 동안 체로키의 주권을 확립하고 확장하기 위해 노력했다. 본거지에서 쫓겨나고 1년 후인 1839년에는 체로키 헌법을 수정하는 작업을 감독했다. 그를 비롯한 새 네이션 위원회National Council는 탈러콰Tahlequah에 자리한 체로키 네이션의 수도에서 일하면서 처음 12년 동안 200개 법률을 통과시켰고, "공립 학교 체제, 대법원을 포함한 네이션 법원 체제, 남녀 고등 교육 기관, 체로키의 네이션 언론"을 관리했다.[122] 또한 법률을 통해 공동체 내에서 권력을 위임받은 대의 제도를 구성하고 네이션이 지속적으로 자치를 유지할 것임을 선언했다. 예를 들어 1842년 12월에 제정된 법률을 통해 기금을 만들어 "체로키 네이션의 법률을 체로키어로 번역"하고, "법률 사본 500부를 … 전국 여러 행정구에 배포"하고자 했다.[123]

연방 탈퇴 이전에도 부족정부를 재건하는 일은 지난했다. 그런데 전쟁으로 부족 공동체 내에 존재하던 사회적 분열이 고착되면서 부족정부의 상황은 더 어려워졌다. 오클라호마에서 전개된 내전 군사 활동에서는 독특하게도 인디언 전투원이 모든 방면에 참여했다.

여러 네이션에서 그랬듯이 체로키도 노예제를 도입했다. 로스를 비롯한 혼혈 지도자들은 본거지에서 쫓겨나는 과정에서 농장과 고향을 잃은 후, 인디언영토에 플랜테이션을 건설했다. 이웃 네이션인 치커소나 촉토와 마찬가지로 체로키인도 노예를 인디언영토로 데려왔고, 새로운 체로키 헌법을 통해 인종을 기반으로 한 보호책을 마련했다. 체로키 헌법 제3조는 다음과 같이 규정했다.

25세에 도달한 체로키 남성 자유 시민이 아닌 사람은 내셔널 위원회의 의석에 앉을 자격이 없다. 아프리카 인종을 제외한 모든 자유인 여성과 체로키 남성의 후손이 … 이 네이션의 모든 권리와 특권을 누릴 자격이 있으며, 모든 자유인 남성과 체로키 여성의 후손도 … 이 네이션의 모든 권리와 특권을 누릴 자격이 있다. 부모 중 어느 한쪽이 흑인 또는 혼혈인인 사람은 체로키 정부에서 봉급, 명예 또는 신임을 받는 공직을 맡을 자격이 없다.[124]

아칸소와 미주리 서쪽의 인디언영토 한구석에 안착한 체로키 네이션은 노예 제도를 강화했다. "문명화된 다섯 부족"의 다른 구성원들과 마찬가지로 체로키인 역시 생존과 번영을 위해 노예제를 채택했던 것이다. 내전 중에 승리를 거두자, 특히 남부연합이 초기 전투에서 승리하자 많은 체로키인이 네이션의 미래를 위해 싸웠다. 1861년 7월, 불런Bull Run 전투 직후에는 많은 사람이 미 연방은 운명을 다했다고 확신했다.

남부연합 충성파에게 둘러싸여 있던 로스는 북쪽 캔자스로 도주했다. 1862년 체로키 난민들은 눈길을 뚫고 연방군의 초소로 모여들었다. 그들이 처한 상황은 너무나 심각해서 인디언사무 담당 국장 윌리엄 돌은 위기 대응을 위해 워싱턴을 떠났다. 그는 곧 충격적인 궁핍의 현장을 마주하게 되었다. 한 외과 의사의 설명에 따르면, "그들의 상태를 … 묘사하는 것이 나로서는 불가능하다. 그들이 누워 있는 눈 쌓인 길바닥에서 그들을 보호해주는 것은 풀과 바람에 날려온 찢긴 조각들과 누더기뿐이다. … 인디언 부서의 관리들이 그들을 보고도 왜 무슨 일이라도 하지 않는지, 나는 이해할 수 없다."[125] 돌은 난민 수를 6000명으로 추산하고 그들이 "헐벗고 굶주린 상태"라고 보고했다.[126] 그는 연방의회에 예산 지원을 호소했으나 난민들의 처지는 연방의 승리에 달렸음을 잘 알았다.

연방군이 인디언영토를 탈환하는 데는 2년이 걸렸다. 가장 결정적인 승리는 1862년 3월 아칸소-미주리의 경계 인근인 피리지Pea Ridge에서 일어났다. 연방군은 남부연합군과 인디언군이 합동으로 구성한 부대를 격퇴했고, 연방 충성파는 미주리에서 자신들을 내쫓으려는 남부연합군의 시도를 저지했다. 피리지는 1862년 연방군이 승리를 거둔 소수의 전투지 중 하나다.[127] 그후로도 계속된 군사 행동으로 대학살이 벌어졌고, 부족 지도부도 변화를 맞았다. 로스가 [체로키 네이션을 벗어나 연방군이 있는 곳으로] 망명하자, 워티가 최고 수장을 자처했다. 그리고 16세 이상 35세 미만의 모든 체로키 소년과 남성에게 군 복무를 의무화하는 징병법을 통과시켰다. 한 연방군 장교의 기록에 따르면, 워티는 자신에게 반항하는 사람들을 "위협" 했고, "살인"을 저지르고도 아무런 처벌을 받지 않는 "여러 비적단"을 이끌고 다니기도 했다.[128] 로스와 마찬가지로 워티는 체로키 주권을 확장하고자 했다. 다만 그는 남부연합과 제휴한 상태에서 그렇게 했다.

캔자스로 건너간 체로키 난민들은 고향으로 돌아가 전쟁을 벌이기 전에 연방군에 합류했다. 그러나 1864년 5월까지 이 지역의 비전투원을 위한 연방 지원금은 내려오지 않았고, 이들은 식량과 거처를 구하기 위해 계속 고군분투했다.[129] 로스는 동부로 가서 자금 지원을 위한 로비 활동을 벌였고, 연방과 충실한 관계를 유지하기 위해 노력했다. 그는 남부연합과 맺은 조약으로 인해 "체로키인 개인이나 체로키 네이션 차원에서 불이익을 받는 일은 없을 것"이라는 확약을 링컨에게서 받았다.[130] 다른 많은 약속과 마찬가지로 이 약속 역시 내전이 끝나면서 증발했다. 일련의 징벌적 재건 조약을 통해 이 지역 부족들의 관할권은 축소되었고, 부족정부의 권력을 허물어뜨리는 백인 사회로의 동화 조치가 시행되었다.[131] 다음 장에서 살펴보겠지만, 내전 이후 연방 인디언 정책에서 새로운 시대가 왔다. 연방의회는 새로운 위헌적 방식으로 인디언 문제에 대한 연방의 권한을 확대해갔다. 그 결과 인디언영토로 백인 정착민이 쇄도했고, 그들이 토지를 탈취해가면서 인디언의 영향력은 급격히 약해지기 시작했다.

## 서부 광산업과 경제 호황

내전에서 큰 변화 중 대부분은 전투 현장에서 발생했다. 여기에는 19세기의 독특한 정착민 식민주의 유형인 광산업도 포함된다.[132] 광산업자는 거리낌없이 땅과 자원, 선주민의 삶을 빼앗아갔다. 이런 강탈 과정이 국가의 전시 활동에 그늘을 드리웠다. 실제로 서부 광산업은 미국 선주민을 개조한 생태학적 변화의 급류를 일으키기 시작했고, 총력전을 위한 연방의 동원 노력을 뒷받침했다.

1860년 당시 유럽계 미국인 정착촌들은 대평원이나 산간 서부를 정복하지 못한 상태였다. 그런데 내전 시기에 전이가 일어났다. 새로 영토를 통합할 때 "노예"주와 "자유"주의 균형을 의무화했던 내전 이전의 타협에 구애받지 않게 되자 연방정부는 3년도 채 안 되어 서부에서 다섯 개 준주를 연방에 가입시켰다. 1861년대에 콜로라도와 네바다가, 1863년에 아이다호와 애리조나가, 1864년에 몬태나가 미 연방에 각각 준주로 가입했다. 네바다는 1864년에 주가 되었다. 연방정부는 이 통합을 촉진하고 장려했으며, 여기서 이익을 얻었다.

이 준주들의 인구는 백인 남성 이주자가 압도적으로 많았다. 광산은 수만 명의 광부와 막대한 자본을 끌어들였다. 일반적인 생각과 달리 이런 투자가 채굴된 광물의 양을 능가했다. 동쪽에서 서쪽으로 이동한 사람, 물자, 광물 자원의 양이 서쪽에서 동쪽으로 되돌아간 규모보다 더 컸다는 뜻이다.[133]

화물 회사들은 정착촌에 마차, 탈것을 끄는 동물과 보급품을 공급했다. 노새가 끄는 짐차 행렬이 오르막길을 따라 물품을 운반했고, 수력을 이용한 채굴 작업은 산의 퇴적물을 침식시켰다. 은광이 콜로라도로 확장될 무렵, 애스펀Aspen 같은 소도시town로 일주일에 1000톤의 물자가 공급되었다. 이 모든 것을 노새 행렬이 운반했는데, 그중에는 피아노 같은 사치품도 있었다. 사람들은 동물과 물자를 산으로 계속 가져갔고, 산악 지대의 광산에서는 수력과 중력을 이용한 인위적인 침식이 계속 이어졌다.[134]

광산에서의 생활과 노동은 19세기 백인 남성이 했던 여타의 경제 활동과 크게 달랐다. 농장이나 도시에서는 가내노동자과 가사노동자의 성비가 비교적 비슷하게 유지되었다. 그러나 광산 지역사회는 그와는 딴판이었다. 이곳은 이동하는 남성 "집단crew"으로 구성되었고, 토지와 자원, 선주민을 착취의 대상으로 삼았다.[135]

이런 집단들이 서부를 재건하는 정착민 혁명의 주류가 되었다. 광산에서 그리고 공급망 전반에서, 비슷한 배경을 가진 노동자들이 일시적으로 진행되던 채굴 산업에 종사했다. 콜로라도로 가기 위해 서부로 향했던 거의 모든 노동자가 영국계이거나 게르만계였다.[136]

동양에서 유입된 새로운 노동 계급도 준주 지역의 개발에 한몫했다. 이들은 또한 다른 인종의 이동을 제한하기도 했다. 다음 장에서 자세히 설명하겠지만, 남성이 압도적 다수였던 이 지역사회가 내전 이후 성별과 인종에 따라 권한에 차등을 두는 법적 체제의 토대를 놓았다. 이는 백인의 재산을 보호해 백인 우월주의를 유지하기 위한 체제였다.[137]

캘리포니아에서도 초기에는 다양한 "집단"으로 시작했지만, 나중에는 유럽계 미국인이 노동자 가운데 가장 큰 비중을 차지했다. 그러나 곧 금광 지대는 다인종 구성으로 재편되었다. 아시아계 노동자와 멕시코인 지주, 그리고 앞서 살펴본 것처럼 선주민이 고통을 겪었다. 다인종으로의 재편은 광물 가치의 변동으로 경제가 불안정해진 점이 가장 큰 원인이었다. 1854~1856년, 샌프란시스코의 기업 약 500개가 파산했다. 20년 후인 1873년 공황 시기에는 3000개 회사가 문을 닫았다. 이런 불황으로 많은 사람이 실업자가 되었다. 1873년 샌프란시스코에서는 1만 5000명이 일자리를 잃었다. 이런 불안한 상황은 인종적 적대감을 부추기고 인종 폭력과 이주 제한을 촉발했다. 샌프란시스코에서 반反중국계 폭동이 일어나자 1882년 연방의회는 '중국인 배제법Chinese Exclusion Act'을 통과시켰다. 이를 통해 전국적으로 인종적 성격을 띤 이민 제한법들이 강화되었다. 이렇듯 광산에서 비롯된 인구와 경제에서의 변화가 미국의 정치를 주도해 갔다.[138]

생태 측면에서 보면, 서부 전역에 광산이 생겨나면서 물과 목재

등의 천연자원이 역사에서 유례를 찾기 힘들 정도로 탐욕스럽게 소비되었다. 캘리포니아에서는 광산 산업을 통해 14억 달러 이상의 광석이 채굴되었으며, 그중 약 3분의 1이 1860년 이전에 채굴되었다.[139] 광산은 지역 선주민의 생태계를 압도했다. 1863년, 윌리엄 돌은 유타, 네바다, 아이다호에 대해 다음과 같이 언급했다. "이 준주들에서 사냥감이 부족해지고 우리[백인]의 정착촌이 이 준주들의 영토에서 가장 비옥한 땅을 점령하면서 인디언은 극심한 빈곤을 겪었다. … 인디언이 생존을 위해 필수품을 얻으려면 그야말로 약탈에 의지할 수밖에 없다."[140]

광산은 미국 경제에 막대한 기여를 했다. 1859년에 개발이 시작된 네바다의 컴스톡 광맥Comstock Lode에서는 20년 동안 2억 9200만 달러에 달하는 광물을 생산했는데, 1864년에만 3000만 달러에 달하는 양을 생산했다.[141] 제임스 칼턴James Carleton 장군의 말에 따르면, 애리조나의 광산들은 "풍부함, 숫자, 규모 면에서 세계 어느 곳과도 비교할 수 없는 수준"이었다.[142] 실제로 서부 대부분의 지역에서는 한 번이 아니라 여러 차례 금광이 발견되었다. 콜로라도, 몬태나, 그리고 뒤늦게 합류한 와이오밍에서는 금광이 마흔 군데나 발견되었다.[143] 대륙 전역에서 백인이 서부로 몰려들면서 은행, 신문사, 우체국, 술집, 호텔, 카지노 등 서비스업이 뒤따랐다.

광산업의 범람으로 한 세대의 젊은이들은 큰 부를 얻을 수 있었다. 그중에는 내전 중에 서부로 간, 미국에서 가장 유명한 작가도 있다. 1910년, 새뮤얼 클레멘스Samuel Clemens는 미주리를 떠나 네바다로 간 것이 "내 인생의 전환점"이었다고 회고했다. 이는 "나의 형[오리온Orion]이 새로 생긴 네바다 준주의 장관secretary으로 임명된" 이후에 벌어진 "상황"에 따라 결정된 일이었다.[144]

클레멘스 형제는 서부로 이주해 징집을 피했다. 그들은 1861년 여름에 남부와 북부로 분단된 경계 지역이던 미주리주를 떠나, 역마차를 타고 북아메리카 대륙을 횡단했다. 그들은 시에라산맥의 동쪽 경사면에 도착했는데, 그곳에서 형 오리온은 네바다를 준주에서 주로 승격시키기 위해 일했다. 동생 새뮤얼은 최선을 다해 형의 일을 도왔다. 카슨시티Carson City에서 열린 회의에서 준주의 지도자들이 주정부 수립을 위한 잠재적 조건을 두고 토론할 때 새뮤얼은 현지 선주민인 파이유트 노동자들과 함께 목재를 나르기도 했다. 그러나 그의 미래는 정치나 광업에 있지 않았다. 새뮤얼은 자서전에서 이렇게 썼다. "나는 중노동을 견딜 수 없었다. 나는 손잡이가 긴 삽을 … 휘두르는 방법을 끝내 익히지 못했다."[145]

새뮤얼의 미래는 그가 일찍이 몸담았던 인쇄업에 있었다. 그는 컴스톡 광맥의 본거지인 버지니아시티로 이주한 뒤, 테리토리얼 엔터프라이즈Territorial Enterprise라는 신문사에서 일했다. 여기서 새뮤얼 클레멘스는 마크 트웨인Mark Twain이라는 필명을 사용했는데, 이는 광산 지역에서 그가 스스로 만들어낸 정체성이다. 그는 남은 전쟁 기간을 네바다와 캘리포니아 광산에서 보내면서 재기발랄한 서민의 일상어를 이용한 문체를 발전시켰고, 이를 바탕으로 재건 시기에 잘나가는 작가로 직업 생활을 시작할 수 있었다.[146]

트웨인은 "상황"이 자기 운명을 결정했다고 생각했지만, 그의 성인기를 더 분명하게 결정해준 것은 정치였다. 체로키처럼, 트웨인의 고향은 연방으로부터의 탈퇴 위기로 분열되었다. 전쟁으로 그의 당시 생계 수단이었던, 강에서 운항하던 선박의 조타수 일이 엉망이 되어버렸다. 그의 기록에 따르면 갑자기 "선박이 운항을 중단했다." 게다가 그는 조타수로 일한 경험 때문에 연방군 해군에 징병될 수 있다는 것을 알고 있었다.[147] 아니면 육군에 징집될 수도 있었다.

《허클베리 핀Huckleberry Finn》(1883)에 서술된 것처럼, 트웨인도 "육로로 마차를 타고 그 지역을 떠났지만," 소설 주인공 허크와 달리 트웨인은 형이 준주의 장관으로 임명된 후에야 길을 떠났다.[148] 이런 후원자 임명〔링컨이 오랜 지인인 오리온 클레멘스를 네바다 준주의 장관으로 임명한 일을 말함〕이 가능했던 것은 네바다에서 광산업의 대호황으로 서부 영토의 미 연방 영입이 급물살을 탄 덕분이었다. 북아메리카 대륙 전역의 다른 수백만 명과 마찬가지로, 내전의 발발로 클레멘스 가족의 인생 방향은 바뀌었다. 전쟁이 그들을 광산 지대 지역사회로 이끌었다. 트웨인의 편력 미학의 밑바탕이 된 것은 그곳에서 표류하던 노동자 집단이었다.

서부의 광산들은 내전에서 연방이 승리를 거두는 데에도 도움이 되었다. 당시 전쟁 비용은 하루에 100만여 달러로 증가 추세였다. 세금과 관세가 국가 재정 소득의 대부분을 차지하던 상황에서 광산에 매장된 자원이 "(연방정부가 인가한)중앙 은행national bank이 발행하는 지폐"를 뒷받침했다. 당시는 나라의 통화通貨를 중앙 은행 시스템에서 관리하던 체제였다.[149] 연방의회는 전쟁 비용 때문에 경제적 차원에서 생산량과 범위를 확대해야 했다. 서부에서 새로운 시장들이 생기자 더 많은 수익이 창출되었고, 1862년 연방의회는 경제의 서부 확장을 지원하기 위해 빠르게 움직여 여러 가지 법을 통과시켰다. 그 결과 '홈스테드 법', '모릴 법', '태평양철도법'이 제정되었다.

서부의 농업 생산성도 전쟁 수행에 큰 도움이 되었다. 오리건에서 네브래스카에 이르는 서부 지역의 농장들이 연방군을 먹여 살렸을 뿐만 아니라, 흉작으로 어려움을 겪던 유럽 국가들로 수출까지 했다.[150] 전시에서 이룬 번영이 불균등하게 분배된 결과 산업가, 금융가, 지주로 구성된 사회 계층이 형성되었고, 이들이 곧 미국 최초로 백만장자 등급에 올랐다. 이들은 미국인의 생활에서 새로운 시대를 여는 데 일조했다. 이런 정황은 트웨인이 1873년에 발표한 풍자소설 《도금 시대The Gilded Age》에 잘 묘사되어 있다.


## 캘리포니아 밖으로 나간 캘리포니아 자원병: 오언스 계곡에서 베어강까지


연방군은 대부분 중서부 여러 주에서 온 "북서부 사람들"로 구성되었는데, 이들과 달리 서부에서 온 자원병들은 실제로 전투에서 남부 연합군 깃발을 거의 보지 못했다. 제복을 입은 군인이 접근해 오는 것도 거의 보지 못했다.[151] 이 자원병들은 결국 이주자와 우편이 오가는 경로를 따라 늘어선 서부 요새에 주둔했다. 이들이 주로 표적으로 삼은 대상은 인디언이었고, 연방군은 자원병의 이 같은 습격과 이동을 막고 단속하고자 했다.

1861년, 캘리포니아 전역에 배치된 캘리포니아 부대는 캘리포니아가 아닌 다른 서부 지역에서도 연방군의 작전에 복무했다. 연방정부는 수천 명의 캘리포니아 병사를 다른 지역으로 돌리면서 캘리포니아의 인디언 문제와 관련한 예산을 60퍼센트를 삭감했다.[152] 캘리포니아에 정착했던 인구 흐름이 이제는 시에라산맥을 건너 동쪽으로 다시 퍼져나갔고, 이에 따라 수천 명의 선주민이 그 격동의 물결에 휩쓸렸다.

1862년 4월, 캘리포니아의 연방군은 시에라산맥 동쪽으로 확장해갔다. 그들은 선주민 파이유트 네이션의 영토를 침공했는데, 이는 1861~1862년에 발생한 "최초의" 오언스 계곡 전쟁Owens Valley War으로 알려진다.[153] 연방군의 군사 작전이 계곡 곳곳에 자리한 파이유트 마을들과 인근 산악 요새를 목표로 1년에 걸쳐 펼쳐졌고, 그중에는 1862년 4월 9일 조지 에번스George Evans 중령이 이끄는 공격도 포함되었다. 이 군사 작전이 목표로 삼은 것은 500~700명의 파이유트 전사가 포진한 방어 요새들이었다. 당시 파이유트 병사는 무기를 제대로 갖추지 못한 상황이었다.[154]

네바다의 인디언사무 담당 공무원 워런 워슨Warren Wasson은 휴전을 중재하고자 했다. 그가 준주 지사 제임스 나이James Nye에게 보고한 바에 따르면, 캘리포니아 군대가 원하는 것은 "오직 그들을 몰살하는 것뿐이었다."[155] 평화는 일시적이었고, 군사 작전은 1863년까지 지속되었다. 기록에 따르면, 한 해 동안 파이유트인 330여 명이 사망했다.[156] 마침내 1863년 7월 11일, 남은 생존자 850명이 남쪽으로 행군해 샌와킨 계곡을 건너 포트테혼Fort Tejón으로 향했다. 이곳은 연방정부의 관할하에 있던, 캘리포니아 남부 내륙의 유일한 인디언 거류구역이었다.[157]

오언스 계곡 전쟁에서의 폭력은 허가를 받고 진행되었던 만큼 무차별적으로 자행되었다. 이는 이 지역의 다른 군사 작전들과 유사했다. 모세 매클로플린Moses McLaughlin 대위는 시에라네바다산맥 서쪽 지역에서 온 투바툴라발Tubatulabal의 지도자이면서 매클로플린의 "안내자이자 통역사"였던 호세 (치코) 파체코José (Chico) Pacheco에게 다음과 같이 요구했다.[158] 매클로플린은 파체코에게 "전쟁에 연루되었던 사람들"의 신원을 밝히라고 했고, 일단 34명의 신원이 확인되었다. 파체코의 보고에 따르면, "그들 모두가 즉시 수용소 밖으로 끌려 나와 군인에게 총살당하고 칼에 찔렸다."[159]

캘리포니아 주민들은 시에라산맥 전역에서 무차별적인 폭력을 겪었다. 매클로플린의 보고에 따르면, 이런 "극단적 처벌"을 통해 "인디언을 짓밟고 … 정부에 어느 정도 보물을 넘겨줄 수 있었다."[160] 군 당국의 재판이나 개입은 없었고, 민간 지도자들이 사건 이후 이 군사 작전을 비난하는 일도 없었다. 오히려 비난과는 거리가 멀었다. 파이유트 네이션이 포트테혼으로 쫓겨난 뒤 가장 격렬한 비난을 쏟아낸 사람은 정부 지원금을 받아 포트테혼에 정착했던 지주 에드워드 비일Edward Beale이었다. (그리고 이 비난은 선주민을 향해 있었다.) 그는 자신의 농장에 가난한 인디언이 넘쳐나고 포트테혼의 소들이 자신의 농장에 도움이 되기보다는 인디언의 식량 공급에 이용된다고 불평했다.[161]

캘리포니아 자원병은 군사적 영광을 추구했지만, 동부 지역에서 벌어진 군사 작전에 참여할 수 없다는 사실에 좌절감을 느꼈다. 그들은 서부에 배치된 것에 분개했다. 에드워드 패트릭 코너Edward Patrick Connor 대령은 이런 불만을 조장해 인디언을 상대로 표출했다. 코너 대령은 1862~1863년 네바다, 유타, 아이다호 전역에서 군사 작전을 지휘했으며, 애리조나의 디네, 콜로라도의 샤이엔과 아라파호와 맞서는 후속 전략에 영향을 미쳤다. 캘리포니아 자원 부대의 군사 행동은 다른 연방군의 행동에 갈수록 더 깊이 영향을 미쳤다.

1862년 7월에 캘리포니아를 떠난 코너 대령은 7개 보병 중대를 이끌고 시에라산맥을 넘었다. 네바다 카슨시티 인근의 포트처칠Fort Churchill에 도착했을 때, 캘리포니아 병사 1000명이 추가로 합류했다. 이들 중 다수가 오언스 계곡에서 복무한 경험이 있었다. 코너 대령은 이제 네바다 준주를 포함한 유타 군사 지구를 지휘하게 되었다. 그는 솔트레이크시티로 진군했다. 이곳에는 약 1만 2000명의 모르몬교 정착민이 살고 있었다. 브리검 영Brigham Young을 비롯한 유타의 지도자들은 정부와 오랫동안 긴장 관계였고, 내전 중에는 중립을 공언했다.[162]

동쪽으로 향하던 코너 대령은 솔트레이크에서 말을 타고 며칠 걸리는 거리에 위치한 네바다의 포트루비Fort Ruby에 군대를 주둔시켰다. 그는 모르몬교도들의 의심을 피하기 위해 처음에 혼자서 민간인 복장을 하고 도시로 접근했다. 코너의 보고서를 보면 그가 "반역자" 모르몬교도를 경멸했다는 것을 짐작할 수 있으며, 더 많은 전투를 하고 싶다는 병사들의 요청에 그가 보인 반응에도 그런 경멸이 표현되어 있었다. 포트루비로 돌아온 코너는 버지니아에서 싸우도록 동쪽으로 파병해달라는 요청이 왔다는 사실을 알게 되었다. 코너의 보고에 따르면, "배급 식량을 먹고, 세이지 덤불로 피운 불 주변에서 얼어 죽는 상황"에 처한 병사들의 인내심은 한계에 처했다.[163] 많은 사람이 캘리포니아를 떠난 채 1862년 한 해를 보냈는데, 고립되고 제한된 군 복무 생활이 자원병들을 의기소침하게 만들었다.

전쟁 내내 춥고 배고프고 조급해진 병사들은 지휘관에게 승리의 영광을 추구하도록 압력을 가했다. 코너는 자신이 지휘하는 입대 병사들과 많은 경험을 공유했다. 전쟁 전에 그는 시에라산맥을 지키는 주 민병대의 대장이었다. 고향 스톡턴Stockton을 비롯해 이 지역 전역에서 그는 평판 좋은 장교였다.[164]

1862년 내내 코너의 부대는 갈수록 더 치열하게 인디언을 찾아다녔다. 서부 쇼쇼니가 훔볼트강을 따라 백인들을 습격했다는 소식이 전해지자 코너는 기병대를 파견했다. 그리고 이렇게 지시했다. "즉시 그들을 잡아 목을 매달고 시체를 그대로 방치해라. 내가 이 지역을 지휘하는 동안 악행을 저지르는 자들에게 본보기로 삼겠다."[165] 그는 부하들에게 또 이렇게 명령했다. "근처에서 마주치는 모든 인디언 남성을 처치하라."[166] 요컨대 코너는 1862년 내내 무차별 학살을 옹호했고, 그런 학살을 저질렀다. 그리고 1863년 1월, 아이다호의 베어강에서 가장 유명한 공격을 감행했다.

서부에서 연방군은 남부에서와는 다른 정치적·군사적 목적을 수행했다. 그들은 연방을 유지하기 위해 폭력을 사용했고, 선주민을 복속시키는 방식을 취했다. 오언스 계곡과 훔볼트강변에서 연방군은 파이유트와 쇼쇼니 지역사회에 권력을 행사하려는 시도를 처음 선보였다. 이런 군사 행동은 포트루비와 같은 연방 요새가 세워진 이후에야 가능했다. 내전 기간에 연방군은 서부 전역으로 미국의 주권을 확장하면서 이렇게 집중된 폭력을 겪은 적이 없던 지역들로 새로운 형태의 군사적 관행을 도입했다.

1862년 10월, 코너는 마침내 솔트레이크시티로 진군했다. 당시 그는 캘리포니아에서부터 몇 달째 행군한 750명 규모의 부대를 이끌고 있었다. 이제 모든 병사가 인디언을 죽인 경험이 있었다. 캘리포니아에서 오언스 계곡까지, 네바다를 거쳐 유타까지 오는 동안 그의 부대는 인디언을 표적으로 삼았다. 바로 직전 훔볼트강변에서는 불특정 다수를 "죽였다." 그중 아홉 명은 "강에 뛰어들어 탈출을 시도하다가" 사망했다.[167] 오언스 계곡에서와 마찬가지로 처형당한 또 다른 집단은 선주민의 가족 구성원이 당시 백인 육로 여행자를 공격한 사건과 "연루된 인디언들을 데려오지 않았다"라는 이유로 살해되었다.[168]

내전 전에도 캘리포니아에서는 이런 살인이 흔한 일이었지만, 국

지적 환경에서 일어난 사건들이었다. 이와 달리 말과 대포, 총기를 갖춘 코너 대령에게는 폭력 사태를 통제할 수 있는 더 큰 권한이 있었다. 1862년 11월에 그는 모르몬교도의 수도〔유타의 수도 솔트레이크 시티〕가 내려다보이는 절벽에 캠프 더글러스Camp Douglas를 설치했다. 그는 모르몬교도 민간인이 폭력의 가능성을 의심하지 않도록 시내에서 대포를 훈련시켰다.

그뒤로 두 달 동안 벌어진 일들이 코너와 휘하 병사들에게는 놀라운 일이 아니었다. 가을 내내 그들은 더 많은 전투에 참여할 기회를 얻기 위해 로비를 벌였다. 유타에 기지를 두면서부터는 새로운 가능성을 발견했다. 1862년 11월에서 1863년 1월 사이, 그들은 북서부 쇼쇼니인들을 추격했다. 이는 훔볼트강을 따라 진행되던 군사 작전과 유사했다. 나중에 쇼쇼니인들이 모르몬교도의 목장과 이주자를 습격하자 그들에게 보복해야 한다는 목소리가 높아졌다. 1863년 1월 22일, 코너는 70명의 병력과 두 대의 유탄포, 물자를 실은 마차 15대를 동원해 아이다호의 베어강으로 4일간의 여정을 떠났다. 그들이 국가를 위해 봉사할 시간이 찾아왔던 것이다.

"추위로 손에 감각이 없어져도 … 배고픔과 추위, 갈증에도 아랑곳하지 않고" 코너의 부대는 지휘자의 명령에 따라 공격에 나섰다. 훗날 코너는 그들의 결의를 높이 평가했다. 코너의 보고에 따르면, 그들은 "불평 한마디 없었다. 캠프 더글러스에서부터 전장까지 … 그들은 불평 없이 견뎌냈고, 이는 최고의 찬사를 받을 만하다."[169]

강변의 넓은 평원에는 온천이 있었는데, 이곳에서 쇼쇼니인은 춤을 추며 의식을 치렀고, 겨울이면 야영을 했다. 당시 그곳에는 베어 헌터Bear Hunter와 새그위치Sagwitch가 통솔하는 대규모 쇼쇼니 야영지가 두 군데 있었는데, 코너의 아침 공격은 이들을 포위하는 데는 거의 실패했다. 코너의 부대는 결국 두 야영지를 모두 파괴한 후에야 솔트레이크로 돌아와 모르몬교도 정착민의 환영을 받았다. 그러나 나중에 몇몇 사람이 보고한 바에 따르면, 이때 그들은 신체 훼손, 강간, 고문을 자행했다.[170] 1863년 3월, 헨리 핼릭Henry Halleck 소장은 워싱턴에서 편지를 보내 "병사들의 영웅적인 행동"을 기리며 코너를 축하했다. 핼릭은 또한 다음과 같은 정보를 공유했다. "당신은 오늘 준장으로 임명되었다."[171]

## 롱워크와 보스케레돈도에서 자행된 감금

코너가 거둔 "빛나는 승리"의 소식이 남쪽 뉴멕시코로 퍼져나갔다. 그곳에는 다른 캘리포니아 자원 부대가 주둔하고 있었다.[172] 이들은 연방군의 편에서 비슷한 군사 작전을 벌였다. 그런데 캘리포니아, 네바다, 유타와 달리 남서부에서의 군사 작전은 더 오래 진행되었다. 여기에는 선주민 네이션들을 복속하기 위한, 여러 계절에 걸친 노력도 포함되었다. 이곳 선주민 네이션 중에는 디네처럼 수천 명의 상비군을 갖춘 네이션도 많았다. 이들 중 상당수가 총과 말을 이용하는 데 능숙했다. 또 아파치 같은 네이션들은 소규모로 저항하면서 게릴라 전술을 완벽하게 구사했다. 이들을 제압하려면 전쟁이 끝난 후에도 수천 명의 군인이 필요할 터였다.[173]

뉴멕시코의 연방군 지도자 시블리가 글로리에타 고개에서 패배하자, 연방군 지도자들은 방향을 바꾸어 군사 작전의 초점을 선주민 네이션에 맞추었다. 특히 디네의 자급 경제 기반을 파괴하고, 지도자들을 복속하고, 이들을 무기한 감금하는 것을 목표로 삼았다. 뉴멕시코 지사 제임스 칼턴은, "현재 목표는 무력 사용을 완화하는 것이 결코 아니다"라고 말했다.[174] 감금을 통해 "인디언 지도자들이 새로운 습관, 새로운 생각, 새로운 삶의 방식을 습득하도록 할 것이다. 이들은 (자기 속에 있는) 옛 인디언들을 죽여 보내고, 모두 잠재된 (다른) 갈망을 갖게 될 것"이라고 장담했다.[175] 이렇게 무력을 쓰고 인디언을 추방하는 것이 연방의 정책이 되었는데, 그 결과는 비참함과 황폐함이었다.

디네인 집단은 수백 년 동안 뉴멕시코 서부 변경 지대를 지배해왔다. 그들은 17세기부터 말을 비롯한 여러 종의 가축을 기르고 말을 타고 다녔으며 목축업을 했다. 이를 통해 기동력을 갖추고 자급 경제를 유지해왔다. 디네타Dinétha(나바호) 지역 곳곳에 퍼져 살았던 디네인들은 자치권을 유지해왔고, 이는 에스파냐와 멕시코, 미국 지도자들에게서도 인정받아온 터였다. 이들은 리오그란데강을 따라 공습과 반격을 주고받으면서도 공존과 무역과 외교 노선을 오랜 기간 지켜왔다.[176]

인디언청 감독관 캘훈이 전쟁 전에 보고한 바에 따르면, 미국이 지배권을 가지려면 디네를 습격하는 것만으로는 부족했다. 디네인의 자치권과 기동성까지 축소할 필요가 있었다. 연방 정책이 선주민을 복속하는 것으로 바뀌자, 칼턴은 수천 명의 디네인 가족을 공격해 그들에게 항복을 받아내고 이주시키는 군사 작전을 조직했다. 그는 푸에블로인과 유트인으로 구성된 보조 부대와 캘리포니아 자원병을 모집했다. 그리고 이 지역에서 가장 유명했던 정착민인 인디언사무 전담 요원 크리스토퍼 카슨을 이 침공 작전의 지휘관으로 임명했다. 1700년대 초반 이후로 어떤 군대도 디네인의 영토들을 점령하는 데 성공한 적이 없었다.[177]

디네의 거점들은 18세기 내내 디네타의 중앙 협곡을 가로지르며 구축되었다. 추스카Chuska산맥을 따라 여러 디네인 집단이 목축을 하고 농사를 지으며 살아가고 있었다. 이 지역에는 수많은 산길과 방어에 유리한 지점이 있었다. 그중 하나인 캐니언디셰이Canyon de Chelly에서는 물길을 내어 다양한 작물을 키우며, 오랫동안 가족들의 생계를 지탱해왔다.[178] 이 지역의 선주민 가족들은 계절별 농업과 목축업을 주로 하면서 공예품도 생산했는데, 지역에서 생산한 섬유 제품의 거래를 확대해 디네타가 리오그란데강변의 정착촌들과 두루 연결되도록 했다. 이런 거래를 통해 양모, 염료, 디자인이 누에보 멕시카노, 푸에블로인, 디네인 직공들 사이에서 유통되었다.[179]

다른 선주민 네이션과 마찬가지로 디네인과 그들의 근거지는 정치, 경제, 나아가 문화까지 아우르며 연결되어 있었다. 이런 깊은 유대감은 지역사회 내에서도 공유되었다. 디네인의 집단적 기억, 이야기, 정체성은 그들 조상을 배경으로 그들 자신, 즉 "사람들the people"을 그 중심에 놓았다. 특히 1860년대는 이런 본거지와의 유대가 시험대에 올랐다. 카슨의 군대는 가축을 죽이고, 수원지들을 점령하고, 밭과 과수원을 불태우는 등 초토화 전술을 구사해 가족 단위로 살아가던 디네인에게 치명적 피해를 입혔다. 그가 1864년 1월에 보고한 바에 따르면, "그들은 식량을 구경조차 할 수 없을 것이다. 내 명령에 따라 약 200만 파운드에 달하는 곡물[옥수수]이 못쓰게 되었기 때문이다. … 그들은 원래 이 곡물로 겨울을 났다. … 나바호인 대다수는 완전한 궁핍에 처했다."[180] 남부연합을 상대로 그랬던 것처럼, 연방군은 주권적 권위와 자립성을 떠받치고 있던 사회 제도들을 표적으로 삼았다. 연방군 장군들처럼 카슨도 무조건 항복을 요구했다. 1863년 9월, 칼턴은 카슨에게 이렇게 명령했다. "모두 보스케레돈도Bosque Redondo[포트섬너Fort Sumner]로 가야 한다. … 다른 대안은 없다. … 그들〔선주민〕에게 이렇게 말하라. … '가라, … 그렇지 않으면 우리가 너희를 쫓아가서 파괴할 것이다.'"[181]

많은 디네인 지도자가 카슨의 작전에 맞서 비범한 결의로 싸웠으며 나중에는 무기한 감금에 저항했다. 마누엘리토Manuelito 수장이 통솔하던 군인들은 추방에 저항하고 필요하다면 고향을 지키기 위해 목숨을 바치라는 마누엘리토의 엄명을 받들었다. 마누엘리토는 이렇게 지시했다. "그들이 너희를 포획하고 목숨까지 빼앗는다 해도 고통받는 것은 너이지 너의 사람들 모두가 아니다. … 그들에게 잡히면 그들에게 이렇게 말해라. '어서 나를 죽여라. 나는 내 땅에 내피를 흘릴 것이다.'"182

전쟁 중에 수많은 선주민 네이션이 패배했지만 전멸하지는 않았다. 디네 네이션은 유난히 고통스러운 과정을 겪었음에도 그 지도자들은 자신들의 고향에, 그리고 "드러나지 않은" 신념과 관습에 변함없이 충성했다. 디네인 가족들은 1863년부터 시작해 수년간의 침략, 1864년의 "롱워크Long Walk[긴 여정]"로 알려진 강제 이주, 그 이후에는 페코스강Pecos River을 따라 동쪽으로 멀리 떨어진 뉴멕시코의 포트섬너에 4년간 감금되는 등 고초를 겪었다. 수감된 동안 2000명이 추가로 목숨을 잃었다. 강제 이주에서 살아남은 사람들의 거의 4분의 1이 사망했던 것이다.183

디네인 역사학자 제니퍼 네즈 데네트데일Jennifer Nez Denetdale에 따르면, 이 시대에 디네인이 가진 기억에는 "분노와 고통, 굴욕감이 끓어넘친다."184 마누엘리토의 사위 다가 치 비키스Dághá Chíí Bik'is의 회고에 따르면, 많은 사람이 "날마다 울었다. … 그들 중 많은 이가 굶어 죽었다. [그리고] 고향을 그리워하다 죽었다."185 비키스에 따르면, 포트섬너의 상황은 너무나 열악했다. "몸 둘 곳이 없어서 땅을 파서 움푹 들어간 공간을 만들어 … 그곳에서 살았다."186 전쟁이 끝나고 나서야 이 지역 인디언 사무에 대한 권한이 민간에 돌아왔다. 1868년 7월, 미국 상원이 포트섬너에서 협의된 새로운 조약을 비준해 디네 타에 나바호 네이션을 위한 거류구역이 세워졌다. 이를 통해 군 당국의 나바호인 감금 조치가 풀렸고, 살아남은 가족들은 그리워하던 고향으로 돌아갈 수 있었다.187

서부의 수많은 인디언과 마찬가지로 롱워크는 미국의 국가 형성이라는 큰 프로젝트의 중요한 단계였다. 내전 기간에 미국 정부는 선주민 지역사회를 황폐하게 만들었을 뿐만 아니라 선주민들을 연방정부의 권력 기구 아래로 복속했다. 미국의 주권은 우선 폭력을 통해 확장되고 나중에 새로운 정치 및 법률 체제에 의해 유지되었다. 10장에서 살펴보겠지만, 전쟁과 본질적으로는 감시가 결합되어 새로운 법률과 정책이 거류구역에서 살아가는 선주민의 권한을 제한했다. 선주민 거류구역은 조약에 따라 세워졌다. 그러나 협상은 계속되는 군사 행동의 위협 속에서 진행되곤 했다. 예를 들어 1868년의 '나바호 조약'은 윌리엄 테쿰세 셔먼William Tecumseh Sherman 장군과 협상을 통해 맺어졌다. 셔먼은 '바다로의 행군March to the Sea'을 하며 전면전을 수행한 경험을 바탕으로 나중에 인디언에 대한 군사 행동에서도 지도력을 발휘했다. 마찬가지로 코너는 1863년 내내 쇼쇼니 지도자들과 조약을 협상하는 자리에 네 번 중 두 번 참석했는데, 이때 유타 지사이자 인디언사무 감독관인 제임스 도티James Doty도 함께 참석했다. 캘리포니아 제3보병대의 여러 장교도 같은 경험을 했다.[188]

## 샌드크리크로 가는 길

선주민의 자치권을 박탈하기 위한 시도는 연방 차원에서 대대적으로 진행되었는데, 군사 행동과 조약 협상도 그 일환이었다. 게티스버그Gettysburg 전투 이후 연방군의 승리가 이어지면서, 서부에서 미국 정부의 힘도 커졌다. 칼턴과 카슨은 포트섬너에 약 1만 명의 디네인 포로와 수백 명의 아파치인 포로를 감금했고, 1864년과 1865년 대평원 남부 전역에서 진행된 후속 작전에도 참여했다. 이들은 카이오와, 코만치, 대평원 아파치 지역사회를 표적으로 삼았다.[189] 한편 코너는 캠프 더글러스에서 로키산맥을 넘어 콜로라도까지 활동 범위를 넓혔다. 그곳에서 유트, 샤이엔, 아라파호 지역사회들로 미국의 주권을 확장하는 데 공을 세웠다. 실제로 그는 캘리포니아, 네바다, 베어강에서 저질렀던 무차별 폭력 관행을 콜로라도에 도입해, 콜로라도의 기존 군사적 역할과 임무에 힘을 실었다. 1865년 3월, 코너는 '대평원부Department of the Plains'의 초대 사령관이 되었다. 이 기구를 통해 유타 군사 구역은 콜로라도를 거쳐 네브래스카까지 확장되었다.[190]

존 에번스 유타 지사는 코너의 지원을 반겼다. 콜로라도 군사구 사령관 존 치빙턴 대령도 마찬가지 반응을 보였다. 1863년 내내 에번스와 치빙턴은 각각 샤이엔과 아라파호를 상대로 음모를 꾸몄다. 시카고 출신의 감리교도이자 의사였던 에번스는 링컨에 의해 콜로라도 준주의 두 번째 지사로 임명된 인물로, 글로리에타 전투 직후인 1862년 5월에 이곳에 왔다. 에번스는 남부연합에 맞서는 군사 행동보다는 경제 개발에 더 관심이 있었다.

새로 설립된 유니언퍼시픽 철도회사의 이사였던 에번스는 미 연방에서 콜로라도만큼 "막대한 부를 축적할 기회"의 땅은 없다고 믿었다.[191] 그는 대륙철도를 놓는다면 그 중심은 덴버로 삼는 것이 합리적이라고 전망했다. 그런데 이런 성장을 이끌어내는 데 가장 큰 걸림돌은 콜로라도에 거주하던 3만 명의 정착민과 동쪽 캔자스에 있는 공급업체 사이의 거리가 아니었다. 텍사스에 있던 시블리 군대의 유령도 아니었다. 에번스가 보기에 가장 큰 난제는 남쪽에 있는 샤이엔 네이션과 아라파호 네이션이었다. 그는 이 네이션들을 제거하고 싶어했다.[192]

치빙턴도 유사한 고민을 하고 있었다. 장교 지망생이었던 그는 코너와 마찬가지로 자신의 병력이 오랫동안 제대로 쓰이지 못한다는 것을 알아차렸다. 글로리에타에서 콜로라도 병력의 지휘관이었던 치빙턴은 시블리를 공격하고 남쪽으로 후퇴하는 남부군을 앨버커키까지 추격해 결국 텍사스로 후퇴시킴으로써 공로를 인정받았다. 치빙턴은 연방군 지휘관들이 시블리와 전투를 제대로 치르지 않았다고 생각했다. 그는 연방군이 벌이는 전투에서 서부의 병력이 응당 더 큰 역할을 해야 한다고 믿었고, 콜로라도에서 더 많은 군사 작전이 전개되기를 원했다. 코너와 달리 치빙턴은 자신의 병력을 다른 전쟁터로 보내려는 시도에 반기를 들었다. 남부연합의 힘이 약해지자 콜로라도의 인디언 문제가 전투를 치를 만한 유일한 기회가 되었다.[193]

전쟁 전 콜로라도의 인디언 정책은 일반적으로 워싱턴에서 수립된 목표를 따랐다. 1851년 포트래러미에서 체결된 조약과 같은 조약들이 이 지역 기마 세력들 사이에서 인정된 경계를 확립했다(그러나 강제하기는 힘든 경계였다). 이 조약은 선주민에게 연금을 지급하고, 구제 기관을 설립하고, 부족정부가 선주민 부족 구성원만이 아니라 백인 이주자가 선주민에게 저지른 범죄에 대해서도 판결을 내리도록 했다.

대평원 북부에서와 달리, 이 협정들은 오랫동안 백인 여행자나 백인 상인과 친숙하게 지내온 샤이엔과 아라파호 지역사회들과 체결되었다.[194] 많은 샤이엔인이 이 지역에서 강을 건너다니던 백인 상인과 혼인 관계를 맺었다. 유트나 나바호처럼 샤이엔도 여러 세대에 걸쳐 뉴멕시코인과 교역 관계를 이어왔던 것이다.

그러나 콜로라도 골드러시 이후, 샤이엔과 아라파호 지도자들은 새로운 조약들을 강요당했다. 그러자 선주민이 이주자 집단을 습격하는 사건이 급증했다. 수만 명의 이주자가 이 지역으로 들어오면서 긴장이 한층 고조되었다.

외교에서 또다른 시도를 보면 1861년 2월에 연방군 기병대 장교 제브 스튜어트Jeb Stuart가 포트와이즈Fort Wise에서 새 조약을 하나 주재한 뒤, 남부연합에 합류하기 위해 사의를 표했다. 포트와이즈에서 체결된 조약으로 샤이엔과 아라파호 네이션은 기존에 인정받던 영토가 축소되었다. 이 조약의 제1조 첫 문장은 다음과 같이 명시했다. "상기 … 아라파호와 샤이엔 인디언 부족들은 현재 그들이 소유하거나 점유하는 토지, 또는 그들이 주장하는 모든 토지를 그 위치가 어디가 되었든 미국에 양도하고 포기한다. 단, 해당 부족이 사용하도록 유보된 구역은 제외한다."[195] 이 조약으로 하나의 거류구역이 세워졌고, 마침내 에번스는 각 네이션의 모든 구성원에게 이곳으로 가서 재정착하라고 명령했다. 콜로라도 인디언 문제에서 부족 관할권에 대한 근본적인 재규정은 이렇게 진행되기 시작했다.

에번스가 도착한 1862년 5월은 일련의 난제들이 제기된 시기이기도 했다. 시블리의 부대가 콜로라도에 아직 도착하기 전이었지만 대평원 전역에서는 우려가 지속되었다. 특히 남부에서 연방군의 피해가 누적되면서 우려가 커졌다. 다코타 전쟁 소식이 프론트슬로프 Front Slope[로키산맥 동쪽 경사면과 대평원이 만나는 지역]에 전해지자 불안이 더 커졌다. 이 지역은 자급자족하는 농부가 아닌 광부와 상인이 거주하는 곳이어서 병참선이 수백 킬로미터 뻗어 있었는데, 보급품 가격이 급변하자 불안감이 더 커졌다.[196] 1863년, 에번스와 치빙턴이 지역에 병력을 유지하도록 해달라고 요청했을 때 연방군 지도자들이 반대하자 지역 사령관들 사이에서도 갈등이 불거졌다. 그해 12월, 에번스는 육로 이동을 위해 병력을 더 지원받도록 로비하기 위해 워싱턴으로 향했다. 1864년 3월, 그는 캔자스의 지휘관들이 군대를 요청했다는 소식을 들었다. 남부연합군이 아칸소강 남쪽으로 움직이는 것을 미연에 방지하기 위해서라고 했다. 그러자 에번스는 콜로라도가 추위 속에서 방치될까 우려했다.[197]

끓어오르던 긴장은 결국 1864년 4월에 폭발했다. 사우스플래트강 인근에서 가축을 도둑맞았다는 보고가 덴버로 올라오자, 에번스와 치빙턴은 콜로라도의 기병대를 동원했다. 치빙턴은 이렇게 명령했다. "언제 어디서든 샤이엔인을 발견하면 죽여라."[198]

일각에서는 1864년 3월에 이루어진 병력 철수에 콜로라도의 지도자들이 놀라서 공황 상태에 빠졌다고 본다. 군인들은 샤이엔, 아라파호, 그리고 그들의 라코타 동맹들을 괴롭혔고 그해 봄과 여름 내내 반反인디언 감정이 고조되었다. 예를 들어 샤이엔의 지도자 린베어Lean Bear는 전해에 수도 워싱턴을 방문해 평화를 위해 자신이 펼쳐온 지속적인 노력을 인정하는 문서들을 받았다. 그는 그 문서들을 자랑스럽게 들고 다니며 자주 보여주곤 했다. 그러나 그해 5월 그는 돌진해오던 기병대에 맞서다가 또다른 지도자와 함께 총에 맞아 사망했다.[199] 마치 배신의 낙엽처럼, 그가 지니고 다니던 문서들은 대평원 전역에 흩날렸다.

보복도 이어졌다. 그해 6월에는 목장 관리인과 그의 가족이 살해되는 사건이 발생했다. 에번스는 4월에 그랬던 것처럼 이런 대응을 더 큰 전쟁을 예고하는 신호로 받아들였다. 그는 전쟁부 장관 에드워드 스탠턴Edward Stanton에게 다음과 같은 내용의 편지를 보냈다. "우리 정착지에 대해 인디언의 적대 행위가 시작되었다. … 우리는 여러 인디언 부족이 단합한 강력한 세력과 전쟁 중이다. … 정착촌 하나가 파괴되었다. … 우리 군대도 거의 사라질 지경이다."[200] 선주민 가족의 이웃들이 시신을 덴버로 옮기자 에번스는 예상되는 공격에 대비해 도시 전역에 통행 금지를 명령했지만, 공격이 벌어지지는 않았다. 그러나 온 정착촌이 겁에 질렸다. 블랙케틀을 비롯한 아라파호와 샤이엔 지도자들은 지역 요새나 거류구역으로 피신해야 하며 그러지 않을 경우 "실수로 살해당할 위험"을 감수하라는 에번스의 명령을 경청했다. 그래도 정착촌에는 긴장이 감돌았다.[201] 같은 해 8월에 에번스가 스탠턴에게 보낸 편지에 따르면, "인디언 동맹은 … 이제 의심의 여지가 없다. 전선을 방어하고 적대 행위를 진압하려면 1만 명에 달하는 대규모 병력이 필요할 것이다. 그들을 즉시 보내지 않는다면, 우리는 고립되어 파멸할 것이다."[202]

코너나 카슨과 달리 에번스와 치빙턴은 서부에서 몇 년간 살아본 적이 없었다. 그들은 이주한 정착민이 밀집한 지역에 새로 온 사람들이었다. 그들은 이 지역에서 실제 전투 경험이 있는 사람들의 이야기만 선별적으로 경청했다. 예를 들어 뉴멕시코에서는 남부연합군이 이 지역에서 완전히 쫓겨났을 뿐만 아니라, 칼턴과 카슨이 군사 작전을 통해 디네타까지 폭력을 확대했다. 칼턴과 카슨은 백인 마을을 공격한 적이 없는 선주민 습격자들을 표적으로 삼았고, 인디언 보조 부대를 포함해 수천 명까지는 아니더라도 수백 명의 병력을 조직적으로 움직여 작전을 펼쳤다. 에번스가 요청한 1만 명이라는 병력은 카슨과 코너 혹은 그의 전임자인 콜로라도의 초대 지사 윌리엄 길핀William Gilpin이 보유했던 병력 규모를 훌쩍 뛰어넘었다. 이런 요청은 환상에 불과한 것으로, 말하자면 깊은 불안감의 표현이었다.

에번스와 치빙턴이 배운 가장 중요한 교훈은 코너와 다른 캘리포니아 주민들이 완결한 교훈으로, 무고한 선주민에 대한 무차별적 폭력 행사였다. "언제 어디서든" 인디언을 죽이는 것, 심지어 "실수로도" 인디언을 죽이는 것은 캘리포니아 민병대와 자원병 사이에서 자리잡은 오랜 관행이었다. 1864년 여름과 가을 내내, 에번스와 치빙턴은 이 지역 정착민들에게 인종적 증오의 불길을 부채질하는 이데 올로기적 논리를 발전시켰다.

같은 해 11월, 치빙턴이 포트리옹까지 며칠간 벌인 행군은 전해 1월 코너가 베어강까지 진행했던 행군과 비슷한 군사적·정치적 전략이 깔린 행위였다. 게다가 치빙턴은 코너보다 훨씬 많은, 약 700명의 병력을 지휘했다. 치빙턴이 샌드크리크에 있는 블랙케틀의 평화로운 야영지에 도착했을 때, 치빙턴은 휘하의 여러 장교를 지휘하고 있었다. 당시 인디언은 인근 포트리옹에 주둔한 미국군 지휘관들의 보호 아래 야영 중이었는데, 치빙턴은 이 지휘관들의 반대를 무시했다. 그리고 11월 29일, 그는 이 선주민 지역사회를 표적으로 삼아 최대한 많은 인디언을 학살했다.

✦

미국군 병사와 장교가 인디언 비非전투원을 학살하는 사건이 내전 기간에 캘리포니아, 네바다, 유타, 콜로라도, 뉴멕시코의 특징이 되었다. 최근에 획득한 이 영토들에서 미국의 주권을 확장하기 위해 다양한 군사 전략이 구사되었다. 연방군의 기하급수적 성장을 통해 이 같은 폭력이 가능했고, 폭력의 성격도 변화했다. 1850년대에 정착민 혁명이 힘과 분노를 통해 북아메리카 전역에 대한 지배력을 강화했던 것과 비슷했다.

공화국을 지키기 위한 갈등으로 시작된 내전은 연방의 권력 활용 능력에 대한 재교육으로 바뀌었다. 인구 규모에서 열세인 데다 노예

노동의 정치경제에 의존하던 남부연합은 중앙집권적인 군사력, 경제력, 정부 구조를 갖춘 연방에 완패했다. 또한 플랜테이션에서 도망쳐 남부연합에 맞서 싸우겠다고 자원한, 과거 노예였던 이들의 저항에 의해 무너졌다.

1860년대에는 모든 것이 뒤집힌 것처럼 보였다. 백인과 싸우기 위해 무장한 흑인 병사 부대가 토머스 제퍼슨을 비롯한 미국의 건국자들에게는 상상할 수 없는 끔찍한 모습으로 보였을 것이다. 마찬가지로 점점 더 통합되어가는 사회에 법률과 정책, 명령을 부과하는 연방정부의 권력은 이 시대가 남긴 또다른 유산이 되었다.

일부 역사가는 이런 반전들을 강조하기 위해 링컨이 암살당한 다음 날에 특히 주목한다. 링컨의 운구가 워싱턴의 펜실베이니아 대로를 내려올 때, 미국 유색인 제22부대는 운구 앞에 서서 행진했다. 전쟁부 장관 스탠턴, 부통령 앤드루 존슨Andrew Johnson, 율리시스 그랜트Ulysses S. Grant 장군은 이 행렬이 백악관에 도착하기를 기다리고 있었다. 이는 장례식이 링컨의 가족이 아니라 연방정부의 책임이 되었음을 알리는 확실한 신호였다.[203]

적절하게도 대통령의 운구가 실린 기차가 워싱턴에서 일리노이까지 이동했다. 기차는 이제 표준 궤간軌間, gauge을 따라 시속 8킬로미터라는 조정된 속도로 달렸다. 올버니, 버펄로, 클리블랜드Cleveland, 콜럼버스, 인디애나폴리스Indianapolis, 시카고 등 북부 도시 곳곳에서 구경꾼들이 몰려들어 이 장엄한 광경을 목격했다. 많은 역사에는 청소년이 착용할 수 있는 검은색 어깨띠 36개가 준비되어 있

었다. 각 어깨띠는 당시 연방을 구성한 36개 주를 상징했다.[204]

서부에서 벌어진 내전이나, 대통령 후보였던 링컨이 처음 기차를 탄 이후 일어난 변화들에 대해 잘 아는 사람은 거의 없었을 것이다. 그 변화를 가장 깊이 체감했던 이들은 당시 연방에서 가장 정치적으로 강력한 지역이 되고 있던 중서부 지역의 주민이었다. 링컨 이후 19세기의 대통령 중 두 명을 제외한 모든 대통령이 오하이오 출신이다. '옛 북서부' 지역은 이제 중서부Midwest이자 "심장부heartland"로 알려진다.

연방의 권력은 그후 수십 년 동안 폭발적으로 성장했다. 경제와 정치가 서로 영향을 주고받으며 북아메리카 서부에서 특히 채굴과 관련된 정치경제를 발전시켰다. 내전으로 선주민을 억누르는 정착민의 권력이 강화되었고, 전후에는 서부의 시민, 토지, 선주민에 대한 연방정부의 권력이 정착민에 상응하는 수준으로 확장되었다. 특히 연방의회의 하원의원들이 곧 인디언 문제에 대해 "전권"을 쥐게 되었다. 정책 입안자들은 인디언의 가장 친밀하고 일상적인 삶의 형태를 겨냥해 이들을 동화시키기 위한 다양한 활동을 개발했다.[205] 그들은 특히 인디언의 땅을 빼앗으려 했고, 가장 지독하게는 어린이들을 빼앗으려 했다.

# 10장

# 탈취당한 어린이와 조약지
## 거류구역 시대의 법과 연방 권력

인디언은 자신들의 자유를 자랑한다.

그들은 짐승 취급을 받느니 차라리 빨리 죽겠다고 말한다.

— 카케와쿠오나비Kahkewaquonaby(피터 존스Peter Jones)(1861)

뜨거운 여름 바람처럼, 내전 이후 몇 년 동안 미국 선주민 지역사회에서는 급격하고 눈부신 변화들이 일어났다. 점점 더 많은 선주민이 한정된 땅에 갇히면서, 전쟁 전부터 시작된 백인 정착민 혁명이 더 맹렬하게 전개되었다. 선주민은 자신들의 영토였던 곳이 시시각각 백인의 농장과 농가, 부동산으로 변해가는 것을 지켜보았다.

서부 전역에 새로운 도시, 준주, 주 들이 생겨났다. 애리조나 남부에서는 도시 유마Yuma가 빠르게 성장했다. 1857년, 샌안토니오San Antonio와 샌디에이고를 잇는 여덟 거점 중 하나였던 유마는 1870년에 최초의 철도인 서던퍼시픽Southern Pacific이 들어오는 것을 반겼다. 이 철도는 콜로라도강을 잇는 다리가 되었다.[1] 이 선로가 애리조나를 캘리포니아뿐만 아니라 멕시코 북부와도 연결했고, 그후 몇 년 동안 수십만 이주자가 기차를 타고 이 지역을 오갔다. 그중 대부분은 로스앤젤레스로 향하는 가족 단위의 멕시코인이었다.[2] 실제로 철도 여행이 매우 보편화되어서, 로스앤젤레스로 이주하는 사람들 중 전통적인 육로 요새인 칼렉시코Calexico와 산이시드로San Ysidro를 경유하거나, 항구인 샌디에이고와 샌프란시스코를 통해 해로로 도착한 사람은 7퍼센트에 불과했다.[3] 이제 이 지역에서는 기차가 우위를 점했다. 유마의 서던퍼시픽역과 같은 기차역이 수많은 도시에서 중심지가 되었다.[4]

멕시코, 유마, 로스앤젤레스를 잇는 교통망에는 다른 변화도 반영되었다. 1865년에서 1924년까지 거의 모든 대륙에서 이민자가 왔다. 멕시코를 비롯한 라틴아메리카의 여러 나라, 아시아와 태평양의 섬들, 미국 중서부·동부·남부, 유럽과 중동에서 왔다. 미국혁명 이후 이렇게 다양한 인민이 북아메리카 대륙에서 함께 살았던 적은 없었다. 북아메리카로 온 많은 사람이 자신들에게 가해진 인종적 제약에 맞서 싸워나갔다.[5]

캘리포니아에도 수천 명이 이주했고 많은 사람이 유마에 정착했는데, 그중에는 출신지와 배경이 다른 두 여성이 있었다. 그리고 그들의 삶은 떼어낼 수 없을 만큼 서로 얽혔다. 메리 테일러Mary H. Taylor와 루시아 마르티네스Lucía Martínez가 바로 그들이다.

　조지아 출신 백인 여성인 메리 테일러는 남부연합의 이데올로기에 고스란히 젖어 있었다. 많은 정착민이 그녀를 "재건되지 않은 반란군"*이라고 불렀다. 테일러는 킹 울시King S. Woolsey를 비롯한 남부 지역 출신 이주민과 사회적 관계를 맺으며 살았다.[6]

　1830년대 앨라배마에서 태어난 울시는 10대 때 서부로 이주했다. 그는 곧 국경 지대의 "인디언과 싸우는 전사들"의 지도자가 되어 아파치 지역사회에 맞서는 군사 행동을 조직했다.[7] 그는 캘리포니아에서 채굴 사업을 주도했지만 성공하지 못했고, 애리조나의 길라강 계곡에서 화물 및 목장 사업을 통해 급성장한 다음 그 지역에서 가장 눈에 띄는 지도자 중 한 명이 되었다. 그는 여러 목장, 사업체, 부동산을 관리했다. 또 초대 준주의회의 의원으로 선출된 이래 다섯 번이나 재선되었다.

　울시와 테일러는 1871년에 결혼했고, 그뒤로 테일러는 울시의 사업을 도왔다. 그녀는 스탠윅스역에서 상품 매장을 운영했는데, 이곳 정착민들은 그녀를 상냥한 사람으로 기억했다. 그 정착민들 중 다수가 민주당에 대한 충성심이 있었고, 공화당 주도의 재건 노력에 반감을 품고 있었다. 그곳의 대다수 주민이 테일러와 함께 식사를 하며 사교 모임을 가졌던 것을 기억했다. 한 정착민의 회고에 따르면, "우리가 인디언을 쫓아내고 돌아오면 자정에도 일어나 우리에게 먹

---

* 남부연합의 패배 이후 연방군이 남부를 점령해 사회질서 재편을 시도한 시대를 재건 시대라고 부른다. 여기서 재건되지 않았다는 것은 연방정부가 제시한 새로운 사회질서를 수용하지 않았음을 뜻한다.

을 것을 요리해준 적이 여러 번 있었다. … 울시가 꽤 영리한 편이었지만, 그녀는 더 영리했다."[8]

테일러는 남편의 사업을 노련하게 도왔다. 1879년에 남편이 갑작스럽게 사망하자 유산을 통합하는 작업에도 능력을 발휘했다. 자신이 낳은 아이 없이 남편을 잃은 테일러는 남편의 친자녀들을 유산에서 배제하는 작업을 했다. 이 과정에서 테일러는 마르티네스와 갈등을 겪었다. 마르티네스는 울시 친자녀들의 어머니로, 야키Yaqui(요에미Yoeme라고도 한다)인이었다. 울시는 아파치를 상대로 군사 작전을 벌이던 중 마르티네스를 잡아들여 하인으로 부렸다.[9]

마르티네스가 울시에게 붙잡힌 1864년, 그녀는 겨우 열 살이었다. 에스파냐 식민주의가 들어오면서 곧 가동된 습격 네트워크는 몇백 년 동안 국경 지대에서 포로 사냥을 했는데, 이 과정에서 수천 명의 선주민 어린이가 포획되었다. 그중 압도적 다수가 어린 소녀였다. 그중 한 명이었던 마르티네스는 처음 자신을 포획한 아파치인들 아래에서 하녀 생활을 견뎌야 했다.[10]

다른 많은 야키인과 마찬가지로 마르티네스도 고향 멕시코에서 가족을 잃었다. 군인들이 야키인 마을을 공격했을 때 벌어진 일이었다. 미국에서와 마찬가지로 멕시코 국가 지도자들도 19세기 경제 자유화가 추진할 때 공동체의 통제 아래 있는 선주민의 토지가 큰 문제라고 생각했다. 멕시코 지도자들은 야키 지도자들을 살해하고 구금하고 추방했다. 포르투나토 에르난데스Fortunato Hernández 같은 멕시코 지식인에 따르면, 이런 폭력은 야키인이 시대에 뒤떨어진 데다 선주민 중심적으로 변형된 가톨릭교와 같은 "터무니없는 혼합 방식"으로 살았다는 이유로 부분적으로는 정당화되었다. 에르난데스에 따르면, 야키인은 "우상, 특히 나무로 만든 성인을 숭배했다. … 마치 바보의 머릿속에 있는 악몽의 유령들 같았다."[11] 멕시코 공화국을 건설하기 위해서는 야키인을 쫓아내야 했다.

마르티네스는 울시에게 포로로 붙잡혀 있는 동안 세 자녀를 낳았다. 그러나 울시가 테일러와 결혼한 뒤 마르티네스는 울시의 목장에서 쫓겨났다. 이 백인 신혼부부는 현대사에서 가장 큰 규모의 노예제 사회에서 성장했기에 다른 사람을 노예로 부릴 때 받게 될 비난의 시선을 어떻게 모면할지를 잘 알았다.[12] 집에서 쫓겨난 마르티네스는 이제 엄밀히 말하면 자유의 몸이었다. 마르티네스는 유마로 피신했다. 당시에 다른 선주민 가족들도 그 지역에서 벌어진 아파치와 야키 사이의 전쟁을 피해 유마에서 살고 있었다. 마르티네스는 울시 손에 있는 자녀들을 되찾을 방법을 모색했다.

마르티네스는 도시의 백인 가정에서 가사노동자로 일했다. 많은 인디언 포로가 그러했듯이 그녀는 최소 두 가지 선주민 언어(야키어와 아파치어)와 두 가지 유럽 언어(영어와 에스파냐어)를 하는 다언어 구사자였다. 여성이자 선주민으로서 이중의 부담을 안고 있던 그녀는 자신의 종속 상태를 타파하고 자녀들을 부양할 방법을 모색했다. 여기서 준주의 새 법률 체제도 고려의 대상이 되었다. 이 체제는 모든 주민에게, 즉 백인이 아닌 이에게도, 시민이 아닌 이에게도 송사를 벌일 여지를 제공했다. 수년간의 결단 끝에 마르티네스는 결국 모친으로서의 권리를 인정받는 데 성공했고, 울시가 사망한 후 어느 정도 재정적 지원도 확보할 수 있었다.

마르티네스의 경험을 통해 서부 역사의 중요한 특징, 즉 준주법과 연방법의 충돌이 드러났다. 마르티네스가 목장을 떠난 후 둘 사이에서 태어난 자녀들은 울시가 관리했다. 울시는 이웃 목장주들과 합의해 자신의 두 딸을 그 친모와 마찬가지로 계약 하인으로, 사실상 거의 무급의 노예처럼 일하게 했다. 이런 행위는 1864년 애리조나 준주의 새 '하월법전Howell Code'을 통해 승인받을 수 있었다. 이 준주는 500쪽에 달하는 이 법전을 통해 관리되었다.[13] 한편 마르티네스는 현지 변호사의 도움을 받아 딸들의 자유를 요구하는 소송을 제기했다. 그녀는 인신 보호 영장을 신청했는데, 이는 북서부 조례에 따라 연방에 가입한 모든 미국 영토에서 효력을 갖는 법적 보호 수단이었다. 이는 또한 재건 시대에 새로 제정된 일련의 법률 중 하나인 1867년의 '인신보호법Habeas Corpus Act'에 의해 재확인된 법적 보호 수단이기도 했다.[14] 따라서 준주법과 전국 차원의 법이 충돌하게 되었다. 마르티네스는 초기 판결을 근거로 울시가 사망한 후 남은 재산을 상대로 더 큰 액수를 청구했다. 그후 몇 년 동안 수백 명의 인디언 원고와 마찬가지로 마르티네스는 연방법을 활용하면서 선주민을 복속하기 위해 고안된 주법과 맞섰다.

## 서부의 새로운 법률 체제

울시는 재건 시대 초기에 마르티네스를 포로로 잡았다. 두 사람은 한집에 살면서 세 자녀를 두었지만 결혼은 하지 않았다. 서부를 통치하던 사람들은 정착민 사회를 건설할 때 인종 간의 결혼에 제한을 두었다. 그리고 마르티네스가 포로로 잡힌 뒤에 맡은 역할처럼, 이미 확립된 성별에 기초한 예속 관행을 유지했다. 인종 간의 혼인 금지법은 백인 남성의 권리를 보호하기 위한 것으로, 일반적인 입법 형태였다.[15] 다시 말해 이 법은 정착민과 인디언 여성 간의 사실혼이 인정되는 것을 금하기 위해 기획되었고, 정착민의 재산을 보호하기 위해 고안되었다. 이처럼 초기 서부의 결혼법은 앞서 살펴본 대로 전쟁 중에 급증한 이 지역의 백인 남성에게 기본적으로 유리하게 적용되었다.

이런 법들을 통해 서부에서 새로운 인종 질서가 강화되었다. 1864년에 광활한 미지의 땅이었던 애리조나에는 백인 정착촌이 얼마 없었다.[16] 백인 인구는 이 지역 전체 인구의 극히 일부에 불과했고, 뉴멕시코에서보다 백인 인구 비율이 더 낮았다. 약 600명의 백인 정착민이 수천 명의 멕시코 민족과 그 규모를 가늠하기 힘들 정도로 많은 선주민 부족 구성원이 살던 영토를 통치했다.[17] 이 지역의 지형과 지명, 선주민 지역사회들이 지닌 다양성을 제외하면, 당시의 애리조나는 20세기의 애리조나와 닮은 점이 거의 없었다. 사회적·경제적·법적 권력은 울시나 애리조나 지사 존 굿윈John Goodwin과 같은 정착민의 손에 집중되어 있었다. 이 두 사람 모두 인디언의 "절멸"을 옹호했다.[18] 1863년, 이 지역에 부임한 연방판사 조지프 프랫 앨린Joseph Pratt Allyn의 언급에 따르면, 그 당시에 이미 아파치와의 전쟁이 진행 중이었다.[19] 이 지역 백인 사회에서는 선주민에 대한 증오가 만연했다. 앨린의 기록에 따르면, "인디언은 보이는 즉시 총살을 당했다."[20] 앨린은 당시 분위기를 설명할 단어를 찾기가 어렵다고도 했다. "이 [반인디언] 정서의 강도를 어떻게 표현해야 할지 모르겠다."[21]

내전 시기에 애리조나 준주 지도자, 신문기자, 지도자 역할을 했던 사업가들은 끊임없이 선주민을 침탈했고, 또 이런 침탈을 활용하려 했다. 그들은 남성성 담론에 의존했다. 이 담론을 통해 무력을 통한 방어, 가부장제, 인종적 단합에 대한 기대를 담아낼 수 있었다.[22] 하월법전은 백인 남성의 권위를 옹호하는 조항이 빼곡했다. 이에 따르면 준주에서 유일하게 법을 집행할 수 있는 구성원은 백인 남성이었다.[23] 이 법은 정착민 아버지들에게 18세 미만 딸의 결혼을 결정할 법적 권한을 독점적으로 부여했다. 또한 임신을 유지하지 못하고 유산한 여성을 형사 처벌할 수 있었다.[24] 앨린의 법원을 비롯한 애리조나 준주 내 다섯 개 법원 중 어느 곳에서도 이혼을 선고할 수 없었다. 오직 준주의 입법부만이 결혼을 무효화할 수 있었다.[25] 백인이 아닌 사람은 형사 사건에서 증언할 수조차 없었다. 이 같은 금지 조치들 탓에 선주민과 정착민 사이의 교류는 제한되었다.

내전 이후 미국의 서부 정복이 가져온 가장 지속적인 변화 중 하나는 새로운 입법이었다. 그후 몇 세대에 걸쳐 선주민의 땅, 가족, 관할권을 법적으로 다시 규정하면서 지역 전체에서 힘의 균형이 바뀌었고, 백인 정착민 사회의 토대가 마련되었다. 수십 년간 여러 인종이 공존하는 가운데 서부에서 새로운 인종 질서가 부상했다. 이 지역에서 급성장했던 정착촌과 목장처럼 백인성이 이 새로운 서부에서 꽃을 피웠다.

그러나 이렇게 새로 등장한 인종 질서는 끊임없이 위협을 받았다. 굿윈 지사는 입법부를 향해 다음과 같이 말했다. "수많은 인디언이 우리 가운데 있는 조건에서 … 우리는 스스로를 방어하고 보호할 모든 수단을 강구해야 한다."[26]

마르티네스의 경험에서 알 수 있듯이, 법은 서부의 인종 관계를 둘러싼 경쟁에서 중요한 무대가 되었다. 가족이나 부족의 지원을 받지 못한 채 거의 10년 동안 울시의 지배 아래 있었던 마르티네스는 보상받을 수 있는 길을 찾아냈다. 서부에서 권리를 가장 크게 박탈당한 구성원이라 할지라도 때로는 제한적이나마 권한에 접근할 수 있었던 덕분이다. 재건법과 새로운 헌법추가조항이 통과되면서 인종적 정의正義의 형태가 일시적으로 확대될 가능성도 열렸다. 마르티네스는 법 제도를 이용해 자녀를 되찾는 데 성공한, 소수의 인디언 어머니였다.

그러나 마르티네스의 사례는 선주민 공동체 내 다른 사람들의 경험과는 분명히 대조된다. 실제로 그후 반세기 동안 새로이 등장한 국가 정책과 법학 교리를 통해 선주민에 대한 동등한 보호의 가능성은 제한을 받았다. 무수히 많은 새로운 법률을 통해 선주민 땅에 대한 연방정부의 "절대적 관할권과 통제권"이 확대되어, 동화同化, assimilation라고 하는 새로운 캠페인이 등장했다. 이는 선주민 네이션들의 기반을 허무는 것을 목표로 삼았다. 결국 연방의회가 인디언 문제를 감독하는 것이 서부의 새로운 특징이 되었다.[27]

## 새로운 토지 및 교육 정책

이 법들은 특히 거류구역의 토지와 인디언 어린이를 대상으로 했다. 연방 상원의 조약 권한에 따라 비준을 받고 연방 하원의 예산 책정 권한을 통해 식량을 공급받도록 보장받은 선주민 거류구역은 제한적이나마 고유한 형태의 선주민 주권을 확립했다. 연방정부는 부족 네이션들과 협력하는 가운데 거류구역 토지에 대한 소유권을 보유했다. 그리고 부족 네이션이 해당 토지와 그 구성원에 대한 관할권을 가졌다.

새로 임명된 감독관과 요원 들은 이런 관행을 다시 정의했다. 그들은 무소불위의 권력을 상정했다. 이들은 자원 배분을 감독했고, 학교와 병원, 교회를 세우는 작업을 했다. 그들은 농장과 교육 시설을 건설했고, 연금을 배분하거나 보류하기도 했다. 전통적인 근거지에서 쫓겨난 선주민 지역사회에 연금은 생명선이나 마찬가지였다.

후원 임명patronage appointment〔대통령 등이 후원자를 공직에 임명하는 경우를 이르는 말〕을 받아서 온 이 공무원들은 선주민 부족 구성원은 말할 것도 없고, 지역 백인 정착민들에게도 별로 구애받지 않았다. 그런 가운데 거류구역 영토에서 새로운 정치 체제가 등장했다. 수억 에이커에 달하는 토지 관할권과 함께 토지 사용에 대한 상반된 견해가 곧 이 새로운 시대를 규정했다. 선주민의 경제적·문화적 관행들이 미국의 사유 재산 개념과 충돌하는 시대가 본격적으로 시작된 것이다.[28]

거류구역으로 유폐되기 이전에 선주민들은 복잡한 의례와 관행을 통해 천연자원 사용을 통제해왔다. 사냥터와 어장에 대한 접근권, 자원을 채취하고 분배할 권한은 사회적으로 획득되었다. 북서부의 강변과 해안 지역에서는 세습적 지위나 가문의 지위에 따라 특정 가문이 특정 해양과 영토에 대한 접근권을 가졌다. 캘리포니아와 그레이트베이슨Great Basin〔미국 서부의 네바다, 유타, 캘리포니아, 오리건, 아이다호에 걸친 큰 분지〕 전역에서는 부계를 통해 지위를 전승받은 지도자가 연간 잣 수확과 토끼몰이를 감독했다.[29] 부족의 소유권은 서구의 개인 재산에 대한 개념과 달랐다. 자연 세계가 상품화되어서는 안 된다고 여겨졌기에 토지와 천연자원은 양도될 수 없었다.

거류구역 시대(1879~1934)에 와서 새로운 법률들을 통해 거류구역 토지의 사용이 다시 정의되었다. 이 법들을 통해 연방과 인디언 관계의 구조가 근본적으로 바뀌었고, 인디언의 토지 보유가 줄어들었다. 1887년에 제정된 '일반할당법General Allotment Act'(이 법의 기안자인 매사추세츠주 상원의원 헨리 도스Henry Dawes의 이름을 따서 '도스법Dawes Act'이라고도 불렸다) 아래에서 새로운 정책을 통해 기존 선주민의 권력 구조를 전복하기 위한 작업이 진행되었다. 구체적으로, 거류구역 토지를 160에이커씩 개별 토지로 분할해 가구의 가장에게 할당했다. 그리고 남은 토지는 판매되거나 개발될 수 있도록 개방했다. 이에 따라 공동체나 정부가 아닌 부족을 구성하는 개인이 소유권을 갖게 되었다. 이는 연방정부가 선주민 개인을 부족의 집단적 통치 구조로부터 이간시키기 위해 취한 조치였다. 선주민의 관할 아래 있던 토지 소유는 1887년에 약 1억 3800만 에이커였는데, 1934년까지 4800만 에이커로 감소했다. 1934년에 가서야 연방의회는 할당제를 폐지했다.[30] 19세기의 파괴와 전쟁 이후, 두 세대 동안 소유권 박탈이 지속적으로 이루어졌다. 이런 법들은 초기 인디언 정책이 실행되던 시기의 법들과는 달랐다. 내전 이전에는 연방 상원과 행정부가 대부분의 인디언 정책을 처리했으며, 인디언청(과 그 담당자)에서 대통령이 주관하는 내각에 보고했다. 조약과 연방정부의 토지 정책, 대법관 마셜의 판결을 비롯한 대법원의 판결까지 포함된 여타 정책은 공동으로 관리되는 거류구역 영토 전역에 대해 부족의 권한을 인정했다. 요컨대 거류구역은 주정부나 준주정부의 관할권 밖에 있었고, 조약에 따라 세워진 거류구역은 연방 상원과 행정부가 배타적 관할권을 가졌다.

그러나 재건 기간에 연방 하원에서 이전 시기의 인디언 정책에 위배되는 법들을 제정하기 시작했다. 연방의회는 할당에 이어, 거류구역을 세분화하는 토지 양도 절차를 밟기 시작했다. 새로운 법률은 기존의 조약을 위반했는데도 미국헌법에 따라 미국 "최고법"으로 취급되었다.[31] 내전 이후 주요한 헌법적 관심사는 연방의회가 국가의 조약에 대한 의무를 훼손하는 법률을 통과시킬 수 있느냐였다.

재건 시기에 연방의회가 연방정부의 행정 역량을 확대하자 연방정부가 미국의 조약 의무를 폐기할 권한을 새로이 얻었다. 그런 조약들은 이제 더는 구속력이 없었다. 이제 그런 조항들은 입법 면책권, 즉 대법원이 최종적으로 승인한 "전권全權"을 통해 파기될 수 있었다. 이처럼 19세기를 대체로 관통하던 교리인 이 원칙, 즉 조약들은 위험에 처했다. 이는 연방의회가 인디언 문제에 대한 권한을 행정부에 많이 부여하면서 발생한 일이었다. 대법관 마셜을 비롯한 공화국 초기의 판사들은 이런 점이 부적절하다고 판단했다.[32] 7장에서 설명한 대로, 오랫동안 연방주의 지도자들은 백인 정착민의 압력이 국가의 인디언 정책을 방해할 수 있다고 우려했다. 그래서 준주나 의회의 대표들이 인디언 문제에 대해 갖는 권한을 제한하고자 노력해왔다. 만약 각 주와 그 대표가 인디언 네이션을 몰아낼 수 있었다면 미국의 초기 역사는 근본적으로 달라졌을 것이다.

19세기 후반은 사냥의 쇠퇴와 함께 연방의회의 새로운 토지 정책 탓에 북아메리카 전역에서 선주민에 대한 박탈이 계속되던 시기다. 의원, 지식인, 사회개혁가 등이 국가적 사안인 "인디언 사안"에 착수할 필요를 점점 더 깊이 확신하게 되었지만, 날로 커져가던 이 위기에 대처할 수 있는 사람은 아무도 없어 보였다.

1870년대부터 정부 관리들은 미국 선주민 문화의 근절을 목표로 한 새로운 발상을 발전시켰다. 그리고 이를 수행하는 데 필요한 기관들을 설립했다. 인디언 포로를 감독하는 일을 맡은 리처드 헨리 프랫 대위는 군대식 규율, 복장, 조직이 선주민 포로와 학생을 순화하는 데 어떻게 도움이 되는지를 목격했는데, 그의 비전이 곧 국가 정책에 반영되었다.

프랫은 1879년까지 선주민 어린이를 훈육하기 위해 군대식 교육을 이용한 교육법을 개발했다. 또한 펜실베이니아 칼라일에 있던 군대 막사를 칼라일 인디언 산업학교Carlisle Indian Industrial School로 개조하기 위해 연방의회로부터 자금을 확보했다.[33] 그의 진술에 따르면, 칼라일에서 인디언 어린이는 "미국의 일부가 되어 고개를 들고 정면을 바라보며 줄 맞추어 행진하는 법을 배울 수 있었다. 그곳에서 소년은 시민권을 갖고 남자답게 경쟁하는 영광스러운 미래를 그려볼 수 있었다."[34] 이런 시도의 목표는 다음과 같았다. "어린이들이 자랐을 때 그들 안에 인디언이 없도록 해야 한다."[35]

프랫을 비롯한 개혁가들은 백인 문화로의 동화를 통해 인디언 아이들에게 "문명"을 전수할 수 있기를 바랐다. 그들은 자신들이 하는 일이 유익하다고 생각했다. 이들은 인디언 가정이 결핍되어 있고 재구성될 필요가 있다고 믿었다. 대법원이 '론 울프 대 히치콕Lone Wolf v. Hitchcock' 사건(1903)에서 판결한 내용에 따르면, 선주민은 "무지하고 의존적인 종족"이었다.[36] 부족정부, 친족망, 문화적 관행이 인디언 청소년에게 부정적 영향을 미쳐서 개인으로서의 잠재적 발전과 미국 사회로의 통합을 제한한다는 것이었다. 프랫에 따르면, 사실 "우리의 의무는 선주민이 부족민으로서의 삶을 그만둘 수 있도록 조언하

는 것"이었다.[37]

"부족민이 되는 것"이 엄밀히 말해 범죄는 아니었는데도 선주민 가족들은 프랫의 새로운 정책에 예속되었다. 멕시코가 야키인의 영토를 공격했을 때처럼 미국은 행정력을 동원해 부족이 통제하던 영토들을 빼앗고, 가족 구성원 간의 문화적 연결을 끊어내고, 선주민 네이션들이 고유의 종교적·정치적 의례를 행하면 처벌했다.[38] 재건 시대 이후 미국군의 전력과 연방정부의 힘은 온통 인디언 공동체로 향했다.


## 인디언, 헌법추가조항 제14조, 연방정부의 성장

백인 문화로의 동화 프로그램은 연방정부의 더 큰 변화의 일부였다. 1865년부터 1900년까지 연방의회는 새로운 이념과 제도를 통해 서부와 서부 선주민에 대한 관할권을 확대했다. 인디언 조약에 따라 보호해주겠다던 약속은 무시되었고, 자녀 납치에 항의하는 선주민 부모들의 고발도 무시되었다. 이런 식으로 새로운 미국이라는 국가가 생겨났다. 이 새로운 미국에서, 코네티컷 출신의 연방 상원의원 오빌 플랫Orville Platt은 다음과 같이 태평하게 말했다. "홍인에게는 백인이 존중해야 할 권리가 없다. … 홍인과 맺은 조약이나 계약은 구속력이 없다."[39]

연방 권력의 성장은 연방의 "더 큰 재건"과 병행했다.[40] 연방군은 노예제를 철폐하고 남부연합을 점령해 연방의 주권을 재확인하고 새로운 형태의 국가 권위를 확립했다. 이 과정에서 연방의회는 헌법을 다시 썼는데, 이를 공화당의 지도자 칼 슈어츠Carl Schurz(카를 슈르츠)는 "헌법혁명"이라고 불렀다.[41]

이 헌법혁명은 미국혁명만큼이나 중요한 결과를 가져왔다. 노예제를 폐지하기 위해 연방의회는 헌법을 재구성해야 했는데, 헌법추가조항 제13조를 통해 이를 시작했다. 제13조는 노예해방선언의 원칙을 확장해 법적 노예해방을 확립했다.[42] 이 혁명은 헌법추가조항 제14조와 제15조로 이어져 중앙정부의 권한을 강화했다. 60년 동안 헌법을 건드리지 않았던 연방의회가 1865년부터 5년 동안 세 차례에 걸쳐 새 헌법조항을 만들었다. 이 시기에 헌법이 비준된 이래 연방의회의 입법 활동이 가장 집중적으로 진행되었다.

이런 헌법 개정은 새로운 시대를 예고했다. 권력을 정부의 각 기관으로 나누고 개인의 권리가 연방의 개입으로부터 보호되도록 했던 건국 시기의 헌법 및 권리장전과 달리 이 헌법추가조항들은 개인과 주에 대한 중앙정부의 권한을 강화했다. 헌법추가조항 제13조에서 제15조까지는 노예 제도와 "비자발적 노역"을 금지하는 것 외에도 "인종, 피부색 또는 이전의 노역 여부"에 관계없이 모든 남성에게 시민권, 적법 절차 및 투표권을 확대했다. 각각의 추가조항은 연방의회의 권한을 강화했으며, 다음과 같은 내용으로 마무리했다. "연방의회는 적절한 입법을 통해" 각각의 조항을 "집행할 권한을 갖는다."

내전 이전에는 연방의회가 정부에서 가장 분열된 기관이었지만,

내전 이후에는 가장 강력한 정부 기관이 되었다. 각 개정안의 통과와 함께 획기적인 법안도 제정되었는데, 이를 통해 연방의회의 권한이 더욱 강화되었다. 예를 들어 1866년에는 미국 최초의 '민권법Civil Rights Act'인 해방흑인국Freedman's Bureau 법안이 통과된 데 이어, 헌법 추가조항 제14조가 통과되었다. 각 법은 연방정부의 권한을 역사적으로 확장했으며, 노예였던 이들을 위한 광범하고 새로운 정부 보호책을 강구했다.[43] 또 헌법추가조항 제14조의 적법 절차 조항을 통해 법 앞의 평등한 보호가 현대 법제의 필수 요소가 되었다.

원래의 헌법이 그랬듯이 이런 보호 조치가 선주민에게까지는 닿지 못했다. 인디언은 이런 획기적인 조항들에서 여전히 배제되었다. 한마디로 미국의 "두 번째 건국"에 포함되지 못했다. 헌법추가조항 제14조 제2항은 "과세 대상이 아닌 인디언을 제외한 전체 인구를 계산하여 각 주의 인구수에 따라" 주들 간의 대표성을 명시했다.

헌법추가조항 제14조는 선주민을 배제함으로써 제헌회의에서 제정된 모호한 법적 조항을 유지했다. 앞서 살펴본 바와 같이, 이런 법적 모호성은 '추방의 시대' 내내 이어졌다. 당시 남부 주들은 연방의 조약들은 물론이고 우스터 대 조지아 사건의 대법원 판결까지도 무시했다. 비슷하게 인디언은 1866년 민권법에서도 배제되었다. 이 법은 미국에서 태어난 모든 사람, 그러나 "과세 대상이 아닌 인디언"을 제외하고 미국에서 태어난 모든 사람은 시민이라고 선언했다.[44]

1866년에 연방의회가 얻은 두드러진 성과는 미국이라는 하나의 정치 체제 내에서 배제의 양상을 지속시켰다는 점이다. 앞서 논의한 대로 민권법과 헌법추가조항 제14조는 "사실상 미국에서 태어난 모든 사람"에게 적용되지 않았다.[45] 이로써 미국 최초의 민권법과 헌법에서 삭제된 선주민은 미국 시민의 권리와 자유에서 배제되었다. 애리조나에서 인디언의 훼손된 시신들이 백인 정착민 주권 확장의 상징으로서 나무에 걸렸던 것처럼, 인디언은 사냥감처럼 쫓기고 살해되고 포획되고 하인으로 일할 수는 있었지만, 인디언에게 이런 일을 저지른 사람들은 처벌받지 않았다.[46] 나아가 연방정부는 인디언 어린이를 그 가족에게서 빼앗아갔다. 연방 상원의원 플랫의 말처럼, 선주민에게는 "백인이 존중해야 할 권리가 전혀 없었다."

이처럼 선주민 네이션은 미국 내에서 법적으로 모호한 상태로 계속 유지되면서, 정치적 아웃사이더로 남았다. 그들에게는 시민권이 부여되지 않았다. 그러나 여전히 헌법에 의해 보호되었다. 그들의 권리는 개인적 권리가 아니라 집단적 권리였고, 조약을 통해 명문화된 권리였다. 연방정부는 선주민의 주권을 인정하고 개별 네이션에 자원을 제공했다. 이런 원조는 공동체의 건강, 교육, 농업 및 경제적 지원 조항이 포함된 조약에도 명시되었다. 이 집단적 권리는 헌법과 재건 시대의 헌법추가조항에 의해 설계된 미국 시민의 개인적 권리와 대조되었다.

그러나 재건 시기에 연방의회가 더 큰 권한을 갖게 되면서 조약에서 명시된 조항들은 무시되기 일쑤였다. 내전이 끝나갈 무렵부터 이어진 19세기 내내 연방의회는 기존의 인디언 정책들을 약화시켰다. 토지 할당과 같은 새로운 국가 정책은 선주민의 일상적인 생계를 개혁하는 것을 목표로 삼았으나 이전 조약 조항들과 충돌했다. 재건 이후 반세기 동안 연방 인디언 문제는 이런 갈등으로 점철되었다.

## 재건 시기에 체결된 조약

선주민이나 연방 지도자 모두 내전 이후 시대의 특징이었던 인디언 땅의 급속한 소유권 박탈을 예견하지 못했다. 애리조나와 마찬가지로 북아메리카 서부의 많은 지역에서는 백인 정착촌이 별로 없었을 뿐만 아니라 도로와 철도도 아직 건설되지 않은 상태였다. 예를 들어 애리조나 지사 존 굿윈이 준주의회에 보낸 첫 번째 의견서는 주로 유료 도로 건설에 관한 것이었다.[47]

게다가 많은 이들이 수년간의 전쟁 끝에 마침내 평화가 찾아왔다고 믿었다. 서부는 광활하고 풍성했다. 서부의 상당 지역은 이미 조약을 통해 인디언의 본거지로 인정받았고, 많은 이가 공존을 선호하지는 않았어도 가능하다고 믿었다.

내전 기간에 연방 상원은 미국 인디언 지역사회들과 맺은 37개 조약을 비준했다. 이는 미국 선주민과 미국 정부 간에 체결된 총 369개의 비준된 조약 중 10퍼센트에 달하는 규모다.[48] 이 조약들은 "이 땅의 최고법"이었으며, 대평원, 북서부와 고원 지대, 남서부, 서부 산간 지대에 자리한 여러 대규모 지역에서 선주민의 주권을 인정했다. 아라파호의 지도자 블랙콜Black Coal은 연방정부에서 나온 위원들에게 아라파호와 그들의 동맹 라코타 및 블랙힐스Black Hills 사이의 관계를 알려주면서 이렇게 말했다. "이곳은 우리가 자란 곳이며, 조약에 따라 우리에게 주어진 곳이기도 하다. … 이곳은 나의 나라이며, '위대한 아버지'께서 아라파호가 이곳에 살도록 허락하셨다."[49] 각각의 협상에는 힘든 외교적 과정이 수반되었다. 정부와 부족 지도자들 모두 이런 엄중한 약속의 대가를 충분히 알고 있었기 때문이다.

이 시대에 연방정부가 조약으로 보장된 인디언 토지를 얼마나 인정했는지를 제대로 파악한 역사 서술은 거의 없다. 블랙콜의 진술에 따르면, 조약은 광범위한 지역을 인디언영토로 인정했으며, 그는 1868년에 조약이 체결되는 과정을 목격했다. 그해 라코타, 북부 샤이엔, 북부 아라파호 지도자들은 모두 포트래러미에서 조약에 서명했고, 이를 통해 레드클라우드 전쟁을 종식시켰다. 레드클라우드 전쟁은 1866년 몬태나의 보즈먼 트레일Bozeman Trail에서 발발했다.

미주리강 서쪽에는 미국 역사상 가장 광범한 조약 중 하나인 '라코타 조약'을 통해 '그레이트수 거류구역Great Sioux Reservation'이 세워졌다. 라코타 인민이 "절대 방해받지 않고 이용하고 점유하도록" 설정된 곳이었다.[50] 연방정부는 300여 킬로미터에 걸쳐진, 약 13만 제곱킬로미터의 토지에서 라코타의 주권을 인정했다. 며칠 동안 여행해도 거류구역을 벗어나지 않을 정도의 규모였다. 또한 조약 조항에서 연방정부는 연금, 농업 및 교육 지원 등 기타 여러 협상된 내용을 약속했다.[51]

1868년에 유사한 조약이 콜로라도의 유트, 몬태나의 크로, 유타와 아이다호의 쇼쇼니, 워싱턴과 아이다호의 니미이푸우Nimiipuu(네즈퍼스), 애리조나와 뉴멕시코의 디네(나바호)와도 체결되었다.[52] 각 조약에서 미국은 비슷한 규모의 영토를 약속했지만, 크로와 니미이푸우와 맺은 조약은 이행되지 않았다. 협상을 주도한 이들은 모두 미국군 고위 장교였다. 당시 미국의 인디언평화위원회 위원을 맡고 있던 셔먼 장군이 거의 모든 협정에서 협상을 진행했다.[53]

조약은 서명자들 사이에서 평화를 구축한다고 공언했지만, 각 서명자에게 평화는 저마다 다른 의미였다. 라코타 조약 제1조 첫 문장은 다음과 같다. "이날부터 이 조약의 당사자들 사이에서 전쟁은 영원히 중단된다."[54] 라코타 네이션에게 평화란 (백인) 이주자들에 대한 습격과 출동 준비를 제한하는 것이자, 몬태나 평원 거류구역 서쪽에 있는 라코타 사냥터를 인정받는 것이었다. 나바호 네이션에게 평화는 포트섬너에 감금된 상태에서 벗어나 디네타의 본거지로 돌아가는 것을 의미했다.[55]

이런 조약 체결의 세부 사항은 어지러울 정도다. 아포맷톡스Appomattox(남부연합의 리Lee 장군이 연방의 그랜트 장군에게 항복하면서 미국내전이 종결된 장소) 전투 이후 몇 년 동안 연방정부는 서부 최대 규모의 인디언 부족과 수백만 에이커에 달하는 영토를 놓고 수십 건의 조약을 협상했다. 1860년대는 연방정부와 인디언 사이의 정치·외교 관계에서 매우 결정적인 시기였다. 미국 외교의 관행을 구축한 1790년대의 조약 체결과 비견할 만했다.

연방정부는 오클라호마에서 인디언영토의 미래를 추가로 재설계

N
외교
교역
밀크강
블랙피트
어시니보인 구역
소리스강
어시니보인강
미국-캐나다 국경
포트콰펠
포트엘리스
밀크강
포트펙
메티스 상인들
미주리강
메티스 상인들
기관
교역소
군사 요새
라코타 조약 제16조를
통해 인정된 선주민 영토
라코타 조약 제11조에서
선주민의 이용권을
인정한 토지
캐롤 트레일
헬레나
미국인 상인들
엘로우스톤강
포트에이브러햄링컨
포트라이스
스탠딩록
그랜드강
크로 거류구역
그레이트수
거류구역
샤이엔강
블랙힐스
공격
쇼쇼니 구역
미국인 상인들
파우더강
미국인 상인들
로어브룰
포트랜들
스포티드테일
유니언퍼시픽 철도
포트페터먼
레드클라우드
오마하
포트
래러미
플래트강
유트
거류구역
리퍼블리컨강
포니인 구역
공격
0    50    100 마일
0  50 100 150 킬로미터

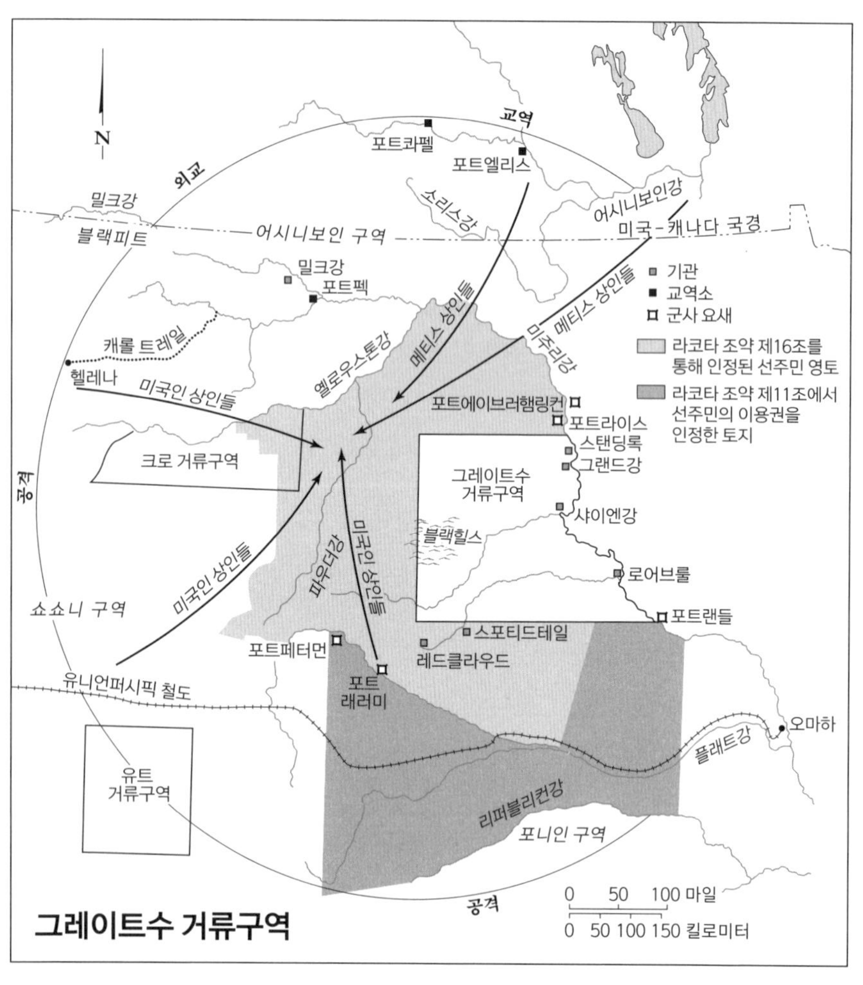

## 그레이트수 거류구역

했다. 세미놀, 촉토, 치커소, 크리크, 체로키 네이션과 맺은 개별 조약에서 연방정부는 각 네이션의 고유한 부족 주권tribal sovereignty을 인정하는 동시에 각 네이션이 이전에 "이른바 남부연합국과 맺었던 조약"을 소멸시켰다.[56] 이로써 인디언영토에 대한 연방정부의 권한이 재확립되어 연방정부가 미국의 주권을 보다 광범하게 재주장하는 데 도움이 되었다. 예를 들어 1866년 '세미놀 조약' 제9조에서, "미국은 상기 세미놀 네이션이 이른바 남부연합국과 조약을 맺기 이전에 체결된 조약 규정들의 모든 의무를 **재확인하고 재수입한다**"라고 명시했다.[57]

그러나 이전 조약들과 달리 이 협정들 전반에 걸쳐 연방정부의 권한이 반영되었다. 오클라호마의 미래에 대한 새로운 전망이 형성되고 있었다. 특히 이 조약들에는 기존 거류구역 토지의 재분배에 관한 조항이 포함되었다. 또 철도 개발, 인디언 토지를 개인 재산이나 할당지로 전환하는 문제, 그리고 불길하게도 다른 부족을 위해 기존 거류구역 토지를 압류하는 것에 대한 고려도 들어갔다. 1866년 체로키 조약 제15조는 "미국은 체로키와 우호적인 인디언, 인접 부족들의 인디언을 체로키 지역 내 점유되지 않은 땅에 정착시킬 수 있다"라고 명시했다.[58] 원래 인디언영토는 동부 지역 부족들의 피난처로 마련되었는데, 이제는 연방정부에 의해 다른 종류의 추방이 진행되도록 개방되는 셈이었다. 연방 공무원들은 자신들이 "다른 인디언 부족들을 … 인디언구역의 경계 내로 배치할 권리를 획득했다"라고 믿었다.[59]

1866년, 캔자스의 델라웨어 인디언을 시작으로 수십 개의 서부 인디언 네이션이 인디언영토로 쫓겨났다. 이런 추방은 연방군이 인디언 지도자들에게 근거지를 떠나도록 강요하고, 그들과 가족을 군사 요새에 감금한 후 인디언영토 내 기관들로 배치했다는 점에서 내전 이후 시대와 비슷했다. 그러나 두 정책은 실행 속도에서 차이가 있었다. 서부로의 이주는 이제 철도를 통해 이루어졌다. 대륙 전역에서 인디언 가족들이 기차를 타고 왔고, 무장한 연방군이 경계를 섰다.

캘리포니아 북부의 모독Modoc인, 북부 대평원의 샤이엔-아라파호인, 그리고 가장 유명한 애리조나 출신 아파치인이 이런 추방을 당했다. 수년간의 저항 끝에 1886년에 수감된 제로니모Geronimo가 속한 치리카와Chiricahua 집단도 여기에 포함되었다. 연방 요원들은 그 이후 27년 동안 텍사스, 플로리다, 앨라배마, 그리고 마지막으로 인디언영토의 포트실Fort Sill에서 치리카와인들의 수감 생활을 감독했다. 제로니모를 포함해 수백 명이 유배지에서 사망했고, 아파치 어린이들은 칼라일 학교로 보내졌다. 마찬가지로 1877년 10월, 조지프Joseph 수장을 비롯한 니미이푸우(네즈퍼스) 지도자들은 몬태나에 있는 캐나다 국경 근처 베어스파우산맥Bear's Paw Mountains에서 미국군에 투항한 뒤 포로가 되어 포트버톨드Fort Berthold를 지나 동쪽으로 행군하다가 기차에 실려 세인트폴까지 갔다. 이들은 그곳에서 잠시 머물렀다가 다시 인디언영토로 보내졌다. 치리카와인들과 마찬가지로 이들도 연방 교도소들에 수감되었고, 철도를 통해 이송되었다. 이렇게 해서 약 500명이 본거지를 떠나 인디언영토에서 10년

을 보냈다. 이들은 매년 아이다호로 돌아갈 방법을 모색하며 고군분투했다.[60]

　모든 추방이 군대에 의해 주도된 것은 아니지만, 연방에서 시행한 정책의 배후에는 폭력의 위협이 도사리고 있었다. 예를 들어 델라웨어인이 1866년에 맺은 조약에 따르면, 내무부 장관이 각 부족 구성원으로부터 "인디언구역으로 이주할 준비가 되었다"라는 통지를 받으면 이주에 필요한 조치를 취하고, 이주한 새집에서 더 나은 생활을 할 수 있도록" 지원해야 했다.[61] 내전 이후 갈수록 늘어난 인디언과의 조약으로 부족의 토지가 축소되어 인디언영토로 선주민을 이주시키는 것이 용이해졌다.

　그럼에도 내전 이후 체결된 조약들 대부분에는 정착민과 선주민이 지역에서 공존할 수 있게 할 뿐 아니라 공존을 선호하게 하고자 한 정책도 있었다. 예를 들어 1867년의 '메디슨로지 조약Treaty of Medicine Lodge'에서 아파치, 코만치, 카이오와, 샤이엔, 아라파호 지도자들은 자신들이 권리를 가지고 있던 약 9000만 에이커의 토지를 인디언영토 내 300만 에이커와 교환했다. 평화를 대가로 인디언 토지를 인정하는 것은 연방정부의 오랜 관행이었다. 울시 같은 지역 정착민은 자신들의 폭력에 자부심을 느꼈지만, 많은 국가 지도자가 대규모 학살이 부도덕할 뿐만 아니라 불안을 초래한다는 것을 잘 알았다. 1869년, 율리시스 그랜트 대통령은 연방의회에서 이렇게 말했다. "한 인종을 사라지게 하는 것은 너무도 끔찍해서 어떤 나라도 채택할 수 있는 일이 아닙니다." 전임자들과 마찬가지로 그랜트는 국경에서의 살인이 무법 상태로 이어지고 있음을 알았다. 그는 이어서 이렇게 말했다. "시민들에게 인간 생명을 무시하도록 조장하는 것은 사회 전체에 위험한 일입니다." 그는 시민은 "타자의 권리를 … 무시해서는 안 됩니다"라고 마무리했다.[62] 이런 권리들은 조약에 의해 개발되고 규정되었다.

## 사회 기반 시설과 환경 변화

공화국 초기에 그랬듯이 이런 조약 협상을 통해 미국의 행정 구조와 통치 구조가 재구성되었다. 제국주의 열강들은 미주리강까지 이르는 대륙을 영토로 확보하기까지 몇백 년이 걸렸지만, 이제 미국은 철도와 조약 체결을 통해 나머지 지역을 통합했다. 대륙횡단철도가 대륙을 가로지르면서 군인, 보급품, 정착민, 기타 자원을 운송하는 정부의 능력을 의심할 여지가 거의 사라졌다. 실제로 대륙 여행의 완전한 재구성이 진행되었다. 이제 전력선, 통신선, 무역선이 북에서 남으로 움직이거나 큰 강을 따라 움직이기보다는 주로 동쪽에서 서쪽으로 이동했다.[63]

내전 이후 인디언 정책을 이끄는 지침은 철도 개발을 위해 인디언 땅의 소유권을 확보하는 것이었는데, 내전 시기에 그 목표가 빠르게 달성되었다. 1861년부터 시작된 복잡한 중재 과정에서 연방정부는 조약을 통해 인디언에게 양도받은 토지를 레번워스, 포니, 그리고 서부철도회사Western Railroad Company에 판매하는 중개자 역할을 했다. 상원은 "델라웨어 인디언 부족들"로부터 받은 약 25만 에이커를 연방정부에 양도하는 재정 협정을 통해 1861년에 '델라웨어 조약'을 비준했다. 나중에 정부는 이 땅을 1에이커당 거의 1달러에 매각했는데, "상기 델라웨어 인디언의 이익을 위해" 이런 조치를 취했다고 주장했다.[64] 같은 해 6월 10일, 링컨 대통령은 네 개의 단락으로 구성된 추가조항까지 작성해 조약의 이행을 승인했고, 10월 4일에는 조약 비준에 따라 조약에 서명했다. 링컨은 다음과 같은 기록을 남기기도 했다. "내가 여기에 미국의 국새를 찍게 했고, … 바로 그 문서에 내 손으로 서명했다."[65] 인디언영토로 이주하기 5년 전, 델라웨어 네이션은 10만 에이커가 넘는 토지의 소유권을 상실했다. 다른 여러 부족처럼 델라웨어의 본거지도 정착민과 철도 개발업자 들이 탐내던 땅이었다. 그 두 세력은 연방정부에 인디언을 쫓아내달라고 호소했다.[66]

철도가 동부와 서부를 연결하자 경제 통합에 속도가 붙었다. 1861년, 캔자스가 주로 승격될 당시 정착민이 10만 7000명이었는데, 그뒤 총인구가 급증했다. 정착민은 북쪽 네브래스카로 퍼져나갔다. 서부 전역의 다른 정착민 붐에서 그랬듯이 캔자스의 인구는 젊었다. 1861년에는 44세 이상 인구의 비율이 1퍼센트에 불과할 정도였다. 앞으로의 통합을 예고라도 하는 듯, 20년 이내에 대다수 정착민이 농장에서 살았는데, 이 농장들은 동부에 있는 은행에 저당잡힌 경우가 많았다. 이는 경제적 식민화와 정착민 식민화가 이중으로 얽힌 과정으로, 사람만이 아니라 신용의 이동도 요구되었다. 네브래스카의 인구

도 마찬가지로 폭증해, 1867년에 주로 편입된 이후 10년 만에 네 배로 늘었다.[67]

델라웨어인들이 인디언영토로 추방되면서 캔자스는 철도 개발, 신도시 건설, 목축업의 중심지가 되었다. 주요한 들소 도축 장소이기도 했다. 대평원 남부 전역에서 수확된 들소 가죽은 수출 붐을 일으켰다.[68] 역사상 처음으로 들소가 가죽만을 위해 도살되었다. 사살과 가죽 벗기는 일의 신속성을 가장 우선시했던 "산업적 사냥"으로 대평원 남부 곳곳에는 들소의 사체가 널려 있었다. 1871년까지 애치슨 철도Atchison Railway가 45만 9500장의 가죽을 이 지역 밖으로 운송해 세계적인 무두질 경제tanning economy를 일으켰고, 이것이 미국과 영국의 산업화를 촉진했다. 이런 학살로 대평원에서 들소가 거의 멸종되었고, 선주민 경제도 마비되었다.[69]

소, 양, 말과 같은 침입종이 들소를 빠르게 대체해 이 지역 주요 수출품이 되었다. 철도가 동서로 이동하자 도로, 창고, 목축용 길이 격자무늬를 이루며 인접 지역들을 재편했다. 예를 들어 대부분의 텍사스 롱혼Texan longhorn〔미국 소 품종의 하나로, 긴 뿔을 가진 것이 특징〕은 텍사스에서 도살되거나 가공되지 않았다. 캔자스에 있는 창고들로 보내졌는데, 그러기 위해서는 인디언영토를 통과해야 했다. 그러나 모든 소가 도축장으로 보내졌던 것은 아니다. 지역을 넘나들며 번식시키는 경제활동도 활발해지면서 어린 소를 콜로라도, 와이오밍, 네브래스카로 보내 좀더 서늘한 지역에서 방목하기도 했다. 1868년에는 텍사스의 롱혼 무리가 와이오밍의 도시 샤이엔에 도착했다.[70]

내전 이후 철도는 돌이킬 수 없는 변화를 일으켰다. 철도는 먼 거리를 극복하게 해주었고, 계절에 따라 이동해야 했던 과거의 어려움을 해결했다. 또한 목축업과 농업 경제를 일으켜, 어느 여행자가 "메마르고 나무도 없을 뿐만 아니라 사람이 살지 않는 사막"이라고 했던 곳을 "농업 천국"으로 탈바꿈시켰다.[71] 소달구지, 역마차 여행, 도보 여행의 시대는 끝났다. 가로변 여인숙은 잊혔고, 대륙을 가로지르는 마차 바퀴 자국은 서부의 향수를 보여주는 첫 흔적이 되었다. 요컨대 중부 대평원은 새 기술과 새 인민, 새 품종에 의해 혁명적으로 변모했다.[72]

이 같은 변화 속에서 인디언 사안의 미래를 확신할 수 있는 사람은 거의 없었다. 1868년까지 연방정부는 대평원의 광활한 지역에 대해 소유권을 확보했다. 선주민 네이션들은 조약에 쫓겨 중부 대평원에서 북쪽과 남쪽으로 밀려났다. 새로운 준주들과 주들도 세워졌다. 그러나 미국에서 "인디언 사안"의 장기적 미래는 여전히 불투명했다.

1868년에 북아메리카 내륙 전체에서 체결된 조약들을 통해 거대한 거류구역이 형성되었다. 유트 거류구역, 나바호 거류구역, 라코타 거류구역 등 몇몇 거류구역은 규모가 어마어마해서 "독립된 나라"와 흡사했다.[73] 이들 거류구역은 이동하는 공동체들mobile communities에 의해 계속 통치되었다. 이 선주민들에게는 미국군의 힘과 의회가 제정한 법률의 힘을 통해서만 연방정부의 권력을 행사할 수 있었다. 그다음 세대에서 20세기에도 진행될 인디언 사안의 여러 법적 토대를 결정한 것은 인디언영토와 대평원 북부의 운명이었다.

# 그레이트수 거류구역의 기원

네브래스카 북쪽에 있는 그레이트수 거류구역과 그 주변은 활기가 넘쳤다. 1868년 조약이 체결되기 2년 전, 라코타 부족 연합은 미국군과 맞서 싸웠는데, 몬태나의 보즈먼 트레일을 따라 전선이 교착 상태에 놓여 있었다. 레드클라우드의 전쟁으로 알려진 이 전투는 언론에 대대적으로 보도되었다. 이 전쟁이 진행되던 1866년 12월 21일에 포트커니 외곽에서 윌리엄 페터먼William Fetterman 중위가 이끌던 미국군 전체 사령부가 패배하는 등 큰 손실이 발생하기도 했다. 많은 라코타인은 이 계절을 "100명이 살해된 겨울"로 기억한다.[74]

1868년의 조약에서 미국과 라코타 지도자들은 서로에게 평화를 약속했고, 조약에는 이런 약속의 흔적이 가득하다. 조약의 여러 조항 중에는 연방정부가 새로운 거류구역에 관청을 설립하고 소와 공산품, 연금 등을 분배하기 시작하며, 원하는 사람에게 농업 교육을 제공한다는 내용이 포함되었다. 라코타는 그 대가로 네브래스카 경계 지역에 있는 남쪽 토지들의 소유권 중 일부를 포기하면서 거류구역의 새 경계를 수용했다. 그리고 협상된 다른 합의 사항을 통해 "거류구역을 통과하지 않는 철도의 평화적 건설을 허용"하기로 동의했다.[75]

그렇게 한 결과 농업을 위한 토지와 보조금 제공은 확대되었지만, 대다수 라코타인은 농부가 되는 것을 선택하지 않았다. 조약이 허용하는 대로, 그들은 대평원으로 돌아와 남은 들소 무리를 사냥하고 동맹과 우정을 새롭게 다지며 계절과 관례에 따른 생활 주기를 지키는 삶으로 돌아갔다.[76] 많은 선주민 집단이 거류구역 동쪽 가장자리에 있는 미주리강을 따라 생겨난 기관에서 살기보다는 1년 내내 대평원에서 사는 편을 선택했다. 연방정부가 세운 기관들은 사기와 혼란의 공간이 되었다. 특히 백인 요원들이 정부 연금을 독점하고 불법 주류 상인들의 영업을 허용하면서 그렇게 되었다.

1862년의 다코타 전쟁 때와 마찬가지로, 정부 상인들〔인디언과의 교역 업무를 위해 연방정부에서 파견한 공무원, 혹은 연방정부가 고용한 상인〕은 믿을 수 없는 사람들이었다. 그들은 자기 주머니를 채우기 위해 일했다. 이들은 결혼하면서 인디언 공동체로 들어가 선주민의 언어를 익히고 대평원 전역에서 일상을 공유하며 사회상을 속속들이 익힌 메티스, 프랑스인, 초기 모피 상인 세대와는 판이한 사람들이었다. 1876년, 마토 와타크페Mathó Wathákpe(차징베어Charging Bear)는 다음과 같이 말했다. 국영 거래를 맡은 어느 정부 상인은 "백인과 거래하는 가격으로 우리와 거래하지 않았다. … 나는 인디언에게 백인보다 더 많은 비용을 청구하지 않는 … 상인을 원한다. … 그런 상인 대신 인디언과 인디언의 방식에 익숙한 사람, 인디언과 함께 살 수 있는 사람을 보내달라."[77]

'라코타 조약'은 인접한 영토에 대한 연방의 인정을 확립한 것이 그 특징이었다. 이 조약 제16조에 따르면, 라코타인들이 계절에 따른 이주 생활을 지속하는 것에 연방이 제재를 가할 수 있다. 이 조약은 "빅혼산맥Bighorn Mountains 정상 동쪽"과 "플래트강 북쪽"의 땅을 라코타의 관할 구역으로 지정한다.[78] 몬태나의 파워리버컨트리Power River Country와 블랙힐스 서쪽이 포함된 이 지역은 라코타의 이동 주기에서 말을 방목하고, 들소를 사냥하고, 제례를 치르는 주요 장소였다.

캐나다로 이어지는 거류구역 북쪽의 대평원도 마찬가지로 라코타의 사냥터로 계속 인정받았다. '라코타 조약'의 제16조는 "어떤 백인도 혹은 어떤 사람도 인디언의 동의를 먼저 받지 않으면 해당 지역에 정착하거나 지역의 일부를 점유하는 것은 허용되지 않는다"라고 규정한다. 그리고 "그 영토에 이미 설치된 군사 기지는 … 폐기될 것이며, 그곳으로 이어지는 길은 … 폐쇄될 것"이라고 명시한다.[79]

이 땅들은 엄밀히 말하면 거류구역 밖이었으나 라코타의 감독하에 있었다. 그들은 연방정부와 맺은 조약을 통해 보호받게 되었다. 하지만 여러 라코타 집단에서 가장 원하던 근거지들은 양도받지 못한 영토 안에 있었다. 이 영토들은 라코타 공동체들이 독점적으로 사용할 수 있도록 정부가 보유하고 있어야 했다.

이런 "제16조 토지" 전역으로 라코타의 야영지가 확산되었다. 여기에는 라코타와 동맹 관계에 있던 샤이엔과 아라파호도 포함되었으며, 그 수는 수천 명에 달했다. 이들 부족은 가족 단위로 수만 마리에 이르는 말 떼를 방목했다. 여름 야영지에는 사방에서 상인들이 모여들었다. 그들은 말, 가죽, 육포와 겨우내 선주민이 가공한 여러 물품과 교환할 상품들을 가져왔다. 이런 여름철 회합은 여러 세대에 걸쳐 지속되면서 오랜 경제적·사회적 관습을 이어가는 기능도 했다. 그리고 그 규모는 미주리강과 몬태나의 금광 지대 사이에 있는 백인 정착지의 인구보다 더 컸다. 캐나다와 허드슨만에서 온 메티스 모피 상인들은 여러 세대에 걸쳐 해왔던 대로 영국제 금속 제품, 총기 등 여러 상품을 싣고 남쪽으로 이동해 라코타 사냥꾼에게 가져갔다.[80] 그러나 새로운 무기의 도입은 연방 관리들에게 강한 인상을 남겼다. 그중 한 사람이 1866년에 언급한 바에 따르면, 현대식 총기로 인해 라코타(및 그 동맹)는 "별로 위험할 것 없는 하찮은 상대에서 세상에서 찾아볼 수 있는 최고의 군인이 되었다."[81]

'라코타 조약'을 통해 인접 영토까지 아울러 자율적인 라코타 근거지가 확립되자 대평원 인디언 외교에서 새 시대가 예견되었다. 1860년대의 다른 조약들과 마찬가지로 이 조약에서도 연방정부는 특정 인디언 지도자들이 통치하는 인디언 땅들을 인정했다. 1868년, 수백 명의 인디언 지도자가 이 조약들에 서명했다. 그러나 체결된 후 10년 동안 조항들에 대한 공격이 이어졌고, 곧 이 지역은 다시 전쟁에 돌입했다. 1860년대에 델라웨어인이 땅을 잃었던 것처럼 그레이트수 거류구역도 땅과 자원을 얻기 위해 이 지역으로 몰려온 백인 정착민의 압력 탓에 축소되었다.

라코타 지도자들은 조약 이행 과정에서 나타난 이중성에 분통을 터뜨렸다. 1870년 6월, 백악관을 방문한 레드클라우드와 스포티드 테일Spotted Tail을 비롯한 라코타 지도자 대표단 세 명은 새로운 버전의 조약안을 보고 경악했다.[82] 그들은 연방정부가 최근 조약을 위반한 것에 불만을 표명하러 왔지 재협상을 하러 온 것이 아니었다. 그런데 이제는 연방정부에 양도되지 않은 땅도 영원히 그들의 소유가 될 수 없었다. 그들이 처음에 들은 것처럼, 제16조 영토에 대한 라코타의 관할권은 "들소 사냥을 해도 문제가 없을 만큼 큰 규모로 그 지역을 다니는 조건"에서만 지속될 수 있었다.[83]〔들소가 줄어들던 시기였기에, 이는 라코타가 관할권을 갖지 못하게 됨을 의미했다〕라코타 지도자들이 그랜트 대통령을 만찬에 초대한 것은 이런 배신과는 상관없었다.

이때 언급된 조건들은 포트래러미에서나 상원에서 조약이 비준될 당시에는 포함되지 않았다. 다른 조약들과 마찬가지로, '라코타 조약'도 전쟁을 종식시키려는 야망에 걸맞은 엄숙함과 의전을 갖추어 진행되었다. 레드클라우드를 비롯한 지도자들은 초기에도 조약을 수용하기가 힘들었지만, 이제 새로운 조건들을 직면하자 이를 받아들일 수 없다고 판단했다.

정부는 이미 라코타의 영토를 제한하는 상황이었다. 그러자 들소 무리가 줄어드는 지역에 살던 라코타 공동체들 내에서 긴장이 감돌았다. 특히 연방군을 다시 한번 물리칠 수 있다고 믿던 라코타 군인들 사이에서 분위기가 고조되었다. 이런 문제를 감지한 레드클라우드는 즉시 돌아가자고 주장했고,《뉴욕 타임스》에 따르면 다른 두 지도자는 "차라리 여기서 죽자. … (우리는) 사기를 당했다"라고 주장했다.[84] 라코타 지도자들은 연방정부와의 협상에 새로운 위협이 도사리고 있음을 감지했다. 1876년 마토 와타크페가 정부 지도자들과 다시 협상했을 때 그는 "이 합의서의 사본을 내가 가져갈 수 있기를 원한다"라고 말했다.[85]

그랜트 행정부는 선물과 약속을 제공했지만, 라코타인은 이제 거류구역 밖에서 주권자로서 계속 인정받을 수 있을지 확신할 수 없음을 깨달았다. 라코타의 서부 근거지들은 정신적으로나 경제적으로나 중요한 자원을 모두 갖추고 있었다. 라코타인은 다달이 새로운 위협의 파도, 그러니까 철도, 도로, 들소 사냥꾼이 그들 가까이 다가오는 것을 지켜보았다.

라코타 지도자들은 자신들의 권리가 침해당한다는 것을 알았다. 하지만 그 위협이 어느 정도인지는 알지 못했다. 1868년 이후 외교가 계속되고 미국의 힘이 엄청나게 커졌지만, 라코타 지도자들은 레드클라우드의 전쟁에서 미국군을 물리쳤던 것과 포트래러미에서 여러 조건을 열거하며 요구했던 것을 기억했다.

그러나 연방정부의 힘이 변하고 있었다. 불길하게도, 라코타 대표단에게 깊은 인상을 주기 위해 마련된 여러 행사 중 하나에서 레드클라우드는 연방 상원 방청석에서 의회 지도자들이 '인디언예산법Indian Appropriations Act'을 두고 토론하는 모습을 지켜보았다. 이 법안에는 향후 인디언과의 조약 체결을 전반적으로 제한하자는 내용이 들어 있었다.[86] 1871년에 통과된 이 법은 미국이 선주민 네이션들과 조약을 체결할 권한을 소멸시켰다. 이는 의회 권한의 확대를 보여주는 또다른 신호였다. 방문 대표단에게는 알려지지 않았지만, 이 같은 소멸은 인디언을 정부의 피보호자로 만들려는 개혁가들의 노력과 관련이 있었다.[87]

# '그레이트수 전쟁'과 미국의 100주년

1871년의 인디언예산법은 조약 체결 관행을 제한하면서도 기존 조약의 우위를 여전히 인정했다. 이 법은 "여기에 포함된 어떠한 내용도 이전에 합법적으로 체결되고 비준된 조약의 의무를 무효화하거나 손상시키는 것으로 해석되어서는 안 된다"라고 명시했다.[88] 그동안 인디언 문제는 조약에 따라 처리되었다. 그러나 이제 연방의회가 연방정부의 가장 오랜 외교 관행을 바꾸려 했다.

연방의회의 새로운 비전은 미국사의 전환점을 가져왔다. 연방 당국의 관할권 밖에 있는 부족 네이션들의 고유성을 인정하는 방식에서, 연방 당국의 관할권 아래 있는 부족 구성원에게 국내법을 집행하는 방식으로 이동한 것이다.[89] 앞서 살펴본 바와 같이, 미국헌법은 인디언을 과세 대상에서, 주와 연방의 법에서, 시민권에서 "배제"했다. 인디언은 헌법추가조항 제14조에서 시사한 대로 국가의 경계 밖에, 즉 "국가의 관할권에 들어가지 않는" 공간 내에 머물러 있었다. 그러나 재건 기간에 이러한 관행이 바뀌었다. 이는 이제 강제 포용과 백인 사회로의 동화라는 새로운 형태를 취했다. 1871년 법이 조약의 우월성을 지지하기는 했지만, 연방의회는 곧 조약의 의무를 "무효화하거나 손상시키는" 여러 법령을 통과시켰다.

선주민 네이션들은 자신들에 대해 연방의회가 행사하는 권력이 점점 커지는 현상을 이해하고자 고군분투했다.[90] 라코타의 경우, 자신들에 대한 연방정부의 권한이 이렇게 계속 커지자 또다른 전쟁이 일어났다. 미국 인디언들의 운명, 특히 그들의 땅과 관할권을 둘러싸고 정치적·법적 문제 제기가 끊어올랐다.

미국 역사에서 1876년만큼 상징적이고 논쟁적이며 결정적인 해는 드물다. 3월, 미 육군 장군들은 라코타 마을들에 대한 공격에 착수했고, 이는 '그레이트수 전쟁'으로 확대되었다. 7월 4일에는 미국 건국 100주년 기념행사를 했다. 11월에는 치열한 대선을 통해 러더퍼드 헤이스Rutherford B. Hayes가 당선되면서 재건 시대가 종식되고 그 이후 공화당의 통치가 거의 반세기 동안 이어진다.

이 선거는 남부와 북부의 재통합에 대한 국민투표처럼 되었고, 그 결과는 '재건'과 등을 돌려야 함을 의미했다.[91] '1877년의 타협Compromise of 1877'으로 알려진 선거의 여파로, 그리고 헤이스의 대통령직을 확실하게 지키려는 공화당 지도자들의 노력의 일환으로, 남부에 남아 있던 연방군이 철수했다. 이는 고삐 풀린 백인 우월주의로의 복귀를 알리는 신호였다. 남부 지역의 백인이 재건에 대해 품은 분노가 너무도 크다 보니 민주당 출신이 주의회와 주지사직에 당선된 후에도, 어떤 기자에 따르자면 "분노한 다수"가 계속해서 "새로운 내전을 위협"할 정도였다.[92]

연방정부에 대한 백인의 분노는 대평원 곳곳에서도 울려 퍼졌다. 1875년, 블랙힐스에서 금이 발견되자 광부들이 연방정부의 보호를 받는 그레이트수 거류구역의 토지로 몰려들었다. 일주일에 800명의 광부가 데드우드Deadwood 광산으로 왔는데, 초기의 어느 홍보 자료에 따르면, "광부 한 명이 광산업자들에게 일당으로 청구한 액수가 평균 300달러에서 700달러였다."[93]

　이런 침입은 1868년의 조약을 위반한 행위였다. 라코타 지도자들은 조약 원본의 사본도 받지 못했지만, 조약의 제1항에서 "백인 또는 미국의 권위를 수용하는 이들 중 어떤 사람이 인디언의 인명이나 재산에 해를 가하면 미국은 … 즉시 그 범죄자를 체포하여 처벌할 것"이라고 못박았던 것은 기억했다.[94] 이 조항은 연방정부의 구제책도 약속했다. "인디언의 신체나 재산에 대해 어떤 잘못"이 발생하는 경우, 정부는 "피해자가 입은 손실을 배상"하겠다고 약속했다.[95]

　시간이 지날수록 조약 위반 행위가 누적되었지만, 연방정부는 침입자를 제재하려는 노력을 기울이지 않았다. 조지 크룩George Crook 장군의 표현에 따르면, 이 침입자들이 이 생태계의 "오아시스"를 바꾸어놓았다. "블랙힐스는 당시 가장 … 아름다운 곳이었다. … 이곳은 시간이 흐르면서 아름답게 자란 풀로 뒤덮인 땅이었고, 온갖 종류의 사냥감으로 가득 차 있었다."[96] 《태평양 여행자Pacific Tourist》〔1881년 발간된 북아메리카 대륙 여행 책자〕에 따르면, 이곳은 "눈이 피곤할 새가 없는 땅"이었다.[97]

　광부들은 연료를 얻기 위해 나무를 베어냈다. 그들은 사냥감을 죽이거나 쫓아냈고, 자신과 자신의 가축을 위해 이 지역의 물을 소비했다. 그들의 기술을 통해 수은과 기타 관련 화학 물질이 용출되었다. 그들은 라코타인이 토지를 제대로 활용하지 않는다고 여겨 라코타인을 미워했다. 농부와 마찬가지로 광부들은 정부와 철도 회사에도 반감을 품었다. 정부와 철도 회사가 수익의 가장 큰 몫을 가져간다고 믿었기 때문이다. 어느 정착민은 다음과 같은 회고를 남겼다. "미주리강을 건너는 순간, 너의 운명은 그들의 손에 들어간다. 그들은 우리가 생산한 모든 것을 빼앗아갔다. … 초기 정착민 중 상당수가 제대로 먹지도 입지도 못한 채 살다가 영양실조 등으로 일찌감치 무덤에 들어갔고, 그들이 생산한 부는 냉정하게 계산되었다."[98] 1873년에 경제 공황이 발생한 이후 서부의 농부, 정착민, 광산 관계자 들은 강력한 유권자로 떠올랐다.[99]

폭력 다음에는 전쟁이 왔다. 침입에 분노한 여러 라코타 지도자들은 거류구역과 그곳의 무서운 기관들로 돌아가기를 거부했다. 일부는 북쪽으로 이주해 캐나다로 도망쳤다. 백인의 무법 행위와 인디언의 습격이 이어졌고, 곧 징벌적 군사 작전이 시작되었다. 크룩과 같은 군 장교들은 "거류구역 밖에 있던 수 인디언과 샤이엔 인디언을 강제로 거류구역에 돌아가게 만들라는 지시를 받았다. 결과적으로 인디언은 거류구역으로 가야 한다는 통보를 받은 것이다. … 그렇지 않으면 군대가 인디언을 발견할 때마다 공격할 것이다."[100]

독립 100주년을 맞이한 미국에서 크룩 장군의 1876년 군사 작전은 거의 주목받지 못했다. 라코타의 저항은 낯선 것도, 놀라운 것도 아니었다. 크룩이 사실적으로 보고한 바에 따르면, 라코타인은 "그들의 자유가 제약받는 것을 거부했다."[101] 그러나 이전에 벌어졌던 미국과 라코타 사이의 전쟁들과 마찬가지로 양측의 손실이 누적되면서 이는 곧 미국에 충격을 주었다. 여기에는 1876년 6월 26일, 조지 암스트롱 커스터George Armstrong Custer가 지휘하던 제7기병대가 패배한 것도 포함된다.

건국 100주년 기념행사가 시작될 무렵, 커스터의 패배 소식이 동부 신문사들에 전해졌다. '필라델피아 백주년 박람회Philadelphia Centennial Exposition'에 수십만 명이 모였는데, 미국 역사상 가장 큰 인파였다. 필라델피아는 120킬로미터에 이르는 아스팔트 산책로를 따라 새로운 박물관, 정원, 기술을 선보였는데, 그중에는 알렉산더 그레이엄 벨Alexander Graham Bell이 발명한, "인간의 목소리를 전달하는 새로운 장치", 즉 전화기도 있었다.[102] 통신, 전기, 교통의 새 시대가 왔지만, 대부분의 거류구역은 이 "압도적으로 미국적인" 과정의 혜택을 20세기 후반까지 누리지 못했다.[103]

전시회가 열리자마자 리틀빅혼강에서 약 300명의 군인이 전사했다는 소식이 필라델피아로 전해졌다. 내전 이후 연방군이 입은 가장 큰 손실이었다. 아직 국가國歌조차 없던 미국에게 이 패배는 몇 가지 진실을 확인해주었다. 한 세기에 걸친 팽창 속에서도, 그리고 통합을 이루기 위한 대격변의 전쟁 이후에도 미국은 고르지 못한 나라였고, 그만큼이나 분열된 나라였다. 다코타 준주를 비롯한 서부의 여덟 개 준주에는 여전히 자치권을 가진 선주민 네이션들의 본거지가 있었다. 그리고 남부 열한 개 주는 백인 우월주의를 재확립하기 위해 진력하고 있었다. 당시 미국은 불균형한 나라, 한쪽으로 기울어진 나라였다. 농업 국가로 출발한 미국은 이제 도시와 집중된 부가 미래를 만들어가고 있었다.[104]

10년간의 법률 제정으로 힘을 얻은 연방의회는 '1877년 타협' 이후 그 권한을 확대했다. 특히 서부에 관심을 두었고, 인디언의 땅을 취득하는 데 집중했다. 군대가 라코타 집단들을 포위하고 거류구역으로 "강제" 이주시키자, 1876년 8월 15일 연방의회가 커스터의 패배에 대응했다. 의회는 가장 일반적으로 사용되는 헌법상의 권한을 사용했다. 바로 라코타인에게 연금을 지원하기 위한 지원금을 삭감하는 것이었다. '굶어 죽거나 팔거나' 조항으로 알려진 이 규정에 따라, 선주민이 토지를 양도해야만 연방정부가 지원을 재개하도록 했다.[105] 이어 1877년 2월 28일, 의회는 '라코타법'(1877)이라는 새로운 법을 통과시켰다. "인디언 수Sioux 네이션 중 특정 집단들과의 합의를 비준하기 위한" 법이었다.[106] 이제는 상원이 비준한 조약이 아닌, 연방의회에서 통과된 법률이 연방과 인디언 사이의 문제를 주도하게 되었다. 연방의회는 1871년에 조약 체결을 포기했지만, 이 의회법은 1868년 조약과 비슷하다. 1868년 조약은 전문과 일련의 조문을 갖추고 있었고, 수백 명의 라코타인의 서명이 들어 있었다. 이 법은 그 이전 여름에 라코타인들 사이에서 협상을 수행했던 위원회에서 초안을 작성했으며, 라코타의 토지와 관할권을 겨누었다. 이 법의 첫 번째 조항에 따라, 라코타의 거류구역 밖의 토지는 이제 라코타의 영토로 인정받지 못하게 되었다. 세 번째 조항은 기존 조약을 더 약화했다. "상기 인디언은 향후 모든 연금을 … 상기 거류구역의 해당 지점과 장소에서 받는 것에 동의한다."[107]

거류구역의 규모를 축소하고 연금을 거류구역의 기관들에 고정함으로써, 연방의회는 선주민이 더 많이 의존하게 하고, 더 많이 빼

거류구역 기숙학교 혹은
거류구역 외부의 기숙학교
캠루프스
(1890)
밴쿠버
캘거리
시애틀
위니펙
오타와
몬트리올
토론토
시카고
필라델피아
뉴욕
칼라일
(1879)
샌프란시스코
덴버
캔자스시티
로스앤젤레스
대서양
뉴올리언스
포트매리언
태평양

앗기게 만드는 새로운 권력 지형을 구축했다. 한 세기에 걸친 조약 체결 과정에서 흔치 않은 혼종인 이 법안은 조약의 구조와 유사하며, 1871년 연방의회가 위법이라고 했던 초기 외교 관행을 모방한 것이었다. 당시 연방의회는 스스로 새로운 권한을 부여했다. 이전에는 연방 상원과 행정부가 독점하던 토지 취득 및 취소 권한을 연방의회가 행사하겠다고 자임하고 나선 것이다. 연방의회는 법 집행을 위해 군대와도 협력했다.

이런 무소불위의 권한, 즉 연방의회의 "전권"은 기존 조약의 의무를 무시했다. 그러나 연방의회의 새로운 권한 행사 역시 헌법적 모호함의 그늘 속에서 이루어졌다. 미국헌법 어디에도 연방의회에 "이 땅의 최고법"인 국가의 조약 약속을 파기할 권한을 부여하지 않았기 때문이다. 조약으로 보호받는 토지에 대한 권한이 취소될 수는 없다고 믿었던 선주민은 연방의회의 무소불위의 권력에 도전했다. 연방정부의 인디언 정책은 19세기, 20세기를 거쳐 21세기에 이르기까지 지속적으로 법적 갈등이 이어지는 과정에서 만들어졌다.


## 동화라는 어려운 문제


20세기에 들어서면서 미국은 새로운 거류구역 토지 정책과 북아메리카 전체에 걸친 기숙학교 체제를 통해 선주민을 전멸하려 했다. 관료들은 인디언의 토지와 어린이를 대상으로 캠페인을 벌였는데, 선주민을 몰살시키는 것이 아니라 그들의 문화를 없애기 위해서였다. 프랫의 유명한 말처럼, 목표는 "인디언을 죽이고, 인간을 구하는 것kill the Indian, and save the man"이었다.[108] 프랫은 "인종으로 존재하는 인디언은 모두 죽어야 한다"라고도 말했다.[109] 도스, 거류구역의 관리, 사회개혁가 들은 프랫의 이 같은 생각을 공유했다. 이들 중 다수가 문화 말살 정책을 인도적 방식으로 펼쳐야 한다고 주장했다. 이들은 선주민이 열등하다고 믿었던 시어도어 루스벨트Theodore Roosevelt 같은 지도자들과는 반대 입장이었다. 루스벨트는 1886년에 뉴욕에서 다음과 같이 말했다. "나는 죽은 인디언만 훌륭한 인디언이라고까지 생각하지는 않지만, 그래도 열 명 중 아홉 명은 그렇다고 믿는다." 그리고 그는 "열 번째의 경우에 대해서는 너무 자세히 캐묻고 싶지 않다"라고 마무리했다.[110]

선주민은 자신들의 토지, 경제, 종교, 정치를 과녁으로 삼은 동화 프로그램에 저항했다. 그들은 기존의 정치적·문화적 권력 구조를 유지한 채 새로운 통치 구조에 맞섰다. 아라파호 지도자들은 1877년 와이오밍의 윈드리버Wind River 거류구역에 정착한 뒤, 연령에 기초한 그들 고유의 정치 체제를 응용해 거류구역에서 중개위원회는 수장들로 구성했고, 제례는 나이가 지긋한 지도자들이 맡도록 했다. 이런 적응을 통해 거류구역 이전 시대의 지도 체제가 유지되었다. 연로한 남성은 제례적·문화적 권위를 누리고, 젊은 남성은 원로들의 지도 아래 그들 공동체의 필요에 부응하도록 하는 체제였다.[111] 마찬가지로 몬태나의 크로 네이션을 보면, 경찰청장이 젊은 선주민 남성들을 거류구역 경찰관처럼 권력을 가진 자리에 배치했지만, 공동체에서 권위를 유지한 사람들은 플렌티 쿱스Plenty Coups나 메디신 크로Medicine Crow와 같은 존경받는 지도자들이었다.[112]

이런 적응은 동화 프로그램의 특정 측면만을 억제할 수 있을 뿐이었다. 특히 거류구역 관리들이 새로운 추방 전략을 개발함에 따라 어린이를 보호하는 일은 갈수록 더 어려워졌다. 나바호 네이션에서는 선주민 부모나 대가족이 가축을 돌보는 틈을 타 관리들이 아이들을 표적으로 삼았다. 선주민 부모는 목축 경제를 유지할지, 자녀를 유지할지 선택의 기로에 섰다. 톨우먼Tall Woman(로즈 미첼Rose Mitchell이라고도 함)은 다음과 같이 회고했다. "부모가 양을 치고 있을 때 … 경찰이 와서 아이들을 납치해 [끌고] 갔다. … 그래서 우리는 낯선 사람들이 우리가 사는 곳으로 오는 것을 보면 다른 곳에 몸을 숨기기 시작했다."[113]

어린이 납치는 다른 방식으로 제도화되었다. 인디언학교 교육감 에스텔 릴Estelle Reel의 보고에 따르면, "일부 거류구역에서는 부모가 자녀를 학교에 보낼 때까지 배급을 보류했다. 그런데 이에 대한 반대가 몹시 강했다. 가족이 아사 직전에 이를 때까지 버티는 경우가 많았다."[114] 서부 전역에서 굶주림의 정치가 새로 등장했다. 경제적으로 취약한 선주민 지역사회들은 어린이를 미국 정부가 데려가지 못하도록 할 것인지, 아니면 보내서 먹여 살릴 것인지 선택해야 하는 상황에 직면했다.

기숙학교는 네 살 어린이까지를 대상으로 삼았다. 많은 어린이가 몇 년 동안 가족, 지역사회, 선주민 문화로부터 격리되었다. 이런 격리 뒤에는 비통함이 뒤따랐다. 로즈버드Rosebud 거류구역 출신의 레임디어Lame Deer는 "우리만의 세상에서 조부모와 함께 살았을 때 나는 행복했다"라고 회고했다.

> 그러나 그것은 지속될 수 없는 행복이었다. … 어느 날 괴물이 나타났다. 인디언사무국에서 온 백인이었다. 내 이름이 명단에 있었던 것 같다. 그 백인은 우리 가족에게 "이 아이는 학교에 가야 한다. 아이들이 직접 오지 않으면 인디언 경찰이 아이들을 데려갈 것"이라고 말했다. … 나는 할머니 뒤에 숨었다. 아버지는 나에게 큰 신령님 같았고, 할아버지는 커스터 전투에서 싸운 전사였지만, 당시에는 나를 보호해줄 수 없었다.[115]

학교 내에서도 보호는 없었다. 아이들은 프랫이 "미국 시민권 쟁탈전"이라고 부르는 싸움에 내몰렸고, 국가가 후원하는 이 투쟁 속에서 많은 어린이가 익사했다.[116] 학생들은 계속 떨어지는 명령을 즉각 따라야 하는 상황에 직면했다. 영어를 배우고, 모직 옷을 입고, 정해진 근무 일정을 지켜야 했다. 소년들은 도착하자마자 이발을 당했고, 입고 온 수제 옷과 신고 온 모카신이 모두 불태워졌다. 학생은 자기 언어를 말했다는 이유로 구타를 당했고, 비누를 입에 물고 있어야 했다. 수많은 사람이 신체적·성적 학대를 당했고, 수천 명이 질병, 지나치게 엄격한 규율, 영양결핍으로 사망했다.[117]

캐나다 중부 서스캐처원Saskatchewan주 새스커툰Saskatoon에 있는 세인트폴 대성당 외부에 세워진 추모비. 2021년 5월, 티컴룹스 테 스퀘프음 Tk'emlúps te Secwe'pemc 네이션은 브리티시컬럼비아주 캠루프스Kamloops 인근의 옛 기숙학교 터에서 비석 없는 무덤 215기가 발견되었다고 발표했다. 이 발견 이후 북아메리카 전역의 다른 학교에서도 수백 기의 무덤이 발견되었다. 미국과 캐나다의 기숙학교 생존자들은 선주민 사회를 대상으로 실시된 강제 동화가 남긴 고통을 토로하고, 이런 폭력적인 기관에 대해 책임이 있는 국가와 교회의 잘못에 대해 항의해왔다. 어린 시절 목숨을 잃은 사람들에 대한 애도와 이런 사태에 책임지는 모습을 보고 싶다는 열망을 표현하기 위해, 옛 기숙학교, 교회, 그리고 의회 건물 계단에 많은 사람이 아이들의 신발을 올려두기도 한다. (테닐 K. 캠벨Tenille K. Campbell, '스위트문sweetmoon')

프랫의 관점에서는 이런 손실이 불가피했다. 문명과 동화를 위해서는 문화적 고립과 규율이 필요했다. 프랫은 "날이 갈수록" 인디언 어린이들이 미국의 자유 "정신으로 충만해지고 있으며, … 미국의 자유를 접하면서" 지낸다고 주장했다.[118] 칼라일 학교 학생 신문은 다음과 같이 학생들을 안심시키려고 했다. "친애하는 소년소녀 여러분, 여러분을 구원할 교육을 받을 수 있는 곳에 있다는 사실에 기뻐하십시오."[119]

## 동화 캠페인의 확장: 1880년대~1920년대

뉴딜 정책 이전까지 연방의회는 거류구역 토지를 축소하고, 어린이를 데려가고, 인디언의 종교를 박해하는 등 추가적인 동화 조치를 위한 법들을 시행했다. 이런 압박으로 인해 선주민 가정들이 원래 갖고 있던 문제, 특히 영양실조와 질병 문제가 더 악화되었다. 정부 지원과 부패한 관리들에게 의존하던 수많은 선주민 지역사회는 자급하는 경제생활을 유지하기 위해 갖은 애를 썼다.

'동화 시대'에 미국 정책 입안자들이 표적으로 삼은 것은 거류구역이었다. 이들은 인디언의 토지와 가족이 변화해야 한다고 믿었기 때문이다. 기독교, 영어, 영국계 미국식 관습을 받아들여야만 선주민이 미국에 통합될 수 있다고 믿었다. 철도 회사, 정착민, 기업 지도자는 거류구역을 아직 실현되지 못한 잠재적 재산으로 여겼지만, 개혁가는 인디언을 변화시키기 위해 인디언을 표적으로 삼았다. 자신들이 인디언을 파괴한다고 생각하는 것이 아니라 개별 인디언에게 새 기회를 준다고 믿었다. 1890년, 인디언문제위원회의 토머스 모건 Thomas Morgan은 다음과 같이 보고했다. "거류구역 시스템은 우리 현대 문명에서 설 자리가 없는 시대착오적 제도다. … 근본적인 방법은 … 인디언의 완전한 인간성을 인정하는 것이다. … 인디언은 원하는 곳에 집을 지을 자유가 있어야 한다."[120]

동화는 "미국화"로도 불렸고, '진보주의 시대'에 다른 운동에 동기를 부여하기도 했다. 미국 정부가 수백만 명의 비개신교도와 비영어권 이민자를 받아들이자, 개혁가들은 이민자와 선주민 지역사회 모두를 미국화하려고 노력했다. 선주민들은 거류구역을 자율적인 주권을 가진 근거지로 이해한 반면, 개혁가들은 새로운 핵가족 중심의 사회 구조를 갖춰야 할 필요가 있는 지역사회로 인식했다. 이민자들에게는 주택 개혁과 교육 개혁을 제안했다.

이런 개혁 노력을 주도한 것은 영미식 젠더 규범이었다. 이는 북부로 확산되어 캐나다의 선주민 정책에도 영향을 미쳤다.[121] 개혁가들의 담론을 지배한 것은 핵가족 중심주의였다. 이들은 선주민의 기존 사회적 관행을 무시했고, 가부장적 권위 개념에 경도되어 있었다.[122] 모건은 프랫, 도스, 그리고 다른 연방 관리들이 펼친 개인주의적인 주장들을 다음과 같이 정리했다. "그들은 인디언이 아니라, 남성이나 여성으로 살든 죽든 해야 한다."[123]

젠더 관계가 동화 정책의 주된 전쟁터가 되면서 정부의 강요는 인디언 공동체의 신념과 충돌했다. 선주민의 가족 구조는 핵가족이 아니라 확대가족 구조에 가치를 두었다. 거류구역의 가구들 구성원에는 노인이 포함되어 있었다. 노인이 혼자 살거나 친척과 떨어져 사는 경우는 거의 없었다. 가구와 가족 단위는 여성의 권위를 중심으로 모계 친족망을 통해 구성되었다.

몬태나의 크로 네이션에서는 여성의 권위가 다음 세대로도 이어졌다. 여성은 사회적·문화적 과정을 통해 자녀 양육 방식은 물론이고 씨족과 친족 관계까지 결정권을 행사했다.[124] 크로인 여성은 가족의 재산과 소유물의 대부분을 관리했다. 20세기 초, 크로 여성이 남긴 유언장의 75퍼센트에는 남편에 대한 구절이 없다.[125]

다른 부족과 마찬가지로 크로 여성은 평생 남편을 한 명 이상 두는 경우가 허다했다. 그들은 여러 세대로 구성된 가정에서 살았고, 출산 시에는 조산사나 가족과 함께 있는 것을 선호해 기관 병원과는 거리를 두려 했다. 매사추세츠의 프랭클린 카운티 메모리얼 병원Franklin County Memorial Hospital에서 간호학을 전공하고 몬태나로 돌아와 자신이 속한 지역사회에서 의료 활동을 한 수지 옐로테일Susie Yellowtail은 백인 간호사와 의사의 문화적 둔감과 태만을 지적했다. 그녀가 볼 때 백인 간호사와 의사는 환자에게 대체로 무관심했다. 옐로테일의 기억에 따르면, 크로 사무소 병원Crow Agency Hospital의 거류구역 의사들은 늘 "서둘렀다." 특히 어느 출산 과정에서 한 의사가 "탯줄을 너무 짧게 자르고 떠난" 사건은 큰 충격이었다. 그 결과 산모의 출혈이 심해서 옐로테일은 아기의 생명을 구하고 산모를 안정

시키느라 사투를 벌여야 했다.[126]

개혁가는 인디언의 가족 구조가 육아에 적합하지 않다고 생각했다. 또 선주민은 토지를 공동으로 점유하고서 "원시적" 형태로 토지를 관리하는데, 그보다는 사유 재산의 정신을 받아들여야 한다고 생각했다. 거류구역을 해체하고, 어린이를 먼 곳의 학교로 보내고, 시민권을 취득하는 방법으로 재산 소유권을 확립해야 한다는 생각이 이 시대를 풍미했다. 그러나 라코타 네이션에서와 마찬가지로 뒤따라온 것은 "발전"이 아닌 재앙이었다.

1877년의 라코타법은 조약에서 한 약속을 폐기한 일련의 법률 중 하나였다. 그뒤로 어지러울 정도로 많은 법률과 '부칙'이 생겨나 거류구역은 더 분화되었다. 연방의회는 수십 년 동안 거류구역을 흩어지게 만드는 법률을 연이어 통과시켰다. 미네소타의 화이트어스 아니시나베White Earth Anishinaabe 네이션은 1867년에 조약을 통해 거류구역 내 모든 토지를 보유하도록 보장받았지만, 1904년과 1906년의 클래프 라이더스Clapp Riders와 같은 일련의 법과 부칙 때문에 토지 기반이 축소되었다.[127]

이렇게 토지 소유권을 박탈당하자 화이트어스의 자급 경제는 파괴되었다. 화이트어스는 매년 주기적으로 이동하면서 단풍나무 수액, 야생벼, 사냥감 등을 수확해 자급 경제를 이어왔다. 그런데 새로운 법들은 거류구역에서 가장 상품화된 자원인 목재, 농경지, 여름 별장을 위한 호숫가와 같은 관광지를 외부 개발에 개방했다. 의회 대표들이 초안을 작성한 많은 법률이 라코타나 화이트어스처럼 특정 선주민 네이션과 그들의 자원을 대상으로 삼았다. 1887년의 일반할당법을 비롯한 다른 법률도 모든 선주민 네이션을 대상으로 했다.

모든 선주민 네이션이 그렇게 극적인 영향을 받은 것은 아니다. 일부는 독창성, 외교력, 통일된 지도력을 발휘해 토지 할당 문제를 헤쳐나갔다. 이웃인 미네소타 레드레이크Red Lake의 아니시나베 지도자들은 토지 할당 압력에 성공적으로 저항했다. 그들은 거류구역, 수자원, 기타 자원에 대해 비교적 자율적인 통제권을 유지했다. 화이트어스와 달리 그들은 할당만 막은 것이 아니라 다른 선주민이 그들의 근거지로 이주하는 것도 막아냈다. 메드웨-가누닌드Medwe-ganoonind(히후이즈스포큰투He Who Is Spoken To〔말을 듣는 자〕)는 관리들에게 다음과 같이 여러 번 말했다. "우리는 우리 땅에서 우리만 살고 싶다. 다른 인디언이 이곳에 오는 것을 원치 않는다."[128]

대부분의 선주민 네이션은 군대가 이 법들의 시행을 지원했기 때문에 이를 따를 수밖에 없었다. '그레이트수 전쟁' 시기(1876~1877)에 군 지도자들은 거류구역 기관들 내에 있는 모든 말과 총기를 압수했다. 미국군은 선주민의 사냥 능력을 박탈하고 굶주린 가족들을 감금했다. 한편 크룩 장군과 넬슨 마일스Nelson A. Miles 장군은 남은 저항군을 제압하기 위해 소모전을 벌였다.[129] 이처럼 1877년에 라코타법을 집행한 주체는 군대였다.

폭력, 토지 압류, 추가조약 위반이 이 분쟁의 특징이었고, 한 세기가 넘도록 법적 문제가 이어졌다. 1980년 미국 대법원은 '미국 대 수 네이션 인디언' 사건에서, "1877년의 법은 포트래러미 조약에 의해 따로 설정된 부족 재산을 미국 정부가 취득하는 데 영향을 미쳤다"라는 청구 법원의 판결을 확정했다. 법원은 이런 "취득"이 "정부가 수 네이션에게 정당한 보상을 수행할 의무가 있음을 의미한다"라고 하면서, "이제는 이자 지급을 포함해 미국 정부가 그 의무를 이행해야 한다"라고 판결했다.[130]

법원은 의회의 조치에 문제가 있음을 추가로 확인했다. 조약이 "법 중 최고법"이라는 점을 고려할 때, 연방 하원에는 연방 상원과 행정부가 조약에서 했던 약속을 취소할 권한이 없었다. 1877년의 법은 이전의 조약들과 유사했지만, '라코타 조약' 제12조에 명시된 대로, "거류구역의 일부를 포기하기 위해서는 성인 남성 수Sioux 인구의 4분의 3 이상"의 동의가 필요했지만 이를 얻지 못했다.[131] 위원회는 필요한 서명 중 230명, 즉 적격 라코타 인구의 약 10퍼센트에게서만 받은 상태였다. 연방의회의 법은 사실상 위헌이었으며, 라코타 토지를 연방정부가 불법적으로 압류하는 결과를 초래했다.

군사적 공격, 식량 배급의 보류, 점점 커지는 정착민의 압박에 직면한 레드클라우드와 같은 여러 저명한 선주민 지도자들은 새로운 부가 조치들을 수용했다. 그러나 대부분의 라코타 지도자는 700만 에이커가 넘는 땅을 보상도 받지 않고 상실하는 사태를 받아들이려 하지 않았다. 이렇게 라코타의 동의를 얻지 못했음에도 연방의회는 이 "주장된 '합의'에 서문을 첨부하고 이를 법률로 선언했다."[132]

그후 수십 년은 연방정부의 인디언 정책으로 인해 라코타를 비롯한 선주민 네이션에게 매우 암울한 시기였다. 사우스다코타가 1889년에 주가 되었고, 같은 해 연방정부가 그레이트수 거류구역을 추가로 분할했다. 의회는 또다른 법령을 통해 이 거류구역을 여섯 개의 작은 거류구역으로 분할했고, 그 과정에서 1300만 에이커의 조약 토지에 대한 소유권을 추가로 가져갔다. 주정부는 더 많은 소유권 박탈을 조장했다. 라코타의 소 떼가 풀을 뜯던 목초지로 백인 정착촌과 주정부의 관할 구역이 들어섰다. 라코타의 지도자 피지Phizí(갈Gall)는 슬픈 어조로 이렇게 말했다. "우리 땅을 차지했으니, 이제 백인들은 만족하길 바란다. 그리고 이제 우리가 평화롭게 살도록 해주길 희망한다."[133]

군대가 이 지역 곳곳에 주둔하면서 인디언사무국이 거류구역의 새로운 정책들을 감독했다. 연금 지급부터 거류구역을 떠날 수 있는 통행권 발급까지, 밸런타인 맥길리커디Valentine McGillycuddy와 같은 관리들이 이제 라코타인의 일상을 지배하게 되었다.[134] 1879년 파인리지Pine Ridge를 지휘하게 된 맥길리커디는 자원과 특혜, 통행권을 이용했다. 심지어 처벌권까지 행사하며 라코타 수장 선출에 수차례 개입했으며, 공동체를 분열시키려 했다.

프랫의 기숙학교 운동을 지지했던 맥길리커디는 라코타 어린이를 표적으로 삼기 시작해 1879년에 120명을 칼라일 학교로 이송했다. 프랫은 처음에는 한 공동체에서 이렇게 많은 아이들을 보내온 것에 항의했다. 그리고 다음과 같이 문제를 지적했다. "나는 이 정도로 불만에 찬 인디언을 본 적이 없다. … 그리고 그들은 정부에 적대적이다."[135] 프랫은 자신의 새로운 노력에 대해 선주민 부족이 어느 정도 동의하리라 기대했다. 그럼에도 군 장교였던 프랫은 인디언사무 담당관 에즈라 헤이트Ezra Hayt가 내린 다음과 같은 지시를 잘 따르고 잘 이해했다. "아이들을 인질로 삼아야 선주민이 제대로 행동하게 할 수 있다."[136]

## 대법원, 연방의회의 전권 원칙을 인정하다

'동화 시대'를 거치며 인디언 거류구역이 지리적·정치적으로 변화했지만, 이 정책의 구체적인 성격을 이해한 사람은 거의 없었다. 대다수가 혼란스러워했다. 거류구역 관리, 인디언 조약 서명자, 연방 판사 모두 당시의 정책을 다르게 이해했다. 애리조나와 같은 준주에서 거류구역의 토지와 부족 구성원에게 주정부가 권력을 행사하자 문제 제기가 터져나왔다. 울시가 사냥하듯 공격했던 아파치인들이 어떻게 주정부를 능가하는 정치적 권위를 가질 수 있는가? 조약이 선주민 부족 구성원들을 어떻게 법적으로 보호해줄 수 있는가? 많은 정착민이 주권은 오직 자신들만 갖고 있다고 생각했다. 주권은 전적으로 백인만의 것이었고, 선주민 부족의 토지로까지 확장되지 않는 것이었다. 많은 이들이 부족의 토지는 "황무지이며, 백인이 관심을 둘 만한 것은 아무것도 나오지 않는 땅"이라고 여겼다.[137]

인디언의 토지가 미국으로 편입되면서 수많은 질문이 쏟아졌다.

선주민은 미국 시민인가? 선주민은 투표권을 행사하고, 재산을 소유하고, 법정에서 증언할 수 있는가? 인디언은 주 형법이나 연방정부 형법의 적용을 받는가, 아니면 그들 고유의 법과 관습의 지배를 받는가? 인디언은 인종 간 결혼 금지법이나 하월법과 같은 주정부의 규제에 이의를 제기할 수 있는가? 인디언 토지는 궁극적으로 누가, 어떻게 통치하는가? 이런 질문들을 다루는 데 수십 년이 걸렸다. 이런 문제들은 새로 등장하던 법률 체계 내에서 답을 찾았다. 새 법률 체계는 기존의 합의를 지키고, 범죄를 바로잡고, 정의와 형평성의 양식을 유지하기 위해 고군분투했다. 이런 질문 중 상당수는 제1차 세계대전이 끝날 때까지 답이 나오지 않았지만, 일련의 판결을 통해 일부는 설명되었다.

1865년, 코만치와 라코타 네이션은 대평원의 남부 및 북부의 상당 부분을 지배하고 있었다. 각 네이션은 미국군과 함께 군사 작전을 수행했고, 그후에는 그들의 관할권 축소에 대해 이의를 제기했다. 그들은 연방 관리들이 조약 협정을 지키도록 압박했고, 당대에 가장 중요했던 두 가지 판결을 이끌어냈다.

1883년, 대법원은 크로도그Crow Dog 사건에서 유죄 판결을 받은 라코타의 지도자 크로도그가 살인 혐의를 받고 있는데도 다코타 준주에 구금된 것은 불법이라는 판결을 내렸다. 이에 따라 그는 석방되었다. 그러나 대법원은 또한 연방의회가 형법의 모호성을 해결하기 위한 법령들을 통과시킬 경우 부족의 권한을 무시할 권한이 있다는 판결을 하기도 했다. 연방의회는 1885년 '중대범죄법Major Crimes

Act'을 통해 그런 법을 제정했다.[138] 그후 많은 "중대 범죄"가 연방 관할권에 속하게 되어 형법 문제에서 연방의회의 권한은 조약의 권한을 무효로 만들 수 있게 되었다.

마찬가지로 연방대법원은 1903년 '론 울프 대 히치콕' 사건에서, 의회가 달리 결정하지 않는 한 '카이오와 조약'의 조항은 구속력이 없다고 판결했다. 메디슨로지에서 협상된 1867년 '코만치 조약'에 따르면, 코만치의 토지 정책을 변경하기 위해서는 자격을 갖춘 코만치 남성 중 4분의 3의 찬성이 필요했다. 일련의 오클라호마 토지법에서 통해 그런 승인 없이 부족의 토지를 점유하자 부족 구성원들이 소송을 제기했다. 그러나 대법원은 의회에 조약의 권한을 대체할 고유한 권한이 있다고 판결했다. 미국헌법이 조약을 "이 땅의 최고법"이라고 보장했지만, 화이트 판사가 다수 의견에 쓴 판결문에 따르면 이제는 연방의회가 "인디언 부족 재산에 대한 … 완전한 행정 권한"을 보유했다.[139]

이런 판결들이 연방 인디언 정책의 방향을 바꾸었고, 지금의 선주민 네이션들에도 여전히 영향력을 행사하고 있다. 내전 이전에는 인디언 지역사회들에 영향을 미치는 법률을 연방의회가 통과시킨 적은 거의 없었다. 그러나 이제 연방의회는 인디언의 삶에서 가장 내밀한 부분을 겨냥한 새로운 권한들을 개발했다. 도스 같은 개별 입법가도 연방 인디언 정책을 주도하기 시작했다.[140] 1870년대부터 도스를 비롯한 연방 하원의원들이 인디언의 토지, 가족, 공동체를 재구성하기 위한 법안들을 통과시켰다. 이렇게 적극적으로 인디언의 일상에 개입해 들어가는 법률들이 제정되면서 19세기의 마지막 수십 년은 연방 인디언 정책에서 매우 어려운 시기가 되었다.[141]

미국이 독립한 지 한 세기가 지난 후, 미국에서는 인디언 문제를 관할하는 새로운 구조가 등장했다. 무소불위의 의회 권한이 막강한 영향력을 행사하는 구조였다. 태니 법원Taney Court까지 거슬러 올라가는 여러 판례에 뿌리를 둔, "고유한 원칙 권한inherent doctrines power"이 의회의 행위를 정당화했다.[142] 이 전권 원리는 초기 공화국의 여러 지도자와 마셜 법원이 개략적으로 제시했던, 부족 주권이 유지되도록 한다는 비전과 모순되었다. 이 새로운 원칙은 미국의 지리적 경계 내에 있는 모든 영토에 대한 의회의 입법권 행사를 뒷받침했고, 그 안에 있는 부족 공동체의 관할권을 약화시켰다. 이는 거류구역 시대에 계속 추가된 여러 대법원 판례를 통해 구체화되었다. 이중에는 1885년 중대범죄법의 합헌성을 지지한 '미국 대 카가마United States v. Kagama' 사건(1886) 판례도 있다.

많은 거류구역이 어린이를 빼앗기고 조약으로 인정받은 토지를 탈취당하는 모진 경험을 했다. 게다가 부족 관할권이 축소되었고, 부족 지역사회는 자신들의 토지와 자원에 대한 온전한 통제력을 점차 상실했다. 이 시대의 법들을 통해 이후 몇십 년 동안 연방의 정책이 결정되었다. 중대범죄법에 따라 거류구역에서 발생한 일련의 일곱 가지 "중대 범죄"에 대한 형사 관할권이 연방정부에 부여되었다.[143] 이는 법제도를 통해 부족의 자치권이 행사되어온 것에 대한 입법부의 대응이었다. 1883년, 대법원은 사우스다코타 법원에서 살인죄로 유죄 판결을 받은 라코타인 경찰관 '크로도그를 석방하라는 판결Ex Parte Crow Dog'을 내렸다. 고등법원은 주와 준주가 거류구역 영토에서는 관할권이 없으며, 부족 간 분쟁은 부족이 자체적으로 해결할 수 있다는 점을 인정하고, 부족 구성원이 저지른 범죄에 대한 부족의 관할권을 확인하는 판결을 통해 그의 석방을 명령했다.[144] 부족 공동체들 내에는 여러 세대에 걸친 조약, 관습, 나아가 문화적 책무가 존재했기에 크로도그의 행위를 처벌할 수가 있었다. 또한 부족 공동체에는 각 공동체 내에서 범죄를 판결할 독점적 권한이 확립되어 있었다. 매튜스Matthews 판사는 만장일치의 판결에서 크로도그의 "감금은 불법"이라고 마무리했다.[145] 이 판결은 인디언의 사회적 관행을 폄하하는 표현을 쓰기는 했지만, 인디언 주권에 대한 마셜의 관점, 즉 부족이 자신의 토지와 구성원을 통치할 권한이 있음을 확인해주었다. 그러나 이 판결은 19세기에 인디언의 권리를 옹호한 마지막 판결이 되었다.[146]

연방의회는 크로도그 판결에 개입했다. 중대범죄법에서 의회는 스스로 그런 관할권을 지녔다고 주장했다. 이제 전권의 파도가 정점에 달해, 곧 가장 외진 영역의 관할권과 법적 실무로까지 밀려들었다. 그러나 거류구역에서 발생하는 범죄, 특히 부족 구성원들 사이의 범죄를 누구의 권한으로 다스릴지에 대한 핵심적인 질문은 여전히 남아 있었다. 매튜스가 크로도그 사건에서 시사했듯이, 부족에 대한 관할권을 준주법원에 부여하는 것은 "인디언에 대한 정부의 일반 정책을 … 뒤집는 것이다. 일반적으로 정부의 인디언 정책은 시작부터 당시까지 **많은 법령과 조약을 통해 선언되었고**, 이 법원의 여러 판결을 거쳐 인정되었다. 그런 기반들을 무시하고 새로운 출발을 정당화하려면 … 의회의 명확한 의사 표현이 필요하다. 그러나 우리는 그것을 보지 못했다."[147]

중대범죄법의 합헌성과 인디언 문제에 대한 연방의회의 권한은 이듬해 '미국 대 카가마' 사건에서 심의되었다. 캘리포니아에 있는 후파밸리Hoopa Valley 거류구역의 선주민 피고들이 중대범죄법에 따라 유죄 판결을 받자, 크로도그와 마찬가지로 법원 체계를 이용해 자신들의 수감에 이의를 제기했다. 그러나 법원은 다수 의견을 통해 새로운 법률을 지지했다. 또한 연방의회의 인디언 문제에 관한 입법 권한에 대해 보다 폭넓게 판결해 미국의 "배타적" 주권에 대한 새로운 비전을 제시했다.

이 비전에는 정복의 비전이 담겨 있었다. '카가마'에 따르면, 미국에는 두 가지 형태의 주권만 존재한다. 바로 연방정부의 주권과 주정부의 주권이다. 새뮤얼 밀러Samuel Miller 판사의 의견에 따르면, "광범위한 주권 영역에는 이 두 가지만이 존재한다. 한때 권력을 가졌던 종족의 잔재에 대해 일반 정부의 권한이 … 필요한 것은 그들을 보호하기 위해서이기도 하다."[148] 요컨대 부족의 토지와 구성원에 대한 부족의 관할권은 이제 의회의 권한으로 대치할 수 있게 되었다.

1871년 예산법안Appropriations Bill, 1877년 라코타법, 1887년 할당법과 함께 중대범죄법은 인디언 문제에 대한 또다른 입법 침탈이었다. 이 법은 인디언 공동체들로 국가 권력을 확대하기 위해 고안되었으며, 크로도그 사건에서 인디언 주권을 확인해준 판결에 대응하기 위해 제정되었다. 이런 법들을 통해 부족들은 토지를 빼앗기고 관할권을 박탈당했다. 이처럼 법률을 통해 새로운 형태의 헌법적 관행이 수립되었다. 그리고 내전 이후 연방의회가 조약 권한을 찬탈하면서 연방정부의 권한이 확장되고 발전했다.

재건 시대에 제정된 헌법추가조항에서 그랬던 것처럼, 이제 연방의회가 미국의 헌법이 전제했던 생각들을 바꾸어나갔다. 또한 의회는 "많은 법령과 조약에 규정된", 공화국의 가장 오래된 외교 관행을 재구성하면서 다른 정부 부처들이 보유해온 광범한 관할권을 획득해갔다. 이렇게 의회의 전권 원리가 생겨났다.[149]


# 1890년 운디드니 대학살


1890년, 미국인구조사국은 공식적으로 미국의 "변경 지대"가 없어졌다고 선언했다. 이로써 미국 역사상 처음으로 미국에 편입되지 않은 서부 영토의 존재에 대한 인정도 끝났다. 이제는 정착민, 상인, 정부 관리, 선교사가 인디언의 본거지들을 둘러쌌고, 이들은 많은 사람에게 종말이 임박했음을 알렸다. 정부에 대한 의존도가 높아졌지만, 여러 세대에 걸쳐 차츰 사라진 조상의 생활 양식을 떠올리려는 시도 속에서 고스트댄스Ghost Dance〔유령의 춤〕로 알려진, 천년왕국주의의 문화적 부흥 움직임이 서부 전역의 많은 선주민에게 힘이 되었다.

이는 계속해서 선주민을 약화하는 백인의 영향력을 떨쳐버릴 수 있
는 힘이었다.

가르침을 나누고 제전祭典을 치르기 위해 모인 숭배자들은 일 년
내내 춤을 추었다. 라코타인 역사가 조세핀 왜거너가 훗날 회고한
바에 따르면, "파인리지에서는 춤이 계속 이어졌다. 위대한 수장들
도 … 모두 새로운 믿음에 휩쓸렸다."[150] 과거에 네올린이 주도했던
다른 부흥 운동과 마찬가지로, 여기 모인 숭배자들도 상인이 가져온
제품, 특히 술에 대한 의존을 버리고 기독교식 관습도 버리자고 다
짐했다. 그들은 또한 기관에서 제공한 옷보다 직접 만든 제례용 의
복을 소중히 여겼고, 이 의복에 신성한 힘이 깃들었다고 믿었다.[151]
남성들은 머리카락을 길게 길렀는데, 여기에는 기숙학교의 규정에
저항한다는 의미도 있었다. 많은 이들이 신성한 노래도 함께 불렀
고, 이 노래들은 부족의 경계를 넘어갔다. 선주민들은 이런 노래 안
에서 잃어버린 조상과의 교감 가능성을 찾았다.

1890년 운명적인 겨울, 고스트댄스가 사우스다코타와 라코타 네
이션을 미국의 역사 속으로 다시 끌어들였다. 크리스마스가 지나고
사흘 뒤, 이 지역에 또다시 폭력 사태가 벌어졌다. 커스터의 이전 소
속 부대인 제7기병대의 부대원들이 빅풋Big Foot 휘하에 모인 숭배
자들을 적대 세력이라고 여겨, 파인리지 거류구역의 운디드니 천변
Wounded Knee Creek에서 포위했다. 기병대는 선주민 무리에게 무기를
내려놓으라고 명령했다. 한 선주민이 숨겨둔 소총을 발사하자마자
기병대는 공격을 개시했다. 선주민 무리를 내려다보는 자리에 배치

된 호치키스Hotchkiss 대포에서 박격포 사격이 쏟아졌다. 커스터의 패배에 대한 복수는 이제 여성, 어린이, 노인을 목표로 삼았다. 사망자 수가 어느 정도였는지를 놓고 역사학자들은 지금도 논쟁 중이다. 얼어붙은 겨울 땅에서 수백 명이 죽거나 도망쳤고, 어디든 보이는 곳으로 숨어들었다.[152]

니컬러스 블랙엘크Nicholas Black Elk는 1931년 대담에서 다음과 같이 회고했다. "군인들이 출동하는 모습을 보고 문제가 생길 것을 알았다."[153] 근처에 진을 치고 있던 블랙엘크는 대포 소리를 듣고 전투 현장으로 말을 타고 이동했다. 그는 "온몸으로 전쟁을 느꼈다"라고 회상했다.[154] 다행히도 그는 그후에 벌어진 충돌을 피할 수 있었지만, 부상당하고 학살당한 이들의 모습 앞에 얼어붙고 만 경험을 평생 떨치지 못했다.

◆

1890년, 미국사의 여러 흐름이 이전의 그레이트수 거류구역으로 수렴되었다. 당시 이 거류구역은 다섯 개의 분리된 거류구역 지역사회로 나뉘어 있었다. 레드클라우드의 전쟁이 1868년에 거류구역이 처음 세워지는 데 영향을 미쳤고, 이후 10년간의 전쟁과 정부의 보호 정책 실패로 거류구역은 결국 해체되었다. 1868년에 체결된 '라코타 조약'은 거류구역의 방대한 규모를 명시했지만, 그 이후 거류구역은 의회의 법령에 의해 서서히 침범을 당했고 결국 상상하기 어려울 정도로 그 영토가 축소되었다. 블랙엘크, 와고너 등을 비롯한 선주민 공동체 구성원의 삶은 돌이킬 수 없을 정도로 바뀌었다. 배신감과 상실감, 고통이 그들이 사랑했던 고향 땅 구석구석에 깊이 스며들었다.

# 11장

## 20세기의 여명과 선주민의 석양
### 선주민 활동가와 인디언 소멸 신화

교실을 들여다본 적도 없는, 나이 든 인디언들이 있다.
나는 그들이 라틴어와 대수학에 대한 지식을 갖춘 젊은 인디언보다
훨씬 더 많이 교육받은 사람들이라고 생각한다.
노인의 고상한 품위와 평정심의 배후에는 무언가가 있다. …
홍인의 규율에는 무언가가 있다. … 남다르고 독특하게 유지되어온, …
어떤 세월의 흐름이나 변화에도 흔들림 없는 … 무언가가 있다.
— 로라 코닐리어스 켈로그(1911)

데이비드 크래프트David Craft 목사는 1879년 여름을 바쁘게 보냈다. 그는 25년 동안 펜실베이니아에 있는 와이얼루싱Wyalusing 장로 교회에서 담임 목사로 재직하고 있었다. 이 교회는 뉴욕 남쪽 경계선인 서스쿼해나강변에 있었다. 내전 중에는 미망인, 퇴역군인, 가족을 잃은 사람들을 상담하며 설교했고, 그 이후에는 현대 생활이 가져온

새로운 경이와 유혹에 대해 강단에서 설교했다. 그는 인근 필라델피아에서 열린 백주년 박람회에 참석해 미래에 대한 비전이 장엄하게 펼쳐지는 전시를 즐겼을 것이다. 전람회에서 추가로 가장 눈에 띄었던 점은 거대한 자유의여신상을 위해 프랑스에서 횃불을 들여온 일이었다. 그 저변에는 애국심이 깃들여 있었다.

1870년대에는 다양한 건국 100주년 기념행사가 열렸다. 크래프트는 1879년 8월과 9월에 뉴욕에서 일련의 기념행사를 주도했다. 이 기념식들은 독립이 아닌 그 배후에 있던 혁명적 투쟁을 기념했다. 행사는 필라델피아나 다른 식민지 중심지가 아닌 뉴욕의 서부를 중심으로 열렸다. 그해 여름 내내 그가 기념했던 것은 1779년 혁명적인 장군 존 설리번이 시작한 이로쿼이 연맹 정복 100주년이었다.[1]

"설리번 장군의 군사 작전에 대해 속속들이 배우고 싶은 열망에 사로잡혀 있던" 크래프트는 엘마이라Elmira, 워털루Waterloo, 제네소 Geneso, 오로라Aurora에서 장시간 연설을 했다.[2] 그는 또한 뉴욕주 의회가 의뢰한 579페이지 분량의 출판물과 함께 80페이지 분량의 역사 연구서를 저술했으며, "그중 열 부는 주의회의 상원의원과 하원의원에게 배포될 것"이라고 했다.[3]

"한 세기 동안의 망각"에서 구출된 설리번 원정대가 이제는 이 마을의 집단적 역사 서술에서 미국을 건국한 사건이 되었다. 뉴욕 엘마이라에 새로 세워진 기념비 아래에 놓인 대리석 석판에 따르면, 이 원정대를 통해 "미국이 **독립국**의 위상을 확고히 할 수 있는" 중요한 순간이 만들어졌다.[4] 크래프트가 볼 때 설리번의 군사 작전을 통해 "단 한 번의 타격으로 이 비옥한 골짜기와 강변을 백인이 지배할지, 아니면 홍인이 지배할지가 결정되었다. … 아메리칸인디언이 … 계속 인류의 진보에 방해가 될지, … 아니면 다른 인종의 적대감 앞에 무너져야 할지에 대한 의문이 단번에 해결되었다."[5] 얼마 지나지 않아 정착민들은 많은 이가 이상적인 사회라고 믿었던 것을 세웠다.[6] 이 지역의 가장 유명한 작가인 제임스 페니모어 쿠퍼가 《선구자들》에서 시사했듯이, 뉴욕의 "깔끔하고 안정된 농장들"을 통해 "도덕적이고 성찰적인 사람들"이 거주하는 "아름답고 번성하는 마을들"로 구성된 목가적인 세계가 세워졌다.[7] 크래프트는 쿠퍼의 비전을 자신이 그 기원이라고 믿었던 설리번과 혁명의 시대까지 거슬러 올라가 확장시켰다.

1890년 인구 조사에서 변경 지대는 "사라졌다"라고 선언되기 전에, 그리고 시카고에서 미국 최대 규모의 기념행사인 1893년 컬럼비아 박람회가 개최되기 전에 이미 미국사에 대한 새로운 전망들이 확산되었다. 기념비, 기념 행진, 기념 출판물이 나올 때마다 과거에 대한 자신감 있고 확실한 비전이 미국인의 역사의식에 깊이 자리잡았다.[8] 크래프트의 말대로, 미국사의 "질문"에 대한 대답이 나온 셈이었다. 미국의 역사를 규정한 것은 "위장된 증오"나 "문명에 대한 어쩔 수 없는 혐오"가 아니라 "진보"였다. 진보는 설리번이 가져온 "일격의" 승리와 함께 왔다.[9]

그런데 그런 기념을 위해서는 이로쿼이 마을과 농장의 파괴에 대한 연구가 선행되어야 했다. 그리고 연구되기 위해서는 기념될 필요도 있었다. 광범위한 연구는 차치하고라도, 크래프트는 과거의 교훈을 익히 알고 있었다. 설리번은 "문명" 앞에 놓인 장벽들을 제거했고, 토지 자체를 해방시키기도 했다. 설리번의 군사 작전을 위해 "바위 많은 지형과 가파른 언덕에 익숙해진 뉴잉글랜드 군대"가 뉴욕으로 왔다.[10] 이로쿼이의 근거지에서 뉴잉글랜드 사람들이 "집을 짓고 자녀를 키우며 자유와 종교 제도를 키웠다."[11] 뉴잉글랜드인들은 뉴욕에서 "하나의 제국"을 건설했다.[12] 성경에 대한 믿음만큼이나 과거에 대한 확신도 강했던 크래프트는 이 지역 정착민을 치켜세우며 그들을 하나로 아울렀다. 정착민에게는 "이 넓고 비옥한 계곡이 또다른 에덴처럼 보였다"라고 그는 서술했다.[13]

이처럼 미국 전역에서 역사에 대한 신화적 해석들이 유행했다. 모든 곳에서 시민이 공화국의 기원을 기념했으며, 그 역사를 섭리까지는 아니더라도 진보와 동일시했다.[14] 미국에서 훈련받은 첫 세대 역사학자들도 크래프트가 진리인 양 내세우는 주장을 공유했다. 그들 역시 미국사의 특징을 식민지 시대에서 찾았고, 인디언영토들의 정복을 통해 미국의 역사적 성취를 위한 기초가 마련되었다고 믿었다. 역설적이게도, 세계 최초의 입헌민주주의 국가에서 미국다운 경험의 정의는 국가로부터 멀리 떨어진 정착지에서 나왔다.

특히 프랜시스 파크먼과 프레더릭 잭슨 터너가 "변경 지대" 사회들과 이를 가로막는 선주민 장애물에 대한 앞으로의 해결 방안을 제시했다. 파크먼이 《신대륙의 프랑스France in New World》라고 이름 붙인, 일곱 권으로 구성된 역사서는 앵글로-아메리카가 지닌 독자성의 역사를 만들어내려는 철저한 시도였다.[15] 이런 시도는 선주민 주역들과 그들의 프랑스 동맹자들을 비난하는 가운데 이루어졌다. 특히 프랑스인들은 북아메리카의 운명에 걸림돌이 되는 "봉건제, 군주제, 로마"에 충성심을 품고 있었다.[16] 비슷하게, 터너는 "미국사에서 변경 지대의 중요성"을 설명하는 논문을 발표했다. 컬럼비아 박람회 기간에 시카고에서 발표된 이 논문은 내륙의 식민지화가 정착민을 자치 시민으로 변화시켰고, 이를 통해 미국 민주주의의 원류가 형성되었다고 주장한다.[17] 작성한 논문 중 조금 덜 유명한 논문에서 그는, "인디언을 백인의 공급품에 의존하게 만든" 유럽계 아메리카인 경제의 첫 번째 "기구"인 "교역소"를 조사했다.[18] 선주민이 오대호 전역에서 수백 년에 걸쳐 적응해왔는데도 터너는 내륙의 작은 교역소들이 선주민 네이션의 불가피한 소멸을 예비했다고 보았다. "총과 화약을 만들 수 있는 문명의 단계는 활과 화살보다 훨씬 더 높아서 인디언은 거기에 도달할 수 없었다."[19]

학자들뿐만 아니라 종교·시민·국가 지도자들이 미국사에 대한 비전을 경축하자, 20세기 초에 파크먼, 터너, 크래프트가 내놓은 새로운 정설은 더 굳건해졌다. 결론이 정해져 있는 권선징악의 연극에서 미국은 인디언영토를 정복하고 대륙으로 확장하면서 고유의 운명을 성취했다. 미국 내륙에 대한 인식은 미국의 역사 연구뿐만 아니라 학술 인프라에도 활력을 불어넣었다. 1907년에 설립된 미시시피 계곡 역사협회Mississippi Valley Historical Association는 1914년 기관지를 창간하면서 미국역사학자협회Organization of American Historians와 《미국

역사 저널 Journal of American History》의 전신이 되었다.[20]

이런 연구들에서 인디언은 단순히 미국 "문명" 외부에 있는 존재가 아니라 문명과 대척점에 있는 존재다. 인디언은 "다른 시대"로 귀화한 이들이었고, 미국의 성취와 대비되었다.[21] 휴버트 하우 밴크로프트Hubert Howe Bancroft가 그의 다섯 권짜리 연작 중《선주민 종족들 The Native Races》에서 요약한 바에 따르면, "야만적이고 부분적으로 문명화된 네이션들에 대한 연구를 통해서만 우리는 인간을 진보적 존재로 이해할 수 있다."[22] 이로쿼이아에서 알래스카에 이르기까지, 학자들은 선주민이 "문명화된" 인간과 어떻게 다른지를 규명하고자 했다. 학자들이 보기에 선주민들은 그들 사이에 차이는 있을지언정 "진보적인" 인간보다 하위에 있다는 공통점을 공유했다. 밴크로프트가 코디액섬의 알루티크에 대해 자세히 설명했듯이, 그들의 "가정 예절은 가장 저질이다. … 그들은 도덕 개념이 없다." 그저 "쓰레기 더미"에서 살고 있다.[23]

백인 우월주의라는 척도로 보면 선주민은 인류의 최하위 집단에 속했다. 그들은 개혁이 필요한, "사멸해가는 인종"의 일원으로 머물러 있었다. 국가와 마찬가지로 그들 역시 개혁하지 못하면 사라질 운명이었다. 새로운 세기인 20세기가 밝아오는 시점에서도 선주민은 여전히 과거의 황혼에 머물러 있었다.

이런 식의 역사관이 미국 전역에 스며들었다. 이런 생각이 너무도 광범하게 퍼지면서 기념행사와 국경일이 끝없이 생겨났다. 처음에는 추수감사절을 기념했고, 그다음엔 콜럼버스를 기념하는 날을 제정했다.[24] 교과서에서 기념비, 광고, 초기 영화에 이르기까지 미국 전역에서 역사를 다루는 작품이 쉼 없이 흘러나왔다.[25]

미국 선주민은 고귀함과 야만성을 동시에 지닌 존재로 여겨졌는데, 이는 놀라운 융합이다. 미국 선주민은 진보의 행진을 방해했음에도 미학적·민족지학적 또는 체험적 예술을 보유했기에 "포획되거나" "구조되거나" "상품화될" 필요가 있었다. 예술가, 작가, 사진작가들도 변경 지대의 종말을 기념하는 흐름에 동참했다. 인류학자를 비롯한 학자들은 그 "실재성authenticity"을 보존하기 위해 이 역사적 경험의 증거를 장악하고자 서둘러 선주민 거주지로 들어갔다. 옐로스톤, 글레이셔Glacier, 요세미티Yosemite 등 새로운 국립공원에서 주말 방문객들이 선주민의 공연을 목격했다. 이런 국립공원 중 일부는 그곳에서 거주하던 인디언 네이션을 쫓아내고 나서 생긴 곳이다.[26] 남서부에서는 여행자들이 나바호 선주민과 푸에블로 선주민의 직물, 보석, 도자기를 사기 위해 교역소와 철도 시장railway market으로 찾아갔다. 태평양 북서부의 농경지에서는 선주민 가족들이 사진 촬영을 위해 정착민과 함께 포즈를 취하기도 했다. 지역 정착민들은 선주민들이 일하는 모습을 즐겨 구경했다.[27] 선주민은 일할 때든 놀 때든 외부인의 기대를 마주해야 했다.[28]

익숙하면서도 망각된 인디언이라는 현상은 선주민이 삶을 헤쳐 나가야 하는 현대 미국의 이념적 지형에서 가장 중요한 특징이 되었다. 이 이데올로기에 맞서는 새 세대 선주민 지도자들이 19세기 후반부터 등장하기 시작했다. 미국의 근간이 되는 신화에 도전한 이들은 기숙학교와 미국 대학에서 교육받기도 했다. 이들은 미국 대륙 곳곳에서 배출되었으며, 국가와 미국 자체에 대해 저마다 다른 의견을 갖고 있었다. 독특한 문화적 관습과 친족 네트워크, 역사에 대한 다른 인식을 바탕으로 성장한 이 선주민 지도자들은 미국 사회에서 선주민을 대상으로 형성되던 사고방식에 지속적이고 강력한 방식으로 대응했다. 오네이다의 개혁가 로라 코닐리어스 켈로그Laura Cornelius Kellogg는 1920년에 저서《우리의 민주주의와 미국 인디언Our Democracy and the American Indian》에서 이렇게 질문한다. "나의 미국인들의 미국이여, 이제 내가 여러분에게 뭐라고 해야 할까? 당신들은 부유하고 강력하니 구역질 나는 아첨으로 여러분께 아부해야 할까?"[29] 켈로그는 "우리는 전 세계에 '거지 종족'으로 낙인찍혔다"라고 설명하며, 선주민에게 그런 표현들이 거침없이 통용되는 것을 "허용하지 말라"라고 독려했다.[30]

켈로그는 미국인디언협회의 창립 멤버 중 한 명이다. 이 협회는 리처드 헨리 프랫의 교육 철학과 정부의 동화 프로그램을 비판하는, 여러 부족이 함께하는 정치적 모임이다. 헨리 로 클라우드Henry Roe Cloud(호청크인)와 엘리자베스 벤더 클라우드Elizabeth Bender Cloud(오지브웨인)를 비롯한 인디언협회 창립자들은 자신의 부족 내에서, 혹은 다른 부족 공동체 내에서 활동했다.[31] 그들은 연방 정책에 대해, 그리고 연방정부가 선주민 네이션들에 대해 가진 근시안적 시각에 문제 제기를 했다. 그들은 책을 쓰고, 강연을 하고, 모임을 열고, 널리 여행을 하고, 법정과 워싱턴을 방문했다. 클라우드 커플은 선주민 학생들

위스콘신의 오네이다 네이션 출신인 로라 코닐리어스 켈로그의 1912년 사진. 미국 선주민협회 《제1차 연례 회의록에 대한 집행위원회 보고서Report of the Executive Council on the Proceedings of the First Annual Conference of the Society of American Indians》에 게재된 사진으로, 그녀의 발표문 〈인디언 산업 조직Industrial Organization for the Indian〉과 함께 실렸다. 그녀는 정착민이 지배하는 경제 체제에서 임금 노동자가 되기보다는 선주민 토지에서 탄탄한 산업을 발전시키는 것이 자치를 위해 가장 효과적이라고 주장했다.

을 위한 고등 학문을 육성하기 위해 미국 인디언 전문학교라는 학교를 직접 열기도 했다.[32]

이 세대는 특정 정책이나 지역사회의 관심사에 집중하면서도 미국의 미래에 선주민도 포함되도록 하기 위해 협력했다. 이들은 말과 행동으로 백인 우월주의의 어법에 도전했다. 많은 사람이 인디언 시민권을 확보하기 위해 로비 활동을 했다. 켈로그를 비롯한 또다른 이들은 토지 개혁과 조약에 명시된 권리를 지키기 위해 로비 활동을 했다. 이 개혁가들은 극소수였고 이들에 대한 연구는 부족하다. 그러나 이들이 국가 개혁을 위한 제도적·정치적 토대, 궁극적으로는 이념적 토대를 놓은 것은 확실하다. 그 결과 1930년대에 "인디언 뉴딜"이라는 이름의 법이 제정되었다.

## 세계 박람회와 재현의 정치

인디언의 역사가 미국의 근대적 역사의식의 토대를 형성했지만, 현대의 인디언은 사라져가는 농업 유산의 살아 있는 구현자로 남았다. 대부분의 거류구역 지역사회 내에서는 여행, 취업, 자립의 기회가 매우 제한적이어서, 선주민 수천 명은 세계 박람회, 서부를 주제로 삼은 유랑극단인 와일드웨스트Wild West, 그리고 연관된 관광지에서 열리는 인간 전시회에서 일자리를 구했다. 예를 들어 5년 사이에 시카고(1893), 애틀랜타Atlanta(1895), 오마하Omaha(1898)에서 박람회가 열리면서, 수천만 방문객이 모여들었다. 나중에는 세인트루이스 (1904), 포틀랜드(1905), 시애틀(1909), 샌프란시스코(1915)에서도 박람회가 이어졌다.[33]

각 도시에서는 박람회장 내에서, 또는 유명한 흥행사 윌리엄 '버펄로 빌' 코디William "Buffalo Bill" Cody가 이끄는 '막간' 오락에서 인디언의 생활을 상설적으로 전시했다. 오마하의 "인디언 의회Indian Congress"에는 약 30개 부족 출신 500여 명의 선주민이 모여, 박람회장 내 4에이커 규모의 구역에서 3개월간 생활했다. 이 사업은 연방정부로부터 보조금 4만 달러를 지원받았다. 애초에는 10만 달러를 요청했지만, 1898년 4월에 미서전쟁이 발발해 감축되었다.[34]

이 공연자들은 원시인으로 보였겠지만, 사실 그들의 인생은 복잡한 적응으로 점철되었다. 일부 선주민은 기꺼이 왔다. 또다른 이들은 정부 관리나 경제적 필요 때문에 억지로 왔다. 아파치의 지도자 제로니모는 1904년 세인트루이스에서 열린 '루이지애나 매입 기념 박람회Louisiana Purchase Fair'에서 수제 화살을 팔던 시절을 이렇게 회상했다. "그때 나는 내가 그전까지 소유했던 것보다 더 많은 돈을 벌었다."[35]

박람회는 선주민들을 모아 한 군데에 격리하고 현대적 편의 시설의 사용을 제한함으로써 크래프트, 터너, 밴크로프트가 주창한 역사적 명제들을 시각적으로 증명해 보이도록 조직되었다. 박람회를 조직했던 이들은 전시회가 "대중을 위한 대학"이 되기를 바랐고, 실제 인디언을 통해 유럽계 미국인의 인종적·역사적 우월성을 가장 생생하게 보여줄 수 있다고 믿었다.[36] 체로키인 역사학자 테다 퍼듀Theda Perdue가 시사한 대로, 1895년 애틀랜타의 "'목화주 박람회Cotton States Exposition'에 전시된 생명 없는 모형과 움직이지 않는 오브제가 선주민의 원시성과 야만성을 전달했지만, 전시 도중에 등장한 실제 인디언만큼 극적이지는 않았다."[37] 코디는 조지아를 마지막으로 방문한 지 18년이 지나 1893년 시카고에서, 그리고 1887년 빅토리아 여왕의 25주년 행사에서 공연하면서 전 세계적 유명 인사가 되었다. 코디의 공연은 흥행사인 코디의 개성을 현대적으로 강조하면서 서부 변경 지대의 역사를 기념했다.[38]

코디나 제로니모 같은 공연자들이 주목받는 동안 많은 선주민 참가자는 도시 공간에서 시간을 내 선주민 공동체의 관심사를 알리고, 정부 정책을 비판하고, 여론의 오해에 대응했다. 예를 들어 라코타 지도자 헨리 스탠딩베어Henry Standing Bear는 인디언사무 담당 국장에게 편지를 보내, 자신의 지역사회 구성원들이 박람회에 참석하고 싶어했지만, "그들은 사람으로 참석하길 원한다. 전시장으로 끌려가는 소처럼 오고 싶어하지는 않는다. … 그들은 [그 누구도] … 우리 인종이 잘못 표현되는 것을 원하지 않는다"라고 주장했다.[39] 비슷하게, 시카고에서 코디와 함께 공연한 메디신호스Medicine Horse도 박람회 관람객이 선주민에게 긍정적인 인상을 갖도록 하기 위해 노력했다. 한 기록에 따르면, 메디신호스는 "대화에 대한 열의를 분명하게 보여주었다. 그는 매우 재미있는 이야기를 해준다. 그가 제공하는 정보는 … 큰 관심을 받았는데, 그럴 만한 가치가 있었다."[40] 코디를 비롯해 박람회를 조직했던 이들은 인디언도 관객으로서 같은 기간에 같은 공간에 올 수 있다는 가능성을 전혀 고려하지 않았지만, 라코타인 공연자들은 이를 알았다.[41]

이런 박람회에 선주민이 참여하는 데에는 정치적 요소가 개입되었다. 인디언 지도자들은 고정관념에 맞서는 전략, 그리고 지역사회의 요구를 발전시키기 위한 전략을 개발했다. 그러나 그들은 선주민의 소멸과 그 필연성에 대한 뿌리 깊은 신화에 직면하곤 했다. 1881년에 출간된 저명한 시카고의 한 역사서는 다음과 같이 대담하게 선언했다.

세계 역사상 인간의 야망이 이곳에서처럼 이 정도로 자극받은 적은 없었다. … 오직 인디언만이 … 남아 미국인에게 맞서 싸웠다. 장기간의 투쟁은 인디언의 시각에서는 생존을, 우리의 시각에서는 발전을 위해서였다. … 인디언의 자손은 오늘날에는 거의 생존하지 못했다. … [무엇도] 그들을 구할 수 없었을 것이다.[42]

이런 단견에 도전하기 위해 선주민 참가자들은 당시 주목받던 문제들에 더 깊이 관심을 기울였다. 그들은 후대 활동가들이 따르게 될 여러 관행을 개발했다. 포타와토미인 작가 사이먼 포케이건Simon Pokagon은 자신의 지역사회에서 나온 오랜 토지 소유권 주장을 담은 항의서를 시카고에서 배포해 여론의 관심을 광범위하게 이끌어냈다.

7장에서 언급한 대로, 포타와토미 지도자들은 1833년 '시카고 조약'에 따라 토지 소유권을 박탈당하고 추방당하는 고통을 겪었다.

포케이건의 아버지 레오폴드도 그 조약 체결에 참석했다. 포케이건에 따르면, 콜럼버스에 대해 1893년의 시카고가 보낸 헌사는 "바로 우리의 장례식과 아메리카의 발견"을 경축하는 것과 다를 바 없었다.[43] 포케이건이 손수 자작나무 껍질로 장정해서 발행한 선언문《홍인의 질책The Red Man's Rebuke》은 이 지역에서 유럽계 미국인의 알파벳보다 앞서 존재했던, 이 지역의 문학적 방식을 보여준 증거다. 이 선언문에서 포케이건은 다음과 같은 날선 글을 남겼다. "당신과 함께 경축하고 싶은 마음이 우리에게는 없다."[44]

포케이건의 신랄한 비판에 점점 더 많은 청중이 모이자, 그는 곧 시카고 시장 카터 해리슨Carter Harrison에게 소개되었고, 시카고에서 제정한 기념일인 '시카고의 날'에 부가된 축하 행사에 초대되었다. 자신의 대의를 위해 강력한 동맹을 모으는 데 관심이 깊었던 포케이건은 해리슨의 행사에 참여했지만, 그의 지지를 얻는 데는 성공하지 못했다. 포케이건은 60년 전 '시카고 조약'으로 잃어버린 부족의 땅을 되찾기 위해 연방정부를 설득하려 했으나 실패하고 시카고를 떠났다.

다른 참가자들 역시 각기 다른 전략을 구사하며 자기 지역사회의 고민을 보여주었다. 캐나다 밴쿠버섬 북쪽 끝에서 온 조지 헌트George Hunt는 콰콰카와크Kwakwaka'wakw인 무용수 대표단과 함께 시카고로 향했다. 이들의 목적 중 하나는 포틀래치 관련 법에 항의하는 것이었다. 이 법들은 북서부 지역 선주민의 공유 관행과 선물하는 행위를 범죄로 규정했다.[45]

미국과 마찬가지로 캐나다 관리들도 선주민 어린이를 표적으로 삼았다. 캐나다 정부는 선주민의 종교 및 의례 관습을 금지하면서 "선주민 가족과의 전쟁"을 벌였고, 그 일환으로 선주민 아이들을 데려갔다.[46] 1883년, 캐나다 총리 존 맥도널드John Macdonald는 하원에서 다음과 같이 말했다. "야만인에게 둘러싸인" 어린이는 "백인의 습관, 방식, 생각을 효과적으로 습득"할 수 없다. 아이들을 "중앙 훈련 산업학교로 … 보내라."[47] 총리의 이런 견해는 니컬러스 플러드 대빈 Nicholas Flood Davin을 비롯한 다른 관리들에게서 영향을 받은 것이었다. 대빈은 1879년에 워싱턴을 방문해 미국 관리들이 인디언 정책을 어떻게 개발하고 있는지를 배웠다. 그는 다음과 같이 보고했다. "인디언과 뭐든 하려면, 인디언을 아주 어릴 때 잡아들여야 한다."[48]

1884년, 캐나다 의회는 포틀래치를 불법 행위로 규정했다. 그 후 수십 년 동안 주정부 관리들은 이에 벌금을 부과했고, 개인을 투옥했으며, 공동의 모임을 제한했다. 선교사들도 옹호했던 이 법은 선주민 사회의 재분배 관행을 겨냥했다. 캐나다 지역 여러 선주민 네이션은 선물을 통해 명예와 신분, 계보적 의미를 전달했다. 어느 관리가 한탄하며 했던 말에 따르면, 태평양 연안 북서부 전역에서 선주민 마을들이 이런 금지령에 저항하면서 "개혁 비슷한 어떤 조치도 단호하게 거부했다."[49] 물론 개혁은 "백인의 습관과 방식과 생각"을 취하는 것을 의미했고, 선주민 가족이 재산을 증여함으로써 사회적 권력과 혈통적 지위를 분명히 보여주는 문화적 기념행사는 인정하지 않았다. 선주민의 이런 선물 교환은 동화 정책을 통해 강조되었던 가치인 사유 재산이나 개인주의와는 정반대되는 것이었다.

포케이건, 메디신호스, 스탠딩베어와 달리 조지 헌트는 기괴한 퍼포먼스를 통해 자신의 공동체가 받은 억압을 비판하고 관객들의 기대를 드높이는 방식을 취했다. 그는 자신이 "사람 잡아먹는" 춤을 춘다고 자랑스럽게 주장했다. 《시카고 트리뷴》은 "인류의 진보"를 기념하기 위한 박람회의 "한가운데"에서 "이 기이하고 반半야만적인 인종의 행사가 벌어졌다"라고 불평했다.[50] 실제로 이 춤에 곧 "국제적 항의가 쏟아졌다."[51]

박람회 주최 측 내부의 제도적 분열을 잘 알았던 헌트는 산업과 독창성을 기념하는 국가적 차원의 전시회를 후원한 캐나다 관리들을 화나게 만들 작정이었다. 야만적인 춤이 펼쳐내는 섬뜩한 이야기는 정착민과 투자자를 유치하기 위한 행사의 공식 이미지와 맞지 않았다.[52] 정부 관리들은 외면했지만, 민족지학자들의 도움을 받은 헌트는 하마차Hamatsa 등의 춤을 공연하며 선주민 종교가 박해받는 일상의 현실을 알려 박람회 관람객들의 관심을 끌었다. 헌트는 하마차 같은 종류의 춤이 캐나다에서 금지된 것을 알았다. 따라서 그 공연이 정부의 제재를 받을 수 있을 뿐만 아니라 자신이 속한 지역사회에서도 우려와 반감을 살 수 있다는 점을 알고 있었다. 빅토리아Victoria, 런던, 뉴욕의 신문사가 하나같이 이 논란을 보도했다.[53]

포케이건과 마찬가지로 헌트도 기관 지도자들, 특히 다양한 문화 전시회를 주도한 인류학자들과 관계를 맺었다. 그는 식민주의에 대한 광범위한 비판을 표명할 공간을 찾기 위해 이런 관계를 탐색했다. 그는 1884년 8월에 열린 국제인류학회의International Congress of

Anthropology에서 영향력 있는 독일 인류학자 프란츠 보아스Franz Boas
와 함께 학술 논문을 발표하기도 했다.[54] 여러 면에서 볼 때, 시카고
는 헌트의 활동에서 시작에 불과했다. 그후 30년 동안 헌트는 보아
스와 함께 민족지학을 공동 집필했고, 사진작가이자 영화감독인 에
드워드 커티스Edward Curtis 등 다른 민족학자나 예술가와 함께 작업
했다. 한편 시카고의 필드 박물관Field Museum, 뉴욕의 자연사박물관
Museum of Natural History이 북서부 해안 지대의 방대한 선주민 유물을
수집하는 데 도움을 주었다.[55] 기본적으로 그는 캐나다에서 금지된
선주민 예술 작품과 문화 형태를 보존할 가능성을 다른 장소, 다른
사람, 다른 기관에서 보았고, 사람들을 모아 자신의 생각을 나누었다.

콰콰카와크를 비롯한 북서부 선주민 네이션이 가장 많이 연구된
선주민이 된 데에는 헌트의 이 같은 노력도 한몫했다. 외부인을 자
기 공동체의 문화적 전통에 몰입시키는 그의 능력을 통해 선주민은
열등하다는 만연한 이념들이 무너졌다. 인류학의 많은 "정보 제공
자"가 그러했듯이, 오랫동안 보아스의 영역이었던 문화 분석을 헌트
는 새로운 형태로 발전시키는 데 기여했다. 그중에는 문화적 차이를
수직적 시각이 아닌 수평적 시각으로 보게 된 점도 꼽을 수 있다.[56]
보아스는 문화적 상대주의 이론에서 다양한 문화가 저마다 어떻게
자체적인 내부 논리를 가지고 발전했는지 설명했다. 나아가 문화는
분산된 위계 구조보다는 그 자체의 관점에서 볼 때 가장 잘 이해된
다는 점을 분명하게 설명했다. 따라서 "인민들peoples" 간의 차이는
타고나는 것이 아니라 상대적인 것이었다. 인종은 선천적인 열등함

의 조건이 아니라 식민자들이 세계적 차원의 제국주의를 지원하기 위해 부여한 지위였다. 보아스는 헌트에게서 민족적·문화적 가치가 고정된 것이 아니라 유동적이라는 사실을 배웠다. 헌트가 보아스에게 소개한 가면, 노래, 변신의 춤도 유동적이었다. 또한 이러한 가치들은 공동체를 분열시키기보다 연결할 수 있었다.[57]

헌트와 포케이건은 각자의 지역사회에 뿌리를 내리고 지역사회를 지키기 위해 노력하면서 폭넓고 인본주의적이며 비타협적인 선주민의 비전을 제시했다. 이들은 인디언 사멸 신화에 맞서는, 도전적이고 열정적인 비평을 내놓았다. 그다음 세대는 이런 노력을 한층 더 확대했다. 동화 정책의 일환으로 인디언의 토지, 가족, 어린이를 과녁으로 삼은 국가 차원의 법률을 개정하기 위해서였다.


## 미국 제국주의와 성장하는 선주민 저항 운동


미국 식민주의에 대한 선주민의 비판은 1890년대에 더 거세졌다. 특히 미국이 1893년 하와이의 릴리우오칼라니 여왕Queen Liliʻuokalani 과 하와이 군주제를 무너뜨리는 데 힘을 보태고 미서전쟁을 하는 동안 (에스파냐가 갖고 있던 필리핀 등 여러) 제국주의 영토를 추가로 인수하면서 더 거세졌다. 1842년, 대통령 존 타일러가 "하와이 왕국의 독립을 인정"한 이래 하와이는 계속 독립성을 인정받았는데, 1890년대에 들어 처음으로 미국은 하와이 왕국의 주권을 인정하지 않았다.[58]

푸에르토리코에서 필리핀에 이르기까지 미국은 이제 전 세계로 영토를 확장했다. 멀리 떨어진 항구와 영토, 수백만 비백인 피지배자가 추가되었다. 이렇게 제국으로 확장되자 미국은 변했다. 특히 시민권이 없는 이들을 통치하는 방식에서 변화가 생겼다.[59] 미국은 제국 전역으로 행정 역량을 확장했다. 그 일환으로 비백인 피지배자를 통치하는 연방정부의 역할이 크게 확대되었다.[60]

새로운 인종 분류는 미국 제국주의에 영향을 미쳤다. 영토를 통제하고, 자원을 추출하고, 정치적으로 복속하기 위해 새로운 기구가 설립되었다. 이런 식민 체제에 구축된 인프라는 연방정부에서 인디언 문제를 담당했던 기관과 유사했고, 인디언 문제를 담당했던 이들이 새 기구에서 일하는 경우가 수두룩했다. 인디언 행정 기관에 근무했던 종교 지도자, 군인, 주정부 관리 들이 이제 미국 제국 전역에서 비슷한 형태의 교육, 치안, 군사적 감시를 실시했다.

미국이라는 세계 제국의 씨앗을 제일 먼저 심은 부류로 잉글랜드 선교사들을 꼽을 수 있다. 미국해외선교위원회American Board of Commissioners for Foreign Missions, ABCFM(이하 미해외선교회)의 회원들은 1810년 조직이 설립된 직후 태평양을 횡단해 1819년에 하와이에 도착했다. 미해외선교회의 일원이었던 리처드 암스트롱Richard Armstrong은 카메하메하Kamehameha 3세를 비롯한 하와이 왕실과 협력해 왕국 전역에 선교학교와 산업학교를 세웠다. 프린스턴 신학교를 졸업한 암스트롱은 마우이Maui에서 마르키즈 제도Marquesas Islands까지 미해외선교회의 선교 열정을 전파했다.[61]

새뮤얼 채프먼 암스트롱Samuel Chapman Armstrong과 같은 선교사의 자녀들은 부모로부터 산업 교육의 관행을 배웠다.[62] 새뮤얼은 하와이의 초기 기독교 공동체에서 성장했고, 그런 공동체들이 세운 새로운 교회와 학교에서 교육을 받았다. 그는 내전에 참전한 뒤 부친과 비슷한 삶을 살기 위해 노력했다. 그 일환으로 버지니아에 햄프턴 전문학교Hampton Institute를 설립해 과거에 노예였던 이들과 함께 일했고, 부커 워싱턴Booker T. Washington의 자문 역을 했다.[63] 햄프턴 전문학교는 인디언 학생도 모집했다. 이런 교육은 리처드 프랫을 비롯한 사회개혁가의 관심을 끌었다. 암스트롱은 프랫에게 산업 교육의 가치에 대해 조언했다. 실제로 프랫은 1878년에 햄프턴 전문학교를 방문한 뒤 자신의 일에 대한 신념을 다질 수 있었고, 연방의회에 칼라일 산업학교에 대한 자금 지원 요청을 좀더 수월하게 할 수 있었다.[64]

햄프턴 전문학교가 시어도어 루스벨트를 개교 기념식 연사로 맞이했던 1906년 무렵 미국 제국주의는 확대되고 있었다. 특히 필리핀에서 혁명 세력이 독립 투쟁을 계속 벌이자 미국 제국주의는 새로운 도전에 직면했다.[65] 루스벨트는 미국의 대륙 확장을 이끈 이데올로기에는 제국주의도 포함된다면서 제국주의를 옹호했다. "우리가 시팅불Sitting Bull과 전쟁을 벌인 것을 정당하게 여기는 것처럼, 아기날도Aguinaldo〔필리핀 독립운동가로, 훗날 초대 대통령이 되는 인물〕와 그 추종자들의 반란을 관리하는 것 역시 정당화할 수 있다."[66] 루스벨트는 또 이런 말도 했다. 미국이 "도덕적 이유로 필리핀을 포기해야 한다면, 우리는 도덕적 이유로 애리조나를 아파치에게 내줘야만 한다."[67]

미국군의 군사 훈련은 인디언과의 전쟁 경험에 바탕을 두었다. 필리핀에서 미국군은 우선 현지 정찰대를 활용했고, 필리핀 선주민 민간인을 통제하기 위해 거류구역을 설정했으며, 선주민 경제 기반을 무너뜨리기 위해 마을을 공격했다.[68] 이 모든 행위는 내전 이후 인디언구역 전역에서 벌어진 것들이다.

이런 치안 활동을 통해 아시아의 태평양 연안에 대한 연방정부의 지배가 더 확장되었다. 1900년 5월에서 1901년 6월까지 13개월 동안 특히 격렬했던 폭력으로 5000여 명의 필리핀인이 군사 작전 중에 사망했고, 3만 명이 체포되거나 투항했다.[69] 필리핀위원회로 알려진 미국 민간 행정부는 에밀리오 아기날도Emilio Aguinaldo가 지도하던 필리핀 혁명 운동을 제압한 후 필리핀 헌병대를 설립했다. 또한 현지에서 모집한 병력을 이용해 시민사회로 침투했고, 공론의 장을 제한했으며, 지도자들을 감시했다.[70]

이런 비슷한 치안 제도는 인디언과 여러 차례 전쟁을 치르면서 발전했다. 필리핀과 마찬가지로 인디언 경찰력도 군사 작전에 참여한 정찰 대원으로부터 성장해 나왔다. 사우스다코타의 샤이엔강에서 복무한 시어도어 슈완Theodore Schwan 대위와 같은 장교들은 거류구역 기관에서 현지 라코타인 경찰관을 모집했다. 1878년, 슈완은 그레이트수 전쟁에 참전했던 라코타 군인 20명을 선발했다. 이 부대는 검열, 훈련, 행진, 급여 지급을 통해 제도화되었다. 슈완의 보고에 따르면, "이런 관행들은 병력의 효율성과 규율에 절대적으로 중요하다."[71]

인디언 경찰 부대는 자기가 속한 지역사회 내에서 멸시를 받았다. 그들은 정부 법률을 집행했으며, 외부에서 온 군 장교나 공무원의 지휘를 받았다. 그들은 "허가 없이" 거류구역을 이탈하거나, 친척을 방문하기 위해 거류구역들을 오가는 사람들을 체포했다.[72] 그 결과 그런 행위를 한 선주민들은 쇠고랑을 찬 채 수감되었는데 이들에게 음식조차 제대로 주지 않았다. 많은 사람이 볼 때 이 새로운 기관들에는 인디언업무청Indian Service이 지닌 최악의 특성이 구현되어 있었다. 이 기관들이 연방 인디언 정책들에 대해 마치 폭포수처럼 쏟아지는 비판의 대상이 되었다.

'인디언업무청'은, 1824년에 설립되어 1947년에 인디언사무국으로 개명된 인디언사무청이 제공한 모든 형태의 연방 서비스를 포괄했다.[73] 이 기관은 거류구역과 관련한 연방정부의 정책을 관리했다. 즉 아이들을 기숙학교로 데려갔고, 이 기숙학교들을 관리하고 자금을 지원했다. 또 경찰에게 급여를 지급했고, 조약에 따라 지급되었던 연금 배분을 감독했다. 주택, 식량, 교육, 건강 관리 등 일상의 필수 영역도 관리했다. 거류구역 감독관이 관리하고 인디언사무국 국장이 관할하는 이런 집단적 관행을 통해 권위주의적 행정 인프라가 세워졌다. 켈로그에 따르면, 이는 거류구역에 "공포의 통치"를 가져왔다. 이런 체제는 미국의 해외 제국주의 프로젝트에 버금가는 전제주의였다.[74]

켈로그의 비판은 이전 세대들이 해온 비판을 되풀이한 것이기도 했다. 켈로그가 속했던 위스콘신의 오네이다 네이션은 이로쿼이 연맹의 일원이었다. 오네이다 네이션은 1820년대에 뉴욕 백인 정착촌의 맹습에서 벗어나기 위해 피난한 오네이다인 가족들이 위스콘신으로 이주하면서 형성된 네이션이다. 켈로그의 가족은 자신들의 토지를 지키기 위해 수년간 어려움을 겪은 경험이 있다. 예를 들어 토지 할당으로 인해 1920년까지 오네이다 거류구역 토지의 90퍼센트 이상이 양도되었다.[75] 그러나 켈로그의 비판은 새로운 문제도 제기했다. 슈완과 같은 백인 장교들은 부당한 권력을 축적했고, 어떤 경우에는 다른 인디언이 백인 장교들과 동맹해 합세하기도 했다. 이런 선주민 직원들은 켈로그가 "아첨학교 인디언국Indian Bureau School of Sycophants"이라고 불렀던 곳 출신이었다.[76] 켈로그의 주장에 따르면, 이 기숙학교 졸업생들이 인디언업무청의 동화 프로그램을 효과적으로 구현했다. 국가 정책과 그것이 만들어낸 거류구역 통치 기관을 개혁하기 위해서는 근본적인 변화가 필요했다. 다른 사람들도 곧 켈로그의 이 같은 비전을 공유했고, 이를 구체화하기 위해 노력했다.

## 미국인디언협회

20세기 초, 미국 인디언 문제를 가장 잘 해결할 방법에 대한 큰 논쟁을 이끈 인물은 켈로그다. 1870년대 후반에 연방정부가 선주민을 백인처럼 살도록 동화시키기 위해 시작한 캠페인은 속도를 늦출 기미를 보이지 않았다. 켈로그가 인식한 대로, 이 캠페인은 오히려 힘을 얻고 있었다. 다시 말해 매년 예산이 증가하고 그 규모도 확대되었다. 연방의회는 1901년에 인디언학교를 위해 300만 달러를 책정했는데, 이는 1890년의 예산보다 두 배가 넘는 금액이었다. 2만 3000여 명의 인디언 학생이 이런 학교를 다녔는데, 이는 1890년의 두 배에 가까운 수다. 그후 20년 동안 연방의회는 이들 교육 기관에 예산을 더 배정해, 연평균 400만여 달러가 넘었다.[77] 프랫이 햄프턴 전문학교를 방문해 칼라일 학교 개교를 위해 2만 달러를 지원하겠다고 한 이후 1920년까지 연방의회는 정부가 운영하는 기숙학교에 1억 1375만 5357달러를 배정했다.[78] 1926년까지 7만 7577명의 선주민 학생이 이런 학교들을 다녔고, 연간 비용은 726만 4145달러로 더 늘어났다. 캔자스에 있는 미국 최대의 인디언학교인 하스켈 인디언 전문학교Haskell Indian Institute에서는 졸업생이 참여하는 동창 주말 파티에 8000명이 참석하기도 했다. 이 학교에는 1926년까지 연간 평균 400여 명이 입학했다.[79] 동화 정책은 파괴적이고 비용이 많이 들었다. 또한 어디서도 제대로 완수되지 못했다.

켈로그는 "인디언사무국"이 어떤 기관인지 잘 알았다. 그녀는 '토지 할당 시대'에 오네이다 거류구역에서 성장했고, 캘리포니아 리버사이드Riverside에 있는 셔먼 전문학교Sherman Institute에서 2년 동안 일하면서 프랫이 설계한 시스템 안에서 교직 생활을 했다. 그녀는 위스콘신, 캘리포니아, 뉴욕시에서 강의와 광범한 저술 활동을 하면서 대학을 다녔다. 그녀는 일과 여행을 통해 국가 정책의 방향이 잘못되었다는 확신을 얻었다. 1903년, 그녀는 다음과 같이 말했다. "나는 인디언의 삶과 관련해 널리 퍼진 생각이 무엇인지를 알고 있다."[80]

같은 해 그녀의 시 〈내 인종의 미래에 대한 헌사A Tribute to the Future of My Race〉가 칼라일 학교의 《홍인The Red Man》을 비롯한 기숙학교 신문에 전재되었다.[81] 이 시는 147행으로 이루어진 열정적인 작품으로, 헨리 워즈워스 롱펠로Henry Wadsworth Longfellow의 서사시 〈히아와타의 노래The Song of Hiawatha〉에 등장하는 "유명한 장단격의 4보격 운율"을 활용해 미국 신화를 비판한다.[82] 롱펠로와 달리 켈로그는 선주민의 소멸을 찬양하지 않았다. 켈로그는 선주민과 비선주민 사이에 다른 대칭이 있다고 상상한다. 그 속에서 선주민이 다시 "우정으로 만든, 가장 순수한 진주로 만든, 감사로 만든, 깊이 뿌리내린, 영원한 여름이 지속되도록 만든 왐펌 가닥을 이어갈 것"이라고 상상한다.[83]

서정성과 리더십으로 유명한 켈로그는 1908년에 영국을 순회하면서 언론에 광범하게 보도되었다. 한 기자가 쓴 바에 따르면, 켈로그는 "런던 사회에서 가장 배타적인 집단에게서 받은 극찬의 환대에 대해 열정적으로 이야기했다. … [그리고] 미국에서 인디언 문제를 인정하게 만드는 운동을 시작하려는 것이 그녀의 의도라고 말했다."[84]

다른 반反식민지 투쟁과 마찬가지로 인디언 공동체가 지닌 문제점은 그 해결책보다 더 분명했다. 거의 모든 인디언 지도자가 어린이를 강제로 데려가는 프로그램, 토지 할당, 반半실업 상태, 가족과 지역사회와 개인에게 상처를 주는 선주민에 대한 고정관념 등의 문제를 인식했다. 이런 문제의 기원은 인디언에 대한 정부의 대우와 인디언의 토지 상실, 자원 양도, 백인 정착민이 휘둘러온 폭력의 역사에 있었다. 하지만 이런 구조적 문제를 해결하기 위해 모두가 같은 답변을 내놓지는 않았다.

켈로그는 "운동을 시작"하기 위해 시와 희곡을 쓰고, 강연과 공연을 하고, 가르치며 연구하고, 여행을 다녔다. 그녀는 다른 작가, 교육자, 지식인과 곧 합류했다. 1911년, 전미유색인향상협회National Association for the Advancement of Colored People가 설립되고 2년 후 그녀는 미국인디언협회(이하 인디언협회)의 창립자 여섯 명 중 한 명이 되었다. 이 협회는 '콜롬버스의 날'에 오하이오에서 창립 총회를 가졌다. 이보다 몇 달 전인 6월, 창립자들은 켈로그의 위스콘신 자택에서 처음 만나 선주민이 주도하는 최초의 "범인디언" 정치 단체, 또는 여러 부족이 함께 모인 정치 단체를 조직할 준비를 시작했다. 켈로그는 창립집행위원회에서 활동하며 이 단체의 주요 직책인 서기를 맡았다.[85]

인디언협회 조직자들이 직면한 수많은 고려 사항 중에 협회를 비선주민과 '인디언업무청' 직원에게도 개방할지 여부가 뜨거운 논쟁을 불러일으켰다.[86] 이 협회는 다른 "인디언 권리" 협회들과 차별화되기를 열망했다. 백인 목사와 사회개혁가들이 주도하던 다른 단체들은 주로 개신교에서 주도했고, 동화 정책을 가장 적극적으로 지지했다.[87] 켈로그를 비롯한 인디언협회 창립자들은 그런 철학을 거부했다. 그들은 그 취지를 다음과 같이 밝혔다.

오늘날 백인은 인디언의 능력을 믿지 않는다. 인디언이 그런 회의를 개최할 만한 지성이나 품위가 있다고 믿지 않는다. … 우리 협회는 백인 인종을 비롯한 모든 인종이 홍인종red race에 대해 더 잘 알고 더 폭넓은 지식을 갖출 수 있는 조건을 만들고자 한다. … 홍인종이 현대 문명에 물질적·정신적으로 기여할 능력에 대해 더 많이 알리고자 한다.

이 협회가 지향하는 목표 중 하나는 인디언이 개인 차원에서나 인종 차원에서나, 위대한 공화국의 한 능동적 구성원으로, 남자들men 중의 남자man로, 자기 지위를 차지할 수 있는 조건이 개발되는 것을 보는 것이다.[88]

인디언협회의 창립자 중 유일한 여성이었던 켈로그가 이 단체의 첫 선언문을 이끈 가부장적 사고방식을 어떻게 이해했는지는 분명하지 않다. 전 세계 "인간 가족family of man"이라는 언어와 은유는 여러 세대에 걸쳐 제국주의를 이끌어온 개념인 동시에 식민화된 사람들을 조직하는 도구였다.[89] 동화주의 이데올로기는 남성성과 시민권, 개인주의와 문명을 동일시했다. 토지 할당제는 농경 사회와 가부장제에 대한 제퍼슨주의의 이상을 선주민에게 강요하려는, 거의 한 세기에 걸친 노력의 정점이었다.

유럽계 미국인의 가부장적인 젠더 규범은 카를로스 몬테수마Carlos Montezuma(야바파이Yavapai) 박사를 비롯한 인디언협회의 저명한 회원들 사이에서도 널리 퍼져 있었다. 인디언협회를 남성만의 협회로 만들어야 하는지를 놓고 논쟁할 정도였다. 켈로그와 에마 존슨Emma Johnson(포타와토미), 엘리자베스 벤더 클라우드(오지브웨), 마리 루이즈 보티노 볼드윈Marie Louise Bottineau Baldwin(오지브웨)을 비롯한 여성 활동가들이 한 세대 동안 인디언 저항 운동에 기여했는데도 유럽계 미국인의 젠더 규범이 선주민 지도자들 사이에서도 널리 퍼져 있었다. 이들 모두가 초기 인디언협회 회원이었다. 작가 지트칼라-샤Zitkála-Šá, 거트루드 시먼스 보닌Gertrude Simmons Bonnin(양크턴 다코타 Yankton Dakota)은 몬테수마의 제안에 이렇게 반박했다. "인디언 여성 인 나는 진지한 문제에 대해 생각할 줄 알고, 인종 문제에 대해 당신 네 남성만큼 혹은 당신네 남성 두 사람을 합친 것만큼이나 면밀하게 관심을 갖고 있지 않나요? 왜 감히 우리를 배제하는 겁니까?"[90]

선주민 여성에 대한 지지는 사실상 이 협회의 특징이 된다. 인디 언협회 초창기의 주된 관심사는 회원 자격 문제와 인디언구역에서 발전이 가능한지에 대한 여론의 반응이었다. 그러나, 켈로그와 지트 칼라-샤 등은 더 광범위한 정치 개혁이 따라야 한다고 압박했다. 켈 로그는 자신이 속한 공동체에서 수백 년 동안 이어져온 이로쿼이 연맹의 전통적인 정치 형태를 복원해야 한다고 주장하면서 정치 개 혁을 촉구했다.

켈로그가 "영원한 여름이 지속되도록 만든 … 왐펌 가닥"을 언급 한 것은 시적인 표현에 그치는 것이 아니었다. 이 시는 네이션들 사 이의 조약, 특히 미국과 이로쿼이 연맹의 '식스 네이션 평의회'가 맺 은 조약을 언급한 것이다. 3장에서 논한 것처럼, 이 평의회는 이로쿼 이 씨족의 어머니들이 선출한 위원들로 구성되었다. 이런 모계 체제 는 유럽과의 접촉 이전부터 존재했다.[91] 켈로그가 볼 때, 선주민 네이 션들은 공동체를 운영하는 방법, 사회적 관계와 젠더 관계를 더 형 평성 있게 운용하는 방법을 빅토리아 시대(영국 빅토리아 여왕 재위기

(1837~1901)로, 유럽과 미국 백인 중간 계급 사이에서 젠더에 따른 역할이 어느 때보다 강조되었다)의 미국인보다 더 잘 알았다. 게다가 부족들은 이런 능력을 긴 세월 인정받았다. 부족들의 주권은 조약을 통해 미국 법에 명시되었고, 영국과의 오랜 외교를 통해 국제적으로도 인정받았다.

개인적인 성취, 자제력, 이와 관련한 도덕적 강조 등 진보주의 시대의 이념들은 선주민의 원칙 속으로도 침범했다. 이 이념들은 부족의 주권을 인정하지 않는 것이기도 했다. 켈로그는 1911년 인디언협회의 첫 번째 모임에서 연설할 때 근대화와 문명의 미사여구를 거부했다. 많은 참가자와 달리 그녀는 스스로를 "붉은 진보주의자Red Progressive"로 여기지 않았다. 당시 인디언 개혁가들은 흔히 붉은 진보주의자로 간주되곤 했다.[92] 켈로그는 스스로를 이렇게 말했다. "나는 신식 인디언이 아니라 새로운 조건에 적응한 구식 인디언이다."[93] 그녀는 인디언 문제를 개혁하는 데 꼭 필요한 것은 동화가 아니라 문화적 연속성이라고 생각했다. 거류구역 공동체들을 재건하기 위한 전략에서 그녀가 중시한 것은 포기가 아니라 정치적 적응이었다.

인디언협회는 콜럼버스에서 50명의 회원이 모여 시작했지만, 1913년 덴버 모임에는 200여 명이 모였다. 보티노 볼드윈을 비롯한 많은 회원이 1911년 인디언협회가 처음 발송한 4000통의 초대장 중 한 장을 받았던 사람들이다. 노스다코타에서 성장했고 인디언업무청 내 교육 부서에서 오랫동안 근무한 보티노 볼드윈은 워싱턴에서 인디언협회의 여러 지도자를 만났고 나중에는 집행위원회에 합류했다. 그녀는 인디언협회의 첫 회의가 열린 켈로그의 자택까지는 갈 수가 없어서 편지를 보냈고, 그녀의 편지는 이 회의에서 낭독되었다. 그녀는 인디언구역 전역에서 모여든 신흥 "도시 인디언" 공동체의 일원이었는데 매일 오해에 직면하곤 했다. 예를 들어 인구 조사원이 그녀의 집에 왔을 때 그녀는 자신이 워싱턴에서 거주하는 미국 인디언이라는 사실을 조사원에게 이해시키지 못했다. 인구 조사 양식이나 이를 감독하는 사람들의 상상 속에는 인디언이 들어갈 공간이 없었다.[94]

현대 미국에서 고난을 헤쳐나가고 있는 다른 미국 선주민과 마찬가지로 보티노 볼드윈도 인디언협회에 참여하기를 열망했다. 이 단체는 선주민이 주도했으며, 이들 중 다수는 전문직으로 성공을 거두었고, 자기가 받은 교육을 미국 선주민을 위해 활용하려고 노력했다. 그녀는 이 협회에서 보내온 초대장을 늘 가까이 지니고 다녔다. "친애하는 동료 인디언에게"라고 시작하는 이 초대장은 다음과 같은 질문을 던졌다. "미국 인디언의 미래는 무엇이 될 것인가?"[95]

인디언협회가 세운 여러 업적 중 하나로, 분기별로 발행된 저널을 꼽을 수 있다. 1916년 《미국 인디언 매거진American Indian Magazine》으로 이름을 바꾼 이 저널은 초기에는 선주민 저자가 쓴 논문만 게재했다. 인디언협회는 전국적으로 '미국 인디언의 날'을 만들자고 제안했고, 몇몇 주에서 이를 채택했다. 또한 "다양한 거류구역들에 커뮤니티 센터를 설립하는 운동을 시작했다. … 거류구역 인디언이 미국 문명을 더 잘 이해하고, 미국 문명과 더 조화로운 관계를 맺을 수 있도록 하기 위해서였다."[96] 지트칼라-샤가 유타 포트두세인Fort Duchesne에 있는 유인타-유레이 유트 거류구역Uintah-Ouray Ute Reservation의 센터들을 감독하는 일을 처음으로 맡았다. 10년이 채 되지 않아, 인디언협회는 매년 연례 회의를 개최하고 선주민 문제에 대한 관심을 높였으며, 미국 역사상 처음으로 전국적인 인디언 정치 조직이 되었다.

## 시민권이라는 난감한 자리:<br>공동체 주권 대 개인주의

인디언협회가 남긴 가장 큰 유산 중 상당수는 1923년 협회가 해체된 이후에 이루어졌다. 동화 정책의 매우 해로운 관행들을 억제하고, 부족 공동체를 "물질적·영적으로" 회복하기 위해 설립된 인디언협회는 13년간 활동하면서 수많은 전략을 펼쳤다. '미국 인디언의 날'에 대한 지지를 모으기 위해, 몬태나의 레드폭스 제임스Red Fox James는 말을 타고 여러 주 의사당을 방문해 주지사들의 지지 서명을 얻어, 우드로 윌슨Woodrow Wilson 대통령에게 전달했다.[97] 다른 회원들은 '콜럼버스의 날'처럼 인종주의적 이데올로기를 영속시키는 미국 기념일들의 해로운 영향을 논하는 강연을 했다. 인디언협회는 첫 번째 "집행위원회 보고서"에서 언급했듯이 "백인 인종이 태생적으로 우월한 권리를 갖고 있으며, 선주민을 억압하는 것이 도덕적으로 정당하다고 믿는 일부 백인 인종"을 표적으로 삼았다.[98]

인디언협회가 관심을 가진 분야는 너무도 광범하고 전략이 매우 다양해 결국 자금, 리더십, 파벌주의 문제 앞에 무너지고 말았다.[99] 지역 및 계급 분열도 인디언협회를 분열시켰는데, 특히 '선주민 교회Native American Church'의 확장과 연관이 있었다. 종교적 의례에 페이요테peyote선인장 혹은 페요테선인장에서 채취한 마약을 활용한 이 교회는 광범하고 다양한 추종자를 끌어모았는데, 이들의 활동은 여러 부족이 함께하는 종교 운동의 일환이었다. 오클라호마, 애리조나, 네브래스카의 이 교회 신도 중 다수는 "교육받은 중간 계급"에 속한 인디언협회의 지도자들과는 달랐다. 인디언협회 지도자들은 개신교를 더 온전하게 수용했던 이들이었고, 그들 중 일부는 목사가 되기도 했다.[100]

선주민이 소멸했다는 이데올로기가 미국에서 여전히 널리 퍼져 있었기에, 이에 대한 반박은 소용없는 일이 되곤 했다. 그저 긍정적으로 보이는 기념행사에서도 이 해로운 교리의 변종이 나오곤 했다. 1913년, 뉴욕시가 항구에 '국립 아메리칸인디언 기념관'을 '자유의 여신상'보다 더 크게 세우려고 할 때 뉴욕《이브닝 선Evening Sun》은 다음과 같은 기사를 실었다. 인디언 "인종은 북아메리카 대륙에서 실질적으로 사라질 날이 몇 년 남지 않았으니, 적어도 기억에서만큼은 영속되어야 한다."[101] 참정권 운동가인 애나 하워드 쇼Anna Howard Shaw는 포틀랜드에서 열린 루이스와 클라크 원정대 100주년 기념식과 미국 태평양 박람회와 오리엔탈 축제Oriental Fair에서 열린 새커저위어Sacagawea 동상 제막식에서 이렇게 말했다. "당신의 부족이 당신

조상의 땅에서 급속히 사라지고 있다. 당신의 인민을 죽이고, 당신의 나라를 빼앗은 외계에서 온 종족의 딸인 우리는 … '정의의 길Pass of Justice'로 사람들을 이끄는 길에 서기 위해 … 당신들에게 침착한 인내의 교훈을 배우기를 원한다."[102]

이런 표현에 직면할 때, 인디언협회 회원들은 타격을 받았다. 마지막 몇 년은 많은 회원이 워싱턴으로 관심의 초점을 옮겨, 그곳에서 시간을 보내며 인디언 대표단을 안내하고 시민권을 얻기 위해 연방의회에서 로비 활동을 했다. 예를 들어 지트칼라-샤는 1917년 포트듀세인에서 워싱턴으로 이주해 로비 활동을 주도했다. 1919년, 이 협회의 연례 회의 주제는 "인디언을 위한 미국 시민권"이었다.[103]

10장에서 논의했듯이, 인디언은 수정헌법 제14조에서 "제외"되어 미국헌법이 정의한 시민권 범위 밖에 머물러 있었다. 인디언은 연방정부가 신탁한 토지들에서 거주하는 정치적 공동체로 인정받았으며, 이는 피보호자와 보호자 사이의 관계와 비슷했다. 시민권이 이런 관계를 어떻게 복잡하게 만들지, 많은 이들이 궁금해했다. 특히 1917년에 미네소타 대법원이 인디언의 투표 자격을 제한하는 판결을 내린 것처럼, 법관들이 "문명의 관례와 관습" 밖에 있다고 판단하는 지역사회들에 부족 구성원이 거주할 경우 그들이 미국헌법의 보호를 받는 동시에 연방정부에 의존하는 연방정부의 피보호자로 남을 수 있을까?[104]

의회는 시민권을 부여할 권한이 있었다. 1884년, 의회 전권의 성장을 보여주는 또다른 신호는 대법원의 판결이었다. 대법원은 '엘크

대 윌킨스Elk v. Wilkins' 판결에서 연방의회의 입법에 의해서만 선주민에게 시민권을 부여할 수 있다고 했다.[105] 그러나 그런 시민권의 부여가 실제로 무엇을 가져올지는 아직 정해지지 않았다.

인디언협회의 로비 활동은 1924년 '미국 인디언 시민권법American Indian Citizenship Act'을 제정하는 데 밑바탕이 되었다. 이 법을 통해 137년 동안 지속된 미국 선주민 배제의 역사에 종지부를 찍었다. 이 법률은 1920년에 헌법추가조항 제19조가 제정된 후에 제정되었다. 헌법추가조항 제19조는 또다른 역사적 투쟁의 결과물로, 이를 통해 여성 참정권이 확립되었다. 많은 사회 구성원이 두 법안의 통과를 위해 노력했고, 1920년 이후 지트칼라-샤를 비롯한 많은 사람이 참정권 활동가들에게 인디언 시민권을 위해서도 애써달라고 촉구했다. 보티노 볼드윈은 참정권 활동가들의 집회에서 연설하고 행진했는데, 그곳에서 오지브웨 여성의 전통 복장을 하거나, 그녀가 최근 입은 로스쿨 졸업식 가운을 입는 모습을 연출했다.[106]

제1차 세계대전에서 인디언의 참전은 시민권 취득에 명분을 더해주었다. 지트칼라-샤는 인디언협회의 서기로 선출되고 저널의 편집장이 되자, 선주민 군인의 영웅심을 환기해 인디언 시민권 요구를 정당화하곤 했다. 전쟁에서 수많은 훈장을 받은 퇴역 군인에는 인디언도 있었다. 예를 들어 '미국 원정군American Expeditionary Force' 제36사단 소속 촉토인 병사 세 명이 용맹함을 인정받아 프랑스 십자무공훈장을 받았다. 그중 한 명인 오클라호마 출신의 조지프 오클라홈비Joseph Oklahombi는 "격렬한 포격 아래 … 기관총 둥지로 돌진해 171명

을 포로로 잡았다."[107] 전장에 투입된 촉토인들과 "암호 수신자"들은
여러 부족 출신 인디언 사이에서 각 네이션의 언어를 사용해 보안
메시지를 전달했다. 인디언협회 구성원은 그런 헌신적인 군인이야
말로 미국 시민이 될 자격이 있다고 주장했다. 한 협회의 논문에 따
르면, "수Sioux인은 권리와 보상을 요구하는 캠페인에서 피켓을 들고
시위를 하지 않는다. … 그들의 싸움은 더 광범하다. 그들의 최정예
병사들은 프랑스의 전선에서 피켓팅을 하고 세계의 법정에 묻는다.
자유의 수호자가 특권을 누릴 자격이 없느냐고."[108]

그러나 시민권은 다양한 선주민에게 각기 다른 의미가 있었다. 모
든 선주민이 시민권의 중요성이나 의미에 동의하지는 않았다. 로비
활동 중 연방 상원에서 증언한 지트칼라-샤는 "모든 인디언에게 시
민권을 부여하는 법안"을 의회에서 통과시킨 일을 자기 인생에서 가
장 큰 업적으로 꼽았다.[109] 그녀는 인디언협회가 해체된 후 몇 년 동
안 거류구역 공동체 내에서 "인디언 유권자들을 조직하기 위해" 일
했다. 그녀의 말에 따르면, "인디언이 투표권을 효과적으로 행사해
야만 시스템이 개혁될 수 있다."[110]

서부에서는 이전 세대보다 투표권의 중요성이 더 커졌다. 오클라
호마(1907), 애리조나(1912), 뉴멕시코(1912)가 주州로 승격된 이후
정책 결정에 변화가 생겼다. 이들 주에는 많은 인디언 인구가 거주
했기에 한때 동부 개혁가들의 영역이었던 인디언 정책 수립은 서부
의원들의 영역이 되었다.[111] 1889년 이후 서부에서 18명의 상원의
원이 새로 선출되었고, 많은 사회 구성원이 이들을 선출하는 선거에

참여했다.

1928년, 공화당은 캔자스 출신 상원의원 찰스 커티스Charles Curtis를 허버트 후버Herbert Hoover 대통령 후보와 함께할 부통령 후보로 지명했다. 1873년, 오클라호마로 쫓겨났던 커Kaw 네이션의 후손인 커티스는 후보로 지명된 뒤 자신의 부족을 찾아갔다. 그러자 루시 테이야 이즈Lucy Tayiah Eads 수장이 축제를 열었다. 그녀는 다른 평의회 의원들과 함께 커티스에게 그 부족이 미국 정부에게 아직 배상받지 못한 토지에 대한 청구권이 있음을 상기시켰다. 청구 총액은 1500만 달러에 달했다.[112]

많은 이가 커티스의 당선을 통해 인디언 문제에 대한 감독이 강화되고 개혁이 이루어질 것이라고 믿었다. 지트칼라-샤는 인디언협회의 다른 회원들과 함께 공화당 공약에 자문을 제공했다. 이들의 권고안에는 "인디언 시민권에 부합하지 않는 모든 법률의 폐지와 행정 관행의 중단"과 관련해 행정부에 자문할 국가위원회의 창설이 포함되었으며, "미국 인디언의 조약과 재산권이 보장되어야 한다"는 점도 알려주었다.[113]

인디언 투표권을 위해 지트칼라-샤는 커티스와 함께 열심히 지원 활동을 했지만, 시민권에 대한 그녀의 견해는 복잡했다. 선주민에게 "차등적 시민권layered citizenships"을 부여해야 한다는 그녀의 주장은 중요한 패러독스였다.[114] 시민권은 정치적 동화의 한 형태로 여겨지곤 했다. 이는 토지 할당제를 통해 추구되는 개인화와 비슷하게 볼 수 있었다. 그러나 지트칼라-샤가 보기에 시민권은 피보호자가 되는 것보다는 나은 선택이었다. 그녀가《미국 인디언 이야기American Indian Stories》(1921)에서 쓴 바에 따르면, "후견제로 미국 시민권을 대체할 수는 없다."[115] 미국 정부의 피보호자가 되는 것은 인디언 공동체들에 대한 차별일 뿐만 아니라 부패를 조장하는 조치이기도 했다.

워싱턴 D.C.에 있는 인디언사무국이 실제로 어떤 곳인지 아는가? … 대부분 여론의 눈을 가린 채 운영되는 보호라는 허울의 이면에서는 항상 인디언 기금이라는 형태로 막대한 부가 탕진되었다. 귀중한 토지, 광산, 유전 등 천연자원의 약탈 또는 전용이 자행되었다. … 이것이 바로 한 세기가 넘도록 인디언업무청이 처한 상황이다. 이 기간에 인디언의 권리와 재산은 제대로 지켜지지 못했다. … 사기, 부패, 제도적 무능을 초래하는 유인이 존재하며, 이는 거의 상상할 수 없는 수준이다.[116]

켈로그와 마찬가지로 지트칼라-샤도 수십 년 동안 인디언 학교에서 일하며 강의, 출판, 인디언 문제 개선을 위한 활동을 펼쳤다. 그녀는 미국 시민권을 더 큰 병을 치료하는 데 필요한 치료제로 보았다. 하지만 시민권만으로는 그녀가 명료하게 지적한 구조적 문제들을 해결할 수 없었다. 후견제가 작동하지는 않았지만, 시민권 이상의 무언가가 필요했다. 그녀는 다음과 같이 시사했다. "인디언과 선의로 맺은 많은 조약이 … 공평하게 실현되는 것을 보고 싶다."[117]

선주민 네이션과 연방정부 사이의 조약에 따르면, 선주민을 위한 대안적 형태의 정치적 해결은 반드시 필요하다. 선주민의 "권리"는 개인적 권리가 아니라 집단적 권리다. 이 권리는 미국 건국 이래 연방정부와 협상되었다. 조약을 통해 선주민의 영토를 양도했고, 그 영토에 대한 관할권을 확립했으며, 주권자 사이의 권력 구조를 규정했다. 선주민은 오랫동안 개인의 권리보다 공동체의 힘과 자율권을 우선시해왔다.

미국 지도자들은 재건 시기에 강경한 정책을 시행하면서도 동화 시대 이전에 체결되어 법적 구속력이 있는 조약들의 약속은 오랫동안 인정했다. 이런 조약들은 거류구역 지역사회들의 정치적 경계를 설정했다. 많은 선주민 지도자에게 각각의 관할권이 계속 유효하도록 보장하기 위해서는 "형평성"이 필요했다. 또한 인디언업무청의 "제도적 무능"을 개혁해야 한다고 했지만, 그렇다고 완전히 폐지하자는 것은 아니었다. 인디언사무청이 그런 개혁을 감독할 수 있는 유일한 행정 기관으로 남아 있었기 때문이다. 많은 인디언협회 지도자가 이런 행정적 부담을 인지했고, 입법 개혁과 법적 보호가 선주민 네이션들과의 미국 정부 사이의 관계가 균형 있는 관계로 개선되기 위한 필수적 단계라고 믿었다. 하지만 이는 중요한 조치이긴 해도 부분적 조치였을 뿐이다.

거류구역의 역량을 구축하는 것도 마찬가지로 중요했다. 빈곤과 불완전 고용은 인디언구역의 고질적 문제였다. 1929년, 몬태나주 상원의원 버턴 휠러Burton Wheeler는 인디언 거류구역을 순회한 후 라디오에 출연해, 거류구역의 가족들이 직면한 난제들과 "여러 정부 중에 가장 부유한 정부"의 문제를 나란히 열거해 보여주었다.[118]

심지어 짐 소프Jim Thorpe와 조세프 오클라홈비 같은 인디언 영웅조차 일자리를 찾는 데 어려움을 겪었다. 대공황은 여러 인디언 네이션이 성장한 오클라호마 지역에 특히 큰 타격을 입혔다. 소프는 당대 미국에서 올림픽 메달을 가장 많이 획득한 선수이자 저명한 프로 미식축구협회의 조직가였다. 많은 오클라호마인과 마찬가지로 그도 대공황 시기에 강제로 이주했다. 그는 미시간 디어본Dearborn에 있는 포드 자동차회사에 경비원으로 취직했고, 여기저기서 출연료를 받기 위해 자주 여행을 다녔다. 그는 팀 동료 거스 웰치Gus Welch(오지브웨인)에게 "내 수입은 모조리 길 위에서 불타고 있는 것 같다"라고 어려움을 토로했다. 게다가 에이전트와의 문제와 이혼으로 거의 무일푼이 되었다. 소프는 "그들이 … 가져갈 수 있는 것은 아무것도 남아 있지 않다"라는 말을 남기기도 했다.[119] 전쟁 영웅 오클라홈비는 결국 하루에 2달러를 받고 목재와 석탄을 실어 나르는 일자리를 찾았지만 해고당했고, 가족을 부양하기 위해 참전 군인 연금을 찾아다녔다.[120]

이런 만성적인 어려움은 정책 개혁을 추진하기 어렵게 만들었고, 정부가 "한 세기가 넘게" 제대로 관리하지 못하면서 문제가 훨씬 복잡해졌다. 선주민 활동가들은 자체적으로 인디언업무청을 개혁할 수 있다고 믿었을까? '미국 대 카가마' 사건(1886), '론 울프' 사건(1903) 등을 통해 대법원이 연방의회가 조약을 폐기할 권한이 있다고 확인해준 판결을 한 이후에도 활동가들은 조약 위반 문제를 해결하기 위해 법률 시스템을 이용할 수 있을 것이라고 생각했는가? 선주민이 직면한 만성적 불의를 시정하기 위한 다른 구제책들이 있었는가?

전쟁이 끝난 후에도, 답보다는 의문이 더 많이 남았다. 인디언협회 지도자들은 서구식 교육을 받은 회원들로 구성된, 효율적인 부족 간 정치 연합을 조직했다. 이들 회원 대다수가 선주민 언어와 영어 모두 유창하게 구사했다. 그들은 이중 언어 구사 능력과 문화유산에 자부심이 있었고, 선주민은 소멸할 것이라는 프랫의 주장과 미국민의 기대에 집단적으로 강력하게 반기를 들었다.

인디언협회 지도자들의 정장 차림과 현대적 스타일은 선주민은 야만적이고 후진적이라는 고정관념에 대한 대응이기도 했다. 연례 회의, 출판물, 지속적인 소통을 통해 네이션의 관심사들을 검토할 기반도 구축했다. 시민권은 부여되었다. 그러나 잃어버린 땅을 되찾고, 동화 정책 추진을 억제하고, 인디언업무청을 개혁할 수 있으리라는 전망은 여전히 멀기만 했다. 특히 토지 소유권 분쟁은 소송 비용이 많이 드는 데다 몇 년에서 몇십 년에 이르기까지 끝없이 기다려야 했다. 미국 법률 체계에서는 인디언 관련 법에 대한 연구가 거의 없었기에 더욱 그러했다.

그러나 지속적인 개혁이 뒤따랐다. 이는 인디언협회 회원이었던 인사들이 주도했다. 특히 켈로그와 로 클라우드와 같은 이들이 자기가 속한 각 지역사회의 개인적·집단적 관심사를 진전시키기 위한 활동을 펼쳤다. 한편 미국 곳곳에서 또다른 선주민도 인디언협회가 몇 년간 해온 조직화와 활동에서 영감을 얻었다. 그들 역시 토지 반환을 위한 캠페인을 벌여 예상치 못한 개혁을 이끌어냈다.

# 로라 커닐리어스 켈로그의 국제주의와
# 이로쿼이 옹호 활동

제1차 세계대전이 끝나자 선주민의 "자결권"을 둘러싼 논쟁에 국제적 관심이 쏟아졌다. 국제연맹이 운영하는 전후 질서에 대한 윌슨 대통령의 비전은 선주민에게 정치적 대표성의 기회를 제공하는 것처럼 보였고, 1918년 이후 몇 계절이 지나는 동안 모든 곳에서 제국주의가 흔들리는 것처럼 보였다. 1918년 3월에 러시아 차르 제국이 전복되었고, 이집트·서아프리카·남아시아를 파업의 파도가 휩쓸었다. 그다음엔 제국주의자 사이의 경쟁으로 벌어진 틈새에서 반식민주의 투쟁이 일어났다.[121]

선주민 지도자들은 이런 투쟁의 장에서 자신들의 문제의식을 펼쳐나갔다. 지트칼라-샤는 전후에 파리에서 진행된 협상에 선주민 대표를 파견하기 위해 윌슨 대통령에게 로비를 펼쳤다. 그녀는 이렇게 물었다. "누가 세계평화회의에서 우리의 대의를 대표하나요?"[122] 이로쿼이 지도자들은 지난 수백 년 동안 대서양을 건너곤 했다. 한 신문 머리기사에 따르면, 1919년 8월 17일 켈로그도 "국제연맹 앞에서 인디언의 대의를 호소하기 위해" 유럽으로 향했다.[123] 카유가의 지도자 리바이 제너럴Levi General(데스카헤Deskaheh로도 알려진 인물) 역시 1920년에 국제연맹 방문을 조직했다. 캐나다의 식스 네이션 거류구역에서 열린 선주민 연맹 평의회의 대표로서 한 활동이었다.[124]

켈로그는 오네이다 공동체를 비롯해 이로쿼이 연맹에 속한 구성원을 중심으로 개혁이 이루어지기를 원했다. 켈로그의 글에 따르면, 이로쿼이 연맹은 "약 600년 전에 … 시작되었고," 북아메리카 대륙에 "문명의 첫 씨앗을 심은" 집단이었다.[125] 이로쿼이 지도자들은 설리번 100주년 기념식에 모인 청중과는 다른 방식으로 뉴욕의 역사를 이해했다. 이로쿼이 연맹은 정복되었던 것이 아니다. 연맹은 통치 관행을 계속 이어나갔다. 게다가 설리번이나 워싱턴을 비롯한 미국 혁명 지도자들에게 연맹 지도자들이 받은 대우는 부당했을 뿐만 아니라 불법적이었다. 뉴욕 북부에 있는 이로쿼이 연맹의 영토를 압류한 것은 연맹과 초기 미국 공화국이 맺은 조약을 위반한 것이었고, 뉴욕주가 위헌적으로 선주민의 토지를 탈취한 것이었다. 켈로그를 비롯한 이로쿼이 지도자들은 자신들의 토지를 돌려받길 원했다. 특히 오네이다 네이션에게서 빼앗아간 토지를 돌려받길 원했다. 이때 토지를 빼앗겼기 때문에 결국 오네이다 가족들은 강제로 이주해 위스콘신에 재정착했던 것이다. 켈로그의 가족도 그중 일부였다.[126]

훔쳐간 토지를 되돌려달라는 요구는 오랫동안 미국 선주민 정치를 움직여왔다. 사이먼 포케이건이 시카고 세계박람회에 참석한 것은 1833년의 '시카고 조약'에 따라 포타와토미 네이션의 영토를 반환받으려는 운동을 함께할 동맹을 찾기 위해서였다. 토지를 반환받기 위해서는 동맹뿐만 아니라 변호사, 법원, 무엇보다도 역사를 다르게 바라볼 줄 아는 판사가 필요했다. 켈로그는 이렇게 호소했다. "그저 땅을 굽어보며 러시모어산Mount Rushmore[사우스다코타에 위치한 산으로, 미국 대통령 네 명 얼굴의 조각상이 있는 곳으로 유명하다) 같은 국립

'예배의 사원'을 세우기 위해 날린 수십억 달러를 헤아려보라." 러시모어산은 1927년에 건설되기 시작했다.[127]

토지 소유권 분쟁은 비용뿐만 아니라 시간도 많이 소요되었다. 10장에서 설명한 대로, 라코타는 연방정부를 상대로 1868년의 '포트래러미 조약' 위반 소송을 했는데, 1980년에야 대법원에서 판결을 받았다. 오네이다의 주장은 그보다 훨씬 오래되었다. 미국헌법이 제정되기 이전인 1785년, 뉴욕 관리들이 부족을 상대로 27건의 토지를 인수하기 시작했는데, 그중 단 두 건만이 연방정부의 동의 또는 승인을 받았다.[128] 연방정부만이 인디언 토지를 신탁할 수 있는 헌법적 권한을 갖고 있으니, 뉴욕의 오네이다 토지 압류는 불법이었다. 켈로그는 다음과 같이 주장했다. "토지와의 유대를 확보하거나, 적어도 불법 조약에 대한 손해 배상금을 징수함으로써 오네이다와 다른 호데노쇼니 인민이 자급할 방법을 찾을 수 있을 것이다."[129]

켈로그가 상기했듯이, 경제는 "모든 것이 의존하는 구조"를 제공한다. "부서진 인민을 재건하기 위한 사회 질서"를 구축하기 위해서는 어떤 제안이든 "반드시 사업성이 있어야 한다."[130] 요컨대 켈로그가 토지 개혁에 힘을 쏟은 핵심에는 경제적 자급자족을 회복해야 한다는 생각이 있었다.

경제를 강조했던 근저에는 개인의 발전이 아닌 집단적 역량 강화에 대한 고려도 있었다. 백인 지도자들은 인디언이 근검절약과 저축의 윤리를 받아들이지 못한다고 생각하곤 했다. 1920년, 철도인 월터 캠프Walter Camp는 〈거류구역 인디언 현황〉이라는 보고서에서 다음과 같이 썼다. "야만인은 당장의 생활필수품에만 관심이 있는 반면, 문명인은 … 미래만 바라본다."[131] 그는 또 선주민이 "근면성이 부족하며, … 그들의 자본 부족은 빈곤의 원인이 아니라 결과"라고 비판했으며, "인디언은 자본주의자가 아니다"라고 건조하게 마무리했다.[132]

켈로그의 경제 철학은 이 같은 추정을 문제 삼았다. "야만인" 대 "문명인"이라는 이분법적 가정이 인디언을 사라지게 했고, 현대의 토지 및 경제 문제를 지워버렸다. 미국사의 신화와 달리 인디언 토지의 이양과 경제적 어려움은 현실의 시간과 장소에서 발생했다. 이런 역사는 기록되었고, 실제로 토지와 재산에 관한 법적 문서로 설명되었다. 선주민과 비선주민 모두가 참여한, 각각의 토지 양도 과정에서 지식과 기록의 힘을 모두 갖춘 문서고가 만들어졌다.

연방 인디언법은 대중적·학술적 담론과는 다른 역사관을 담고 있다. 인디언법의 계보는 토지, 조약과 협상, 문서에 뿌리를 두었다. 설리번 백주년 기념식에서 크래프트에게는 뉴욕의 수많은 선주민에 대한 토지 압류가 중요하지 않았지만, 18세기 이래 이로쿼이 지도자들에게는 중요한 사안이었다. 예를 들어 1795년에 오네이다 지도자들은 뉴욕의 매디슨 카운티와 오네이다 카운티를 상대로, 두 카운티가 소유한 토지에 대해 처음으로 소송을 제기했다. 오네이다 지도자들은 그뒤에도 계속해서 소송을 제기했다.[133] 켈로그는 1920년까지 미국 곳곳의 토지 문제를 제기했다. 한편 위스콘신에서는 최근에 상실한 많은 거류구역 할당지의 소유권을 되찾는 문제 대신, 100에이커 규모의 오네이다 기숙학교Oneida Boarding School에 더 힘을 쏟았다.

1893년에 세워진 이 학교에는 1914년 당시 160명의 학생과 24명의 직원이 있었다. 학교는 1919년에 문을 닫고 그린베이Green Bay의 가톨릭 교구에 매각되었다. 켈로그는 학교를 계속 운영하기 위해 교육감을 설득해 학교 시설을 주간 학교로 전환하고자 했다. 칼라일 학교나 거류구역 밖에 있는 기숙학교들과 달리 거류구역 내 기숙학교들은 그들 지역사회의 외부가 아니라 내부에서 학생들을 교육했다. 그리고 보통은 북아메리카 대륙 전역에서 온 학생들보다는 같은 공동체에서 온 학생들을 교육했다.

켈로그는 이 학교를 통조림 공장과 농장을 갖춘 수익 창출 시설로 만들겠다는 야심 찬 비전을 품고 있었다. 위스콘신 중부에서 살아가던 머노미니 이웃들과 달리, 오네이다는 토지 할당제로 큰 타격을 받았다. 따라서 생존을 위해서는 경제적 자립이 필수로 보였다. 12장에서 자세히 설명한 대로, 머노미니는 오네이다와 대조적으로 활발한 목재 산업, 수익과 일자리를 창출하는 통합된 제재소를 갖추고 있었다.[134]

켈로그는 토지 개혁과 경제 개선을 위해 싸우는 네트워크의 일원이었다. 이로쿼이 활동가들은 켈로그가 속한 부족이 1984년에 마침내 매입한 옛 학교에 대한 소유권을 획득할 수 있도록, 그리고 국제연맹에서 인정받도록 노력하면서 잃어버린 영토들을 되찾을 다양한 전략을 고안했다. 이런 투쟁은 대체로 비용이 많이 들었기에, 켈로그는 식스네이션클럽Six Nations Club을 조직해 인지도를 높이고 기금을 모았다. 1923년 《밀워키 저널》은 "다시 불붙은 평의회 모닥불:

술렁이는 오네이다인들"이라는 제목 아래 켈로그의 말을 보도했다. "우리의 유산을 위해 [충분히] 싸울 수 있는, 우리가 휘두를 수 있는 수단이 우리에게 없었다."[135]

식스네이션클럽은 지원을 받기 위해 오논다가에 있는 이로쿼이 연맹 평의회에도 접근했다. 이 단체는 뉴욕, 위스콘신, 오클라호마, 캐나다의 이로쿼이 공동체들을 모두 아울러 네트워크를 구축하고 개별 부족 구성원에게서 기금을 모으고자 했다. 이는 마커스 가비Marcus Garvey와 그의 국제 흑인개선협회Universal Negro Improvement Association가 제시한 아프리카계 미국인 공동체 강화를 위한 노력과 유사했다. 켈로그는 이것이 이로쿼이인의 "비즈니스 모델"이 될 수 있다고 보았다. "청구 소송에 자금을 지원할 투자자를 발굴하고, 이 '투자자'들이 '식스 네이션 연맹'의 일원으로서 모든 보상을 공유하게 하는 비즈니스 모델"이 될 수 있다는 생각이었다.[136] 그들은 기여한 회원들에게 영수증으로 등록카드를 발급했다.

당시의 "청구"는 미국 제2순회항소법원이 '미국 대 보일런United States v. Boylan' 사건(1920)에서 내린 판결에 따른 것이다. 1919년, 이로쿼이 부족 지도자들은 연방 변호사들에게, 오네이다 지도자들이 결코 빼앗긴 적이 없다고 (여전히 오네이다 소유라고) 주장하는 32에이커 규모의 분쟁 토지에 대해 자신들을 대신해서 소송을 제기해달라고 부탁했다. 뉴욕주는 이 땅을 매각하고 오네이다 구성원들을 쫓아내려고 했다. 법원은 뉴욕주에 오네이다 토지에 대한 관할권이 없으므로 문제의 토지를 매각할 수 없으며, 연방정부가 "인디언의 토지를 처분할 수 있는 유일한 권한"을 지녔다고 판결했다.[137] 이 판결은 항소심에서도 유지되었다. 1942년, 법원은 뉴욕주가 세네카인의 토지에 대해 관할권이 없다는 판결을 추가로 내려, 위 보일런 판결을 재확인했다.

보일런 판결 이후, 켈로그가 벌인 활동은 대부분 법적 지원이었다. 그녀는 지속적으로 기금 모금 활동을 하는 동시에, 뉴욕주 하원의원 에드워드 에버렛Edward A. Everett이 주도하는, 뉴욕주 내에서 미결정된 이로쿼이의 토지 소유권을 명확히 하기 위한 노력에도 동참했다. 그 결과 위원회와 위원회의 1922년 보고서를 통해, 보일런 사건에서 문제가 된 오네이다의 토지 소유권을 확인했고, 다른 잠재적 이로쿼이 토지 소유권의 윤곽을 제시했다. 예를 들면 캐나다 국경을 따라 아크웨사스네Akwesasne(세인트레지스St. Regis)에 있는 모호크 토지 소유권을 들 수 있다.[138] 켈로그와 동료들은 마침내 효과적인 토지 권리 확보 전략을 수립했다. 그녀는 이로쿼이아 전역에서 계속 유대 관계를 구축했다. 그뿐만 아니라 모계 혈통과 연관성 있는 오네이다 지도자 직위를 되살리고자 했고, 위스콘신으로 오네이다 지도자 대표단을 초대하기도 했다.[139]

켈로그는 지칠 줄 모르는 활동으로 정부 기관의 조사를 받기도 했고, 부족으로부터 반발을 사기도 했다. 특히 대공황으로 부족의 어려움이 더 깊어지자 많은 사람이 켈로그의 저항 운동을 거부하고 좀더 안정적인 거류구역 생활을 모색했다.[140] 예를 들어 켈로그는 부족 구성원들에게 할당지에 부과된 세금을 내지 말자고 요구했고, 인디언

업무청의 폐지도 주장했다. 켈로그의 기금 모금은 사기 혐의를 받은 적이 있었는데, 이 일로 그녀는 캐나다에서 체포되기까지 했다.

비록 이런 혐의를 받았지만 켈로그는 다른 정책 입안자들과 달리 미래에 대한 해방적 비전을 제시했다. 입법 개혁에 중점을 둔 다른 인디언협회 지도자들과 달리 그녀는 정부가 선주민에게 토지를 반환해야 한다고 주장했다. 그녀는 거류구역의 주요 사안을 최우선으로 생각했고, 거류구역 가족들에게 즉각적인 구호를 제공하기 위해 노력했다. 1929년, 연방 상원에서 "미국 내 인디언의 실태 조사"를 위한 증언을 요청했을 때, 켈로그는 활동가로서의 철학을 담은 성명서를 통해 자신의 관심사를 설명했다. "이 거류구역들에서 살아가는 인디언들의 사회생활과 일상생활에 미치는 영향은 우리가 용납할 수 없는 지경이다. 우리는 참지 않겠다."[141]

## 할당지, 인종, '메리엄 보고서'의 〈인디언 행정 문제〉

1920년대 말이 되면 거류구역 문제가 전국적인 관심사가 된다. 지트칼라-샤가 《미국 인디언 이야기》(1921)의 마지막 에세이 제목으로 삼기도 한, "미국의 인디언 문제"가 언론의 주목을 받고 정책 입안자들의 관심을 끌었다. 이는 부분적으로는 인디언협회의 활동 덕분이기도 했다.[142] 1924년, 《포럼Forum》과 같은 잡지들에는 "인디언이 인디언의 개성, 전통, 예술, 관습을 보존하도록 장려해야 할지, 아니면 (다양한 배경을 가진 이들이 하나의 미국인으로 만들어지는) 도가니 속으로 인디언을 받아들여야 하는지에 대한 문제"를 논하는 여러 상반된 견해를 담은 기사들이 실렸다.[143]

동화 캠페인은 반세기가 지난 후에도 선주민을 통합하는 데 실패했다. 부족 공동체는 문화적 유대와 공동체적 전통을 유지하며 동화주의의 시도에 맞서 싸웠다. 부족 공동체들은 할당지 때문에 자신들이 속한 거류구역의 광범한 토지를 상실했지만, 그들은 자녀들의 귀향을 환영하며 오랜 시간 떠나 있었더라도 부족 생활에 다시 통합될 수 있도록 도왔다.[144] 또 많은 사람이 자녀의 인디언식 이름을 유지하고 백인 교사들이 강요한 이름을 거부했다. 예를 들어 블랙피트 Blackfeet인의 이름은 "풍부한 의미와 의의를 품고 있었다. 이름에는 인간과 초자연적 세계 사이의 얽히고설킨 역사와 관계에 대한 이야기가 담겼다. 전반적으로 보면, 블랙피트인의 이름들은 사람, 장소, 사건, 역사에 대한 서사를 계속 만들어냈다."[145]

기숙학교 졸업생들은 몇 년 동안 규율과 외로움, 박탈감을 견뎌내야 했다. 그러면서 수천 명이 질병에 취약한 시설 환경에서 사망했다. 일부는 졸업하고도 돌아오지 않았다. 어떤 이들은 자신의 체험 속에서 힘을 찾으려고 노력했다. 지트칼라-샤는 소녀 시절 했던 고생을 결코 잊지 않았다. 그녀는 다코타 가족에게서 격리되어 선교사 학교로 끌려갔다. 그녀는 첫날부터 "방에서 끌려 나와 … 아래층으로 끌려 내려가 의자에 단단히 결박되었다. … 나는 큰 소리로 울었다. 목에서 차가운 가윗날이 느껴질 때까지 계속 머리를 흔들며 울었다. 두툼하게 땋은 내 머리칼 일부가 가위에 긁히는 소리를 들었다."[146] 그러면서 그녀는 "정신을 잃었다. 어머니와 분리되어 끌려간 날부터 나는 극심한 모욕을 당했다. … 아무도 나를 위로하러 오지 않았다. … 나와 조용히 대화하려는 사람도 없었다. 나는 목동이 몰아가는 수많은 작은 동물 중 하나에 불과했다."[147] 기독교로의 개종에 관해서는 다음과 같은 글을 남겼다. 집에 돌아온 후 그녀는 성경을 선물로 받았다. 이때 그녀는 "어머니의 손에서 성경을 가져왔다. … 그러나 … 읽지는 않았다. … 분노한 나의 영혼은 차라리 성경을 태워버리고 싶었다."[148] 동화 캠페인을 고발하는《미국 인디언 이야기》는 연방의 인디언 정책이 낳은 여러 부조리를 잘 보여준다. 이처럼 동화 정책의 교육 과정을 견뎌낸 이들이 동화 정책을 가장 강하게 비판하는 사람들이 되었다.

이런 유사한 비판은 일련의 정책 검토에 영향을 미쳤다. 연구자들의 결론에 따르면, 거류구역 사이의 만성적인 경제적 격차는 연방 정책의 결과였다. "인디언의 본성"에 내재된 것이 아니었다.[149] 거류구역에서 석유, 목재, 방목 사업의 임대를 연방정부가 제대로 관리하지 못했듯이, 할당제가 인디언 경제를 황폐화했다. 1870년대에 인디언 사회를 향상시켜야 한다는 온정주의적 담론에서 시작된 동화 캠페인이 1920년대에 이르자 선주민 자원을 미국 경제에 통합하려는 캠페인으로 변질되었다.[150] 인디언업무청은 이런 임대 계약의 수탁자 역할을 했지만, 인디언이 자기 땅에서 최대한의 수익을 얻도록

보장해주는 데에는 실패했다.[151]

지트칼라-샤가 비판한 "제도적 무능"은 사실 의도적인 경우가 허다했다. 거류구역 감독관, 철도 개발업자, 서부 목장주 들은 인디언 땅을 이용해 자기들의 이익을 도모하기 위해 공모했고, 부족의 발전은 거의 염두에 두지 않았다. 이런 공모는 다반사로 일어났다. 예를 들어 1884년 크로 사무소Crow Agency의 헨리 암스트롱Henry Armstrong 감독관은 목장주들에게 거류구역 토지를 대규모로 임대했다.[152] 불행히도 암스트롱은 몬태나가 아닌 콜로라도에서 온 목장업자들에게 임대했는데, 이는 지역 목장업자들이 거류구역의 수혜자가 될 것으로 기대했던 빌링스 무역위원회Billings Board of Trade 소속 목장주들의 분노를 샀다.

한마디로 동화 정책은 백인에게는 이득이 되었고, 인디언을 동화시키는 데에는 실패했다. 게다가 국가적 수치가 되었다. 1920년대 내내 인디언 활동가, 정책 입안자, 관심을 가진 시민이 정부 정책의 잘못을 지적했다. 그러나 대공황으로 경제적 어려움이 국가 차원의 문제로 대두하면서 이런 관심은 사라졌고, 인디언 문제는 언론의 관심 밖으로 밀려났다. 1929년에서 1934년까지 전국 단위의 잡지나《뉴욕 타임스》에서 인디언 경제 이슈를 다룬 기사는 없었다.[153] 그러기 이전에는 관심의 초점이 달랐다. 언론은 거류구역 지역사회들이 미국의 풍요와 극명하게 대조된다는 점을 나란히 배치해서 보여줌으로써 개혁의 잠재적 창을 열었다. 예를 들어 켈로그가 연방 상원에 초청되어 증언한 뒤, 24개월에 걸쳐 치열한 정책 검토가 이루어졌다. 이때 조사 책임자인 루이스 메리엄Lewis Meriam의 이름을 딴 1928년 '메리엄 보고서Meriam Report'가 연방의회에 제출되었다. 연방 상원 인디언사무위원회Senate Committee on Indian Affairs도 1928~1933년에 조사를 실시했고, 상원의원들이 규모가 큰 거류구역으로 가서 인디언업무청에 대한 불만을 살피기도 했다.[154]

1926년에 내무부 장관에 의해 시작되어 브루킹스 연구소Brookings Institution가 제작한 '메리엄 보고서'는 연방 정책을 낱낱이 공격했다. 이 보고서는 지금까지도 연방 인디언 정책에 대한 가장 철저한 평가로 남았다. 약 900쪽에 달하는, 〈인디언 행정 문제Problem of Indian Administration〉라는 제목의 보고서는 다음과 같은 문장으로 시작한다. "인디언의 압도적 다수는 빈곤하다. 극빈하다고 할 수 있다. 그들은 지배적인 백인 문명의 경제 및 사회 체제에 적응되지 않았다."[155]

연구팀은 거류구역 경제에 자리한 무수한 난제를 기록하면서, "경제 프로그램이라고 부를 만한 증거를 거의 찾을 수 없다"라고 결론지었다.[156] 토지 할당은 사회적·경제적 발전을 가져오는 데 실패했다. 개인에게 할당된 토지 재산은 과세되거나 양도되거나 상속인들 사이에서 분할되었다. 게다가 상속은 "결정하기가 어려웠다. … 어떤 경우에는 상속인이 많았고, 관계에 대한 기록이 부실했다."[157] 임대를 통해 얻은 수익도 유사한 문제에 봉착했다. 심지어 유언장 작성 비용마저 터무니없이 높았다. 요컨대 개별 자본과 재산은 발전을 가져오기보다는 가족 간의 분열을 조장했고, 비용이 많이 드는 관리 문제를 낳았다. 개인의 자급자족이라는 토지 할당 정책의 목표는 해롭고 부당한 것이 되었다.

선주민 세계에서 가족 관계, 친족 구조, 성별·연령대별 사회 양상은 다양했지만, 대체로 인디언은 핵가족 구조 속에서 살지 않았다. 남성과 여성의 권한이 서로 겹치면서도 별개의 영역에서 작동했고, 구성원이 서로 친밀한 관계인 가구에서 사는 경우가 많았다. 조부모와 노인은 보통 어린이나 친지와 함께 살았으며, 인접한 오두막이나 별채에서 따로 살기도 했다.

토지 할당제는 이런 가족 구조와 가정경제를 개혁의 대상으로 삼았다. 이 제도는 남성을 지주이자 가부장적 가정의 가장으로 세우고자 했다. 블랙피트를 비롯한 여러 부족이 이런 시도에 저항했다. 그들은 남성 상속인만이 아니라 다른 부족 구성원도 "잉여" 토지를 할당받도록 하기 위해 싸웠다. 이 부족 내 집단들은 거류구역의 29개 농업 구역 사이에서 열리는 연례 경연을 이용해 서로 경쟁을 시키려는 시도에도 문제를 제기했다. 이 대회에서 내리는 상은 수입산 수소였다. "집의 외관"을 제대로 유지하지 못하면 점수를 잃을 수 있었고, 거류구역을 자유로이 뛰어다니는 개처럼 별 가치 없는 가축이나 소유하게 되었다.[158]

게다가 선주민 가족들은 자기들의 공동 경제활동을 계속 해나갔다. 북서부에서는 계절에 따라 낚시를 했고, 오대호 지역에서는 야생 벼와 단풍나무 수액을 채집했으며, 남서부에서는 목축을 이어갔다. 미네소타 캐스레이크CassLake의 한 아버지는 1924년 봄 딸의 기숙학교에 다음과 같은 편지를 보냈다. "우리가 메이플 시럽을 만드는 시기에 딸이 우리와 함께 있기를 정말 간절히 바라고 있습니다."[159] 또다른 학부모는 관리자들에게 "옳은 일을 하라"라고 요구하며, 자녀를 집에 보내 가족이 함께 모이게 해달라고 요청했다.[160]

임금 소득과 토지 할당은 공동체의 관행에 맞서는 것이었다. 외부의 경제적 가치관과 젠더에 관한 가치관이 부족 공동체에 강요되었다. 늘 그래왔듯이, 인종에 대한 인식이 이런 강요를 낳았다. 농사를 짓고, 서구식 옷을 입고, 한 가족 단위로 살고, 영어를 사용하는 인디언은 백인 시민과 더 닮았다. 인종에 대한 정부의 인식에 따라 "백인"의 행동을 하면 보상이 따랐다. 앉을 자리에 대한 단순한 선호조차 인종과 저항이라는 이 시대 새로운 변증법을 보여주는 신호가 되었다. 1870년에 레드클라우드를 비롯해 워싱턴에 찾아온 선주민 대표단이 바닥에 앉겠다고 주장했던 것처럼, 블랙피트인 가족들은 거실 공간의 대부분을 가구 없이 비워두곤 했다. 가족의 연장자들이 소파에 앉는 것을 좋아하지 않았기 때문이다.[161]

인종은 할당제를 형성해가는 추진력이었지만, 누가 할당받을 자격이 있는지를 결정하는 문제가 새로운 난제로 떠올랐다. 거류구역 인구 조사가 이런 과정을 용이하게 만들어주었다. 19세기 후반부터 시작해 20세기 내내 연방정부의 인디언업무청에서 부족 구성원 명부를 작성하기 위해 인구 조사를 감독했다. 이 인구 조사는 "인디언의 혈통" 혹은 "혈통에 따른 지위blood status"를 비율로 계산한 기준을 적용했다.[162]

토지 할당과 마찬가지로 이 같은 인종적 구분에 기초한 결정들이 인디언구역을 황폐하게 만들었다. 인종이 개인과 가족을 분열시켰는데, 이는 〔선주민 내에서의 인종 결정 과정이〕 외부인이 지닌 종족성ethnicity에 대한 지식에 기초해 있었기 때문이다. 10장에서 논한 것처럼, 일부 부족은 동화 시대에 거류구역 토지의 80퍼센트 혹은 90퍼센트 이상을 잃었다. "혈통에 관한 계보"는 상속받을 수 있는 후손의 수를 제한하고 상속 자격에 대한 고정된 인종적 평가를 확립해 이런 토지 양도를 용이하게 했을뿐더러 조장하기까지 했다. 공교롭게도 토지 할당 대상자가 적을수록 더 많은 거류구역의 "잉여" 토지가 외부에서 주도하는 개발에 개방될 수 있었다.

인구 조사 명부는 결국은 인디언 "혈통 정도blood quantum"〔선주민 혈통을 얼마나 지니고 있는지를 나타낸 수치〕라고 알려진 것을 고안하는 데 일조했다.[163] 부족의 인구 조사를 통해 외부에서 고안된 형태의 "인디언 혈통"이 확립되었고, 이는 추가로 "관리 문제"를 낳았다. 인디언의 몸과 땅을 국가에 편입시키려는 목적으로 정책 입안자들이 고안한 이런 법들은 여전히 선주민 네이션에서 문제를 일으키고 있다.

## 헨리 클라우드와 엘리자베스 클라우드가<br>공유한 선주민 부족의 권한 강화에 대한 비전

메리엄 위원회Meriam Commission의 다른 위원들과 달리 헨리 로 클라우드는 이러한 경험을 직접 여러 차례 했다. 〔클라우드의 부모 세대는〕 위스콘신 본거지에서 쫓겨나 네브래스카에 있는 위너베이고Winnebago (호청크) 거류구역으로 이주했고, 클라우드는 그 거류구역에서 태어나고 자랐다. 그는 메리엄 위원회에서 유일한 선주민 작가였다.[164] 그와 엘리자베스 벤더 클라우드는 1928년까지 20년 동안 연방 인디언 정책을 개혁하는 데 헌신한 이들이다. 또다른 인디언협회 회원들처럼 그들 역시 동화 정책을 역전시키고 부족의 자율성을 강화하는 제도가 수립되기를 희망했다. 로 클라우드는 사우스다코타의 파인리지에서 다음과 같이 연설했다. "토지 손실과 인디언의 건강과 번영 사이에는 밀접한 관계가 있습니다."[165] 클라우드 부부는 "인디언의 건강과 번영"을 위해 평생 헌신했다.

로 클라우드가 위원회에 합류하기 전부터 클라우드 부부는 선주민의 소멸이라는 신화에 도전하는 실천 방안을 개발했다. 그들은 1915년에 캔자스주 위치타에 문을 연 미국 인디언 전문학교에서 교육으로 한 세대의 학생을 변화시켰다. 부부는 대공황으로 기금 모금이 매우 어려워질 때까지 학교를 운영했다.[166]

클라우드 부부는 인디언 청년들을 각별하게 교육해 부족의 역량을 강화하고자 했으며, 학교 건물을 늘려 여성도 입학할 수 있게 한다는 계획을 세웠다. 그들은 학문 교육에 중점을 두면서도 부족의 지식을 문제로 여기지 않고 오히려 중시했다. '메리엄 보고서'에 명시된 대로, 클라우드 부부는 "일부 인디언 아이는 '일정한 수준 이상의 교육'을 받을 가치가 없다"라는 통념에 맞섰다.[167]

이 전문학교는 선주민 교사들을 고용했고, 이 교사들은 구전 전

미국 인디언 전문학교의 항공사진. 인디언사무국이나 선교사가 운영하는 기숙학교와 달리, 이 학교서는 선주민 학생들이 선주민 교사들에게서 부족의 지식을 중시하고 선주민 정체성에 대해 자부심을 갖도록 격려와 교육을 받았다. (위 사진은 캔자스주 위치타 상공에서 촬영한 것으로, 뉴욕 유니언 신학교Union Theological Seminary의 버크 도서관 기록보관소The Burke Library Archives[컬럼비아대학교 도서관]의 G.E.E. 린드퀴스트 문서G.E.E. Lindquist Papers에 수록된 것이다.)

통, 민담, 인디언 언어를 교과 과정에 통합했다. 로 클라우드는 학생들에게 자신들이 창작한 이야기들을 분석하고 유럽 민담과 비교하도록 독려했다. 그의 말에 따르면, 이런 이야기 중 일부는 "낭만적이고, 일부는 영웅적이며, 일부는 풍자적이고 익살맞으며 모험적이고, 상당수 이야기는 도덕적 충성심을 가르친다."[168]

클라우드 부부는 인디언 교육의 실패가 본질적으로 선주민에게서 기인한 것이 아니라고 보았다. 기존의 기숙학교가 직업 교육을 중심에 두고 처벌에 의존했기 때문이라고 생각했다. 1914년에 로 클라우드가 쓴 글에 따르면, "문제는 인종보다 시스템에 있었다."[169] 클라우드 부부는 이 잘못된 시스템을 제대로 파악했다. 매사추세츠의 마운트 허먼 학교Mount Hermon School와 예일대학교를 졸업한 로 클라우드는 네브래스카의 위너베이고 산업학교Winnebago Industrial School에서 학업을 시작했다.[170] 다섯 살 때 그는 형이 경찰에게 "잡혀서" 학교로 끌려가는 장면을 목격했다.[171] 곧 그에게도 같은 일이 일어났다. 그러나 학교에 가도 학교 세탁실에서 옷 세탁하는 활동을 하면서 많은 것을 배울 수 있는 것은 아니었다. 단조로운 직업 교육으로 "증오심이 더 커졌다." 훗날 그는 이렇게 주장했다. "그런 작업은 교육적이지 않았다. 오히려 일에 대한 혐오만 낳을 뿐이다. 보수가 없는 경우에는 특히 더 그렇다. … 인디언이 그런 조건에서 일하는 것은 인디언이 권력의 압제 아래 있기 때문이다."[172] 이런 "산업" 교육은 젊은이를 착취했고 그들이 지역사회의 문제를 "해결할 수 있도록" 준비하는 데 어떠한 도움도 되지 못했다.[173]

엘리자베스 벤더는 미네소타 북부 지역 출신으로, 부근에 화이트어스 거류구역이 있었다. 열 남매 중 한 명이었던 그녀는 열 살 때 가톨릭 학교에 다니다가 파이프스톤 산업학교Pipestone Industrial School에 갔다. 그녀의 회고에 따르면, "두 자매와 두 형제가 그 산업학교에 다니고 있었다. … 우리는 그곳에서 3년을 보내야 집으로 돌아갈 수 있었다."[174] 1903년, 그녀는 네 남매와 함께 햄프턴 전문학교에 입학했다. 이들은 아마 1906년 입학식에서 시어도어 루스벨트가 했던 연설을 들었을 것이다.

클라우드 부부는 이처럼 멀리 떨어진 기관에서 각각 활동하는 동안에도 가족이나 부족 공동체와 관계를 계속 이어나갔다. 그들은 매

여름마다, 그리고 가능할 때마다 고향으로 돌아왔다. 또한 새로운 환경에서 다른 선주민을 위해 헌신하기도 했다. 그들은 지적·사회적 발전을 위한 "중추"를 형성하는 데 기여했고, 새로운 사회적 관계들을 통해 그들의 활동을 강화했다.[175]

로 클라우드는 선교사와 예일대 동문의 관계를 활용해 연구소에 자금을 지원했고, 벤더 클라우드는 자매인 애너를 따라 인디언업무청으로 들어갔다. 벤더 클라우드는 블랙피트 거류구역에서 교사로 지낸 적도 있고 포트벨넵Fort Belknap에서는 간호사로도 일했는데, 그곳에서 거류구역의 과립성결막염trachoma 치료를 위해 노력했다. 그녀가 1915년에 《남부 노동자Southern Workman》에 쓴 글에 따르면, "인디언 어린이 중 거의 30퍼센트가 실명 위기에 처해" 있었다.[176] 교육자이자 의료인이었던 그녀는 전문학교에서 많은 업무를 감독했다. 특히 로 클라우드가 여행을 떠난 동안에는 더 그랬다. 그녀는 "학교 업무의 모든 책임이 내 어깨에 떨어진 것 같다"라고 말했다.[177]

대학 지하실에서 첫해를 시작했던 이 전문학교의 캠퍼스는 날로 확장되어 여러 채의 기숙사, 교사 사택, 창고와 농업 시설, 진입로, 클라우드 부부의 사택까지 갖추었다. 이 학교는 매년 열두 명 이상의 학생을 받았다. 로 클라우드는 1920년대 내내 출장을 다녔는데, 특히 위원회에서 일하는 동안에는 더 자주 다녔다.

기금 모금을 위해서는 지속적으로 출장을 가야만 했다. 로 클라우드가 호청크 지도자들과 함께 일할 때도 마찬가지였다. 그는 1910년에 예일대를 졸업하고 1912년에 이 부족 지도자들과 워싱턴까지 동행하기도 했다.[178] 그는 또한 하워드 태프트Howard Taft 대통령의 아들이자 훗날 상원의원이 된 로버트 태프트Robert Taft와의 우정에 자부심을 가지고 있었다. 로버트 태프트를 맞상대로 토론을 펼쳐 상을 받은 적도 있었다. 이런 경쟁을 하면서 그는 호청크 군인의 문화적 책임이라는 오랜 전통을 떠올렸다. "나도 이 사람(로버트 태프트)처럼 할 수 있다는 것을 깨닫기 시작했다. 어찌 된 일인지 내 영혼이 준비가 되었다. … 어떤 전투든 할 수 있었다."[179]

로 클라우드는 그 자신의 교육적 성취 덕분에 워싱턴을 찾아온 다른 선주민과 구별되었다. 그것도 확연히 구별되는 경우가 많았다. 1911년 3월, 호피 지도자들은 기숙학교 프로그램 수용을 거부했다는 이유로 공동체를 억류한 조치에 항의하기 위해 워싱턴을 방문했다. 일부 구성원은 지시를 거부했다는 이유로 앨커트래즈 같은 국립 교도소에 수감되었다. 게다가 오라이비Orayvi(애리조나에 있는 호피인 마을인 오라이비Oraibi를 뜻함)에 있는 그들의 지역사회가 내부 분열로 분열되었다.[180] 유케오마Yukeoma 수장은 태프트에게 이렇게 간청했다. "우리는 학교와 교사를 원하지 않네. 우리가 원하는 대로 살아가도록 내버려두게나. … 백인들은 그곳에서 늘 우리에게 무엇을 해야 한다고 말하는데, 그러지 않기를 바라네."[181]

호피 지도자들은 백인 사회의 강요에 대한 해결책을 찾기 위해 노력했고, 독특한 해결책을 강구하기도 했다. 1906년, 타와콰프테와Tawaquaptewa라는 지도자가 셔먼 인디언 전문학교에 입학하는 70명의 호피 어린이와 동행하겠다고 호소해 성공했고, 1907년에는 나중에 미국 올림픽 선수가 되는 루이스 테와니마Louis Tewanima를 비롯한 수감자 열한 명이 칼라일 학교를 함께 다니겠다고 해서 당국의 동의를 받았다.[182]

미국 인디언 전문학교는 이런 문제에 대한 대안을 제시했다. 선주민 학생들이 신청하면 구속되는 일 없이 지역사회로 돌아가 가족을 방문하거나 행사에 참석할 수 있도록 했다. 체벌도 없었다. 이처럼 정부 기관을 잘 다루는 클라우드의 능력 덕분에 학생들에게 기회가 제공되었지만, 여전히 남은 문제가 있었다. 메리엄은 로 클라우드의 참여가 위원회에 큰 도움이 된다는 것을 잘 알고 있었다. "클라우드 씨는 인디언들과 폭넓은 인맥을 갖고 있고. … 여러 해에 걸쳐 인디언들을 위해 건설적인 일을 적극적으로 해왔다. 그 결과는 기대했던 대로다. 즉 인디언들이 … 조사 작업을 하기 위해 … 그를 찾아왔다."[183] 실제로 많은 사람이 그의 지도력, 경험, 지명도를 볼 때 그가 원하던 자리인 인디언사무국 국장이 될 수 있을 것이라고 믿었다. 1933년, 나바호족 지도자들은 그를 그 자리에 임명해달라고 요청했다.[184]

로 클라우드는 메리엄에게 편지를 보내 "조사 위원들에게 지지를 부탁해달라"라고 청하기도 했다.[185] 그러나 메리엄은 회의적이라고 답변했다. "그 자리가 괴로움과 실망감 말고 무언가를 더 가져다줄 것이라고 생각하지 않습니다. … 그 일은 괴로운 일이며, 특히 당신에게 치명적일 겁니다. … 자신의 인종에 어마어마한 책임감을 느끼게 될 테니 말입니다."[186]

메리엄은 로 클라우드를 존경했지만, 재요청에는 모호한 태도를 보였다. 또다른 위원 에드워드 데일Edward Dale도 마찬가지였다. 데일은 프레더릭 잭슨 터너 밑에서 공부하고 수십 년 동안 터너가 주창한 변방의 역사 이론을 확장하기 위해 노력했던 오클라호마대학교 교수였다.[187] 데일은 헨리에게 존경심을 표명하며 그를 "형제같이" 생각한다고 했지만, 메리엄에게 다음과 같은 편지를 썼다. "헨리는 이 일에 적합한 사람이 아니라고 생각합니다. … 분명히 그는 그를 당황하게 만드는 압력과 요구에 짓눌리게 될 것입니다."[188]

메리엄과 로 클라우드가 대의에 변함없이 헌신하며(1927년 여름, 로 클라우드는 보고서를 완성하기 위해 가족을 메릴랜드로 이주시켰다) 몇 년을 함께 일했는데도 그의 백인 동료들은 그가 인디언업무청을 감독할 능력이 있다고 확신하지 못했다. 그의 헌신과 연방의회에서 받은 광범한 인정, 전문학교에서 몇 년간 보여준 지도력에도 불구하고 로 클라우드는 인디언 담당 국장으로 임명되지 못했다. 백인 사회에서 볼 때 대통령 태프트의 아들 로버트보다 더 뛰어난 성과를 낸 로 클라우드마저 그런 자리에 임명되기에는 훈련이 부족해 보였다.


## 대공황과 인디언 뉴딜 정책


1929년에 미국의 수많은 가정에 비극이 발생했는데, 클라우드 가족도 마찬가지였다. 게다가 이 가족은 매우 개인적인 상실을 겪기도 했다. 외아들인 세 살 헨리 주니어Henry Jr.가 폐렴으로 사망한 것이다. 클라우드 부부는 아들을 추모하며 학교 사택의 벽난로 위에 다음과 같은 글귀를 새겼다. "'리틀 헨리'를 추억하며, 그리고 모든 이의 어린 시절에 영광이 있기를 기원하며."[189]

학교를 운영하는 동안 클라우드 부부를 이끈 힘은 가족과 다른 선주민에 대한 사랑이었다. 1949년, 알래스카 에지컴브산Mount Edgecumbe에서 열린 졸업식 연설에서 로 클라우드는 이렇게 말했다. "여러분이 아메리칸인디언 또는 알래스카 선주민이라는 사실을 부끄러워하지 마십시오."[190] 이런 사랑과 자부심은 기숙학교와 기숙학교의 무분별하고 자의적인 권위와 대조되었다. 로 클라우드가 사우스다코타의 로즈버드 기숙학교Rosebud Boarding School에서 보고한 바에 따르면, 그곳의 환경은 끔찍하고 처벌도 가혹했다. 학생들이 도망가는 것은 흔한 일이었다. 그의 기록에 따르면, 몇몇 소년이 "도망갔다가 얼어 죽었다. 이해에는 세 소녀가 도망갔다. … 한 소녀는 발목에 쇠구슬과 쇠사슬이 채워진 채 전교생 앞에서 몇 시간 동안 수레를 밀어야 했다."[191]

시급한 과제는 교육에서 징벌 구조를 깨는 것이었다. 1933년, 하스켈 인디언 전문학교Haskell Indian Institute의 교장으로 부임한 로 클라우드는 새로운 철학과 관행을 도입했다. 첫 번째 조치로 그는 하스켈 감옥을 폐쇄했다. 학교 내 감옥은 프랫이 세운 군대식 시설의 공통된 특징이었다.[192] 로 클라우드는 가혹한 규율을 부과하기로 유명한 교직원들을 해고했고, 학교와 지역 주방위군 부대 사이의 오랜 관계를 끊었다. 이전에는 군부대가 학교에 군복, 장교, 훈련 장비를 공급했다. 그러자 다른 학교들도 로 클라우드가 시작한 관행을 따랐다.[193] 이렇게 해서 학교에서 새로운 시대가 열렸다. 로 클라우드가 교장으로 부임한 지 2년 만인 1935년, 28명의 학생이 그의 도움에 힘입어 캔자스대학교에 입학할 수 있었다.[194]

동화 정책은 처음부터 파괴적인 교육, 토지, 문화적 관행을 통해 진행되었다. 앨커트래즈 교도소에 수감된 호피인 아버지, 족쇄에 묶인 라코타인 소녀들, 가족에게 달려가다 동사한 아이들의 얼어붙은 시신에 대한 이야기가 여러 세대에 걸쳐 인디언 가족들 사이에서 공유되었다. 모든 선주민 네이션이 유사한 수치와 처벌과 박탈을 경험했다. 이런 부당함이 한 세대의 선주민 사이에서 행동주의를 촉발했다.

그러나 사실 이런 부정적 결과는 연방정부가 목표했던 바이기도 했다. 국가 정책이 바뀌지 않는 한 동화 정책은 계속될 터였다. 새로운 법이 필요했다. 한편 캐나다는 미국과 유사한 교육 정책을 많이 공유하면서도 미국처럼 정부에서 학교에 자금을 광범위하게 지원하는 대신 기독교 교단에 감독을 위임했다. 그런데 대공황으로 경제가 위축되자 자금 지원이 줄었고, 식료품 가격이 상승했다. 이에 따라 온타리오주 케노라Kenora의 장로교 학교를 비롯한 많은 학교가 학생들에게 빵을 판매하는 등 긴축 정책을 채택했다.[195] 조사관들은 이런 시설을 둘러보고 학생들이 "제대로 먹지 못하고 있다"라고 신랄하게 문제를 적시하는 보고서를 작성했다. "내가 실제로 본 유일한 식사는 빵 한 조각과 생당근으로 구성된 점심이었다."[196] 국가의 관리·감독이 제대로 이루어지지 않아서 아이들이 고통을 겪기도 했다. 학부모가 불만을 제기하면 학교 관리자들이 질책하기도 했다. 2008년에 시작된 캐나다의 진실과화해위원회Canadian Truth and Reconciliation Commission는 긴축 재정과 방치로 "학생에게 적절한 급식을 제공하는 데 필요한 자원을 정부가 학교에 제공하지 못했다고 결론내렸다. … 이로 인해 대가를 치른 이들은 학생들이었다. 여러 측면에서."[197]

미국에서는 대공황 시기에 동화 정책이 문제를 드러내기 시작했다. 미국의 규제 없는 경제가 초래한 재앙이 그러했듯이, 동화의 실패는 점진적 개혁 이상의 것이 필요함을 드러냈다.[198] 1929년에 실시된 상원의 인디언 문제 조사 결과, 1921년부터 재임한 찰스 버크Charles Burke 국장이 물러나고 헨리 로 클라우드가 아닌 찰스 로즈Charles Rhoads가 국장이 되었다. 인디언권리협회Indian Rights Association의 전 회장인 로즈는 제2차 세계대전까지는 공직에서 별다른 성과를 내지 못했다. 2차대전 이후 인디언 정책으로 돌아온 로즈는, "동화가 공공 정책에서 가장 주도적인 목표가 되어야 한다"라는 자신의 신념을 재확인했다.[199] 1930년 대공황으로 후버 대통령의 인기가 바닥을 치자 후버가 임명한 로즈 국장이 할 수 있는 일은 거의 없었다. 캐나다에서와 마찬가지로 연방의회는 인디언 문제 관련 자금 지원을 철회했고, 불안과 영양실조로 선주민 네이션은 고통을 겪었다.

태프트나 후버 같은 공화당원들은 반세기 동안 미국 정치를 지배해왔다. 메리엄의 로 클라우드에 대한 인종주의적 평가 외에도, 로 클라우드와 태프트 가문, 그리고 그들의 공화당 동료들과의 가까운 관계도 로 클라우드가 연방의 공직 후보로 고려되지 못한 한 가지 요인인 듯하다. 다른 많은 사람과 마찬가지로 클라우드 부부는 대공황 초기에는 인디언업무청에서 계속 일하면서 학교를 안정적으로 유지하기 위해 노력했다. 이보다 몇 년 전 헨리는 정부 업무를 더 많이 소화했다. 1932년에는 워싱턴주 니아베이로 파견되어 마카Makah인의 거류구역 감독관에 대한 문제 제기를 검토했다. 부족 평의회가 그 감독관의 해임을 청원했기 때문이다. 로 클라우드의 설명에 따르면, 감독관은 자주 자리를 비웠을 뿐만 아니라 부족의 목재와 어장에서 이득을 취하는 지역 상인의 눈치를 보았고, "어떤 근거(법이나 관습을 의미)도 따르지 않고 천둥처럼 권위와 명령을 내렸다."[200] 세심하고 방대한 로 클라우드의 보고서는 감독관의 해임 요구에 그치지 않고 지역 감독관의 재조직을 권고했는데, 버크 국장이 이를 받아들였다.

하스켈 인디언 전문학교 교장으로 임명된 후에도 로 클라우드는 새로운 인디언 담당 국장인 존 콜리어John Collier 아래에서 인디언 개혁을 위한 활동을 이어갔다. '메리엄 보고서'의 저자들이 전국 차원의 지도자 자리에 오르는 데는 실패했지만, 그들의 비판은 콜리어 같은 개혁가들에게 큰 반향을 불러일으켰다. 뉴욕과 캘리포니아의 사회복지 운동 단체에서 활동한 콜리어는 1920년에 뉴멕시코로 이주해 인디언 정책 개혁에 참여하기 시작했다. 그는 푸에블로인들의 토지에 대한 권리 획득과 종교적 자유를 위한 운동에 참여했고, 새로 결성된 아메리칸인디언 보호협회American Indian Defense Association에서도 활동했다. 이 단체는 [당시 인디언 담당 국장이었던] 버크 집행부를 겨냥했다. 버크 집행부는 푸에블로 네이션의 토지, 수자원 권리, 종교의 자유와 관련한 문제를 제대로 관리하지 못한 일로 전국적인 관심을 모았다.

예를 들어 1924년 버크가 내무부 장관 휴버트 워크Hubert Work와 함께 타오스 푸에블로에 도착했을 때, 감독관은 버크에게 부족민들 모두가 자녀를 학교에 보내지 않으려 한다고 보고했다. 수백 년 동안 그래왔듯이 부족 구성원들은 종교적 입문 의식을 치르기 위해 많은 청소년을 집에 머물게 했다. 그러나 1920년에 연방의회는 모든 인디언 어린이의 학교 취학을 의무화하는 법을 통과시켰고, 인디언 담당 국장에게 "정부의 보호 대상인 적격 인디언 어린이의 … 입학을 보장하기 위해 필요한 규칙과 규정을 세우고 시행하라"라고 지시했다.[201] 연방의회는 인디언 담당 국장에게 인디언 어린이를 그가 지정한 "정부 기숙학교"에 "강제로" 등록시킬 권한을 추가로 부여했다. 감독관은 이제 버크에게 그런 임무를 수행하고 "주지사와 지도자 몇 명을 체포해 수감하라"라고 조언했다.[202] 이 상황의 전반적인 분위기는 협력보다는 갈등이었다. 전全푸에블로 평의회 All-Pueblo Council가 훗날 기록한 바에 따르면, 버크와 내무부 장관 워크가 "우리를 '반동물half-animal'이라고 불렀다"라는 말을 들었다고 한다.[203]

클라우드 부부를 비롯한 여러 개혁가가 주장했듯이, 동화 정책에는 폭력이 동반되었다. 콜리어의 비판은 그런 입장이 더 확장된 것이었다. 콜리어가 인디언 담당 국장이 되기 전, 그의 제안을 통해 세 가지 중요한 일이 시행되었다. 인디언협회의 제안이 반영되었고, '메리엄 보고서'의 제안을 확대했으며, 국가적 개혁에 더 강한 압력을 가할 수 있었다. 콜리어가 연방의회에서 로비 활동을 하기 위해 워싱턴으로 이주한 뒤 그는 곧 정책을 논의하는 모임들로 들어갈 수 있었고, 결국 1933년에 인디언 담당 국장으로 선출될 입지를 다졌다.[204] 그의 집행부는 곧 미국 역사상 가장 영향력 있는 부서가 된다.

다른 뉴딜 지도자와 마찬가지로 콜리어는 연방의회를 통해 일련의 입법 개혁을 추진했다. 콜리어와 내무부의 법률 담당 보좌관 펠릭스 코언Felix Cohen을 비롯한 내무부의 여러 사람이 '푸에블로 구제법안Pueblo Relief Bill'(1933)과 '인디언재조직법Indian Reorganization Act'(1934)을 연이어 작성해 통과시켰다. 각 법안은 토지, 자금, 정치 관행에 대한 법적 개혁을 가져왔다.

총체적으로 보면 이런 초기 개혁을 통해 연방 인디언 정책의 이념적 방향 전환이 촉발되었다. 코언이 부족민들과 연방정부가 직면한 난제가 무엇인지 점점 더 자세히 알게 되면서 연방 인디언법 연구에서 해석학적 혁명이 일어났다. 코언은 처음엔 "'인디언 문제'를 전혀 공유해본 적이 없었지만," 1946년 내무부에서 사임할 때까지 부족을 대변해 소송을 진행하고, 법률 초안을 작성하고,《연방 인디언법 핸드북Handbook of Federal Indian Law》(1941)을 집필하는 "기념비적 작업"을 통해 연방 인디언법의 실천과 연구를 제도화했다.[205] 연방정부 직원 중 인디언 사안에 이렇게 큰 영향을 미친 인물은 거의 없다.

인디언재조직법의 주요 조항을 보면 토지 할당제가 폐지되었고, 자치정부와 부족헌법 초안 작성을 장려했으며, 수많은 학교를 폐쇄하는 동시에 지역 교육 지원을 증대했다. 또한 콜리어 집행부는 푸에블로를 비롯한 여러 부족에게 토지 손실을 보상하는 구제책을 실시함으로써 오랫동안 지속된 토지 청구권 문제를 인정했다. 더 중요한 활동은, 인디언재조직법을 통해 부족 지역사회를 통치하던 기존 정치 구조를 재편하고 부족 지역사회가 고유의 법에 따라 자치를 누릴 권리를 연방법으로 인정받도록 시도한 것이었다.

각각의 법들은 인디언 개혁가들의 업적이었다. 이 법안들이 모두 통과되자 연방 인디언 정책에 획기적 변화가 일어났다. 미국 역사상 처음으로 연방정부는 행정권, 입법권, 예산 자원을 사용해 선주민 자치정부를 지원했다. 연방정부가 토지에 대한 부족의 권리, 문화적 자율성, 부족 지역사회들에 대한 부족의 감독권을 인정한 것이다. 연방 관리들은 말과 행동, 신념을 통해 선주민 네이션과 협력했다. 선주민 네이션은 이제 미국 정치에서 사라진 존재로 여겨지지 않았다. 대중문화와 학계의 담론은 여전히 인디언의 소멸 신화를 부추겼지만, 연방정부 내에서는 부족 지역사회들과 협력하는 관계가 생겨났고, 어떤 경우에는 관계가 발전하기도 했다. 대법원도 곧 뒤를 따랐다. 1941년, 대법원은 연방정부가 보호하는 거류구역의 토지를 취득하는 것이 합헌인지를 묻는 시급한 문제를 다루었다.

# 지역적·전국적 차원의 활동: 왈라파이 판결의 기원

동화 정책을 되돌리기 위해 노력한 반세기 동안 다양한 형태의 운동이 전개되었다. 수많은 거류구역 가족이 토지 손실, 어린이 탈취, 억압 등의 영향을 경감시키기 위한 전략을 개발했다. 마누엘리토 수장을 비롯한 나바호 지도자들은 "미국인에게서 새로운 것을 배우기는 하되" 선택적으로 배우라고 자신의 공동체에 호소했다. 미국 교육을 사다리로 이용해 그것을 딛고 나바호가 "다시 독립할 수 있도록" 하는 동시에 공동체의 가치와 관습을 유지하자고 호소했다.[206] 치 닷지 Chee Dodge와 같은 다음 세대 나바호 지도자는 마누엘리토의 가르침을 이어받아 다음과 같이 말했다. "교육은 사다리다. 우리 인민에게 그 사다리를 올라타라고 말하라."[207]

그러나 기숙학교 생활의 혹독함을 기억하는 많은 가족이 자녀의 학교 교육을 기피했다. 1919년에는 나바호 어린이 9613명 중 2089명만이 학교에 다녔다.[208] 많은 가족이 매일 저항하며 살았다. 이들은 동화 정책으로 인한 피해를 줄이기 위해 정부 관리가 보지 못하도록 아이들을 숨겼다.

많은 인디언협회 회원이 인디언업무청 내에서 교사, 간호사, 관리자로 일했다. 수천 명의 다른 인디언도 직원과 직업 교육 담당자로 일했다. 역설적이게도 기숙학교는 학생들이 주류 사회에서 살아가도록 훈련시킨다는 명분을 내걸었지만 실제로는 인디언업무청에 취업할 수 있게 하는 교육을 했다.[209] 시간이 흐르면서 한 세대가 인디언업무청에서 일했다. 1888년에 기숙학교에 고용된 선주민은 25명에 불과했는데, 1905년에는 453명이 일했다.[210] 1906년에 칠로코 인디언학교Chilocco Indian School 졸업생 16명은 공립 학교에서 인쇄공, 마부, 마구 제작자로 일했지만, 교사로 일하는 경우는 드물었다.[211] 요컨대 선주민을 동화시키기 위해 설계된 학교에서 선주민이 직원으로 근무했다.

거류구역 주민이 문제 해결을 위해 학교를 찾았을 때 교장들은 별다른 도움을 주지 않았다. 오라이비에서 있었던 호피인 쟁의에서 알 수 있듯이, 교장들은 무력을 동원해 반대 의견을 억압하면서 정책을 시행하곤 했다. 인디언 대표단은 계속해서 위싱턴으로 갔는데, 이는 인디언이 문제 삼은 사안을 거류구역 관리들이 해결할 수 없었음을 보여준다. 게다가 정부는 예산, 인력, 인프라 등의 자원을 인디언 문제의 개혁이 아니라 동화를 촉진하는 데 집중했다. 연방 공무원 중구조적 문제에 관심을 갖거나, 이런 문제를 완화할 권한을 가진 이는 거의 없었다. 그들의 권한은 동화를 위해 기존의 법들을 집행하고 거류구역 구성원이 이를 따르도록 규율을 부과하는 것이었다.

거류구역 지도자들은 이 같은 불균형을 잘 알았다. 그들은 이를 역전시킬 전략을 모색했다. 많은 이들은 기숙학교 졸업생들이 지역사회로 돌아가, 그들 일상에서 처벌 관습을 개선할 것으로 기대했다. 크로 지도자들은 로버트와 수지 옐로테일 부부에게 몬태나로 돌아오기 전에 멀리 떨어진 캘리포니아와 매사추세츠의 학교를 다니라고 권유했다. 10장에서 언급했듯이, 수지는 고향으로 돌아와 크로 사무소 병원에서 간호사로 일했고, 로버트는 뉴딜 정책 시기에 크로 사무소 감독관이 되었다. 그들 지역사회에서 선주민이 그런 직책을 맡는 것은 처음 있는 일이었다.[212] 임시 감독관 워런 오하라Warren L. O'Hara는 부족 구성원 3000명과 함께 옐로테일의 취임식을 지켜보면서 이렇게 말했다. "꿈에도 생각지 못했던 일이다."[213]

로버트 옐로테일은 캘리포니아 리버사이드에 있는 셔먼 인디언 학교에 다녔다. 켈로그가 1902년부터 그곳에서 가르치기 시작했으니, 그는 켈로그의 수업을 들었을 가능성이 높다. 인디언 교사의 고용은 선주민 학생들의 사기를 북돋웠다. 옐로테일의 주장은 인디언협회 지도자들과 이전 세대 크로 지도자들의 주장을 닮아갔다. 그중에 덕망 있는 지도자 플렌티 쿱스Plenty Coups를 꼽을 수 있다. 쿱스는 워싱턴을 여러 차례 방문하면서 세계 지도자들과 어깨를 나란히 하는 지위에 섰다.[214] 1932년, 옐로테일은 자신의 거류구역 새 감독관을 맞을 때 인디언협회에서 나온 여러 선언을 되풀이해서 이야기했다. 켈로그가 연방 상원에서 증언했듯이, 옐로테일은 다음과 같이 선언했다. 부족이 "권리를 유지해야 한다. 우리는 워싱턴의 관료들과 휘하 공무원들이 현장에서 부족의 권리를 존중해야 한다고 주장한다."[215]

동화 시대에 지역 활동과 전국적 차원의 노력은 지속적으로 연계성을 가지고 발전했는데, 이는 20세기 미국 선주민 정치의 핵심적인 특징이 된다. 거류구역의 지도자들과 전국 차원의 운동을 전개한 개혁가들은 서로의 활동에 힘을 보태주었는데, 대중의 눈에는 이런 점이 보통 눈에 잘 들어오지 않았다. 인디언협회는 주로 정책 개혁에 초점을 맞추었고, 거류구역 구성원들은 주로 지역 문제에 집중했다. 이런 지도자로 예컨대 프레드 머혼Fred Mahone을 꼽을 수 있다. 그는 칠로코 인디언학교를 나온 제1차 세계대전 참전 군인이자 왈라파이Hualapai 부족의 일원이었다.[216]

1918년, 해외 파병을 기다리던 머혼은 케이토 셀스Cato Sells 인디언 담당 국장에게 편지를 보내, 자신이 선주민들에게 "오늘날의 역사에서 … 현대인이 되기로 우리 결심하자"라고 설득하겠다는 의사를 밝혔다.[217] 그의 편지에는 그의 지역사회를 위한 새로운 부족 조직안도 제시되어 있었다. 군 복무를 마치고 돌아온 후, 그는 자기 부족에서 가장 목소리가 큰 대변인이 되었다.

다른 퇴역군인이나 인디언협회 회원들과 마찬가지로 머혼은 근대성modernity을 공동체에 대한 자부심, 불의에 맞서 싸우겠다는 헌신과 연결했다. 콜로라도강을 따라 자리한 애리조나의 왈라파이 네이션에서 성장한 머혼은 애치슨·토피카·샌타페이 철도회사가 부족 거류구역 토지의 3분의 1을 점령한 것을 바로잡기 위해 수십 년간 헌신했다. 이 회사는 그랜드캐니언 남쪽에 자리한 나바호, 푸에블로, 하바수파이Havasupai, 야바파이Yavapai, 체메웨이비Chemehuevi, 모하비, 왈라파이의 땅을 포함한 수백만 에이커의 부족 토지를 무상으로 불하받았다.[218] 이 회사는 1883년에 첫 선로를 깔았다. 연방의회가 조약 체결 절차를 마친 지 12년 만인 그해 1월 4일, 행정명령에 따라 거류구역이 세워진 직후였다.

철도업에는 용수가 많이 필요했기에 피치스프링스Peach Springs 자리에 철도 회사의 주요 역사가 들어섰다. 이곳은 부족이 역사적으로 오랫동안 사용해온 우물이었다. 그런데 부족 구성원이 가축에게 먹이거나 정원을 가꾸기 위해 물을 길러 가면 회사가 요금을 부과했다. 이 회사 중역들은 자기들이 피치스프링스를 사용하는 근거로, 인디언이 아닌 지역민들이 초기에 토지를 판매했다는 점을 언급했다. 하지만 부족 구성원들은 철도 회사 측의 주장에 동의하지 않았다. 그 우물이 분명히 거류구역 경계 내에 있었기 때문이다. 그러나 공식 조약이 없었기에 연방 관리들은 초기에는 거의 관심을 두지 않았다. 왈라파이 지도자들은 이전에도 감독관과 충돌한 경험이 있었다. 인근 호피 가족들처럼 그들 지도자 중 한 명인 퀴화타나바Quiwhatanava도 연방 정책에 저항했다는 이유로 앨커트래즈 감옥에 수감되었다.[219]

예상대로 여러 선주민 네이션와 마찬가지로, 왈라파이 네이션도 자신들을 적대시하는 거류구역 관리들과 충돌했다. 감독관들은 부족이 직면한 상황에 대해 기껏해야 동정심을 표했을 뿐 별다른 조치를 취하지 않았다. 최악의 경우, 그들은 부족 지도자들을 투옥하고 부족의 토지를 기업이나 외부인에게 임대한 뒤 다른 관직이나 다른 직장으로 떠나버렸다. 머혼은 〔인디언 담당 국장〕 셀스에게 편지를 보냈지만, 셀스는 답장을 보내지 않았다. 다른 선주민도 수많은 부당한 처사를 호소하는 편지를 워싱턴에 보냈지만 대부분은 답장을 받지 못했다. 셀스가 이끌었던 집행부는 버크 집행부처럼 동화 정책을 지지했다. 게다가 1919년 당시 철도 회사는 서부에서 가장 강력한 기업 중 하나이기도 했다.

그러나 대의에 대한 신념이 있었던 머혼의 행동주의는 확고부동했다. 그를 비롯한 부족 구성원 모두가 알았듯이, 철도 회사는 그들 소유가 아닌 토지를 사용하고 있었다. 왈라파이인들의 목표는 자신들의 땅을 되찾고 그 토지를 자신들을 위해 개발하는 것이었다. 머혼은 "체스터 아서Chester A. Arthur 대통령이 토지를 따로 떼어내어 이를 왈라파이 인디언들이 사용하고 점유할 수 있도록 남겨두었다"라고 썼다. "이 [거류구역] 토지를 우리들 자신과 우리 미래 세대의 영원한 고향으로 만드는 것이 우리의 소망이다."[220] 켈로그를 비롯한 인디언협회 지도자들과 마찬가지로 머혼도 로 클라우드가 말한 것처럼, 부족의 "토지 상실과 부족의 건강과 번영 사이에 밀접한 관계가 있음"을 알았다.

왈라파이인들은 거류구역을 철도 회사가 불법으로 빼앗았다고 믿었다. 왈라파이인들에게는 자신들의 거류구역을 사용하고 점유할 배타적 권리가 있었다. 이들은 역사를 근거로 대며 자신들의 주장을 입증했다. 이들은 1883년 부족정부의 행정명령, 역사적으로 피치스프링스를 사용해온 점, 별개의 자유로운 공동체로 인정받은 점 등을 역사적 근거로 제시했다. 정부와 기업은 왈라파이인들이 그동안 토지를 이용하지 않았고, 자치도 못 해봤고, 심지어 문명조차 없는 유목민이라고 주장했지만, 왈라파이인들은 이에 맞섰다.[221] 백인들이 자주 하던 주장을 고수한 애리조나의 정치 지도자들은 왈라파이 부족이 사라질 운명이라고 믿었다. 상원의원 칼 헤이든Carl Hayden의 표현에 따르면, "죽어가는 인종"이었다.[222]

이 부족의 사건이 지역, 지방, 나아가 전국 차원에서 인디언 활동가들의 관심을 끌었다. 그중에는 '캘리포니아 미션 인디언 연맹Mission Indian Federation of California'(미션 인디언은 캘리포니아에 있는 에스파냐령 선교지에서 성장하고 살아온 일군의 선주민을 일컫는 말)이라는, 캘리포니아와 콜로라도강 인근의 부족들을 포괄하는 인디언 정치 단체도 있었다. 곧 콜리어와 코언을 비롯한 뉴딜 정책 관료들이 이들과 함께했다.

그러나 부족은 헤이든과 같은 강력한 적들과 맞닥뜨렸다. 헤이든은 철도 회사와 긴밀히 협력하고 있었다. 철도 회사에 고용된 역사학자 허버트 유진 볼턴Herbert Eugene Bolton과 같은 학자들은 부족 구성원은 지주가 아니며, 그들이 거류구역 토지를 소유지로 사용하지도 않았다고 증언했다.[223] 일련의 하급 법원 판결에서 다양한 판단이 나왔지만, 왈라파이를 비롯한 여러 선주민 네이션이 토지 소유권을 보유했는지에 대해서 결정을 내리지 못했다. 또한 만약 선주민 네이션이 토지 소유권을 보유하고 있다면, 그런 권한의 출처가 무엇인지에 대해서도 판결이 나오지 않았다.

그 결과 '미국 대 샌타페이 태평양철도회사' 사건(1941)에 대한 대법원 판결은 20세기 최초로 미국 선주민의 토지 권리를 명시한 판결이 되었다. 이 판결 덕분에 전후 미국 전역에서 나온 선주민 토지 청구 절차가 빠르게 추진되었고, 이 판결은 결국 수많은 국제 소송의 선례가 되었다. 1973년, 캐나다 대법원은 '콜더 대 법무부 장관Calder v. Attorney General' 판결에서 75년간 이어진 판례를 뒤집고 브리티시 컬럼비아 북부의 니스가아Nisga'a 네이션이 그들 토지에 대한 권리를 보유했다고 판결했다. 이때 홀Hall 판사는 특히 왈라파이 사건을 언급하면서 그 사건이 "선주민 권리 문제에 대한 현대의 선도적 판결로 인정되어야 한다"라고 말했다.[224]

미국 선주민 역사의 수많은 순간과 마찬가지로, 왈라파이 판결은 다른 사건들의 여파 속에서 이루어졌다. 1941년 12월 8일, 미국이 일본에 선전 포고한 지 불과 몇 시간 만에 선고된 이 판결은 워싱턴에서도 전국 단위의 신문들에서도 보도되지 않았다. 만장일치로 내려진 이 판결은 왈라파이인의 토지에 대한 권리를 인정했다. 그리고 조약에 의해 토지 소유권이 명확히 인정되지 않았더라도 선주민 네이션들은 먼 옛날부터 점유에 근거해 그들 토지에 대한 "선주민 소유권aboriginal title"을 보유한다고 선언했다. 이 판결은 '마셜 3부작'을 반영하는 데 그치지 않고 그 교리를 20세기까지 확장한 판결로, 인디언의 토지에 대한 권리를 획기적으로 확언해주었다.

이 판결에는 역사 자체에 대한 다른 인식이 담겨 있었다. 코언은 이 사건을 법원에 제출했다. 그는 연방정부의 대변자였다. 연방정부는 거류구역 토지를 신탁으로 보유하고 있었고, 부족의 문제로 자주 법적 다툼을 벌였다. 10장에서 살펴본 것처럼, 1870년대 이후 연방정부는 부족과의 신탁 관계를 폐지하고 조약을 위반하는 법들을 통과시키면서 동화 정책을 추진했다. 그러나 1941년까지, 콜리어가 속한 뉴딜 행정부가 많은 프로그램을 뒤집었다. "신탁 관계"를 재해석했고, 궁극적으로는 미국 내에서 선주민 네이션의 지위를 재설정했다.[225] 예를 들어 코언의 《연방 인디언법 핸드북》은 인디언의 권리, 선례가 된 사례, 부족정부의 제도들을 처음으로 모으고 해석했다. 그전에는 조약 자체 외에는 참고할 만한 자료가 거의 없었다.

그들은 선주민 지도자들에게서 정보를 얻었다. 콜리어와 코언은 일찍부터 머혼의 작업에 관심을 가졌고, 로 클라우드와 같은 수십 명의 인디언 개혁가가 전국의 고속 도로를 누비며 거류구역 지도자들에게 콜리어의 제안을 설명했다. 로 클라우드는 인디언 법령 초안 작성에도 도움을 주었고, 로버트 옐로테일은 자신의 거류구역에서 뉴딜 정책을 감독했다. 오랫동안 콜리어의 덕으로 여겨진 이런 상호주의 관행은 사실 선주민의 뿌리에서 나왔고, 광범한 인디언운동의 역사에서 비롯되었다. 이는 뉴딜 정책 전반을 통해 동화 정책의 피해를 늦추는 강력한 힘으로 꽃을 피웠다.

✦

연방정부와 협력하면서 일하는, 자율적이고 자치적인 부족 지역사회는 연방 정책의 기초인 불균형을 거부하고 동화 정책이 불러온 폭력을 제거하고자 했다. 이런 생각이 인디언구역에서 보편적으로 받아들여진 것은 아니었다. 오히려 그 반대였다. 많은 부족이 연방의 주도력을 매우 불신했고, 이에 따라 인디언재조직법도 거부했다. 그러나 이 법을 거부하면서도 부족 지역사회들은 자치권을 행사했다. 제2차 세계대전에서 선주민이 비선주민과 함께 참전하자 대법원도 이런 노력에 동참하기에 이르렀다. 그러자 한동안 연방 인디언 업무의 새로운 시대가 열렸다. 그러나 1945년 이후 동화주의 세력이 다시 선주민 네이션의 고유한 주권을 없애려 하면서 이 새로운 노력은 근본적 차원에서 도전에 처한다.

# 12장

# 종결 정책에서 자결권까지
## 냉전과 미국 선주민의 주권

저는 여러분이 이 나라를 이렇게 인도하기를 간절히 바랍니다.
인디언에게 필수적인 연방정부의 서비스를
조기에 철수하라는 대중의 생각에 동조하기보다는
인디언에 대한 신탁 통치 의무를 더 책임감 있게
이행하는 방향으로 인도하기를 바랍니다.
— 엘리자베스 벤더 클라우드가 내무부 장관에게 보낸 편지(1952)에서

인디언 뉴딜 정책의 개혁은 시간이 지남에 따라 더 분명해졌고, 정치적으로 선주민에게 더 위협적인 양상을 보였다. 미국인디언협회 구성원들의 인디언운동, 정부의 토지 및 교육 철학의 반전, 대법원의 우호적인 판결을 통해 루스벨트 행정부는 인디언 정책을 형성하는 데 중심이 되었다. 그런 과정의 마지막 업무로 내무부는 '인디언

청구권위원회법Indian Claims Commission Act'(1946)을 통과시키키 위해 로비 활동을 펼쳤다. 이 법은 1941년 대법원의 '미국 대 샌타페이 태평양철도회사' 판결 이후에 제정되었다. 부족이 확정된 영토에 대한 점유권을 갖고, 철도 회사가 아니라 애리조나의 왈라파이 인디언 네이션이 거류구역 토지에 대한 소유권을 보유한다는 판결이었다. 연방의회는 이 법을 근거로 미결 토지 청구에 대한 판결을 내리고, 이양된 거류구역 토지에 재정적으로 보상하는 메커니즘을 마련했다. 왈라파이 네이션은 신속하게 소송을 제기했고, 다른 100여 개 부족도 마찬가지로 소송을 제기했다.[1]

그러나 뉴딜 정책이 진행되는 동안 많은 변화가 일어났다. 미국은 전쟁에 나섰다. 이제 미국은 독일과 일본의 점령을 주시했다. 외교 문제가 미국의 지배적 관심사가 되었고, '제1세계', '제2세계', 그리고 곧 '제3세계'로 불리게 될 국가들로 구성된 새로운 세계 질서가 국제 외교를 재편했다.[2] 1945년에 창설된 국제연합은 헌장을 통해 그 목적이 "평등권과 인민 자결권의 원칙에 대한 존중을 바탕으로 국가들 사이의 우호 관계를 발전시키는 것"이라고 밝혔다.[3]

제2차 세계대전이 끝난 이후 미국 전역에서 불안과 긴장이 고조되었다. 귀환한 수백만 퇴역 군인이 경제에 재통합되어야 했다. 디트로이트와 같은 북부 도시들에서는 격렬한 인종 갈등 혹은 노동 분규가 일어났고, 원자 폭탄이 만들어낸 버섯구름 영상이 보도되면서 핵 전쟁의 위협이 가정에서도 큰 걱정거리로 떠올랐다. 그다음엔 번영의 파도가 밀려오면서 대공황과 전후 미국 사이의 거리는 멀어졌고,

많은 개인과 가족이 새로운 국가 경제와 문화로 빠져들었다.[4]

많은 미국 가정에서는 새로운 여가와 풍요의 문화가 자리잡았다. 정책 입안자들은 국민에게 교육, 주택, 금융 혜택을 제공해 미국의 번영이 확장될 수 있도록 지원하고자 노력했다. 특히 퇴역군인에게 그런 혜택을 주었다. 이런 정책은 뉴딜 기간에 수립된 정부의 보호 정책들이 확충된 결과이기도 했다.

1945년 이후의 미국사는 세계 속에서 변화하는 미국의 지위를 잘 보여준다. 1940년에 미국의 상비군 규모는 미미했다. 그러나 전쟁이 끝날 무렵 참전한 군인 수는 700만여 명에 이르렀을 뿐만 아니라 수십만 군인이 독일과 일본에 계속 주둔했다. 미 해군은 이제 전 세계 바다에서 패권을 장악했으며, 역사상 가장 크고 빠르고 최첨단의 기술을 보유한 함정을 보유했다. 미 공군은 영공을 지키고 무기고에 핵무기를 비축했다.

미국 지도자들은 제1차 세계대전 이후와는 다른 접근 방식으로 전후 질서를 재편하기 위해 노력했다. 《타임》의 편집자 헨리 루스Henry Luce의 주장에 따르면, "위대한 미국의 첫 세기를 만들기 위해" 노력했다.[5] 국제연합이 창설된 장소는 파리가 아닌 샌프란시스코였고, 뉴욕시에서 국제연합 총회가 열렸다. 미국은 안전보장이사회 상임 이사국 자리를 차지했다. 한편 미국이 주도한 '마셜 플랜'이 유럽 재건을 이끌었으며, 미국 행정관들이 일본의 재건을 감독했다. 미국과 동맹국들은 4년도 채 안 되어 두 파시스트 제국을 물리치고 그 제국들이 점령했던 영토를 통치하게 되었다.

현대 미국사에서 인디언이 거의 등장하지 않는 것처럼 미국 선주민은 이러한 현대 세계사에서도 보통 누락된 존재였다. 그들은 근대성과 어울리지 않고 핵 시대의 개념과도 맞지 않는 "다른 시간"을 살고 있다. 이 같은 존재의 누락은 중요한 문제인데, 우리가 과거를 이해하는 방식을 결정할 뿐만 아니라 선주민을 미국 사회에 동화시키려는 선주민 네이션 정책에 영향을 미쳤기 때문이다. 미국 정부는 이런 정책을 통해 선주민의 토지와 자원을 빼앗았고, 선주민 어린이를 복지 및 입양 기관을 통해 새로운 형태로 강제 이주시켰다.

미국 선주민은 수많은 방식으로 "미국의 세기"를 형성했다. 제2차 세계대전 초기에는 발견되지 않았던, 미국 우라늄 매장량의 대부분이 나바호 네이션의 토지 중 일부 지역에 매장되어 있었다.[6] 또 로스앨러모스Los Alamos 인근 푸에블로의 토지, 서부 쇼쇼니가 양도하지 않고 보유해온 네바다의 토지에서 대기권 핵실험을 했다. 남부 파이유트인과 또다른 "다운윈더downwinder"[•]들은 100회가 넘는 핵폭탄의 폭발로 낙진 피해를 집중적으로 당했다.[7] 물리학자 닐스 보어Niels Bohr가 미국 동료들에게 말한 대로, "폭탄을 만드는 데 필요한 핵분열 물질"을 개발하려면 플루토늄 농축과 수력 개발을 위해 "전 국토를 공장으로 바꿔야" 했다.[8] 대규모 댐들이 건설되어 컬럼비아강, 콜로라도강, 미주리강 유역이 범람했고, 그 안에 있던 거류구역 지역

---

[•] 산간 서부 지역에서 했던 핵실험으로 방사능 오염이나 낙진의 피해를 입은 사람이나 집단을 이르는 말. 불어오는 바람에 섞여서 날아온 독성 물질로 피해를 입은 사람들이라는 뜻이다.

사회들이 침수되었다. 산업계 지도자들과 사회개혁가들은 이런 "민주주의의 피라미드들"(대규모 댐들을 의미함)을 위해 로비 활동을 하면서 이 댐들이 전국에 전기를 공급할 것이고 석유나 석탄 같은 오래된 형태의 에너지를 대체할 것이라고 장담했다.[9] 이렇듯 선주민은 시대의 흐름에서 전혀 벗어나 있지 않았다. 그 중심에 존재해 있었다.

미국 선주민을 이렇게 재편하는 데 앞장선 곳은 연방의회다. 서부 전역에서 연방의 여러 기관이 서로 협력했으며, 민간 및 공공 기관이 새로운 기간 시설을 조율했다. '픽-슬론 계획Pick-Sloan Plan'과 '홍수통제법Flood Control Act'(1944)을 통해 미주리강 상류 곳곳에 댐을 건설하는 사업이 승인을 받았다. 더 많은 농지에 물을 공급하고 가뭄과 홍수를 막기 위해서였다. 미 육군 공병대가 다른 연방 기관들과 협력해 댐을 건설했다. 이 댐들 때문에 노스다코타와 사우스다코타에서만 60만 에이커가 넘는 토지가 수몰되었다. 여기에는 노스다코타에 자리한 '세 부족 연합Three Affiliated Tribes'(만단, 히다차Hidatsa, 아리카라)의 15만 에이커도 포함된다.[10]

대평원의 수많은 인디언 가족은 미주리강과 그 유역에서 가축을 위한 물, 정착을 위한 주거지, 땔감 등 일상생활에 필요한 것들을 구해 생계를 유지할 수 있었다. 그전에 연방정부는 멸종 직전의 들소를 보존하기 위해 선주민에게 보조금을 지급하며 거류구역 지역사회를 농업과 목장 경제로 강제로 전환시켰다. 이제 주정부가 관리하는 저수지 때문에 마을 전체가 물에 잠기면서 인공 호수 기슭에 "뉴타운"이 생겨났다. 다코타인 학자 바인 델로리아 주니어Vine Deloria

Jr.에 따르면, 이 단일 법안〔홍수통제법〕은 "분명 미국이 어느 부족에게 저지른 가장 파괴적인 행위"였다.[11] 이런 조치는 "고도의 현대적 농업"을 구현하려는 국가 차원의 노력과 연결되었다. 바로 단일 작물, 교배종, 상업적 비료, 살충제에 의존하는 농업이었다.[12]

댐, 저수지, 핵실험, 우라늄 채굴이 선주민 네이션에 부정적 영향을 미치는 동안, 또다른 냉전 시대의 발전이 선주민의 토지와 자원을 빼앗아갔다. 콜로라도 고원의 수력 발전소와 석탄을 통해 로스앤젤레스와 피닉스Phoenix 같은 성장하는 서부 도시들에 전기가 공급되었다. 우라늄과 마찬가지로 50억 톤 규모로 추정되는 석탄이 나바호와 호피의 근거지 지하에 매장되어 있다고 한다. 연방의 기관들은 1975년까지 연간 약 8000메가와트의 전력을 생산하는 대규모 용광로 건설을 감독했다. 이 전기의 거의 3분의 2가 애리조나, 뉴멕시코, 남부 캘리포니아에서 소비되었다. 이 용광로들을 통해 엄청난 양의 질소산화물과 아황산가스가 배출되었다. 나바호 땅에 지어진 포코너스 발전소Four Corners Generating Station에서는 매년 8만여 톤의 오염 물질이 배출되었다. 그런가 하면 매일 4200톤의 석탄이 다이너마이트 폭파를 거쳐 발굴되었다. 발전소에서 냉각수로 쓰기 위해 펌프로 강에서 물을 끌어 올려 보내는 과정에서 거대한 유독성 호수가 생겨났다.[13]

이처럼 선주민 네이션들은 기술 발전과 세계화가 가져온 위협에 다시금 직면했다. 이런 환경적·경제적·사회적 혼란의 영향을 그들이 어떻게 해야 되돌릴 수 있을까? 미국의 세기에는 어떤 미래가 그들을 기다리고 있을까? 그 해답은 정부 지도자들이 갖고 있었고, 그 것은 명확했다.

제2차 세계대전이 끝난 후부터 의회 지도자들은 거류구역 지역사회가 최악의 적이며, 민주주의와 자본주의 발전이라는 미국의 더 큰 목표를 가로막고 있다고 확신하기에 이른다. 유타에서 온 연방 상원의원 아서 왓킨스Arthur Watkins는 자신을 만나러 온 선주민 지도자들에게 이렇게 말했다. "우리는 미국 내에서 어떤 외국 국가도 인정하지 않습니다. 여러분은 이제 하나의 국가nation에 속한 시민이 되었습니다. … **'여러분은 동시에 두 가지 존재가 될 수는 없습니다.'** 미국 시민인 동시에 외국인이 될 수는 없다는 뜻입니다."[14] 공산주의와의 전쟁이 시대적 특징이던 시기에 스스로 통치하고 영토를 관리하는 선주민 네이션은 미국의 국익을 위협하는 것처럼 비쳐졌다.

20년 만에 공화당 행정부가 들어선 1953년, 연방의회는 '콜리어 시대'〔콜리어가 인디언사무국 국장으로 있던 1933~1945년을 말함〕에 실시했던 선주민 네이션의 자치와 문화적 자율성을 위한 노력과 거리를 두기 시작했다. 의회는 선주민에 대한 연방정부의 의무를 "종결"하는, '종결termination'이라는 이름의 정책을 도입했다. 이는 연방정부와 선주민 네이션들 사이에 맺어진 수백 년간의 관계를 끝내고 조약 의무와 신탁 원칙에서 벗어나기 위한 정책이었다. 이런 형태의 정치적 동화 정책이 향후 20년간 연방정부의 인디언 정책으로 자리잡는다.

종결의 도래를 예상한 선주민 지도자는 거의 없었지만, 그들은 그 의미를 이해했다. 정부가 조약 의무를 종결함으로써 인디언을 미국

사회에 동화시키려 한다는 것을 알았다. 정부는 선주민 어린이들을 강제로 기숙학교에 보내고 선주민 가족들을 도시화하기 위해 노력했다. 연방정부가 자금을 지원하는 "이주" 프로그램을 개발해 10만여 명을 직업 훈련과 취업 지원을 위해 도시로 보냈다. 선주민 각 개인은 더 나은 삶을 약속받으며 거류구역에서 편도 버스표를 지급받았다. 그 결과 도시 인디언 공동체가 전국 곳곳으로 확장되었다.

이제 선주민 지도자들은 신임 인디언사무국 국장인 딜런 마이어Dillon Myer를 마주했다. 마이어는 12만 명의 일본계 미국인을 수감시킨 전시이주청Wartime Relocation Authority을 이끌었던 인물이다. 그는 자신이 일구어야 할 변화가 무엇인지 인지했다. "나는 인디언사무국이 가능한 한 빨리 사업을 중단해야 한다는 의사를 강하게 … 분명하게 밝혔다."[15] 거류구역에 대한 재정 지원을 철회하는 것이 그의 임무가 되었고, 거류구역 토지들이 매매되도록 하는 것이 국가 정책이 되었다. 종결과 이주 정책으로 선주민들이 지역사회를 떠나면 연방의 인디언사무 조직도 모두 없어질 것으로 예상되었다. 다코타인 학자 델로리아 주니어는 당면한 분쟁을 설명하면서 이렇게 말했다. "우리가 이번 싸움에서 지면, 다음은 없다."[16]

연방의회가 '상하원동시결의안 108House Concurrent Resolution 108' (1953)을 통과시키자 새로운 정책이 명문화되었다. 종결된 부족은 정치적 자치권을 박탈당하고 주정부가 부족의 토지, 의료, 교육의 관할권을 갖게 되었다. 종결된 부족의 구성원은 개인 재산 소유자 또는 새로 설립된 법인의 지분 보유자가 되었다. 이제 선출된 부족정부 대신 기업과 신탁이 거류구역 토지를 관리하게 되었다. 이렇듯 연방 인디언 정책의 추세가 다시 동화로 기울면서 100여 개 부족이 종결되었고, 제2차 세계대전 이후 부족 구성원 중 50만 명이 도시로 이주했다. 그렇다 보니 거류구역의 빈곤은 도시 빈곤으로 대체되곤 했다.

이전의 동화 정책들과 마찬가지로 부족의 종결은 그 자체로 실패의 씨앗을 뿌렸다. 모든 "도시 인디언"이 현대 미국 사회로 동화되지는 않았다. 이전의 인디언협회 회원들처럼 많은 이가 여러 부족이 연합한 형태의 정치 공동체를 형성했다. 학생, 퇴역군인, "이주당한 이들"이 미국인디언운동American Indian Movement, AIM(이하 인디언운동)을 비롯한 활동가 운동에 참여했다. 델로리아 주니어와 같은 선주민 지식인 세대가 선주민 해방과 "레드파워Red Power" 이데올로기를 발전시켰다. 이런 흐름은 다른 사회 운동이나 환경 운동과도 연계되었다.

레드파워의 사상과 텍스트는 널리 퍼졌다. 델로리아 주니어의 《커스터는 너희의 죄악으로 사망했다: 인디언 선언문Custer Died for Your Sins: An Indian Manifesto》(1969)이 널리 배포되어, "재앙적인 종결 정책"이라고 묘사된 상황을 드러내 보였다.[17] 거류구역 지도자들은 곧 자기결정권을 위한 투쟁을 다른 식민지 주민들의 처지와 연결시켰다.[18] 동시에 그들은 연방정부가 선주민 네이션들과 맺은 조약을 준수하라고 주장해, 다른 민권 운동과 목표가 다르다는 점도 분명히 했다. 그들은 법원, 전국 단위의 언론사, 연방의회를 통해 정부가 신뢰를 지킬 책임이 있음을 주장했다. 다른 선주민들과 마찬가지로 인디언 지도자들은 "어떤 등급과 어떤 수준의 것이든" 미국 시민권을 제공하려는 시도를 거부했다. 그들은 선주민이 주권이라고 알고 있는 것과 상충하는 연방정부의 획일적인 정책에 맞서 싸웠다.[19]

개혁가들과 활동가들은 1970년대 중반에 종결 정책의 흐름을 함께 역전시켰다. 그 과정에서 그들은 더 광범한 일을 해냈다. 현대 미국 인디언의 주권 운동을 출범시킨 것이다. 조약법을 강화하고 여론의 인식을 높이고 새로운 법안을 통과시키면서, 미국 선주민이 각 부족 네이션의 시민인 동시에 미국의 시민이 될 수 있음을 실제로 보여주었다. 주권 운동은 미국의 법과 정책을 재정의하며 현대 미국에서 새로운 형태의 권력을 구상했다. 이 운동은 거류구역의 각 영토 내에서 각 부족정부의 관할하에 새로운 형태의 권력 구조를 세우기 위해 힘썼다.


## 미국 선주민과 제2차 세계대전


미국 선주민은 제2차 세계대전의 과정에 직간접적으로 영향을 미쳤다. 독일과 일본의 지도자들은 영토를 확장하고 피지배 인구 집단들을 통치할 때 미국의 역사 그리고 미국의 인디언영토 정복에서 영감을 얻었다.

19세기 후반 한 세대의 일본 이민자가 북아메리카로 이주했는데,

그들은 인종 서열과 시민권의 배타적 방식에 직면해야 했다. 사토 도라지로도 그중 한 명이다. 1885년, 열아홉 살에 미국에 온 사토는 샌프란시스코와 시애틀에서 사는 동안 아시아계 이민자를 향한 인종주의적 말과 비난을 경험했다. 미시간대학교에 진학하기 위해 이사한 후에도 차별은 계속되었다. 그는 캠퍼스에서 우수한 학생이었고, 학생 신문인 《다이닛폰Dai Nippon, 大日本》을 편집하기도 했지만, 백인 우월주의의 환경에 둘러싸여 있었다. 1891년에 일본으로 돌아간 그는 가족 관계와 유창한 영어에 힘입어 호주 퀸즐랜드Queensland의 토레스 해협Torres Strait에서 진주 채취 사업을 시작했다. 일본 잠수부 1000명이 이민 와 그의 휘하에서 일했다.[20]

사토는 계속되는 인종주의로 사업에 실패했지만, 그의 야망은 꺾이지 않았다. 미국에서와 마찬가지로 호주에서도 아시아 노동자를 추방하자는 외침이 "백색 호주White Australia"를 목표로 한 인종주의 정책을 부추겼다. 반아시아 정서는 도처에 퍼져 있었다. 사토는 일본인의 이민이 아닌 일본의 식민지를 세우는 것이 미래를 위한 열쇠라고 확신하게 되었다. 그것이 자기 인종의 운명이라고 믿었다. "미국이 침략적인 먼로 선언을 감히 시행했다면, 우리 일본인도 깨어나 먼로 선언을 실행해야 한다. … 우리는 일어날 것이다. … 이것이 우리의 명백한 운명이다."[21]

사토의 인종민족주의는 미국의 거리와 대학 강당, 영연방 호주에서 16년에 걸쳐 벼려졌다. 인종적 자부심이 그의 새로운 열정에 불을 지폈다. 신문사 사주였던 사토는 이웃 국가인 중국과 조선에 대한 일본의 패권을 정당화하는 논리를 펼쳤다. 그는 이 두 나라가 일본보다 덜 문명화되었다고 썼다. 이들에게는 식민화가 필요하다는 주장이었다. "조선을 통치하는 최고의 정책은 가능한 한 많은 [일본인] 인민이 [조선 영토를] 채워서, 우리의 확고한 [수적] 패권을 확립하는 것이다."[22]

러일전쟁이 끝난 뒤 경성으로 이주한 일본인 정착민 1세대 중 한 명이었던 사토는 1928년 사망할 때까지 15년 동안 일본과 조선의 이해관계를 중개하는 일을 했다. 1924년에는 영향력 있는 정착민 정치 단체인 동민회同民會를 결성하는 데 일조했는데, 이 단체는 일본의 상업적·정치적 이익을 관철시키기 위해 노력했다.[23] 그의 경력을 통해 우리는 한 세대의 일본민 정착민이 일본의 확장된 상업 궤도를 어떻게 주도적으로 건설했는지를 확실히 볼 수 있다. 이들은 "명백한 운명Manifest Destiny"을 기치로 한 미국의 정책과 관행에서 영감을 얻어 일본 제국의 기초를 닦았다.[24] •

일본인과 마찬가지로 독일인도 오래전부터 아메리카로 이주한 역사가 있었지만, 아돌프 히틀러는 이를 역전시키고 싶어했다. 그는 독일 농민이 더 가까운 곳에 정착하기를 원했다.[25] 독일은 식민지가 부족했기에 히틀러는 미국을 부러워했다. 그는 이렇게 썼다. "미국에는 있지만 우리에게 부족한 한 가지가 있다. 그것은 광활하게 열

• "명백한 운명"이라는 표현은 1845년에 한 언론인이 미국 백인이 서부로 진출하는 것은 거의 신의 섭리라는 의미로 쓴 표현으로, 19세기 미국 백인 사회에서 큰 공감대를 형성했다.

린 공간에 대한 감각이다."[26] 그는 독일이 식민화를 실행할 최고의 공간은 유럽이라고 주장했다.

히틀러는 정권을 잡기 전부터 미국의 인디언 정책에서 영감을 얻었다. 그는 미국 정부가 "불과 몇십만 명으로" "수백만 명에 달하는" 미국 선주민을 "총살"하고 "소수의 남은 자들을 철창에 가두어 관찰"하고 있다고 칭찬했다.[27] 이러한 사상이 공감을 얻은 것은 독일의 문화적 관습과 이전의 식민화 형태에서 차용한 것이었기 때문이다. 독일 어린이들은 으레 카를 마이Karl May의 동화를 읽었다. 마이가 쓴 인기 동화《위네토Winnetou》는 미국으로 간 독일인 카우보이와 그의 아파치 친구의 우정을 그렸다. 독일어 베스트셀러 작가가 된 마이는 미국사와 미국의 정복 과정을 단순화하는 동시에 자의적으로 변형한 이야기를 내놓았다. 그의 이야기 속에서 인디언은 유럽인과 친구가 된다. 히틀러는 카를 마이를 통해 "세계를 볼 수 있게 되었다"라고 썼다.[28]

독일은 아프리카를 식민화할 때 미국 선주민의 역사를 들먹이며 정당화했다. 세계적 식민주의에서 비교적 후발 주자였던 독일은 아프리카에 제국주의 정책을 집중했다. 1904년, 1만 4000명의 독일 군대가 나미비아에서 헤레로Herero와 나마Nama 반군을 진압하기 위해 들어와 진압 작전을 벌였다. 많은 사람이 이를 "근대에 벌어진 최초의 대학살"로 본다.[29] 수만 명이 사망한 후, 독일 지도자들은 미국 역사를 들먹이며 자신들의 폭력을 정당화했다. 로타어 폰 트로타Lothar von Trotha 장군은 이렇게 말했다. "미국을 보라. 선주민은 물러나야만 한다."[30] 민간 지도자들도 비슷한 주장을 펼쳤다. "미국의 식민화 역사는 분명 세계사에서 가장 큰 식민화 시도였다. 미국이 식민화 사업으로 가장 먼저 했던 행위는 북아메리카의 선주민을 섬멸하는 것이었다."[31]

히틀러에게 독일의 미래는 아프리카 제국주의가 아니라 유럽 내 정착민 식민주의였다. 그는 "우리의 미시시피강은 볼가강이 되어야 한다"라고 지시했다. 그는 슬라브 인민들이 "인디언처럼" 싸울 것이며, 북아메리카에서처럼 동유럽도 재편될 필요가 있다는 전망을 내놓았다.[32]

나치 관리들은 미국 식민주의뿐만 아니라 미국 법에서도 영감을 얻었다. 나치 변호사 45명은 1935년 9월, "연구 여행"을 위해 뉴욕으로 향했다. 이 여행은 아칸소대학교에서 1년을 보내고 돌아온 나치 변호사 하인리히 크리거Heinrich Krieger의 권유로 이루어진 것이다. 1935년 《조지 워싱턴 법 비평George Washington Law Review》에 실린 크리거의 논문 〈인디언법의 원리들과 1934년 6월 18일의 법〉은 인디언법을 검토하고 연방 인디언 정책의 변화를 추적했다. 그러면서 인디언 문제와 관련해 일관성 없어 보이는 정책의 변동을 설명하고자 했다.[33]

이 같은 일관성 없는 변화가 크리거에게는 중요했다. 이는 많은 나치가, 미국이 "인정하지 않은 미국의 신념"이라고 믿은 것, 즉 인디언은 사실 다른 인종이므로 별도의 법률에 복종하게 해야 한다는 신념을 드러내기 때문이다.[34] 크리거의 후속 연구인 《미국의 인종법Race Law in the United States》(1936)에는 그런 생각이 잘 정리되어 있다.

이 책은 미국이 어떻게 법에 근거해 미국의 인종 체제를 확립했는지를 탐구한다. 그의 연구는 "온전히 구현된 인종 국가"를 수립하고자 했던 독일 법무부와 다른 나치 지도자들에게 영향을 미쳤다.[35]

연방정부는 제2차 세계대전을 위해 동원령을 내리면서 미국의 경제와 인구를 중앙집중화했다. 전쟁 기간에 4만여 인디언이 매년 거류구역을 떠나 병기 창고, 항공기 공장, 철도, 기타 전시 산업에서 일자리를 얻었다. 여기에는 인디언 여성도 포함되었다. 그들은 집을 떠나 공장이나 목장, 농장에서 일했다.[36]

미국 선주민 부족의 대다수가 서부에서 거주했기에, 선주민 지역 사회에서 전쟁은 대체로 태평양을 중심으로 한 분쟁을 뜻하긴 했지만, 선주민 군인은 미국이 참여한 모든 전장에서 싸웠다. 1945년까지 약 4만 4000명의 선주민 남녀가 군에서 복무했다. 여기에는 육군 2만 1767명, 해군 1910명, 해안 경비대 121명, 해병대 723명이 포함되었다.[37] 정부 간행물인 《참전 인디언Indians in the War》(1945)에 따르면, "사상자 명단이 길다. 그들은 전 세계의 전쟁터에서 왔다. 필리핀의 포로 수용소에 인디언이 많이 있었다. … 시칠리아의 제45사단에도 인디언이 있었다. … 안치오Anzio에 주둔한 인디언은 노르망디 상륙 작전에 참전했다. 유트인 인디언 르루아 아믈랭LeRoy Hamlin은 소규모 부대를 이끌고 엘베강을 건너 러시아군과 처음 접촉했다."[38]

선주민 군인은 제2차 세계대전의 마지막 작전에도 극적으로 기여했다. 1945년 초, 미국은 예상되는 일본의 침공에 대비해 조직을 정비했다. 보급로와 항공로를 열기 위해 일본 인근의 섬들을 정복하려는 조치이기도 했다. 이때 표적 중 하나가 이오섬硫黃島이다. 그곳에서 2월 내내 매일 참호전이 벌어져 수천 명이 사망했다. 또한 일본 방어 계획의 일환이었던 자살 공격을 하는 항공기 때문에 하루에 최대 24척의 미국 군함이 침몰하기도 했다.[39] 일본을 침공하는 계획은 연합군의 지원이라는 "가식조차" 없이 수행될 예정이었다. 영국, 프랑스, 러시아의 군대는 계속해서 유럽에 몰두한 상황이었기 때문이다.[40] 미국은 군인 500만 명이 필요한 상황이었다.

전투의 치열함은 사진작가 조 로젠탈Joe Rosenthal을 통해 영원히 남게 되었다. 그가 찍은 스리바치산摺鉢山에서 성조기를 게양하는 미해병대원 여섯 명의 사진은 전쟁의 가장 상징적인 이미지로 남았다. 그중 세 명만이 살아 돌아왔는데, 애리조나 뱁출Bapchule 출신 아이러 헤이스Ira Hayes(피마Pima인)가 그중 한 명이다.

헤이스가 세운 공은 널리 알려졌지만, 잘 알려지지 않은 이야기도 있다. 몬태나 출신 루이스 찰로Louis Charlo(플랫헤드Flathead인)도 스리바치산을 지키기 위해 싸우다 전사했다. 당시 오클라호마 출신 클리퍼드 체바타Clifford Chebahtah(코만치인)가 부상을 입고 그 부근 여우굴에 누워 있었는데, 이 이야기는 거의 알려지지 않았다. 체바타는 다음과 같이 회고했다. 동료들과 마찬가지로 "우리 병사들이 깃발을 올리는 것을 보며 전율을 느꼈다."[41]

수천 명의 인디언이 참전했고, 많은 이가 죽거나 부상을 입었다. 사우스다코타 출신의 라코타인 군인 중 최소 235명이 사상자가 되었다. 그중에는 이오섬에서 전사한 하워드 브랜든Howard Brandon도 있다.[42] 전후 내내 미국 전역의 선주민 지역사회에서 선주민의 참전을 기념하는 행사가 열렸다. 특히 1954년 11월, 헤이스는 워싱턴에서 열린 해병대 기념비 헌정식에 군사 및 정치 지도자들과 함께 참석했다. 전장에서 국기를 올린 그와 동료들의 모습이 청동으로 주조되어 세워지는 자리였다.[43] 그 밖에도 귀환 병사들을 위한 수많은 기념식이 열렸으며, 좀더 공식적인 추모식도 있었다. 1945년 9월, 오리건의 클래머스 사무소에서는 이오섬에서 전사한 해병대 위생병 레이 에너프Ray Enouf를 기리기 위해, 그의 이름을 지역 비행장의 이름으로 삼았다.[44]

## 냉전 초기의 인디언구역

헤이스가 기념비 헌정식에서 대통령 드와이트 아이젠하워Dwight Eisenhower와 나란히 앉았을 때, 그들은 각자 집에서 제대군인을 맞았던 때와는 달라진 나라를 바라보았다. 1941년 이후 미국의 가계 소득은 거의 두 배로 증가했고, 1956년에는 육체노동자보다 사무직 노동자가 더 많았다.[45] 그러나 거류구역 지역사회들은 미국의 소비 경제가 창출한 번영에 참여하기 위해 여전히 고군분투하고 있었다.[46] 미국은 풍요로운 사회가 되었지만, 이 "소비자 공화국"에서 인디언은 대개 신화 속으로 사라졌다.

냉전 시대 미국에서는 인디언 역사를 통해 불확실한 시대에 국민을 안심시키는 교훈적인 이야기들이 제공되었다. 아이젠하워는 헨리 로 클라우드의 동창인 로버트 태프트를 간신히 이기고 공화당 후보로 지명되었다. 인플레이션에 대한 두려움이 공화당 강령에 깊이 배어 있었고, 공화당은 뉴딜을 "방종한 사치와 인플레이션 정책"이라고 비난했다.[47] 실제로 많은 사람이 뉴딜 프로그램을 치료가 필요한 질병에 비유했다. "디프레션depression〔경기 침체와 우울증의 중의적 표현〕에서 나온 생각"은 많은 사람에게 "정신병"으로 간주되었다.[48] 그 해결책은 "균형 잡힌 예산, 제한적인 통화 정책, 임금 인상을 억제하는 정부의 압력"이었다.[49]

인종 관계는 비무장화 문제도 심화했다. 해리 트루먼Harry Truman 대통령은 군대를 통합했지만〔인종에 따라 부대를 편성하거나 보직을 제한하던 이전의 관행을 금지했다는 의미〕, 남부의 저항으로 전후에도 투쟁이 오래도록 이어졌다. 아이젠하워 정부에서 첫 대법관으로 지명된 얼 워런Earl Warren은 '브라운 대 교육위원회Brown v. Board of Education' 사건에서 만장일치로 미국 학교의 인종 분리를 금하는 판결을 내려 전국을 놀라게 했다. 앤드루 잭슨이나 우스터 판결과 달리 아이젠하워는 곧 군대를 파견해 이 판결이 집행되도록 했다. 아프리카계 미국인의 자유를 향한 투쟁이 새로운 미국을 만들어갔다.

냉전 시대의 교훈적 이야기는 주로 시각 매체를 통해서 이루어졌다. 예컨대 서부극이 영화와 텔레비전을 지배했다. 1954년에는 할리우드 영화 24편에 인디언 캐릭터가 등장했다. 그러나 이 영화들은 당대 인디언에 관한 영화가 아니었다. 백인 배우를 인디언 역으로 캐스팅하는 것이 영화 제작자들 사이에서 관례였고, 영화 자체도 과거에 관한 친숙한 이야기를 확인하는 식으로 전개되었다. 1954년에는 특히 버트 랭카스터Burt Lancaster가 〈아파치〉(유나이티드 아티스츠)에, 록 허드슨Rock Hudson이 〈코치스의 아들 타자Taza, Son of Cochise〉(유니버설)에 출연해 아파치가 큰 인기를 끌었다.[50]

서부영화가 인디언 역으로 백인 배우를 캐스팅하는 것은 간단한 문제가 아니었다. 그들은 인디언을 이상한 말을 내뱉고 웅얼거리고 횡설수설하는 모습으로 연출했다.[51] 조연으로 출연한 인디언은 기껏해야 "문법에 맞지 않거나 분노로 가득 찬" 짧은 대사를 내뱉을 뿐이었다.[52] 기숙학교에서는 음악 시간을 다양한 소리와 전통을 결합해 진행했지만, 서부영화에서는 반복적이고 위협적인 음악을 사용했는데, 대중에게 널리 알려진 것은 서부영화의 음악이었다.[53] 기병대의 돌격 소리, "톰-톰" 북소리〔손바닥으로 북을 치는 소리〕, 인종차별적인 전쟁 함성이 학교 운동장, 스포츠 경기장, 새로운 놀이 시설을 가로질러 울려 퍼졌다. 1955년에는 디즈니랜드에서 "프런티어랜드Frontierland"를 개장했는데,《피터 팬Peter Pan》 등장 이후 2년밖에 지나지 않은 시점이었다. 《피터 팬》은 영국 동화《피터와 웬디Peter and Wendy》를 미국화한 작품으로, 네버네버랜드Never Never Land를 묘사할 때 인디언 캐릭터와 인디언 음악을 추가했다. 카를 마이가 독일 어린이에게 영향을 미친 것처럼, 월트 디즈니Walt Disney는 미국인의 어린 시절과 선주민을 연결했다.

서부의 소리는 나이를 불문하고 사람들에게 영향을 미쳤다. 서부

극은 매우 널리 퍼지면서 대중적이고 남성적인 은유를 잔뜩 유포했다. 사회 전반에 걸쳐 이 장르가 유행하면서 결전, 마지막 저항, 고용된 총잡이, 검거와 같은 새로운 표현이 회자되었다.[54] 1958년, 할리우드는 일주일에 한 편씩 서부극을 찍어냈다. 해가 진 후 가족들은 식사 시간에 전자 캠프파이어 둘레에 모여 앉아 서부극을 즐겨 보곤 했다. 1959년, 최고의 10대 프로그램 중 8편이 서부극이었다.[55]

사실 냉전 시대 내내 선주민은 그들을 둘러싼 표상representations보다 훨씬 더 해로운 정치 구조에 맞닥뜨렸다. 전후 연방정부의 재정 지출을 제한하는 이데올로기가 인디언사무청에 큰 타격을 입힌 것이다. 1946년부터 연방의회는 지도자들에게 연방정부의 감독에서 벗어날 준비가 된 부족을 찾아내라고 압력을 가하기 시작했다. 윌리엄 짐머먼William Zimmerman 청장이 이를 거부하자, 상원은 그를 소환해 연방정부의 감독에서 "즉시 배제될" 부족을 지목하라고 지시했다.[56] 제80대 연방 하원은 연방의 지출을 줄이겠다는 야망을 품고 워싱턴으로 입성했다. 인디언 관련 사무를 끝내려는 의도였다. 종결의 시작이었다.


## 이념 대 실천: 종결 정책의 뒤틀린 실행


많은 의회 지도자가 인디언청구권위원회Indian Claims Commission, ICC가 해묵은 토지 문제를 해결해줄 것으로 믿었다. 또한 이 위원회가 더 많은 일을 해내고, 나아가 남아 있던 모든 연방정부의 관리 업무가 사라지게 하기를 바랐다. 상원의 인디언문제 소위원회 위원장을 맡았던 왓킨스가 종료 법안 초안을 작성했다. 그는 인디언청구권위원회가 "인디언 부족들에 대한 연방정부의 모든 의무를, 그것이 실제적이든 또는 주장된 것이든 간에 최종적으로 해결할 것"이라고 믿었다.[57]

일단 청구한 문제가 해결되면 연방정부가 개별 선주민 지역사회를 인정할 필요가 없어질 터였다. 몬태나에서 온 상원의원 조지 멀론George Malone은 한발 더 나아갔다. 그는 뉴딜 정책 때문에 그동안 미국적이지 않은 "사회주의적" 정부들이 인디언사무국과 협력해 "자유의 나무를 … 비틀어 얽히게" 했다고 믿었다. 그는 다음과 같이 주장했다. "우리는 공산주의와 싸우는 데 수십억 달러를 쓰고 있다. … [그러면서] 자연스럽게 사회주의 환경에 놓인 인디언 거류구역과 부족정부 체제를 영속화하고 있다."[58]

대다수 부족은 연방정부의 감독이 재앙이었다는 데 동의했을 것이다. 부족정부들이 입헌정부를 채택하고 예술과 문화 프로그램에 뉴딜 정책의 지원이 있었음에도 개선된 점은 거의 없었다. 부족들은 북아메리카에서 여전히 가장 가난한 공동체였다. 영아 사망률은 전국 평균의 두세 배에 달했다.[59] 연방 관리들은 "거의 가늠하기 어려운 수준의 권한"을 행사했다. 인디언사무국은 거류구역에서 "은행가, 교육자, 의사, 토지 관리자"의 역할을 수행했다.[60] 이 같은 통제가 인디언들의 사기를 떨어뜨리고 분열을 조장했다. 제안된 해결책도 많았고, 상황을 개선하는 방법에 대한 의견 역시 많이 제시되었다.

많은 거류구역이 여러 세대에 걸쳐 분열로 몸살을 앓았다. 워싱턴 주 동부의 컬럼비아 고원 전역에는 서로 관계가 있던 부족들의 여러 집단이 거류구역에 모여 살았다. 때로는 여러 부족 집단이 처음으로 함께 살기도 했다. 광활한 콜빌Colville 거류구역에서는 1872년에 열두 개 집단이 함께 모여 살기로 합의했고, 결국 이전에는 연맹을 구성하지 않던 집단들이 모여 하나의 "연맹" 부족을 만들었다.

토지 할당 시대에 흔히 그랬던 것처럼, 이들이 형성한 거류구역은 빠르게 토지를 빼앗겼다. 북쪽 절반은 겉으로만 번듯한 계약과 양도를 통해 토지가 이양되었다. 그러자 많은 구성원이 연방정부를 탓하고 서로를 비난했다. 토지 손실과 의견 차이가 너무 심해져, 이후 이 문제가 여러 측면에서 콜빌 거류구역을 "규정"하게 되었다.[61]

콜빌의 역사는 연방의 정책이 부족들을 어떻게 황폐화했는지, 그리고 후속 정책들을 어떻게 더 악화했는지를 잘 보여준다. 연방 정책은 하강하는 소용돌이 속에서 여러 세대에 걸쳐 피해를 지속시켰다. 토지 할당 시대에는 불신이 극에 달해 선주민 부족들이 1934년의 인디언재조직법을 거부할 정도였다. 콜빌 구성원들도 땅을 잃은 뒤 반정부 감정이 깊어져 콜리어의 제안을 부결시켰다.

1938년, 선주민 부족들은 입헌정부 초안을 작성했다. 처음으로 부족 구성원들은 제도화된 "연맹" 평의회에 자치권을 양도했다. 그러나 투표에 참여한 부족원은 전체의 3분의 1에 불과했다. 1000여 명이 투표에 참여하지 않음으로써 반대 의사를 표명했다. 일부는 루스벨트 대통령에게 편지를 보내 새로 선출된 지도자에 대해, 그리고 부족의 권한을 중앙집권화한 선거 절차에 대해 불신을 드러내기도 했다. 한 회원은 다음과 같이 썼다. "우리에게는 우리 구역의 지도자나 수장이 있습니다. 우리는 우리의 옛 법들이 복원되기를 원합니다."[62]

인디언청구권위원회법이 제정되자 이런 분열이 더 깊어지고 불신이 커졌다. 1953년 이후 이 같은 분열이 종결 정책의 길을 열었다. 콜빌 거류구역의 구성원 다수가 자신들의 토지 청구에 대한 구제책이 곧 나올 것이라 믿었기 때문이다. 연방정부의 힘이 커지고 유럽과 아시아를 재건하는 데 수십억 달러를 지출하는 것을 보며 많은 선주민이 인디언청구권위원회가 자신들의 토지에 보상해주리라 믿었다. 그리고 토지 청구권 합의가 마침내 경제 회복을 가져오리라 믿었다.

연방 지도자들은 잘못된 관리가 부족의 자급자족을 막고 있다고 믿었다. 그들은 연방 관리들이 거류구역을 통치하는 한 경제적 자립은 결코 이루어질 수 없다고 주장했다. 부족들은 정치적 지배의 제약으로부터 "해방"되어야 했다. '상하원동시결의안 108'은 다음과 같이 명시했다. "가능한 한 빨리 인디언이 … 다른 시민에게 적용되는 것과 동일한 법의 적용을 받고 동일한 책임을 지게 만드는 것이 연방의회의 정책이다."[63]

종결 정책이 시행된 첫 10년 동안 합의금 청구는 이 정책의 시행에 도움이 되었다. 왓킨스를 비롯한 몇몇 상원의원은 선주민 부족들에게 재산 손실에 대한 손해 배상을 받으려면, 투표를 통해 종결 정책을 수용한다는 결정을 내려야 함을 상기시켰다. 개인은 미지급된 토지 금액을 청구하면 보상을 받을 터였다. 그리고 공동으로 관리되는 토지는 매각될 것이었다. 인디언의 청구권이 해결되고 그들의 땅이 이양되면 연방정부의 인정을 받을 필요가 없어질 것이었다. 그러면 부족 구성원들은 마침내 "다른 시민"과 "동일한 법"을 누릴 수 있을 것이었다. 물론 그들은 여전히 "인디언"으로 남을 테지만, 연방정부가 인정하는 부족 공동체의 구성원이 되지는 못할 것이었다. 다시 말해 거류구역 토지에 대한 관할권을 갖고, 건강·교육·주택에 대해 조약에서 보장한 대로 받을 자격이 있으며, 무엇보다 사냥이나 어업을 할 권리를 인정받는 선주민 공동체의 구성원이 될 수는 없을 터였다.

연방 지도자들은 토지 청구권 합의를 종결 정책과 연계해 개인이 금전적 이득을 얻을 수 있다는 희망을 품게 만들었고, 개인을 지역사회의 정치적 생존과 대립시켰다. 콜빌 거류구역 내에서 종결에 찬성하는 평의회 구성원들은 거류구역을 매각해 보상을 받는 안에 투표했다. 각 부족 구성원에게 우편으로 발송된 설문 조사에는 단 하나의 질문이 있었다. "부족 소유의 거류구역 자산을 공정 가치로 종료 및 청산하고 그 수익금을 부족 구성원에게 균등하게 분배하는 것에 찬성하십니까?"[64] 이 거류구역에 거주하던 부족 구성원의 62퍼센트가 찬성했으며, 타지에 거주하던 부족원의 82퍼센트도 찬성했다. 이처럼 개별 구성원에게 자금을 제공함으로써 종결을 쉽게 실행할 수 있었다.

이 밖에도 연방 관리들은 수많은 방법으로 개인의 야망을 조장했고, 이는 부족 차원의 연대와 반대되는 방향으로 향했다. 매혹적인 약속과 새로운 프로그램이 워싱턴에서 흘러나왔다. 1956년, 연방의회는 '인디언직업훈련법Indian Vocational Training Act'을 통과시켜, 이주에 대한 대가로 주택, 일자리, 교육 혜택 제공을 공식화했다.[65] 인디언사무국은 홍보 전단지를 통해 거류구역 생활보다 도시화의 혜택이 크다고 선전했다. 반짝이는 사진에는 새 가전 제품이 구비된 식탁에 모여 앉은 젊은 인디언 가족의 모습이 담겼다. 이는 거류구역 젊은이에게 부족을 떠나라고 유인하는 선전물이었다. 연방에서 여행과 임시 거주지 마련에 필요한 자금을 지원하자 10만 명의 부족 구성원이 도시로 이주했다. 당연히, 거류구역 밖에서 사는 콜빌 구성원은 청산을 통한 보상을 선호했다. 이처럼 종결 정책과 마찬가지로 이주 정책도 부족에 대한 충성심을 흔들려는 의도가 있었다.

그러나 부족 구성원이 도시로 이주하면서, 혹은 도시에 도착하자마자 문제가 발생했다. 로스앤젤레스에서는 젊은 여성 네 명이 한 호텔 방을 공유하는 일도 간혹 있었다. 인디언사무국의 이주사무청은 최근 도시로 온 사람들을 위해 임시 거주지를 찾느라 분주했다. 그런데 캘리포니아 주정부의 교정국Department of Corrections에서도 최근 석방된 전과자를 위해 이주사무청이 확보한 호텔을 사용했다.[66] 인디언 여성에게 제공된 일자리는 "단순 업무"뿐이었다. 인디언 여성에게는 젠더가 이중 제약으로 작용해 가사노동자, 미용사, 사무실 비서로 취업이 제한되었다. 아이다호 포트홀Fort Hall의 쇼쇼니-배넉

네이션 출신 라나다 민스LaNada Means의 회고에 따르면, "대학에 가고 싶었지만" 지역 직업 안내자로부터 그런 생각은 "비이성적이고 비현실적"이라는 말을 들었다.[67]

다른 많은 이와 마찬가지로 민스는 자신이 가족도 친구도 없고 마음 둘 곳도 없어졌다는 사실을 깨달았다. 동화 시대에 그랬듯이 부족민들은 개인적으로 별다른 준비 없이 거류구역을 떠나곤 했다. 그중 일부는 고속 도로를 본 적도 없었고, 대중교통을 이용한 적도 없었으며, 쇼핑센터를 이용해본 적도 없었다. 소외감과 고립감이 그들을 지치게 하곤 했다. 민스는 이렇게 말을 맺었다. "도시에 온 인디언은 나라 잃은 사람과 같다. 다른 인디언과 어울리지만, 그들도 빈민가에 사는 … 당신만큼이나 어려운 처지다."[68]

인디언의 주권이 소멸하고 토지 소유권이 이양되면서 결국 지역 사회의 반응을 불러일으키기는 했지만, 1950년대는 미국 선주민 모두에게 충격적인 시대였다. 한편 자동화와 자동차가 다른 미국 전역을 생산성의 고속 도로로, 여가 생활의 고속 도로로 이끌었다. 선주민이 지평선 너머로 사라지거나, 더 강력한 등장인물들의 손에 빠르게 죽는 영화 속 장면과 여러모로 비슷했다.

그뒤 몇 년 동안 종결 정책에 대한 비판이 확산되었다. 특히 왓킨스가 주도한 정책을 처음 접한 대규모 부족을 중심으로 비난이 확산되기 시작했다. 그들은 과거에 연방정부로부터 받았던 인정을 "회복"하기 위해 싸우기 시작했다. 그 과정에서 그들은 선주민 해방을 위한 더 큰 운동에 동참하게 된다.

# 거류구역의 자원과 머노미니 네이션의 종결

종결 정책은 부족들에게 경제적 변방에서 주류로 진입할 기회라고 약속했다. 첫째, 청구권 합의의 가능성, 둘째, 도시화의 전망, 셋째, 부족 지역사회들에 대한 연방정부 감독의 궁극적 소멸이라는 세 가지 연방 정책이 이 약속을 뒷받침했다. 이 세 가지가 합쳐지면 부족 지역사회들에 대한 연방정부의 인정이 종료되고 인디언이라는 "제한"에서 벗어나 "자유로운" 부족 구성원이 된다고 했다. 콜빌을 포함한 100여 개 부족이 연방정부의 거짓 약속을 받아들였다. 그리고 그들은 종결되었다.

연방정부의 인정을 잃는다는 것은 곧 자원을 잃는 것을 의미했다. 위스콘신의 머노미니 네이션을 비롯한 일부 부족은 이 사실을 알았지만, 별다른 대안이 없었다. 콜빌과 마찬가지로 머노미니도 수십 년 동안 자신들의 토지가 연방정부에 의해 잘못 관리된 것에 대해 보상받고자 고군분투했다. 종결이 그런 청구권의 가능성을 제공했다.

머노미니인의 분노는 관리자들이 거류구역의 산림 자원을 자기들의 이익을 위해 사용하기 시작한 19세기까지 거슬러 올라간다. 19세기에 중서부 북쪽 지역에 자리한 거류구역들 대부분에서는 목재 산업으로 나무들이 잘려나갔다. 그러나 머노미니와 미네소타의 레드 레이크 오지브웨를 비롯한 몇몇 부족은 이런 압력에 저항했다. 이들은 지지 활동과 종종 독창적인 방법을 통해 이러한 자본주의 발전 단계에 맞서 싸웠다. 1890년대에 머노미니인 벌목공들은 거류구역의 목재 비축지에서 목재 벌채에 관한 계약을 정부의 지원 속에서 체결했다. 인디언권리협회의 주장에 따르면 거류구역 지도자와 주정부 관리 사이의 "결탁"이 깊어져서, 거류구역의 광활한 산림 보물을 "강탈"하려는 의도가 있었는데도 머노미니인 벌목공들은 그렇게 했다.[69]

1905년, 심한 폭풍으로 거류구역 산림이 훼손되자 위스콘신 상원의원 로베르 라 폴레트Robert La Follette는 머노미니인 노동자를 위한 거류구역 기반 제재소 건설을 의무화하는 법안을 발의했다.[70] 이전에는 백인 소유의 목재 회사나 인근 농부가 대가를 지불하지 않고 거류구역 목재를 강탈해가는 경우가 흔했다. 머노미니 지도자들은 거류구역의 자원이 여전히 자기들 관할하에 있으니 그들이 그렇게 하는 것은 부당하다고 항의했다.

1920년대 초 머노미니 지도자들은 부족원을 조직해 목재 자원에 대한 소유권을 확보했다. 인디언협회 회원이자 밀워키Milwaukee인 변호사 윌리엄 커쇼William Kershaw와 같은 지도자들은 부족에게 더 폭넓은 자치권을 부여하도록 인디언사무청을 압박했다.[71] 1924년, 부족은 자체 헌법의 초안을 작성했다. 부족은 목재 공장 예산의 거부권을 자문위원회에 부여하기 위해 로비 활동을 했고, 이런 자치 권한은 1934년에 콜리어에 의해 승인받았다.

이 자문위원회는 자율성, 자급자족, 대화를 실행한 드문 사례로, 23만 3000에이커에 달하는 거류구역을 관리하고 산림을 보존했으며 부족 구성원을 고용했다. 전 머노미니 복원위원회Committee Menominee Restoration 위원장이자 종결 반대 운동 지도자 에이다 디어

Ada Deer의 회고에 따르면, "일자리를 원하는 사람은 누구나 제재소에서 일자리를 찾을 수 있었다."[72] 인근 제재소 소유주들과 달리 머노미니는 "매년 숲에서 벌채하는 비율을 계속 줄여나갔다. 나무와 나무가 가져온 일자리를 지속가능하게 하기 위해서였다."[73] 제재업은 계절에 따른 흐름 속에서 일자리를 제공했기에 부족 노동자들은 비수기에 낚시, 사냥, 기타 다른 기회를 이용할 수 있었다. 인디언사무국에서 이런 공동체적 비즈니스 모델을 지원한 것은 아니었다. 이를 고수한 쪽은 부족이었다.[74]

머노미니의 자급자족은 같은 주에 살던 다른 부족의 상황과는 대조적이었다. 인근의 오네이다 네이션은 개간과 토지 할당으로 황폐해졌다. 위스콘신의 호청크와 오지브웨 지역사회는 상업적 어업, 계절 농업, 심지어 관광 경제에도 관여했고, 계절 임노동과 〔상품 생산을 위해서가 아니라〕 생계를 위한 사냥을 결합해서 살아가기도 했다.[75] 머노미니인은 상대적으로 우위에 있기는 했지만, 그들 역시 백인 농장과 산업에 비하면 뒤처져 있었다. 내무부는 대다수 거류구역 가정의 소득을 연간 2300달러로 추정했지만, 일부 추정치는 그 절반에 불과했다.[76]

1935년에 태어난 디어는 가족이 지은 통나무집에서 성장했다. 거류구역에서 벌목과 주택 건설이 장려되고 거류구역 내 대다수의 주택 주인이 직접 지은 주택이던 시절이었다. 그녀의 집 반경 안에 헛간이 있었는데 거기에는 부친이 이웃 농부들과 함께 키우던 소와 말 몇 마리가 있었다. 그녀의 부친은 제재소에서 일했다. 겨울은 추웠고, 가난은 부정할 수 없었다.

1951년, 머노미니 부족은 수십 년 동안 당한 목재 절도에 대한 배상을 받는 데 성공했다. 여러 사기 행위 중에는 감독관들이 인근 백인 소유 제재소의 생산물 가치를 높이기 위해 머노미니 제재소의 생산을 제한한 일까지 있었다. 미국 소송 법원은 부족이 850만 달러의 배상금을 받도록 판결했다. 머노미니는 이제 3270명의 부족 구성원에게 각각 1500달러를 한 차례 분배할 권한을 모색했다. 지도자들은 희망을 품고 합의를 협상하기 위해 워싱턴으로 갔다.[77]

머노미니 부족의 합의 가능성을 알게 된 왓킨스 상원의원은 위스콘신으로 건너가 부족 구성원들이 합의금을 받으려면 종결 정책을 수용해야 한다고 알렸다. 그는 머노미니 부족의 경제가 연방 관료의 감독 없이도 번영할 수 있다고 부족 구성원을 설득했다. 그는 정부가 "나쁜 일"을 하고 있으며, "우리는 850만 달러에 대한 소송을 다시 당하고 싶지 않다"라고 말했다.[78]

머노미니 부족민 중 소수만이 왓킨스의 법안을 지지하는 투표에 참여했다. 어떤 이들은 합의금을 받기 위해 투표했다고 생각했다. 많은 이가 조약 관계를 소멸시켜야 한다는 압박감을 느꼈다. 거류구역이 주에 속한 카운티가 될 경우, 어떤 상황이 도래할지 간파한 사람은 거의 없었다. 연방의회는 1954년에 머노미니 부족을 종결시키는 법안을 통과시켰다. 그러나 위스콘신주 주정부의 관리들은 그 절차가 어떻게 진행될지 전혀 알지 못했다. 워싱턴에서 열린 청문회에서 왓킨스는 종결 정책은 거류구역의 토지를 빼앗는 것이 아니라 개별 부족 구성원에게 토지를 "나누어주려는" 것이라고 말해 부족을 안심시키려고 노력했다.[79] 어느 부족 구성원은 다음과 같이 회고했다. "우리는 종결을 받아들이는 것 말고는 대안이 **없다고** 확신했다. … 우리가 간청한 것은 오직 합당한 시간이었다. 우리 인생에서 발생한 이 갑작스럽고 혁명적인 변화에 합당한 시간이 필요했다."[80]

인디언구역에서는 관할권 문제가 가장 중요했다. 주, 연방, 부족, 카운티, 혹은 지방 자치체 중 어느 정부가 범죄 처리, 계약, 재정에 대한 권한을 갖는지에 따라 주권의 윤곽이 결정되었다. 게다가 주권은 법으로 정해져 있을 뿐 아니라 체험되기도 한다. 종결된 부족들에게 이 "갑작스럽고 혁명적인" 변화는 천둥소리처럼 다가왔다. 24개월도 채 되지 않아 유타, 캘리포니아, 오리건의 부족들은 더는 인디언 공동체로 인정받지 못했다. 그들은 종결되었다.

소규모 부족의 경우, 인디언사무국은 신속하게 그들 부족의 토지를 감정 평가한 후 매각했다. 많은 부족이 다시는 연방정부의 인정을 받지 못했다. 머노미니와 클래머스 같은 대규모 부족은 이러한 전환을 완화하기 위해 상세한 행정 계획을 수립했지만, 그래도 종결은 돌이킬 수 없는 피해를 가져왔다. 클래머스의 구성원 린 숀친Lynn Schonchin은 다음과 같이 회고했다.

부족에게 일어난 일은 … 끔찍했다. 우리 부족의 경우, 우리는 흩어졌고, 이사를 갔고, 가족 단위가 와해되었고, 어떤 사람은 정체성 상실을 겪었다. 그들은 스스로에 대해 편하게 느끼지 못했다. … 심지어 [다른]

부족들도 우리를 보고, "너희는 이제 인디언이 아니야"라고 말했다. 이 것이 바로 종결법의 기본 취지였다. "그들은 이제 인디언이 아니게 될 것이다." 당신은 그 문제에 어떻게 대처했는가?[81]

머노미니의 경우, 1961년이 되어서야 종결되어 연방 계약이 사라 졌다. 위스콘신주 정부는 거류구역 토지에 세금을 부과했다. 병원 수 리 비용이 증가했고, 머노미니 엔터프라이즈Menominee Enterprise, Inc., MEI라는 이상한 새 법인이 설립될 조짐이 나타났다. 이 법인체의 새 관리자들은 더 비싼 트럭과 장비를 갖추고 더 많이 가져가는 벌목 사업을 시행했고, 제재소는 갈수록 더 큰 손실을 입었다.[82]

다른 종결된 부족들과 달리 머노미니는 자신들의 땅이 즉각적으 로 처분되는 것을 피할 수 있었다. 대다수 부족은 종결되려면 연방 의회의 개별적인 조치가 필요했는데, 머노미니의 경우 시간을 더 달 라는 부족의 요청으로 몇 년 지연되었다. 이 중요한 막간에 부족 구 성원은 여전히 집을 유지했고, 연방정부는 최종 법안이 발효될 때까 지 토지를 신탁으로 계속 보유했다. 부족 구성원은 이전과 같이 일 상생활을 계속해나갔다. 그러나 그들은 더는 공동의 정부를 갖지는 못했다. 그들 네이션의 주권은 힘을 잃었다. 투표를 통한 신탁이 머 노미니 엔터프라이즈를 통제했고, 부족 구성원들은 이제 가치가 하 락하는 주식을 보유하게 되었다.

가장 충격적인 개발 사례 중 하나는, 부족이 가장 아끼는 보류 구 역 호수 주변의 수천 에이커가 누적된 세금 납부 때문에 매각된 것이다. 개발업자들은 부유층을 위한 여름 별장을 짓기 위해 이 땅을 매입했다. 게다가 더 큰 호수를 만들어 부동산을 건설하기 위해 작은 호수들을 댐으로 막으려는 계획도 세웠다. 디어의 회고에 따르면, "낯선 사람이 거의 없던 지역사회에 외부인이 들어와 풍경과 생태계를 변화시켰다. 이는 부족의 마음에 심각한 상처를 입히는 방식으로 진행되었다. … 우리 지도자들은 정책이나 프로그램을 개발한 경험이 거의 없었다."[83] 그들은 시간을 더 달라고 호소했고, 더 적극적인 행동을 위해 조직을 시작했다.

## 냉전과 종결의 인종 논리

대부분의 미국인에게 인디언 문제는 중요해 보이지 않았다. '상하원동시결의안 108'이 만장일치로 하원과 상원을 통과했다는 사실에 주목한 사람은 거의 없었다. 클래머스, 머노미니 혹은 다른 부족이 자신들의 거류구역을 매각해 이익을 얻을 수 있다면, 그렇게 해야 하지 않을까? 더 나아가, 그렇게 할 수 있도록 허용해야 하지 않을까? 미국의 인디언 정책과 연방 신탁 원칙에 미국인 대다수는 관심을 두지 않았다. 대다수 다른 법들이 그렇듯이, 이 역시 여론의 관심을 이끌어내기에는 너무 복잡했다.

헤드라인을 장식한 것은 긴급한 외교 문제였다. 1953년에 '상하원동시결의안 108'이 통과된 후 몇 달 동안은 특히 더 그랬다. 예를 들어 1954년에 해병대 기념관 헌정식을 불과 며칠 앞두고 알제리 전역에서 민족 해방 투사들이 프랑스 식민지 전초 기지를 공격했다. 동남아시아에서 프랑스 식민주의가 쇠퇴할 무렵부터 미국은 베트남에서 대부분의 비용을 부담해야 했다. 1954년 5월, 프랑스군은 디엔비엔푸Dien Bien Phu에서 크게 패했다. 그뒤 제네바 회담은 베트남을 두 개의 국가로 분단시켰고, 곧 미국과 남베트남동맹국이 북베트남 전사들과 대치했다. 중국내전과 한국전쟁 역시 뉴스 보도를 뒤덮었다. 아시아 구석구석에서 벌어진 분쟁들이 냉전 시대를 결정하는 갈등으로 확대되었다.[84]

게다가 미국의 가장 가까운 동맹국들은 모두 반식민주의 반란에 맞닥뜨렸다. 미국의 적들이 갈수록 더 강해지는 것처럼 보였다. 그러자 정책을 수립하는 집단들 사이에 "히스테리에 가까운", 공격에 대한 두려움이 만연했다. 미국 지도자들은 과테말라, 이란, 인도네시아의 반민주 정권을 지지했다.[85] 1955년, 미국은 바르샤바 조약의 수립, 인도네시아 반둥Bandung에서 열린 29개 독립 국가들의 "비동맹 운동"과도 직면해야 했다.[86] 한마디로 종결 정책이 시행되던 초기를 지배했던 것은 국제 문제와 국내에서 전개된 민권 운동이다.[87]

또한 전 지구적 차원에서 전개된 공산주의와의 투쟁에서 미국은 개인주의를 옹호하는 자유주의 경제와 정치 관행을 옹호했다. "시장 신격화"와 자본주의 이데올로기가 연방의 정책 결정을 지배했다.[88] 종결 정책은 개인의 자아실현이라는 냉전 이데올로기를 활용했고, 이를 공동체적 통치의 비전과 대비해 광범한 지지를 받았다. 사우스다코타 하원의원 베리E. Y. Berry는 다음과 같은 비난을 퍼부었다. "사회주의자 민주당이 전 세계에서 공산주의자와 공산주의에 맞서 싸우는 것처럼 야단법석이지만, 바로 그 행정부가 '휠러-하워드법 Wheeler-Howard Act, IRA'(1934)을 통과시켰다. … 공산주의와 싸우는 것에 대해 이야기한다고? 아니다. 그들은 공산주의를 바로 미국에 들여와 인디언을 공산화하고 있다. 인디언을 마치 러시아 시민처럼 만들고 있다."[89] 이렇게 반공주의가 국가 정책에 강하게 영향을 미치고 있었기 때문에, 인디언 부족의 종결, 거류구역 인디언의 이주, 또는 국가의 자원 채굴 경제에 문제를 제기하는 사람은 거의 없었다.

인종주의와 인종 정치도 종결과 이주를 부추겼다. 사우스다코타처럼 거류구역 인구수가 많은 주에서는 연방정부의 감독을 없애고 부족 구성원의 원거리 도시화를 장려했다. 베리는 자기 유권자들 다수가, 선주민 네이션이 원칙에서나 현실에서나 백인 미국인의 자유를 제한한다며 우려한다고 말했다.

주권을 가진 선주민 네이션은 거류구역의 관할권을 갖고 있었으므로 거류구역으로 들어온 비인디언에게도 그 관할권을 행사할 수 있었다. 그런 맥락에서 인디언은 백인의 자유를 침해할 수도 있었다. 게다가 주의 주민은 부족 구성원이 자기 마을로 들어와 섞이는 것을 원하지 않았다. 사우스다코타 체임벌린Chamberlain의 시장 허셜 멜처Herschel Melcher는 다음과 같이 선언했다. "우리는 인디언이 이곳에 가볍게 들어와 둘러보는 것조차 절대 허용하지 않을 생각이다. … 인디언이 이곳에 온다면, 우리는 인디언에 대한 개방 시기임을 선포해야 한다. … 우리는 그들과 함께 살고 싶지 않다. 그래야 할 이유도 없다. 우리 지역의 학교들로 그들이 오는 것을 원치 않는다. … 인디언 교육은 연방정부 소관이다."[90]

인디언을 도시로 이주시키고 그들의 땅을 매각하는 것이 백인 시민에게 물질적·정서적·이데올로기적으로 혜택이 되었다. 종결을 통해 기존의 인종 서열을 유지하고 거류구역 관할권을 완전히 소멸시키는 것이 보장되었다. 실제로 많은 서부 지도자가 인디언 지역사회에 대한 연방정부의 지원이 백인 차별의 한 가지 방식이라고 생각했다. 멜처는 이렇게 말했다. "우리가 정부로부터 이런 종류의 학대를 받을 이유가 있다고 생각하지 않는다."[91]

백인 사회와 인디언 사회 통합의 유령이 백인의 두려움을 고조시키자 냉전 시대 미국에서는 반정부 감정이 커졌다. 인디언이 "미국식 삶의 방식"을 위협한다는 논리가 팽배했다. 인디언사무국 국장 마이어는 이렇게 말했다. "우리는 인디언이 점점 더 동화되도록 선도할 수 있다. 아니면 그들이 퇴보하도록, 즉 거류구역 생활의 관습대로 편협하게 타고난 대로 살도록 내버려둘 수 있다."[92] 어느 쪽이든 인디언은 백인 당국에 골칫거리였다.

선주민과 그 동맹들은 거류구역을 다르게 바라보았다. 병폐로 찌든 곳이 아니라 근거지로 보았다. 1944년에 설립된 미국인디언총회 National Congress of American Indians, NCAI(이하 인디언총회)가 종결 정책을 비판하기 시작했다. 전국적 사안에 관심을 둔다는 점에서 인디언총회는 인디언협회와 비슷했지만, 그 지도력이 선출된 부족 지도자들에게서 나온다는 점에서 차이가 있었다. 이제 인디언총회는 종결 정책 철회를 위한 입법적 해결책을 마련하기 위해 힘썼다. 1957년, 사우스다코타의 조지 맥거번George McGovern을 비롯한 인디언 지지자 단체들과 의원들의 지원을 얻은 인디언총회는 '상하원동시결의안 108'을 폐지하려는 내용을 담은 '상원동시결의안 3'을 제안하는 데 협력했다.[93] 이 활동은 충분한 지지를 이끌어내는 데는 실패했지만, 부족들의 종결 정책에 대한 우려가 커지고 있음을 아이젠하워 행정부에 알리는 신호탄이 되었다.

1960년까지 인디언구역 전역으로 인디언운동이 번졌다. 1960년에 열린 인디언총회의 총회 주제인 '종결이 아니라 자기결정권'은 인디언총회의 입장을 뚜렷이 보여주었다.[94] 인디언 학생과 청소년 단체를 대상으로 한 노력도 이어졌다. 그중 하나가 1961년 시카고대학교에서 열린 '미국 인디언 시카고 회의American Indian Chicago Conference'다. 이 회의에 500명 이상이 참가했고, 언론에 보도되었으며, 시장 리처드 데일리Richard Daley가 환영사를 했다. 이 회의는 일련의 지역 모임을 기반으로 조직한 야심 찬 노력의 산물로, 부족 지도자, 도시 인디언, 학자, 연방정부로부터 인정받지 못한 인디언 부족을 한데 모으려 한, 최초의 전국적 시도였다. 이 회의의 핵심 목표 중 하나는 대통령 존 케네디John Kennedy에게 '인디언 결의문Declaration of Indian Purpose'을 보내는 것이었다.

이 결의문을 두고 논쟁이 있었다. 대학의 조직가들이 공산주의에 동조하는 이들이 아닌지 일부 부족 지도자들이 의심하면서 인디언총회가 초기에 확보했던 지지층이 분산되었다. '인디언 결의문'은 누구도 만족시키지 못하는 듯이 보였다. 절충안으로 발표된 결의문은 연방의 인디언 정책을 비판하면서도 미국에 충성을 맹세하는 '미국 인디언 서약American Indian Pledg'을 집어넣었다. 이 "목적에 따른 서약"은 인디언구역 내에서 "이국적인 정부 형태를 선동하는 이들의 노력"과 절연하기 위해 고안되었으며, 오클라호마의 보수적인 인디언 지도자들의 참여를 확보하기 위해 고안되었다.[95] 공산주의에 대한 공포와 "반미국적" 활동에 대한 국가적 차원의 비난이 계속해서 비등하자, 부족의 주권을 약화하는 법률들을 파기하려는 부족들의 시도는 흐지부지되었다.

여러 선출직 지도자와 달리 청년 참가자들은 연방정부에 대한 이런 노골적인 충성에 갈수록 불만을 품었다. 오클라호마의 폰카Ponca인 청년 지도자 클라이드 워리어Clyde Warrior는 이렇게 회고했다. "미국 인디언들이 일어나, 연방정부가 자기들에게 얼마나 잘해주는지 속 보이는 거짓말을 하는 모습을 보니 거북했다. … 이 부족 관리들은 … '위대한 백인 아버지Great White Father'에게 호소하기를 반복했다."[96] 이 선언문에는 법안 제안, 종결 정책의 효과에 대한 개요, 새로운 댐들과 기간 시설 개발에 대한 비판이 포함되어 있었지만, 케네디 대통령에게 전달되지는 못했다. 이 보고서는 내무부의 서류함에 보관되었다. 많은 사람이 연방정부와의 협력 정치와 전국적 차원에서 인디언을 통합하려는 노력이 인디언 네이션의 개혁을 위한 길이 될 것 같지는 않다고 생각하며 시카고를 떠났다.

# 종결 정책과 인디언어린이복지

인디언총회는 4년에 걸쳐 해로운 정책들에 대한 여론을 환기시켰다. 워싱턴에서 시카고에 이르기까지 인디언총회 구성원들은 종결 정책의 수많은 위협을 되돌리기 위해 노력했다. 비록 성과는 제한적이었지만 인디언총회는 다른 단체들과 협력하면서 조직했고, 동맹을 맺으며 역량을 키웠으며, 결국 전국 차원에서 개혁을 이루어냈다. 도시 인디언뿐만 아니라 노스캐롤라이나의 럼비Lumbee, 코네티컷의 모히건처럼 연방정부에서 인정하지 않는 부족까지 통합하면서, 인디언 문제에 대한 보다 광범하고 포용적인 접근 방식을 보여주었다.[97]

이런 노력 속에서도 종결과 이주는 줄어들지 않고 계속되었다. 1950년대와 1960년대 거의 내내 인디언총회의 활동, 연구, 제안은 국가 정책을 바꾸는 데 실패했다. 게다가 다른 문제들 때문에 부족에 대한 연방정부의 공격은 더 강해졌다. 특히 주정부 관리들은 선주민 어린이들을 갈수록 많이 강제로 데려갔다. 이번에는 멀리 떨어진 곳에 있는 기숙학교로 데려가기보다는 입양이 목적이었다.

종결 정책이 실시되는 동안 주정부가 부족들에 대한 관할권을 강화하자 부족들은 새로운 재정적 부담을 떠안게 되었다. 머노미니처럼 종결된 부족에 대한 교육, 주택, 의료 책임을 주정부가 떠맡게 된 것이다. 부족민들은 미국에서 여전히 가장 빈곤했다. 유아 사망률과 실업률은 전국 평균을 훌쩍 뛰어넘었고 기대 수명은 더 낮았다.

예를 들어 인디언 신생아는 비선주민보다 첫해에 사망할 확률이 여섯 배 높았고, 비선주민의 아기가 출생시 2퍼센트가 사망한 반면에 인디언 아기는 10퍼센트 이상이 사망했다.[98] 많은 부족 구성원들이 주택, 의료, 식량을 정부 지원금에 의존했다. 개인주의와 박애의 언어로 포장된 종결 정책은 실상 부족의 주권을 소멸시키려 했다. 정부의 지출을 줄이고 조약들에 명시된 책임에서 벗어나기 위해서였다.

1958년, 인디언사무국 관리들은 국가의 책임을 상쇄하기 위해 고안된 프로그램인 '인디언 입양 프로젝트Indian Adoption Project'를 도입했다. 이를 통해 주정부의 복지 담당자들은 인디언 어린이의 위탁보호나 입양 프로그램을 확대하도록 장려했다. 정부 서비스 민영화의 초기 모델에서는 연방정부나 주정부가 아니라 입양 가정이나 위탁 가정이 인디언 어린이를 돌보는 비용을 부담했다.[99] 결과는 즉각 나타났다. 노스다코타에서 부족 구성원은 주 전체 인구의 2퍼센트 미만이었는데, 주 위탁 인구의 50퍼센트가 부족의 어린이들이었다.[100] 미네소타에서는 부족 구성원이 주 인구의 0.5퍼센트에 불과했지만, 주 어린이 서비스 사례의 거의 10퍼센트를 인디언 어린이가 차지했다.[101] 인디언 어린이 입양 프로젝트는 국가적 차원에서 벌어진 또다른 인디언 추방 정책이었다.

선주민 부족의회들이 카운티 공무원이 거류구역에 침범하는 것을 막는 결의안을 통과시키자, 주정부나 카운티 당국은 부족 구성원에 대한 복지 혜택을 중단했다. 심지어 주의회는 어떤 가정이 국가 지원에 "만성적으로 의존"할 경우, 그런 가정은 어린이 양육에 "부적합"하다는 증거가 될 수 있음을 명시한 법을 제정해 더 당당하게 어린이를 강제로 데려갔다. 어린이가 "미혼모" 모친이나 대가족과 함께 사는 경우, "불법" 가정에서 사는 것으로 간주되었다. 인디언사무국 관리 아널드 리슬로Arnold Lyslo는 "인디언 사이에서는 '불법'이 용인되는 경우가 많다"라고 보고했다.[102] 인디언사무국에 새로 생긴 복지 부서의 직원 알레타 브라운리Aleta Brownlee는 새롭고 더 "바람직한" 가족 구조가 필요하다고 주장했다. "아버지는 일해서 가족을 부양"하고, "어머니가 가정과 자녀를 돌보는" 가족 구조가 필요하다는 주장이었다.[103]

선주민 자녀를 비선주민 가정에 맡기자 여러 가지 정책 목표를 달성할 수 있었다. 국가가 부족에게 할애하던 복지 비용을 줄일 수 있었고, 인디언 입양아들에게 새로운 형태의 가정 문화를 주입했다. 유럽계 미국인과 다른 젠더 체제나 친족 제도를 유지하며 살아가는 부족 지역사회를 징벌하는 효과도 있었다. 또 입양을 통해 입양된 어린이가 부족 지역사회로부터 멀어지게 함으로써 선주민의 도시화를 위한 광범한 노력이 힘을 얻었다.[104]

입양 프로그램은 1958년부터 인디언사무국과의 협력 속에서 진행되었다. 미국어린이복지연맹Child Welfare League of America, CWLA(이하 '어린이복지')과 북아메리카 입양자원교류협회Adoption Resource Exchange of North America, ARENA는 연방정부와 체결한 계약에 따라, 민간 기관이 인디언 어린이를 자체 프로그램에 배치하는 데 도움을 줄 수 있도록 운영했다. 인디언사무국를 떠나 '어린이복지'에서 일하기 시작한 리슬로는 선주민 어린이를 비선주민 가정에 배치하는 프로그램을 감독했고, 거류구역 지역사회를 순회하면서 프로그램의 대상이 될 만한 어린이를 찾아내는 일을 했다. 그는 다음과 같이 결론내렸다. "거류구역에는 소수만 남아 있어야 한다. … 대다수는 거류구역 밖에서 살아가는 데 필요한 자원을 찾아야 한다."[105]

인디언구역에서 운영되는 여러 입양 프로그램 중 하나인 '어린이복지'는 650명의 어린이를 비인디언 가정으로 입양하는 것을 감독했다.[106] 리슬로는 강제로 이주당한 어머니들을 위한 입양 프로그램도 구상했다. 그는 다음과 같이 자랑스럽게 이야기했다. "현재 인디언사무국 직원이 여러 사회 기관에 의뢰하고 있다. … 인디언 입양 프로젝트가 이런 서비스의 개발을 장려해왔다."[107] 그는 로스앤젤레스에서 이런 "개발"을 장려했는데, 로스앤젤레스는 3만여 미국 인디언이 재배치된 도시다.[108]

입양 프로그램은 부족 기관들에는 보고를 거의 하지 않아서 가족들의 재결합은 이루어지기 어려웠다. 기밀 유지법 때문에 입양 기록에 접근하기도 어려웠다. 어머니들이 위탁 가정에 있는 자녀를 방문할 때도 어려움이 많았다. 가난과 교통수단의 부족으로 이동에 제약이 있었고, 다른 자녀를 돌봐줄 수 있는 여건도 변변치 않았다. 예를 들어 1973년에는 스탠딩록 수 부족의 한 어머니가 첫째 아이와 둘째 아이를 찾기 위해 히치하이킹으로 전국을 돌아다녔다. 그러나 그녀가 집에 돌아왔을 때는 남아 있던 한 아이마저 입양된 후였다.[109]

아이를 대가족이나 형제자매에게 맡기면 그 아이는 다른 곳으로 보내지기 쉬웠다. 데니즈 앨트베이터Denise Altvater(파사마쿼디Passamaquoddy인)의 회고에 따르면, 일곱 살 때 어머니가 집을 비운 사이 자신과 다섯 자매가 위탁 가정에 보내졌다. 주정부 관리들이 "우리 소지품을 몽땅 가져가더니 쓰레기봉투에 넣었다. 그들은 우리를 역마차에 몰아넣었다. ⋯ 그리고 어느 집에 데려다 놓고 떠나버렸다." 앨트베이터와 자매들은 그 집에서 몇 년 동안 수용되어 있으면서 학대를 당했다고 한다.[110] 전체 미국 인디언 어린이의 4분의 1에서 3분의 1이 종결 시대에 가족으로부터 분리되어 입양 가정이나 위탁 가정 또는 고아원에 맡겨졌다. 1978년, 한 의회 보고서는 다음과 같이 마무리했다. "복지 위기 상황에 놓인 인디언 어린이의 규모가 엄청나다. 인디언 가족은 우리 사회에서 흔히 볼 수 있는 것보다 훨씬 더 높은 비율로 비자발적으로 분리될 위험에 직면한 상태다."[111]

20세기 초, 엘리자베스 벤더 클라우드나 지트칼라-샤와 같은 인디언 활동가가 어린 시절에 거류구역 외부에 있는 기숙학교에 다닐 때는 형제자매나 다른 부족 구성원이 같은 학교에 다니곤 했다. 고립과 폭력이 가까이에서 벌어지기는 했지만, 그래도 기숙학교 학생들에게는 동료가 있었다. 20세기 내내 하스켈 인디언 전문학교를 비롯해 많은 기숙학교가 훌륭한 예술 및 운동 프로그램을 갖춘 풍성한 교육 과정을 개발했다. 1930년대에 하스켈 인디언 전문학교는 졸업생 중 수십 명을 대학에 진학시켰다.[112]

반면에 "길 잃은 새lost birds"라는 별칭으로도 알려진 이 인디언 입양인들은 정서적·가족적 지원을 제대로 받지 못했다. 그들 중 상당수는 자신의 부족 네이션 이름조차 알지 못했으며, 입양 기록을 검토할 만한 나이가 되어서야 알 수 있었다. 어린이를 입양한 가족은 입양아가 자기의 유래를 묻는 질문을 하지 못하게 막곤 했다. 차별은 어디에서나 인디언 입양인을 따라다녔다. 조앤 카우피Joan Kauppi(레드레이크 아니시나베인)는 이렇게 회고했다. "나는 이상한 사람 취급을 받았다. … 나는 늘 내가 어울리지 않는다는 느낌이 들었다. … 내키지 않지만 친구들에게 입양이라는 개념을 설명해야 했다. … 친구들은 진짜 부모가 왜 나를 원하지 않느냐고 물었다. 나는 입양에 대해 계속 이야기하고 설명해야 했다. 가장 아픈 기억이다."[113]

선주민 어린이는 입양 과정에서 상실감, 분노, 배신감을 느꼈다. 학대도 흔했다. 한 연구에 따르면, 참가자의 거의 절반이 입양 가족에게 학대를 당했다고 답했으며, 그중 70퍼센트는 성적 학대를 당했다고 답했다.[114] 에벌린 레드 로지Evelyn Red Lodge(라코타인)는 이렇게 증언했다. "저 코카시아인들이 나에게 한 짓에서 나는 절대 회복될 수 없을 것이다. 나의 언어와 문화, 전통을 빼앗기고, 내 것이 아닌 역사와 종교를 강요당했다." 주변에 기독교적 언설이 만연했지만, 입양 가족의 학대는 그녀에게 "이 신은 나에게 아무것도 해주지 않을 것"이라는 확신을 주었다.[115]

게다가 법적 제도 자체가 가족의 재결합에 불리하게 작용했다. 친모가 자녀를 돌려달라고 소송을 제기해도 판사는 입양 가정에 양육권을 부여하는 경우가 많았다. 친부모보다 "정신적 부모"의 권리를 중시한다는 판결이었다. 친모가 일심에서 승소한 경우에도, 심지어 "양아버지가 어린이를 성적으로 학대했다는 증거"가 제시된 경우에도 항소심에서 입양 가족이 양육권을 얻었다.[116]

인디언 지도자들과 그 동조자들은 어린이를 강제로 데려간 정책과 종결 정책 사이의 연관성을 분명히 인식했다. 노스다코타의 데블스레이크수Devil's Lake Sioux 집단이 이 새로운 투쟁의 최전선이 되었다. 1968년, 미국인디언문제협회Association on American Indian Affairs, AAIA는 "데블스 레이크 수를 비롯한 미국 인디언 부족들은 그들의 땅과 생계를 부당하게 박탈당했다"라고 선언했다. 뉴욕에 본부를 둔 한 단체는 인디언총회와 협력하면서 뉴스레터《인디언 가족 지키기Indian Family Defense》를 통해 여론을 환기했다. "지금 선주민은 자녀를 빼앗기고 있다. … 합당한 사유도 없고 적법한 법 절차도 없이 … 카운티의 복지 공무원들이 그런 일을 벌이고 있다."[117]

선주민은 부족 내에서 가장 친밀한 관계인 부모와 자녀 간의 관계를 침해하는 이런 동화주의 관행을 저지하기 위해 애썼다. 그들은 법정에 갔고, 단체들과 협력했으며, 국가적 차원의 보호를 촉구했다. '어린이복지' 활동가들은 입양이나 위탁 양육의 경우, 어린이의 친척, 동료 부족 구성원 또는 다른 인디언 가정이 비인디언보다 우선순위가 될 수 있도록 하는 새 법률을 구상했다. 인디언 가족을 보호하기 위한 법이 새로 제정되어야 했다.

# 레드파워의 부상

종결 정책이나 이주 정책과 마찬가지로 입양은 거류구역 주민들을 고통스럽게 했다. 국가가 가장 소중한 자원인 아이들을 빼앗아 인디언 지역사회를 황폐하게 만든 셈이다. 미시시피 촉토 인디언 부족의 수장 캘빈 아이작Calvin Isaac은 그런 상황을 다음과 같이 정리했다. "우리 아이들이 … 비인디언 가정에서 자라면서 인디언의 생활방식에 익숙해지지 못한다면, 인디언의 생존 가능성은 크게 줄어들 것이다."[118] 그밖에도 수많은 냉전 정책이 "인디언의 생존"을 위협했다.

다른 법과 정책이 제정되려면 새로운 발상이 필요했다. '시카고 회의' 이후 케네디 행정부 시대에 변화의 파도가 일기 시작했고, "생존survival"이라는 새 언어가 등장했다. 이 새 언어는 청년 운동, 예술가 공동체, 활동가 들의 영역 등 다양한 곳에서 성장했다. 1969년, 《커스터는 너희의 죄악으로 사망했다》가 출간될 무렵 주권과 관련한 새로운 언어와 미학이 등장했다. 세 가지 주요 발전이 레드파워라고 알려지는 운동의 부상을 예고했다.

첫째, '시카고 회의' 이후 학생들은 끊임없이 조직을 결성했다. 1961년 8월, 클라이드 워리어나 멜 톰Mel Thom(워커리버 파이유트Walker River Paiute인) 같은 학생 지도자들이 갤럽Gallup에서 만나 전국인디언청년위원회National Indian Youth Council, NIYC(이하 '인디언청년위원회')를 설립해 "더 큰 미래를 가져오기 위한 활동과 프로젝트에 전념하고 … 우리 조상들의 가치와 신념에서 출발할 것"을 다짐했다.[119] 멜 톰은 다음과 같이 말했다. "우리는 우리가 불리한 상황에 처했다는 것을 안다. 그러나 미래 인디언 세대의 삶을 위해 싸우고 있다는 사실도 안다."[120]

아프리카계 미국인의 자유를 위한 투쟁에서 영감을 얻은 인디언청년위원회는 일련의 시위와 직접행동을 조직했다. 이 단체는 인디언총회와는 이념적으로 거리를 두고 상황의 시급성을 강조했다. 델로리아 주니어가 언급한 바에 따르면, "인디언청년위원회는 장기 프로그램보다는 … 주목을 끄는 일을 선호한다."[121] 1964년에 인디언총회의 사무총장으로 선임된 델로리아 주니어는 이런 차이를 잘 알았다.[122]

시카고에서 그랬던 것처럼, 인디언청년위원회 회원들은 적응의 정치를 거부했다. 그들은 점진적 변화가 아닌 근본적 변화를 주창했다. 워리어는 다음과 같이 선언했다.

> 인디언은 자유롭지 않다. 우리는 선택하지 못한다. … 선택과 결정은 연방 행정부, 관료, 그리고 그들의 "아첨꾼", 완곡하게 표현하면 부족정부라고 불리는 이들이 내린다. … 우리는 문자 그대로 자유로워야 한다. 우리가 직접 만들거나 선택한 프로그램이 아니라 우리 자신의 이익을 위해 만들었다는 프로그램을 수용하도록 강요받거나 매수되어서는 안 된다.[123]

워리어가 언급한 대로, 이데올로기적 변화가 진행되고 있었다. 인디언 학생·예술가·지식인은 선주민이 연방정부의 제약에서 벗어나 자율성을 확보해야 한다고 주장했으며, 미국에서 "더 큰 미래"를 가져야 한다고 주장했다. 이들의 비전은 미국 백인 사회로의 동화와는 거리가 있었다. 이들은 인디언의 "가치와 신념"만이 아니라 주권도 중시했다. 인디언청년위원회 지도자 행크 애덤스Hank Adams(어시니보인수Assiniboine-Sioux인)는 입대 전에 이렇게 말했다. "나는 내 부족과 내 인민의 주권에 가장 먼저 충성을 맹세한다."[124] 인디언청년위원회는 시위, 토론회 등 다양한 형태의 대중 홍보를 통해 인디언 문제를 미국인들이 의식하도록 했다. 이들은 문화적 자부심과 주권에 뿌리를 둔 인디언 정치의 문법을 생성했다.

이런 변화하는 지적 환경을 가장 잘 구현한 곳은 미국 인디언 예술전문학교Institute of American Indian Arts, IAIA(이하 '인디언예술학교')로, 1962년에 연방의 지원을 받아 샌타페이에 설립된 학교다. 이 학교는 인디언예술·공예위원회Indian Arts and Crafts Board의 설립 등 인디언 사무국이 뉴딜 시기에 후원했던 다양한 정책의 결과물이기도 하다. 첫 학기에 69개 부족에서 온 130명의 학생이 이 학교에 입학했다.[125] 로이드 키바 뉴Lloyd Kiva New(체로키인)가 예술부장을 맡았고, 앨런 하우저Allan Houser(치리카와 아파치인), 프리츠 숄더Fritz Scholder(루이세뇨) 등의 강사가 스튜디오 교사로 참여했다.

샌타페이 인디언학교 교정에 설립된 이 학교로 북아메리카 전역에서 학생들이 모여들었다. 2012년까지 총 4000여 명의 학생이 이 학교를 다녔는데, 그중에는 나바호, 푸에블로, 이로쿼이 학생 수백 명도 포함되었다.[126] 이 학교는 현재 시 외곽에서 별도의 캠퍼스를 운영하고 있으며, 현대선주민예술박물관Museum of Contemporary Native

Arts은 시내에서 운영되고 있다.

학교 초창기에 많은 사람이 모더니즘 양식과 전통문화 미학을 결합한 인디언 예술의 새로운 방향을 발전시키기를 희망했다.[127] 박물관 관장 리처드 힐Richard Hill(투스카로라인)의 회고에 따르면, "학생들은 아메리카 전역의 부족 예술 양식과 현대 유럽-미국 미술사를 공부했다. 그 결과 문화를 넘나드는 실험과 교류를 낳았고, 이를 통해 새로운 표현의 길을 열었다."[128]

이러한 경험은 많은 이들을 변화시켰다. 래리 데잘레Larry Desjarlais(터틀 마운틴 치페와Turtle Mountain Chippewa인)는 이렇게 회고했다. "인디언 예술학교에서 공부한 2년 동안 예술 교육 이상의 것을 얻었다. 학교를 통해 나 자신을 찾는 데 도움을 받았다."[129] 인디언예술학교 교장 델라 워리어Della Warrior(오투미주리아Otoe-Missouria인)는 동문들과의 대화를 통해 "인터뷰에 응한 사람들 거의 모두가 이 학교를 통해 삶을 변화시키는 힘을 얻었다고 말했다"라는 것을 알게 되었다.[130] 자기 발견, 문화적 자부심, 무엇보다도 창의적 표현이 이 학교의 특징이었다. 이 학교에는 판화, 섬유 예술, 연극 공연을 위한 새로운 시설이 갖추어져 있어 예술 작품이 폭발적으로 생산되었다. 학생들은 다양한 매체를 넘나들며 다양한 양식을 이용해 흔히 "새 인디언 미술 운동"이라고 불리는 새로운 예술 양식을 열어젖혔다.[131]

캐넌T. C. Cannon(캐도Caddo/카이오와인)은 이 학교 출신 중에 초기에 성공한 인물이다. 1946년, 오클라호마 레이니마운틴Rainy Mountain 인근에서 태어난 그는 1964년에 이 학교에 입학했다. 같은 해에 숄더가 이 학교에서 강의를 시작했다. 뛰어난 화가인 두 사람은 추상적인 형상을 대담하고 종종 혼란스러운 색채로 표현했다. 캐넌의 〈인디언 남자Indian Man〉(1967)는 나중에 숄더가 많이 그린, 탈색되어 유령 같아 보이는 피사체 초상화의 전조가 되었다. 그후 5년 사이에 두 사람은 아이비리그 명문 대학에서 자리를 잡았고, 워싱턴에서 함께 전시회를 열기도 했다.[132]

이들의 작품에서는 불확실성, 저항, 불안이라는 주제가 계속 울려 퍼진다. 숄더는 이렇게 설명한다. "나는 고문을 표현하려고 애썼다. 내가 보기에, 인디언이라면 누구나 겪어야만 했던 과정이었다. … 나는 진짜 인디언을 그려왔다. 인디언을 붉게 그린 것이 아니다."[133] 숄더의 〈맥주 캔을 든 인디언Indian with Beer Can〉(1969)은 익숙한 표현을 파괴하고 당대의 전투성에 어울리는 시각적 반주를 제공했다. "오직 더 어둡고 더 무섭게."[134] 활기와 미래성의 미학을 발전시킨 인디언 예술학교의 예술가들이 개발한 비전은 한 시대를 정의하고 미래를 다시 상상했다.

마지막으로, 인디언 활동가들은 1964년에 시위를 시작해 그뒤로 10년간 개혁을 이끌어냈다. 애덤스, 빌리 프랭크스 주니어Billy Franks Jr.(니스퀄리Nisqually인)를 비롯한 활동가들은 퓨젯 해협 주변에서 열린 일련의 "낚시 시위fish-ins"를 통해 인디언의 어업 활동을 범죄화한 주정부 관리들에게 맞섰다. 이들은 1854년의 니스퀄리 조약에 따라 선주민이 "통상적이고 익숙한 장소와 어장"에서 낚시할 권리를 "보장"받았으므로 그런 범죄화는 불법이라고 선언했다.[135] 게다가 주정부는 인디언 문제에 대한 관할권이 거의 없었다. 주정부가 진술한 바에 따르면, 선주민이 면허 없이 낚시하는 것은 범죄가 아니었다. 그런데도 관리들은 인디언 어부들을 감옥에 가두었고 인디언 어업이 연어 산업을 위협한다고 주장했다. 프랭크스는 50회가 넘게 체포되었고, 애덤스는 보초를 서다가 복부에 총을 맞기도 했다. 수많은 가족이 구속을 피하기 위해 밤에 낚시를 했다.[136]

워싱턴의 올림피아Olympia에서 벌인 시위로 관심이 일기 시작했고, 인디언청년위원회 지도자들이 시위에 합류하면서 전국적 차원에서 관심이 높아졌다. 1964년 3월에는 2000명이 워싱턴주 의사당으로 행진해 주정부의 탄압 중단을 요구했다. 멀론 브랜도Marlon Brando 같은 유명 인사들도 곧 동참했다. 그들은 프랭크스 가족의 "정거장"인 프랭크스 랜딩Franks' Landing을 방문해 그들의 대의를 알렸다. 프랭크스의 회고에 따르면, "이것은 전쟁이었다." 이 전쟁은 상륙 작전에서, 올림피아에서, 그리고 결국 법정에서 맹위를 떨쳤다.[137]

조약법 수호를 요구하는 목소리도 미국 전역으로 울려 퍼졌다. 많은 사람이 인디언 활동가 운동이 민권 운동에서 파생했다고 보았지만, 사실 인디언 활동가에게 영감을 준 법은 선주민 지역사회의 고유한 법들이었다. 조약들이 이런 권리를 보장했다. 1963년에 연방정부가 앨커트래즈섬의 교도소를 폐쇄했을 때 1868년의 '라코타 조약'이 선주민의 섬 점령을 정당화하는 근거가 되었다. 북아메리카 북서부에서와 마찬가지로 인디언의 행동주의를 이끌어낸 것은 조약법이다.

벨바 코티어Belva Cottier(라코타인)는 그녀가 속한 지역사회의 많은 이들과 마찬가지로, 사우스다코타에서 샌프란시스코로 이주했다. 그녀는 도시에서도 자신의 네이션과 정부 사이에 지켜지지 않은 보장이 있다는 것을 알게 되었다.[138] '라코타 조약' 제6조에는 거류구역 밖의 연방 토지에서 사는 라코타인들은 "그곳을 개선하는 조건"하에 "미국으로부터 특허 또는 소유권을 받을 자격이 있다"라는 조항이 포함되어 있었다.[139]

1964년, 코티어를 비롯한 라코타 구성원들이 앨커트래즈를 단기간 점령했을 때, 그들은 조약에 명시된 권리를 활용했다. 이들의 점령은 다른 학생과 활동가에게 영감을 주었다. 리처드 오크스Richard Oakes(모호크인)를 비롯한 활동가들은 1960년대 후반에 이 지역으로 이주했다. 코티어가 오크스에게 말했듯이, 조약법에 따라 인디언이 미사용된 연방정부의 토지를 취하는 것은 정당화될 수 있었다. 1964년 가을 내내, 오크스는 샌프란시스코 만안 지역의 여러 캠퍼스에서 학생들과 함께 또다른 점거를 조직하기 위해 노력했다. 11월 20일, 그들은 다시 앨커트래즈를 점령해 희망과 전투의 시대를 열었다.

## 자결로 가는 길(1969~1978)

앨커트래즈 점령은 1960년대의 격동기를 정리하는 적절한 마무리였다. 인디언이 대중 매체에 거의 등장하지 않던 시대에 젊고 도전적인 선주민들이 뉴스에 등장했다. 전 세계 언론이 합창하듯 반응했다. 샌프란시스코 시장 조지프 알리오토Joseph Alioto는 외국에서 귀국해 이렇게 말했다. "유럽에서 이 사건에 얼마나 관심이 많은지 당신은 상상도 못 할 것이다. 가는 곳마다 앨커트래즈와 인디언에 대한 질문을 받았다."[140] 20세기 들어 처음으로 미국 선주민이 언론의 머리기사를 장식했다.

놀라움과 충격, 연민이 뒤따랐다. 알리오토는 이어서 다음과 같이 말했다. "선주민은 앨커트래즈를 자신들의 진지한 주장, 내가 보기에는 정당한 주장을 위한 협상 수단으로 이용하고 있다. 인디언과 연방정부는 서로 간의 차이를 … 그들이 직접 해결해야 할 것이다."[141] 80명의 미국 인디언이 미국 해안 경비대와 연방 관리들과 싸우며 빈 땅을 점거하고 "인디언 도시"를 건설하겠다고 했다.[142] 18개월 동안 그들은 옛 교도소를 새로운 커뮤니티로 만들기 위해 학교, 박물관, 종교 센터, 라디오 방송국, 인디언이 운영하는 시설 등을 세웠다. 북아메리카 전역에서 온 인디언이 서로를 지원했다. 그들은 또한 자체적으로 새로운 행동을 시작했고, 미국인디언운동과 같은 조직들에 가입했다. 미국인디언운동은 나중에 시애틀의 포트로턴Fort Lawton(1970), 워싱턴의 인디언사무국 본부(1972), 사우스다코타의 운디드니(1973)에서 이어진 점거 시위를 주도했다.

앨커트래즈 점거 시위는 선주민의 민족의식을 고취했다. 또한 자결권을 향한 국가 정책의 재편으로 이어졌다. 한 세대에 걸친 집단적 운동의 결과, 국가적 목표가 다음과 같이 명료하게 정리되었다.

1970년 7월 8일, 대통령 닉슨은 연방의회 연설에서 "강제 종결 정책은 잘못"이며, "인디언 인민의 자율성을 강화하는[강화할 필요가 있는] 방향의 새로운 국가 정책 … 목표가 필요하다"라고 선언했다. 미국 대통령이 기존 인디언 정책을 공개적으로 비난하고 부족들이 "연방의 통제"에서 벗어나는 것을 지지한 것은 전례 없는 일이었다.[143]

명철하고 미디어에 정통한 지도자들이 점거 운동을 주도했지만, 자결권 정책이 중점을 두었던 것은 도시 환경보다는 거류구역 지역사회였다. 활동가들의 점거에 대응하기 위해 제정된 법률은 거의 없었다. 인디언 지역사회에 대한 연방정부의 약속이 확대되고 조약상의 권리 보호를 증강하기 위해 투쟁하면서 두 가지 변화의 흐름이 형성되었다.

엄격하게 시행되었던 종결 정책을 완전히 뒤집은 대통령 린든 존슨Lyndon Johnson은 "빈곤과의 전쟁" 정책을 통해 인디언 문제에 자원을 쏟아부었다. 나바호 네이션과 같은 인디언 지역사회는 경제기회국으로부터 보조금을 받아 자체 기구들을 운영하기 시작했다. 네드 하타틀리Ned Hatathli와 같은 나바호 지도자는 러프록 시범학교Rough Rock Demonstration School와 나바호 공동체대학교Navajo Community College 등 부족이 운영하는 학교를 설립하기 위해 노력했다. 각 학교는 문화적으로 풍성한 교과 과정을 도입했고, 인디언 교육자를 우선적으로 고용했다. 러프록은 부족들이 자체적으로 연방 계약을 관리할 수 있는 최초의 "성공적인 계약 학교"가 되었다. 이런 경험은 다른 지역사회에도 영감을 주어, 그들도 같은 길을 갈 수 있게 되었다.[144] 미국 인디언 법률센터American Indian Law Center의 필립 델로리아Philip S. Deloria(스탠딩록인)는 "인디언 부족들이 연방 기관들로부터 합법적인 정부로 널리 인정받게 된 것은 '위대한 사회Great Society'(1960년대 중반 린든 존슨 대통령 시대에 빈곤 등 다양한 불평등을 해결하기 위해 실시한 일련의 국내 정책) 프로그램을 통해서였다"라고 강조했다.[145]

인디언 지역사회에 대한 자금 지원은 인디언사무국뿐만 아니라 여러 부처를 통해 이루어졌다. 주택도시개발부, 교육부 등 여러 정부 기관이 인디언 지역사회에 기회를 열었다. 이런 행정적 확장을 통해 인디언 문제 해결법에서 혁명이 일어났다. 그 결과 교육, 주택, 건강, 토지 관리를 위한 새로운 길이 열렸다. 인디언사무국의 인디언 부족에 대한 속박도 느슨해졌다. 국립공원들도 부족들과 협업을 시작해 부족 구성원에게 새로운 고용 기회가 생겼다.[146]

이처럼 새로운 시대가 열리고 있었지만, 그 미래는 여전히 불투명했다. 부족 지도자들은 높아진 인식과 더 많은 자금 지원에 힘입어 더 정확한 법안을 새로 제정하라고 요구하며 압박했다. 법원에도 법적 구제를 요청했다. 얼마 지나지 않아 그들은 두 가지 다 얻었다. 일련의 "복원" 법안을 비롯해 획기적인 법안이 잇따라 통과되고 호의적인 법원 판결들이 뒤따르면서 자결권의 법적 토대가 굳건해졌다. 그중에서도 두 순간이 두드러졌다.

종결 시대 내내 법원 판결은 대체로 부족에게 불리했고 다수결의 원칙을 견지했다. 대법원은 '티힛톤 대 미국Tee-Hit-Ton v. United States' 사건(1955) 등을 통해 선주민 주권을 약화했다. 알래스카의 틀링깃인들은 이 송사를 통해 미국 산림청이 그들의 거주 지역을 파괴한 것에 대해 보상을 받으려 했으나 거절당했다. 스탠리 리드Stanley Reed 판사의 판결에 따르면, 인디언은 "그들이 이전에 주권을 행사했던 영토의 일부만 점유할 수 있다. … 이는 재산권이 아니라 점유권에 해당하며 … 종료될 수 있다."[147] 리드의 추론에 따르면, 1909년 행정 명령에 의해 통가스 국유림Tongass National Forest이 설립될 때 틀링깃의 소유권이 종료되었다. 따라서 미국이 보상이나 배상을 할 의무가 없었다.

그러나 공식적으로 포기되거나 소멸되지 않은 조약상의 권리는 어떠할까? '미국 대 워싱턴U.S. vs. Washington' 사건(1974)에서 북서부 어업권 관련 판결이 이에 어느 정도 답변을 제시했다. 이 판결은 지방법원 판사 조지 볼트George Boldt가 주재했는데, 볼트의 판결은 그 정신과 형식에서 리드의 판결과 달랐다. 볼트 판사는 조약법을 긍정하면서 부족은 "통상적이고 익숙한" 장소에서 어업 활동을 할 권리가 있으며, 비선주민 주민과 "공동으로" 어업을 할 수도 있다고 판결했다.

이런 권리들이 온전히 명시된 적은 없지만, 10년간의 시위를 통해 좀더 가시화되었다. 앨커트래즈 점거 사건 때와 마찬가지로 재판으로 언론의 폭풍이 몰아쳤다. 프랭크스 주니어는 법정 뒤편에 서 있었고, 애덤스는 니스퀼리인을 대표해 법정에 출석했다. 두 사람 모두 관할권과 형평성 문제가 검토 중임을 알았다. 하지만 볼트 판사의 판결이 이렇게 광범위할 줄은 누구도 예상하지 못했다.

볼트는 4600페이지에 달하는 재판 기록에 근거해 거의 모든 점에서 부족의 손을 들어주는, 203페이지 분량의 판결문을 발표했다. 그의 판결에 따르면, 부족에게는 주정부가 침해할 수 없는 권리가 있었다. 따라서 주정부가 선주민의 어업 행위를 기소한 것은 위헌이었다. 또한 인디언 부족들이 이 지역의 연어 포획량을 동등하게 할당받을 권리가 있다고 판결했다. 즉 부족정부는 같은 주의 비인디언과 "공동으로" "50 대 50"으로 나눌 수 있다고 했다.[148]

이 낭랑한 한 줄기 신호음은 전국으로 퍼져나갔다. 부족은 조약상의 권리뿐만 아니라 거류구역 밖에서의 권한도 인정받게 된다. 볼트의 판결을 통해, "조약 지역들"에 대한 주정부의 관할권이 제한적이라는 점이 재확인되었고, 현대 미국에서도 부족정부들이 조약상의 권리를 행사할 역량이 새로이 강화되었음이 강조되었다.

이 판결은 연방항소법원에서 유지되었고, 1979년 대법원에서 상고가 기각되면서 원심이 확정되었다. 애덤스와 프랭크스 주니어는 여러 부족이 함께했던 북서부 인디언 어업위원회Northwest Indian Fisheries Commission, NIFC'에서 곧 지도자 역할을 맡았다. 이 위원회는 부족의 어업 관리에 참여한 20개 부족 사이에서 할당 제도를 규제하기 시작했다.[149] 그러나 이 위원회가 맡은 복잡한 업무의 성격 탓에 저항에 부딪혔다. 분노한 지역 지도자, 주정부 공무원, 수익성을 잃은 백인 어부들이 인디언과 볼트를 비난했다. 대법원이 주정부의 상고를 기각하면서 지적했듯이, 주 지도자들은 "법령에 저항하기 위해 특별한 계략"을 개발했다. 대법원의 계속된 설명에 따르면, "일부 분리·철폐 사건을 제외하면” 이런 조치들은 “금세기에 목격된, 연방법원의 판결을 무산시키려는 … 가장 조직적인 노력”이었다.[150]

현대 인디언의 자치는 부족 구성원의 협력에 의해 결정되고, 이상적으로는 연방정부와의 협력을 통해 결정된다. 1970년대에 부족들은 천연자원, 회원 기준, 연방 기관 내 특혜 채용에 대한 통제권을 강화했다. 법원의 판결을 통해 이런 권한 강화가 지지를 얻기는 했지만, 연방기관들의 자금 지원은 여전히 문제였다. 존슨 행정부는 자금을 제공했지만, 닉슨의 두 번째 임기 때 인플레이션이 증가하면서 자금 조달이 점점 더 어려워졌다. 1975년 ‘인디언 자결과 교육 지원법Indian Self-Determination and Education Assistance Act, ISDEAA’이 통과되면서 이 문제가 해결되고 새로운 시대로의 변화가 구체화되었다. 이 법을 통해 궁극적으로는 “기적적인” 규모의 권한이 연방정부에서 부족 지역사회로 이양되었다.[151]

법률을 통과시키고 예산을 배정하는 것은 연방의회의 두 가지 핵심적 책임이다. ‘인디언 자결과 교육 지원법’을 통해 의회는 연방 기관에서 부족들로 가는 재정 지원을 보다 안정적으로 만들었고, 경제 기회청과 시작한 “계약” 시스템을 확대했다. 이제 부족들은 연방 기관에 대한 부족들의 요청을 뒷받침할 수 있는 입법 권한을 얻게 되었다. 부족 대표들은 재정 지원을 받기 위해 연방의회를 상대로 로비 활동을 했고, 확보한 자금을 직접 관리했다.

올림픽반도의 퀴놀트Quinault 거류구역은 자결권이 가져온 극적 반전을 보여준 수십 개 지역사회 중 하나다. 이 부족의 오래된 숲은 종결 정책으로 상당 부분이 사라진 상태였다. 벌목과 도로 건설로 퀴놀트강이 침식되었고, 물고기 산란지가 훼손되었다. 1960년대 내내 부족 지도자들은 더 이상의 파괴를 막기 위해 고투했다. 1971년에는 거류구역의 주요 다리를 봉쇄해 목재 회사의 접근을 차단했다.[152]

다른 활동가들의 점거 운동에 비하면 덜 유명하지만, 퀴놀트인들의 바리케이드는 지역사회에 큰 충격을 안겼다. 인디언사무국과 목재 회사들에 깊이 의존하지 않던 부족 지도자들은 삼림 벌채와 생태 파괴에 대해 스스로의 힘으로 연구해나갔다. 그들은 연방정부 공무원들에게 토지 관리의 권한을 확대하도록 압박했고, '인디언 자결과 교육 지원법'이 통과되자 토지, 자원, 의사 결정 과정에 대한 권한을 부족에게 부여하는 계약을 확보했다. 대표 조 델라크루스Joe DeLaCruz는 다음과 같이 말했다. "우리가 말하려는 것은 딱 한 가지라고 생각한다. 우리에게 남은 것은 우리 자신이라는 것이다. … 우리만 있게 놔두어라. … 이곳을 재건할 수 있도록."[153]

25년 동안 퀴놀트 부족의 대표를 역임한 델라크루스는 인디언총회의 지도자로도 활동했는데, 활동가 시절에 많은 선언문을 접했다. 그는 외부인이 숲과 연어의 서식지를 파괴하는 모습을 목격했고, 부족의 힘이 커지면 이런 침입을 막을 수 있다는 것을 알았다. 여러 부족 지도자와 마찬가지로, 그는 지역의 상황을 개선하기 위해 노력하면서 활동가들이 전국적 차원에서 벌인 전개 과정을 따라갔다. "놔두어라"라는 그의 정언은 《커스터는 너희의 죄악으로 사망했다》의 내용 중 하나와 공감을 불러일으켰다. 이 책에서 저자 델로리아는

"인디언 여러분은 무엇을 원하십니까?"라는 당대의 공통된 질문에
대해 다음과 같은 답변으로 1장을 마무리한다.

> 오늘날 인디언의 주된 목표와 필요는 누군가가 우리를 불쌍히 여기는
> 것이 아니다. … 우리를 절반의 백인으로 분류해 우리를 더 표백하기
> 위한 프로그램과 정책을 만들 필요도 없다. 우리가 어느 정도까지 해낼
> 지를 알아보기 위한 추가 연구도 필요하지 않다. 우리는 연방의회의 새
> 정책이 필요하다. 제멋대로의 괴롭힘에서 벗어나 평화롭게 살 수 있는,
> 우리의 권리를 인정해주는 정책이 필요하다. … 우리에게 필요한 것은
> 정신적으로나 현실적으로나 우리를 놔두라는 문화적 합의다.[154]

## 확장과 반발: 20세기 후반의 자결권

워싱턴주에서 메인주에 이르기까지, 선주민 부족들은 새로운 자원
을 확보하고 스스로 통치했다. 이런 관행이 완전한 독립을 의미하
지는 않았으나 선주민에게 주권이 있음을 보여주었다. 실제로 애덤
스, 워리어, 디어가 적절하게 이용했던 주권의 언어가 사회 전반에
서 반향을 일으켜 대법원에까지 영향을 미쳤다. 1973년, 서굿 마셜
Thurgood Marshall 판사는 다음과 같이 설명했다. "여러 인디언 부족은
한때 독립적인 주권 국가였으며, 그들의 주권 주장은 우리 정부의
주권 주장보다 더 오래되었다는 사실을 항상 기억해야 한다."[155]

공동으로 의사 결정을 내리고, 자금을 확보하기 위해 싸우고, 부족이 운영하는 정부를 통해 토지를 관리하는 것이 새로운 자결 정치의 특징이 되었다. 선주민 자치에 대한 발상은 국경을 넘어, 특히 선주민 지역사회들이 비슷한 난제에 직면한 미국과 캐나다 사이로 퍼져나갔다. 조지 마누엘George Manuel의 《제4 세계The Fourth World》(1974)에 따르면, 인디언은 이제 "직접 행정을 수행하고 자신들의 정책과 프로그램을 개발해야 한다"라는 공통의 대의를 공유했다. 그는 "캐나다와 미국 전역의 인디언 집단들"이 취한 입장의 "유사성에 놀랐다"라고 하면서, 캐나다와 미국의 선주민 지도자들이 갈수록 더 자주 소통하면서 저마다 직면한 난제들을 풀어갔다고 말했다.[156]

그러나 부족들이 더 많은 권한을 확보함에 따라 새로운 형태의 저항에 직면하기도 했다. 미국에서는 주정부들이 관할권을 쉽게 포기하지 않았다. 1970년대에는 워싱턴주의 슬레이드 고턴Slade Gorton을 비롯한 여러 법무 장관이 부족의 권한을 제한하기 위해 싸웠다. 고턴은 연방의회의 상원의원이었던 1990년대까지 부족의 주권을 축소하기 위한 노력을 멈추지 않았다.[157]

고턴 측은 볼트 판결에 대한 항소심에서 패소했지만, 다른 분야에서 부족의 관할권을 제한하는 데는 성공했다. 1973년, 주정부 관리들은 부족이 비인디언을 체포할 권한을 갖는 데 이의를 제기했다. 강제 이주 시대에 그랬듯이 형법은 부족 관할권의 한계를 명확히 하는 결정적 무대가 되었다.

부족이 인디언을 상대로 범죄를 저지른 비인디언을 기소할 권한이 있는가? 볼트의 판결과 마찬가지로 법원이 그 결과를 결정했다. 1978년, '올리펀트 대 수콰미시 인디언 부족Oliphant v. Suquamish Indian Tribe' 사건에서, 대법원은 부족에게 그런 권한이 없다고 판결했다. 법원은 당시 윌리엄 렌퀴스트William Rehnquist 부법관이 작성한 의견서에서 인디언 부족들이 "미국의 최우선 주권을 일단 수용하면, 연방의회가 허용하는 방식을 제외하고는 비인디언 미국 시민을 재판할 권한을 반드시 포기해야 한다"라고 판시했다.[158] 올리펀트 사건을 기점으로 부족 주권의 본질이 유지되는지에 의문을 제기하는 일련의 법원 판결이 시작되었다. 1981년, 렌퀴스트는 이렇게 말했다. "이 법원은 인디언이 주권자라는 입장에서 계속해서 후퇴했다."[159]

렌퀴스트와 마셜의 대조적인 의견에서 알 수 있듯이 연방정부의 인디언 정책이 종결 정책에서 자결 정책으로 전환하는 과정에 상반된 법적 교리가 공존했다. 실제로 현대 인디언 네이션들의 지위를 두고 상충하는 생각들이 불확실성의 안개를 만들어냈고, 부족 지역 사회들은 위협적인 새로운 판결 및 입법과 맞서며 계속 경계하고 있다. 예를 들어 올리펀트가 확립한 형사 관할권의 철폐로 부족 지도자들은 비인디언, 특히 여성과 어린이를 위협하는 비인디언을 기소할 법적 권한을 강화하도록 연방의회를 압박해야 했다. 부족을 지지하는 움직임 덕분에 '여성폭력방지법Violence against Women Act'(2013)이 제정되면서 부족 법원들이 비인디언 가해자 및 학대자의 기소를 요청할 수 있는 새로운 조항이 신설되었다.[160] 하지만 수천 명의 비인디언이 거류구역에서 거주하는 상황에서, "비인디언"에 대한 부족 관할권의 법적 윤곽을 명확히 하는 것은 여전히 해결하기 어려운 문제로 남아 있다.

부족의 권위에 대한 반발은 오랫동안 미국 인디언의 정치와 부족의 주권 행사 과정에서 맞닥뜨리게 되는 특징이었다. 20세기 인디언 정책의 폭넓고 변화무쌍한 흐름은 부족 사회들과 연방정부 간의 파동이 어떻게 불확실성과 혼란, 경쟁을 야기했는지를 잘 보여준다.

부족 거버넌스의 여러 분야 중에서도 경제 개발은 여전히 어려운 과제다. 부족들은 저고용 문제를 해결하기 위해 열심히 노력해왔다. 1970년대에는 많은 부족이 새로운 연방 정책을 활용하기 위해 발빠르게 움직였다. 교육, 주택, 기반 시설에 대한 연방정부의 보조금을 통해 부족 지도자들은 새로운 기회를 얻었다. 1980년대 들어 부족들은 새로운 학교와 도로를 건설하고, 부족 구성원을 직원으로 고용하고, 여러 세대에 걸쳐 방치된 문제를 바로잡기 위한 언어 및 문화 프로그램을 구축하기 위해 자금을 확보했다. 주권은 이런 노력에서 비롯되었고, 이런 노력의 결실이기도 했다.

1980년대에는 자결의 새로운 단계가 시작되었다. 이 시기에 한 세대 정도 지속되었던 연방정부의 자금 지원이 끊어졌다. 로널드 레이건 대통령 시대에 예산이 삭감되어 자금 지원이 줄었고, 부족들은 더욱더 불안정한 상황에 처했다. 인디언사무국의 연간 예산은 3년 만에 50퍼센트 가까이 삭감되었다.[161] 1970년대에는 선주민의 1인당 소득이 증가했는데, 1980년대 내내 감소했다.[162] 미완성된 기반 시설 프로젝트가 유휴 상태로 방치되는 동안 개발 대출 만기가 도래했다.

부족민의 고용이 줄어들었고, 전반적인 경제 불황이 수많은 지역사회의 생존을 다시 위협했다. 많은 지도자가 공직에서 쫓겨났는가 하면, 창의적 수단을 통해, 때로는 불법적 수단을 통해 자신의 자리를 지키려고 싸우기도 했다.

그러나 자결의 경험을 통해 얻은 성과는 쉽게 사라지지 않았다. 선견지명이 있는 지도자들이 자본을 유치하기 위해 부족의 관할권을 극대화하는 새로운 전략들을 고안했다. 예를 들어 주정부의 과세를 면제받은 부족 구성원들은 여름에는 불꽃놀이 도구를 판매하고 사시사철 담배나 휘발유를 판매했다. 이들은 감시를 피해 임시 장소나 협소한 공간에서 판매하는 경우가 많았다. 관할권 문제가 제기된 상황이어서 많은 사람이 주정부가 기소할까봐 우려했다.

거류구역 내 '암시장' 거래 탓에 무법천지라는 인상이 확산되었고, 이는 인디언에 대한 기존의 고정관념을 더 강화했다. 그러나 이런 활동이 때로는 규제가 허술한 산업들과 조직 범죄를 끌어들이기도 했다.[163] 플로리다 남부와 캘리포니아에서는 부족들이 취한 조치가 그 두 가지 모두를 끌어들였다. 세미놀 네이션과 미션 인디언의 카바손 집단Cabazon Band은 각각 빙고와 포커카드 오락실을 운영하기 위해 저마다 주권을 활용했다.

부족들의 경제활동은 주법의 규제를 받지 않았다. 거류구역에서 사냥이나 낚시를 하려면 주정부가 아닌 부족의 허가를 받아야 했다. 세미놀 네이션과 카바손 집단이 각각 오락 산업을 시작하면서, 계절별 "철새"(겨울에만 머무는 이들을 지칭하는 말)를 유치하는 활동을 벌이자, 주와 카운티의 관리들이 이 오락 시설을 폐쇄하고 수익금을 몰수했다.[164] 세미놀인들은 브로워드 카운티Broward County에서 교회를 비롯한 비영리 단체들이 수익을 창출하기 위해 이와 비슷한 활동을 하는 것을 보았다. 두 지역 모두에서 여러 주권자, 즉 부족들, 캘리포니아주와 플로리다주, 브로워드 카운티와 리버사이드 카운티 등이 갈등을 빚었다.

역설적이게도 이런 작은 규모의 게임 사업을 시도한 것이 현대 미국 인디언 역사상 가장 큰 경제 발전을 가져왔다. 주정부에서는 부족이 벌이는 게임 사업을 범죄로 규정했지만, 부족 지도자들은 부족의 주권을 내세우며 주정부의 개입을 막으려 안간힘을 썼다. 카바손인들은 캘리포니아가 주에서 시행하는 복권사업과 카드놀이방을 통해 게임을 장려하고 있으며, 주정부의 관할권은 거류구역 토지에까지 확장되지 않는다고 주장했다. 또한 각 부족은 게임 사업 권한을 강화하기 위해 다른 부족들과 협력하기 시작했다. 결국 대법원은 '카바손 대 캘리포니아' 판결(1987)에서 부족의 주장에 동의했고, 1988년 연방의회는 또다른 획기적 법안인 '미국 인디언 게임과 규제법American Indian Gaming and Regulatory Act, AIGRA'을 통과시켰다.[165] 이 법을 통해 주와 부족이 게임 사업을 규제하고 수익을 공유하기 위해, 합의된 협약을 체결할 수 있는 국가 차원의 틀이 마련되었다. 한때는 여기저기 흩어져 있던 부족들 사이에서 행해진 백만 달러 규모의 게임 사업은 이제 100여 개 부족이 연루된 수십억 달러 규모의 사업으로 성장했다.

1992년, 콜럼버스와의 조우 500주년을 맞이했을 때만 해도 부족 공동체들이 이렇게 크고 수익성 있는 경제를 발전시킬 것이라고 내다본 사람은 거의 없었다. 예를 들어 위스콘신의 오네이다 네이션은 그린베이 카운티에서 그린백패커스Green Back Packers보다 노동자를 더 많이 고용했다. 플로리다의 세미놀 네이션은 하드록 호텔 앤드 카지노Hard Rock Hotel and Casino 프랜차이즈를 비롯한 국제적인 기업들을 인수하고 있다. 북아메리카 북동부의 매션터킷 피쿼트 부족과 모히건 네이션은 부족들의 지역사회와 코네티컷주를 위한 수억 달러의 수익을 창출하고 있다.

부족들이 자신들의 제도적 역량을 차츰 확장해가자 더 효과적으로 통치할 수 있게 되었다. 그러나 연방정부에서 인정하는 약 600개의 부족 중 다수는 게임 산업을 도입하지 않았다. 그리고 게임 산업을 하는 부족 중 다수는 시설을 수익성 있게 운영하지 못했다. 게다가 부족 사이의 경쟁, 온라인 게임 산업, 주와 지역에서 새로 등장한 카지노들 탓에 선주민의 게임 시장이 약해졌고, 게임 산업을 시작한 부족이 초기에 누린 비교우위는 약화되었다.

그러나 총체적으로 볼 때 게임 산업을 통한 수익과 부족들 사이의 지지 활동은 강력한 결과를 가져오고 있다. 부족 차원에서는, 여러 부족이 새로운 학교, 언어 프로그램, 보건 센터 등을 추진하고 있다. 전국적으로는 로비 활동과 부족 사이의 연대가 새 법률과 입법 개혁을 통과시키는 데 도움이 되었다. 실제로 2013년 여성폭력방지법의 재승인에서 볼 수 있듯이, 입법 활동은 효과적인 정치 전략이 되었다. 이는 소송보다 비용이 적게 들었고, 덜 위험했다.

역설은 비일비재하다. 특히 격동의 시기를 겪었던 초기 활동가들에게 역설적 상황은 더 두드러져 보였다. 1973년, 에이다 디어가 '머노미니 복원법Menominee Restoration Act'을 통과시키는 데 성공했을 때 인디언구역은 여전히 긴장이 팽배했다. 교육, 건강, 사회적 격차가 모든 부족에게 영향을 미치고 있었다. 게다가 머노미니인 중에는 "부족 없이 자란 세대"도 있었다. 에이다 디어는 종결 정책이 실시된 결과, "이들 머노미니인의 부모와 조부모는 정부, 학교, 병원, 발전소, 그들의 전화 회사, 숲과 제재소에 대한 통제권을 상실했다"라고 회상했다.[166]

의회는 머노미니 부족에 대한 연방정부의 승인을 다시 인정하고, 이 부족을 다시 미국의 주권적 보호 아래 두었다. 1950년대에 선주민에게 큰 피해를 입혔던 이런 보호가 1975년에 이르러서는 새로운 협력 관계와 정책의 기반이 되었다. 실제로 이것이 새로운 미래를 위한 길을 열었다. 가령 에이다 디어는 머노미니 부족 내에서 첫 여성 의장으로 선출되었고, 결국 연방 행정부의 내무부에서 인디언 담당 차관보가 되었다. 1993년 8월, 디어는 쉰여덟 번째 생일에 워싱턴에서 취임 선서를 했다. 그녀는 4000만 에이커가 넘는 부족의 영토에서 100만여 명의 선주민에게 서비스를 제공하는 공직을 맡게 되었다. 그녀 휘하에는 12개의 지역 사무소, 83개의 기관 사무소, 수천 명의 직원이 있다.[167]

1년도 채 되지 않아, 디어 차관보는 지역사회의 기관들을 돌아

보고 백악관에서 부족 지도자들의 정상 회담을 개최하는 데 기여
했다. 대통령 빌 클린턴이 선출된 부족 지도자 300여 명을 맞이했
다. 대통령은 "백악관에 오신 것을 환영합니다. 집에 오신 것을 환
영합니다"라고 말문을 열었다. "오늘 이 위대한 역사적 만남은 우리
의 새로운 협력의 시작이 될 것입니다."[168] 체로키 대수장 윌마 맨킬
러Wilma Mankiller와 라쿠더레이Lac Courte Oreilles의 의장 가이아슈키
보스Gaiashkibos의 사회로, 샤이엔강 수 부족의 의장 그렉 볼랜드Greg
Bourland가 동료들에게 연설을 했다. 그는 "주권이 내 가슴속에서 불
타고 있습니다"라고 선언하고 "내 주위를 둘러보면 내 눈에는 주권
이 보입니다"라고 말했다.[169] 기립 박수를 받은 대통령 클린턴은 두
개의 새 행정명령에 서명했다.

◆

세기말에 이르러, 암울했던 종결 정책의 시대가 저물었다. 일련의
"새로운 협력 관계"가 시작되었다. 그러나 디어도 잘 알고 있듯이,
전체 부족 구성원의 거의 3분의 1이 빈곤선 이하에서 살고 있었다.
건강, 교육적 성취, 경제 개발의 난제가 부족 네이션들을 계속 괴롭
혔다. 언어 상실, 지속적인 생태계 파괴, 식민주의의 무수한 잔재 탓
에 미국 선주민의 난제는 가장 오래된 고난이 되었다.

　선주민 부족들은 냉전 시대의 가장 위협적인 정책들을 뒤집었다.
인디언구역 외부에서는 이런 역사적 운명의 반전을 이해하는 사람
이 거의 없다. 현대에 전개된 부족 주권 운동을 통해 어렵게 얻은 성

과를 이해하는 사람은 더 드물다. 21세기가 시작되면서 이런 부족 주권의 성과에 대해 또다시 공격이 이어지고 있다. 의회의 입법자, 법원 판사, 여타 집중된 권력을 가진 세력이 인디언의 토지, 인디언의 관할권, 인디언의 자원을 다시 겨냥하고 있다.

오클라호마
1 마이애미
2 오타와
3 피오리아
4 세네카-카유가
5 쇼니
6 모독
7 콰포
8 동부 쇼니
9 체로키
10 키투와 (체로키)
11 오세이지
12 카우
13 폰카
14 통커와
15 오토에-미주리
16 포니
17 아이오와
18 색앤폭스 네이션
19 머스코지 (크리크)
20 앨라배마-콰사르트
21 틀롭슬로코
22 키알리지
23 세미놀
24 치카소
25 촉토
26 앱선티-쇼니
27 키카푸
28 샤이엔과 아라파호
29 캐도
30 위치타 및 관련 부족들
31 델라웨어 네이션
32 포트실아파치
33 코만치
34 아파치
35 키오와
36 와이언도트
37 델라웨어 인디언 부족
38 포타와토미 시민 네이션
········· 부족 관할 구역
포트갬블 스클랄람
제임스타운 스클랄람
러미
사미시
눅색
어퍼스캐짓
스위노미시
스틸라과미시
사우크-수이아틀
로어 엘와
마카
퀼리유트
호흐
퀴놀트
스코코미시
스콱신 아일랜드
쇼얼워터
세할리스
카울리츠
그랜드론드
수콰미시 (포트매디슨)
실레츠
웜스프링스
쿠스, 로어엄프콰, & 사이유슬로
엄프콰(카우 크리크)
코퀼
클래머스
트레일립
스노퀄미
머클슛
퓨앨럽
니스퀄리
야카마
우마틸라
콜빌
칼리스펠
블랙피트
쿠티나이
코어 더레인
네즈퍼스
살리시-쿠티나이-(플랫헤드)
로키보이스
리틀셸
포트벨냅
포트펙
포트버톨드
터틀마운틴
스피릿레이크
레드레이크
리치레이크
화이트어스
스탠딩록
북부 샤이엔
크로
샤이엔리버
로어브룰
크로 크리크
로즈버드수
밀레
시세톤
와페턴
오야테
어퍼
로어수
플랜드루
샤
음데
양크턴
샌티
폰카
위네바고
오마하
삭과 폭스
키카푸
프레리 집단 포타와토미
포트맥더밋
덕밸리
서미트레이크
피라미드레이크
윈네무카
웰스
쇼쇼니 (윈드리버)
아라파호 (윈드리버)
포트홀
북서부 쇼쇼니
고슈트
고슈트 (스컬밸리)
유인타와 유레이
리노스파크스
러브록
배틀산
사우스 포크
엘코
일리
쿠사램
카노시
카슨
스튜어트
팰런
워커리버
여링턴
욤바
덕워터
와쇼 랜치스
드레스러빌
인디언 피크스
시더
쉬뷔츠
모아파리버
칼리밥
유트 마운틴 유트
남부 유트
히커리아 아파치
라스베이거스
하바수파이
나바호
샌타클래라
산일데폰소
타오스
피큐리스
오케 오윙게
포호아케
남베
테수케
코치티
지아
헤메스
왈라파이
산후안
호피
주니
아코마
라구나
샌디아
케와
산펠리페
산타아나
이슬레타
남부 야바파이
아파치
토토 아파치
화이트 마운틴 아파치
메스칼레로 아파치
남부 파이유트
아바파이 프레스콧
콜로라도리버
길라 집단
솔트리버
산카를로스
길라리버
아크친
코코파
토호노 오담
파스쿠아 야키
이슬레타델수르
오른쪽 상단 '캘리포니아'를 보라
왼쪽 상단 '오클라호마'를
태평양
키카푸 트러디셔널
앨라배마
현재 미국 본토에서 주정부와 연방정부의 인정을 받은 선주민 네이션과 토지
● 연방정부의 인정을 받은 부족
⬡ 연방정부의 인정을 받은 거류구역
◇ 주정부의 인정을 받은 부족
연방정부나 주정부의 인정을 받기 위해 준비 중인 부족 공동체는 이 지도에 표기되지 않음.

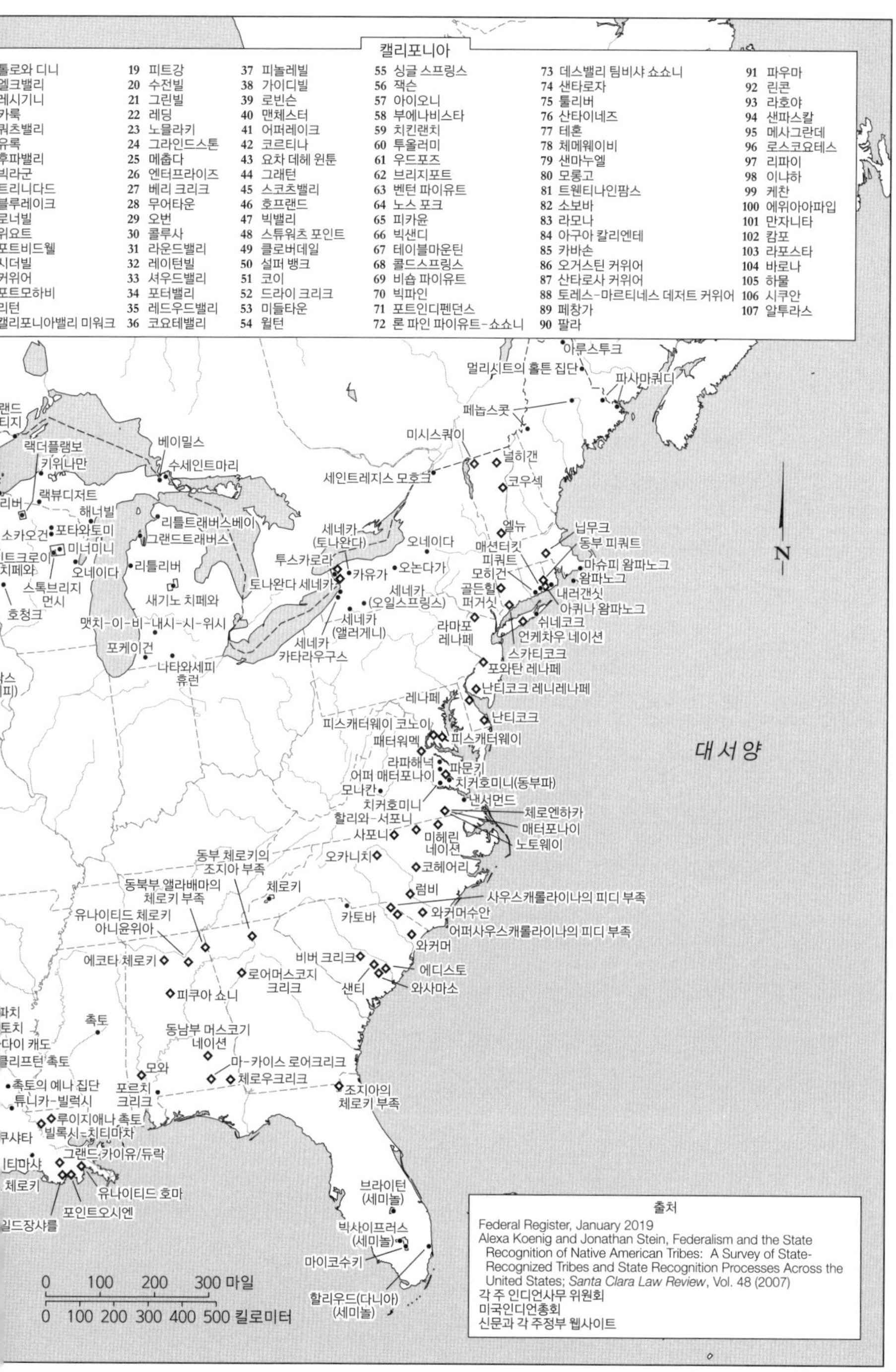

캘리포니아
톨로와 디니
엘크밸리
레시기니
카룩
쿼츠밸리
유록
후파밸리
빅라군
트리니다드
블루레이크
로너빌
위요트
포트비드웰
시더빌
커위어
포트모하비
리턴
캘리포니아밸리 미워크
19 피트강
20 수전빌
21 그린빌
22 레딩
23 노믈라키
24 그라인드스톤
25 메춥다
26 엔터프라이즈
27 베리 크리크
28 무어타운
29 오번
30 콜루사
31 라운드밸리
32 레이턴빌
33 셔우드밸리
34 포터밸리
35 레드우드밸리
36 코요테밸리
37 피놀레빌
38 가이디빌
39 로빈슨
40 맨체스터
41 어퍼레이크
42 코르티나
43 요차 데헤 윈툰
44 그래턴
45 스코츠밸리
46 호프랜드
47 빅밸리
48 스튜워츠 포인트
49 클로버데일
50 셜퍼 뱅크
51 코이
52 드라이 크리크
53 미들타운
54 월턴
55 싱글 스프링스
56 잭슨
57 아이오니
58 부에나비스타
59 치킨랜치
60 투올러미
61 우드포즈
62 브리지포트
63 벤턴 파이우트
64 노스 포크
65 피카윤
66 빅샌디
67 테이블마운틴
68 콜드스프링스
69 비숍 파이우트
70 빅파인
71 포트인디펜던스
72 론 파인 파이우트-쇼쇼니
73 데스밸리 팀비샤 쇼쇼니
74 샌타로자
75 툴리버
76 산타이네즈
77 테혼
78 체메웨이비
79 샌마누엘
80 모롱고
81 트웬티나인팜스
82 소보바
83 라모나
84 아구아 칼리엔테
85 카바손
86 오거스틴 커위어
87 산타로사 커위어
88 토레스-마르티네스 데저트 커위어
89 페창가
90 팔라
91 파우마
92 린콘
93 라호야
94 샌파스칼
95 메사그란데
96 로스코요테스
97 리파이
98 이냐하
99 케찬
100 에위아아파입
101 만자니타
102 캄포
103 라포스타
104 바로나
105 하물
106 시쿠안
107 알투라스
아루스투크
멀리시트의 홀튼 집단
파사마쿼디
페놉스콧
미시스쿼이
널히갠
코우섹
세인트레지스 모호크
엘뉴
닙무크
매섄터킷
동부 피쿼트
피쿼트
마슈피 왐파노그
세네카 (토나완다)
오네이다
모히건
왐파노그
투스카로라
카유가
오논다가
골든힐
내러갠싯
토나완다 세네카
세네카 (오일스프링스)
아쿠나 왐파노그
퍼거싯
세네카 (앨러게니)
라마포 레나페
쉬네코크
언케차우 네이션
세네카 카타라우구스
스카티코크
포와탄 레나페
나타와세피 휴런
난티코크 레니레나페
레나페
난티코크
피스캐터웨이 코노이
패터워멕
피스캐터웨이
라파해넉
파문키
어퍼 매터포나이
치커호미니(동부파)
모나칸
낸서먼드
치커호미니
체로엔하카
할리와-서포니
매터포나이
사포니
미헤린 네이션
노토웨이
오카니치
코헤어리
동부 체로키의 조지아 부족
럼비
동북부 앨라배마의 체로키 부족
체로키
사우스캐롤라이나의 피디 부족
유나이티드 체로키 아니윤위아
카토바
와커머수안
어퍼사우스캐롤라이나의 피디 부족
와커머
에코타 체로키
비버 크리크
에디스토
로어머스코지 크리크
와사마소
피쿠아 쇼니
샌티
파치
토치
촉토
다이 캐도
동남부 머스코기 네이션
클리프턴 촉토
모와
마-카이스 로어크리크
촉토의 예나 집단
포르치 크리크
체로우크리크
튜니카-빌럭시
조지아의 체로키 부족
루이지애나 촉토
빌록시=치티마차
쿠샤타
그랜드-카이유/듀락
티마샤
체로키
브라이턴 (세미놀)
유나이티드 호마
포인트오시엔
길드장사를
빅사이프러스 (세미놀)
마이코수키
할리우드(다니아) (세미놀)
대서양
랙더플램보
키위나만
베이밀스
수세인트마리
래뷰디저트
해너빌
리틀트래버스베이
그랜드트래버스
소카오건
포타와토미
미너미니
리틀리버
깅트크로이
치페와
오네이다
스톡브리지 먼시
새기노 치페와
호청크
맷치-이-비-내시-시-위시
포케이건
0 100 200 300 마일
0 100 200 300 400 500 킬로미터
출처
Federal Register, January 2019
Alexa Koenig and Jonathan Stein, Federalism and the State Recognition of Native American Tribes: A Survey of State-Recognized Tribes and State Recognition Processes Across the United States; Santa Clara Law Review, Vol. 48 (2007)
각 주 인디언사무 위원회
미국인디언총회
신문과 각 주정부 웹사이트

# 감사의 말

여러 학문 분야에서 개설서는 그 속성상 타인의 발견에 의존하게 마련이다. 나 역시 수많은 학자, 문서 관리자, 사서, 공동체 구성원에게 헤아릴 수 없이 큰 빚을 졌다. 이 수많은 이들의 연구를 통해 미국 인디언 역사의 중요한 측면들이 드러날 수 있었다. 이런 작업은 학술 기구의 중심에서 벗어난 곳에서 이루어지기도 했는데, 선주민 미국사를 활기차고 매력적인 학문 분야로 만들어준 최근의 그런 재편 과정을 지켜볼 수 있었던 것은 내게 큰 영광이었다. 미국 역사의 이 같은 재발견을 끊임없이 주도해온 여러 개인, 기구, 전문가들의 협회, 부족 센터에, 그리고 나를 지원하고 내 연구가 공유될 수 있도록 초대해주신 분들에게 깊이 감사한다. 최고의 학문 활동은 집단적 노력이다. 내가 과거에 대한 진부한 접근 방식을 재편하는 세대의 일원이 된 것은 멋진 경험이었다.

이 책은 여러 번의 시작을 거쳤다. 이 책의 틀을 잡고 집필하기 시작한 것은 예일대학교에 와서다. 다행히도 여러 동료, 학생, 행정가가 선주민 미국사 연구를 지원해주었다. '아메리카 선주민 연구를 위한 예일 그룹Yale Group for the Study of Native America'을 창립한 분들이 아메리카 선주민과 토착민 연구를 위한 제도적 근거지를 마련했다. 그 이후 몇 년 동안 많은 이들이 훌륭한 연구와 지속적인 참여를 통해 이런 노력을 이어왔다. 여기에는 크리스틴 델루시아Christine DeLucia, 캘릴 존슨Khalil Johnson, 홀리 미오왁 가이즈Holly Miowak Guise, 라이언 홀Ryan Hall, 이사야 윌너Isaiah Wilner, 안야 몬티넬Anya Montinel, 티퍼니 헤일Tiffany Hale, 서머 서턴 애드퍼버르Summer Sutton Adparvar, 나오미 서스먼Naomi Sussman, 테스 란자로타Tess Lanzarotta, 해나 그린월드Hannah Greenwald, 이저벨러 로빈스Isabella Robbins, 테일러 로즈Taylor Rose, 맥스 클레이턴Max Clayton, 산드라 산체스Sandra Sánchez, 데이비드 케리David Kerry가 이런 노력에 함께했다. '민족·인종·이주 프로그램Ethnicity, Race, and Migration Program'과 연계된 직원과 교수 들은 해당 프로그램의 운영을 지원해주었다. 선주민법학생협회Native American Law Student Association 회원들은 관련 학내 활동을 쉬지 않고 해왔다.

2017~2018년에는 '초창기 미국 연구를 위한 맥닐 센터McNeil Center for Early American Studies'와 펜실베이니아대학교 로스쿨이 중요한 도움을 주었다. 예일대학교 출판부의 크리스 로저스Chris Rogers와 애디너 버크Adina Berk는 이 책뿐만 아니라 '헨리 로 클라우드' 시리즈에도 훌륭한 도움을 주었다. 크리스는 두 차례 모두 첫 대화를 나눈 뒤 곧장 초반의 기본 지원을 해주었고, 애디너는 이 두 가지 작업을 이끌며 풍부하게 만들기 위해 애써주었다. 이미 방대해진 프로젝트를

간결하게 다듬어주는 등 그녀의 편집은 특히 소중하기 그지없었다.

조슈아 리드Joshua Reid는 이 시리즈를 진행할 때 소중한 동반자였다. 그의 인내와 통찰이 나를 자주 놀라게 했다. 그는 이 책의 앞 장들을 읽고 처음으로 조언해준 이들 중 한 명이다. 앨런 그리어Allan Greer와 낸시 밴 듀슨Nancy Van Deusen 역시 생산적이고 포용적인 논평과 답변을 해주었다. 벤저민 매들리Benjamin Madley도 마찬가지다. 그와 함께 익명의 어느 언론 평론가도 중요한 답변과 수정 사항을 제공해주었다. 하지만 어떤 모순이나 과실이 남아 있다면 전적으로 내 책임이다.

빌 넬슨Bill Nelson과 데이비드 린드로스David Lindroth는 지도 제작에 도움을 주었다. 그리고 하이디 캐터Heidi Katter, 메건 굽타Meghan Gupta, 매들린 프리먼Madeline Freeman, 리아 슈레스티니언Leah Shrestinian 등 과거 나의 학생이었던 이들이 이 연구를 도와주었고, 급한 부탁에도 여러 차례 도움을 주었다. 하이디와 리아가 지도와 이미지 작업을 각각 지원해준 덕분에 이 프로젝트를 완성할 수 있었다.

나는 선주민문화센터 공동체와 함께 작업할 수 있어서 매우 감사하게 생각한다. 예일대학교 총장 피터 샐러비Peter Salovey는 교무처장이었던 2013년에 이 공동체가 영구적으로 쓸 수 있는 장소를 확보하는 데 도움을 주었다. 그뒤로 센터는 역동적으로 성장해왔다. 니코타 스티븐슨Nicota Stevenson은 세미나실에서 있었던 1차 자료에 대한 토론을 기억하지 못할 수도 있다. 이 책의 1장은 그 토론을 통해 도움을 받았는데, 이는 센터 개관 이후 생겨난 수많은 창작 활동 중 하나였다. 선주민문화센터를 이처럼 든든하고 활기찬 공간으로 만들기 위해 노력해주신 모든 분께 깊은 감사의 말을 전한다.

가족에게 특히 감사한 마음이다. 아내 매기는 비할 데 없는 지원과 지침을 아끼지 않았다. 성실과 지성을 겸비한 그녀의 모습은 여전히 타의 추종을 불허하며, 그녀의 탁월함과 헌신에 나는 늘 감동한다. 토비아스와 에바 블랙호크Tobias and Eva Blackhawk 부부 덕분에 우리 부부의 생활이 계속해서 풍성해졌다. 팬데믹 시기에 아기 에반 아론Evan Aaron을 돌보며, 인생에서 가장 중요한 우선순위가 무엇인지 생각하게 되었다.

영화 《기차의 꿈Train Dreams》(클린트 벤틀리 감독, 2025)의 주인공에게
는 평생 떨쳐내지 못하는 꿈이 있다. 철도 놓는 일도 하고 벌목도 하
던 시절 함께 일했던 중국인 동료가 나오는 꿈이다. 이 중국인은 백
인 패거리에게 폭행을 당해 목숨을 잃는데, 사건 당시 주인공은 폭
도들을 말려보기도 했지만 중과부적이었다. 이후 주인공은 가정을
꾸리기도 하고, 가족을 잃기도 하고, 기차도 타고, 비행기도 타고, 로
켓이 달에 가는 것까지 보지만, 젊은 시절 눈앞에서 사망한 그 중국
인을 잊지 못한다. 역사를 공부하는 입장에서는 이런 주인공의 마음
이 참으로 고맙다. 기차가 도입되는 과정에서 철도를 놓기 위해 베
인 숱한 나무와 숲처럼, 지금은 눈에 잘 띄지 않게 되었지만 기초를
놓았던 이들을 기억하는 것은 중요하다. 이는 역사를 제대로 이해하
기 위해서이기도 하고, 그래야 지배 집단의 부당한 폭거를 줄여갈
수 있다는 현실의 필요 때문이기도 하다. 그러나 현재 지배 문화의
시야를 벗어나기가 쉽지 않은 역사 서술은 지배층을 정당화하는 줄

거리를 찾기에 급급하기 마련이어서, 과거를 있는 그대로 보여주기가 어렵다.

이 책《선주민이 쓴 미국사》는 기존에 소개되어온 미국 역사와 궤를 달리하는 새 해석, 새 서사를 제시한다. 어느 분야에서든 관성에서 벗어나 새 내용, 나아가 새 틀을 제시하는 일은 힘들고 귀하다. 저자는 그런 공로를 인정받아 이 책으로 2023년에 전미도서상을 받기도 했는데, 그런 성과를 낼 수 있었던 배경에는 그동안 미국 사회 전반에서 선주민의 경험을 경시해온 분위기도 있다. 이 책은 미국사의 시작과 중심에 선주민이 있고, 선주민과 유럽계 백인 사이의 만남과 교류가 있었음을 보여준다.

오래전 배웠던 미국사 이야기는 일반적으로 1620년 메이플라워호를 타고 영국을 떠나 '신대륙'으로 간 청교도들에서부터 시작했다. 지난 반세기 동안 미국사 서술은 수정을 거듭해왔지만, 지금도 여러 미국사 개론서에서는 1492년 콜럼버스가 '신대륙 아메리카를 발견' 했다는 이야기로 출발한다. 그러나 콜럼버스가 대서양을 건너 도착한 땅, 훗날 아메리카라는 이름을 갖게 된 대륙이 당시 유럽인에게는 신대륙처럼 보였지만, 인류사적 관점에서 보면 그렇지 않았다. 고고학자들에 따르면, 그곳에서 인간은 족히 1만 년을 넘게 살아왔다. 그 땅은 선주민이 크고 작은 정치공동체들을 건설하고, 농사 등 다양한 수단으로 생계를 꾸리며, 고유의 문화를 만들고 전승해온 오래된 세계들의 터전이었다. 그래서 이 책은 미국사를 '발견'이 아니라, 선주민과 유럽인의 '만남'에서 시작한다. 이 책의 영어 원제는 "아메리카(미국)의 재발견The Rediscovery of America"인데, 여기에는 '발견'에서 시작되곤 했던 기존 서사의 틀에서 벗어나겠다는 의지가 내포되어 있다.

지금의 미국 영토로 처음 진출했던 유럽 국가는 영국이 아니다. 에스파냐, 프랑스, 네덜란드 등이 영국보다 백여 년 혹은 수십 년 앞서 진출해 선주민과 교류하고, 외교 동맹을 맺고, 선교를 비롯해 여러 종교적·문화적 활동을 했다. 그 과정에서 알게 모르게 병균을 비롯한 미생물과 동식물이 유입되었고, 이는 선주민 사회와 자연 환경에 막심한 변화를 가져왔다.

이 책의 첫 3분의 1 정도는 에스파냐나 프랑스가 북아메리카에서 어떻게 제국주의 정책을 시도했고, 선주민 사회들은 여기에 어떻게 대처하며 생존을 도모했는지를 보여준다. 남아 있는 기록이 대부분 유럽인이 쓴 것이기 때문에 선주민의 고민과 전망이 여전히 잘 보이지 않아 아쉽지만, 그들이 겪었던 고초와 저항의 윤곽을 조금은 가늠해볼 수 있다. 아메리카 노예제라고 하면 흔히 아프리카인을 노예화했던 역사를 떠올리지만, 이 책에 따르면 그 시작은 에스파냐인 노예상과 영국인 선원이 했던 아메리카 선주민 인신매매였다. 북아메리카에서 인종적 낙인이 찍혀 강제노동에 동원된 첫 번째 집단은 '인디언'이었다는 이야기다. 16세기와 17세기 동안 아메리카 전역에서 노예가 된 선주민이 100만 명에 달했다고 한다.

이런 전쟁 같은 상황과 각종 전염병 탓에 선주민 인구가 극감했다. 1620년 메이플라워호가 도착했던 플리머스 지역은 아무도 살지 않던 황무지가 아니었다. 그곳에서 수만 명의 선주민이 옥수수와 호박 등을 재배하며 비교적 풍요롭게 살았지만, 영국인보다 먼저 북쪽 해안지대에 정착했던 프랑스인들이 가져온 전염병이 퍼져 수년 사이에 인구의 90퍼센트가 사망했다. 그래서 영국인이 처음 왔을 때 그곳에는 2천 명 정도의 선주민이 가족과 지인을 잃고 비탄에 잠긴 채 살고 있었다. 플리머스 지역에 살던 선주민에게 그런 경험이 없었다면, 영국인은 2만여 명의 주민이 안정적으로 살고 있던 선주민 사회를 상대해야 했을 것이고 이에 따라 그 행보나 운명도 달라졌을 것이다. 아메리카로 온 유럽인의 경험을 제대로 이해하기 위해서라도 그곳에 먼저 자리잡았던 선주민의 상황을 알 필요가 있었다.

이 책의 서사가 본격적으로 빛을 발하는 부분은 미국의 건국 과정에 대한 설명이다. 흔히 미국혁명은 영국 의회가 북아메리카 정착민의 여론을 무시하고 세금을 부과한 것에 저항해 보스턴, 필라델피아, 뉴욕 등 항구도시를 중심으로 시작되었다고 서술되어왔다. 그러나 이 책은 항구도시가 아니라 서부 변방에서 시작되었다고 말한다. 당시 상당 규모의 유럽계 정착민은 도시가 들어섰던 동부가 아니라 선주민 영토였던 서부로 들어가, 선주민의 땅을 소유하려 했다. 그러나 그곳을 관할하고 있던 당시 영국 식민정부는 정착민들이 애팔래치아 산맥 서부로 진출하여 선주민 네이션들과 자주 부딪치는 상황을 막고자 했다. 이에 따라 정착민과 영국 식민정부 사이에서 갈등이 쌓이고 격해지면서 혁명이 터져나왔다는 것이다. 이후 영국령 식민지들이 혁명전쟁에서 승리하고 독립하면서 각기 정치공동체를

834

세웠던 매사추세츠, 뉴욕, 버지니아 등이 연합하여 연방헌법을 만들고 미연방공화국을 세웠던 가장 큰 배경도, 선주민 네이션들을 각 정치체state가 개별로 상대하기는 벅차다는 엘리트들의 판단이 크게 작용했다고 말한다.

이렇게 영향력 있던 선주민의 존재를 인정해야 미국사를 제대로 볼 수 있고, 미국헌법을 비롯해 주요 문서에서 심심치 않게 나오는 선주민에 대한 언급들을 보다 잘 이해할 수 있다. 이 책은 북아메리카에서 선주민과 유럽인이 조우했던 16세기부터 최근 20세기 말까지의 미국사를, 선주민을 염두에 두고 재조명한다. 따라서 이 책은 선주민에 대한 역사서라기보다, 미국사 서술에서 선주민이 제대로 자리잡게 하려는, 새로운 미국사 통사를 향한 한 걸음이라고 할 수 있다.

선주민을 미국사의 한 부분으로 서술해내는 것은 매우 어려운 일이다. 우리가 편의적으로 선주민, 토착민 혹은 인디언 등으로 통칭하지만, 이들은 고유의 경험과 서사를 가진 수많은 네이션으로 구성되어 있고, 네이션 혹은 부족의 경험으로는 포괄할 수 없는 기구한 사연의 개인들도 가득하다. 알래스카의 이누이트인부터 뉴멕시코의 푸에블로인에 이르기까지 널리 분포해 있고, 생활방식이나 언어도 매우 다르다. 역사적으로 보면 정치적 입장이나 유럽 국가들과의 동맹 선택도 제각각인 경우가 허다하여, 이야기의 가닥을 잡기가 거의 불가능해 보이기도 한다.

19세기에 많은 선주민이 근거지에서 쫓겨나 강제 이주를 당하기도 했지만, 조상 대대로 살아왔던 근거지에서 지금까지 살고 있는 선주민 집단도 있다. 노예제 시대에 노예처럼 살았던 선주민도 있고, 노예를 부리며 살던 노예주 선주민도 있다. 20세기 미국 정부가 선주민 거류구역이나 네이션을 해체하려고 했던 과정에서 많은 선주민이 도시 빈민이 되었지만, 어떤 선주민 네이션은 지분을 갖고 있던 곳에서 석유 등이 발굴되어 큰돈을 벌기도 했다. 다른 선주민 집단은 자원이 발견되었다는 비슷한 이유로 살던 곳에서 또다시 쫓겨나기도 했다. 거류구역에 대한 지역 정부의 통제력이 약한 틈을 타서 카지노 산업으로 거금을 번 선주민 부족이나 개인도 꽤 있지만, 거류구역이 그렇게 유흥지가 되면서 알코올 중독과 폭력사건의 빈도도 높아졌다. 이렇듯 선주민은 미국 사회에서 배척당하기도 했지만 엄연한 일원이었고, 미국 역사의 부침을 함께 경험해왔다. 이 책은 전반적인 선주민의 선택과 실천이 미국사에 어떤 영향을 미쳤는지, 그리고 역으로 미국사의 전개가 선주민 집단과 개인에게 어떻게 작용했는지를 하나의 통사로 상당히 신중하게 엮어낸다.

미국사에서 선주민의 역사를 말하기 어려운 또다른 이유는 미국 사회의 근간에 깔린, 거의 신화나 다름없는 이야기 때문이다. 어느 사회나 즐겨 하고 즐겨 듣는, 그래서 구성원들이 대대로 유행가처럼 외우는 서사들이 있다. 미국 사회에서 오랫동안 반복 변주되면서 막강한 힘을 발휘해온 서사는 백인의 서부개척 이야기다. 그런데 이 서사에서 '인디언'은 싸워야 하는 '적'으로 설정된다. 심지어 선주민은 백인이 서부에 정착하면서 사라진 세력으로 여겨지기도 했다. 미국에서 선주민은 인구와 영향력이 크게 감소하긴 했지만, 꾸준히 일정한 영토와 자치권을 거류구역 등을 통해 확보해왔고, 내전부터 두 차례의 세계대전까지 참여하며 미국인으로서 함께 풍파를 겪었다. 그런 선주민들에게 미국 주류사회가 신봉하는 이런 서부극 신화는 황당할 따름이다.

기억과 실재가 다를 때가 더러 있다. 미국, 특히 미국 서부의 역사에 대해 널리 퍼진 통념과 선주민들의 역사가 대표적인 사례다. 실재를 오도된 기억에 맞출 수는 없는 일이고, 실재에 맞춰 기억과 역사를 새로 정립해가야 한다. 지난 반세기 동안 여러 미국사 연구자들이 이를 위해 노력해왔다. 이 책은 그런 학계의 성과를 어느 정도 정리해 미국 사회에 내놓은 중요한 문제제기다.

이 책은 "토착민을 쫓아내고 토착민의 고향 땅에 세운 나라가 어떻게 세계에서 가장 모범적인 민주주의 국가가 될 수 있었을까?"라는 다소 도발적인 질문으로 시작한다. 그러나 한국인이 듣기에, 미국이 "가장 모범적인 민주주의 국가"라는 말은 그리 적절해보이지 않는다. 하지만 많은 미국인이 여전히 그런 자부심을 갖고 있기 때문인지, 이 책에 대해 미국에서 나온 평론들을 보면, 이 질문을 꽤 큰 충격으로 받아들이는 듯하다.

이 책은 하나의 시작이다. 선주민이 미국사에서 얼마나 비중이 컸는지, 그들이 얼마나 다양하게 생존과 발전을 도모해왔는지에 대한 이야기가 더 봇물처럼 쏟아질 것이다. 그러면 이에 따라 미국의 서사가 달라지고, 미국의 정체성도 달라질 수 있다. 이 책을 번역하면서, 미국이 큰 역사적·인적 자원을 갖고 있음을 실감하기도 했다. 오랫동안 사회의 지배 세력과 지배 문화가 적으로 지목하고 없애려 했던 집단이 살아남아, 자신들의 역사 역시 미국사의 일부이며 자신들의 이야기를 경시하는 미국사는 제대로 된 이야기가 아님을 말하고 있다. 이 책 한국어판의 제목《선주민이 쓴 미국사》는 미국사를 구축하는 데 선주민 집단도 한 역할을 했음을 의미하기도 하고, 이 책의 저자가 선주민 티모악 Te-Moak 부족의 공식 일원이라는 점을 뜻하기도 한다. 선주민 학자가 예일대학교 교수가 되고, 지식사회에서 높이 평가받는 미국사 책을 출간한 사실 자체도 미국사의 한 단면을 보여 준다고 할 수 있다. 이런 역사 서술이 미국의 여러 구성원 사이에서 공감대를 쌓아갈 때, 이는 미국 사회를 더 발전시키는 사회적·문화적 동력이 될 수 있다. 이 책이 내디딘 한 걸음이 큰 흐름으로 이어질 수 있을지, 응원하는 마음으로 지켜보려고 한다.

이 책을 내는 과정에서 교정자 문해순 선생과 도서출판 책과함께의 권준 편집자를 비롯해 많은 분의 공력이 들었다. 책으로 번듯하게 나오게 된 것은 그분들의 덕이다. 책이 방대하니만큼, 오류도 많을 것이다. 이는 번역자의 부족함 때문이다. 미리 용서를 구하며, 독자들에게 아량을 구할 뿐이다.


2026년 3월
최재인

주

## 서론

1    Linda Tuhiwai Smith, *Decolonization Methodologies: Research and Indigenous Peoples*, 2nd ed. (London: Zed Books, 2012); Patrick Wolf, "Settler Colonialism and the Elimination of the Native," *Journal of Genocide Research* (December 2006): 387-409. '정착민 식민주의'를 미국사에 적용한 사례는 다음을 참조. Roxanne Dunba Ortiz 의 *An Indigenous Peoples' History of the United States* (Boston: Beacon, 2014). '선주민(Indigenous)', '아메리카 선주민(Native American)', '아메리칸인디언(American Indian)'은 모두 아메리카 대륙에서 처음 거주한 인민을 지칭하며, 본문에서는 뚜렷이 구분하지 않고 혼용했다. 이 용어들은 선주민들 사이의 여러 차이를 보이지 않게 하고 동질적인 존재로 간주하게 하는 문제가 있다. 그럼에도 이 용어들을 통해 우리는 세계적인 식민주의 역사의 중요한 국면들을 구성하는 권력과 차이의 역사에 대한 통찰을 얻을 수 있다.

2    정착민 식민주의나 지속적인 선주민 강탈 과정에 대한 고려 없이 미국 역사를 개괄한 책으로는 다음을 보라. Jill Lepore, *These Truths: A History of the United States* (New York: Norton, 2018).

3    다음에서 인용. Carroll Smith-Rosenberg, "Dis-Covering the Subject of the 'Great Constitutional Discussion,' 1786-1789," *Journal of American History* (December 1992): 841.

4    미국역사학회(American Historical Association)가 미국사 연구사 동향 보고서에 아메리카 선주민 역사 연구 현황 보고서를 포함한 것은 2012년이 유일하다. 이에 대해서는 다음을 보라. Eric Foner and Lisa McGirr, eds., *American History Now* (Philadelphia: Temple University Pres, 2012). 이전 판본은 다음 책이다. Eric Foner,

ed., *The New American History: Revised and Expanded Edition* (Philadelphia: Temple University Press, 1997); and Foner, ed., *The New American History* (Philadelphia: Temple University Press, 1990).

5 예를 들어 다음을 보라. Bernard Bailyn et al., *The Great Republic: A History of the American People*, 2nd ed. (Lexington, Mass.: D. C. Heath, 1981), 5.

6 Ann Laura Stoler, *Duress: Imperial Durabilities in Our Times* (Durham: Duke University Press, 2016), 10-17.

7 다음에서 인용. Toby Lester, "1507-The Name 'America' Appears on a Map," in Greil Marcus and Werner Sollors, eds., *A New Literary History of America* (Cambridge, Mass.: Harvard University Press, 2009), 5.

8 다음에서 인용. Lester, "1507," 3.

9 역사 교과서와 아메리카 인디언의 부재에 대한 논의로는 다음을 보라. Frederick E. Hoxie, "The Indian versus the Textbooks: Is There Any Way Out?" Occasional Papers in Curriculum Series (Chicago: Newberry Library, 1984).

10 다음을 보라. Susan Sleeper-Smith et al., eds., *Why You Can't Teach United States History without American Indians* (Chapel Hill: University of North Carolina Press, 2015).

11 Charles J. Kappler, ed., *Indian Affairs: Law and Treaties*, 5 vols. (Washington, Government Printing Office, 1904), 2:55-807.

12 내전 시대의 갈등과 관련해서는 이 책 8~10장을 보라. 40퍼센트라는 수치와 관련해서는 다음을 보라. Charles Wilkinson, *Blood Struggle: The Rise of Modern Indian Nations* (New York: Norton, 2005), 285.

13 Akhil Reed Amar, *America's Constitution: A Biography* (New York: Random House, 2005), 20; Sven Beckert and Seth Rockman, *eds., Slavery's Capitalism: A New History of American Economic Development* (Philadelphia: University of Pennsylvania 2016), 1.

14 Lepore, *These Truths*, 38.

15 Russell Thornton, "The Demography of Colonialism and 'Old' and 'New' NaAmericans," in Russell Thornton, ed., *Studying Native America: Problems and Prospects* (Madison: University of Wisconsin Press, 1998), 17-24. 다음도 보라. Alan Taylor, *American Colonies: The Settling of North America* (New York: Viking Penguin, 2001), 39-44.

16 Wolf, "Settler Colonialism and the Elimination of the Native," 401-3. Boyd Cothran 에 따르면, "정착민 식민주의는 북아메리카 역사에 의미를 제공하는 논리다." 다음 책도 보라. Cothran, *Remembering the Modoc War: Redemptive Violence and the Making of American Innocence* (Chapel Hill: University of North Carolina Press, 2014), 16.

17 다음을 보라. Jean M. O'Brien, *Firsting and Lasting: Writing Indians out of Existence in New England* (Minneapolis: University of Minnesota Press, 2010); Jodi A. Byrd, *The Transit of Empire: Indigenous Critiques of Colonialism* (Minneapolis: University of Minnesota Press, 2011); Manu Karuka, *Empire's Tracks: Indigenous Nations, Chinese Workers, and the Transcontinental Railroad* (Oakland: University of California Press, 2019).

18 다음을 보라. Jeff Benvenuto et al., "Colonial Genocide in Indigenous North America," in Andrew Woolford et al., eds., *Colonial Genocide in Indigenous North America* (Durham: Duke University Press, 2014), 1-25.

19 다음을 보라. Benjamin Madley, *An American Genocide: The United States and the California Indian Catastrophe* (New Haven: Yale University Press, 2016), 1-15, 336-59.

20 Tiffany Lethabo King, *The Black Shoals: Offshore Formations of Black and Native Studies* (Durham: Duke University Press, 2019), 11.

21 다음을 보라. Lisa Lowe, *The Intimacies of Four Continents* (Durham: Duke University Press, 2015); Frederick E. Hoxie, "Retrieving the Red Continent: Settler Colonialism and the History of American Indians in the US," *Ethnic and Racial Studies* (2008): 1160.

22 Allan Greer, "Settler Colonialism and Empire in Early America," *William and Mary Quarterly* (2019): 383-90.

23 James Belich, *Replenishing the Earth: The Settler Revolution and the Rise of the Anglo World, 1783-1939* (New York: Oxford University Press, 2009).

24 다음을 보라. Robert Warrior, "Organizing Native American and Indigenous Studies," *PMLA* (2008): 1683-91; and Shari Huhndorf, "Literature and the Politics of Native American Studies," *PMLA* (2005): 1618-27. "아메리카 선주민은 식민지 연구에서 필수적이다. 변화해온 식민주의의 본질과 그에 대한 대응, … 그리고 국내 제국주의 양상들에 대한 제대로 된 분석이 필요하다."(1624).

25 "Editors' Introduction," *NAIS* (Spring 2014): 1. 다음도 보라. Robert Warrior, "2010 NAISA Presidential Address: Practicing Native American and Indigenous Studies," in the same issue, 3-24. 선주민 지식인과 활동가 들이 지속 가능한 학술 기반을 구축하고자 오랫동안 노력해 NAISA를 설립할 수 있었다. 예컨대 다음을 보라. *Indian Voices: The First Convocation of American Indian Scholars* (San Francisco: Indian Historian Press, 1970); *The Native American Today: The Second Convocation of Indian Scholars* (San Francisco: Indian Historian Press, 1971).

26 Gerald Vizenor, *Manifest Manners: Postindian Warriors of Survivance* (Middle-town,

Conn.: Wesleyan University Press, 1993).

27  Ned Blackhawk, *Violence over the Land: Indians and Empires in the Early American West* (Cambridge, Mass.: Harvard University Press, 2006).

28  Lepore, *These Truths*, xi.

29  https://www.archives.gov/founding-docs/declaration-transcript.

30  Amy Lonetree, *Decolonizing Museums: Representing Native America in National and Tribal Museums* (Chapel Hill: University of North Carolina Press, 2012), 16-21.

31  다음을 보라. Alyssa Mt. Pleasant et al., "Materials and Methods in Native American and Indigenous Studies: Completing the Turn," *William and Mary Quarterly* (April 2018): 207-36.

32  Randall K. Q. Akee et al., "The Indian Gaming Regulatory Act and Its Effects American Indian Economic Development," *Journal of Economic Perspectives* (Summer 2015): 185-208.

33  Vine Deloria Jr. and Clifford Lytle, *The Nations Within: The Past and Future of American Indian Sovereignty* (New York: Pantheon Books, 1984), 244-64.

34  Walter R. Echo-Hawk, *In the Courts of the Conqueror: The 10 Worst Indian Law Cases Ever Decided* (Golden, Colo.: Fulcrum, 2010), 13.

35  다음을 보라. Mary Sarah Bilder, "Without Doors: Native Nations and the Convention," *Fordham Law Review* 89, no. 5 (2021): 1707-59.

36  House Resolution 18166, Public Law No.219, House of Representatives, 1912, 14.


## 1장 미국의 기원

1  Ted J. Warner, ed., *The Domínguez-Escalante Journal: Their Expedition through Colorado, Utah, Arizona, and New Mexico in 1776*, trans. Fray Angelico Chavez (Salt Lake City: University of Utah Press, 1995), 83.

2  Warner, *The Domínguez-Escalante Journal*, 83-84.

3  다음을 보라. Joseph P. *Sanchez, Explorers, Traders, and Slavers: Forging the Old Spanish Train*, 1678-1850 (Salt Lake City: University of Utah Press, 1997), 55-79.

4  Warner, *The Domínguez-Escalante Journal*, 119-20. 서부 지도 작성에 기여한, 그들 탐험의 전설에 대해서는 다음을 보라. Gloria Griffen Cline, *Exploring the Great Basin* (Reno: University of Nevada Press, 1988), 43-56.

5  Warner, *The Domínguez-Escalante Journal*, 128-29.

6  Warner, *The Domínguez-Escalante Journal*, 129.

7  Warner, *The Domínguez-Escalante Journal*, 130, 129.

8  Warner, *The Domínguez-Escalante Journal*, 117.

9  푸에블로 봉기 이후 호피와 에스파냐의 관계에 대한 개괄로는 다음을 보라. James F. Brooks, *Mesa of Sorrows: A History of the Awat'ovi Massacre* (New York: Norton, 2016), 68-86.

10  Alfonso Ortiz, introduction to Alfonso Ortiz, ed., *New Perspectives on the Pueblos* (Santa Fe: School of American Research, 1972), xv. 다음도 보라. Albert H. Schroeder, "Rio Grande Ethnohistory," 같은 책, 47-49.

11  Tamar Herzog, *Frontiers of Possession: Spain and Portugal in Europe and the Americas* (Cambridge, Mass.: Harvard University Press, 2015), 1.

12  J. H. Elliott, *Empires of the Atlantic World: Britain and Spain in America, 1492-1830* (New Haven: Yale University Press, 2006), 198.

13  유럽인과의 만남 이전 아메리카 선주민 인구를 둘러싼 논쟁에 관해서는 다음을 보라. Russell Thornton, "The Demography of Colonialism and 'Old' and 'New' Native Amer-icans," in Russell Thornton, ed., *Studying Native America: Problems and Prospects* (Madison: University of Wisconsin Press, 1998), 17-24. 다음도 보라. Alan Taylor, *American Colonies: The Settling of North America* (New York: Viking Penguin, 2001), 39-41.

14  David G. Sweet and Gary B. Nash, *Struggle and Survival in Colonial America* (Berkeley: University of California Press, 1981). "식민지에 존재했던 패권적 메커니즘의 사례들에 호도되어 … 그러한 메커니즘의 수립이 패권을 보장했다는 인식을 수용해서는 안 된다"(7).

15  Brian P. Owensby and Richard J. Ross, eds., *Justice in a New World: Negotiating Legal Intelligibility in British, Iberian, and Indigenous America* (New York: New York University Press, 2018), 2.

16  Brian P. Owensby, *Empire of Law and Indian Justice in Colonial Mexico* (Palo Alto: Stanford University Press, 2008).

17  다음을 보라. Pekka Hämäläinen, *The Comanche Empire* (New Haven: Yale University Press, 2008); Ned Blackhawk, *Violence over the Land: Indians and Empires in the Early American West* (Cambridge, Mass.: Harvard University Press, 2006).

18  다음에서 인용. Taylor, *American Colonies*, 413.

19  다음을 보라. Maurice Crandall, *These People Have Always Been a Republic: Indigenous Electorates in the U.S.-Mexico Borderlands, 1598-1912* (Chapel Hill: University of North Carolina Press, 2019); Juliana Barr, *Peace Came in the Form of a Woman: Indians and Spaniards in the Texas Borderlands* (Chapel Hill: University of North Carolina Press, 2007).

20  Lauren Benton, *A Search for Sovereignty: Law and Geography in European Empires,*

*1400-1900* (New York: Cambridge University Press, 2010), 2.

21 16세기 푸에블로 네이션들의 인구와 관련해서는 아주 다양한 추정치가 존재한다. 예를 들어 다음을 보라. Elinore M. Barrett, *Conquest and Catastrophe: Changing Rio Grande Pueblo Settlement Patterns in the Sixteenth and Seventeenth Centuries* (Albuquerque: University of New Mexico Press, 2002), 12.

22 Joe S. Sando, *Eight Centuries of Pueblo History* (Santa Fe: Clear Light, 1992), 22-35.

23 Matthew Liebmann, *Revolt: An Archaeological History of Pueblo Resistance and Revitalization in 17th Century New Mexico* (Tucson: University of Arizona Press, 2012), 30.

24 Sando, *Eight Centuries of Pueblo History*, 43.

25 다음을 보라. Eleanor B. *Adams and Fray Angelico Chavez, eds. and trans., The Missions of New Mexico, 1776: A Description by Fray Francisco Atanasio Dominguez with Contemporary Documents* (Albuquerque: University of New Mexico Press, 1956), xiv-xv.

26 Benton, *A Search for Sovereignty*, 286-87.

27 Lauren Benton, "In Defense of Ignorance: Frame works for Legal Politics in the Atlantic World," in Owensby and Ross, *Justice in a New World*, 275.

28 Warner, *The Domínguez-Escalante Journal*, 40.

29 아메리카 영토에 대한 에스파냐의 관할권이 확장되면서 에스파냐의 법적·정치적 주장이 변화해온 것에 대해서는 다음을 보라. Elliott, *Empires of the Atlantic World*, 119-30.

30 Nancy E. van Deusen, *Global Indios: The Indigenous Struggle for Justice in Sixteenth-Century Spain* (Durham: Duke University Press, 2015), xi.

31 다음에서 인용. van Deusen, *Global Indios*, xii.

32 예를 들어 다음을 보라. Herbert E. Bolton, *The Spanish Borderlands: A Chronicle of Old Florida and the Southwest* (New Haven: Yale University Press, 1921), 4; Charles Gibson, *Spain in America* (New York: Harper & Row, 1966), 25.

33 J. H. Elliott이 쓴 바에 따르면, "영국과 달리 에스파냐의 아메리카 영토는 '식민지(colony)'라고 불리지 않았다. 그런 영토는 카스티야 왕실 소유의 왕국이었다. 그곳에서는 식민자들(콜로노스colonos, 유럽 본토에서 이주해 온 이들)이 아니라 정복자들(콘키스타도레스conquistadores)과 그 후손, 그리고 나중에 도착한 이들 모두를 일컫는 용어인 포블라도레스(pobladores, 빈민가 주민들) 혹은 정착민들이 거주했다." *Empires of the Atlantic World*, 9.

34 다음에서 인용. Tzvetan Todorov, *The Conquest of America: A Question of the Other* (New York: Harper & Row, 1982), 47-48.

35 Andrés Reséndez, *The Other Slavery: The Uncovered Story of Indian Enslavement in America* (New York: Houghton Mifflin Harcourt, 2016), 17. 이 "카리브해 참사 (Caribbean Debacle)"에 대한 개괄로는 다음도 보라. 13-45.

36 Kathleen Deagan, "Native American Resistance to Spanish Presence in Hispaniola and La Florida, ca. 1492-1650," in Matthew Liebmann and Melissa S. Murphy, eds., *Enduring Conquests: Rethinking the Archaeology of Resistance to Spanish Colonialism in the Americas* (Santa Fe: School of Advanced Research Press, 2010), 41.

37 라스 카사스가 살육과 관련해 전한 이야기는 다음을 보라. Todorov, *The Conquest of America*, 138-42. 라스 카사스를 인용하면, "죽은 자와 죽어가는 자의 몸을 덮은 상처를 보노라면 공포와 두려움이 일었다. 실제로 … 에스파냐인들은 … 도처에서 … 이 벌거벗은 시신들을 향해 무기를 휘둘렀다. … 수장(cacique)을 비롯해 600명이 이렇게 짐승처럼 살해되었다. … 바스코(Vasco)는 그들 중 40명을 개가 물어뜯도록 하라고 명령했다"(141). 토도로프(Todorov)가 볼 때 이 같은 폭력과 잔혹함은 군사적 혹은 전략적 이득 이상을 의미했다. "만약 대량 학살(제노사이드)이라는 단어가 꽤 정확하게 적용되는 어떤 상황이 있다면, 바로 이 경우다." (133). 다음도 보라. Gibson, *Spain in America*, 40-43.

38 Elliott, *Empires of the Atlantic World*, 7.

39 다음에서 인용. Reséndez, *The Other Slavery*, 39.

40 Deagan, "Native American Resistance to Spanish Presence," 46. 다음도 보라. Woodbury Lowery, *The Spanish Settlements within the Present Limits of the United States, 1513-1561* (New York: G. P. Putnam's Sons, 1911), 132.

41 다음에서 인용. Lowery, *The Spanish Settlements within the Present Limits of the United States*, 133.

42 Lowery, *The Spanish Settlements within the Present Limits of the United States*, 133-34.

43 "그들은 국내에서 그토록 어렵게 권위를 확보했기에 해외에서 백성이 자신들을 능가하려는 기세를 보이면 묵과하지 않았다." Elliott, *Empires of the Atlantic World*, 22. 다음도 보라. Taylor, *American Colonies*, 25-32. "1400년에는 유럽의 권력, 부, 지식이 놀라울 정도로 증대할 것이라고 상상하지 못했을 것이다. 당시 유럽 인민은 내부적으로 끝없는 전쟁에 시달리며 지역에 묶인 채 살았기 때문이다"(25).

44 Lyle N. McAlister, *Spain and Portugal in the New World, 1492-1700* (Minneapolis: University of Minnesota Press, 1984), 79.

45 Matthew Restall, *Seven Myths of the Spanish Conquest* (New York: Oxford University Press, 2003), 27-43.

46 Gibson, *Spain in America*, 48-67.

47 Jill Lepore, *These Truths: A History of the United States* (New York: Norton, 2018), 7.

"아마도 가장 큰 학살이었을" 히스파니올라섬의 선주민 인구의 추정치와 인구 급감에 대한 개괄로는 다음을 보라. William M. Denevan, ed., *The Native Population of the Americas in 1492*, rev. ed. (Madison: University of Wisconsin Press, 1992), 35.

48 아스텍, 멕시카(Mexica), 나우아를 구성했던 다양한 민족의 이름에 대한 개괄은 다음을 보라. Matthew Restall, *When Montezuma Met Cortés: The True Story of the Meeting That Changed History* (New York: HarperCollins, 2018), xii. 다음도 보라. James Lockhart, *The Nahuas After the Conquest: A Social and Cultural History of the Indians of Central Mexico, Sixteenth through Eighteenth Centuries* (Palo Alto: Stanford University Press, 1992); Camilla Townsend, *Fifth Sun: A New History of the Aztecs* (New York: Oxford University Press, 2019), 30-32. Pete Sigal에 따르면, 아스텍어와 대척점에 있는 나우아어를 사용하면서 "언어적 통일성을 우선시했고, … (나우아어가) 많은 사람이 사용하는 말이 되었다. … 중부 멕시코의 선주민 다수를 설명하는 언어가 되었다." Pete Sigal, *The Flower and the Scorpion: Sexuality and Ritual in Early Nahua Culture* (Durham: Duke University Press, 2011), xv.

49 Townsend, *Fifth Sun*, 71-84.

50 Lockhart, *The Nahuas After the Conquest*, 1.

51 Restall, *When Montezuma Met Cortés*, 4-5. 에스파냐의 탐험에서 항구 도시 세비야가 차지했던 중요성에 대해서는 다음을 보라. Andrés Reséndez, *A Land So Remote: The Epic Journey of Cabeza de Vaca* (New York: Basic Books, 2007), 39-42. "세비야는 아메리카 식민지들과의 거래를 허가받은 (에스파냐 국내의) 유일한 항구도시였다. 세비야는 대서양을 횡단하는 항해의 시작점이자 종착점으로, 발견의 역사에서 주인공이 되었다"(39).

52 Lockhart, *The Nahuas After the Conquest*, 14. 14-58도 보라.

53 Townsend, *Fifth Sun*, 27-30.

54 Lockhart, *The Nahuas After the Conquest*, 15-16.

55 Restall, *When Montezuma Met Cortés*, xxviii. Restall은 그들의 만남을 "회합(the Meeting)"이라는 고유명사로 지칭하는데, 그뒤로 이 표현은 관행이 되었다.

56 Townsend, *Fifth Sun*, 113-28.

57 Gibson, *Spain in America*, 38.

58 레스털은 "멕시코 정복이 이루어진 기간"을 더 길게 봐야 한다고 주장하면서 에스파냐-아스텍 전쟁과 에스파냐-메소아메리카 전쟁을 구분한다. 다음을 보라. *When Montezuma Met Cortés*, xxix.

59 "인디오(indio)"가 인종적·법적 범주로 된 것에 대해서는 다음을 보라. van Deusen, *Global Indios*, 특히 224-28. 다음도 보라. Ethelia Ruiz Medrano, *Mexico's Indigenous Communities: Their Lands and Histories, 1500-2010*, trans. Russ Davidson (Boulder:

Uni-versity of Colorado Press, 2010); and Brian P. Owensby, *Empire of Law and Indian Justice in Colonial Mexico* (Palo Alto: Stanford University Press, 2008). "정복 이후 초기 수십 년 동안 '인디오(indio)'라는 단어는 나와틀어 문헌에서 차용어로 거의 등장하지 않았다. '인디언'들은 스스로를 이런저런 알테페틀, 이런저런 마을, 또는 이런저런 푸에블로의 주민이라고 부르는 것을 선호했다. 다른 어떤 명칭보다 자신들의 '가장 작은 씨족 단위(microethnicity)'를 내세웠다. 에스파냐인들은 그들을 인디오라고 불렀다. 이는 자신들과 신세계의 타자 사이에 존재하는 차이점을 인지하고 명명하는 행위였을 뿐만 아니라 새 범주를 창안하는 과정이었다. 그들은 차츰 인디언을 **발명**했고, 이에 따라 **그들 자신**도 발명했다."(24) (강조는 이 책에서 추가)

60  Restall, *Seven Myths of the Spanish Conquest*, 41-42.

61  Restall, *Seven Myths of the Spanish Conquest*, 42.

62  다음에서 인용. Reséndez, *The Other Slavery*, 62.

63  Clay Mathers et al., eds., *Native and Spanish New Worlds: Sixteenth-Century Entradas in the American Southwest and Southeast* (Tucson: University of Arizona Press, 2013). 다음도 보라. Dennis Reinhartz and Oakah L. Jones, "Hacia el Norte! The Spanish Entrada into North America, 1513-1549," in John Logan Allen, ed., *North American Exploration: A New World Disclosed*, 3 vols. (Lincoln: University of Nebraska Press, 1997), 1:241-91.

64  David J. Weber, *The Spanish Frontier in North America* (New Haven: Yale University Press, 1992), 49. 다음도 보라. Richard Flint, *Great Cruelties Have Been Reported: The 1544 Investigation of the Coronado Expedition* (Dallas: Southern Methodist University Press, 2002), 27-36.

65  영국인의 첫 내륙 탐험에 대해서는 다음을 보라. Clarence Walworth Alvord and Lee Bidgood, *The First Explorations of the Trans-Allegheny Region by the Virginians, 1650-1674* (Cleveland: Arthur H. Clark, 1912); J. Ralph Randolph, *British Travelers among the Southern Indians, 1660-1763* (Norman: University of Oklahoma Press, 1973).

66  Lowery, *The Spanish Settlements within the Present Limits of the United States*, 146-50.

67  Bolton, The Spanish Borderlands, 71. 다음도 보라. Lowery, *The Spanish Settlements within the Present Limits of the United States*, 243-44; Charles Hudson, *Knights of Spain, Warriors of the Sun: Hernando de Soto and the South's Ancient Chiefdoms* (Athens: University of Georgia Press, 1997); Paul E. Hoffman, "Introduction: The De Soto Expedition, a Cultural Crossroads," in Lawrence A. Clayton et al., eds., *The De Soto Chronicles: The Expedition of Hernando De Soto to North America, 1539-1543*, 2 vols. (Tuscaloosa: University of Alabama Press, 1993) 1:5-13.

68  Clayton et al., *The De Soto Chronicles*, 1:135-36.

69 Restall, *Seven Myths of the Spanish Conquest*, 71. 다음도 보라. Lowery, *The Spanish Settlements within the Present Limits of the United States*, 146-71, 213-52; Weber, *The Spanish Frontier in North America*, 49-55; Robin A. Beck Jr. et al., "Limiting Resistance: Juan Pardo and the Shrinking of Spanish La Florida, 1566-68," in Liebmann and Murphy, *Enduring Conquests*, 19-39.

70 이와 대조적으로 남부의 인류학자들은 데 소토의 폭력적인 행보로 영향을 받은 여러 선주민 지역사회의 운명을 계속 탐구해왔다. 예를 들어 다음을 보라. Thomas J. Pluckhahn and Robbie Ethridge, eds., *Light on the Path: The Anthropology and History of the Southeastern Indians* (Tuscaloosa: University of Alabama Press, 2006).

71 Matthew Liebmann에 따르면, 변경 지대에서 유럽인과 접촉한 선주민들은 적응과 저항이라는 단순한 이분법으로 분류할 수 없다. 다음을 보라. Liebmann, "The Best of Times, the Worst of Times: Pueblo Resistance and Accommodation during the Spanish Reconquista of New Mexico," in Liebmann and Murphy, *Enduring Conquests*, 200-201.

72 Weber, *The Spanish Frontier in North America*, 51.

73 Paul Kelton, "The Great Southeastern Smallpox Epidemic, 1696-1700: The Region's First Major Epidemic?" in Robbie Ethridge and Charles Hudson, eds., *The Transformation of the Southeastern Indians, 1540-1760* (Jackson: University Press of Mississippi, 2002), 22-23. 다음도 보라. Ann F. Ramenofsky and Patricia Galloway, "Disease and the Soto Entrada," in Patricia Galloway, ed., *The Hernando de Soto Expedition: History, Historiography, and "Discovery" in the Southeast* (Lincoln: University of Nebraska Press, 1997), 259-79; and Dale L. Hutchinson, "Entradas and Epidemics in the Sixteenth-Century Southeast," in Mathers et al., *Native and Spanish New Worlds*, 140-51.

74 Robin A. Beck Jr. et al., "Limiting Resistance: Juan Pardo and the Shrinking of Spanish La Florida, 1566-68," in Liebmann and Murphy, *Enduring Conquests*, 22-23.

75 Robbie Ethridge, "Creating the Shatter Zone: Indian Slave Traders and the Collapse of Southeastern Chiefdoms," in Pluckhahn and Ethridge, *Light on the Path*, 207-18.

76 Stephen A. Kowalweski, "Coalescent Societies," in Pluckhahn and Ethridge, *Light on the Path*, 94-96.

77 국가 권력이 형성되는 과정에서 폭력과 폭력 사용의 독점화가 지닌 중요성에 대해서는 다음을 보라. Meyer Kestbaum and George Ritzer, eds., *The Wiley-Blackwell Companion to Sociology* (Malden, Mass.: Wiley-Blackwell, 2012), 588-608.

78 Ruiz Medrano, *Mexico's Indigenous Communities*, 18.

79 Ruiz Medrano, *Mexico's Indigenous Communities*, 18.

80 Kelly McDonough, "Indigenous Remembering and Forgettings: Sixteenth Nahua Letters and Petitions to the Spanish Crown," *NAIS* (Spring 2018): 72-73.

81 Restall, *Seven Myths of the Spanish Conquest*, 72.

82 Michael C. Meyer and William L. Sherman, *The Course of Mexican History*, 4th ed. (New York: Oxford University Press, 1991), 147.

83 Ida Altman, *The War for Mexico's West: Indians and Spaniards in New Galicia, 1524-1550* (Albuquerque: University of New Mexico Press, 2010). 다음도 보라. *Philip Wayne Powell, Soldiers, Indians, and Silver: The Northward Advance of New Spain, 1550-1600*, rev. ed. (Berkeley: University of California Press, 1969). 메소아메리카(Mesoamerica) 북쪽에 자리한 북중부 멕시코의 민족지학에 대해서는 다음도 보라. William B. Griffen, "Southern Periphery: East," in Alfonso Oritz, ed., *Southwest*, vol. 10 of *Handbook of North American Indians* (Washington, D.C.: Smithsonian Institute, 1983), 329-42.

84 J. Lloyd Mecham, *Francisco de Ibarra and Nueva Vizcaya* (New York: Greenwood, 1968), 32-33.

85 Ida Altman, "Conquest, Coercion, and Collaboration: Indian Allies and the Campaigns in Nueva Galicia," in Laura E. Matthew and Michel R. Oudijk, eds., *Indian Conquistadors: Indigenous Allies in the Conquest of Mesoamerica* (Norman: University of Oklahoma Press, 2007), 145-74. 다음도 보라. Oakah L. Jones, *Nueva Vizcaya: Heartland of the Spanish Frontier* (Albuquerque: University of New Mexico Press, 1988), 17-21.

86 P. J. Bakewell, *Silver Mining and Society in Colonial Mexico: Zacatecas, 1546-1700* (New York: Cambridge University Press, 1971), 4-6. 다음도 보라. Powell, *Soldiers, Indians, and Silver*, 4-9. 외인부대가 저평가된 점에 대해서는 다음을 보라. Altman, "Conquest, Coercion, and Collaboration," 160-61.

87 Colin M. MacLachlan and Jaime E. Rodriquez O., *The Forging of the Cosmic Race: A Reinterpretation of Colonial Mexico*, rev. ed. (Berkeley: University of California Press, 1990), 99.

88 Powell, *Soldiers, Indians, and Silver*, 3-4.

89 구스만의 원정에 대한 탁월한 정리는 다음을 보라. Altman, "Conquest, Coercion, and Collaboration," 147-59. 다음도 보라. Altman, *The War for Mexico's West*, 34-53.

90 Bakewell, *Silver Mining and Society in Colonial Mexico*, 8-9. 다음도 보라. Powell, *Soldiers, Indians, and Silver*. 파월은 크리스토발 데 오냐테가 믹스턴 전쟁 시기에 총독이었다고 주장한다.(11).

91 Reséndez, *The Other Slavery*, 103.

92 Taylor, *American Colonies*, 63. 테일러에 따르면, 식민지 시대 이래 채굴한 은의 총량
은 1만 6000톤, 혹은 3200만 파운드에 달한다.

93 Taylor, *American Colonies*, 63.

94 Gibson, *Spain in America*, 122.

95 Gibson, *Spain in America*, 121.

96 Elliott, *Empires of the Atlantic World*, 94.

97 Elliott, *Empires of the Atlantic World*, 95.

98 역설적이게도, 에스파냐가 광물 자원에 지나치게 의존한 탓에 초기 중상주의 및 상
업 기구가 이베리아반도의 내부보다는 외부에서 발달하게 되었고 그 결과 에스파냐
에서 저개발이 심화했다. "진정한 번영은 운 좋게 유입된 금괴가 아닌 국가 생산성으
로 평가한다." Elliott, *Empires of the Atlantic World*, 26.

99 선주민의 정착 양상에 대한 개요는 다음을 보라. MacLachlan and Rodriquez O., *The
Forging of the Cosmic Race*, 168-71. 미국사에 적용된 "정착민 식민주의"에 대한 개
설로는 다음을 보라. "Roxanne Dunbar-Ortiz, *An Indigenous Peoples' History of the
United States* (Boston: Beacon, 2014), 특히 1-10.

100 다음에서 인용. George P. Hammond and Agapito Rey, *Don Juan de Oñate:
Colonizer of New Mexico, 1595-1628* (Albuquerque: University of New Mexico
Press, 1953), 6.

101 뉴멕시코와 멕시코 북부의 상호 연결된 경제생활에 대해서는 다음을 보라. Reséndez,
*The Other Slavery*, 116-24.

102 Gibson, *Spain in America*, 60. 다음도 보라. 57-67.

103 Gibson, *Spain in America*, 72-77.

104 Edward H. Spicer, *Cycles of Conquest: The Impact of Spain, Mexico, and the United
States on the Indians of the Southwest, 1533-1960* (Tucson: University of Arizona
Press, 1962), 22-24.

105 France V. Scholes, "Church and State in Colonial New Mexico, 1610-1650," *New
Mexico Historical Review* (1936): 297-349.

106 Hammond and Rey, *Don Juan de Oñate*, 318.

107 Spicer, *Cycles of Conquest*, 156. 오냐테 원정의 개요는 Spicer, 152-58쪽도 보라. ;
Weber, *The Spanish Frontier in North America*, 77-87; Hammond and Rey, *Don
Juan de Oñate*, 5-16.

108 Hammond and Rey, *Don Juan de Oñate*, 340.

109 Hammond and Rey, *Don Juan de Oñate*, 340.

110 Barrett, *Conquest and Catastrophe*, 12.

111 Hammond and Rey, *Don Juan de Oñate*, 17-18.

112 Hammond and Rey, *Don Juan de Oñate*, 340.

113 푸에블로 내부에 자리한, 종교와 정치가 결합된 구조에 대한 개요는 다음을 보라. Alfonso Ortiz, *The Tewa World: Space, Time, Being, and Becoming in a Pueblo Society* (Chicago: University of Chicago Press, 1969), 79-119.

114 John L. Kessell, *Pueblos, Spaniards, and the Kingdom of New Mexico* (Norman: University of Oklahoma Press, 2008), 특히 51-72.

115 Hammond and Rey, *Don Juan de Oñate*, 339.

116 Hammond and Rey, *Don Juan de Oñate*, 450.

117 Hammond and Rey, *Don Juan de Oñate*, 446.

118 Hammond and Rey, *Don Juan de Oñate*, 21.

119 Hammond and Rey, *Don Juan de Oñate*, 447.

120 Hammond and Rey, *Don Juan de Oñate*, 466.

121 Hammond and Rey, *Don Juan de Oñate*, 477-78.

122 Hammond and Rey, *Don Juan de Oñate*, 478.

123 Hammond and Rey, *Don Juan de Oñate*, 478-79.

124 Reséndez, *The Other Slavery*, 118. 16세기 내내 에스파냐 왕정은 '정당한 전쟁'에서 포획한 인디언 포로를 노예로 삼도록 허용했다. (42).

125 Heather B. Trigg, *From Household to Empire: Society and Economy in Early Colonial New Mexico* (Tucson: University of Arizona Press, 2005), 88-133.

126 Barrett, *Conquest and Catastrophe*, 68-69.

127 Ortiz, *The Tewa World*, 98.

128 Barrett, *Conquest and Catastrophe*, 54.

129 Barrett, *Conquest and Catastrophe*, 62.

130 다음에서 인용. Barrett, *Conquest and Catastrophe*, 78. 코콜리츨리는 맹독성(급성) 천연두를 뜻할 수도 있고, 두 가지 이상의 질병이 관련된 대규모 질병의 발병을 의미할 수도 있다.

131 Barrett, *Conquest and Catastrophe*, 78.

132 Charles Wilson Hackett, *Revolt of the Pueblo Indians of New Mexico and Otermín's Attempted Reconquest, 1680-1682*, 2 vols. (Albuquerque: University of New Mexico Press, 1942), 1:11-12.

133 Joe S. Sando, "The Pueblo Revolt," in Joe S. Sando and Herman Agoyo, eds., *Po'Pay: Leader of the First American Revolution* (Santa Fe: Clear Light, 2005), 13-15.

134 Sando, "The Pueblo Revolt," 13.

135 다음에서 인용. Kurt E. Dongoske and Cindy K. Dongoske, "History in Stone: Evaluating Spanish Conversion Efforts through Hopi Rock Art," in Robert W.

Preucel, ed., *Archaeologies of the Pueblo Revolt: Identity, Meaning, and Renewal in the Pueblo World* (Albuquerque: University of New Mexico Press, 2002), 118.

136 John L. Kessell, *Kiva, Cross, and Crown: The Pecos Indians and New Mexico, 1540-1840* (Washington, D.C.: National Park Service, 1979), 122-29, 307.

137 Sando, "The Pueblo Revolt," 40.

138 Michael V. Wilcox, "SocialMemoryandthePuebloRevolt:APostcolonialPerspective," in Preucel, *Archaeologies of the Pueblo Revolt*, 175.

139 Sando, "The Pueblo Revolt," 40-41.

140 Barrett, *Conquest and Catastrophe*, 91-92.

141 Elizabeth John, *Storms Brewed in Other Men's Worlds: The Confrontation of Indians, Spanish, and French in the Southwest, 1540-1795* (College Station: Texas A&M University Press, 1975), 98-154.

142 Blackhawk, *Violence over the Land*, 88-112.

143 Peter Whiteley, "Re-imaging Awat'ovi," in Preucel, *Archaeologies of the Pueblo Revolt*, 154.

144 Weber, *The Spanish Frontier in North America*, 168.

145 18세기 뉴에스파냐 전역의 인종적 다양성과 고유한 민족 집단의 형성을 다룬 입문서로는 다음을 보라. Magali M. Carrera, Imagining Identity in *New Spain: Race, Lineage, and the Colonial Body in Portraiture and Casta Paintings* (Austin: University of Texas Press, 2003). "1750년대부터 1790년대까지의 수많은 칙령, 법률 및 조례에서도 뉴 에스파냐의 일반 주민을 카스타스(castas)로 지칭하는 경우는 흔치 않았다. 칼리다드(calidad, 신분)와 계급(클라스class)으로 구분하여 지칭하는 경우가 더 흔했다"(48).

146 Schroeder, "Rio Grande Ethnohistory," 62.

147 식민지 시대 뉴멕시코에서 성별화된 가정성(domesticity)과 권력 체계에 관한 개요는 다음을 보라. Ramon A. Gutíerrez, *When Jesus Came, the Corn Mothers Went Away: Marriage, Sexuality, and Power in Colonial New Mexico, 1500-1846* (Palo Alto: Stanford University Press, 1991).

148 Ethridge, "Creating the Shatter Zone," 207-18. 다음도 보라. Robbie Ethridge, *From Chicaza to Chickasaw: The European Invasion and the Transformation of the Mississippian World, 1540-1715* (Chapel Hill: University of North Carolina Press, 2010).

149 다음을 보라. Warren L. Cook, *Flood Time of Empire: Spain and the Pacific Northwest, 1542-1819* (New Haven: Yale University Press, 1973), esp. 44-84. 다음도 보라. Freeman M. Tovell, *At the Far Reaches of Empire: The Life of Juan Francisco de la Bogeda y Quadra* (Vancouver: University of British Columbia Press, 2008).

852

## 2장 북동부 선주민과 영국령 북아메리카의 부상

1 Lawrence C. Wroth, *The Voyages of Giovanni da Verrazzano, 1524-1528* (New Haven: Yale University Press, 1970), 137.

2 Lisa Brooks에 따르면, 탈식민지화 과정은 "봉쇄에 저항하고 선주민의 존재 가능성을 열어줌으로써" 해당 지역의 정착 역사에 대한 서사적 관점을 "반전시킬 수 있다." 다음을 보라. *Our Beloved Kin: A New History of King Philip's War* (New Haven: Yale University Press, 2018), 6.

3 내러갠싯을 비롯한 북동부 알곤킨 지역사회들은 "각기 여러 방언을 지닌 네 가지 [서로 이해 가능한] 독특한 언어를 사용했다." 이에 대해서는 다음을 보라. Neal Salisbury, *Manitou and Providence: Indians, Europeans, and the Making of New England, 1500-1643* (New York: Oxford University Press, 1982), 21; Jean M. O'Brien, *Dispossession by Degrees: Indian Land and Identity in Natick, Massachusetts, 1650-1790* (New York: Cambridge University Press, 1997), 21. Christine DeLucia의 저술에 따르면, "알곤킨어족이 공유하는, 이 지역을 일컫는 하나의 지명은 없다. 그러나 비평가들은 '새벽의 땅(Dawnland)'이라는 단어를 쓰곤 한다." 이에 대해서는 다음을 보라. *Memory Lands: King Philip's War and the Place of Violence in the Northeast* (New Haven: Yale University Press, 2018), 24. 다음도 보라. Coll Thrush, *Indigenous London: Native Travelers at the Heart of Empire* (New Haven: Yale University Press, 2016), 52-61; Salisbury, *Manitou and Providence*, 26-27; Wendy Warren, *New England Bound: Slavery and Colonization in Early America* (New York: Norton, 2016), 27, 84; Neal Salisbury, "The Atlantic Northeast," in Frederick E. Hoxie, ed., *The Oxford Handbook of American Indian History* (New York: Oxford University Press, 2016), 335.

4 Wroth, *Voyages of Giovanni da Verrazzano*, 140. "남부 뉴잉글랜드(Southern New England)가 하나의 문화권"이라는 의견과 관련해서는 다음을 보라. Bert Salwen, "Indians of Southern New England and Long Island: Early Period," in Bruce G. Trigger, ed., *The Northeast*, vol. 15 *of Handbook of North American Indians* (Washington, D.C.: Smithsonian Institute, 1978), 160-76. 미크맥, 울스투크위욱(Wulstukwiuk), 파사마쿼디(Passamaquoddy), 와바나키 연맹(Wabanaki Confederacy) 구성원의 동북부 근거지에 대한 설명은 다음을 보라. Jeffers Lennox, *Homelands and Empires: Indigenous Spaces, Imperial Fictions, and Competition for Territory in Northeastern North America, 1690-1763* (Toronto: University of Toronto Press, 2017), 15-25.

5 Wroth, *Voyages of Giovanni da Verrazzano*, 138.

6 Wroth, *Voyages of Giovanni da Verrazzano*, 139.

7   다음을 보라. Andrew Lipman, *The Saltwater Frontier: Indians and the Contest for the American Coast* (New Haven: Yale University Press, 2015), 19-53.

8   Wroth, *Voyages of Giovanni da Verrazzano*, 137. Neal Salisbury에 따르면, 역사가들은 영국인의 뉴잉글랜드 정복을 여러 번 반복해 서술했지만, 언제나 똑같은 전제를 깔았다. 그들은 암묵적으로든 명시적으로든 그 결과는 불가피했다고 전제했다. *Manitou and Providence*, 3. Christine DeLucia의 서술에 따르면, "기록 보관 작업은 뉴잉글랜드인들이 영토에 대한 권리와 정치적 권위를 주장하는 근거가 되었다. … 학자들이 북동부의 과거를 재구성하는 데 의존한 바로 그 자료들조차 역사적 우연성과 정착민 식민주의의 영향을 받았다." *Memory Lands*, 13.

9   초기 미국사를 대서양 연안 영어권 사람들에게 국한하지 않고 확대하려는 노력에 대해서는 다음을 보라. Alan Taylor, *American Colonies: The Settling of North America* (New York: Viking Penguin, 2001), x. "신생 미국에서는 버지니아주가 영토, 인구, 영향력 면에서 최고였다. 버지니아의 노예 경제는 18세기에 크게 확대되었다." 다음을 보라. Edmund S. Morgan, *American Slavery, American Freedom: The Ordeal of Colonial Virginia* (New York: Norton, 1975), 5.

10   Mark Peterson, *The City-State of Boston: The Rise and Fall of an Atlantic Power, 1630-1865* (Princeton: Princeton University Press, 2019), 14.

11   Taylor, *American Colonies*, 159. 다음도 보라. Richard S. Dunn, *Sugar and Slaves: The Rise of the Planter Class in the English West Indies, 1624-1713* (Chapel Hill: University of North Carolina Press, 1972), 10.

12   다음에서 인용. Warren, *New England Bound*, 85.

13   Benjamin Madley, "Reexamining the American Genocide Debate: Meaning, Historiography, and New Methods," *American Historical Review* (February 2015): 98-139.

14   Francis Jennings, *The Invasion of America: Indians, Colonialism, and the Cant of Conquest* (Chapel Hill: University of North Carolina Press, 1975), 178.

15   Karen Ordahl Kupperman, *Indians & English: Facing off in Early America* (Ithaca: Cornell University Press, 2000), 214.

16   DeLucia, *Memory Lands*, 11.

17   Margaret Ellen Newell이 쓴 대로, "1700년대 이전 뉴잉글랜드 전역에서는 선주민이 비백인 노동력의 절대 다수를 차지했다." *Brethren by Nature: New England Indians, Colonists, and the Origins of American Slavery* (Ithaca: Cornell University Press, 2015), 5.

18   Robert C. Winthrop, ed., *Life and Letters of John Winthrop*, 2 vols. (Boston: Ticknor & Fields, 1867), 2:54. 버지니아를 오갔던 서신에 대해서는 다음을 보라. Warren, *New England Bound*, 20. 버지니아가 다른 지역에 비해, 특히 버뮤다에 비해 저개발 상태

였던 점에 대해서는 다음을 보라. Michael J. Jarvis, *In the Eye of All Trade: Bermuda, Bermudians, and the Maritime Atlantic World, 1680-1873* (Chapel Hill: University of North Carolina Press, 2010), 26-29.

19 Richard B. Sheridan, "The Domestic Economy," in Jack P. Greene and J. R. Pole, eds., *Colonial British America: Essays on the New History of the Early Modern Era* (Baltimore: Johns Hopkins University Press, 1984), 43.

20 Morgan, *American Slavery, American Freedom*. 다음도 보라. Sheridan, "The Domestic Economy," 45-46.

21 Jennings, *Invasion of America*, 27.

22 "어느 정도는, 미국은 노예노동 덕분에 독립을 살 수 있었다고 말할 수 있다." Morgan, *American Slavery, American Freedom*, 5.

23 "16세기에는 적어도 65만 명의 선주민이 노예로 잡혀가 아메리카 전역과 대서양 건너 이베리아 세계까지 낯선 땅으로 강제 이주를 당했다." Nancy E. van Deusen, *Global Indios: The Indigenous Struggle for Justice in Sixteenth-Century Spain* (Durham: Duke University Press, 2015), 2. 영국 제도(British Isles)로 항해했던 것으로 알려진 약 175명의 인디언과 이누이트인에 초점을 두면 대서양을 횡단하는 선주민 노예무역의 비교 분석에 제한이 생긴다. 이에 대해서는 다음을 보라. Alden T. Vaughan, *Transatlantic Encounters: American Indians in Britain, 1500-1776* (New York: Cambridge University Press, 2006), xi.

24 알곤킨어를 사용하는 지역사회의 퇴출에 대해서는 3장을 보라.

25 Alan Gallay, *The Indian Slave Trade: The Rise of the English Empire in the American South, 1670-1717* (New Haven: Yale University Press, 2002), 7-8. 다음도 보라. Robbie Ethridge, "Global Capital, Violence, and the Making of a Colonial Shatter Zone," in Andrew Woolford et al., eds., *Colonial Genocide in Indigenous North America* (Durham: Duke University Press, 2014), 49-69.

26 Stephen Greenblatt, *Marvelous Possessions: The Wonder of the New* (Chicago: University of Chicago Press, 1991), 특히 52-118.

27 "아메리카 동부 해안을 따라 인디언과 영국인이 서로를 알아가는 동안 제일 중요한 문제로 대두한 것은 종교였다." Kupperman, *Indians & English*, 110. 다음도 보라. Karen Ordahl Kupperman, *The Jamestown Project* (Cambridge, Mass.: Harvard University Press, 2007), 12-42.

28 Michael P. Winship, *Godly Republicanism: Puritans, Pilgrims, and a City on a Hill* (Cambridge, Mass.: Harvard University Press, 2012), 5.

29 Acts 16:12, King James Bible.

30 Steve Pincus, *1688: The First Modern Revolution* (New Haven: Yale University Press,

2009), 92.

31 다음에서 인용. Peterson, *City-State of Boston*, 12.

32 John Cotton, *God's Promise to His Plantation* (London: William Jones, 1630), 6.

33 Peterson, *City-State of Boston*, 15-16.

34 Winship, *Godly Republicanism*, 227.

35 Cotton, *God's Promise to His Plantation*, 8.

36 Peterson, *City-State of Boston*, 17. 다음도 보라. Warren, *New England Bound*, 85-87. 미국의 국장(國章)이 환경과 관련해 제시하는 시사점에 대한 논의는 다음을 보라. John Demos, *The Unredeemed Captive: A Family Story from Early America* (New York: Vintage Books, 1995), 4.

37 Cotton, *God's Promise to His Plantation*, 13.

38 Virginia DeJohn Anderson, "New England in the Seventeenth Century," in Nicholas Canny, ed., *The Origins of Empire: British Overseas Enterprise to the Close of the Seventeenth Century*, vol. 1 of Wm. Roger Louis, ed., *The Oxford History of the British Empire* (New York: Oxford University Press, 1998), 193.

39 Kupperman, *The Jamestown Project*, 14. 다음도 보라. Reginald Horsman, *Race and Manifest Destiny: The Origins of American Racial Anglo-Saxonism* (Cambridge, Mass.: Harvard University Press, 1981), 특히 80-85.

40 다음을 보라. Barry O'Connell, ed., *A Son of the Forest and Other Writings* (Amherst: University of Massachusetts Press, 1992).

41 "많은 식민자들은 … 자신들의 권리를 이웃 토지로 확장할 방법을 찾기 위해 아주 적극적이었다. 그들은 소, 돼지, 말을 가구 구성원으로 삼아, 식민화의 최전선에서 가축을 위해 토지를 확장하고자 하는 행위를 전혀 꺼리지 않았다." Brooks, *Our Beloved Kin*, 56.

42 Daniel R. Madnell, ed., *Early American Indian Documents: Treaties and Laws, 1607-1789*, 19 vols. (Bethesda: Congressional Information Services), 19:7.

43 Neal Salisbury, "Squanto: Last of the Patuxets," in David G. Sweet and Gary B. Nash, eds., *Struggle and Survival in Colonial America* (Berkeley: University of California Press, 1981), 233. 다음도 보라. Salisbury, *Manitou and Providence*, 51-84.

44 망베르투의 말은 다음에서 인용했다. Salisbury, *Manitou and Providence*, 57. 다음도 보라. William Cronon, *Changes in the Land: Indians, Colonists, and the Ecology of New England*, rev. ed. (New York: Hill & Wang, 2003), 90.

45 다음에서 인용. O'Brien, *Dispossession by Degrees*, 18; 14-17쪽도 보라.

46 Cronon, *Changes in the Land*, 94-95.

47 Lipman, *Saltwater Frontier*, 27. 선주민 지역사회에서 "옥수수와 물고기"가 지닌 사회

적 역동성에 대한 서술로는 25-33쪽도 보라.

48 Salisbury, "Squanto," 237.

49 다음에서 인용. Daniel K. Richter, *Facing East from Indian Country: A Native History of Early America* (Cambridge, Mass.: Harvard University Press, 2001), 60. 다음도 보라. Cronon, *Changes in the Land*, 67-90.

50 다음에서 인용. Cronon, *Changes in the Land*, 162.

51 Jennings, *Invasion of America*, 15.

52 다음에서 인용. Thrush, *Indigenous London*, 42. 다음도 보라. Lipman, *Saltwater Frontier*, 79-80; Margaret Ellen Newell, *Brethren by Nature: New England Indians, Colonists, and the Origins of American Slavery* (Ithaca: Cornell University Press, 2015), 18.

53 Lipman, *Saltwater Frontier*, 86.

54 Salisbury, *Manitou and Providence*, 90-95.

55 Edward Arber, ed., *Travels and Works of Captain John Smith*, 2 vols. (Edinburgh: Grant, 1910), 1:219. 영국인 포로들을 에스파냐 노예 시장으로 보낸 조치에 대해서는 다음을 보라. van Deusen, *Global Indios*, 44-45. Margaret Newell은 헌트 선장이 "27명의 파턱싯 인디언과 나우싯 인디언"을 노예로 삼았다고 시사한다. *Brethren by Nature*, 19.

56 DeLucia, *Memory Lands*, 294.

57 Jace Weaver, *The Red Atlantic: Indigenes and the Making of the Modern World* (Chapel Hill: University of North Carolina Press, 2014).

58 DeLucia, *Memory Lands*, 291.

59 Thrush, *Indigenous London*, 44.

60 "전체적으로 보아, 스튜어트 시대 런던에서 알곤킨어를 사용하는 공동체를 구성한 인원은 아마 40명이 조금 넘었을 것이다." Thrush, *Indigenous London*, 44. Alden Vaughan은 총 다섯 명의 동부 아베나키인이 조지 웨이마우스(George Waymouth)에게 "납치"되었다고 시사한다. *Transatlantic Encounters*, 57.

61 다음에서 인용. Thrush, *Indigenous London*, 42; 57도 보라.

62 Newell, *Brethren by Nature*, 19.

63 Vaughan, *Transatlantic Encounters*, 57-65.

64 Margaret Newell이 시사한 바와 같이, "어찌 된 일인지 제1차 세계대전 이후 뉴잉글랜드 학계에서 인디언 노예제는 사실상 사라졌다. … 노예제에 대한 일반적인 역사 서술에서, 특히 인디언 노예제는 그뒤에도 계속해서 언급되지 않는다." *Brethren by Nature*, 4.

65 Salisbury, *Manitou and Providence*, 92n15, 265-66. 다음도 보라. "Gorges, Ferdinando,

1568-1647," in The Yale Indian Papers Project (YIPP), https://yipp.yale.edu/bio/bibliography/gorges-ferdinando-1568-1647.

66  Van Deusen, *Global Indios*, 210-26.

67  Kathleen Brown, "Native Americans and Early Modern Concepts of Race," in Martin Daunton and Rick Halpern, eds., *Empire and Others: British Encounters with Indigenous Peoples, 1600-1850* (Philadelphia: Literary University of Pennsylvania Press, 1999), 79-100; Ed White, "Invisible Tagkanysough," *PMLA* (2005): 751-67.

68  다음에서 인용. Alexander Young, *Chronicles of the Pilgrim Fathers of the Colony of Plymouth, from 1602 to 1625*, 2nd ed. (Boston: Charles C. Little & James Brown, 1864), 190-91.

69  다음에서 인용. Betty Booth Donohue, *Bradford's Indian Book: Being the True Roote & Rise of American Letters as Revaeled by the Native Text Embedded in "Of Plimoth Plantation"* (Gainsville: University Press of Florida, 2011), xiv. "틱별한[특별한] (spetiall)"이라는 단어의 인용에 대해서는 96쪽을 보라. Donohue는 19세기 자료들에 기초해 티스콴텀에 대해 다른 주장을 펼치는 전기를 썼다. 그는 티스콴텀이 더 일찍 노예가 되었다고 주장한다. (96쪽 12번 주석, 156.)

70  다음에서 인용. Young, *Chronicles of the Pilgrim Fathers*, 301.

71  다음에서 인용. Young, *Chronicles of the Pilgrim Fathers*, 301.

72  Lipman, *Saltwater Frontier*, 100.

73  다음에서 인용. Young, *Chronicles of the Pilgrim Fathers*, 190. Dermer가 티스콴텀과 함께 영국으로 돌아왔는지, 직접 동북부로 갔는지에 대해서는 의견이 갈린다. 예를 들어 다음을 보라. Lipman, *Saltwater Frontier*, 100. 다음도 보라. Vaughan, *Transatlantic Encounters*, 66-67; Salisbury, "Sqaunto," 237.

74  Alden Vaughan이 쓴 대로, "1620년까지 티스콴텀은 유럽에 최소한 두 번, 아마도 세 번, 혹은 네 번까지도 다녀왔다." *Transatlantic Encounters*, 71. 유럽인의 편도 이주에 초점을 맞춘 연구서로는 다음을 보라. Warren, *New England Bound*, 21.

75  Van Deusen, *Global Indios*, 139.

76  Lipman, *Saltwater Frontier*, 100-101.

77  다음에서 인용. Vaughan, *Transatlantic Encounters*, 65.

78  Salisbury, "Squanto," 236-37.

79  Salisbury, "Squanto," 237.

80  Lipman, *Saltwater Frontier*, 100-101.

81  Lipman, *Saltwater Frontier*, 103. 다음도 보라. Salisbury, *Manitou and Providence*, 122-23.

82  Anderson, "New England in the Seventeenth Century," 197.

83 "이 축제는 공동의 수확과 동맹을 기념하기 위한 것이었다. 온전한 기독교식 감사절이었다. 오랫동안 알려지지 않았던 이 축제를 19세기 후반 작가들이 재발견하고 문화 간 협력이 적절하게 이루어진 순간으로 재해석한 덕분에 우리는 이 축제를 그렇게 생각하게 되었다." Lipman, *Saltwater Frontier*, 101.

84 Anderson, "New England in the Seventeenth Century," 196.

85 Hilary McD. Beckles, "The 'Hub of Empire': The Caribbean and Britain in the Seventeenth Century," in Canny, *Origins of Empire*, 221, 219. 다음도 보라. Dunn, *Sugar and Slaves*, 17-19.

86 Brooks, *Our Beloved Kin*, 36-39.

87 Salisbury, *Manitou and Providence*, 114-19.

88 J. Franklin Jameson, ed., *Narratives of New Netherland, 1609-1664* (New York: Scribner's Sons, 1909), 43. 다음도 보라. Salisbury, *Manitou and Providence*, 147.

89 Salisbury, "The Atlantic Northeast," 341. 다음도 보라. Robert E. Dewar and Kevin A. McBride, "Remnant Settlement Patterns," in J. Rossignol, et al., eds., *Space, Time, and Archaeological Landscapes* (New York: Springer, 1992), 227-55; Lucianne Levin, "Coastal Adaptations in Southern New England and Southern New York," *Archaeology of Eastern North America* (1998): 101-20; Kevin A. McBride, "The Historical Archaeology of the Mashantucket Pequot, 1637-1900: A Preliminary Analysis," in Laurence M. Hauptman and James D. Wherry, eds., *The Pequots in Southern New England* (Norman: University of Oklahoma Press, 1990), 96-116.

90 Lipman, *Saltwater Frontier*, 104.

91 Brooks, *Our Beloved Kin*, 27.

92 Salwen, "Indians of Southern New England and Long Island," 167. 다음도 보라. *Our Beloved Kin*, 27-71, 124-31, 322-26.

93 David J. Silverman, *Thundersticks: Firearms and the Violent Transformation of Native America* (Cambridge, Mass.: Harvard University Press, 2016), 92-120.

94 Michael P. Winship, *Seers of God: Puritan Providentialism in the Restoration and Early Enlightenment* (Baltimore: Johns Hopkins University Press, 1996), 10.

95 다음에서 인용. Lipman, *Saltwater Frontier*, 115.

96 Winthrop, *Life and Letters of John Winthrop*, 2:54.

97 Taylor, *American Colonies*, 206; 134-37쪽도 보라.; Beckles, "The 'Hub of Empire'" 221-25.

98 Peter C. Mancall, "Native Americans and Europeans in English America, 1500-1700," Canny, *Origins of Empire*, 333.

99 Winship, *Godly Republicanism*, 206-14.

100 Allan Greer, *Property and Dispossession: Natives, Empires, and Land in Early Modern North America* (New York: Cambridge University Press, 2018), 200, 4;1–23, 191–237도 보라. 다음도 보라. Warren, *New England Bound*, 89–90; Cronon, *Changes in the Land*, 56–72.

101 식민지 시대 농부가 생계형인지 시장형인지에 대한 논쟁은 최소한 Frederick Jackson Turner까지 거슬러 올라간다. Cronon, *Changes in the Land*, 250–51. 다음도 보라. Taylor, *American Colonies*, 188–97.

102 S. T. Livermore, *A History of Block Island: From Its Discovery, in 1514, to the Present Time, 1876* (Hartford: Case, Lockwood, & Brainard, 1877), 10; Lipman, *Saltwater Frontier*, 96–97.

103 Neal Salisbury, William Cronon, Andrew Lipman, Kathleen Bragdon 모두가 이 경제적 변화를 혁명이라는 단어로 표현한다. 다음을 보라. Bragdon, *Native People of Southern New England, 1500-1650* (Norman: University of Oklahoma Press, 1996), 100; Salisbury, *Manitou and Providence*, 147; Lipman, *Saltwater Frontier*, 109; Cronon, *Changes in the Land*, 95.

104 다음을 보라. Elizabeth Tooker, "The League of the Iroquois: Its History, Politics, and Ritual," in Trigger, *Northeast*, 422–24; William N. Fenton, *The Great Law and the Longhouse: A Political History of the Iroquois Confederacy* (Norman: University of Oklahoma Press, 1998), 224–39. Andrew Lipman은 1646년 거래를 바탕으로 "보라색 왐펌은 초기 무역에서 흔하지 않았다"라고 주장한다. *Saltwater Frontier*, 290n38.

105 Margaret M. Bruchac, "Broken Chains of Custody: Possessing, Dispossessing, and Repossessing Lost Wampum Belts," *Proceedings of the American Philosophical Society* (March 2018): 56–105.

106 Cronon, *Changes in the Land*, 95.

107 Jon Parmenter, *The Edge of the Woods: Iroquoia, 1534-1701* (East Lansing: Michigan State University Press, 2010), 17.

108 다음에서 인용. Lynn Ceci, "Native Wampum as a Peripheral Resource in the Seventeenth-Century World System," in Hauptman and Wherry, *Pequots in Southern New England*, 58.

109 Fenton, *Great Law and the Longhouse*, 224.

110 Cronon, *Changes in the Land*, 95–96.

111 Joost Joner and Keetie Slutyerman, *At Home on the World Markets: Dutch International Trading Companies from the Sixteenth Century until the Present* (The Hague: Sdu Uitgevers, 2000), 50–51.

112  Pierre Bourdieu가 시사한 것처럼, 경제결정론은 사회적 관계를 "경제적 힘의 부수적 현상 같은 것으로" 축소하면서 "재현이 지닌 효과, 특히 상징적 효과"를 무시하곤 한다. 이런 **"역사화(historicize)의 무능력"**은 경제결정론 경향의 분석에서 여전히 어려운 과제로 남아 있다. 다음을 보라. *Language and Symbolic Power* (Cambridge, Mass.: Harvard University Press, 1991), 182, 288n11 (강조는 원문).

113  Livermore, *History of Block Island*, 13-14.

114  Lipman, *Saltwater Frontier*, 110.

115  1641년, 네덜란드인들은 "스태턴섬(Staten Island)에서 … 경쟁 관계에 있는 상대 인디언 집단의 구성원을 잡아오면 한 명당 20패덤의 왐펌을 주겠다"라고 제안했다. 다음에서 인용. Madley, "Reexamining the American Genocide Debate," 114-15. 왐펌 무역은 네덜란드 경제사에서 제대로 인정받지 못한다. 예컨대 다음을 보라. Joner and Slutyerman, *At Home on the World Markets*.

116  다음에서 인용. Lipman, *Saltwater Frontier*, 110.

117  Cronon, *Changes in the Land*, 94-95. 다음도 보라. Salisbury, *Manitou and Providence*, 141-47.

118  Salisbury, *Manitou and Providence*, 151-65.

119  "유럽인의 주요 활동 방식이 무역에서 정착으로 전환된 데에는 전염병이 계기가 되었다." Salisbury, *Manitou and Providence*, 209.

120  Salisbury, *Manitou and Providence*, 204-10.

121  플리머스 식민지 초기에 좀도둑질한 물건을 놓고 갈등이 벌어지면 청교도 지도자들은 폭력을 행사하겠다고 위협하기도 했다. 이에 대해서는 다음을 보라. Ben Kiernan, *Blood and Soil: A World History of Genocide and Extermination from Sparta to Darfur* (New Haven: Yale University Press, 2007), 226.

122  다음에서 인용. Lipman, *Saltwater Frontier*, 132.

123  Lipman, *Saltwater Frontier*, 134.

124  Lipman, *Saltwater Frontier*, 134.

125  Richard Dunn et al., eds., *The Journal of John Winthrop, 1630-1649* (CamMass.: Harvard University Press, 1996), 183.

126  Dunn et al., *Journal of John Winthrop*, 183.

127  Dunn et al., *Journal of John Winthrop*, 184.

128  Dunn et al., *Journal of John Winthrop*, 184.

129  Dunn et al., *Journal of John Winthrop*, 184.

130  다음에서 인용. Madley, "Reexamining the American Genocide Debate," 121.

131  Dunn et al., *Journal of John Winthrop*, 191.

132  Dunn et al., *Journal of John Winthrop*, 191.

133 Dunn et al., *Journal of John Winthrop*, 191.

134 Lipman, *Saltwater Frontier*, 129.

135 Dunn et al., *Journal of John Winthrop*, 213.

136 다음에서 인용. Madley, "Reexamining the American Genocide Debate," 121.

137 Lipman, *Saltwater Frontier*, 138.

138 Perry Miller, *Errand into the Wilderness* (Cambridge, Mass.: Harvard University Press, 1956), 217-39. "청교도는 … 중세인이었다. … 그들은 영광스러운 종말에 대한 비전을 여전히 간직했다." (218).

139 다음에서 인용. Madley, "Reexamining the American Genocide Debate," 121.

140 Lipman, *Saltwater Frontier*, 134.

141 다음에서 인용. Madley, "Reexamining the American Genocide Debate," 121.

142 Ben Kiernan이 시사했듯이 이런 전투, 학살, 그리고 수급을 가져오면 현상금을 지급하는 정책을 계속 추진했던 것은 "대학살 조치"에 해당한다. *Blood and Soil*, 232.

143 Dunn et al., *Journal of John Winthrop*, 221. 다음도 보라. Lipman, *Saltwater Frontier*, 136-37.

144 다음에서 인용. Kiernan, *Blood and Soil*, 232. 다음도 보라. Madly, "Reexamining the American Genocide Debate," 121-23.

145 Dunn et al., *Journal of John Winthrop*, 221-22.

146 다음에서 인용. Kiernan, *Blood and Soil*, 232.

147 Lipman, *Saltwater Frontier*, 141.

148 다음에서 인용. Lipman, *Saltwater Frontier*, 140.

149 Dunn et al., *Journal of John Winthrop*, 226. 북동부 전역에 걸쳐 복잡한 "선주민 지도"가 선주민에게 수많은 피난처를 제공했다. 이런 피난처에서는 식량, 약품, 연료 등 생존 자원을 얻을 수 있었다. Christine DeLucia에 따르면, 이러한 피난처를 지칭하는 '늪지대'라는 명칭은 수 세기 동안 지속된 관행으로, 부족들의 '기억의 풍경'을 지워버리는 역할을 했다. 이에 대해서는 다음을 보라. *Memory Lands*, 121-200. 롱아일랜드 해협 전투에서처럼 이런 "늪지대"는 17세기 내내, 특히 필립 왕의 전쟁이 벌어지는 동안 군사적 격돌이 이루어지는 장소가 되었다. 이에 대해서는 다음을 보라. Brooks, *Our Beloved Kin*, 238-52.

150 Dunn et al., *Journal of John Winthrop*, 226-27.

151 Dunn et al., *Journal of John Winthrop*, 227-28.

152 Dunn et al., *Journal of John Winthrop*, 238.

153 Taylor, *American Colonies*, 168.

154 다음에서 인용. Taylor, *American Colonies*, 175.

155 Taylor, *American Colonies*, 177.

## 3장 폭력의 예측 불가능성


1   Daniel K. Richter, *Before the Revolution: America's Ancient Pasts* (Cambridge, Mass.:
    Harvard University Press, 2011), 5. 다음도 보라. Russell Thornton, *American Indian
    Holocaust and Survival: A Population History since 1492* (Norman: University of
    Oklahoma Press, 1987); William M. Denevan, ed., *The Native Population of the
    Americas in 1492*, rev. ed. (Madison: University of Wisconsin Press, 1992); David
    S. Jones, "Population, Health, and Public Welfare," in Frederick E. Hoxie, ed., *The
    Oxford Handbook of American Indian History* (New York: Oxford University Press,
    2016), 413.

2   Bernard Bailyn, *The Barbarous Years: The Conflict of Civilizations, 1600–1675* (New
    York: Knopf, 2012), 528.

3   Richard White, *The Middle Ground: Indians,Empires,andRepublicsintheGreat Lakes
    Region, 1650–1815*, rev. ed. (New York: Cambridge University Press, 2011), 11.

4   Brian DeLay, "Independent Indians and the U.S.-Mexican War," *American Historical
    Review 112*, no. 1 (February 2007): 35–68. 다음도 보라. Michael Witgen, *An Infinity
    of Nations: How the Native New World Shaped Early America* (Philadelphia: University
    of Pennsylvania Press, 2012).

5   Elisabeth Tooker, "The League of the Iroquois: Its History, Politics, and Ritual," in
    Bruce G. Trigger, ed., *The Northeast*, vol. 15 of *Handbook of North American Indians*
    (Washington, D.C.: Smithsonian Institute, 1978), 418–29; Daniel K. Richter,
    *Ordeal of the Longhouse: The Peoples of the Iroquois League in the Era of European
    Colonization* (Chapel Hill: University of North Carolina Press, 1992), 14–49;
    Matthew Dennis, *Cultivating a Landscape of Peace: Iroquois–European Encounters
    in Seventeenth–Century America* (Ithaca: Cornell University Press, 1993), 76–115;
    Timothy J. Shannon, "Iroquoia," in Hoxie, *The Oxford Handbook of American Indian
    History*, 200–203. 다음도 보라. Francis Jennings, *The Ambiguous Iroquois Empire:
    The Covenant Chain Confederation of Indians Tribes with English Colonies from
    its Beginnings to the Lancaster Treaty of 1744* (New York: Norton, 1984), 25–41;
    Taiakeke Alfred, *Peace, Power, and Righteousness: An Indigenous Manifesto* (Don Mills,
    Ont.: Oxford University Press, 1999), 89–103; William N. Fenton, *The Great Law
    and the Longhouse: A Political History of the Iroquois Confederacy* (Norman: University
    of Oklahoma Press, 1998), 51–84.

6   Jon Parmenter, *The Edge of the Woods: Iroquoia, 1534–1701* (East Lansing: Michigan
    State University Press, 2010), 289.

7   W. J. Eccles, *The Canadian Frontier, 1534–1760*, rev. ed. (Albuquerque: University of

New Mexico Press, 1983), 83.

8  Gilles Havard, *The Great Peace of Montreal of 1701: French-Native Diplomacy in the Seventeenth Century* (Montreal: McGill-Queens University Press, 2001), 4. 다음도 보라. Parmenter, *The Edge of the Woods*, 3-31; and David Hackett Fischer, *Champlain's Dream* (New York: Simon & Schuster, 2008), 227-342.

9  Eccles, *The Canadian Frontier, 1534-1760*, 13-14.

10  Colin G. Calloway, *One Vast Winter Count: The Native American West Before Lewis and Clark* (Lincoln: University of Nebraska Press, 2003), 215. 다음도 보라. Parmenter, *The Edge of the Woods*, 11-18.

11  Gary W. Crawford, "Northeast Plants"; and Bonnie W. Styles, "Northeast Animals," in Douglas H. Ubelaker, ed., *Environment, Origins, and Population, vol. 3 of Handbook of North American Indians* (Washington, D.C.: Smithsonian Institution, 2006), 405-11; 412-27.

12  Helen Hornbeck Tanner, ed., *Atlas of Great Lakes Indian History* (Norman: University of Oklahoma Press, 1987), 37. 다음도 보라. Allan Greer, ed., *The Jesuit Relations: Natives and Missionaries in Seventeenth-Century North America* (New York: Bedford/St. Martin's, 2000), 1-19.

13  Frank Norall, *Bourgmont: Explorer of the Missouri, 1698-1725* (Lincoln: University of Nebraska Press, 1988), 3.

14  17세기 프랑스인이 작성한 북아메리카 서부 지도에 대한 대략적 설명은 다음을 보라. Carl I. Wheat, *Mapping the Transmississippi West*, 6 vols. (San Francisco: Institute of Historical Cartography, 1957) 1:48-60.

15  오대호 전역의 프랑스인 "영토"의 경계에 대해 역사가들은 오랫동안 토론해왔다. 이에 대해서는 다음을 보라. Witgen, *Infinity of Nations*, 68.

16  H. P. Biggar, ed., *The Works of Samuel de Champlain*, 6 vols. (Toronto: Champlain Society, 1925), 2:326. 다음도 보라. Wheat, *Mapping the Transmississippi West*, 1:49.

17  Biggar, *Works of Champlain*, 2:345.

18  Colin G. Calloway, New Worlds for All: Indians, Europeans, and the Remaking of Early America (Baltimore: Johns Hopkins University Press, 1997), 92.

19  Biggar, *Works of Champlain*, 2:96-97.

20  Hackett Fischer, *Champlain's Dream*, 3.

21  Biggar, *Works of Champlain*, 2:98-100.

22  Coll Thrush, *Indigenous London: Native Travelers at the Heart of Empire* (New Yale University Press, 2016).

23  "이로쿼이의 공간 활용 방식이 시간에 따라 획기적으로 변화한 것을 분석하려는 노력"

864

에 대해서는 다음을 보라. Parmenter, *The Edge of the Woods*, xii-xv, 41-75.

24 Tooker, "The League of the Iroquois," 424-28.

25 Charles T. Gehring and William A. Starna, eds. and trans., *A Journey into Mohawk and Oneida Country, 1634-1635: The Journal of Harmen Meyndertsz Van Den Bogaert*, rev. ed. (Syracuse: Syracuse University Press, 2013), 4.

26 Bruce G. Trigger, "Early Iroquoian Contacts with Europeans," in Trigger, *The Northeast*, 347-49.

27 Biggar, *Works of Champlain*, 2:13. 1513년 에스파냐의 "리케리멘토" 법률에 대한 더 자세한 분석은 1장을 보라.

28 Biggar, *Works of Champlain*, 2:70. "근접 감각(proximity senses)"과 알곤킨-프랑스 관계의 감각적 측면에 대한 사회학적 평가는 다음을 보라. Denys Delage, *Bitter Feast: Amerindians and Europeans in Northeastern North America, 1600-64* (Vancouver: University of British Columbia Press, 1993), 76-77.

29 Hackett Fischer, *Champlain's Dream*, 518.

30 "역사와 정치를 사유하는 사람이라면 폭력이 인간사에서 얼마나 큰 역할을 해왔는지 모를 수 없다." Hannah Arendt, *On Violence* (New York: Harcourt, Brace & World, 1970), 8. "게다가 … 폭력은 내부에 자의성이라는 요소도 갖고 있다. … 모든 것을 관통하는 예측 불가능성. 폭력의 영역에 접근하는 순간, 우리는 그것을 마주한다"(4-5).

31 Thomas Hobbes는 폭력과 정치적 주권에 대해 이렇게 분석했다. "별다른 제도 없이 민병대를 소유함으로써 그는 주권을 가진 자가 되었다." 이에 대해서는 다음을 보라. Michael Oakeshott, ed., *Thomas Hobbes, Leviathan: Or the Matter, Forme and Power of a Commonwealth Ecclesiastical and Civil* (New York: Simon & Schuster, 2008), 139. 다음도 보라. Martin Shaw, "Violence," in Bryan S. Turner, ed., *The Cambridge Dictionary of Sociology* (New York: Cambridge University Press, 2006), 652-53.

32 David J. Silverman, *Thundersticks: Firearms and the Violent Transformation of Native America* (Cambridge, Mass.: Harvard University Press, 2016), 90.

33 Trigger, "Early Iroquoian Contacts with Europeans," 347-48. 다음도 보라. Alain Beaulieu, "La naissance de l'alliance franco-amérindienne," in Raymonde Litalien and Denis Vaugeois, eds., *Champlain: La naissance de l'Amérique française* (Sillery: Les Éditions du Septentrion, 2004), 153-61.

34 Harold Blau, Jack Campisi, and Elisabeth Tooker, "Onondaga," in Trigger, *The Northeast*, 491. 다음도 보라. Trigger, "Early Iroquoian Contacts with Europeans," 349-50; Parmenter, *The Edge of the Woods*, 25-27; James W. Bradley, *Evolution of the Onondaga Iroquois: Accommodating Change, 1500-1655* (Syracuse: Syracuse University Press, 1987).

35  Biggar, *Works of Champlain*, 3:66. 이 마을의 규모에 대한 추산은 이 책 1부 도입부의 전투 그림과 1634~1635년에 판 덴 보하르트가 모호크와 오네이다의 "성곽"을 묘사한 대목을 근거로 삼았다. 이에 대해서는 다음을 보라. Gehring and Starna, *A Journey into Mohawk and Oneida Country*, 4.

36  Christian Le Clercq가 1691년에 저술된 뉴프랑스 역사서에 따르면, "우리 휴런인이 샹플랭 씨의 신호와 명령을 기다리겠다는 약속을 어기지 않았다면, 승리는 틀림없었을 것이다." 이에 대해서는 다음을 보라. Christian Le Clercq, *First Establishment of the Faith of New France*, 2 vols., ed. and trans. John G. Shea (New York: John G. Shea, 1881), 1:104.

37  Biggar, *Works of Champlain*, 3:67.

38  Biggar, *Works of Champlain*, 3:67. 다음도 보라. Parmenter, *The Edge of the Woods*, 26-27.

39  Le Clercq, *First Establishment*, 1:104.

40  Le Clercq, *First Establishment*, 1:104.

41  Dean R. Snow, *The Iroquois* (New York: Blackwell, 1994), 108.

42  Bruce G. Trigger는 1615~1629년을 "조용했던 시절"로 묘사한다. "평탄한 과정"을 따랐던 시기라는 뜻이다. 다음을 보라. Bruce G. Trigger, *The Children of Aataentsic: A History of the Huron People to 1660* (Montreal: McGill-Queens University Press, 1976), 1:331; 다음도 보라. 331-433.

43  Richter, *Ordeal of the Longhouse*, 51. 영국인의 식민화와 관련해서는 2장을 보라. 네덜란드인의 식민화에 대해서는 다음을 보라. Alan Taylor, *American Colonies: The Settling of North America* (New York: Viking Penguin, 2001), 248-57; Susanah Shaw Romney, *New Netherland Connections: Intimate Networks and Atlantic Ties in Seventeenth-Century America* (Chapel Hill: University of North Carolina Press, 2014), 128-45.

44  Bruce G. Trigger, "The Mohawk-Mahican War(1624-1628): The Establishment of a Pattern," *Canadian Historical Review* 51 (September 1971): 277. 다음도 보라. Delage, *Bitter Feast*, 122.

45  모히칸과 델라웨어 역사의 개요는 다음을 보라. T. J. Brasser, "Mahican"; and Ives Goddard, "Delaware," in Trigger, *The Northeast*, 198-212; 213-39.

46  Taylor, *American Colonies*, 105.

47  Taylor, *American Colonies*, 253-54. 다음도 보라. Romney, *New Netherland Connections*, 66-121.

48  Romney, *New Netherland Connections*, 124.

49  선주민 제국들의 팽창이 초기 미국사를 통합시키는 주제였던 점과 관련해서는 다음

을 보라. Pekka Hämäläinen, "The Shape of Power: Indians, Europeans, and North American Worlds from the Seventeenth through the Nineteenth Centuries," in Juliana Barr and Edward Country, eds., *Contested Spaces of Early America* (Philadelphia: University of Pennsylvania Press, 2014), 31-68. 다음도 보라. Kathryn Magee Labelle, *Dispersed but Not Destroyed: A History of the Seventeenth-Century Wendat People* (Vancouver: University of British Columbia Press, 2013), 5-6.

50  D. W. Meinig, *Atlantic America, 1492-1800*, vol. 1 of *The Shaping of America: A Geographical Perspective on 500 Years of History* (New Haven: Yale University Press, 1986), 291.

51  Francis Jennings, ed., *The History and Culture of Iroquois Diplomacy: An Interdisciplinary Guide to the Treaties of the Six Nations and Their League* (Syracuse: Syracuse University Press, 1985), 158.

52  Jaap Jacobs, *New Netherland: A Dutch Colony in Seventeenth-Century America* (Leiden: Brill, 2005), 37-40.

53  Brasser, "Mahican," 202-3.

54  다음에서 인용. J. Franklin Jameson, ed., *Narratives of New Netherland: 1609-1664* (New York: Charles Scribner's Sons, 1909), 84-85.

55  다음에서 인용. Jameson, *Narratives of New Netherland*, 84-85. 다음도 보라. Charles T. Gehring and William A. Starna, introduction to Gehring and Starna, *A Journey into Mohawk and Oneida Country*, xxiv-xxv. 서인도회사(West Indian Company)의 경제 정책에 대해서는 다음을 보라. Donna Merwick, *The Shame and the Sorrow: Dutch-Amerindian Encounters in New Netherland* (Philadelphia: University of Pennsylvania Press, 2006), 특히 48-55.

56  다음에서 인용. Gehring and Starna, *A Journey into Mohawk and Oneida Country*, 4.

57  모호크-모히칸 전쟁에 질병이 미친 영향과 관련해서는 다음을 보라. Dennis, *Cultivating a Landscape*, 132.

58  Silverman, *Thundersticks*, 25.

59  Silverman, *Thundersticks*, 27.

60  다음에서 인용. Gehring and Starna, *A Journey into Mohawk and Oneida Country*, 11.

61  다음에서 인용. Gehring and Starna, *A Journey into Mohawk and Oneida Country*, 6.

62  다음에서 인용. Gehring and Starna, *A Journey into Mohawk and Oneida Country*, 16, 43n82.

63  Parmenter, *The Edge of the Woods*, 56-61.

64  Silverman, *Thundersticks*, 21.

65  Labelle, *Dispersed but Not Destroyed*, 14-15.

66 Jones, "Population, Health, and Public Welfare," 421. 인디언 인구 감소가 불가피했
다는 통념에 대한 비판은 420-23도 보라.

67 Jones, "Population, Health, and Public Welfare," 422. 다음도 보라. Paul W. Sciulli
and James Oberly, "Native Americans in Eastern North America: The Southern
Great Lakes and Upper Ohio Valley," Richard H. Steckel and Jerome C. Rose, eds.,
*The Backbone of History: Health and Nutrition in the Western Hemisphere* (New York:
Cambridge University Press, 2002), 440-80.

68 Parmenter, *The Edge of the Woods*, 289-91.

69 Robert Michael Morrissey, "The Terms of Encounter: Language and Contested
Visions of French Colonization in the Illinois Country, 1673-1702," Robert
Englebert and Guillaume Teasdale, eds., *French and Indians in the Heart of North
America, 1630-1815* (East Lansing: Michigan State University Press, 2013), 43-75.

70 최근의 연구들에서는 "웬다케"라는 용어를 사용한다. 다음을 보라. Thomas Peace
and Kathryn Magee Labelle, introduction to Peace and Labelle, eds., *From Huronia
to Wendakes: Adversity, Migration, and Resilience, 1650-1900* (Norman: University of
Oklahoma Press, 2016), 3-15.

71 Labelle, *Dispersed but Not Destroyed*, 2. 다음도 보라. Conrad E. Heidenreich,
"Huron," in Trigger, *The Northeast*, 368-69; Bruce C. Trigger, "The French Presence
in Huronia: The Structure of Franco-Huron Relations in the First Half of the Seven-
teenth Century," *Canadian Historical Review* 49, no. 2 (June 1968): 107-41; Trigger,
*The Children of Aataentsic*, 1:31-32, 90-91; Gary Warrick, *A Population History of the
Huron-Petun, A.D. 500-1650* (New York: Cambridge University Press, 2008), 152-
53.

72 Reuben Gold Thwaites, ed., *The Jesuit Relations and Allied Documents: Travels and
Explorations of the Jesuit Missionaries in New France, 1610-1791*, 73 vols. (Cleveland:
Burrows Brothers, 1898), 13:117-19. 다음도 보라. Labelle, *Dispersed but Not De-
stroyed*, 15-16.

73 Thwaites, *Jesuit Relations*, 13:217-23. 다음도 보라. Labelle, *Dispersed but Not
Destroyed*, 18-25. Labelle은 타르탕데(Taretandé)나 아에농(Aenon)과 같은 지도자들
이름의 프랑스식 철자를 영국식으로 표기한다.

74 Thwaites, *Jesuit Relations*, 12:197-99.

75 Thwaites, *Jesuit Relations*, 15:43.

76 Alfred Goldsworthy Bailey, *The Conflict of European and Eastern Algonkian Cultures,
1504-1700: A Study in Canadian Civilization*, 2nd ed. (Toronto: University of
Toronto Press, 1969), 79.

77  Thwaites, *Jesuit Relations*, 12:243.

78  Trigger, "Early Iroquoian Contacts with Europeans," 351.

79  Labelle, *Dispersed but Not Destroyed*, 25-27.

80  Thwaites, *Jesuit Relations*, 12:197.

81  Thwaites, *Jesuit Relations*, 12:197.

82  Thwaites, *Jesuit Relations*, 12:201-3. 다음도 보라. José António Brandão, *Your Fire Shall Burn No More: Iroquois Policy toward New France and Its Native Allies to 1701* (Lincoln: University of Nebraska Press, 1997), 146.

83  Thwaites, *Jesuit Relations*, 12:207-9. 다음도 보라. Parmenter, *The Edge of the Woods*, 48-49.

84  Parmenter, *The Edge of the Woods*, 49.

85  Thwaites, *Jesuit Relations*, 12:215.

86  Parmenter, *The Edge of the Woods*, 80.

87  북쪽으로 제임스만(James Bay)에 이르기까지 광범위하게 감행된 이로쿼이의 습격에 대해서는 다음을 보라. Arthur J. Ray, "The Northern Interior: 1600 to Modern Times," in Bruce G. Trigger and Wilcomb E. Washburn, eds., *The Cambridge History of the Native Peoples of the Americas*, vol. 1, *North America*, part 2 (New York: Cambridge University Press, 1996), 274. 다음도 보라. Bruce G. Trigger, *Natives and Newcomers: Canada's "Heroic Age" Reconsidered* (Montreal: McGill-Queens University Press, 1986), 259-73.

88  Colin G. Calloway, *The Western Abenakis of Vermont, 1600-1800: War, Migration, and the Survival of an Indian People* (Norman: University of Oklahoma Press, 1990), 67. 다음도 보라. Alice N. Nash, "The Abiding Frontier: Family, Gender and Religion in Wabanaki History, 1600-1763" (Ph.D. diss., Columbia University, 1997), 211-12; J. A. Mauault, *Historie des Abenakis: Depuis 1605 jusqu'á nos jours* (Sorel, Quebec: Gazette de Sorel, 1866), 125-27.

89  Labelle, *Dispersed but Not Destroyed*, 49-140. 다음도 보라. Trigger, *The Children of Aataentsic*, 2:634-788.

90  Conrad E. Heidenreich, "Re-establishment of Trade, 1654-1666," in R. Cole Harris, ed., *Historical Atlas of Canada: From the Beginning to 1900*, vol. 1 (Toronto: University of Toronto Press, 1987), plate 37.

91  다음에서 인용. Parmenter, *The Edge of the Woods*, 47.

92  Bacqueville de la Potherie, *Histoire de l'Amérique septentrionale*, 4 vols. (Paris: Jean-Luc Nion and Francois Didot, 1722), 3:1; "세상에 이렇게 잔인한 일은 없다.": 다음에서 인용. Parmenter, *The Edge of the Woods*, 41. 다음도 보라. Havard, *Great Peace of*

*Montreal*, 202.

93 다음도 보라. Emma Helen Blair, ed. and trans., *The Indian Tribes of the Upper Mississippi Valley and Region of the Great Lakes: As Described by Nicolas Perrot, French Commandant in the Northwest; Bacqueville de la Potherie, French Royal Commissioner to Canada; Morrell Marston, American Army Officer; and Thomas Forysth, United States Agent at Fort Armstrong*, 2 vols. (Cleveland: Arthur Clark, 1911), 2:135.

94 Trigger, "Early Iroquoian Contacts with Europeans," 354; Trigger, *Children of Aataentsic*, 2:604.

95 Snow, Iroquois, 96–100. 다음도 보라. Parmenter, *The Edge of the Woods*, 289–91.

96 Parmenter, *The Edge of the Woods*, 81.

97 Thwaites, *Jesuit Relations*, 12:215.

98 Martin Fournier, *Pierre–Esprit Radisson: Merchant Adventurer*, 1636–1710 Les Éditions du Septentiron, 2002), 20–24.

99 Brett Rushforth, *Bonds of Alliance: Indigenous and Atlantic Slaveries in New France* (Chapel Hill: University of North Carolina Press, 2012), 15–71.

100 다음을 보라. Roland Viau, "Enfants du néant et mangeurs d'âmes: Guerre, culture et société, en Iroquoisie l'époque de la colonization européenne" (Ph.D. diss., Université Montréal, 1994), 269; Fournier, *Pierre–Esprit Radisson*, 41.

101 Arthur T. Adams., ed., *The Explorations of Pierre Esprit Radisson* (Minneapolis: Ross & Haines, 1961), 18. 다음도 보라. Parmenter, *The Edge of the Woods*, 83–84, 331–n15.

102 Brandão, *Your Fire Shall Burn No More*, 73–74.

103 Blair, *The Indian Tribes of the Upper Mississippi Valley*, 1:146.

104 White, *The Middle Ground*, 1.

105 Trigger, *The Children of Aataentsic*, 2:752.

106 Trigger, *The Children of Aataentsic*, 2:752–53.

107 Trigger, *The Children of Aataentsic*, 2:729. 다음도 보라. George T. Hunt, *The Wars of the Iroquois: A Study in Intertribal Relations* (Madison: University of Wisconsin Press, 1940); Trigger, *Natives and Newcomers*, 271–77.

108 Brandão, *Your Fire Shall Burn No More*, 77.

109 Trigger, *The Children of Aataentsic*, 2:767–70.

110 Thwaites, *Jesuit Relations*, 36:177.

111 Trigger, *The Children of Aataentsic*, 2:770–79.

112 다음도 보라. White, *The Middle Ground*, 46.

113 Marian E. White, "Neutral and Wenro"; "Erie," in Trigger, *The Northeast*, 407–17.

114 White, *The Middle Ground*, 11. 다음도 보라. Pekka Hämäläinen, *Lakota America: A New History of Indigenous Power* (New Haven: Yale University Press, 2019), 21-28.

115 단절보다 연속성을 강조하는 관점에 대해서는 다음을 보라. Rushforth, *Bonds of Alliance*, 24; Heidi Bohaker, *Doodem and Council Fire: Anishinaabe Governance through Alliance* (Toronto: University of Toronto Press, 2020); Heidi Bohaker, "'Nindoodemag': The Significance of Algonquian Kinship Networks in the Eastern Great Lakes Region, 1600-1701," *William and Mary Quarterly* (January 2006): 23-52; Witgen, *Infinity of Nations*; Michael A. McDonnell, *Masters of Empire: Great Lakes Indians and the Making of America* (New York: Hill & Wang, 2015); Michael A. McDonnell, "Rethinking the Middle Ground: French Colonialism and Indigenous Identities in the *Pays d'en Haut*," Gregory D. Smithers and Brooke N. Newman, eds., *Native Diasporas: Indigenous Identities and Settler Colonialism in the Americas* (Lincoln: University of Nebraska Press, 2014), 79-108.

116 White, *The Middle Ground*, 14.

117 Patty Loew, *Indian Nations of Wisconsin: Histories of Survival and Renewal*, 2nd ed. (Madison: State of Wisconsin Historical Society Press, 2011).

118 Richter, *Ordeal of the Longhouse*, 74.

119 북부의 동쪽을 휩쓴 "농업 혁명"의 개요에 대해서는 다음을 보라. Richter, *Before the Revolution*, 20-24.

120 Trigger, *Natives and Newcomers*, 271.

121 Trigger, *Natives and Newcomers*, 273-78. 다음도 보라. Gunlog Fur, *A Nation of Women: Gender and Colonial Encounters among the Delaware Indians* (Philadelphia: University of Pennsylvania Press, 2009), 47-50.

122 웬다트의 곡물 재배 역량이 어느 정도였는지 그 추정치에 대해서는 다음을 보라. Conrad Heidenreich, *Huronia: A History and Geography of the Huron Indians, 1600-1650* (Toronto: McClelland & Stewart, 1971), 168-200. 다음도 보라. Trigger, *The Children of Aataentsic*, 1:165-68.

123 이로쿼이는 "뉴프랑스가 경제적 번영을 위해 의존했던 무역망을 파괴해 식민지 전역에 절망감을 조성했다." Trigger, *Natives and Newcomers*, 273.

124 Robert A. Goldstein, *French-Iroquois Diplomatic and Military Relations, 1608-1701* (The Hague: Mouton, 1969), 79-84.

125 Joyce Marshall, ed., *Word from New France: The Selected Letters of Marie De L'Incarnation* (Toronto: Oxford University Press, 1967), 225, 227. 다음도 보라. Trigger, *Natives and Newcomers*, 277-80.

126 Richter, *Ordeal of the Longhouse*, 105-25.

127 Trigger, *Natives and Newcomers*, 279.

128 W. J. Eccles, *Essays on New France* (Toronto: Oxford University Press, 1987), 111. 다음도 보라. Marcel Trudel, *La population du Canada en 1663* (Montreal: Éditions Fides, 1973), 11-28.

129 다음에서 인용. Jack Verney, *The Good Regiment: The Carignan-Salières Regiment in Canada, 1665-1668* (Montreal: McGill-Queen's University Press, 1991), 3.

130 Verney, *The Good Regiment*, 4.

131 Verney, *The Good Regiment*, 4. 다음도 보라. Goldstein, *French-Iroquois Diplomatic and Military Relations*, 86-89.

132 McDonnell, *Masters of Empire*, 33.

133 "Appendix B: Nominal Roll" in Verney, *The Good Regiment*, 145-85. 1660년대에 프랑스 여성 623명이 뉴프랑스로 이주하기도 했다. 이는 이전 수십 년 동안 이루어진 이주를 합친 수보다 많다. 이에 대해서는 다음을 보라. Harris, *Historical Atlas of Canada*, 118.

134 Goldstein, *French-Iroquois Diplomatic and Military Relations*, 166-97.

135 Steve Pincus, *1688: The First Modern Revolution* (New Haven: Yale University Press, 2009), 307.

136 "Mémoire de Mr De Salieres," in Régis Roy and Gérard Malchelosse, *Le Régiment de Carignan: Son organisation et son expédition au Canada, 1665-1668* (Montreal: G. Ducharme, 1925), 48.

137 "Mémoire de Mr De Salieres," 63. 다음도 보라. Parmenter, *The Edge of the Woods*, 119-20.

138 Parmenter의 서술에 따르면, "뉴프랑스의 행정 당국과 교회 당국"은 연대 단위의 군대가 온 것을 보고 "기쁨을 감추지 못했다." 다음을 보라. Parmenter, *The Edge of the Woods*, 118-19.

139 Marshall, ed., *Word from New France*, 317.

140 McDonnell, *Masters of Empire*, 39.

141 Parmenter, *The Edge of the Woods*, 167.

142 Parmenter, *The Edge of the Woods*, 172-73, 182. 1687년과 1693년의 원정에 관해서는 다음을 보라. 189-226.

143 Parmenter, *The Edge of the Woods*, 246-48.

144 McDonnell, *Masters of Empire*, 34.

145 Silverman, *Thundersticks*, 50-55.

146 Havard, GreatPeace, 190-209. 뉴프랑스에서 아니시나베와 프랑스의 관계가 지닌 중요성에 대해서는 4장을 보라.

147 Bohaker, *Doodem and Council Fire*, 24–69.

148 Havard, *Great Peace*, 211. 다음도 보라. Goldstein, *French-Iroquois Diplomatic and Military Relations*, 196–97.

149 Bohaker, *Doodem and Council Fire*, 67–69.

150 Bohaker, *Doodem and Council Fire*, 61.

151 White, *The Middle Ground*, 50–185.

152 Richard Weyhing, "'Gascon Exaggerations': The Rise of Antonie Laumet de Sieur de Cadillac, the Foundation of Colonial Detroit, and the Origins of the Fox Wars," in Englebert and Teasdale, *French and Indians in the Heart of North America*, 77–112.


## 4장 선주민의 오대호 세계

1 Elizabeth Fenn, "The Mandans: Ecology, Population, and Adaptation on the Northern Plains," in Edward Countryman and Julianna Barr, eds., *Contested Spaces of Early America* (Philadelphia: University of Pennsylvania Press, 2014), 96–99.

2 Fenn, "The Mandans," 98.

3 Lawrence J. Burpee, ed., *Journals and Letters of Pierre Gaultier de Varennes de La Vérendrye and His Sons* (Toronto: Champlain Society, 1927), 367.

4 Burpee, *Journals and Letters of Pierre Gaultier de Varennes de La Vérendrye*, 366.

5 Burpee, *Journals and Letters of Pierre Gaultier de Varennes de La Vérendrye*, 369.

6 Elizabeth Fenn은 다음과 같이 서술한다. "분명 그 세기에 만단인 수는 1만 명이었을 것이다. … 혹은 1만 5000명이나 2만 명에 달했을 가능성도 있다." 다음을 보라. Elizabeth A. Fenn, *Encounters at the Heart of the World: A History of the Mandan Peoples* (New York: Hill & Wang, 2014), 24–26.

7 Gary B. Nash, *The Urban Crucible: The Northern Seaports and the Origins of the American Revolution*, rev. ed. (Cambridge, Mass.: Harvard University Press, 1986), 1.

8 카호키아와 미시시피인 시대의 "수장 중심 사회(chiefdom)"에 관한 개요는 다음을 보라. Robbie Ethridge, *From Chicaza to Chickasaw: The European Invasion and the Transformation of the Mississippian World, 1540–1715* (Chapel Hill: University of North Carolina Press, 2010), 3–25; Timothy R. Pauketat, *Cahokia: Ancient America's Great City on the Mississippi* (New York: Penguin Group, 2009), 1–10. 다음도 보라. Francis Jennings, *The Founders of America: From the Earliest Migrations to the Present* (New York: Norton, 1993), 56–67.

9 Gary E. Moulton, ed., *The Journals of the Lewis and Clark Expedition*, 12 vols. (Lincoln: University of Nebraska Press, 1987), 3:238.

10 예를 들어 다음을 보라. Pekka Hämäläinen, *Lakota America: A New History of*

*Indigenous Power* (New Haven: Yale University Press, 2019), 50-84.

11  Fenn, *Encounters at the Heart of the World*, 41-47. 다음도 보라. Brett Rushforth, *Bonds of Alliance: Indigenous and Atlantic Slaveries in New France* (Chapel Hill: University of North Carolina Press, 2012), 34n25; Scott Berthelette, "The Making of a Manitoban Hero: Commemorating La Vérendrye in St. Boniface and Winnipeg, 1886-1938," *Manitoba History* 74 (Winter 2014): 15-25; Berthelette, "La Vérendrye's 'Middle Ground': Village and Imperial Politics in the Northwest, 1731-1743," *Strata* 5 (2013): 1-31.

12  Burpee, *Journals and Letters of Pierre Gaultier de Varennes de La Vérendrye*, 1.

13  프랑스와 이로쿼이의 관계 및 1701년 '대합의'에 대해서는 3장을 보라.

14  Burpee, *Journals and Letters of Pierre Gaultier de Varennes de La Vérendrye*, 481. 다음도 보라. William H. Goetzman and Glyndwr Williams, *The Atlas of North American Exploration: From the Norse Voyages to the Race to the Pole* (Norman: University of Oklahoma Press, 1998), 96-97.

15  미국혁명을 촉발한 변경 지대의 갈등에 대해서는 5장을 보라.

16  다음 책의 도입부에 수록된 지도와 표를 보라. Heidi Bohaker, *Doodem and Council Fire: Anishinaabe Governance through Alliance* (Toronto: University of Toronto Press, 2020). 주정부와 연방정부가 인정한 아니시나베 부족들에 대해서는 다음도 보라. "Appendix A: State and Federally Recognized Tribes," in Charles Wilkinson, *Blood Struggle: The Rise of Modern Indian Nations* (New York: Norton, 2005), 493-97.

17  Brenda J. Child, *Holding Our World Together: Ojibwe Women and the Survival of Community* (New York: Penguin, 2012), xiv. 다음도 보라. Michael Witgen, *An Infinity of Nations: How the Native New World Shaped Early America* (Philadelphia: University of Pennsylvania Press, 2012), 특히 15-21.

18  Child, *Holding Our World Together*, 23-27. 이런 젠더화한 노동 체제가 19세기와 20세기에 바뀐 것에 대해서는 다음을 보라. Brenda Child, *My Grandfather's Knocking Sticks: Ojbiwe Family Life and Labor on the Reservation* (St. Paul: Minnesota Historical Society Press, 2014), 특히 161-91; Lucy Eldersveld Murphy, *Great Lakes Creoles: A French-Indian Community on the Northern Borderlands, Prairie du Chien, 1750-1860* (New York: Cambridge University Press, 2014), 27-64.

19  Fred Anderson, *Crucible of War: The Seven Years' War and the Fate of Empire in British North America, 1754-1766* (New York: Knopf, 2000), 7.

20  A. P. Nasatir, *Before Lewis and Clark: Documents Illustrating the History of the Missouri, 1782-1804*, 2 vols. (St. Louis: St. Louis Historical Documents Foundations, 1952), 1:31.

21 Gilles Havard, *The Great Peace of Montreal of 1701: French-Native Diplomacy in the Seventeenth Century* (Montreal: McGill-Queens University Press, 2001), 193-206.

22 R. David Edmunds and Joseph L. Peyser, *The Fox Wars: The Mesquakie Challenge to New France* (Norman: University of Oklahoma Press, 1993), 5.

23 Leslie Choquette, "Center and Periphery in French North America," in Christine Daniels and Michael V. Kennedy, eds., *Negotiated Empires: Centers and Peripheries in the Americas, 1500-1820* (New York: Routledge, 2002), 197.

24 William N. Fenton, *The Great Law and the Longhouse: A Political History of the Iroquois Confederacy* (Norman: University of Oklahoma Press, 1998), 289.

25 Burpee, *Journals and Letters of Pierre Gaultier de Varennes de La Vérendrye*, 481.

26 Francis Jennings, *The Ambiguous Iroquois Empire: The Covenant Chain Confederation of Indian Tribes with English Colonies from Its Beginnings to the Lancaster Treaty of 1744* (New York: Norton, 1984), 142.

27 다음에서 인용. Daniel K. Richter, *Ordeal of the Longhouse: The Peoples of the Iroquois League in the Era of European Colonization* (Chapel Hill: University of North Carolina Press, 1992), 206.

28 Fenton, *The Great Law and the Longhouse*, 382-83. 다음도 보라. Jennings, *Ambiguous Iroquois Empire*, 258-60.

29 Tiya Miles, *The Dawn of Detroit: A Chronicle of Slavery and Freedom in the City of the Straits* (New York: New Press, 2017), 7-12.

30 Francis Jennings에 따르면, "반복해서 벌어진 제국의 전쟁 때문에 재앙에 가까운 규모로 인디언 사상자가 발생했다." 다음을 보라. *The Creation of America: Through Revolution to Empire* (New York: Cambridge University Press, 2000), 119.

31 Timothy J. Shannon, *Iroquois Diplomacy on the Early American Frontier* (New York: Penguin, 2008), 55-68.

32 다음에서 인용. Havard, *Great Peace*, 33.

33 Richard White, *The Middle Ground: Indians, Empires, and Republics in the Great Lakes Region, 1650-1815*, rev. ed. (New York: Cambridge University Press, 2011), 51.

34 White, *The Middle Ground*, 53.

35 George Irving Quimby, *Indian Life in the Upper Great Lakes: 11,000 B.C. to A.D. 1800* (Chicago: University of Chicago Press, 1960). "적어도 인디언 10만 명이 오대호 북부 지역을 장악하고 있었다"(108).

36 White, *The Middle Ground*, 135-36. 다음도 보라. George Irving Quimby, *Indian Culture and European Trade Goods* (Madison: University of Wisconsin Press, 1966), 117-39; Michael S. Nassaney, William M. Cremin, and LisaMarie Malischke, "Native

American-French Interactions in Eighteenth-Century Southwest Michigan: The View from Fort St. Joseph," Charles Beatty-Medina and Melissa Rinehart, eds., *Contested Territories: Native Americans and Non-Natives in the Lower Great Lakes, 1700-1850* (East Lansing: Michigan State University Press, 2012), 특히 62-72.

37 Carol Devens, *Countering Colonization: Native American Women and Great Lakes Missions, 1630-1900* (Berkeley: University of California Press, 1992), 32.

38 Michael Witgen, "The Rituals of Possession: Native Identity and the Invention of Empire in Seventeenth-Century Western North America," *Ethnohistory* 54, no. 4 (Fall 2007): 641-47. 다음도 보라. Witgen, *An Infinity of Nations*.

39 다음에서 인용. Christian Le Clercq, *First Establishment of the Faith of New France*, 2 vols., ed. and trans. John G. Shea (New York: John G. Shea, 1881), 2:131.

40 White, *The Middle Ground*, 128-31. "서로가 얽힌 역사(entangled histories)"의 개념화에 대해서는 다음을 보라. Eliga H. Gould, "Entangled Histories, Entangled Worlds: The English-Speaking Atlantic as a Spanish Periphery," *American Historical Review 112*, no. 3 (June 2007): 764-86.

41 David J. Silverman, *Thundersticks: Firearms and the Violent Transformation of Native America* (Cambridge, Mass.: Harvard University Press, 2016).

42 다음에서 인용. Havard, *Great Peace*, 206 (emphasis added). 다음도 보라. Reuben Gold Thwaites, ed., *The French Regime in Wisconsin, 1634-1727* (Madison: Wisconsin State Historical Society, 1902), 245.

43 총기 기술이 가져온 재앙적 결과에 대해서는 다음을 보라. R. D. Crosby, *The Musket Wars: A History of Inter-Iwi Conflict, 1806-1845*, rev. ed. (Auckland: Libro International, 2012); Silverman, *Thundersticks*.

44 Bacqueville de la Potherie, *Histoire de l'Amérique septentrionale*, 4 vols. (Paris: Jean-Luc Nion & Francois Didot, 1722) 2:87. 다음도 보라. Havard, *Great Peace*, 33.

45 Kathleen Du Val, "Cross-Cultural Crime and Osage Justice in the Western Mississippi Valley, 1700-1826," *Ethnohistory* 54, no. 4 (Fall 2007): 701-2.

46 다음에서 인용. J. H. Schlarman, *From Quebec to New Orleans: The Story of the French in America* (Belleville, Ill.: Buechler, 1930), 226.

47 다음에서 인용. Schlarman, *From Quebec to New Orleans*, 229.

48 다음에서 인용. Schlarman, *From Quebec to New Orleans*, 227, 230.

49 다음에서 인용. Schlarman, *From Quebec to New Orleans*, 227.

50 다음에서 인용. Schlarman, *From Quebec to New Orleans*, 231, 225. 다음도 보라. White, *The Middle Ground*, 92.

51 Reuben Gold Thwaites, ed., *The Jesuit Relations and Allied Documents: Travels and*

*Explorations of the Jesuit Missionaries in New France, 1610-1791*, 73 vols. (Cleveand: Burrows Brothers, 1898), 12:117.

52  Robert Michael Morrissey, "The Terms of Encounter: Language and Contested Visions of French Colonization in the Illinois Country, 1673-1702," Robert Englebert and Guillaume Teasdale, eds., *French and Indians in the Heart of North America, 1630-1815* (East Lansing: Michigan State University Press, 2013), 44-49; Helen Hornbeck Tanner, ed., *Atlas of Great Lakes Indian History* (Norman: University of Oklahoma Press, 1987), 37.

53  Francis Parkman, *The Jesuits in North America in the Seventeenth Century*, rev. ed. (Lincoln: University of Nebraska Press, 1997), ix.

54  다음을 보라. Parkman, *Jesuits in North America in the Seventeenth Century*, v-xvii.

55  Parkman, *Jesuits in North America*, 3-4.

56  Michael A. McDonnell, *Masters of Empire: Great Lakes Indians and the Making of America* (New York: Hill & Wang, 2015), 53-54. 다음도 보라. James Axtell, *Natives and Newcomers: The Cultural Origins of North America* (New York: Oxford University Press, 2001), 163.

57  Annette S. Lee et al., eds., *Ojibwe Sky Star Map Constellation Guide: An Introduction to Ojibwe Star Knowledge* (Cloquet, Minn.: Avenue F., 2014), 32.

58  Reuben Gold Thwaites, ed., *The French Regime in Wisconsin, 1727-1748* (Madison: Wisconsin State Historical Society, 1906), 9. "라코타인의 천체 지식에 대해서는 다음을 보라. Ronald Goodman, *Lakota Star Knowledge: Studies in Lakota Stellar Theology*, 2nd ed. (Mission, S.D.: Sinte Gleska University, 1992).

59  Lee et al., *Ojibwe Sky Star Map Constellation Guide*.

60  다음에서 인용. Schlarman, *From Quebec to New Orleans*, 230.

61  Frank Norall, *Bourgmont: Explorer of the Missouri, 1698-1725* (Lincoln: University of Nebraska Press, 1988), 84.

62  다음을 보라. Bohaker, *Doodem and Council Fire*, 26-27.

63  Sylvia Van Kirk, *Many Tender Ties: Women in Fur-Trade Society, 1670-1870* (Norman: University of Oklahoma Press, 1983), 29.

64  Murphy, *Great Lakes Creoles*, 25.

65  Jill Doerfler, *Those Who Belong: Identity, Family, Blood, and Citizenship among the White Earth Anishinaabeg* (East Lansing: Michigan State University Press, 2015), 12-15.

66  White, *The Middle Ground*, 60.

67  White, *The Middle Ground*, 60.

68 Le Clercq, *First Establishment*, 132-35. 다음도 보라. Pierre Margry, ed., *Découverteset établissements des Français dans l'ouest et dans le sud de l'Amérique septentrionale*, 6 vols. (Paris: Imprimerie D. Jouaust, 1875), 1:488. "그들은 극악무도한 죄를 저지르는 것에 익숙해졌으며, 어린 시절부터 남자들을 그런 용도로 키웠다고 비난받았다."

69 Jenny L. Davis, "More Than Just 'Gay Indians': Intersecting Articulations of Two-Spirit Gender, Sexuality, and Indigenousness," in Lal Zimman et al., eds., *Queer Excursions: Retheorizing Binaries in Language, Gender, and Sexuality* (New York: Oxford University Press, 2014), 64. "베르다슈 정체성과 관련해 가장 많이 인용되는 텍스트"에 대해서는 이 책의 참고문헌을 보라(특히 79n4).

70 Le Clercq, *First Establishment*, 134.

71 Edmunds and Peyser, *The Fox Wars*, 176; 119-201쪽도 보라. ; Rushforth, *Bonds of Alliance*, 197-221; White, *The Middle Ground*, 149-75. 이런 연구들에 대한 논쟁이 중요한데도 폭스 네이션에 대한 프랑스의 정책이 "대량 학살"에 해당한다고 했던 Edmunds와 Peyser의 주장을 논하는 학자는 거의 없다. 다음을 보라. Edmunds and Peyser, *The Fox Wars*, 158-201.

72 다음을 보라. Gottfried Hotz, *The Segesser Hide Paintings: Masterpieces Depicting Spanish Colonial New Mexico* (Santa Fe: Museum of New Mexio Press, 1991); Thomas E. Chavez, "The Villasur Expedition and the Segesser Hide Paintings," in Ralph H. Vigil et al., eds., *Spain and the Plains: Myths and Realities of Spanish Exploration and Settlement on the Great Plains* (Niwot: University of Colorado Press, 1994).

73 Richard White, *The Roots of Dependency: Subsistence, Environment, and Social Change among the Choctaws, Pawnees, and Navajos* (Lincoln: University of Nebraska Press, 1983), 34-68. 다음도 보라. James Axtell, *The Indians' New South: Cultural Change in the Colonial Southeast* (Baton Rouge: Louisiana State University Press, 1997), 61.

74 Rushforth, *Bonds of Alliance*, 193-252.

75 Rushforth, *Bonds of Alliance*, 245-46.

76 다음에서 인용. Rushforth, *Bonds of Alliance*, 194. 프랑스어 자료에 따르면, 프랑스를 방문했던 이 선주민 지도자들은 '수(Sioux)'라고 불렸다. Rushforth가 서술한 바에 따르면, "나는 '다코타(Dakota)' … 대신 '수'라는 용어를 사용한다. 다코타라는 용어는 라코타(Lakota)인이나 나코타(Nakota)인인 '수'를 배제하기 때문이고, '수'가 영어권 독자에게 훨씬 널리 알려졌기 때문이다"(15-16n1). 내가 '다코타'를 선택한 것은, 다코타인이 수어를 말하는 "수" 지역사회의 동쪽 끝에 남아 있기 때문이고, 1740년대에는 그들이 라코타와 나코타 친족처럼 기마 생활을 했기 때문이다.

77 Rushforth, *Bonds of Alliance*.

78 다음에서 인용. Edmunds and Peyser, *The Fox Wars*, 180. 다음도 보라. White, *The*

*Middle Ground*, 171-73.

79  Edmunds and Peyser, *The Fox Wars*, 181.

80  White, *The Middle Ground*, 174-202.

81  18세기 유럽인이 지닌 지리 지식의 한계에 대해서는 다음을 보라. Paul W. Mapp, *The Elusive West and the Contest for Empire, 1713-1763* (Chapel Hill: University of North Carolina Press, 2011).

82  Norall, *Bourgmont*, 87.

83  다음에서 인용. Eric Hinderaker, *Elusive Empires: Constructing Colonialism in the Ohio Valley, 1673-1800* (New York: Cambridge University Press, 1997), 38.

84  George F. G. Stanley, *New France: The Last Phase, 1744-1760* (Toronto: McClelland & Stewart, 1968), 4-14.

85  Michael N. McConnell, *A Country Between: The Upper Ohio Valley and Its Peoples, 1724-1774* (Lincoln: University of Nebraska Press, 1992), 61-82.

86  McConnell, *A Country Between*, 67-121.

87  Anderson, *Crucible of War*, 28.

88  Hinderaker, *Elusive Empires*, 40.

89  McConnell, *A Country Between*, 78-81; Shannon, *Iroquois Diplomacy on the Early American Frontier*, 87-102.

90  Alan Taylor, *American Colonies: The Settling of North America* (New York: Viking Penguin, 2001), 154.

91  다음에서 인용. Hinderaker, *Elusive Empires*, 41.

92  Anderson, *Crucible of War*, 25.

93  다음에서 인용. McConnell, *A Country Between*, 82-83.

94  다음에서 인용. Stanley, *New France*, 278n4; 다음도 보라. 37-38; Donald H. Kent, *The French Invasion of Western Pennsylvania, 1753* (Harrisburg: Pennsylvania Historical and Museum Commission, 1981), 7-10.

95  다음에서 인용. Stanley, *New France*, 38.

96  Anderson, *Crucible of War*, 26.

97  다음에서 인용. McConnell, *A Country Between*, 86.

98  Mapp, *The Elusive West and the Contest for Empire*, 1-5.

99  William P. Cumming, *The Southeast in Early Maps*, 3rd ed. (Chapel Hill: University of North Carolina Press, 1998), 27. 영국의 군사와 국경 보고서 중 "내륙 전체의 지형 지식"을 자세히 설명한 경우는 거의 없다. 이런 조사가 혁명 이전까지 "증가하고는 있었지만, … 진척은 거의 없었다"(28).

100  Anderson, *Crucible of War*, 50.

101   McConnell, *A Country Between*, 121.

102   Allan Greer가 말한 바와 같이 토지 투기는 물론 전혀 새로운 것이 아니었다. … 그러나 18세기 중엽에 새 국면으로 접어들었다. 자본과 정치적 영향력에 접근할 수 있는 남성들은 협회를 직접 조직하기 시작했다. 오하이오 컴퍼니(Ohio Company)가 그런 경우였는데, 이 회사들은 보조금과 매수를 통해 광대한 토지에 대한 권리를 축적했다. 그렇게 한 것은 오로지 훗날 정착민으로부터 이득을 챙기기 위해서였다. 패트릭 헨리(Patrick Henry)나 조지 워싱턴과 같은 몇몇 미래 혁명 영웅들이 가장 적극적인 토지 투기업자였다. *Property and Dispossession: Natives, Empires, and Land in Early Modern North America* (New York: Cambridge University Press, 2018), 384.

103   Anderson, *Crucible of War*, 52-53.

104   다음에서 인용. McConnell, *A Country Between*, 89.

105   Anderson, *Crucible of War*, 56-58.

106   Anderson, *Crucible of War*, 7.

107   다음에서 인용. Anderson, *Crucible of War*, 53.

108   McConnell, *A Country Between*, 119-20.

109   Anderson, *Crucible of War*, 62.

110   Anderson, *Crucible of War*, 61.

111   다음에서 인용. Anderson, *Crucible of War*, 60.

112   White, *The Middle Ground*, 223.

113   McConnell, *A Country Between*, 109.

114   Shannon, *Iroquois Diplomacy on the Early American Frontier*, 150.

115   McConnell, *A Country Between*, 110.

116   Anderson, *Crucible of War*, 62.

117   다음에서 인용. Anderson, *Crucible of War*, 63.

118   다음에서 인용. Anderson, *Crucible of War*, 65.

119   James H. Merrell, "Shamokin, 'the Very Seat of the Prince of Darkness': Unsettling the Early American Frontier," Andrew R. L. Clayton and Fredrika J. Teute, eds., *Contact Points: American Frontiers from the Mohawk Valley to the Mississippi, 1750-1830* (Chapel Hill: University of North Carolina Press, 1998), 50.

120   Anderson, *Crucible of War*, 410.

121   Colin G. Calloway, *The Scratch of a Pen: 1763 and the Transformation of North America* (New York: Oxford University Press, 2006), 15.

122   Anderson, *Crucible of War*, 212-13.

123   다음에서 인용. Merrell, "Shamokin," 53. 서스쿼해나강변 포트오거스타에 세워진 영국의 요새 건설에 대한 개괄은 50~56쪽을 보라.

124  다음에서 인용. Merrell, "Shamokin," 55.

125  다음에서 인용. Merrell, "Shamokin," 55.

126  다음에서 인용. Merrell, "Shamokin," 50.

127  다음에서 인용. Merrell, "Shamokin," 51.

128  다음에서 인용. Merrell, "Shamokin," 51.

129  다음에서 인용. Merrell, "Shamokin," 55.

130  Anderson, *Crucible of War*, 80. 다음도 보라. Jill Lepore, *These Truths: A History of the United States* (New York: Norton, 2018), 65-71.

131  Anderson, *Crucible of War*, 85.

132  Robert Dale Parker, ed., *Changing Is Not Vanishing: A Collection of American Indian Poetry to 1930* (Philadelphia: University of Pennsylvania Press, 2011), 50-51.

133  Jane Johnston Schoolcraft, "Lines Written at Castle Island, Lake Superior," in Parker, *Changing is Not Vanishing*, 63.

134  Schoolcraft, "Lines Written at Castle Island, Lake Superior," 63.

135  Richard Wilworth Rust, ed., *The Pathfinder: or, The Inland Sea* (Albany: State University of New York Press, 1981), 7-9.


## 5장 정착민의 봉기

1  다음에서 인용. Alan Taylor, *Liberty Men and Great Proprietors: The Revolutionary Settlement on the Maine Frontier, 1760-1820* (Chapel Hill: University of North Carolina Press, 1990), 61.

2  Peter Cunningham, ed., *The Letters of Horace Walpole: Fourth Earl of Orford* (Edinburgh: John Grant, 1906), 5:49, 35.

3  다음에서 인용. Taylor, *Liberty Men and Great Proprietors*, 61. 식민지 시대에 "개인적 독립성"이라는 개념에서는 토지 소유자가 중심적 위치를 차지했다. 이에 대해서는 다음 자료도 보라. T. H. Breen, *American Insurgents, American Patriots: The Revolution of the People* (New York: Hill & Wang, 2010), 30, 25-41. 1760년대 초 확장되던 정착촌에 대한 개괄은 다음을 보라. Eric Hinderaker and Peter C. Mancall, *At the Edge of Empire: The Backcountry in British North America* (Baltimore: Johns Hopkins University Press, 2003), 150-54.

4  다음에서 인용. Alan Taylor, *American Revolutions: A Continental History, 1750-1804* (New York: Norton, 2016), 11.

5  다음에서 인용. Taylor, *American Revolutions*, 50-51.

6  Eliga H. Gould, *The Persistence of Empire: British Political Culture in the Age of the American Revolution* (Chapel Hill: University of North Carolina Press, 2000), 1-71.

7   Fred Anderson, *Crucible of War: The Seven Years' War and the Fate of Empire in British North America, 1754-1766* (New York: Knopf, 2000), 특히 587-685.

8   Gregory Evans Dowd, *War under Heaven: Pontiac, the Indian Nations, and the British Empire* (Baltimore: Johns Hopkins University Press, 2002).

9   다음에서 인용. Taylor, *American Revolutions*, 40.

10  다음에서 인용. Taylor, *American Revolutions*, 57.

11  다음에서 인용. Colin G. Calloway, *The Indian World of George Washington: The First President, the First Americans, and the Birth of the Nation* (New York: Oxford University Press, 2018), 135. 다음도 보라. Colin G. Calloway, *The Scratch of a Pen: 1763 and the Transformation of North America* (New York: Oxford University Press, 2006), 6, 168.

12  Gary B. Nash, *The Urban Crucible: The Northern Seaports and the Origins of the American Revolution*, rev. ed. (Cambridge, Mass.: Harvard University Press, 1986), 152-55.

13  Nash, *The Urban Crucible*, 152. 다음도 보라. Taylor, *American Revolutions*, 44-45; and W. J. Eccles, *France in America*, rev. ed. (Markham, Ont.: Fitzhenry & Whiteside, 1990), 221-23.

14  Catherine Cangany, *Frontier Seaport: Detroit's Transformation into an Atlantic Entrepôt* (Chicago: University of Chicago Press, 2014), 26. 다음도 보라. Dowd, *War under Heaven*; and J. Clarence Webster, ed., *The Journal of Jeffery Amherst: Recording the Military Career of General Amherst in America from 1758 to 1763* (Toronto: Ryerson, 1931), 264-65.

15  다음에서 인용. Taylor, *American Revolutions*, 59.

16  Richard White, *The Middle Ground: Indians, Empires, and Republics in the Great Lakes Region, 1650-1815*, rev. ed. (New York: Cambridge University Press, 2011), 269-314.

17  Patrick Spero, *Frontier Rebels: The Fight for Independence in the American West, 1765-1776* (New York: Norton, 2018), 183.

18  Robert G. Parkinson, *The Common Cause: Creating Race and Nation in the American Revolution* (Chapel Hill: University of North Carolina Press, 2016), 22.

19  다음에서 인용. Patrick Spero, *Frontier Country: The Politics of War in Early Pennsylvania* (Philadelphia: University of Pennsylvania Press, 2016), 4.

20  Joseph Doddridge, *Notes on the Settlement and Indian Wars of the Western Parts of Virginia and Pennsylvania from 1763 to 1783, Inclusive, Together with a Review of the State of Society and Manners of the First Settlers of the Western Country* (Parson, W.V.:

McClain, 1976), 171.

21 Parkinson, *The Common Cause*, 24. 다음도 보라. Colin G. Calloway, *The American Revolution in Indian Country: Crisis and Diversity in Native American Communities* (New York: Cambridge University Press, 1995).

22 Parkinson, *The Common Cause*, 186–87.

23 예를 들어 다음을 보라. Benjamin Franklin, *A Narrative of the Late Massacres, in Lancaster County, of a Number of Indians, Friends of This Province, by Persons Unknown. With Some Observations on the Same.* (Philadelphia: Anthony Armbruster, 1764).

24 Doddridge, *Notes on the Settlement and Indian Wars*, 168.

25 Doddridge, *Notes on the Settlement and Indian Wars*, 168.

26 다음에서 인용. Peter Silver, *Our Savage Neighbors: How Indian War Transformed Early America* (New York: Norton, 2008), 154.

27 Gordon S. Wood는 다음과 같이 주장한다. "혁명을 통해 보통사람도 존중받게 되었다. … 혁명은 그들의 고된 노동에도 예견하지 못했던 방식으로 존엄성을 부여했다." *The Radicalism of the American Revolution: How a Revolution Transformed a Monarchial Society into a Democratic One Unlike Any That Had Ever Existed* (New York: Knopf, 1992), 8.

28 Colin G. Calloway, *The Indian World of George Washington: The First President, the First Americans, and the Birth of the Nation* (New York: Oxford University Press, 2018), 14.

29 다음을 보라. Eliga H. Gould, *Among the Powers of the Earth: The American Revolution and the Making of a New World Empire* (Cambridge, Mass.: Harvard University Press, 2012), 특히 30-33. 초기 미국의 인디언 정책에 대해서는 6장도 보라.

30 영국군은 1775년까지 북아메리카 전역에서 79개 항구와 요새를 점령했다. 다음을 보라. Douglas Edward Leach, "The British Army in America, Before 1775," in Jack P. Greene and J. R. Pole, eds., *The Blackwell Encyclopedia of the American Revolution* (Cambridge: Basil Blackwell, 1991), 150.

31 Nash, *The Urban Crucible*, 153.

32 다음에서 인용. Jack M. Sosin, *Whitehall and the Wilderness: The Middle West in British Colonial Policy, 1760-1775* (Lincoln: University of Nebraska Press, 1961), 36.

33 Webster, *Journal of Jeffery Amherst*, 261.

34 Daniel P. Barr, *A Colony Sprung from Hell: Pittsburgh and the Struggle for Authority on the Western Pennsylvania Frontier, 1744-1794* (Kent: Kent State University Press, 2014). 다음도 보라. P. J. Marshall, "The British in Asia: Trade to Dominion," in P.

J. Marshall, ed., *The Eighteenth Century*, vol. 2 of Wm. Roger Louis, ed., *The Oxford History of the British Empire* (New York: Oxford University Press, 1998), 499.

35  Leach, "The British Army in America," 148.

36  Anderson, *Crucible of War*, 317-18. 7년전쟁 직전 농업에 기초한 매사추세츠의 경제에 대한 설명은 다음을 보라. Fred Anderson, *A People's Army: Massachusetts Soldiers and Society in the Seven Years' War* (Chapel Hill: University of North Carolina Press, 1984), 특히 28-39.

37  Benjamin Franklin, "To the Printer of the London Chronicle," December 28-30, 1758, in Leonard W. Labaree, ed., *The Papers of Benjamin Franklin*, vol. 8 (New Haven: Yale University Press, 1965), 214.

38  Taylor, *American Revolutions*, 44-51.

39  Taylor, *American Revolutions*, 50-51.

40  Taylor, *American Revolutions*, 62-65.

41  Vincent Brown, *Tacky's Revolt: The Story of an Atlantic Slave War* (Cambridge, Harvard University Press, 2020).

42  Taylor, *American Revolutions*, 46.

43  Gould, *The Persistence of Empire*, 110.

44  Keith R. Widder, *Beyond Pontiac's Shadow: Michilimackinac and the Anglo-Indian War of 1763* (East Lansing: Michigan State University Press, 2013), 18.

45  Dowd, *War under Heaven*, 34.

46  Tiya Miles, *The Dawn of Detroit: A Chronicle of Slavery and Freedom in the City of the Straits* (New York: New Press, 2017), 21-27.

47  Cangany, *Frontier Seaport*, 71-105.

48  Dowd, *War under Heaven*, 282n4.

49  1701년 이후 오대호 지역에서 프랑스와 알곤킨이 맺은 관계에 대해서는 4장을 보라.

50  Brenda J. Child, *Holding Our World Together: Ojibwe Women and the Survival of Community* (New York: Penguin, 2012), 49-58. "기치가미잉(Gichigamiing, 수피리어호) 인근에 살던 오지브웨인은 스스로에 대해 프랑스인이 명명한 지역에서 여러 자치적인 집단을 구성해 살아가는 사람이라고 생각했다. … 나중에 미 연방정부는 이들을 '수피리어호 오지브웨(Lake Superior Ojibwe)'라는 명칭으로 통합했다. … 이런 분류에는 정치 조직에 대한 오지브웨인의 생각이 반영되지 못했고, 연방 관료제가 만든 범주에 불과했다. 오지브웨어는 1830년대까지도 '이 지역의 보편적 언어'였다. 당시 아이들은 … 오지브웨모윈(Ojibwemowin)어로 된 책을 가지고 있었다"(49-50, 57).

51  Webster, *Journal of Jeffery Amherst*, 265.

52  Webster, *Journal of Jeffery Amherst*, 265.

53 Dowd, *War under Heaven*, 59-63.

54 디트로이트의 경제적 발전에 대한 설명은 다음을 보라. Cangany, *Frontier Seaport*, 8-26. 다음도 보라. Miles, *Dawn of Detroit*, 27-33.

55 Albert T. Volwiler, *George Croghan and the Western Movement, 1741-1782* (Cleveland Arthur H. Clark, 1926), 146.

56 Cangany, *Frontier Seaport*, 1-4. 다음도 보라. Barr, *A Colony Sprung from Hell*, 1-10.

57 다음에서 인용. Widder, *Beyond Pontiac's Shadow*, 19-20.

58 Dowd, *War under Heaven*, 62.

59 다음에서 인용. Dowd, *War under Heaven*, 62. 다음도 보라. Volwiler, *George Croghan and the Western Movement*.

60 Barr, *A Colony Sprung from Hell*, 6. 다음도 보라. Ian K. Steele, *Setting All the Captives Free: Capture, Adjustment, and Recollection in Allegheny Country* (Montreal: McGill-Queen's University Press, 2013), 432.

61 Spero, *Frontier Country*, 116. 다음도 보라. Kevin Kenny, *Peaceable Kingdom Lost: The Paxton Boys and the Destruction of William Penn's Holy Experiment* (New York: Oxford University Press, 2009).

62 다음에서 인용. Dowd, *War under Heaven*, 64.

63 Dowd, *War under Heaven*, 72.

64 "관대함과 상호주의가 동맹을 규정하는 원칙이라면, 대륙의 새로운 지배자들에게는 그 무엇도 존재하지 않았다." Daniel K. Richter, *Facing East from Indian Country: A Native History of Early America* (Cambridge, Mass.: Harvard University Press, 2001), 192.

65 Webster, *Journal of Jeffery Amherst*, 306.

66 다음에서 인용. Steele, *Setting All the Captives Free*, 144.

67 Child, *Holding Our World Together*, 56-62.

68 Dowd, *War under Heaven*, 20-21. 1760년 이후에도 미시간 인디언들이 가톨릭 신자로 남은 것과 관련해서는 109-11쪽을 보라. 프랑스와 알곤킨 사이의 사회적·종교적 유대에 대해 더 나아간 평가에 대해서는 4장을 보라.

69 인디언 종교를 연구하는 학자들은 문화적 스트레스로 고통받는 공동체들의 천년왕국주의 관행에 주목하면서 종교 연구에서 지속적으로 쓰이는 여러 패러다임을 확립해왔다. 1950년대에 등장한 "문화 부흥"이라는 용어는 극심한 경제적·정치적 변혁기에 나타난 선주민의 종교적 표현을 설명하는 데 도움이 된다. 다음을 보라. Anthony F. C. Wallace, *The Death and Rebirth of the Seneca* (New York: Knopf, 1970). 다음도 보라. Anthony F. C. Wallace, "Revitalization Movements: Some Theoretical Considerations for Their Comparative Study," *American Anthropologist*

(1956): 264-81.

70  Anderson, *Crucible of War*, 536.

71  C. A. Weslager, *The Delaware Indians: A History* (New Brunswick: Rutgers University Press, 1972), 184.

72  다음에서 인용. James H. Merrell, *Into the American Woods: Negotiators on the Pennsylvania Frontier* (New York: Norton, 1999), 83.

73  다음에서 인용. Dowd, *War under Heaven*, 100.

74  Jane Merritt, *At the Crossroads: Indians and Empires on a Mid-Atlantic Frontier* (Chapel Hill: University of North Carolina Press, 2003), 202.

75  Merrell, *Into the American Woods*, 83-92.

76  18세기에 선주민이 오하이오강 계곡에 정착한 일에 대해서는 4장을 보라.

77  Merritt, *At the Crossroads*, 172-74.

78  Steele, *Setting All the Captives Free*, 3.

79  Dowd, *War under Heaven*, 41-42, 90. 4장도 보라.

80  Merritt, *At the Crossroads*, 124.

81  Francis Jennings, "Iroquois Alliances in American History," in Francis Jenet al., eds., *The History and Culture of Iroquois Diplomacy: An Interdisciplinary Guide to the Treaties of the Six Nations and Their League* (Syracuse: Syracuse University Press, 1985), 44-46.

82  다음에서 인용. Dowd, *War under Heaven*, 91.

83  다음에서 인용. Dowd, *War under Heaven*, 91.

84  Anderson, *Crucible of War*, 536.

85  Pontiac의 다른 프랑스어 및 영어 표기로는 Pontiak, Pondiag, Pondiac 등이 있다. 다음을 보라. Widder, *Beyond Pontiac's Shadow*, 275n19.

86  Webster, *Journal of Jeffery Amherst*, 18n18.

87  다음에서 인용. Richter, *Facing East from Indian Country*, 192.

88  다음에서 인용. Calloway, *The Indian World of George Washington*, 173.

89  Calloway, *The Indian World of George Washington*, 173. 타마콰의 포획에 대해서는 다음을 보라. Steele, *Setting All the Captives Free*, 255-56, 279-89.

90  Calloway, *The Indian World of George Washington*, 174.

91  Steele, *Setting All the Captives Free*, 282.

92  Calloway, *The Indian World of George Washington*, 172. "조지 워싱턴에게 인디언 세계는 여러 면에서, 그리고 살아가는 동안 거의 내내 오하이오 컨트리였다('오하이오 컨트리'는 식민지 시대 미국에서 애팔래치아산맥 서쪽, 이리호 남쪽 지역을 이르는 말)."

93  Spero, *Frontier Country*, 150.

94  Anderson, *Crucible of War*, 537.

95  다음에서 인용. Richter, *Facing East from Indian Country*, 195-96. 다음도 보라. Dowd, *War under Heaven*, 94-105.

96  Miles, *Dawn of Detroit*, 32-34.

97  Webster, *Journal of Jeffery Amherst*, 299.

98  다음에서 인용. Anderson, *Crucible of War*, 538. 포트오거스타의 장악에 대해서는 다음을 보라. 539.

99  Spero, *Frontier Country*, 113-15. 다음도 보라. Richter, *Facing East from Indian Country*, 191.

100  지역 소통망에 대한 평가와 관련해서는 다음을 보라. Alejandra Dubcovsky, *Informed Power: Communication in the Early American South* (Cambridge, Mass.: Harvard University Press, 2016). "이런 복잡한 [부족 내] 연결망들을 유지하기 위해서는 지속적인 적응과 재평가가 필요하다"(181).

101  Dowd, *War under Heaven*, 115.

102  Dowd, *War under Heaven*, 97-112.

103  다음에서 인용. Dowd, *War under Heaven*, 98.

104  Dowd, *War under Heaven*, 126. 다음도 보라. Widder, *Beyond Pontiac's Shadow*, 141-49. 라크로스 게임은 바게티웨이(baggatiway)를 비롯해 여러 가지 이름으로 불렸다.(141, 287n5).

105  Dowd, *War under Heaven*, 132. 다음도 보라. Anderson, *Crucible of War*, 538-42.

106  Anderson, *Crucible of War*, 548.

107  Webster, *Journal of Jeffery Amherst*, 307.

108  Spero, *Frontier Country*, 151.

109  Spero, *Frontier Country*, 114.

110  Nicole Eustace, "The Sentimental Paradox: Humanity and Violence on the Frontier," *William and Mary Quarterly* (January 2008): 29-64.

111  다음에서 인용. Spero, *Frontier Country*, 117.

112  다음에서 인용. Spero, *Frontier Country*, 151.

113  Spero, *Frontier Country*, 152.

114  Silver, *Our Savage Neighbors*, 193-202.

115  다음에서 인용. Spero, *Frontier Country*, 152.

116  Thomas Agostini, "'The Provincials Will Work Like Giants': British Imperialism, American Colonial Troops, and Trans-Atlantic Labor Economics during the Seven Years' War," *Early American Studies* 15, no. 1 (2017): 64-98.

117  다음에서 인용. Anderson, *Crucible of War*, 542.

118  다음에서 인용. Anderson, *Crucible of War*, 542.

119 다음에서 인용. Anderson, *Crucible of War*, 542. 다음도 보라. Dowd, *War under Heaven*, 211.

120 Webster, *Journal of Jeffery Amherst*, 325.

121 David J. Silverman, *Thundersticks: Firearms and the Violent Transformation of Native America* (Cambridge, Mass.: Harvard University Press, 2016), 121-54.

122 Kenny, *Peaceable Kingdom Lost*, 130-32.

123 다음에서 인용. Merrell, *Into the American Woods*, 62.

124 Kenny, *Peaceable Kingdom Lost*, 41-49. 4장도 보라.

125 Anderson, *Crucible of War*, 278. 다음도 보라. Merritt, *At the Crossroads*, 249-51.

126 Spero, *Frontier Country*, 121-22.

127 예를 들어 다음을 보라. Colin G. Calloway, *The Scratch of a Pen: 1763 and the Transformation of North America* (New York: Oxford University Press, 2006), 92-111.

128 다음에서 인용. Anderson, *Crucible of War*, 568.

129 Anderson, *Crucible of War*, 566.

130 Nash, *The Urban Crucible*, 158.

131 "1763년, 정착민의 두려움이 구체화되었다." Merritt, *At the Crossroads*, 272.

132 다음에서 인용. John R. Dunbar, ed., *The Paxton Papers* (The Hague: Martinus 1957), 17.

133 Leonard W. Labaree, *Introduction to Labaree, Papers of Benjamin Franklin*, 11 (1976), 44.

134 Dunbar, *Paxton Papers*, 17n13. 다음도 보라. Anderson, *Crucible of War*, 552.

135 다음에서 인용. Dunbar, *Paxton Papers*, 17.

136 코네스토가 정착민 지역사회에 대한 소개로는 다음을 보라. Francis Jennings, "Susquehannock," in Bruce G. Trigger, ed., *The Northeast*, vol. 15 of *Handbook of North American Indians* (Washington, D.C.: Smithsonian Institute, 1978), 366-67. 다음도 보라. Weslager, *The Delaware Indians*, 196-97; Kenny, *Peaceable Kingdom Lost*, 특히 43-46.

137 1763년 12월 학살 사건에 가담한 몇몇 공격자는 이듬해에 〈팩스턴 민병대의 사과문(Apology of the Paxton Volunteers)〉을 집단적으로 제출했으며, 개별 참가자들의 서약 진술서도 함께 제출했다. 다음을 보라. Dunbar, *Paxton Papers*, 185-95.

138 다음에서 인용. Dunbar, *Paxton Papers*, 23.

139 다음에서 인용. Dunbar, *Paxton Papers*, 23n2.

140 Anderson, *Crucible of War*, 612.

141 Nash, *The Urban Crucible*, 177-78.

142 Anderson, *Crucible of War*, 612. 다음도 보라. Merrell, *Into the American Woods*, 235-40.

143 Eustace, "Sentimental Paradox," 40.

144 다음에서 인용. Silver, *Our Savage Neighbors*, 222.

145 Silver, *Our Savage Neighbors*, 225-26.

146 다음에서 인용. Eustace, "Sentimental Paradox," 56.

147 Dunbar, *Paxton Papers*, 29.

148 McConnell, *A Country Between*, 190.

149 Dunbar, *Paxton Papers*, 35-37. 다음도 보라. Lorett Treese, *The Storm Gathering: The Penn Family and the American Revolution* (University Park: Pennsylvania State University Press, 1992), 37-38.

150 Dunbar, *Paxton Papers*, 37.

151 Treese, *Storm Gathering*, 38.

152 Nash, *The Urban Crucible*, 179-80.

153 Labaree, *Papers of Benjamin Franklin*, vol. 10 (1966), 406-7.

154 Labaree, *Papers of Benjamin Franklin*, vol. 11 (1967), 43n3.

155 Franklin, *A Narrative of the Late Massacres*. 다음도 보라. Labaree, *Papers of Benjamin Franklin*, vol. 11 (1967), 47-69.

156 Labaree, *Papers of Benjamin Franklin*, vol. 11 (1967), 67-69.

157 Labaree, *Papers of Benjamin Franklin*, vol. 11 (1967), 55, 64-65.

158 Silver, *Our Savage Neighbors*, 203. "1764년, 필라델피아의 인쇄소들은 어느 해보다 소책자를 많이 찍어냈다"(191).

159 다음에서 인용. Anderson, *Crucible of War*, 620.

160 다음에서 인용. Spero, *Frontier Rebels*, 81. 다음도 보라. Spero, *Frontier Country*, 103-96; Patrick Griffin, *American Leviathan: Empire, Nation, and Revolutionary Frontier* (New York: Hill & Wang, 2007), 특히 74-94.

161 다음에서 인용. Spero, *Frontier Rebels*, 181.

162 Calloway, *Indian World of George Washington*, 182-190.

163 Dowd, *War under Heaven*, 229-30.

164 James Smith, *An Account of the Remarkable Occurrences in the Life and Travels of Col. James Smith, during His Captivity with the Indians in the Years 1755, '56, '57, '58, and '59*, rev. ed. (Cincinnati: Robert Clark, 1870), 107.

165 Griffin, *American Leviathan*, 65-77. 다음도 보라. Richter, *Facing East from Indian Country*, 201-10; and Kenny, *Peaceable Kingdom Lost*, 205-9.

166 Smith, *An Account of the Remarkable Occurrences in the Life and Travels of Col. James*

Smith, 106. 다음도 보라. Spero, *Frontier Rebels*, 31. "선주민보다 더 그 지역을 대표하는 존재가 되고 싶은 욕망, 인디언 집단에 대한 분노와 적대감, 식민지에서 모든 인디언을 물리적으로 제거하고 싶은 욕구, 동부인에게 당연하게 여겨지는 정서, 엄격하게 규제되던 인디언과의 무역을 추구하고자 하는 욕구, 이런 것들이 바로 1765년 서부 반란을 촉발한 변경 지대 주민들의 핵심적인 신념이었다." (45).

167 다음에서 인용. Spero, *Frontier Rebels*, 32.

168 다음에서 인용. Spero, *Frontier Rebels*, 53.

169 Hinderaker and Mancall, *At the Edge of Empire*, 155. 1750년 이후 스코틀랜드계 아일랜드인에 대한 개요는 다음을 보라. Patrick Griffin, *The People with No Name: Ireland's Ulster Scots, America's Scots Irish, and the Creation of a British Atlantic World* (Princeton: Princeton University Press, 2001); T. M. Devine, *To the Ends of the Earth: Scotland's Global Diaspora, 1750-2010* (Washington, D.C.: Smithsonian Books, 2011).

170 다음에서 인용. Volwiler, *George Croghan and the Western Movement*, 170. 잉글랜드로의 여행과 관련해서는 168-171쪽도 보라.

171 Spero, *Frontier Rebels*, xix.

172 Smith, *An Account of the Remarkable Occurrences in the Life and Travels of Col. James Smith*, 110.

173 Smith, *An Account of the Remarkable Occurrences in the Life and Travels of Col. James Smith*, 109.

174 다음에서 인용. Richter, *Facing East from Indian Country*, 202.

175 Steele, *Setting All the Captives Free*, 210, 378-79.

176 다음에서 인용. Spero, *Frontier Rebels*, 235n35; 다음도 보라. 67.

177 Smith, *An Account of the Remarkable Occurrences in the Life and Travels of Col. James Smith*, 110-11.

178 다음에서 인용. Spero, *Frontier Country*, 182.

179 Spero, *Frontier Country*, 182. 다음도 보라. Silver, *Our Savage Neighbors*, 158-59.

180 Lisa Ford, *Settler Sovereignty: Jurisdiction and Indigenous People in America and Australia, 1788-1836* (Cambridge, Mass.: Harvard University Press, 2010).

181 다음에서 인용. Spero, *Frontier Rebels*, 111.

182 Silver, *Our Savage Neighbors*, 159.

183 "아메리카 대륙에서 영국 제국의 종말은 보스턴이나 필라델피아가 아닌 펜실베이니아 변경에서 1765년 3월 6일에 시작되었다." Griffin, *American Leviathan*, 74.

184 Smith, *An Account of the Remarkable Occurrences in the Life and Travels of Col. James Smith*, 111-13.

185  Edmund S. Morgan and Helen M. Morgan, *The Stamp Act Crisis: Prologue to Revolution* (Chapel Hill: University of North Carolina Press, 1953), 144-45.

186  Eric Hinderaker, *Boston's Massacre* (Cambridge, Mass.: Harvard University Press, 2007), 4.

187  Bernard Bailyn, *Faces of Revolution: Personalities and Themes in the Struggle for American Independence* (New York: Knopf, 1990), 207.

188  William C. Armor, *Lives of the Governors of Pennsylvania* (Philadelphia: James K. Simon, 1872), 187-88. "대표들은 정치 이론보다는 경험을 중시하면서 새 헌법을 제정했다." Spero, *Frontier Rebels*, 187.

189  다음에서 인용. Jonathan Israel, *The Expanding Blaze: How the American Revolution Ignited the World, 1775-1848* (Princeton: Princeton University Press, 2017), 8.

190  다음에서 인용. Spero, *Frontier Rebels*, 187-88.

191  Spero, *Frontier Rebels*, 188.

192  다음에서 인용. Silver, *Our Savage Neighbors*, 226.

193  Armor, *Lives of the Governors of Pennsylvania*, 188.

194  Silver, *Our Savage Neighbors*, 226.

195  Spero, *Frontier Country*, 172.

## 6장 식민주의와 헌법

1  Erica Armstrong Dunbar, *Never Caught: The Washington's Relentless Pursuit of Their Runaway Slave, Ona Judge* (New York: Simon & Schuster, 2017), 15.

2  Pauline Maier, *Ratification: The People Debate the Constitution, 1787-1788* (New York: Simon & Schuster, 2010), 6.

3  John Ferling, *A Leap in the Dark: The Struggle to Create the American Republic* (New York: Oxford University Press, 2003), 238-49.

4  Lance Banning, *The Sacred Fire of Liberty: James Madison and the Founding of the Federal Republic* (Ithaca: Cornell University Press, 1995), 15, 29-49.

5  다음에서 인용. Ferling, *A Leap in the Dark*, 254.

6  Gregory Ablavksy, "The Savage Constitution," *Duke Law Journal* (February 2014): 1039.

7  Ferling, *A Leap in the Dark*, 234.

8  Ferling, *A Leap in the Dark*, 254; Banning, *The Sacred Fire of Liberty*, 45.

9  William T. Hutchinson and William M. E. Rachal, eds., *The Papers of James Madison*, 15 vols. (Chicago: University of Chicago Press, 1971), 7:412.

10  Hutchinson and Rachal, *Papers of James Madison*, 7:412.

11  다음에서 인용. Gordon S. Wood, *The Idea of America: Reflections on the Birth of the*

*United States* (New York: Penguin, 2011), 232.

12 다음에서 인용. Woody Holton, *Unruly Americans and the Origins of the Constitution* (New York: Hill & Wang, 2007), 6.

13 다음에서 인용. Alan Taylor, *American Revolutions: A Continental History, 1750-1804* (New York: Norton, 2016), 319. 다음도 보라. Ferling, *A Leap in the Dark*, 254-55.

14 Thomas Paine, *Common Sense* (Alexandria, Va.: TheCapitol.Net, 2009), 68.

15 Gary B. Nash, *Race and Revolution* (Lanham, Md.: Rowman & Littlefield, ), 60.

16 Maya Jasanoff, *Liberty's Exiles: American Loyalists in the Revolutionary World* (New York: Random House, 2011), 89. 시에라리온으로의 이주에 대해서는 284-300을 보라. 워싱턴 집안에서 도주했던 다른 노예에 대해서는 다음을 보라. Dunbar, *Never Caught*.

17 다음에서 인용. Taylor, *American Revolutions*, 322. 다음도 보라. Jasanoff, *Liberty's Exiles*, 295.

18 Stephen Aron, *How the West Was Lost: The Transformation of Kentucky from Daniel Boone to Henry Clay* (Baltimore: Johns Hopkins University Press, 1996), 58-81; Sami Lakomäki, *Gathering Together: The Shawnee People through Diaspora and Nationhood, 1600-1870* (New Haven: Yale University Press, 2014), 102-22.

19 Ablavksy, "The Savage Constitution," 1002.

20 Woody Holton, *Forced Founders: Indians, Debtors, Slaves, and the Making of the American Revolution* (Chapel Hill: University of North Carolina Press, 1999), xv-9.

21 Colin G. Calloway, *The American Revolution in Indian Country: Crisis and Diversity in Native American Communities* (New York: Cambridge University Press, 1995).

22 Calloway, *American Revolution in Indian Country*, 198-212, 134-57.

23 Anthony F. C. Wallace, *The Death and Rebirth of the Seneca* (New York: Vintage Books, 1969), 125-48.

24 다음에서 인용. Colin G. Calloway, "The Continuing Revolution in Indian Country," in Frederick E. Hoxie et al., eds., *Native Americans and the Early Republic* (Charlottesville: University Press of Virginia, 1999), 15.

25 다음에서 인용. Taylor, *American Revolutions*, 247.

26 "Treaty with the Cherokee, 1785," in Charles J. Kappler, ed., *Indian Affairs: Law and Treaties*, 2 vols. (Washington, D.C.: Government Printing Office, 1904), 2:9.

27 다음에서 인용. Claudio Saunt, *A New Order of Things: Property, Power, and the Transformation of the Creek Indians, 1733-1816* (Cambridge: Cambridge University Press, 1999), 61.

28 "Report on the Committee of Indians Affairs," in Colin G. Calloway, ed., *Revolution*

*and Confederation*, vol. 18 of Alden T. Vaughn, gen. ed., *Early American Indian Documents: Treaties and Laws, 1607-1789* (Bethesda, Md.: University Publications of America, 1994), 290.

29 Frederick E. Hoxie, introduction to Hoxie et al., *Native Americans and the Early Republic*, ix.

30 Brian DeLay, "Independent Indians and the U. S.-Mexican War," *American Historical Review* (2007).

31 Nelson Vance Russell, *The British Régime in Michigan and the Old Northwest, 1760-1796* (Northfield, Minn.: Carleton College, 1939), 230.

32 "Speech of the United Indian Nations to Congress," in Calloway, *Revolution and Confederation*, 356.

33 Robert G. Parkinson, *The Common Cause: Creating Race and Nation in the American Revolution* (Chapel Hill: University of North Carolina Press, 2016), 534.

34 Susan Sleeper-Smith, *Indigenous Prosperity and American Conquest: Indian Women of the Ohio River Valley, 1690-1792* (Chapel Hill: University of North Carolina Press, 2018), 286. 다음도 보라. Alan Taylor, *The Civil War of 1812: American Citizens, British Subjects, Irish Rebels, and Indian Allies* (New York: Vintage Books, 2010).

35 Colin Calloway에 따르면, "집을 태우고, 밭을 망치고, 비전투원들을 죽인다고 인민의 전투 의지나 이기려는 능력이 사라지는 것은 아니다." *American Revolution in Indian Country*, 272.

36 Calloway, *Revolution and Confederation*, 279. 다음도 보라. Bethel Saler, *The Settlers' Empire: Colonialism and State Formation in America's Old Northwest* (Philadelphia: University of Pennsylvania Press, 2015), 29-30.

37 다음에서 인용. Maier, *Ratification*, 11-18.

38 Ferling, *A Leap in the Dark*, 255.

39 P. J. Marshall, "Britain's American Problem: The International Perspective," in G. Gray and Jane Kamensky, eds., *The Oxford Handbook of the American Revolution* (New York: Oxford University Press, 2013).

40 Eric Hobsbawm, *The Age of Revolution, 1789-1848*, rev. ed. (New York: Vintage Books, 1996), 9.

41 Hobsbawm, *The Age of Revolution*, 42-43, 53-76.

42 Maier, *Ratification*, 12-13.

43 James P. Ronda, *Astoria and Empire* (Lincoln: University of Nebraska Press,). 7장도 보라.

44 Hutchinson and Rachal, *Papers of James Madison*, 7:425.

45 Jacob F. Lee, *Masters of the Middle Waters: Indian Nations and Colonial Ambitions along the Mississippi* (Cambridge, Mass.: Harvard University Press, 2019), 196.

46 Allan Greer, *Property and Dispossession: Natives, Empires, and Land in Early Modern North America* (New York: Cambridge University Press, 2018), 389-415.

47 Aron, *How the West Was Lost*, 77-78.

48 Lee, Masters of the Middle Waters, 199.

49 다음에서 인용. Aron, *How the West Was Lost*, 80.

50 William G. McLoughlin, *Cherokee Renascence in the New Republic* (Princeton: University Press, 1986), 18.

51 William A. Hunter, "History of the Ohio Valley," in Bruce G. Trigger, ed., *The Northeast*, vol. 15 of *Handbook of North American Indians* (Washington, D.C.: Smithsonian Institute, 1978), 590-93.

52 다음에서 인용. Aron, *How the West Was Lost*, 2.

53 9장을 보라.

54 다음에서 인용. Claudio Saunt, "The Age of Imperial Expansion, 1763-1821," in E. Hoxie, ed., *The Oxford Handbook of American Indian History* (New York: Oxford University Press, 2016), 85.

55 Colin G. Calloway, *The Indian World of George Washington: The First President, the First Americans, and the Birth of the Nation* (New York: Oxford University Press, 2018), 300.

56 Ablavksy, "The Savage Constitution," 1008.

57 Holton, *Unruly Americans*, 8.

58 Holton, *Unruly Americans*, 8-23.

59 다음에서 인용. Holton, *Unruly Americans*, 144.

60 다음에서 인용. Sleeper-Smith, *Indigenous Prosperity and American Conquest*, 261.

61 Gregory Ablavsky, "'With the Indian Tribes': Race, Citizenship, and Original Meanings," Stanford Law Review (2018): 1026-76.

62 다음에서 인용. Calloway, *The Indian World of George Washington*, 295.

63 Taylor, *American Revolutions*, 344. 다음도 보라. Calloway, *Indian World of George Washington*, 262-63.

64 John C. Fitzpatrick, ed., *The Writings of George Washington: From the Original Manuscript Sources, 1745-1799* (Washington, D.C.: Government Printing Office, 1938), 27:486.

65 Calloway, *Indian World of George Washington*, 288.

66 Hutchinson and Rachal, *Papers of James Madison*, 7:427.

894

67 Sleeper-Smith, *Indigenous Prosperity and American Conquest*, 175-209.

68 Thomas L. McKenny and James Hall, *History of the Indian Tribes of North America, with Biographical Sketches and Anecdotes of the Principal Chiefs Embellished with One Hundred and Twenty Portraits from the Indian Gallery in the Department of War, at Washington*, rev. ed. (Kent, Ohio: Volair), 1978.

69 Sleeper-Smith, *Indigenous Prosperity and American Conquest*, 197.

70 Sleeper-Smith, *Indigenous Prosperity and American Conquest*, 197.

71 Sleeper-Smith, *Indigenous Prosperity and American Conquest*, 197.

72 Sleeper-Smith, *Indigenous Prosperity and American Conquest*, 198-202.

73 Sleeper-Smith, *Indigenous Prosperity and American Conquest*, 214.

74 Calloway, "The Continuing Revolution in Indian Country," 13. 다음도 보라. Sleeper-Smith, *Indigenous Prosperity and American Conquest*, 215.

75 Saler, *Settlers' Empire*, 26-27.

76 다음에서 인용. Russell, *The British Régime in Michigan and the Old Northwest*, 228. 파리 조약이 체결된 이후 그어진 경계선을 놓고 에스파냐와 프랑스가 도전한 내용에 대해서는 217-29도 보라.

77 Taylor, *American Revolutions*, 339.

78 Jack N. Rakove, *The Beginnings of National Politics: An Interpretive History of the Continental Congress* (New York: Knopf, 1979), 179.

79 Frank Pommersheim, *Broken Landscape: Indians, Indian Tribes, and the Constitution* (New York: Oxford University Press, 2009), 17-21.

80 다음에서 인용. Ablavksy, "The Savage Constitution," 1019.

81 Colin G. Calloway, *Pen & Ink Witchcraft: Treaties and Treaty Making in American Indian History* (New York: Oxford University Press, 2013), 68-102.

82 "Governor Clinton to the U. S. Indian Commissioners," in Calloway, *Revolution and Confederation*, 301 (강조는 이 책에서 추가).

83 다음에서 인용. Daniel K. Richter, "Onas, the Long Knife: Pennsylvanians and Indians," in Hoxie et al., *Native Americans and the Early Republic*, 190; and Taylor, *American Revolutions*, 342.

84 "Treaty with the Six Nations, 1784," in Kappler, *Indian Affairs*, 2:5.

85 "Treaty with the Six Nations, 1784," 2:6.

86 Maier, *Ratification*, 13. 다음도 보라. Ablavsky, "The Savage Constitution," 1023-24.

87 다음에서 인용. Maier, *Ratification*, 13.

88 Richter, "Onas, the Long Knife," 139.

89 Ablavksy, "The Savage Constitution," 1024.

90 Adam Tate, "James Madison, 1780-1787: Nationalism and Political Reform," in Leibiger, ed., *A Companion to James Madison and James Monroe* (Madlen, Mass.: Wiley-Blackwell, 2013), 48-53.

91 Robert A. Rutland and William M. E. Rachal, eds., *The Papers of James Madison*, 15 vols. (Chicago: University of Chicago Press, 1971), 8:113.

92 Rutland and Rachal, *Papers of James Madison*, 8:116-17.

93 Joseph T. Glatthaar and James Kirby Martin, *Forgotten Allies: The Oneida Indians and the American Revolution* (New York: Hill & Wang, 2006).

94 Rutland and Rachal, *Papers of James Madison*, 8:99.

95 다음에서 인용. Holton, *Unruly Americans*, 24.

96 Sleeper-Smith, *Indigenous Prosperity and American Conquest*, 246. 다음도 보라. Calloway, *Indian World of George Washington*, 172-73. 버지니아 대농장주들은 "담배 경제를 어려움에 빠뜨리는 호황과 불황의 경기 순환에서 보호받기 위해서라도 작물을 다각화해야 한다는 것을 알았다." (172).

97 "From Thomas Jefferson," in Rutland and Rachal, *Papers of James Madison*, 8:128.

98 다음에서 인용. Calloway, *Indian World of George Washington*, 294.

99 Maier, *Ratification*, 8.

100 Maier, *Ratification*, 8.

101 Calloway, *Indian World of George Washington*, 172.

102 Maier, *Ratification*, 8.

103 Calloway, *Indian World of George Washington*, 297.

104 Calloway, *Indian World of George Washington*, 294-97.

105 다음에서 인용. Calloway, *Indian World of George Washington*, 294.

106 Donald Jackson and Dorothy Twohig, eds., *The Diaries of George Washington* (University of Virginia Press, 1978) 4:18.

107 Jackson and Twohig, *Diaries of George Washington*, 4:18.

108 Jackson and Twohig, *Diaries of George Washington*, 4:21.

109 Fitzpatrick, *Writings of George Washington*, 27:486.

110 Fitzpatrick, *Writings of George Washington*, 27:486.

111 W. W. Abbot and Dorothy Twohig, eds., *The Papers of George Washington*, 8 vols. (Charlottesville: University of Virginia Press, 1992), 2:170.

112 다음에서 인용. Saler, *Settlers' Empire*, 27-28.

113 Fitzpatrick, *Writings of George Washington*, 27:486-87 (강조는 이 책에서 추가).

114 Historian Joseph Ellis, 다음에서 인용. Calloway, *Indian World of George Washington*, 297.

115 다음을 보라. Jackson and Twohig, *Diaries of George Washington*, 4:21-58.

116 Jackson and Twohig, *Diaries of George Washington*, 4:66.

117 다음에서 인용. Sleeper-Smith, *Indigenous Prosperity and American Conquest*, 245.

118 Jackson and Twohig, *Diaries of George Washington*, 4:57.

119 Fitzpatrick, *Writings of George Washington*, 27:486.

120 Gordon S. Wood, *Empire of Liberty: A History of the Early Republic, 1789-1815* (New York: Oxford University Press, 2009), 123. 7장도 보라.

121 "미국혁명의 두 가지 성격"에 대해서는 다음을 보라. Saler, *Settlers' Empire*, 27.

122 "Resolutions on Western Law Enforcement and Mississippi Navigation," in Rutland and Rachal, *Papers of James Madison*, 8:124-25.

123 "Treaty with the Cherokee, 1785," in Kappler, *Indian Affairs*, 2:9 (강조는 이 책에서 추가).

124 Lisa Ford, *Settler Sovereignty: Jurisdiction and Indigenous People in America and Australia, 1788-1836* (Cambridge, Mass.: Harvard University Press, 2010), 60.

125 Fitzpatrick, *Writings of George Washington*, 27:487.

126 Fitzpatrick, *Writings of George Washington*, 27:486.

127 Fitzpatrick, *Writings of George Washington*, 27:487.

128 Adam Dahl, *Empire of the People: Settler Colonialism and the Foundations of Modern Democratic Thought* (Lawrence: University of Kansas Press, 2018), 34-35.

129 다음에서 인용. Dahl, *Empire of the People*, 35.

130 다음에서 인용. Dahl, *Empire of the People*, 35-36.

131 Calloway, *Indian World of George Washington*, 7.

132 Abbott and Twohig, *Papers of George Washington*, 2:144.

133 Abbott and Twohig, *Papers of George Washington*, 2:171.

134 1784년 이래 적용된 매디슨의 항만세에 대해서는 다음을 보라. Tate, "James Madison, 1780-1787," 80.

135 Abbott and Twohig, *Papers of George Washington*, 2:166.

136 Abbott and Twohig, *Papers of George Washington*, 2:171.

137 다음에서 인용. Daniel P. Barr, *A Colony Sprung from Hell: Pittsburgh and the Struggle for Authority on the Western Pennsylvania Frontier, 1744-1794* (Kent: Kent State University Press, 2014), 256.

138 William Findley, *History of the Insurrection in the Four Western Counties of Pennsylvania* (Spartanburg, S.C.: Reprint Company, 1984), ix. 다음도 보라. Steven R. Boyd, ed., *The Whiskey Rebellion: Past and Present Perspectives* (Westport, Conn.: Greenwood, 1985), 77-95.

139  Abbott and Twohig, *Papers of George Washington*, 2:171-72.

140  Ferling, *A Leap in the Dark*, 259.

141  Taylor, *American Revolutions*, 340.

142  Greer, *Property and Dispossession*, 408. 7장도 보라.

143  Ferling, *A Leap in the Dark*, 257-64.

144  다음에서 인용. Taylor, *American Revolutions*, 340.

145  다음에서 인용. Holton, *Unruly Americans*, 144.

146  Wood, *The Idea of America*, 184. 다음도 보라. Saler, *The Settlers' Empire*, 30-32.

147  헌법추가조항 14조와 인디언에 관한 분석은 10장을 보라.

148  Ablavsky, "The Savage Constitution," 1050.

149  Sayler, *The Settlers' Empire*, 30.

150  다음에서 인용. Ablavsky, "The Savage Constitution," 1048.

151  다음에서 인용. Ablavsky, "The Savage Constitution," 1049.


## 7장 쇄도하는 정착민 식민주의

1  다음에서 인용. Ronald Takaki, *A Different Mirror: A History of Multicultural America* (Boston: Little, Brown, 1993), 96.

2  Matthew L. M. Fletcher, "Avoiding Removal: The Pokagon Band of Potawatomi Indians," in Suzan Shown Harjo, ed., *Nation to Nation: Treaties between the United States & American Indian Nations* (Washington, D.C.: Smithsonian Institution, 2014), 86-87. 다음도 보라. Jeffrey Ostler, *Surviving Genocide: Native Nations and the United States from the American Revolution to Bleeding Kansas* (New Haven: Yale University Press, 2019), 311-17.

3  Fletcher, "Avoiding Removal," 86.

4  "Treaty with the Chippewa, etc., 1833," in Charles J. Kappler, ed., *Indian Affairs: Law and Treaties*, 2 vols. (Washington, D.C.: Government Printing Office, 1904), 2:402.

5  "1829년에서 1851년 사이에 86개의 비준 조약이 뉴욕, 옛 북서부, 그리고 미시시피 강을 횡단하며 거주하던 26개 부족과 체결되었다. 포타와토미인의 경우만 하더라도 19개 조약에 참여했다." Francis Paul Prucha, *American Indian Treaties: The History of a Political Anomaly* (Berkeley: University of California Press, 1994), 184.

6  Office Commissary General Subsistence, "To Lieutenant L. F. Carter, Washington, November 30, 1830," *Correspondence on the Subject of the Emigration of the Indians between the 30th November, 1831, and 27th December, 1833*, vol. 1 (Washington, D.C., 1834). 이 자료들은 다음 책으로 재출간되었다. *The Indian Removals*, 5 vols. (New York: AMS, 1974), 1:5.

7  "Treaty with the Potawatomi, 1826"; "Treaty with the Potawatomi, 1827"; "Treaty with the Winnebago, etc. 1828"; "Treaty with the Potawatomi, 1828"; "Treaty with the Chippewa, etc., 1829"; "Treaty with the Potawatomi, [October 20,] 1832"; "Treaty with the Potawatomi, [October 26,] 1832"; "Treaty with the Potawatomi, [October 27,] 1832"; Kappler, *Indian Affairs*, 2:273-77, 283-84, 292-94, 294-97, 297-300, 353-56, 367-70, 372-75.

8  남부 미시간에서 선주민을 몰아내기 위해 초기 미국 정부가 기울인 노력에 대해서는 다음을 보라. Tiya Miles, *The Dawn of Detroit: A Chronicle of Slavery and Freedom in the City of the Straits* (New York: New Press, 2017), 203-12.

9  Susan Sleeper-Smith, *Indigenous Prosperity and American Conquest: Indian Women of the Ohio River Valley, 1690-1792* (Chapel Hill: University of North Carolina Press, 2018).

10  Sleeper-Smith, *Indigenous Prosperity and American Conquest*.

11  Francois Furstenberg, "The Significance of the Trans-Appalachian Frontier in Atlantic History," *American Historical Review* (June 2008): 650.

12  Adam Dahl, *Empire of the People: Settler Colonialism and the Foundations of Modern Democratic Thought* (Lawrence: University of Kansas Press, 2018); Roxanne Dunbar-Ortiz, *An Indigenous Peoples' History of the United States* (Boston: Beacon, 2014), 특히 78-132.

13  "Indian Removal Act," May 28, 1830, in Francis Paul Prucha, ed., *Documents of United States Indian Policy*, 3rd ed. (Lincoln: University of Nebraska Press, 2000), 52.

14  "Andrew Jackson, State of the Union Address, December 6, 1830," in Theda Perdue and Michael D. Green, eds., *The Cherokee Removal: A Brief History with Documents*, 2nd ed. (Boston: Bedford St. Martin's, 2005), 127.

15  Prucha, *American Indian Treaties*, 168-207.

16  Eric Foner, *The Fiery Trial: Abraham Lincoln and American Slavery* (New York: 2010), 4.

17  Miles, *Dawn of Detroit*, 99-100.

18  Foner, *The Fiery Trial*, 6.

19  E. P. Thompson, *The Making of the English Working Class* (New York: Vintage Books, 1966), 191.

20  Daniel Walker Howe, *What Hath God Wrought: The Transformation of America, 1815-1848* (New York: Oxford University Press, 2007).

21  "북부에서는 운하 건설과 증기선, 그리고 나중에 철도의 등장으로 경제적 변화가 시작되었고, 상업적인 농장과 성장하는 도시, 산업 중심지가 통합된 경제 체제를 형성

했다. 남부에서는 시장혁명과 군사적 패배, 그에 따른 선주민의 이주를 통해 노예제의 서부 확장이 가능했고, 멕시코만과 인접한 주들에서 거대한 면화 왕국이 부상할 수 있었다." Foner, *Fiery Trial*, 9.

22 Claudio Saunt, *A New Order of Things: Property, Power, and the Transformation of the Creek Indians, 1733-1816* (New York: Cambridge University Press, 1999), 62.

23 다음에서 인용. Saunt, *A New Order of Things*, 63.

24 Walter Johnson, *River of Dark Dreams: Slavery and Empire in the Cotton Kingdom* (Cambridge, Mass.: Harvard University Press, 2013), 34-40.

25 Dahl, *Empire of the People*, 2.

26 Joyce Appleby, *Liberalism and Republicanism in the Historical Imagination* (Cambridge, Mass.: Harvard University Press, 1992), 58.

27 다음에서 인용. Eric Foner, *Free Soil, Free Labor, Free Men: The Ideology of the Republican Party Before the Civil War* (New York: Oxford University Press, 1970), 39.

28 Karl Polanyi, *The Great Transformation: The Political and Economic Origins of Our Time*. 다음에서 인용. Appleby, *Liberalism and Republicanism in the Historical Imagination*, 58.

29 Andrew J. Torget, *Seeds of Empire: Cotton, Slavery, and the Transformation of the Texas Borderlands, 1800-1850* (Chapel Hill: University of North Carolina Press, 2015), 137.

30 Howe, *What Hath God Wrought*, 118.

31 Takaki, *A Different Mirror*, 81.

32 Sven Beckert, *The Monied Metropolis: New York City and the Consolidation of the American Bourgeoisie, 1850-1896* (New York: Cambridge University Press, 2001), 16-19.

33 Howe, *What Hath God Wrought*, 120. 다음도 보라. Sean Wilentz, *Chants Democratic: New York City and the Rise of the American Working Class, 1788-1850* (New York: Oxford University Press, 1984), 25.

34 Sven Beckert, *Empire of Cotton: A Global History* (New York: Knopf, 2014), 131-36.

35 다음을 보라. David J. Wishart, *The Fur Trade of the American West, 1807-1840: A Geographical Synthesis* (Lincoln: University of Nebraska Press, 1979), 53-78.

36 James P. Ronda, *Astoria and Empire* (Lincoln: University of Nebraska Press, 1990), 2.

37 Ronda, *Astoria and Empire*, 218-19.

38 Daniel J. Hulsebosch, *Constituting Empire: New York and the Transformation of Constitutionalism in the Atlantic World, 1664-1830* (Chapel Hill: University of North

Carolina Press, 2005), 263.

39 다음에서 인용. Amalia D. Kessler, *Inventing American Exceptionalism: The Origins of American Adversarial Legal Culture, 1800-1877* (New Haven: Yale University Press, 2017), 47.

40 계급적 차이에도 불구하고 사회적 유대가 깊었던 점과 관련해서는 다음을 보라. Gordon S. Wood, *The Radicalism of the American Revolution: How a Revolution Transformed a Monarchical Society into a Democratic One Unlike Any That Had Ever Existed* (New York: Knopf, 1992), 특히 124-45.

41 Philip D. Morgan, *Slave Counterpoint: Black Culture in the Eighteenth-Century Chesapeake and Lowcountry* (Chapel Hill: University of North Carolina Press, 1998), 271.

42 Alan Taylor, *American Revolutions: A Continental History, 1750-1804* (New York: Norton, 2016), 357-61.

43 Howe, *What Hath God Wrought*, 121.

44 Clare A. Lyons, *Sex among the Rabble: An Intimate History of Gender and Power in the Age of Revolution; Philadelphia, 1730-1830* (Chapel Hill: University of North Carolina Press, 2006), 290.

45 Lyons, *Sex among the Rabble*, 309.

46 Lyons, *Sex among the Rabble*, 290.

47 Howe, *What Hath God Wrought*, 34.

48 Lyons, *Sex among the Rabble*, 244.

49 다음에서 인용. Dahl, *Empire of the People*, 37. 다음도 보라. Bethel Saler, *The Settlers' Empire: Colonialism and State Formation in America's Old Northwest* (Philadelphia: University of Pennsylvania Press, 2015), 19-26.

50 Saler, *The Settlers' Empire*, 307. "통제에 대한 반감"이라는 표현은 Saler의 책에서 인용한 프레드릭 잭슨 터너의 말에서 가져옴.

51 Dahl, *Empire of the People*, 37.

52 다음에서 인용. Lawrence H. Fuchs, *The American Kaleidoscope: Race, Ethnicity, and the Civic Culture* (Hanover: University Press of New England, 1990), 13. 다음도 보라. Hulsebosch, *Constituting Empire*, 186-87.

53 Fuchs, *The American Kaleidoscope*, 15. 다음도 보라. Takaki, *A Different Mirror*, 80.

54 Foner, *The Fiery Trial*, 16.

55 Jaqueline Jones, *A Dreadful Deceit: The Myth of Race from the Colonial Era to Obama's America* (New York: Basic Books, 2013), 95.

56 Foner, *The Fiery Trial*, 7. 다음을 보라. Ibram X. Kendi, *Stamped from the Beginning:*

*The Definitive History of Racist Ideas in America* (New York: Nation Books, 2016), 117.

57 Kendi, *Stamped from the Beginning*, 120.

58 David Waldstreicher, *Slavery's Constitution: From Revolution to Ratification* (New York: Hill & Wang, 2009), 156. 다음도 보라. Jones, A Dreadful Deceit, 83-95.

59 Robert G. Parkinson, *The Common Cause: Creating Race and Nation in the American Revolution* (Chapel Hill: University of North Carolina Press, 2016), 661.

60 다음에서 인용. Kendi, *Stamped from the Beginning*, 104-5.

61 "미국 계몽" 사상의 "다양성"과 다중성을 강조한 계몽주의 원칙에 대한 개요는 다음을 보라. Caroline Winterer, *American Enlightenments: Pursuing Happiness in the Age of Reason* (New Haven: Yale University Press, 2016).

62 예를 들면 다음을 보라. David R. Roediger, *The Wages of Whiteness: Race and the Making of the American Working Class* (New York: Verso, 1991), 26. 다음도 보라. Ronald Takaki, *Iron Cages: Race and Culture in 19th-Century America* (New York: Oxford University Press, 1990).

63 다음에서 인용. Dahl, *Empire of the People*, 86.

64 다음에서 인용. Dahl, *Empire of the People*, 87.

65 Ernest Renan, "Qu-est-ce qu'une nation?" in John Hutchinson and Anthony Smith, eds., *Nationalism* (New York: Oxford University Press, 1994). Renan의 변함없는 주장에 따르면, "국가는 영원한 어떤 것이 아니다. … 국가는 부분적으로는 공유된 과거, … 풍부한 기억의 유산에서 비롯되었다." 그러한 기억이 "어떤 사람이 치른, 그리고 어떤 이가 또 만들어내려는 희생의 정서로 연결된 거대한 연대"를 제공한다.(17-18).

66 Colin G. Calloway, *The Indian History of an American Institution: Native Americans and Dartmouth* (Hanover: Dartmouth College Press, 2010), 26.

67 Parkinson, *The Common Cause*, 648.

68 다음에서 인용. Calloway, *The Indian History of an American Institution*, 27.

69 Winterer, *American Enlightenments*, 11.

70 Winterer, *American Enlightenments*, 11.

71 Benedict Anderson, *Imagined Communities: Reflections on the Origin and Spread of Nationalism* (London: Verso, 1983), 187-206.

72 다음에서 인용. Dahl, *Empire of the People*, 2-3.

73 Dahl, *Empire of the People*, 3-4.

74 Dahl, *Empire of the People*, 3.

75 다음에서 인용. Dahl, *Empire of the People*, 2. 다음도 보라. Winterer, *American Enlightenments*, 209-10.

76 다음에서 인용. Takaki, *Iron Cages*, 38.

77 Annette Gordon-Reed and Peter S. Onuf, *"Most Blessed of the Patriarchs": Thomas Jefferson and the Empire of the Imagination* (New York: Liveright, 2016).

78 Kendi, *Stamped from the Beginning*, 102. 다음도 보라. Richard Drinnon, *Facing West: The Metaphysics of Indian-Hating and Empire-Building* (Minneapolis: University Minnesota Press, 1980), 90-116.

79 다음에서 인용. Alan Taylor, *Thomas Jefferson's Education* (New York: Norton, 2019), 50.

80 다음에서 인용. Drinnon, *Facing West*, 93.

81 다음에서 인용. Takaki, *Iron Cages*, 36.

82 Foner, *Fiery Trial*, 15; Kendi, *Stamped from the Beginning*, 121.

83 Kendi, *Stamped from the Beginning*, 109. 다음도 보라. Taylor, *Thomas Jefferson's Education*, 133-60.

84 Taylor, *Thomas Jefferson's Education*, 141.

85 다음에서 인용. Lisa Ford, *Settler Sovereignty: Jurisdiction and Indigenous Peoples in America and Australia, 1788-1836* (Cambridge, Mass.: Harvard University Press, 2010), 24.

86 다음에서 인용. Winterer, *American Enlightenments*, 113; 다음도 보라. 112-14.

87 Reginald Horsman, "The Indian Policy of an 'Empire for Liberty,'" in Frederick E. Hoxie et al., eds., *Native Americans and the Early Republic* (Charlottesville: University Press of Virginia, 1999), 37-61.

88 다음을 보라. Horsman, "The Indian Policy of an 'Empire for Liberty.'"

89 다음에서 인용. Horsman, "The Indian Policy of an 'Empire for Liberty,'" 45.

90 Claudio Saunt, *Unworthy Republic: The Dispossession of Native Americans and the Road to Indian Territory* (New York: Norton, 2020), 22-24. "소위 문명 정책은 1830년대에 수만 명을 추방했던 정치적·관료적 운영과는 달랐다"(23).

91 Herman J. Viola, *Thomas L. McKenney: Architect of America's Early Indian Policy, 1816-1830* (Chicago: Sage Books, 1974), 6-20.

92 "President Washington on Government Trading Houses, December 3, 1793," in Prucha, *Documents of United States Indian Policy*, 16 (강조는 이 책에서 추가).

93 Calloway, *The Indian History of an American Institution*, 58-66. 다음도 보라. William G. McLoughlin, *Cherokees and Missionaries, 1789-1839* (New Haven: Yale University Press, 1984), 21-24.

94 David S. Heidler and Jeanne T. Heidler, *Indian Removal: A Norton Casebook* (New York: Norton, 2007), 3-9.

95　다음에서 인용. Saunt, *Unworthy Republic*, 23.

96　Calloway, *The Indian History of an American Institution*, 7-23. 콘월에 대해서는 다음을 보라. John Demos, *The Heathen School: A Story of Hope and Betrayal in the Age of the Early Republic* (New York: Knopf, 2014), 36-43.

97　다음에서 인용. Horsman, "The Indian Policy of an 'Empire for Liberty,'" 41, 43.

98　다음에서 인용. Kendi, *Stamped from the Beginning*, 112.

99　Taylor, *Thomas Jefferson's Education*, 135-36.

100　Kendi, *Stamped from the Beginning*, 111-17. "제퍼슨은 모든 사람이 그렇게 했거나 그렇게 하려고 했다는 사실을 스스로에게 상기시킴으로써 샐리 헤밍스와의 관계를 비밀리에 정당화했을 수 있다. … 주인과 노예 사이의 성폭행이나 성교는 '당연해' 보였다. 그리고 자녀를 노예로 삼는 것은 노예를 보유한 미국에서 정상적인 일로 여겨졌다"(130).

101　예를 들어 다음을 보라. Wilson Jeremiah Moses, *Thomas Jefferson: A Modern Prometheus* (New York: Cambridge University Press, 2019).

102　다음에서 인용. Taylor, *Thomas Jefferson's Education*, 134.

103　Jeremy D. Popkin, *You Are All Free: The Haitian Revolution and the Abolition of Slavery* (New York: Cambridge University Press, 2010), 12.

104　다음에서 인용. Kendi, *Stamped from the Beginning*, 123.

105　미국 대통령실에서 아이티 혁명에 대해 보인 정치적 반응은 다음을 보라. Popkin, *You Are All Free*, 289-326.

106　Lyons, *Sex among the Rabble*, 195. 다음도 보라. Bruce Dian, *A Hideous Monster of the Mind: American Race Theory in the Early Republic* (Cambridge, Mass.: Harvard University Press, 2002), 84. 미국 도망노예법의 역사를 다룬 입문서로는 다음을 보라. R. J. M. Blackett, *The Captive's Quest for Freedom: Fugitive Slaves, the 1850 Fugitive Slave Law, and the Politics of Slavery* (New York: Cambridge University Press, 2018).

107　Julius S. Scott, *The Common Wind: Afro-American Currents in the Age of the Haitian Revolution* (New York: Verso, 2018), 188.

108　Popkin, *You Are All Free*, 310-18.

109　다음에서 인용. Kendi, *Stamped from the Beginning*, 126.

110　다음에서 인용. Kendi, *Stamped from the Beginning*, 144. 다음도 보라. Robert Pierce, *The Missouri Compromise and Its Aftermath: Slavery and the Meaning of America* (Chapel Hill: University of North Carolina Press, 2007), 27-28.

111　다음에서 인용. Taylor, *Thomas Jefferson's Education*, 138.

112　Dian, *A Hideous Monster of the Mind*, 91. 시에라리온의 건국에 대한 개요는 다음도

보라. Jones, A Dreadful Deceit, 88-93.

113 Forbes, *The Missouri Compromise*, 27. 제퍼슨 정부 시절의 식민화 노력에 대해서는 28쪽을 보라.

114 Ostler, *Surviving Genocide*, 120-21.

115 마이애미 수장 리틀터틀이 이끄는 병력에 의해 사망한 군인 수에 대해서는 논쟁이 있다. 다음을 보라. Walter LaFeber, *The American Age: United States Foreign Policy at Home and Abroad since 1750* (New York: Norton, 1989), 47. 이보다 조금 낮은 추정치에 대해서는 다음을 보라. Ostler, *Surviving Genocide*, 108.

116 다음에서 인용. Ostler, *Surviving Genocide*, 108.

117 다음에서 인용. Ostler, *Surviving Genocide*, 108.

118 Jeffrey Ostler, "'Just and Lawful War' as Genocidal War in the (United States) Ordinance and Northwest Territory, 1787-1832," *Journal of Genocide Research* 18 (2016): 1, 5-7.

119 예를 들면 다음을 보라. Carl Benn, ed., *John Norton-Teyoninhokarawen: A Mohawk Memoir from the War of 1812* (Toronto: University of Toronto Press, 2019), 19-23.

120 다음에서 인용. D. W. Meinig, *Continental America, 1800-1867*, vol. 2 of *The Shaping of America: A Geographical Perspective on 500 Years of History* (New Haven: Yale University Press, 1993), 10.

121 "Treaty with the Osage, 1808," in Kappler, *Indian Affairs*, 2:95-99. 오세이지 협약에 대해서는 다음도 보라. Robert Warrior, *The People and the Word: Reading Native Nonfiction* (Minneapolis: University of Minnesota Press, 2005), 62.

122 "Treaty with the Ottawa, etc., 1807," in Kappler *Indian Affairs*, 2:92-95.

123 Carole Goldberg et al., eds., *Indian Law Stories* (New York: Foundation, 2011), 2.

124 조약 체결과 관련된 연방의회 권한의 진화에 대한 확장된 논의는 다음을 보라. David M. Golove, "Treaty-Making and the Nation: The Constitutional Foundations of the Nationalist Conception of the Treaty Power," *Michigan Law Review* (Spring 2000): 1075-1319.

125 Prucha, *American Indian Treaties*, 106.

126 다음에서 인용. Furstenberg, "The Significance of the Trans-Appalachian Frontier in Atlantic History," 655.

127 "Doubt rather than certainty was the constant companion of enlightened hope." Winterer, *American Enlightenments*, 16.

128 조약이 미국 상원의 관행에 어떠한 영향을 미쳤는지에 대한 고전적 연구로는 다음을 보라. Ralston Hayden, *The Senate and Treaties, 1789-1817: The Development of the Treaty-Making Functions of the United States Senate during Their Formative Period*

(New York: Macmillan, 1920). 다음도 보라. Prucha, *American Indian Treaties*, 70-79.

129 Margot Canaday, *The Straight State: Sexuality and Citizenship in Twentieth-Century America* (Princeton: Princeton University Press, 2009), 3.

130 Hayden, *The Senate and Treaties*, 11-16.

131 Taylor, *American Revolutions*, 392.

132 다음에서 인용. Taylor, *American Revolutions*, 393.

133 다음에서 인용. Prucha, *American Indian Treaties*, 71. 이 조약과 관련해서는 다음을 보라. "Treaty the Wyandot, etc., 1789," in Kappler, *Indian Affairs*, 2:18-23.

134 다음에서 인용. Hayden, *The Senate and Treaties*, 14.

135 다음에서 인용. Prucha, *American Indian Treaties*, 71-72; Hayden, *The Senate and Treaties*, 15.

136 다음을 보라. Kappler, *Indian Affairs*, 2:18-45.

137 Thomas Bender, *A Nation among Nations: America's Place in World History* (New York: Hill & Wang, 2006), 106.

138 "Treaty with the Wyandot, etc., 1795," in Kappler, *Indian Affairs*, 2:39-45.

139 "Treaty with the Wyandot, etc., 1795," 2:39-45.

140 Michael Witgen, *An Infinity of Nations: How the Native New World Shaped Early America* (Philadelphia: University of Pennsylvania Press, 2012), 219. 다음도 보라. Michael Wigten, "A Nation of Settlers: The Early American Republic and the Colonization of the Northwest Territory," *William and Mary Quarterly* 76 (2019): 391-98.

141 "Treaty with the Wyandot, etc., 1795," 2:42. 다음도 보라. Witgen, "A Nation of Settlers," 397-98.

142 '존슨 대 민토시' 판결과 관련해서는 8장을 보라.

143 Taylor, *American Revolutions*, 406.

144 Bender, *A Nation among Nations*, 107.

145 LaFeber, *The American Age*, 47.

146 Moses, *Thomas Jefferson*, 441-43. 다음도 보라. Gordon-Reed and Onuf, "*Most Blessed of the Patriarchs*," 198-99.

147 다음에서 인용. Everett Somerville Brown, *The Constitutional History of the Louisiana Purchase* (Berkeley: University of California Press, 1920), 7n17.

148 Taylor, *American Revolutions*, 385.

149 다음에서 인용. Brown, *The Constitutional History of the Louisiana Purchase*, 7n17 (강조는 이 책에서 추가). "피어닝고(Piarningo)"는 미국에 자리한 치커소 동맹의 일원

인 "피오밍고(Piomingo)"를 지칭하는 것으로 보인다. 이들은 미국을 상대로 한 군사 행동에 반대하고 산로렌조 조약과 같은 대륙 내에서의 외교 노력을 지지했다. 치커소 지도자 중 그런 이름을 가진 사람이 두 명 있었는데, 제퍼슨이 (1796년 3월) 이 이름을 사용한 것과 조약 회의에서 언급된 인물들 사이의 연관성을 추적한 학자는 아직까지는 없었다. 이와 관련해서는 다음을 보라. Jason Herbert, "'To Treaty with All Nations': Invoking Authority within the Chickasaw Nation, 1783-1795," *Ohio Valley History* (Spring 2018): 27-29.

150 "애덤스 대통령과 제퍼슨 대통령이 아이티에 대해 보인 대조적 태도"와 관련해서는 다음을 보라. Moses, *Thomas Jefferson*, 454-57. 다음도 보라. Bender, *A Nation among Nations*, 108-9; Taylor, *American Revolutions*, 429.

151 Peter J. Kastor, *The Nation's Crucible: The Louisiana Purchase and the Creation of America* (New Haven: Yale University Press, 2004), 40.

152 Taylor, *American Revolutions*, 419-23.

153 다음에서 인용. Ford, *Settler Sovereignty*, 24.

154 다음에서 인용. Brown, *The Constitutional History of the Louisiana Purchase*, 23.

155 다음에서 인용. Brown, *The Constitutional History of the Louisiana Purchase*, 23.

156 다음에서 인용. Brown, *The Constitutional History of the Louisiana Purchase*, 26.

157 다음에서 인용. Brown, *The Constitutional History of the Louisiana Purchase*, 26.

158 Foner, *Fiery Trial*, 71.

159 Walter Johnson, *Soul by Soul: Life inside the Antebellum Slave Market* (Cambridge Mass.: Harvard University Press, 1999), 5.

160 다음에서 인용. Saunt, *Unworthy Republic*, xiv.

161 Johnson, *Soul by Soul*, 6.

162 Maureen Konkle, *Writing Indian Nations: Native Intellectuals and the Politics of Historiography, 1827-1863* (Chapel Hill: University of North Carolina Press, 2004), 특히 42-96.

163 추방 기간에 피난 중심지에서 사망한 이들에 대해서는 다음을 보라. Saunt, *Unworthy Republic*, 148-55. 다음도 보라. Ostler, *Surviving Genocide*.

164 다음을 보라. Francis Paul Prucha, ed., *Atlas of American Indian Affairs* (Lincoln: University of Nebraska Press, 1990), 94-97. 이러한 구분은 대서양 이외의 지역에 있는 군사 기지에 따른 것이다.

165 Prucha, *Atlas of American Indian Affairs*, 98.

166 Julie L. Reed, *Serving the Nation: Cherokee Sovereignty and Social Welfare, 1800-1907* (Norman: University of Oklahoma Press, 2016), 특히 38-59. 다음도 보라. Saunt, *A New Order of Things*, 38-185.

167  Reed, *Serving the Nation*, 5.

168  Saunt, *Unworthy Republic*, 48.

169  다음에서 인용. Ford, *Settler Sovereignty*, 134.

170  다음에서 인용. Ford, *Settler Sovereignty*, 134.

171  다음에서 인용. Ford, *Settler Sovereignty*, 135.

172  Saunt, *Unworthy Republic*, 48.

173  다음에서 인용. Ford, *Settler Sovereignty*, 141.

174  다음에서 인용. Ford, *Settler Sovereignty*, 135.

175  Reed, *Serving the Nation*, 30. 콘월에서 부디놋이 받은 교육에 대한 개괄은 다음을 보라. Ralph Henry Gabriel, *Elias Boudinot: Cherokee and His America* (Norman: University of Oklahoma Press, 1941), 49–65. 세쿼이아에 관한 연구는 방대하다. 폭넓은 인용 자료를 갖춘 개괄은 다음을 보라. Konkle, *Writing Indian Nations*, 78–96.

176  다음에서 인용. Saunt, *Unworthy Republic*, 49.

177  다음에서 인용. Keith Richotte Jr., *Federal Indian Law and Policy: An Introduction* (St. Paul, Minn.: West Academic, 2020), 60.

178  다음에서 인용. Saunt, *Unworthy Republic*, 163.

179  다음에서 인용. Saunt, *Unworthy Republic*, 163.

180  다음에서 인용. Saunt, *Unworthy Republic*, 164–65.

## 8장 대외 정책의 형성

1  "Table A3.9: Building Construction at San Gabriel Mission," in Robert H. Jackson and Edward Castillo, *Indians, Franciscans, and Spanish Colonization: The Impact of the Mission System on California Indians* (Albuquerque: University of New Mexico Press, 1995), 149.

2  다음에서 인용. Steven W. Hackel, "Sources of Rebellion: Indian Testimony and the Mission San Gabriel Uprising of 1785," *Ethnohistory* 50 (2003): 648, 662n21.

3  다음에서 인용. Richard F. Pourande, *Anza Conquers the Desert: The Anza Expeditions from Mexico to California and the Founding of San Francisco, 1774 to 1776* (San Diego: Copley Books, 1971), 179.

4  쿠미빗(Kumivit)으로도 알려진 통바인은 아주 옛날부터 토방가르(로스앤젤레스 분지) 일대에서 거주했다. 1770년에는 5000명이 약 50개의 독립된 마을 공동체에서 거주했던 것으로 추산된다. 다음을 보라. Hackel, "Sources of Rebellion," 648. 다음도 보라. Edward D. Castillo, "Gender Status Decline, Resistance, and Accommodation among Female Neophytes in the Missions of California: A San Gabriel Case Study," *American Indian Culture and Research Journal* 18 (1994): 67–93.

5 Steven W. Hackel, *Children of Coyote, Missionaries of Saint Francis: Indian-Spanish Relations in Colonial California, 1769-1850* (Chapel Hill: University of North Carolina Press, 2005), 266.

6 "Table A1.10: Livestock Reported at San Gabriel Mission, 1780-1832," in Jackson and Castillo, *Indians, Franciscans, and Spanish Colonization*, 126; Hackel, *Children of Coyote*, 266n74.

7 Hackel, *Children of Coyote*, 65-80.

8 Edward Dallam Melillo, *Strangers on Familiar Soil: Rediscovering the Chile-California Connection* (New Haven: Yale University Press, 2015), 17.

9 다음에서 인용. Jackson and Castillo, *Indians, Franciscans, and Spanish Colonization*, 74-75.

10 다음에서 인용. Claudio Saunt, *West of the Revolution: An Uncommon History of 1776* (New York: Norton, 2014), 70. 다음도 보라. Saunt, "'My Medicine Is Punishment': A Case of Torture in Early California," *Ethnohistory* 57 (2010): 679-708.

11 다음에서 인용. Pourande, *Anza Conquers the Desert*, 179.

12 Saunt, *West of the Revolution*, 59.

13 M. Kat Anderson etal., "A World of Balance and Plenty: Land, Plants, Animals, Humans in a Pre-European California," in Ramón A. Gutiérrez and Richard J. Orsi, eds., *Contested Eden: California Before the Gold Rush* (Berkeley: University of California Press, 1998), 12-47.

14 Hackel, *Children of Coyote*, 266. 다음도 보라. George Harwood Phillips, *Vineyards and Vaqueros: Indian Labor and the Economic Exploitation of Southern California, 1771-1877* (Norman: University of Oklahoma Press, 2010), 115-17.

15 Hackel, *Children of Coyote*, 266.

16 John Ryan Fischer, *Cattle Colonialism: An Environmental History of the Conquest of California and Hawai'i* (Chapel Hill: University of North Carolina Press, 2015), 66-69.

17 기록이 부족함에도, 토이푸리나는 널리 칭송받는 동시에 (문학 등에서) 허구화된 선주민 지도자로 자리잡았다. 다음을 보라. Hackel, "Sources of Rebellion," 663-64; Antonia I. Castañeda, "Engendering the History of Alta California, 1769-1848: Gender, Sexuality, and the Family," in Gutiérrez and Orsi, *Contested Eden*, 230-59; Castañeda, "Malinche, Calafia, y Toypurina: Of Myths, Monsters and Embodied History," in Linda Heidenreich, ed., *Three Decades of Engendering History: Selected Works of Antonia I. Castañeda* (Denton: University of North Texas Press, 2014), 75-78; Isabelle Allende, *Zorro* (New York: HarperCollins, 2005).

18 Fischer, *Cattle Colonialism*, 127.

19 Melillo, *Strangers on Familiar Soil*, 10.

20 다음에서 인용. Melillo, *Strangers on Familiar Soil*, 26.

21 다음에서 인용. D. W. Meinig, *Continental America, 1800-1867*, vol.2 of *The Shaping of America: A Geographical Perspective on 500 Years of History* (New Haven: Yale University Press, 1993), 158-59.

22 Daniel Walker Howe, *What Hath God Wrought: The Transformation of America, 1815-1848* (New York: Oxford University Press, 2007), 809.

23 George Harwood Phillips, *Indians and Intruders in Central California, 1769-1849* (Norman: University of Oklahoma Press, 1993).

24 Benjamin Madley, "California and Oregon's Modoc Indians: How Indigenous Resistance Camouflages Genocide in Colonial Histories," in Andrew Woolford et al., eds., *Colonial Genocide in Indigenous North America* (Durham: Duke University Press, 2014), 98-130; Madley, *An American Genocide: The United States and the California Indian Catastrophe* (New Haven: Yale University Press, 2016), 12; 362-528쪽도 보라.; 그리고 이 책 9장.

25 "에스파냐가 식민화하기 전에 현 국경 내에서는 인디언 약 31만 명이 살았다." Hackel, *Children of Coyote*, 21.

26 James C. Scott, *The Art of Not Being Governed: An Anarchist History of Upland Southeast Asia* (New Haven: Yale University Press, 2009), 22.

27 Hackel, *Children of Coyote*, 263. 다음도 보라. Rose Marie Beebe and Robert M. Senkewicz, *Junípero Serra: California, Indians, and the Transformation of a Missionary* (Norman: University of Oklahoma Press, 2015), 362-64.

28 Fischer, *Cattle Colonialism*, 73. 다음도 보라. William J. Bauer Jr., "California," in Frederick E. Hoxie, ed., *The Oxford Handbook of American Indian History* (New York: Oxford University Press, 2016), 282-83.

29 Hackel, *Children of Coyote*, 263-64.

30 Hackel, *Children of Coyote*, 263; Hackel, "Sources of Rebellion," 652.

31 Erika Pérez, *Colonial Intimacies: Interethnic Kinship, Sexuality, and Marriage in Southern California, 1769-1885* (Norman: University of Oklahoma Press, 2018), 6.

32 Bauer, "California," 284-85. 다음도 보라. Phillips, *Vineyards and Vaqueros*, 95-100.

33 Hackel, *Children of Coyote*, 310-11.

34 다음에서 인용. Phillips, *Vineyards and Vaqueros*, 115.

35 Claudio Saunt, "The Age of Imperial Expansion, 1763-1821," in Hoxie, *The Oxford Handbook of American Indian History*, 80.

36  다음에서 인용. Hackel, *Children of Coyote*, 266. 다음도 보라. Hackel, "Sources of Rebellion," 650-51.

37  Saunt, *West of the Revolution*, 60-64; Hackel, *Children of Coyote*, 260.

38  산가브리엘에 취해진 금지 사항과 관련해서는 다음을 보라. Hackel, *Children of Coyote*, 264n71; 샌디에이고에 대해서는 다음을 보라. Hackel, "Sources of Rebellion," 651.

39  다음에서 인용. Hackel, *Children of Coyote*, 263.

40  다음에서 인용. Pérez, *Colonial Intimacies*, 43.

41  Lisbeth Haas, ed., *Pablo Tac, Indigenous Scholar: Writing on Luiseño Language and Colonial History, c. 1840* (Berkeley: University of California Press, 2011), 192.

42  다음에서 인용. Lynn H. Gamble, *The Chumash World at European Contact: Power, Trade, and Feasting among Complex Hunter-Gatherers* (Berkeley: University of California Press, 2008), 115.

43  O.H.K. Spate, *The Spanish Lake: The Pacific since Magellan* (Canberra: Australian National University Press, 1979), 66.

44  다음에서 인용. Gamble, *The Chumash World at European Contact*, 166. 다음도 보라. Michael Mathes, *Vizcaíno and Spanish Expansion in the Pacific Ocean, 1580-1630* (San Francisco: California Historical Society, 1968), 92.

45  Antonia I. Castañeda, "Sexual Violence in the Politics and Policies of Conquest: Amerindian Women and the Spanish Conquest of Alta California" in Heidenreich, *Three Decades of Engendering History*, 204; 다음도 보라. 201-28.

46  Castañeda, "Engendering the History of Alta California," 232-35.

47  Cutcha Risling Baldy, *We Are Dancing for You: Native Feminisms and the Revitalization of Women's Coming-of-Age Ceremonies* (Seattle: University of Washington Press, 2018).

48  Baldy, *We Are Dancing for You*, 57.

49  다음에서 인용. Fischer, *Cattle Colonialism*, 68.

50  Hackel, "Sources of Rebellion," 657.

51  Hackel, "Sources of Rebellion," 654-57.

52  다음에서 인용. Hackel, "Sources of Rebellion," 655.

53  Hackel, "Sources of Rebellion," 657-58.

54  Hackel, "Sources of Rebellion," 658-59, 669n90.

55  Gamble, *The Chumash World at European Contact*, 236-39.

56  Juan Crespí, "1769: The Santa Barbara Channel," in Rose Marie Beebe and M. Senkewicz, eds., *Lands of Promise and Despair: Chronicles of Early California, 1535-*

*1846* (Berkeley: Heyday Books, 2001), 121.

57  Gamble, *The Chumash World at European Contact*, 4-8, 223-34.

58  Hackel, *Children of Coyote*, 282.

59  Alan K. Brown, ed. and trans., *Gaspar de Portolá: Explorer and Founder of California* (Lerida: Instituto de Estudios Ilerdenses, 1983), 243.

60  Theodore H. Hittell, ed., El Triunfo de la Cruz: *A Description of the Building by Father Juan Ugarte of the First Ship Made in California* (San Francisco: Book Club of California, 1977), 11-12.

61  다음에서 인용. Meinig, *Continental America*, 168.

62  다음에서 인용. Malcolm J. Rohrbough, *Rush to Gold: The French and the California Gold Rush, 1848-1854* (New Haven: Yale University Press, 2013), 43.

63  다음에서 인용. Melillo, *Strangers on Familiar Soil*, 20-21.

64  다음에서 인용. Melillo, *Strangers on Familiar Soil*, 21.

65  Melillo, *Strangers on Familiar Soil*, 21. 다음도 보라. Susan Delano McKelvey, *Botanical Exploration of the Trans-Mississippi West, 1790-1850* (Jamaica Plain, Mass.: Arnold Arboretum of Harvard University, 1955), 3-10.

66  Julius S. Gassner, ed. and trans., *Voyages and Adventures of La Pérouse: From the Fourteenth Edition of the F. Valentine Abridgment* (Honolulu: University of Hawaii Press, 1969), 47.

67  Warren L. Cook, *Flood Tide of Empire: Spain and the Pacific Northwest, 1543-1819* (New Haven: Yale University Press, 1973), 111-12. 다음도 보라. Gassner, *Voyages and Adventures of La Pérouse*, 30-38.

68  Cook, *Flood Time of Empire*, 113.

69  McKelvey, *Botanical Exploration of the Trans-Mississippi West*, 6; 식물 식별과 관련해서는 6n5도 보라.

70  다음에서 인용. Melillo, *Strangers on Familiar Soil*, 24.

71  다음에서 인용. Melillo, *Strangers on Familiar Soil*, 24.

72  McKelvey, *Botanical Exploration of the Trans-Mississippi West*, 6.

73  McKelvey, *Botanical Exploration of the Trans-Mississippi West*, 9.

74  P. A. Tikhmenev, *A History of the Russian-American Company*, ed. and trans. Richard A. Pierce and Alton S. Donnelly (Seattle: University of Washington Press, 1978). *Promyshlennik* is translated as "a Russian trapper, hunter, or trader" (505). 다음도 보라. Ilya Vinkovetsky, *Russian America: An Overseas Colony of a Continental Empire, 1804-1867* (New York: Oxford University Press, 2011), 124-26.

75  James R. Gibson, *Otter Skins, Boston Ships, and China Goods: The Maritime Fur Trade*

*of the Northwest Coast, 1785–1841* (Montreal: McGill-Queen's University Press, 1992), 12–16.

76　Gibson, *Otter Skins, Boston Ships, and China Goods*, 17–18.

77　다음에서 인용. Cook, *Flood Tide of Empire*, 113.

78　Melillo, *Strangers on Familiar Soil*, 25.

79　Tikhmenev, *A History of the Russian-American Company*, 99. 다음도 보라. Cook, *Flood Tide of Empire*, 496–99.

80　Cook, *Flood Tide of Empire*, 499–506.

81　Vinkovetsky, *Russian America*, 91–92.

82　Colin G. Calloway, *The Indian History of an American Institution: Native Americans and Dartmouth* (Hanover: Dartmouth College Press, 2010), 55–56.

83　다음에서 인용. Melillo, *Strangers on Familiar Soil*, 25.

84　Gibson, *Otter Skins, Boston Ships, and China Goods*, 18–21.

85　Melillo, *Strangers on Familiar Soil*, 25.

86　다음에서 인용. Gibson, *Otter Skins, Boston Ships, and China Goods*, 19.

87　Iris H. W. Engstrand, "Seekers of the 'Northern Mystery': European Exploration of California and the Pacific," in Gutiérrez and Orsi, *Contested Eden*, 86–87; Spate, *The Spanish Lake*, 214–28.

88　Pourande, *Anza Conquers the Desert*. 다음도 보라. Natale A. Zappia, *Traders and Raiders: The Indigenous World of the Colorado Basin, 1540–1859* (Chapel Hill: University of North Carolina Press, 2014), 69–75.

89　Illona Katzew, *Casta Painting: Images of Race in Eighteenth-Century Mexico* (New Haven: Yale University Press, 2004), 42.

90　Hackel, *Children of Coyote*, 180–81.

91　William S. Simmons, "Indian Peoples of California," in Gutiérrez and Orsi, *Contested Eden*, 56.

92　뉴멕시코 정복 활동에서 선주민을 보조 병력으로 이용한 것에 대해서는 1장을 보라.

93　"From Investigations of Occurrences at Mission San Gabriel on the Night of October 25, 1785," Beebe and Senkewicz, *Lands of Promise and Despair*, 248.

94　Hackel, "Sources of Rebellion," 656.

95　Pérez, *Colonial Intimacies*, 44.

96　다음에서 인용. Pourande, *Anza Conquers the Desert*, 178.

97　다음에서 인용. Pérez, *Colonial Intimacies*, 42.

98　초심자 1만 8770명과 비기독교인을 "최대 20만 명"으로 추산한 것에 대해서는 다음을 보라. Robert Ryal Miller, *Juan Alvarado, Governor of California, 1836–1842*

(Norman: University of Oklahoma Press, 1998), 3.

99  David J. Weber, *Bárbaros: Spaniards and Their Savages in the Age of Enlightenment* (New Haven: Yale University Press, 2005), 5-12.

100  Iris H. W. Engstrand, *Spanish Scientists in the New World: The Eighteenth-Century Expeditions* (Seattle: University of Washington Press, 1981), 44-75.

101  McKelvey, *Botanical Exploration of the Trans-Mississippi West*, 15-43.

102  Cook, *Flood Time of Empire*, 129-275.

103  "The 1775 Journal of Juan Francisco de la Bodega y Quadra," in Herbet K. Beals et al., eds., *Four Travel Journals: The Americas, Antarctica and Africa, 1775-1874* (London: Hakluyt Society, 2007), 81-83.

104  Cook, *Flood Tide of Empire*, 506.

105  "Appendix E: Nationality of Vessels Visiting the Northwest Coast, 1774-1820," in Cook, *Flood Tide of Empire*, 551. 1848년까지 영국은 태평양 연안의 항구에만 군함을 열두 척이나 배치했다. 다음을 보라. Paul M. Kennedy, *The Rise and Fall of British Naval Mastery* (New York: Charles Scribner's Sons, 1976), 171.

106  다음에서 인용. James P. Ronda, *Astoria and Empire* (Lincoln: University of Nebraska Press, 1990), 6; 다음도 보라. 4-18.

107  James P. Ronda, *Lewis and Clark among the Indians* (Lincoln: University of Nebraska Press, 1984).

108  Bradford Perkins, *The Creation of a Republican Empire, 1777-1865* (New York: Cambridge University Press, 1993), 145.

109  Cook, *Flood Tide of Empire*, 506.

110  1770년부터 1840년대까지 선주민과 제국 사이에서 성사된 외교에 대한 개괄로는 다음을 보라. Joshua L. Reid, *The Sea Is My Country: The Maritime World of the Makahs* (New Haven: Yale University Press, 2015), 26-105.

111  Reid, *The Sea Is My Country*, 4-12; Richard White, *The Organic Machine: The Remaking of the Columbia River* (New York: Hill & Wang, 1995), 3-12.

112  Reid, *The Sea Is My Country*, 7.

113  Cole Harris, *The Resettlement of British Columbia: Essays on Colonialism and Geographic Change* (Vancouver: University of British Columbian Press, 1997), 26-30.

114  Cook, *Flood Tide of Empire*, 271-326.

115  Reid, *The Sea Is My Country*, 30-31.

116  Alice W. Shurcliff and Sarah Shurcliff Ingelfinger, eds., *Captive of the Nootka Indians: The Northwest Coast Adventure of John R. Jewitt, 1802-1806* (Boston: Back Bay Books, 1993), 48.

117 David J. Silverman, *Thundersticks: Firearms and the Violent Transformation of Native America* (Cambridge, Mass.: Harvard University Press, 2016), 161.

118 Reid, *The Sea Is My Country*, 21.

119 다음에서 인용. Harris, *The Resettlement of British Columbia*, 66.

120 Harris, *The Resettlement of British Columbia*, 33.

121 Harris, *The Resettlement of British Columbia*, 39, 66.

122 Gray H. Whaley, "American Folk Imperialism and Native Genocide in Southwest Oregon, 1851-1859," in Woolford et al., *Colonial Genocide in Indigenous North America*, 131-48.

123 White, *The Organic Machine*, 16-18.

124 Harris, *The Resettlement of British Columbia*, 20.

125 Shurcliff and Shurcliff Ingelfinger, *Captive of the Nootka Indians*, 46.

126 Charlotte Coté, *Spirits of Our Whaling Ancestors: Revitalizing Makah and Nuu-chah-nulth Traditions* (Seattle: University of Washington Press, 2010), 20.

127 Shurcliff and Shurcliff Ingelfinger, *Captive of the Nootka Indians*, 47.

128 Coté, *Spirits of Our Whaling Ancestors*, 6.

129 다음에서 인용. Silverman, *Thundersticks*, 160.

130 Shurcliff and Shurcliff Ingelfinger, *Captive of the Nootka Indians*, 5.

131 Shurcliff and Shurcliff Ingelfinger, *Captive of the Nootka Indians*, 112-13.

132 Reid, *The Sea Is My Country*, 81.

133 Reid, *The Sea Is My Country*, 81.

134 Colin G. Calloway, *One Vast Winter Count: The Native American West Before Lewis and Clark* (Lincoln: University of Nebraska Press, 2003), 404.

135 Andrei Val'Terovich Grinëv, *Russian Colonization of Alaska: Baranov's Era, 1799-1818*, trans. Richard L. Bland (Lincoln: University of Nebraska Press, 2020), 192.

136 Nora Marks Dauenhauer et al., eds., *Anóoshi Lingít Aaní Ká: Russians in Tlingit America; The Battles of Sitka 1802 and 1804* (Seattle: University of Washington 2008).

137 다음에서 인용. Silverman, *Thundersticks*, 184-86.

138 Silverman, *Thundersticks*, 189.

139 Hackel, *Children of Coyote*, 97.

140 Hackel, *Children of Coyote*, 96-118.

141 다음에서 인용. Fischer, *Cattle Colonialism*, 51.

142 Hackel, *Children of Coyote*, 104; Robert H. Jackson, *Indian Population Decline: The Missions of Northwestern New Spain, 1687-1840* (Albuquerque: University of New

Mexico Press, 1994), 125.

143 다음에서 인용. Hackel, *Children of Coyote*, 116.

144 Richard A. Pierce, ed., *Remarks and Observations on a Voyage around the World from 1803 to 1807*, 2 vols., ed. and trans. Victoria Joan Moessner (Fairbanks: Limestone Press, 1993), 2:124-25.

145 Robert Boyd, *The Coming of the Spirit of Pestilence: Introduced Infectious Diseases and Population Decline among Northwest Coast Indians, 1774-1874* (Seattle: University of Washington Press, 1999), 21-60.

146 Paul Hackett, *A Very Remarkable Sickness: Epidemics in the Petit Nord, 1670 to 1846* (Winnipeg: University of Manitoba Press, 2002), 93.

147 다음에서 인용. Harris, *The Resettlement of British Columbia*, 17.

148 Elizabeth Fenn, "The Mandans: Ecology, Population, and Adaptation on the Northern Plains," in Edward Countryman and Julianna Barr, eds., *Contested Spaces of Early America* (Philadelphia: University of Pennsylvania Press, 2014), 112-13.

149 다음에서 인용. Ryan Hall, *Beneath the Backbone of the World: Blackfoot People and the North American Borderlands, 1720-1877* (Chapel Hill: University of North Carolina Press, 2020), 44.

150 Harris, *The Resettlement of British Columbia*, 18-26.

151 다음에서 인용. Gray H. Whaley, *Oregon and the Collapse of* Illahee*: U.S. Empire and the Transformation of an Indigenous World, 1792-1859* (Chapel Hill: University of North Carolina Press, 2010), 47-48.

152 Whaley, *Oregon and the Collapse of* Illahee, 77.

153 예를 들어 다음을 보라. Brian DeLay, *War of a Thousand Deserts: Indian Raids and the U.S.-Mexican War* (New Haven: Yale University Press, 2008).

154 William H. Goetzmann and Glyndwr Williams, *The Atlas of North American Exploration: From the Norse Voyages to the Race to the Pole* (Norman: University of Oklahoma Press, 1992), 136-59.

155 David J. Weber, *The Mexican Frontier, 1821-1846* (Albuquerque: University of New Mexico Press, 1982), 9-14.

156 다음에서 인용. Robert Pierce Forbes, *The Missouri Compromise and Its Aftermath: Slavery and the Meaning of America* (Chapel Hill: University of North Carolina Press, 2007), 33.

157 다음에서 인용. Forbes, *The Missouri Compromise and Its Aftermath*, 43.

158 다음에서 인용. Walter Johnson, *The Broken Heart of America: St. Louis and the Violent History of the United States* (New York: Basic Books, 2020), 84.

159 다음에서 인용. Forbes, *The Missouri Compromise and Its Aftermath*, 65.

160 Jay Sexton, *The Monroe Doctrine: Empire and Nation in Nineteenth-Century America* (New York: Hill & Wang, 2015). "먼로 선언은 1823년에 갑자기 등장한 하나의 사건이 아니다. 이는 19세기 내내 지속된 경쟁적 과정을 통해 형성된 것이다"(4).

161 Deborah A. Rosen, *Border Law: The First Seminole War and American Nationhood* (Cambridge, Mass.: Harvard University Press, 2015), 11-39.

162 다음에서 인용. Angela Pulley Hudson, *Creek Paths and Federal Roads: Indians, Settlers, and the Making of the American South* (Chapel Hill: University of North Carolina Press, 2010), 57.

163 Alan Taylor, *American Republics: A Continental History of the United States, 1783-1850* (New York: Norton, 2021), 138.

164 Rosen, *Border Law*, 17-19.

165 다음에서 인용. Kathleen DuVal, *Independence Lost: Lives on the Edge of the American Revolution* (New York: Random House, 2015), 236.

166 DuVal, *Independence Lost*, 256.

167 다음에서 인용. DuVal, *Independence Lost*, 321.

168 다음에서 인용. DuVal, *Independence Lost*, 338.

169 다음에서 인용. Taylor, *American Republics*, 127.

170 다음에서 인용. Samuel Flagg Bemis, *John Quincy Adams and the Foundations of American Foreign Policy* (New York: Knopf, 1949), 120n26.

171 다음에서 인용. Calloway, *One Vast Winter Count*, 430.

172 다음에서 인용. Sexton, *The Monroe Doctrine*, 40.

173 DuVal, *Independence Lost*, 256-69.

174 Alejandra Dubcovksy, *Informed Power: Communication in the Early American South* (Cambridge, Mass.: Harvard University Press, 2016), 168-69, 196-97.

175 Rosen, *Border Law*, 34-35.

176 Bemis, *John Quincy Adams and the Foundations of American Foreign Policy*, 307. 애덤스가 루이지애나 매입과 에스파냐의 백성을 미국 시민으로 통합시키는 것을 일찍부터 지지했던 것에 대해서는 118-22쪽을 보라.

177 Taylor, *American Republics*, 135-39. "뉴올리언스 전투는 1810년에 발발해 1819년까지 지속된, 주로 미국 남서부 국경에서 벌어진 장기 전쟁의 중간에 벌어진 전쟁이다."(135).

178 다음에서 인용. Rosen, *Border Law*, 35.

179 Rosen, *Border Law*, 70.

180 Sexton, *The Monroe Doctrine*, 37.

181 다음에서 인용. Rosen, *Border Law*, 135.

182 Sexton, *The Monroe Doctrine*, 74-82. "연방을 강화하기 위해 고안된 체제였지만, … 지역에서 반발을 일으키며 역효과를 낳았다"(77).

183 다음에서 인용. Forbes, *The Missouri Compromise and Its Aftermath*, 206. 1824년 '파나마 회의(Panama Congress)'와 관련해서는, 191-92, 203-9쪽도 보라. ; Bemis, *John Quincy Adams and the Foundations of American Foreign Policy*, 544-61.

184 다음에서 인용. Julius S.Scott, *The Common Wind: Afro-American Currents in the Age of the Haitian Revolution* (New York: Verso, 2018), 210.

185 먼로가 시도한 다양한 식민화에 대해서는 다음을 보라. Forbes, *The Missouri Compromise and Its Aftermath*, 28-32, 199-206.

186 다음에서 인용. Scott, *The Common Wind*, 210.

187 다음에서 인용. Rosen, *Border Law*, 132.

188 다음에서 인용. Rosen, *Border Law*, 132.

189 다음에서 인용. Bemis, *John Quincy Adams and the Foundations of American Foreign Policy*, 557.

190 다음에서 인용. Bemis, *John Quincy Adams and the Foundations of American Foreign Policy*, 313.

191 Bemis, *John Quincy Adams and the Foundations of American Foreign Policy*, 314-15.

192 다음에서 인용. Maggie Blackhawk, "Federal Indian Law as Paradigm within Public Law," *Harvard Law Review* 132 (May 2019): 1827. "미국헌법과 관행에 각인된 '전쟁 권한에 대한 원칙'은 19세기에 인디언을 상대로 벌인 군사 작전에서 나온 것이다. 즉 "인디언들"에 근거한 것이다"(1829).

193 Taylor, *American Republics*, 137-38.

194 다음에서 인용. DeLay, *War of a Thousand Deserts*, 2-3.

195 다음에서 인용. Bemis, *John Quincy Adams and the Foundations of American Foreign Policy*, 308.

196 다음에서 인용. Bemis, *John Quincy Adams and the Foundations of American Foreign Policy*, 308.

197 Meinig, *Continental America*, 36-37, 72-74, 297-99. 다음도 보라. Bemis, *John Quincy Adams and the Foundations of American Foreign Policy*, 317-40.

198 다음에서 인용. Walter LeFeber, *The American Age: United States Foreign Policy at Home and Abroad since 1750* (New York: Norton, 1989), 78. 다음도 보라. Weber, *The Mexican Frontier*, 11-13.

199 다음에서 인용. Meinig, *Continental America*, 34.

200 Meinig, *Continental America*, 35.

201  다음에서 인용. Perkins, *The Creation of a Republican Empire*, 152.

202  다음에서 인용. LeFeber, *The American Age*, 82.

203  Perkins, *The Creation of a Republican Empire*, 159. 다음도 보라. LeFeber, *The American Age*, 81-85.

204  다음에서 인용. Perkins, *The Creation of a Republican Empire*, 160.

205  다음에서 인용. LeFeber, *The American Age*, 84.

206  Christian W. McMillen, *Making Indian Law: The Hualapai Land Case and the Birth of Ethnohistory* (New Haven: Yale University Press, 2007), 86-103; Walter R. Echo-Hawk, *In the Courts of the Conqueror: The 10 Worst Indian Law Cases Ever Decided* (Golden, Colo.: Fulcrum, 2010), 5-84.

207  다음에서 인용. Forbes, *The Missouri Compromise and Its Aftermath*, 94-95.

208  McMillen, *Making Indian Law*, 88-89.

209  McMillen, *Making Indian Law*, 89.


## 9장 붕괴와 전면전

1  다음에서 인용. Elliott West, *The Contested Plains: Indians, Goldseekers, and the Rush to Colorado* (Lawrence: University of Kansas Press, 1998), 208, 211.

2  "거리의 정복"과 관련해서는 다음을 보라. Cole Harris, *The Resettlement of British Columbia: Essays on Colonialism and Geographic Change* (Vancouver: University of British Columbia Press, 1997).

3  다음에서 인용. West, *Contested Plains*, 214.

4  다음에서 인용. West, *Contested Plains*, 214-15.

5  다음에서 인용. West, *Contested Plains*, 215.

6  다음에서 인용. David Blight, *Frederick Douglass: Prophet of Freedom* (New York: & Schuster, 2018), 332.

7  다음에서 인용. Eric Foner, *The Fiery Trial: Abraham Lincoln and American Slavery* (New York: Norton, 2010), 146.

8  다음에서 인용. Foner, *The Fiery Trial*, 88.

9  다음에서 인용. Blight, *Frederick Douglass*, 356.

10  Eric Foner, *Reconstruction: America's Unfinished Revolution, 1863-1877* (New Harper & Row, 1988), 7.

11  Foner, *Reconstruction*, 7.

12  다음에서 인용. Blight, *Frederick Douglass*, 381.

13  다음에서 인용. Foner, *The Fiery Trial*, 237.

14  Foner, *The Fiery Trial*, 237.

15  Foner, *Reconstruction*, 462.

16  James Belich, *Replenishing the Earth: The Settler Revolution and the Rise of the Anglo-World, 1783-1939* (New York: Oxford University Press, 2009), 85-89.

17  Brenda J. Child, *Holding Our World Together: Ojibwe Women and the Survival of Community* (New York: Penguin, 2012), xiv. 4장도 보라.

18  다음에서 인용. Belich, *Replenishing the Earth*, 335.

19  Belich, *Replenishing the Earth*, 341.

20  Foner, *Reconstruction*, 23.

21  Heather Cox Richardson, *West from Appomattox: The Reconstruction of America After the Civil War* (New Haven: Yale University Press, 2007), 5.

22  Foner, *Reconstruction*, 23.

23  Richardson, *West from Appomattox*, 2.

24  Foner, *Reconstruction*, 603.

25  Heather Cox Richardson, *Wounded Knee: Party Politics and the Road to an American Massacre* (New York: Basic Books, 2010), 30. 연방 재정 권력의 변화에 대한 개요는 28-32를 보라.

26  "사형 선고를 받은 다코타인 남성들의 이름" 목록은 다음을 보라. Waziyatawin Angela Wilson, ed., *In the Footsteps of Our Ancestors: The Dakota Commemorative Marches of the Twenty-First Century* (St. Paul: Living Justice, 2006), 25. 다음도 보라. Gary Clayton Anderson, *Kinsmen of Another Kind: Dakota-White Relations in the Upper Mississippi Valley, 1650-1862* (Lincoln: University of Nebraska Press, 1984), 261-79.

27  "Treaty with the Sioux-Sisseton and Wahpeton Bands, 1851," in Charles J. Kappler, ed., *Indian Affairs: Law and Treaties*, 2 vols. (Washington, D.C.: Government Printing Office, 1904), 2:588-89. 다음도 보라. David A. Nichols, *Lincoln and the Indians: Civil War Policy and Politics* (Columbia: University of Missouri Press, 1978), 76.

28  다음에서 인용. Nichols, *Lincoln and the Indians*, 73, 75.

29  "Letter from John Pope to Col. H. H. Sibley, September, 28, 1862," in *The War of the Rebellion: A Compilation of the Official Records of the Union and Confederate Armies* (Washington, D.C.: Government Printing Office, 1885), series 1, vol. 13:685-86.

30  "Report of Lieut. James P. Martin, June 27, 1861," in *War of the Rebellion*, series 1, vol. 50, part 1:20.

31  "Report of Col. P. Edward Connor, February 6, 1863," in *War of the Rebellion*, series 1, vol. 50, part 1: 186-87.

32  다음에서 인용. West, *Contested Plains*, 301.

33  다음에서 인용. West, *Contested Plains*, 300.

34 Adam Rotham, "Slavery, the Civil War, and Reconstruction," in Eric Foner and Lisa McGirr, eds., *American History Now* (Philadelphia: Temple University Press, 2011), 79.

35 다음에서 인용. Benjamin Madley, *An American Genocide: The United States and the California Indian Catastrophe* (New Haven: Yale University Press, 2016), 293.

36 다음에서 인용. Madley, *An American Genocide*, 292.

37 Alvin M. Josephy Jr., *The Civil War in the American West* (New York: Knopf, 1992), 241.

38 Madley, *An American Genocide*, 299.

39 Josephy, *The Civil War in the American West*, 239–40.

40 Josephy, *The Civil War in the American West*, 265.

41 Josephy, *The Civil War in the American West*, 240.

42 Madley, *An American Genocide*, 530–32.

43 Madley, *An American Genocide*, 286.

44 다음에서 인용. Madley, *An American Genocide*, 289.

45 Madley, *An American Genocide*, 289.

46 "Indian Troubles in Mendocino," in Robert F. Heizer, ed., *The Destruction of California Indians: A Collection of Documents from the Period 1847 to 1865 in Which Are Described Some of the Things That Happened to Some of the Indians of California* (Santa Barbara: Peregrine Smith, 1974), 253.

47 Madley, *An American Genocide*, 290–93.

48 "Report of Lieut. James P. Martin, June 27, 1861," 20.

49 다음에서 인용. Madley, *An American Genocide*, 294.

50 다음에서 인용. Madley, *An American Genocide*, 297.

51 다음에서 인용. Madley, *An American Genocide*, 296–97.

52 William J. Bauer Jr., *We Were All Like Migrant Workers Here: Work, Community, and Memory on California's Round Valley Reservation, 1850–1941* (Chapel Hill: University of North Carolina Press, 2009), 6–7, 30–57.

53 Bauer, *We Were All Like Migrant Workers Here*, 33.

54 다음에서 인용. Madley, *An American Genocide*, 296.

55 다음에서 인용. Madley, *An American Genocide*, 298.

56 다음에서 인용. Madley, *An American Genocide*, 299.

57 다음에서 인용. Madley, *An American Genocide*, 299.

58 Madley, *An American Genocide*, 299–300.

59 Nichols, *Lincoln and the Indians*, 5–24.

60 "Report of the Commissioner of Indian Affairs," in *Annual Report of the Commissioner of Indian Affairs* (Washington, D.C.: U.S. Government Printing Office, 1862), 33.

61 Francis Paul Prucha, *The Great Father: The United States Government and the American Indians*, 2 vols. (Lincoln: University of Nebraska Press, 1984), 1:411-78.

62 다음에서 인용. Prucha, *The Great Father*, 1:413.

63 다음에서 인용. Foner, *The Fiery Trail*, 262.

64 Foner, *The Fiery Trail*, 261-62. 다음도 보라. Josephy, *The Civil War in the American West*, 227-68.

65 다음에서 인용. Blight, *Frederick Douglass*, 486.

66 Belich, *Replenishing the Earth*, 555.

67 West, *Contested Plains*, 147.

68 Harlan D. Fowler, *Camels to California: A Chapter in Western Transportation* Alto: Stanford University Press, 1950), 74-75.

69 Richard White, *Railroaded: The Transcontinentals and the Making of Modern America* (New York: Norton, 2011), 2.

70 다음을 보라. David J. Weber, *The Taos Trappers: The Fur Trade in the Far Southwest, 1540-1846* (Norman: University of Oklahoma Press, 1971).

71 다음에서 인용. Elliott West, *The Way to the West: Essays on the Central Plains* (Albuquerque. University of New Mexico Press, 1995), 5.

72 다음에서 인용. Pekka Hämäläinen, *The Comanche Empire* (New Haven: Yale University Press, 2008), 245. 다음도 보라. West, *The Way to the West*, 32-33.

73 Thomas G. Andrews, "Tata Antanasio's Unlikely Tale of Utes, Nuevo Mexicanos, and the Settling of Colorado's San Luis Valley," *New Mexico Historical Review* (2000): 4-41.

74 다음에서 인용. West, *The Way to the West*, 31.

75 Ned Blackhawk, *Violence over the Land: Indians and Empires in the Early American West* (Cambridge, Mass.: Harvard University Press, 2006), 184-225.

76 West, *Contested Plains*, 256.

77 West, *Contested Plains*, 255-57.

78 Richard White, *The Roots of Dependency: Subsistence, Environment, and Social Change among the Choctaws, Pawnees, and Navajos* (Lincoln: University of Nebraska Press, 1983), 207.

79 West, *The Way to the West*, 33.

80 다음을 보라. Francis Paul Prucha, ed., *Atlas of American Indian Affairs* (Lincoln: University of Nebraska Press, 1990), 90-91.

81  West, *Contested Plains*, 88.

82  Jean Barman, *Iroquois in the West* (Montreal: McGill-Queen's University Press, 2019), 117; 다음도 보라. 115-68.

83  Weber, *The Taos Trappers*, 192-227. 다음도 보라. Janet Lecompte, *Pueblo, Hardscrabble, Greenhorn: The Upper Arkansas, 1832-1856* (Norman: University of Oklahoma Press, 1978), 87-126.

84  "James S. Calhoun to Commissioner of Indian Affairs Luke Lea," December 28, 1850, in Annie Heloise Abel, ed., *The Official Correspondence of James S. Calhoun* (Washington, D.C.: Government Printing Office, 1915), 280.

85  다음을 보라. Maurice Crandall, *These People Have Always Been a Republic: Indigenous Electorates in the U.S.-Mexico Borderlands, 1598-1912* (Chapel Hill: University of North Carolina Press, 2019), 177-207.

86  "Calhoun to Lea," December 28, 1850, 280-81.

87  Deena J. González, *Refusing the Favor: The Spanish-Mexican Women of Santa Fe, 1820-1880* (New York: Oxford University Press, 1999).

88  Phillip B. Gonzales, *Política: Nuevomexicanos and American Political Incorporation, 1821-1910* (Lincoln: University of Nebraska Press, 2016), 183.

89  다음을 보라. Foner, *The Fiery Trial*, 148.

90  다음에서 인용. Gonzales, *Política*, 243 (강조는 원문).

91  "Charles Beaubien to Calhoun," June 11, 1851, in Abel, *The Official Correspondence of James S. Calhoun*, 358, 357.

92  Gonzales, *Política*, 184.

93  Paul VanDevelder, *Savages and Scoundrels: The Untold Story of America's Road to Empire through Indian Territory* (New Haven: Yale University Press, 2009), 161.

94  다음을 보라. "Treaty of Fort Laramie with Sioux, etc., 1851," in Kappler, *Indian Affairs*, 2:594-96.

95  다음에서 인용. VanDevelder, *Savages and Scoundrels*, 162.

96  VanDevelder, *Savages and Scoundrels*, 165-66.

97  "Treaty of Fort Laramie," 2:594.

98  Frederick E. Hoxie, *Parading through History: The Making of the Crow Nation in America, 1805-1935* (New York: Cambridge University Press, 1995), 85-87.

99  Hoxie, *Parading through History*, 88.

100  다음에서 인용. Hoxie, *Parading through History*, 88.

101  "Mathʼó Thučhúhu, Bear Ribs," in "Lives of the Chiefs and Other Biographies," in Josephine Waggoner, *Witness: A Húnkpaphʼa Historian's Strong-Heart Song of the*

*Lakotas*, ed. Emily Levine (Lincoln: University of Nebraska Press, 2013), 332-33.

102  Foner, *The Fiery Trial*, 142-48.

103  링컨이 쿠바 합병을 두려워했던 것에 대해서는 다음을 보라. Foner, *The Fiery Trial*, 154; '크리텐던 계획(Crittenden Plan)'에 대해서는 148쪽을 보라.

104  Foner, *The Fiery Trial*, 147.

105  Blight, *Frederick Douglass*, 378-82.

106  다음에서 인용. Howard Roberts Lamar, *The Far Southwest, 1846-1912: A Territorial History* (New Haven: Yale University Press, 1966), 110.

107  Lamar, *The Far Southwest*, 115. 다음도 보라. Josephy, *The Civil War in the American West*, 61-92.

108  다음에서 인용. Foner, *The Fiery Trial*, 155.

109  Lamar, *The Far Southwest*, 110. 다음도 보라. William H. Goetzman, *Exploration and Empire: The Explorer and the Scientist in the Winning of the American West*, rev. ed. (New York: History Book Club, 2006), 281-93.

110  Josephy, *The Civil War in the American West*, 233.

111  Josephy, *The Civil War in the American West*, 236-38.

112  '인디언영토'의 형성에 대한 개괄은 다음을 보라. Jeffrey Burton, *Indian Territory and the United States, 1866-1906* (Norman: University of Oklahoma Press, 1995), 3-25. 다음도 보라. Prucha, *The Great Father*, 1:271-79. 촉토와 치커소 네이션이 아프리카계 노예를 둔 것에 대해서는 다음을 보라. Barbara Krauthamer, *Black Slaves, Indians Masters: Slavery, Emancipation, and Citizenship in the Native American South* (Chapel Hill: University of North Carolina Press, 2013), 17-45. 크리크 네이션에서 이루어진 노예제에 대해서는 다음을 보라. David A. Chang, *The Color of the Land: Race, Nation, and the Politics of Landownership in Oklahoma, 1832-1929* (Chapel Hill: University of North Carolina Press, 2010), 19-38.

113  다음을 보라. Prucha, "The Southern Indians and the Confederate States," in *The Great Father*, 1:415-36.

114  Krauthamer, *Black Slaves, Indians Masters*, 80.

115  다음에서 인용. Prucha, *The Great Father*, 1:417.

116  다음에서 인용. Prucha, *The Great Father*, 1:418.

117  Josephy, *The Civil War in the American West*, 324-27.

118  다음에서 인용. Prucha, *The Great Father*, 1:423.

119  Robert J. Conley, *The Cherokee Nation: A History* (Albuquerque: University of New Mexico Press, 2005), 174-77.

120  다음에서 인용. Prucha, *The Great Father*, 1:429.

121 Josephy, *The Civil War in the American West*, 330.

122 Julie L. Reed, *Serving the Nation: Cherokee Sovereignty and Social Welfare, 1800-1907* (Norman: University of Oklahoma Press, 2016), 89.

123 "The Constitution and Laws of the Cherokee Nations: Passed at Tahlequah, Nation, 1839-1851," in *Laws of the Cherokee Nation Adopted by the Council at Various Periods: Printed for the Benefit of the Nation*, 2 parts (Wilmington, Del.: Scholarly Resources, 1973), 2:73-74.

124 "Constitution and Laws of the Cherokee Nation," 2:7.

125 다음에서 인용. Prucha, *The Great Father*, 1:425.

126 다음에서 인용. Prucha, *The Great Father*, 1:425.

127 Josephy, *The Civil War in the American West*, 319-23.

128 다음에서 인용. Reed, *Serving the Nation*, 95.

129 Prucha, *The Great Father*, 1:425-27.

130 Conley, *The Cherokee Nation*, 176.

131 Burton, *Indian Territory and the United States*, 25.

132 Belich, *Replenishing the Earth*, 324.

133 West, *Contested Plains*, 226.

134 Belich, *Replenishing the Earth*, 310. 다음도 보라. Andrew C. Isenberg, *Mining California: An Ecological History* (New York: Hill & Wang, 2005), 23-51.

135 Belich, *Replenishing the Earth*, 323.

136 West, *Contested Plains*, 224-25.

137 Peggy Pascoe, *What Comes Naturally: Miscegenation Law and the Making of Race in America* (New York: Oxford University Press, 2009), 78.

138 Alexander Saxton, *The Indispensable Enemy: Labor and the Anti-Chinese Movement in California* (Berkeley: University of California Press, 1971).

139 Belich, *Replenishing the Earth*, 307. 다음도 보라. Isenberg, *Mining California*, 23.

140 "William P. Dole, Commissioner of Indian Affairs, to J. P. Usher, Secretary of the Interior," October 31, 1863, in Dale L. Morgan, *Shoshonean Peoples and the Overland Trails: Frontiers of the Utah Superintendency of Indian Affairs, 1849-1869*, ed. Richard L. Saunders (Logan: Utah State University Press, 2007), 314-15.

141 Belich, *Replenishing the Earth*, 307.

142 다음에서 인용. Richardson, *West from Appomattox*, 32.

143 Belich, *Replenishing the Earth*, 307.

144 Charles Neider, ed., *The Complete Essays of Mark Twain* (New York: Da Capo, 2000), 477, 482.

145 Harriet Elinor Smith, ed., *Autobiography of Mark Twain*, vol. 1 (Berkeley: University of California Press, 2010), 447.

146 Blackhawk, *Violence over the Land*, 274-76.

147 Neider, *The Complete Essays of Mark Twain*, 482.

148 Smith, *Autobiography of Mark Twain*, 461. 오리온은 오랜 지인인 에드워드 베이츠 (Edward Bates)가 링컨 행정부에 발탁된 뒤에 임명되었다.

149 Richardson, *West from Appomattox*, 24-25.

150 Richardson, *West from Appomattox*, 25.

151 Belich, *Replinishing the Earth*, 247.

152 Damon B. Akins and William J. Bauer Jr., *We Are the Land: A History of Native California* (Oakland: University of California Press, 2021), 148.

153 Madley, *An American Genocide*, 311. 다음도 보라. George Harwood Phillips, *"Bringing Them under Subjection": California's Tejón Indian Reservation and Beyond, 1852-1864* (Lincoln: University of Nebraska Press, 2004).

154 Madley, *An American Genocide*, 309-12.

155 다음에서 인용. Madley, *An American Genocide*, 312.

156 Madley, *An American Genocide*, 312.

157 Phillips, *"Bringing Them under Subjection,"* 244-48.

158 Madley, *An American Genocide*, 314.

159 다음에서 인용. Madley, *An American Genocide*, 315. 다음도 보라. Phillips, *"Bringing Them under Subjection,"* 245.

160 다음에서 인용. Phillips, *"Bringing Them under Subjection,"* 245.

161 Phillips, *"Bringing Them under Subjection,"* 246-47.

162 Josephy, *The Civil War in the American West*, 251-53.

163 다음에서 인용. Josephy, *The Civil War in the American West*, 253-54.

164 Josephy, *The Civil War in the American West*, 251.

165 다음에서 인용. Josephy, *The Civil War in the American West*, 254.

166 다음에서 인용. Josephy, *The Civil War in the American West*, 254.

167 "Report of Major Edward McGarry, October 31, 1862," in *War of the Rebellion*, 1, vol. 50, part 1:179.

168 "Report of Major Edward McGarry, October 31, 1862," 179.

169 "Report of Col. P. Edward Connor, February 6, 1863," 186.

170 Darren Parry, *The Bear River Massacre: A Shoshone History* (Salt Lake City: Consent, 2019).

171 "Letter of Henry W. Halleck, March 29, 1863," in *War of the Rebellion*, series 1, 50,

part 1:87.

172 "Letter of Henry W. Halleck, March 29, 1863," 187.

173 아파치와 미국군의 관계에 대한 개괄은 다음을 보라. Thomas A. Britten, *The Lipan Apaches: People of Wind and Lightning* (Albuquerque: University of New Mexico Press, 2009), 217-34; Josephy, *The Civil War in the American West*, 276-84, Dan L. Thrapp, *Victorio and the Mimbres Apaches* (Norman: University of Oklahoma Press, 1974); Matthew Babcock, *Apache Adaptation to Hispanic Rule* (New York: Cambridge University Press, 2016), 254-58; Karl Jacoby, *Shadows at Dawn: An Apache Massacre and the Violence of History* (New York: Penguin Group, 2008), 220-72.

174 다음에서 인용. Jennifer Nez Denetdale, *Reclaiming Diné History: The Legacies of Navajo Chief Manuelito and Juanita* (Tucson: University of Arizona Press, 2007), 70. 다음도 보라. Lawrence Kelly, *Navajo Roundup: Selected Correspondence of Kit Carson's Expedition against the Navajo, 1863-1865* (Boulder: Pruett, 1970), 57.

175 다음에서 인용. Denetdale, *Reclaiming Diné History*, 70.

176 다음을 보라. Frank McNitt, *Navajo Wars: Military Campaigns, Slave Raids, and Reprisals* (Albuquerque: University of New Mexico Press, 1972); and Brian DeLay, "Blood Talk: Violence and Belonging in the Navajo-New Mexican Borderland," Julianna Barr and Edward Countryman, eds., *Contested Spaces of Early America* (Philadelphia: University of Pennsylvania Press, 2014), 229-56.

177 Blackhawk, *Violence over the Land*, 213-23.

178 Denetdale, *Reclaiming Diné History*, 56.

179 Peter Iverson, *Diné: A History of the Navajos* (Albuquerque: University of New Press, 2002), 32.

180 다음에서 인용. Kelly, *Navajo Roundup*, 93.

181 다음에서 인용. Kelly, *Navajo Roundup*, 52.

182 다음에서 인용. Denetdale, *Reclaiming Diné History*, 73.

183 롱워크에 대한 개괄은 다음을 보라. L. R. Bailey, *The Long Walk: A History of the Navajo Wars, 1846-68* (Pasadena: Westernlore, 1978).

184 Denetdale, *Reclaiming Diné History*, 74.

185 다음에서 인용. Denetdale, *Reclaiming Diné History*, 74.

186 다음에서 인용. Denetdale, *Reclaiming Diné History*, 74.

187 1868년 조약 협상에 관해서는 다음을 보라. Bailey, *The Long Walk*, 228-35.

188 1868년 나바호 조약에 대해서는 다음을 보라. "Treaty with the Navaho, 1868," in Kappler, *Indian Affairs*, 2:1015-20. 유타 인디언국 감독관 제임스 도티의 1863년

조약에 대해서는 다음을 보라. "Treaty with the Eastern Shoshoni, 1863"; "Treaty with the Shoshoni-Northwestern Band, 1863"; "Treaty with the Western Shoshoni, 1863"; "Treaty with the Shoshoni-Goship, 1863," in Kappler, *Indian Affairs*, 2:848-50; 850-51; 851-53; 859-60.

189 Josephy, *The Civil War in the American West*, 288-91.

190 Brigham D. Madsen, *Glory Hunter: A Biography of Patrick Edward Connor* (Salt Lake: University of Utah Press, 1990), 121-35.

191 다음에서 인용. Josephy, *The Civil War in the American West*, 294. 다음도 보라. Lamar, *The Far Southwest*, 240-41.

192 Josephy, *The Civil War in the American West*, 295.

193 Josephy, *The Civil War in the American West*, 84-89.

194 예를 들어 다음을 보라. Lamar, *The Far Southwest*, 242-43.

195 "Treaty with the Arapaho and Cheyenne, 1861," in Kappler, *Indian Affairs*, 2:807.

196 Lamar, *The Far Southwest*, 243.

197 Josephy, *The Civil War in the American West*, 298-99.

198 다음에서 인용. Josephy, *The Civil War in the American West*, 300.

199 Stan Hoig, *The Peace Chiefs of the Cheyennes* (Norman: University of Oklahoma Press, 1980), 63.

200 다음에서 인용. Josephy, *The Civil War in the American West*, 300-301.

201 다음에서 인용. Josephy, *The Civil War in the American West*, 301.

202 다음에서 인용. Josephy, *The Civil War in the American West*, 303.

203 Richard White, *The Republic for Which It Stands: The United States during Reconstruction and the Gilded Age, 1865-1896* (New York: Oxford University Press, 2017), 14.

204 White, *The Republic for Which It Stands*, 16.

205 Maggie Blackhawk, "Federal Indian Law as Paradigm within Public Law," *Harvard Law Review* 132 (May 2019): 1811-25.


## 10장 탈취당한 어린이와 조약지

1 Clifford E. Trafzer, *Yuma: Frontier Crossing of the Far Southwest* (Wichita: Western Heritage Books, 1980), 98-99.

2 George J. Sánchez, *Becoming Mexican American: Ethnicity, Culture and Identity in Chicano Los Angeles, 1900-1945* (New York: Oxford University Press, 1993), 65.

3 Sánchez, *Becoming Mexican American*, 65.

4 Trafzer, *Yuma*, 121.

5　"1878년에서 1944년 사이, [미국 귀화를 신청한] 중국계, 버마계, 아르메니아계, 일본계, 남하와이계, 멕시코계, 필리핀계 신청자는 모두 법정에서 인종을 이유로 귀화 자격에 이의를 제기당했다." Sarah M. Am. Gualtieri, *Between Arab and White: Race and Ethnicity in the Early Syrian American Diaspora* University of California Press, 2009), 2.

6　다음에서 인용. Katrina Jagodinsky, *Legal Codes and Talking Trees: Indigenous Women's Sovereignty in the Sonoran and Puget Sound Borderlands, 1854-1946* (New Haven: Yale University Press, 2016), 37. 다음도 보라. Karl Jacoby, *Shadows at Dawn: An Apache Massacre and the Violence of History* (New York: Penguin, 2009), 111-14.

7　Jacoby, *Shadows at Dawn*, 112.

8　다음에서 인용. Jagodinsky, *Legal Codes and Talking Trees*, 46.

9　Jagodinsky, Legal Codes and Talking Trees, 26-27. 요에멤(Yoemem)으로도 알려진 이들이 야키강 계곡(Yaqui River Valley)을 장악했는데, 이들은 19세기 후반과 20세기 초반에는 멕시코 민족주의 세력에게 반복적으로 공격을 받았다. 여기에는 국가가 승인한 추방 작전도 포함된다. 다음을 보라. Evelyn Hu-DeHart, *Yaqui Resistance and Survival: The Struggle for Land and Autonomy, 1821-1910* (Madison: University of Wisconsin Press, 1984), 155-200; David Delgado Shorter, *We Will Dance Our Truth: Yaqui History in Yoeme Performances* (Lincoln: University of Nebraska Press, 2009), 5-10; Raphael Brewster Folsom, *The Yaquis and the Empire: Violence, Spanish Imperial Power, and Native Resilience in Colonial Mexico* (New Haven: Yale University Press, 2014), 209-16; Maurice Crandall, *These People Have Always Been a Republic: Indigenous Electorates in the U.S.-Mexico Borderlands, 1598-1912* (Chapel Hill: University of North Carolina Press, 2019), 243-57; Andrew Offenburger, *Frontiers in the Gilded Age: Adventure, Capitalism, and Dispossession from Southern Africa to the U.S.-Mexican Borderlands, 1880-1917* (New Haven: Yale University Press, 2019), 147-96.

10　Andrés Reséndez, *The Other Slavery: The Uncovered Story of Indian Enslavement in America* (Boston: Houghton Mifflin Harcourt, 2016), 특히 149-265.

11　다음에서 인용. Folsom, *The Yaquis and the Empire*, 214.

12　Eric Foner, *The Second Founding: How the Civil War and Reconstruction Remade the Constitution* (New York: Norton, 2019), 24.

13　Jagodinsky, *Legal Codes and Talking Trees*, 35-36.

14　Jagodinsky, *Legal Codes and Talking Trees*, 39-41.

15　Peggy Pascoe, *What Comes Naturally: Miscegenation Law and the Making of Race in America* (New York: Oxford University Press, 2009), 77.

16 다음을 보라. James M. Murphy, *Laws, Courts, and Lawyers through the Years in Arizona* University of Arizona Press, 1970), 71-75.

17 Jagodinsky, *Legal Codes and Talking Trees*, 276n38.

18 다음에서 인용. Jacoby, *Shadows at Dawn*, 113.

19 Paul Conrad, *The Apache Diaspora: Four Centuries of Displacement and Survival* University of Pennsylvania Press, 2021), 188-90.

20 다음에서 인용. Jacoby, *Shadows at Dawn*, 112.

21 다음에서 인용. Jacoby, *Shadows at Dawn*, 112.

22 Amy Kaplan, *The Anarchy of Empire in the Making of U.S. Culture* (Cambridge, Harvard University Press, 2006), 23-50.

23 Murphy, *Laws, Courts, and Lawyers through the Years in Arizona*, 41.

24 Jagodinsky, *Legal Codes and Talking Trees*, 30.

25 Murphy, *Laws, Courts, and Lawyers through the Years in Arizona*, 73.

26 다음에서 인용. Jagodinsky, *Legal Codes and Talking Trees*, 28-29.

27 House Resolution 18166. Public Law No. 219. House of Representatives, 1912, 14.

28 미국 서부 전역에서 이루어진 연방정부와 기관들의 성장에 대해서는 다음을 보라. Richard White, *"It's Your Misfortune and None of My Own": A New History of the American West* (Norman: University of Oklahoma Press, 1991), 85-297.

29 Joshua L. Reid, *The Sea Is My Country: The Maritime World of the Makahs* (New Haven: Yale University Press, 2015), 137-53; Steven J. Crum, *The Road on Which We Came: A History of the Western Shoshone* (Salt Lake: University of Utah Press, 1994), 6-7.

30 N. Bruce Duthu, *American Indians and the Law* (New York: Viking Penguin, 2008), 75.

31 Duthu, *American Indians and the Law*, 76-82.

32 Maggie Blackhawk, "Federal Indian Lawas Paradigm within Public Law," *Harvard Law Review* (2019): 1815-25.

33 David Treuer, *The Heartbeat of Wounded Knee: Native America 1890 to the Present* (New York: Riverhead Books, 2019), 132-37.

34 Richard Henry Pratt, *Battlefield and Classroom: Four Decades with the American Indian, 1867-1904*, ed. Robert M. Utley (New Haven: Yale University Press, 1964), 303.

35 다음에서 인용. Margaret Jacobs, *White Mother to a Dark Race: Settler Colonialism, Maternalism, and the Removal of Indigenous Children in the American West and Australia* (Lincoln: University of Nebraska Press, 2009), 73.

36 다음에서 인용. Duthu, *American Indians and the Law*, 76.

37 Pratt, *Battlefield and Classroom*, 306.

38 Stephen Skowronek, *Building a New American State: The Expansion of National Administrative Capacities, 1877-1920* (New York: Cambridge University Press, 1982).

39 다음에서 인용. David E. Wilkins, *American Indian Sovereignty and the U.S. Supreme Court: The Masking of Justice* (Austin: University of Texas Press, 1997), 116.

40 Elliott West, "Reconstructing Race," *Western Historical Quarterly* (2003): 6-26.

41 다음에서 인용. Foner, *The Second Founding*, xx.

42 Foner, *The Second Founding*, 24.

43 Foner, *The Second Founding*, 63-68. 다음도 보라. David Blight, *Frederick Douglass: Prophet of Freedom* (New York: Simon & Schuster, 2018), 545-49.

44 Stephen Kantrowitz, "Jurisdiction, Civilization, and the Ends of Native Amer- Citizenship: The View from 1866," *Western Historical Quarterly* (2021): 203-4.

45 Eric Foner에 따르면, 민권법은 "처음으로 출생 시민권을 국법에 적용했다. … 즉 시민권을 인종과 분리했다. … 이는 … 사실상 흑인에게뿐만 아니라 **이 나라에서 태어난 모든 이에게** 적용되었다." *The Second Founding*, 63-64(강조는 이 책에서 추가). "과세 대상이 아닌 인디언"을 제외한다는 블랙호크 판결이 인디언을 고유의 주권 집단의 구성원으로 간주한다는 법적 이해를 형성했음을 포너는 인정했지만, 그래도 그는 미국 정치체제에서 선주민의 배제를 잘못 이해했다. 연방정부가 선주민 주권 원칙을 인정하면서도 시행하지 못하고 조약 조항에 상응하는 보호 조치를 마련하지 못한 것은, 인종화된 다른 미국인의 배제와 마찬가지로 법적·헌정적 실패다. 선주민 영토를 헌법에 따라 빼앗고, 이에 상응하는 주정부의 허가를 받아 수천 명의 선주민을 이주시킨 것은 정의와 평등을 실현하지 못한 조치다.

46 1848년 '과달루페 이달고 조약'의 제8조는 미국이 된 정복지에서 사는 멕시코 주민 전원에게 미국 시민권을 부여했다. 멕시코 국경 지대에서 살던 선주민 중 멕시코 선거에서 투표권을 행사했거나, 멕시코 법에 따라 토지 재산을 보유한 사람은 거의 없었다. 다음을 보라. Crandall, *These People Have Always Been a Republic*, 7-12, 177-282.

47 Howard Roberts Lamar, *The Far Southwest, 1846-1912: A Territorial History* (New Haven: Yale University Press, 1966), 440-41. 1865년 이후 정착민 인구의 "증가" 주기에 대해서는 다음을 보라. James Belich, *Replenishing the Earth: The Settler Revolution and the Rise of the Anglo-World, 1783-1939* (New York: Oxford University Press, 2009), 88.

48 다음을 보라. Charles J. Kappler, ed., *Indian Affairs: Laws and Treaties*, 5 vols. (Washington, D.C.: U.S. Government Printing Office, 1904), 2:807-909. 바인 델

로리아 주니어와 레이먼드 드맬리(Raymond J. DeMallie)는 Kappler의 책에 대해 일련의 방법론적 문제를 지적하며, "비준된 혹은 유용하고 시행 가능한 조약들의 연대순 목록"을 그 대안으로 제시한다. 여기에는 캘리포니아와 여타 "유효한" 조약이 포함되어 있다. 다음을 보라. Deloria and Demallie, eds., *Documents of American Indian Diplomacy: Treaties, Agreements, and Conventions, 1775–1979*, 2 vols. (Norman: University of Oklahoma Press, 1999), 1:181–232. 그들이 지적하는 것처럼, "학자와 학생 모두 인디언 조약의 정확한 목록 혹은 공식 목록을 찾는 데 어려움을 겪고 있다"(1:181). 다음도 보라. Francis Paul Prucha, *American Indian Treaties: The History of a Political Anomaly* (Berkeley: University of California Press, 1994), 446–502.

49　Black Coal (Arapahoe), "The Black Hills Is Our Country: Testimony to a Federal Commission, September, 1876," in Wayne Moquin and Charles Van Doren, eds., *Great Documents in American Indian History* (New York: Praeger, 1973), 230. 오랫동안 라코타·나코타·다코타 지역사회들—집단적으로는 오세티 사코윈(Oceti Sakowin), '세븐 네이션 평의회 불의 인민(Seven Council Fires people)'이라고 알려진 집단—의 "영적 중심지이자 근거지"로 알려진 블랙힐스는 마치 "바다 위의 섬처럼 북부 대평원 위에" 우뚝 솟은 모습이며, "숨 막힐 듯 아름다운 생태계"를 이루고 있다. 다음을 보라. Craig Howe et al., eds., *He Sapa Woihanble: Black Hills Dream* (St. Paul: Living Justice, 2011), 3.

50　"Treaty with the Sioux–Brulé, Oglala, Miniconjou, Yanktonai, Hunkpapa, Blackfeet, Cuthead, Two Kettle, Sans Arcs, and Santee–and Arapahoe, 1868," in Kappler *Indian Affairs*, 2:999.

51　"Treaty with the Sioux, 1868," 2:998–1003.

52　Kappler, *Indian Affairs*, 2:996, 998–1025.

53　1867년 6월 20일, 연방의회는 '미국인디언평화위원회(United States Indian Peace Commission)'를 세웠다. 이를 통해 연방정부의 조약 체결 과정이 좀더 중앙집중화되기 시작했다. 이 위원회에 대한 개괄은 다음을 보라. Prucha, *American Indian Treaties*, 279–85.

54　"Treaty with the Sioux, 1868," 2:998.

55　"우리 근거지는 디네타호르 디네 비케야(Dinétahor Diné Bikéyah)라고 불렀다. 나바호의 땅, 나바호의 나라라는 뜻이다. 이곳은 네 개의 신성한 산으로 둘러싸여 있다. 동쪽의 질 하진(Dzil Hajin), 남쪽의 초드질(Tsódziil), 서쪽의 도코슬리드(Dookóósliid), 북쪽의 디베니타시(Dibénitash)라는 산이다." Jennifer Nez Denetdale, *Reclaiming Diné History: The Legacies of Navajo Chief Manuelito and Juanita* (Tucson: University of Arizona Press, 2007), 10.

56　"Treaty with the Cherokee, 1866," in Kappler, *Indian Affairs*, 2:942.

57 "Treaty with the Seminole, 1866," in Kappler, *Indian Affairs*, 2:914 (강조는 이 책에서 추가).

58 "Treaty with the Cherokee, 1866," 2:946.

59 "Treaty with the Delawares, 1866," in Kappler, *Indian Affairs*, 2:937.

60 J. Diane Pearson, *The Nez Perces in the Indian Territory: Nimiipuu Survival* (Norman: University of Oklahoma Press, 2008). "포로 수를 상세히 파악하라는 명령이 마침내 세인트폴에서 내려왔다. … 여기에 기록된 바에 따르면, 군대에서 니미푸(Nimipuu)와 팔루스(Palus) 포로 431명을 잡았다. 이중 남성이 79명, 여성이 178명, 어린이가 174명이었다"(75). 이 어린이들을 동부의 기숙학교로 보내려던 시도에 대해서는 222-50을 보라. 치리카와인들의 추방에 대한 개괄은 다음을 보라. Paul Andrew Hutton, *The Apache Wars: The Hunt for Geronimo, the Apache Kid, and the Captive Boy Who Started the Longest War in American History* (New York: Broadway Books, 2016), 386-424.

61 "Treaty with the Delawares, 1866," *Indian Affairs*, 2:938.

62 다음에서 인용. Norman J. Bender, *"New Hope for the Indians": The Grant Peace Policy and the Navajos in the 1870s* (Albuquerque: University of New Mexico Press, 1989), 8.

63 Richard White, *Railroaded: The Transcontinentals and the Making of Modern America* (New York: Norton, 2011), 455-59.

64 "Treaty with the Delawares, 1861," in Kappler, *Indian Affairs*, 2:814-15.

65 "Treaty with the Delawares, 1861," 2:821, 824.

66 Manu Karuka, *Empire's Tracks: Indigenous Nations, Chinese Workers, and the Transcontinental Railroad* (Oakland: University of California Press, 2019), 149-84. 67. Belich, *Replenishing the Earth*, 205, 334.

68 버려진 수백만 마리의 들소 시체에서 알 수 있듯이, 그 비효율성에도 불구하고 들소 무역은 초기의 서부 모피 무역과 마찬가지로 19세기에 "정착민 증가"가 대규모로 이루어지던 시기에 대평원 전역에서 초창기에 호황을 누렸고, 이는 경제 성장으로 이어졌다. Belich, *Replenishing the Earth*, 206.

69 중부 대평원, 철도와 아메리카 들소의 멸종에 대한 개괄은 다음을 보라. White, *Railroaded*, 462-66.

70 White, *Railroaded*, 468.

71 다음에서 인용. White, *Railroaded*, 460.

72 캔자스에서 서부까지 대륙을 횡당하는 여행에 대한 개괄은 9장을 보라.

73 Belich, *Replenishing the Earth*, 332.

74 "Mah'píyalúlta, Red Cloud," in Josephine Waggoner, *Witness: A Húnkpaph'a Historian's Strong-Heart Song of the Lakotas*, ed. Emily Levine (Lincoln: University of

Nebraska Press, 2013), 450-51. 다음도 보라. Pekka Hämäläinen, *Lakota America: A New History of Indigenous Power* (New Haven: Yale University Press, 2019), 279-81.

75  "Treaty with the Sioux, 1868," 2:1002.

76  Nick Estes, *Our History Is the Future: Standing Rock versus the Dakota Access Pipeline, and the Long Tradition of Indigenous Resistance* (New York: Verso, 2019), 106.

77  John Grass (Blackfoot Sioux), "Indian Conditions for Treaty Renewal, October 11, 1876," in Moquin and Van Doren, *Great Documents in American Indian History*, 234. 다음도 보라., "Mathó Wathákpe, John Grass," in Waggoner, *Witness*, 321-23.

78  "Treaty with the Sioux, 1868," 2:1002.

79  "Treaty with the Sioux, 1868," 2:1002-3.

80  Michel Hogue, *Metis and the Medicine Line: Creating a Border and Dividing a People* (Chapel Hill: University of North Carolina Press, 2015), 81-83.

81  다음에서 인용. Hämäläinen, *Lakota America*, 299.

82  George E. Hyde, *Spotted Tail's Folk: A History of the Brulé Sioux* (Norman: University of Oklahoma Press, 1961), 162-63.

83  다음에서 인용. Hämäläinen, *Lakota America*, 311.

84  다음에서 인용. Hämäläinen, *Lakota America*, 311.

85  John Grass (Blackfoot Sioux), "Indian Conditions for Treaty Renewal, October 11, 1876," 233.

86  Katharine C. Turner, *Red Men Calling on the Great Father* (Norman: University Oklahoma Press, 1951), 121.

87  Prucha, *The Great Father*, 528.

88  Kappler, *Indian Affairs*, 4:1153.

89  1866년과 1868년에 의회와 대법원은 인디언에게 과세할 수 있는 의회의 권한에 대해 심의했고, 이는 정책의 재정립을 촉발했다. David Wilkins가 말했듯이, "부족들이 … 의회가 제정한 일반법의 범위에 **포함되는지** 혹은 **배제되는지**"가 재건 시대 내내 주요 관심사였다. "부족의 기존 정치적 지위(미국헌법에 의해 만들어지지 않았거나, 혹은 그 적용을 받지 않는 지위), 이전 대법원 판례, 조약 관계, 그리고 부족 정치 조직의 고유한 지위를 인정하는 헌법 조항들을 포함한 문서 증거는 명백히 배제를 뒷받침한다." *American Indian Sovereignty and the U.S. Supreme Court*, 55 (강조는 원문).

90  "조약 체제는 연방 하원과 상원 사이의 권력 갈등의 결과로 종말을 맞았다. 근본적인 문제는 조약 체결이 대통령과 상원의 권한이라는 점이었다. 인디언과의 관계를 협약으로 한정하면 하원은 예산 책정을 제외하고는 완전히 배제되었다." Prucha, *The Great Father*, 530.

91  David W. Blight, *Race and Reunion: The Civil War in American Memory* (Cambridge,

Mass.: Harvard University Press, 2001), 135-39.

92   다음에서 인용. Heather Cox Richardson, *West from Appomattox: The Reconstruction of America After the Civil War* (New Haven: Yale University Press, 2007), 178; 다음도 보라. 174-78.

93   다음에서 인용. Richardson, *West from Appomattox*, 165-66.

94   "Treaty with the Sioux, 1868," 2:998.

95   "Treaty with the Sioux, 1868," 2:998.

96   Martin F. Schmitt, ed., *General George Crook: His Autobiography*, 2nd ed. University of Oklahoma Press, 1960, 189.

97   다음에서 인용. Richardson, *West from Appomattox*, 166.

98   다음에서 인용. Richardson, *West from Appomattox*, 161.

99   Richardson, *West from Appomattox*, 165.

100   Schmitt, *General George Crook*, 189.

101   Schmitt, *General George Crook*, 189.

102   다음에서 인용. Candice Millard, *Destiny of the Republic: A Tale of Madness, Medicine, and the Murder of a President* (New York: Anchor Books, 2011), 11.

103   미국 전화기의 발전에 대해서는 다음을 보라. Jurgen Osterhammel, *The Transformation of the World: A Global History of the Nineteenth Century* (Princeton: Princeton University Press, 2015), 720.

104   도시화와 그로 인한 수많은 불평등에 대한 개괄은 다음을 보라. Richard White, *The Republic for Which It Stands: The United States during Reconstruction and the Gilded Age, 1865-1896* (New York: Oxford University Press, 2017), 481-517. 미국은 농촌과 도시 모두에서 "진보 중이지만 여전히 빈곤이 만연한 땅"이었다(481).

105   Wilkins, *American Indian Sovereignty and the U.S. Supreme Court*, 221.

106   Kappler, *Indian Affairs*, 1:168. 다음도 보라. Prucha, *The Great Father*, 2:632-33.

107   Kappler, *Indian Affairs*, 1:168.

108   다음에서 인용. Treuer, *The Heartbeat of Wounded Knee*, 133.

109   다음에서 인용. Treuer, *The Heartbeat of Wounded Knee*, 133.

110   다음에서 인용. Wolfgan Mider, "'The Only Good Indian Is a Dead Indian': History and Meaning of a Proverbial Stereotype," *Journal of American Folklore* (Winter 1993): 45-46.

111   Loreta Fowler, *Arapahoe Politics, 1851-1978: Symbols in Crises of Authority* (Lincoln: University of Nebraska Press, 1982), 153-56.

112   Frederick E. Hoxie, *Parading through History: The Making of the Crow Nation in America, 1805-1935* (New York: Cambridge University Press, 1995), 233-38.

113 다음에서 인용. Brianna Theobald, *Reproduction on the Reservation: Pregnancy, Childbirth, and Colonialism in the Long Twentieth Century* (Chapel Hill: University of North Carolina Press, 2019), 22.

114 다음에서 인용. Jacobs, *White Mother to a Dark Race*, 159.

115 다음에서 인용. Jacobs, *White Mother to a Dark Race*, 160.

116 다음에서 인용. Treuer, *The Heartbeat of Wounded Knee*, 133.

117 다음을 보라. Paul C. Rosier, "Surviving in the Twentieth Century, 1890-1960," in E. Hoxie, ed., *The Oxford Handbook of American Indian History* (New York: Oxford University Press, 2016), 112-17. 기숙학교의 "프로그램은 권위주의적 방식, 인종주의, 방치로 일관했다. 수준 이하의 생활환경, 성적 학대, 엄격한 출석 규정으로 수년 간 가족 방문까지 막는 정책으로 많은 학생이 향수병을 앓았으며, 막무가내로 도주하기도 했다. 자살이나 결핵, 독감 등의 질병으로 사망한 소년, 소녀의 묘비가 학교 묘지를 가득 채웠다. 영양실조와 과로가 상황을 더 악화시켰다"(116). 다음도 보라. Preston McBride, "Lessons from Canada: The Question of Genocide in US Boarding Schools for Native Americans," in Ben Kiernan, general ed., Ned Blackhawk, Ben Kiernan, Benjamin Madley, and Rebe Taylor, volume eds., *The Cambridge World History of Genocide, Volume II: Genocide in the Indigenous, Early Modern and Imperial Worlds, c.1535 to World War One* (3 vols., Cambridge: Cambridge University Press, 2022), 434-60.

118 다음에서 인용. Treuer, *The Heartbeat of Wounded Knee*, 133.

119 다음에서 인용. John W. Troutman, *Indian Blues: American Indians and the Politics of Music, 1879-1934* (Norman: University of Oklahoma Press, 2009), 109.

120 다음에서 인용. Mark Rifkin, *When Did Indians Become Straight? Kinship, the History of Sexuality, and Native Sovereignty* (New York: Oxford University Press, 2011), 151.

121 Beth H. Piatote, *Domestic Subjects: Gender, Citizenship, and Law in Native American Literature* (New Haven: Yale University Press, 2013), 29-38.

122 Rifkin, *When Did Indians Become Straight?* 146-47.

123 다음에서 인용. Rifkin, *When Did Indians Become Straight?* 149.

124 Theobald, *Reproduction on the Reservation*, 19.

125 Hoxie, *Parading through History*, 192-94.

126 다음에서 인용. Theobald, *Reproduction on the Reservation*, 79-80.

127 Melissa L. Meyer, *The White Earth Tragedy: Ethnicity and Dispossession at a Minnesota Anishinaabe Reservation* (Lincoln: University of Nebraska Press, 1994), 137-72.

128 다음에서 인용. Anton Treuer, *Warrior Nation: A History of the Red Lake Ojibwe* (St. Paul: Minnesota Historical Society Press, 2015), 83. 토지 할당 정책에 맞선 레드레

이크 외교와 1888년 '넬슨법'과 관련해서는 78-103쪽을 보라.

129 Hämäläinen, *Lakota America*, 373.

130 다음에서 인용. Howe et al., *He Sapa Woihanble*, 174. 다음도 보라. Wilkins, *American Indian Sovereignty and the U.S. Supreme Court*, 217-34. "청구 법원 판결은 라코타인에게 일종의 재정적 승리일 수 있지만, … 라코타와 미국 간의 정치적 관계의 실제 기반에 대한, 꼭 필요한 해명은 전혀 제공하지 못했다. 대다수의 판결은 연방의회가 해당 토지를 취할 수 있는가 하는 문제 제기에 답하려 하지 않았다. … 대다수의 판결은 라코타인 사이에서 혹은 대법원에서 조약에 근거해 청구권을 주장하려고 했던 여타 부족들에게 큰 희망을 주지 못했다"(228-29).

131 "Treaty with the Sioux, 1868," 2:1002.

132 Wilkins, *American Indian Sovereignty and the U.S. Supreme Court*, 221.

133 다음에서 인용. Heather Cox Richardson, *Wounded Knee: Party Politics and the Road to an American Massacre* (New York: Basic Books, 2010), 105-6.

134 Jeffrey Ostler, *The Plains Sioux and U.S. Colonialism: From Lewis and Clark to Wounded Knee* (New York: Cambridge University Press, 2004), 203-12.

135 Pratt, *Battlefield and Classroom*, 220.

136 Pratt, *Battlefield and Classroom*, 220.

137 다음에서 인용. Jacoby, *Shadows at Dawn*, 229.

138 Sidney L. Harring, *Crow Dog's Case: American Indian Sovereignty, Tribal Law, and the United States Law in the Nineteenth Century* (New York: Cambridge University Press, 1994).

139 다음에서 인용. Wilkins, *American Indian Sovereignty and the U.S. Supreme Court*, 115.

140 "선주민의 내밀한 생활 방식, 즉 그들이 자녀를 돌보고 키우는 방식, 주거, 섹슈얼리티, 결혼 관행, 젠더 관계, 심지어 몸 장식과 헤어스타일까지 식민자의 감시와 비난을 받았다." Jacobs, *White Mother to a Dark Race*, 24.

141 Wilkins, *American Indian Sovereignty and the U.S. Supreme Court*, 64.

142 Blackhawk, "Federal Indian Law as Paradigm," 1829-31.

143 이에 해당하는 범죄는 살인, 과실치사, 성폭행, 살인 의도가 있는 폭행, 방화, 침입, 절도였다. Wilkins, *American Indian Sovereignty and the U.S. Supreme Court*, 68-69.

144 Harring, *Crow Dog's Case*, 141.

145 "*Ex Parte Kan-Gi-Shun-Ca (Otherwise Known as Crow Dog)*," in Robert T. Anderson et al., eds., *American Indian Law: Cases and Commentary*, 4th ed. (St. Paul: West Academic, 2020), 95.

146 Harring, *Crow Dog's Case*, 118-41. "합의된 견해에 따르면 … 조약은 인민을 가진

나라들 사이에서 체결된다는 전통적인[법적] 개념을 강력히 지지한다. 그리고 이는 수(Sioux)부족과의 조약들의 해석에서 부족 주권에 가장 크게 영향을 미치는 방식을 취했다. 이렇게 된 데에는 크로도그의 의견이 분수령이 되었다. 부족민들의 평등을 인정하고 그들 네이션의 주권을 존중하는 전통적인 인디언 정책으로 인디언사무국의 동화 정책에 마지막으로 맞서며 법적 경계선에 서게 되었다."(129-30).

147  "*Ex Parte Kan-Gi-Shun-Ca (Otherwise Known as Crow Dog)*," 95 (강조는 이 책에서 추가).

148  "*U.S. v. Kagama*," in Keith Richotte Jr., *Federal Indian Law and Policy: An Introduction* (St. Paul: West Academic, 2020), 138.

149  David E. Wilkins and K. Tsianina Lomawaima, *Uneven Ground: American Indian Sovereignty and Federal Law* (Norman: University of Oklahoma Press, 2001), 98-116.

150  Waggoner, *Witness*, 222-23.

151  Raymond J. DeMallie, ed., *The Sixth Grandfather: Black Elk's Teachings Given to John G. Neihardt* (Lincoln: University of Nebraska Press, 1984), 272.

152  Ostler, *The Plains Sioux and U.S. Colonialism*, 326-337.

153  DeMallie, *The Sixth Grandfather*, 271.

154  DeMallie, *The Sixth Grandfather*, 271.


## 11장 20세기의 여명과 선주민의 석양

1  설리번의 군사 작전은 6장을 참고하라. 다음도 보라. Rhiannon Koehler, "Hostile Nations: Quantifying the Destruction of the Sullivan-Clinton Genocide of 1779," *American Indian Quarterly* (Fall 2018): 427-53.

2  Frederick Cook, ed., *Journals of the Military Expedition of Major General John Sullivan against the Six Nations of Indians in 1779 with Records of Centennial Celebrations* (Auburn, N.Y.: Knapp, Peck, & Thompson, 1887), 335-36.

3  Cook, *Journals of the Military Expedition of Major General John Sullivan*, xi.

4  Cook, *Journals of the Military Expedition of Major General John Sullivan*, 392-93 (강조는 원문).

5  Cook, *Journals of the Military Expedition of Major General John Sullivan*, 336.

6  Alan Taylor, *William Cooper's Town: Power and Persuasion on the Frontier of the Early American Republic* (New York: Knopf, 1995), 432.

7  다음에서 인용. Taylor, *William Cooper's Town*, 432.

8  선주민 기념행사가 지닌 의미 중 논란이 된 부분에 대해서는 다음을 보라. Lisa Blee and Jean M. O'Brien, *Monumental Mobility: The Memory Work of Massasoit* (Chapel

Hill: University of North Carolina Press, 2019); Ari Kelman, *A Misplaced Massacre: Struggling over the Memory of Sand Creek* (Cambridge, Mass.: Harvard University Press, 2013).

9   Cook, *Journals of the Military Expedition of Major General John Sullivan*, 336.

10   Cook, *Journals of the Military Expedition of Major General John Sullivan*, 379.

11   Cook, *Journals of the Military Expedition of Major General John Sullivan*, 380.

12   Cook, *Journals of the Military Expedition of Major General John Sullivan*, 380.

13   Cook, *Journals of the Military Expedition of Major General John Sullivan*, 379.

14   지역에서 만들어진 "중요한 토착 이야기들"에 대해서는 다음을 보라. Jean M. O'Brien, *Firsting and Lasting: Writing Indians out of Existence in New England* (Minneapolis: University of Minnesota Press, 2010), xi–xxvi.

15   Mark Peterson, *The City–State of Boston: The Rise and Fall of an Atlantic Power, 1630–1865* (Princeton: Princeton University Press, 2019), 628.

16   다음에서 인용. Peterson, *The City–State of Boston*, 629.

17   David M. Wrobel, *The End of American Exceptionalism: Frontier Anxiety from the Old West to the New Deal* (Lawrence: University of Kansas Press, 1993), 1–3.

18   Frederick Jackson Turner, *The Character and Influence of the Indian Trade in Wisconsin: A Study of the Trading Post as an Institution*, ed. David Harry Miller and William W. Savage (Norman: University of Oklahoma Press, 1977), 78.

19   Turner, *The Character and Influence of the Indian Trade in Wisconsin*, 78.

20   Ellen Fitzpatrick, *History's Memory: Writing America's Past, 1880–1980* (Cambridge, Mass.: Harvard University Press, 2002), 49.

21   Johannes Fabian, *Time and the Other: How Anthropology Makes Its Object* (New York: Columbia University Press, 1983), 143.

22   Hubert Howe Bancroft, *The Native Races*, 5 vols. (San Francisco: A. L. Bancroft, 1883), 1:3.

23   Bancroft, *Native Races*, 1:81.

24   David Silverman, *This Land Is Their Land: The Wampanoag Indians, Plymouth Colony, and the Troubled History of Thanksgiving* (New York: Bloomsbury, 2019).

25   "무성 서부극" 장르에서 영화 제작자들은 "대체로 인디언을 풍경과 유사한 요소로 여겼다. … 그리하여 결국 인디언을 배경으로 밀어냈다." 이에 대해서는 다음을 보라. Andrew Brodie Smith, *Shooting Cowboys and Indians: Silent Western Films, American Culture, and the Birth of Hollywood* (Boulder: University of Colorado Press, 2003), 219.

26   Mark David Spence, *Dispossessing the Wilderness: Indian Removal and the Making of*

*the National Parks* (New York: Oxford University Press, 1999).

27  Erika Marie Bsumek, *Indian-Made: Navajo Culture in the Marketplace, 1868-1940* (Lawrence: University of Kansas Press, 2008); Paige Raibmon, *Authentic Indians: Episodes of Encounter from the Late-Nineteenth-Century Northwest Coast* (Durham: Duke University Press, 2005), 74-115.

28  Philip J. Deloria, *Indians in Unexpected Places* (Lawrence: University of Kansas Press, 2004), 12.

29  Kristina Ackely and Cristina Stanciu, eds., *Laura Cornelius Kellogg: Our Democracy and the American Indians and Other Works* (Syracuse: Syracuse University Press, 2015), 73.

30  Ackely and Stanciu, *Laura Cornelius Kellogg*, 76-77.

31  Renya K. Ramirez, *Standing Up to Colonial Power: The Lives of Henry Roe and Elizabeth Bender Cloud* (Lincoln: University of Nebraska Press, 2018).

32  Ramirez, *Standing Up to Colonial Power*, 98-120.

33  예를 들어 다음을 보라. David M. Beck, *Unfair Labor? American Indians and the 1893 World's Columbian Exposition in Chicago* (Lincoln: University of Nebraska Press, 2019); Theda Perdue, *Race and the Atlanta Cotton States Exposition of 1895* (Athens: University of Georgia Press, 2010); Akim Reinhardt, "Indigenous Identities in the Imperialist Imagination," in Wendy Jean Katz, ed., *The Trans-Mississippi and International Expositions of 1898-1899* (Lincoln: University of Nebraska Press, 2018), 262-97.

34  Reinhardt, "Indigenous Identities in the Imperialist Imagination," 263.

35  다음에서 인용. Beck, *Unfair Labor?* 198.

36  다음에서 인용. Frederick E. Hoxie, *A Final Promise: The Campaign to Assimilate the Indians, 1880-1920*, rev. ed. (New York: Cambridge University Press, 1989), 86. 시카고의 선주민의 전시를 알리는 전략에 대해서는 87-91쪽을 보라.

37  Purdue, *Race and the Atlanta Cotton States Exposition of 1895*, 79.

38  Deloria, *Indians in Unexpected Places*, 72.

39  다음에서 인용. Beck, *Unfair Labor?* 10.

40  다음에서 인용. Beck, *Unfair Labor?* 16.

41  Deloria, *Indians in Unexpected Places*, 67.

42  Rufus Blanchard, *Discovery and Conquests of the North-west, with the History of Chicago* (Wheaton, Ill.: R. Blanchard, 1881), 4.

43  다음에서 인용. Beck, *Unfair Labor?* 7.

44  다음에서 인용. Beck, *Unfair Labor?* 7.

45 Raibmon, *Authentic Indians*, 23-33.

46 Truth and Reconciliation Commission of Canada, *Canada's Residential Schools: The History, Part 1, Origins to 1939*, 6 vols. (Montreal: McGill-Queen's University Press, 2015), 1:164.

47 다음에서 인용. Truth and Reconciliation Commission, *Canada's Residential Schools*, 1:164.

48 다음에서 인용. Truth and Reconciliation Commission, *Canada's Residential Schools*, 1:157.

49 다음에서 인용. Christopher Bracken, *The Potlatch Papers: A Colonial Case History* (Chicago: University of Chicago Press, 1997), 46.

50 다음에서 인용. Hoxie, *A Final Promise*, 89.

51 Beck, *Unfair Labor?* 109.

52 Raibmon, *Authentic Indians*, 61.

53 Beck, *Unfair Labor?* 110-12.

54 Beck, *Unfair Labor?* 112.

55 헌트가 보아스에게 끼친 영향과 "박물관 인류학"의 발전에 대해서는 다음을 보라. Douglas Cole, *Captured Heritage: The Scramble for Northwest Coast Artifacts* (Norman: University of Oklahoma Press, 1985), 156-64. 헌트와 커티스의 관계에 대해서는 다음을 보라. Mick Gidley, *Edward S. Curtis and the North American Indian, Incorporated* (New York: Cambridge University Press, 1998), 88-94.

56 Ned Blackhawk and Isaiah Lorado Wilner, introduction to Blackhawk and Wilner, eds., *Indigenous Visions: Rediscovering the World of Franz Boas* (New Haven: Yale University Press, 2018), ix-xxii.

57 Isaiah Lorado Wilner, "Transformation Masks: Recollecting the Indigenous Origins of Global Consciousness," in Blackhawk and Wilner, *Indigenous Visions*, 3-41.

58 J. Kéhaulani Kauanui, *Paradoxes of Hawaiian Sovereignty: Land, Sex, and the Colonial Politics of State Nationalism* (Durham: Duke University Press, 2018), 14.

59 Daniel Immerwahr, *How to Hide an Empire: A History of the Greater United States* (New York: Farrar, Straus & Giroux, 2019), 79-87.

60 Alfred W. McCoy, Francisco A. Scarano, and Courtney Johnson, "On the Tropic Cancer: Transitions and Transformation in the U.S. Imperial State," in McCoy and Scarano, eds., *Colonial Crucible: Empire in the Making of the Modern American State* (Madison: University of Wisconsin Press, 2009), 3.

61 Lee D. Baker, *Anthropology and the Racial Politics of Culture* (Durham: Duke University Press, 2010), 35-38.

62  Baker, *Anthropology and the Racial Politics of Culture*, 35.

63  Baker, *Anthropology and the Racial Politics of Culture*, 39-42.

64  Hoxie, *A Final Promise*, 56.

65  미국이 필리핀에서 식민지 정부를 수립하면서 맞닥뜨린 어려움에 대해서는 다음을 보라. Immerwahr, *How to Hide an Empire*, 88-107.

66  다음에서 인용. Hoxie, *A Final Promise*, 274n45.

67  다음에서 인용. Hoxie, *A Final Promise*, 106-7.

68  Nick Estes, *Our History Is the Future: Standing Rock versus the Dakota Access Pipeline, and the Long Tradition of Indigenous Resistance* (New York: Verso, 2019), 91-92.

69  Brian McAllister Linn, "The Impact of the Philippine Wars (1898-1913) on the U.S. Army," in McCoy and Scarano, *Colonial Crucible*, 463.

70  Alfred W. McCoy, *Policing America's Empire: The United States, the Philippines, and the Rise of the Surveillance State* (Madison: University of Wisconsin Press, 2009), 35.

71  다음에서 인용. Willam T. Hagan, *Indian Police and Judges: Experiments in Acculturation and Control* (New Haven: Yale University Press, 1966), 84.

72  Hagan, *Indian Police and Judges*, 85.

73  Robert M. Kvasnicka and Herman J. Viola, eds., *The Commissioners of Indian Affairs, 1824-1977* (Lincoln: University of Nebraska Press, 1979).

74  Ackely and Stanciu, *Laura Cornelius Kellogg*, 77.

75  Arlinda Locklear, "The Allotment of the Oneida Reservation and Its Legal Ramifications," in Jack Campisi and Laurence M. Hauptman, eds., *The Oneida Indian Experience: Two Perspectives* (Syracuse: Syracuse University Press, 1988), 85.

76  Ackely and Stanciu, *Laura Cornelius Kellogg*, 76.

77  "Congressional Appropriations for Indian Schools, 1877-1920," in Hoxie, *A Final Promise*, 253-54.

78  "Congressional Appropriations for Indian Schools, 1877-1920," 253-54.

79  Kim Cary Warren, *The Quest for Citizenship: African American and Native American Education in Kansas, 1880-1935* (Chapel Hill: University of North Carolina Press, 2010), 21, 145-54.

80  다음에서 인용. Ackely and Stanciu, *Laura Cornelius Kellogg*, 8.

81  Ackely and Stanciu, *Laura Cornelius Kellogg*, 114.

82  Robert Dale Parker, ed., *Changing Is Not Vanishing: A Collection of American Indian Poetry to 1930* (Philadelphia: University of Pennsylvania Press, 2011), 256-57.

83  Laura M. Cornelius, "A Tribute to the Future of My Race," in Parker, *Changing Is Not Vanishing*, 256.

84 다음에서 인용. Ackely and Stanciu, *Laura Cornelius Kellogg*, 16.

85 Cathleen D. Cahill, *Recasting the Vote: How Women of Color Transformed the Suffrage Movement* (Chapel Hill: University of North Carolina Press, 2020), 266.

86 Hazel W. Hertzberg, *The Search for an American Indian Identity: Modern Pan Indian Movements* (Syracuse: Syracuse University Press, 1971), 36-38.

87 예를 들어 다음을 보라. Francis Paul Prucha, *American Indian Policy in Crisis: Christian Reformers and the Indian, 1865-1900* (Norman: University of Oklahoma Press, 1976); William T. Hagan, *The Indian Rights Association: The Herbert Welsh Years, 1882-1904* University of Arizona Press, 1985).

88 다음에서 인용. Cahill, *Recasting the Vote*, 92.

89 Beth H. Piatote, *Domestic Subjects: Gender, Citizenship, and Law in Native American Literature* (New Haven: Yale University Press, 2013), 144.

90 다음에서 인용. Cahill, *Recasting the Vote*, 92.

91 Susan M. Hill, *The Clay We Are Made Of: Haudenosaunee Land Tenure on the Grand River* (Winnipeg: University of Manitoba Press, 2017), 15-76.

92 Hertzberg, *The Search for an American Indian Identity*, 31-36.

93 다음에서 인용. Ackely and Stanciu, *Laura Cornelius Kellogg*, 9.

94 Cahill, *Recasting the Vote*, 89-90.

95 다음에서 인용. Cahill, *Recasting the Vote*, 92.

96 다음에서 인용. Hertzberg, *The Search for an American Indian Identity*, 138.

97 Hertzberg, *The Search for an American Indian Identity*, 128-29. (부족 식별 정보는 제공되지 않는다.)

98 다음에서 인용. Cahill, *Recasting the Vote*, 92n40, 297.

99 SAI 내부의 파벌주의에 대해서는 다음을 보라. Hertzberg, *The Search for an American Indian Identity*, 55-58, 135-54.

100 Hertzberg, *The Search for an American Indian Identity*, 239.

101 *New York Evening Sun*, February 22, 1913, 다음에서 인용. *The National American Indian Memorial-Harbor of New York* (New York: n.p., 1913), 3.

102 다음에서 인용. Cahill, *Recasting the Vote*, 22.

103 Hertzberg, *The Search for an American Indian Identity*, 184.

104 다음에서 인용. Hoxie, *A Final Promise*, 233.

105 Keith Richotte Jr., *Federal Indian Law and Policy: An Introduction* (St. Paul: West Academic, 2020), 258-63.

106 Cahill, *Recasting the Vote*, 100-102.

107 다음에서 인용. Thomas A. Britten, *American Indians in World War I: At Home and at

*War* (Albuquerque: University of New Mexico Press, 1997), 81.

108 다음에서 인용. Cahill, *Recasting the Vote*, 189.

109 다음에서 인용. Cahill, *Recasting the Vote*, 256.

110 다음에서 인용. Cahill, *Recasting the Vote*, 257.

111 Hoxie, *A Final Promise*, 108.

112 Cahill, *Recasting the Vote*, 259, 251.

113 다음에서 인용. Cahill, *Recasting the Vote*, 258-59.

114 다음에서 인용. Cahill, *Recasting the Vote*, 247.

115 Zitkala-Sa, *American Indian Stories* (Washington, D.C.: Hayworth, 1921), 187.

116 Zitkala-Sa, *American Indian Stories*, 192-93.

117 Zitkala-Sa, *American Indian Stories*, 187.

118 다음에서 인용. Alexandra Harmon, *Rich Indians: Native People and the Problem of Wealth in American History* (Chapel Hill: University of North Carolina Press, 2010), 211-12.

119 다음에서 인용. Sally Jenkins, *The Real All Americans: The Team That Changed a Game, a People, a Nation* (New York: Doubleday, 2007), 312.

120 Britten, *American Indians in World War I*, 165-66.

121 Manu Karuka, *Empire's Traces: Indigenous Nations, Chinese Workers, and the Transcontinental Railroad* (Berkeley: University of California Press, 2019), 56.

122 다음에서 인용. Cahill, *Recasting the Vote*, 191.

123 다음에서 인용. Ackely and Stanciu, *Laura Cornelius Kellogg*, 264n1.

124 Laurence M. Hauptman, *The Iroquois and the New Deal* (Syracuse: Syracuse Press, 1981), 16.

125 다음에서 인용. Ackely and Stanciu, *Laura Cornelius Kellogg*, 71, 73.

126 Jack Campisi, "The Oneida Treaty Period, 1783-1838," in Campisi and Hauptman, *The Oneida Indian Experience*, 48-64.

127 다음에서 인용. Ackely and Stanciu, *Laura Cornelius Kellogg*, 74.

128 Arlinda F. Locklear, "The Oneida Land Claims: A Legal Overview," in Christopher Vecsey and William A. Starna, eds., *Iroquois Land Claims* (Syracuse: Syracuse University Press, 1988), 147.

129 Ackely and Stanciu, *Laura Cornelius Kellogg*, 47.

130 다음에서 인용. Ackely and Stanciu, *Laura Cornelius Kellogg*, 81.

131 다음에서 인용. Hoxie, *A Final Promise*, 240.

132 다음에서 인용. Hoxie, *A Final Promise*, 240.

133 Locklear, "The Oneida Land Claims," 141-53.

134 머노미니의 토지 소유권과 목재 산업에 대해서는 12장을 보라.

135 다음에서 인용. Ackely and Stanciu, *Laura Cornelius Kellogg*, 48n110, 263.

136 Ackely and Stanciu, *Laura Cornelius Kellogg*, 48.

137 Locklear, "The Oneida Land Claims," 151.

138 Hauptman, *The Iroquois and the New Deal*, 16-17.

139 Ackely and Stanciu, *Laura Cornelius Kellogg*, xxvii. 다음도 보라. Hauptman, *The Iroquois and the New Deal*, 76-77.

140 오나이다가 켈로그에 대해 보인 다양한 반응에 대해서는 다음을 보라. Doug Kiel, "Competing Visions of Empowerment: Oneida Progressive-Era Politics and Writing Tribal Histories," *Ethnohistory* (2014): 419-44.

141 다음에서 인용. Ackely and Stanciu, *Laura Cornelius Kellogg*, 212.

142 Zitkala-Sa, *American Indian Stories*, 185-95.

143 다음에서 인용. Hertzberg, *The Search for an American Indian Identity*, 205.

144 다음을 보라. Brenda J. Child, *Boarding School Seasons: American Indian Families, 1900-1940* (Lincoln: University of Nebraska Press, 1998).

145 Rosalyn R. LaPier, *Invisible Reality: Storytellers, Storytakers, and the Supernatural World of the Blackfeet* (Lincoln: University of Nebraska Press, 2017), 120.

146 Zitkala-Sa, *American Indian Stories*, 55-56.

147 Zitkala-Sa, *American Indian Stories*, 55-56.

148 Zitkala-Sa, *American Indian Stories*, 73.

149 다음에서 인용. Hoxie, *A Final Promise*, 240.

150 Hoxie, *A Final Promise*, 187.

151 Graham D. Taylor, *The New Deal and American Indian Tribalism: The Administration of the Indian Reorganization Act, 1934-1945* (Lincoln: University of Nebraska Press, 1980), 6.

152 Frederick E. Hoxie, *Parading through History: The Making of the Crow Nation in America, 1805-1935* (New York: Cambridge University Press, 1995), 144.

153 Harmon, *Rich Indians*, 212.

154 Taylor, *The New Deal and American Indian Tribalism*, 14.

155 Institute for Government Research, *The Problem of Indian Administration: Report of a Survey Made at the Request of Honorable Hubert Work, Secretary of the Interior* (Baltimore: Johns Hopkins University Press, 1928), 3.

156 Institute for Government Research, *The Problem of Indian Administration*, 14.

157 다음에서 인용. Taylor, *The New Deal and American Indian Tribalism*, 6.

158 다음에서 인용. LaPier, *Invisible Reality*, 125.

159 다음에서 인용. Child, *Boarding School Seasons*, 53.

160 다음에서 인용. Child, *Boarding School Seasons*, 54.

161 다음에서 인용. Katharine C. Turner, *Red Men Calling on the Great White Father* (Norman: University of Oklahoma Press, 1951), 121. 다음도 보라. LaPier, *Invisible Reality*, 120.

162 Melissa L. Meyer, *The White Earth Tragedy: Ethnicity and Dispossession at a Minnesota Anishinaabe Reservation* (Lincoln: University of Nebraska Press, 1994), 170. 이 혈통 조사는 "우생학을 개척한 전문가들이 고안한 방법론을 근간으로 삼았다."

163 다음을 보라. Joanne Barker, *Native Acts: Law, Recognition, and Cultural Authenticity* (Durham: Duke University Press, 2011), 특히 3-24, 81-97. "토지 할당을 관리하기 위해서는 부족정부에서 구성원으로 인정받은 사람이어야 했고, 혈통이 기록된 인구 조사 명단에 공식적으로 등록된 사람이어야 했다."

164 네브래스카의 위너베이고 인디언 부족과 위스콘신의 호청크 네이션의 관계에 대해서는 다음을 보라. Ramirez, *Standing Up to Colonial Power*, 23-25.

165 다음에서 인용. Ramirez, *Standing Up to Colonial Power*, 140.

166 미국 인디언 전문학교에 대해서는 다음을 보라. Ramirez, *Standing Up to Colonial Power*, 98-120. 다음 단락에서는 이 부분을 바탕으로 논증을 이어간다. 클라우즈(Clouds)는 "학생들에게 기독교적이고 개인화된 남성적 정체성을 변화시켜 교육받은 전사 정체성으로 통합하라고 격려했다. 그는 학생들에게 부족의 복지를 위해, 선주민에게 봉사하기 위해, 연방정부의 잘못을 바로잡기 위해 싸우라고 했다"(102).

167 Institute for Government Research, *The Problem of Indian Administration*, 380n.

168 다음에서 인용. Warren, *The Quest for Citizenship*, 169.

169 Henry Roe Cloud, "Education of the American Indian," in Frederick E. Hoxie, ed., *Talking Back to Civilization: Indian Voices from the Progressive Era* (New York: Bedford/St. Martin's, 2001), 60.

170 Ramirez, *Standing Up to Colonial Power*, 36-37.

171 다음에서 인용. Ramirez, *Standing Up to Colonial Power*, 32.

172 Roe Cloud, "Education of the American Indian," 61.

173 Roe Cloud, "Education of the American Indian," 60.

174 다음에서 인용. Ramirez, *Standing Up to Colonial Power*, 83.

175 "미국과 정착민 식민주의에 도전하는 선주민 중심의 전략을 평가하기 위한 이론적 디아스포라 개념"으로서 "유연하고 유동적인 허브 개념"에 대해서는 다음을 보라. Ramirez, *Standing Up to Colonial Power*, 4-5.

176 Ramirez, *Standing Up to Colonial Power*, 91-92.

177 다음에서 인용. Ramirez, *Standing Up to Colonial Power*, 109.

178 Warren, *The Quest for Citizenship*, 166.

179 다음에서 인용. Ramirez, *Standing Up to Colonial Power*, 50.

180 Matthew Sakiestewa Gilbert, *Hopi Runners: Crossing the Terrain between Indian and American* (Lawrence: University of Kansas Press, 2018), 51-66.

181 다음에서 인용. Turner, *Red Men Calling on the Great White Father*, 202.

182 Gilbert, *Hopi Runners*, 61-87.

183 다음에서 인용. Ramirez, *Standing Up to Colonial Power*, 122.

184 Ramirez, *Standing Up to Colonial Power*, 131.

185 Ramirez, *Standing Up to Colonial Power*, 249n14.

186 다음에서 인용. Ramirez, *Standing Up to Colonial Power*, 126-27.

187 Edward Everett Dale, "Memories with Frederick Jackson Turner," in Arrell M. Gibson, ed., *Frontier Historian: The Life and Work of Edward Everett Dale* (Norman: University of Oklahoma Press, 1975), 336-59.

188 다음에서 인용. Ramirez, *Standing Up to Colonial Power*, 127.

189 Ramirez, *Standing Up to Colonial Power*, 132.

190 다음에서 인용. Ramirez, *Standing Up to Colonial Power*, 104.

191 다음에서 인용. Ramirez, *Standing Up to Colonial Power*, 124.

192 하스켈 전문학교에서 로 클라우드가 쌓은 업적에 대해서는 다음을 보라. Ramirez, *Standing Up to Colonial Power*, 134-39.

193 Kenneth William Townsend, *World War II and the American Indian* (Albuquerque University of New Mexico Press, 2000), 21-22.

194 Warren, *The Quest for Citizenship*, 171.

195 Truth and Reconciliation Commission, *Canada's Residential Schools*, 1:502-9.

196 다음에서 인용. Truth and Reconciliation Commission, *Canada's Residential Schools*, 1:502.

197 Truth and Reconciliation Commission, *Canada's Residential Schools*, 1:509.

198 대공황과 "기업 자본주의(corporate capitalism)의 위기"를 개혁하려는 시도에 대해서는 다음을 보라. Alan Dawley, *Struggles for Justice: Social Responsibility and the Liberal State* (Cambridge, Mass.: Harvard University Press, 1991), 특히 297-417. "대공황기 내내 사회적 위계는 놀라울 정도로 유지되었다. … 기업 권력, 남성 지배, 백인 우월성의 구조는 거의 흐트러지지 않았다"(295).

199 다음에서 인용. Lawrence C. Kelly, "Charles James Rhoads," in Kvasnicka and Viola, *The Commissioners of Indian Affairs*, 270. 제2차 세계대전 이후 동화 정책으로 회귀하려는 양상에 대해서는 12장을 보라.

200 다음에서 인용. Joshua L. Reid, *The Sea Is My Country: The Maritime World of the*

*Makahs* (New Haven: Yale University Press, 2015), 254.

201 다음에서 인용. Lawrence C. Kelly, *The Navajo Indians and Federal Indian Policy* (Tucson: University of Arizona Press, 1968), 172.

202 다음에서 인용. Tisa Wenger, *We Have a Religion: The 1920s Pueblo Indian Dance Controversy and American Religious Freedom* (Chapel Hill: University of North Carolina Press, 2009), 189. "1920년, 연방의회는 모든 인디언 어린이가 연방의 관할하에 의무교육을 받아야 한다고 지시했다. … 의무교육 프로그램은 1921년 가을에 시작되었다. 슬로건은 '모든 학령기 아동은 학교로'였다. … 부모가 자녀를 학교에 보내기를 거부할 경우, 인디언사무 담당관이 지정한 정부 기숙학교로 무조건 강제 등록시키도록 했다." 다음을 보라. Lawrence C. Kelly, "Charles Henry Burke, 1921-1929," in Kvasnicka and Viola, *The Commissioners of Indian Affairs*, 254.

203 다음에서 인용. Wenger, *We Have a Religion*, 191.

204 Lawrence C. Kelly, *The Assault on Assimilation: John Collier and the Origins of Indian Policy Reform* (Albuquerque: University of New Mexico Press, 1983), 103-377.

205 Christian W. McMillen, *Making Indian Law: The Hualapai Land Case and the Birth of Ethnohistory* (New Haven: Yale University Press, 2007), 128, 152.

206 다음에서 인용. Jennifer Nez Denetdale, *Reclaiming Diné History: The Legacies of Navajo Chief Manuelito and Juanita* (Tucson: University of Arizona Press, 2007), 78, 80.

207 다음에서 인용. Denetdale, *Reclaiming Diné History*, 80.

208 Kelly, *The Navajo Indians and Federal Indian Policy*, 172.

209 K. Tsianina Lomawaima, *They Called It Prairie Light: The Story of Chilocco Indian School* (Lincoln: University of Nebraska Press, 1994), 18-19.

210 Cathleen D. Cahill, *Federal Fathers and Mothers: A Social History of the United States Indian Service* (Chapel Hill: University of North Carolina Press, 2011), 110.

211 Lomawaima, *They Called It Prairie Light*, 19.

212 다음을 보라. Brianna Theobald, *Reproduction on the Reservation: Pregnancy, Childbirth, and Colonialism in the Long Twentieth Century* (Chapel Hill: University of North Carolina Press, 2019), 79-80; Hoxie, *Parading through History*, 325-35.

213 다음에서 인용. Hoxie, *Parading through History*, 326.

214 플렌티 쿱스는 1912년 무명용사 기념비 헌정식의 10만 명 청중 앞에서 연설했고, 1913년에는 뉴욕항에 있는 '국립 아메리칸인디언 기념관' 헌정식에도 참석했다. 다음을 보라. Hoxie, *Parading through History*, 344-48; and *The National American Indian Memorial-Harbor of New York* (New York: n.p., 1913), 6.

215 다음에서 인용. Hoxie, *Parading through History*, 327.

216  McMillen, *Making Indian Law*, 17-35.

217  다음에서 인용. McMillen, *Making Indian Law*, 17.

218  McMillen, *Making Indian Law*, 12.

219  Gilbert, *Hopi Runners*, 59.

220  다음에서 인용. McMillen, *Making Indian Law*, 33.

221  McMillen, *Making Indian Law*, 71.

222  다음에서 인용. McMillen, *Making Indian Law*, 161.

223  McMillen, *Making Indian Law*, 139.

224  다음에서 인용. McMillen, *Making Indian Law*, 177-78. 다음도 보라. Glen Sean "A Fourth World Resurgent," in George Manuel and Michael Posluns, *The Fourth World: An Indian Reality*, rev. ed. (Minneapolis: University of Minnesota Press, 2019), xxvii.

225  신탁 관계와 신탁 책임에 대한 개괄은 다음을 보라. David E. Wilkins and K. Tsianina Lomawaima, *Uneven Ground: American Indian Sovereignty and Federal Law* (Norman: University of Oklahoma Press, 2001), 64-97.


## 12장 종결 정책에서 자결권까지

1  Christian W. McMillen, *Making Indian Law: The Hualapai Land Case and the Birth of Ethnohistory* (New Haven: Yale University Press, 2007), 172-73. 다음도 보라. David E. Wilkins, *Hollow Justice: A History of Indigenous Claims in the United States* (New Haven: Yale University Press, 2013), 49-70.

2  Vijay Prashad, *The Darker Nations: A People's History of the Third World* (New York: New Press, 2007), 3-15.

3  https://www.un.org/en/about-us/un-charter.

4  Joshua B. Freeman, *American Empire: The Rise of a Global Power, the Democratic Revolution at Home, 1945-2000* (New York: Viking Penguin, 2012), xi.

5  다음에서 인용. Walter LaFeber, *The American Age: United States Foreign Policy at Home and Abroad since 1750* (New York: Norton, 1989), 380.

6  Andrew Needham, *Power Lines: Phoenix and the Making of the Modern Southwest* (Princeton: Princeton University Press, 2014), 13-14.

7  Kristen Simmons, "Settler Atmospherics," *Fieldsights* (2017), https://culanth.org/fieldsights/settler-atmospherics.

8  다음에서 인용. Richard White, *The Organic Machine: The Remaking of the Columbia River* (New York: Hill & Wang, 1996), 81.

9  다음에서 인용. Needham, *Power Lines*, 248.

10  Nick Estes, *Our History Is the Future: Standing Rock versus the Dakota Access Pipeline, and the Long Tradition of Indigenous Resistance* (New York: Verso, 2019), 134–67. 제2차 세계대전 이후 서부 확장에서 연방정부 기관들이 했던 역할에 대해서는 다음도 보라. Richard White, *"It's Your Misfortune and None of My Own": A New History of the American West* (Norman: University of Oklahoma Press, 1991), 553–61.

11  다음에서 인용. Estes, *Our History Is the Future*, 139.

12  James C. Scott, *Seeing Like a State: How Certain Schemes to Improve the Human Condition Have Failed* (New Haven: Yale University Press, 1998), 270–71.

13  Needham, *Power Lines*, 247–48, 155. 다음도 보라. Dana E. Powell, *Landscapes of Power: Politics of Energy in the Navajo Nation* (Durham: Duke University Press, 2018), 7–57.

14  다음에서 인용. Joy L. Gritton, *The Institute of American Indian Arts: Modernism and U.S. Policy* (Albuquerque: University of New Mexico Press, 2000), 69–70 (강조는 이 책에서 추가).

15  다음에서 인용. Richard Drinnon, *Keeper of Concentration Camps: Dillon S. Meyer and American Racism* (Berkeley: University of California Press, 1987), 166.

16  다음에서 인용. Charles Wilkinson, *Blood Struggle: The Rise of Modern Indian Nations* (New York: Norton, 2005), xiii.

17  Vine Deloria Jr., *Custer Died for Your Sins: An Indian Manifesto* (New York: Macmillan, 1969).

18  Glen Sean Coulthard, "A Fourth World Resurgent," in George Manuel and Michael Posluns, *The Fourth World: An Indian Reality*, rev. ed. (Minneapolis: University of Minnesota Press, 2019), ix–xxxiv. 다음도 보라. Daniel M. Cobb, *Native Activism in Cold War America: The Struggle for Sovereignty* (Chapel Hill: University of North Carolina Press, 2008). "부족 주권과 자결의 정치는 근대화와 탈식민화라는 더 큰 세계 정치와 분리해서 이해될 수 없다"(4).

19  다음에서 인용. Manueland Posluns, *The Fourth World*, xxxix. Aileen Moreton-Robinson에 따르면, "선주민에게 주어진 것은 … 백인이 고안해낸 형태의 '선주민' 재산권이다. 이는 인식론적으로나 존재적으로나 선주민의 주권 개념에 기반을 둔 것이 아니다. 이런 법률 체제하의 선주민 토지 소유권은 지표나 지하의 자원에 대한 통제와 소유권을 최소화하는 가운데, 제한된 자치와 통치를 허용하는 토지 보유 형태에 불과하다. 따라서 이는 국민국가에 대한 경제적 의존을 고착화한다." Aileen Moreton-Robinson, ed., *Sovereign Subjects: Indigenous Sovereignty Matters* (Crows Nest, Australia: Allen & Unwin, 2007), 4.

20  Eiichiro Azuma, *In Search of Our Frontier: Japanese America and Settler Colonialism in*

*the Construction of Japan's Borderless Empire* (Berkeley: University of California Press, 2019), 70-72.

21  다음에서 인용. Azuma, *In Search of Our Frontier*, 73.

22  다음에서 인용. Azuma, *In Search of Our Frontier*, 74.

23  Jun Uchida, *Brokers of Empire: Japanese Settler Colonialism in Korea, 1876-1945* (Cambridge, Mass.: Harvard University Asia Center, 2011), 166-67, 408.

24  Uchida, *Brokers of Empire*, 401.

25  Timothy Snyder, *Black Earth: The Holocaust as History and Warning* (New York: Duggan Books, 2015), 12.

26  다음에서 인용. Snyder, *Black Earth*, 15.

27  다음에서 인용. James Q. Whitman, *Hitler's American Model: The United States and the Making of Nazi Race Law* (Princeton: Princeton University Press, 2017), 9.

28  다음에서 인용. Snyder, *Black Earth*, 15.

29  Norman M. Naimark, *Genocide: A World History* (New York: Oxford University 2017), 66.

30  다음에서 인용. Snyder, *Black Earth*, 15.

31  다음에서 인용. Snyder, *Black Earth*, 16.

32  다음에서 인용. Snyder, *Black Earth*, 20.

33  Whitman, *Hitler's American Model*, 115.

34  Whitman, *Hitler's American Model*, 115.

35  Whitman, *Hitler's American Model*, 135.

36  Office of Indian Affairs, *Indians in the War* (Chicago: U.S. Department of the 1945), 1, 49.

37  Office of Indian Affairs, *Indians in the War*, 1.

38  Office of Indian Affairs, *Indians in the War*, 1.

39  Peter Calvocoressi et al., *Total War: The Causes and Courses of the Second World War*, rev. ed., vol. 2 (New York: Pantheon Books, 1989), 1162-63.

40  Calvocoressi et al., *Total War*, 1161.

41  다음에서 인용. Office of Indian Affairs, *Indians in the War*, 29.

42  Office of Indian Affairs, *Indians in the War*, 23-24, 37-40.

43  다음을 보라. David Treuer, *The Heartbeat of Wounded Knee: Native America from 1890 to the Present* (New York: Riverhead Books, 2019), 221-22.

44  Office of Indian Affairs, *Indians in the War*, 47.

45  Meg Jacobs, *Pocketbook Politics: Economic Citizenship in Twentieth-Century America* (Princeton: Princeton University Press, 2005), 249.

46 Lizabeth Cohen, *A Consumers' Republic: The Politics of Mass Consumption in Postwar America* (New York: Vintage, 2003), 119.

47 다음에서 인용. Jacobs, *Pocketbook Politics*, 252.

48 다음에서 인용. Jacobs, *Pocketbook Politics*, 254.

49 Jacobs, *Pocketbook Politics*, 254.

50 Liza Black, *Picturing Indians: Native Americans in Film, 1941-1960* (Lincoln: of Nebraska Press, 2020), 310-11.

51 Black, *Picturing Indians*, 204-5.

52 Black, *Picturing Indians*, 204.

53 John W. Troutman, *Indian Blues: American Indians and the Politics of Music, 1879-1934* (Norman: University of Oklahoma Press, 2009), 117.

54 White, *"It's Your Misfortune and None of My Own,"* 613.

55 White, *"It's Your Misfortune and None of My Own,"* 613.

56 다음에서 인용. Kenneth William Townsend, *World War II and the American Indian* (Albuquerque: University of New Mexico Press, 2000), 223. 다음도 보라. Edward Charles Valandra, *Not without Our Consent: Lakota Resistance to Termination, 1950-59* (Urbana: University of Illinois Press, 2006), 71-136.

57 다음에서 인용. Laurie Arnold, *Bartering with the Bones of Their Dead: The Colville Confederated Tribes and Termination* (Seattle: University of Washington Press, 2012), 47.

58 다음에서 인용. Gritton, *The Institute of American Indian Arts*, 70.

59 Institute for Government Research, *The Problem of Indian Administration: Report of a Survey Made at the Request of Honorable Hubert Work, Secretary of the Interior* (Baltimore: Johns Hopkins University Press, 1928), 198-99.

60 Wilkinson, *Blood Struggle*, 21.

61 Arnold, *Bartering with the Bones of Their Dead*, 3.

62 다음에서 인용. Arnold, *Bartering with the Bones of Their Dead*, 12.

63 다음에서 인용. Valandra, *Not without Our Consent*, 17.

64 다음에서 인용. Arnold, *Bartering with the Bones of Their Dead*, 98.

65 Kent Blansett, *A Journey to Freedom: Richard Oakes, Alcatraz and the Red Power Movement* (New Haven: Yale University Press, 2018), 81-82.

66 Ned Blackhawk, "'I Can Carry on From Here': The Relocation of American Into Los Angeles," *Wicazo Sa Review* (1995): 16-17.

67 다음에서 인용. Blansett, *A Journey to Freedom*, 82.

68 다음에서 인용. Blansett, *A Journey to Freedom*, 82.

69 다음에서 인용. Brian C. Hosmer, *American Indians in the Marketplace: Persistence and Innovation among the Menominees and Metlakatlans, 1870-1920* (Lawrence: University of Kansas Press, 1999), 74.

70 Hosmer, *American Indians in the Marketplace*, 86-88. 다음도 보라. Ada Deer, *Making a Difference: My Fight for Native Rights and Social Justice* (Norman: University of Oklahoma Press, 2019), 7, 44-45.

71 Hazel W. Hertzberg, *The Search for an American Indian Identity: Modern Pan-Indian Movements* (Syracuse: Syracuse University Press, 1971), 136.

72 Deer, *Making a Difference*, 47.

73 Deer, *Making a Difference*, 47.

74 David R. M. Beck, *The Struggle for Self-Determination: History of the Menominee Indians since 1854* (Lincoln: University of Nebraska Press, 2005), 59-62.

75 예를 들어 다음을 보라. Grant Arndt, *Ho-Chunk Powwows and the Politics of Tradition* (Lincoln: University of Nebraska Press, 2016), 98-108; Nancy Oestreich Lurie, *Wisconsin Indians*, rev. ed. (Madison: Wisconsin State Historical Society Press, 2002), 36-37.

76 Wilkinson, *Blood Struggle*, 71-72.

77 Deer, *Making a Difference*, 46.

78 다음에서 인용. Deer, *Making a Difference*, 48.

79 다음에서 인용. Wilkinson, *Blood Struggle*, 74.

80 다음에서 인용. Wilkinson, *Blood Struggle*, 73 (강조는 원문).

81 다음에서 인용. Wilkinson, *Blood Struggle*, 81-82.

82 Beck, *The Struggle for Self-Determination*, 143-56.

83 Deer, *Making a Difference*, 64, 52.

84 Paul Thomas Chamberlin, *The Cold War's Killing Fields: Rethinking the Long Peace* (New York: HarperCollins, 2018), 1-19.

85 Odd Arne Westad, *The Global Cold War: Third World Interventions and the Making of Our Times* (New York: Cambridge University Press, 2005), 159.

86 Robert J. C. Young, *Postcolonialism: An Historical Introduction* (Malden, Mass.: 2001), 191-92.

87 Thomas Borstelmann, *The Cold War and the Color Line: American Race Relations in the Global Arena* (Cambridge, Mass.: Harvard University Press, 2001), 93.

88 Westad, *The Global Cold War*, 31.

89 다음에서 인용. Valandra, *Not without Our Consent*, 24-25.

90 다음에서 인용. Valandra, *Not without Our Consent*, 79.

91 다음에서 인용. Valandra, *Not without Our Consent*, 79.

92 다음에서 인용. Valandra, *Not without Our Consent*, 78.

93 Cobb, *Native Activism in Cold War America*, 16–22.

94 Cobb, *Native Activism in Cold War America*, 30.

95 다음에서 인용. Cobb, *Native Activism in Cold War America*, 51.

96 다음에서 인용. Cobb, *Native Activism in Cold War America*, 52–54.

97 연방의 인정을 받기 위해 럼비가 벌인 투쟁에 대해서는 다음을 보라. Malinda Maynor Lowery, *The Lumbee Indians: An American Struggle* (Chapel Hill: University of North Carolina Press, 2018), 특히 117–36.

98 Margaret D. Jacobs, *A Generation Removed: The Fostering and Adoption of Indigenous Children in the Postwar World* (Lincoln: University of Nebraska Press, 2014), 7.

99 Jacobs, *A Generation Removed*, 19.

100 Laura Briggs, *Taking Children: A History of American Terror* (Berkeley: University of California Press, 2020), 63.

101 Jacobs, *A Generation Removed*, 6.

102 다음에서 인용. Jacobs, *A Generation Removed*, 24.

103 다음에서 인용. Jacobs, *A Generation Removed*, 26.

104 Briggs, *Taking Children*, 63.

105 다음에서 인용. Jacobs, *A Generation Removed*, 26.

106 Patricia Busbee and Trace A. Demeyer, eds., *Two Worlds: Lost Children of the Indian Adoption Projects* (Greenfield, Mass.: Blue Hand Books, 2012), 16.

107 다음에서 인용. Jacobs, *A Generation Removed*, 27–28.

108 Blackhawk, "'I Can Carry on From Here,'" 16–22.

109 Briggs, *Taking Children*, 69.

110 다음에서 인용. Jacobs, *A Generation Removed*, 269.

111 다음에서 인용. Matthew L. M. Fletcher, "ICWA and the Commerce Clause," in Matthew L. M. Fletcher, ed., *Facing the Future: The Indian Child Welfare Act at 30* (East Lansing: Michigan State University Press, 2009), 34.

112 11장을 보라.

113 Joan Kauppi, "Red Lake Anishinaabe Split Feather," in Busbee and Demeyer, *Two Worlds*, 29–31.

114 Jacobs, *A Generation Removed*, 261.

115 Evelyn Red Lodge, "I Will Die with All the Damage Done to Me as MyLegacy," in Busbee and Demeyer, *Two Worlds*, 20–21.

116 다음에서 인용. Jacobs, *A Generation Removed*, 91.

117 다음에서 인용. Briggs, *Taking Children*, 66.

118 다음에서 인용. Fletcher, "ICWA and the Commerce Clause," 35.

119 다음에서 인용. Paul Chaat Smith and Robert Allen Warrior, *Like a Hurricane: The Indian Movement from Alcatraz to Wounded Knee* (New York: New Press, 1996), 42.

120 다음에서 인용. Troy Johnson et al., "American Indian Activism and Transformation: Lessons from Alcatraz," in Troy Johnson et al., eds., *American Indian Activism: Alcatraz to the Long Walk* (Urbana: University of Illinois Press, 1997), 14.

121 Deloria, *Custer Died for Your Sins*, 17–18.

122 다음에서 인용. David Martínez, *Life of the Indigenous Mind: Vine Deloria Jr. and the Birth of the Red Power Movement* (Lincoln: University of Nebraska Press, 2019), 20.

123 다음에서 인용. Smith and Warrior, *Like a Hurricane*, 55.

124 David E. Wilkins, ed., *The Hank Adams Reader: An Exemplary Native Activist and the Unleashing of Indigenous Sovereignty* (Golden, Colo.: Fulcrum, 2011), 7.

125 Gritton, *The Institute of American Indian Arts*, 103.

126 Colette Lemmon and Ryan Rice, *Under the Influence: Iroquois Artists at IAIA (1962–2012)* (Santa Fe: Museum of Contemporary Native Arts, 2012), 11.

127 Gritton, *The Institute of American Indian Arts*, 103–49.

128 Richard W. Hill, "The Institute of American Indian Arts and Contemporary Native Art," in Lowery Stokes Sims, ed., *Fritz Scholder: Indian/Not Indian* (New York: Prestel, 2008), 123.

129 다음에서 인용. Hill, "The Institute of American Indian Arts and Contemporary Native Art," 121.

130 Della C. Warrior, "Education, Art, and Activism," in Daniel M. Cobb and Loretta Fowler, eds., *Beyond Red Power: American Indian Politics and Activism since 1900* (Santa Fe: School of Advanced Research, 2007), 298.

131 Karen Kramer, "A Declaration of Love and Guts: T. C. Cannon's Visual Language and the Art of Survivance," in Karen Kramer, ed., *T. C. Cannon: At the Edge of America* (Salem, Mass.: Peabody Essex Museum, 2018), 37.

132 *Native American Art at Dartmouth: Highlights from the Hood Museum of Art* (Lebanon: University Press of New England, 2011), 13–17.

133 다음에서 인용. *Native American Art at Dartmouth*, 14.

134 Paul Chaat Smith, "Monster Love," in Sims, *Fritz Scholder*, 30.

135 "Treaty with the Nisqualli, Puyallup, etc., 1854," in Charles J. Kappler, ed., *Indian Affairs: Law and Treaties*, 2 vols. (Washington, D.C.: Government Printing Office, 1904), 2:662.

136 Wilkinson, *BloodS truggle*, 166-73. 다음도 보라. Wilkins, *The Hank Adams Reader*, 8-9.

137 다음에서 인용. Wilkinson, *Blood Struggle*, 169.

138 Blansett, *A Journey to Freedom*, 106-7.

139 "1868년 수(Sioux)와 … 아라파호 사이의 조약" in Kappler, *Indian Affairs* :1000.

140 다음에서 인용. Blansett, *A Journey to Freedom*, 144.

141 다음에서 인용. Blansett, *A Journey to Freedom*, 144.

142 Blansett, *A Journey to Freedom*, 136-65.

143 다음에서 인용. Alvin M. Josephy Jr., ed., *Red Power: The American Indians' Fight for Freedom* (New York: McGraw-Hill, 1971), 214, 216.

144 Peter Iverson, *Diné: A History of the Navajos* (Albuquerque: University of New Press, 2002), 233.

145 Philip S. Deloria, "The Era of Indian Self-Determination: An Overview," in R. Philp, ed., *Indian Self-Rule: First-hand Accounts of Indian-White Relations from Roosevelt to Reagan* (Salt Lake City: Howe Brothers, 1986), 199-200.

146 Vine Deloria Jr. and Clifford Lytle, *The Nations Within: The Past and Future of American Indian Sovereingty* (New York: Pantheon Books, 1984), 216-23.

147 다음에서 인용. Walter R. Echo-Hawk, *In the Courts of the Conqueror: The 10 Worst Indian Law Cases Ever Decided* (Golden, Colo.: Fulcrum, 2010), 363.

148 Wilkinson, *Blood Struggle*, 199-202.

149 Wilkins, *The Hank Adams Reader*, 9.

150 다음에서 인용. Wilkinson, *Blood Struggle*, 202.

151 Edmund J. Danziger Jr., "A New Beginning or the Last Hurrah: American In Response to Reform Legislation of the 1970s," *American Indian Culture and Research Journal* (1983): 73.

152 Wilkinson, *Blood Struggle*, 13-21, 318-320.

153 다음에서 인용. Wilkinson, *Blood Struggle*, 320-21.

154 Deloria, *Custer Died for Your Sins*, 27.

155 다음에서 인용. N. Bruce Duthu, *American Indians and the Law* (New York: Viking Penguin, 2008), 12.

156 Manuel and Posluns, *The Fourth World*, 124-25.

157 Duthu, *American Indians and the Law*, 124-25.

158 다음에서 인용. Duthu, *American Indians and the Law*, 21.

159 다음에서 인용. Duthu, *American Indians and the Law*, 24.

160 Keith Richotte Jr., *Federal Indian Law and Policy: An Introduction* (St. Paul:

Academic, 2020), 374-86.

161 Ronald L. Trosper, "American Indian Poverty on Reservations, 1969-1989," Gary D. Sandefur et al., *Changing Numbers, Changing Needs: American Indian Demography and Pubilc Health* (Washington, D.C.: National Academy Press, 1996), 188.

162 Randall K. Q. Akee et al., "The Indian Gaming Regulatory Act and Its Effects on American Indian Economic Development," *Journal of Economic Perspectives* (2015): 189.

163 Akee et al., "The Indian Gaming Regulatory Act," 189.

164 Jessica R. Cattelino, *High Stakes: Florida Seminole Gaming and Sovereignty* (Durham: Duke University Press, 2008), 53-58.

165 Richotte, *Federal Indian Law and Policy*, 507-18.

166 Deer, *Making a Difference*, 109.

167 Deer, *Making A Difference*, 151-55.

168 다음에서 인용. Deer, *Making a Difference*, 160.

169 다음에서 인용. Deer, *Making a Difference*, 160.

그린베이 194, 223, 719, 820
그린빌 조약(1795) 434, 436
기독교 57-8, 75, 112, 114, 181, 229-30, 273, 286-9, 312, 319, 342, 414, 417, 446, 453, 519, 658, 672, 694, 724, 738, 798

나바르, 로버트 298, 300
나바호(디네) 13, 31, 87, 558, 597, 599-601, 604, 631, 639, 655, 681, 735, 744, 747, 758, 760, 802, 808, 824
나바호 네이션 600, 631, 655, 758, 808
나우아 58-62, 68-9, 71-2
남베 17, 565, 788, 824
내러갠싯 14, 102, 117, 128, 133, 138, 142-5, 825
내치즈 14, 99, 226, 228
내커터시 14, 519
냉전 시대 29, 37, 39, 760, 771-2, 774, 788, 790, 822 다음도 참조: 종결 시대
네바다 46, 462, 560, 583, 586-8, 590, 592-4, 596, 602, 608, 621, 758
네즈퍼스 14, 494, 511, 631, 634, 824
노바스코샤 258, 337
노스다코타 703, 759, 794, 799
노스웨스트 회사(캐나다) 493, 498
노예해방선언(1863) 538, 544, 626
녹스, 헨리 336, 368, 371, 377, 382, 416-21, 424, 430-1
누차눌스 497, 500
뉴갈리시아 72
뉴딜 37-8, 658, 684, 736, 742, 746, 750, 752, 755-7, 772, 775, 802 다음도 참조: 인디언 뉴딜
뉴멕시코(미국 준주, 미국 주) 513, 548, 554, 559-61, 563-6, 568-9, 573-4, 596-7, 600, 604, 607-8, 617, 631, 709, 740, 760

뉴멕시코(에스파냐) 25, 31, 46-8, 50-1, 74-5, 77-8, 83, 86, 91-6, 109, 211, 235-6, 466, 489-90
뉴암스테르담 171, 198
뉴에스파냐 48, 61, 68, 71-5, 84, 87, 89, 92, 96-7, 164, 175, 222, 236, 462, 476, 488, 490, 515
뉴올리언스 99, 155, 222, 235, 275, 348, 397, 426, 440, 516, 520, 526, 652 다음도 참조: 루이지애나 매입
뉴욕 99, 133, 135, 152, 198, 211, 217, 245, 261, 275, 311, 316, 321, 333, 344-5, 348-9, 359-64, 380, 382, 396-7, 401-3, 445, 521, 529, 558, 644, 652, 654, 675-8, 690-1, 696, 698, 706, 716-8, 720-1, 725, 731, 740, 757, 768, 799
뉴욕시 345, 401, 403, 698, 706, 757
뉴잉글랜드 102, 104-5, 107-8, 114, 116, 119, 121, 128, 130-1, 144, 148, 194-5, 223, 308, 404, 418, 453, 487, 518, 678
뉴트럴(아타완다론) 12, 192
뉴프랑스 → 프랑스 식민주의
니미이푸우 → 네즈퍼스
닉슨, 리처드 808, 812

다코타 12, 16, 37, 193, 199, 205, 209, 217, 221, 236-7, 540-1, 543-6, 550, 605, 641, 650, 666, 702, 723, 759, 762
다코타 전쟁(1861-2) 543-4, 546, 550, 605, 641
대공황 713, 721, 725, 730, 736, 738-40, 756
대륙 분수령 494, 513
대륙 횡단 조약(1819) → 애덤스-오니스 조약
대륙군 333, 340, 350 다음도 참조: 미국 혁명
대이주(1630-42) 130, 137-8
대평원 14, 63, 92-4, 213, 504, 509, 535-

루이 15세(프랑스 왕) 232, 237, 244, 255
루이 16세(프랑스 왕) 482
루이지애나(준주와 주) 35, 95, 155, 207,
　212, 232, 240, 353, 401, 421, 438-44,
　465-6, 468, 515-6, 518, 523, 528, 531,
　576, 685, 825
루이지애나(프랑스 식민지) 35, 95, 155,
　207, 212, 232, 240, 353, 401, 421, 438-
　44, 465-6, 468, 515-6, 518, 523, 528,
　531, 576, 685, 825
루이지애나 매입 438, 440-1, 443-4, 465-
　6, 468, 515-6, 518, 523, 528, 531, 685
루이지애나 매입 조약(1803) 441, 468, 518,
　531
리, 아서 361-2
리드, 스탠리 810
리드, 제이컵 369, 371, 375, 378
리드, 조지프 356
리슐리외강(이로쿼이강) 162, 201
리슬로, 아놀드 795-6
링컨, 에이브러햄 397-8, 457, 537-9, 544,
　550, 555, 558, 572-5, 578, 582, 588,
　602, 609-10, 637

마누엘리토(나바호 수장) 599-600, 744
마닐라 258, 487-9
마르티네스, 루시아 612, 614-7, 619
마르티네스, 알론소 76-7, 82
마르티네스, 에스테반 호세 485
마리 드 랭카르나시옹 197, 201
마셜, 존 405, 448, 452-7, 528, 530-3,
　622-3, 668-9, 751, 757, 814, 816
마셜 플랜 757
마이애미(선주민) 14, 139, 223, 241, 347,
　425, 824
마이어, 딜런 38, 762, 790
마카 17, 31, 500, 740, 824-5
마쿼나(누차눌스 수장) 497, 502-4

마틴, 제임스 450, 521, 546, 551
만단 209-13, 215, 263, 494, 510, 561,
　567-8, 759
망베르투 116
망브레, 제노비우스 233-4
매디슨, 제임스 335, 339, 351, 363-6,
　376-8, 415, 426-7, 438, 441, 718
매사추세츠(영국 식민지) 104, 106-8, 113-
　5, 117, 119, 128-31, 138, 140-1, 261,
　267-8, 275, 277-8, 351, 501, 521, 621,
　660, 731, 745 다음도 참조: 청교도
매코이, 아이작 419
매클로플린, 모세 591
매킨지, 알렉산더 493-4
맥펄레인, 제임스 379
머노미니 14, 38, 193, 237, 719, 781-7,
　793, 821
먼로, 제임스 8, 339, 363, 366, 376, 423,
　461, 468, 495, 515, 520-1, 523, 528-
　30, 532-3, 765
먼로 선언(1823) 8, 461, 468, 515, 528,
　530, 532, 765
먼시 170, 825
메디신 크로(크로 지도자) 655
메디신호(라코타인 공연자) 686, 690
메리엄 보고서(1928) 722, 726, 730, 740,
　742
메이, 존 346, 366
메이플라워 114, 117, 119, 128
메티스(혼혈인) 206, 232, 494, 540, 632,
　641, 643
멕시코 21, 36, 51-2, 54, 58-9, 61-4, 68,
　70-5, 78, 83-5, 94, 96, 209, 275, 401,
　403, 440, 462, 465-6, 478, 481, 489,
　509-10, 513-5, 527-8, 533, 549, 560,
　563-4, 566-7, 578, 585, 597, 612,
　614-5, 617, 625
멕시코 전쟁(1846-8) 528, 560, 564

오냐테, 크리스토발 데 72, 74
오냐테, 후안 데 45, 74-82, 84, 90, 93
오네이다 15, 37, 152, 176, 198, 257, 260,
    275, 364, 682-3, 696-8, 715-21, 783,
    820, 825 다음도 참조: 이로쿼이(이로쿼
    이 연맹)
오논다가 15, 152, 166-8, 197-8, 203,
    242, 275, 340, 720, 825
오니스, 루이스 데 469, 488, 517-8, 520,
    523, 527, 530-1 다음도 참조: 애덤스-
    오니스 조약
오다와 216, 271, 281, 284, 298
오대호 연안 34, 154, 169, 178, 182, 186-
    7, 190-1, 193, 202, 204, 206-7, 213,
    221-2, 232, 234, 256, 262, 280-1, 286,
    292, 298-9, 302, 304, 322, 338, 342,
    348, 357, 394, 396, 401, 437, 541
오마하의 "인디언 의회" 685
오브완디야그 → 폰티액
오세이지 14, 232, 239, 427-8, 561, 577,
    824
오소사네 180, 198
오스트리아 왕위계승전쟁 → 조지 왕의 전쟁
오언스 계곡 전쟁(1861-2) 590-1
오우마호하(일리노이 수장) 224
오우토우타간(오다와 지도자) 216, 224
오제트(마카인 마을) 500
오지브웨 12-4, 28, 37, 214-5, 217, 221,
    223, 230, 234, 237, 263-4, 275, 284,
    301-2, 357, 540, 682, 701, 708, 713,
    781, 783
오클라호마 572, 575, 579-80, 631, 633,
    667, 706, 708-10, 713, 720, 736, 770,
    792, 803, 824 다음도 참조: 인디언영토
오클라홈비, 조지프 708, 713
오타와(선주민) 214, 301, 393, 427-8
오타와강 162, 182, 198, 217, 292, 428
오테르민, 안토니오 데 87, 90, 92

오토미 72, 74
오하이오강 34, 155, 172, 194-5, 198, 203,
    207, 217-9, 241-2, 244-8, 252, 255-6,
    269, 275, 281, 289, 291, 293, 299, 342-
    3, 348, 353-4, 358, 360, 365, 367, 369,
    372, 394, 398, 424-5, 437
오하이오강 계곡 34, 194-5, 203, 218, 241,
    252, 269
오하이오 회사 295
올덤, 존 141, 143, 147
올론(코스타노안) 489
올리펀트, 마크 데이비드 816
올버니 135, 172, 198, 217, 219, 261-2,
    316, 343, 363, 524, 609
올버니 회의(1754) 262
올베스, 라몬 507
와샤키 569
와이언던치 146
와이언도트 194, 298, 427-8, 431, 433-4,
    438, 824
와이오밍 287, 506, 562, 567, 586, 638, 654
와일드웨스트 684
와일라키 477, 551
와타크페, 마토(차징 베어) 641, 644
완블리오타(오오헤눈파 수장) 571
왈라파이 744-51, 756
왈라파이 네이션 747-8, 756
왐파노악 연맹 126-9
왐펌 133-42, 147, 152, 160, 205-6, 325,
    699, 702
왓킨스, 아서 761, 775, 777, 780, 784
왕실 포고령(1763) 309, 321, 331
왜거너, 조세핀 571, 672-3
우드, 고든 705, 729, 737, 774, 825
우스터 대 조지아 사건(1832) 452, 455-7,
    531, 532, 627, 772
우스터, 사무엘 452, 455-7, 531-2, 627,
    772

인디언추방법(1830) 395, 449-50, 452 다
　음도 참조: 추방의 시대
인디언 혐오 306-7, 316, 318, 371
인민적 입헌주의 328
인신보호법(1867) 616
인종 사이의 결혼 422
일리노이(미국주) 298, 301, 392, 398, 531,
　609
일리노이(선주민 네이션) 194, 223-4, 226,
　228, 232-4, 239, 291-2
일반할당법(1887) → 도스법
일백조합인회사 200-1

자결권 8, 715, 755-6, 807-9, 812, 814
자메이카 54, 128, 279-80
자연사박물관(뉴욕) 691
재건 시대 613, 616-7, 625, 628, 647, 671
잭슨, 앤드류 209, 391, 395, 407, 416, 444,
　446-8, 450, 452, 457, 519-21, 524-7,
　529, 576, 678, 736, 772, 825
잽치빗(통가 마을) 470, 472, 475, 478
전국인디언청년위원회 800
전권 37, 361, 610, 623, 653, 665, 668-9,
　671, 707
전염병 25, 67, 85, 117, 129, 131, 138, 154,
　177-8, 180-1, 186-7, 189, 192, 472,
　504, 507, 509-1
정착민 식민주의 8, 26, 74, 215, 289, 347,
　391, 395, 398, 401, 406, 499, 504, 542,
　556, 583, 768
제너럴, 리바이(데스카헤인) 715
제닝스, 프랜시스 118
제로니모 634, 685-6
제1차 세계대전 666, 708, 715, 747, 757
제1차 세미놀 전쟁(1817) 519-20, 523-5
제이, 존 35, 345, 348, 369, 371, 375, 378,
　403, 425, 434, 436-9, 441, 495
제이의 조약 35, 348, 425, 434, 436-9, 441

제2차 세계대전 739, 753, 756, 758, 761,
　763-4, 769
제퍼슨, 데이비스 574
제퍼슨, 토머스 30, 212, 272, 332, 335-6,
　339, 345, 354, 363-5, 375-6, 386, 407,
　413-6, 420-3, 425-7, 438-44, 447,
　467, 522, 609, 701
제헌회의 331-2, 352, 383-5, 428, 627
젠더 210, 232, 234, 405-6, 659, 701-3,
　728, 779, 795 다음도 참조: 선주민 여성
조약 토지 664
조지 3세(영국 왕) 268, 295
조지아 64, 179, 195, 198, 275, 279, 341-
　2, 382, 441, 444-5, 447-57, 468, 496,
　517, 521, 524, 527, 532, 613, 627, 686,
　825
조지 왕의 전쟁(1740-8) 240, 244
존슨, 린든 808-9, 812
존슨, 앤드루 609
존슨, 에마 701
존슨, 윌리엄 261-2, 306-7, 321
종결 시대(1953-70년대) 797, 809
존슨 대 매킨토시 사건(1823) 347, 436,
　454, 530-2
종교 50-4, 58, 60, 75, 78, 83, 85, 87, 89,
　93, 95, 103, 105, 111-2, 114, 128, 130-
　2, 150, 163, 168, 171, 197, 215, 220,
　222, 229, 234, 285-8, 290, 305-6, 319,
　332, 355, 409, 445, 461, 470, 473, 489,
　518, 577, 625, 654, 658, 678-9, 689-
　90, 693, 706, 740-1, 798, 807 다음도
　참조: 가톨릭; 청교도; 퀘이커교도
주잇, 존 497, 499-502
주정부의 권리 430, 449
중간 지대 261, 271
중국인 배제법(1882) 585
중대범죄법(1885) 666, 668-70
증기 398, 556-7

캔자스 392, 557, 559, 561-2, 581-2, 603,
    605, 634, 637-8, 652, 698, 710, 730-1,
    738
캘리컴(누차눌스 수장) 497
캘리포니아 미션 인디언 연맹 750
캘리포니아 자원병 546, 554, 589, 592, 598
캘훈, 제임스 564-5, 597
캘훈, 존 449, 521, 523-4, 526, 529
캠벨, 조지 328, 657
캠프, 월터 595, 602, 717, 774
캬흐타 485, 487
커스터, 조지 암스트롱 318, 649-51, 656,
    672-3, 763, 800, 813
커티스, 에드워드 691
커티스, 찰스 710
커티스, 피터 519
컬럼비아강 494, 499, 504, 510-1, 513,
    563, 758
컬럼비아 박람회 677, 679
컴스톡 광맥(네바다) 586-7
케네디, 존 F. 791-2, 800
켄터키 275, 338, 345-9, 353-4, 356, 358,
    360, 366, 371, 397-8, 411, 419, 445,
    531, 572
켈로그, 로라 코닐리어스 37, 675, 682-4,
    696-704, 711, 714-22, 725, 746, 749
코너, 패트릭 에드워드 546-7, 592-6, 601-
    3, 607-8
코네스토가 인디언 287, 318
코네티컷강 계곡 185
코드곶 102, 116-7, 128
코디, 윌리엄(버펄로 빌) 504-5, 680, 685-
    6
코로나도, 프란시스코 바스케스 데 51, 62-
    3, 66, 68, 75
코르테스, 에르난 60-1, 68-70, 77
코만체로 558
코만치 14, 50, 68, 558-61, 564, 602, 635,

666-7, 770, 824
코언, 펠릭스 742, 750-2
코요아칸 68-9, 77
코이아움 511
코튼, 존 112-3
코티어, 벨바 806
콘윌 선교학교(코네티컷) 419
콘 태슬(체로키 지도자) 453, 456, 531
콘플랜터(세네카 지도자) 361
콜럼버스(오하이오) 609, 703
콜럼버스, 크리스토퍼 21, 54-6, 58, 111,
    344, 680, 688, 705, 820
콜럼버스의 날 680, 705
콜로라도강 47, 612, 747, 750, 758
콜리어, 존 740, 742-3, 750, 752, 761, 776,
    782
콜빌 거류구역(워싱턴) 776-8
콰콰카와크 688, 691
콰포 15, 577, 824
쿠메야이 군인 472
쿠바 51, 54, 529, 573
쿠퍼, 제임스 페니모어 264-5, 558, 677
쿡, 제임스 482, 486-7, 493
쿨롱 드 빌리에르, 루이 251
퀘벡 107, 149-50, 154, 164, 170, 172,
    178, 197-8, 201, 203, 216, 223, 238,
    240, 244, 255, 258, 275-6, 280, 326
퀘이커교도 287-8, 308, 317
퀴놀트 거류구역 812
퀴화타나바(호피 지도자) 748
크래프트, 데이비드 675-9, 685, 718
크레브쾨르, 410, 412-3
크로 12-3, 242, 251-2, 284, 321-2, 324-
    5, 567, 570-1, 630-2, 654-5, 660, 666,
    669-71, 725, 745-6, 824
크로건, 조지 242, 251-2, 284, 321-2, 324-5
크로도그 석방 판결(1883) 669
크로도그(라코타 지도자) 666, 669-71

# 선주민이 쓴 미국사

만남과 충돌, 교류와 공존의 500년사

1판 1쇄 2026년 4월 27일

지은이 | 네드 블랙호크
옮긴이 | 최재인

펴낸이 | 류종필
편집 | 권준, 이정우, 노민정, 이은진
경영지원 | 홍정민
교정교열 | 문해순
표지 디자인 | 석운디자인
본문 디자인 | 박애영

펴낸곳 | (주)도서출판 책과함께
　　　　주소 (03961) 서울시 마포구 방울내로9길 24 동주빌딩 202호
　　　　전화 (02) 335-1982
　　　　팩스 (02) 335-1316
　　　　전자우편 prpub@daum.net
　　　　블로그 blog.naver.com/prpub
　　　　등록 2003년 4월 3일 제2003-000392호

ISBN 979-11-94263-07-4  03940